| 개정판 |

교 정 학

이 백 철

Corrections

교육과학사

| 개정판 출간에 즈음하여 |

2015년 출간된 이후 5년 만에 개정판을 내놓게 되었다. 기본적으로 제반 법령, 조직, 통계 및 용어 등을 가능한 한 최근 자료로 업데이트하였다. 내용 면에서는 본서가 개론서라는 제약에도 불구하고 교정학의 규범학적 성격을 뛰어넘어 인간학이며, 미래학이어야 한다는 서사의 신념을 나름 반영하고자 노력하였다.

그간의 교정학이라는 학문은 판결의 결과로 결정된 자유형의 집행단계에만 그 중심을 두고 있음으로써 스스로 학문의 위상과 품격을 손상하였다. 사형과 구금과 같은 규범학적 공간에 갇힌 나머지 인간의 생명, 자유, 속박과 같은 보다 근원적인 요인들과의 연계에 소홀한 탓이 크다. 저자는 교정학 연구는 예컨대, 테레사 수녀와 같은 지극히 선한 존재와 수백만의 인류를 학살한 전쟁광 히틀러라는 두 인물을 상정하고, 양극단 간의 어딘가에 위치할 우리들 각자에 대한 진지한 성찰로부터 시작되어야 한다고 생각한다. 이를 통해 내가 가해자가 될 수 있으므로 '공범의식'을, 내가 피해자가 될 수 있으므로 '나눔의식'을 공유할 수 있다고 본다. 이런 바탕 아래 교정의 역사와 철학을 사회과학적 사고와 논리로 기술하였고, 최종적으로는 교정의 인문학적 지향을 제시하려 했다.

근세 이후 신체에 고통을 가함으로써 범죄인을 응징했던 신체형의 시대에서 인간의 자유를 박탈하는 것을 형벌로 하는 자유형의 시대로 전환하였고, 지금은 또 다른 형벌의 시대로 진화하는 과정에 있다. 이 시점에서 전자감독제도가 급격히 확산하는 가운데, 최근 '디지털 감옥'이라는 신조어의 탄생과 함께 새로운 징벌형태가 민간 부분에서 등장한 것은 시사하는 바가 크다. 위치나 신상정보의 제한이나 제공이 형벌의 기능을 담당할 수 있고 교도소 담장을 대체할 수 있음을 보여주는 것이다. 이러한 형벌의 진화과정을 이해함으로써 역사와 철학이라는 학문의 묘미를 느끼고 미래의 형벌을 상상하고 탐구하는 미래학에 대한 열정을 체험하기를 기대한다.

끝으로, 본서가 교정학 전공 학생, 교정 실무계 종사자, 유관학계 인사분들께 나름 유용한 지식과 정보의 장이 되기를 기대하며, 이를 위해 진지한 조언을 아끼지 않으신 동료들께 감사의 말씀을 전한다.

2020. 9. 1.
저자 이백철 배상

| 1판 머리말 |

공개적 장소에서 범죄자에게 육체적 고통을 가했던 신체형으로부터 비공개 장소에서 범죄자의 '시간과 공간'의 자유를 속박하는 자유형으로 전환된 시기는 불과 200년 전이다. 이때 탄생한 교도소제도가 100여 년이라는 단기간에 우리 문명사회의 불가결(不可缺)한 부분으로 정착되었지만, 오늘날 급변하는 문명의 변화양상을 지켜 볼 때, 지금의 교정제도는 또 다른 형벌제도의 탄생을 위한 진화과정으로 보인다. 물론 미래의 교정은'시간'과 '공간'이라는 기존의 틀을 초월한 새로운 '지식'의 틀 속에서 형성될 것이며, 이는 경직된 규범학적 틀을 벗어남으로써 이해될 수 있는 영역이라 할 수 있다.

21세기 사법제도의 미래는 민영화와 지역사회화 그리고 과학기술과의 접목이 그 특징을 이룰 것이라는 전망이 제기되고 있다. 교정 분야도 그 예외는 아닌 까닭에 그러한 추세가 현실로 다가오고 있다. 공권력이 관에서 민으로 이전되어가고, 형 집행의 장소 역시 지역사회로 이전되면서, 첨단기술의 접목이 교정업무의 성격을 급속히 변화시키고 있는 것이다. 교정의 현실은 변화하고 있으며, 가까운 미래에서도 지금까지보다 더 빠른 속도로 변화할 것은 자명한 일이다. 이는 교정계의 미래라기보다는 모든 사회의 전반적인 현상이라 할 것이다. 이와 같이 불가피한 변화의 물결을 선도하기 위해서는 학문적 영역에서든 실무에서든 기존의 권력체계와 사회적 위상에 억눌려 수세적이었던 자세를 극복해야 하며, 보다 큰 틀에서 역사성과 인류애를 담은 인간발전모델의 동력을 지피는 교정의 미래를 능동적으로 설계해야 한다. 이것이 교정인들의 사명이다.

본서는 개론서로서, 미래의 교정전공자, 실무계 인사, 시험 준비생 등을 모두 고려하여 최대한 평이하게 저술하도록 노력하였다. 그간에 출간된 교정학 관련 저서를 두루 섭렵한 이후 한국적 현실을 고려하여 나름대로 교정학의 학문적 범위를 정하였다. 즉 역사, 철학, 범죄이론, 법, 행정, 문화체계, 상담 · 심리, 특수범죄 및 실무를 포함 12편으로 구성하였다.

특히 학문적 품격에 걸맞게 역사와 철학 부분을 대폭 강화하였고, 상대적으로 보호관찰과 소년보호 부분의 분량을 크게 확대하였다. 범죄이론은 교정학적 관점에서 요긴한 이론만을 선별하여 기술함으로써 그간 학생들이 감내했던 소모적인 노력을 줄이고자 하였다. 상담 · 심리는 보다 심층적 접근이 필요한 영역이기 때문에 향후 보다 전문적인 지식을 습득하기 위한 전단계로서 그중요성을 인식하도록 하는 데 주안점을 두었다. 그리고 본 저서에 미국의 자료들을 기반으로 한 미국적 현실이 상당 부분 반영되었음을 알린다. 물론 오늘날 그것이 비록 성공적인 역사나 사례로 기록되고 있지는 않지만, 온갖 개혁적 시도와 실패경험이 과거는 물론 현재에도 진행형으로 펼쳐지고 있다는 점에서 우리에게는 큰 의미를 갖는다고 확신한다.

본 저서를 완성하는 데 크게 도움을 주신 분들께 이 자리를 빌려 감사의 마음을 전하고자 한다. 무엇보다도 애제자인 김지훈 선생과 이언담 소장의 도움이 가장 컸고, 한영선 원장님과 이형섭 소장님의 협조가 집필완성기간을 앞당기는 데 큰 도움이 되었다. 끝으로 교육과학사의 정경식부장님과 실무 담당자 분들의 노고에 감사의 뜻을 다시 한 번 전한다.

2015. 9. 1.

저자 이백철 배상

| contents |

제2부 교정실무론

| 서문 |

우리 인류가 힘겹게 엮어온 기나긴 역사는 갖은 고난과 도전과 극복이 점철된 삶과 죽음의 역사라고 말할 수 있다. 그 대상은 거대한 자연이었는가 하면, 이름 모를 질병이었고 선과 악의 두 얼굴을 가진 우리 자신이기도 했다. 그런데 우리 인류가 겪어온 수많은 고난 중에서도 오늘날까지 지속되면서 해결의 실마리를 보이지 않는 문제 중의 하나가 범죄문제라고 일컬어지고 있다. 이 범죄는 개인 간의 애증과 탐욕에서 비롯된 비행적 범죄에서부터 대규모의 국가나 민족 간의 투쟁인 전쟁행위에 이르기까지 다양한 모습을 보여 왔다. 이에 따라 이러한 범죄들을 이해하는 시각에서도, 이를 해결하는 방법에 있어서도 많은 변화의 과정이 있었다. 또한 이러한 변화의 양상은 역사적인 시점에 따라서는 물론 지역 간 그리고 서로 다른 민족들 간에 이르기까지 그 모습을 달리하였다.

우리 인류사회에는 역사적으로 오랜 기간 동안 '범죄란 무엇인가?', '우리는 왜 범죄를 저지르는가?', '어떤 사람이 범죄를 저지르는가?', 그리고 '우리는 범죄에 대해 어떻게 대처해야 하는가?'와 같은 물음이 철학적인 측면에서 동시에 현실적으로 당면한 과제로서 존재하여 왔다. 물론 역사적인 측면에서 볼 때 학문의 대상으로서 범죄학이 철학영역에서 핵심적 연구대상으로 정착한 적은 없다. 그러나 범죄행위는 인간이 영유해왔던 삶의 여정 속에서 늘 상존해온 현실적이고 동시에 철학적인 관심의 대상이었던 것은 이론의 여지가 없다. 범죄학은 학문적인 영역으로 구체화는 계몽주의 시대를 거치면서 이루어졌는데 이는 범죄원인론과 범죄대책론으로 구분될 수 있다. 이에 대한 논의를 시작하는 데 있어서 원론적인 차원에서 기준이 되는 개념이 있는데 그것은 인간의 '자유의지'(free will)라고 할 수 있다. 이는 인류의 오랜 철학적 논쟁 속에서 존재해 온 '성선설' 또는 '성악설'과도 결국은 연관되는 개념으로, 인간은 스스로 사고하고 행동할 수 있는 능력, 즉 자유의지를 보유하고 있느냐는 것이었고 이것이 인간의 범죄행위를 설명하는 데 어떤 역할을 하느냐의 문제였다. 어느 한편에서는 인간이 선하게 태어났든 악하게 태어났든 혹 어떤 환경에서 성장했든 어떻게 행동할 것인가는 인간 스스로 자신의 의지에 따라 결정한다고 주장하였다. 이러한 입장은 자유의사론(自由意思論) 혹은 비결정론(非決定論)으로 칭해지는데, 이에 대립되는 주장으로 결정론(決定論)적 입장이 있다. 이 입장에서는 인간의 행위를 자신 스스로 결정하는 것이라기보다는 이미 결정된 혹은 결정하는 다른 무언가에 의해 이루어지는 것으로 본다. '결정하는 그 무엇'은 스스로 통제할 수 없는 가계의 유전형질일 수도 있고, 본인의 의사와는 상관없이 형성되고 변화하는 어떤 환경적인 요인이 될 수도 있다. 이와 같이 범죄원인에 대한 두 가지 입장 – 자유의사론과 결정론 – 이 분명히 상충되고 있기 때문에 각 입장에 따라 범죄문제를 해결하는 방식에 있어서도 커다란 차이를 보여 왔다. 물론 객관적 관점에서 이를 바라보았을 때 그 어느 쪽도 범죄행위의 원인과 결과를 완전히 설명할 수 없기 때문에 이 두 가지 개념은 양자택일의 것이었다기보다는 보다 완전한 해답을 추구해가는 과정에서의 요긴한 개념의 축으로 존재하여왔다 하겠다.[1)]

이러한 자유의사론과 결정론의 논쟁이 이루어지는 가운데, 이를 뒷받침하는 혹은 반박하는 주장이 대두되었고, 다양한 방법을 동원한 실증적 범죄연구 – 예컨대, 소질이냐, 환경이냐 – 가 진행되었다. 이러한 과정에서 다양한 각도의 범죄이론이 대두되었고 이에 따른 다양한 형태의 해결양식도 아울러 제시되었다. 미시적 차원에서 개인의 심리학적 측면이 중시되었는가 하면, 보다 거시적 차원에서 사회구조나 환경적 측면이 중시되기도 하였다. 과학의 시대를 연 근세에 진입하면서 범죄이론은 결정론적 입장을 대변하는 실증주의 범죄이론이 크게 발전하였는데 이는 두개골이나 유전자 연구로 널리 알려진 생물학적 이론, 프로이트의 정신분석이론으로 대표되는 심리학적 이론, 그리고 환경적 요인에서 범죄원인을 찾는 사회학적 이론 등 3가지로 구분되었다. 구체적인 해결양식의 정착은 위에서 기술한 바와 같이, '범죄인은 어떤 사람들이었는가' 그리고 '왜 그들은 범죄를 저질렀는가'와 밀접하게 연관된 문제로서, '그래서 범죄자를 어떻게 처리하였는가'의 과정으로 볼 수 있다.

마지막 단계인 범죄자를 어떻게 처리하였는가의 문제는 역사적으로 다음 4가지의 행형이념 혹은 교정사상으로 설명된다.: 처벌(處罰) 혹은 응징(膺懲), 억제(抑制), 무력화(無力

1) 범죄원인에 대한 인식의 차이에 따라 흔히 보수와 진보진영으로 구별된다. 자유의사론 입장에 있는 보수진영에서는 범죄에 대한 자기책임이 강조되어 해악을 끼친 데 대한 마땅한 처벌을 주장하고, 결정론적 입장에 있는 진보진영에서는 범죄원인을 자신의 통제영역 밖에 있는 외부적 요인에서 찾기 때문에 범죄인과 사회 환경을 각각 치료와 개선의 대상으로 인식한다. 따라서 그 사회가 어느 입장을 취하는가에 따라 그 사회의 범죄정책의 향방에 지대한 영향을 미친다. 이에 대한 구체적인 내용은 제2장 제2절을 참고할 것.

化), 그리고 사회복귀(社會復歸).[2] 이 4가지 처리유형은 형벌 또는 행형의 철학이 될 수 있고, 기능이 될 수 있으며, 또한 그 목적이 될 수도 있다. 절대적인 신(神)이나 군주에 의해 범죄가 정의되고 처벌되던 시기에 있어서의 범죄는 신권(神權) 혹은 왕권에 대한 도전으로 간주되어 가혹한 응징이 가해졌다. 이러한 응징은 주로 공개적인 장소에서 일종의 의식(儀式)으로 진행되었는데, 체형이나 화형 등이 포함된 잔혹하고 비인도적인 방법이 동원되었다. 그 목적은 범죄자 자체에 대한 응징보다는 신권과 왕권의 유지 및 사회의 안정에 있었으며, 잠재적으로 범죄인이 될 수 있는 일반인들에게 두려움과 공포심을 심어주어 범죄를 억제하고자 했던 일종의 범죄예방교육이었다. 그러나 중세(中世) 이후 급격한 사회변동과 새로운 사상의 출현 등[3]과 함께 행형의 수요가 급증하였고, 이로 인하여 야기되는 경제적, 종교적, 이념적 문제는 새로운 행형제도의 탄생을 요구하였다. 이러한 과정에서 네덜란드, 영국과 같은 유럽국가에서는 넘치는 부랑인구와 범죄자집단을 처리할 능력이 한계섬에 노날하사, 집단수용소로서 일종의 구빈원을 설립하였는가 하면 전후(戰後)에 버려진 폐선을 이용하여 수용시설을 대신하기도 하였고 심지어는 민간인 업자와 결탁하여 이들을 노동계약 형식으로 미국이나 호주대륙으로 추방시키는 유형(流刑)과 같은 형벌제도를 운영하기도 하였다.[4]

이러한 역사적 흐름 속에서 탄생하여 오늘날 핵심적인 형벌제계로 정착한 것이 구금형(拘禁刑)이고 이를 집행하는 대표적인 장소가 교도소(矯導所)이다. 이러한 교도소제도가 형벌의 보편적인 주된 형태로 발전하여 정착하게 된 배경은 여러 가지 관점에서 설명되고 있다. 무엇보다 근본적인 물음은 벌금이나 신체에 대한 고통부과를 근간으로 한 형벌제도가 어떻게 사람의 자유를 시간단위로 박탈하는 것을 근간으로 삼는 구금형제도로 정착되

---

2) 이외에도 최근에는 지역사회의 역할을 중시하는 사회재통합이론을 포함, 더 나아가 국가와 가해자 중심의 범죄해결양식을 비판하고, 그간 소외되었던 피해자의 권리, 위상, 고통, 피해에 대해 재인식하고 이를 회복하고자 하며, 범죄행위를 구성하는 다양한 사회영역의 참여를 중시하는 '회복적 사법'이 대두되었고 교정영역을 포함한 형사사법체계에의 적용이 시도되고 있다. 이에 대해서는 제10편 제2장을 참조.

3) 유럽 사회는 15세기 전후 중세의 몰락으로부터, 르네상스, 종교개혁, 계몽주의, 과학혁명, 산업혁명 등으로 이어지는 급격한 사회변동을 경험하였고, 이에 따른 새로운 형벌제도의 탄생이 요구되었는데 그 결과로서 18세기 후반부터 유럽과 미국 대륙을 중심으로 현대적 의미의 교도소가 탄생하여 19세기 중반에 정착되었다는 견해가 일반적으로 받아들여지고 있다.

4) 유형(Penal Transportation): 구금형이 정착되기 이전의 형벌의 한 형태로서 영국에서 범죄인들을 선상노예의 형태로 국외로 추방한 형벌을 말한다. 주로 미국과 호주대륙으로 보내졌다. 미국과의 전쟁에서 패배한 이후 유형의 시행이 불가능해지자 해안가의 헐크선(hulks)에 범죄인들을 수용하는 현상이 발생하기도 하였다. 이와 유사한 형태의 유형제도가 프랑스, 러시아, 스페인, 포르투갈, 이탈리아, 네덜란드 등의 국가에서도 존재하였다. (제2편 제1장 제3절 참고할 것.)

었는가? 이다.[5)]

가장 근원적인 요인은 민주이념의 확산과 함께 이루어진 신분제의 사멸에서 찾을 수 있다. 신분제가 존속했던 시기에는 사회구조적으로 또한 제도적으로 자유를 소유하지 못한 노예와 같은 피지배계급에게 자유의 제한은 형벌적 의미를 가질 수가 없었지만, 계급제도가 사멸됨에 따라 자유의 속박이 형벌로서의 효력을 발휘할 수 있게 되었다는 것이다.

또한, 계급주의적 관점의 설명으로는 전제왕권이 붕괴하고 귀족제도와 같은 공식적인 사회계급이 소멸해가는 시점에서, 새로운 기득권층이 사회의 지배력을 장악하기 위한 수단으로서 새로운 형벌체제가 탄생하였다는 것이다. 즉, 사법적 결정에 의해 지배계층이 또 다른 계층을 지배하려는 방편으로 형벌집행제도로서 교도소가 탄생하였다고 주장되기도 한다.

가장 보편적으로 주장되고 있는 원인은 휴머니즘의 영향이다. 계몽주의시대의 대두와 함께 기존의 신체형 중심의 비인간적인 형벌 제도에 대한 자성과 새로운 시대의 이상(理想)이었던 '휴머니즘'에 부합되는 형벌 패러다임을 추구한 결과로서 구금형이 탄생했다는 것이다.[6)]

다음으로 사회 통제적 차원의 관점이 제기되고 있다. 18세기에 이르러 국가권력에 대한 불신과 사회통제의 어려움이 심화되는 과정에서 형벌이 범죄억제력을 상실하는 등 국가권위의 추락현상을 보였다. 즉, 왕권의 권위를 상징하는 공개처형의 장소가 범죄 다발의 장소 – 매춘, 절도, 강도 등 – 로 변하는 등 사회적 동요로 확산되는 데 대한 방지책으로 국민의 시야로부터 차단될 수 있는 폐쇄적 형태의 구금제도가 출현했다는 것이다. 당시 형벌로서 가장 핵심적인 기능이었던 범죄억제력을 상실하였고, 왕권의 표상인 형벌집행의 장소가 뭇 군중들이 왕권에 저항하고 공권력을 희화화(戱畵化)하는 장소로 변질되는 현상을 보인 것이다.

구금형의 정착을 경제적 동기로서 보는 시각 역시 매우 설득력이 있다. 범죄인들에 대한 강제노동은 곧 수용시설의 역사와 분리할 수 없을 만큼 밀접하게 연관되어 있었다. 이는 두 가지 측면에서 논의되고 있었다. 첫째는 당시 범죄인들을 나태하고 게으른 부류로 보았던 사회적 시각을 반영한 것으로 수용 기간에 노동을 강제함으로써 근로정신을 앙양

5) 구금형의 정착 배경에 대해서는 본서 제2편 Chapter_1, 제6절에 구체적으로 기술되어 있음.

6) 신체형이 소멸하고 형벌이 완화되는 현상에 대해서는 휴머니즘의 영향이 아니라 경제적 동기 혹은 형벌기술의 대상이 신체에서 정신으로 대체된 결과일 뿐이라는 등의 비판적 주장이 존재한다.

하여 개선의 효과를 기대하였다. 둘째는 실질적으로 더 중요하게 작용한 원인으로 값싼 노동력을 활용한 생산 활동으로 경제적 이익을 창출하고자 한 것이다. 즉, 개인적 차원에서는 근로정신의 함양, 경제적 차원에서는 노동생산성의 향상, 그리고 사회 통제적 측면에서는 일반인들에 대한 범죄의 억제 효과를 기대하였다는 것이다.

공리주의적 측면에서의 주장은 기존의 형벌 제도의 범죄억제 효과에 대한 의구심으로부터 새로운 형벌 제도가 요구되었다는 것이다. 즉 과연 기존의 신체형과 같은 가혹한 형벌이 범죄를 억제하는 효과가 있는가에 대한 의문이 제기된 것이다. 당시 공리주의 철학자들은 형벌의 목적은 범죄자에게 고통을 가하는 데 있는 것이 아니라 사회를 보호하고 범죄를 예방하는 데 있다고 주장하고, 형벌을 가혹하게 부과하는 것을 반대하였다. 가혹한 처벌은 그것을 회피하기 위해 또 다른 범죄를 범하게 하는 경향이 있다고 하고, 가혹한 형벌보다는 상대적으로 약할지라도 범죄의 심각성에 비례해야 하며 확실성과 공정성이 담보되어야 한다고 주장한 것이다. 또한, 범죄가 발생한 후에는 처벌을 신속하게 집행함으로써 범죄와 형벌이라는 두 관념 사이의 연상이 자연스럽게 연세되어 범죄가 원인이고 형벌은 필연적인 결과라는 지각이 형성될 것이라고 했다.[7] 즉 기존의 형벌체계는 집행만이 공개적이었지 재판까지의 일련의 과정은 공개적이지도 공정하지도 신속하지도 않았으며 과도했을 뿐만 아니라 확실성도 담보하지 않았기 때문에 형벌효과를 기대할 수 없다고 비판한 것이다. 이러한 견해는 형벌의 잔혹성과 그 효과성에 대한 비판으로부터 구금제도가 탄생한 것으로 본 것이다.

한편 교정교화적 측면에서 주목받을 수 있는 관점으로서는 18세기 서구 사회를 지배했던 합리주의와 낙관주의적 세계관의 영향으로 범죄 문제를 해결할 장소로 교도소 제도가 탄생했다는 주장이다.[8] 이 시기의 유럽세계는 자연을 정복하고 우주의 비밀을 발견할 능력에 대한 자신감으로 충만했고, 그들이 터득한 과학적 지식으로 인간의 문제를 탐구하고 인간사회를 움직이는 작동원리를 찾을 수 있다는 낙관론적 합리주의가 태동하고 있었다. 즉, 인간사회가 극복할 수 있는 과학적 탐구대상으로 등장한 것이다. 형벌영역에서도 인간의 노동을 편리하게 만든 기계의 발명과 같이 인간의 사악한 부분을 미덕으로 전환하는 방법의 탐구가 자연스러운 현상이 된 것이다.[9] 즉, 생물학적 결정론을 부정하고 범죄인을

7) 베카리아 저, 한인섭 역, 「범죄와 형벌」, 박영사. 2011, pp. 80-83.

8) Morris, Norval and David J. Rothman, *The Oxford History of The Prison: The Practice of Punishment in Western Society*, New york/ Oxford University Press, 1998, pp.100-116.; Werner, pp.22-23.

9) 미셸 푸코 저, 오생근 역, 「감시와 처벌」, 나남출판사, 2000. pp. 204-205.

열악한 환경 속에서 잉태된 불행한 산물로 인식하고, 모종의 방법을 통해 적당한 교육을 시키면 합당한 사람으로 변화될 것으로 믿었던 것이다. 여기에서 모종의 장소가 교도소였고 모종의 방법이 구금형이었다는 것이다. 사회의 기초단위인 가족체계와 같은 공동체적 삶의 양식이 점차적으로 붕괴됨에 따라 오염된 사회 환경으로부터 범죄인을 모종의 장소에 격리시켜 종교적 신조를 학습시킴으로써 개선을 이룰 수 있다는 사회 분위기가 반영된 것으로 본 것이다.

자본주의의 속성과 파놉티콘(panopticon)의 등장으로 설명하는 주장도 존재한다. 18세기 후반, 자본주의가 정착해가는 과정에서 새로운 권력층이 등장하였고 이들의 부를 안전하게 유지하고 보호할 이념적 도덕적 장치가 요구되었다. 이 시기에 법과 형벌은 개인의 도덕성을 함양하는 기능을 담당했고, 동시에 자본주의 사회의 경제발전과 생산력 향상에 긍정적 역할을 담당하였다.[10] 이러한 맥락에서 등장한 독특한 형태의 구금 장치로서 파놉티콘은 형벌집행의 속성을 근본적으로 변화시킬 새로운 대안으로 제시된 것이다. 파놉티콘 장치를 통해 개인이 순응하는 신체로 만들어지면서, 동시에 생산력을 증가시키는 효율적인 기능을 수행하고자 했다. 이러한 장치로서 개인의 도덕성이 향상하고 생산성이 활성화될 수 있다면 권력자들은 이를 당연히 이용했을 것이다.[11] 신체형이 구금형으로 진화하여 정착한 것은 신체에 대한 가학적 행위가 없이도 이러한 목적을 경제적으로 달성할 수 있는 효율적인 감시체계가 고안되었기 때문이라고 주장한다.

이러한 맥락 속에서 등장한 교도소의 초기적 모태는 네덜란드, 이탈리아, 벨기에, 영국 등[12]을 포함하는 유럽 대륙에서 찾아볼 수 있다. 그러나 그러한 체제가 전면적인 확산으로 이루어지지 못하였고 지속성이 견지되지 못하였다. 따라서 오늘날과 같은 현대적 형태의 교도소제도는 미국의 월넛가교도소(Walnut Street Jail)가 시발이 된 '펜실베이니아제도'(Pennsylvania System)와 이와 경쟁관계에 있던 '오번제도'(Auburn System)[13]를 중심으로 18세기 후반부터 미국 대륙에서 초보적인 완성을 이루었다고 볼 수 있다. 비록 유럽 대륙

10) 미셸 푸코 저, 오생근 역, p.15.

11) ibid, p.13.

12) 1596년 암스테르담의 연마의 옥사(Rasphuis)와 방적의 옥사(Spinhuis), 1703년 로마의 성 미켈레 수용소(Hospice of San Michele), 1773년 벨기에의 메이슨 교정원(Maison de Force), 영국의 글루세스터 감화원(Gloucester) 등이 초기 교정시설의 전신으로 기술되고 있다. 독방에의 감금, 규칙적인 노동, 종교교육의 강화 등을 그 근간으로 하였다. (미셸 푸코 저, 오생근 역, pp. 184–199.)

13) 제2편 제1장 제3절 참고할 것.

에서 범죄인을 처우하는 모델이 미국 대륙에 영향을 끼친 것은 사실이지만 범죄문제에 대한 접근 방향에 있어서, 유럽과 미국 대륙은 차이점을 보였다. 유럽 대륙에서 오늘날 교도소의 전신인 수용시설의 형태가 탄생되었지만 확산단계에까지 이르지 못한 상태에서 범죄의 원인을 밝히는 학문적 접근에서 보다 진전된 모습을 보인 반면, 미국 대륙에서는 교도소제도를 우선적으로 발전시키는 등 보다 실용적인 측면이 확산되었다는 점이다.[14] 당시 미국의 초기 교도소의 운영은 격리, 침묵, 노동, 그리고 회개를 특징으로 하고 있었다. 물론 이러한 특징 중에서 수형자의 노동력을 착취함으로써 경제적 수익성(收益性)을 확보하는 것 외에는 어느 목적도 실제로 실현되지 못하였다. 즉, 장기적인 완전한 격리와 침묵은 그 어느 곳에서도 불가능한 것이었고, 정신질환자만을 양산한 결과만을 낳았던 것이다. 당시 교도소가 기능을 제대로 발휘하지 못하고, 도리어 범죄자를 악화시키는 현상은 200여 년이 지난 오늘날에도 변함없는 숙제로 남아있다. 그 이유는 교도소 자체가 형벌체제로서 이상적인 목표를 달성하는 데 본질적인 문제점을 갖고 있기 때문일 수도 있다. 오늘날에도 구금형 혹은 교도소제도의 목적으로서 표면적으로는 사회복귀를 표방하지만, 사실상은 그 목적이 '응징'이고 '억제'이며 '무력화'가 교정행정의 주를 이루고 있다. 문제가 되는 범죄인들의 자유를 박탈하여 응징하고, 사회로부터 격리하여 잠재적 범법능력(犯法能力)을 무력화시키면 사회의 안전을 찾을 수 있고, 동시에 형벌의 위하력이 발휘되어 잠재적 범죄를 억제할 수 있는 일반예방효과(一般豫防效果)[15]를 얻을 수 있다는 것이다. 물론 이 세 가지 목적도 실제로 달성되고 있는지에 의문의 여지가 있지만,[16] 이러한 목적이 존재하는 한 교도소 내에서 진정한 교정교화는 이루어질 수 없다. 왜냐하면 위에서 언급된 세 가지 모두가 오늘날 교도소에 있어서 최우선적인 1차적 기능이며, 현실적으로 그 이상의 기능을 수행할 수 있는 여건이 갖추어져 있지 않기 때문이다. 설사 사회복귀적 교육이

---

14) 유럽의 경우는 급속한 산업화와 도시화의 추세에 따라 농촌인구의 도시로의 유입이 대거 확산되고 부랑인구가 급증하였으며, 노동인구가 노동수요를 초과하는 현상을 보였다. 따라서 수형자들을 항만의 폐선박에 구금하거나 국외로 추방하는 제도가 실시되는 경우에까지 이르렀다. 한편, 미국 대륙에서는 건국 및 개척과정에서 광산, 건설, 목화, 담배 등 다양한 영역에서 노동력이 대거 요구되어 유럽 대륙에서 수형자까지를 받아들여 노동수요를 충족하였다. 또한 교정시설의 수형자들 역시 강제노동에 동원되어 생산활동에 참여하여 대규모 공장형교도소의 탄생에 기여하였다. 이러한 상이한 역사적 배경이 그 차이점을 만들었다고 설명되고 있다.

15) 일반예방은 범죄자들에 대한 처벌이 일반인에게 경고가 되어 잠재적 범죄인들의 범법행위를 예방한다는 의미이다. 반면에 특별예방은 현재의 특정 범죄자를 개선함으로써 장래의 범죄를 예방한다는 의미이다.

16) 응징, 억제, 무력화의 효과에 대한 논의는 제2장 제2절을 참조할 것.

교도소의 부차적 기능으로 확립된다 하더라도, 한 인간을 변화시키는 것은, 더 나아가 그를 둘러싸고 있는 환경을 우호적으로 변화시키는 것은 부차적으로 접근해서 이루어질 성질의 작업이 아닌 것이다. 오늘날에도 교도소가 범죄인을 변화시키는 데 비효율적이고 비효과적이라고 평가받는 근본적인 이유를 흔히 일컬어지는 시설미비나 교도관의 자질, 그리고 예산부족에서 찾는다면 결코 적확한 접근 방식으로 볼 수 없다.[17] 역사적인 관점에서 볼 때, 교도소의 시초의 설립목적이 범죄인들의 사회복귀를 위한 것이었는가? 그리고 당시에 취해졌던 완전격리, 침묵, 회개, 노동, 징벌 등의 방식이 인간개조에 적합한 접근이었는가?와 같은 물음이 제기될 수 있다. 문명화된 오늘날에도 대부분의 교도소의 실질적인 존립 및 운영목적 또한 형식적인 표방과는 달리 범죄인의 진정한 사회복귀에만 있지는 않다는 점을 인식할 필요가 있다.

위에서 언급된 주요 범죄이론들과 오늘날 교도소의 현실을 연관해 보면 문제는 명확해진다. 먼저, 생물학적 관점에서 나쁜 유전형질이 범죄의 원인이라고 가정할 때, 범죄형질을 보유한 범죄인을 위해서 현 교도소에서는 무엇을 할 수 있는가? 유아기 때 애정의 결핍 속에서 양육되어 좌절의 상처가 각인된 수용자를 위해서 교도소의 어느 부문이 고도의 정신분석적 치료를 제공할 수 있는가? 왜곡된 사회화로 이탈의 길을 걸어온 범죄인을 폐쇄된 교도소에 격리시켜 놓고 어떻게 재사회화시킬 것인가? 이 밖에도 수많은 질문들을 교도소의 객관적인 실정에 비추어 던져 볼 수 있을 것이다. 이러한 문제들을 다양한 시각과 맥락 – 개인적, 사회구조적, 역사적 – 에서 이해하고 이를 해결할 수 있는 방안을 찾고, 이 방안을 시행할 수 있는 사람과 장소와 조건을 갖추어야 하며, 그렇지 못했을 경우에는 진정한 교정(矯正)이 교도소 내에서는 물론 어느 여건에서도 이루어질 수 없다는 것은 자명한 일이다. 열쇠는 교정과 형벌체계의 근원에 대한 비판적 성찰과 접근방식의 전환에 있다. 이러한 전환은 기대하는 구체적인 목적과 그 근간이 되는 철학이 확고하게 정립되어야만 가능하다.

원론적인 질문을 던져보자. 과연, 우리 사회구성원 모두가 진정으로 구금된 범죄인들이 순화되기를 기대하며, 그들 곁으로 다시 돌아오기를 바라고 있을까? 아니면, 죄의 대가로 범죄인들이 고통을 당해야만 정의가 실현된다는 믿음까지만 공유하는 것은 아닐까? 일반

17) 교도소에 대한 일반적인 평가는 출소자들의 재복역률과 시설 내 교정사고 등을 주요 척도로 하고 있다. 출소 후 3년 이내 재복역률의 경우는, 2010년~2019년 동안, 최저 21.4%(2015년), 최고 26.6%(2019년)인 것으로 나타나 지속적인 증가세를 보이고 있다. 교정사고는 2010년~2019년 동안에 최저 739건(2010년), 최고 1,012건(2018년)으로 나타났고, 수용인원 대비 교정사고의 비율은 약 1.6~2.0% 사이로 나타났다. (법무부 교정본부, 『교정통계연보』, 2020).

인들의 보편적인 사고가 두 양극 간의 어느 지점에 있든, 확실한 것은 대부분의 수형자는 결국 사회로 복귀한다는 사실이다. 더구나 대부분의 그들은 전과자라는 또 하나의 부담을 안고 더 황폐된 모습으로 결코 우호적이지 않은 원래의 환경으로 복귀하는 것이다. 그러므로 어느 사회나 일정한 수준의 범죄가 존재하는 것이 극히 정상적인 현상이라는 범죄정상설(犯罪正常說)[18]과 같은 입장에 안주할 수 있는 사회가 아니라면, 범죄인들에 대한 기존의 조치와 형벌체계의 기존의 가정(假定) 등에 대한 성찰적 재고와 수정작업은 당위적인 과제로 존재할 수밖에 없다.

교도소(矯導所, correctional institution)의 명칭이 '교도하는 장소'이면서도 교정에 종사하는 공무원들도 그들이 추구하는 구체적인 목표와 방법에 확신을 갖지 못하고 있는 것이 오늘날 교도소의 전반적인 현실이다. 현 교도소의 형태가 교도 – 예컨대, 치료, 처우, 교육, 훈련 등 – 하기에 적합한 장소가 아니라면, 보다 전문적이고 다양한 형태의 모습으로 변화되어야 한다. 진정한 교정을 위한 활동이 폐쇄적인 시설 내에서는 보장될 수 없는 구조에서 이루어지고 있다면, 교정의 장소를 대폭 타 장소 – 예컨대, 지역사회 – 로 옮겨 보다 개방적이고 탄력적인 운영이 폭넓게 이루어지도록 해야 한다. 그 모든 것을 국가기관에서 수행하기에 부적합하다면, 민간부문으로 양도될 수 있는 영역을 적극적으로 확대하여야 한다. 교정인은 과거 서구의 교정 역사 속에서 – 오늘날 일부 선진국가의 부정적인 교정실상에도 불문하고 – 가석방과 보호관찰과 부정기형과 과학적 분류심사와 혁신적인 형법개혁이 어떻게 시발되었고 정착되었는가를 고찰하여 그 개혁의 동기와 과정을 학습해야 한다.

무엇보다도 중요한 것은 범죄인에 대한 기존의 이분법적 접근 – 가해자를 처벌할 것인가? 혹은 치료(교육)할 것인가? – 과 같은 경직된 가정(假定)[19] 및 그 효과에 대한 비판적

18) 에밀 뒤르켐(Emile Durkheim, 1858~1917)은 범죄가 불가피한 사회적 모순에서 기인한다는 입장에서 일정 수준의 범죄는 정상적인 것으로 보고, 일정 수준 이상의 경우만 병적 현상으로 보았다. 어느 수준까지의 범죄는 사회 진보에 필요하다는 일종의 '범죄 필요설'을 주장하기도 하였다.

19) 형사사법계의 보수와 진보 어느 진영에서든 두 가지 가정을 공유한다. 국가의 공권력 독점주의와 '가해자와 피해자'에 대한 가정이다. 첫째는 범죄행위는 국가의 형벌법규를 위반한 국가에 대한 위해행위이므로 국가가 범죄의 일차적 당사자이며 피해자라는 가정에서 가능한 것이다. 둘째로는 범죄자는 '나쁜 사람'으로 고쳐져야 할 사람이고, 그 밖의 사람은 모두 '좋은 사람'으로 고쳐질 필요가 없는 사람이라는 공통된 가정이 존재한다. 다만 두 진영 간의 차이는 나쁜 사람에 대해 보수 측은 처벌을, 진보 측은 교육이나 치료를 강조한다는 점이다. 이러한 패러다임에서는 피해자 측의 입장과 사회구성원의 책무는 제외되어있다. 이에 대해서는 제10편 제2장을 참고할 것. (이백철, "교정학 담론의 인문학적 모색: 평화주의 범죄학과 회복적 사법", 교정담론 창간호, pp.1-12, 2007.; "200년 구금형제도의 재조명과 인본주의 형벌체계의 탐구: 평화교정학", 「교정담론」, 제7권2호, pp.1-32, 2013.)

검토를 통해 형벌과 행형의 혁신적인 새로운 질서를 찾는 작업이 진행되어야 한다. 이는 교정의 최종적인 지향점은 시설 내의 삶의 환경을 사회 내의 삶의 그것과 최대한 근접하게 만드는 것이라는 개혁가들의 염원을 실천하는 것이다. 이는 또한 교정영역을 초월하여 모든 사회구성원들이 자신에 대한 성찰적 자세를 가지고 타인을 진정한 이웃으로 여기는 공동체적 인식을 내면화함으로써 이루어질 수 있다.

제1부 교정학 이론

제1편
총론

Chapter_ 1
교정의 의의와 교정학의 특성

제1절 교정의 의의

1. 교정과 교정학

우리는 범죄자에 대한 형의 집행과정을 왜 교정이라고 칭하는가? 이는 판결 후 범죄자를 관리하는 데 있어서 중요한 기능이 범죄자의 교정이라는 의미일까? 이러한 물음에 답하기 위해서는 그 용어의 역사적 유래와 철학적 배경을 이해함이 필요하다. 일반적으로 용어라 함은 그 기능, 임무, 그리고 기대 등의 내용을 반영한다.

교정(矯正) 혹은 교정학은 영어의 'Corrections'에서 번역된 것인데, 그 이전에는 행형(行刑) 혹은 행형학(Penology)이라는 용어가 주로 사용되었다. Penal은 형을 집행한다는 뜻으로, 형벌(punishment)을 의미하는 라틴어인 peonalis에서 유래하였다. Penology(행형학)는 형벌에 관한 학문(the study of punishment)을 의미하였다. 미국에서도 1950년대 이전까지는 범죄자에 대한 제재를 실시하는 기능, 구성, 행위 등을 표현하는 데 penal이라는 용어를 사용하였다. 즉 형 집행 장소로서 형무소(prisons)나 행형제도(penal systems)와 같은 용어들이 시사하는 바와 같이, 판결 후 범법자를 다루는 기관이나 제도들의 기본적인 기능이 '형의 집행업무'에 있었음을 보여주고 있다.[1)]

유럽의 경우에도 교도소개량운동이 전개되기 이전에는 남녀, 노소, 범죄유형 등과 관계없이 함께 잡거시키는 형태를 취하여 비인권적임은 물론 범죄성을 더욱 악화시키는 구금환경이 존속되고 있었다. 극히 제한된 사례로서 1700년대 이탈리아의 산 미켈레(San Michelle) 교도소, 벨기에의 겐트(Ghent) 교도소 등에서 야간 독거, 주간 공동작업의 형태로 운영하면서 노동과 정신적 순화를 지향하는 교화 중심의 인도주의적 처우가 시도되기도 하였으나 전반적인 확산으로 이어지지는 못하였다. 18세기 후반에 이르러 미국 대륙에서 건국과 함께 형벌집행의 장소로서 현대적 의미의 교도소가 출현한 이래 그 기능이 변화되면서 확대되기 시작하였다. 1790년 최초로 범법자를 수용하도록 설계된 시설로서 '월넛가 교도소'(Walnut Street Jail)가 설립되었는데, 그 기본적인 목적은 범법자의 교화와 개선에 있었다. 존 하워드(John Howard, 1726~1790)가 제창한 독거제와 교회의 참회사상이 결부된 형태로서, 수형자를 사회로부터 격리시켜 명상을 통해 과거를 성찰하고 성경책을 읽게 함으로써 범법자들을 회개시키고자 하였다.[2)] 따라서 이러한 수용시설 역시 '회개하는 집'을 의미하는 penitentiary로 명명되기도 하였다.[3)] 행형학이란 형벌에 관한 학문으로 정의되지만 그 내용 면에서는 수용시설 및 사회 내에서 형벌을 집행하는 다양한 행위, 이론, 운영 등이 폭넓게 포함되어왔다. 이후 1950년대에 이르러서는 행형제도의 목적이 처벌로부터 범법자의 사회복귀로 대치됨에 따라 오늘날에는 범법자를 수용하는 시설 내 처벌 및 처우, 지역사회 처우프로그램, 그리고 관련 서비스를 모두 통괄하는 것으로 정의되고 있다.[4)] 여기에는 범죄행위로 기소된 사람의 구치, 교도소 내 수용자 관리, 약물중독자나 정신질환자와 같은 수용자들에 대한 처우, 지역사회 내 범법자의 지도감독, 출소자들이 지역사회로 전이되는 과정에서의 주거 및 관련 서비스 제공 등이 포함된다.

오늘날 대부분 교정행정가들은 과거와는 다르게 보다 폭넓은 임무와 책임을 인식하고 있다. 보다 통합적인 접근방식을 통해 사회의 안전을 도모할 수 있다는 점을 이해하고 있다 하겠다. 단기적으로는 구치소에의 구치나 교도소에의 구금을 통해 사회구성원들을 범

1) Seiter, Richard P., *Corrections: An Introduction*, Pearson Prentice Hall, 2005. p.4.

2) 제2편 chapter_1 제3절 '형벌과 교정의 사회적 변천사', 제4절 '미국교정의 역사'를 참고할 것.

3) 오늘날에도 교도소라는 의미로 사용되고 있는 이 용어는 중세시대에는 '회개하는 집'을 일컫는 말이었다.

4) Silverman, Ira J., *Corrections: A Comprehensive View*, Wadsworth/Thomson Learning, 2001, p.2.

죄로부터 보호하며, 장기적으로는 수형자들에게 처우프로그램과 서비스를 제공함으로써 재범의 가능성을 억제하고 생산적인 준법시민으로 개선시킬 수 있다고 보는 것이다.[5)]

2. 행형과의 구별개념론

우리나라에서는 학계는 물론 실무계에서도 행형과 교정이 혼용되어 사용되는 경향이 있다. 그러나 앞서 기술한 바와 같이, 행형과 교정은 개념적으로 구분될 수 있다. 행형은 응보형주의하에서 구금확보 기능을 위주로 하던 시대에 주로 사용된 반면, 교정은 근대 이후 교육형주의가 대두됨에 따라 범죄인의 교화 · 개선을 통한 사회복귀를 강조하면서 생성된 개념이다. 또한 행형이 자유형의 집행을 가리키는 법적 성격을 나타내는 반면, 교정은 자유형의 집행목적이 범죄인을 교육 · 개선시켜 재사회화시킴에 있다는 목적개념에 중점을 두고 있다.[6)] 그리고 행형이 교정의 형식적 · 법률적 측면을 강조한 것이라면, 교정은 행형의 실질적 · 이념적 의미를 강조한 개념이다. 즉 행형에는 수형자의 교화개선이라는 목적 이외에 응보, 일반예방, 고통의 부과 또는 격리에 의한 특별예방 등 다른 목적까지 포함하고, 교정은 수형자의 교화개선을 다른 목적보다 중요시하거나 이를 우선적으로 추구한다는 현대 교정이념을 담고 있다.

제2절 교정학의 정의

교정학(矯正學, Corrections)이 과연 어떠한 학문인가의 문제, 즉 교정학의 정의(定義)는 관점에 따라서 상당한 차이가 있을 수 있다. 접근하는 관점에 따라 여러 종류의 정의가 존재한다는 자체는 매우 자연스런 현상이지만, 그중에서 가장 보편적으로 받아들여져야 할 정의는 보다 심중한 논의의 과정을 거쳐야 한다. 올바른 정의가 중요한 이유는, 일단 어느 것이 고착이 되면 의외로 많은 사람들이 그 기존의 틀을 벗어나지 못하기 때문이며, 이에 따른 파급효과가 상상할 수 있는 이상으로 크기 때문이다. 즉, 무엇인가가 고착되면 그 다

5) Ibid, pp.5-6.

6) 김화수 외, 「한국교정학」, 한국교정학회, 2007, pp.5-6.

음 행하는 단계에서는 고착된 그 무엇의 범주 안에서만 행하려 하는 것이 일반적인 현상이기 때문이다. 그러므로 교정학에 대한 정의는 변화하는 보편적인 시대적 상황에 부합되고 인본주의에 바탕을 둔 미래지향적인 이상향을 추구하는 차원에서 정착되어야 할 것이다.

교정학의 정의를 내리는 데 있어서, 하나의 방법은 그것이 일반 기타 학문과 구별되는 차이점을 분석함으로써 시작하는 것이다. 우선적으로 가장 구별되는 점은 그 대상(對象)에 있다. 기존의 정의에서는 교정학의 대상이 비행이나 범죄 혹은 비행자나 범죄자라는 점에서는 이의(異義)가 없는 듯하다.[7] 그러나 학문의 대상만을 고려하면 그 용어는 교정학보다는 범죄학이나 비행학이 보다 구체적이고 합당한 표현으로 볼 수 있다. 그러나 교정(矯正)이라는 용어에는 대상을 '바르게 고친다'는 목적지향적인 내용이 포함되어 있어 그 이상의 의미가 부여되어야 한다.

다음은 교정이 이루어지는 장소(場所)이다. 여기에서의 문제는 대개의 일반인들은 교정이 이루어지는 장소를 범죄인들이 수용되는 특수한 시설로만 국한하여 이해한다는 것이다. 교정의 장소와 관련된 일반적인 통념은 교정의 행위를 특히 교도소 혹은 소년원과 같은 교정시설 내에서 이루어지는 것만으로 한정하고 있다고 볼 수 있다. 그러나 이 경우도 교정의 장소만을 고려하면 교정학보다는 교도소학이나 소년원학이라는 표현이 더 적절하다 할 것이다.[8]

다음으로 교정학의 정의와 학문적 성격을 규명하기 위해서 먼저 '교정'의 정의에 대한 기존의 이론과 주장을 이해해야 한다. 이 과정을 통해서 기존의 정의나 주장이 갖는 문제점을 이해하고, 미래에 지향해야 할 바를 제시할 수 있다. 그간 통상적으로 교정에 대한 정의는 그 범주에 따라, 협의적 및 광의적 정의로 구분되었으며, 그 목적에 따라 소극적 및 적극적 의미의 정의로 구분되어왔다. 본 장에서는 범주와 목적에 따른 정의를 기술하고, 후반부(제10편 Chapter2 제3절)에서 기존의 정의체계의 틀을 초월하는 교정학이 나아가

---

7) 서문에서 기술된 바와 같이, 오늘날 형사사법체계의 기저에는 법적으로 형을 받은 범죄자는 나쁜 사람으로 고쳐져야 할 대상이고, 그 밖의 사람은 모두 좋은 사람으로 정의되어 고쳐질 필요가 없는 대상이라는 가정이 존재한다. 그러나 형을 받지 않은 모든 사람이 좋은 사람이라는 가정이 갖는 문제점을 지적하고, 사회구성원 모두가 공범(共犯)적 지위를 가진 교정의 대상으로서 회개하고 용서하는 입장에 서야 한다는 주장이 대두되고 있다. 제10편 chapter_2 제3절 참조; 이백철, "200년 구금형제도의 재조명과 인본주의 형벌체계의 탐구: 평화교정학", 「교정담론」, 제7권2호, pp.1-32, 2013.

8) 범죄인 처우에 있어서 시설 내 처우는 물론 사회적 및 사회 내 처우가 함께 중요하게 다루어짐에서 볼 수 있는 바와 같이 지역사회교정은 교정의 불가결한 영역으로 정착되었다. 더 나아가 교정에 있어서의 '안'과 '밖'의 개념은 교정시설과 지역사회와의 연계 차원을 넘어 사회구성원 간의 상호주체적 관계를 정립한다는 차원에서 논의가 요구된다. 이백철, 상게논문 참조.

야 할 학문적 미래상을 제시한다.

1. 교정의 협의적(狹義的) 및 광의적(廣義的) 정의

통상적으로 우리나라에서는 교정을 그 범주에 따라 협의적 및 광의적 의미로 구분하여 정의하고 있다. 즉, 협의의 교정은 교정시설 내에서 이루어지는 제반교정행위만을 범위로 하며, 광의적 교정은 비행 소년이나 범법자를 대상으로 하는 교정시설에서는 물론 학교나 가정, 그리고 일반사회 단체 등을 포함한 모든 분야에서 행해지는 행위를 포함한다. 그러나 실제에 있어서는 협의적 의미의 교정을 사실상 교정의 정의로 받아들이는 경향이 있다. 즉, 학문적으로 보면 교도소학이나 소년원학을 교정학으로 간주하는 경향이 있다는 것이다.

교정을 보다 규범하저 용어로 정의하면, 협의로는 징역형, 금고형, 노역장 유치를 받는 자와 구류형을 받은 자에 대하여 교도소 내에서 형을 집행하는 절차를 의미한다. 즉, 교정과 행형 그리고 시설 내 처우의 의미를 동일한 개념으로 이해하는 것이다. 한편 보다 확대하여 자유형의 집행 외에 미결구금과 자유박탈적 보안처분의 집행까지 포함하는 개념으로 보기도 한다. 다음으로, 광의의 정의에서는 협의의 교정 외에 보호관찰, 갱생보호 등 사회 내 처우를 포함한다.

미국의 경우 대체로 교정을 광의로 이해하고 있으나, 우리나라에서는 교정과 보호를 구분하여 시설 내 처우만을 교정이라고 하고 보호관찰과 갱생보호 등 사회 내 처우를 보호라고 보는 것이 일반적이다. 이러한 현상은 업무 자체의 성격이나 효율성에서 기인했다기보다는 법무부직제가 교정본부(구 교정국)와 범죄예방국(구 보호국)으로 구분되어 있는 것과 관련이 있다.[9] 또한, 예외적으로 소년원과 치료감호소와 같이 시설 내 처우도 보호의 영역에 포함시키는 경우가 있어 보호의 개념에 혼란을 초래하고 있다.

그러나 보편적인 교정의 정의로는 광의적 의미의 정의가 정착되는 것이 바람직하다. 그 이유는 첫째, 교정환경이 급변하고 있기 때문이다. 지역사회교정의 확산, 비범죄화 추세[10],

9) 법무부 직제에 대해서는 제5편 chapter_1을 참조할 것.

10) 비범죄화(非犯罪化, Decriminalization) 추세는 시대환경 및 가치관의 변화에 따라 기존의 범법행위에 대한 정의(定義)체계가 적합하지 않게 됨으로써 일정한 범죄를 비범죄화하는 추세를 말한다. 이에는 통금위반, 매춘, 도박, 마리화나흡연, 임신중절, 간통 그리고 사상범죄 등이 대상이 될 수 있다.

새로운 범죄유형의 탄생[11], 피해자지위에 대한 새로운 인식, 교정의 민영화, 회복적 사법의 대두 등 기존의 교정시설이나 제도가 다루기 어려운 새로운 환경이 조성되고 있는 것이다. 우선 교정행위의 장소가 시설 내 보안 및 처우 중심으로부터 사회 내 감시 및 처우 중심으로 그 방향이 선회하고 있고, 동시에 시설과 지역사회와의 연계의 중요성이 강조되는 추세와 함께 교정활동에서의 민간부문의 역할이 증대되고 있다는 것이다. 또한 일정한 범죄에 대해 형사적 책임을 묻지 않는 추세가 존재하는가 하면, 기존의 시설 내 구금환경에서는 교육효과가 의문시되는 새로운 범죄유형들이 출현하고 있다.

둘째, 교정공무원의 역할을 분명히 해야 한다는 것이다. 현실적으로 가능하지도 않은 역할에 대해 명목상으로 책임을 지고 있음으로써 불필요하게 업무상은 물론 심리적 갈등과 부담을 안고 있다는 것이다. 예컨대, 어떤 흉악범죄가 사회문제로 갑자기 대두되었을 때, 사회 전반의 정화능력에 대한 분석보다는 사법기관의 후진성과 관련 공무원들의 무능 등이 우선적으로 거론되는 불합리한 측면을 보이고 있다. 따라서 교정의 정의는 사회를 구성하는 다양한 영역의 역할이 포괄되는 개념으로 정착됨으로써 범죄원인과 대책에 따른 그 책임과 의무에 대한 사회 각 부문의 역할이 재정립되는 방향으로 나아가야 할 것이다.

2. 교정의 소극적 및 적극적 의미의 정의

다음은 교정의 목적에 따른 구분으로서, 정의를 소극적 의미와 적극적 의미로 구분할 수 있다. 즉 소극적 의미에서는 범죄인이나 비행자의 범죄성(犯罪性)만을 제거하는 것을 목적으로 보는 것이다. 보다 소극적인 관점에서는 범죄성의 순화나 출소 후의 문제를 개의치 않고, 교정시설의 질서유지적 차원에서 대상자가 시설 내의 환경과 규율에 잘 적응할 수 있도록 취하는 제반활동들만을 의미한다. 다음으로 적극적 의미에서의 교정은 단순히 범죄성을 제거하거나 혹은 시설 내 환경에 순응하게 하는 차원을 넘어, 재범방지는 물론 준법시민으로서 사회제반활동에 적극적으로 참여하여 기여하는 사람으로 변화시키는 것까지를 포함한다.

이러한 다양한 관점을 고려해 볼 때, 교정학은 교정을 범죄행위를 구성하는 사회 각 부문 간의 상호작용의 결과로 발생하는 현상으로 보고 이에 대한 총체적인 사회대책의 일환

11) 대형 공무원비리, 기업형 범죄, 선거사범, 환경범죄, 사이버범죄 및 신용카드 범죄 등에 연루된 수형자들에게서 기존의 관행적 교정처우방식을 통해 개선효과를 얻을 수 있는가는 논쟁의 대상이 될 수 있다.

으로서 연구하는 학문으로 정의하는 것이 타당한 것으로 보인다. 그럼으로써, 교정공무원 및 일반인들이 교정을 사회 전반적인 틀에서 바라볼 수 있게 되고, 사회와 연계된 교정체계가 이념적으로 그리고 제도적으로 자리 잡을 터전이 마련될 수 있는 것이다. 다음 단계의 문제는 정규교정시설과 다양한 지역사회 자원 간의 연결체계를 어떻게 구성하느냐의 문제를 전향적으로 검토하는 것이다. 이러한 관점에서, 교정학은 광의적이고 적극적 의미에서 다음과 같이 정의 내릴 수 있다.

"교정학은 비행자 혹은 범죄자를 대상으로 그들이 안고 있는 비행성 또는 범죄적 요소를 순화시키고, 동시에 준법시민으로서 사회발전에 적극적으로 참여하여 기여할 수 있는 사람으로 변화시키기 위하여, 그들이 존재하는 교정시설 및 지역사회에서 다양한 사회 각 부문과의 연계 속에서 행해지는 제반활동을 연구하는 학문이다."

이와 같은 정의하에, 예컨대, 장소에 따라 시설 내 교정과 지역사회교정으로, 연령에 따라서는 성인교정과 소년교정으로, 보다 전문적인 치료나 처우를 요하는 범죄자에 대해서는 범죄유형에 따라 각각의 명칭으로 구분하면 되는 것이다. 그럼으로써, 일반시민과 교정공무원이 공동으로 교정활동에 참여하고 공동으로 책임지는 풍토가 조성되고, 역할의 적합성에 따라 관(官)의 역할이 점진적으로 민(民)으로 이양될 수 있는 이념적 기반이 마련될 수 있다. 동시에 각각의 범죄문제에 따라 전문적인 교육이나 치료가 실시될 수 있는 토대가 형성되어 궁극적으로 비행자 및 범죄자의 성공적 재사회화의 지름길이 될 수 있다고 본다.

그러나 협의와 광의 및 소극적과 적극적 관점의 정의 역시 여러 관점에서 문제점이 제기될 수 있다. 첫째는 무엇보다 범죄행위의 직접적인 당사자인 피해자가 제외되어 있고, 둘째는 행위의 범죄성 유무와 관계없이 사법적으로 처벌을 받은 사람들만을 그 대상으로 한다는 점, 셋째는 교정행위가 상위기관의 결정을 집행하는 하위조직으로서 고착된 피동성을 극복할 수 없다는 점[12] 등이 제시되고 있다. 이는 오늘날 사법체계의 구조, 형벌체계

12) 사법부에 의해 결정된 형을 집행하는 하부조직으로서 저평가된 위상, 일세, 군사정권 및 선정적 영상매체가 끼친 부정적 이미지, 교정업무에 대한 사회적 인식부족 및 교정 종사자들의 전문인으로서 직업의식의 결여 등이 교정기관을 피동적 조직으로 고착시키는 작용을 하고 있다. 이백철, "교정학 담론의 인문학적 모색: 평화주의 범죄학과 회복적 사법", 「교정담론」, (사) 아시아교정포럼, 창간호, 2007.

의 근간이 되는 가정(假定)[13] 및 사회저변의 환경 등과의 상호작용의 결과에서 비롯된 것으로, 이를 극복할 수 있는 새로운 패러다임에 입각한 정의와 개념이 설정되어야 할 것이다. 즉, 교정이 어떻게 정의되느냐, 그리고 교정업무의 범주가 어떻게 설정되느냐에 따라 교정학의 학문적 성격이 재평가되고 교정에 대한 사회적 인식이 재구축될 수 있을 것이다.

제3절 교정학의 종합 학문적 특성

교정학의 대상은 자유형 집행대상자 이외에 노역장 유치자, 사형확정자, 미결수용자, 보안처분 및 보호처분의 대상자까지를 포함한다. 따라서 비행이나 범죄를 저지른 사람들의 재사회화를 위한 처우방법을 연구하는 영역과 그 목적을 수행하고 있는 미결구금시설, 기결구금시설, 보호관찰과 갱생보호 조직의 관리연구를 포함하는 종합적인 성격을 갖는다.

교정학의 영역은 전 세계적으로 비행소년과 범죄인, 미결수용자와 기결수형자, 보호관찰대상자와 갱생보호대상자를 모두 포함하고 그러한 대상인원을 관리하는 조직과 기관 및 구성원 모두를 연구대상으로 포함하는 추세에 있다. 오늘날 우리나라에서도 학계는 물론 실무계에서도 정부조직체계상으로는 구분되어 있으나 개념적 및 업무의 속성상 통합적인 이해와 관리를 통해 효율적이고 효과적인 업무수행이 가능하다는 데에는 그 이해를 같이하고 있다.

이러한 교정학의 학문적 틀은 그 탄생의 시초부터 역사학, 사회학, 심리학, 규범학 등을 포함하는 다양한 학문의 결합으로 출발하였다. 교정학 발전에 기여한 대표적인 고전적 연구의 사례를 살펴본다면 그 종합적 특성을 이해하는 데 도움이 될 것이다.

역사학은 과거의 교정정책과 관행을 이해하고 시간의 흐름에 따른 교정의 변화와 발전과정을 연구함으로써 교정학의 학문적 발전에 기여하였다. 예컨대, 데이빗 로스먼(David J. Rothman)은 「수용소의 발견」(The Discovery of Asylum)이라는 저서에서 1800년대 초 미국 대륙에서 범죄자, 정신질환자, 비행청소년, 고아, 빈곤층을 위한 수용시설제도가 탄생한 사회적 배경을 역사적 접근을 통해 제시하였다. 그는 가족과 교회의 기능이 약화되고 지역사회 내 공동체가 해체되는 시기에 새로운 질서가 요구되는 과정에서 이를 대신할 수

13) 상게논문에서 기술된 바와 같이, 국가가 공권력을 독점한다는 가정과 주7)에 약술된 '가해자와 피해자'에 대한 가정을 말한다..

있는 대안으로 교도소가 탄생했다고 하였다. 식민지 시대와는 달리 수용시설이 사회문제의 해결을 위한 마지막 단계에서 처리장소의 역할을 한 것이 아니라 첫 단계에서 그 기능이 기대되는 적극적 의미의 메커니즘이었다고 기술하였다. 범죄의 원인으로서 가족과 지역사회를 포함한 외부 환경적 요인들이 중시되는 상황에서 외부의 악영향으로부터 범죄자를 보호할 수 있는 메커니즘으로서 교도소가 건설되었다고 하였다. 당시 사회적 상황이 심각하게 인식되고는 있었지만, 보다 진보된 새로운 사회를 건설함으로써 범죄문제와 같은 사회문제들이 척결될 수 있다는 낙관주의적 세계관이 반영된 결과물로서 교도소의 탄생을 설명한 것이다. 따라서 사회 안정이 절실히 요구되었던 건국의 시기에 미국 사회의 바람직한 제도적 모델로서 교도소라는 수용시설이 제시된 것이다.[14)]

사회학은 사회 내 조직과 과정, 개인과 집단 간의 상호작용을 연구하는 사회학자들이 일탈에 대해 관심을 가지고 교도소에 관한 연구에 공헌하였다. 예컨대, 어빙 고프먼(Erving Goffman)은 교도소를 외부세계와는 단절된 획일적인 환경을 특징으로 하는 일종의 전체주의적 성격의 제도(total institution)로 규정하고 수용자들이 그러한 환경 속에서 그들의 욕구를 어떻게 충족시키는가에 관심을 가졌다. 그는 군 캠프, 정신병원, 기숙사 등과 같은 폐쇄적이고 획일적인 전체주의적 시설을 교도소와 함께 분석하였다. 수용자와 시설 사이의 관계, 즉 어떻게 시설환경이 개인에게 영향을 미치며 각 개인이 그 안에서 삶을 어떻게 영위해 가는가를 다루었다. 조직이 개인의 정체성을 어떻게 변화시키는지 그리고 각 개인은 그러한 변화에 저항하기 위해 어떤 전략을 사용하는지를 기술하고 있다. 전체주의적 시설의 개념과 특징을 제시하고 이에 대한 비판적 관점을 논하였다. 그는 범죄인이 수용됨에 따라 생성되는 사회 내 재적응에 장애요소로서 '낙인효과'[15)]를 제시하기도 하였다.[16)]

그레셤 사이크스(Gresham Sykes)의 저서, 「수인들의 사회」(The Society of Captives) 또한 교도소에서의 권력과 힘의 관계에 관한 가장 대표적인 사회학적 연구로 알려져 있다. 수용자 통제는 수용자와 교도관 간의 묵시적인 합의에 의해 이루어지는데 수용자는 교도관의 권위에 공개적으로 도전하지 않고 교도소의 일상임무를 받아들이는 한편, 반대급부로

---

14) Rothman, David J., *The Discovery of Asylum: Social Order and Disorder in the New Republic*, Boston: Little, Brown. 1971.

15) 제3편 chapter_1 제5절 참조.

16) Goffman, Erving, *Asylums: Essays on the Social Situations of Mental Patients and Other Inmates*, Garden City, N.Y.: Anchor. 1961.

교도관은 수형자들 사이의 상호작용을 간섭하지 않으려 한다고 보았다.[17] 이 연구의 핵심은 교도관의 권위(authority)는 수형자와의 인간관계에서 비롯되는 부패에 매우 취약하다는 것이다. 물리적 여건상 수형자와 교도관은 친근관계(friendship)를 맺게 되며 또한 업무성격상 상호의존관계(reciprocity)가 생성되기 때문에 업무실행과정을 통해서 의도하지 않을지라도 교도관 중심의 일방적이었던 힘의 질서가 상호 상쇄되는 과정을 거쳐 상호의존적 관계로 변화한다는 것을 보여준다.[18]

심리학은 미시적 관점에서 교정학과 가장 밀접한 관련을 갖고 있는 영역이다. 교정(corrections)이란 용어 역시 심리학에서 유래된 것으로 사회에 반하여 범행을 한 사람은 무엇인가 잘못되었고, 그것은 치료되고 교정되어야 한다는 관념을 함의하고 있다. 교정처우의 대부분이 상담 등 심리학적 처우를 기반으로 한다고 볼 때 교정학의 발전에 가장 큰 공헌을 한 것으로 평가받고 있다. 예컨대, 1940년대 미국 미네소타 대학의 심리학자인 스타크 해서웨이(Stark R. Hathaway)와 정신과 의사인 조비안 매킨리(Jovian C. Mckinley)에 의하여 개발된 '미네소타 다면성 인성검사'(Minnesota Multiphasic Personality Inventory/MMPI)는 비정상적인 행동을 객관적으로 측정하기 위한 척도로서 범죄자의 인성상 비정상성 혹은 징후를 평가하여 상담 및 정신치료에 기여하기 위하여 사용되고 있다. 즉, MMPI는 수용자 행위에 대한 합리적 예측가능성을 측정하는 도구로 활용되었고 보안수준과 교정프로그램에 수용자를 합리적으로 배정하는 데 공헌한 대표적인 예라 할 수 있다.

마지막으로 교정은 형법에 의한 처벌의 요건과 그 결과에 따른 자유형의 집행에 관한 절차적 규정을 그 근간으로 하고 있기 때문에 헌법, 형법, 형사소송법, 형의 집행 및 수용자의 처우에 관한 법률, 보호관찰 등에 관한 법률 등과 같은 규범학체계는 교정학의 중요한 연구대상이며, 기존 행형학의 근간이라 하겠다.

---

17) 여기에 대해서는 제6편 교정사회 문화론을 참고할 것.

18) Sykes, Gresham, *The Society of Captives*, Princeton, N.J.: Princeton University Press, 1958.

제4절 교정학의 연구방법

1. 개관

오늘날 교정학 또는 범죄학의 연구는 관찰과 실험에 기초한 실증주의 연구방법이 주를 이루고 있다. 이는 단순한 사실의 기술과 수집뿐만 아니라 그 문제영역의 배경, 관련성 및 구조의 파악을 포함한다. 사회과학적 연구는 이론영역과 방법론영역으로 구성되어 있는데, 이론은 범죄와 범죄자가 되는 원인을 설명하는 등 현실을 합리적으로 설명하기 위하여 체계를 세우고 설정된 주제의 핵심적 내용을 설명한다. 이에 반해 방법론은 범죄의 발생량이나 범죄자의 유형분석 등 정확한 데이터와 객관적 사실들을 수집하고 분석하는 것을 내용으로 한다. 실증적 연구 없는 이론은 탁상공론이 될 가능성이 있으며, 이론적 설명 없는 실증적 연구는 단순한 사실들만의 집합에 불과하게 된다.

또한 교정학의 연구방법은 객관성과 윤리성을 기본전제조건으로 하고 있다. 사회과학적 연구에서 가장 중요한 자세는 객관성의 유지이다. 즉, 연구자의 주관이 배제된 가치중립적 연구방법이 전제되어야 한다. 그리고 연구자의 자의적인 판단과 선택을 통하여 자신이 원하는 결론을 이끌어내려고 해서는 안 되며, 조사대상자에게 피해를 주는 조사방법을 피해야 하고, 조사자와 조사대상자 사이에 존재하는 신뢰와 의무를 내용으로 하는 호혜성이 존중되어야 한다.

2. 연구방법

1) 공식적 통계분석(범죄통계, 공식범죄통계자료)

수사기관 등 정부기관이 범죄 및 조사 · 집계한 공식통계표를 분석하여 사회의 대량적 현상으로서 범죄의 규모 또는 추이를 파악하는 방법으로 오늘날 전 세계적으로 가장 일반적으로 사용되는 방법이다. 이러한 공식적 통계분석은 범죄율의 일반적인 경향과 시기별 변화파악에 유용하고, 자료획득에 있어서 용이하며, 범죄율과 같은 양적인 측면[19]의 연구

19) 일반적으로 범죄율은 인구 100,000명당 범죄발생건수를 계산하여 산정한다. 이는 인구 대비 범죄발생건수를 비교할 수 있다는 점에서 유용한 자료이지만 중요범죄와 상대적으로 가벼운 범죄가 동등한 범죄로 취급되어 통계화된다는 문제점이 지적된다.

〈참고자료〉 – 암수범죄

1. 개념

현실적으로 범죄가 발생은 하였으나 공식적으로 보고되지 않아 범죄통계에는 나타나지 않는 범죄를 말한다. 영어로는 hidden crime 혹은 dark figure of crime이라고 일컬어진다.

2. 암수범죄의 원인

일반적으로 경찰에 가장 많이 신고되는 범죄는 살인이나 자동차 절도로 알려져 있다. 신고 되는 범죄의 특징은 미수보다는 완결된 범죄, 신체적 상해가 발생한 범죄, 무기가 사용된 범죄, 가해자와 직접적으로 대면한 범죄, 그리고 상당한 금전적 손해를 입힌 범죄인 것으로 나타났다.[21)]

신고하는 가장 중요한 요인은 범죄의 심각성의 정도였고, 신고하지 않는 일반적인 이유는 신고해봐야 도움이 안 된다거나 개인적인 프라이버시를 지키기 위한 것으로 나타났다. 이에 대한 보다 구체적인 원인은 아래와 같이 구분될 수 있다.

(1) 절대적 원인

매춘, 간통, 낙태, 도박, 마약수수와 같은 피해자가 없거나 피해자와 가해자의 구별이 어려운 범죄에서 많이 발생하게 된다. 이러한 범죄의 상당수의 경우는 일반인들의 고소·고발이 거의 기대될 수 없기 때문이다. 또한 강간, 강제추행 등과 같은 성범죄의 경우 피해자가 수치심 때문에 범죄 신고를 하지 않은 경우가 많고, 범죄 신고에 따른 불편과 범죄자에 의한 보복의 두려움 등이 절대적 암수범죄의 발생 원인이 된다.

에 도움을 주는 장점이 있다. 그러나 암수범죄의 문제점과 범죄의 질적 비중의 파악 및 범죄의 인과관계의 해명이 어렵다는 문제점이 있다.[20)]

2) 실험적 관찰방법

설정된 가정을 검증하기 위하여 제한된 조건하에서 반복적으로 이루어지는 관찰을 의미한다. 경험과학적 연구에서 실험은 가장 효과적인 방법 중의 하나로 인정되고 있는데

---

20) 우리나라 범죄통계의 예를 보면 범죄백서(법무연수원), 범죄분석(대검찰청), 청소년백서(문화체육관광부), 경찰백서(경찰청), 교정통계연보(교정본부), 보호관찰통계(범죄예방정책국) 등이 있다.

21) Sykes, Gresham M. and Frances T. Cullen, *Criminology*, 2nd, Harcourt Brace Jovanovich College Publishers, 1992. pp.76–77.

(2) 상대적 원인

수사기관에 인지는 되었으나 해결되지 않은 범죄로 수사기관과 법원과 같은 사법기관의 자의 내지 재량이 그 원인으로 지적되기도 한다. 즉, 사법절차에서 그 주체에 해당하는 경찰, 검찰, 법관 등이 개인적인 편견이나 가치관에 따라 범죄자에 대하여 차별적인 취급을 함으로써 암수범죄가 발생한다는 것이다.

3. 암수범죄의 조사방법

(1) 직접관찰

범죄행위에 직접 참가하여 관찰하는 방법인 참여적 관찰방법과 유리벽을 통한 관찰이나 숨겨진 카메라로 촬영하는 비참여적 관찰방법이 있고, 범죄의 발각위험성을 알아보기 위한 실험적 연구방법이 이에 해당된다.

(2) 간접관찰

일정한 집단을 대상으로 개개인의 범죄나 비행을 면접이나 설문지를 통하여 스스로 보고하게 하여 암수범죄를 측정하는 자기보고식 방법(Self-report Survey)과 암수범죄의 조사방법으로 가장 많이 활용되는 것으로 실제 범죄의 피해자로 하여금 범죄의 피해경험을 보고하게 하는 방법인 피해자조사(victim survey)가 있다. 또한 법집행기관에 알려지지 않은 범죄나 비행을 인지하고 있는 자로 하여금 이를 보고하게 하는 것으로서 피해자 조사에 의해서도 밝혀지지 않는 범죄를 밝히기 위한 보조수단인 정보제공자 조사가 있다.

이는 보통 새로운 제도의 효율성을 미리 점검하는 데 많이 이용된다. 예를 들어 가택구금제도를 새로이 설정해 놓고 그 안에서 일어나는 피구금자의 행동상 반응의 차이를 교도소 내에서의 경우와 비교하여 살펴보는 것이다.

실험적 관찰방법은 적은 비용으로 원하는 내용을 신속하고 쉽게 자료화할 수 있다는 장점이 있다. 그러나 실험여건이나 대상의 확보가 쉽지 않고 자연사실이 아닌 인간을 대상으로 한다는 점에서 실행의 곤란함이 있으며, 조사대상자의 수가 소수에 그칠 수밖에 없어 그 결과를 일반화하기 어렵다는 문제점이 있다.

3) 참여적 관찰방법

현장조사라고도 하는 것으로, 예컨대, 직접 범죄자 집단에 들어가 함께 생활하면서 그들의 생활을 관찰하는 조사방법을 말한다. 참여적 관찰방법은 체포되지 않은 범죄자들의 일상을 관찰할 수 있으므로 범죄인에 대한 생생한 실증자료를 얻을 수 있고, 일반적인 범죄통계나 수형자들을 대상으로 하는 설문조사 등의 방법보다 타당성이 높다는 장점이 있다. 그러나 조사방법이 소규모로 진행되기 때문에 연구결과를 일반화하기 어렵고, 조사방법의 성격상 많은 시간이 소요되며, 객관성을 유지하지 못한 채 조사대상자들에게 동화되거나 반대로 이들을 혐오하는 감정을 가질 수 있다는 문제점도 있다.

4) 개별적 사례조사

조사대상자에 대한 개별적 사례조사나 그의 과거사를 조사하는 것으로 일기나 편지 등 개인의 극히 내밀한 정보의 획득이 요구된다. 개별적 사례조사는 참여적 관찰방법과 마찬가지로 조사대상자에 대해 가장 깊이 있는 이해를 할 수 있으므로 조사대상자의 장래에 관한 대책수립이 용이하다는 장점이 있다. 그러나 연구자의 인적 범위가 지나치게 협소하므로 연구자의 편견, 사례의 왜곡된 선정 가능성, 일반화된 현상으로서의 활용이 곤란하다는 단점이 있다.

5) 표본집단조사

범죄자의 일부를 표본으로 선정(실험집단)하여 이들을 정밀 관찰한 결과를 전체 범죄자에게 유추 적용하여 그 전체 상황을 파악하는 조사방법을 말한다. 표본집단조사에서는 조사대상으로 선정된 집단과 대비되는 정상인집단(대조집단)을 조사하여 양 집단을 비교하는 방법을 취한다.

이러한 표본집단조사는 비교적 쉽게 자료를 계량화하여 실험집단과 대조집단 간의 차이를 찾아낼 수 있고, 정보수집의 방법이 체계적이고 객관성이 높으며, 비교적 많은 사람들을 대상으로 다량의 자료를 한꺼번에 수집할 수 있다는 장점이 있다. 그러나 대표성 있는 표본선정이 쉽지 않고, 표본조사의 결과와 사실 사이의 상호연결 관계를 명확히 규명하기 어려우며, 시간적 차원에서 변화를 분석할 수 없다는 단점이 있다.

6) 추행조사(Follow-up Study)

추행조사 시 실험집단과 비교되는 대조집단을 동일한 시간적 범위 내에서 상호비교하는 것이 아니라, 일정 시점과 일정한 시간이 경과한 다음 추적하여 시점 간의 차이를 비교하는 방법을 말한다. 일정한 시간적 연속성 속에서 대상자들을 추적 · 조사함으로써 조사대상자들의 변화를 관찰할 수 있다는 장점이 있다. 그러나 개인에 대한 추행이 인권적 측면에서 사생활 침해라는 결과를 가져올 수 있고, 대상자의 심리상태를 정확히 파악하는데 한계가 있으며, 대상자가 추행되는 사실을 알게 되면 의식적인 행동을 하게 되어 자연적 상태에서의 동정이 왜곡될 수 있다는 단점이 있다.

7) 코호트 연구(Cohort Study)

유사한 특성을 공유하는 사람의 집단(Cohort)을 시간의 흐름에 따라 관찰하는 것으로 코호트 연구를 신중하게 선택한다면 어떤 경험이 범죄경력을 낳는지에 대한 결론을 내릴 수 있다. 코호트를 시간의 흐름에 따라 추적하는 것은 수월하지 않고, 비용과 시간이 많이 소요되기 때문에 현재시점에서 코호트를 선정한 후 과거기록을 수집하는 접근법인 회상적 코호트 연구 등이 주로 이용된다.

8) 관찰과 면접 연구

상대적으로 소수의 연구 대상자에 집중하여 심층면접하거나 행동을 면밀히 관찰하는 것으로 범죄자의 동기와 행동을 심도 있게 이해하기 위한 방법으로 이용되고 있다. 대규모 설문조사에서 결여되는 심층적 데이터를 얻을 수 있는 장점이 있다. 따라서 대규모 표본집단에 대한 조사와 병행하여 실시함으로써 상호 장단점을 보완하는 방식이 활용되기도 한다.

9) 메타분석(Meta-analysis)

메타분석에 대한 다양한 개별연구들을 종합하고 분석하여 객관적인 결론을 도출하고자 하는 통계학적 분석법이다. 다수의 연구결과들로부터 모아진 데이터는 하나의 연구에서 나온 결과보다 강력하고 타당한 지표로서 인과관계를 제시할 수 있어, 공공정책의 효과를 평가하는 수단으로 널리 받아들여지고 있다. 각 개별선행연구의 주관적 편파가능성이 극복될 수 있어 일반화가능성이 제고되며, 또한 효과의 크기와 그 불확실성을 정량화할 수 있어 검정력과 정확성이 증대된다 하겠다. 예컨대, 각 교정치료프로그램의 효과(재범률)의 크기들, 즉 재범률 감소 혹은 증가의 크기들을 통계적 의미의 유무와 상관없이 합산하여 효과의 평균 크기를 숫자로 산출하는 것이다. 따라서 범죄학자들은 특정한 결과변수에 대해 효과적인 요인과 비효과적인 요인을 구별해낼 수 있기 때문에 이러한 자료를 활용하여 실증적이고 효과적인 프로그램의 기준을 제시할 수 있다.[22)]

10) 질적 연구방법과 양적 연구방법의 비교

질적 연구방법과 양적 연구방법의 특징과 차이는 다음과 같이 요약될 수 있다.

양적 연구방법	질적 연구방법
객관적 측면 주목	주관적 측면 주목
사회현상의 인과관계를 밝혀 법칙을 발견하고 인간행동 예측	사회현상에 대한 심층적 이해에 적합
자료의 계량화	개인의 주관적 해석
객관적 관찰이 가능한 행위 연구	객관적 관찰이 곤란한 사건의 동기나 의도 연구
설문지법(표본집단조사 등), 실험법	심층면접, 참여적 관찰
객관성 높음	객관성 낮음

제5절 교정학의 접근방식

1. 범죄, 교정과 사회

범죄는 재론의 여지없이 심각한 사회문제이다. 경우에 따라서는 사회적으로 지대한 파장을 일으키고, 강력한 사회적 대응을 야기하기도 한다. 또한, 범죄는 자주 일반인들의 공

22) 이백철, "Nothing Works와 교정치료프로그램의 재평가", 「교정연구」, 2007, pp.7-41. 그간 시도된 메타분석의 대표적인 사례는 1950~1991년 사이에 영어권 국가에서 시행된 443개 청소년치료프로그램의 평가연구를 분석한 Lipsey의 연구와 1968~1997년 사이에 시행된 재범률을 결과변수로 측정한 900개의 프로그램을 분석한 Lipton 등의 연구가 있다. Lipsey, Mark W., "What Do We Learn from 400 Research Studies on the Effectiveness of Treatment with Juvenile Delinquents?" in J. Mcguire(ed), *What Works: Reducing Reoffending*, New York: Wiley, 1995; Lipton, Douglas, Robert Martinson, and Judith Wilks, *The Effectiveness of Correctional Treatment: A Survey of Evaluation Studies*, New York: Praeger, 1998.

포와 분노를 자아낼 뿐만 아니라, 이는 곧 반사회적 행위에 대한 국가의 통제행위로 이어진다. 경찰, 검찰, 법원 및 교정은 범죄에 대한 공식적인 사회적 대응을 담당하는 국가기관이다. 그러나 이러한 기관들의 범죄통제전략이 효과적이지 못할 때에는, 범죄행위 자체의 사회적 파장은 물론이고 통제전략행위 자체가 사회적 문제로 제기된다. 예컨대, 80년대 미국과 같은 국가에서 발생한 교정정책의 실패—과잉수용, 인권유린, 폭력 및 폭동, 고비용 등—는 수많은 미국인들에게 교정 부문의 위기가 곧 중요한 사회문제가 될 수 있다는 것을 인식시켰다. 당연한 그 결과로서 교정의 위기에 대한 해결책으로 교도소개혁의 당위성이 대두되기도 하였다.

그러나 교정의 실질적인 변화는 범죄의 근원이 되는 사회적 문제들—빈곤, 폭력, 약물남용, 부적절한 교육 등—이 해결되지 않고서는 이루어질 수 없다는 것은 자명한 일이다. 그러나 실제 범죄와 교정을 논하는 데 있어서 빈곤과 교육과 같은 사회문제들은 항상 뒷전에 밀려 있었다. 이와 같이, 실제 정책결정단계에서 사회의 근원적인 문제들이 중시되지 않는 이유는 다양하게 설명되고 있나. 일부에서는 형사사법제도 자체가 불완전한 구조로 이루어져 있어, 범죄의 양상과 교정의 행태를 결정하는 복잡한 사회현상을 다루기에 적합하지 않다고 주장한다. 또한, 형사정책, 법률체계, 판결제도 및 교정을 어떻게 인식하느냐에 있어서 사회적 합의가 결여되어 있기 때문이라는 주장도 존재한다.

수많은 사회문제들과 같이 교정 역시 사회근원적인 시각에서 접근해야 한다는 것은 당연한 상식으로 볼 수 있다. 따라서 사회문제들에 대한 지식과 범죄와 교정에 대한 지식을 연계함으로써 보다 적확한 분석이 가능할 것이다. 생산적인 변화와 개혁을 이루기 위해서는 범죄, 교정 그리고 사회와의 관계에 대한 지적인 이해가 전제되어야 한다.

요약하면, 교정은 사회적 맥락에서 사회를 바라보는 방식으로 접근되어야 한다는 것이다. 이러한 접근은 교정을 법집행 과정으로 간주하고 있는 행정적 및 법적 접근과는 근본적으로 다르다. 물론 제도적 접근의 중요성을 간과한다는 의미는 아니며, 사회적 문제에 대하여 당연히 사회적인 접근을 시도함으로써 기존의 접근방식의 문제점을 극복할 수 있다는 것이다. 범죄는 다른 여타 문제와 같이 경제, 정치, 종교, 도덕, 과학기술과 연계된 사회적 조건 속에서 존재한다. 또한 교정 역시 범죄에 대한 사회적 대응으로서 존재하는 것이며, 동시에 사회적 대응에 따라 범죄양상과 범죄문화가 형성된다는 근본적인 인식이 필요하다. 이러한 인식이 보편화됨으로써 전술된 바와 같이 광의적이고 적극적인 의미의 정의가 정착이 되고, 더 나아가 사회 모든 구성원에 대한 정화(淨化)와 변화를 창출할 수 있는 능동적 영역으로 새롭게 자리 잡을 수 있을 것이다.

2. 지적 분석의 틀의 개발

사회현상에 대한 사실적인 기술을 넘어 분석적 접근방식을 통한 이해의 폭을 넓히는 것은 사회과학도가 추구해야 할 지극히 당연한 태도이다. 예컨대, 교정시설에서의 심각한 약물남용자 문제에 접근하는 데 있어서 약물남용, 범죄, 교정 부문 간의 사실적 관계를 파악하는 것은 필수적인 사항이다. 따라서 사실적 관계를 기반으로 보다 다양한 맥락에서 조명하는 분석적 접근의 단계를 거친다면 보다 완벽한 이해와 대책을 구하는 데 도움이 될 것이다. 다양한 차원의 맥락적 분석은 논쟁거리에 대한 토론이 왜 중요한가를 이해하는 데 도움을 준다. 예컨대, 마약사범에 대한 최소형량의 의무화와 같은 엄벌주의가 지속되어야 하는가? 마약중독자는 치료대상자인가, 처벌대상자인가, 아니면 양쪽 모두에 해당되는가? 마약범죄는 비범죄화되어야 하는가? 약물사범에 대한 중간처우제도나 중간처벌제도[23]의 적용이 적합한 것인가? 성범죄자들에게 성충동 억제약물치료를 강제해야 하는가? 등과 같은 다양한 맥락 속에서 문제들이 제기될 수 있다. 대부분의 범죄통제정책들은 복잡한 성격을 안고 있으며 각 이슈마다 고려해야 할 다양한 측면을 갖고 있다. 약물남용문제에 있어서도 기존의 정책에 입각한 즉흥적인 집행이 이루어지기 이전에 그 이슈에 대한 다면적이고 체계적인 분석이 필요하다. 그에 따라 특정한 사회문제로서의 약물남용 문제가 범죄와 교정 부문 등과의 상호연계 속에서 이해될 수 있는 것이다.

각 이슈에 대한 분석적 접근은 교정정책이 어떻게 설계되고 집행되어야 하는가에 대해 폭넓은 여지를 제공한다. 사회적, 체제적, 제도적 등 다양한 차원에서 분석적 자세가 요구된다. 먼저 사회적 차원에서 보면, “우리는 사회통제를 위한 제1차적 수단으로 범죄자를 교도소에 구금할 것인가? 아니면 빈곤, 불평등, 부적절한 교육제도 등과 같은 다양한 사회문제에 관심을 갖고 범죄예방적 차원의 사회정책에 보다 힘을 기울여야 할 것인가?”라는 물음이 제기될 수 있다. 체제적 차원에서도 “아직도 사회의 저변에 깊게 깔려있는 ‘유전무죄, 무전유죄’와 같은 인식의 표적이 되고 있는 사법권력층의 행태가 진정으로 개혁의 대상이 되고 있는가?”와 같은 물음, 그리고 제도적 차원에서 “교정시설의 환경은 어느 정

23) 중간처벌제도는 보호관찰과 구금형 사이의 다양한 형벌체계로서, 벌금형, 배상, 사회봉사명령, 가택구금, 전자감시, 병영식 캠프 등이 있다. 제4편 chapter_1 제2절 참조.

도 수준까지 향상되어야 하는가?" 등과 같은 문제들이 다양한 맥락에서 제기될 수 있다. 그 다음 단계는 그러한 변화의 요구들을 어떻게 실행할 것인가를 결정하는 것이다.

교정을 연구하는 데 있어서 지적 틀의 개발은 필수적이다. 분석적 도구로서 지적인 틀은 보다 근본적인 시각에서 접근하는 데 도움을 준다. 범죄의 원인이나 성격이 학자나 정책입안자 사이에서 논쟁거리임은 물론, 동시에 범죄통제 전략 역시 각각의 시각에 따라 갈등적 요소를 안고 있다. 윤리적, 도덕적, 철학적 및 문화적 측면을 고려해야 하는 다양한 문제와 이슈를 효과적으로 다루기 위해서는 적절한 지적인 틀이 요구된다.

교정을 이해하는 데 필요한 지적인 틀은 상호 밀접하게 연계된 세 가지 개념으로 이루어져 있다. 세 가지에는 범죄 원인론, 교정이념, 그리고 판결전략이 포함된다. 범죄원인론, 즉 범죄의 원인을 어떻게 보느냐의 문제는 교정제도의 목표—즉, 교정의 이념—와 밀접한 관계가 있다. 또한 이러한 범죄의 원인과 교정의 이념에 대한 입장은 가해자가 형사사법제도에 의해 어떻게 다루어져야 하고, 이러한 사법적 개입의 최종적인 목표가 어떻게 설정되어야 하는가의 문제—즉, 판결전략 와 밀접한 연관이 있다 하겠다.

지적 틀의 개발에 근간이 되는 개념은 기존의 지식과 연구결과가 적용되어야 하며, 공식적이고 체계적인 과정 속에서 산출된 지식을 기반으로 해야 한다. 그럼으로써 정보의 왜곡이나 과도한 일반화, 선정주의 등을 배제할 수 있다. 예컨대, 우리 주변에는 재소자들은 대부분 위험한 인물이라는 정확하진 않지만 널리 알려진 인식이 있다. 이러한 왜곡된 인식은 체계화되지 않은 비공식적 지식에서 비롯되며, 주로 범죄와 관련된 픽션이나 이야깃거리로 회자되고, 선정(煽情)화 과정을 거쳐 생성된 것이다. 예컨대, 이러한 과정은 미국과 같은 국가에서는 정치적 목적으로 범죄이슈를 이용하는 정치인들에 의해 만들어지기도 한다.[24] 반대로 체계적 연구를 근거로 하는 접근의 결과는 대부분의 재소자들은 비폭력적이고 경미한 범죄를 저지른 사람들이며 그들이 마치 위험한 부류인 것처럼 취급되어서는 안 된다는 것을 시사한다.

왜곡되고 부정확한 경우의 또 다른 예는 강력살인범죄의 경우이다. 일반적인 인식은 대부분의 강력살인피해자는 모르는 사람에 의해 살해된다는 것이다. 그러나 체계적인 연구의 결과는 상당수의 피해자는 가해자와 가까운 사이거나 관계가 있는 사람이라는 것을 보

24) 미국의 사례로서 흑인의 백인 소녀에 대한 강간이 발생하는 경우 미디어에 의해 선정적인 보도가 이어지고 사회적 이슈로 조성되면, 그 결과 형벌강화를 요구하는 보수적 여론이 지배하는 현상을 보였다. 반면 체포나 수사 과정에서의 흑인에 대한 인권유린사건 등이 정치적 파장을 종종 일으킨 사례에서 볼 수 있는 바와 같이 보수와 진보 양 진영 모두에서 유사한 사례를 찾아볼 수 있다.

여준다.[25] 범죄나 교정에 대한 일반인들의 인식은 검증되지 않은 논거에 의해서 왜곡되는 경향이 있다. 따라서 근원적인 접근방식을 통해 사회에 통념적으로 알려진 왜곡된 지식을 찾아내고 바로잡는 작업이 요구되고 있다.

교정을 이해하는 데에는 두 가지 기본적인 접근방향이 있다. 관련된 이슈의 단순한 기술보다는 분석적 접근이 필요하다는 것이며, 논거의 공식적 및 체계적 모델을 근거로 하는 지적인 틀의 개발이 필요하다는 것이다. 비판적 접근, 심도 있는 분석, 그리고 지적인 틀은 복잡한 문제들에 대한 해답을 찾는 수단으로 적용되어야 한다.

25) 2017년 우리나라의 강력범죄(살인, 강도, 성폭행, 방화범죄)의 경우, 타인이 60.3%로 가장 높고, 면식범에 해당하는 관계인으로는 이웃 · 지인이 13.8%, 업무관계인이 6.8%, 애인이 4.3%, 친족이 4.6%, 그리고 친구가 3.4%로 나타났다.(법무연수원, 「범죄백서」, 2019, p.174.)

Chapter_2
교정의 이념

제1절 형벌이론

'형벌집행이 어떻게 정당화될 수 있는가?'라는 문제는 형벌철학이 안고 있는 중요한 과제들 중의 하나이다. 이는 '형벌은 법의 목적이나 기능과 어떤 관계에 있는가?', '형벌은 어떤 상황에서 정당화되는가?', '어떤 사람이 합법적으로 처벌되는가?', '형벌의 적절한 형태는 어떤 것인가?', '어느 정도의 형벌이 적절한가?' 등과 같은 문제들과 함께 오랜 기간 동안 관련 학자들에 의해 끊임없는 논쟁의 대상이 되어왔다. 물론 규범화와 표준화의 패러다임 속에서 해결양식을 찾는 현실세계에서는 뿌리가 되는 질문들은 대개 현안에서 벗어나 있지만, 급속한 변화와 다양화의 흐름과 함께 형벌정책이 표류하고 있는 시점에서 근본적인 문제를 재조명함은 큰 의미를 갖는다고 볼 수 있다.

20세기 이전까지는 이러한 철학적인 물음에 대한 논의는 적어도 서구의 법과 철학전통에서 보면 응보주의(retributivism)와 공리주의(utilitarianism)에서 찾아볼 수 있다. 응보주의는 오랜 역사 속에서 다양한 종교적 혹은 신학적 문화에 깊은 뿌리를 두고 발전하여 왔는데, 오늘날처럼 완전히 비종교적인 형사사법의 이념적 근간에도 아직까지 큰 영향을 미치고 있다. 응보주의에서는 범죄인은 법이 정한 사회적 기준을 위반한 것이므로 마땅히 처벌되어야 한다고 가정한다. 따라서 형벌은 잘못된 것을 바로잡기 위하여 범죄인을 처벌하기 위한 것으로 인식되고 있다. 한편 공리주의에서는 형벌의 기능주의적 측면이 강조되는데, 범죄인 혹은 잠재적 범죄자의 범법행위를 억제하여 법적 질서를 유지하기 위한 수단으로 형벌을 인식한다. 즉 여기에서 형벌의 정당성은 잠재적인 범죄자가 범법행위를 못하도록 억제하는 능력에 있으며, 형벌을 통해 가해자들로부터 사회를 보호해야 한다는 것이다.

20세기에 들어와서는 기존 형벌체제에 대한 대안형태의 철학으로서 사회복귀(rehabilitation)와 배상(restitution)이 새로운 이념으로 등장하였다. 사회복귀주의는 유럽과 북미주의 주도적인 행형이론으로 발전하였는데, 이는 범죄자를 치료하거나 교정시킴으로써 준법시민으로 변화시킬 수 있다는 것을 가정하고 있다. 한편 배상주의의 기본적인 관점은 응보주의와 같이 잘못된 것을 바르게 잡는 것이지만, 범죄자에게 고통을 가함으로써가 아니라 피해자가 입은 피해에 대해 배상을 함으로써 이루고자 한다. 이 이론은 사회복귀사상처럼 널리 확산되진 않았으나, 범죄피해자의 인권과 이익을 인식시키는 데 큰 기여를 하였다.[26]

이러한 이념 혹은 철학의 변화과정과 상호논쟁을 통하여 형사사법의 근본적인 관점이 도출되었고 이는 불가분 형벌과 사회와의 관계를 반영하였다. 이러한 근본적 관점을 통하여 형벌체계가 추구해야 하는 바가 제시되었는데 이는 다음 4가지로 요약될 수 있다.[27]

첫째, 형벌은 선량한 준법시민을 최대한 보호해야 한다는 것이다. 동시에 이러한 목표는 시민들에게 범법행위를 억제하고 법에 순종하도록 권장함으로써 이루어져야 한다. 둘째, 범죄자는 마땅한 응징을 받아야 한다는 것이다. 그러나 그 형벌은 그 범죄행위와 균형에 맞는 적절한 양이어야 한다는 도덕적 가정을 갖고 있다. 셋째, 범죄자는 그가 끼친 해악에 대해 배상함으로써 범죄로 인해 발생한 불의(不義)를 복원해야 한다는 것이다. 넷째, 형벌은 그 집행을 통하여 범법자를 더 나쁜 상태로 악화시켜서는 아니 되며, 이상적으로는 범법자를 보다 나은 사람으로 개선해야 한다는 것이다.

위에서 기술된 형벌체계가 추구해야 할 목표들은 고통부과와 자유박탈을 틀로 하는 기존의 형벌체계에는 불가피한 한계가 있다는 데에서 도출되었다 하겠다. 따라서 이러한 문제점을 보완할 수 있는 패러다임으로서, 기존 체계에 대한 새로운 대안체제가 요구되고 있다.

1. 응보주의이론

응보이론은 형벌이론 중 가장 오랜 역사를 가진 이론이다. 이 이론은 종교적 및 신학적 전통에 뿌리를 두고 있고, 전통적 신정(神政)주의적 정치구조에 강한 영향을 미쳤다. 신정주의적 사회에서는 부도덕한 행위, 죄, 범죄 등 간에 구분이 없었다. 모든 법은 신법(神法)에 종속되거나 그 부분이었기 때문에, 위법행위는 곧 신에 대한 범법행위가 되었으며, 따라서 이러한 사회에서 형벌은 신의 응징과 구분이 되지 않았다. 따라서 비도덕적 행위와

26) Pollock, Joycelyn M., "The Philosophy of Punishment," in Joycelyn M. Pollock(ed), *Prisons: Today and Tomorrow*. Maryland: Aspen Publishers, Inc. 1997. pp.2–25.

27) Brunk, Conrad G., "Restorative Justice and Philosophical Theories of Criminal Punishment" in Michael L. Hadley(ed), *The Spiritual Roots of Restorative Justice*, New York: State University of New York Press, 2001. pp.31–56.

죄를 속죄할 수 있는 유일한 길은 당사자에게 고통을 가하는 것이었으며, 유대교의 경우는 제물공양을 통해서 이루어지기도 하였다. 잘 알려진 "눈에는 눈, 이에는 이"라는 등식[28]이 상징하는 바와 같이, 고통을 가하거나 죽음에 이르게 하는 것이 범죄를 속죄하는 유일한 길이었다. 피해를 받은 당사자가 바로 신으로 인식되고 있었기 때문에 어느 누구도 신에게 배상할 수는 없었던 것이다. 범죄로 인하여 발생한 불의(不義) 때문에 논리적으로도 결렬된 신과의 관계를 복원하는 길은 신의 은총이 없는 한 끼친 해악과 똑같은 해악을 강제로 부과하는 것이었다.

비종교적이고 다원적인 사회에서 신학적 견해를 빌어 이론을 정당화하는 것은 비현실적이지만, 신의 응징은 인간의 깊은 감정 속에서 잉태된 것이라고 해석되기도 한다. 심각한 피해를 당했을 때에 복수하고자 하는 욕망은 인간 모두의 보편적인 정서라고 할 수 있다. 고대사회에서 복수심은 종족 간의 원수관계로 그 계통이 이어지기도 하였고, 오늘날에도 전쟁과 집단학살에서 그 유사한 형태를 흔히 찾아볼 수 있다. 한편 복수적 욕망은 다른 각도에서 보다 고상한 도덕률로서 설명되기도 한다. 예컨대, 서구 역사에서 내려오는 황금률(the golden rule), 즉 "만약 상대가 우리에게 그렇게 해주기를 원한다면, 우리도 상대에게 그렇게 해야 한다"의 의미는 상대가 우리에게 크게 해를 끼쳤을 때 우리가 똑같이 그들을 취급해도 불만이 없을 것이라는 것이다.[29] 이렇게 보면, 복수의 충동심과 심오한 도덕률이 같은 동전의 양면이 될 수도 있다는 것을 알 수 있다.

응보철학은 범죄자에게 고통, 박탈, 죽음을 부과하는 것이 왜 정당화될 수 있는가를 설명하고자 했다. 가장 일반적인 설명은 범죄자가 끼친 해악만큼 거의 동등한 해악을 부과하는 것이 정의를 회복시키는 유일한 길이라는 것이다. 이는 범죄자는 그만한 해악을 받아야 마땅하고 범죄자에게 형벌을 주지 않는 것은 당사자에게는 물론 사회나 피해자 모두에게 정의롭지 못하다는 것이다. 더 나아가 피해자는, 신학적 패러다임에서 신의 위치에서와 같이, 범죄자에게 해악이 가해지는 것을 지켜볼 권리를 가진다고 본다. 응보철학에서 정의는 범죄자에게 응보적 해악이 가해짐으로써 회복된다고 보며, 이는 범죄자는 누구든 그의 행위에 대해 전적인 책임을 져야 하기 때문이다. 물론 오늘날 많은 현대 이론가들도 범죄자는 스스로 행위를 선택한 것이므로 어떤 의미에서는 스스로 형벌을 선택한 것이

28) Siegel, Larry L., *Criminology*, New York: West Publishing Co., 1993.

29) Edwards, Paul(ed), *The Encyclopedia of Philosophy*, New York: The Macmillan Company & The Free Press, 1967, vol 3. pp.365-366. 서구뿐만이 아니라 유교전통의 동양문화 등에서도 발견될 수 있다고 기술하고 있다. 성경 마가복음 7:12, 누가복음 6:31 참조.

라고 설명하고 있다.

응보주의자들은 그 형벌의 기본 목적을 응징과 배상의 관점에서 찾고 있다. 이들에게는 형벌의 핵심은 잘못된 것을 바로잡는다는 것이고, 바로잡는 것은 가해자를 주역(主役)으로 하고 가해자에게 응징을 가함으로써 이루어진다. 이는 사회에 진 빚을 갚게 한다는 것을 의미하며, 가해자가 끼친 고통과 피해가 바로 사회와 피해자에게 진 빚인 것이다.

2. 공리주의(억제)이론

공리주의 형벌이론의 핵심은 형벌을 통해 가해자들로부터 사회를 보호해야 한다는 것이다. 형벌의 정당성은 잠재적인 범죄자가 범법행위를 못하도록 억제하는 능력에 있다. 따라서 어떤 형벌이 얼마만큼 가해지는가의 기준은 형벌이 사회에 끼치는 전반적인 결과에 대한 평가이다. 문제는 형벌이 과연 사회의 공동선(共同善)을 최대화할 수 있는가에 있다 하겠다.

공리주의자들은[30] 응보주의자들이 주장했던 신학적 혹은 형이상학적 논리를 부정한다. 응보주의자들이 고통부과를 통해 잘못이 속죄될 수 있다고 주장하는 것은 원시적 복수심을 정당화하기 위한 것이라고 하였다. 그럼에도 불구하고 억제이론은 잠재적 가해자를 억제하는 가장 효과적인 수단으로서 '박탈과 고통을 가해야 한다'는 점은 견지하고 있다. 이 점은 국가와 법에 관련된 오늘날 이론들로도 설명될 수 있다. 즉, 국가는 공권력을 독점하고 있는 주체이고, 법은 공권력의 위협을 통해 국가를 뒷받침하는 규칙이나 명령이라고 본다. 그러므로 종교적 국가에서 비종교적 국가로 전환되었다 하더라도 국가는 고통과 피해를 가하는 것을 형벌의 기본 수단으로 인식하는 점은 변하지 않은 것이다.[31]

---

30) 형벌에 대한 현대 공리주의 접근은 18세기 이탈리아의 체사레 베카리아(Cesare Beccaria)에 의해서 시작되었고, 19세기 들어와 영국의 공리주의 철학자 제러미 벤담(Jeremy Bentham) 등에 의해 널리 알려졌다. 이 부류의 사람들은 고문, 신체형, 사형을 반대하였고 감옥개량운동을 전개하는 등 형벌부과를 제한하자는 주장을 전개하였다. 이러한 접근은 당시에는 급진적이었지만, 인도주의적인 것으로 평가되었다.(Pollock, pp.6−11) Beccaria는 계몽주의 시대에 개혁의 정당성을 공리주의에서 찾았으며, *Essay on Crimes and Punishments*(1764)에서 형벌의 목적은 억제에 있으며, 형벌의 효과는 그 엄중함(severity)에서가 아니라 그 확실함(certainty)에서 나온다고 하였다. 한편, 벤담은 *The Rationale of Punishment*(1830)에서 형벌의 공리주의적 정당성을 주장하였으며, 쾌락을 추구하고 고통을 회피하고자 하는 인간의 특성을 형법에 적용함으로써 범죄를 억제할 수 있다고 주장하였다. 제2편 chapter_1 제3절 참조.

31) 국가의 정치적 혹은 도덕적 질서는 공권력의 위협을 통해 유지된다는 토마스 홉스(Thomas Hobbes)의 견해가 널리 받아들여지고 있다. 공리주의자들은 법은 힘과 폭력을 근거로 집행되는 명령 혹은 규율이라

공리주의자들은 응보주의가 형벌의 기본 기능인 '법적 · 사회적 질서를 유지하여 시민들의 안전과 복지를 보호하는 것'을 무시한다고 비판한다. 억제이론의 강점은 무엇보다도 범죄로부터 사회와 무고한 시민을 보호한다는 것이다. 그러나 실제에 있어서는 불특정 잠재적 피해자에게만 초점을 두기 때문에 실제 피해자는 사실상 무시되고 있다. 억제를 위한 수단으로서 가해자에게 고통을 부과하기 때문에 판결은 범죄의 직접피해자에게는 의미가 없다. 만약 응보주의에서 추상적인 신이나 국가가 범죄피해자의 역할을 함에 따라 실질적인 정의의 회복에 실패했다고 한다면, 억제이론은 불확실한 미래의 가해자가 불확실한 미래의 피해자에게 가해할 가능성을 억제하는 것을 틀로 하고 있다는 점에서 문제를 안고 있다. 두 경우 어느 경우에도 범법행위로 인해 피해자가 처한 불의의 상황은 여전히 복구되지 않는다. 억제이론의 이론적 구조는 근본적으로 잘못을 바로잡는 수단을 갖추고 있지 않다 하겠다.

사회과학자들은 고통, 피해, 박탈을 통하여 잠재적 가해행위를 억제하고자 하는 형벌의 효율성에 내해 의구심을 가져왔다.[32] 이떻게 억제가 이루어지고, 어느 정도 효과가 있는지를 불문하고 형벌의 엄중성이 형벌의 효율성을 제고한다는 객관적인 증거는 아직까지 확인되지 않고 있다. 일정한 관계는 형벌의 엄중성과 억제효과 사이에서가 아니고, 형벌의 확실성이나 신속성과 억제효과 사이에 있는 것으로 나타나고 있다. 그러므로 가해자를 처리하는 데 중요하게 고려해야 할 점은 '얼마만큼의 고통, 피해, 사유의 박탈을 가할 것인가'보다는 '얼마나 확실하게, 그리고 신속하게 처리하는가'라고 주장되기도 한다.[33]

사회방어적 측면에서 구금형은 단기적으로는 효과적이지만 장기적 전략으로는 적합하지 않다는 것이 일반적인 견해이다. 구금형에 따른 낙인효과는 물론 사회로부터 장기간 격리됨으로써 출소 이후 사회적응이 어려워지고 심신의 약화 및 교도소화에 따른 범죄학습 등으로 구금 전보다 더욱 위협적인 존재가 된다고 할 수 있다.

그러나 무엇보다도 억제이론에 대한 최대의 비판은 다음과 같은 응보주의자들의 주장에 있다. 형벌의 효과가 잠재적인 가해자에 대한 것이므로 어떤 형태로든 가해자를 처벌한다는 결정 속에는 원천적인 불의(不義)가 존재한다는 것이다. 누구든 잠재적인 제3자의

고 보는 실증주의적 이론을 견지하고 있다.

32) Currie, Elliott, *Crime and Punishment in America*, New York: Henry Holt and Company, 1998.

33) Siegel, pp.135–150. Siegel은 형벌의 엄중성이 범죄억제에 미치는 효과에 대한 기존의 연구들을 세 가지 방식—공식적 통계분석, 인지(perception)분석, 실험적 연구—으로 분류하여 요약하였는데, 여기에서 모두 실질적인 효과를 증명하지는 못한 것으로 기술하고 있다.

행위를 억제하기 위한 사회적 목적의 수단으로 형벌이 사용되어서는 아니 된다는 도덕적 원칙에 위배된다는 것이다. 왜냐하면 사회보호를 이유로 그 가해자에게 필요 이상의 가혹한 형벌을 가하는 것도 정당화될 수 있기 때문이다.

3. 사회복귀주의이론

20세기 이전까지 형벌의 정당성에 대한 고전적 논쟁은 주로 응보주의와 공리주의를 중심으로 이루어졌다. 20세기 이후 기존 형벌에 대한 대안의 필요성이 대두되면서 사회복귀주의와 배상주의가 나타났다. 이 이론들은 '고통과 박탈'의 부과라는 고전적 틀을 거부하였는데, 20세기 유럽과 북미대륙의 행형정책에 가장 영향을 크게 미친 사상이라 할 수 있다.

사회복귀주의의 확산은 20세기 초반기 사회과학과 행동과학의 도약과 그 추세를 같이 한다. 이 이론은 범죄행위의 원인은 찾아낼 수 있고 그러한 행위는 성공적으로 치료될 수 있다고 가정하고 있다. 또한 범죄행위를 가해자, 가해자 가족, 혹은 소속된 사회가 앓고 있는 질환에서 오는 이탈행위로 본다. 범죄행위를 거대한 사회환경의 부산물로 보기 때문에 범죄인은 환자나 희생자로 간주되어 도덕적 책임의 대상이나 처벌의 대상이라기보다는 치료의 대상으로 인식되는 것이다.

20세기 중반에 교정 분야에 널리 사용된 용어들은 주로 사회복귀이론에서 유래되었다. 예컨대, reformatories, rehabilitation centers, correctional facilities 등이 Prison Reform에 대체되어 사용되었으며, 이와 함께 적어도 명목적으로는 재소자에게 치료적 교정서비스를 제공하는 것이 교도소의 목표가 되었다. 그러나 1970년에 이르러서는 사회복귀모델은 실패한 교정정책으로 비난받게 된다.[34] 이 사회복귀모델이 실패한 이유는 다양하게 설명되고 있지만, 로버트 마틴슨(Robert Martinson)의 주장처럼 첫째는 치료적 노력의 효과가 없었다는 것, 둘째, 치료전문가나 사회과학자들이 효과적인 교정프로그램이나 접근방식을 개발하지 못했다는 것, 셋째, 교도소시설 자체가 원천적으로 치료시설로서 적합하지 않기 때문이라는 점 등이 포함될 수 있다. 치료시설로서 부적합하다는 의미는 치료프로그

34) 마틴슨은 그의 동료들과 함께 1970년 중반 뉴욕주 교정국에서 시행한 전국 231개의 교도소 치료프로그램에 대한 평가프로젝트에 참가하여, 의미가 있는 개선의 효과를 거의 발견할 수 없었다(흔히 'nothing works'로 알려짐)는 의미의 평가결과를 발표하였는데, 이는 학계는 물론 향후 정책수립에 막대한 영향을 미쳤다. Martinson, Robert, "What Works? Questions and Answers about Prison Reform." *Public Interest*, Spring, 1974. pp.22-54. 보다 구체적인 내용은 본 장의 chapter_2 제2절을 참조.

램을 통해 얻을 수 있는 유익한 점보다 그 환경 자체에 해로운 요소가 더 많다는 것으로 설명될 수 있다. 오늘날 응보주의가 다시 대두되고 있는 것은 범죄자를 교화한다는 관점에서 형벌을 정당화하는 시도는 더 이상 인정될 수 없다는 사회적 분위기를 반영한다 하겠다.

사회의 일반적인 여론 역시 사회복귀와 개혁프로그램들을 실패한 것으로 간주하였다. 교정프로그램이 전혀 효과가 없음은 물론 형벌체계가 범죄자에게 너무 관대하다는 것이 일반적 여론이었다. 오늘날에도 상당수의 사회구성원들은 범죄자를 피해자나 환자로 보는 자유주의적 견해에 대해 거부감을 갖고 있다. 그 이유 중의 하나는 이러한 프로그램들이 범죄자에게 그들 행위에 대한 비난과 책임을 면제해주는 결과를 제공하기 때문이다. 이러한 비판적 관점은 응보주의적 견해와 상당 부분 일치한다고 볼 수 있다.[35)]

오늘날 일부 법조계에서도 같은 양상을 보이는 경향이 있다. 이들은 가해자를 피해자나 환자로 취급하는 것은 그들을 무책임하고 비도덕적인 객체로 취급하는 것이며, 동시에 인간으로서 그들의 존엄성을 부정하는 것이라고 비난한다. 가해자들을 잘못된 사회환경의 피동적 부산물로 보거나, 마치 정신적으로 질병이 있는 것으로 인식하여 치료를 통해 행동방식을 바꾸려 하는 것은 가해자들의 인격을 모독하는 것이라고 주장되고 있다.

그러나 상당수의 학자들은 70년대 이후 사회복귀이념의 포기는 완숙하지 못한 판단이었고, 사회복귀에 대한 지나친 비관론이 작용한 것이라고 주장하고 있다.[36)] 또한 60~70년대 자유주의적 사회복귀모델이 재범률을 낮추고 범죄자를 교화하는 데 실패했다는 주장에 대해, 오늘날 처벌 위주의 정책은 더 큰 실패를 낳아 재정적 파탄까지 이끌 것이므로 사회복귀정책으로 재복귀해야 한다는 주장 역시 끊임없이 제기되고 있다.[37)]

---

35) Radosh, Polly F., "Contemporary Corrections in the United States", in Brendan Maguire and Polly F. Radosh(eds), *The Past, Present, and Future of American Criminal Justice*, New York: General Hall, Inc., pp.173-197. 응보주의는 흔히 엄중한 처벌정책과 노선을 같이하는데, 이는 관대한 대응으로 범죄자를 버릇없이 키운다는 사법제도에 대한 불신과 이에 따른 사회의 도덕적 분노를 반영한다.

36) Matthews, Roger and Peter Francis, "Toward 2000: An Introduction," in Roger Matthews and Peter Francis(eds), *Prisons 2000: An International Perspective on the Current State and Future of Imprisonment*, New York: St. Martin's Press, Inc., 1996. p.1; Roach, Kent, "Changing Punishment At The Turn Of The Century: Restorative Justice On The Rise," *Canadian Journal Of Criminology*, July, 2000. p.265.

37) Cullen, Francis T. and John P. Wright, "Two Future for American Corrections," in Maguire, Brendan and Polly F. Radosh(eds), *The Past, Present, and Future of American Criminal Justice*, New York: General Hall, Inc., 1996. pp.198-219; Currie, Elliott, *Confronting Crime: An American Change*, New York: Pantheon, 1985; Palmer. T., *The Re-emergence of Correctional Intervention*, London: Sage, 1992; Sampson, A., *Acts of Abuse: Sex Offenders and The Criminal Justice System*, London: Routledge, 1994 참조.

4. 배상주의 이론

배상주의와 여타 형벌이론의 가장 큰 차이점은 응보주의, 공리주의 및 사회복귀주의는 모두 가해자 중심으로 가해자를 어떻게 처리할 것인가에 관점이 있는 반면 이 이론은 피해자 중심의 이론이라는 것이다. 예컨대, 응보주의는 가해자에게 응분의 응징을 가하고자 하고, 공리주의는 타인들의 범죄를 억제하기 위해 가해자를 처벌하고자 하며, 사회복귀주의자는 가해자의 치료에 목적을 두고 있다. 이러한 이론들은 범죄의 실질적 희생자인 피해자에게 지워진 고통과 불의(不義)에 대해서는 거의 언급이 없다고 볼 수 있다.

배상주의의 내용은 작은정부이론과 맥을 같이하는데, 작은정부이론에서는 정부는 사회제반사에 가능한 한 적게 개입해야 하고 가능한 한 자유시장에 그 기능을 맡겨야 한다고 주장한다. 여기에는 법적 영역의 문제들도 포함되는데, 민영화된 법원이나 법집행기관에서도 모든 문제들이 충분히 다루어질 수 있다는 것이다. 형사범죄를 포함한 모든 위법행위들이 시장경제원리에 의해 민사법에서 배상될 수 있는 불법행위로 처리될 수 있다고 본다. 즉, 형사범을 민사범화(民事犯化)할 수 있다는 것이다. 예컨대, 누군가 상대에게 상처를 입힌 형사범죄를 범했다고 가정했을 때, 자동차 정비사로서 브레이크 조작실수로 상대에게 상처를 입혔을 때와 왜 다르게 취급되어야 하는지를 의문시한다. 후자의 경우는 본인의 실수로 유발된 피해에 책임을 지고 배상을 함으로써 해결되는데, 형사사건에서는 유발된 피해에 대하여 배상함으로 해결되지 않는 데 대해 문제를 제기한다.

이러한 접근방식의 선두주자인 랜디 바넷(Randy E. Barnett)은 사법체계의 배상체계에서 위법행위에 대한 도덕적 평가보다는 피해자에게 끼친 손실의 정도에 대한 시장가치의 평가를 중시하고 있다.[38] 이 관점에서 보면 형사범죄를 피해자에 대한 실질적인 해악으로 보기보다는 일종의 사회 내 상거래상의 비용으로 간주할 수 있다. 모든 고통과 손실이 적절히 보상된다면, 고통과 손실을 포함하는 해악 자체가 소멸될 수 있다는 것이다. 확대해서 해석하면, —비판의 대상이 되고 있지만— 부유하면 할수록 타인에게 해를 미칠 수 있는 권리를 구입할 수 있다는 논리도 성립될 수 있다.

---

38) Barnett, Randy E., "Restitution: A New Paradigm of Criminal Justice," *Ethics*, 87, 1977. pp.279-301. 이 논문에서는 Thomas Kuhn이 *The Structure of Scientific Revolutions*(Chicago: University of Chicago Press, 1970)에서 논한 old paradigm과 new paradigm의 개념을 틀로 하여, 구시대 형벌패러다임(응징, 사회복귀, 억제)에 대한 새로운 접근방식으로 배상(restitution)을 제시하고 있다. 그는 배상이 만병통치약은 아니지만, 인간사회의 불완전성을 인정한다면, 보다 향상되고 정의로운 사회를 이루는 가교가 될 수 있다고 주장하였다. 또한 중재(arbitration)의 중요성과 범죄피해자보험(victim crime insurance)의 실용성을 기술하였다.

제2절 교정철학의 이해

본 절에서는 교정철학을 보수주의, 자유주의 및 비판주의로 구분하여 그 가정과 주장을 기술한다. 기존의 관점에 대한 대안적 패러다임으로 등장한 각 이념을 소개한다.[39)]

보수주의적 관점은 인간의 자유의지를 틀로 하고 범죄행위의 외부적 원인보다는 자기 책임을 중시하며 엄벌주의 입장을 취한다.

자유주의적 관점은 실증주의에서 연유하며, 범죄의 원인을 개인적인 결함과 사회적 영향으로 설명하고 치료와 사회복귀를 주장한다. 그러나 동시에 많은 자유주의자들은 강제적인 치료적 개입, 통제망 확대현상(net-widening) 및 낙인효과에 대해서는 부정적인 입장을 보이고 있다.

비판주의적 관점은 경제적 및 정치적 요인에서 기인한 전통적인 사회문제를 거론함으로써 교정에 대한 기존의 방법론을 해체하고자 역사적 접근을 시도한다. 비판주의 및 자유주의 범죄학자들은 오늘날 교정을 지배하는 구금 위주의 엄벌정책에 대해 근본적인 대안을 요구한다.

각 교정철학의 관점은 독특한 특징과 그에 부합하는 사회적 의미를 지니고 있다. 우리 사회는 범죄인을 처벌할 수도 있고, 그들에게 사회복귀프로그램을 제공할 수도 있다. 또한 범죄를 감소시키기 위해 교육과 경제영역에서의 개혁이 필요하지만, 동시에 사회를 보호하기 위해 억제와 무력화라는 수단도 필요한 것이다.

1. 보수주의적 관점

형사사법(Criminal justice)에 있어서 보수주의적 관점은 오랜 역사적 전통을 갖고 있다. 공식적인 법적 제재(制裁)의 시초로 알려진 함무라비법전에서 그 뿌리를 찾아볼 수 있다. 이러한 법전은, “눈에는 눈, 이에는 이”와 같은 표현에서 볼 수 있는 바와 같이, 응보주의적 성격을 띠고 있다. 엄격한 형벌부과와 응보를 특징으로 한 보수주의적 형벌이념은 고대 그리스 · 로마시대, 중세시대, 계몽주의시대는 물론 시대를 초월하여 오늘날에도 그 명맥이 굳건히 유지되고 있다. 보수주의의 또 다른 뿌리로서 억제모델이념의 근간이 되는 공

39) Welch, Michael, *Corrections: A Critical Approach*, New York: The McGraw-Hill Companies, Inc., 1996. pp.82-118에서 주요 부분을 참조하였음.

리주의(功利主義, utilitarianism)가 있다. 계몽주의 시대의 가장 큰 변화 중의 하나는 형벌에 대한 공리주의의 출현이다. 공리주의적 모델에 의하면, 형벌의 목적 혹은 효용(效用, utility)은 사람이 범죄를 범하는 것을 제지하는 데 있으며, 제지는 형벌을 확실히 그리고 신속하게 집행하면 범죄가 억제된다는 것을 그 가정으로 한다. 공리주의를 대표하는 학자는, 전술한 바와 같이, 체사레 베카리아(Cesare Beccaria)와 제러미 벤담(Jeremy Bentham)이다.

베카리아는 공리와 억제의 개념을 적용하여 보수주의 관점을 발전시켰다. 이러한 접근이 소위 고전주의(古典主義) 범죄학의 기초를 이루고 있다. 베카리아의 주요 관심은 형벌의 공리주의적 가치를 근거로 한 형벌의 원칙을 세우는 것이었다. 그는 당시의 일관성 없는 판결과 비인도적인 처벌을 시행하는 사법부를 비판하면서, 형벌의 효과를 높이기 위해서는 잔혹한 형벌이 필요하다는 주장을 부정하였다. 형벌은 명확하게 성문화되고 확실하고 신속하게 집행되면 억제기능을 발휘할 수 있다고 하였다. 그는 인간의 '자유의지'(自由意志, free will)를 믿고, 이를 범죄를 설명하는 핵심개념으로 적용하였다. 즉, 사람들이 범죄를 범하는 것은 그들 스스로가 처벌받을 가능성이 상대적으로 낮다고 판단했기 때문에 그들의 자유의사에 따라 범죄를 범한다고 가정하였다. 이 가정이 고전주의 범죄학의 핵심이며, 이러한 자유의지의 개념이 오늘날 억제이론의 근간으로 존재하고 있다.

벤담은 '쾌락과 고통의 원칙'(hedonistic calculus)을 적용하여 자유의지와 억제의 개념을 더욱 발전시켰다. 이 원칙은 개인은 그들이 예상할 수 있는 만큼의 이득과 손해를 계산하여 의식적으로 그리고 합리적으로 사회적 행동을 계획한다는 것을 가정한다. 여기에서 범죄를 통하여 쾌락을 추구한다는 데에는 동시에 발각되고, 체포되고, 처벌될 수 있는 반대급부의 위험성이 전제되어 있다. 따라서 벤담은 범죄인이 범죄로 인해 얻을 수 있는 이득이나 쾌락의 양보다 더 무거운 형벌이 부과되어야 한다고 하였다. 사회심리학적 관점에서 형벌의 확실성은 시민들에게 공포심을 심어주어 법에 스스로 복종하게 만드는 것으로 볼 수 있다.

전술에서 알 수 있는 바와 같이, 고전주의 범죄학은 형법개혁을 주된 핵심으로 함에 따라 법적 및 행정적 성격을 강하게 갖고 있다. 따라서 고전주의학파에서는 일관성 있는 판결을 통한 정의와 공평의 실현을 강조하였으며, 형벌의 대상은 '범죄인'이 아니라 '범죄행위' 자체였다. 그 결과로 범죄행위의 주변상황과 범죄인 개인의 특징은 의도적으로 무시되었다. 이 접근의 주된 결점은 실제 실무에서 초범자나 상습범자, 아동이나 성인, 정서적

불안정자나 정신병자 모두 동일하게 취급되었다는 점이다.[40)]

1791년의 프랑스법전(the French Code)은 이러한 판결의 일관성이 강조된 역사적 법전이며, 베카리아의 고전주의적 이념이 가장 정확하게 반영된 것으로 당시 사회에서 가장 널리 받아들여진 법적 기반이었다. 물론 이후 신고전주의학파(the neoclassical school)의 출현으로 연령, 정신상태 및 정상참작 요인 등을 포함한 객관적 상황을 판결 시에 고려할 것을 명시한 개정법안(the Code of 1981)이 제정되기도 하였으나, 자유의지와 개인적 책임을 모태로 하는 고전주의학파의 핵심적 요소는 그대로 계승되었다.[41)]

고전주의 범죄학은 오늘날 보수주의 관점과 같이 교정의 고전주의 이념과 연계되어 있다. 국가는 법을 위반한 사람을 처벌할 합법적 권한을 가지고 있으며, 사회질서는 형벌의 일반예방기능에 의해 유지된다고 보았다. 즉, 국가가 범죄자는 형벌을 통해 확실히 처벌된다(형벌의 확실성)는 것을 보여 줌으로써 사회질서가 유지된다는 것이다. 사법기관과 교정의 사회적 역할은 범죄로부터 일반시민들을 보호하고 공동의 선(善)을 실현하는 것이다. 보수주의 관점은 모든 국민은 국가라는 권위구소의 틀 속에서 그 존재가 영위되므로 이 질서가 무너지면 사회는 '만인에 의한 만인의 투쟁'으로 전락할 것이라는 사회계약이론에 뿌리를 두고 있다.

1) 억제연구와 계량적 접근

19세기 후반에 실증주의적 접근의 등장으로 새로운 범죄학의 시대가 전개되었지만, 1960년대 후반에 이르러서는 특히 형벌의 억제기능의 가정(假定)이 새롭게 재평가되는 등 고전주의의 시대가 다시 재현되는 상황을 맞는다. 인간을 고통과 쾌락을 합리적으로 계산하는 존재로 정의하는 틀 속에서는 경제학자들이 계량적 방식을 통해 억제이론에 접근하는 것은 당연한 현상이었다고 볼 수 있다. 이들은 구체적인 관찰과 척도의 개발을 통한 경험적 연구방식으로 범죄율에 대한 형벌의 효과를 측정하였다.

경제학자들은 일반인들의 상품구매행위와 같은 경제학적 의사결정과정을 적용하여, 절도와 같은 재산범죄를 저지르는 과정을 이론적으로 정리하고자 하였다. 즉, 이익이나 혜택이 예상되는 비용이나 손해(체포, 유죄판결, 벌금형, 구금형 등의 가능성)보다 크다고 판단

40) Vold, George B. and Thomas J. Bernard, *Theoretical Criminology* 3rd ed, New York: Oxford University Press, 1986.

41) Ibid.

되면, 범죄를 저지른다는 것이다. 범죄인에 있어서 범죄행위는 만족을 얻을 수 있는 기회이며, 경제적 이득과 성취감을 얻게 해주는 수단이라고 개념화한 것이다. 이러한 계량적 접근은 오늘날의 신보수주의적 패러다임과 억제이론에 실증적 논거를 제공하였다. 이 접근은 교정의 보수주의 이념을 지지하는 기반이 되었는데, 형사사법제도의 역할은 미래의 범죄행위에 높은 비용을 지불하게 하는 것이었으며, 이를 통하여 범죄행위를 억제하는 것을 내용으로 하였다. 여기에서 범죄의 비용을 높이는 것은 구금의 형기를 강화하여 그 대가를 확실하게 지불하게 하는 것을 의미하였고, 잠재적 범죄인들에게 공포심을 심어 주기 위해 형벌을 공개적으로 여론화하였다. 이러한 계량적 접근을 통하여, 보수주의이론은 보다 체계화되었고, 범죄학에서의 법적 및 행정적 접근이 주도되는 경향이 더욱 강화되었다. 이 접근의 정책목표는 범죄인들에게 관대하다는 형사사법제도의 이미지를 변화시켜 더욱 엄격하게 강화하는 것이었다.

1980년대 보수주의적 범죄통제정책이 주류를 형성하던 시기에는 정치적 분위기는 물론 경제학 영역에서도 합리적 선택[42]을 강조하는 보수주의적 경제학이 큰 주류를 이루고 있었다.[43] 경제학자들은 범죄에 대하여 강력하게 대처하는 법안을 지지하는 입장에 있었고, 억제모델은 범죄의 장기적 변화추세를 설명하는 데 적용되었다.[44] 보수주의 진영에서는 폭력범죄율이 높은 이유는 사법제도가 범죄인에게 너무 관대하였기 때문이었으며 보다 많은 사람을 보다 오랜 기간 동안 구금시키면 범죄율은 크게 감소할 것이라 하고, 미국에서 90년대 초부터 범죄율이 지속적으로 하락한 현상은 지난 수년간 범죄인들에 대한 구금형을 강화한 결과이기 때문이라고—결국 교도소가 효과를 발휘하고 있다고— 주장하였다.[45]

그러나 이에 반대하는 비판론자들은 범죄율의 변화는 인구학적 구성의 변화의 결과—예컨대 범죄연령층 인구의 자연감소 등—이며, 억제정책의 결과가 아니라고 주장하였

42) 범죄는 인간의 자유의지에 따라, 예상되는 이익과 손해, 쾌락과 고통을 계산하는 과정을 거쳐 합리적으로 선택된 결과이기 때문에, 개인에게 범죄에 대한 책임이 있으며, 따라서 범법행위를 예방하기 위해서는 마땅한 비용을 지불하게 해야 한다는 것을 함의한다.

43) Akers, Ronald L., "Rational Choice, Deterrence, and Social Learning Theory in Criminology: The Path Not Taken." *Journal of Criminal Law, Criminology*, 81(Fall), 1990, pp. 653-676.

44) Farrington, David P. and Patrick A. Langan, "Changes in Crime and Punishment in England and America in the 1980s." *Justice Quarterly*, 9(March), 1992, pp.5-46.

45) 엘리엇 커리 저, 이백철 역, 「미국의 범죄와 형벌」, 학지사, 2004, pp.83-100.

다.[46] 또한, 비판론자들은 비록 억제이론이 직관적으로 설득되는 부분이 있으나, 그 가정들은 이론적이기보다는 이념적이며, 경험적 증거에 의해 지지되는 것이 아니라 일종의 신념으로 받아들여진 것이라고 주장하였다.[47] 일종의 독트린으로서 정책이 주도되었기 때문에, 실제 구체적인 연구결과들이 반영되지 않았다는 것이었다.[48] 또한, 억제모델은 범죄의 원인이 매우 다양하다는 사실을 간과하였다는 지적을 받았다. 예컨대, 재산범죄는 많은 경우에 빈곤의 고통을 벗어나려는 절박한 이유와 연결되기도 하지만, 기물파괴, 자동차절도, 폭주, 상점좀도둑, 공공장소 낙서 등과 같은 범죄는 정서적 스릴, 격정, 모험심 등과 관계가 있고,[49] 폭력범죄는 합리적으로 계획되었다기보다는 충동성에서 기인하는 바가 많다는 것은 알려진 사실이다.

억제이론에 대한 비판에도 불구하고, 형벌이 대부분의 시민들에게 억제적 기능을 발휘한다는 것은 자명한 사실이다. 물론 형벌의 위하적 작용이 일반인의 준법행위에 영향을 미치는 것은 사실이지만 그것이 결코 주된 요인으로 설명될 수는 없다는 것 또한 설득력을 갖는다.[50]

2) 사회적 합의이론과 사회적 갈등이론

어느 사회든 어떤 가치관이 주류로 존재한다는 것은 그 가치관이 사회적으로 합의된 공통적 가치를 반영한다는 가정에서 근거한다. 보수주의 관점은 형사사법제도가 범죄로부터 사회 구성원들을 보호하는 기관이라는 보편적인 인식을 그 틀로 한다. 따라서 그 전제조건으로서 범죄행위를 살해, 상해, 재정적 손실, 재산피해, 공포, 사회해체 등과 같은 다양한 방식으로 사회에 해악을 끼치는 행위로 본다. 한편으로 다른 각도에서 범죄가 도리어 사회의 결집력을 형성하는 데 기여한다는 에밀 뒤르켐(Emile Durkheim)과 같은 프랑스

---

46) Steffensmeier, Darrell, and Miles D. Harer, "Did Crime Rises or Fall During the Reagan Presidency? The Effects of an 'Aging' U.S. Population on the Nation's Crime Rate." *Journal of Research in Crime and Delinquency*, 28(August), 1991, pp.330-359.

47) Walker, Samuel, *Sense and Nonsense About Crime and Drugs: A Policy Guide*, 3rd ed. Belmont, CA: Wadsworth, 1994.

48) Gibbs, J. P., *Crime, Punishment and Deterrence*. New York: Elsevier, 1975.

49) Katz, Jack, *Seductions of Crime: Moral and Sensual Attractions in Doing Evil*. New York: Basic Books, 1988.

50) Walker, 1994, p.119.

학자의 주장도 있다.[51] 이는 지역 구성원들 간 범죄에 대한 도덕적인 분노가 공동적으로 형성될 때 지역사회 내 결집력이 강화되고 그 결과로 선과 악 그리고 옳고 그름의 경계가 확실해져 준법시민들은 그들의 도덕적 우월성을 확신하게 된다는 주장이다.[52] 이러한 상황은 극악무도한 범죄가 발생하여 범죄인이 사회의 공공의 적으로 상징적으로 인지되는 경우에[53] 더욱 가능하다.[54] 실제로 보수주의 입장을 옹호하고자 할 때에는 전체 범죄건수의 극히 일부분만을 차지하지만 가장 폭력적이고 잔혹한 범죄사례를 제시하는 경향이 있다. 사회합의이론은 대중의 감정과 공포에 극적으로 호소한다는 점에서 보면, 보수주의적 관점을 지지하는 입장에 있다.

이미 기술한 바와 같이, 사회적 합의이론, 사회적 갈등이론은 사회에 공통적인 가치관이 존재한다는 것을 가정한다. 그러나 공통적 가치관이 존재한다 하더라도 사회가 대규모화되고 복잡화됨에 따라 그 결집력이 약화되는 경향이 있으며 따라서 집단 내 구성원 상호 간에는 불가피한 갈등이 발생한다. 예컨대 부유층과 빈곤층, 기득권층과 소수인종, 남성과 여성 등 간의 갈등이 그것이다. 이러한 맥락에서 갈등이론가들은 사회는 공동체적 가치관에 의해 함께하는 것이 아니라, 권력이나 한정된 자원—직업, 교육, 의료, 주택 등—에 대해 이해를 달리하는 다양한 집단 간에 경제적 및 정치적 다툼으로 분열된다고 주장한다.

법률을 이해하는 시각에서도 상반된 입장을 보인다. 합의이론가들은 법률은 사회의 주류집단을 보호하기 위하여 주류집단에 의해 만들어진다고 가정한다. 한편 갈등이론가들은 법률은 힘 있는 집단이 힘없는 집단을 통제하기 위한 수단이라고 주장한다. 실제로 많은 법률은 강력한 힘을 가진 소수집단에 의해 만들어지며 그들의 정치적 및 경제적 이해를 반영한다.[55] 좋은 예로서, 세법의 경우 기업이나 상층계급은 중산층이나 하류계층보

---

51) Durkheim, Emile, *The Rules of Sociological Methods*, Translated by S.A. Soloway and J.H. Mueller. Glence, ILL: Free Press, 1958.

52) 여기에서 결집되어 통일되는 힘으로 이끄는 요인은 범죄행위 자체가 존재하기 때문에 기인된다기보다는, 범죄행위에 대한 대응책으로 나타나는 형벌로부터 기인된다는 것이 보다 설득력이 있다.

53) 우리나라의 경우도 유영철 연쇄살인사건과 같은 극악한 범죄의 연속적 발생은 범죄인들에 대한 일반인들의 인식을 관용주의보다는 엄벌주의로 이끌었고 이런 맥락에서 사형폐지법안의 통과가 부결되는 현상을 보였다.

54) Cohen, Stanley, *Folk Devils and Moral Panics: The Creation of Mods and Rockers*. Oxford: Blackwells, 1972.

55) Chambliss, William, and Robert Seidman, *Law, Order, and Power*. Reading, Mass.: Addison-Wesley. 1982; Michalowski, Raymond J. *Order, law, and Crime: An Introduction to Criminology*. New York: Random House, 1985.

다 상대적으로 세금을 적게 낸다. 더 나아가 '피해자 없는 범죄'(victimless crime) 역시 정치적으로 영향력 있는 집단이 그들 개인의 도덕적 신념을 입법화한 경우라는 주장도 있다. '금주법'[56]은 힘 있는 집단이 입법과 범죄통제에 어떻게 영향을 미치는가를 보여주는 적절한 고전적 예이다. 소수이지만 강력한 집단—농촌지역의 개신교 집단—이 법(the Volstead Act)을 통과시키는 데 영향을 미쳐 미국국민 전체의 음주권리를 박탈한 경우이다.[57] 오늘날 매춘, 약물남용, 동성애, 스와핑과 같은 피해자 없는 범죄행위들도 같은 맥락에서 주장하는 학자들도 있다.[58] 더 나아가 이러한 법의 집행은 불평등하게 하류계층에 집중되는 경향을 부정하기 어렵다. 교정시설의 수용자 대부분의 사회경제적 신분이 하류층에 속한다는 사실은 이러한 주장을 뒷받침한다.

3) 보수주의적 관점에 대한 평가

고전주의 관점은 역사적으로 줄곧 범죄에 대한 원인으로 개인의 '자유의지'에 초점을 두고 있다. 따라서 빈곤이나 기회구조 등과 같은 사회적 요인은 상대적으로 간과한다. 이러한 입장에서는 범죄의 근원적 원인을 찾는 것은 국가의 범죄정책을 방해하는 소모적인 행위라고 하고, 범죄의 외부 환경적 원인들의 존재를 부인하는 경향이 있다. 또한 범죄는 부적절한 통제에서 기인하며, 범죄행위를 유발하는 개인들의 충동과 성향을 저지할 충분한 수단을 사용하지 않기 때문에 수많은 범죄가 발생하는 것이라고 주장한다. 만약 이러한 주장의 일부가 사실이라 하더라도, 이를 일방적으로 일반화하여 정책이 입안된다면 문제의 소지가 크다.

한편 자유주의 성향을 대표하는 미국의 엘리엇 커리(Elliott Currie)와 같은 학자는 범죄율의 증가가 관대한 형벌정책에서 기인한다는 보수주의 측의 주장에 대해 미국의 형벌제

56) 미국에서 금주법(The prohibition law: 1919~1933)이 시행된 원인으로는 무엇보다 신학적인 관점에서 자유로운 사회분위기를 퇴폐적인 것으로 인식한 기독교 근본주의자들의 편향적 이념의 영향으로 본다. 이들은 당시 사회문제를 구조적 측면보다는 알코올, 흡연, 성문란과 같은 개인적인 문제로 인식하였다. 또 다른 이유로 제1차 세계대전 당시 식량부족으로 곡물의 전용을 방지하기 위한다는 명분으로 시작되었으나, 반(反)독일의 정서가 강하게 반영된 것이라는 주장도 있다. 당시 양조업으로 부를 축적한 독일 이민자들을 견제하기 위한 측면이 있다는 것이다. The Volstead Act로 칭해지기도 한다. 출처: 「위키백과」 및 「네이버 지식백과」.

57) Gusfield, Joseph, *Symbolic Crusade*. Urbana: University of Illinois Press, 1963.

58) Lesieur, Henry and Michael Welch, "Vice Crimes: Individual Choice and Social Controls." In J. Sheley(ed), *Criminology: A Contemporary Handbook* 2nd ed. Belmont, CA: Wadsworth, 1995.

도는 결코 관대하지 않으며 도리어 과도하게 구금에 의존하는 정책이 결과적으로 효과적이지도 경제적이지도 않다는 것을 통계적 자료를 통해 반박하였다. 유럽의 선진민주국가들과의 범죄율과 구금률의 비교를 통해 미국의 과도한 구금 위주 정책을 비판하였고, 또한 실증적 자료가 아닌 정서적이고 이념적인 논리에 의존한 보수주의자들의 왜곡된 주장들을 철저하게 반박하였다.[59)]

비판론자들은 보수주의자들의 주장이 여전히 일반인들의 호응을 받는 이유는 시민들이 범죄에 대해 갖고 있는 민감한 정서를 자극하는 데 성공하였기 때문이라고 주장한다. 또한 강하고 효율적인 사법기관은 필요하지만 지나친 구금 위주의 대처방안이 반문명적이고 비이성적인 결과를 창출하였다는 것이다. 비판론자들은 범죄통제를 위한 보다 탄력적이고 정교한 접근이 필요하며, 빈곤, 실업, 약물남용, 불평등, 인종차별 등과 같은 사회적 문제가 근원적으로 다루어져야 한다고 제안한다.

2. 자유주의적 관점

보수주의적 관점이 신학적인 패러다임에 대한 반작용으로서 나타난 고전주의학파로부터 연유되었다면, 자유주의 관점은 고전주의에 대한 반작용으로 태어난 실증주의학파로부터 연유되었다고 볼 수 있다. 보수주의와 같이 실증주의도 역시 계몽주의사상에 영향을 받았으며, 따라서 인간 세상에 대한 세속적 관(觀)을 근간으로 하고 있다. 계몽주의시대에 실증주의자들의 가장 큰 공헌은 범죄를 포함한 사회현상을 탐구하는 데 과학적인 방법을 시도했다는 점이다. 보수주의와의 가장 큰 차이점은 범죄의 근간이 되는 원인을 분석하는 틀에 있다. 보수주의자들은 범죄의 원인을 범죄자의 '자유의지'에서 찾는 반면, 자유주의자들은 정신질환이나 열악한 사회적 환경과 같은 다양한 외적 요인들에서 찾는다. 더 나아가, 보수주의자들은 인간은 합리적이고 이성적이라는 인간관에 의존하는 경향이 있지만, 자유주의자들은 과학적 탐구의 결과에 의존한다.

1) 실증주의: 범죄원인의 탐구

자유의지의 한계점을 인식한 유럽의 범죄학자들은 과학적인 탐구를 통해 범죄의 다양한 원인들을 밝히고자 하였다. 그들은 범죄자의 행위는 자유의지보다는 개인적인 특별한

---

59) 엘리엇 커리 저, 이백철 역, 2004.

성향(생물학적 혹은 심리학적 결함 등)이나 사회적 환경요인(빈곤 혹은 열악한 환경 등)에 의해서 더 크게 영향을 받는다고 주장하였다. 자연과학자들이 천문학, 물리학, 화학, 생물학 등에서 심오한 발전을 주도했던 바와 같이, 범죄학자들도 유사한 방식을 적용하여 범죄원인을 밝히는 작업을 진행하였다. 객관적인 관찰과 수학적 및 통계적 분석이 적용된 과학적인 절차가 중시되었으며, 이러한 방식에 따라 범죄의 원인을 규명한 것이다. 이러한 실증주의 범죄학자들은 범죄행위뿐만이 아니라, 범죄인에 대해서도 과학적인 연구를 시도하였다. 이탈리아 출신인 정신과 의사였으며 실증주의학파의 아버지라고 불리는 체사레 롬브로소(Cesare Lombroso, 1835~1909)는 1876년 「범죄인」(The Criminal Man)이라는 저서에서 범죄인은 준법시민들만큼 충분하게 진화되지 않았다고 주장하고, 범죄인을 생물학적 퇴행자로 간주하였다. 이는 자연과학으로부터 깊은 영향을 받은 것으로 그의 주장은 실제로 찰스 다윈(Charles Darwin, 1809~1882)의 진화론과 거의 일치한다. 다윈의 방식에 따라, 롬브로소는 일차적으로 범죄의 결정요인이라고 추정되는 생물학적 성향들을 탐구하였다. 그리고 세 가지 유형의 범죄인—생물학적 생래적 범죄인(born criminal), 정신병자 범죄인(insane criminal), 범죄인(criminaloids)—을 제시하였다. 생래적 범죄인은 퇴행적 진화의 산물로서 타고난 범죄인, 정신병자 범죄인은 저능아나 광인, 그리고 범죄인은 병적인 특성은 보유하지 않았으나 여전히 범죄행위에 가담하는 자를 의미하였다. 이후에도 그는 다양한 사회적 요인들—성과 결혼관습, 형법, 정부구조, 종교적 믿음 등—을 연계하여 범죄를 설명하고자 시도하였다.[60] 그의 연구는 차세대 실증주의 범죄학자들—엔리코 페리(Enrico Ferri, 1856~1928)나 라파엘레 가로팔로(Raffaele Garofalo, 1852~1934)—에게 지대한 영향을 미친 것으로 알려지고 있다.

2) 무력화와 선별적 무력화

실증주의로부터 연유된 범죄통제전략으로는 무력화(incapacitation)와 선별적 무력화(selective incapacitation)를 들 수 있다. 무력화는 형벌이 갖는 범죄의 예방적 기능을 근간으로 하는데, 실제로 범죄자들이 구금되어 있는 동안에는 그들의 범죄는 예방될 수 있다는

60) Vold and Bernard, 1986. 롬브로소 이전에도 상당한 실증주의적 연구가 진행된 것으로 알려져 있다. 프랑스 학자 아돌프 케틀레(Adolphe Quetelet, 1796~1874)는 연령, 성별, 기후와 같은 변수를 포함한 다변량 분석방식을 이용하여 프랑스 범죄율의 추세를 연구하여 연간범죄율은 비교적 일정한 수준을 유지한다는 것을 발견하였다. 앙드레 미셸 게리(Andre Michel Guerry, 1802~1866)와 같은 학자는 다양한 사회적 변수들을 적용하여 상이한 지역 간의 범죄율을 비교 연구하였다.

점을 전제로 한다. 그러나 구금공간의 부족과 경제적 고비용과 같은 문제점이 드러남에 따라 일괄적인 대거 구금정책에서 재범위험성의 평가결과에 따른 선별적 구금의 필요성이 제기되었다. 이는 대량구금을 통한 총체적 무력화를 실현하려는 것과는 구별되는 개념이다. 선별적 무력화는 주로 범죄전과가 많은 상습범죄자들을 대상으로 한다. 이는 대부분의 범죄—절도, 주거침입, 폭력 등—가 극히 일부 인구 층에 의해 지속적으로 범해지므로, 이에 속하는 고위험군의 범죄자들을 집중적으로 구금하면 범죄율이 감소할 것이라고 가정한다. 미국에서 1980년대 대폭적인 재정투자를 통해 교도소 증설이 이루어졌는데도 불구하고 범죄율 감소 현상이 나타나지 않는 등의 이유로, 수용공간을 효율적으로 활용할 필요성에 따라 제기된 것이다. 대량구금으로 야기된 문제를 해결하는 대안으로 선별적 구금을 통해 구금인구를 대폭 증가시키지 않으면서 범죄를 감소시키고자 한 것이었다.[61]

그러나 이에 관한 연구결과로부터 선별적 무능화정책의 문제점 또한 제기되었다. 첫째, 이 정책은 범죄경력으로 예상되는 기간이 실제로 부과된 형기보다 길 것이라고 가정한다. 그러나 일반적으로 실제 범죄인의 경력은 대체로 5~10년 정도에 불과하기 때문에, 장기형량이 범죄감소에 기여할 여지가 없다는 것이다. 즉, 선별적 무능화의 대상이 되는 시점에서는 그의 범죄경력은 이미 끝난 것으로 예상된다는 것이다.

둘째, 그린우드(Peter W. Greenwood)의 연구는 이미 유죄판결을 받은 범죄를 분석대상으로 하였다. 이는 범죄는 범죄전문가에 의해 행해진다는 것을 가정한 것이지만, 실제로 대부분의 범죄인들은 다양한 범죄에 개입하는 비전문가적 범죄인으로 나타났다.[62]

셋째, 선별적 무력화를 윤리적 관점에서 보는 견해로서 공평성, 범죄자 특성 및 예측의 정확성 문제를 제시하고 있다.

(1) 미래 행위에 대한 예측을 근거로 동일범죄에 대해 대상에 따라 다른 형량을 부여하는 것은 불공평하다는 것이다. 또한, 저지르지 않았거나 결코 저지르지 않을 수도 있는 범죄에 대해 형벌을 부과하는 것 역시 형벌체계의 근간을 위배한다는 것이다. 그러나 한편으로 지지자들은 재판관의 판결은 항상 일정한 범주 내에서 결정되는 것이며, 그 범주 내의 형량결정은 재판관의 미래 범죄에 대한 직관적 예측이 작용할 수밖에 없다는 것을 지

---

61) 초기의 연구결과는 80%의 감소효과를 보고하는 등 과장되기도 하였으나, 그린우드 같은 학자는 일종의 지표를 근간으로 고, 중, 저위험군 집단에 따라 형기를 정하는 방식으로 연구한 결과, 예컨대, 강도범의 경우 20%의 감소효과가 있는 것으로 보고하였다. Greenwood, Peter W., *Selective Incapacitation*. Santa Monica, CA: Rand, 1982.

62) Visher, Christy A., "Career Offenders and Selective Incapacitation." In J. Sheley(ed), *Criminology: A Contemporary Handbook* 2nd ed. Belmont, CA: Wadsworth, 1995.

적한다.[63] 또한 위험성의 예측은 이미 전통적으로 가석방업무에서 사용해온 고유한 영역이었다고 주장되고 있다.[64]

(2) 범죄자의 특성인데, 특히 소년 시절에 비행경력을 가진 대상자의 경우이다. 즉, 소년 시절의 비행기록을 범죄예측 기준으로 사용하는 것은 적절치 못하다는 것이다. 사실, 미국의 많은 주에서 피고인이 받을 수 있는 편파적 피해를 방지하기 위해 성인을 기소할 때 소년 시기 비행기록의 사용을 금지하는 법을 시행하고 있다. 또한, 실업상태를 예측요인으로 사용하는 것 역시 사회계급을 기준으로 차별하는 것이라고 주장한다. 저소득, 저학력 계층의 실업률이 중 · 상류계층의 실업률보다 높기 때문에 그 적용이 부적절하다는 것이다.[65] 그러나 선별적 무력화이론가들은 실업이 범죄발생의 주요한 요인으로 작용하므로 현실적인 측면에서 고려되어야 한다고 주장한다. 그렇다고 하더라도 실업을 이유로 범죄인의 처벌을 강화하는 정책보다는 취업의 기회를 창출하여 범죄를 예방하는 방향의 정책이 보다 바람직하다고 볼 수 있다.

(3) 범죄예측에 있어서의 정확성 문제기 또한 제기되고 있다. 예측을 근간으로 하는 모든 프로그램에는 결함이 존재한다. 범죄를 저지른다고 예측한 범죄인이 범죄를 저지르지 않는 경우도 존재하고, 그 반대의 경우도 존재할 것이다. 전자는 실제로는 범죄의 위험성이 낮지만 교도소에 구금되어 있는 경우이고, 후자는 범죄를 저지르지 않을 것으로 예측한 범죄인이 실제로 범죄를 저지르는 경우이다. 즉, 후자의 경우는 재판관이 저위험군으로 예측함에 따라 단기형을 부과한 것이지만, 출소 후 범죄경력이 지속되는 경우인 것이다. 어느 경우도 선별적 무력화의 문제점을 노출하는 것이다.

그럼에도 불구하고, 이에 대한 관심이 지속되는 것은 구금인구의 증가가 없이 범죄를 감소시키고자 하는 기대가 있기 때문이다. 선별적 무력화와 예측을 근간으로 하는 정책의 또 다른 문제점으로는 그 대상이 기업범죄나 화이트칼라범죄는 제외되고 주로 노상범죄들에 한정되어 있다는 것이다. 이들 범죄가 사회에 끼치는 실질적 손실의 심각성을 고려한다면, 논란의 여지가 크다 하겠다.

---

63) Morris, Norval and Marc Miller, "On Dangerousness in Judical Process." In Michael Tonry and Norval Morris(eds). *Crime and Justice: An Annual Review of Research*, Vol. 6. Chicago: University of Chicago Press. 1985.

64) Janus, Michael, "Selective Incapacitation: Have We Tried It? Does It Work?" *Journal of Criminal Justice*, 13, 1985. pp.117-129.

65) Visher, 1995.

3) 사회복귀, 교정치료 및 의료모델

1800년대 초반 소위 잭슨시대[66](Andrew Jackson, 1829~1837)로 일컬어지던 시기에 대규모 교정시설들이 건설되었지만 범죄인을 교화시키는 목표에서는 성공한 것으로 평가받지 못하였다. 이후 1870년대부터 개혁의 시대를 맞이하면서 사회복귀에 대한 낙관론이 다시 대두되었다. 교도소의 구조적 변화 이외에도 교정교육 및 직업훈련과 같은 프로그램이 시행되는 등 사회복귀의 이념이 다시 확산되었다. 엘마이라 감화원(Elmira Reformatory)에서 개별적 처우를 위한 분류심사제도가 실시된 것도 이 시기였다. 1800년대 말에 이르러서는 의료기술의 발전과 함께, 교정치료에 의료적 접근이 적용되어 정신과 의사, 심리학자, 임상사회사업가와 같은 치료인력들이 대거 참여하였다. 1930년대에는 연방교정국이 설립되어 의료모델을 교정영역에 적용하였고, 따라서 보다 정교한 분류심사제도와 함께 진단과 치료방식에 있어서 첨단적 임상기술이 적용되었다.

4) 사회복귀에 대한 논쟁

사회복귀에 관한 논쟁은 이론적인 측면과 프로그램의 효과와 관련된 측면으로 구분하여 논의될 수 있다.

(1) 이론적 측면: 사회복귀에는 두 가지 가정(假定)이 있다. 첫째는, 범죄인의 행위는 그들의 심리적 기질 혹은 취약한 사회적 조건(혹은 둘 다)에서 기인하는 결함과 연관이 있다는 것이고, 둘째는, 범죄인은 사회에 순응하는 준법시민으로 변화될 수 있다는 것이다. 사회복귀는 다양한 이론적 차원에서 비판을 받았다. 가장 근본적인 차원으로서, 보수주의자들은 범죄인의 범죄성이 불리한 사회적 조건이나 개인의 심리적 결함에서 기인한다는 가정에 대해 회의감을 표시하였다. 예컨대, 빈곤이 범죄를 유발한다면 대다수의 빈곤층이

---

66) '잭슨시대'(the Jacksonian era)라고 불리는 제7대 Andrew Jackson 대통령이 재임했던 이 시기에는 범죄, 빈곤, 정신질병이 심각한 사회문제로 대두되었고, 이들을 수용하기 위한 교도소, 구빈원, 정신병원과 같은 대규모 획일적 구금시설이 대거 등장하였다. 범죄를 종교적 관점에서 사회적 및 정신적 훈련이 결핍된 양육상의 문제로 접근하던 식민지시대(따라서, 최종적으로 범죄는 죄인인 개인의 책임으로 인식되었다)와는 달리, 개인의 이탈과 범죄행위에 대한 사회적 영향을 중시하였다. 이탈행위는 사회적 무질서의 결과물로 인식되어 가정과 지역사회의 역할이 중시되었다. 술집이나 매춘굴을 추방하는 운동이 전개되었고, 동시에 불건전한 가정이나 퇴폐적 지역사회로부터 분리된 장소로서 교도소를 건설하고자 하였다. 당시 교도소의 목적은 범죄자로부터 사회를 방어한다기보다는 범죄자를 사회로부터 보호하는 것이었다. 따라서 이 시기에는 범죄이론 역시 자유의지를 근간으로 한 고전주의이론과 구별되는 환경적 요인에 의한 결정론이 주를 이루었다. Rothman, David J., *Discovery of the Asylum: Social Order and Disorder in the New Republic*, Boston: Little, Brown and Company, 1971 참조.

준법시민으로 남아있는 이유를 설명해야 하며, 전반적인 일반화에는 문제가 있다는 것이다.[67] 또한 정신병원에 강제로 수용된 환자들과 같이, 자의(自意)에 반해서 구금되어 있는 범죄인들이 강제적으로 변화될 수 있는가에 대해서도 의문을 제기하고 있다. 설사 범죄인이 변화를 원하는 경우에도 치료의 효과가 장기간 지속될 것인가의 문제는 여전히 남는다. 거리에서 마약을 판매한 전과자가 사회로 복귀했을 때 직면할 이웃환경—고실업, 열악한 주거, 폭력만연, 일상적 마약거래—을 예상해 보면, 이러한 의문의 타당성이 더욱 명백해진다는 것이다. 따라서 사회 내 여건의 변화가 동반되지 않으면 치료의 장기적 효과는 기대하기 어렵다고 주장하고 있다.[68] 그럼에도 불구하고 현실적으로 볼 때, 사회 환경을 변화시키는 것보다는 개인을 변화시키는 것이 보다 용이하다는 주장이 설득력을 얻고 있다.

(2) 프로그램의 효과 측면: 효과에 대한 부정적인 연구결과는 50년대 말부터 간헐적으로 존재해 왔다. 그러나 앞서 기술한 바와 같이, 1975년 발표된 로버트 마틴슨의 연구결과가 반(反)사회복귀적 추세에 결정적인 영향을 끼쳤다. 그는 전국 교도소에서 실시된 231개의 교정치료프로그램들을 평가한 연구논문에서 "극히 소수의 경우를 제외하고는, 지금까지 보고된 사회복귀프로그램들에서는 재범률에 대한 현저한 효과를 발견할 수 없었다"[69]라고 기술함으로써 교정치료무용론—'Nothing Works'—을 확산시킨 것이다. 그러나 후속연구를 통해 "치료 프로그램이 어떤 조건하에서는 불능이고, 어떤 조건하에서는 효과적이며…."[70]라고 기술하여 종래의 입장에서 크게 후퇴하였으나 이미 확산된 치료프로그램에 대한 회의적인 시각을 되돌리는 데에는 거의 영향을 미치지 못하였다.[71]

---

67) Wilson, James, *Thinking About Crime*. New York: Basic Books. 1975.

68) Currie, Elliott, *Reckoning: Drug, the Cities, and the American Future*. New York: Hill and Wang, 1993; Reiman, Jeffrey H., *The Rich Get Richer and The Poor Get Prison: Ideology, Class, and Criminal Justice*, 4th ed, Boston: Allyn and Bacon, 1995.

69) "With few and isolated exceptions, the rehabilitative efforts that have been reported so far have no appreciable effect on rehabilitation." Martinson, Robert, "What Works? Questions and Answers about Prison Reform." *Public Interest*, Spring, 1974. pp.22-54.

70) Martinson, Robert, "New Findings, New Views: A Note of Caution Regarding Sentencing Reform." *Hofstra Law Reviews* 7(2), 1979. pp.244-266.

71) 이후 기존 프로그램의 효과성에 대한 재평가 연구들이 대거 진행되었다. 예컨대, 파머는 마틴슨 연구에 대한 재평가연구 등을 통해 기존의 치료효과연구에 있어서 방법론상의 오류를 지적하고, 대상자집단의 특성이 고려된 프로그램들은 치료효과가 있었다("some programs did work")고 주장하였다. Palmer, Ted, "Martinson Revisited." *Journal of Research in Crime and Delinquency*, 12, 1975. pp.133-152.(이후 92, 94년에

사회복귀 프로그램의 효과를 평가하는 기본적인 방법은 프로그램 평가자료를 검토하는 것이었다. 일반적으로 사회복귀 프로그램의 평가연구를 분석한 결과는 다음 세 가지 가능성으로 구분할 수 있다. 첫째는 프로그램이 실제로 비효과적일 경우, 둘째는 프로그램은 제대로 설계되었으나 실행방식에서 잘못된 경우(예컨대 자격이 없거나 무능력한 직원 문제 등), 셋째는 평가방법이나 평가연구에 결함이 있어 문제가 프로그램에 있는지 혹은 행정적 절차에 있는지 분명하게 단정할 수 없는 경우이다.

보수화 추세에 따라 1970년대 사회복귀정책이 교도소 현장에서 사라지는 과정에서, 자유주의자들 역시 반(反)사회복귀적 기류에 편승한 바가 적지 않았다. 자유주의자들은 진정한 문제가 형사사법제도와 그 구조 자체에 있다고 보았기 때문에 현장에서 이루어지는 보다 구체적인 사회복귀프로그램 자체에 대한 부정적인 평가결과에는 적절하게 대처하지 못하였던 것이다. 더 나아가 급진주의자들로부터 자유진영에서 제안하는 사회복귀 전략은 힘 있는 집단이 힘없는 집단을 통제하기 위한 시도에 불과하다는 비판을 받기도 했다. 그러나 자유주의자들은 사회복귀정책을 퇴조시킨 주장들이 객관적 자료에 근거한 실증적인 분석에서 도출된 결과가 아니라는 점을 지적하고, 교정에 대해 회의적인 인식이 강했던 당시의 사회적 여건—즉 보수주의로의 이념적 회귀현상—의 결과였다고 주장하였다.

이러한 상황은 1970년대 사회변동적 맥락에서 설명될 수 있다. 혼란했던 60년대 이후 국가는 강한 정부의 역할을 재정립하고자 하였는데, 하나의 방법은 눈에 보이는 강력한 범죄퇴치정책을 실시하는 것이었다. 따라서 사회복귀를 지지하는 세력들이 심약한 자유주의자들이라고 치부되는 상황에서 시의 적절하게 발표된 마틴슨의 평가보고서가 보수적인 공공여론과 공공정책의 형성에 기여하였다. 결과적으로 보면, 사회복귀는 의도적이지는 않았지만 취약하고 불완전한 방법론과 절차에 의존하였던 평가연구자들에 의해서 퇴조의 길을 걷게 된 것이다. 동시에 사회복귀의 퇴보는 관련 담당자들의 행정적 무능과 자질의 부족에서 기인한 바가 컸으며, 또한 매우 중요한 사실로서, 알려진 바와는 달리, 실제에 있어서는 그 이전 어느 시점에서도 사회복귀 프로그램들이 전면적으로 실행된 적이 없었기 때문에 더욱 쉽게 퇴조했다고 주장되고 있다.[72] 이러한 변화의 추세는 이념적으로 자유주의에서 보수주의로 전환되어 가는 사회적 맥락에서 진행되었다.

저서로 출간함).

72) 이는 60년대까지의 기간이 통상적으로 사회복귀의 시대라고 인식되어 왔지만 실제 현장에서는 전면적인 실천이 이루어지지 않았다는 주장이다. 따라서 기존의 사회복귀프로그램들에 대한 평가결과들을 일반화하는 데에는 문제가 있다고 보는 것이다.

보수진영에서는 사회복귀가 범죄율에 미치는 영향에 대해 다음과 같은 논리로 비판한다. 사회복귀는 어떤 범죄행위에 대해 유죄판결이 발생한 후에 영향을 미칠 수 있기 때문에, 이미 발생한 범죄에 대해서는 물론 그 범죄가 이미 포함된 전체범죄율에도 영향을 미칠 수가 없다는 것이다.[73] 물론 이러한 주장도 일리는 있으나, 그 사실이 억제정책과 형벌강화의 당위성을 뒷받침하는 것은 아니다. 보다 바람직한 것은 사회적 여건(실업해소 등)을 개선하고 개인적 문제(약물의존 등)를 해결함으로써 범죄를 예방하는 것일 것이다.

5) 사회복귀 정책의 부작용: 통제망 확산과 낙인효과

사회복귀정책이 실시되는 과정에서 발생한 문제점 또한 제기되었다. 첫째는 특히 소년비행의 경우, 사회복귀 프로그램들이 확산될수록 체포되는 소년들이 사법제도에 연루될 가능성이 더 많아진다는 것이다. 사법제도에 연루되지 않을 정도의 경미한 비행의 경우도 이러한 프로그램의 확산으로 인하여 공식적인 사법적 개입으로 연계되는 현상이 나타나는데, 소위 '통제망 확대'(net-widening)효과라 일컬어진다. 둘째는 이러한 프로그램의 확산은 법원 및 관련 체계의 업무량을 가중시킬 뿐만이 아니라, 비행소년들이 사법기관에 공식적으로 개입됨으로써 부정적인 낙인효과를 양산할 여지가 커진다는 것이다. 특히 낙인현상은 하류계층과 소수인종들에게 집중되는 경향을 보이는 등 문제점을 안고 있다.

6) 응보주의로의 회귀: 공정모델—'just deserts'—의 대두

오늘날 시점에서 우리가 미국의 교정을 역사적으로 고찰해 볼 때, 보수와 자유 양 진영에서 주장한 기존의 정책들로부터 심도 있게 숙고해야 할 다양한 문제점들을 찾아볼 수 있다. 잘 알려진 억제정책, 사회복귀정책, 그리고 선별적 무능화 등 어느 정책도 그 예외가 아니다. 책임소재를 불문하고, 전문가 집단은 물론 일반인들 사이에서도 미국 사회의 전반적인 범죄통제능력에 대해 회의적인 시각이 주를 이루고 있다. 이러한 추세가 반영되어 정책입안자들이 역사적 산물인 응보주의로 회귀하는 경향—범죄인들에게 해를 끼친 만큼 마땅한 대가를 지불하게 하는 것('just deserts')—을 보이고 있다.

앞서 기술된 바와 같이, 1970대 사회복귀의 퇴조는 자유주의진영에서의 노선변화와 그 추세를 같이하였다. 범죄인을 변화시키고자 하는 사회복귀정책의 실패와 함께 많은 자유

---

73) Hagg, vanden Ernest, "Could Successful Rehabilitation Reduce the Crime Rate?" *The Journal of Criminal Law and Criminology*, 73(3), 1982, p.1023.

주의자들이 치료보다는 처벌을 지지하는 입장으로 선회하는 경향을 보였다. 자유주의진영은 전통적 자유주의자와 공정모델 자유주의자(justice model liberals)로 분화되었다. 공정모델 자유주의자는 응보주의를 지지하는 '신고전주의자'로 일컬어졌다. 이들은 마땅한 형벌의 부과를 주장하였지만, 동시에 공정성과 합리성을 유지해야 한다는 입장을 취했다. 1980년대 국가가 정치적으로 우익성향으로 선회하는 과정에서 자유주의자들 역시 특히 형사사법 및 교정 분야에서 보다 보수 쪽으로 선회하는 경향을 보인 것이다.

공정모델의 대표적인 주창자인 데이비드 포겔(David Fogel)[74] 역시 응보주의의 회귀를 주장하였지만 동시에 범죄인에 대해 공정하고(fair) 합리적인(reasonable) 형벌을 요구하였다. 따라서 수형자들에 대한 지나친 고통부과에 반대하고, 인도주의적 처우로서 공민으로서의 권리와 헌법적 권리가 보장되는 형벌을 주장하였다.

공정모델에서는 그 목적이 처벌에 있기 때문에 수용시설에서 사회복귀의 효과를 기대하지 않았으며, 응보주의로 회귀되면서 부정기형이 정기형으로 전환되는 경향을 보였다. 이는 각 범죄에 부과되는 형벌을 명확히 함으로써 판결의 일관성을 정립하고자 한 것이었다. 공정성이나 정의와 같은 개념이 전통적 자유주의자나 보수주의자들 모두에게 지지를 받음으로써 공정모델은 여타 정책들에 대한 대안으로 각광을 받았다. 보수주의자들은 공정처벌이 범죄인의 형량감소의 수단으로 이용되고 있었던 유죄답변거래(plea bargaining)를 위축시킬 수 있고, 따라서 범죄에 엄격하게 대처할 수 있다는 측면을 지지하였다. 동시에 전통적인 자유주의자들은 일반적으로 소수인종과 빈곤층에게 불리하게 작용하는 재판관의 재량권을 감소시킬 수 있다는 점에서 이를 지지하였다.

이 모델의 한계점은 그 목적이 범죄성(犯罪性)을 감소시키는 데 있는 것이 아니고 오직 범죄행위에 대해 공정한 대가를 지불한다는 데 그 의미를 찾는다는 점이다. 많은 범죄학자들은 범죄의 감소에 목적을 두지 않는다는 측면을 문제점으로 지적하고, 억제나 사회복귀와 같은 전략과 연계되어야 한다고 주장하고 있다.

7) 자유주의 관점에 대한 평가

사회복귀가 직면하는 문제점을 분석함에 있어서 자유주의 관점의 기본 가정에 대한 이해가 필요하다. 자유주의적 입장은 근본적인 차원에서 사회적 및 경제적 문제에 대한 진지한 고찰이 결여된 상태에서 범죄인들을 개인적 차원에서 미봉적으로 처리한다는 비판

74) Fogel, David, *We Are the Living Proof: The Justice Model for Corrections*, 2nd ed, Cincinnati: Anderson, 1979.

을 받고 있다.[75] 자유주의자들이 추구하는 사회복귀의 목표가 근본적인 사회적 여건을 개선하는 시도가 아니라, 범죄인들이 취약한 환경으로 복귀했을 때 생존할 수 있는 수단만을 제공하는 것을 의미한다면(개입프로그램이 범죄억제효과를 발휘한다는 가정하에서), 자유주의이념의 근본을 벗어나는 것이다. 지난 몇십 년 동안, 자유주의자들은 보수주의자들과 같이 개인적 차원의 프로그램에 개입하는 경향을 보였는데, 이는 사회 환경을 개선시키는 것보다는 개인을 변화시키는 것이 훨씬 용이하기 때문이라는 현실적인 측면이 반영된 것이었다. 이러한 접근은 미국의 앤드루 잭슨 대통령 시대에 매음굴과 술집 폐쇄 등을 포함하여 사회를 총체적으로 개혁하고자 했던 노력이 실패한 나머지 교도소 건설에 힘을 기울였던 경험에서도 찾아볼 수 있다.[76] 시간이 흐름에 따라 자유주의자들은 사회근본적인 문제에 대한 접근보다는 보다 개인주의적 차원의 접근으로 선회한 것이다.

오늘날 특이한 현상은 대부분의 시민들은 사회복귀를 반대하는 것은 아니지만, 보수주의자들의 강력한 형벌정책을 지지한다는 것이다. 정치가들은 시민들이 처벌과 사회복귀에 표시하는 이중적 태도를 현명하게 이해하는 길을 찾아야 한다. 수많은 연구결과는 대부분의 시민은 합리적인 수준의 마땅한 형벌과 함께 사회복귀프로그램—특히 교정교육, 직업훈련, 약물남용치료 등—을 지지한다는 것을 보여주고 있다.[77] 동시에 많은 시민들은 교도소가 재소자들을 개선시키는 데 크게 기여하지 못한다는 것 또한 잘 인식하고 있다. 모순된 현상으로 사회복귀의 이상(理想)에 대한 기대는 특히 재소자들에게 인도주의적 서비스를 제공하는 데 반대하는 사람들 사이에서 더 강하다는 점은 흥미로운 사실이다.

자유주의자들은 보수주의자들의 엄벌정책을 소외계층에 대한 억압의 형태로 이해한다. 이들의 보수주의 정책에 대한 논쟁은 8가지로 요약할 수 있다.[78]

- 강력한 형벌은 비합리적이다.
- 처벌정책은 생산적이지 않다: 진정한 피해자 보호가 결여되어 있다.
- 교도소 확산을 반대한다.

---

75) Currie, Elliott, *Confronting Crime: An American Challenge*. New York: Pantheon. 1985.

76) Rothman, 1971.

77) Cullen, Francis T., John B. Cullen and John F. Wozniak, "Is Rehabilitation Dead? The Myth of Punitive Public." *Journal Of Criminal Justice*, 16, 1985, pp.303~317.

78) Cullen, Francis T., and John F. Wozniak, "The Fighting the Appeal of Repression." *Crime and Social Justice*, 18, 1982, pp.23~33.

- 범죄인의 권리를 위한 활동을 지속한다.
- 정기형을 반대한다.
- 사회복귀 이념을 재확인한다.
- 행형개혁의 수단으로 근로윤리를 재정립한다.
- 종교의 잠재력을 인정한다.

〈참고자료〉 고전주의와 실증주의의 비교

	고전주의	실증주의
핵심	형사사법의 개혁	범죄인의 과학적 연구
인간관	자유의지: 공리주의	결정론: 생물학적, 심리학적, 사회학적
행위에 대한 책임	개인	외적 요인
범죄해결방향	범죄비용이 손해보다 무겁게 함	범죄원인의 제거
사회통제의 초점	– 범죄이익보다 강한 형벌적용 – 사법적 재량권 불인정 – 비용이 이익보다 크게 함 – 형벌의 확실성, 공평성, 신속성 – 정기형	– 각 개인의 신체적·환경적 상이함에 따른 개별적 대응 – 사법적 재량권 인정 – 각 개인의 필요에 따른 형법 적용 필요 – 부정기형
사회통제의 목표	– 범죄의 억제 – 비용이 이익을 초과하면 범죄가 제지되며, 형벌이 공공의 안전을 보호함	범죄인의 사회복귀

3. 비판주의적 관점

개인이 자유의사에 따라 범죄에 개입한다고 보는 보수주의 관점은 범죄원인의 외생적 요인을 간과한다는 비판을 받는다. 범죄행위를 사회적 여건과의 관계에서 설명하면서 개인적 차원에서 범죄인의 사회복귀를 제안하는 자유주의 관점은 열악한 환경에 대한 근본적인 개선이 없이 취약한 계층에게 생존할 수 있는 기술만을 제공하고자 한다는 점에서 비판받는다. 비록 자유주의자들이 빈곤이나 실업 등의 사회적 여건이 범죄에 미치는 영향을 인식한다 하더라도 사회적 여건의 개선보다는 개인적 차원의 문제에 초점을 맞추고 있는 현상 또한 사실이다. 기존 관점들에 대한 대안적 관점으로서 비판주의적 관점은 보수주의보다는 개인적 측면을, 자유주의보다는 사회적 측면을 강조한다. 비판주의 범죄학자들은 대부분의 범죄는 사회구조적 측면의 모순에서 기인한다고 주장한다. 더 나아가 적대적 환경을 간과하면서 범죄인을 사회복귀시키려는 시도는 문제의 근원을 다루지 않기 때문에 쉽게 좌절될 수 있다고 주장한다.

1) 비판주의적 관점의 발단

급진적 성격의 비판적 관점은 마르크스의 전통적 사상에서 그 기원을 찾을 수 있다. 마르크스는 자본주의와 계급 간의 복잡한 사회적 관계 속에서 자본주의를 논하였다. 즉 자본주의의 속성에 따라 부의 대부분은 자본가가 차지하고 노동자는 착취되어 빈곤층으로 몰락하게 됨에 따라 계급투쟁이 발생하고 상류계층이 부와 이익을 지키기 위해 하류계급을 통제하고자 한다고 본 것이다.

비판주의적 관점에서는 형사사법제도를 기득권층이 사회를 통제하는 주요한 수단으로 인식한다. 역사적으로 노동조합이 노동자계층의 활동을 제압하기 위해 사용되어 온 것처럼, 형사사법제도 역시 지배계층이 노동자들의 활동을 통제하는 기능을 담당해왔으며, 더 나아가 경제적으로 한계선상에 있는 실업자들을 통제하는 데 사용되었다고 주장한다. 마르크스는 자본주의 사회를 논함에 있어서 경제적 및 정치적 권력, 사회변동, 소외 등 다양한 사회적 관점을 다루었지만, 예상 외로 범죄에 대해서는 거의 기술하지 않았다. 따라서 비판적 범죄학자들은 범죄를 정치경제학적 측면에서 설명하는 독자적인 범죄이론을 발전시켰다.[79]

---

79) Garland, David, *Punishment and Modern Society: A Study in Social Theory*. Chicago: University of Chicago

마르크스의 사상을 범죄학에 접목시킨 최초의 학자는 빌럼 봉거(Willem Bonger)인데, 1916년에 「범죄와 경제적 조건」(*Crime and Economic Conditions*)이라는 저서를 출간하였다. 그 저서에서 자본주의 경제제도는 자유분방한 개인주의와 물질주의—개인을 자기중심적이고 탐욕스럽게 만드는—를 증진하는 문화를 조성한다고 주장하였다. 자본주의자들은 그들에게 유리하게 구조화된 법률적 환경 속에서 부를 영위하며, 노동자들은 저임금이 구조화된 박탈적 환경을 벗어나기 위해 투쟁의 길을 걷게 된다고 하였다. 봉거에 의하면, 힘 있는 자들의 욕심은 자본주의 제도에 의해 생성되고 고취되며, 반대로 힘없는 자들의 욕심은 좌절되고 공식적인 처벌의 대상이 된다고 하였다. 결과적으로 형사사법제도는 빈곤층의 욕심을 범죄화하고, 상류층의 욕심은 간과하는 사회기관으로 존재한다고 보았다. 또한 빈곤층이 주로 저지르는 절도와 같은 유형의 범죄는 쉽게 탐지되며, 상류층이 저지르는 배임, 사기, 가격단합, 내부거래와 같은 화이트칼라 범죄나 기업범죄 등은 은폐되거나 탐지되기 어렵게 되어있다고 하였다.

봉거를 포함한 최근의 비판주의 범죄학자들은 하류계층의 범죄를 단순히 미화한 것은 아니었고, 하류계급의 범죄도 상류계급의 범죄만큼 야비하고 약탈적이라고 주장하였다. 그러나 범죄는 불평등에서 기인하며, 불평등이 빈곤층과 부유층 사이에서 반사회적 행동을 조장하기 때문에, 사회 불평등과 범죄를 감소시키기 위해서는 개인주의, 계급주의, 경제적 등급화를 감소시키기 위한 사회개혁의 필요성을 제기하였다. 봉거의 이러한 범죄학적 접근이 1900년대 초반에 이미 유럽의 범죄학계에 널리 알려져 있었지만, 미국의 경우는 거대한 사회변동을 겪은 1960년대에 등장하였다. 60년대는 미국의 수많은 비판적 시민들이 소수인종의 권리, 경제적 불평등, 월남전쟁 등과 같은 사회문제에 대해 항거하기 시작한 시기였으며, 그 비판의 화살은 정부, 그리고 국가의 부와 권력을 지배하는 기득권을 향하였다. 바로 이 시기에 범죄와 형사사법제도에 대한 비판적 관점이 등장한 것이다.

2) 비판주의 범죄학의 이론적 가정

1960년대 이래, 비판적 범죄학과 함께 다양한 급진적 성향의 범죄학—갈등주의, 마르크스주의, 페미니즘, 포스트모더니즘 등—이 등장하였다. 이러한 범죄학들은 그 다양성에도 불구하고 공유하는 관점이 있다.[80)]

Press, 1990.

80) Maguire, Brendan, "The Applied Dimension of Radical Criminology: A Survey of Prominent Radical

첫째, 갈등, 지배, 탄압이 자본주의 사회의 특징적 요소이다.

둘째, 자본주의 사회의 대다수의 범죄는 자본주의 사회조직의 생래적 모순에서 기인한다.

셋째, 법과 형사사법제도는 일반적으로 힘없는 자들보다는 힘 있는 자들의 이익을 보호한다.

넷째, 형사사법(criminal justice)은 사회정의(social justice)의 실현이라는 넓은 맥락에서만 의미를 갖는다.

자본주의제도의 특징으로서 사회적 갈등은 마르크스의 전통적 사상에 대한 기술에서 언급되었다. 다음은 자본주의 사회의 생래적 모순에 관한 일정 부분의 기술이다.

첫째, 자본주의의 목적은 이익을 창출하는 것이며, 대부분의 경우에 이 목적은 잘 이루어진다. 문제는 자본주의가 빈곤 또한 창출한다는 것인데, 여기에는 소수의 부유층을 만들기 위해 더 많은 빈곤층이 만들어진다는 사실이 포함된다. 환언하면, 자본주의제도는 노동자들이 이익창출에 기여하지만 그들을 포함하는 모든 사람들에게 부가 공평하게 분배되도록 만들어진 것은 아니라는 것이다.[81] 사실, 자본주의 사회에서 부는 소수에게 편중되어 있으며, 그 결과 소수가 막강한 권력을 소유하게 된다. 국가의 부는 양극화되어 상류층은 지속적으로 부유해지고 하류층과 중산층은 점진적으로 빈곤해진다는 것이다.

둘째, 자본주의제도의 모순은 고용이 필요한 만큼 실업 또한 필요하다는 것이다. 노동자가 고용되면 상품을 생산하고 서비스를 제공한다. 동시에 실업이 존재함으로써 저임금이 유지될 수 있다. 경제의 안정은 일정한 수준의 실업률을 조건으로 한다. 만약 모든 시민이 취업되어 있다면, 모든 사람들이 임금인상을 요구할 것이며 임금투쟁을 시도할 것이다. 오늘날에도 실업은 여전히 심각한 사회문제로 남아있다. 즉 일자리보다 구직자가 많은 구조를 안고 있다. 마르크스의 용어를 빌리면, 실업자는 잉여노동인력이며, 일종의 노동상비군이다.

셋째, 자본주의의 모순은 상품과 서비스를 원래의 목적대로 사용하는 것이 아니고, 교환의 수단으로 사용하는 경향이 있다는 것이다. 자본주의 상품은 사회적 필요가 아닌 이익창출에 의해 좌우되며, 즉 사용가치보다는 교환가치에 의해 좌우된다. 예컨대, 투자자가 땅과 건물을 구입하는 목적은 필요한 사람들에게 주거지를 제공하려는 것이 아니고,

---

Criminologists." *Sociological Spectrum*, 8, 1988, pp.133–151.

81) Glyn, Andrew, "Contradictions of Capitalism." In John Eatwell, Muray Milgate, and Peter Newman,(eds). *The New Pelgrave: Marxian Economics*. New York: W.W. Norton. 1990.

이익을 창출하려는 것이다. 투자자의 이익목표가 달성될 때까지 집과 아파트는 비어있게 된다. 오늘날 미국과 같은 대개의 선진국가에서의 주택부족 문제는 그 절대량의 부족이 아니라, 구매가 가능한 주택이 부족하다는 의미로 해석되어야 한다. 이러한 문제는 자본주의 사회의 특징이 대부분의 기본적인 물품과 서비스조차도 상품화되기 때문이라는 것이다. 따라서 보다 우선적인 정책은 기본교육이나 의료보험과 같은 보다 근본적인 영역에서의 혜택을 확산시키는 방향에서 이루어져야 한다고 주장한다.[82]

3) 사회개혁과 교정정책의 방향

비판주의 범죄학은 이론적 구성이 정책입안과 같은 실용적인 관점에서 볼 때, 추상적이라는 비판을 받았다. 비판주의 범죄학자들 중 일부는 자본주의를 사회주의로 전환시키려는 노력이 없다면 어떤 사회변화도 근본적인 해결책이 될 수 없다고 주장한다.[83] 그러나 이와 같은 사회변화에 대한 이분법적 접근은 비판적 범죄학자들의 운신의 폭을 좁게 만들어 의미 있는 정책을 실천하는 데에는 걸림돌이 되고 있다.[84] 즉, 의료보험, 실업자보조, 대학생학자금지원 등과 같은 사회주의적 정책을 지지한다 하더라도, 미국 사회나 우리나라 사회를 사회주의 사회로 전환하는 것은 불가능한 것이 정치적 현실이다. 실제로 비판주의 범죄학자들에 의한 제안들은 정부나 정책입안자들에 의해 거의 비현실적인 것으로 인식되며, 비주류 담론으로 취급되는 경향이 있다. 경쟁적인 개인주의, 편협한 이기주의, 상대적 박탈이 정착화된 주류사회의 문화를 근본적으로 변화시키는 것은 불가능한 일이다.[85] 따라서 이를 위해서는 사회정의를 실현하고자 하는 의식개혁이 수반되어야 한다고 주장하였다. 여기에서 사회정의는 고용, 주거, 영양, 교육, 건강과 같은 기본권리를 보호하는 것을 의미하며, 이것이 비판적 범죄학의 핵심적 요인이라고 하였다.[86]

비판주의 범죄학의 또 다른 관심은 공동체정신의 재창출이다. 이는 자본주의의 위기는 물질적인 측면과 정신적인 측면 모두에서 기인한다는 이들의 믿음과 관련이 있다.[87] 이들

---

82) Ibid.

83) Maguire, 1988.

84) Bohm, Robert M., "Radical Criminology: An Explication." *Criminology*, 19(4), 1982, pp.565-589.

85) Ibid.

86) Quinney, Richard, *Class, State, and Crime*. New York: Longman, 1980.

87) Ibid.

은 사회 내 공동체의식은 범죄통제정책에 직접적인 영향력을 미치는 요인이며,[88] 또한 지역사회에의 투자를 통해 주거, 교육, 일자리창출 등의 문제가 해결된다는 관점에서, 공동체의식의 재건은 진정한 사전 범죄예방 전략이라 하였다. 그러나 미국의 경우에도 1980년대는 물론 사회복귀의 시대라고 칭해지는 1960년대에도 연방정부에 의한 이웃, 지역사회, 시 단위에 대한 실질적인 지원은 이루어진 적이 없었다고 주장하였다.[89]

형사사법정책과 관련, 비판적 범죄학자들은 특정 계급과 개인들에 대한 차별적 적용을 비판한다. 형사사법제도의 주요 기능이 주로 하류계층의 범죄—특히 절도와 같은 재산범죄 등—를 통제하는 것이며, 실제로 하류계층은 어떤 의미이든 일종의 결함을 안고 있다는 가정하에 교정이나 사회복귀의 대상으로 간주한다는 것이다. 물론 중산층이나 상류계층도 사기나 횡령 등으로 유죄판결을 받아 구금형이 부과되는 경우도 있지만 이 경우도 교정의 대상으로서가 아니라 응보적 관점에서 부과된 것이라고 주장한다.[90]

형사사법제도에서의 계급 간의 차별은 곧 개인 간의 차별로 연결되는 경향이 있다. 교정의 전략과 목표는 실제로 사회여건의 개선이나 불법적 행위를 한 기업과 같은 집단이 아닌, 하류계층에 속하는 개인들을 주된 대상으로 한다. 따라서 이에 대해서 비판주의 범죄학자들은 기업범죄이든 폭력범죄든 개인에 대한 교정행위보다는 개인의 범죄행위를 조장한 사회구조와 제도의 개선에 더 관심을 갖는다.[91] 일부 자유주의자들과 같이, 비판주의 범죄학자들 역시 범죄에 대한 사법적 대응이 관대하다는 주장에 내해 동조하는 경향을 보이고 있다. 비판주의 범죄학자들 역시 범죄의 주체가 개인이든 국가이든 범죄행위에 대한 엄격한 견해를 갖고 있다.[92] 특히 이들은 오늘날 구금시설에 대한 과도한 의존과 투자에 대해 비판적 견해를 갖고 있지만, 동시에 엄격한 형사사법제도와 교정제도의 필요성 또한 지지하고 있다. 특히 지역사회에서 고위험군으로 분류되는 폭력범죄자들에 대한 대처방안으로, 현재까지 축적된 경험과 지식의 범위 내에서는, 구금이나 장기형 외에는 어떤 대안도 없다는 것 또한 인정한다.[93] 동시에 비윤리적인 기업범죄에 대해서도 강력한 형벌을

88) Michalowski, 1985.

89) Currie, 1985.

90) Maguire, 1988.

91) Ibid.

92) 비판적 범죄학자들은, 예컨대, 사형제도를 국가가 저지르는 폭력행위로 보고 폐지를 주장한다.

93) Maguire, 1988.

부과해야 한다고 주장한다. 열악한 작업환경과 불량상품의 생산으로 근로자와 소비자에게 해를 끼치는 기업에 대한 강력한 처벌을 주장하고, 보다 구체적으로 특히 사망이나 상해까지 이르게 한 경우에는 그러한 결정에 연루된 책임자들을 색출하여 강력히 처벌할 것을 제안하였다.

이러한 주장들은 보수주의, 자유주의 및 비판주의 진영 간에 차이를 모호하게 만드는 측면이 있다. 즉, 구금, 장기구금, 그리고 기업범죄에 대한 강력한 처벌주장은 결국 무력화와 억제정책을 인정한 것으로 볼 수 있다. 물론 현실적인 대안으로 비판주의 학자들에 의해 다양한 형태의 주장이 제시된 것은 사실이지만, 이러한 주장들의 최종적인 목적은 사회정의의 실현에 있다. 이들에게 있어서 범죄의 원인론은 사회구조와 제도의 개선 차원에서 야기되는 기회와 억압 문제를 다루는 것이다. 또한 여기에서 사회정의의 실현은 일자리, 교육, 의료보험, 부와 소득의 분배 등의 문제를 해결하는 것이며, 이를 통해서 범죄문제 역시 해결된다고 본다.[94)]

비판적 관점에서 거론되는 경제적 및 정치적 요인들이 전통적 범죄학이론에서도 중요한 요소로 자리 잡고 있으며, 실제로 그 이론적 토대에 상당한 영향을 미치고 있는 것도 사실이다. 그러나 정부지도층과 주류 사회 구성원들이 갖고 있는 경제, 범죄, 그리고 교정과의 상호관계를 이해하는 틀이 바뀌지 않는 한 비판적 입장에서의 제안들은 실질적 정책으로 실현되는 데에 한계가 있다.

4) 실업과 구금[95)]

경제적인 요인이 비판적 관점의 핵심적 요소임을 고려할 때, 실업과 구금의 관계를 분석하는 것은 당연한 일이다. 전술된 바와 같이, 자본주의의 모순 중의 하나는 일정 수준의 실업률은 경제구조의 필요조건이라는 것이다. 더구나 실업의 부정적인 효과 중의 하나는 실업자를 사회로부터 소외시킨다는 것이다. 이런 관점에서 보면, 소외는 생존할 수 있는 합법적 수단을 소멸시키는 과정이며, 그 결과로 국가의 지원이나 복지기관에 의지하게 된

94) Ibid.

95) 실업과 구금과의 관계에 대한 연구들의 결과는 모두 일치하지는 않지만, 일정한 비례적 관계는 있다고 평가되며, 특히 실업, 구금, 계층을 함께 고려했을 때는 하류계층의 실업자들이 구금될 가능성이 높은 것으로 나타나고 있다.(Chriscos, Theodore G. and Willam D. Bales, "Unemployment and Punishment: An Empirical Assessment" *Criminology*, 29(4), 1991, pp.701-724.) 이는 교정기관이 하류계층을 통제하는 역할을 한다는 비판적 범죄학자들의 주장을 지지하는 결과이다.

다. 이러한 의존은 실업자에게는 모멸감을, 취업자나 세금납세자 등에게는 부담과 증오심을 유발한다.

이런 맥락에서 바라보면, 사회에서의 교정영역의 기능은 사회적으로 소외된 자들을 관리하고 규율하며 통제하는 것임을 알 수 있다. 역사적으로 교정제도의 운영은 시설의 경제적인 활동과 밀접한 연관을 맺어 왔는데, 그 예로서 경제적인 목적 때문에 재소자들은 강제노역에 처해지기도 하고, 직업훈련프로그램이 운영되기도 하였다. 그러나 사회의 노동시장이 일자리의 공급보다 구직자의 수요가 많은 상태가 정착되면서, 재소자의 노동력을 위주로 운영되었던 교도소의 경제적 기능이 퇴보하기 시작하였다. 그 결과로 교도소는 억제나 무력화와 같은 범죄통제전략을 수행하는 기능을 갖게 되었고, 또한 경제침체에 의해 가장 타격을 받는 하류계층을 관리하는 기능을 담당하게 된 것이다.[96]

앞서 기술한 바와 같이, 비판주의 범죄학자들은 자본주의는 모든 구직자에게 고용이 보장되지 않기 때문에 빈곤이 형성되는 구조를 갖고 있다고 본다. 그런데 국가는 자본주의의 구조적인 문제—국가가 관리해야만 하는 대량 실업자 문제—를 구금이라는 수단으로 해결하고자 한다고 주장한다. 이들은 보수진영이나 자유진영과는 달리 실업을 자본주의의 정상적인 단면으로 간주한다. 즉, 첨단기술이 확산되면 일정한 형태의 노동의 효용은 소멸된다. 고수익이 창출되는 첨단기술의 발전과 함께 노후기술을 가진 노동자들이 해고되어 잉여인력시장은 비대해질 수밖에 없다. 이러한 환경에서는, 경제성장은 도리어 실업을 창출하고 실업은 범죄와 구금을 증가시킨다고 보는 것이다.[97]

5) 비판주의 관점에 대한 평가[98]

비판적 범죄학은 측정이 가능한 이론적 제안이 아니라 급진적 이념에서 기인하고 정서와 도덕에 호소하는 형태를 띠기 때문에 사회과학으로 인정되기 어렵다고 주장되기도 한다. 같은 맥락에서 과거 비판적 범죄학자들의 연구에 있어서 실증적 연구가 부족하였다는 점이 지적되어 왔으나, 오늘날에는 특히 실업과 구금의 관계에 관련된 연구들에서 볼 수 있는 바와 같이 계량적 방법론을 이용한 연구가 증가하는 추세에 있다.

---

96) Barak, Gregg, "Punishment and Corrections." *Crime and Social Justice*, 18, 1982, pp.108–117.

97) Lynch, Michael J. and W. Byron Groves, *A Primer in Radical Criminology*, 2nd, New York: Harrow and Heston, 1989.

98) Bernard, Thomas. "The Distinction Between Conflict and Radical Criminology." *Journal of Criminal Law and Criminology*, 72(1), 1981, pp.362–379.

법이 사회소외계층보다는 기득권층의 이익을 보호하기 위한 것이라는 주장에 대해서도 그 반대의 주장이 존재한다. 강력살인범죄, 강간, 폭력, 무장절도 등과 같은 폭력범죄들의 경우, 이러한 범죄의 피해자는 대부분이 소수인종이나 하류계층이기 때문에, 관련법들이 이들을 보호하는 기능을 한다는 것이다. 형사사법제도와 형벌부과에 있어서 계급차별이 존재한다는 비판에 대해서도 이를 부인하는 주장도 존재한다.[99)]

보다 논리적인 측면에서 비판적 범죄학의 주제, 해석 및 방법론 등에 대해서도 비판적 견해가 있다. 마르크스주의 학자들에 의해서 이들의 이론이 전통적 마르크스이론에서 이탈했다는 비판을 받고 있다. 사실 마르크스가 범죄에 대해 거의 기술한 바가 없다는 점에서 본질적으로 예측될 수 있는 부분이다. 또한, 비판적 범죄학이 가치 있는 관점이라면, 범죄와 교정에 관한 비판적 연구가 왜 소수에 불과하였는지에 대한 물음이 존재한다. 그 이유는 첫째, 이러한 패러다임이 출현한 역사가 아직 일천하다는 점에서 기인한다. 그러나 오늘날 관점에서 보면 학문영역으로의 정착은 이미 이루어졌다고 볼 수 있다. 둘째는 방법론적인 문제로 오늘날 범죄학계는 계량적, 실증주의적 방식이 주를 이루는 반면, 비판적 범죄학은 역사적, 이론적 분석이 중심을 이루고 있어 주류에서 벗어나고 동시에 과학적으로 미약하다는 지적을 받고 있다. 그러나 전술된 바와 같이 신세대 비판적 범죄학자들은 특히 실업, 범죄, 구금과 관련된 영역에서 이론적 접근과 수량적 분석방식을 동시에 시도하고 있다.

다양한 비판적 지적에도 불구하고 비판적 범죄학은 법과 사법제도에 대한 새로운 관점을 제시한다는 점에서 기존 범죄학자들에 의해 인정받고 있다 하겠다. 방법론적 측면에서도 이들의 역사적 접근은 범죄학 연구에 지대한 기여를 하고 있다 할 수 있다. 이는 사회변동에 대한 거시경제적 측면에서의 역사적 접근을 시도한 마르크스에서 그 연원을 찾을 수 있다. 비판적 범죄학이 역사적 접근과 경제적 측면을 중시한 전통은 오늘날 범죄학 연구의 심도를 높이고 외연을 확장하는 데 기여하였다고 평가받고 있다.[100)] 기존의 형벌제도가 엄벌정책을 통해 형벌과 교정의 목표를 달성하지 못했다면, 대안적 접근으로서 어떤 패러다임을 제시할 것인가의 문제는 비판주의 범죄학의 과제라 하겠다.

요약하면, 비판주의 관점은 기존 범죄학자들이 다루지 않았던 사회적 문제와 경제적 이슈를 범죄학계에 등장시켰다. 물질주의와 탐욕적 개인주의와 같은 문화적 요소를 범죄학

99) Akers, 1979.

100) Adamson, Christopher, "Toward a Marxian Theory of Penology: Captive Criminal Populations as Economic Threats and Resources," *Social Problems*, 31(4), 1984, pp.435-458.

이론의 전면에서 다룬 것이다. 자본주의사회의 지배적인 이념은 물질주의와 개인주의이며, 이러한 상황이 기득권층이나 소외계층 모두를 범죄에 개입하게 할 가능성을 높인다고 본 것이다.

반대하는 입장에서 비판주의 범죄학이 실질적인 대안을 제시하지 못한다는 비판에 대해서도, 반대자들이 마르크스사상의 실용적인 측면을 간과한 것이라 하고, 인간의 삶과 사회질서, 그리고 두 요인 간의 역동적 상호작용에 대한 편견을 갖고 있기 때문이라고 주장하였다. 비판주의 관점은 이 이론이 인간의 직접적인 활동에 뿌리를 두고 그 활동과 사회변동관계를 규명하기 때문에 근원적 측면에서 실용적이라고 주장한다. 보수는 물론 자유진영에서도 모두 엄격한 형벌정책을 우선시하고, 근본적인 사회개혁을 외면함에 따라 구금인구와 구금시설이 확산되고 있다고 지적한다. 동시에 가정과 지역사회의 열악한 여건의 개선이 없는 가운데, 저학력의 청소년들이 사회의 위험집단으로 전락하는 현실을 직시한다면, 범죄문제는 필연적으로 사회 · 정치적 맥락에서 접근되어야 함을 보여주는 것이라고 주장한다.

6) 비판주의 범죄학과 자유주의 범죄학의 연계

자유주의 범죄학자와 비판적 범죄학자 간의 연대는 상호 간에 공유하는 바가 많다는 점에서, 또한 보수주의의 독점적 지위에 대한 공동대처가 필요하다는 점에서 상당한 논의가 진행되었다. 비판적 범죄학자들은 근본적인 사회적 개혁에 미치지 못하는 자유주의 진영의 정책을 단기적인 미봉책이라고 비판한다. 그럼에도 불구하고 많은 양 진영의 학자들은 극단적인 보수정책에 대응하기 위한 상호연대를 희망하는 것으로 보인다. 급진주의자들의 입장에서는 그들이 미래의 개혁을 위한 세력을 규합하면서 동시에 실현 가능한 사회개혁을 실천하고자 하는 의도라고 볼 수 있다. 따라서 비판적 범죄학자들 역시 단기적인 사회개혁운동에 참여하는 경향을 보였다. 예컨대, 자유주의 범죄학자들과 함께 제안된 주장들은 빈곤층 피고인을 위한 보석금 모금, 정치범을 위한 지원, 사형제도 폐지[101] 등을 들 수 있다.

구금인구가 증가하고 사형제도와 엄벌정책이 재등장하며, FBI나 CIA에 대한 규제완화가 요구되고 있는 추세는 보수적 형사정책이 지배한 결과로 나타난 현상이다.[102] 이렇게

---

101) Greenberg, David F., *Crime and Capitalism*. Polo alto, CA: Mayfield, 1981.

102) Platt, Tony, "Criminology in the 1980s: Progressive Alternatives to 'Law and Order.'" *Crime and Social*

보수주의정책이 지배하게 된 이유는 급진주의자(radicals)와 진보적 자유주의자(progressive liberals)들이 효율적이고 신뢰받는 범죄정책을 제시하지 못한 책임이 크다는 주장이 제기되고 있다.[103] 따라서 진보적 자유주의자들과의 연대를 통해 법과 질서를 강조하는 보수우익진영에 대응해야 한다는 주장이 확산되고 있으며, 이러한 경향은 영국이나 호주에서도 나타났다.

Justice, 1985, pp.21–22, 191–199.

103) Gross, Bertram, "Some Anticrime Proposals for Progressives." *Crime and Social Justice*, 17, 1982, pp.17–24.

제2편
형벌과 교정의 역사

Chapter_ 1
형벌과 교정의 역사

제1절 교정역사의 전통적 구분

본 절에서는 구체적인 역사의 기술에 앞서 시대 순으로 단계별 특징을 간략하게 요약하고자 한다. 일반적으로 서구의 교정역사는 응보(복수) 단계, 위하(억제) 단계, 교육적 개선 단계, 과학적 처우 단계, 사회적 권리보장 단계로 구분되고 있다.[1] 그러나 이와 같이 단계별로 새로운 패러다임이 등장한 것은 사실이지만 응보나 복수, 위하와 같은 기능이 각각 그 다음 단계에서 모두 사라지고 새로운 패러다임으로 완전히 대체된 것은 아니다. 예컨대, 오늘날에도 여전히 응보와 위하기능이 교육이나 과학적 처우와 함께 교정의 중요한 기능으로 작용하고 있다.

1) 허주욱, 「교정보호학」, 박영사, 2010, pp.143-154; Allen, Harry E., Edward J. Latessa, and Bruce S. Ponder, *Corrections in America*, 13th ed, Boston: Pearson education, Inc., 2013, pp.4-8.

1. 응보(복수)의 시대

대체로 원시시대부터 고대국가 형성시대까지를 말한다. 당시에는 개인이나 집단이 입은 피해로 야기된 문제를 해결하는 방법은 가해자 측에게 복수하는 것이었고, 이러한 응보적 복수 관행이 개인이나 부족들 사이에서 잔혹한 형태로 행해졌다. 당시의 복수관은 보편적인 공도(公道)나 도의(道義)로 인식되어 정의를 회복하는 방식으로 이해되었다. 그러나 비생산적인 복수의 반복과 응보의 과도한 잔혹성으로 인하여 야기될 수 있는 사회의 무질서와 무제한적 복수를 방지하기 위해서 동해보복(同害報復) 혹은 동가(同價)적 응보를 함의하는 탈리오 사상(Lex Talionis)이 등장하였다. 즉, 기원전 1860년경 수메리안 법전(the Sumerian codes), 기원전 1750년경의 함무라비(Hammurabi) 법전, 모세법률 및 구약성서 등에 나오는 "눈에는 눈, 이에는 이"라는 기록은 피해자는 피해를 받은 양만큼만 응보를 해야 하며 그 이상의 과도한 응보는 허용되어서는 안 된다는 것을 의미하는 것으로 정의를 회복시키는 척도를 제시한 것이다. 가해와 복수 간의 균형을 시도한 초기 고대국가에서의 정의 관념의 원시적 표현이라 하겠다. 또한 이 시기에는 잔혹하고 비생산적인 피의 복수보다 완화된 형태의 해결방식으로 물질(가축, 식량 및 노동 등)로서 피해자나 그 가족에게 피해를 배상하는 제도가 등장하였다. 한편 종교적 · 미신적으로 금지되는 사회규범(Taboo)이 존재하였고, 이것들의 위반에 따른 속죄형제도가 시행되었다.

2. 위하(억제)의 시대

고대 이후 중세를 거쳐 18세기에 이르는 시기를 말한다. 당시 기독교 군주국이었던 중세 사회에서는 지대한 교회의 영향으로 범죄보다는 죄에 대해서 국가와 교회가 신의 이름으로 죄인을 심판하였다. 범죄행위는 원죄의 소산으로, 동시에 군주의 권위에 대한 도전으로 받아들여 잔혹한 형벌을 공개적으로 집행함으로써 일반인들에게 위하감을 심어주어 범죄를 억제하고자 했다. 특히 이단행위와 사술 및 성범죄에 대해 잔혹한 형벌이 내려졌고 악명 높은 신판(神判)[2)]과 종교재판이 시행되었다. 범죄에 대한 처벌은 주로 태형과 공개처형으로 이루어졌다. 16세기경에는 절대군주의 등장과 중앙집권제의 실현으로 사형벌(私刑罰) 체계는 점차 붕괴되고 강력한 공형벌 사상이 대두되었다. 준엄하고 잔인한 공개

---

2) 본 장의 제3절을 참조. 시죄법(試罪法, ordeal)이라고도 한다.

적 처벌을 포함한 형벌제도[3]와 순회판사제도가 있었던 시기로, 카롤리나 형법전[4]이 대표적인 법전이라 할 수 있다. 수형자에 대한 행형은 비인권적인 처우를 탈피하지 못했고 교육적 목적이 전혀 고려되지 않은 채 성벽의 일부나 지하의 혈창 등이 행형시설로 이용되었다.

3. 교육적 개선의 시대

유럽의 문예 부흥기를 지나 산업혁명기인 18세기 말엽부터 19세기 중반까지를 말한다. 이 시기에는 공리주의와 휴머니즘에 입각한 형벌관이 대두되었다. 위하적 혹형(酷刑)에서 박애적 관형(寬刑)으로, 죄형처단주의에서 죄형법정주의에 의한 균형 있는 처벌로, 생명형과 신체형 위주에서 자유형으로의 변화를 가져왔다. 그리고 자유박탈의 목적이 응보적 · 위하적 · 해악적 중심에서 교정적 · 개선적 · 교화적 목적으로 변화하였다.

그 예로서, 네덜란드 암스테르담을 위시하여 일부 유럽국가에서 노역장 형태의 시설에서 교육적 개선형 모델이 최초로 실시되었다. 부랑인, 불량소년, 위해자 등을 수용하여 근로정신의 함양을 통해 교화개선을 이루고자 하였다. 18세기 후반에 이르러서는 보다 대규모의 체계적인 수용제도로서 미국 대륙에서는 펜실베이니아제도(엄정독거)와 오번제도(주간혼거 · 야간독거)가, 오스트레일리아에서는 개선정도에 따라 자유세한을 완화하는 누진제도 등이 실시되었다.

4. 과학적 처우의 시대

19세기 말부터 20세기 초 형벌의 개별화가 주장되면서 범죄행위에 대한 실증적 분석과 범죄자에 대한 과학적 처우로써 범죄로부터 사회를 방어하려는 방향이 제시되면서 과학적 처우의 시대가 전개되었다. 이 시기에는 자연과학과 사회과학 영역에서의 실증적이고 과학적인 연구가 급속한 발전을 이루었는데, 이러한 추세가 교정 분야에 영향을 미쳐 형

3) 대표적인 형벌로서 공개적인 사형, 고문, 사지절단, 낙인, 공개모욕 등과 함께 벌금, 재산몰수, 추방 등이 있었다. 구금 및 유형은 차후 등장하였다.

4) 1532년 신성로마제국의 황제 카를 5세가 제국법(帝國法)으로 공포한 형사법전. 범죄의 종류·형벌방법의 규정은 너무 가혹하여 중세적인 면을 지니고 있으나 공권력에 의한 형벌이라는 관념을 확립, 근세 절대주의시대의 형법전의 전형이 되었다.[Constitutio Criminalis Carolina](「두산백과」)

벌의 개별화가 가능해졌다.

이에 따라 수형자에 대한 과학적 처우를 위해서 훈련된 교도관으로 하여금 수용자의 구금분류와 처우를 담당하게 하고, 수용자의 적성발견과 개별적 처우를 통해 건전한 사회인으로의 재사회화를 도모하는 것에 초점을 두게 되었다. 즉 과학적 분류심사가 전제된 개별적 처우가 가능해졌고, 의료적 시설과 직업훈련시설 등이 설치되었으며, 교정시설은 교육, 사회복귀, 직업훈련 및 보건위생 등이 고려된 현대화된 건축물로 설계되었다.

결론적으로 과학적 처우 단계에서는 수용자분류심사를 위한 도구 및 처우기법의 개발을 위한 다각적인 연구가 진행되었고, 보다 과학적이고 집약적인 교정업무를 수행할 수 있도록 이를 담당할 전문 인력, 기구, 조직 등이 탄생할 여지가 마련되고 있었다.

5. 사회적 권리보장 단계

제2차 세계대전 이후 치료모델의 효과에 대한 부정적인 시각이 대두되면서 범죄자가 최종적으로 복귀해야 할 지역사회와의 재통합을 중시하는 사회 내 처우가 주목을 받았다. 이 시기에 보호관찰, 가석방, 중간처우 등의 사회 내 처우 프로그램들이 개발되고 정착되었다.

1960년대는 세계 각국에서 인권운동이 전개되면서 소수민족 차별대우 철폐, 여성인권운동, 교육제도 개선요구 등 종래의 질서에 대한 일대 저항운동이 확산되는 시기였다. 이러한 추세의 영향으로 수형자들도 자신들의 권리에 대한 새로운 인식과 함께, 과거 수형자를 처우의 객체로 보고 강제적 처우를 실시했던 방식에 대한 비판적 시각이 대두되면서 권익향상을 위한 적극적인 조치를 요구하였다.

대표적인 사례로서 미국에서 1971년 9월에 발생한 뉴욕주 애티카(Attica) 주립교도소의 폭동사건을 계기로 수형자의 침해된 권리구제를 위한 자유로운 소송제기가 인정되었다. 그 결과로 헌법상 보장된 권리들이 수형자들에게도 폭넓게 받아들여져 미국의 교정제도는 다각적인 측면에서 수형자의 사회적 권리보장을 위한 교정제도 개선에 박차를 가하게 되었다.

형벌의 역사

형벌의 원시적 형태는 고대 게르만의 형벌제도이며, 이는 일종의 혈연공동체인 지페(Sippe:씨족)를 단위로 한 것이었다. 당시 형법은 지페 내의 가장의 징계권을 기초로 한 대내적 형법, 지페 사이의 범죄에 대한 복수를 규정한 대외적 형법, 그리고 공동체 구성원 전체에 대한 범죄자를 축출하고 모든 법적 보호를 박탈하는 공통적 형법으로 구분된다. 유럽의 중세 시기까지도 이러한 형벌체계가 계속 유지되었지만, 점차 지방의 관습법으로 형성된 형벌이 추가되고, 국가적 형벌체계의 발달에 따라 그 종류가 다양해지면서 생명형 · 신체형이 확립되었고, 명예형이 새롭게 나타났다. 근대 초기에도 잔혹한 형벌이 존속하여 형사재판제도가 완비된 카롤리나 법전(1532)조차도 중세의 잔인한 형벌을 집대성한 것에 지나지 않았다. 그러나 18세기 이래 계몽사상의 영향을 받아 근대적인 형벌제도가 점차 형성되었고, 특히 1801년의 프랑스 형법은 그러한 성과를 집대성하여 그 이후의 유럽 각국의 형사입법의 모범이 되었다.

–두산백과사전–

제2절 범죄행위에 대한 역사적 인식

구금형은 전 세계적으로 형사처벌의 대표적이고 상징적인 유형이다. 구금형이 집행되는 장소인 교도소는 사법제도 내에서뿐만 아니라 일반인들의 생활영역 속에서도 의미 있는 제도로서 자리 잡고 있다. 현대의 교도소는 오랜 기간에 걸쳐 인류의 삶의 역경이 점철된 역사적인 산물이다. 연구나 관심의 대상이 범죄행위이든 범죄인이든 혹은 사법제도이든 그것들을 이해하기 위해서는 오늘날 교도소의 역사를 이해하는 것은 매우 중요한 의미를 갖는다. 더구나 교정계에서 근무하거나, 학문적으로 관심 있는 학도들에게 있어서는 교도소시설 자체의 역사뿐만 아니라 그 직업의 탄생과 발전을 이해하는 것이 반드시 필요하다. 본 장에서는 먼저 시설로서의 교도소의 유래를 살펴보고, 이후 오늘날 교정제도의 발달을 개괄하고자 한다. 역사는 주로 유럽과 미국 대륙의 역사를 중심으로 기술하며, 우리나라의 형벌역사는 장을 달리하여 기술한다.

본 절은 형벌의 역사를 기술하는 데 있어서, 범죄행위에 대한 역사적 인식에 대해 논의한다. 사회가 범죄인을 어떻게 처벌하는가의 문제는 다음 몇 가지 관점의 물음에서 출발한다 하겠다. "사회는 어떤 행위를 범죄로 규정하는가?", "사회는 왜 사람들이 범죄를 저지른다고 생각하는가?", 그리고 "사회는 그러한 범죄들이 무엇에 그리고 누구에 대항하여 행해지고 있다고 생각하는가?" 먼저, 범죄행위에 대한 처벌권한의 기원을 알아본다.

1. 처벌권한의 기원

사람들은 왜 범죄를 저지르는가? 이 물음에 대한 각 개인 혹은 사회의 반응은 일정하지 않다. 범죄행위는 인간에게 있어서 불가피한 것이고 근절될 수 없는 것이라고 믿는가 하면, 범죄자를 교화하여 사회 내에 재결합시킬 수 있다고 믿는 경우도 있다. 이러한 믿음에 따라 범죄자를 처벌하고 처우하는 방향과 방법에 커다란 차이가 있을 것이다. 20세기 말 인류사회에 있어 범죄자에 대한 처벌과 처우의 방식을 대표적으로 상징하는 것은 구금형이며 교도소제도라고 할 수 있다. 이러한 구금형과 교도소제도의 탄생 및 발달과정을 고찰하는 것은 소위 '교정'의 역사를 이해하는 데 핵심적인 부분이다. 이를 위해서는 먼저 이러한 제도의 탄생과 발달을 설명해 줄 수 있는 범죄행위에 대한 사회적인 인식이 역사적으로 어떻게 변화되어 왔는가를 이해하는 것이 필요하다.

1) 원죄와 범죄

미국독립전쟁(1775~1783)과 프랑스혁명(1789~1794) 이전에 존재했던 유럽의 기독교 군주국가들에 있어서, 범죄행위에 대한 사회적 인식은 신학적인 측면과 사회적인 측면으로 구분할 수 있었다. 당시에는 범죄행위를 인간의 내면적인 사악성(邪惡性)이 외부세계로 표출되어 빚어진 죄악의 결과로 보는 것이 일반적인 인식이었다. 인간은 누구나 아담과 이브의 타락 속에서 벗어날 수 없으며, 이 세상에 생존해 있는 동안에는 완전히 사악으로부터 해방될 수 없는 원죄(原罪)를 배경으로 태어났다고 믿었다. 인간은 저주를 받고 태어났으며, 토마스 홉스(Thomas Hobbes, 1588~1679)의 표현대로 인생이란 음란하고 야만적이며 저주받은 것이었을 뿐이었다. 예수가 십자가에 못 박히고 부활하여 모든 인간에게 구원을 주었으나, 인간이 죄악 속에서 탄생되었다는 사실에는 변함이 없었다. 실로 이것은 기독교의 불변의 원죄론에 기인하는 것이다.

중세 시대[5]의 사상가들에 의하면, 현세의 인생이란 유혹으로부터 탈피하고자 하는 끊임없는 시도의 연속이지만, 이는 원죄의 원리에 의해 이루어질 수 없는 것이었다. 인생이란 죄악을 저지르고 후회하며 또다시 새로운 죄악으로 떨어지는 반복의 과정인 것이다. 범죄를 소멸시키기 위해서는 죄악 자체를 소멸시켜야 하는데 이러한 인식의 틀에서는 논리적으로 불가능하였고, 결국 인간들에게 있어서 범죄행위는 불가피한 것이었다.

2) 죄에 대한 처벌

중세의 종교적인 사고에서 보면, 범죄보다는 죄가 보다 중요한 의미를 갖고 있었다. 범죄는 일시적인 현세의 한 부분에 불과한 반면 죄악은 영속적인 것이었다. 그러므로 형벌은 범죄행위를 대상으로 했다기보다는 죄악을 다스리는 것이었다. 형벌은 매우 엄하고 혹독하였는데, 그것이 가능했던 이유는 처벌하는 자들이 자신들의 행위가 신(神)을 대신한다고 믿을 수 있었기 때문이었다. 그러므로 적당한 정도로 가혹한 형벌은 존재하기 어려웠다. 형벌의 종류로는 대개 공개적인 고문이나 공개처형이 주로 이루어졌다. 죄악은 불가피한 것이고 처벌이 이를 근원적으로 근절하지 못한다는 인식의 틀 속에서는, 처벌의 유일한 기능은 죄에 대한 혹독한 대가를 보여줌으로써 타인의 죄악을 억제하는 것이었다. 당시의 형벌의 근본목적은 억제(deterrence)하는 데 있었다. 죄인을 대중 앞에 세워서 공개적으로 체형이나 사형을 집행하는 것은, 범죄의 근원은 죄악에서 비롯된다는 믿음 때문에 당연하게 여겨졌다. 오늘날과 같이 비밀리에 처벌하는 것은 무의미했고 생각조차 할 수 없는 것이었다. 이러한 공개적인 처형은 그 시대의 사회정의를 공개적으로 행사함으로써 죄악으로부터 인간을 구원하는 형태로 볼 수 있다. 미셸 푸코(Michel Foucault)는 「감시와 처벌: 감옥의 역사」라는 그의 저서에서 이를 '신학적인 의식'(theological ritual)이라고 기술하기도 하였다.[6]

중세적인 사고에서, 기소되었다 함은 그 기소된 행위가 이미 부분적으로는 유죄가 되었

---

5) 중세시대는 흔히 5세기 로마 제국의 몰락으로부터 시작해서 15세기 르네상스 시대의 출현으로 그 막을 내리는 시기를 일컫는다. 로마제국의 붕괴와 함께, 상업이 침체되고, 사회의 질서가 매우 혼란한 시대를 맞는다. 이 시기에, 로마 가톨릭교회는 모든 주요 영역에서 지배적인 사회적 권위로서 자리 잡게 된다. 동시에, 정치경제체제로서 봉건제도가 출현했는데, 엄격한 계급적 구조로 형성되어 있었다.

6) Foucault, Michel(1926~1984). *Discipline and Punish: The Birth of Prison*, 1975. 미셸 푸코 저, 오생근 역, 「감시와 처벌: 감옥의 역사」, 나남출판사, 2000.

음을 의미하였다. 어느 누구도 범죄행위로 기소되었다가 완전하게 결백한 것으로 판정될 수는 없었다. 고문을 주로 하는 재판은 부분적인 유죄를 가정한 가운데 이루어졌는데 이것을 이해하기 위해서는 고문이 어떻게 실행되었는가를 살펴보는 것이 필요하다. 예를 들면 밀렵(密獵)으로 고소당한 사람은 뜨겁게 달구어진 쇳덩이를 열 걸음만큼 옮기도록 명해졌고, 며칠 후 그의 손을 확인하여 그 손의 상처가 치유되었으면 무죄이고 상처가 남아 있으면 유죄로 인정되었다. 오늘날의 관점에서 볼 때, 이러한 재판과정은 이미 유죄를 가정한 가운데 행해진 것이라 하겠다. 설사 그가 무죄로 판결되었다 하더라도 그 쇠를 옮겼을 때 받았던 고통은 기소 자체가 갖는 유죄적 요소에 대한 대가였던 것이다.

3) 군주의 권한

앞에서 기술된 바와 같이, 형벌은 죄악에 대한 대가이고 '신학적 의식과 사회적 의식'이었지만, 동시에 '사회적인 의식'이기도 하였다. 중세시대에 있어서 범죄행위에 대한 이해를 위해서 고려되어야 할 점은 군주에 대한 가설(假說)에 관한 부분이다. 군주국가에서 권위와 힘은 완전히 군주의 손에 있었으며, 군주는 신(神)의 권위의 유일한 화신(化身)이었다. 모든 법률에서 범죄행위는 군주라는 개인의 권위를 침해한 행위라는 전제를 함의하고 있었다. 따라서 모든 범죄의 구성에서 군주는 피해자로서 역할을 담당하였던 것이다.

군주의 무한한 권력에 대한 저항은 엄청난 대가를 수반하였다. 절대군주는 기소된 개인에 대해 무한한 저주를 내릴 수 있었다. 미셸 푸코가 지적하는 바와 같이 범죄행위에 대한 형벌은 범죄자가 범한 행위 자체의 심각한 정도에 의해 결정되는 것이 아니었다. 즉 모든 범죄는 부분적으로 군주에게 대항한 것이고 반역적 요소가 있는 것으로 간주되었기 때문에, 모든 형벌 속에는 군주의 몫이 존재하였고 결국은 범죄행위의 심각성 자체와는 별개의 문제로 처리되었던 것이다. 군중 앞에서 공개적으로 처형하는 것은 범죄 자체에 대한 처벌이라기보다는 군주의 손상된 체모를 회복하고 권력을 복원시키는 의식(儀式)을 의미하였다.

4) 고문(拷問)의 사용

중세의 사고방식을 이해하기 위해서는 현대적 사고방식의 틀에서 벗어나는 것이 필요하다. 중세시대에 잔인한 처벌과 혹독한 고문이 존재했다는 사실은, 중세적인 사고가 오늘날 사고와 비교하여 비인간적이라기보다는 당시의 사고방식과 오늘날의 사고방식이 크게 다르기 때문이라고 볼 수 있다. 즉 형벌이 죄악에 대처하기 위한 것이었기 때문에 형벌은 타인에게 교훈이 될 만큼 억제기능을 발휘해야 했다. 또한 형벌이 군주의 권위를 확립하기 위한 것이었기 때문에, 처벌의 정도는 범죄행위 자체의 심각도와 반드시 비례할 필요가 없었을 것이며, 실제로 처벌은 항상 범죄행위의 잘잘못의 도를 넘어 혹독한 것이었다. 그러나 당시의 관점으로 볼 때, 혹독하게 고문하는 것이 반드시 비인도주의적인 것만으로 해석될 수는 없다는 주장이 존재하는데, 이러한 시각을 이해하는 것은 차후 공개처벌에 이어 탄생하는 교도소제도를 이해하는 데 중요한 의미를 갖는다.

형벌이 교훈적인 측면에서 어떻게 집행되었는가를 고찰해 보면, 형벌의 형태가 범죄행위의 성격과 직접적으로 연관되어 있음을 알 수 있다. 예를 들면, 중상모략하는 자는 그의 혀를 달구어진 부젓가락으로 찔렀고, 도둑질한 자는 그의 손을 절단하였으며, 이단자는 화형에 처했던 것이다. 1639년에 로체스터(Rochester)의 주교를 독살하려 했던 요리사는 공개적으로 끓는 물에 처넣어지는 형을 받았다. 무단결석한 아동은 채찍질을 당하고 학교로 되돌려지곤 하였다.[7] 혹독한 처벌의 가장 좋은 예는 푸코의 저서에 자세히 묘사되어 있는데, 17세기 중반 프랑스 루이 15세에 대한 암살혐의로 기소된 다미앵(Robert F. Damiens) 사건을 들 수 있다.[8] 다미앵은 왕을 죽이려고 하지 않았으며, 단지 경종을 울리기를 원했다고 주장하였다. 그러나 왕실은 각 지방정부에 다미앵을 어떻게 고문할 것인가를 제안하도록 요구하였다. 그의 처형은 거의 하루 종일 계속되었는데, 그의 살은 집게로 헤쳐졌고 그 상처에는 녹인 밀랍과 납이 부어져 마지막에는 창자가 뽑힌 후 사지가 찢어졌는데, 그러한 고문은 그가 의식이 있는 상태에서도 진행되었다. 이는 왕권에 도전하는 개인에게 피할 수 없는 대가를 확실히 보여준 예이다. 죄악을 처벌하는 군주의 권력은 신의 무한한 권력과 같이 절대적이었던 것이다.

2. 권위에 대한 도전

그러나 17세기 중엽에 이르러 공개처형과 고문에 대하여 일련의 복합적인 반응이 나타나기 시작했다. 공개처형의 현장은 범죄를 억제하는 본보기가 되기보다는 군주의 권력에

7) Werner, David R., *Correctional Education: Theory and Practice*, Danville, ILL: Interstate Publishers, 1990, p.5.

8) 미셸 푸코 저, 오생근 역, pp.23~27.

대항하는 군중 반발의 진원지가 되고 범죄의 온상이 되기 시작하였다. 1700년대까지 공개처형의 날은 공휴일이었다. 처형이 집행되는 날에는 여인숙이나 선술집의 손님이 늘고, 당국은 조롱당하고, 사형 집행인은 돌팔매질을 당했다. 처형대 주위의 군중들 사이에는 소매치기, 강도, 도둑들로 들끓어 마침내는 소요하는 군중들의 질서를 바로잡기 위해 당국의 개입이 필요한 지경에 이르게 되었다.

군중들이 소요를 일으키는 것은 처형을 당하는 사람들에 대한 동정과 국왕의 처벌권 남용에 대한 반발이 고조되는 데에서 기인하였다. 이즈음에 딕 터핀[9](Dick Turpin)이나 로빈 후드(Robin Hood) 같은 도적과 방랑자를 민중영웅으로 묘사하는 문학작품들이 출현하였는데, 이는 왕권과 범죄를 바라보는 민중의 시각에 변화가 있음을 나타내는 것이었다. 또한, 1690년대에 영국 런던의 뉴게이트 교도소(Newgate Prison)의 사제가 교도소 내 재소자들에 관하여 기록한 「뉴게이트 캘린더」(Newgate Calender)라는 책을 출판하였는데, 이는 죄수들에 대한 대중의 동정과 관심을 나타내는 것이었고 교도소문학의 효시가 되었다. 죄수나 범죄자들이 부유층과 권력층에 대항해 싸우는 모습으로 묘사되기 시작됨으로써 가난한 소작인 층의 공감을 불러일으켰던 것이다.

제3절 형벌과 교정의 사회적 변천사

1. 구금형 이전의 구금

17세기 이전의 형벌은 주로 태형이나 사형이 주(主)를 이루었는데, 그렇다고 당시에 구금시설이 존재하지 않은 것은 아니었다. 당시에도 구금시설은 존재하였으나, 그 용도는 오늘날의 교도소와는 다른 것이었다. 구금이 형벌로서 사용된 것은 특별한 경우로 매우 드물게 사용되었다.[10] 구금은 대체적으로 체형이나 사형판결을 받은 사람들을 일시적으로

9) Dick Turpin(1705~1739): 영국의 전설적인 노상강도로서 1739년 말 도둑으로 교수형을 당한 이후, 18~19세기에 그의 생애는 연극과 민요 등에서 낭만적으로 영웅화되었고, 최근 20세기에는 그에 대한 전설이 영화화되기도 하였다.

10) Sellin, Thorsten, *slavers and the penal system*, New York: Elsevier, 1976.에서 Sellin은 '구금형'(Imprisonment)을 1630년대 말까지 암스테르담에 존재했던 갤리선에 노예로 보내는 형으로 기술하였다. 그러나 갤리선에의 노예형은 오늘날의 구금과는 커다란 차이가 있었다.

감금하는 수단으로 흔히 사용되었다. 프랑스혁명 이전의 마지막 형법전인 1670년의 루이 14세 법령에서는 다음의 7가지 형벌만이 기록되어 있다.[11)]

1) 사형
2) 고문
3) 무기 혹은 유기형의 갤리선에의 노예형
4) 무기 혹은 유기형의 유형(流刑)
5) 태형
6) 공식적인 배상
7) 질책(reprimand)

오늘날 관점에서 볼 때, 가장 보편적인 형벌 형태인 구금형[12)]은 1670년대까지 어느 법전에도 언급되어 있지 않은 것이다. 즉, 당시의 구금형은 흔히 개인을 위협하기 위한 수단으로 사용되거나, 혹은 어떤 다른 목적을 위해 사람들을 붙잡아 두는 목적으로 사용되었다. 예를 들면, 16세기 중반 영국에서는 피고인이 진술을 거부할 경우 성채 안의 감옥에 구금되어 식수도 공급받지 못했으며 계속해서 저항한다면 굶어 죽을 수밖에 없었다. 구금은 결국 피고인의 자백을 받아내기 위한 것이었다. 당시에는 '채무자 감옥'[13)](Debtors' prison)이라는 것이 존재하기도 하였는데, 이 경우에 있어서 구금은 국가에 의한 공식적인 납치행위로 볼 수 있는 것이었다. 즉 구금의 유일한 목적은 채무를 변상하게 하는 데 있었고, 채무자 개인을 구금하는 것은 아니었다. 요구된 금액이 변상되면 투옥된 채무자는 즉시 석방되었던 것이다. 또한 구금은 정적(政敵)을 억압하는 방법으로도 이용되었는데, 중세에 사용된 이 방법은 오늘날까지도 남아있다. 정치적인 구금에서는 그 구금기간이 범죄행위의 경중(輕重)에 의해서가 아니라 외적인 정치적 상황에 의해서 결정되었다. 정치범들은 정권이 바뀔 때까지만 구금되었으며 그들은 단지 새로운 정권하의 정적들과 자리바꿈을 할 뿐이었다.

---

11) Werner, 1990, p.7.

12) 범죄자를 일정한 장소에 구금하여 자유속박을 시간단위로 행하는 방식으로서의 형벌을 의미함.

13) 영국의 19세기 산업혁명 시기에는 채무불이행자의 증가로 1813년 파산자법(the Insolvent Debtor's Act)이 제정되었다. 당시 영국의 대문호였던 찰스 디킨스도 부친의 채무로 인해 어린 시절 악명이 높았던 Marshalsea Debtor's Prison에서 가족들과 함께 수감생활을 하였으며 변제를 위해 구두약제조공장에서 하루 10시간 이상의 강제노동을 수행해야 했다. 차후 친할머니의 유산을 받아 채무를 변제하고 사면을 받았는데 이때의 경험이 그의 저술세계에 큰 영향을 미친 것으로 알려져 있다.

위에서 기술된 어느 구금의 예도 오늘날 20세기에서 의미하는 구금과는 차이가 있다. 구금이 존재하였으나, 형벌 그 자체로서의 것은 아니었다. 당시의 구금은 다른 판결 때까지 대기하는 장치로서, 기대하는 결과를 얻기 위한 위협의 수단으로서, 그리고 정치적 반대자를 제거하는 방법으로서 사용되었던 것이다.

2. 중세시대

현대 교도소 제도의 뿌리는 중세 수도원 제도에서 찾을 수 있다. 서구 수도원의 창시자에 의해 기록된 '성 베네딕트의 규칙'(the Rule of St. Benedict)에서는 수도원의 일상생활에 대해서뿐만 아니라 현대 교도소 규율의 핵심까지 찾아볼 수 있다. 즉 이 규칙에서 현대 구금시설의 건축양식뿐만 아니라 구금의 핵심이 되는 이론까지 찾아볼 수 있다. 명명(命名)된 용어에서도 그 뿌리를 찾아볼 수 있는데, 흔히 일반인에게 감방으로 알려진 거실을 뜻하는 'cell'이라는 단어는 원래 수도원의 수도사의 방을 부르는 말이었고, 교도소를 뜻하는 'penitentiary' 역시 중세시대 동안에는 '회개하는 집'을 일컫는 말이었다. 서기 664년까지에 걸쳐 베네딕트의 규칙이 전파되는 시기에 중세 수도원의 건축물은 중심에는 회랑이 있고 건물들이 이를 둘러싼 형태의 양식을 갖추기 시작하였다. 현대의 많은 교도소들 역시 건물이 중간의 공간을 둘러싼 모양을 하고 있는 등 외관상 유사한 점이 많다. 교도소와 수도원의 건축양식과 용어에서의 유사점은 두 제도가 갖는 철학적 근간에서도 찾아볼 수 있다. 먼저 현대 교도소와 수도원은 다 같이 닫힌 공간에서 고독과 명상을 통해 자신을 깨달아 올바른 행위에 도달할 수 있기를 기대한다. 또한, 두 조직은 권위에의 복종 및 재물과 이성관계로부터의 금욕생활이 자신을 깨닫는 과정에서 필요한 요소라고 주장한다. 수도원의 생활은 빈곤, 순결, 복종으로 상징되는데, 이들 또한 현대 교도소에서 요구하는 가치관과 부합된다. 교도소에서도 죄수들의 소지품을 몰수하고, 이성과의 접촉은 금지하며, 시설 내의 규범에는 복종하도록 요구한다. 즉, 오늘날의 교도소는 세속적인 수도원으로 볼 수 있다.[14)]

14) 미국 최초의 교도소는 1790년에 필라델피아에 세워진 월넛가 교도소(WalnutStreetJail)이다. 이 교도소가 최초의 현대적 교도소라고 일컬어지고 있다. 이 시기의 교도소는 penitentiary로 불렸는데, 범죄인을 격리구금과 도덕함양을 통해 교정하는 곳을 의미하였고, 부패한 사회로부터 범죄인을 격리하여 일상사-독거, 노동, 작업-를 엄격하게 규율함으로써 교화를 추구하고자 하였다는 점에서 수도원과 유사하다 하겠다.

1) 범죄, 형벌 그리고 교회

5세기부터 11세기에 걸친 중세의 초반 몇 세기는 흔히 암흑기로 알려져 있다. 이 시기에 사회통제는 주로 교회의 주도로 행해졌는데, 잔인하고 혹독한 수단이 사용되었다. 종교적인 권위가 지배한 결과, 이단, 사술, 그리고 성 관련 다양한 행위들이 범죄화되었고, 특히 동성애와 수간과 같은 보편적이지 않은 특정한 행위들 역시 범죄행위로 간주되었다.

서로마제국의 샤를마뉴(Charlemagne) 황제 시기(742~814)에는 성직자들은 모든 미신적인 의식과 우상숭배를 금했다. 이 시대의 주교에게는 세속의 판사와 같은 권위가 부여되어 세속적인 사건의 판결을 주도하였다. 이에 따라, 모든 범죄에는 종교적 의미의 죄라는 속성이 존재하여 범죄인들은 신과 사회 모두에게 그들의 빚을 갚아야 했다. 따라서 교회법과 국가법의 경계는 모호한 상태에 있었다. 교회가 사회 질서의 체계를 유지하는 데 중대한 역할을 담당했기 때문에, 일반인들의 종교적인 신념을 유지시키고 감시하는 것이 교회의 중요한 기능이 되었다. 이단을 근절하기 위해, 교회는 재판 대신 신판(神判)[15]을 사용했는데, 이 과정에서 혐의자는 믿음을 시험하는 매우 위험하고 고통스런 시험단계를 거치게 되었다. 이때 신체적 손상을 입으면 유죄, 그렇지 않으면 무죄 판결을 받았다. 예컨대, 유죄로 의심받는 사람은 불에 달궈진 쇠막대기를 옮겨야 하며, 여기서 화상을 입으면 유죄, 화상을 입지 않으면 무죄가 되었던 것이다. 또 다른 예로서는, 당사자를 강물에 빠뜨려서, 물에 뜨면 무죄이고, 만약 가라앉으면 유죄가 되는 경우도 있었다.[16] 물론 이러한 결정은 신의 섭리라는 믿음에서 그 정당성이 부여되었다. 만약 진정으로 무죄라면, 신이 그들의 무죄를 입증하기 위해 개입할 것이라고 믿었다. 재론의 여지가 없이, 그러한 시험대에 오른 용의자들의 대부분은 유죄판결을 받았고, 무죄판결이 거의 내려지지 않은 것은 자명한 일이었다.

당시의 공식적인 사회 통제의 핵심은 이단의 위협에 맞서는 것이었으며, 1231년에는 소위 종교재판(the Holy Inquisition) 제도가 공식적으로 설립되었다. 이단을 척결하기 위해 다양한 방식이 사용되었는데, 종교재판은 기소된 자들의 영혼을 구한다는 명목으로 고안되었다. 회개하거나 자백하는 것을 거부한 자들은 형벌을 받았는데, 토지몰수형, 벌금형, 구금형, 고문형 혹은 화형 등이 내려졌다. 이러한 방식의 종교재판은 유럽 전역에서 몇 세

---

15) 신판(神判, ordeal)은 자연적인 힘의 결과로 혐의자의 유죄 여부를 결정하는 심판으로, 예컨대, 점을 치거나 물이나 불을 사용하거나 결투를 시키는 방식 등을 포함한다.

16) Newman, Graeme, *The Punishment Response*, Philadelphia: Lippincott, 1978.

기 동안 계속되었으며 수천 명의 사람이 이단으로 기소되어 사형에 처해졌다.[17] 이 당시 초기 교도소의 형태는 질서와 규율을 중시하였고, 속죄(penance)라는 과정을 거쳐 교정효과를 거두고자 하였다. 구금은 상황에 따라 임시방편으로 이루어졌고, 따라서 수도원 내에서 행해지기도 했다. 수도원 그 자체는 범죄자들을 세속으로부터 고립시켜서 그들이 회개하고 반성하도록 만들어진 훗날 미래 교도소의 모델로서 그 역할을 한 것이다. 당시 교도소라는 용어로 사용된 'penitentiary'라는 말은 'penitence'(회개) 혹은 'repentance'(참회)라는 의미를 가진 라틴어로부터 파생되었으며, 또한 형벌, 고통 그리고 복수라는 말들과 어원이 같다.

2) 봉건제와 사회 통제

8세기부터 13세기의 유럽에서의 봉건제는 엄격한 계급구조를 근간으로 종교가 중심이 된 군사적 · 전제주의적 성격의 사회통제라는 특징을 갖고 있었다. 그 체제의 정당성은 권력구조는 신에 의해 부여받았으며 사회는 신의 의지에 따라 존재한다는 신학적 개념에 바탕을 두었다. 이러한 틀을 통해 지배층은 피지배층에 의해 도덕적으로 정당화된 존재로 존립되었다. 따라서 그러한 믿음을 영속시키는 것은 권력을 장악한 계층의 이해와 일치하였다.

형벌이 흔히 사회보호를 목적으로 한다는 의미는 형벌이 특정한 시기의 특정한 형태의 사회를 보호하는 역할을 수행한다는 것이다. 동시에 그 사회의 생산 활동의 기반이 되는 경제적 구조와 특징과도 긴밀한 연관을 갖는다. 역사적으로 한 사회의 생산 활동의 근간은 그 사회에 적합한 형벌의 형태에 영향을 미쳐왔다. 봉건제도의 경우에도 역시, 형벌의 형태는 그 사회와 경제의 질서를 유지하는 기능을 수행하였다. 봉건시대의 기본적인 생산 활동은 농업이었는데 노동계층은 주로 소작농들로 구성되어 있었으며 이들은 봉건계약에

---

17) 이러한 종교적 움직임에는 정치적 의도 역시 담겨있었다. 예컨대, 이러한 추세는 프로테스탄트 운동에 대응하기 위해 사용되기도 하였다. 프랑스에서의 잔 다르크(Joan of Arc)에 대한 사형 집행은 사회통제에 있어서 종교적 및 정치적인 요인을 설명해주는 좋은 사례이다. 그녀는 이단과 사술과 같은 종교적인 이유로 기소되어, 1431년에 말뚝에서 화형에 처해졌다. 그러나 그녀의 범죄는 그녀가 프랑스 국민을 영국 식민지로부터 해방시킬 수 있다는 신의 비전을 제시했다는 점에서 정치적인 동기와도 연관되어 있었다. 뒤이어 1456년에는, 그녀의 이단에 대한 유죄선고는 파기되었으며, 1920년에는 성녀로 인정받았다. 「두산백과」

의해 강제적으로 노예 신분의 형태로 속박을 받았다.[18)]

구금형이 탄생하기 이전인 봉건제도하의 형벌구조가 경제적인 요인에 의해 영향을 받았다는 사실은 몇 가지 측면에서 살펴볼 수 있다.

첫째, 농업 사회의 인구 분포는 넓게 퍼져 있었는데, 이는 범죄자가 집중적으로 분포될 수 없다는 것을 의미한다. 따라서 범죄자 인구를 집중시켜 관리하는 형벌형태인 구금형 제도는 농업사회의 분산화된 성격과는 부합하지 않았다. 둘째, 노동자 계층은 이미 사실상 토지에 얽매인 노역과 징역 등이 부과된 강제적인 노예의 신분이었다. 그러므로 노동력이 강제로 착취되었던 당시의 삶의 여건을 고려해 볼 때, 범죄자들이 범죄로 인해서 감수해야 할 어떤 상황도 그들이 현재 처해 있는 상황보다 크게 나빠질 게 없었다. 이러한 시대적 배경에서 자유를 구속하는 구금형보다는 벌금형이나 신체형이 형벌의 일차적인 수단으로 정착하게 된 것은 극히 자연스러운 현상이었다. 또한, 사형이나 추방 같은 형벌 역시 노동력의 손실을 가져올 수 있었기 때문에 주류의 형벌유형으로 사용되지 않았다.[19)]

3) 초창기의 구금의 장소

중세 시대에도 임시방편 구조물이 구금의 장소로 사용되었다는 점에서 볼 때, 고대 로마시대의 구금제도와 유사한 점이 있다. 안전성이 우선적으로 고려됨에 따라, 요새, 성, 교각, 공공건물 지하실 등이 흔히 사용되었고, 심지어 개인의 거주지조차도 죄수들을 구금하는 데 활용되었다. 성내의 지하 감옥(dungeon)은 가혹한 징역을 뜻하는 말이 되었다. 그러나 성채 안에 죄수들을 수용시키기 위해 정교하게 고안된 구금장소는 12세기 이전까지는 존재하지 않았다. 이후에는 결국 성채가 주로 교도소와 구치소의 기능을 위해 사용되었다. 파괴력이 크게 향상된 화약의 출현으로 인하여 요새형으로 높게 축성된 거주지의 필요성이 사라짐에 따라 성채가 구금 장소로서의 기능을 담당하게 된 것이다.[20)] 역사적으로 볼 때, 심지어 오늘날에도 다양한 구조물들이 그 유용성과 편리성 때문에 임시방편적인 구금시설로 활용되는 현상을 보이고 있다.

---

18) Michalowski, Raymond J., *Order, Law and Crime: An Introduction to Criminology*. New York: Random House, 1985, p.225.

19) Rusche, Georg, and Otto Kirchheimer, *Punishment and Social Structure*, New York: Russel and Russel, 1968.

20) Johnston, Robert, *The Human Cage: A Brief History of Prison Architecture*. New York: Walker. 1973.

4) 갤리선(galley)의 행형노예와 경제

봉건시대의 기술에서 살펴본 바와 같이, 역사적 사실은 형벌의 탄생과 진화에 경제적인 요인이 지대한 영향을 미쳤다는 것을 보여주고 있다. 국가의 정부가 보다 정교한 형태로 발전해 감에 따라 어느 시기에 이르러서는 범죄자집단이 국가의 노동력의 공급원으로 그 가치를 인정받게 된다.[21] 그 사례로서, 갤리선의 행형노예는 선박의 노를 젓는 데 필요한 노동력을 착취하기 위해 고안된 형벌수단의 하나로 등장했다. 비록 선박의 노예가 고대 그리스와 로마시대에도 존재하긴 했지만, 1348~1803년 사이에 형벌로서 제도화되어 제국주의와 식민지 지배의 팽창시대에 크게 확산되었다.[22]

선박의 거대한 규모 때문에, 각 선박은 수백 명의 노예를 필요로 했다. 15세기가 끝날 무렵에는 특히 지중해에서의 해상전쟁으로 인하여 죄수들 중에서 노 젓는 인력을 차출하는 현상이 크게 증가하였다.[23] 선상의 인력에 대한 수요가 급증하였기 때문에 형사사법기관은 중(重)범죄자뿐만 아니라 절도, 거지 및 방랑자들까지로 그 대상을 확대했다. 이러한 과정에서 정부와 민간계약자들에게 범죄자노동력의 가치는 급상승하였지만, 한편으로 노를 젓는 노예들에게는 더 한층 가혹하고 비인간적인 처우가 부과되었다. 선박노예는 종신형에 처해지는 경우가 많았으며, 선박이 겨울 동안에 항구에 정박해 있을 때에는 노예들은 낙인이 찍힌 채 항만에 위치한 작업장('bagnes')에서 강제노역을 해야 했다. 선박노예들은 18세기 동안에 사라졌는데, 그 이유 중의 하나는 과학기술의 발달에 있었다. 선박의 제조 기술과 항해술의 발달로 인하여 선박노예의 노동력이 필요 없게 된 것이다. 이후 선박노예의 잉여 노동력은 광산노동에 할당이 되거나 식민지로의 유배형으로 대체되었다. 이는 형벌의 수단으로서 선박노예제도가 발달한 것이 형벌 자체의 필요성보다는 외적인 요인으로 경제적인 요구에 의한 것이었다는 것을 보여주는 것이다. 선박노예제도의 도입과 정착은 최소의 비용으로 필요한 노동력을 확보하려는 경제적인 의도에서 비롯된 것이었다 하겠다.

---

21) 실제로, 당시의 많은 사람들은 "범죄자들을 죽이는 것보다 노동시키는 것이 더 수익성이 높기 때문에 범죄자를 사형시키는 것은 현명하지 못한 것"이라고 생각하였다.(Rusche and Kirchheimer, 1968)

22) 1348년은 흑사병으로 유럽인구가 급격히 감소한 시기로서 노동력의 확보가 절실한 상황이었다. 프랑스에서 1561년에 최초로 전시에 전함의 동력으로 선상노예의 사용을 법제화한 것으로 알려져 있다. 「Wikipedia」

23) 대형 배는 약 350명의 선박 노예가 필요했고 소형 배는 약 180명이 필요했다. 당시 프랑스의 Don Juan d'Austria라는 지휘관 휘하에는 대략 5,600명의 선박 노예가 있었다고 한다.(Rusche and Kirchheimer, 1968)

갤리선에서의 강제노역

남루한 옷을 입고 집단으로 목에 쇠사슬이 묶인 채로 프랑스의 전 지역을 걸어 항구에 도착하였다. 한번 승선해서 자리를 잡게 되면 병들거나 죽지 않으면 항상 거기에 남아 있어야 했다. 같은 의자에 쇠사슬로 묶인 여섯 명의 노예는 길이가 50피트인 각자의 노를 끌어 당겨야 했다. 그들은 앞뒤의 다른 이들과 박자를 맞춰야 했으며, 잘못될 경우에는 가차 없는 채찍질을 당했다. 의복을 절약한다는 이유로 상의를 입지 않고 일을 했지만, 더 큰 이유는 감시자가 용이하게 등에 채찍질할 수 있게 하기 위함이었다. 밤이 되면 그들은 그 자리에 앉아서 잠이 들었다. 당시의 해상전투에서 노가 장착되어 있는 부분이 가장 먼저 공격을 당했다. 따라서 수비대와 선원들이 무사히 탈출하는 동안에도 선박노예들은 가장 먼저 그리고 가장 심하게 상처를 입고 종종 몰살당하기도 했다.[24)]

3. 16세기와 17세기: 과거와 미래의 공존

1500년대는 초창기 형벌의 형태가 여전히 남아 있는 시기이긴 하지만, 이 시기 동안에 이루어진 많은 혁신은 형벌에 대한 개념적 변화를 보여준다. 실제로 16세기와 17세기는 형벌과 교정의 역사에 전환점이 되었다. 사형과 신체형은 여전히 흔한 형벌이었지만, 형벌의 장소로서 구빈원(救貧院, workhouse)이나 교정원(house of correction)이 건설되었고, 유형(流刑)제도(transportation)가 출현하였으며, 범죄자를 구금하는 일종의 '창고'로서 낡은 폐선(hulks, 감옥선)이 사용되었다.

1) 구빈원(workhouse)과 교정원(house of correction)

봉건제의 붕괴와 함께 초기의 상업 자본주의가 출현하였는데, 이 시기에 형벌형태에 있어서도 변화가 발생하였다. 이 시기에 농업 중심의 생산형태로부터, 농업과 상인 길드

24) Barnes, Harry, and Negley Teeters, *New Horizons in Pennsylvania*, Montclair, N.J.: Patterson Smith, 1946. p.437

(guild)가 결합된 생산형태로 전환이 이루어지면서 지방으로부터 도시로의 인구의 유입이 대거 이루어졌다. 이 과정에서 소작농들과 노동자들은 그들의 토지를 빼앗기고 부랑자로 탈바꿈되어 도시지역으로 유입되면서, 풍요로운 도시인과 도시생활에 대해 적개적 심리를 가지기 시작하였다. 이러한 과정에서 소위 '사회의 무질서'라는 개념이 사회적 현상으로 등장했고, 국가는 급증하는 하층계급인구에 대한 모종의 조치를 강구해야 하는 상황에 놓이게 되었다.

당시 영국의 국왕 헨리 8세의 재위시기(1509~1547)에는 신체형에 의존하여 하류계층을 통제하였고 부랑자들을 억제하기 위해서는 행형노예제도를 이용했다. 그러나 이러한 사회통제방식은 거대한 부랑자와 실업자 집단을 도시로 유입시킨 경제적인 상황에 대응할 수 있는 적절한 수단이 될 수는 없었다. 즉, 소위 '인클로저 운동'[25](the Enclosure Movement)의 결과로 대거 도시로 유입된 농촌인구층을 관리할 모종의 조치가 요구되었는데 이때 등장한 것이 일종의 구빈원과 교정원과 같은 대규모 공공수용시설이었다. 이러한 시설에 범죄자들을 포함한 사회의 부랑인구층을 격리시켜 처벌, 노동, 종교교육을 근간으로 관리하였다. 1556년에는 황실의 고궁이었던 브라이드웰(Bridewell)이 빈곤층, 부랑자, 방탕인, 사기꾼, 매춘부 및 경범죄인들을 구금하는 시설로 개조되었다.[26] 엄격한 규율하에, 이들은 모직을 짜고, 제과, 가구, 의복, 신발, 테니스공을 만드는 일에 할당되었는데, 지방정부와의 계약하에서 민간 사업가들에 의해 운영되었다. 이곳에서는 기본적으로 빈곤의 원인이 개인의 나태에서 비롯된다는 가정하에서 교정교화를 목적으로 노동윤리를 앙양하고 기술교육을 실시하였다. 그러나 동시에 당국은 민간업체의 수익창출을 위해 값싼 노동력을 착취한다는 이유로 비판을 받기도 하였다.[27] 오늘날에도 흔히 직면하는 문제로서, 수익을 계산하는 동기와 진정한 인도주의적인 노력을 구별하는 것은 용이한 일이 아니었을 것으로 보인다.

---

25) 영국에서 두 차례에 걸쳐서 일어났는데, 1차 인클로저 운동은 16세기말 섬유공업의 발달로 양모 가격이 상승하자 대지주들이 경작지를 목초지로 개조하기 위한 과정에서 소작농들이 강제로 도시지역으로 축출된 현상을 말하며, 2차 인클로저 운동은 18세기 토지를 근대적 대규모 농업용지로 전환시키고자 전근대적인 토지소유관계로 보호받던 소작농들을 도시지역으로 축출한 현상을 말한다.

26) Sutherland, Edwin H., Donald R. Cressey, and David F. Luckenbill, *Principles of Criminology*, 11th ed, Dix Hills, N.Y.: General Hall, 1992.

27) Dobash, R. P., "Labour and Discipline in Scottish and English Prisons: Moral Correction, Punishment and Useful Toil." *Sociology*, 17(1), 1983, pp.1–25.

구빈원은 사회통제방식의 하나로서 또는 사회정화(sanitation)의 수단[28]으로서 효과적이라는 인식과 함께 확산되었다. 1576년에 영국의회는 모든 카운티에 브라이드웰과 동일한 방식으로 구빈원을 건축하라는 결정을 내렸다. 네덜란드에서도 1596년에 구빈원이 건축되었고, 같은 시기에 다른 유럽의 국가들도 이와 유사한 제도를 도입하였다. 이러한 국가들 역시 혼란스러운 경제 상황에서 불안한 사회를 통제할 모종의 조치가 요구되었기 때문이었다.[29]

구빈원은 극도의 열악한 환경에 처해 있었고, 사회로부터의 소외와 대중의 무관심으로 질병, 폭력, 성폭행 등은 흔히 발생하는 현상이었다. 남녀노소는 물론 환자 역시 분리수용이 이루어지지 않았고, 음식, 담요, 양초와 같은 것들까지도 개인이 구매해야 하는 열악한 여건에 놓여있었다. 이 시기에는, 중(重)범죄로 유죄판결을 받은 범죄자들은 여전히 공개적인 체형이나 유형 및 사형을 당했다. 따라서 구빈원에 구금된 자들은 대부분 매춘부, 부랑자 및 무의탁자들이었다.[30]

2) 유형제도: 경제적 동기로서의 추방

증가하는 하류계층의 문제와 행형시설의 과밀수용을 해결하기 위한 방안으로 영국에서는 1598년에 방랑자나 불량배를 포함한 노동이 가능한 십난들을 식민지로 유배시키는 유

---

28) 농촌지역에서 이주 온 대규모 빈곤계층을 관리하는 수단으로서, 즉 사회의 불안적 요소가 되는 집단을 거리로부터 분리하여 대중의 눈에서 보이지 않는 장소로 보내는 방식으로서, 일종의 구빈원(救貧院)과 같은 대형 공공시설을 설립하여 정신병자, 노인, 빈민 등을 가두어 관리하였다.

29) 이 시기 네덜란드에서는 오늘날 교도소제도의 최초의 모델로 일컬어지는 수용시설로서 연마의 옥사(rasphuis)가 설립되었다. 이 시설은 1596년 교정을 목적으로 소년 범죄자를 수용하는 시설로 설립되었고 1815년에 폐쇄되었다. 범죄자는 처벌의 대상이라는 관념이 지배적이던 당시 상황에서는 획기적인 조치로 평가되었다. 그러나 오래지 않아 값싼 수용자의 노동력을 착취하는 시설로 변하였고, 다루기 힘든 가족이나 친지를 관리하는 사적 장소로 오용되기도 했다. 수용자들은 주로 브라질우드로 불리는 소방목을 연마하여 가루를 만들어 염색재료를 만드는 혹독한 작업을 수행해야 했다. 작업의 낙오자를 따로 격리하는 지하감옥이 있었으며, 그곳은 물에 잠겨 죽지 않고 살아남기 위해 끊임없는 펌프질을 해야만 하는 구조였다는 설이 아직도 전해오고 있다. 여성을 수용하는 시설로는 방적의 옥사(spinhuis)가 있었다. 당시 17세기 네덜란드는 경제 강국으로 부상하였지만, 노동자 빈민계층의 삶은 비참했다. 직물업의 발전에 따라 염료의 수요가 급증하였는데, 임금 상승으로 인하여 소위 3D 업종이었던 염색업에 수용자를 투입하여 착취한 것이다. 범죄자를 단죄하는 방식이었지만, 자본주의 체제의 확산과 함께 범죄자의 노동까지를 경제의 한 축으로 활용한 것으로 볼 수 있다. https://en.wikipedia.org/wiki/Rasphuis

30) Sellin, Thorsten, *Slavery and the Penal System*. New York: Elsevier, 1976.

형제도를 도입하였다. 이들은 미국과 호주 대륙의 식민지로 보내져 행형노예로서 장기간의 강제 노역형을 받았다. 미국 대륙은 대개 1770년대까지, 호주 대륙의 경우는 1786~1867년까지 지속되었다. 1718년에는 '유형법'(The Transportation Act of 1718)이 제정되었는데, 그 목적은 범죄의 억제와 식민지로의 노동력의 공급이라고 명시되었다. 차후에는 유형제도가 정치범과 이교도(異教徒)들을 추방하는 방편으로 이용되었으며, 이 제도는 유럽 전역으로 확장되었다.[31)]

영국은 수천 명의 범죄자들을 미국 식민지대륙으로 유형을 보냈고, 미국 독립전쟁 이후, 1786년부터 1867년 사이에는 대략 134,000명의 죄수들을 호주 대륙으로 추방하였다.[32)] 죄수들에 대한 유형제도는 수 세기 동안 존재하였으며 심지어는 최근 20세기에도 그 사례가 존재한다. 예컨대, 프랑스는 1953년까지 남아메리카의 기아나(Guiana)의 악명 높은 악마섬[33)]을 유배지로 사용하였다.

유형은 형벌로서 다양한 측면을 갖고 있다. 명백하게 경제적인 동기에서 출발하였지만, 추방이라는 성격과 공개적인 모욕을 위한 일종의 의식(儀式)을 포함하였다. 런던에서는 대상자들이 남녀를 불문하고 쇠사슬에 묶인 채 수레에 끌려서 군중의 조롱과 위협 속에서 행진해야 했다. 러시아에서는 1807년부터 1899년 사이에 약 850,000명의 죄수가 시베리아로 추방당했으며 쇠사슬에 묶인 채 4700마일에서 6700마일 정도 되는 거리를 행진해야 했다. 그들의 행진은 대개 2년에서 3년 정도 지속되었으며, 당연히 높은 사망률을 보였다.

물론 유형제도는 범죄자를 추방함으로써 범죄통제라는 목적을 달성하고자 하였지만,

---

31) 러시아는 시베리아(Siberia)를 이용했고, 스페인은 히스파니올라(Hispaniola)로 죄수들을 유배시켰고, 포르투갈은 범죄자들을 북아프리카, 브라질 그리고 케이프베르데(Cape Verde)로 추방했다. 이탈리아는 시실리섬으로 보냈으며 덴마크는 행형식민지로서 그린란드(Greenland)를 이용했다. 네덜란드는 네덜란드령 동인도(Dutch East Indies)로 죄수들을 배에 태워 보냈다.(Welch, p.45)

32) Sutherland, Cressey and Luckenbill, 1992.

33) 영화나 소설에서 '빠삐용'(papillon)으로 묘사되었다. 그곳에서 수년간 대략 68,000명에서 70,000명의 죄수가 형기만료 전에 사망한 것으로 알려졌다.(Tappan, Paul, *Crime, Justice and Correction*. New York: McGrawHill, 1960).

동시에 사회 정화라는 성격도 갖고 있었다. 즉, 유형은 도심의 부랑자들과 불편한 집단을 걸러내는 사회적 통제수단으로서 기능을 한 것이다. 영국에서는 3년 이상의 징역형을 받은 범죄자들은 유형에 처해질 수 있었으며 허가 없이 본국으로 돌아오는 자는 사형을 당했다. 미국 독립전쟁이 발발하기 이전까지는 연간 2,000명 정도로 추정되는 죄수들이 미국 대륙으로 보내졌다. 그러나 독립전쟁의 발발 이후에는 식민지로의 유형은 금지되었는데, 그 이유는 추방된 범죄자들이 식민지에서 본국에 대항하는 군인으로 차출되는 것을 우려했기 때문이었다.[34)]

유형은 본질적으로 계약에 따른 민영화된 형벌제도라 할 수 있는데, 이 제도하에서 범죄자들은 배의 선장의 소유물로 간주되었다. 수많은 죄수들은 열악한 여건 속의 항해 도중에 사망하였고, 생존자들은 식민지 개척자들에게 고가에 팔려 노예 계약을 통해 노역을 담당하였다. 대개 7년에서 14년까지인 형기를 만료하면 식민지에서 자유로운 시민으로 살 수 있었다. 일부 계약제 노예들은 그들의 소유주로부터 토지를 제공받기도 하였다.

경제적인 측면에서 볼 때, 식민지를 발전시키기 위한 방책으로서 유형제도가 탄생하였고, 여기에 행형노예들의 노동력이 이용되었다. 그러나 이후 경제상황의 변화는 흥미롭게도 행형노예제도의 몰락에 영향을 미쳤다. 즉, 대거 식민지로 이주한 일반 이주민들이 높은 임금을 보장받기 위해서 임금착취를 기반으로 한 행형노예제도와 유형제도의 폐지를 주장한 것이다.[35)]

3) 구금시설 대용으로서 폐선(廢船): 헐크선(Hulks)

영국에서 행형시설의 과밀수용을 해소하기 위한 방편으로 유형제도가 실시되었는데, 미국의 독립전쟁 이후에는 또다시 과밀수용문제에 직면하였다. 단기적인 해결책으로는 죄수들을 서아프리카에 군인으로 참여시킨 적이 있었으나, 그들이 군인으로서 역할을 적절하게 수행하지 못했다는 이유로 이 계획은 중단되었다. 이 시기에 영국은 15세기 후반에 시도되었던 형벌제도를 다시 도입하였는데, 사용할 수 없는 폐선을 구금시설로 이용하

34) Rusche and Kirchheimer, 1968.

35) 유형이 소멸된 가장 큰 이유는 미국이 영국과의 독립전쟁에서 승리한 결과로 범죄인의 식민지로의 유형이 불가능해졌다는 사실에 있고, 또한 과학기술의 발달에 따른 갤리선(Galley)의 퇴출과 범선과 동력선의 본격적인 등장 등으로 대규모 선상 노동인력이 불필요해졌다는 사실 등을 들 수 있다. 또한 호주의 경우에도 폐지된 이유로 호주에서 탄생한 호주인들이 영국으로부터 독립된 정부를 설립하기를 원했고, 노동조합이 무노임 행형노동자들의 유입을 반대한 사실 등을 들 수 있다.

는 것이었다. 1700년대 후반까지, 영국정부는 죄수들을 수용하기 위해, 유형제도의 폐기로 남겨진 소위 헐크(hulks)라고 알려진 폐선을 이용했다. 강둑이나 항만에 정박된 헐크선은 적절한 의식주의 제공과 위생장치도 없이 남녀노소를 불문하고 구금하는 일종의 인간창고 기능을 수행하였으며, 죄수들은 비참한 환경 속에서 신체적 학대와 강제노동을 당해야 했다. 당시 영국의 헐크제도는 3,552명의 죄수들을 수용하는 11척의 배로 구성되어 있었다.[36] 영국에서 과밀수용에 대한 일시적인 해결책으로 탄생했던 헐크선 제도는 1858년까지 구금시설로 남아있었다. 실제로, 헐크선은 1875년 호주로 죄수들을 추방하는 정책이 폐지될 때까지 존재하였다.

미국에서는 독립전쟁 동안에 전쟁포로들을 뉴욕 항에 정박한 헐크선에 수용하였다. 12,000명 정도가 그 배에서 사망하였으며, 그들의 사체는 바닷물에 수장되었다. 캘리포니아에서는 1800년대까지, 루이지애나주, 메릴랜드주, 매사추세츠주, 뉴욕주, 워싱턴에서는 1970년대까지 폐선을 이용한 구금시설이 사용되었다. 가장 최근의 사례로는 뉴욕시에서 1988년부터 1993년까지 포클랜드전쟁[37](Falkland War)에서 사용되었던 군함을 구치시설로 사용한 경우가 있다.[38]

4) 계몽사상이 교정에 미치는 영향

18세기 중반 유럽에는 계몽주의와 합리주의 시대가 도래하였다. 사회적 대변혁 속에서 과학적 사고를 통해 사회를 분석하고 이해하는 사회에 진입한 것이다. 이성이 사회적인 삶과 이를 둘러싼 세계를 분석하는 주된 방법이 되었다. 계몽사상이 고취된 중요한 계기

36) Barnes and Teeters, 1946.

37) 1982년 영국과 아르헨티나 간에 포클랜드섬을 둘러싼 영토분쟁으로 74일간 지속된 전쟁임.

38) ACA, *The American Prison: From the Beginning ... A Pictorial History*. Laurel, Md.: American Correctional Association. 1993.

중의 하나는 아이작 뉴턴(Isaac Newton)의 역작인 「자연철학의 수학 원리」(*Principia*, 1687)이었는데, 이는 지식인들이 사회 및 자연현상을 과학적이고 객관적인 방법으로 탐구하는 데 기여하였다. 또 다른 중요한 계기는 1690년에 발간된 존 로크(John Locke, 1632~1704)의 저서 「인간오성론」과 「통치론」에서 비롯되었다.[39] 이러한 연구에서, 인도주의와 세속주의를 근간으로 한 이성론이 정치학 이론과 철학에 적용되었다. 이러한 지적인 발전은 영국, 프랑스, 미국 등의 국가에 지대한 영향을 미쳤으며, 입헌주의의 이상과 정치권력의 제한을 통해 이들 국가들을 독립된 공화정부로 전환하는 데 기여하였다.[40]

계몽사상이 전개되는 과정에서의 어려움은 무엇보다도 당시 기독교에 의해 지배되었던 주류학문과 그 사고체계와의 대립관계에 있었다. 신학적인 지배에 대한 거부는 곧 세속적인 합리성을 인정하는 것이었고, 이를 근간으로 한 사회학적 및 과학적 탐구는 종교적인 접근으로 이루어질 수는 없는 영역이었다. 결과적으로, 이는 교회의 강력한 반발에 직면해야 했다. 몽테스키외(Montesquieu, 1689~1755)는 「법의 정신」(*Spirit of the Laws*, 1748)이라는 저서에서 사회의 정치적인 결정에 대한 종교와 교회의 전통적 역할에 반대하였다. 공리(功利)라는 개념을 적용하여, 종교가 사회에 기여하는 이익에 회의를 표시하고 지구상의 모든 제도와 사회는 종교적 기준이 아닌 공리주의(Utilitarianism)에 입각한 새로운 도덕기준에 의해 측정되어야 한다고 주장하였다.[41]

종교적 역할의 약화와 사회학적 및 과학적 사고의 확산에 따라 범죄와 형벌에 관한 관점 역시 진화가 진행되었다. 범죄와 형벌은 세속적인 맥락에서 개념화되면서 종교적인 죄는 범죄학적 논의의 변방으로 밀려나게 되었다. 따라서 범죄의 초점은 신학적 관점으로부터 개인적 및 사회적 맥락으로 이동하게 되었다. 범죄에 대한 이러한 새로운 시각은 형벌에 대한 공리주의적 접근으로 이어지고 '억제'라는 새로운 형벌의 목적이 탄생하였다. 즉 형벌의 목적은 개인을 엄하게 처벌하는 데 있는 것이 아니고, 개인이 범죄를 저지르는 것을 억제하는 것이며 이러한 목표는 처벌의 엄중성보다는 확실성과 신속성에 의해 달성된다고 여겨졌다. 결국, 계몽 사상가들은 일관성이 없는 형량의 부과와 비인간적인 형벌을 비판하고, 교도소 환경의 개선을 주장함으로써 형사사법 분야의 발전에 기여했다.

39) 「인간오성론」(*Essay Concerning Human Understanding*), 「통치론」(*Second Treatise on Government*).

40) Johnson, 1988.

41) 몽테스키외의 비판은 상당히 온건한 측면이 있었으나 1726년에 바스티유(Bastille) 감옥에 구금되었다. 후에 그는 프랑스를 떠난다는 조건으로 출소되었다. 당시 종교에 대해 비판적인 사상가로는 볼테르(Voltaire), 디드로(Diderot) 등이 있었으며 모두 투옥생활을 하였다.

5) 결어

형벌의 사회적 변천사를 살펴보는 것은 교정을 이해하는 명확한 이정표를 제시한다. 그러나 교정의 역사는 시대적 변화가 반드시 진보나 발전을 의미하는 것은 아님을 보여주고 있다. 역사는 과거 일정한 시대에 혁신적이고 개혁적인 산물들이 등장했다 하더라도 다시 원시적인 형태로 회귀되는 퇴행적 모습 또한 보이기도 하였다.

형벌의 역사적 분석을 통해 발견한 중요한 사실은, 초기 시대의 형벌체제는 당시 사회질서체제의 구축과 유지를 위한 것이었다는 것이다. 물론 형벌이 사회를 보호한다는 미명 하에 집행되었지만, 이는 어떤 특정한 형태의 사회를 보호한 것이었다. 이러한 상황 속에서 교도소는 처벌과 교화라는 양면성을 보이면서 정치, 경제, 종교 및 과학기술의 발전과 함께 점진적으로 역사적 산물로 등장하였다.

이 장에서는 고대 그리스 · 로마시대, 중세, 16~17세기, 그리고 계몽시대에 걸쳐 형벌의 변천사를 살펴보았다. 형벌의 역사는 정치, 경제, 종교 및 과학기술과 같은 다양한 부문과의 상호작용에 의해 형성된다. 초기 유럽의 역사를 보면, 오늘날과는 크게 구분되는 형벌에 대한 관점을 찾아볼 수 있다. 예컨대, 사형수는 악마의 사주를 받은 자들이라고 간주되었다. 이는 종교와 범죄 그리고 형벌 간의 밀접한 연관성을 보여주는 것이다. 실제로, 사형제도는 지역사회에서 악마를 쫓아내는 수단으로서 활용되었는데, 특히 화형, 사지절단, 익사, 참수 및 교수형 등이 이러한 목적을 위한 의식으로 집행되었다. 마귀를 쫓는 또 다른 형태의 의식은 돌을 던져서 죽음에 이르게 하는 것과 같은 집단적인 형벌에서도 발견된다. 시민들이 그들의 분노를 범죄자에게 분출함으로써 악마를 제거하여 지역사회를 정화하고자 한 것이다.[42] 또한 이 장은 교회권력과 형벌의 관계를 기술하였다. 끝으로, 형벌은 경제적 요인(행형 노예제와 벌금제도), 정치적 요인(계급차별, 추방이나 독살과 같은 사형 집행방식) 및 과학기술의 적용(고문이나 사형 집행을 위한 다양한 장치들) 등의 상호연계 관계 속에서 진화한다는 사실이 기술되었다.

42) Newman, Graeme, *The punishment Response*, philadelphia: Lippincott, 1978.

베카리아와 형벌 개혁

베카리아(Cesare Beccaria, 1735~1795)는 이탈리아의 경제학자로서 1764년에 「범죄와 형벌」(*Essay on Crimes and Punishments*)이라는 고전을 남겼는데 몽테스키외와 볼테르의 영향을 많이 받은 것으로 알려져 있다. 이 저서는 교회로부터의 박해를 우려하여 당시에는 익명으로 출간이 되었다. 베카리아는 교회의 핍박을 면하긴 했지만, 이 저서는 13세기 이래 19세기까지 종교재판에서 자행된 고문과 처벌에 반대했다는 이유로 줄곧 비판의 대상이 되었다. 베카리아의 주장은 공리주의(억제 모델)로부터 큰 영향을 받았다. 그는 만약 법이나 형벌이 명확히 성문화되고 일반인들이 충분히 이해한다면, 범죄는 감소할 것이라 하였다. 그는 형벌의 엄중성보다 확실성과 신속성이 범죄 억제에 더 효과적이라는 생각을 더욱 발선시켰다. 또한 형벌의 사회적 유용성은 범죄의 억제에 있지만, 이는 또한 사회의 결속을 강화시키는 데에도 있다고 하였다. 그는 전횡적이며 과도하게 엄격한 형벌을 비판했다. 그는 범죄의 억제와 사회의 보호를 목적으로 하지 않는 어떠한 처벌도 공정하지 않으며, 이는 억제라는 목표에 저해하는 요인으로 작용한다고 주장했다. 사형제도에 대해서도 이를 과도한 형벌이라 하고 그 존치에 반대했고, 사회방어는 추방을 통해서 달성될 수 있다고 하였다. 그는 또한 경미한 범죄자에 대한 유형(流刑)에 대해서도 그 과정이나 결과를 확인할 수 없기 때문에 억제효과를 알 수 없다는 이유로 반대했으며, 지나친 형벌은 독재국가에 의해 자행된다고 주장하였다.

다음은 베카리아가 제안한 형법개혁의 주요내용이다.

1. 형법은 명확해야 하며, 모든 사람이 이를 이해할 수 있어야 한다.
2. 자백을 받기 위한 고문은 폐지되어야 한다.
3. 판사는 공정해야 하며, 법을 제정한 국왕이 유무죄를 결정해야 한다.
4. 피고인에게는 그들의 변론을 위해 필요한 시간과 자원이 주어져야 한다.
5. 사형제도는 폐지되어야 한다.
6. 재판절차가 없이 사람을 구금하는 밀실기소나 왕실영장제도는 폐지되어야 한다.
7. 형벌은 신속하고 확실해야 하며 범죄행위에 비례해야 한다.
8. 범죄에 대한 진정한 척도는 도덕적인 선(善, virtue)이라는 모호한 기준이 아니라 사회 내의 개인의 권리와 자유에 끼친 해악(害惡, harm)이 그 기준이 되어야 한다.

베카리아는 형사사법제도의 구체적인 개혁을 지지했지만, 그의 학파의 사상적 기반은 그 본질에 있어서 매우 관념적이었다. 범죄학에 있어서 고전학파의 핵심개념은 '자유의지'로부터 출발한다. 즉, 만약 범죄를 저지르기를 선택한 사람들에게 신속하고 확실한 처벌이 부과된다면, 억제는 달성될 수 있다는 것이다. 그러나 모든 범죄자들이 동일한 처벌에 대해 유사한 방식으로 반응한다는 베카리아의 주장은 비판을 받았다. 개인의 차이와 범죄동기의 다양성을 간과한 점이 그의 이론의 한계로 지적되고 있다.[43]

벤담, 공리주의, 그리고 파놉티콘

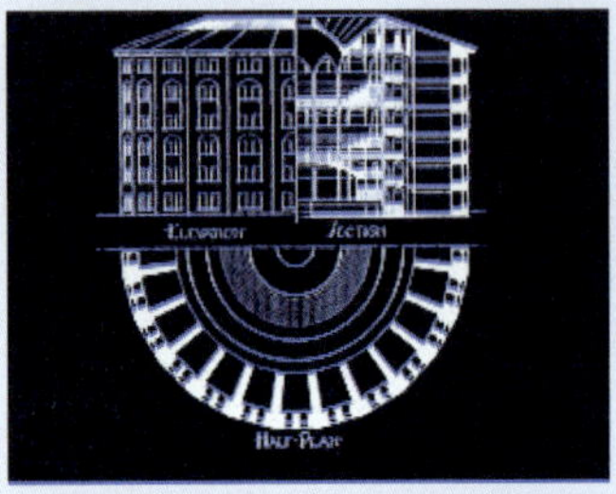

〈자료출처: google.com〉

제러미 벤담(Jeremy Bentham, 1748~1832)은 그의 저서 「도덕과 입법의 원칙에 관한 개론」(*An Introduction to the Principles of Morals and Legislation*)에서 '쾌락과 고통 원칙'(the pleasure/pain principle)으로도 알려진 '쾌락계산법'(hedonistic calculus)을 제시하였다. 그는 공리주의적인 이론을 전개하였는데, 여기에서 '자유의지'라는 개념을 보다 정교화했다. 그의 이론의 가정은, 인간은 의식적으로 고통을 피하고자 하며 동시에 쾌락을 위해 추구한다는 것이다. 따라서 그는 범죄자가 범죄로 인해 얻은 것보다 형벌로 인한 고통이 충분히 더 커야 한다고 주장하였다. 더 나아가 한 개인이 범죄행위를 선택한 경우, 그는 그 행동에 책임을 져야 하며 그 결과로서 형벌을 받아들여야 한다는 개념으로 발전시켰다. 이러한 합리적 논리가 성립되기 위해서는 범죄행위는 개인의 이성에 의해 억제될 수 있다는 가정이 전제되어야 하는데, 이러한 관점에서 보면, 그의 주장은 그 본질에 있어서 다분히 심리학적 성격을 갖고 있다고 볼 수 있다.

---

43) 최근에는 베카리아의 공헌에 관련해서 재평가작업이 진행되고 있다. 일부 학자들은 베카리아의 업적에 대해 과대평가되어 있다고 주장한다. 18세기에 이룩된 많은 개혁조치들은 베카리아의 업적뿐만이 아니라 당시 사회적 및 정치적 상황에서 기인한 것이라 하였다. 또한 베카리아보다도 볼테르와 벤담이 범죄학에 공헌한 업적이 더 크며, 베카리아의 공리주의적 개념을 발전시키고 고전주의 범죄학파를 부흥시킨 것은 벤담이라고 주장하였다.

벤담은 또한 영국의 형법개혁에도 적극적으로 참여하여, 범죄의 경중에 따라 형벌의 강약이 결정되는 법률개혁을 주장하였다. 그러나 무엇보다도 가장 주목할 만한 그의 업적은 '파놉티콘[44)]'(Panopticon)의 설계라고 할 수 있다. 1770년대에, 파놉티콘은 소위 '헐크선'의 횡행이 상징하는 당시 영국의 교정 위기에 대한 하나의 해결책으로 제안되었다.

벤담의 설계는 중앙의 감시탑을 중심으로 원형으로 개인 독방이 둘러싸인 형태를 하고 있었다. 감시탑에는 창문이 있어서 각 감방을 감시할 수 있었으나, 수용자들은 창문의 덮개 때문에 감시탑 내부를 들여다 볼 수 없도록 구조되어 있었다. 중세의 지하감옥의 목적이 범죄자를 사회의 시야(視野)로부터 격리시키는 것이었던 반면에, 파놉티콘은 시야 즉 '보는 것' 자체를 통제의 메커니즘으로 변화시킨 것이었다. 수용자들은 그들이 보이는 것만큼 통제되는 것이었다. 범죄가 어둠의 산물이기 때문에 처벌 역시 어둠속에서 이루어져 온 과거행태로부터, 처벌이 보이는 밝음 속에서 이루어지도록 전환시킨 점은 당시로서는 획기적인 것이었다.

파놉티콘에 관한 가장 구체적인 분석은 프랑스의 철학자인 미셸 푸코에 의해 이루어졌다. 「감시와 처벌: 교도소의 탄생」이라는 저서에서, 그는 다른 형벌기관과는 구별되는 파놉티콘의 정교한 사회통제기법을 기술하고 있다. 그는 파놉티콘이 사회통제체제를 강화하는 과정에서 어떻게 기하학과 경제학이 보완될 수 있는지를 보여준다고 주장했다. 즉, 원형 모양의 설계를 통해 수용자들을 더 용이하게 관찰할 수 있게 되어, 수용자 대 직원의 비율을 낮추었으며, 결국 효율적인 감시체계를 가능하게 했다는 것이다.

푸코는 수용자에 대한 통제의 핵심은 끊임없는 감시와 검열이며, 이때 두 가지 상황이 나타난다고 주장하였다. 즉 수용자들이 '보인다는 것'(visible)과 그들 스스로 '확인할 수 없다는 것'(unverifiable)을 포함한다. 시각적으로 '보인다는 것'은 수용자들은 언제나 그들을 감시하고 있는 중앙의 감시탑을 마주보아야 한다는 것을 의미하며, '확인할 수 없다는 것'은 수용자들은 자신이 언제 감시되고 있는지를 결코 확인할 수 없지만, 동시에 언제든지 감시될 수 있다는 것을 알고 있다는 것을 의미하는 것이다. 감시탑이 중앙에 위치하기 때문에, 수용자들은 실제로 그들이 관찰의 대상인지의 여부를 확신할 수 없다. 이런 관점에서 푸코는 사회통제의 목표물은 수용자의 신체가 아니라 그들의 마음이라고 하였다. 즉 끊임없는 감시가 지속됨에 따라 감시당하고 있다는 인식이 그들의 마음속에 언제나 존재하기 때문에, 수용자 스스로가 관찰될 수 있다는 가시성(可視性)을

44) 그리스어에 어원을 두며, "모든 것을 본다".(Pan-all, Opticon-seeing)를 의미한다.

항시적으로 의식하도록 유도하는 자동기능을 갖고 있다 할 수 있다.[45)]

이러한 형태의 파놉티콘은 상당한 관심과 지지를 받았지만, 영국에서는 건축되지 못하였고, 유사한 원형 형태의 교도소들은 네덜란드와 스페인에서, 그리고 미국 등지에서 찾아볼 수 있다.[46)]

18세기 유럽의 혁신적 교정시설: 성 미켈레 수용소와 메이슨 교정원

유럽대륙에서 형벌과 교정에 있어 인도주의적 철학을 최초로 보여준 기관은 성 미켈레 수용소(Hospice of San Michele)와 메이슨 교정원(Maison de Force)[47)]으로 알려져 있다. 이 시설들은 교정교화의 개념을 체계적으로 적용했다는 점에서 교정발전에 큰 공헌을 한 것으로 기록되고 있다.

성 미켈레 수용소는 교황 클레멘스 11세(Clemens XI)의 지시 하에 1703년에 로마에 건립되었다. 이곳은 소년 범죄자들을 위한 학교로 60여 명의 소년들이 수용된 것으로 알려져 있지만, 실제로는 500여 명의 노쇠한 남녀노령자나 고아들까지도 수용되어 있었다.

이곳은 최초로 독방 위주로 운영되었다는 점에서 개혁적인 조치로 평가받고 있다. 수용자들이 각 개인의 공간에서 침묵과 종교적 명상 속에서 회개하는 체계가 교화에 필수 요소로 간주되었다. 야간에는 각자의 방에서 기거하고, 주간에는 침묵 속에 바티칸(the Vatican State)에 공급하는 물품을 생산하는 작업에 집단으로 참여하였다. 노동과 정신적 순화를 결합하는 형태를 통해 교화를 이루고자 하였으며, 수도원적인 생활과 작업장의 기능을 동시에 달성하고자 하였다. 형벌보다는 교화적 측면을 강조했다는 점에서 본질적 동기는 인도주의인 것으로 간주되었다. 오늘날에도 소년 범죄자들의 교정시설로 남아있다.

45) 이러한 관점에서 Aldous Huxley 같은 이는 파놉티콘의 본질을 '전체주의적 수용 프로젝트'(totalitarian housing project)라고 묘사하였다.(Johnston, 1973, p.20)

46) 미국에서는 버지니아 주의 the Virginia Penitentiary, 피츠버그 시의 the Western Penitentiary, 일리노이 주의 the Stateville Correctional Center 등이 있다.

47) Hospital of Saint Michael과 the Strong house로 영역된다.

메이슨 교정원(Maison de Force)은 1773년에 장 자크 필리프 빌렝(Jean Jacques Philippe Vilain)에 의해서 벨기에의 간트(Ghent)에 설립되었다. 성 미켈레 수용소와 유사하게, 이 시설 역시 교화의 수단으로서 종교와 침묵 속에서의 작업을 결합시켰다. 수용자들은 야간에는 각자의 방에 구금되었고, 주간에는 공동으로 작업에 참여하였다. 남녀노소, 중경범죄자, 그리고 부랑자들을 분리하여 수용했다는 점에서 인도주의적인 조치로 평가받고 있다. 이 시설은 치료와 처우를 강조한 건축구조를 가진 대규모 행형시설의 형태를 보이고 있다. 거대한 5각형 구조로서 8개의 사다리꼴의 사동으로 이루어져 다양한 계층의 수용자들을 완전히 분리하여 수용할 수 있었다. 종교적인 훈련과 노동의 연계, 그리고 시설관리의 효율성과 건축구조와의 연계는 이후 미국 교정에서도 지속적으로 화두가 되었다.

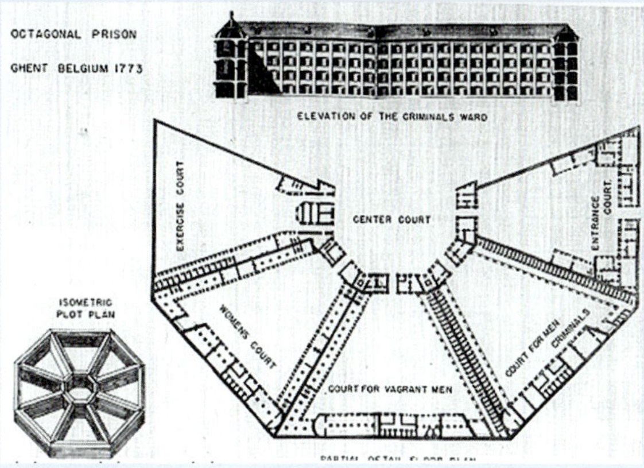

존 하워드와 형벌 개혁

존 하워드(John Howard, 1726~1790)는 역사상 행형제도개혁에 가장 큰 공헌을 한 보안관[48]으로 평가받고 있다. 사실상 지난 몇 세기 동안 행형개혁과 그의 이름은 거의 동일시되었다. 하워드가 1773년 영국의 베드퍼드셔(Bedfordshire)의 보안관으로 임명된 이후에 그의 명성은 교도소 개혁가로서 유럽 전역에 널리 알려졌다. 행형학에 대한 그의 관심은 아마도 1755년에 포르투갈로 여행하던 중 해적에게 사로잡혀서 감금되었던 경험에서 비롯된 것으로 추정되고 있다.

보안관으로서 재직 기간 동안, 그는 당시 감옥과 헐크선의 끔찍한 환경을 접하게 되었으며, 이것이 그가 영국과 유럽 전역에 감옥개량운동을 전개하는 계기가 되었다.

48) 역사적으로, 보안관(sheriff)은 한 카운티(county)의 법집행자로서 감옥의 최고관리자의 역할을 담당했다. Sheriff라는 용어는 영국에서 유래되었는데, 이는 정치적으로 임명된 일종의 지방행정관으로, 이들은 세금을 걷고, 질서를 유지하며 지역의 감옥을 관리했다.

그의 첫 번째 업적은, 죄수들이 구금비용으로 간수들에게 돈을 지불해야 하는 제도를 폐지한 것이다. 이 제도 하에서는, 구금비용을 지불할 능력이 없는 사람의 경우는 무죄를 선고받은 후에도 감옥에 남아야 했다. 이러한 문제를 해결하기 위해 구금비용제도를 폐지하고, 간수들에게 일정한 급료를 지불하는 방안을 제안하였다.

영국과 유럽 전역의 수많은 교도소를 돌아본 후에 1777년에 출간한 「감옥 상태론」(State of Prisons)에서 그는 구금의 비참한 상황을 체계적으로 기술했다. 한편, 당시 방문 기간 동안에 하워드는 상당히 진보적이며 인도주의적인 행형시설을 발견하였는데, 이것이 성 미켈레 수용소와 메이슨 교정원이었다.

그는 서적을 출판했을 뿐만 아니라 교도소법의 입안에도 기여하였는데, 1779년에 영국 의회에서 통과되었다. 이 법은 다음의 네 가지 원칙을 기반으로 하였다.

① 구금비용제도의 폐지
② 교도소와 구치소에 대한 정기적인 감독
③ 위생과 보건시설의 제공
④ 수용자에 대한 교화활동의 강화

하워드의 행형개혁은 또한 종교적인 요소를 포함하였다. 그는 교화를 위해서는 각 수용자들이 독방을 사용해야 하며, 고독과 침묵을 통해서 반성과 회개의 시간을 가져야 한다고 하였다. 그는 범죄는 나태와 실업이 결합된 것이며, 교도소 내에서 수용자들의 악성과 반항심이 다스려지지 않는다면 범죄성향은 더욱 악화될 수 있다고 주장했다. 그의 교화프로그램의 기조는 규율과 기독교적 사랑이 인도주의적 철학과 결합한 형태를 보이고 있다. 규율을 중시한 가운데, 규율이 종교적인 가르침, 일상생활 그리고 생산적인 노동에서 적용되도록 한 것이었다.

또 다른 개혁적 조치로는 정신질환자의 격리, 여성과 어린이의 분리수용 및 조기출소 등이 있다. 하워드의 권고사항을 최초로 실행한 곳은 1785년 영국의 노퍽(Norfolk)에 있는 와이몬담(Wymondham) 감옥이었으며, 그의 이름을 딴 '존하워드협회'(John Howard Societies)는 오늘날에도 영국과 미국에서 활동하고 있다. 1790년 러시아의 교도소를 순회방문 중에 발진티푸스로 사망했다.

제4절 미국 교정의 역사 I

1. 식민지시대의 범죄에 대한 대응

식민지 시대의 미대륙에 있어서, 범죄에 대한 사법적 집행과 대책은 유럽의 기독교 군주국의 그것과 유사하였다. 당시에는 사법적 문제의 해결방식에 있어 비제도적 방식을 주로 사용하였고, 교도소는 정규적인 교정기구가 아니었다. 데이비드 로스먼(David J. Rothman)은 「수용소의 발견」이라는 저서[49]에서 식민지시대의 교도소는 판결이 확정된 사람을 수용했던 것이 아니라 재판과정에 있는 미결수들을 수용했다고 기술하고 있다. 중세사회에서와 같은 식민지 사회에서도 범죄자는 엄하게 처벌을 받았다. 또한 죄와 범죄행위가 매우 폭넓게 규정되고 있었다. 살인, 방화, 말도둑, 심지어는 부모에 대한 불경죄까지를 포함한 다양한 범죄행위에 대하여 사형이 적용되도록 규정되어 있었다. 물론, 이러한 위협하에서 부모에 대한 존경심이 실제로 증가했는가는 의문의 여지가 있다.

식민지 시대의 미국 대륙에서, 형벌로서 교수형이 많이 사용되었는데, 이는 '죄'와 '범죄'를 인식하는 당시의 시각에서 비롯되었다고 볼 수 있다. 당시에는 죄를 자연의 풍토병과 같이 불가피한 것으로 보는 시각이 지배적이었다. 이러한 형벌은 다음의 세 가지 기능이 기대되고 있었다.

첫째는 형벌이 범죄자에게 위협을 준다는 것이고,

둘째는 공공의 안전을 지키는 데 필수적이며,

셋째는 사회가 신(神)의 규율을 실행하게 하는 수단이라는 것이다.

당시에는 범죄인을 도피시키는 행위는 곧 모든 사람을 그 범죄에 연루시키는 것을 의미하였다.[50]

2. 펜실베이니아주에서의 변혁

미국 대륙의 최초의 교도소는 필라델피아의 '월넛가(街) 교도소(Walnut Street Jail)'이다.

---

49) Rothman, David J., *The Discovery of the Asylum: Social Order and Disorder in the New Republic*. Boston: Little Brown, 1971.

50) Ibid, p.18.

이 교도소는 1773년에 법령이 제정되어 1776년 1월에 개소되었으며, 이후 1790년에 새로운 형태의 교도소로 개조되었다. 영국과의 독립전쟁(1775~1783) 당시에는 군(軍)교도소로 사용되었고, 전후(戰後)에는 일반교도소로 전환되어 필라델피아의 부랑자들을 수용하였다. 수용여건은 매우 열악하여 남녀구분도 없이 수용되었으며, 간수가 건물 1층에서 선술집을 경영할 정도였다. 수용자는 누구든지 새로 입소하게 되면 다른 수용자 모두에게 술을 사야 했는데, 살 수 없는 경우에는 입었던 옷가지마저 내놓아야만 하는 실정에 있었다.

이러한 열악한 여건에 대한 반응으로, 퀘이커교도인 리처드 위스터(the Quaker Richard Wister)에 의해 1776년 필라델피아에 '불우재소자 지원협회'(the Society for Assisting Distressed Prisoners)가 창립되었다. 이 단체가 교도소 환경을 개량하고자 하는 최초의 단체로 알려져 있지만, 전쟁 발발(勃發)로 인하여 다음 해에 해산되었다. 그러나 미국 대륙에서 독립전쟁이 끝나는 시점으로부터 약 15년 동안의 시기에 범죄에 대한 사회적 대처방식에 있어 놀랄만한 변화를 보였다. 이때 미국 대륙에 탄생한 교도소제도는 전적으로 미국 대륙의 창조물은 아니라 할지라도 독창적인 미국적인 제도로 발전하였다.[51)]

1) 18세기 말 개혁운동

1786년부터 1800년 사이에 펜실베이니아주에서는 일련의 형법개혁운동이 활발하게 전개되었다.

첫째, 1786년에 벤저민 프랭클린(Benjamin Franklin), 벤저민 러시(Benjamin Rush), 윌리엄 브래드퍼드(William Bradford) 및 케일럽 로스(Caleb Lowes)는 1718년의 영국 형법(the English Criminal Code of 1718)을 개혁하는 운동을 주도하였다. 새 법안은 범죄자들에게 중노동을 공개적으로 부과하고 수치심을 느끼도록 해야 한다는 내용도 포함하고 있었다. 그 결과 죄수들은 머리를 삭발하고 무거운 쇠목걸이를 한 채 필라델피아 거리를 청소하기 시작하였다.

둘째, 펜실베이니아 입법부는 개혁운동의 일환으로, 사형의 적용은 4가지 범죄—살인, 반역, 강간 및 방화—로 제한하였다. 강도, 주거침입절도, 남색질과 같은 범죄를 저지른 사람은 재산이 몰수되었고, 10년까지의 구금에 처해졌다. 절도를 한 자는 2배의 배상을 하고—정부에게 반을 배상— 3년까지의 구금형을 받았다.

셋째, 1776년에 설립된 필라델피아 '불우재소자지원협회'(the Society for Assisting Dis-

51) Werner, p.11.

tressed Prisoners)는 1787년에 '필라델피아교도소환경개선협회'(The Philadelphia Society for Alleviating the Miseries of Public Prison)로 개편되었다.

넷째, 1790년에는 월넛가 교도소가 개조되었는데, 형벌의 형태로서 구금을 정착시키는 기원이 되었다.

다섯째, 1794년 펜실베이니아 입법부는 사형을 오직 살인죄에만 적용하도록 결정하였다.[52]

2) 월넛가 교도소

'필라델피아교도소환경개선협회'는 1788년 범죄자를 교정시키는 데에는 독거구금과 금주가 가장 효과적인 수단이라고 발표하였다. 이에 따라 위에 기술된 바와 같이 1790년에 월넛가 교도소의 개조작업이 착공되어 최초로 16개의 독방이 있는 작은 건축물로 1792년에 완공되었다. 동시에 이 교도소의 운영 및 관리에 있어서도 큰 변화가 있었다. 우선, 수용자는 모두 독방에 구금되었으며 서로 간의 대화가 금지되었다. 사실상 구금되는 순간부터 석방되는 날까지 격리되었다. 또한 가족과의 접견을 금지할 정도로 수용자의 모든 사회적 관계를 허용하지 않았다. 수용자가 접촉할 수 있는 대상은 사목이나 종교적 인사에 불과하였고, 오직 성경만이 유일하게 읽도록 허락하는 서적이었다.

또 하나의 새로운 변화는 교도소 내에 속죄하는 장소로서 '회개실'(penitentiary house)이 설치된 것인데, 이는 곧 미국 행형계의 모델이 되었다. 엄격히 말하자면 월넛가 교도소의 독거구금시설이 전적으로 미국 대륙에서 창조된 것은 아니지만 장기간 사용되면서 구금에 대한 유럽인들의 논쟁에 커다란 영향을 미친 것은 사실이다.[53]

---

52) Ibid, p.12.

53) Pollock, Joycelyn M., *Prisons: Today and Tomorrow*, Gaithersburg, Marylaud: Aspen Publishers, Inc., 1997, pp.30-32.

3. 펜실베이니아제도(Pennsylvania System)와 오번제도(Auburn System)

1) 펜실베이니아 교도소

펜실베이니아주 동부교도소

1790년대에 범죄에 대한 인식과 대책에 있어 대폭적인 변화가 진행되었고, 이러한 추세 속에서 체형이나 사형의 대상이었던 범죄가 구금형으로 대체되어 가는 경향을 보였다. 구금을 형벌로 하는 소위 자유형을 집행하는 기관으로서 새로운 교도소는 독거제(separate system)를 특징으로 하였는데, 지역적으로는 특히 펜실베이니아주를 중심으로 미대륙의 동부지역에서 급속도로 확산되었다. 펜실베이니아주에서는 월넛가 교도소(1790)를 시작으로 피츠버그 외곽에 서부 교도소(Western Penitentiary, 1826)가, 그리고 필라델피아 근처의 체리 힐(Cherry Hill)에 동부 교도소(Eastern Penitentiary, 1829)가 설립되었다. 이 시기에 새로 설립된 교도소들은 완성 후 단시일 내에 바로 과밀수용현상을 나타냈는데, 이러한 현상은 오늘날까지 지속되고 있어 시사하는 바가 크다.

서부 교도소는 1818년에 윌리엄 스트릭랜드(William Strickland)에 의해 설계되어 1826년에 완성되었는데, 반원형 형태로 수용규모는 190실이었다. 노동을 고려하지 않은 독거형 교도소로서, 수용인은 운동마저 벽으로 둘러싸인 개인공간에서 하도록 되어 있었다. 따라서 이러한 엄정독거로 인하여 정신분열환자가 대거 발생했을 뿐만 아니라, 지나친 폐쇄성의 부작용으로 인하여 파이프관 등을 이용한 수용자 간의 비공식적 통방이 이루어지기도 하였다. 차후 이러한 구조적인 문제점들이 드러남에 따라 근본적인 개조의 필요성이 대두되었다.

아래에 소개될 1819년에 설립된 뉴욕의 오번 교도소도 초기에는 비슷한 상황에서 출발하였다. 이 교도소 역시 노동이 없는 독거구금을 원칙으로 하였는데, 화장실시설이 없는 상태에서 독방을 떠나는 것이 허용되지 않았다. 이곳을 방문한 프랑스의 범죄학자들[54]의 기록은 당시의 상황을 잘 묘사하고 있다.

"이 실험은 대다수의 재소자들에게 비참한 것이었다. … 교화하는 것이 아니고 죽이는 것이었다. 1년에 다섯 사람이 죽어가고 그들은 최악의 정신 상태에 있었으며, 그중에는 죽음을 무릅쓰고 탈출을 기도하는 사람도 있었다. … "

노동이 허용되지 않는 엄정독거 구금제는 불가피한 변화를 예고하는 구조적 문제점을 안고 있었던 것이다. 펜실베이니아주 입법부는 '서부 교도소'가 개소하기 전에 이미 주의 동부지역을 관할할 새로운 교도소를 건축할 것을 결정하였는데, 이것이 체리 힐의 '동부 교도소'였다. 월넛가 교도소의 경험을 살려 펜실베이니아 제도를 실험하는 성격을 갖고 있었기 때문에 완전독거와 거실 내 개인 작업을 위해 설계되었다. 범죄자의 급증으로, 900실의 수용규모로 건축되었다. 설계에 있어서는 독방 내에 작업장, 화장실 및 운동공간을 모두 포함시켜 재소자들이 외부로 출입할 수 있는 여지를 남기지 않았다. 초기에 이곳을 방문한 2명의 프랑스인은 미래의 부작용을 예측하지 못한 채 이 펜실베이니아 제도를 찬양하였다.[55]

"격리된 공간에서 재소자들은 완전히 분리되어 동료 재소자들과 완전 차단되기 때문에 더 이상 악풍이 감염되지 않는다. 동료들보다 더 악하게 보이려는 그릇된 자부심, 주어진 운명을 감수하기를 거부하려는 자만, 그리고 과시하고자 하는 욕망 등이 모두 독거로 인해 사라진다. 누구든지 개인의 성격과 무관하게 자신을 성찰해야 하며 그의 양심과 직면해야 한다. 처벌은 본인의 실수의 결과이고 자유를 남용했으므로 고통을 당하는 것이라는 것을 깨닫는 데 오랜 시간이 걸리지 않는다. 처음 며칠간은 분노에 몸부림치지만 죽음의 침묵 속에서 결국 굴복당하는 것이다. 그것이 어떠한 경우에든 중요한 핵심이다. 이런 과정 속에서

54) Alexis de Tocqueville은 1833년 미국을 방문했던 프랑스 관리의 한 사람으로 미국 교도소제도에 대해 관찰한 바를 기록하였다. Beaumont, Gustave Auguste de & Alexis de Tocqueville, *On the Penitentiary System in the United States and Its Application in France*, Carbondale, IL: Southern Illinois University Press, 1964.

55) Fredric Auguste Demetz와 Guillaume Blouet로 알려져 있다(Werner, pp.17-18에서 인용). 프랑스인들은 단체로 주로 뉴잉글랜드주의 섬유공장, 신시내티주의 새로운 정착지, 플랜테이션 농장, 교도소 등을 방문하였다.

우울한 생각을 잊게 되고 위안을 받게 된다. 따라서 그에게 주어진 일에 열심히 종사한다."

그러나 실제에 있어서 재소자들은 혹독한 격리로 인하여 정신발작을 일으키는 등 당시의 이상주의자들의 기대와는 판이한 결과를 보여주었다.

2) 오번 교도소(Auburn Prison)

완전독거와 명상을 통한 회개를 추구했던 펜실베이니아 제도는 작업을 통한 생산성과 수익성을 창출하는 데에도 한계점을 가지고 있었다. 이에 대한 대안적 성격으로 1819년 설립된 시설이 오번의 뉴욕주립교도소였는데, 주간에는 침묵 속에서 공동으로 작업과 식사를 함께 하고, 야간에는 독거실에 수용되는 방식을 취하였다.

이러한 제도는 1821년 교도소장으로 새로 부임한 엘람 린즈(Elam Lynds)에 의해 소개되었다. 이 제도의 핵심은 야간에는 독거 구금되고 주간에는 혼거작업이 허용되는 것이었다. 물론 완전한 침묵이 강요되었고 위반 시에는 채찍질과 같은 체형이 가해졌다. 규율이 엄격하여 재소자들은 항상 시선을 아래로 고정시켜야 했고 락스텝(lock-step)[56]이 강요되었다.

교도소장 엘람 린즈는 체형이 위반자에 대한 가장 인도주의적이고 적절한 처벌이라고 주장했는데, 이는 위반자의 체력에는 영향을 미치지 않기 때문이라는 극히 계산적인 시각에서 비롯되었다. 그는 또한 개인을 변화시킬 수 있다는 주장에 대해 부정적인 시각을 갖고 있었다. 그는 고령(高齡)의 재소자는 변화될 수 없으며, 젊은 재소자의 경우에도 기술훈련에 의해 좋은 숙련공으로 변화시키는 정도가 최대로 기대할 수 있는 정도라고 주장하였다.[57]

1835년에 이르러, 뉴욕주의 재소자 인구가 급증하자 뉴욕주의 싱싱(Sing Sing)에 새로운 교도소를 신축하였는데, '싱싱 교도소'라고 일컬어진 이 교도소는 재소자의 노동력을 동원해서 건축되었으며 후세에 악명이 높은 교도소의 상징으로 남았다. 이 교도소 역시 완전한 침묵과 외부와의 격리를 핵심으로 하는 오번제를 기초로 설립되었다.

---

56) 재소자들이 이동할 때 앞 사람의 겨드랑이에 두 손을 끼고 쇠고랑을 발목에 걸고 줄줄이 걷게 하는 것. 당시 재소자들은 흑백얼룩말 무늬가 수평으로 그려진 옷(prison stripes)을 입었다.

57) Rothman, 1971, p.103.

〈펜실베이니아제도와 오번제도의 비교〉

	펜실베이니아제도(독거제)	오번제도(혼거제)
목표	질서와 규율을 통한 범죄인의 교화	질서와 규율을 통한 범죄인의 교화
실행	격리, 회개, 명상, 노동, 침묵	엄격한 규율, 복종, 노동, 침묵
방법	주·야간 완전 독거/ 거실 내에서 식사, 수면, 작업	야간 독거 수면, 주간 공동 식사 및 작업
활동	성경독서, 거실 내 작업	작업장에서 공동작업, 판매를 위한 상품생산

3) 두 제도 간의 논쟁

현대적 시각에서 보면, 오번제도와 펜실베이니아 제도는 거의 비슷하게 보이지만, 두 제도 간의 논쟁은 행형적 측면과 경제적 측면으로 논의를 압축하여 이해할 수 있다. 양자 모두 수용자 간에 완전한 분리가 요구되고 모두 노동할 것을 요구한다. 두 제도 간의 차이점은 오번제도에서는 야간에는 독거하고, 주간에는 공동으로 식사와 작업을 함께 하는 반면, 펜실베이니아 제도에서는 주야간 모두 완전독거하에 모든 작업과 생활을 한다는 점이다. 19세기 당시에는 펜실베이니아 제도는 일반적으로 이상적인 제도로 인식되었고, 격리는 교도소가 추구해야 할 이상적 목표로 간주되었다. 펜실베이니아 제도가 안고 있었던 문제는 과도한 경제적 비용이 요구되었다는 점이었다. 따라서 펜실베이니아 제도는 이념적 혹은 사상적인 면에서, 오번제도의 경우는 비용이 상대적으로 적게 든다는 경제적인 측면에서 각각 그 우월성이 주장되었다. 이 두 가지 측면은 행형역사에서 오래도록 논쟁과 고려의 대상이 되고 있다.

당시부터 이후 40여 년간 지속된 두 제도 간의 논쟁이 향후 행형사상의 정립에 기여하였다.[58] 오번제도 지지자들은 재소자들에게 공동작업장에서 집단작업을 허용해야 하지만, 엄격한 침묵과 규율에 의해 엄격히 분리되어 통제되어야 한다고 주장하였다. 또한 이들은 비용을 절감하고 노동효율을 제고할 수 있으며 산업시대에 요구되는 규율을 함양할 수 있다고 주장한 것이다. 한편 펜실베이니아 지지자들은 오번제도에 대해서 교도소의 근원적인 목표인 교화임무를 희생하고 부수적 목표인 비용절감효과를 선택한 것이라고 주장하고, 재소자들이 대량생산과정에서 착취되고 고통을 받고 있다고 비난하였다. 이들은 또한

58) 펜실베이니아제도는 '필라델피아협회(Philadelphia Society)'를 중심으로, 오번제도는 1816년에 설립된 '보스턴교도소협회(the Boston Prison Discipline Society)'를 중심으로 활동이 전개되었다.

신체적 체벌이나 인격격하 등과 같은 재소자들에 대한 가혹적 처우를 반대하였다.

한편으로 펜실베이니아제도는 옛 수공업 중심의 종교적 사회를 지향한 반면, 오번제도는 새롭게 탄생하고 있던 신흥 산업방식을 지향한 것으로 각각 설명할 수 있다. 즉, 펜실베이니아제도는 구태적 가내 수공업 형태의 노동방식을 고수한 반면, 오번제도는 대규모 공장제 생산양식을 적용하여 시설유지비용을 충당함은 물론 주정부 재정에도 도움을 줄 수 있었던 것이다. 오번제도는 차후 미국 교도소형태를 지배하는 산업교도소의 전신이라 할 수 있다. 이러한 논쟁은 미국과 유럽에서의 교도소 건축과 운영에 지대한 영향을 미쳤다. 대부분의 유럽인 방문자들은 펜실베이니아제도를 지지하였는데, 1846년 독일에서 개최된 제1차 국제교도소회의에서 이 제도가 승인되어 독거제도는 독일, 프랑스, 벨기에, 네덜란드 등지로 급속히 확산되었다. 미국의 경우 초기에는 독거제 교도소가 건립되었으나,[59] 머지않아 오번제도로 전환되었고, 1840년에 이르러서는 계약제도에 의한 집단노동이 북동부 지역교도소 운영의 지배적인 형태로 정착되었다. 차후 구금인구의 증가에 따라 독거제도의 비용부담이 가중되고, 독거에 따른 재소자의 정신질환문제가 사회문제로 대두됨에 따라 19세기 동안에 거의 오번제로 전환되었다.[60]

위에서 기술된 바와 같이, 두 제도의 확산과 관련하여 미국 대륙과 유럽 대륙 간의 차이를 찾아볼 수 있는데, 미국은 오번스타일의 혼거제도가, 유럽에서는 펜실베이니아 스타일의 독거제가 모델이 되어 확산되었다. 그 이유는 양 대륙의 노동력 수급상황의 차이로 설명되기도 한다. 즉, 19세기 미국에서는 노동력 부족현상으로 인하여 값싼 재소자노동이 크게 각광을 받았고, 유럽에서는 노동력 과잉현상이 만연하여 재소자 노동력의 활용은 관심의 대상이 되지 않아 순수한 의미에서 고행(苦行)적 이상을 실현하는 시설로서 받아들여졌다고 주장되고 있다.[61]

4. 1800년대 후반의 교도소: 이상과 현실

1840년부터 1900년 사이의 기간은 행형학자들에 의해 형성된 교도소의 '이상'과 실제

59) 뉴욕주(1797년), 매사추세츠주(1805), 뉴저지주(1836년)에 독거형태의 교도소가 건축되었다.

60) Clear, Todd R., George F. Cole & Michael Reisig, *American Corrections*, 10th ed, Belmont, CA: Wadsworth, 2013. p.45.

61) Pollock, p.32.

실행과정에서 돌출된 '현실' 간에 모순이 나타난 시기로 볼 수 있다. 19세기 후반에 이르러서는 펜실베이니아제와 오번제에 대한 지적 영역에서의 논쟁이 계속되고 있었으나 점진적으로 오번제의 방향으로 기울고 있었다. 그러나 실제 시설의 운영상황은 양 제도에 대한 이론적 논쟁의 내용과는 커다란 차이가 있었다.

1) 펜실베이니아 제도의 실패

19세기 펜실베이니아 제도는 이론적으로 열렬한 지지를 받았음에도 불구하고 실제에 있어서는 결코 그대로 실현되지 않았다. 체리힐 교도소의 경우를 보더라도 각 수형자를 완전히 격리시킴으로써 얻고자 했던 가장 기본적인 목표마저 현실성이 없는 것이었다. 석방된 재소자들은 사회생활에 전혀 적응할 수 없었을 뿐만 아니라, 격리는 수용자들로 하여금 정신질환을 유발케 하고 더욱 상태를 악화시키는 결과만을 낳았다. 부연하면 완전격리는 어느 시설에서도 장기간 완벽하게 이루어질 수는 없었다.

이미 기술된 바와 같이 월넛가 교도소나 체리힐 교도소 모두 단기간에 신입수용자들로 과밀수용상태가 되었다. 또한 월넛가 교도소의 경우에는 건축구조상 완벽하게 격리하기에는 부적합한 시설이었다. 재소자들은 다양한 수단으로 상호의사를 전달할 수 있었으며, 비밀리에 비공식적으로 의사를 전달하는 소위 통방(tapping)이라는 것이 이 교도소에서 최초로 개발되었다고 주장되기도 한다.[62)]

2) 비인도적인 처우

1800년대 후반에 이르자, 모든 교도소시설은 과잉수용현상을 나타냈다. 이에 따라 교도소 소장들에게는 강력한 통제의 필요성이 요구되었고, 따라서 규율이 가혹하게 집행되었다. 처벌로는 태형이 주로 사용되었는데, 1843년까지 싱싱 교도소에서는 매년 3,000회가 넘는 채찍형이 집행되었다. 그 밖에 족쇄, 멍에, 철로 만든 재갈 및 냉수 목욕이나 샤워도 처벌로 사용되었으며, 한편으로 폐렴, 결핵과 같은 질병 발병률 또한 증가하였다. 18세기 후반의 교도소관리요람에 의하면, 당시 교도소 관리들은 교화된 재소자의 수가 아닌 교도소의 생산기록과 탈옥자의 수에 의해 평가되었음을 알 수 있는데, 이는 재소자의 통

62) Werner, p.23.

제를 위하여 엄격한 규율이 집행되었다는 것을 보여주는 것이다.[63]

3) 노동

18세기 후반의 교도소 관리체계에서 미래 행형학의 변화에 가장 영구적으로 공헌한 것은, 구금 과정에서 노동이 필수적이라는 인식을 정립한 것이라 할 수 있다. 1900년대에 재소자의 무노임 노동에 대한 저항이 일기까지, 대부분의 교도소들은 거대한 공장들과 흡사하였다. 교도소 자체에서 작업이 진행되지 않았을 때에는 임대계약제도(the lease system)가 개발되어 재소자노동력을 외부 청부업자에게 임대하기도 했다.

임대계약제도는 남북전쟁(the Civil War, 1861~1865) 이후 남부지역에서 특히 성행하였다. 남부지역의 일부 주정부는 주 내의 모든 재소자 노동력을 임대하는 경우도 발생하였다. 이 제도가 보여주는 아이러니는 남북전쟁의 결과로 해방되었던 흑인노예들이 사실상 다시 구금되었고 이어 대지주들에게 다시 노예로 임대되었다는 사실이다. 이러한 제도는 남부 교도소 체제의 부패를 조장하는 데 기여했다.

4) 과잉수용과 재범률

19세기 후반 미국 교도소의 인구는 경이적으로 증가하였다. 1860년부터 1870년 사이에 교도소 인구는 19,000여 명에서 33,000여 명으로 증가하여 10년간에 72%의 증가율을 보였다. 이 증가는 부분적으로 전쟁으로 인한 구금인구의 증가로 설명되지만, 중요한 것은 재소자들의 상당수가 재범자들이었다는 사실이다. 이 시기의 프랑스와 미국에서의 구금인구의 재범률은 30% 이상으로 나타났다.[64]

5) 처벌로서 구금형의 정착

형벌로서 교도소에의 구금형은 19세기 후반을 통해서 더욱 정착되어 갔다. 이는 오늘날 교도소가 갖고 있는 형벌로서의 성격—즉 자유에 큰 가치를 두고 있는 사회에서는 자유를 속박하는 구금이 확실한 형벌수단이 된다는 것—을 정립해 가는 단계로 볼 수 있다. 과잉수용과 비효율성 문제에 직면해 있는 상황에서 범죄에 대한 해결책을 찾지 못하고 있는 오늘날 거의 모든 국가들에서도 여전히 같은 방법에 의존하고 있다. 18세기 교도소의 발

63) Ibid, p.24.

64) Ibid, p.26.

전이 갖는 가장 기본적인 공헌은 보편적인 형벌형태로 구금제도를 창조하였다는 점이다. 교도소의 발전 역사를 볼 때, 18세기 말의 혁신적인 변혁은 오늘날 우리 사회에서도 여전히 요구되고 있는 부분이다.

제5절 미국 교정의 역사 II(1800년대 중반~1980년대)

1800년대 중반에 이르러 교도소는 미국 대륙에서 확고한 제도로 정착되었다. 본 절에서는 1800년대 중반부터 현재까지 미국 교도소에 대한 정의(定義)와 존립철학의 변화를 고찰하고자 한다. 교도소가 어떤 존립철학을 가지고 운영되느냐는 교도소가 실질적으로 어떻게 운영될 수 있는가와 직결되는 문제이다.

예컨대, 교도소의 교육을 담당하는 직원으로서, 교도소의 운영이 재소자의 사회복귀를 목표로 하고 있다면 행정부서와 원활한 협조관계를 유지할 수 있을 것이다. 그러나 만약 교도소가 형벌을 집행하는 장소로서 정의되고 있다면, 이 경우는 재소자들을 교육시키기 위한 어떤 이론적 기반도 설 자리를 잃게 될 것이다. 교육이 제 기능을 발휘하고 있다면, 그때는 오직 교도소가 교화와 사회복귀에 그 목적을 맞추고 있을 경우뿐이다. 본 절에서는 미국의 교정의 역사에서 '구금형이 재소자의 사회복귀적 측면에서 과연 효과가 있는가'의 문제에 대한 진화과정을 기술한다. 사회복귀사상은 1971년 뉴욕주의 아티카(Attica) 교도소와 1980년 뉴멕시코주의 산타페(Santa Fe) 교도소에서의 폭동을 계기로 사실상 급격히 약화되었다.

1. 사회복귀의 기원

'보스턴 교도소규율협회'(Boston Prison Discipline Society)의 일원인 사무엘 그리들리 하우(Samuel Gridley Howe)가 1847년에 미국적 구금형에 대한 희망을 피력하였는데, 이는 이후부터 현재에 이르기까지 행형사상 개혁주의적 사고의 근간이 되는 내용이다.

"응보적 처벌주의는 급속히 소멸되어가고 있으며, 향후 범죄자에 대한 교정을 고려하지 않는 모든 형벌이 사라지기를 희망한다. 새로운 제도에서는 먼저 재소자의 형기단축의 효과가 나타날 것이다. 다양한 방법을 적용함으로써, 재소자의 행위와 특징에 따라 구금기간과 속박의 정도가 조정될 수 있게 된다. 지금 우리에게 필요한 것은 실천을 통해서 재소자의 도덕적 감응과 자기통제능력을 훈련시키는 방법을 찾는 것이다. 충분한 훈련을 통해서 많은 재소자들을 가석방으로 출소시킬 수 있다고 믿는다."[65]

그러나 하우(Howe)의 견해는 당시 실정을 감안해 볼 때 상당히 낙관주의적인 것이었다. 그의 주장은 미국 행형학자들에게 있어서 100여 년이 지난 이후에나 실질적인 고려의 대상이 될 수 있는 내용이었다. 당시 교도소의 최대 관심사는 사실상 경제적 수익성 창출에 있었던 것이다.

1) 수익성(收益性) 교도소

응보적 처벌체계가 실제로 소멸되고 있었다 하더라도, 그 자리가 즉각적으로 재소자의 복지나 인권에 대한 관심으로 대체되지는 않았다. 대신에 응보는 수익성에 대한 관심에 의해 대체되었다. 이미 지적된 것처럼, 오번제와 펜실베이니아제 간의 논쟁에서 오번제로 기울었던 가장 핵심적인 이유는 경제적인 효율성 때문이었다. 19세기 후반의 행형학은 수익성의 추구가 지배적인 관심사였다. 초기의 교도소장들의 주된 관심은 교도소를 자급자족화하고 교도산업을 육성하는 데 있었다. 1800년대의 가장 유능한 교도소장들의 대부분은 모두가 경제적으로 효율적이고 수익성 높은 교도소의 관리자들로서 명성을 가진 사람들이었다.

1825년 켄터키주의 프랭크포트(Frankfort)의 상인, 조엘 스코트(Joel Scott)는 5년간 재소자의 노동력을 사용하는 조건으로 연간 1,000달러를 주정부에 증여할 것을 제안하였다. 이 제안이 임대제도(Lease System)의 시초가 되었고, 이 제도가 1900년 이전까지 재소자관리의 중요한 방법이 되었다. 특히 남북전쟁 후 남부지역의 경우는, 폐허 속에서 사용 가능한 교도소들이 얼마 남지 않았고 새로 건립할 자원 또한 부족하였으므로, 이러한 노동임대제도는 19세기 후반 행형제도의 주요 근간이 되었다.[66]

수익성 교도소에서는 엄격한 규율이 강조되었는데, 절도 있는 행동이 초기 교도소장들의 슬로건이었다. 규율을 집행하는 수단으로는 냉수욕, 족쇄 및 태형 등이 사용되었고, 엄

---

65) McKelvey, Blake, *American Prisons: A History of Good Intentions*, Montclaire, New Jersey: Patterson Smith, 1977. p.42.

66) Werner, p.31.

한 징벌로는 독방이나 지하감옥(hole) 구금이 자주 집행되었다. 사실상 교도소장의 권한이 절대적이었으므로 모든 규율은 교도소장의 임의대로 집행되었다.

1867년에 이넉 와인스(Enoch Wines)와 시오도어 드와이트(Theodore Dwight)에 의해 미국 행형의 발전 상태에 대한 체계적인 연구가 시행되었다. 이들은 당시에 미국과 캐나다에 존재하는 거의 모든 교도소들을 조사하여 교도소와 소년원에 관한 획기적인 보고서를 발행하였다. 이 보고서[67]에서 그들은 "교도소의 궁극적인 목적을 범죄자의 교정에 두는 주립교도소는 존재하지 않는다"라고 결론지었다. 한편, 그들은 개혁을 위한 교도소 소장들의 노력을 인정하면서도 교도소는 수익성 추구가 여전히 최우선이었다고 주장하였다.

2) 초기의 교정교육

1880년대 이전까지는 교도소 내에서 실제적인 교육이 이루어졌다고 보기는 어렵다. 월넛가 교도소에서 재소자들에게 성경책이 제공되었고 교정사목의 방문이 간헐적으로 이루어지기는 하였지만, 그 목적은 재소자들로 하여금 자신들의 죄에 대하여 반성하도록 도움을 주는 정도일 뿐이었다. 이는 학교와 같은 조직에서 이루어지는 교육적인 기능이라기보다는 수도원의 명상적인 기능에 가까웠다. 루이스 드와이트(Louis Dwight)와 보스턴 교도소규율협회(Boston Prison Discipline Society)는 특정 교도소에 주일학교(Sabbath School)와 같은 프로그램을 운영하기로 하였으나, 그 노력은 간헐적이었고 체계적이지 못했다. 방문 주기나 횟수 등이 일정하지 않아 재소자들에게 지속적인 교육이 될 수 없었다. 1847년 뉴욕주에서 각 주립교도소에 2명의 교사를 임명하도록 하는 법안이 통과되었는데, 이것이 교도소 교육에 대하여 공식적으로 지원한 첫 사례가 되었다.

3) 교도소기구의 창설과 개혁운동

1865년 이넉 와인스는 미국 교도소들을 시찰한 후, 교도소 개혁을 위해서는 국제적 회의가 필요하다는 것을 인식하고 첫 단계로 미국 교도소학회의 설립을 추진하였다. 1870년에 신시내티(Cincinnati)에서 회의가 개최되었는데, 24개 주로부터 130명의 대표가 참가하였고 차후 '전국교도소협회'(National Prison Association)의 회장이자 제19대 대통령이 된 주지사 러더퍼드 헤이스(Rutherford B. Hayes)에 의해 개최되었다.

---

67) *Report on the Prison and Reformatories of the United States and Canada*, 1867.

'교도소 및 소년원의 규칙에 관한 전국회의'(The National Congresson Penitentiary and Reformatory Discipline)로 명명된 이 회의에서, 와인스는 구금의 목적을 재소자의 교정교화에 두어야 한다고 주장하였으나 성과를 거두지 못하였다. 대부분의 참석자들의 사고는 수익성 교도소의 틀에 얽매여 있어 와인스의 혁신적인 주장을 받아들이기에는 시기상조였다. 그럼에도 불구하고 이 회의에서 의미 있고 혁신적인 제안들이 선언으로 채택되었다. 부정기형, 분류심사, 교도소 규모, 교육, 훈련, 교도관, 사면, 건축구조 등에 관한 다양한 제안들은 오늘날에도 주목할 만한 내용들이다. 또한, '진정한 교도소제도의 이상'에 대한 제불런 브록웨이(Zebulon Brockway)의 연설[68] 또한 주목할 만한 것이었다. 아래는 이러한 내용들이 집약된 신시내티 선언의 주요 내용이다.

"신시내티 선언"(the Declaration of Principles)의 주요내용[69]

1) 수형자에 대한 처우의 목적은 고통부과가 아니라 개선(reformation)에 있다.
2) 아이리시제도(the Irish system)의 점수제를 근간으로 분류제도를 실시해야 한다.
3) 선행에 대해서는 보상이 주어져야 한다.
4) 수형자에게 그들의 운명은 그들 자신에 의해 결정된다는 것을 인식시켜야 한다.
5) 교도소개혁의 최대 장애요인은 관리자의 정치적인 임명과 관리의 불안정성에 있다.
6) 정기형은 부정기형으로 대체되어야 하며, 형량의 불평등은 제거되어야 한다. 또한 반복되는 단기형은 효과가 없다는 것을 인식해야 한다.
7) 교도관들은 업무수행을 위한 훈련을 받아야 한다.
8) 종교와 교육은 개선을 위한 가장 중요한 수단이다.
9) 교도소규칙은 수형자의 의지를 고취하고 자아존중감을 유지할 수 있도록 적용되어야 한다.
10) 교도소의 목적은 질서를 지키는 순종적인 재소자가 아닌 근면한 자유인을 만드는 것이다.

---

68) Brockway, Zebulon, "The Ideal For A True Prison System For A State", *Journal of Correctional Education*, Vol 46, Issue 2, June 1995, pp.68-74.

69) Wood, A. W., & Waite, J. B. *Crime and its Treatment : Social and Legal Aspects of Criminology*, New York: American Book Company. 1941, pp.532-533와 Silverman, Ira J., *Corrections: A Comprehensive View*, 2nd, Wadsworth/Thomas Learning, 2001, p.95에서 인용.

11) 직업훈련이 확실히 실시되어야 한다.
12) 노동도급계약제도는 폐지되어야 한다.
13) 교도소는 소규모여야 하며, 범죄유형에 따라 교도소를 구분해야 한다.
14) 법은 범죄조직의 하부층뿐만이 아니라 상부 조직에게도 적용되어야 한다.
15) 차후 무죄가 밝혀진 재소자는 배상받아야 한다.
16) 정신이상 범죄자에 대한 법은 수정되어야 한다.
17) 사면권한은 보다 분별력 있게 행해져야 한다.
18) 행형통계의 표준화를 위한 공식적 체계가 마련되어야 한다.
19) 환기, 일광, 병원, 학교기능 등을 고려한 건축구조를 개발해야 한다.
20) 각 주 안에서 교도행정은 중앙집권화해야 한다.
21) 재소자에 대한 사회적 훈련은 침묵강요를 폐지하고 적절한 모임을 통해서 활성화해야 한다.
22) 사회는 전체적인 관점에서 범죄환경에 대한 책임을 인식해야 한다.

2. 판결정책의 변화

신시내티 회의 결과, 교도소 관리상 몇 가지 변화가 예고되었다. 당시에는 범죄자가 일정한 형기를 판결받으면 정해진 교도소에서 정해진 형기를 마치는 것이 전통적 관례였다. 재소자가 어떤 방법을 통해서도 형기나 구금생활에 변화를 추구할 수 있는 여지나 장치가 존재하지 않았다. 비록 신시내티 회의에서 제안되었던 개혁적인 주장들은 다음 세기에 이를 때까지 거의 결실을 맺지 못하였지만, 개혁의 정신이 대두되고 있음은 확인되었다. 새로이 논의되었던 것 중의 하나는 '점수제'(Mark System)의 적용 가능성에 관한 것이었다.

1) 점수제와 누진처우제도

1840년에 알렉산더 마코노키(Alexander Maconochie)는 유형지였던 호주의 노퍽(Norfolk) 섬의 감독자로 임명되었다. 그의 구금에 대한 철학은 처벌보다는 교정에 그 중심을 두고 있었다. 그는 누군가 신체적인 아픔을 당했을 때에는 일반사람들은 그 개인에게 관심을 두지만, 누군가 도덕적으로 혼돈되어 범죄를 저질렀을 때에는 그들이 사회에 끼친 결과만

을 생각한다고 지적하였다.[70]

마코노키는 기본적으로 형벌의 목적은 교정이어야 한다고 믿고 있었으며, 또한 1800년대 중엽 및 후반기의 대부분의 교도소장들과 마찬가지로 노동이 교정단계에 필수적이라고 생각하였다. 그는 한 걸음 더 나아가 구금형은 '과거에 대한 특정한 형벌'과 '미래를 위한 특정한 훈련'을 함께 결합시켜야 한다고 주장하였다.[71] 이러한 미래를 위한 훈련의 일부로서, 형기 동안 재소자들에게 자신의 행동에 대한 일정한 책임을 부여하는 것이 중요하다고 여겼다. 이러한 논리적 틀에서 소위 '점수제'(Mark System)를 개발하였는데, 이는 재소자가 일정한 점수를 얻음으로써 조기석방이 가능해지는 것을 내용으로 하고 있었다.[72] 마코노키가 고안한 제도에서는 구금된 1년이라는 기간이 일정한 점수의 양으로 표현될 수 있었고, 점수는 작업과 특정한 행위로 취득되었으며, 이러한 점수는 출소일을 앞당기는 데 사용되거나 시설 내에서 물품구입과 같은 특권을 누리는 조건이 되었다. 마코노키는 '시간'(time)에 의한 구금이 아니라 '작업'(task)에 의한 구금을 가시화시킨 최초의 인물 가운데 한 사람이었는데, 이는 부정기형의 핵심이라 할 수 있다.

마코노키의 제도가 호주에서는 상당한 성공을 거두었으나 영국 본토에서는 그의 개혁이 너무 급진적인 것으로 인식되어 부임 4년 만에 본토로 소환되었다. 그는 또한 오늘날까지 행형계의 유산으로 남아 있는 소위 '누진처우제도'(progressive-grade treatment)를 주장하였다. 이는 일정한 기준에 의해 재소자를 석방시키는 과정을 보다 엄격한 구금단계로부터 보다 완화된 구금단계로 구분하여 이동시키는 것을 내용으로 하였다.

누진처우제도를 논하는 데 있어서 마코노키의 점수제와 함께 중요한 것은, 1856년에 아일랜드(Ireland)의 월터 크로프턴(Sir Walter Crofton)에 의해 창시된 '아일랜드제도'라고 칭해지는 일종의 누진제도이다. 이 제도의 특색은 누진제도의 최상급 단계에서 중간(中間)교도소를 두어, 수형자를 일정 기간 동안 반구금(半拘禁) 상태에 두는 데에 있었다. 아일랜드제도의 성공은 세계 행형계의 주목을 받았으며, 특히 미국에서는 마코노키의 점수제, 크로프턴의 아일랜드제도 및 부정기형 제도를 종합하여 19세기 행형사상의 결정인 엘마이라(Elmira)제도가 확립되었다.

---

70) Erickson, Torsten, *The Reformers: An Historical Survey of Pioneer Experiments in the Treatment of Criminals*, New York: Elsevier, 1976, p.88.

71) Mckelvey, p.36.

72) Hughes, Robert, *The Fatal Shore: The Epic of Australia's Founding*. New York: Vintage Books, 1986.

2) 보호관찰제도[73)]

1840년대와 1850년대에 보스턴에서는 가석방제도와 보호관찰제도에 대한 주장이 대두되고 있었다. 보스턴의 상인이며 자선사업가였던 존 오거스터스(John Augustus, 1785~1859)는 청원에 의해 판사들로부터 보스턴 교도소의 남녀재소자들에 대한 보석을 허락받아 자신의 책임하에 출소자들을 감독하게 되었는데, 이로써 그는 보호관찰의 선구자가 되었다. 이후 보호인원이 많아지자 일종의 보호소를 설립했는데, 이것은 보호관찰소 혹은 조기출소센터의 초기적 형태로 볼 수 있다. 1845년에 그는 정부공무원으로 임명되었고 그의 활동에 대해 정부의 지원을 받게 되었다. 그는 일생 동안에 개인적으로 남성 1,152명과 여성 794명에 대하여 보호관찰을 행한 것으로 알려지고 있다.

3) 부정기형

1800년대 후반 개혁주의자들에게 널리 보편화된 견해 중의 하나는 소위 부정기형의 핵심이 되는 '구금의 기간은 사법적 명령에 의해서가 아닌 구금 동안 재소자가 보인 개선 정도에 의해 결정되어야 한다'라는 것이었다. 1830년대 스페인 교도소의 소장인 마누엘 몬테시노스(Manuel Montesinos)는 개인성과를 근거로 한 형기제도를 실행하였다. 이는 조건부 석방제도(conditional release)라고 할 수 있는데, 재소자의 행위에 따라서 형기의 1/3까지 감형받을 수 있었다. 위에서 기술된 바와 같이, 마코노키 역시 호주에서 재소자들이 자신의 처신에 따라 구금기간이 결정될 수 있는 제도를 실행하였다. 그러나 결정적으로 이러한 요소들을 교도소 조직과 절차에 일관성 있는 프로그램으로 결합시킨 것은 제불런 브록웨이(Zebulon Brockway)의 공적이었다.

4) 브록웨이의 공헌

이넉 와인스(Enoch Wines)와 시어도어 드와이트(Theodore Dwight)는 1865년에 실시한 조사를 통하여, 미국 교도소의 모델로 '디트로이트 교정원'(The Detroit House of Correction)을 선언하였다. 이 시설의 설립자 겸 초대 소장은 제불런 브록웨이였다. 그는 뉴욕의 먼로 카운티 교도소(Monroe County Penitentiary)의 소장으로서 명성을 얻었으며 1861년에 디트로이트에 혁신적인 교정원을 설립하도록 임명되었다. 그는 특히 종교적으로 귀의하

---

73) 제4편 chapter_3 제3절에서 자세하게 기술됨.

는 경험을 얻어 디트로이트에서 그의 정열을 실현하고자 했다. 그는 교육은 물론 작업에 관련된 프로그램들을 개발하였는데, 초과생산에 대한 대가를 지불하였으며 출소자들을 위하여 취업을 알선하였다. 특히, 여성을 위한 부속교정원이 개설되었을 때에는 분류심사제도(classification system)를 시행하였다.

브록웨이는 형기의 결정권한이 교도소행정의 관할권 밖에 있는 한 실질적인 어떤 개혁도 성공할 수 없다고 주장하였다. 그는 일종의 부정기형법 제정을 위한 캠페인을 실시하여, 1869년에 미시간주에서 '3년법'(Three Year Law)을 통과시키는 데 기여하였다. '3년법'이란 최고 3년형을 판결받은 수형자에 한하여 교도소장에게 조기출소의 재량권이 허용되는 법이었다. 비록 완전한 재량권이 사법부로부터 행정부서로 이양된 것은 아니었지만 당시로서는 혁신적인 개혁조치였다. 그는 1871년 미시간주 의회에서 완전한 부정기형 법안을 통과시키기 위해 노력하였으나 부결되자 사임하였다. 이후 1876년 뉴욕주에 새로 설립된 엘마이라 감화원(Elmira Reformatory)의 초대 소장으로 취임하였다.

엘마이라 감화원은 신시내티에서 개최된 '미국교도소협회회의'(the American Prison Association Congress)에서 채택된 개혁안을 실제로 실천한 대표적인 모델이 되었다. 이 시기에는 뉴욕주에서 새로운 부정기형 법률이 이미 제정되었기 때문에 개혁을 위한 여건은 보다 성숙되어 있었으며, 브록웨이는 그러한 혁신적인 시도를 위한 이상적인 소장이었다. 엘마이라 감화원은 곧 브록웨이의 사상과 교도소의 새로운 개혁조치의 전시장이 되어, 오번 교도소와 서부 교도소의 경우와 같이 미국 지식인들의 방문코스가 되었다. 이 교도소는 28개의 교실을 갖춘 학과교육부서와 36개 업종을 다룰 수 있는 직업학교를 갖추고 있었다. 600석 규모의 강당에서는 매주 일요일 교양강좌가 개최되었는데, 이 강좌는 거의 브록웨이 자신이 담당하였다. 이 교도소에는 또한 군사훈련장과 대리석으로 된 냉온 목욕탕 및 안마실까지 갖춘 대규모 체육관까지 있었다.

5) 엘마이라 감화원의 교육적 개혁

도덕교육과 직업교육은 엘마이라 교도소 프로그램의 핵심이었다. 브록웨이는 지체학습자들을 위한 교육프로그램을 개발하였는데, 이는 교도소에서의 특수교육 프로그램 실시라는 점에서 의미 있는 공헌으로 받아들여졌다. 교양강좌 프로그램의 일환으로 그는 전국적으로 명성이 있는 강연자들을 초청하여 강습회를 실시하였다. 또한 그는 재소자신문을 발간하였고, 마코노키의 점수제를 사용하여 재소자들로 하여금 자신의 석방시기를 앞당

길 수 있는 조기출소제도를 실시하였다. 조기출소 프로그램에서는 재소자들이 스스로 예산을 세우는 방법 및 자신의 영양상태를 관리하는 능력 등에 대한 교육이 중점적으로 실시되었다.

학문적인 관점에서 재소자들에게 제공되는 교과과목은 매우 폭넓은 것이었다. 교육과정에는 기하학, 심리학, 자연과학, 자연과학사, 물리지리학 및 정치경제가 포함되었다. 이 교육프로그램은 오늘날에도 잘 고안된 것으로 평가되고 있는데, 다른 교도소의 교육프로그램이 동일한 수준에 이르는 데에는 이후 40년이 걸렸다. 교과과목의 이수를 고취시키기 위해 다양한 동기를 부여하였는데, 예를 들어 영문학과목의 이수를 가석방의 조건으로 정했을 때 등록자 수가 1주일에 50명에서 600명으로 급증하기도 하였다.[74] 이러한 프로그램들의 내용 및 시설수준은 오늘날의 상황에서 판단해 볼 때에도 이루기 어려운 것으로서 당시의 사정을 감안하면 실로 획기적인 개혁이라 할 수 있다.

브록웨이는 이후 '미국교도소협회'(American Prison Association)의 회장이 되었고 그의 개혁은 계속 추진되었다. 그러나 엘마이라 감화원의 프로그램들이 다음 세기의 이상적인 교도소교육을 시연한 것으로 평가될 만큼 혁신적인 것이었지만, 이에 대한 일반인들의 반응은 매우 부정적이고 냉소적이었다. 영국에서 교도소 개량운동을 추진하였던 '존하워드협회'(John Howard Association)에서도 엘마이라 감화원을 '궁전교도소'라고 칭할 정도였다. 오늘날에도 일부 미국 및 북유럽 국가의 교도소들에 대해서도 재소자들에게 지나치게 안락한 생활을 부여한다는 비판의 소리가 높지만, 당시의 상황은 보다 심각하였을 것이다. 정확한 통계는 아니었지만, 프로그램의 성공을 충분히 입증할 수치가 제시되었음에도 불구하고, 보다 엄격하고 가혹한 규율을 강요하는 일반인들의 압력은 계속 고조되었다.

3. 1930년대까지 미국의 교도소

1) 교도소제도의 다양성

미국의 교도소제도는 지역에 따라 매우 다양한 모습으로 발전되었다. 앞서 기술된 바와

74) Gehring, Thom, "Zeburon Brockway of Elmira: 19 Century CE Hero." *The Journal of Correctional Education*, 33(1) March, 1982.

같이, 동북부 지방과 동부 해안 지역의 초창기 교도소 건축은 펜실베이니아제와 오번제의 영향을 강하게 받았으나, 후자에 대한 모방이 더 보편적이었다. 그러나 북부, 중서부 그리고 캘리포니아주의 경우는 대부분의 교도소가 시대의 추세에 따라 대단위 공장이나 교도소 산업을 고려하여 설립되고 운영되었다. 서북부 지방과 로키산맥이 통과하는 주들의 교도소는 대개 군 통제하에 있던 준주(準州)교도소(territorial prison)에서 발전하였다.[75] 몬태나주의 디어로지(Deer Lodge), 워싱턴주의 월라월라(Walla Walla), 그리고 캐나다의 캘거리(Calgary)는 모두 초기 준주(準州)교도소 모델의 예이다.

남부지역의 경우는 기타 지역과 상황이 매우 달랐다. 남북전쟁 이전까지 대규모 농장은 사실상 노예들을 착취하는 민영교도소이었기 때문에, 실제로 필요한 것은 극소수의 도시 백인 범죄자를 수용할 소규모 구금시설 정도였다. 남북전쟁 이후에도 남부의 주들에서는 재정상의 어려움으로 재소자노동을 임대하는 계약제도를 유지하였다. 이 시기의 북부에서는 이러한 계약제도가 아직 존재하지 않았다. 이 차이는 북부에서는 이미 강력한 산업계와 노동조합이 출현하여 큰 영향력을 발휘하고 있었던 반면, 남부에서는 그런 여건이 조성되지 않았다는 데 있었다. 즉, 북부지역에서는 교도소 생산품과 차별화되는 고품질의 상품이 아직 일반화되지 않았던 당시 상황에서 값싼 노동력에 의해 생산되는 교도소상품은 일반노동자와 산업체에 상당한 위협이 되었던 것이다.

남부의 주들에서는 재소자들을 일반 도급업자에게 노동력으로 임대하는 것은 당연한 것이었다. 실제로 남부 내륙 지방의 대규모 교도소농장은 노예시대 대농장의 재현에 불과하였다. 남부에서는 1913년에 이르러서야 플로리다주의 레이포드(Raiford)에 첫 교도소가 설립되었다. 당시 교도소농장제도에 만연했던 폭력과 학대와 같은 유산은 이후 탄생하는 교도소에 악영향을 미쳤다. 남부에서의 실질적 교도소개혁이 이루어진 것은 제2차 세계대전 이후의 일이다.

미국은 오늘날까지도 이러한 역사적 유산에서 벗어나지 못하고 있다. 물론, 1900년대 초 이래로 행형은 놀랍게 발전하여 왔지만 현재 교도소시설의 건축년도만을 보더라도 아직 문제들이 산적해 있음을 알 수 있다. 1971년 기준 운영 중인 113개의 중경비(重警備)시설 중 6개소가 1900년 이전에 설립되었으며, 1988년 기준 운영 중인 교도소의 경우는 30%가 1920년 이전에 설립된 것으로 알려지고 있다. 이와 같이 노후된 교도소시설은 교도소개혁의 걸림돌이 되고 있다. 예를 들면, 1850년에 재소자노동 임대업자에 의해 운영되었

75) 몬태나, 와이오밍, 네바다, 유타, 콜로라도, 애리조나, 뉴멕시코 등의 8개 주가 포함되며, 식민지시대에 정식으로 주정부로 허가되기 이전에 존재했던 교도소를 칭하며, 차후 주립교도소로 변경되었다.

던 산 쿠엔틴(San Quentin) 교도소는 캘리포니아주에서 가장 오래된 교도소인데, 1800년대 말에 건축되었다. 이와 같이 낙후된 교도소에서 현대적 개혁을 한다는 것은 사실 거의 불가능하지만, 또한 이를 대체할 대규모 교도소를 신축한다는 것 역시 오늘날 미국의 어느 주정부에서도 재정상 쉽게 달성할 수 있는 일이 아니다.

2) 산업교도소와 관용(官用)제도

1900년대 초기는 미국 교정사에서 흔히 '산업시대'(industrial period)로 불린다. 이 기간 동안에는 산업화 과정 속에서 급속히 부상되고 있던 노동조합이 산업체의 기업가들과 긴밀한 유대관계를 형성하였는데, 이는 교도소산업의 확산을 반대하는 데 있어서 이해를 같이하였기 때문이었다. 이들은 교도소산업을 중단시켜 자유시장에서의 저렴한 교도소상품과의 경쟁을 피하고자 하였다. 또한 교도소 개혁가들 역시 교도소 임대계약제도의 남용에 반대하였기 때문에 각 주 의회에 압력을 가하는 데 협력하였다. 그 결과로 1888년에 뉴욕주에서는 모든 교도소산업의 중지를 명하는 '예츠법'(the Yats Law)을 통과시키기에 이르렀다. '예츠법'의 통과를 기점으로, 수익성 교도소산업은 점차 관용제도로 대체되기 시작했다. 교도소 내의 작업이 전면 중지된 것은 아니었는데 이는 노동이 적어도 교도소시설의 유지에 필요하고 도움이 된다는 인식 때문이었다.[76]

이러한 추세에 따라 교도소 내 노동에 대한 일반적 관념에 변화가 일어났다. 초기의 교도소 정착 시기에는 노동이 교정적 차원에서 개인에게 유익한 것으로 표방되었지만, 실제에 있어서는 교도소의 재정을 확보하는 수단으로 사용되었다. 교도작업이 수익사업으로 될 수 있었기 때문에 특히 남부지역에서 임대제도를 남용하는 현상이 나타났으며, 이는 제2차 세계대전 이후까지도 계속되었던 것이다. 이후 교도소산업의 중단과 함께 수익적 요소가 쇠퇴됨에 따라 교도소 개혁가들은 작업을 보다 교정적 차원, 즉 개인을 변화시키는 수단으로 활용하고자 하였다. 그러나 교도소산업이 관용소비만을 위해서 생산하는 관용제도로 바뀌었지만, 관용수요가 없는 곳에서는 극히 무의미한 '작업을 위한 작업'으로 변질되었다. 예컨대, 재소자들은 교도소 구내에서 벽돌을 한편에서 다른 편으로 옮기는 작업을 하루 종일 반복하거나 이미 청결한 바닥과 장비를 닦고 또 닦는 일이 벌어진 것이다.

수익성 교도소산업이 쇠퇴하면서 구체적으로 나타난 심각한 문제는 교도소 내에서 작업량이 급감하여 작업이 부과된 재소자의 수는 감소하고 일감이 없는 재소자의 수는 증가

---

76) Werner, p.39.

하는 현상이었다. 남북전쟁(1861~1865) 이후에 미국의 교도소인구가 급격하게 증가하는 현상을 보였다. 전쟁기간에는 사회의 하류계층 사람들이 주로 전쟁에 참여하였으나, 전쟁이 끝나 사회에 복귀함으로써 이들의 인구구성비율이 다시 증가하였고, 이에 따라 교도소인구 역시 증가하게 되었던 것이다. 또한 남북전쟁이 종전됨과 함께 남부에서 농업에 종사하던 흑인들이 북부의 도시산업지대로 대규모 이주하는 상황이 발생하였다. 이에 따라, 북부지방의 교도소에서도 흑인재소자 인구가 증가하여 재소자의 인종비율상 불균형현상이 나타났다. 당시의 교도소 관리들은 이전에 직면하지 못했던 두 가지 문제—즉, 소수인종의 증가와 나태한 재소자인구의 증가—에 부딪치게 되었다.

이후 제1차 세계대전의 종전시기에도 교도소인구가 또다시 급격히 증가하였는데, 이는 당시의 경제적 상황이 복귀한 퇴역군인들을 충분히 흡수할 정도로 활성화되어 있지 않았기 때문이었다. 결국 퇴역군인들이 주로 수용되었던 교도소는 이들을 나태하게 방치할 수밖에 없었다. 동시에 계약금지법(Anti-contract legislation) 또한 재소자의 작업률에 크게 영향을 미쳤는데, 1895년과 1923년 사이에 재소자의 작업률이 72%에서 52%로 20%의 감소현상을 보였다. 이러한 상황은 두 번의 교도소 대폭동 사건으로 이어졌는데, 첫 번째는 1918년과 1921년 사이에, 두 번째는 1929년에서 1930년 사이에 발생하였다.[77)]

4. 세계대전 중의 미국 교도소

1918년부터 1940년 기간 동안에 행형체계에 일련의 중요한 변화가 일어났다. 무엇보다도 제1차 세계대전 이후의 교도소인구의 증가가 행형체계의 변화에 큰 요인이 되었다. 이 시기에 '무엇이 인간으로 하여금 범죄를 범하게 만드는가'에 대한 관심과 연구가 고조되었고, 이와 함께 나름대로의 통계적인 근거에 입각하여 재소자들을 분류하는 체계가 등장하였다. 또한 부정기형과 가석방제도가 폭넓게 정착하게 되어 재소자의 형기와 입지에 큰 영향을 미쳤다. 또한 이 기간에 현대의 교정사상이 발전하였다.

1) 범죄원인연구와 재소자분류

미국 대륙과 유럽에서의 행형발전은 그 출발에 있어 상당한 차이점을 보였다. 초창기의 미국 교도소는 실질적인 경제적 측면과 교도소의 자급자족 등 운영적 측면에 초점을 맞추

77) Werner, p.41.

고 있었던 반면에, 유럽에서는 범죄행위에 대한 이론이 발전하였는데, 이는 먼저 범죄원인을 설명하고 다음으로 범죄행위를 변화시키고자 하는 의도에서였다.

범죄인을 유형화(類型化)하고자 했던 초창기의 시도는 제3편 chapter_1에서 기술된 바와 같이 범죄인의 골상학(骨相學) 연구를 기초로 한 롬브로소(Cesare Lombroso)의 이론에서 찾아볼 수 있다. 특정한 골상과 신체적 조건으로 범죄를 설명하려 했던 그의 이론은 1800년대 말부터 1900년대 초까지 널리 인정되었으며, 실증주의적 혹은 과학주의적 접근이라는 측면에서 큰 의미를 남겼다. 그러나 그의 이론은 차후 찰스 고링(Charles Goring) 등의 연구에 의해 반박되었다. 고링은 영국에서 재범자 3,000명과 대학생 1,000명의 골상을 비교하는 연구를 실시하였는데, 두 집단 간의 특별한 차이점을 발견하지 못하였던 것이다. 이후 신체적 조건에서 범죄원인을 찾으려는 추세나 사상적 기반은 사라졌으나, 오늘날에는 다시 과학기술의 발전의 영향으로 관심과 추세가 고조되는 경향이 있다.

1913년에 고링의 반박이 발표되기 이전에 이미 롬브로소 이론은 범죄원인에 대한 사회적인 요인이 고려됨으로써 수정되고 있었다. 롬브로소 자신도 그의 말년에 어떤 범죄는 우연 또는 순간적인 격정으로 일어날 수 있다고 인정하였다. 특히 미국의 행형학자들은 롬브로소의 이론을 신뢰하지 않았는데, 이들은 인간은 평등하게 창조되었다는 믿음에 모순되는 생물학적 범죄이론을 거부한 것이었다. 다수의 미국인 학자들은 범죄의 원인에 관한 다른 방향의 이론을 추구하고 있었다. 1920년에 '미국교도소협회'(the American Prison Association) 회장인 로버트 핸더슨(Robert Handerson)은 범죄원인에 있어서 사회환경적 요인을 강조하였다. 또한 당시에 설립된 '미국 형법 및 범죄학 연구소'(the American Institute of Criminal Law and Criminology)는 오늘날까지도 범죄행위에 관한 심리학적인 연구에 기여하고 있다.

범죄행위와 원인에 관한 이론은 결국 교도소에 입소한 범죄자들을 분류하고 유형별로 분리하는 것을 포함하였다. 교도소 개혁주의자인 토마스 모트 오즈번(Thomas Mott Osborne)이 교도소장으로 재직하던 시기의 싱싱 교도소는 범죄자 개인의 필요에 맞게 행형시설을 운영하였던 하나의 사례이다. 뉴욕주 오번시의 시장이었던 오즈번은 도날드 로리(Donald Laurie)의 저서 「나의 감옥생활」(*My Life in Prison*)을 읽고 감명을 받아, 1921년에 '뉴욕 주립교도소 개혁위원회'(New York State Prison Reform Commission)의 의장직을 수락했다. 그는 재소자의 생활을 스스로 체험하기 위해서 직접 오번 교도소에서 일주일 동안 구금되기도 하였는데, 그는 브록웨이 등과 함께 위대한 개혁주의자이자 교도소장으로 일컬어지고 있다. 1913년 교도소에 최초로 재소자복지기구인 '상호복지연맹'(Mutual Welfare League)을 조직하였으며, 재소자들의 자율적인 통제체계를 주창하였다. 이후 오즈번은 싱싱 교도소의 소장으로 임명되어 재소자 자율통제 프로그램을 실시하였으며, 최초로 실제적인 '분류심사제도'(classification system)를 정립한 것으로 알려져 있다. 또한 일정한 재소자들에 대해 새로운 부정기형을 적용할 것을 주장하였는데, 당시의 보수 세력으로부터 거센 반발을 받기도 했다.

2) 부정기형과 가석방

마코노키가 1840년에 호주의 노퍽섬에서 부정기형을 적용한 이후, 상당 기간 동안 그 유용성 여부는 지속적인 논쟁의 대상이 되어왔다. 미국에서도 이러한 제도가 매우 완만한 추세로 가시화되고 있었다. 미시간주에서 1869년에 브록웨이가 주창한 '3년법'이 통과된 이후 1900년까지 오직 4개 주—즉, 매사추세츠주, 뉴욕주, 인디애나주 그리고 일리노이주—에서만 완전한 부정기형이 실시되었다. 이처럼 완만한 속도로 발전했던 이유 중의 하나는 무엇보다도 당시 판사들의 완강한 거부 반응이었다. 사법부 측의 판사들 입장에서는 오랜 기간 동안 누려온 형기결정권한을 교도소장들에게 일시에 양도하는 것은 어려운 일이었다. 1915년에 이르러서야 26개 주에서 부정기형 법안을 채택하였다. 그러나 법안이 통과된 이후에도 상당한 기간 동안 실제로 적용된 경우는 매우 드물었다.

가석방제도는 앞서 기술된 바와 같이, 보스턴의 존 오거스터스에 의해 시도되었다. 가석방 제도는 부정기형의 경우보다는 빠른 속도로 정착하였다. 1866년에 매사추세츠주에서 최초의 가석방 담당교도관이 탄생하였고, 1910년까지 41개 주에서 선시법(善時法, good time law)과 가석방법이 통과되었다.[78)]

3) 교정사상의 부상

20세기 초반에 발생한 가장 중요한 행형에 있어서의 변화는, 무엇보다도 교도소의 기능에 대한 일반인의 인식이 변했다는 점이다. 교도소는 적어도 그 정착 초창기에는 그 목적이 사회복귀적 혹은 인도주의적 측면에 있지 않았다. 초기 대부분의 미국 교도소의 관심은 수익성에 있었기 때문에 인도주의적 이념은 자리 잡을 수가 없었다. 수익성 교도소의 운영방

78) Miller, Martin B., "At Hard Labor: Rediscovering the 19th Century Prison." in Tony Platt and Paul Takagi(eds), *Punishment and Penal Discipline*. Berkeley, CA: Crime and Social Justice Associates, 1980.

식을 상징하는 계약제도가 쇠퇴한 것도 실제에 있어서는 계약제도의 오용(誤用)에 따른 부작용의 결과라기보다는 19세기 말의 산업자본가들과 노동조합의 압력 때문이었다.

즉, 당시에는 재소자의 노동력을 도급업자에게 양도하여 수익을 얻는 운영방식 자체가 문제가 되지 않았으며, 그 과정에서 발생한 재소자들의 인권문제 혹은 관리들의 부패와 같은 부작용 역시 심각한 문제로 인식되지 않았다. 수익성 교도소가 쇠퇴한 결정적인 이유는 자본주의적 경제논리로 설명되는 것이 타당하다. 저임의 노동력에 의해 생산되는 교도소상품에 위협을 느낀 일반기업인들과 고용된 노동자들의 반발에 의하여 수익성 교도소가 사라지게 된 것이었다.

재소자의 작업에 있어서 '수익'이라는 동기가 사라지면서, 그 작업의 성격에 큰 변화가 나타났다. 작업 그 자체가 목적으로 여겨지게 되었으며, 설사 그것을 실시하여 아무것도 얻을 수 없더라도 의미 있는 것으로 여겨진 것이다. 이전의 재소자들은 교도소의 수익을 올리기 위해서 작업을 하였다면, 이후의 재소자들은 그저 작업을 위한 작업을 해야만 했다. 따라서 작업은 시간을 채우기 위한 '의미 없는 작업'으로 변질되었다. 오늘날 현대 교도소에서도 이러한 경향은 여전히 강하게 남아있다. 교도소 개혁가들이 실질적으로 교도소시설의 구체적인 방향에 대해 언급하기 시작한 것은 '반계약법'(the Anti-contract Law)이 통과되고 난 이후부터였다. 초기 인도주의적 교도소장이자 개혁가였던 브록웨이와 같은 사람들도 교도소 운영에 있어 재정적 능력을 입증해야만 했던 것이다. 교도소가 수익을 확보하고 있는 한, 주의회는 교도소가 어떻게 운영되든지 관심을 두지 않았다.

수익성 교도소가 법적으로 완전히 금지된 이후, 행형계는 선시제도, 가석방제도 그리고 부정기형법과 같은 혁신적인 조치들이 등장하는 소위 '진보주의 시대'(Progressive Era)에 접어들었다. 그러나 이러한 변화를 많은 행형사학자들이 생각한 것처럼 단순히 개혁주의자들의 압력의 결과로만 보는 데에는 무리가 있다. 다른 역사가들은 가석방제도나 선시법 등이 폭넓게 발전된 보다 중요한 이유는 교도소 내의 제조활동을 금지하기 위해 노동조합과 기업경영자들이 교도소산업에 제한을 가했기 때문에 그 결과로 나타난 것이라고 주장하였다.[79)]

한편 남북전쟁(1861~1865), 미서(美西)전쟁(1898), 그리고 제1차 세계대전(1914~1918)의 종전 결과 북부지역에서는 인구학적으로 커다란 변화가 발생했다. 종전과 함께 빈곤층이 대거 거리로 다시 나왔고, 대규모 산업화로 실직한 미숙련공과 저학력자들로 인하여 하류

---

79) Ibid.

계층이 급속히 증가하였다. 그 결과, 교도소인구 역시 급격히 증가하였으며 필연적으로 교도소 폭동으로 이어졌다.

대공황(The Depression, 1929)이 도래함에 따라, 미국에서는 다시 재소자 인구가 급속히 증가하는 현상이 나타났다. 이 결과 범죄행위의 원인에 관한 관심이 고조되었으며, 처음으로 사회적 측면에서 범죄의 원인을 고려하게 되었다. 뉴딜정책의 시행이 미국인들의 사고에 커다란 영향을 미쳤는데, 그 가운데 하나는 빈곤이 반드시 개인만의 잘못이 아니라는 사고이다. 대공황기에 많은 미국인들은 어느 날 그들이 갑자기 가난해진 것은 그들 개인적인 잘못의 결과가 아니라, 기업, 산업자본 및 국가정책과 같은 개인이 통제할 수 없는 대단위 영역의 움직임에 의한 것임을 인식하게 되었다. 이러한 추세 속에서, 범죄행위는 완전히 한 개인이 책임질 수는 없는 것이며, 범죄자 역시 사회복귀 내지 교정될 수 있다는 개념이 미국 사회에 정착하게 되었다. 이 개념이 이후 40년간 미국 사회를 지배하는 행형철학의 근간이 된다. 이후 용어에 있어서도 행형(行刑, penology)은 교정(矯正, correction)으로 바뀌게 된다.

5. 사회복귀의 시대

제2차 세계대전(1939~1945)의 발발은 행형철학의 실질적인 발전을 지연시켰다. 전쟁이 시작됨에 따라, 일반인들이 군대로 대거 동원됨으로써 교도소 인구는 다시 감소하였다. 미국 교도소의 성격은 다시 산업교도소로 변화되었고 그 목적은 전쟁물자를 생산하는 것이었다. 전쟁이 끝난 후 1946년에 전쟁물자와 관련된 모든 계약이 만료됨으로써 교도소산업은—오늘날 새로운 관점에서 시도되는 경향은 있으나— 사실상 미국 사회에서 자취를 감추었다.

범죄행위와 원인에 대한 사회학적인 연구는 도널드 클레머(Donald Clemmer, 1958)의 「교도소사회」(*The Prison Community*)라는 저서의 출판이 하나의 출발점이 되었다. 이 책에서 재소자가 교도소 생활에 적응해가는 과정을 의미하는 '교도소화'(Prisonization)란 용어가 처음으로 소개되었다. 이러한 연구들은 일반인들에게 구금이 재소자들에게 미치는 부정적인 영향을 인식시키는 데 기여하였다. 이에 따라 많은 사회학자들은 누범에 관한 기존의 연구들을 전면 재검토하였는데, 이는 교도소의 기능을 재평가하는 계기가 되었다. 기존 연구에 대한 재검토과정에서 발견된 것 중의 하나는 연구방법론상 오류가 많았다는 사실이었다. 예를 들어 브록웨이가 주장한 70%의 사회복귀 성공률과 같은 수치는 방법론상 오류에서 기인한 바가 크다는 것이다. 새로운 방법론에 의한 연구는 재소자의 재범률을 대개 60% 정도로 받아들이고 있다. 이러한 새로운 연구들에 의해서 교도소가 실제에 있어서는 그 기능을 제대로 발휘하지 못하고 있다는 것이 확인되었으며, 이로 인하여 재소자의 '교도소화' 과정을 개선시키기 위한 새롭고 혁신적인 시설을 건설하기 위한 운동이 고조되었다.

1) 처벌에서 교정으로의 전환

1950년대 초에는 또 다른 일련의 격렬한 교도소 폭동이 발생하였다. 그동안 교정 분야의 많은 부분에서 발전이 있었지만, 시설적 측면에서 보았을 때 대부분 교도소는 1880년대에 설립된 노후시설들이었다. 또한 제2차 대전의 종전과 함께 교도소인구는 또다시 증가하였다. 1951년에는 루이지애나주에서 가혹한 징벌과 혹독한 노동환경 때문에 50명의 재소자가 자신의 아킬레스건을 자르는 사고가 발생하였다. 가혹행위에 대한 소식은 다른 지역의 교도소에까지 전파되었고, 뒤이어 월라월라(Walla Walla) 교도소에서도 폭동이 일어났다. 1952년 4월에 뉴저지주의 트렌턴(Trenton) 교도소에서 또 다른 폭동이 발생하였고, 이에 동조하는 시위운동들이 타 지역으로 계속 전파되었다. 이어 미시간주의 잭슨(Jackson) 교도소에서도 폭동이 일어났으며, 이후 몇 년간 십여 차례의 심각한 폭동이 계속적으로 발생하였다.[80] 매켈비(Blake Mckelvey)는 당시의 사정을 다음과 같이 기술하였다.

"폭동으로 인하여 다시 재소자의 처우에 대한 관심이 고조되었다. 대부분의 폭동은 음식, 태형, 지하감옥(Hole), 거실 및 목욕시설에 대한 개선을 요구하는 것이었다. 비록 대부분의 교도소장들은 여전히 권위를 재확립하기 위해서 폭력적인 수단을 사용하긴 하였지만, 상당수의 소장들은 더 이상의 유혈사태를 방지하기 위해 시설을 개혁하는 길을 선택하였다."[81]

교도소제도에 관한 문제가 폭동으로 또다시 제기됨에 따라, 재소자와 그들의 사회복귀가 사회의 큰 관심사로 등장하였다. 1950년대 중반에는 교도소 명칭에 있어서도 'prison'

80) Werner, p.50.

81) Mckelvey, 1977, p.325.

이 'correctional institution'으로 바뀌었다. 또한, 1954년에는 '미국교도소협회'(American Prison Association: APA) 역시 그 명칭이 '미국교정협회'(American Correctional Association: ACA)로 바뀌었으며, 예상되는 소요를 예방하기 위한 '교정표준지침서'가 개정되어 발행되었다. 1970년대에는 모든 주에서 분류심사제도를 적용하게 되었고, 이에 따라 구금의 경비수준에 따라 상이한 시설이 설립되었다.

2) 교정교육협회(CEA)의 창설과 매코믹

오스틴 매코믹(Austin McCormick)은 오즈번(Thomas Mott Osborne)이 했던 것처럼 교도소제도의 진정한 실체를 파악하기 위해서 위조범을 가장하여 메인 주립교도소에 스스로 수용되었다. 몇 년 후, 1917년 오즈번은 포츠머스(Portsmouth)의 '미국 해군 교도소'(the U. S. Naval Prison)의 소장직을 맡게 되었는데, 이때에도 매코믹은 새로운 교도소를 파악하기 위해서 탈옥자를 가장하여 복역하기도 하였다. 그는 미국 교도소 실태에 관한 전국적인 조사를 실시했으며, 새로 창설된 '연방교정국'(Federal Bureau of Prison)의 부국장직을 맡기도 하였다. 1930년에는 '미국교도소협회'의 상임위원회 교육분과위원장에 임명되었다. 그는 교정교육의 중요성을 강조하고, 1931년에 「성인재소자교육」(*The Education of Adult Prisoners*)이라는 저서를 출판하였다. 1949년에는 '교정교육협회'(Correctional Education Association: CEA)가 설립되었고 교정교육 전문잡지 '교정교육학보'(The Journal of Correctional Education)를 발간하였다.

교정교육협회의 활동으로 미국의 교정시설에 각종 교육프로그램들이 증가하게 되었다. 1961년에는 프로그램을 갖춘 교육이 시작되었으며, 1965년에는 대학교육에 교정학 프로그램이 설치되었다. 1972년에는 의회가 교정교육에 초 · 중등교육법을 적용할 것을 결정하였다.[82)]

6. 교도소 폭동

괄목할 만한 긍정적 변화에도 불구하고, 많은 재소자들은 여전히 개혁의 혜택을 받지 못하고 있었다. 1967년에 존슨 대통령(1963~1969)의 자문기관이었던 '법집행 및 사법행

---

82) Gehring, Thom, "The Correctional Education Professional Identity Issue." The Journal of Correctional Education, 32(3), September, 1981

정에 관한 위원회'(Commission on Law Enforcement and the Administration of Justice)의 '교정특별전문조사단'(Correction Task Force)은 '교정에 관한 특별 조사보고서'(Task Force Report: Correction)를 작성하였다. 이 보고서는 미국 교정시설에 다수의 모범적인 프로그램들이 존재하지만, 실제에 있어서는 오직 소수의 교정시설에서만 몇 가지 프로그램을 실시하고 있을 뿐이라고 결론을 내렸다. 또한, 이 보고서는 대부분의 혁신적인 프로그램들이 구금 자체 내의 프로그램이 아니라 구금에 대한 대체방안 프로그램이었다는 것을 지적하였다.

1960년대에는 범죄율의 상승으로 다시 심각한 과밀수용의 문제가 야기되었는데, 많은 교정시설들의 경우에 정원의 130~150% 이상을 과잉수용하고 있었다. 이 시기에 재소자 권익의 보호 차원에서 상당한 발전적 조치가 있었다. 시민인권운동은 흑인에 편중되어 있는 교도소 내의 인종분포에 대한 관심을 고조시켰으며, 동시에 흑인인권운동가들이 구금됨으로써 교정시설 내에서도 강렬한 흑인의식운동이 시작되었다. 1964년에 연방대법원은 재소자들이 주립교도소 내의 문제를 연방법원에 제기할 수 있도록 하는 결정을 내렸다. 1960년대 전반에 걸쳐서 진행되었던 대학 내 정치적 운동의 분위기 또한 재소자 인권문제에 큰 영향을 미쳤다.

그 결과, 재소자의 특권을 교도소의 관용에 의해 허용되는 권리로 보던 시각으로부터, 교도소가 강제적으로 억압하고 있는 권리로 보는 시각으로 바뀌게 되었다. 이러한 변화는 이후 미국의 교정사에서 보편적인 시각으로 자리 잡게 되었다. 이후 연이어 발생한 교도소 폭동사건들은 미국 교정사에 지대한 영향을 미쳤다. 1971년 뉴욕주의 아티카 교도소 폭동과 1980년 뉴멕시코주의 산타페 교도소 폭동[83)]이 대표적인 사례이다. 이렇게 계속된 교도소 폭동은 백여 명의 재소자와 인질의 사망과 수백 명의 부상자를 남겼다. 이러한 사태가 남긴 중요한 결과 중의 하나는 교정이념이 사회복귀 위주로 강화된 것이 아니고 도리어 처벌 위주로 다시 회귀하여 보다 강경한 형벌정책으로 전환되었다는 사실이다. 이는 오늘날 미국을 위시한 주요 선진 국가교정의 일반적인 추세이기도 하다.

83) 30여 명의 재소자가 다른 재소자들에 의해 살해되고 3,600만 불의 손실을 초래하였다. Welch, pp.334-338.

아티카(Attica) 교도소 폭동

아티카 폭동은 1971년 9월 8일, 뉴욕 주의 아티카교도소에서 발생하였다. 폭동이 최종적으로 진압된 9월 13일까지 총 43명이 사망한 사건으로 미국 역사상 인디언 대학살 이래 가장 참혹한 학살극으로 알려져 있으며 인종주의, 폭압진압, 불의의 대명사로 불리고 있다. 15분간의 총격으로 재소자 29명과 인질 10명이 사살되고 80여 명이 부상을 입었던 것으로 보고되었다. 교도관과 재소자 사이의 오해로 인하여 교도관이 폭행당한 사건이 발생한 당일 밤, 두 명의 재소자가 불려가 징벌방에 감금되자 이를 보복하기 위해 다음 날 아침 해당 교도관을 다시 공격하였고 시설의 주요 장소를 점령하면서 폭력사태는 전면적으로 확산되었다. 그 과정에서 40여 명의 교도관들이 인질로 잡히고 공격당하고 기물이 파괴되었다.

이후 음식과 의료서비스의 개선과 종교의 자유의 확대 등이 포함된 28개 요구조항에 대해 협상이 진행되었으나, 폭동 중에 발생한 죄과에 대한 면죄부와 비제국주의 국가로의 전출에 대한 요구에 대해서는 거부되었다. 수정된 요구안이 재소자들에 의해 거부되면서 협상은 최종적으로 결렬되었다. 협상의 실패요인으로는 협상여건의 미비와 소통의 부족, 상호간의 불신, 왜곡된 풍문 등으로 보고되었다. 성격적으로는 장기적으로 계획된 혁명적 사건도 자본주의에 반하는 프롤레타리아 혁명도 아닌 자연스럽게 발생한 자발적 폭동이었다. 진압전략에 있어서도 소요를 통제할 계획도 소통능력도 전혀 갖추지 못한 교도관들에 의해 수행됨으로써 실패가 예측되는 시도였다.

아티카 교도소는 당시 대다수의 중(重)경비구금시설과 같이 2,000명 이상이 수용된 과밀상태였고 교육이나 교화프로그램이 거의 존재하지 않은 채 창고로서의 기능만을 수행하고 있었다. 수용자들은 대개 도시 빈민 출신의 소수인종이 주를 이루었는데, 흑인 54%, 백인 37%, 남미계통 8.7%의 분포를 보였다. 교도관과 재소자 사이에는 상호불신이 존재하였고, 대개 농촌 출신 백인 교도관은 보수층에 속하고 전통적으로 법과 질서를 옹호한 반면, 소수인종 출신인 재소자들은 흑인이슬람교(the Black Muslims)나 흑인민권단체(the Black Panthers) 등의 영향으로 과격한 사회적 및 종교적 이념을 갖고 있었다. 이러한 양극적 차이는 일부 과격한 혁명적 성향의 재소자에게 폭동의 책임을 전가시키고, 교정 관리들의 관리측면의 무능을 희석시키는 작용을 하기도 했다.

진압된 후 수많은 시체와 120여 명의 부상자들이 쓰러져 있는 가운데 수백 명의 재소자들은 나체로 벗겨진 채 폭행을 당했지만 의료서비스는 거의 4시간 동안 제공되지 않았다. 이후 뉴욕주 교정국장, 아티카 교도소장, 부소장 및 무력사용 명령자 4사람은 재판에 회부되었고, 7명의 재소자와 그 가족에게 170만 불의 배상금이 지급되었다. 이는 전쟁과 같은 대규모 폭동일지라도 교도관이 법 위에 군림할 수는 없다는 보여주는 판결이었다. 이는 직접적으로는 교도소관리의 부실과 부적절한 진압전략의 결과에서 비롯되었지만, 보다 거시적인 관점에서 정치적인 맥락으로 이해되어야 한다고 주장되고 있다. 60년대 후반의 시대적 상황은 월남전 확산에 따른 반전운동과 함께, 켄트대학 총격사건, 마틴 루터 킹 목사와 로버트 케네디 암살사건, 민주당 전당대회 폭동, 산 쿠엔틴(San Quentin) 교도소 인종 폭동사건 등이 연속적으로 발생하였고 반전, 인권, 여성, 폭력 등의 문제로 극도로 혼란의 시기였다.

7. 1980년대 교정의 흐름

80년대 이후의 교정은 60년대와 70년대에 있었던 다음 3가지의 주요한 사회적 변화로부터 큰 영향을 받는 것으로 볼 수 있다.[84)]

첫째, 60~70년대 20년 동안의 범죄율의 급격한 상승
둘째, 사회복귀정책의 실패에 따른 일반인들의 인식의 보수화
셋째, 연이은 교도소 폭동의 영향(Attica 및 New Mexico의 폭동 등)

범죄율의 급격한 상승과 이에 따른 안전에 대한 불안감으로 인하여 일반인들의 불만이 증가하여 입법활동에 큰 압력으로 작용하였다. 그 결과 판결정책은 보수화의 경향을 보였고 구금 위주의 행형이 주를 이루었다. 이 시기를 정점으로 특정 사건에 대한 가중처벌법을 적용하는 사례가 증가하였다. 예를 들면 '총기사용에 대해서는 구금형을 선고한다' 등으로 범죄자가 강도 행위를 할 때 권총을 사용하면 형이 추가되는 것이다. 이 결과 특정한 범죄를 범한 범죄인뿐만 아니라 일반 범죄인에 대한 구금 역시 강화되어 당시의 구금인구가 대폭적으로 증가되었다. 미국의 교정시설의 구금인구는 매주 평균 1,000명 이상이 증가하였다.[85)]

84) Werner, p.58.

85) Ibid.

전술한 바와 같이, 1974년 로버트 마틴슨(Robert Martinson)의 발표는 당시 교정이론의 방향을 공식적으로 전환시키는 변곡점이 되었다. 마틴슨은 구금기간 동안 행해지는 어떠한 프로그램도 재범률에 거의 영향을 미치지 않는다고 주장했다. 예를 들어, 교도소에서 재소자를 4년 동안 교육시킬 수도 있고 4년 동안 독방에 그냥 감금시킬 수도 있지만, 그 어느 것도 출소 후 재소자의 행위에 영향을 미칠 수 없다고 주장한 것이다. 물론 차후 그의 주장이 충분히 신뢰를 받은 것은 아니지만, 그의 주장은 당시 사회는 물론 현재에 이르기까지 상당한 영향을 미치고 있다.

한편, 아티카 및 뉴멕시코의 폭동 등이 상징하는 교도소 폭동사건은 또한 교정사상의 변화에 큰 영향을 주었다. 동시에 일련의 진보적인 법관들의 판결들과 당시의 사회적 분위기들 역시 범죄와 교도소 행정에 커다란 영향을 끼쳤다. 미란다(Miranda) 사례[86]에서 보여주는 것과 같은 대법원 결정과 급격한 범죄율의 상승 등이 상호작용하여 사법부가 범죄자들에게 지나치게 관대하다는 인식이 대두되었다. 동시에 1960년대 인권운동과 그 결과로 이어진 재소자 인권운동 등은 재소자의 권리향상에 촉진제로 작용하였다. 60년대 말에 이미 12개의 교도소는 법원명령에 의해서 수용인구를 조절해야 할 정도로 과잉수용 상태에 있었고, 제도화된 인종차별문제를 안고 있었다.[87]

결과적으로, 입장이 다른 계층과 집단 간의 모순된 주장으로 혼돈된 가치체계 속에서 미국의 교정행정은 정확한 이념과 방향을 잡지 못하고 표류하고 있었다. 이미 이 시기부터 교정계를 변화시킬 새로운 이념과 운영의 틀이 요구되고 있었다. 이는 미국의 과거와 현재의 현실이며 오늘날 우리의 현실이기도 하다.

범죄와 처벌에 대한 인식에서의 차이는 보수적인 입장과 진보적인 입장을 구분하여 이해하는 것이 하나의 방법이 될 수 있다. 물론 이념상의 차이가 모든 정책 및 집행을 결정

86) 미란다 판결(Miranda Rule)은 1966년 미국연방대법원에서 확립된 판례로서, 수사기관의 수사단계에서 위법하게 수집된 증거의 증거능력을 배제하는 법칙이다. 동 판결에서는 수사기관이 피의자에게 진술거부권 및 변호인의 조력을 받을 권리가 있음을 고지하지 않고 수사를 진행시킴으로써 그 이후 성립된 모든 증거에 대하여 증거능력을 부인한 사례이다. 이는 형사소송법상 적법절차(Due Process of Law)의 준수에 있어서 피의자 또는 피고인의 기본적 인권을 시원적으로 선언한 하나의 기념비적인 판례로 기록되고 있다.

87) 과잉구금으로 인한 교도소의 공간 부족으로 구금형을 받아야 할 범죄자들에게 비구금형을 내림으로써 구금인구를 조절해야 했다. 이는 구금 전 단계뿐만 아니라 구금 후의 경우에도 해당되는 것으로서 조기출소나 가석방에 의해 구금인구를 조절하고 있는 것이 현 미국의 교정 실정이기도 하다. 한편, 제도화된 인종차별(institutionalized racial discrimination)이란 예를 들어, 사회에서는 백인인구의 비율이 높은 데, 교정시설에서는 역으로 흑인인구비율이 높은 실상은 제도적 혹은 구조적으로 사법체계가 불평등한 증거로 보고 인권주의자들이 제기한 주장이다.

하는 것은 아니지만, 적어도 불가피하게 연관될 수밖에 없는 정치적 그리고 사회적 측면에 대한 토론의 기준이 되는 것이다.[88] 이와 관련, 제임스 윌슨(James Q. Wilson)의 「범죄에 대한 사고」(*Thinking About Crime*)는 보수적인 관점에서, 엘리엇 커리(Elliott Currie)의 「범죄에의 대항」(*Confronting Crime*)은 진보적인 관점에서 쓰인 대표적인 저서이다.

8. 요약 및 결어

본 장에서는 교도소의 생성과 성장에 대하여 역사적으로 기술하였다. 군주국가에서는, 범죄행위가 원죄의 소산으로, 그리고 군주의 막강한 권위에 대한 도전으로 받아들여졌다. 범죄에 대한 처벌은 주로 태형과 공개처형이었다. 공개적인 집행을 통해 일반 군중들에게 경각심을 심고자 하였던 것이다.

17세기 후반에는 국가권력의 확대와 새로운 민주주의이념의 등장으로 범죄행위에 대한 대응에도 새로운 방식이 요구되었다. 공개처형방식은 그 집행장소가 범죄의 온상으로 변할 정도로 더 이상 존재효과를 잃게 되었다. 한편, 범죄에 대한 새로운 시각들이 대두되었는데, 범죄는 인간이 피할 수 없는 원죄에서 비롯된다는 신학적 결정론으로부터 불완전한 사회의 환경적 소산이라는 사회학적 결정론적 시각이 등장하였다. 그리하여, 범죄자나 범죄행위가 처리방법에 따라서 변화될 수 있는 것으로 인식되었다.

이러한 과정에서 교도소제도가 태동하였는데, 미국 대륙에서 독립전쟁 직후 대규모로 실행에 옮겨졌다. 이 당시에는 격리와 노동이 곧바로 교도소제도의 핵심적 요소로 인식되었으며, 미국의 획기적인 경험은 급속히 서유럽으로 전파되었다.

미국 내 교도소의 발전은 두 제도—뉴욕주의 오번제와 펜실베이니아제—를 중심으로 전개되었다. 두 제도는 모두 격리, 복종 그리고 노동을 강조했으나, 펜실베이니아제가 독방 안에서만 수용자의 노동을 허용한 반면에 오번제는 집단노동을 허락했다는 점에서 차이가 있다. 두 제도 간의 논쟁이 계속되었으나 결국은 경제적인 비용 때문에 오번제 쪽으로 기울었다. 19세기 후반에는 교도소의 산업화가 이루어졌고 노동에 대한 계약과 임대가 이루어졌다. 이 시기는 교도소제도의 성장의 시기였고, 미국인의 생활 속에 교도소가 의미 있는 기관으로 자리 잡는 시기였다.

미국 교도소의 발전사의 특징은 미국 대륙의 지방분권적 특성이 반영된 듯 각 지역 간

88) 보수와 진보와 관련, 제1편 chapter_2 제2절을 참조.

의 발전성격이 다양하다는 점이다. 북부와 동부지방의 교도소는 펜실베이니아제와 오번제의 초기모델을 따르는 경향이었고, 중서부지방의 교도소는 대규모의 요새나 산업교도소모델이 주를 이루었다. 서부지역의 교도소는 준주(準州)교도소에 뿌리를 두고 있고, 남부지방의 교도소는 대체로 대규모 농장모델을 따르는 경향이 있었다.

미국 교도소의 발전과정에서 공통된 부분은 시설 자체의 자급자족을 추구했다는 점이다. 대부분의 교도소들은 수익성에 목표를 두었고, 초기 교도소장이나 관리자들에 대한 평가는 기본적으로 재정확보능력 여부에 의존하였다. 다수의 교도소장들의 개혁을 위한 노력에도 불구하고 역시 수익추구 동기는 개혁추진의 걸림돌이었으며, 결국 1900년대 이전까지의 개혁적 조치는 교도소 운영에서 주변적인 영역에 지나지 않았다. 교도작업에 관련된 수익산업의 쇠퇴와 함께, 기업가들과 강력한 노동조합에 의해 계약제도가 폐지됨에 따라 교도소가 존재해야 할 새로운 당위성이 요구되었다. 교도소에서는 재소자의 작업 그 자체에 큰 의미를 두고자 했으나, 수익적 동기가 사라진 작업은 불가피하게 '의미 없는 작업'으로 변질될 수밖에 없었다. 한편으로 이는 긍정적인 측면에서 재소자들에게 주어진 무료한 시간을 활용해야 할 방안을 강구해야 하는 계기가 되었다.

교도소의 수익기능이 사라지고 교도소 인구의 증가로 개혁에 대한 압력이 증가하면서, 행형학자들은 범죄행위와 원인에 대한 새로운 시각을 갖게 되었다. 전쟁 및 대공황과 같은 당시의 사회적 상황은 재소자의 범죄행위가 전적으로 개인의 책임은 될 수 없는 것이며, 그 책임은 사회구조적 요인에서도 발견될 수 있다는 사고가 전파되었다. 이와 함께 재소자는 교정될 수 있고 사회복귀될 수 있다는 인식이 나타났다. 행형사상의 이러한 변화와 함께, 교정프로그램에 관련된 여러 영역에서도 변화가 있었다. 브록웨이의 엘마이라 교도소가 성공적으로 운영됨에 따라 교육이 교정과정에서 점차로 중심적인 역할을 담당하게 되었으며 급기야는 '교정교육협회'가 설립되기에 이르렀다.

그러나 미국 교도소는 개혁의 추진과정 속에서 미국 교정사에 커다란 전환점이 된 교도소폭동을 경험하게 된다. 가장 격렬했던 폭동들은 1971년의 아티카 교도소폭동에서 1980년의 뉴멕시코 교도소폭동까지 9년 동안에 발생하였다. 이 시기 미국교정의 역사는 교정관리자들이 과거 역사로부터 교도소 폭력에 어떻게 대처할 것인가를 배울 것이 아니라, 어떻게 예측할 것인가를 배워야 한다는 것을 시사하고 있다.

제6절 구금형의 탄생과 정착배경

미셸 푸코(Michelle Foucault)의 저서, 「감시와 처벌」의 첫 부분에 두 가지의 다른 형벌집행 방식이 구체적으로 묘사되고 기술되고 있다. 1757년 3월 2일에 시행된 당시 국왕에 대한 시역죄(弑逆罪)에 대해 잔혹하게 공개처형하는 장면과 분 단위로 조밀하게 짜인 1830년경으로 추정되는 파리 소년감화원의 하루 일과표를 제시하고 있다.[89] 이는 징벌체계가 새롭게 재편성되던 18세기 전후 약 1세기 동안에 진행되었던 신체형의 사멸과 자유형의 탄생을 보여주는 것이라 하겠다.

형벌 제도의 변동과정에서 다양한 논쟁 과정이 있었다. 미국의 초창기 교도소 제도로 일컬어지는 소위 펜실베이니아제도와 오번제도 간의 우월성 논쟁을 그 예로 들 수 있는데, 오늘날 관점에서 볼 때 결코 비중 있는 문제는 아니다. 중요한 점은 두 제도가 출현한 시기를 전후하여 범죄자를 대처하는 방식에 있어서 변화가 급속도로 진행되었고, 새로운 방식이 단기간에 정착되었다는 사실이다. 푸코가 지적한 바와 같이, 1세기도 안 되는 동안에 형벌에 관련된 총체적 경제체계가 재분배되었으며 구금형이 세계적으로 보편적인 행형제도로 정착되었다.[90] 실제로 신체형은 1830년과 1848년 사이에 거의 소멸하였다. 물론 국가 간에 차이는 있지만 19세기 초에는 거대한 스펙터클로서의 신체형은 자취를 감춘 것이다.[91]

18세기 말, 유럽 대륙에는 처벌의 권력이 재편되는 과정에서 3가지 방향이 혼재해있었다.[92]

첫째는 군주의 권력이 법 위에 군림하는 기존의 방식대로 유지하는 방향이었다. 형벌의 집행은 신체에 가혹한 고통을 부과하여 강력한 공포를 유발하는 자의적이고 불규칙한 의

---

89) 미셸 푸코 저, 오생근 역, 「감시와 처벌」, 나남, 2019, pp.23-27.

90) David R. Werner, *Correctional Education: Theory and Practice*, Interstate Publisher, 1990, p.19. "형벌에 관련된 총체적 경제체계가 재분배되었으며"는 예컨대, 개인의 신체에 고통을 가함을 보여주기 위해서 수많은 군중을 모아서 거대한 스펙타클을 연출히는 비경제적 소모적 의식이 점차 사멸하고, 신체에 대한 가학적 행위가 없이도 파놉티콘과 같은 가시성을 통한 효율적인 감시와 처벌이 가능한 구금형체계로 전환되었다는 의미로, 또한 직접적인 신체적 고통부과가 없이도 개인의 시간과 공간의 속박을 형벌로 함과 동시에 노동과 생산성을 확보할 수 있는 구금형체계로 전환되었다는 의미로 이해될 수 있다.

91) 미셸 푸코 저, 오생근 역, p.40.

92) Ibid, pp.208-209.

식(儀式)으로 거행되었다.

둘째는 범죄의 억제와 형벌의 효용을 중시한 한 체계로 방향의 전환이었다. 외형적으로 신체에 고통을 부과하고 낙인을 찍는 것이 아니라, 표상의 총체적 기호체계를 이용하고자 했다. 즉, 범죄와 처벌, 범죄의 이익과 징벌의 불이익과 같은 대칭되는 관념의 결합(association of ideas)[93]을 통해서 가학적인 고문이나 형벌이 없이도 범죄억제의 효과를 얻고자 한 것이다.

셋째는 형벌의 대상이 인간의 신체가 아닌 인간의 정신으로 이동하면서 인간의 정신을 교정하는 방향으로의 전환이었다. 시간과 장소를 정교하게 속박하는 작업을 통해 범죄자를 격리하는 감옥체계를 계획하고, 격리된 개인에게 강제된 기술을 적용하고자 했다. 즉, 개인의 행동에 습관화라는 형태를 학습시키는 것으로 기호의 내면화가 아닌 신체를 훈련하는 전략을 실행함으로써 특수한 형벌관리권을 확립하고자 한 것이다.

3가지의 가능했던 방향 중에서 셋째인 교도소 제도가 주도적인 형벌 제도로 정착되었다. 감옥제도가 징벌의 기호화와 이를 유포시키는 축제 분위기의 유희를 대체한 것이다. 물론 구금형이 1세기에도 못 미치는 기간에 주된 형벌 제도로 정착하는 과정에서 장애가 되는 요인들이 존재하였다.

첫째는, 무엇보다도 형벌로서 구금형에 대한 착상은 시초부터 개혁자들의 명백한 비판의 대상이었다. 구금형이 가벼운 형벌과 사형 사이의 중간 정도의 모든 처벌을 포괄할 수 있으리라는 것은 당시 개혁자들의 사고 밖의 일이었던 것으로 보인다.[94] 우선, 개혁가들은 인간의 자유를 박탈하고 감시하는 것 자체가 전제권력의 행사라는 인식을 강하게 갖고 있었다. 그 당시 일반인의 감옥에 대한 인식 역시 군주 권력이 전횡되는 장소로 결부되어 있었다. 초사법적인 투옥이 횡행했고 합법적인 재판보다는 국왕의 명령, 국왕의 봉인장, 치안관의 명령 등이 위력을 발휘하던 시기였다. 따라서 전제정치의 특권적 형태이자 권력남용의 도구로 활용되었던 감옥은 당시 개혁가들은 물론 일반인들이 배척했던 대상이었다. 전제정치를 시행하기 위한 비밀의 장소로서 감옥이 인식되어 있던 것이다.[95]

둘째는 구금형의 효율성 측면에서 비판적 의견이 개혁가들 사이에서 지배적이었다. "구금형은 범죄의 개별적 특성에 대응할 수 없으며, 비용적 측면에서 비경제적이다. 수형자

---

93) 체사레 베카리아 저, 한인섭 역, 「범죄와 형벌」, 박영사, 2011, p.81.

94) 미셸 푸코 저, 오생근 역, p.185.

95) Ibid, pp.190-191.

의 나태와 악덕이 증가할 것이며, 형 집행상 통제가 어렵고, 간수의 전횡 가능성 또한 높다. 일반 대중에게도 효과가 없고 무익하며 유해하기까지 하다."[96] 이는 오늘날까지도 끊임없이 제기되는 구금형에 대한 비판적 주장과 거의 다름없는 내용이다.

셋째는 구금형이 범죄의 개별적 특성에 대응할 수 없다는 본질적 속성을 비판하는 견해가 강력하게 제시되었다. 범죄의 성격과 처벌의 성격 사이의 직접적인 대응 관계가 필요하다고 주장한 것이다. 예컨대, 절도에는 몰수형을, 명예훼손에는 공개 사과형을, 살인에는 사형을, 방화에는 화형을 부과해야 한다고 했다. 즉, 범행이 잔인한 자에게는 신체형, 나태한 자에게는 중노동, 비열한 자에게는 명예형에 처함으로써, 죄와 벌 사이에 상징적 대응 관계가 이루어지게 되고 이를 통해 형벌의 효과가 발휘된다고 했다.[97] 모든 범죄에 획일적으로 구금형을 부과한다는 것은 조국을 배반한 사람과 부모를 살해한 사람에게 똑같이 구금형을 부과한다는 것으로, 이는 곧 의사가 모든 환자에게 똑같은 처방을 하는 것과 같다고 비판한 것이다.[98]

이러한 비판적 입장은 프랑스 외에 이탈리아와 오스트리아 등의 다른 나라들에서도 똑같이 발견된다. "형벌은 입법자의 독단적 자의에 의해서가 아니고, 사건의 성격에 따라 규정되고 집행되어야 한다. 형벌이 범죄의 개별적 성격에 따라 집행된다는 것은 곧, 시민적 자유의 승리이다."라는 식의 주장이 제기되었다.[99]

당시 구금형은 형벌체계에서 주변적이고 한정된 지위에 머물러 있었다. 일정한 형태의 징역형이 지방 단위에서 관례나 관습법 형태로 존재하였을 뿐이고, 범죄자의 신병을 확보하는 수단 정도의 기능만을 담당할 뿐이었다. 당시 시민법에서는 구금형을 형벌로 간주하지 않았으며, 인격과 신체를 담보로 잡는 것이고, 신병을 확보하는 것이지 처벌하는 것은 아니라고 본 것이다. 실제로 구금은 대용수단으로서 종종 형벌의 역할을 했을 뿐이다. 즉, 구금형은 대상자가 갤리선 노예로서 적합지 않을 때 —여성, 병약한 아이들 등— 갤리선 노동의 대체 형벌로써 사용되었다. 따라서 구금형이 형벌로서 기능하기 위해서는 법적 지위가 바뀌어야만 했다.[100]

---

96) Ibid, pp.184-185.

97) Ibid, p.171.

98) Ibid, p.188.

99) Ibid, pp.188-189.

100) Ibid, p.190.

이와 같은 구금형에 대한 강력한 비판이 존재했고, 다양한 처벌 방식들이 제시되었지만, 결국은 단기간 내에 획일적인 구금형으로 형벌체제가 정착하였다.[101] 다음은 어떻게 1세기도 못 되는 기간 내에 구금형이 보편적 형벌 제도로 정착할 수 있었는가에 대한 역사적 관점에서의 다양한 논의이다. 기존의 학설과 주장을 종합하여 볼 때, 역사적 · 이론적 배경은 다음 몇 가지로 구분해 볼 수 있다.[102]

1. 사회적 동요와 형벌집행의 비공개화

사회적 동요에 따라 국가 사법권 행사의 비공개화가 요구되었고, 이러한 시대적 상황에서 교도소 제도가 탄생했다는 것이다.[103] 형벌을 공개적으로 집행함에 따라 발생한 사회적 동요에 대한 방지책으로서, 형벌장소가 공개적 장소에서 교도소와 같은 비공개적 장소로 이전되었다는 것이다. 그렇다면, 어떻게 형벌의 공개적인 집행방식이 비공개적인 방식으로 변한 것일까?

푸코의 저서에서 묘사된 것처럼, 당시의 공개처형은 일종의 의식(儀式)으로서 수많은 군중을 모아놓고 범죄인을 채찍질하고 사지를 절단하며 장기를 불에 태우는 등과 같은 잔혹한 스펙터클을 연출하여 왕권의 권위를 세우고 범법행위를 억제하는 기능을 담당하였다.[104] 그러나 18세기 영국이나 프랑스 같은 국가에서는 일반인들의 국가권력에 대한 불신이 비등해지고 사회통제의 어려움이 심화하는 과정에서, 범죄인을 처형하는 공개적인 장

---

101) 프랑스의 경우, 1810년 나폴레옹 제정기의 형법전은 다양한 감금형태의 형벌과 행정 지역에 따라 설립된 구금시설을 보여준다. 강제노동형, 도형장 옥외감옥, 구류, 징역과 같은 다양한 형태의 구금이 등장했고, 경찰서 유치실, 각 군의 유치장, 교도소 중앙감옥, 선박감옥 등과 같은 구금시설이 설치되어 국가기구의 총체적 조직과 합치된 복합적이며 등급화된 거대 조직으로 등장했다. 또한, 같은 시기의 이탈리아 토스카나 공국의 신형법전과 요셉 2세가 제정한 오스트리아 신형법에는 예컨대, 군주 음모, 화폐위조 등 30년 징역, 계획적 살인강도는 15~30년 징역, 단순 절도는 1개월 이상 5년 이내 징역과 같이 획일화된다.(푸코 저, 오생근 역, pp.185-188)

102) Norval Morris and David J. Rothman, *The Oxford History of the Prison*, Oxford University Press, 1998.; David R. Werner, *Correctional Education*, Interstate Publisher, 1990.; Michel Foucault, *Discipline & Punish, The Birth of the Prison*, translated by Alan Sheridan, Vintage Books, 1977. 및 오생근 역 번역본을 주로 참조했음.

103) Werner, pp.20-21.

104) 미셸 푸코 저, 오생근 역, pp.23-27.

소가 바로 범죄가 발생하는 현장으로 돌변하는 현상이 나타났다.[105)]

처벌의식에서 추악한 장면이 잔혹하게 연출되면서, 일반인들은 처벌의식의 야만성이 범죄행위의 야만성을 능가한다는 점에서, 사형 집행인과 재판관이 범죄자와 닮은 모습을 보인다는 점에서 형벌 집행방식의 정당성에 대해 비판적 시각을 갖게 되었다.[106)] 왕권의 권위를 강화하고 왕권을 향한 두려움을 높이기를 기대했던 공개처형의 장소가 절도, 소매치기 그리고 강도 등과 같은 범죄의 다발 장소로 변하였고, 도리어 범죄자에 대한 군중들의 동정심을 유발하는 장소로 변한 것이다. 더 나아가 실제로 처형 장소에서 군중들이 범죄자를 구출하는 사태가 빈번히 발생하기에 이르렀다.[107)]

아메리카 대륙에서도 공개적 처벌의 관행에 따라 삭발한 범죄자들을 거리의 공공사업에 강제로 참여하게 하였는데, 이러한 공개적 행위는 일반 대중에 대한 범죄억제의 효과를 낳기보다는 범죄자에 대한 동정심과 국가권력에 대한 저항심만을 키운 것이다. 이러한 상황 속에서, 국가의 형벌 집행행위가 일반인의 시야로부터 차단될 수 있는 비밀스러운 장소가 탄생한 것이라고 본다.[108)]

2. 효과적인 형벌 제도로의 전환

기존의 형벌 제도의 효과에 대한 의구심으로부터 효과적인 형벌 제도가 새롭게 요구되었다는 것이다. 즉 과연 기존의 신체형과 같은 가혹한 형벌이 범죄를 억제하는 효과가 있는가에 대한 의문이 제기된 것이다.

체사레 베카리아(Cesare Beccaria)와 같은 공리주의 학자는 형벌의 목적은 범죄자에게 고통을 가하는 데 있는 것이 아니라 사회를 보호하고 범죄를 예방하는 데 있다고 주장하고, 형벌을 가혹하게 부과하는 것을 반대하였다. 그는 형 집행인이 양심의 가책도 없이 관습

---

105) Werner, p.21.

106) 사형집행인의 합법적 폭력이 불명예스런 행위로 바뀌었다. 처벌받는 것도 수치스럽지만, 처벌하는 것도 명예롭지 못한 일로 변한 것이다. 재판관의 입장도 변화하는 모습을 보였다. 형벌부과의 주안점이 처벌에서 감화, 교화, 그리고 치료로 선회한 것이다. 죄인의 속죄와 교화기술을 형벌의 기능에 포함시켜 잔인한 형벌을 가한다는 혐오스런 직무로 보터 해방되고자 했다. 이에 따라 의료인과 심리학자를 위시한 관련 전문 직업군의 개입이 확대되었다. 미셸 푸코 저, 오생근 역, pp.31-32.

107) Werner, pp.20-21.

108) Ibid, p.21.

적으로 살상행위를 자행하는 행태에 대해 비판하였다. 범죄억제의 효과는 집행 장소에서의 순간적인 충격적인 경험에서 나오는 것이 아니라, 범행이 곧 처벌로 필연적으로 이어진다는 확신이 억제 효과로 나타난다고 주장하였다.[109)]

가혹한 처벌은 그것을 회피하기 위해 또 다른 범죄를 범하게 하는 경향이 있다고 하고, 가혹한 형벌보다는 상대적으로 약할지라도 범죄의 심각성에 비례해야 하며 확실성과 공정성이 담보되어야 한다고 주장한 것이다. 또한, 범죄가 발생한 후에는 처벌을 신속하게 집행함으로써 범죄와 형벌이라는 두 관념 사이의 연상이 자연스럽게 연계되어 범죄가 원인이고 형벌은 필연적인 결과라는 지각이 형성될 것이라고 했다.[110)] 즉 기존의 형벌체계는 집행만이 공개적이었지 재판까지의 일련의 과정은 공개적이지도 공정하지도 신속하지도 않았으며 과도했을 뿐만 아니라 확실성도 담보하지 않았기 때문에 형벌효과를 기대할 수 없다고 비판했다 하겠다. 이러한 견해는 형벌의 잔혹성과 그 효과성에 대한 비판으로부터 구금제도가 탄생한 것으로 본 것이다.

3. 신분제의 소멸과 새로운 통제 수단의 탄생

민주주의 사상이 급격히 확산하는 시대적 상황에 따라 새로운 형태의 사회통제방식과 형벌 제도가 요구되었다는 것이다. 전제왕권의 퇴장, 시민혁명의 확산 등 사회적 대변동의 결과, 신분제도가 소멸함에 따라 자유의 속박이라는 제재방식이 새로운 형벌로서 기능을 발휘할 수 있게 된 것이다. 신분제도가 존속했던 시기의 형벌은 범죄인의 신체에 고통을 가하는 신체형이 주를 이루었다. 형벌집행의 주 대상이었던 하층계급은 제도적으로 자유를 소유하지 못한 사람들이었기 때문에 자유의 속박은 근본적으로 형벌로서 의미를 지닐 수 없었다. 따라서 신분제의 소멸은 신체형에서 자유를 속박하는 자유형으로 전환되는 역사적 분기점을 만든 것이다.

또한, 신분제도의 소멸로 인하여 기득권층이 구조적으로 누려왔던 특권을 잃게 됨에 따라 사회 통제의 새로운 수단을 찾는 차원에서 교도소 제도가 발전하였다는 것이다.[111)] 즉 그 이전의 사회에서는 엄격한 사회계급구조에 의해 신분과 사유재산권이 보장되어 기득

---

109) 체사레 베카리아 저, 한인섭 역, pp.48-49, 80-83.: 미셸 푸코 저, 오생근 역, pp.31-32.

110) 체사레 베카리아 저, 한인섭 역, pp.80-83.

111) Werner, p.22.

권층은 그들의 사회적 지위와 재산을 자연스럽게 보호할 수 있었으나, 민주주의 이념의 확산과 함께 공식적인 계급구조가 소멸하자 또 다른 형태의 통제방식이 필요하게 되었는데, 그것이 새로운 신분계급을 양산하는 구금제도라는 것이다.

이런 맥락에서 구금형과 이를 집행하는 장소로서 감옥제도는 그것이 탄생하기 전부터 오늘날까지도 비판의 대상임에도 불구하고 유지되어온 이유에 대한 의문이 제시된 것이다. 사회 계급적 차원의 입장에서는 법 자체와 형벌 제도는 특정 계급에 유리하게 작용하는 것으로 본다. 합법적 징벌 역시 위법행위에 대한 사회 총체적 구조와 전략 안에서 이해한다. 형벌 제도는 단순히 위법행위를 처벌하는 것이 아니라, 위법행위를 관리하고 관용의 한계를 설정한다고 보는 것이다. 이에 따라 일부는 포용하고 다른 일부는 배제하며, 또한 일부는 활용하고 다른 일부는 무력화시키는 현상을 낳는다.[112)]

결과적으로 사회의 하위계층이 범하는 범죄에는 거의 구금형이 부과되지만, 상위계층의 범죄에는 거의 부과되지 않는 형 집행의 이중적 현상이 나타나면서, 범죄행위나 전과기록에 따른 새로운 형태의 사회계층이 형성된 것이다. 이에 따르면 재범행위나 전과자의 양산은 제도상의 모순된 측면의 결과라기보다는 제도가 애초 의도한 운영 결과이며, 또한 구금제도는 범죄자의 처벌이나 교화를 위해서가 아니라 또 다른 사회계층을 형성하기 위해 발전된 것으로 보는 것이다.[113)]

4. 합리주의와 낙관주의적 세계관

형법개혁과 관련하여 집단감수성의 변화나 휴머니즘의 영향으로 가혹한 형벌이 완화되었다거나 수형자에 대한 관심이 증대되었다는 기존의 믿음이 여전히 존재하지만, 보다 다양한 복합적인 요인들이 작용했다는 주장들이 설득력을 얻고 있다. 그러한 요인 중의 하나가 18세기 서구 사회를 지배했던 합리주의와 낙관주의적 세계관이며, 이러한 세계관의 영향으로 범죄 문제를 해결할 장소로 교도소 제도가 탄생했다는 주장이다.[114)]

17세기에서 18세기에 이어지는 당시 과학혁명의 시대는 근대과학의 확립은 물론 인간의 정신과 의식세계에도 지대한 영향을 미쳤다. 인간은 자연을 정복하고 우주의 비밀을

112) 미셸 푸코 저, 오생근 역, pp.415–416.

113) Werner, p.22.

114) Ibid, pp.22–23.

발견할 능력에 대한 자신감으로 충만했고, 그들이 터득한 과학적 지식으로 인간의 문제를 탐구하고 인간사회를 움직이는 작동원리를 찾을 수 있다는 낙관론적 합리주의가 태동하고 있었다. 즉, 극복할 수 있는 과학적 탐구의 대상으로 인간과 인간사회가 탄생한 것이다. 형벌영역에서도 인간의 노동을 편리하게 만든 기계의 발명과 같이 인간의 사악한 부분을 미덕으로 전환하는 방법의 탐구가 자연스러운 현상이 된 것이다.[115] 예컨대, 재판과정에서도 범죄자의 행위가 아니라 범죄자의 정신을 심판하기 시작하였다. 범죄의 진실을 확정하고 주범을 구명하여 법률적 처분을 내리는 재판으로부터 범죄행위를 과학적 인식의 대상으로 간주하고 범죄자의 현재와 미래의 가능성을 재판하기 시작한 것이다.[116]

1800년대 초 아메리카 대륙의 지도자들 역시 그들의 사회에 대해 낙관적 세계관에서 그들의 사회가 완전한 사회는 아니지만 적절한 수단과 조치를 통하여 더 완전하게 만들 수 있는 것으로 보았다. 범죄를 보는 시각에서도 개인적 혹은 생물학적 견해를 부정하고, 환경적 산물로서 예측할 수 있고 해결할 수 있는 현상으로 보았으며, 범죄자도 노동과 종교와 과학적 지식을 동원하면 생산적이고 도덕적인 주체로 변화될 수 있다고 본 것이다. 이런 맥락에서 산업사회로의 전환과 함께 가족제도와 교회와 같은 전통적 사회기반이 흔들리는 시기에 새로운 질서가 요구되는 과정에서 교도소 제도가 범죄 문제를 해결할 수 있는 수단으로 등장하였다는 것이다. 범죄자를 교도소에 격리하여 잘 운영하면, 교도소가 가족제도의 기능을 대신할 수 있으며 이에 따라 범죄 또한 억제될 수 있다고 본 것이다. 즉 범죄의 원인으로서 가족과 지역사회를 포함한 외부 환경적 요인들이 중시되는 상황에서 외부의 악영향으로부터 범죄자를 보호할 수 있는 메커니즘으로서 교도소가 건설되었다는 것이다. 수용시설이 사회문제의 해결을 위한 마지막 처리장치가 아니라, 첫 단계에서 그 기능이 기대되는 적극적 의미의 메커니즘으로 기능이 기대되었다. 당시 사회적 상황이 심각하게 인식되고는 있었지만, 진보된 새로운 사회를 건설함으로써 범죄 문제와 같은 사회문제들이 척결될 수 있다는 낙관주의적 세계관이 반영된 결과물로서 교도소의 탄생을 설명한 것이다. 따라서 사회 안정이 절실히 요구되었던 건국의 시기에 미국 사회의 바람직한 제도적 모델로서 교도소라는 수용시설이 제시된 것이다.[117]

---

115) 미셸 푸코 저, 오생근 역, pp.204-205.

116) Ibid, pp.44-51.

117) Morris, Norval and David J. Rothman, *The Oxford History of the Prison: The Practice of Punishment in Western Society*, Oxford University Press, 1998. pp.100~116; Werner, pp.22-23.

5. 휴머니즘의 대두와 인도주의적 형벌 제도로의 전환

가장 일반적인 견해로서 휴머니즘이 대두된 시대적 흐름에 따라 인도주의적 처벌 형태인 구금형이 탄생했다는 주장이다. 공개적으로 집행된 가혹한 신체형이나 사형제도가 폐지되거나 약화한 것을 18세기 계몽주의 시대에 대두된 휴머니즘의 영향으로 보는 것이다. 그러나 그 시기 형벌학자들이 구금을 형벌의 형태로 정착시킨 것은 반드시 구금이 신체형보다 더 인도주의적이었기 때문이라고 단순화시키는 데에는 의문의 여지가 있어 보인다. 현대적 관점에서 비추어 볼 때도, 또한 당시의 비인간적인 구금환경을 고려해 볼 때도, 열악한 환경에 구금되는 것이 군중 앞에서 일시적으로 체형을 당하는 것보다 더 인도주의적일 것이라는 것은 논의의 대상일 뿐이다.[118)]

18세기 계몽주의 시대에 인간의 자유가 대폭 신장하였다는 신화에 대해서도 모든 사람이 동의하는 것은 아니다. 완화된 형벌과 혁신적인 사법개혁의 원인을 도덕석 개혁가들의 인도주의적 동기에서 찾는 것은 전통적인 학자들의 입장이었다. 과연 형법개혁은 베카리아나 벤담, 하워드, 그리고 퀘이커 교도들과 같은 인물들의 휴머니즘 때문에 시작되었을까? 아니면 다른 어떤 요인들이 작용한 것일까? 명백히 이러한 개혁적 흐름은 시대적으로 휴머니즘의 대두와 부르주아 중산층의 등장과 함께 확산한 것은 사실이다. 당시 새롭게 등장한 산업 세력은 범죄에 비교해서 과도한 형벌은 범법자들이 형벌을 피해 도주하도록 만들어 도리어 그들의 재산권을 지킬 수 없으므로 가혹한 처벌보다는 신속하고 확실한 처벌을 주장하였다. 이는 당시 형법 개혁가들의 도덕적 이념과 일치하였다. 그러나 다른 학자들은 이들의 개혁적인 주장들이 당시 사회의 지배적 이념을 반영한 것이라는 데에 동의하지 않는다. 예컨대, 이들 학자는 1700년대 영국의 구금인구 규모는 노동자에 대한 경제적 수요와 연계되어있었다고 주장하였다. 구금제도는 계몽주의자들에 의해 탄생한 휴머니즘의 결과물이 아니고, 새로운 산업사회에 필요한 노동 인력을 훈련하는 장치였다고 한 것이다.[119)]

또한, 신체적 가학이 감소하고 형벌의 유연성이 확대된 것은, 권력 기술적 관점에서 형벌이 지향하는 목표의 변경 때문이라고 설명한다. 즉 징벌 대상이 인간의 신체에서 인간의 정신으로 변한 결과이며, 권력의 전략이 신체의 고통에서 자유의 속박으로 바뀐 결과

118) Ibid, p.20.

119) Todd R. Clear, George F. Cole, & Michael D. Reisig, *American Corrections,* 10th ed. Wadsworth Cengage Learning, 2013, pp.26–39.

일 뿐, 형벌의 완화가 휴머니즘의 결과는 아니라고 주장한 것이다. 한편으로 형벌의 완화 현상은 당시 범죄행위의 유형에서의 변화와 연관이 있다고 주장한다. 즉, 17~18세기를 거치는 동안 신체에 폭력을 가하는 유혈 범죄에서 소유권 침해와 이와 관련된 절도, 사기 등으로 대체되는 경향과 관련이 있다는 설명이다.[120]

6. 자본주의와 파놉티콘의 등장

자본주의가 정착되기 위해서는 그 속성상, 창출된 부가 안전하게 유지되고 보호되는 이념적 · 도덕적 장치가 절대적으로 요구되었다. 따라서 새로운 권력의 등장과 이들이 만드는 경제체계에 적응하는 과도기적 상황에서, 사회 구성원들에게 새로운 형태의 도덕적 기준을 내면화할 장치가 필요해진 것이다. 여기에서 법과 형벌은 개인의 도덕성을 함양하는 기능을 담당했다. 자본주의의 발전과 법과 형벌을 근간으로 한 규율 권력은 분리될 수 없었다.[121]

18세기 후반 부르주아 계층이 등장하던 시기의 유럽 사회의 권력층은 사람들을 시대적 요구에 맞는 도덕적 주체로 만드는 과제를 안고 있었다. 이를 위해 권력층은 사람들의 도덕적 민감도를 높이기 위해 도덕적 주체와 범법자를 엄격히 분리하고자 했다. 자연스럽게 범법자는 부유층뿐만 아니라 빈곤층을 포함한 모두에게 위험한 존재로 인식되는 결과를 낳았다.

근대의 권력은 급격한 사회변동과 인구증가로 효율적인 통치가 필요했고, 이를 위해 모든 사람의 생명과 복지 문제에 관심을 가져야만 했다. 법과 형벌을 근간으로 한 권력의 생산적인 활동은 자본주의 사회의 경제발전과 생산력의 향상에 긍정적 기능을 한 것이다.[122]

이러한 맥락에서 등장한 독특한 형태의 구금 장치로서 파놉티콘(panopticon)은 형벌집행의 속성을 근본적으로 변화시킬 새로운 대안으로 제시된 것이다. 이를 통해 인간의 신체에 가학적 고통을 가하는 비인간적 처형방식으로부터 가시성을 통해 시간과 공간을 통

---

120) 범죄 조직적 측면에서도 규모가 큰 도당형태에서 좀도둑이나 소매치기를 주로 하는 소집단 형태로 변했다. 한편, 유혈 범죄가 사기범죄로 전환한 현상은 복잡한 구조와 연관되어 있었다고 본다. 즉, 생산력 발달과 부의 증대, 급격한 인구의 증가, 부와 재산의 다양화, 법률적 및 도덕적 차원에서 소유 관계의 중시, 치안상 감시수단의 강화, 주민에 대한 지역 단위 경비망의 확산, 감시, 처벌, 정보 측면에서의 기술 발전 등으로 설명하고 있다.(Ibid, pp. 126~130.)

121) Ibid, p.14.

122) Ibid, p.15.

제하고 인간의 행위를 경제적으로 감시하고 처벌하는 효율적 방식으로 전환되었다. 파놉티콘을 통해 대상을 순응하는 신체로 만들면서 동시에 생산력을 증가시키는 효율적인 기능을 수행하고자 했다. 이러한 장치로서 개인의 도덕성이 향상하고 생산성이 활성화될 수 있다면 권력자들은 이를 당연히 이용했을 것이다.[123] 신체형이 구금형으로 진화하여 정착한 것은 신체에 대한 가학적 행위가 없이도 이러한 목적을 경제적으로 달성할 수 있는 효율적인 감시체계가 고안되었기 때문이라고 주장한다.

7. 경제적 동기와 강제노동

구금형의 정착을 경제적 동기로서 보는 시각이다. 범죄인들에 대한 강제노동은 곧 수용시설의 역사와 분리할 수 없을 만큼 밀접하게 연관되어 있다. 이는 대체로 두 가지 측면에서 논의되고 있다. 첫째는 당시 범죄인들을 나태하고 게으른 부류로 보았던 사회적 시각을 반영한 것으로 수용 기간에 노동을 강제함으로써 근로정신을 앙양하여 개선의 효과를 기대하였다. 둘째는 실질적으로 더 중요하게 작용한 원인으로 값싼 노동력을 활용한 생산활동으로 경제적 이익을 창출하고자 한 것이다.

요란스럽고 비경제적인 신체형이 소멸하면서, 범죄자의 신체는 국왕의 소유에서 사회의 것으로 변했다. 사회의 소유물로서 범죄자의 생명과 신체가 무차별하게 훼손되는 것이 바람직하지 않게 여겨지면서, 일종의 노예 신분으로 형기 동안 국가에 노동으로 봉사하는 것이 현실적으로 더 유익한 것으로 인식하였다. 사형보다 가벼운 벌을 받은 범죄자들에 대해서는 도로 건설사업과 같은 공공토목공사에 투입함으로써, 노동으로 사회적 이익을 도모하고 동시에 징벌의 가시적 효과를 얻을 수 있는 전략이었다.[124] 즉, 개인적 차원에서는 근로정신의 함양, 경제적 차원에서는 노동생산성의 향상, 그리고 사회 통제적 측면에서는 일반인들에 대한 범죄의 억제 효과를 기대할 수 있었다.

한편, 미국적 현실로서 당시 아메리카 대륙의 사회 · 경제적 변동 상황과 교도소 노동력 수요 간에는 밀접한 관계가 있었다. 미국 건국 초기에 연방정부의 지원을 기대할 수 없었던 시기에 당시 미국 교도소 제도는 자급자족을 원칙으로 운영되었다. 따라서 이를 위해서는 수형자들의 자체 생산 활동과 민간기업들에 노동력을 임대하는 계약제도의 활성화를 통해 재정을 확보하고자 하였다. 동시에 민간부문 역시 값싼 노동력의 확보를 통해 수

123) Ibid, p.13.

124) Ibid, p.177.

익성을 확보하고자 했기 때문에 상호이해가 일치되어 교도소 제도의 확산과 정착을 촉진하는 요인이 되었다 하겠다.[125)]

8. 구금시설의 초기 모델

개혁가들 사이에서 팽배했던 구금형에 대한 격렬한 비판과 구금형에 대한 일반인들의 혐오와 같은 장애를 극복하고 보편적인 형벌체계로 정착하게 된 배경 중의 하나로서 가장 일반적으로 설명되는 것은 처벌 수단으로서 구금형의 몇 가지 모델이 고전주의 시대에 이미 형성되어 있었다는 것이다. 초기의 효시 모델은 네덜란드, 이탈리아, 벨기에, 영국 등을 포함한 유럽에서 등장하였지만, 1700년대 후반부터는 유럽의 영향을 받은 미국에서 본격적인 구금시설이 대거 등장하여 세계적으로 정착하는 데 지대한 영향을 미쳤다. 이러한 시설이 1700년대 후반에 당시 서구 세계에서 높은 위상을 지녔던 영국과 미국에서 등장했다는 사실이 결정적 변수로 작용했다고 주장되기도 한다.[126)]

오늘날 교도소의 전신으로 볼 수 있는 최초의 모델은 1596년 암스테르담의 연마의 옥사(rasphuis)와 방적의 옥사(spinhuis)[127)]라고 주장되고 있다. 이어서 1703년 로마의 성 미켈레 감화원(Hospice of San Michele), 1773년 벨기에 겐트의 메이슨 교정원(Ghent Maison de Force), 1792년 영국의 글루세스터 감화원(Her Majesty's Prison Gloucester), 그리고 1790년 미국의 월넛가 교도소(Walnut Street Jail) 등이 포함된다.[128)] 이러한 모델들은 초기 단계에서는 대체로 남녀노소의 구분이 없이 부랑자, 걸인, 장애인, 범죄자 등이 함께 수용된 시설로 출발하여 점진적으로 더 전문적인 시설로 발전하였는데, 모델들 사이에는 일부 운영상

---

125) 미국 교정의 역사 I, II. 을 참고할 것.

126) 미셸 푸코 저, 오생근 역, p.193.

127) 푸코는 가장 오래된 모델로서 연마의 옥사(rasphuis)를 제시하고, 그때 세워진 원칙이 이후에 설립된 벨기에의 겐트 메이슨 교정원, 영국의 글루세스터 감화원 및 미국의 월넛가 교도소에 지대한 영향을 미쳤다고 하였다. 연마의 옥사는 다음 3가지 원칙을 적용하였다. 첫째, 수형자 행위에 따라 형기를 감축한다. 둘째, 기거는 혼거제이고, 강제노동을 시행하고 임금을 지급한다. 셋째, 규칙적인 일과표, 종교교육, 철저한 감시 등을 통해 일상을 엄격하게 규제한다. 이는 지속적인 훈련을 통해 교육적으로나 종교적으로 개조한다는 16세기의 특유의 이론과 18세기 후반에 고안된 형벌 기술들 사이의 연결고리로 평가된다.(미셸 푸코 저, 오생근 역, pp.193-194.) 그러나 세월이 흐르면서 수용자의 값싼 노동력 착취의 장소로 변하였고, 부유층 자녀를 길들이기 위해 격리하는 사적 장소로 오용되기도 하였으나 이는 강제노동이 없는 순수 구금의 사례라는 주장도 존재한다.

128) 미셸 푸코 저, 오생근 역, pp.193-203.

차이는 존재하였지만, 대체로 공통된 지향점과 전략을 갖고 있었다.

- 범죄의 원인은 나태하고 무위도식하는 생활 습성에서 기인하므로 근로정신과 노동 습관의 함양이 필요하다.
- 교정교화를 표방하였으나, 실제로는 경제적 필요성에 따라 강제노동을 근간으로 한 생산 활동이 주를 이루었다.[129)]
- 교정과 개선이 이루어지기 위해서는 구금 기간, 즉 형기가 필요하다.
- 노동을 통해 경제적 인간으로, 종교적 수도 생활을 통해 도덕적 주체로 재건한다.
- 노동의 대가로서 임금을 지급하며, 행위변화에 따라 형기를 단축한다.
- 엄격한 규율을 통한 지속적인 감시체계를 유지한다.
- 야간에는 독거구금, 주간에는 공동작업을 한다.

9. 요약 및 결어

형벌의 속성이 신체적 고통의 부과에서 개인의 자유와 권리의 박탈로 전환되면서, 형벌의 대상이 사람의 신체에서 사람의 정신으로 변하였다. 이에 따라 사람을 변화시킬 장소와 시간이 요구되었고, 장소는 교도소로, 시간은 형기로 정착하였다. 사람을 변화시킬 수단으로는 강제노동과 종교교육이 중시되었으며, 이를 통해 수용자들이 태동하는 자본주의 체계에 적합한 경제적 인간과 도덕적 주체로 변화되기를 기대하였다. 이런 맥락에서 노동의 대가로 임금이 지급되었으며, 개선의 효과를 위해 행위변화에 따른 형기의 단축이 가능한 제도가 시행된 것이다. 그러나 한편으로 교정교화는 개혁가들에 의해 표방된 구호에 그쳤을 뿐이고 실제로는 노동 착취를 통한 수익성 확보라는 경제적 동기로 시설이 운영되었다. 이러한 추세는 본격적으로 경쟁적 산업사회로 진입하면서 공정한 자유경쟁을 내세운 기업가와 노동조합의 압력에 의해 교도소의 생산 활동이 금지되기 전까지 유지되었다. 위와 같은 교도소 형성과정의 연혁은 오늘날 교도소가 직면하고 있는 문제점을 이해하고 미래의 모습을 예측하는 데 역사적인 관점에서 그 실마리를 제공한다.

본 절에서는 신체형이 소멸하면서, 많은 장애적 요인들이 존재했음에도 불구하고 구금형이 탄생하고 짧은 기간에 보편적인 형벌 제도로 정착하게 된 배경에 관한 다양한 관점

---

129) 경제적 필요성은 국가재정 절감, 시설의 수익 창출, 수형자의 출소 후 생계지원 등을 포함한다.

을 기술하였다.

국가권력에 대한 불신에서 비롯된 사회적 동요를 방지하기 위한 형벌집행 방식의 비공개화, 비인간적이고 소모적인 형벌 제도에서 더 효과적인 형벌 제도로의 전환, 신분제의 소멸에 따라 피지배계층에 대한 새로운 통제수단의 필요, 합리주의와 낙관주의적 세계관에 부합되는 제도적 장치로서의 탄생, 18세기에 대두된 휴머니즘의 영향으로 인도주의적 형벌 제도의 등장, 자본주의 속성에 부합한 파놉티콘 건축양식의 등장, 강제노동을 통한 수익성 창출과 같은 경제적 동기, 끝으로 구금형이 정착되기 이전에 이미 존재한 수용시설들의 영향 등이 포함되었다.

위에서 기술된 다양한 관점에서의 역사적 · 이론적 배경에 대한 분석은 200년 역사의 구금제도가 또 다른 관점의 역사적 · 이론적 배경에 따라 어떠한 형벌체계로 진화할 것인가에 대한 논의의 시발점이기도 한다. 현 구금제도에 대한 비판으로서 흔히 언급되는 범죄의 산실, 비효율성, 비경제성, 인간성에 대한 배치 등을 차치하더라도, 교도소 형성에 대한 다양한 역사적 · 이론적 관점을 고려할 때 현 교도소 제도는 인류형벌체계의 영원한 유산이라기 보다는 또 다른 형벌체계로 진화하는 과정 중의 과도기적 산물로 보여진다. 과학문명의 경이적인 진화, 사회생태적 환경의 급변, 인류의 삶의 질적 변화, 새로운 형벌 패러다임의 등장 등에 부합하는 행형체계의 재정립이 요구되고 있다. 따라서 학문으로서 교정학은 교도소 관리학이나 형집행법의 해설서와 같은 편협한 범주를 탈피하여 인간존재의 절대적 존엄성과 무한한 가능성을 중시하는 새로운 형벌제도를 탐구하고, 역사성과 인류애를 담은 인간발전모델의 동력을 지피는 미래학으로 그 지평을 넓혀가야 한다.

Chapter_2
한국교정의 역사

제1절 고대의 행형

고대의 행형은 응보주의에 입각하여 단순하고 엄격한 것에 그 특징이 있다. 이 시대에는 농경문화와 청동기 · 철기문화를 기반으로 공동체로서의 사회가 상당히 성숙하여 가부장제와 사회계급의 분화가 있었으며 사유재산제도가 보편화된 것을 알 수 있다. 토테미즘(totemism)과 천신 또는 자연신에 대한 숭배가 법률사상의 배경이 되었던 우리 고대사회에서 비교적 그 존재가 뚜렷한 고조선과 부여, 삼한 등의 행형과 그 배경을 살펴보기로 한다.[130]

1. 초기국가 시대

1) 고조선

고조선은 공동사회의 질서와 생활을 유지하기 위한 기본법으로 팔조지교(八條之教)를 갖고 있었다. 이는 팔조법금이라고도 하는데, 총 8개소 중 3개조의 내용이 한서지리지(漢書地理志)의 연조(燕條)에 전해지고 있다. 그 내용을 살펴보면 '살인자는 즉시 사형에 처한다.'라고 하였고, 상해죄에 관한 조항으로 '남에게 상해를 입힌 자는 곡물로 배상한다.'라고 하였다. 또 절도죄에 관한 조항으로 '남의 물건을 도둑질한 자는 소유주의 노비로 삼고 이를 면하려면 50만 전을 내야 한다.'라는 내용이 있다.

이는 상해죄와 절도죄에 대한 배상법으로 고대 함무라비 법전의 '눈에는 눈, 이에는 이'라는 탈리오의 원칙으로 대표되는 보복적 관념에서 진일보한 사상의 법률로 평가할 수 있다.

---

130) '한국교정의 역사'의 장은 다음의 저서들을 주로 인용·편집하였음. 이정찬, 「한국행형사」, 선민출판사, 1984; 이정찬, 「한국교정교회사」, 베다니출판사, 2001; 법무부 교정본부, 「대한민국교정사」,(I),(II),(III), 2010; 김화수 외, 「한국교정학」, 한국교정학회, 2007, pp.13-48; 허주욱, 「교정보호학」, 박영사, 2010, pp.156-188.

이 밖에도 연조에는 법률이 엄하기 때문에 고조선 사람들은 도둑질을 하지 않았고 밤에도 문을 닫지 않고 부인들은 정신해서 음란하지 않았다고 기록되어 있다. 이를 통해 고조선 사회는 개인의 생명과 인신을 존중하였고 절도죄를 엄하게 다스리며 형벌에 의한 노비가 존재하였으며, 정절을 중히 여기는 사회윤리가 법제화되어 있었음을 알 수 있다.

〈참고자료〉 역사서에 대한 이해

1. 한서(漢書)

중국 정사(正史)의 하나로, 후한의 반고(班固)가 완성했다. 한 고조로부터 왕망 정권의 멸망에 이르는 230년간(BC 206~AD 24)의 역사를 기록했다. 제기(帝紀) 12편, 연표(年表) 8편, 지(志) 10편, 열전(列傳) 70편 등 총 100편, 120권으로 이루어져 있다.

2. 후한서

후한의 역사를 남북조 시대 송나라의 범엽(398년~445년)이 정리한 책으로 서기 25년부터 194년까지의 역사를 다루고 있다. 본기 10권, 열전 80권, 지 30권으로 이루어져 있으며, 이 중 지 30권은 범엽이 죽은 후 유소가 보완·완결하였다. 후한서 동이열전(東夷列傳)에는 동이에 대한 언급이 되어 있으며, 고구려, 부여와 함께 일본이 동이로 분류되어 있다.

3. 삼국지

삼국지는 〈위지〉 30권, 〈촉지(蜀志)〉 15권, 〈오지(吳志)〉 20권으로 되어 있으며, 〈위지〉 30권 중에 〈동이전(東夷傳)〉이 들어 있다. 동이전은 부여, 고구려, 동옥저(東沃沮), 읍루(挹婁), 예(濊), 마한(馬韓), 진한(辰韓), 변한(弁韓), 왜(倭) 등의 역사서이며 당시의 제천의식(祭天儀式)·가무(歌舞) 등에 관한 기록이 많이 있다.

2) 부여

부여의 형벌제도는 응보주의에 입각하여 엄격하게 시행되었다. 살인죄를 범한 죄인은 사형에 처하고 그 가족은 노비로 삼은 것으로 보아 고조선의 법속보다 더 가혹하고 엄격하였음을 알 수 있다. 절도죄는 일책십이법(一責十二法)을 적용하여 훔친 물건의 12배를 배상하도록 하였다. 그리고 부녀의 간음과 투기에 대해서는 극형에 처하고 시체를 산 위에 버렸다고 한다.

부여는 영고와 같은 공동 대제일(大祭日)에 죄수를 석방하는 풍습을 가지고 있었다. 삼국지 위지의 기록에 의하면 '은정월(殷正月)에 나라의 제천행사를 열고 매일 먹고 춤추며 즐겁게 노는데 이를 영고라고 하고, 이때에는 형옥을 중단하고 죄수들을 석방하였다'라고 한다. 이 시대에 이미 옥을 비롯한 제도적인 행형이 존재하였고, 동해보복적인 형벌사상에서 크게 진보되어 공권력에 의한 형벌사상이 어느 정도 정착되었음을 알 수 있다.

후한서(後漢書) 동이전(東夷傳) 중 부여국조(夫餘國條)에 의하면 당시 부여는 궁실, 창고, 뇌옥(牢獄) 등의 제도를 갖추고 있었다. 또한, 삼국지 위지(魏志) 동이전(東夷傳)에는 '부여는 성을 축조하는데 그 형태가 원으로 뇌옥과 같은 형태였다.'라고 기록하고 있는데 이를 통해 당시에 옥(獄)시설이 존재하였음을 알려주는 것이다.

3) 삼한

한반도 남쪽에 위치한 삼한의 부족사회는 북쪽에 비해 오랫동안 신석기시대에 머물러 있다가 청동기문화를 거치지 않고 철기시대로 전환되어 씨족사회적인 요소가 지배적인 사회구조를 형성하였다. 그러나 제정(祭政)은 일찍부터 분리되어 족장 외에 천군(天君)이라는 제사장이 따로 있었으며, 소도(蘇塗)라는 특별구역이 있었다. 이곳은 일종의 신성(神聖)지역으로 법률의 힘이 미치지 못하여 죄인이 이 지역 안으로 도망하여 오더라도 그를 붙잡아 가지 못하게 되어 있었다. 삼국지(三國志) 위지(魏志) 변진조(弁辰條)에는 '삼한에는 법질서가 엄연하였다'라고 기록하고 있어서 당시 사회 분위기를 짐작할 수 있다.

2. 삼국시대

삼국시대(三國時代)는 문화와 농업발달에 따른 생활양상의 변화, 외세(外勢)와의 경쟁과정에서 강력한 중앙집권적인 국가체제를 확립하였고, 고대의 신정(神政)형태에서 벗어나 제정분리(祭政分離)를 가져왔다. 행형제도에 있어서도 국가권력이 점차 크게 작용하게 되고 형벌의 종류가 사형(死刑), 유형(流刑), 장형(杖刑), 재산형(財産刑) 등으로 다양해졌으며 행형제도가 정비되었다.

대외투쟁 속에서 내적으로 여러 부족을 통합하고 왕정국가를 이룩하여야 하는 고대 국가적 성격은 행형에 있어서 엄격함과 위하적인 면을 강하게 나타내 주면서도 사면(赦免)과 복심(覆審)제도를 두는 등 상당한 수준의 행형정책을 펴고 있었다.

1) 고구려

상무(尙武)적이고 정복적인 고구려인의 기질은 행형제도에 잘 표현되어 있다. 형벌은 준엄하여 모반(謀反)자는 가혹한 방법으로 사형에 처하고 그 가족을 노비로 삼았으며 재산도 몰수하는 등 위하(威嚇)의 효과를 거두기 위한 일반예방에 중점을 둔 제도를 시행하였다. 패전자, 투항자, 살인자, 겁탈자도 사형에 처하고 절도죄는 12배를 배상하게 하였으며 배상치 못하게 되면 그 자녀를 노비로 삼아 갚게 하였다. 당시에 중요한 자원이었던 우마(牛馬)를 살상한 자도 노비로 몰입(沒入)하는 등 각각의 죄에 대한 형벌이 삼국사기(三國史記)와 후한서(後漢書)를 비롯한 사서에 나타나 있다. 또한, 왕명으로 극형에 처하거나 제가회의(諸加會議)를 통해 즉결처분하는 형률(刑律)의 예(例)도 찾아볼 수 있다.

한편, 형률 이외에도 사면(赦免)제도에 관한 기록을 볼 수 있는데 삼국사기 유리왕 23년조(三國史記 瑠璃王 23年條)에는 태자 해명(解明)을 세우고 국내의 죄수를 석방하였다는 내용이 있고, 대무신왕(大武神王) 2년 그리고 민중왕(閔中王) 즉위년 등에 실시된 대사(大赦) 기록을 볼 수 있다. 그것은 고구려에 옥(獄)제도를 비롯한 행형제도가 제도적으로 정착되었음을 의미한다.

2) 백제

백제의 6좌평 중 조정좌평(朝廷佐平)은 중앙의 형옥(刑獄)과 법무(法務)를 관장하였으며, 지방은 행정권을 가진 기관의 장이 행형을 관장하였다.

백제의 형률은 고구려에 비해 많이 완화된 것을 그 특징으로 하고 있다. 반역, 살인, 퇴군자는 사형에 처하였으나 고구려와 같이 잔혹한 화형제도 같은 제도는 볼 수 없으며, 간음죄를 지으면 남편의 집에서 종으로 살게 하였는데 이는 부여에서 간음자를 사형에 처하고 산 위에 버리는 형에 비하면 상당히 완화되고 진보된 형률이다.

또한, 삼국사기 백제본기 고이왕(三國史記 百濟本紀 古爾王) 29년의 칙령(勅令)에는 도둑질한 자와 뇌물을 받은 관리는 그 3배를 징수하고 종신토록 금고형(禁錮刑)에 처하라는 내용이 있는데 이를 볼 때 이미 관리의 수취(收取)가 범죄로 다루어질 만큼 관료제(官僚制)가 어느 정도 정착되어 있었고, 절도에 대해 2~3배의 배상을 받은 것은 고구려의 12배에 비해 매우 완화된 형벌제도가 시행되었음을 보여 준다.

행형과 관련된 특이한 제도로 다루왕 2년에 지방관의 남형(濫刑)을 방지하고자 사형수의 경우에는 경옥(京獄)에서 복심(覆審)하고 왕의 재가를 얻어야 집행할 수 있는 복심제도를 시행하였다. 고구려와 마찬가지로 다루왕 때 가뭄이 들어 대사(大赦)를 시행한 것을 비롯하여 전쟁에서 이기거나 태자의 탄생 등 국가적인 경사가 있을 때 사면을 실시하였다. 이때에도 사형에 해당하는 중범자는 제외시켰는데 그만큼 감옥제도를 비롯한 행형제도가 정착되어 있음을 의미한다.

3) 신라

신라는 지리적인 특성과 토착부족 중심의 보수성으로 가장 늦게 고대국가로 발전하였다. 6세기 법흥왕 때에 이르러 율령(律令)제도가 반포되었으나 고구려나 당제(唐制)를 그대로 모방하지 않고 독자적인 고유성과 조화시키면서 발전하였으며, 율령 및 행형은 진덕여왕 때에 설치된 이방부(理方府)에서 관장하였다.

형벌제도를 살펴보면 고구려 · 백제와 마찬가지로 반역죄는 극형에 처하였고 그 가족도 멸족시켰다. 전투에 임하여 퇴각한 자도 사형으로 다스렸으며 살인죄 또한 삼국의 다른 나라와 마찬가지로 사형에 처하였다. 삼국사기 신라본기 문무왕(文武王) 9년 2월조를 보면 절도죄에 배상책임을 지게 하였으나 고구려의 12배, 백제의 3배라든지 하는 무거운 배상을 부과하지 않았음을 보여준다.

고구려 · 백제와 마찬가지로 신라에서도 대사(大赦)의 기록을 볼 수 있는데, 대사는 초기부터 계속 있어 왔는데 주로 왕의 즉위, 세자탄생, 전승 등 국가적인 경사가 있거나 한재(旱災)가 심할 때 축원의 뜻에서 행하여졌으며, 삼국통일 후 횟수가 더욱 증가되었다.

한편, 경주에서 발굴된 원형옥지(圓形獄址)는 신라에서도 원형옥(圓形獄)이 사용되었다는 사실을 뒷받침해 주고 있다.

제2절 고려시대

신라 이래의 불교문화에 새로운 중세적 정치이념인 유교(儒敎)를 결합한 신흥국가를 이상으로 건국된 고려는 국민통합을 위해 불교와 유교, 도교까지 수용하여 폭넓게 활용하였다. 이러한 고려의 정책은 행형에도 많은 영향을 끼쳐 응보주의의 형벌에서 종교적인 인애사상(仁愛思想)이 가미되어 생명형이 크게 제한되고 정률주의(定律主義)에 의한 고려형률의 기초가 마련되었다.

고려 초기 우리 역사상 최초의 독립된 형무기관이 설치된 것을 볼 수 있는데 태조(太祖)가 설치한 전옥서(典獄署)가 그것이다. 초기 태봉, 신라의 율법과 당률을 부분적으로 사용하다가 4대 광종, 6대 성종대에 고려형법률이 완성된 것으로 추정된다. 완성된 형법률은 당률을 모태로 한 고려시대의 형벌사상이 담겨있는 우리 역사 초유의 형법전이다. 제11대 문종(文宗)이 형벌률을 정비한 내용이 고려사에 나오는 것을 기초하여 문종대에 고려형법이 완성되었다고 보는 견해도 있다.

1. 행형기관

고려는 중앙집권체제를 강화하면서 성종 14년에 이르러 3성 6부(三省六部)의 중앙관제를 확립하였다. 이 가운데 형정(刑政)을 관장하는 중앙기관으로서는 상서성(尙書省)에 속해 있는 6부 중 형부(刑部)가 형옥을 관장하였으며 그 밑에 설치된 전옥서(典獄署)가 옥수(獄囚)를 담당하였다.

그 외에도 형정과 유관하다고 할 수 있는 기관으로는 사헌부(司憲府)를 비롯하여 상서도관(尙書都官), 순군만호부(巡軍萬戶府), 금오위(金吾衛) 등을 들 수 있으며, 오늘날과 같이 사법 · 경찰 · 행형이 분리되어 있지 않았던 당시의 형정관제는 수사에서 재판, 구금에 이르기까지 동일한 기관에서 행사하였다.

호족세력이 강성했던 고려 초기의 지방의 행형은 통일된 법규에 의해서가 아니라 지방의 관습법적인 기준에 의해 호족들이 독자적으로 처리하였으나, 성종(成宗) 2년 12목(牧)의 설치를 시발로 하여 고려의 지방제도가 정비되면서 점차 중앙에서 지방관을 파견하게 되었다. 이후 행형은 행정의 일부로서 지방관이 관장하고 정률화(定律化)된 법령에 의해 처리하였으며 중앙정부의 감독을 받았다. 또한, 사형의 경우에는 삼복제(三覆制)로 중앙에 품의(稟議)하여 최종적으로 왕의 재가를 받아야만 하였고, 사형에 해당하는 범죄에는 3명 이상의 관원이 함께 재판에 관여하게 하였다.

고려시대에도 대사(大赦)와 오늘날의 귀휴제도와 비슷한 옥중 휴가를 실시하는 등 우리 민족의 인본주의적 행형의 전통을 찾아볼 수 있다.

2. 형벌의 종류

고려시대의 형벌 종류는 고려형법에 기록된 태형(笞刑), 장형(杖刑), 도형(徒刑), 유형(流刑), 사형(死刑) 등 5종이 근간을 이루고 있다. 고대 삼국시대부터 이런 종류의 형벌제도가 없었던 것은 아니지만 이를 정비하고 체계화하여 입법으로 정례화된 것은 이때부터라고 할 수 있다. 또 속전제도가 있어서 일정한 범위에서 속전을 내고 형을 대신할 수 있었다.

태형은 5형 중 가장 가벼운 형벌로 10대에서 50대까지 5등급으로 나누었고 태의 규격과 태형을 대체할 수 있는 속전의 한계가 규정되어 있었다.

장형은 태형보다 중죄일 때 과하는 형벌로서 마찬가지로 장 60대에서 100대까지 5등급으로 나누어져 있으며 범죄의 중요성에 따라 척장과 둔장으로 구분하여 집행하였다. 장형도 속동(贖銅)으로 체벌을 대신할 수 있도록 할 수 있었으며, 난과(單科)로 집행되는 경우도 있으나 도 · 유형에 처해진 자들에게 병과(倂科)했던 사실이 고려사지(高麗史志)에 흔히 나타나고 있다.

도형은 고려형법에서부터 도입되었다. 도형은 자유형의 일종으로서 도형 기간 동안 어느 일정한 장소에서 구금되어 있고, 형기별로 속동과 장(杖)으로 대체할 수 있도록 되어 있었다.

유형은 고려형벌 중에서 사형 다음으로 중한 형벌로 오늘날의 무기형에 해당하며 일정한 형기가 없이 왕의 은사가 없으면 유형지에서 일생을 마쳐야 하는 종신형에 속한다.

고려형법에 명시된 사형은 집행방법에 따라 교형(絞刑)과 참형(斬刑) 두 가지로 나누어져 있다. 죄의 내용이 상대적으로 가벼운 경우 교형으로 다스렸고, 역보 · 대역죄 · 존속살인 등 중한 죄는 참형에 처하였다. 고려사의 기록에 의하면 참형을 집행하고 저자(시장터)에 효수(梟首)하기도 하였는데 이는 주로 일반인에게 위하감을 주어 사회질서 유지를 위한 일반예방의 효과를 거두려는 조치였다.

고려시대에는 5형 이외에도 특별한 범죄에 대하여 범죄인의 얼굴에 칼로 새겨 흉터를 남기는 형벌인 삽루형(鈒鏤刑)과 자자형(刺字刑)이라고도 하는 범죄인의 얼굴에 묵침(墨針)으로 글자를 새겨 넣는 경면형(黥面刑)을 과한 사례가 자주 보이고 있다. 그 외에도 모반 · 대역죄 등 국사범에 대하여 노비몰입(奴婢沒入), 재산몰수 등의 부가형을 과하였다.

3. 구금시설

고려시대의 전옥서는 태조가 모든 행정기구를 정비하면서 설치한 독립된 형무기관으로서, 그 이전에도 각 중앙 · 지방관서별로 설치된 뇌옥(牢獄)이 있었으나, 이는 한 관서의 부설옥(附設獄)이었을 뿐이며 독립된 감옥관서를 설치한 것은 이때가 처음이었다. 전옥서는 옥수(獄囚)만을 전담하는 유일한 중앙관서로 개경에만 설치되었고, 지방에는 지방관이 직접 관장하는 부설옥이 설치되어 있었다.

광종 때에 전옥서 외에 임시로 사용하기 위한 가옥(假獄)을 설치한 적이 있었다. 노비안검법(奴婢按檢法)의 시행으로 노비신분을 벗어나기 위해 그 주인에 대한 무고가 심하여 사회 질서가 문란하게 되자, 질서회복을 위해 많은 노비들을 체포 · 구금하게 되었는데 종래의 전옥서만으로 급격히 불어난 죄인을 수용할 수 없어서 임시 구금시설로 가옥을 설치 · 운영한 것이다.

제3절 조선시대

성리학(性理學)을 사상적 배경으로 성장한 사대부(士大夫)가 중심이 되어 건국된 조선은 정치윤리의 기본을 민본위민(民本爲民)의 덕치(德治)와 인정(仁政)을 실현하는 왕도정치에 두었으며 사회적으로 엄격한 신분제를 바탕으로 한 유교적 봉건사회(封建社會)를 이루고 있었다. 이러한 조선사회의 성격은 행형제도에도 많은 영향을 끼쳐 외형적으로 고려의 법제를 답습하면서도 그와는 차별적인 진일보한 제도로 발전시켰다.

경제육전(經濟六典), 속대전(續大典) 등을 반포하여 법전의 체제를 갖추고 성종(成宗)대에 이르러 조선의 기본통치규범인 경국대전(經國大典)을 완성하여 관제와 사법제도를 정비하였다. 행형제도 또한 위와 같은 법제에 의해 체계화되고 정비되어 형벌은 고려와 마찬가지로 오형(五刑)을 기본으로 하였으나, 도형 · 유형과 같은 자유형이 확대되고 형구(形具)의 규격과 사용방법, 절차 등이 성문화되어 전국적인 통일을 기하였다. 행정과 사법이 엄격히 분리되지는 않았지만 인신을 구속할 수 있는 기관을 직수아문(直守衙門)이라 하여 경국대전 등에 명시하여 인신구속을 함부로 하지 못하게 하는 제도적 장치를 마련하였다.

또한, 대부분의 형사법전에는 휼수의 규정을 두어 죄수의 인권보호를 위한 법적 제도를 마련하였으며, 역대 임금들은 인정(仁政)의 상징으로서 휼형을 중시하였다. 그러나 조선 후기 당쟁(黨爭)과 세도정치에 의한 부패, 정치질서의 문란으로 남형(濫刑)의 사례가 빈번해지고, 특히 천주교 탄압 등으로 인하여 행형은 일반에게 더욱 가혹한 인상을 갖게 되었고, 조선의 행형제도 전반을 왜곡(歪曲)시키는 근거가 되기도 하였다.

1. 조선의 행형기관

1) 중앙기관

조선은 경국대전의 완성과 더불어 관료적 중앙집권체제를 정착시켜 중앙정부의 핵심기구인 의정부(議政府)와 6조(曹)를 포함하여 다양하고 세분화된 정부조직을 이루었다. 행형을 관장하는 중앙기관으로 조선 초기에 설치된 형조(刑曹)는 국가의 사법업무와 노비에 관한 사무를 총괄하였다. 형조는 4사로 편제되어 중죄에 대한 복심(覆審)의 업무를 주관하는 상복사(詳覆司), 율령에 관한 사항을 관장하는 고율사(考律司), 감옥과 범죄수사 등을 맡아 처리한 장금사(掌禁司), 포로와 노예의 호적 · 소송에 관한 사항을 관장하는 장예사(掌隷司)로 이루어졌으며, 장금사는 업무를 형옥(刑獄) · 검찰(檢察) · 형구(形具) · 금령(禁令) · 금형(禁刑)의 5종으로 세분화하였다.

형조 외에도 사헌부(司憲府) · 의금부(義禁府) · 한성부(漢城府) · 포도청(捕盜廳) 등이 있었고 이러한 기관에서는 행정 · 사법 때로는 군사에 관한 권한까지 행사하였지만 내부적으로는 직무에 따라 관리의 지위가 세분되어 옥(獄)관리를 전담하는 관리 등 기능에 따른 직무의 전문화가 이루어져 있었다.

2) 지방기관

조선시대에는 전국을 8도로 나누어 각 도에는 관찰사를 두고 그 밑에 부 · 목 · 군 · 현 등을 두었다. 관찰사(觀察使)는 도내의 행정 · 사법 · 군사를 총괄하고 관하의 수령(守令)들을 지휘 · 감독하였다. 형률의 적용에 있어서도 남형(濫刑)과 관리에 의한 자의적 행사를 방지하기 위해 감독체제를 강화하였고, 지방 군 · 현의 수령은 장형 이하, 관찰사는 유형 이하의 사건만을 처리하게 하고, 사형은 삼복제를 시행하여 국왕의 재결에 의해서만 집행할 수 있게 하였다.

관찰사는 사법업무의 일부로서 지방의 행형을 지휘하였고, 중앙에서 파견되는 도사, 판관, 중군, 검률 등의 관원과 그 외 이 · 호 · 예 · 병 · 형 · 공 6방의 관속(官屬)을 두고 있었다. 이 중 검률(檢律)은 형조에서 추천 · 임명되어 법률의 해석과 적용, 행형에 관한 사무를 담당하고 형사의 전국적인 통일을 기하는 임무를 담당하였다.

수령은 부윤(府尹), 목사(牧師), 군수(郡守), 현령(縣令), 현감(縣監) 등이 있어서 행정업무의 일부로서 관내의 행형을 관장하였고, 수령의 밑에는 6방을 두어 사무를 분장하게 하였다. 행형에 관한 사무는 형방(刑房)의 소관으로 재판, 수사, 감옥 등 형에 관한 업무를 주관하였다.

〈조선시대의 행형관장기관〉

<table>
<tr><td rowspan="9">중앙</td><td rowspan="2">형조
(刑曹)</td><td colspan="3">조선 초기에 설치된 육조(六曹)의 하나로, 국가의 사법업무와 노예에 관한 사무총괄</td></tr>
<tr><td rowspan="4">4사
(司)</td><td>상이사(詳履司)</td><td>중죄에 대한 복수업무의 주관 부서</td></tr>
<tr><td></td><td>고율사(考律司)</td><td>율령에 관한 사항 관장</td></tr>
<tr><td></td><td>장금사(掌禁司)</td><td>감옥과 범죄수사 업무처리</td></tr>
<tr><td></td><td>장예사(掌隷司)</td><td>노예의 호적과 소송, 포로에 관한 업무 담당</td></tr>
<tr><td></td><td colspan="2">전옥서(典獄暑)</td><td>죄수의 구금 담당</td></tr>
<tr><td>사헌부</td><td colspan="3">감찰기관</td></tr>
<tr><td>의금부</td><td colspan="3">왕명에 의한 특수범죄 담당</td></tr>
<tr><td>한성부</td><td colspan="3">수도의 행정, 전국의 토지 · 가옥 · 묘지소송 담당</td></tr>
<tr><td rowspan="2">지방</td><td>관찰사</td><td colspan="3">행형에 관하여 군 · 현을 감독, 도내의 행정 · 사법 · 군사 총괄</td></tr>
<tr><td>수령</td><td colspan="3">행정업무의 일부로서 행형 관장, 형방의 소관</td></tr>
</table>

2. 조선시대 형벌의 종류

조선시대의 기본법인 경국대전에는 형사에 관한 법률은 대명률을 사용하고 경국대전 원전 및 속대전에 별도의 규정이 있을 때에는 그 율을 좇아서 적용한다고 명시하였다. 따라서 대명률에 의한 태형 · 장형 · 도형 · 유형 · 사형의 5형이 형벌의 기본이 되었다. 또한 형 대신 금전으로 납부할 수 있는 속전제도를 법률로 정해 두었고, 5형 이외에도 여러 종류의 부가형과 법외의 형도 존재하였다.

1) 오형(五刑)

(1) 태형(笞刑)

대명률직해(大明律直解)에는 '태형은 가장 가벼운 형벌로 10대에서 50대까지 5등급이 있고, 대두경(大頭徑)은 2분(分)7리(厘), 소두경(小頭徑)은 1분 7리로 길이 3척(尺)5촌(寸) 되는 회초리를 만들되, 옹이와 나무눈은 깎아버리고 관제(官製)의 검사기를 사용하여 법대로 규격 검사를 하여야 하며, 힘줄이나 아교 따위 같은 것은 덧붙이지 못하고 태형을 집행할 때에는 매의 가는 편 끝으로 볼기를 친다.'라고 기록되어 있다. 태형의 집행은 죄수를 형대(刑臺)에 묶은 다음 하의를 내리고 둔부(臀部)를 노출시켜 대수를 세어가면서 집행하는데 부녀자는 옷을 벗기지 않으나 간음한 여자에 대해서는 옷을 벗기고 집행하였다. 또한, 나이가 70세 이상이거나 15세 이하인 자와 질병에 걸린 자는 태형을 집행치 않고 대신 속전을 받았으며, 임신한 여자도 역시 태형을 집행하지 않고 속전을 받았다. 태형은 조선 말 장형이 폐지된 뒤에도 오랫동안 존속되다가 1920년에 가서야 완전히 폐지되었다.

(2) 장형(杖刑)

장형은 태형보다 중한 벌로서 60대에서 100대까지 5등급이 있고 장의 법정규격과 집행방법이 대명률직해에 규정되어 있다. 형률에 있어서 장형은 별도로 집행하는 경우도 있지만 도·유형에 대하여 이를 병과하는 것이 보통이었다. 행형에 있어서 남형(濫刑)의 폐해가 가장 많았던 것이 장형이었는데, 그것은 집행관의 자의가 개입하기 쉽기 때문이었다. 장형의 집행방법은 대체로 태형과 같고 매의 규격만 달리할 뿐이었으며, 갑오개혁 이듬해인 1895년에 행형제도를 개혁하면서 폐지되었다.

(3) 도형(徒刑)

도형은 오늘날의 징역형에 해당하는 것으로 도형 기간 동안 관아에 구금하여 두고 일정한 노역에 종사시키는 자유형의 일종이다. 도형은 고려시대에 처음 시행되었고 조선에서는 경국대전·형전을 비롯한 대명률직해, 속대전 등 형사법전에 도형에 관한 규정을 두어 이를 더욱 구체화시켰다. 그리고 도형 대신 군역에 복무시키는 충군(充軍)이라는 제도가 있었는데 이는 주로 군인이나 군관계의 범죄에 대하여 적용하였다. 도형의 기간은 최단기 1년에서 최장기 3년까지 5종으로 구분하였는데 장형이 병과되었다. 도형의 집행은 군 · 현 등의 관아에서 행하였으며, 형조에서 전국 도형수의 명부를 비치하여 총괄 관리하였고, 지방 관아에서는 도형수가 새로 도착하거나 석방되는 등의 변동 상황을 형조로 즉시 보고하였다. 그리고 도형에 처하게 되면 노역에 종사하게 되는데, 대명률직해에는 소금을 굽거나 쇠를 불리게 하는 작업을 부과시킨다고 규정되어 있다.

(4) 유형(流刑)

유형은 대명률에서 중죄를 범한 자에 대하여 먼 지방으로 귀양 보내어 죽을 때까지 고향으로 돌아오지 못하게 하는 형벌이라고 정의하였으며, 도형과 함께 자유형에 속하였지만 도형과는 달리 기간이 정하여지지 않았고 왕명에 의해서만 석방될 수 있었다. 주로 정치범이 유형으로 처벌되었고, 유배죄인에 대한 계호 및 처우 등의 책임은 그 지방의 수령에게 있었다. 유형의 등급은 2,000리 · 2,500리 · 3,000리의 3등급이 있었으나 우리 국토의 실정에 적합하지 않아 세종 12년 유배지에 대한 원칙을 지역별 · 등급별로 마련하여 적용하였다. 유형의 일종으로서 부처(付處) · 안치(安置) · 천사(遷徙) 등이 있는데, 중도부처(中途付處)라고도 하는 부처는 관원에 대하여 과하는 형이며, 일정한 지역을 지정하여 유거하게 하는 것을 말한다. 안치는 유형 중에서도 행동의 제한을 가장 많이 받는 형벌로서 유형지에서도 다시 일정한 지역 내로 유거하게 하는 것이다. 주로 왕족이나 고관현직자에 적용되었고 유거의 성질에 따라 본향안치(本鄕安置), 절도안치(絕島安置), 위리안치(圍籬安置) 등이 있다.[131] 천사는 죄인을 그 가족과 함께 국경지대로 이주시키는 형벌이다.[132]

(5) 사형(死刑)

극형에 해당하는 사형은 대명률의 규정에 의해 교형(絞刑)과 참형(斬刑)의 2종으로 정하

---

131) 안치의 종류1. 본향안치: 죄인을 그의 고향에 안치시키는 것으로 죄인에게 은전을 베푸는 것에 해당한다.
2. 위리안치: 유배죄인의 가옥 주위에 가시나무 울타리를 만들어 외출을 못하게 한 것으로 연금에 해당된다.
3. 절도안치: 외딴 섬에 격리시키는 것으로 심히 가혹했기 때문에 많은 제한을 두었다.

132) 천사(遷徙): 조선 초기 북변개척과 함께 이민정책이 추진되었는데, 일단 이주 후에는 일반 양민과 동등한 생활을 유지할 수 있도록 하였다. 천사 중에서는 전 가족을 이주시키는 전가사변이 가장 가혹한 것에 해당되었다. 그러나 천사는 신분에 있어서의 변화는 없이 양인의 신분을 그대로 유지토록 한 것이 특징이다.

였다. 교형은 신체를 온전한 상태로 두고 목을 졸라 생명을 박탈하는 것이며, 참형은 보통 신체에서 머리를 잘라 죽이는 것이지만 죄질에 따라 집행방법을 달리하여 능지처사(陵遲處死)하는 경우도 있었다. 경국대전, 형전, 대명률 등에 범죄별로 사형 집행 방법이 규정되어 있다. 사형 집행에는 대시(待時)집행과 부대시(不待時)집행이 있는데, 대시집행은 사형이 확정된 후에도 일정 기간 대기하였다가 추분 이후부터 춘분 이전에 날짜를 정하는 것으로 일반 사형수에게 적용하였다. 부대시집행은 사형이 확정되면 때를 기다리지 않고 즉시 사형에 처하는 것으로 보통 모반 등 10악의 범죄에 적용되었다. 또한 조선에서는 음양사상(陰陽思想)에 따라 특별히 사형을 집행하지 못하는 금형일(禁刑日)을 법으로 제정하여 당일에는 부대시집행도 하지 않았다. 능지처사의 경우 대역사건(大逆事件)의 국사범(國事犯)이나, 특히 일반에게 경계할 필요가 있는 반도덕적 범죄인에게 행하여졌기 때문에 민중에 대한 위하(威嚇)의 목적으로 오살(五殺), 육시(戮屍), 거열(車裂) 등 여러 가지 잔혹한 방법으로 집행되었다. 그 외에도 사사(賜死)가 있는데 이는 왕명으로 독약을 마시고 죽게 하는 것으로 왕족이나 현직자로서 역모에 관련되었을 때 주로 행하여졌다. 한편, 사형의 일반예방효과를 위해 공개적인 장소에서 집행하거나 효수(梟首) 및 기시(棄市), 부관참시(剖棺斬屍)를 행하기도 하였다. 그리고 사형을 직접 집행하는 사람은 관아에 소속된 가장 하위직이었을 것이나 육전조례(六典條例)의 전옥서조(典獄署條)를 보면 사형수 중 1명을 형 집행자로 선정하는 제도가 있었다.

2) 부가형(附加刑)

조선의 형벌에는 기본형인 5형 이외에도 자자(刺字), 노비몰입(奴婢沒入), 재산몰수, 피해배상 등 여러 종류의 부가형이 있었다.

자자형은 신체의 어느 부위에 글씨를 새겨 넣는 형벌로 주로 도적으로서 장 · 도 · 유형에 처해진 자에게 부과되었는데, 죄질이 심한 경우 얼굴에 글을 새기는 경면(黥面)도 시행되었다. 자자형은 평생 낙인이 찍히는 가혹성으로 영조 16년(1740년)에 자자도구를 소각하고 전국에 엄명을 내려 완전히 폐지하였다. 재산몰수는 역모 등 일정한 범죄에 대해 5형 등 형사적 처벌 이외에도 부과하였고, 노비몰입은 범죄인이나 그 가족을 노비에 편입시키는 것인데, 절도전과자로서 다시 범죄를 하거나 대역, 모반 등 10악에 해당하는 죄인, 강상죄인(綱常罪人: 삼강오륜의 도덕을 해친 죄인)에게 적용되었다.

3) 법외의 형

조선시대 법외의 형의 형벌 중에는 법에 규정된 형 이외에 행하여지던 몇 종류의 형이 있는데 주리, 태배, 압슬 등 실제 관(官)에서 관습적으로 시행함으로써 일반화되어 있던 것과 의비(劓鼻), 월형(刖刑), 비공입회수(鼻孔入灰水), 고족(刳足) 등 권세가 있는 사가(私家)에서 불법으로 행하여지던 것 등이 있다.

(1) 주리형과 태배형

주리형은 주뢰(周牢)가 변한 말로서 사람의 양다리를 함께 결박하여 그 중간에 2개의 주장을 넣어 가위 벌리듯이 좌우로 벌리게 하는 것으로 일종의 고문방법으로 사용한 것이다. 주리형을 받게 되면 불구가 되기 쉬운 참혹한 형벌이었으므로 이의 사용을 엄격히 제한하여 역모 등의 중대 사건이나 포도청에서 도적을 다스릴 때 사용되었으며, 1732년(영조 8년) 형행이 지나치다 하여 금지령이 내렸다. 태배형(笞背刑)은 태 또는 혁편(革鞭) 등으로 등을 난타하는 형벌인데 고문의 방법으로 사용되었고, 목숨을 잃기 쉬운 형벌이었으므로 세종 때에 금지하는 영을 내렸다.

(2) 압슬형과 난장

압슬형(壓膝刑)은 무릎 위에 압력을 가하는 고문의 일종으로 중죄인에 대하여 합법적으로 시행하였고, 그 방법은 무릎 위에 나무판자 등을 놓고 그 위에 사람이 올라서는 식으로 행하여졌다. 현종 6년(1665년) 왕명으로 압슬형을 금지하였고 영조 1년(1725년) 다시 압슬형을 영구히 없애라는 영을 내렸다. 난장(亂杖)은 여러 명이 장으로 신체의 어느 부분도 가리지 않고 난타하는 형벌로서 주로 고문의 일종으로 사용된 것 같으나 자칫하면 목숨을 잃게 하는 위험한 형벌이었다. 중종 6년(1511년) '난장의 형은 본시 국법이 아니므로 이를 금한다'라는 하교가 있었고, 영조 46년 다시 이를 금지하였다. 그러나 상천민(常賤民)으로서 신분이 높은 여자를 범하였거나 반윤리적 죄를 범한 자를 멍석으로 싸서 여럿이 난타하는 사벌로서의 난장이 민간의 오랜 관습으로 존재하였다고 한다.

(3) 낙형과 의비형

낙형(烙刑)은 쇠를 불에 달구어 몸을 지지는 형벌로 포락형(炮烙刑) 또는 단근질이라고도 한다. 대역죄인의 고문에 사용되었고 권문사가에서는 노비의 죄를 벌할 때 행하는 경우도 있었다. 낙형은 매우 참혹한 형벌로서 세종 때 이를 금하는 영을 내렸고 1733년(영조 9년)에 왕명을 내려 낙형을 폐지하였다. 의비형(劓鼻刑)은 코를 베는 형벌로서 조선시대에는 권세가 있는 사가에서 노비의 죄를 다스릴 때 자행한 경우가 있었다. 세종 때 이를 엄중히 금하는 영을 내린 이후 역대 왕은 의비형을 불법행위로 엄히 단속하였다.

(4) 단근형과 월족형

단근형(斷筋刑)은 죄인의 힘줄을 끊는 형벌로서 도적이 성할 때 이를 근절하기 위하여 임시조치로 시행된 적이 있는 것으로 보인다. 월족형(刖足刑)은 단근형의 일종으로 발뒤꿈치의 힘줄을 베어버리는 형인데 월족형을 하게 되면 불구가 되는 매우 잔인한 형벌이다. 이 역시 노비의 죄를 다스릴 때 사적으로 자행되는 경우가 있어서 세종 때 영을 내려 법으로 이를 금하였으나 패륜(悖倫)행위를 하는 자에게 문중 혹은 마을 사람들이 사벌로서 행하는 풍습이 존재하였다고 한다.

(5) 비공입회수형과 고족형, 팽형

비공입회수형(鼻孔入灰水刑)은 사람을 거꾸로 매달아 놓고 코에 잿물을 붓는 일종의 고문방법이며, 고족형(刳足刑)은 발을 쪼개는 형벌인데 노비나 천민의 죄를 다스릴 때 사가에서 자행된 경우가 있었다고 하나 이 역시 불법적인 것으로 형전사목(刑典事目)에서 남형의 사례로 특별히 금지하는 영을 내린 바 있다. 자형(煮刑)이라고도 했던 팽형(烹刑)은 글뜻으로 보아 물에 삶아 죽이는 형벌인데 구체적인 규정은 없으나 특별히 서정쇄신에 관한 죄를 범하여 나라의 재물이나 백성의 재물을 탐람(貪婪)한 관리들을 이 형에 처했다는 사료가 있다.

4) 속전제도

조선에는 모반, 대역, 불효 등 특별히 정한 범죄를 제외하고는 형 대신 금전으로 납부할 수 있는 속전(贖錢)제도가 있었다. 속전은 오늘날의 벌금과도 유사하지만 벌금이 형의 선고 자체가 재산형인 데 비해 속전은 신체형을 선고받은 후 본형을 재산형으로 대신한다는 점에서 구별된다.

그러나 모든 형벌을 대신할 수 있는 것이 아니며 속전할 수 있는 요건과 기준을 법률로 정하였는데 신분에 의한 속전, 휼형으로서의 속전, 공장 · 악공 · 천문생 등 숙련기술자에 대한 속전, 부녀 · 노유(老幼) · 질병자에 대한 속전, 상자(喪者) · 양친(養親)을 위한 속전 등이 있었다. 이러한 제도는 신분질서와 효(孝)를 중시하는 유교사상의 영향에서 비롯된 것으로 보인다.

3. 조선시대 구금시설

1) 직수아문의 옥(獄)

조선시대 인신(人身)을 직접 구속할 수 있는 권한이 부여된 기관을 직수아문(直守衙門)이라고 하여 형조 · 병조 · 한성부 · 승정원 · 장예원 · 종적사 · 관찰사 · 수령 · 비변사, 포도청과 관찰사 등으로 한정하였다. 그 외의 관사에서 구금할 죄인이 있을 때는 모두 형조에 이송하여 수금(囚禁)하게 하였다. 이는 관청의 권력남용으로부터 백성을 보호하려는 취지에서 정한 법령이었다. 직수아문에는 옥(獄)이 부설(附設)되어 있었고, 지방에도 도옥(道獄) · 부옥(府獄) · 군옥(郡獄) 등이 있었다.

2) 전옥서

전옥서는 고려의 제도를 계승하여 건국 초부터 형조에 소속되어 옥수(獄囚)를 맡아 하던 관서로서 옥시설로는 대표적인 기관이다.

한양의 전옥서는 중부 서린방(현재의 종로구 서린동 33번지)에 자리하였는데, 그곳은 풍수지리학적으로 길지이기 때문에 죄인들에게 병들어 죽는 불행한 일이 생기지 않기를 바라는 의미가 있었다고 한다. 이것은 인본주의적(人本主義的)인 조선행형의 단면을 보여주는 것이라고 할 수 있다.

전옥서는 조선 초 신축된 이후 세종 8년과 12년에 화재로 전옥서 일부가 타거나 전소된 적이 있었고, 갑오개혁 이후 경무청 감옥서로 변경되었다가 1907년 감옥사무가 법부(法部)로 이관된 후 경성감옥으로 개칭되었다. 그 후 서대문 현저동으로 신축 이전되면서 종래의 시설은 경성감옥 종로출장소로 운영되다가 1921년 폐지되었다. 전옥서는 고려 이래 같은 관서명으로 가장 오랫동안 존속해 온 행형시설로서 520여 년간 존속하였다.

4. 수용관리

1) 수금(囚禁)

경국대전 형전을 비롯한 대부분의 형사법전에 수금조항을 두어 구금할 수 있는 기관, 구금의 요건 등을 상세히 규정하고 있고 수용의 절차에 대하여는 육전조례, 추관지 등에 세밀히 정하여져 있다. 그것은 구금에 신중을 기하고 구금자의 인권을 최대한 보호하기 위한 조치였다.

수용구분을 보면 경수(輕囚)와 중수(重囚)로 보안등급을 구별하여 수용하였고, 남옥(男獄)과 여옥(女獄)으로 분리 수용하도록 규정되어 있었다.

2) 처우

육전조례 형전 전옥서 감옥조를 보면 '겨울철에는 자리를 두껍게 급여하여야 하고 뚫린 구멍과 틈 사이는 바르고 막는다.'라고 규정되어 있고 계절과 수용인원에 따라 사용되는 홰와 숯을 달리 규정하였으며, 수인은 매일 일광을 쪼이게 하고 관리는 매일 중수(重囚)와 경수(輕囚)를 일일이 호명하여 점검하면서 가추(枷杻)의 상태를 점검하도록 기록되어 있다.

부모 또는 형제가 아니면 면회를 허가하지 아니하고 전옥서의 이례(吏隷)라고 할지라도 출입은 허가하지 않았다. 특히 여옥(女獄)에 있어서는 더욱 엄중하여 함부로 접근하는 것을 금지하였다.

가추와 뇌옥은 자주 청소하도록 하고, 수감자의 질병에 대해서는 월령(月令: 당직의원)이 증상을 확인하고 보고하여 가벼운 죄일 경우 보석(保釋)하고, 죄가 중할 경우 약물로 치료하도록 하였다.

조선에서는 통치의 기본이념을 인정(仁政)에 두었기 때문에 역대 왕들은 형벌을 가볍게 하고 죄수를 보호하는 조치를 휼형(恤刑)이라고 하여 선정(善政)의 징표로 삼았다. 그래서 조선의 모든 형사법에는 반드시 휼수(恤囚)에 관한 구체적인 규정을 두어 억울하게 옥에 갇히거나 죄수의 처우를 소홀히 하는 일이 없도록 특별히 배려하였다.

고대로부터 인본주의적 전통을 가진 휼형사상은 고려를 거쳐 조선조에 들어오면서 더욱 정교하게 제도화되었다. 증보문헌비고 형고 휼형편(增補文獻備考 刑考 恤刑編)의 사례를 보면 사면, 감형을 비롯하여 연좌제 금지, 옥수의 병 치료, 옥의 청소, 태배법 폐지, 체옥(滯獄) 금지 등 형사사법 전 분야에 적용하였던 것을 알 수 있다.

〈참고자료〉 휼형(恤刑)제도

1. 의의 :

휼형제도란 삼국시대부터 시행되었던 것으로 범죄인에 대한 수사·신문·재판·형집행과정을 엄중하고 공정하게 진행하되, 처리를 신중하게 하고 죄인을 진실로 불쌍히 여겨 성심껏 보살피며 용서하는 방향으로 고려해주는 일체의 행위를 말한다.

2. 사례(조선시대)

① 인권보호책 : 남형을 방지하고 인권을 보호하기 위해 인신구속기관인 직수아문(直囚衙門)을 경국대전에 특별히 규정하고, 죄수를 보호하는 휼수의 규정을 두어 구금된 자의 법적 보호제도 마련

② 사면 : 죄를 용서하여 벌을 면제하는 것

③ 감강종경(減降從輕) : 사형에 해당하는 죄는 유형으로, 유형은 도형으로, 도형은 장형으로 강등하여 처리하는 오늘날의 감형제도

④ 보방제도(保放制度) : 구금 중인 죄인의 건강이 좋지 않거나 구금 중 친상을 당한 때엔 죄인을 옥에서 석방하여 불구속상태로 재판을 받게 하거나 상을 치르고 난 후 다시 구금하는 것으로 오늘날의 구속집행정지, 형집행정지, 귀휴제도와 유사한 제도

제4절 근대적 행형의 성립과 발전

1. 근대행형의 도입기(갑오개혁)

조선왕조는 19세기 후반에 이르러 다년간의 정치적 부패와 실정으로 인하여 위기에 직면하게 되었다. 흥선대원군의 개혁정책은 봉건사회의 한계를 벗어나지 못하고 근대사회를 지향하는 국제정세에 대처하지 못하는 결과를 초래하게 되었다. 1876년 개항 이후 자기혁신과 외세의 침탈이라는 모순 속에서 이루어진 갑오개혁을 계기로 우리나라는 전통사회에서 근대사회로 전환하는 분수령을 맞이하게 되었고 행형제도 또한 변화의 급물살을 타게 되었다.

1894년 갑오개혁으로 고종은 홍범 14조(개국 503년 12월 12일)를 통해 자주독립국과 내정개혁의 실시를 선포하였다. 이는 민 · 형사법의 제정과 불법감금, 불법형벌의 금지 및

인민의 생명 · 재산의 보호가 개혁의 지침이 된 것으로 세부적으로는 형조의 폐지와 법무아문(法務衙門)의 신설, 연좌제의 폐지, 고형금지(拷刑禁止), 민 · 관의 재판권을 법무아문에 귀속, 경무청 관제 개편, 감옥사무를 내무아문(內務衙門)으로 이관, 감옥규칙의 제정 등을 들 수 있다. 특히 1895년 3월 5일 법률 제1호로 제정된 재판소구성법(裁判所構成法)은 행정권으로부터 사법권을 독립시킨 것으로 근대 사법제도의 기본원리를 실체적으로 도입한 것이었다.

사법제도가 개편되면서 행형제도에도 큰 변화를 맞게 되었다. 일반 행정업무의 일부로서 관장하던 행형사무를 새로 설치한 경무청의 소관으로 정하고 형조에 소속되었던 전옥서를 경무청 감옥서(監獄署)로 변경함과 동시에 직수아문에 부설되어 있었던 옥(獄)을 모두 폐지함으로써 행형사무를 일원화하였다.

형벌에 있어서도 장형을 폐지하고 도형을 징역으로 바꿨다. 유형은 정치범에 한해서 적용하도록 하였으며, 미결수와 기결수를 구분하여 분리 수용하게 하고 징역형을 받은 자는 감옥서에서 노역에 종사시키도록 하였다. 그리고 감옥운영의 기준이 되는 감옥규칙과 징역수형자의 누진처우를 규정하는 징역표(懲役表) 등을 제정하였다. 이러한 행형제도의 변화는 기본적으로 근대 자유형제도를 확립시키려는 것이었다.

1) 광무시대의 행형(1897~1907)

광무시대에는 복잡한 국제정세 속에서도 우리 고유 행형제도의 성격을 살리면서 갑오개혁 당시의 법령을 보완하고 점진적인 제도개선으로 근대적 행형의 기반을 구축하였으나, 일제의 침탈로 결실을 보지 못하게 되었다.

갑오개혁으로 전옥서는 내무아문으로 이관되면서 감옥서로 명칭을 변경하고 경무사(警務使)의 직할로 두었다. 그리고 내무아문 직할의 경무청이 창설되면서 좌 · 우포도청과 직수아문제 사옥은 폐지시키고 감옥기구를 감옥서로 일원화시켰다. 이후 감옥사무는 내부(內部) 산하의 경무청 소관이었다가 1907년 12월 13일 내부에서 다시 법부(法部)로 이관되었다.

지방에서도 각 지방관아에 있던 감옥을 감옥서로 개편하였다. 그러나 종전의 옥사를 그대로 사용하였고 상당 기간 종전의 제도를 유지하였으나, 점차 지방감옥도 중앙의 감옥에 준하여 운영하게 되었다.

(1) 처우제도의 발전

갑오개혁의 행형개혁은 전통적인 5형 제도를 자유형 중심의 행형으로 전환시키는 계기를 만들었지만 실제적으로 근대 자유형이 확립된 시기는 광무시대부터이다.

고려 · 조선조에는 자유형에 해당하는 도 · 유형의 집행을 일반 행정관청에서 관장하였으며 또 개선을 목적으로 하는 교육이나 직업훈련 등의 처우는 고려되지 않았으나, 갑오개혁 이후 형벌의 기초가 되는 형률명례(刑律名例)를 비롯하여 감옥규칙 등이 시행되면서 근대적 자유형이 정착되고 수형자에 대한 처우개념이 성립되었다. 또한 이를 보장하기 위하여 여러 행형관계법규들이 제정되었다.

법률 제3호로 제정된 형률명례에 의해 형구의 종류와 사용범위를 정하여 이전의 제도를 대폭 개선하였고, 주로 수용자에 대한 처우규정을 정한 감옥세칙에서는 지급물품에 대한 급여기준, 위생과 청결, 운동시간, 질병예방과 치료, 접견, 상여(賞與)자에 대한 우대, 징벌 등을 규정하였다. 이러한 처우규정은 종전에도 있었지만 구체적이고 실제적인 처우기준을 상세히 정한 것은 이때부터이다.

또한 수형자의 작업에 관한 규정을 정하였는데 수인의 작업은 체력에 따라 부과하여 공전을 지급하였고, 그중 10분의 8은 감옥비용에 충당케 하고 10분의 2는 만기 석방 시에 지급하도록 하였다.

(2) 근대적 행형법규 제정

① 감옥규칙

1894년(고종 31년) 11월 25일에 감옥규칙(監獄規則)이 제정되어 새로운 감옥사무의 지침을 마련하였다. 이때 처음으로 미결감과 기결감을 구분하고 판사와 검사의 감옥순시를 명시하였으며 재감자의 준수사항 등이 규정되었다. 1898년 1월 19일에는 감옥규칙의 시행령에 해당하는 감옥세칙을 제정하였다.

② 징역처단례와 형률명례

1895년 4월 16일 법률 제4호로 '유형분등(流刑分等)과 가감례(加減例)에 관한 건'을 제정하고, 동년 4월 22일 법률 제6호로 '징역처단례(懲役處斷例)'를 제정하였다. 이듬해 4월 4일에는 형률명례(刑律名例)를 제정하고, 유형분등과 가감례, 징역처단례 등을 폐지하였다. 이것은 조선 구제(舊制)의 형벌제도를 근간으로 하면서 근대적 법률체계를 갖춘 과도기적

형법의 형태를 보여주고 있으며 제정 이후 4차례 개정되었다. 이 법에서는 종래의 장형은 없애고 형의 종류를 사형 · 유형 · 도형 및 태형의 4종으로 구분하고 사형을 교형(絞刑)으로 하였다.

③ 형법대전

1905년 4월 29일 제정된 형법대전(刑法大典)은 대한제국의 마지막 형법으로 근대 서구의 법체계를 모방한 법전이지만 내용에 있어서는 조선의 전통적 형법의 율례를 많이 포함하고 있다. 이 법의 시행과 동시에 대전회통의 형전 및 대명률과 형률명례 등을 모두 폐지함으로써 형률관계의 법률을 일원화시켰다.

④ 기타 법규

1894년 일종의 단계처우법이라고 할 수 있는 '징역표(懲役表)'가 제정되었고 1894년 12월에는 '형구를 제한하는 건'을 제정하여 감옥에서의 형구사용을 제한하였다. 또한 '처참 · 능률을 폐지하되 용교(用絞) · 용포(用砲)하는 건'을 통해 사형에 있어서 능지처사형과 참형을 폐지하고 민간인의 사형은 교형으로 하였으며 군율(軍律)의 사형은 총살로 할 것을 규정하였다. 같은 해 9월 죄인을 신문함에 있어서 고형(拷刑)을 금(禁)하는 건을 제정하였다.

2) 융희시대의 행형(1907~1910)

일제는 1905년 러일전쟁 승리로 인하여 조선에 대한 지배권을 국제적으로 인정받은 후 을사조약을 체결하여 외교권을 박탈하고 독점적 지배권을 행사하는 통감부정치를 시작하였다. 그 후 1907년 헤이그밀사사건을 계기로 고종황제를 퇴위시키고 한일신협약을 체결하여 군대를 해산하고 사법 · 경찰권을 장악하여 그 지배권을 강화하였다.

(1) 기유각서의 체결

1909년 7월 12일 '한국의 사법 및 감옥사무를 일본 정부에 위탁하는 각서', 즉 기유각서(己酉覺書)를 통해 대한제국의 감옥사무는 일제에 의해 박탈당하여 통감부 사법청(司法廳)에서 관장하게 되었으며, 1909년 10월 30일을 기하여 대한제국의 사법 및 감옥에 관한 어러 법령을 폐지하였고, 같은 해 11월 1일부터 통감부의 법령을 적용함으로써 조선 말기 근대행형이 성립된 이래 국내외 정세변화에도 꾸준히 추진되어 오던 자주적 행형 개혁은 중단되었고 일본의 행형제도를 그대로 옮겨 놓는 식의 변화를 맞게 되었다.

(2) 감옥관제 제정과 감옥 설치

갑오개혁 이후 감옥사무는 내부(內部)의 경무청 업무에 속하여 1907년까지 약 13년을 지속하여 왔는데 그동안 경무청관제는 수차례에 걸쳐 변화되어 왔으나 감옥관제도에는 별다른 변동이 없었다. 그러나 1907년 12월 13일 '법부관제(法部官制)'와 함께 칙령 제52호 '감옥관제'가 제정되어 감옥사무는 내부관할에서 법부관할로 이관되면서 경무청관제에서 독립하게 되고 감옥관계의 조직과 법령이 대폭적으로 개편되었다.

1907년 12월 27일 법부령 제1호로 '경성감옥서를 설치하는 건'을 반포한 데 이어 이듬해 4월 법부령 제2호로 전국 8개 감옥의 명칭과 위치를 정하여 반포하였고, '감옥분감의 설치령'이 제정되어 8개소의 분감이 전국에 설치되었다.

(3) 수용실태

본래 조선시대의 옥은 오형(五刑) 등을 집행하기까지의 미결수를 수용하는 곳이고, 또 인정(仁政)을 표방하여 감옥은 비어있게 하는 것을 이상적으로 생각했기 때문에 조선의 전옥서는 100명 정도를 수용할 수 있는 시설에 불과하였고 나머지 시설은 그에도 미치지 못하는 소규모였다. 그러나 이 시기의 감옥에는 일제의 침략정책에 항거하는 많은 의병과 지사들이 수용되었음을 볼 때 당시의 수용 실태는 매우 혼잡하고 처우 또한 가혹하였음을 알 수 있다. 당시의 수용상황을 '조선구시의 형정'에서는 이렇게 기록하고 있다.

'1908년(융희 2년) 말에는 전국 수감인원이 이미 2,000명을 넘어섰으므로 감방 면적 3.3m² 에 대한 평균 수용인원은 7명에 달하고 결국 옥사는 충만하여 넘치게 되었다. 그렇지 않아도 무리하게 가득 채워서 수용했기 때문에 3.3m²당 평균 수용인원은 10여 명으로 다수에 이르렀다. 그 무렵에는 거실수용자들이 베개를 베고 편안하게 자는 것은 생각할 수도 없어서 재방자의 1/2 혹은 1/3씩 교대로 누워 자게 하였다.' 대구감옥의 감방은 3개 방에 15평이었는데 수감자가 150명이나 되었고 공주감옥은 방 안에 변기를 넣을 공간이 없어 감방 앞에 항아리를 놓아두고 호스를 방으로 연결하여 용변을 보기까지 하였다.

함흥감옥에서는 감방 내에 상 · 하단의 선반을 설치하고 마치 2층처럼 만들었는데 천장이 낮은 온돌방을 2단으로 나누었기 때문에 가로로 누워 있을 수는 있었으나 일어날 수가 없었다.

(4) 행형관계법규

'감옥관제(監獄官制)'는 일제강점기 동안 우리나라의 감옥업무를 규제하는 첫 규정으로 이후 계속하여 행형관계 법령들이 제정되었다. 법부령 제2호 및 제19호로 전국에 감옥과 감옥분감을 증설한 이외에도 법부령 제3호로 간수(看守)와 간수장(看守長) 중간에 간수부장(看守部長) 직급을 신설하였다.

이 시기에 제정된 행형관계법규는 간수 · 여감취체(女監取締)직무규정, 간수채용규칙, 간수 · 여감취체급여품규칙, 미결수 및 기결수압송규칙, 감옥관복장규칙, 재감인보관금품처리규정, 수감자식량규정 등이 있다.

2. 일제강점기의 행형

1) 행형기구

1909년에 체결된 기유각서에 의해 한국의 사법 및 감옥사무를 일본에서 행사하게 되자 한국의 법부는 폐지되고 통감부의 사법청에서 감옥사무를 관장하였다. 1909년 10월 21일 통감부령 제31호로 전국의 감옥을 본감 9개소와 분감 9개소로 정하고 과거의 감옥시설을 약간 변경하였는데 이때 광주감옥 목포분감이 신설되었다.

국권피탈 후 1910년 9월 29일부터 조선총독부관제가 시행됨으로써 통감부 사법청은 총독부 사법부로 개편되었고, 1919년 3 · 1운동 이후 무단정치에서 소위 문화정치로 정책을 전환하면서 총독부의 부(部)를 국(局)으로 변경하여 사법부는 법무국(法務局)으로 개칭되었다.

한편, 3 · 1운동 후 전국 감옥의 수용자 수가 폭증하게 되자 이를 계기로 감옥시설을 크게 확장하게 되어 같은 해 5월 대전감옥을 신설하고 영등포, 신의주, 청진, 목포, 전주의 5개 분감을 본감으로 승격 개편하였으며, 1921년에는 7개소의 분감을 신설하였다. 1923년 5월 5일에는 총독부령 제72호로 감옥의 명칭을 형무소(刑務所)로 바꾸었다.[133)]

2) 행형법규

1909년 10월 31일을 기해 한국의 감옥규칙을 비롯한 감옥관계 법령을 모두 폐지하고 일본 내각 고시 제34호 '사법감옥사무에 관한 일본국 칙령 · 통감부령 · 통감부고시를 반포하는 건'에 의하여 동년 11월 1일부터 통감부령에 의해 감옥사무를 집행하였다. 그러나 조

133) 교도소 명칭의 변천 영어·뇌옥·형옥·수옥(삼국시대) ⇨ 전옥서(고려, 조선) ⇨ 감옥서(1894) ⇨ 형무소(1923) ⇨ 교도소(1961)

선감옥령을 공포한 1912년 3월까지 행형의 기준이 되는 근거법령도 없이 감옥사무를 처리하였다.

1912년 3월 제령 제14호로 공포한 '조선감옥령(朝鮮監獄令)'은 단순히 일본의 감옥법(監獄法)을 조선에 적용하되 특별한 법령이 있을 경우에는 예외로 하도록 규정하였다. 총독부에서는 주로 일본법령에 의하여 한국의 감옥관계법규를 시행토록 조치하였으며, 1910년 9월 조선총독부 감옥관제를 공포하고 같은 해 10월 감옥 및 감옥분감의 명칭 · 위치를 공포하였다.

또한, 감옥관리의 인사 및 임용에 관하여 1911년 '간수채용규칙'을 공포하고, 1918년 '간수교습규정', '간수부장선임에 관한 건' 등을 공포하였으며 수용관계에서는 1917년 '감옥의 수용구분' 등을 공포하였다.

3) 수용자 처우실태

조선총독부의 감옥제도는 식민통치의 탄압수단의 일환으로 운영되었기 때문에 수용자에 대한 처우는 권위주의에 입각하여 엄격하였다. 법제에 있어서는 감옥법을 비롯한 일본의 행형법규를 의용하였으므로 외형상 근대적인 모습을 보여주고 있지만 실제에 있어서는 응보적이고 위하적인 행형정책으로 일관하였고, 특히 독립운동가 등 사상범에 대해서는 극도의 비인간적인 처우가 행하여졌다. 재감자에 대한 사별과 고문은 공공연하게 지속적으로 이루어져 행형관리와 수용자 모두가 당연하게 여길 정도였고 사소한 소내 규율의 위반에도 중징벌을 부과하였다.

또한, 목적형주의를 표방하면서 수형자의 교회(教誨)제도, 누진처우제도를 시행하였으나 일제의 학정을 포장하기 위한 허구에 지나지 않았으며, 행형교육은 일제의 신민황도화(臣民皇都化)와 민족말살을 도모하는 데 초점을 맞추었다. 일제강점기 감옥시설은 재감인의 인권을 도외시한 구금 및 계호 위주의 시설이어서 대부분의 감방은 채광과 통풍이 잘되지 않았고 용변시설을 짓지 않아 방 안에서 변통(便桶)을 사용해야만 하였다.

1941년 태평양전쟁이 시작되자 일제는 보국대(保國隊)라는 명칭으로 군수품 제작, 군용비행장 건설에 수형자의 노동력을 활용하였고, 대만 남쪽의 하이난(해남도)까지 1,800명의 수형자를 강제로 보내 채광작업에 투입하였다.

일제의 가혹한 식민통치에도 굴하지 않는 우리 민족에 대한 극심한 차별과 탄압은 수많은 구금자를 양산하였고 감옥의 계속적인 증설에도 불구하고 수용면적이 매우 부족하였다. 1909년 감옥사무가 일본에 넘어갈 때 5,300여 명이던 수감자가 1918년에는 12,249명(연말 기준), 1933년에는 18,957명, 1940년에는 23,532명으로 증가하였고, 수용밀도의 증가는 감옥의 위생, 급식상황을 악화시켰으며 굶주림과 질병으로 수감 중 사망자가 속출하였다.

한편 일제는 초기부터 가혹한 법률로 한민족을 억압함으로써 수용자가 폭주하여 1930년대까지 이러한 상태가 계속되었으므로 급양사정도 매우 나빴다. 그리하여 일제시대 감옥에서 겪는 가장 큰 고통은 굶주림이었다. 일제총독부시대가 시작되면서 수감인원이 날로 증가하여 수용거실은 제대로 앉지도 못할 만큼 비좁았고, 탄압적인 식민정책으로 인하여 수감자에 대한 의료와 보건에도 전혀 무관심하였다. 그리하여 감염병 등 질병이 유행하고 사망자가 속출하기도 하였다.

3. 미군정 시대의 행형

1) 행형기구

해방과 동시에 우리나라는 일제의 식민지 통치에서 벗어나게 되었지만 복잡한 국제정세 속에 남한에는 미군정이 실시되어 미군정 당국에서 형무기관을 인수하였고, 북한의 형무소는 소련군에게 접수되었다.

1945년 9월 7일 미국 태평양방면 육군총사령관 맥아더(D. MacArthur)는 포고 제1호를 통해 남한에 군정을 실시할 것을 포고하였고, 서울에 진주한 미군 사령관 하지(John R. Hodge) 중장과 아베 노부유키(阿部信行) 총독의 항복서명식이 거행됨으로써 36년에 걸친 일제총독부 통치는 종식되고 38°선 이남에서 미군정이 시작되어 대한민국 건국까지 약 2년 11개월 동안 지속되었다. 한편, 1947년 5월에는 군정법령 제141호로 입법 · 사법 · 행정의 한국인 기관을 '남조선과도정부'로 호칭하고 직접통치에서 간접적인 통치방식으로 전환하였다.

미 군정청은 조선총독부로부터 38°선 이남에 위치한 형무소 12개소, 형무소지소 7개소, 형무관연습소를 인수받아 몇 차례의 기구개편과 통 · 폐합 등의 조정을 거쳐 과도정부기에는 18개의 형무소와 1개 지소 및 형무관학교를 운영하였다. 소련군이 진주한 38°선 이북의 형무소는 북한의 임시 행정기구인 인민위원회의 관할하에 놓이면서 교화소(敎化所)로 명칭을 바꾸었다.

2) 행형법규

1945년 10월 군정 법령 제11호는 민주정치와 법률상의 평등을 실현하기 위해 일제가 시행하던 한국인에게 차별과 압박을 가하는 모든 정책을 철폐하고, 정치범처벌법, 치안유지법 등 관련 법률을 폐지하였다. 그러나 동년 11월 군정법령 제21호로 한국에 적용되었던 일본 법령 중 폐지된 것을 제외하고는 당분간 그 효력을 가지도록 하여 감옥법을 비롯한 행형관계법령은 대부분 그 효력을 지속하게 되었다. 그러므로 미군정시대에는 일제시대의 '조선감옥령'을 의용하고 조선총독부의 행형조직을 그대로 인수하여 운영하였기 때문에 일제의 잔재를 완전히 불식시키지는 못하였다.

3) 수용자 처우실태

미국 교정의 이념에 근거를 둔 수형자의 인권을 보호하고 그 처우를 개선하려는 노력이 있었는데 그 대표적인 것으로 선시제도 및 재소자 석방청원제의 실시, 형구사용의 제한과 징벌제도의 개선을 들 수 있다.

1946년 동아일보 기사를 보면 '역시 전옥의 설명을 듣건대 전에 비하여 대우도 많이 개선되어 전에 1등으로부터 8등까지 있는 밥을 1 · 2 · 3등으로 등급을 고쳐 놓았다. 그러나 작금과 같은 식량난은 형무소에도 영향을 받고 있으며 피복에 더욱 곤란을 느끼고 있다는 것이다.' 하여 일제강점기에 비해 실질적으로 처우가 개선되고 있음을 알 수 있다. 그리고 1949년 동아일보 기사를 보면 '형무소 포화상태 중파렴치범 가출옥, 기 · 미결수용자 총 수 이만 이천: 현 수용자 수는 남한 17개 형무소의 현 수용능력의 2배에 달하는 것으로 강도 초범 같은 중파렴치범도 가출옥을 하고 있으며, 수용자 의량비가 70원으로 수용자의 처우도 열악하므로 조치가 필요하다'라는 내용을 다루고 있음을 볼 때 해방 이후의 수용자에 대한 교정처우는 별다른 개선이 없었음을 알 수가 있다.

제5절 현대 교정의 발전

1. 「형의 집행 및 수용자의 처우에 관한 법률」의 제정과 도약

1945년 8월 15일 광복 이후 미군정은 일제시대 감옥법(조선감옥령)을 그대로 의용하였고, 1950년 3월 2일 「행형법」이 제정 · 공포되었다. 그러나 종래의 행형법은 수용자에 대한 처우 및 인권에 대한 규정의 미흡함에 대해 많은 지적이 있어왔고, 이에 대해 수차례에 걸쳐서 개정을 하였지만 근본적인 개선안은 되지 못하였다. 이러한 문제를 직시하고 2007년 12월 21일 「형의 집행 및 수용자의 처우에 관한 법률」을 제정함으로써 수용자 처우 및 인권보장에 대한 획기적인 발전을 가져오게 되었다. 즉, 수용자 처우를 제한하는 주요사항이 법률이 아닌 하위법령이나 소장에게 위임되어 있어 교정법률주의가 미흡하다는 판단에 따라 시행령 및 각종 예규 등에 규정된 중요사항을 법제화하였고, 2008년 12월 22일에 시행하게 되었다.

제정의 주요 내용은 차별금지 사유 확대(동법 제5조), 편지의 검열제도 개선 및 집필 사전허가제 폐지(동법 제43조 제4항 및 제49조 제1항), 여성 · 노인 · 장애인 및 외국인수용자 처우규정 신설(동법 제50조~제54조), 수형자 개별처우 계획 수립 등 규정 신설(동법 제56조 및 제57조), 교정시설의 구분 구체화(동법 제6조 및 제57조 제2항), 분류심사 전담시설 지정 · 운영 규정 신설(동법 제61조), 종교의 자유 신설(동법 제45조), 미결수용자의 무죄추정 및 합당한 지위보장 규정 신설(동법 제79조 및 제85조), 전자장비의 사용 및 한계규정 마련(동법 제94조), 보호장비(계구)의 종류 변경(동법 제98조), 마약류사범 · 조직폭력사범 등에 대한 특별관리 규정 신설(동법 제104조), 징벌종류의 확대(동법 제108조), 보호실 · 진정실 수용규정의 신설(동법 제94조 및 제95조), 청원제도의 다양화(동법 제117조), 교정자문위원회 제도의 도입(동법 제129조), 부정물품 반입 · 수수 등에 대한 벌칙규정 신설(동법 제132조)과 기타 수용사실의 가족통지, 집중근로에 따른 처우, 사형확정자 처우규정 등이 신설되었다.

2. 수용환경 및 제도의 개선

1980년대 중반까지의 교정시설 수용환경은 매우 열악한 상황이었다. 그때까지만 해도 교정행정의 노력은 수용자의 처우개선보다는 시설 및 기본적인 수용생활을 위한 개선이 대다수였다. 예컨대, 수용거실의 환기장치 설치와 사동거실의 돌출식 화장실 부설(1961년), 수용자의 진료, 위생, 보건관리를 위한 각 교도소에 의무과 설치(1960년대 말), '재소자 일상용품 급여기준'을 정하여 세면용구와 휴지 등을 정기적으로 지급(1979년), '재소자 주 · 부식 급여규정'을 개정하여 수용자의 주식 혼합비율을 기존 쌀 30%, 콩 20%, 잡곡

50%이던 것을 쌀과 보리 각 50%를 혼합하여 급여하도록 조정(1986년)한 것이 주요 개선 내용이었다.

1980년대 후반에 와서야 수용자 처우에 대한 개선이 본격적으로 시작되었다. 예컨대, 모든 수용자에 대한 라디오 청취와 교화상 필요한 수용자에 대한 TV 시청 허용(1988년), 수형자 삭발제도를 폐지(1994년), 징벌의 종류 중 감식 폐지(1995년) 등이 그 예가 될 수 있다.

한편, 2000년대에도 수용환경개선과 관련된 다양한 영역에서 개선이 이루어졌다. 예컨대, 재래식 화장실의 수세식으로의 개선(2002년), 거실 내에서의 난방설비 설치시공(2002년), 싱크대의 설치(2004년), 화장실 및 목욕탕 개선(2006년), 전자경비 시스템 및 교정시설 직원의 참여 없이 접견이 가능한 무인접견시스템 구축(2006년), 전국 교정시설에서 개별적으로 운영되던 교화방송을 통합운영하기 위한 통합교화방송국 개국(2008년), 출입문 배식구를 개선(2009년), 생방송 뉴스 시청(2013년), 교정콜 민원센터 구축(2017년) 및 TV 채널 선택권 부여(2019년) 등이다.

3. 사회복귀 프로그램의 강화

교정시설의 현대화와 함께 수용자의 성공적인 사회복귀를 위한 다양한 처우제도의 도입이 활발히 이루어지고 있다. 수용자의 사회복귀를 위한 사회적응훈련센터로 운영하고 있는 천안개방교도소 외에, 수형자 자치제 전담교도소로 영월교도소(2011년)가 개소되어 운영되고 있다. 또한, 일종의 중간처우제도로서 수형자의 출소 전 사회적응훈련프로그램인 '소망의 집'이 현재 안양교도소(2009) 등 5개 기관에서 운영되고 있고, 밀양(2013)과 아산(2016)의 2곳에서는 '희망센터'가 설립되어 운영되고 있다. 수용자 자립을 돕는 차원의 제도로서는 기존의 직업훈련프로그램 이외에 구인 · 구직의 날, 출소예정자 허그 일자리 지원프로그램, 소자본 창업교육 및 지원프로그램 등이 협업의 형태로 실시되고 있다. 또한 첨단기술의 적용을 통한 성공적인 사례로서 원격화상접견제도(2003), 스마트접견(2015) 및 원격화상진료제도(2005)의 실시와 확산을 들 수 있다.

4. 치료중심 처우 프로그램의 활성화

심리치료 프로그램으로서, 수용자의 가족관계 유지 및 회복을 위한 가족접견제도 도입

(2012년), 성폭력사범에 대한 실효성 있는 처우를 위한 교정심리치료센터운영(2012년), 체계적인 전인교육을 위한 전국적인 집중인성교육 프로그램의 운영(2013년), 성폭력 · 아동학대, 마약 · 알코올 관련 사범 등 습관성 · 중독성 범죄자의 심리치료를 위한 교정본부 심리치료과 직제 신설(2016년) 및 일부 일선교정시설 심리치료과 신설(2020년), 그리고 아동친화형 접견실 구축(2017년) 등이 이루어졌다.

제3편
범죄학이론과 교정

Chapter_ 1
범죄원인과 범죄인 분류

제1절 범죄원인론과 교정에 대한 이해

어느 분야에서든 각각의 종사자들은 맡은 바 일의 성격에 대한 이해가 필요하다. 교정 분야에서도 역시 그 종사자들은 교정의 존재근거가 되는 범죄현상과 그 원인을 잘 이해해야 할 것이며, 그럼으로써 범죄자들을 효과적으로 다룰 수 있을 것이다. 범죄이론은 범죄에 관련된 다양하고 복잡한 요인들 간의 관계를 규명하는 것을 목적으로 한다. 이 관계에 있어서 이론은 한두 가지의 원인을 찾거나 어떤 요인들 간의 인과관계를 규명함으로써 모든 것을 다하는 것은 아니다. 어떠한 이론이 구체적인 자료에 의해 실증적으로 증명되는 경우에도 절대적 차원의 사실이라고 단정할 수는 없다. 이는 절대적 사실인가의 여부를 가리는 것보다는 어떤 경우에 이 이론이 유용한가의 유용성에 관점을 두는 것이 보다 타당하다는 의미이다. 이론의 유용성은 구체적인 입장이나 정황에 크게 의존한다. 범죄율의 동태적 분석을 연구하는 사회학자에게 어떤 유형의 범죄인에게서 뇌기능의 특정한 특징을 발견한 사실이 큰 의미가 될 수 없듯이, 개인의 잠재심리나 뇌기능을 연구하는 학자들에게 지역 간 범죄율의 차이점이나 이와 관련된 사회문화적 요인들은 큰 관심의 대상이 되지 않을 것이다. 두 집단의 관심대상과 분석단위가 제각기 사회현상이거나 혹은 개인의 심리나 뇌이기 때문에 서로 일치하지 않는 것이다. 그러나 범죄인을 다루고 이해해야 하는 교정 종사자들은 사회학자들의 거시적 분석은 물론 심리학자나 생리학자들의 미시적 분석 등까지를 포함한 다양한 학문 분야의 각 분석단위를 이해해야 한다. 주로 개인을 대상으로 하는 교정 종사자들은 각 개인의 행동이나 그들과 근접한 주변 환경을 다루는 이론들에 관심을 가질 것이다. 그러나 보다 전문적인 수준에서 포괄적인 시도를 하기 위해서는 다양한 접근단위와 관점에서 범죄원인을 이해해야 한다.

교정학이 타 학문과 구분되는 점 중의 하나는 무엇보다도 그 학문이 범죄나 비행을 저지른 사람을 대상으로 하고 있다는 점이다. 그러나 교정의 제반 활동은 그 대상은 범죄자이거나 비행자이지만, 이루어지는 곳은 교정시설이나 지역사회 어느 곳에서도 이루어질 수 있다. 그러므로 범죄행위가 발생한 이후 단계는 물론 이전 단계에서 발생했던 제반 요소 간의 관계를 규명하는 학문으로서 범죄학을 이해하는 것이 필수적이다. 교정정책적 측면이든 임상적 측면이든 그들의 필요를 충족시킬 수 있으면서 동시에 사회적으로 융화될 수 있는 방법을 찾기 위해서는 범죄의 원인에 관한 종합적인 이론적 모형을 정립하는 것이 중요하다. 범죄원인에 관한 기존의 이론과 접근시각을 이해함으로써 범죄자의 태도나 행동을 변화시킬 수 있는 보다 체계적인 지침을 마련할 수 있기 때문이다.

교정활동의 근간이 되는 범죄이론을 검토하는 데에는 3가지 목적이 있다.

첫째, 범죄이론은 '왜 누군가가 범죄를 저지르는가?', '왜 누군가는 형벌을 받은 이후에도 계속적으로 범죄를 저지르는가?', 그리고 '왜 누군가는 범죄를 더 이상 저지르지 않는가?'와 같은 보편적인 질문들에 해답을 제공한다.

둘째는 '이러한 해답으로 우리는 무엇을 얻을 수 있는가?'를 살피는 것이다. 최소한 이러한 해답은 범죄자들의 가치관, 태도, 관점, 합리화, 교정제도에 대한 반응 등을 이해하는 데 도움을 준다. 물론 현장에서의 실제경험을 통해서도 유용한 통찰력을 키울 수 있지만, 이러한 이론은 교정 종사자들이 재소자나 일반 범죄자들의 삶에 대한 보다 체계적이고 폭넓은 통찰력을 얻는 데 기여한다.

셋째, 범죄원인론은 형벌철학과 함께 행형학자들에게 가해자들의 문제를—예컨대, 교도소 내에 수형자 자치제도 운영상 문제 혹은 보호관찰이나 가석방조건의 설계 등— 이해하고 정책화하는 데 보다 나은 접근방식을 설계하게 한다. 만약 사회에서 사회복귀이론은 효과가 없고 실질적이지 않다는 등의 주장이 완고하게 지배하고 있다면, 교정의 최소한의 목표는 범법자들이 구금되어있는 동안 적어도 적절하고 인도적인 처우를 받아야 한다는 것에 귀착될 수 있게 기여한다. 범죄이론이 비실용적이라고 말하는 것은 전염병이론(질병이 어떻게 발생하며 어떻게 사람들을 병들게 하는가를 다루는 이론)이 비실용적이라고 주장하는 것에 비유할 수 있다. 전염병 예방학자들에게 이론의 근거에 따라 병의 전염경로를 조사하고 원인을 제거하기 위해 노력하는 것이 필수적인 것은 자명한 일이다. 이는 범죄이론과 교정과의 관계에서도 똑같이 적용된다.

후속 장의 내용 역시 본 장에서 기술될 범죄 원인론을 그 바탕으로 하고 있다. 그러나 본 장에서는 본서의 성격상 범죄학이론의 모든 부분을 개괄하지는 않을 것이며, 저자의 판단하에 가장 대표성이 있는, 특히 교정학적으로 의미가 있는 이론만을 선별할 것이다.[1] 우선, 기초적인 내용과 틀을 정리하고 이후 교정학적 측면에서 적용될 수 있는 핵심적 요인들을 기술할 것이다.

현재 우리나라의 범죄학이나 교정학 관련 논문이나 서적은 각각 상당량 출판되어 있으나 범죄이론과 교정업무가 어떻게 연계될 수 있는가에 대한 기술은 찾아보기 어렵다. 본 장에서는 개인적 차원의 생물학적, 심리학적 이론에서부터 거시적인 사회학적 이론들이 교정의 실제에 어떤 의미를 갖고 있으며 어떤 기여를 하고 있는지를 기술한다.

범죄행위에 대한 이론은 매우 다양하고 복잡하며 수많은 요인들에 의해 설명되고 있다. 범죄학은 독립적 학문 분야라기보다는 관련 학문 분야의 이론들이 응용된 종합적 성격을 띤 융합적인 학문이라 볼 수 있다. 본서에서는 그간 역사적으로 주장되어 온 다양한 범죄이론을 가장 보편적인 기준에 의해 세 가지 유형으로 분류하여 기술하고자 한다. 세 가지 유형에는 신체적 · 생리학적 이론, 심리학적 이론, 그리고 사회학적 이론이 포함된다.[2]

신체적 · 생리학적 이론에서는 범죄의 원인이 신체적, 생화학적, 호르몬적 혹은 중추신

1) 교정학 학도나 교정 분야 종사자에게 범죄학 이론에 대한 이해는 필수적이다. 행형이 아닌 교정을 표방하는 학문으로서 일정한 범위 내에서 교정심리 및 상담 분야가 포함되어야 한다고 볼 때 범죄학이론에 대한 적정한 이해는 필수적이라고 보는 것이다. 그러나 범죄학의 모든 영역의 섭렵보다는 교정에 적용되고 연계되는 중요 개념을 이해함이 보다 중요하다 하겠다. 본서의 출판을 기점으로 필요한 범죄이론의 범주와 이를 이해하는 방식에 변화가 있기를 기대한다.

2) 19세기 중반~20세기 초에 걸쳐 인류의 삶과 사고의 패러다임을 변화시킨 위인들의 업적과 3대 실증주의 범죄학을 연계해 봄은 의미 있는 작업이다. 실증주의, 과학주의, 경험주의와 같은 시대적 흐름이 범죄학의 변화에 미친 영향이라 볼 수 있다.
- 생물학적 범죄학(biological criminology) – 찰스 다윈(Charles Darwin, 1809~1892)
- 심리학적 범죄학(psychological criminology) – 지그문트 프로이트(Sigmund Freud, 1856~1939)
- 사회학적 범죄학(sociological criminology) – 칼 마르크스(Karl Marx, 1813~1883)

경적 체계의 이상에서 기인한다고 본다. 이들 요인들은 예를 들어 타고난 유전자의 결함과 같은 생래적인 것일 수도 있고, 성장과정에서 자동차 사고에 의한 두뇌손상이나 부적절한 약물복용 및 식품섭취 등에 의한 이상(異常)과 같은 후천적으로 획득된 것일 수도 있다.

심리학적 이론은 범죄의 원인을 각 개인의 독특한 성격구조에서 찾는다. 이러한 성격은 특히 아이들이 부모에 의해 양육되는 방법에서 큰 영향을 받지만, 부분적으로는 아이들이 성장과정에서 겪는 특수한 경험과 직면하는 사건들에 의해 영향을 받는다고 본다. 심리학적 이론은 주로 부모와 자녀들 간의 상호작용과 아이들의 성격, 태도, 욕구 및 감정에서 비롯되는 결과에 초점을 맞춘다.

사회학적 이론은 범죄행동의 발달에 대한 사회적인 영향에 초점을 맞춘다. 이 이론은 심리학적 이론이 중시하는 가족관계보다는 사람들의 성장과정에서 접촉하게 되는 동료집단이나 하위문화와 같은 특정 사회적 환경, 그리고 형사사법제도(경찰, 검찰, 법원, 교정기관), 학교, 직장 등의 영향을 그 고려 대상으로 한다.

상기의 차이점에 따라 범죄행동에 대한 이 세 가지 주요 접근은 범죄자를 치료하고 처우하는 방법에 있어서도 각각 상이한 내용을 제시하고 있다. 따라서 각각의 대처방법은 신체적 · 생리적 치료, 개인과 가족의 치료 및 상담, 그리고 사회환경의 개선 등으로 요약될 수 있다.

제2절 자유의사론과 결정론

철학과 과학적 사고를 범죄학 연구에 적용시킨 것은 18세기 말 베카리아(Cesare Beccaria)와 벤담(Jeremy Bentham) 등으로 대표되는 고전주의 범죄학자들이 억제이론을 범죄학에 적용시키면서 시작되었다. 철학과 역사 편에서 전술된 바와 같이, 이들은 인간은 자유의지(free will)를 갖고 태어난 합리적 존재이기 때문에 손익계산에 따른 고통과 쾌락을 예상하여 행동하며, 따라서 그들의 행동에 따른 결과에 책임을 져야 한다고 믿었다. 그러므로 범죄행위에 대해 마땅한 형벌을 확실하고 신속하게 내리지 않으면 사람들은 당연히 범죄를 저지른다고 믿었다. 이와 같이 범죄자들은 스스로의 의지에 따라 위법행위를 한다는 생각이 거의 100년 동안 범죄연구를 이끌었다. 이는 '자유의사론' 혹은 '비결정론'이라고 칭해지는데, 범죄행위가 개인이 통제할 수 없는 어떤 힘에 의해 이루어진다는 '결정론'과 대칭되는 개념이다. 결정론에서 말하는 그 어떤 힘은 일반적으로 생물학적, 심리학적, 사회학적으로 구분하여 설명되고 있다.

롬브로소(Cesare Lombroso, 1836~1908)는 다윈(Charles Darwin, 1809~1882)의 진화론을 범죄학연구에 접목하였다. '롬브로소 학파' 혹은 '이태리범죄학파'로 알려져 왔는데, 범죄자들은 그들의 타고난 생래적 범죄성향 때문에 선택적 여지가 없이 범죄를 저지르게 된다고 믿었다. 이는 대표적인 생물학적 결정론으로서, 범죄인은 격세유전의 범죄형질을 가지며 유전적 결함(genetic misfits) 혹은 생물학적 퇴행(biological throwbacks)의 산물로 또는 덜 진화된 폭력적인 성향을 가진 존재로 인식하였다.[3] 롬브로소의 이론은 1876년 「범죄인」(*The Criminal Man*)이라는 저서로 최초로 알려졌는데, 고고학자, 심리학자, 그리고 경제학자들의 결정론적 연구에 큰 영향을 미쳤다. 실증주의자로서 이러한 사회과학자들은 인간의 내적 혹은 외적 여건들이 측정 가능하다는 입장에서 연구를 진행하였다. 결정론자로서 그들은 개인의 자유의지가 통제할 수 있는 한계를 넘어선 어떤 힘에 의해 사람들이 범죄자로 변하며 사회로부터 기피의 대상이 된다고 믿었다. 고고학 영역의 범죄학자들은 초기 생물학적 결정론자들과 같은 맥락에서 내면적인 범죄적 특성이 외면적으로 드러나는 특징을 측정함으로써 원인을 규명하고자 하였다. 심리학적 결정론자들의 경우는 인간의 마음으로부터 범죄를 결정하는 요인을 찾고자 하였으며, 경제학적 결정론자들은 이후에 등장하는 사회학적 결정론자들과 함께 부의 분배나 계층 간의 경제적 갈등에서 범죄유인의 조건이 생성된다고 믿었다.

범죄학계에 이러한 결정론이 대두된 것은 경험과 실증을 중시한 과학주의적 사조가 주류를 이루었던 당시 사회적 상황과 연계되어 있다. 실증주의적 범죄학에서는 범죄행위는 과학적인 방법으로 연구될 수 있으며 그 결과로 처방을 제시할 수 있다. 실제로 범죄학 분야에서의 이러한 과학적 접근방식의 적용은 범죄행위에 대한 새로운 방향에서의 해석을 가능하게 만들었다. 즉, 실증주의자들은 가해자라 할지라도 그 행위에 대해 모든 책임을 져야 한다는 주장을 부정하고, 가해자에 대한 처벌 역시 그 당위성이 항상 정당화될 수 없는 것이라고 주장하였다. 따라서 범법자들에 대한 일방적인 처벌보다는 치료적 접근이 필요하며 범죄를 유발시킨 외적인 여건이 개선되고 변화되어야 한다고 주장하기에 이른 것이다.

3) 박상기·손동권·이순래, 「형사정책」, 서울: 한국형사정책연구원, 1999.

고고학적 범죄학의 태동[4]과 이어지는 논쟁은 유럽 대륙에서 법의 이론적 기초를 흔들고 사법체계의 관점을 변화시켰다. 롬브로소의 제자였던 이탈리아 학자 페리(Enricho Ferri, 1856~1928)는 고전주의 행형사상에는 존재하지 않았던 '범죄적 인간'(homo criminalis)이라는 용어를 탄생시켰다. 이전의 고전주의이론에서 행형사법(penal justice)은 '법, 범죄 및 형벌'로 이루어진 삼각구도였다. 이 구도에서는 범죄를 행한 당사자인 '범죄인'이 제외되어 있었는데, 오늘날의 관점에서 볼 때 불합리한 구도라 볼 수 있다. 당시 그 자리는 형벌의 근거로 작용하는 '자유의지'라는 개념이 차지하고 있었다. 자유의지는 모든 사람들에게 공통적으로 당연히 존재하고 작동하는 것으로 믿었기 때문에 특별한 지적 연구의 대상이 아니었다. 고전주의적 전통에서는 누구에게든 자유의지에 따라 범죄를 저지를 잠재성이 있다고 전제하고 자유의지를 조정할 수 있는 합리적인 형벌정책을 실시하면 범죄는 억제될 것으로 인식하였다. 그러나 이러한 인식이 지배하는 가운데 범죄의 급증현상과 사회혼란이 가중되면서 형벌의 효용성에 대한 회의가 점증되어, '자유의지' 패러다임이 근간이 되었던 기존의 형벌 및 행형체계의 정당성이 무너졌으며, 그 결과 실증주의적 접근이 탄생하였다.

자유의사론이든 결정론적 입장이든 그 향방은 교정학적 측면에 매우 중요한 의미를 갖는다. 자유의사론에 따라 범죄행위가 개인적 판단의 결과로 인식된다면 그 책임은 개인에게 물어야 할 것이며 이는 개인에 대한 형벌의 부과로 이어지는 근거가 된다. 결정론적 입장에서 만약 범죄인에게 생래적인 범죄인자가 존재한다고 믿는다면 사회가 그들을 변화시키는 데 취할 수 있는 조치는 극히 제한적일 수밖에 없다. 이런 경우에 교도소의 목적은 위험분자들을 사회로부터 격리시키는 것뿐이다. 만약 경제적 혹은 사회적인 요인이 범죄행위를 저지르게 하는 요인이라면, 경제적 구조나 사회적 불평등을 변화시키거나 제거함

---

4) '고고학적 범죄학'은 19세기 말 신학적 패러다임을 초월하여 과학적인 방법을 통한 지식의 탐구시대가 도래함과 아울러 태동하였다. 찰스 다윈의 진화론에 영향을 받은 체사레 롬브로소, 엔리코 페리, 라파엘레 갈로팔로(이들 3인은 'the holy three of criminology'라 불린다) 등은 베카리아와 같은 고전주의학파의 '자유의사론'을 거부하고 진화론적 입장에서 연구하였다. 특히 페리와 갈로팔로는 역사적 사실을 통계학적으로 규명하고 고고학적 추구를 통해 범죄인을 연구하였다. 리처드 덕데일(Richard Dugdale) 또한 네덜란드 계통의 가계를 75년간 추적하여 1,000명의 후손 가운데에서 범죄성을 찾고자 했다. 거기에서 280명의 빈곤자, 60명의 상습절도범, 7명의 살인범, 140명의 기타 범죄자, 50명의 매춘부, 300명의 미성숙유아, 440명의 질병자를 발견하였다. 그는 이를 *The Jukes: A Study in Crime, Pauperism, and Heredity*(1877)라는 저서로 출판하였다.(Lanier, Mark M., and Stuart Henry, *Essential Criminology*, Boulder, CO: Westview Press, 1998, pp.93-97.)

으로써 미래의 범죄를 예방해야 할 것이다.[5)]

이러한 결정론적 시각과 비결정론적 시각 간의 논쟁은 학문적 차원은 물론 정책적 실천에 있어서도 지대한 영향을 미치고 있다. 실제로 각국의 범죄정책은 집권정당이 보수진영인가 혹은 진보진영인가에 따라 크게 차이를 보이고 있으며, 이는 범죄정책의 정치화에도 영향을 미쳐 다양한 논쟁을 일으키고 있다.

제3절 신체적 · 생리학적 이론

1. 롬브로소의 연구

전술된 바와 같이, 체사레 롬브로소(Cesare Lombroso, 1836~1908)는 최초로 범죄자의 특징을 체계적으로 연구한 사람이다. 그의 이론은 격세유전적인 신체적 변이에 의해 범죄자와 비범죄자가 구분될 수 있음을 제시하였다. 그는 범죄자를 인류의 진화과정에서 나타날 수 있는 생물학적 격세유전의 산물로 간주하고, 따라서 사회에 정상적으로 적응할 수 없다고 주장하였다. 범죄인은 열등한 동물적 본능을 나타내므로 그 결과 사회의 규범을 위반하여 범죄인이 된다는 것이다. 그의 연구는 방법론상 오류에도 불구하고 실험적이고 귀납적인 연구방법을 사용하였기 때문에 최초의 과학주의 혹은 실증주의적 연구로 일컬어진다.

---

5) 이러한 맥락에서 19세기 말 사회변혁을 주장한 수많은 주창자들은 운명적으로 비천한 환경에 태어난 사람들을 구제할 수 있는 사회공학(social engineering)을 주장하였다. 이는 사회행동의 과학적 연구로 얻어진 기초적인 식견(識見)이나 법칙을 응용하여 사회생활에서 당면하는 여러 가지의 실천상의 특수문제를 해결하고 또 그 때문에 요구되는 기술적인 문제들에 관하여 연구하는 학문(「두산백과사전」)을 말한다. 그러나 한편으로 범죄자들의 운명을 사회적 조치와 연계시키는 것을 반대하는 로버트 스펜서(Herbert Spencer, 1820~1903)와 같은 사회학자들도 존재하였다. 사회적 진화론자인 스펜서는 정부가 불행한 환경에 태어난 사람들의 삶을 변화시키려는 어떤 시도도 불필요하다고 주장하였다. 그는 스스로를 돌보지 않는 비천한 계층을 인위적으로 보호하면 사회는 도리어 물리적으로 그리고 도덕적으로 그 수준이 더 낮아진다고 하였다. 다윈의 자연적 선택에 의한 적자생존설에 입각하여 자유방임정책을 지지하였다. 따라서 자본주의에서의 빈부격차는 불가피한 것으로 보고 빈곤, 불황, 실업, 독과점, 환경파괴 등의 문제를 해결하기 위한 정부의 적극적 개입을 반대하였다. 시장중심경제체계를 반대하는 진보적 자유주의자들의 견해와 대립된다. Herbert Spencer, *The Study of Sociology*. Ann Arbor: University of Michigan Press. 1961 참고.

그는 다윈의 진화론에서 크게 영향을 받았으며, 「범죄인」이란 저서로 크게 주목을 받았다. 그는 다년간 교도소 재소자들의 두개골과 신체적 구조를 연구하여 범죄자의 신체적 특징을 발견하였는데, 그가 구분한 주요 범죄자유형에는 선천성 범죄인(born criminal), 정신이상성 범죄인(insane criminal), 격정성 범죄인(criminal by passion) 그리고 비상습적 범죄인(occasional criminal)이 포함되어 있다. 가장 주목받는 것은 선천성 범죄인인데, 격세로 유전되며 가장 위험하고 교정하기 어려운 유형이라 하였다. 한편 비상습적 범죄인을 다시 4가지 유형으로 분류하여 그 특징을 제시하였다: ① 유약하고 상황에 쉽게 휩쓸리는 기회성 범죄인(the criminaloid), ② 간질성 질환 범죄인(the epileptoid), ③ 습관성 범죄인(the habitual criminal), ④ 우연성 범죄인(the pseudo-criminal).[6)]

이후 여러 학자들에 의해 롬브로소의 연구에 대한 검증작업이 시도되었으며 연구방법론상 및 윤리적인 문제점들이 지적되고 있다. 롬브로소의 이론에 대한 대표적인 연구는 영국의 찰스 고링(Charles Goring)과 미국의 어니스트 후톤(Ernest Hooton)에 의해 이루어졌다. 이들의 주장 간에 일정한 차이에도 불구하고 범죄자들은 이미 생물학적으로 결정된 열등성을 가진 존재라고 본다는 점에서는 공통점을 갖고 있다.[7)] 한편, 1950년대에 이루어진 글루크 부처(Glueck & Glueck)의 연구는 구금된 비행소년 500명과 일반 소년 500명을 대상으로 체형[8)]과 비행 간의 차이를 비교하였다. 그 결과, 공격성과 폭력성향을 가진 근

---

6) Lanier and Henry, 1998, pp.94-95.

7) 영국인 고링은 재소자와 대학생, 군인, 교수, 병원 환자들과 머리 크기, 눈 색깔, 얼굴 모양 등을 포함한 37개의 신체특징과 범죄행위를 통계적으로 비교하였다. 그 결과, 신체적 특징에 따른 범죄자 유형은 존재하지 않는다 하여 롬브로소의 이론에 반대되는 입장을 취하였다. 그러나 롬브로소의 이론을 모두 부정한 것은 아니었다. 범죄자의 격세유전에 대해서는 부정하였지만, 범죄자는 범죄적 특질을 갖고 태어나며 일반시민보다 본래적으로 열등하다고 주장하였다. 이 연구결과는 1913년 「영국의 죄수」(*The English Convict*)라는 저서로 출판되었다.(Akers, Ronald L. and Christine S. Sellers 저, 민수홍 외 역, 「범죄학이론」, 2005, p.85.) 미국의 인류학자 후톤 역시 다양한 교정시설의 재소자 14,000명과 대학생, 병원 환자, 소방대원, 경찰관 등을 포함한 일반인 3,000명에 대한 신체적 특징을 비교 연구하여, 범죄인은 생물학으로 열등하며, 그 열등성은 아마도 유전적 원인에서 오는 신체적 차이—낮은 이마, 압축된 얼굴 등—일 것이라고 주장하였다.(「미국의 범죄인: 고고학적 연구」, *The American Criminal: An Anthropological Study*, 1939). 그러나 방법론상 결함이 다수 발견되었는데, 일반인과 재소자 간의 차이가 미미했다는 점, 큰 신장이 요구되는 경찰관과 소방대원의 비율이 감안되지 않았다는 점, 재소자 간의 차이가 일반인과 재소자 간의 차이보다 컸다는 점, 이미 가정을 참으로 정해놓고 이를 증명하기 위해 분석했다는 점 등이 지적되고 있다.(Lanier and Henry, 1998, pp.97-98.)

8) 글루크는 에른스트 크레치머(Ernst Kretschmer)의 체형분류를 근거로 내배협형(endomorphs), 중배협형(mesomorphs), 외배협형(ecctomorphs)으로 구분하여 범죄성향을 제시하였다. ① 내배협형은 둥글고 유연하며 두꺼운 목을 가진 유형으로, 외향적이며 사교적이고 비행이나 간헐적 사기범죄를 범할 유형, ② 외

육질 체형으로 분류된 중배협형(mesomorphs) 유형이 비행소년의 경우는 60%, 일반소년의 경우는 31%로 나타나 비행소년과 일반소년 간의 체형상의 차이점이 확인되었다. 그러나 차후 부모의 양육행태와 같은 다양한 변수들과 함께 분석되었을 때에는 체형은 비행에 영향을 미치는 다양한 요인 중의 하나에 불과하다는 결과가 나타났다.[9)]

이 이론은 교정의 실천적 관점에서는 사실상 큰 의미를 부여하기 어렵다. 이에 대한 해결책은 범죄자의 영원한 격리나 단종 등으로 요약될 수 있는데, 설사 그 원인이 실증된다 하더라도 윤리적인 측면을 간과할 수 없기 때문에 정책적으로 실현하는 데에는 어려움이 예상된다. 다만 후술하는 바와 같이, 생리학적 원인을 규명할 수 있는 과학기술의 발전이 이루어져 임상 부문에서 실증적인 증거를 제시할 경우 형사정책적 측면에서 재검토 작업이 요청될 수는 있을 것이다.

2. 유전적인 영향

일정한 범죄자들에게 생래적인 유전이 그들의 범죄행위에 중요한 역할을 한다는 실제적 증거들이 있다. 쌍생아 연구의 결과가 중요한 증거의 하나이다. 범죄를 범한 일란성(一卵性) 및 이란성(二卵性) 쌍생아를 찾아서, 쌍생아 중 나머지 한 명이 범죄자가 될 수 있는 확률을 밝히는 것이다. 그 확률은 일반적으로 일치율(concordance rate)이라고 불린다. 일란성 쌍생아는 동일한 유전자를 보유하고 있기 때문에 유전자가 범죄성에 중요한 요인이라면 두 사람 간에는 높은 일치율을 나타내야 한다. 이란성 쌍생아의 경우에도 유전자가 대개 50% 정도 중첩되어 있다고 볼 때, 역시 정도의 차이를 가지고 상대적인 일치율을 나타내야 할 것이다.

실즈(Shields)는 쌍생아에 대한 5개의 연구를 검토하여 일란성의 경우 평균 67%, 이란성의 경우에는 35%의 일치율을 보이고 있다는 것을 찾아냈다.[10)] 이는 일란성 쌍생아의 한

배협형은 가늘고 유약한 체격으로 민감한 신경계통이 발달하였으며, 간헐적 좀도둑을 범할 유형, ③ 중배협형은 강한 어깨와 뼈대를 가진 근육질형으로 폭력성 강력범죄를 범할 유형으로 구분하였다.(Lanier and Henry, 1998, p.98.)

9) Lanier and Henry, 1998, p.98. 글루크 등에 의한 원래 연구 출처: Glueck, Sheldon and Elinor Glueck, *Unraveling Juvenile Delinquency*, New York: Commonwealth Fund, 1950.: Glueck, Sheldon, "Theory and Fact in Criminology: A Criticism of Differential Association." *British Journal of Delinquency* 7, 1956, pp.92-109.

10) Shields, J. "Personality Differences and Neurotic Traits in Normal Twin School Children," *Eugenic Re-*

사람이 범죄자라면 나머지 한 사람이 범죄자가 될 확률은 67%라는 것을 나타낸다. 쌍생아에 대한 연구는 방법론상으로 여러 측면에서 검토되어 왔지만, 무엇보다도 쌍생아 각각의 성장환경상의 차이점을 들 수 있다. 쌍생아가 얼마만큼 유사한 환경에서 성장하였는가를 고려해야 하는데, 전혀 다른 환경에서 양육된 일란성 쌍생아가 유사한 행동을 보인다면 그것은 동일한 유전자에서 기인된 것으로 볼 수 있으며, 양육환경으로부터의 영향은 배제될 수 있다.

유전자의 범죄행위에 대한 영향력을 파악할 수 있는 다른 예는 소위 XYY 성염색체를 가진 남성들에 대한 연구이다. 보통의 남성은 XY 성염색체를 가지고 있고 극소수의 남성만이 XYY 성염색체를 가지고 있는데, 후자의 경우 폭력적인 범죄자로 될 확률이 높다는 것이다. 일반적인 신생 남아 중 XYY 남성은 약 0.01%를 차지하는데, 정신병자나 행형시설 환자의 경우에는 약 1%가 이러한 성염색체를 가지고 있고, 범죄형 정신병자를 수용하는 시설의 경우에는 약 2%의 남성이 이러한 결함을 가지고 있는 것으로 나타났다.[11] 그러나 후속으로 시행된 위트킨 등(Witkin et al.)의 연구의 결과는 이러한 초기 연구의 결과와 반드시 일치하게 나타난 것은 아니었다. 이 연구에서는 XYY 남성들 가운데 폭력적 범죄자가 많다는 사실은 발견되지 않았고, 일반적인 범죄를 범한 자들의 경우에는 그 수가 더 많은 것으로 나타났다.[12] 한편 지능지수를 함께 고려했을 때, XYY 남성의 평균지능지수가 정상인보다 낮은 것으로 나타났기 때문에 낮은 지능이라는 요인이 범죄행동에 영향을 주는 것으로 분석되기도 한다.

3. 두뇌손상

정신과 계통에서는 문제가 되는 환자를 검사할 때 그 환자가 범죄자이든 아니든 간에 두뇌손상의 징후에 대해 관심을 갖는다. 정신과에서는 통상 환자의 두뇌 이상(異常)을 판단하기 위해서 두뇌 속의 전기활동의 유형을 검사한다. 윌리엄스(Williams)의 연구결과를 보면, 일반 사람의 12%, 살인범과 강간범의 24%, 상습적 폭력범의 65%가 그들의 두뇌에

view, 1954, 45, pp.213-246.

11) Hook, E. "Behavioral Implications of the Human XXY Genotype", *Science*, 1973, pp.139-150.

12) Witkin et al., "Criminality in XYY and XXY Men", *Science*, 1976, pp.547-555.

서 비정상적인 전기반응을 보이는 것으로 나타났다.[13)]

환자가 사망하여 해부되기 전까지는 두뇌손상의 직접적인 증거를 찾는 것은 현실적으로 매우 어렵기 때문에 정신과나 신경과 의사들은 두뇌손상의 징후를 찾게 된다. 아기가 출생 당시 산소가 결핍되었었는가? 혹은 아기가 발작을 일으킨 적이 있었는가? 어린 시절에 높은 고열증세의 병을 앓은 적이 있었는가? 교통사고와 같은 두뇌를 손상시키는 어떤 사고를 당한 적이 있었는가? 아이가 학습능력에 지체증상을 보였는가? 두통에 시달린 적이 있었는가? 이러한 질문들에 대한 분석이 두뇌손상의 확실한 증거로는 될 수 없으나, 진단을 내리는 데 중요한 자료로 고려된다.

어떤 범죄자의 경우에는 뚜렷한 두뇌손상을 보이기도 한다. 예를 들어, 마크와 어빈(Mark & Ervin)은 한 여인의 경우에 있어서 사람을 살해하려는 공격적 발작이 뇌의 한 부분인 아미그달라(amygdala) 내의 비정상적 전기활동의 결과라는 것을 발견하였다.[14)] 아미그달라는 두뇌의 한 부분으로서 입천장 바로 위에 위치하고 있으며 아몬드 모양이다. 그녀에게서 아미그달라에 비정상적인 전기활동이 있을 때마다 동물적인 잔혹성과 공격적 행동이 나타났는데, 그 부분의 제거수술이 이루어졌을 때, 공격적 행동이 사라진 것이다.

4. 유독성 물질

식품첨가제, 비타민 결핍 및 기타 유독성 약물 등이 범죄행위에 영향을 미친다는 범죄이론이 있다. 불법적인 약물, 특히 암페타민은 범죄행동을 촉진시킬 수 있다는 주장이 그 예이다. 암페타민의 과다복용은 과대 망상적 정신분열증이나 특히 피해망상증과 같은 징후를 이끌어 공격적인 행동을 보이는 경향이 있다는 것이다. 물론, 마약과 범죄와의 관계를 설명하는 데 있어서 수많은 상반되는 논쟁이 존재하여 왔다. 상관관계로 보느냐 혹은 인과관계로 보느냐에서부터 여타 주변 변수들과 함께 고려되어야 한다는 등 다양한 시각과 주장이 제기되어온 것이다. 엘린우드(Elinwood)는 암페타민의 약물효과가 있는 상태에서 살인이 빚어진 사례를 연구하여 그 인과관계를 주장하였다.[15)] 그러나 어빈(Ervin)은 약

---

13) Williams, D. "Neural Factors Related Habitual Aggression", *Brain*, 1969, 93, pp.503–520.

14) Mark, V. and Ervin, F., *Violence and the Brain*, New York: Harper and Row, 1970.

15) Ellinwood, E., "Assault and Homicide Associated with Amphetamine Abuse," *American Journal of Psychology*, 1971, 127, pp.1170–1175.

물이 두뇌에 미치는 효과를 분석해 볼 때, 범죄행위가 비사용자보다 사용자에게서 더 많이 발견된다는 증거는 없다고 주장하였다.[16] 물론 이러한 논쟁 속에는 마약사용자가 범죄를 범하는 것은 마약 자체가 신체에 주는 영향보다는 마약을 구입할 자금을 마련하기 위한 것이라는 등 외적 변수의 영향이라는 주장도 있다. 그러나 이 주장은 약물이 두뇌에 영향을 주어 범죄행동을 촉진한다는 시각과는 분리되어 다루어질 문제라 하겠다.

또한 생물학적 결정론에는 생화학적 불균형을 근거로 한 주장들이 있다. 예컨대, 알코올이나 마약중독에 의한 범죄를 중독성 장애(addictive disorders)로 보고 이를 생화학적 불균형에서 오는 증상이라고 보는 견해이다.[17] 한편 성공사례가 제한적이긴 하지만 모종의 화학물질의 결핍과 범죄를 연계하는 주장이 있다. 여성에 있어서 에스트로겐(estrogen)과 같은 호르몬, 남성에 있어서 테스토스테론(testosterone)과 같은 호르몬을 말한다. 즉, 각 성별로 특징되는 호르몬의 결핍현상으로 인하여 범죄행위가 야기된다는 주장이다. 같은 맥락에서 생화학적 불균형과 관련된 주장으로서, 엘리스(Ellis)는 범죄인의 혈액에서는 자연발생적 효소인 MAO(monoamine oxidase)의 부족현상이 나타난다고 주장하였다.[18] 일종의 효소인 MAO는 뇌를 포함한 여러 곳의 신경전달물질을 통제하는 기능을 갖고 있는 것으로 알려져 있다. 엘리스는 MOA가 일반적으로 특정한 집단—즉, 남성, 청소년 및 20~30대 성인, 흑인—에게서 낮게 나타난다는 것을 발견하였는데, 이 집단은 미국에서 가장 많은 범죄인구층을 구성하고 있다. 물론 이 결과가 MAO와 부적절한 사회적 행위와의 인과관계를 확실히 설명하는 것은 아니다.

사실, 범죄인을 화학물질로 치료할 수 있다는 생각은 새로운 것은 아니다. 범죄인들에게 적용되는 화학적 치료요법들은 수십 년간 존재해왔다. 교도소나 정신병동에서 어떤 재소자들은 화학적 치료요법이 불가결한 경우도 흔히 있다. 어떤 가석방자나 보호관찰대상자들에게 화학적 치료요법은 조기출소의 조건이기도 하다. 많은 성범죄자들에게는 이러한 조치가 성적 강박관념과 관련된 위법행위를 통제할 것이라는 믿음에서 호르몬 치료방식이 제공되고 있다. 우리나라에서도 이미 기술한 바와 같이, 일명 화학적 거세법이라

16) Ervin, F., "The Biology of Individual Violence," in D. Mulvihill, M. Tumin, and Curtis(eds), *Crimes of Violence*, Vol 13, Washington DC: US Government Printion Office, 1969, pp.1017-1037.

17) Mark S. Gold, Arnold M. Washton, and Charles A. Dackis. "Cocaine Abuse: Neurochemistry, Phenomenology, and Treatment." In N. J. Kozel and E. H. Adams(eds). Rockville, MD: National Institute of Drug Abuse, 1985.

18) Lee Ellis, "Monoamine Oxidase and Criminality: Identifying an Apparent Biological Marker for Antisocial Behavior." *Journal of Research in Crime and Delinquency*, 28, 1991, pp.227-251.

일컬어지는 '성폭력범죄자의 성충동 약물치료에 관한 법률'이 2011년 7월부터 실시되고 있다.[19)]

부적절한 행위를 통제하는 데 화학적 치료요법이 과연 효과가 있는가의 여부를 떠나, 잠재적 범죄자들에 대한 강제적 치료 혹은 예방적 치료는 불가피하게 도덕적 혹은 윤리적 문제를 야기한다. 우리는 과연 사람들에게 범법하리라는 통계적 가능성을 근거로 생화학적 치료를 강제할 수 있는 것인가? 과연 어떤 시점에서 어떤 명분으로 범죄로부터 안전을 확보하려는 사회적인 요구가 개인의 자유를 능가할 수 있는가? 설사 그렇게 할 수 있다고 할지라도, 우리가 꼭 그렇게 해야 하는가? 등의 문제에 대한 논의가 제기되고 있다.

5. 처우 및 치료상의 문제

이러한 범죄이론을 기초로 수립될 수 있는 처우 및 치료정책이나 방법을 수립하는 것은 그 이론의 정확성 여부에 관계없이 문제점을 안고 있다. 우선, 생리적으로 범인성을 안고 있는 범죄자나 잠재적 범죄자를 어떻게 색출할 수 있으며, 설혹 색출할 수 있다 하더라도 그 이후 어떤 처우나 치료가 이루어질 수 있는가의 문제이다. 영원한 격리나 강제불임수술과 같은 극단적인 방안은 현 사회에서는 거의 수행될 수 없기 때문이다. 가장 보편적인 조치에는 손상된 두뇌 부분을 제거하는 수술, 두뇌기능을 정상화하기 위한 약물치료, 그리고 기타 약물유통에 대한 감시강화와 같은 방안이 있다. 그러나 최근에는 이러한 방법들에 대해서도 많은 문제점이 제기되고 있다. 뇌수술의 문제점은 수술이 일단 시행된 후에는 복원이 불가능하며, 두뇌손상의 확실한 증거가 없는데도 수술이 시행되는 경우가 있을 수 있다는 점이다. 약물치료의 경우에도 약물 부작용의 가능성이 상존하고 특히 장기간의 약물투여는 복원이 불가능한 생리기능의 변화를 초래할 수도 있다. 그 결과 범죄자에 대한 범죄억제를 위한 약물치료는 미국을 비롯한 여러 국가에서 법정문제를 야기하는 경우가 종종 발생하고 있다.

---

19) 우리나라 성충동약물치료 집행 개시된 대상자 인원은 각각 2014년(4), 2015년(1). 2016년(7), 2017년(5), 2018년(10) 명이다. 죄명은 강간 등, 강제추행이고 전국 16개 지정병원이 있으며 현재(2019년)까지 재범자는 없는 것으로 나타났다.
법무부 범죄예방정책국, 「2020 성범죄백서」, pp.184~188.

제4절 심리학적 이론

1. 범죄성의 발달

심리학적 이론은 사람이 성장하면서 겪는 경험과 그러한 경험이 사람의 태도와 감정 및 행동에 미치는 영향에 초점을 맞추고 있다. 이 중에서도 오늘날까지 가장 중요하게 다루어지는 심리학적 이론은 프로이트(Sigmund Freud, 1856~1939)의 정신분석학(Psychoanalysis)이며, 범죄학적 측면에서 그 영향력이 지대하다.

프로이트는 모든 행동은 욕구(desires)에서 오지만 이들 욕구의 대부분은 무의식적인 것이라고 하였다. 따라서 사람들은 타인은 물론 자신의 행동에 대해서도 이해하지 못하는 경우가 많다. 사람들의 무의식적 욕구는 어린 시절의 성장과정에서 그 예를 찾아볼 수 있는데, 아이들은 대개 그러한 욕구로 인해서 처벌을 받게 된다. 예를 들면, 아이들이 모유(母乳)를 원하지만 결국 이유(離乳)시켜지는 것, 원하지 않는 용변 가리는 훈련을 강제적으로 받는 것, 부모의 침대에서 함께 자고 싶지만 떨어져서 자도록 훈련받는 것 등에서 찾아볼 수 있다. 이러한 욕구들은 처벌을 받게 되고 금지되기 때문에 그 과정 속에서 무의식적인 것으로 변하여 더 이상 그것들을 인지하지 않게 되는 것이다. 이러한 욕구를 id라고 부른다.

이러한 욕구들은 부모의 욕구에 의해 대체된다. 부모들은 아이들이 공손하고 식탁예절을 지키며 특정 행동을 하지 않기를 원한다. 이러한 부모의 욕구가 결국에는 아이들의 욕구가 되는 것이다. 이들이 내면화되었을 때, 그것을 ego, id, superego라고 부른다. Superego의 많은 부분은 무의식적으로 이루어지므로, 이들 욕구에 반(反)하게 될 때에는 사람들은 합리적 이유를 인지하지 못한 채 죄의식을 느끼게 된다. 그러므로 설사 그 사람이 비행자나 범죄자라고 할지라도 그들의 대부분은 대체적으로 잘 사회화된 행동을 보인다. 예를 들면, 일탈적인 범죄자라고 할지라도 대부분은 관습에 따라 옷을 입고 칫솔질을 하고 식탁에 앉아서 식사를 하는 것이다. 그들 행동의 대부분은 성장 시절 부모가 그들에게 원했던 욕구와 일치한다. 사람들은 성장과정에서 점차로 성숙되고 합리적인 욕구를 배양하게 된다. 예를 들어, 누군가가 어느 책을 학점을 취득하기 위해서나 시험 준비를 위해서 읽고 있다면 이러한 행동은 성숙되고 합리적인 것이다. 이러한 종류의 욕구를 ego라고 부른다. Ego는 id, superego 그리고 외부세계의 제약들 간의 상호작용을 통해서 타협된 것으로 볼 수 있다.

범죄행위는 id, superego 그리고 ego의 이 세 가지 개념으로 설명될 수 있다. 대부분의 범죄행위는 직접적인 만족을 추구하는 id의 결과로 본다. 범죄자는 돈, 여자, 권력 어느 것이든 당장 그가 원하는 것을 위해서 행한다. 그래서 훔치고, 강간하고, 폭력을 사용한다. 어린아이들은 그들의 행위에 대한 결과를 계산하지 못한다는 점에서 범죄자의 행위와 비교될 수 있다. 범죄자들은 어린아이들처럼 superego가 충분히 발달되지 못한 것이다. 이들은 사회적으로 금기된 사항을 제대로 내면화시키지 못하고, 죄의식을 무시하거나 죄의식 자체를 못 느끼는 것으로 볼 수 있다. Ego와 관련지어 보면, 범죄자들은 ego의 발달이 미진하여 그가 원하는 것을 올바른 방법으로 얻는 데 필요한 성숙되고 합리적인 단계를 거치지 못한 것이다.

어떤 범죄행위에 있어서는 범죄자의 무의식적인 욕구가 충족되는 경우도 있다. 살인사건이 발생했을 때, '범인이 진정으로 누구를 죽인 것인가?'의 문제를 상정해 보자. 예를 들어, 심리학자들이 미국의 케네디 대통령(J. F. Kennedy, 1917~1963)을 암살한 범인으로 알려진 오즈월드(Lee Harvey Oswald)의 사례에서 대통령을 살해한 것은 어머니에 대한 분노 때문이라고 해석하는 경우이다. 그는 어머니에 대한 분노를 그 어머니의 모국(母國)의 수장(首長)에게로 대체시킨 것으로 본다. 이와 같이 어떤 범죄자는 체포되고 처벌을 받게 된다는 것을 충분히 인지하고 범죄를 범한다. 이는 어린아이가 고의로 잘못을 저질러서 부모로 하여금 벌을 내리게 하여 부모가 그에게 벌을 줄 만큼 자신에게 충분한 관심을 갖고 있다는 것을 확인하려는 것과 일맥상통한 점이 있다.

정신분석이론에서는 사람들의 욕구의 발달이 결정되는 시기를 대개 생후 6살까지로 본다. 이 기간에 사람들이 겪는 경험들은 대개 충격(trauma), 상실(losses), 좌절(frustrations), 혹은 박탈(deprivations) 등이 포함된다. 프로이트는 충격이 심각하면 심각할수록, 충격을 받는 시기가 어린 시절일수록, 향후보다 심각한 장애를 받는다고 주장하였다. 이에 대해 다른 심리학자들은 프로이트와 기본적 전제는 같이 하지만 어린 시절의 충격과 반응에 대해서 다른 방식으로 설명한다.

헨리와 쇼트(Henry & Short)는 공격적이거나 살인적인 행위는 좌절하거나 자살하려는 행위와 반대되는 것으로 보았다. 이들은 왜 어떤 사람은 의기소침하고 자살하려 하는데, 왜 어떤 사람들은 공격적으로 되는가의 문제를 해결하려고 하였다.[20]

---

20) Henry, A. and Short, J., *Suicide and Homicide*, Glenco, IL: Free Press, 1954.

첫째, 어떤 사람이 같은 부모에게서 보호를 받고 양육받으면서 동시에 벌을 받고 성장했다면, 벌을 받은 후 부모에 대한 분노를 보다 잘 억제할 수 있다고 하였다. 만약 부모에게 분노를 나타내게 되면, 부모로부터 사랑과 보호를 잃게 될 것이고, 따라서 보호하고 양육해 주는 부모로부터 벌을 받는 아이들은 그들의 분노를 억누르고 순종하게 된다는 것이다.

둘째로, 신체적인 체벌보다는 사랑이 근간이 되는 처벌—아이가 잘못하면 부모의 사랑을 얻을 수 없다는 것을 인식시키는 것—을 하게 된다면, 아이들은 분노를 표현하는 것이 곧 사랑과 보호를 잃게 될 위협이 되므로 처벌에 대한 분노를 억제하게 된다고 본다.

한편, 공격적인 사람의 유형은 부모 중 한 사람은 주로 보호하고 양육하며, 다른 한쪽 부모는 처벌하는—"아버지가 오실 때까지 기다려!"— 전통적인 가정이나 사랑지향적인 처벌보다는 신체적 체벌을 사용하는 가정에서 나타나는 경향이 있다고 하였다.

이와 연관된 사례로서 어린 시절에 좌절했던 경험의 차이에 따른 살인범과 그 형제들을 비교한 연구결과가 있다. 살인범 형제들이 어린 시절에 평균 4.2회 심각한 좌절을 경험한 반면, 살인범 당사자는 평균 9.2회를 경험한 것으로 나타났다. 아울러 살인범들은 출생상의 어려움, 출산에 대한 어머니의 부정적인 태도, 어머니의 엄격한 제재 및 용변 훈련, 학교에서의 부정적인 경험, 큰 상처, 심각한 질병, 사고 및 수술경험, 부모 이외의 사람들로부터의 신체적 학대, 통제하기 어려운 증상(야뇨증, 공포증, 악몽 등), 그리고 분노 등과 같은 경험을 갖고 있는 것으로 나타났다.

워런(Warren)은 인간관계의 성숙도 수준의 발달정도를 분석하여 비행청소년의 유형을 제시하였다.[21] 그녀는 성숙도 수준을 'I-level'이라고 명명하였는데, I-level 이론에서는 한 개인이 자신과 타인을 인지하는 사고와 태도의 변화를 단계적으로 구분하여 각 단계별 유형을 다음과 같이 제시하였다.

먼저, I(2) 유형의 사람들은 세상이 반드시 그들을 보호해야 한다고 믿으며, 타인을 주는 사람이거나 받는 사람으로만 인식한다. 이러한 현상은 유아 성장 단계에서는 자연스러운 과정이다. 그러나 이러한 경향이 어린 시절을 지나고도 지속된다면 역기능적이 될 수 있다. 워런은 이러한 비행청소년을 다시 반사회적 공격적 유형(asocial aggressive type)과 반사회적 수동적 유형(asocial passive type)의 두 가지로 구분하였다.

① 반사회적 공격유형은 타인들에게 무엇이든 적극적으로 요구하며, 좌절하였을 때에는 공격적으로 된다.

---

21) 워런(Warren, Marguerite Q.), "Classification of Offenders As An Aid to Efficient and Effective Treatment," *Journal of Criminal Law, Criminology and Police Science*, 1971, 62(2), pp.249-253.

② 반사회적 수동유형은 좌절할 때마다 위축되고 불평하는 경향을 보인다.

I(3) 유형의 사람들은 그들의 주변 환경에 대해 영향력을 행사할 수 있다는 것을 습득하고, 그들이 원하는 것을 얻기 위하여 환경과 타인들을 조작하는 방법을 강구한다. 이들은 또한 superego가 요구하는 행위의 기준이 내면화되지 않는 반면에 강력한 힘을 가진 다른 사람들의 요구에 따르려는 경향이 있다. 이 유형 역시 미성숙된 순응자(immature conformist), 문화적 순응자(cultural conformist), 그리고 조작자(manipulator)의 세 가지 유형으로 세분되는데, 각각의 특징은 다음과 같다.

① 미성숙된 순응자는 권력을 가진 자라면 누구라도 그를 추종한다.

② 문화적 순응자는 비행청소년이 동료집단의 권위에 추종하는 경우이다.

③ 조작자는 자신의 권력을 강화시키기 위하여 세력이 있는 대상들을 해치려고 시도한다.

I(4) 유형의 경우에는 내면화된 가치체계와 타인을 이해하는 능력을 보유하고 있다. 그러나 그들이 선망하고 있는 사람들에 의해서 지나치게 영향을 받으며 또한 그들의 지위에 매우 민감하기 때문에 그들이 보유하고 있는 내면화된 가치체계와 타인을 이해하는 능력이 확고하게 자리 잡지 못하는 경향이 있다. 신경적 측면에서 네 가지 세부유형으로 구분되는데, 각각의 특징은 아래와 같다.

① 신경성 행동유형(neurotic acting-out type)은 상황에 대한 불편한 감정을 직접적 행동으로 표현한다.

② 신경성 불안유형(neurotic anxious individual)은 불안한 감정을 행동이 아닌 말로 표현하며 감정을 숨기려 하지는 않는다.

③ 상황적 · 감정적 반응유형(situational-emotional reactor)은 그들의 생활 가운데 위기상황에 대한 반응으로 비행적 행위를 저지른다.

④ 문화적 동일화유형(cultural identifier)은 일탈적 가치체계에 동화되어 동화된 가치체계에 따라 살아간다.

이렇게 다양한 비행청소년의 유형을 제시하는 주창자들은 비행소년 모두를 같은 방법으로 취급해서는 안 되며, 대신에 범죄자 각자를 치밀하게 심사하여 각자에 적절한 치료법을 찾아야 한다고 주장한다.

한편, 글루크 부처(Glueck & Glueck)는 비행청소년으로 성장하는 것을 예측하려는 시도에서 발달상의 요인들에 초점을 두었다.[22] 비행을 예측하는 데에는 아버지의 일관성 없는

22) Glueck & Glueck, 1950.

과도한 징벌, 어머니의 부적절한 감독, 무관심하거나 적개심이 있는 부모, 그리고 응집력 없는 가족 등이 기준이 되었다. 이러한 요인들은 좌절과 충격을 안겨준 어린 시절의 경험과 연결선상에서 이해될 수 있다.

발달이론(developmental theories)에 기초를 둔 범죄자 치료요법은 유년 시절에 있었던 상처를 치유해주는 것을 그 내용으로 한다. 그러므로 현재까지 행해진 무의식적인 욕구의 결과를 범죄자로 하여금 인식하게 하는 과정이 필요하다. 또한, 부모로부터 받지 못한 진정한 애정과 사랑을 보상해주기 위하여 특별한 배려가 필요하며, 동시에 부모로부터 과거에 배운 비합리적 사고를 변화시키는 데 초점을 두어야 한다.

어느 경우에도 치료는 유사한 맥락을 보인다. 꿈의 분석이나 자유연상법을 통하여 부적절하게 발전된 superego를 가진 사람들의 문제점을 찾는다. 일종의 부모 역할을 하는 훈련된 치료사의 지도와 도움으로 대상자는 결국 적절한 초자아를 개발하고 동시에 부적절한 행위를 중지할 것으로 기대된다.

2. 학습이론

범죄학에 있어서 학습이론은 학습과정에 그 초점이 있다. 사람들은 살아가는 데 필요한 기본기술과 사회적으로 적합한 행동을 어떻게 배우는 것일까? 그리고 왜 사람들은 적절한 행동을 배우는 데 실패하기도 하는가? 심리학자들은 학습하는 데 있어서 두 가지 기본적인 유형을 제시하고 있다. 고전적 조건화와 조작적 조건화가 그것이다.

먼저 고전적 조건화에서는, 학습과정의 첫 단계에서 반응을 이끌 수 있는 어떤 자극, 즉 무조건적 자극이 존재하며 그로 인한 자연스러운 결과를 가정한다. 예컨대, 개가 고기를 보고 침을 흘리거나, 자위행위의 결과로 성적 쾌감을 얻는 것이다. 한편 원래는 중립적이었던 자극(예를 들면, 종소리, 음란폭력영상물)이 차후 무조건적인 자극으로 반응을 일으키는 경우도 있다. 이는 종소리로 침을 흘리지 않던 개가 고기와 종소리를 반복해서 짝을 이루는 학습을 하게 되면, 나중엔 종소리만 들어도 침을 흘리는 반응을 나타내는 것을 말한다. 또한, 음란폭력 영상물과 자위행위가 반복적으로 짝을 이루는 과정을 거침으로써 새로운 반응을 일으키는 경우라고 할 수 있다. 즉 성적으로 장애를 가진 사람이 폭력성 음란물을 보면서 자위행위를 할 때마다 여자를 강간하는 것을 상상하면, 차후 폭력을 상상만 해도 저절로 성적 충동이 생겨난다는 것이다. 이와 같이 고전적 조건화를 거쳐 성적으로 공격적인 행동이 나타나는 과정이 결과적으로 우리 의식의 구성성분으로 자리 잡게 되는 것이다.

우리는 학습을 통해서 나쁜 행동을 하면 처벌을 받고, 처벌은 고통과 공포를 수반한다는 것을 배운다. 이때 나쁜 행동과 처벌이 동시에 짝지어지게 되고, 아이들은 미래의 고통과 불안을 연상하게 되어 나쁜 행동을 억제하게 된다. 따라서 이 경우에는 의식이 없는 사람이라면 고전적 조건은 성립될 수 없는 것이다.

두 번째 기본적 유형은 의도적 혹은 조작적 조건화이다. 아이가 무관심한 부모로부터 관심을 끄는 유일한 방법이 잘못을 저지르는 것이라면, 아이는 관심을 끌기 위하여 잘못된 행동을 배울 것이다. 이 경우는 잘못이 목격되었을 때, 아이에게는 부모가 소리치는 것이 무시하는 것보다 더욱 보상받는 것이 된다. 따라서 이러한 부모는 일부러 의도하지는 않았지만 의도적인 조건화가 이루어짐으로써 잘못된 행동을 조성한 것이다.

범죄행동을 학습하는 과정은 사회적으로 적절한 행동을 학습할 경우와 같은 규칙이 적용된다. 따라서 범죄자들은 어린 시절에 특별한 충격이 있었던 것으로 전제하는 정신분석적 관점과는 차이가 있다.

학습이론에 기초를 둔 치료접근은 범죄자에게 새롭고 적절한 행동을 가르치고 부적절한 행동을 제거하는 것이다. 치료는 재학습과 재훈련으로 개념화된다 하겠다.

3. 범죄와 성격

심리학적 이론은 또한 범죄행위를 설명하는 데 있어서 특정한 성격의 특징과 그와 관련된 변수에 초점을 맞추고 있다. 지능이나 IQ의 고저(高低)를 사람의 범죄행위에 영향을 주는 변수로 간주하는 주장이 그것이다. 예컨대, 지능이 높은 사람은 범죄행위를 저지를 수 있는 상황에 처했을 때, 그것과 대체되는 방안을 찾아내서 원하는 바를 달성한다는 것이다. 즉, 누군가에게 폭력을 가하고 싶은 충동이 일어날 경우, 폭력 대신에 욕설을 퍼붓는 식으로 문제를 해결하게 된다.

그러나 이러한 연구를 실행하는 데에는 많은 방법론상의 문제가 제기되고 있다. 예컨대, 지능검사에서 범죄자와 비행청소년들이 낮은 점수를 얻는 것은 그들이 검사에 무성의하게 참가하기 때문이라는 주장이 있다. 또한 낮은 지능 자체가 범죄행위에 영향을 준다기보다는, 범죄행위에 개입하게 됨으로써 지능의 발달이 저해될 수 있다는 점도 지적되고 있다. 이러한 문제점들은 지능검사의 신뢰도를 저하시키는 요인이 되며, 지능과 범죄의 상관관계를 설명하는 데 있어서 설득력을 약화시킨다. 그러나 관련 연구에 의하면, 적어도 지능의 고저가 범죄의 유형과 강한 상관관계가 있는 것으로 나타났다. 즉 가출청소년의 경우는 높은 지능지수를 보이고 있는 반면, 폭력성 소년범의 경우는 상대적으로 낮은 지능지수를 나타낸 것이다.[23)]

19세기 말경에는 저능(低能)이나 정신박약이 범죄행위와 연관된 것으로 알려져 있었으나, 20세기 말에 이르러서는 범죄와 IQ와의 관계가 보다 정교한 차원에서 논의의 대상이 되었다. 예컨대, 낮은 IQ와 범죄성향의 양자관계로부터 학교 성적, 사회경제적 지위, 인종 등이 포함된 보다 다양한 요인들 간의 관계를 규명하고자 하였다. 이때에 일정한 인종집단은 다른 집단에 비해 IQ가 낮다는 것을 제시하고 범죄성향과 연계시키는 관점도 등장하였다. 이러한 소수 인종은 낮은 IQ 때문에 더 많은 사람들이 빈곤층에 속하게 되며, 이로 인해 범죄행위를 더 저지른다고 설명한 것이다.[24)] 학교 성적이 IQ와 범죄를 연계하는 요인이라는 주장 또한 제시되었다. 학교를 중도 탈락한 IQ가 낮은 청소년들은 높은 비행률을 보이지만, IQ는 똑같이 낮지만 학교를 성공리에 마친 청소년들은 비행을 저지르는 경향이 낮다고 주장한 것이다.[25)]

교정기관과 공식적으로 연루되는 대부분의 범법자들은 어떤 형태로든 IQ테스트를 받는 것이 일반적이다. 이러한 수치는 정신기능, 교정치료프로그램에의 적합성, 분류심사 등을 위해 사용된다. 비록 우리는 IQ테스트에서 어떤 요인이 어떻게 활용되어야 하는지를 확신할 수는 없지만, IQ가 교정프로그램 및 범죄원인을 논하는 데 지속적으로 연계되고 있는 것은 사실이다.[26)]

셸던(Sheldon, W.)은 사람의 성격과 체격 간의 관계를 설명하였다. 그는 일반적으로 뚱뚱한 사람(endomorphic)은 명랑하며, 야위고 빈곤해 보이는 사람(ectomorphic)은 믿음직스럽지 않게 보이는 경향이 있다고 주장하였다.[27)] 코테스와 가티(Cortes & Gatti)는 비행소년

---

23) Murrell, M. and Lester, D. *Introduction to Juvenile Delinquency*, New York: Macmillan, 1981.

24) Herrnstein, Richard J. and Charles Murray, *The Bell Curve: Intelligence and Class Structure in American Life*. New York: Free Press, 1994.

25) Hindelang, Michael J., "Causes of Delinquency: A Partial Replication and Extension." *Social Problems*, 20, 1973, pp.471–487.

26) Champion, Dean, *Corrections in the United States: A Contemporary Perspective*. 3rd ed. Upper Saddle River, NJ: Prentice-Hall, 2001.

27) Sheldon, W., *The Variety of Temperament*, New York: Harper, 1942.

은 일반소년보다 더 근육질적이며, 정상보다 더 야윈 편이라고 주장하였다. 이들의 주장은 개인 체격의 근육질(mesomorphic) 정도가 외향적 및 공격적 인성과 관계가 있다고 주장한 점에서 셸던의 주장과 일치하였다.[28]

아이젱크(Eysenck, H.)는 범죄자와 비행청소년에게서 특정한 성격을 발견할 수 있다고 주장하였다.[29] 그의 이론에 의하면, 범죄자는 내향적이라기보다는 외향적이고 안정적이라기보다는 신경질적이라는 것이다. 그는 외향성은 두뇌에 대한 자극효과를 억제하는 중추신경체계에 특징이 있다고 믿었다. 따라서 외향적인 사람은 외부자극에 대하여 둔감하며, 적정수준에서 두뇌의 기능을 유지하려는 강한 욕구를 가지고 있으며, 상대적으로 내향적인 사람은 중추신경체계가 발달되어 있고, 외부자극에 과민한 반응을 보인다 하였다. 또한 외향적인 사람은 내향적인 사람보다 처벌로 인하여 학습되는 효과가 적다고—즉, 고전적 조건반사의 효과가 적다— 예측하였다. 그는 양심이 일종의 학습에 의해 개발되는 것으로 보았기 때문에 외향적인 사람은 내향적인 사람보다 양심이 발달되지 않았다고 하였다.

따라서 아이젱크의 이론은 생리학적 요소와 심리학적 요소가 결합된 것으로 볼 수 있다. 그는 양심이나 일련의 superego가 심리학적으로 발달되지 않은 비행소년에게서 그 원인을 두뇌의 생리학적 측면에서 발견한 것이다. 그러므로 아이젱크의 치료방법은 생리학적 치료기법과 심리학적인 치료기법을 결합하는 경향을 보였다. 예를 들어, 그는 억제된 중추신경체계를 완화시키기 위해 비행소년들에게 암페타민을 사용하는 한편, 그 과정에서 10대들의 양심을 개발할 목적으로 상담기법을 사용한 것이다.[30]

제5절 사회학적 범죄이론

사회학자는 범죄행위의 원인을 규명하는 데 있어서, 생물학적 혹은 개인적 요인이 아닌 사회의 역할에 초점을 둔다. 예컨대 도시지역의 높은 범죄율을 설명하는 데 있어서, 가족

---

28) Cortes, J. and Gatti, F., *Delinquency and Crime*, New York: Seminar, 1972.

29) Eysenck, H., *The Biological Basis of Personality*, Springfield, IL: Thomas, 1967.

30) Eisenberg, L., Lackman, R., Molling, P., Lockner, A., Mirelle, J., and Conners, C. "Psychopharmacological Experiment in a Training School for Delinquent Boys," *American Journal of Orthopsychiatry*, 1963, 33, pp.431-447.

의 해체와 이웃과의 결집력 붕괴에서 원인을 찾는 것이 그 예이다. 빈민가의 아이들은 대개 정상적인 가치체계로부터 소외되므로 범죄조직을 형성하는 경향이 있고, 이를 통하여 그들 나름대로의 사회적 질서와 생활을 영위하며 소속감을 얻는다고 주장한다. 이들에게는 범죄조직만이 유일한 의미 있는 관계를 제공한다고 보는 것이다.

20세기 초반부터는 사회학자들이 범죄학연구에서 주도적인 역할을 시작하였다. 사회학자들은 개인적 차원에서 미시적인 요인을 다루는 생물학적 혹은 심리학적 결정론을 부정하였다. 이들은 범죄를 심리학자들과는 달리 개인적 차원의 문제가 아니라 보다 광범위한 사회적 문제로 이해하였다. 여기에는 두 차례의 세계대전과 경제대공황을 겪는 과정에서 학습한, 범죄행위가 개인적 차원이 아닌 사회환경적 요인에 의해 발생할 수 있다는 체험적인 산지식이 큰 영향을 미쳤다.

이들의 입장에서는 범죄행위는 사회적 현상의 산물이었다. 예컨대, 1920~1930년대 시카고대학의 사회생태학자들은 거대한 도시 시카고와 그 시에 주거하는 거주민과의 관계를 주목하였다. 이들은 범죄문제를 거주하는 사람들의 문제가 아니라 시 자체가 갖는 지리학적 특성의 문제로 이해하였다. 이들은 범죄는 불안정하고 궁핍하며 사회적 연계가 결핍된 지역에서 발생한다고 하였다. 이렇게 극빈한 환경을 가진 지역에서는 거주민들의 이동률이 높고 다양하고 이질적인 인종집단들이 대체해 가는 현상을 보인다는 것을 발견하였다. 그러나 시정부 차원에서 이러한 지역에 요구되는 교육, 공원, 공공서비스 등을 제공하지 않아 지역이 해체되는 현상을 낳았다는 것이다. 사회생태학자들은 이러한 지역의 특징으로 사회해체현상(social disorganization)을 지적하고 이를 범죄원인과 연계시켰다.[31]

본 절에서는 모든 사회구성원은 거시적으로 사회문화적 환경에 영향을 받지만 동시에 그 일부는 범죄유발성 하위문화로부터 영향을 받는다는 관점인 차별적 접촉이론을 기술한다. 다음으로 범죄유발성 하위문화 속에 있는 개인 역시 가정이나 학교환경에서 차별화된 사회화를 경험함으로써 차이를 보인다는 통제이론을 기술한다. 미시적 차원의 관점으로 비슷한 환경적 조건에서도 개인적 특수성에 따라 다양한 인격체들이 형성된다는 것은 널리 알려진 사실이다. 또한 보다 거시적 차원의 사회구조 및 문화적 환경에서 범죄요인을 찾는 아노미이론, 끝으로 형사사법제도와 접촉한 결과로 야기되는 범죄행위와 그 과정에서의 사회적 대응과 인식에 초점을 두는 낙인이론을 기술한다.

---

31) Shaw, Clifford R. and Henry D. Mckay, *Juvenile Delinquency and Urban Areas: A Study of Rates of Delinquency in Relation to Different Characteristics of Local Communities in American Cities*. Chicago: University of Chicago Press, 1942.

이러한 각 단위의 접근은 독립적으로 설명력을 갖는 것은 아니며 상호 밀접한 연계를 갖고 존재한다. 사람들이 전적으로 합법적인 기회를 갖지 못했기 때문에(아노미이론), 폭력조직에 소속되어 있기 때문에(차별적 접촉이론) 혹은 가정과의 유대가 결핍되었기 때문에(통제이론) 각각 범죄를 저지른다고 설명할 수는 없다. 즉 개인의 행위나 그 변화를 거시적 환경 혹은 미시적 요인으로 구별해서 설명할 수는 없다는 것이다. 환언하면, 외부환경이 미친 영향과 개인의 특별한 경험이나 성격에서 오는 영향을 구분하여 각각 독립적으로 설명할 수는 없다는 것이다.

1. 사회학습이론 —차별적 접촉이론(Differential Association Theory)—

시카고학파의 주장의 교정학적 중요성은 사회생태학적 측면을 강조한 점이다. 사회생태학은 범죄적 혹은 이탈적 가치관이 세대에서 세대로 이전되는 문화전달현상을 강조하는 이론의 형성에 기여하였다. 이러한 접근의 선구자인 서덜랜드(Edwin H. Sutherland)[32]는 그의 '차별적 접촉이론'(Differential Association Theory)에서 문화전달체계와 범죄가치관, 범죄의 근원, 범죄행위의 학습에 대한 논거를 제시하였다. 그의 이론에 의하면, 모든 사회적 행위의 경우와 같이 범죄행위도 학습되는 것이다. 그는 범죄인이 되는 이유는 법에 순응하는 분위기의 문화보다는 위법행위를 허용하는 문화에 더 노출되고 접촉되었기 때문이라고 하였다. 그리고 범행동기, 합리화방법, 범죄기술, 태도, 충동을 학습의 핵심내용으로 제시하였다. 또한, 학습은 차별적 접촉을 통해 이루어지는데, 학습시기(priority), 빈도(frequency), 기간(duration), 강도(intensity)에 영향을 받는다 하였다.[33] 그는 이 이론을 통해서 범죄원인에 대한 종합적이고도 일반적인 이론을 확립하려 하였다.

이 이론은 심리학적 이론에서의 학습이론과 비교된다. 두 이론 모두 범죄행동이 학습된다는 점에서는 일치한다. 차이점은 심리학적 학습이론이 개인적 상황에 초점을 맞추는 데 비해, 사회학적 이론은 사회적 환경에서의 자극적 요인에 초점을 맞추는 데에 있다. 또한 개인의 가치와 태도 및 행동에 영향을 주는 사회환경의 역할에 초점을 맞추고 있다는 점에서 하위문화이론(Subcultural Theory)의 관점과도 일치한다 하겠다.

서덜랜드는 이 이론에서 9가지의 가정을 제시하였는데, 교정학적 필요를 고려하여 핵

---

32) Sutherland, Edwin H. and Donald R. Cressey, *Criminology*. 9th ed. Philadelphia: Lippincott, 1974.

33) 이백철, 「교정교육학」, 시사법률, 1998, p.52.

심이 되는 4가지만을 요약 소개하기로 한다.[34)]

① 범죄행위는 타인과의 상호접촉을 통해 학습된다. 범죄행위는 생물학적 유전이나 심리학적 이상에 의해 결정되는 것이 아니다.

② 대체로 범죄행위의 학습은 친밀한 인간관계로 구성된 집단에서 이루어진다. 그중에서 가족과 동료집단이 가장 큰 영향력을 지닌다. 학습내용에는 범죄기술, 동기, 합리화, 정당화, 그리고 태도가 포함된다.

③ 범죄행위를 학습하는 인지적 방향은 범죄에 대한 긍정적인 입장과 부정적인 입장이 있는데, 전자가 후자에 비해 우세한 사람은 범죄자가 된다. 즉, 준법문화보다는 범죄행위를 더 긍정적으로 받아들이는 문화에 더 많이 노출된 사람이 범죄자가 될 확률이 높다.

④ 범죄에 영향을 주는 집단과의 접촉은 그 빈도(frequency), 기간(duration), 시기(priority) 및 강도(intensity)에 따라 다양한 결과를 낳는다. 즉 그들과 자주 접촉할수록, 보다 오랜 기간 동안 접촉할수록, 보다 어린 시기에 접촉할수록, 그리고 그들이 자신에게 더 의미 있는 상대일수록 범죄자가 될 가능성이 많다.

여기서 강도란 상대에게 느끼는 존경 혹은 권위의 정도라고 할 수 있다. 하나의 예를 들면, 교도관이 범죄인들과 충분한 접촉을 하는데도 범죄인이 되지 않는 이유는 재소자에 대한 강도—예컨대, 존경심—가 약하기 때문으로 볼 수 있다.

이 이론 역시 어느 거시적 범죄이론들과 마찬가지로 교정 분야에 구체적이고 실용적인 방안을 제시하지는 않지만, 의미 있는 시사점을 찾아볼 수 있다. 예를 들어, 교도관이 범죄자들의 열악한 이웃환경을 변화시킬 방도는 없다 할지라도, 불량한 이웃과의 관계에서 책임 있는 행동을 하도록 도울 수 있다. 또한 적어도 대상자들이 이웃의 동료집단에게 느끼는 심적 부담감과 이후 받을 수 있는 부정적인 영향에 대하여 관심을 갖게 할 수 있을 것이다. 실제로 전과를 가진 청소년이 빈민촌이나 우범주거 지역에서 또래 우범집단이나 지역하위문화로부터 단절되어 생활한다는 것은 어려운 일이다. 이러한 상황은 우범문화 가운데에서 대상자를 도덕으로 무장시키는 작업보다는 보다 현실적인 목표를 세울 것을 시사한다. 즉 결혼을 성사시킨다든가 직업 알선을 하여 타 지역으로 이주시켜 새로운 문

34) Ibid.

화권에서 생활하도록 도와주는 방법이다.

이 이론에 입각했던 과거의 치료프로그램들은 해체된 이웃과 같은 사회구조를 변화시키고자 하였다. 예컨대, 1932년에 시작된 '시카고지역 프로젝트'(Chicago Area Project)는 행위에 대한 통제를 강화하고 사회적으로 용납될 수 있는 청소년역할모형을 창출할 수 있는 지역사회 조건을 만들려는 시도였다.[35] 거주자들로 하여금 지역사회조직에 참여하여 함께 일하게 함으로써, 스스로 변화를 이루게 하고자 한 것이다.

청소년과 어린이를 위한 레크리에이션 프로그램 그리고 지역사회개발을 위한 캠페인 등이 실시되었는데, 무엇보다도 법집행에 있어서의 문제점과 학교교육에 중점을 두었다. 또한, 형사사법기관들의 활동에 협력하여 비행청소년을 지도하고 재소자들의 사회복귀를 지원하고자 하였다. 이 프로젝트의 가장 중요한 측면은 프로그램의 실질적인 운영을 외부자원이 아닌 지역사회 내 구성원들의 주도와 개입으로 이루려고 한 점이다.

사회학습이론에서는 범죄적 가치관은 학습을 통하여 습득되지만 동시에 비범죄적 대안 역시 학습을 통하여 습득된다고 본다. 서덜랜드 등은 차별적인 접촉의 성격에 따라 개인의 행동이 변화될 수 있다는 것을 믿었다. 따라서 동료인 크레시(Donald R. Cressey)는 범죄인들은 구금환경에서도 준법적 문화에 보다 많이 노출되어야 한다고 주장하였다. 동료 재소자들 간에 상호변화를 줄 수 있는 건전한 환경을 만들어가야 한다는 것이다. 그러나 서덜랜드는 모든 학습활동이 그렇듯이 교정 분야에서도 학습이 가능하다는 원론적인 언급은 했지만, 어떻게 기대하는 학습의 결과가 나타날 수 있는가에 대해서는 제시하지 못했다. 즉, 우리의 삶을 통하여 엄청난 정보에 노출되어 있는 상황에서, 어떻게 그리고 왜 어떤 것이 아니고 또 다른 어떤 것이 학습되어 선택되는가에 따른 이유와 방식이 설명되지 않은 것이다. 이렇게 설명되지 않는 부분 때문에 서덜랜드의 이론을 교정환경에 적용하는 데 어려움이 있다.

버지스(Robert Burgess)와 에이커스(Ronald Akers)[36]는 이 설명되지 않는 부분을 '보상'(rewards)과 '처벌'(punishment)을 틀로 하는 차별적 강화작용(differential reinforcement)으로 설명하였다. 즉 특정행위의 결과로 보상을 얻으면서 처벌을 면할 수 있다면 그 행위는 강화되고, 그 반대의 경우는 약화된다고 하였다. 따라서 범죄행위나 이탈행위도 보상이

---

35) Kobrin, S., "The Chicago Area Project", *Annuals of the American Academy of Political and Social Science*, 1959, 322, pp.19–29.

36) Burgess, Robert and Ronald L. Akers, "A Differential Association–Reinforcement Theory of Criminal Behavior." *Social Problems*, 14, 1966, pp.128–147.

따른다면, 관행적 행위에 우선하여 선택되어 지속될 것이라는 것이다. 이는 최초의 범죄는 서덜랜드의 이론에 따라 차별적 접촉에 의해 발생하지만, 그 지속 여부는 범죄의 결과로서 나타난 보상과 처벌에 의해 결정된다는 주장이다.[37)]

더 나아가 에이커스는 가해자를 범죄로 이끄는 동기의 학습과정을 다음과 같이 설명하였다. 즉, 범죄행위를 긍정적으로 보는 관점은 학습하고 그 범죄행위가 갖는 부정적인 측면은 무시해버리거나 중화시키는 방식을 학습한다는 것이다. 그 결과로 범죄인들은 그들의 범죄행위를 허용될 만한 가치 있는 행동으로 인식하게 된다. 예컨대, 피해자에 대해서도 상류계층에 속한다거나 그들의 재산은 보험에 가입되어 있다는 등의 이유를 들어, 자신들의 범죄행위의 부정적 측면을 중화시켜 피해자를 동정할 필요가 없는 대상으로 정의한다고 하였다.

또한 사회학습이론과 연계되는 교정프로그램으로 가해자-피해자 대면프로그램을 들 수 있다. 구금형이나 보호관찰 등의 처벌유형과는 그 성격이 구분되는 것으로, 피해자와 가해자와의 대면이 허용된다는 가정하에 양측을 대면하게 하여 문제를 풀어가는 프로그램이다. 이러한 대면의 과정을 통하여, 가해자가 피해자를 한 사람의 인격체로 바라보게 되고, 피해자가 겪은 고통을 이해하게 함으로써, 범죄행위의 부정적인 면을 의도적으로 무시했거나 중화시켰던 틀이 무너지게 되는 것이다. 물론 가해자는 이러한 과정에서 상당한 스트레스와 심적 영향을 받게 된다.

사회학습이론이 교정에 적용되는 또 다른 사례로서 치료공동체(therapeutic community) 프로그램이 있다. 치료공동체 이론과 실제는 간단명료하다. 이 프로그램의 참여자들은 모두 공동체의 규율에 의해 정해진 태도와 행위에 순종해야 한다. 참여자는 집단 내에서 변화를 갈구하는 동료들의 지지를 받으며 그들과의 감정적 교류를 통하여 변화를 추구한다. 강화자(reinforcers)와 처벌자(punishers)의 역할도 동료집단이 담당한다. 이 프로그램은 교도소시설은 물론 지역사회시설에서도 상당한 성공을 거둔 것으로 평가되고 있다.[38)]

또한 문화전달계통의 이론에 속하는 하위문화이론 역시 중요한 지류를 형성하고 있다. 범죄는 비행문화나 이탈문화에서 유래한다는 개념에서 출발한다. 예컨대, 비행청소년들은 폭력조직에 개입함으로써 기존 사회와 그 가치를 부정하게 되고 사회로부터 받아온 거

---

37) Akers, Ronald, *Drug, Alcohol and Society: Social Structure, Process and Policy*. Belmont, CA: Wadsworth, 1992.

38) Yablonsky, Lewis and Martin R. Haskell, *Juvenile Delinquency*. 4th ed. New York: Harper & Row, 1988.

부감을 해소시킨다는 것이다.[39] 또한 하류계층 사람들은 위법적 행위를 수반하는 문제의 행동이나 위험을 감내해야 하는 행동을 쉽게 하는 등 병과(病巢)적 문화를 갖고 있다고 본다. 이런 맥락에서 일부 학자들은 이들 문화 속에 폭력적 하위문화가 존재한다고 주장한다. 예컨대, 남성미의 과시나 자존심에 얽힌 문제를 해결하는 방식으로 폭력의 사용이 당연시되는 대응양식 등을 말한다.[40]

이러한 하위문화이론이 가장 잘 적용되는 곳은 교도소나 구치소와 같은 교정현장이라 할 수 있다. 교도소의 문화 연구는 도널드 클레머(Donald Clemmer)[41]의 교도소의 사회화과정 연구로부터 본격적으로 시작되었다. 그는 재소자들이 재소자 사회체계의 문화와 가치, 특히 재소자의 하위문화를 받아들이는 과정으로 '교도소화'(prisonization)라는 개념을 제시하였다. 하위문화의 생성원인으로 재소자들이 거리의 문화를 시설 내로 유입하였다는 설과 구금에서 오는 박탈감과 고통에서 생성되었다는 설이 있다. 어떤 경우든, 교도소 내에는 규율과 규칙, 가치와 편견들이 어우러진 강력한 하위문화가 존재한다는 데에는 의심의 여지가 없다.[42] 클리포드 쇼(Clifford R. Shaw)와 헨리 맥케이(Henry D. McKay)가 주장한 범죄유발 도심지역의 현상과 같이, 재소자 하위문화 역시 오랜 기간에 걸쳐 재소자세대간에 문화가 전달되어 생성된 것으로 본 것이다.

2. 사회통제이론

서덜랜드와 에이커스와 같은 문화전달이론가들은 다음과 같은 가정을 근거로 하여 범죄와 이탈행위를 설명한다. 즉, 우리는 정상인이 되기 위해 학습해야 하지만, 동시에 이탈자가 되기 위해서도 학습되어야 한다는 것이다. 그러나 이와는 달리 사회통제학자들(social control theorists)은 사회에는 우리를 함께 묶는 사회적 결집력이 존재하며, 이러한 결집력이 없어지면, 준법시민이라 하더라도 개인적인 쾌락추구 행위에 가담하려는 경향이 있다고 주장한다.

---

39) Cohen, Albert K., *Delinquent Boys: The Culture of the Gang*. New York: Free Press, 1955.

40) Wolfgang, Marvin E. and Franco Ferracuti, *The Subculture of Violence*. London: Tavistock, 1967.

41) Clemmer, Donald, *The Prison Community*. New York: Holt, Rinehart & Winston, 1958.

42) 교도소의 하위문화에 대해서는 제6편 chapter_2에서 자세하게 다룬다.

트래비스 허시(Travis Hirschi)[43]에 의해 주창된 사회통제이론(social control theory)은 사회결집력을 강조한다는 점에서 뒤르켐(Emile Durkheim)의 이론과 맥락을 같이한다. 그는 사회적 결집력(social bond)은 사회구성원들과 그들이 속한 사회나 도덕적 체계를 묶는 사회적 및 물리적인 힘의 집합이라고 하였다. 이 체계는 가족, 학교, 이웃, 법 등이 포함된다.

아노미 이론과 차별적 접촉이론은 범죄를 일으키는 원인에 초점을 맞추고 있는 반면에, 통제이론은 범죄를 억제하는 환경적 요인이 무엇인가에 초점을 맞춘 이론이다. 이 이론은 일부의 사람들이 왜 범죄를 저지르는가에 대한 설명보다 대부분의 사람들이 왜 올바르게 살아가느냐를 설명하는 것이 더 범죄학적으로 유용하다고 가정한다. 또한 이 이론은 인간은 선천적으로 이기적이며 반사회적이므로 고통스런 과정을 거쳐야만 한다는 점에서 프로이트 지지자들과 견해를 같이한다. 이는 그러한 과정—즉 통제—을 거치지 않으면 문제—즉, 범죄 혹은 비행—가 따른다는 것을 뜻한다.

이 이론을 주장한 허시는 그의 연구에서, 범죄자의 전형적인 특징은 젊은 남성이며 도시 빈민가의 결손가정 출신이고, 학교교육을 제대로 이수하지 못하였으며 실업자라고 하였다. 그는 또한 범죄의 성격에 대해서도 몇 가지 특징을 제시하였다.

① 범죄자는 타인의 희망과 기대에 상관하지 않는 경향이 있다.

② 범죄행위는 법에 역행하며 처벌의 위험이 수반된다. 그러므로 범죄자는 법의 근간이 되는 도덕적 믿음체계를 받아들이지 않는 경향이 있고 처벌의 위험을 별로 개의치 않는다.

③ 범죄행위에는 시간이 필요하다. 그러므로 범죄는 실업자와 같이 시간이 많은 사람에 의해 저질러진다.

결국 허시의 연구에 따르면, 전형적인 범죄자의 조건은 타인의 기대에 개의치 않으며 도덕적 질서의식이 결핍되어 있고, 처벌의 위험을 감수하며, 범죄에 소요되는 충분한 시간을 갖고 있는 사람이다.

이러한 과정을 통해서 이 이론이 설명하고자 했던 것은 '비범죄자들의 환경에서 범죄를 억제하는 요인은 무엇이고, 범죄자는 그의 환경에서 어떤 통제장치가 결여되어 있는가'에 있다. 통제적 요인 4가지가 제시되었다.; 애착(attachment), 개입(commitment), 관여

43) Hirschi, Travis, *Causes of Delinquency*. Berkeley: University of California, 1969.

(involvement) 및 신념(belief).[44)]

① '애착'은 타인에 대한 심리적 혹은 정서적 친근 정도이다. 이는 일종의 상호애정 관계로서, 이 안에서 사람들은 가치를 인정받고 존경받는 것을 느낀다. 이 관계에서는 가족이나 친구, 그리고 자신이 존경하고 모방하기를 원하는 대상들이 큰 영향력을 갖는다.

② '개입'은 전통적인 활동 혹은 합법적인 경력에 투자한 시간과 에너지의 정도로서 일종의 생활양식이라고 할 수도 있다. 이러한 경력을 추구하면 높은 보답이 따르므로, 사람들은 사회의 도덕기준에 순응하며 범죄행위의 가담에 따르는 위험부담을 감수하지 않는다. 불량학생, 퇴학당한 학생, 혹은 부랑자들은 대개 전통적인 활동이나 경력을 위해 거의 투자하지 않으며, 이에 따라 범죄로 인한 손익관점에서 위험부담이 적다. 예를 들어, 은행 총재보다 일반 노동자가 미성년 매춘부와 성관계를 가질 가능성이 높을 것은 자명한 일이다. 청소년기에 있어 학교생활, 부모와의 관계, 직장관계 등은 전통적인 활동에의 개입에 주요한 부분이다. 애착은 전통적 생활양식에의 개입을 위한 전제조건이라 할 수 있다.

③ '관여'는 개입의 직접적인 결과로서 개입에 투자된 시간이나 에너지로 표현된다. 즉 전통적 활동에 투자한 시간이다. 만약 온종일 가족 모임이나 학교 공부와 같은 전통적 활동에 모든 것을 투자한다면 비행은 논리상 존재할 수 없게 된다.

④ '신념'은 행위에 대한 사회의 규칙이나 금지율을 받아들이는 태세를 의미한다. 어떤 전통적인 규범에 대한 도덕적 확신은 자기이익에 맞추어진 일종의 믿음 체계이다. 법과 같은 규범이 모든 사람들에게 동등하게 의미를 갖는 것은 아니다. 이러한 규범에 대한 믿음이 강하면 강할수록 비행의 기회는 줄어들 것으로 본다. 위법행위의 가능성은 이러한 결집력을 구성하는 요인들이 약화된 정도에 따라 비례한다고 하였다. 즉, 이 법을 어기는 것이 나쁘다고 생각하는 사람은 그 법을 어기지 않을 것이다.[45)]

차별적 접촉이론과는 달리, 통제이론은 범죄자의 확신체계를 범죄의 원인적 측면에서 다루지 않는다. 이 이론에 의하면, 범죄자는 그들의 욕구대로 행동하고 다음에 '이 사람은 당할 짓을 했던 거야'라든가 '다른 사람은 다 하는데 왜 나는 안 되나요'라는 식으로 정당

44) 4가지에 대한 우리말 번역은 언어가 갖는 뉘앙스의 차이로 저서마다 차이가 있기 때문에 영어와 함께 이해함이 필요하다.

45) 이백철, 전게서, pp.54-55; 박상기·손동권·이순래, 전게서.

화한다. 통제이론은 범죄자들의 확신체계가 좋아하는 친구에 의해 영향을 받는다는 점에서는 차별적 접촉이론과 일치한다. 그러나 통제이론에서는 범죄관계는 또래집단 간의 결집력에 의해서가 아니라 전통적 사회와의 약한 결집력에 의해 더 영향을 받는다고 본다. 유대, 개입 및 관여의 결핍이 범죄의 동기로 작용하는 것이 아니고 이러한 통제의 결여로 인하여 범죄억제력이 약화된다는 것이다.

요약하면, 범죄행동은 개인과 사회 간의 유대관계가 약화되었을 때 발생한다. 타인에게 보다 밀착되고, 즉 타인의 바람과 기대에 보다 관여하게 되고, 소속된 사회에 보다 깊숙이 개입하게 되면, 그리고 사회의 전통적 활동에 보다 적극적으로 참여하게 되면, 일탈적 행동이나 범죄는 상대적으로 감소된다는 것이다.

허시는 특히 청소년들의 부모, 학교 그리고 동료집단과의 유대관계가 중산층 청소년들의 범죄행위와 연관이 있음을 발견하였다. 그러므로 이 이론이 치료적 관점에서 시사하는 바는 자녀와 부모 사이의 유대를 복원하기 위한 가족상담 프로그램과 학교체제로부터 학생들이 소외되는 것을 방지하기 위한 특별치료 프로그램 등의 필요성이다. 교정 종사자로서 범죄자의 과거 생활이나 병리적 가족환경을 변화시키는 데에는 어려움이 있다. 그러므로 매개자로서 지역사회자원을 동원하여 전통적 생활양식에 참여하도록 하는 역할을 해야 한다.

교정시설의 재소자들은 사회와의 결집력이 가장 약한 사람들이라 할 수 있다. 만약 사회적 결집력이 재구축되기 위해서는(처음부터 관계가 형성된 적이 없다고 주장하기도 한다), 위의 4가지 요소가 함께 연계되어야 한다. 사회결집력이론은 가해자는 그들이 존재했던 그 사회로 복귀되어야 하며, 가해자와 지역사회의 관계는 다시 회복되어야 한다는 것을 보여주고 있다. 동시에 전통적인 결집력을 강화하기 위해서는 범죄유발 요인들과 접촉이 차단되어야 하는데, 이러한 내용은 형 집행과정에서 보호관찰이나 가석방의 전제조건에서 활용되어야 한다.

사회통제에 관련된 이론을 주장한 주요한 학자로서는 나이(F. Ivan Nye), 마차(David Matza), 허시(Travis Hirsch) 등이 있다.

3. 사회긴장이론 —아노미 이론(Anomie Theory)—

프랑스 사회학자인 에밀 뒤르켐(Emile Durkheim, 1858~1917)은 범죄를 포함하는 사회적 병리현상은 개인과 사회를 묶는 사회적 연계(fabric)가 약화되었을 때 생성된다고 믿었다. 전쟁 중이나 경제적 급변기에 그러한 현상은 뚜렷해지는데 이를 '아노미'(anomie)라 칭하였다. 이는 '무규범상태'(normlessness)를 의미한다. 경제적, 사회적 혼란 시기에는 법을 포함한 사회적 규범들이 적용되지 않으며, 이러한 아노미 시기에는 범죄나 자살과 같은 사회적 거부행위들이 최정점에 오른다고 하였다.[46] 범죄와 관련된 그의 기본개념은 다음과 같다. 사회가 복잡화됨에 따라 사회의 결집력이 약화되는데, 이 결집력이 상실되는 곳에서는 도덕적인 행위의 기준에 심각한 모순이 생기며 범죄는 이 사회의 결집력 약화에 비례하여 증가한다는 것이다. 그는 범죄를 비정상적인 현상으로 보기보다는 사회의 구조적 모순에서 자연적으로 발생하는 정상적이고 불가피한 현상으로 보았다.

로버트 머턴(Robert K. Merton)[47]은 트래비스 허시(Travis Hirsch)와는 다른 차원에서 뒤르켐의 이론을 취하여 개인의 행위를 설명하는 데 적용하였다. 머턴은 아노미를 문화적으로 형성된 목표와 그 목표를 추구하는 데 필요한 제도적 수단 사이의 불일치에서 생성한 것으로 보았다. 즉, 물질적 안정이나 사회적 지위를 얻기 위한 수단으로서 필요한 일정한 교육, 안정된 직업, 검약한 생활 등을 제도적으로 보장받을 수 없는 상황을 말한다.

이 이론에서는 범죄는 개인적인 허물이나 결핍에서 오는 증상이 아닌 사회문화적 요인들—사회구조, 가치 및 규범—의 작용에 대한 사회구성원의 정상적인 반응으로 간주한다. 사회구조적 모순은 물질적 성공을 바라는 문화적 가치와 이를 성취하는 데 필요한 합법적 수단의 결여와의 불일치로 정의된다. 미국 사회에서는 물질적 성공이 곧 자아성취로 연결되기 때문에 사회구성원들은 모두 이 보편적인 목표를 추구하려 하지만 일부 구성원의 경우는 사회구조적 장애 —예컨대 인종, 사회계층 등—로 인하여 평등하게 경쟁대열에 참여할 수 없다는 것이다.

머턴은 목표추구의 여부와 성취수단의 유무를 틀로 하여 사회구조에 적응하는 다양한 구성원들의 유형을 5가지로 분류하였다. 순응형(the conformist), 의례형(the ritualist), 퇴행형(the retreatist), 반역형(the rebel), 개신형(the innovator).[48]

① 순응형은 기존 문화적 목표의 가치와 가능한 제도적 수단을 모두 받아들이고 잘 적

---

46) 이에 대해서는 Emile Durkheim, *Suicide*. New York: Free Press, 1897(1951)과 *The Division of Labor in Society*, New York: Free Press, 1893(1984)의 저서에서 주로 언급되고 있음.

47) Merton, Robert K., *Social Theory and Social Structure*. New York: Free Press, 1957.

48) 5가지에 대한 우리말 번역은 언어가 갖는 뉘앙스의 차이로 저서마다 차이가 있기 때문에 영어와 함께 이해함이 필요하다.

응하는 매우 현실적인 부류로 범죄행위에 가담할 가능성은 거의 없다. 그러나 이들도 합법적인 수단을 얻는 데 난관에 부딪쳤을 때 아노미 함정(anomie trap)에 직면한다. 즉, 이들은 열심히 일하지만 적게 받는 운명을 받아들이거나 혹은 아래의 다른 유형들과 같이 적응하게 된다.

② 의례형은 현실적으로 성취가 불가능한 문화적 목표는 포기하였지만 가능한 범위 내에서 합법적 수단을 찾아 평범하게 살아가는 샐러리맨 유형으로 역시 범죄행위에 좀처럼 연루되지 않는다.

③ 퇴행형은 문화적 목표와 제도적 수단을 모두 부정하는 유형으로서, 주류사회로부터 이탈하여 마약이나 알코올에 의존하거나 부랑생활을 하는 자들이 많다. 이 부류는 마약 및 알코올 등으로 인한 범죄에 연루되는 경우가 많아 형사사법 및 사회복지기관이 다루어야 할 대상이다.

④ 반역형은 퇴행형과 마찬가지로 목표와 수단을 모두 거부하지만, 그들이 원하는 새로운 목표와 수단을 추구한다는 점에서 차이가 있다. 정의 혹은 평등사회를 주장하는 정치적 성격을 띤 운동에 가담하는 경향이 있다. 이는 특히 비민주화된 후진국가에서 흔히 볼 수 있는 유형으로, 범죄학 중 특정 부분인 정치범죄 영역에서 따로 다루어지기도 한다.

⑤ 개신형은 물질성공과 같은 문화적 목표는 인정하지만 그것을 성취하는 데 있어서는 비합법적인 수단을 사용하는 전형적인 범죄자 유형으로, 이들에게 있어 범죄는 성공을 달성하기 위한 수단이다. 이 부류의 사람들이 퇴행형과 함께 사법기관의 처벌과 교정의 주된 대상이 된다.

〈표 3-1〉 멀톤의 아노미상태에 대한 적응유형

적응유형	문화적 목표	제도적 수단
순응형(the conformist)	+	+
의례형(the ritualist)	−	+
퇴행형(the retreatist)	−	−
반역형(the rebel)	−/+	−/+
개신형(the innovator)	+	−

아노미 이론은 이론으로서가 아닌 교정현장에서의 구체적 유용성의 관점에서 볼 때에는 큰 가치가 부여되지는 않는다. 논리적인 관점에서 시사하는 바는 퇴행형이나 개신형들에게 합법적인 수단과 공평한 기회—예컨대 취업, 취학 등—를 제공해야 한다는 것이다. 그러나 경험이 있는 교정상담자나 사회사업가는 직업 알선이나 취학이 유일한 해결책이 아니라는 점을 자주 언급하고 있다. 정상적인 사회규범이 학습되지 않았고 더구나 비합법적인 기회나 수단에 익숙한 부류의 사람들에게 단순한 취업 알선은 큰 성과를 기대할 수 없다고 본다. 이들에게는 일시적인 쾌락의 비생산성과 책임 있는 인간의 고귀함을 일깨워 주는 작업이 병행되어야 한다고 주장한다.

또한, 아노미이론이 범죄의 원인으로서 개인의 책임보다는 사회적 모순을 지적한다는 점에서 범죄자와의 상담에 큰 장애로 작용할 수 있음도 기억해야 한다. 한편, 범죄행위는 합법적인 수단이 존재한 경우에도 발생하는 경우가 있다는 점 역시 지적되고 있다. 이 점은 아노미이론이 갖는 결점 중의 하나로 '기회의 박탈'을 범죄의 원인변수로 먼저 정해 놓고, 그 원인의 결과인 '범죄행위'를 원인변수인 '기회의 박탈'을 측정하는 도구로 사용하고 있기 때문에 발생한 것이라 하겠다. 이 이론은 교정 종사자들에게 수형자를 이해하는 데 긍정적으로 시사하는 바가 있다. 범죄행위는 범죄인의 입장에서는 사회여건에 대한 매우 합리적인 반응이 될 수 있다는 것이다. 여기서 합리적이라는 용어는 도덕적인 기준에서가 아니라 목표와 수단 간의 논리적인 관계를 의미한다. 즉, 범죄자는 그들의 기준에서 가능하다고 느끼는 목표를 그들의 방식에 의해 추구한 것뿐이라는 것이다. 그러나 자신의 인생을 걸고 목표를 위해 비합법적인 수단을 사용하는 범죄자의 행위는 제3자인 중산층계층에게는 확실히 비합리적인 행위로 보일 것이다. 이는 정상적인 삶을 영위하는 중신층 부류와는 달리 개신형 부류들에 있어서는 범죄로 인해 잃을 것보다는 얻을 것이 더 많다는 점에서 기인한다.

이 이론에서 고려해야 할 점은, 범죄자들의 선택이 그들의 심리적 혹은 병리적 이상 때문에 결정된 것이 아니라, 정상적인 준법규범을 배양하는 사회적 요소들이 충분히 갖추어지지 못한 데에서 온 것이라는 점이다.

아노미 이론에 관련된 대표적인 학자로서는 뒤르켐(Emile Durkheim), 머턴(Robert K. Merton), 코언(Albert Cohen), 클로워드와 올린(Richard Cloward & Lloyd Ohlin) 등이 있다.

4. 사회반응이론 —낙인 이론(Labeling Theory)—

낙인이론은 사회의 통제과정(social control process)에 초점을 맞추고 있다. 가정이나 학교는 물론 경찰에서 교정에 이르는 형사사법제도(Criminal Justice System)와 접촉한 결과로 야기되는 범죄행위와 그 과정에 대한 사회적 대응과 인식에 관심을 갖는다.[49] 예를 들면, 일반적으로 많은 사람들의 경우에 어린 시절에는 일탈행위나 비행을 범한다. 그러나 대부분의 사람들은 성인으로 성장함에 따라 더 이상 이러한 행동을 지속하지 않는다. 문제는 이러한 일탈적 행동을 지속하는 사람들이 있는데, 그들이 그러한 선택을 하게 된 요인 중의 하나가 '타인이 그들의 행동을 어떻게 낙인찍었느냐'와 연관이 있다는 것이다. 대체로 이러한 낙인은 어린 시절부터 시작된다. 가정에서 어머니는 아이에게 "너는 항상 그 모양이야! 너는 꼭 네 아버지하고 똑같아"라는 식으로 부적절한 아이로 낙인찍을 수 있다. 학교에서도 처벌 위주의 지도와 부적절한 성적평가방법 등을 통하여 학생들을 불량한 혹은 열등한 학생으로 낙인을 찍을 수 있다. 또한, 소년법원의 경우에는 공식적으로 10대의 소년들을 비행소년으로 낙인을 찍어 구금시키거나 치료프로그램에 개입시킨다.

경찰관의 의사결정 과정에서도 낙인 여부의 과정이 잘 나타난다. 경찰관이 부당한 행동을 저지른 10대를 처리하는 데 있어서, "다음번에 한번만 더 잘못하면 용서 않는다!"라며 그 소년을 훈방할 수도 있고, 소년을 체포하여 사법처리를 할 수도 있는데 바로 이 순간이 낙인이론가들이 범죄의 발생원인이 생성되느냐 혹은 마느냐의 맥락에서 주시하는 시점이다.

낙인이론은 또한 어떤 사람들이 주로 낙인찍히는 부류인가의 문제에도 관심을 갖는다. 대체로 가난한 계층, 성별로는 남자 그리고 소수집단에 속하는 사람들이 '비행소년'이라는 낙인이 더 쉽게 찍히는 경향이 있다는 것이다. 낙인은 대체로 부정적인 평가의 결과이며, 그에 따라 당사자에 대한 신뢰가 저하되고 명예에 손상을 입는다. 이러한 부정적인 낙인은 해당 소년에게 심각한 영향을 미치는데, 만약 그가 이 낙인을 받아들일 경우에는 그의 일탈행위의 양과 정도는 크게 증대된다. 더 나아가 낙인은 다른 사람이 그 소년에게 반응하는 태도나 방법에도 영향을 미쳐서 그와 다른 사람과의 관계를 더욱 소원(疎遠)하게 만든다.

이 이론의 치료적 입장은 일차적으로 형사사법제도의 행위에 초점을 맞추는데, 대표적인 방안은 '전환제도' 혹은 '다이버전'(diversion) 프로그램이라고 할 수 있다.[50] 비행행위에

---

49) Schur, E., *Labeling Deviant Behavior*, New York: Harper and Row, 1971.

50) Schur, E., *Radical Nonintervention*, Englewood Cliffs, NJ: Prentice-Hall, 1973.

대해서는 사법처리를 하지 않는 것을 원칙으로 하고 특히 경미한 범죄의 경우 소년법원으로부터 여타 지역사회 내 프로그램으로 전환시키는 것이다. 비행소년들을 정규 교정시설에 개입시키는 것보다는 지역사회 프로그램과 소년보육원과 같은 시설에서 교육시키는 것이 보다 적절한 선택이라고 본다. 비행소년을 교도소에 구금하는 것은, 차별적 접촉이론이 시사하는 바와 같이 교도소 내의 다른 범죄자들과 접촉하게 하여 보다 심각한 범죄자로 양성하는 결과를 낳을 수도 있는 것이다.

낙인과정은 에드윈 레머트(Edwin Lemert)가 제시한 일탈에 관한 두 가지 예시로 잘 알려져 있다. 먼저 '일차적 일탈'은 어느 누구에게나 흔히 발생할 수 있는 그리고 크게 문제가 되지 않고 지나칠 수 있는 일탈의 경우이다. 예컨대, 대학생이 서점에서 책을 훔쳤으나 이후에 사법고시에 합격하여 유명한 판사가 되었을 경우, 그의 일탈적 행위는 문제를 야기하지 않았고 그의 미래에 거의 영향을 미치지 않았다. 다음으로 '이차적 일탈'이라 함은 최초의 일탈행위가 사법당국이나 누군가에게 연관됨으로써 부정적인 낙인이 부여된 결과로 이차적 일탈행위가 이어지는 것을 말한다. 새로운 낙인이 부여된 일탈자는 그 일탈행위에 대한 결과로서 나타난 사회적 반응에 의해 자신의 정체성을 재구성하게 된다. 예컨대, 대학생이 책을 훔치는 것이 발각되어 퇴학을 당했다면, 그는 법관의 꿈은 멀어져 가고 선택의 폭은 매우 제한될 것이다. 주위로부터 그는 품격이 없다는 평판을 받게 되고 자신 역시 그것을 내면화하여 마침내는 마약거래자가 되고 전과자의 길로 빠지게 되는 것이다.[51)]

낙인이론을 주장한 주요한 학자에는 타넨바움(Frank Tannenbaum), 레머트(Edwin Lemert), 베커(Howard Becker), 슈어(Edwin Schur) 등이 있다.

제6절 범죄와 정신질환

범죄의 원인을 규명하고, 범죄자를 관리하고 치료하는 데 있어 정신질환의 문제는 다양한 각도에서 논의의 대상이 되고 있다.

첫째, 정신질환자가 과연 정상인보다 범죄율이 높은가의 여부에 관한 것이다. 정신병은

---

51) Lemert, E., *Social Pathology*, New York: McGraw-Hill, 1951: Lemert, E., *Human Deviance, Social Problems, and Social Control*, Englewood Cliffs, NJ: Pretice-Hall, 1967.

정상적 규범 내의 일반적 행동과는 일탈된 징후를 나타내는 것이 일반적인 현상이기 때문에, 정신질환자가 범죄적인 방식으로 일탈된 행위를 하는 경향이 있다는 것은 상식적으로 이해될 수 있는 부분이다. 그러나 관련 연구들의 결과는 반드시 일치하지는 않고 있다. 지트린 등(Zitrin et al.)은 그의 연구에서 정신병자가 그들의 주거지역에서 강간, 폭행, 주거침입 강도 및 절도의 범죄로 인한 체포율이 일반인들보다 높다는 것을 발견하였다.[52] 또한 소소우스키(Sosowsky)의 연구에서도 살인, 강도, 강간, 폭행의 경우, 정신질환자가 체포된 비율이 다른 집단보다 높은 것으로 나타났다.[53] 그러나 이후 진행된 릴리키스트(Lillyquist)의 연구에서는 정신질환이 범죄와 관계가 없는 것으로 나타나기도 하였다.[54]

둘째, 정신질환자가 과연 피고인으로서 재판을 받을 능력이 있는가의 문제이다. 재판을 받을 수 있는 능력이 있는가의 여부는 정신적인 문제를 기반으로 하지만 최종적으로는 법적인 문제로 볼 수 있다. 정신이상이나 정신적 지체라는 의학적 진단이 피고인이 재판을 받을 수 있는가의 여부를 결정하는 데 충분한 근거가 되는 것은 아니다. 재판에 임할 수 있는 능력을 판단하는 법률적 심사는 관할지역에 따라 다양하다. 그러나 '더스키의 기준'(the Dusky Standard)에 의하면, 피고인은 반드시 합리적인 수준에서 변호사와 협의할 수 있어야 하며, 그가 불리한 절차에 대하여 합리적이고 사실적인 이해를 할 수 있어야 한다고 하였다.[55] 이때의 능력은 범죄를 범했던 당시가 아닌 재판 시의 피고인의 정신상태를 의미한다.

재판에 임할 피고인의 능력에 관한 헬러 등(Heller et al.)의 연구를 보면, 적합하지 않다고 판명된 피고인들은 대체로 나이가 많고 여자이며 지능지수가 낮은 사람들이 포함되었다. 이들은 정신이상으로 진단되었거나 심각한 정신병적 징후를 가진 것으로 나타났다. 무능력하다고 판정될 경우, 피고인은 대개 재판에 임할 능력이 회복될 때까지 정신병을 치료하는 행형시설에 구금된다. 이로 인하여, 차후 유죄판결을 받은 범죄자의 경우 본인의 최대형기보다 긴 기간 동안 구금되는 경우도 발생할 수 있다.[56]

52) Zitrin, A., Hardesty, A., Burdock, E., and Drossman, A., "Crime and Violence Among Mental Patients," *American Journal of Psychiatry*, 1976, 133, pp.142-149.

53) Sosowsky, L., "Crime and Violence Among Mental Patients Reconsidered in View of the New Legal Relationship Between the State and Mentally Ill," *American Journal of Psychiatry*, 1978, 135, pp.33-42.

54) Lillyquist, M., *Understanding and Changing Criminal Behavior*, Englewood Cliffs, NJ: Pretice-Hall, 1980.

55) Brooks, A., *Law, Psychiatry, and the Mental System*, Boston, MS: Little Brown Co., Inc., 1974.

56) Heller, M.S., Taylor, W., Ehrlich, S., and Lester, D., "Competent and Incompetent Defendents Re-

셋째, 유죄로 판정된 범죄자가 정신이상을 이유로 무죄가 성립될 수 있는가이다. 비행과 범죄행위가 정신이상으로 발생할 수 있다는 것은 오랜 기간 동안 주장되어 온 사실이다. 비록 통상적으로는 정신이상자라고 해서 사회적 그리고 법률적 책임을 사면해 주지는 않았지만, 역사적으로 보면 고대 그리스인이나 로마인들도 범죄행위와 정신이상의 관계는 인지하고 있었다.

범죄를 범한 정신이상자를 구제하는 데 중요한 출발점이 된 것은 1843년 영국에서의 맥노튼 사건(the Mcnaughten Case)이다.[57] 1843년 1월 20일 스코틀랜드 청년 대니얼 맥노튼(Daniel Mcnaughten)은 당시 영국 수상인 로버트 필 경(Sir Robert Peel)을 암살하려 하였다. 실수로 그는 수상 대신에 그의 비서를 살해했다. 그는 1843년 3월 3일에 런던의 올드 베일리(Old Bailey)에서 재판을 받았는데, 맥노튼이 정신이상이라는 이유로 무죄판결을 받았다. 그는 1865년 사망할 때까지 범죄성향이 있는 정신이상으로 시설에 수용되었다. 이 사례 이후 이러한 문제에 대한 일련의 지침이 정해졌는데, 이후 맥노튼 규율(the Mcnaughten Rules)로 일컬어지고 있다. 이 규율의 핵심 부분은 범행 당시 본인이 그 행위의 옳고 그름을 분별할 수 없었다는 사실을 인정한 것이다.

한편, 모스(Morse)는 범죄행위의 책임성에 관한 법률적 문제는 정신질병에 대한 정신의학적 진단과는 다르다는 점을 지적하였다.[58] 그는 인지검사(cognitive test)가 정신병자를 보호하는 데 중요한 의미를 갖는다고 주장하였다. 즉, 피고인이 범행 당시의 행위를 설명한 내용이 실제상황에 얼마나 근접하는가를 판별할 수 있어야 한다는 것이다. 모스는 또한 범죄행위의 동기를 가려내는 것은 더욱 어려운 문제라고 하였다. 이는 피고인이 범죄를 행하려는 욕망이나 충동이 과연 통제할 수 있었던 것이었는가의 여부를 얼마만큼 정확하게 판별할 수 있는가의 문제이다. 실제로 그 충동이 통제 불가능한 것이었는지 혹은 그저 통제하지 않은 것인지를 판별하는 방법은 사실상 존재하지 않는다.

오늘날에도, 정신이상자를 보호하는 것이 적절한가의 여부에 관한 문제에 있어서 전문가들의 견해는 일치하지 않는다. 미국의 몇몇 주에서는 정신이상자 보호가 사실상 폐지되

---

ferred to a Court Psychiatric Clinic," *Journal of Forensic Sciences*, 1983, 28, pp.415-422.

57) Moran, R., "The Modern Foundation of Insanity Defense," *Annuals of American Academy of Political and Social Science*, 1985, 477, pp.31-42.

58) Morse, S.J., "Retaining a Modified Insanity Defense," *Annuals of American Academy of Political and Social Science*, 1985, 477, pp.137-147.

기도 하였다.[59] 예컨대, 아이다호(Idaho)주에서는 1967년까지 맥노튼 규율을 유지하였으나, 1982년부터 형사재판에서 정신이상에 대한 고려는 사라졌다. 그러나 피고인의 정신상태는 판결과정에서 여전히 참작되는 중요한 요인이 되고 있다.

정신이상자가 보호되는 조치의 정도를 살펴본 스테드먼(Steadman)의 연구에 의하면, 1978년 미국의 연방 및 주립교도소의 재소자 307,276명 중에서 3,410명이 정신이상을 이유로 무죄로 판정되어 정신치료시설에 구금되어 있는 것으로 나타났다. 즉 일반 재소자 대 정신이상보호자의 비율은 88:1이었다. 또한 뉴욕카운티에서 1970년에서 1980년 사이에 정신이상자의 보호를 위한 청원사례가 202건이 있었는데, 이 중 51건(25%)이 받아들여진 것으로 나타났다. 202건의 사례에 대한 이 연구 결과는, 정신이상자에 대한 정신의학적 진단 결과가 무죄 판결에 영향을 미치는 중요한 요인이라는 것을 보여준 것이다. 이는 실제에 있어서 법률적 기준과 정신의학적 기준이 매우 유사하다는 것을 보여주는 것이다.[60]

반대하는 입장에서는 정신질환을 포함하여 어떤 근거에서라도 자신의 행동에 대한 책임을 면제하게 하는 것은 범죄자를 처우하는 올바른 방법이 될 수 없다고 주장하였다. 그는 대부분의 정신질환 범죄자는 살인죄와 같은 중범죄가 아닌 경미한 범죄를 범하는 경향이 있으며, 전체적으로 볼 때는 대부분이 법을 위반하지 않기 때문에, 정신질환이 범죄행위에 대한 책임회피의 이유가 되어서는 안 된다고 하였다. 사즈(Szasz)와 같은 학자 역시 형사사법체계에 대한 정신의학의 지나친 개입에 반대하는 입장을 취했다.[61]

그럼에도 불구하고, 치료적인 관점에서 볼 때, 범죄자에게서 정신질환의 증세가 나타날 경우 그 증상에 맞는 치료가 적용되어야 한다. 주요 초점은 정신질환을 치유해야 한다는 것이고, 치유된 이후에도 일탈적 행동이 지속된다면 준법성향이 배양될 수 있도록 도와야 한다는 것이다.[62]

---

59) Geis, G. and Meier, R.F., "Abolition of the Insanity Plea in Idaho," *Annuals of American Academy of Political and Social Science*, 1985, 477, pp.72-83.

60) Steadman, H.J., "Empirical Research on the Insanity Defence," *Annuals of American Academy of Political and Social Science*, 1985, 477, pp.58-71.

61) Szasz, T., *Ideology and Insanity*, Garden City, N.Y.: Doubleday, 1969.

62) 우리나라 교정시설의 정신질환 수용자는 2010년 1,544명에서 2019년 4,748명으로 3배이상 증가하였고, 전체 환자 중 정신질환자가 차지하는 비율은 13.1%에서 19.1%로 증가하였다. 고혈압 9,197명(36.9%), 당뇨 5,143명(20.6%)에 이어 3번째이다. 2019년 정신질환 수용자 병명별 진료 현황을 보면, 우울증 1,531명(32.2%), 수면장애 1,310명(27.6%), 불안장애 821명(17.3%), 정신분열 619명(13%), 행동 장애 195명(4.1%) 등으로 나타났다. 정신질환자 심리치료과정이수자는 2013~2019년까지 총 1,705명이고, 2013년 26명에서 2018년 397명, 2019년 311명으로 증가 추세에 있다.(법무부 교정본부, 『교정통계연보』, 2020.)

이 장에서는 범죄행동을 개념화하고 이해할 수 있는 최소한의 지식과 방법을 개괄하였다. 신체적 · 생리학적 · 심리학적 그리고 사회학적 이론으로 구분하여 상이한 입장과 핵심적 내용을 요약 기술하고 각 이론이 교정학적으로 시사한 바를 제시하였다.[63] 또한 사법체계 내에서 정신적 질환자가 어떻게 관리되는가를 기술하였다. 교정시설은 물론 지역사회에도 존재하는 범죄자들을 좀 더 효과적으로 치료하고 처우하기 위해서는 다양한 관점에서 범죄자를 이해할 필요가 있다. 이러한 노력은 의학, 형사사법, 경제, 사회학 및 심리학과 같은 다양한 영역들 간의 상호 학제적 접근(interdisciplinary approach)으로 시도되어야 한다.

63) 보다 구체적이고 다양한 유사이론들이 범죄학이론으로 무수히 존재하지만, 교정학적 필요를 감안하여 기술을 최소화하였다.

Chapter_ 2
형벌과 보안처분

제1절 형벌제도의 개관

1. 형벌의 의의

형벌이란 국가가 형벌권의 주체가 되어 범죄에 대한 법률상의 효과로서 범죄자에게 과하는 법익의 박탈을 말한다. 형벌의 주체는 국가이므로 형벌은 언제나 공형벌이며, 또한 형벌은 범죄에 대한 법률효과이므로 범죄가 없으면 형벌도 있을 수 없지만, 형벌은 범죄에 대하여 과하는 것이 아니라 범죄인에 대하여 과하는 제재이다. 이러한 형벌은 책임을 기초로 과거의 침해에 대한 제재를 협의의 형벌이라고 하고, 여기에 범죄인의 위험성을 기초로 미래에 대한 제재인 보안처분을 포함한 것을 광의의 형벌이라고 한다.

2. 형벌이론

형벌의 본질에 대해서는 응보형주의와 목적형주의로 나누어진다. 즉 응보형주의는 형벌의 본질을 범죄에 대한 응보로서의 해악으로 이해하는 사상으로 형벌은 범죄를 범하였기 때문에 당연히 과하여지는 것이지 다른 목적이 있을 수 없다고 본다. 즉, 형벌의 본질은 응보로서 그 자체가 목적이 된다. 이에 대해서는 칸트(Kant; 정의설, 절대적 응보형론), 헤겔(Hegel; 변증법적 응보론, 이성적 응보형론), 빈딩(Binding; 법률적 응보형론) 등의 견해가 대표적이다.

반면 목적형주의는 '형벌은 그 자체가 목적이 아니라 범죄로부터 사회를 방어 · 보호하는 목적을 달성하기 위한 수단'이라고 한다. 즉, 장래의 범죄를 예방하기 위하여 형벌이 필요하다는 주장으로 범죄예방의 대상이 누구냐에 따라 일반예방주의와 특별예방주의로 나눈다. 일반예방주의는 범죄예방의 대상을 일반인에 두고 형벌의 목적은 일반인에게 겁을 주어 범죄가능성이 있는 잠재적 범죄인이 장차 범죄를 범하지 않도록 예방함에 있다고 보는 견해이다. 특별예방주의는 범죄예방의 대상을 범죄인에 두고 형벌의 목적은 범죄인을 개선 · 교화하여 다시는 범죄를 범하지 않도록 재사회화하는 데 있다고 보는 견해이다. 이와 관련된 학자는 리스트(Liszt), 교육형사상을 주장한 리프만(Liepmann), 사회방위이론을 주장한 그라마티카(Gramatica)와 앙셀(Ancel) 등이 있다.[64]

결론적으로 형벌은 본질상 해악에 대한 응보로서의 성질을 가지면서도 예방의 목적을 달성할 수 있어야 한다는 결합설이 다수설이다.[65] 여기서 일반예방과 특별예방의 목적을 위하여 어떤 경우에도 범죄자의 책임의 상한선을 넘어서는 안 되지만, 책임에 밑도는 가벼운 형벌을 과하는 것은 범죄자의 이익을 위하여 허용된다. 즉, 책임은 형벌의 상한을 제한할 뿐이며, 형벌의 하한은 일반예방과 특별예방의 목적에 의하여 결정된다. 한편 형사입법 단계에서는 일반예방의 위하적 효과를 꾀하고, 재판 단계에서는 책임에 따른 정당한 응보를 지향하고, 행형 단계에서는 특별예방의 재사회화 목적을 꾀한다.

3. 양형의 합리화와 판결 전 조사제도

1) 양형의 합리화

양형이란 형법상 일정한 범죄에 대하여 그에 해당하는 형벌의 종류와 범위를 규정함에 있어서 그 범위 내에서 법관이 피고인에 대하여 선고할 형을 구체적으로 정하는 것이다. 형벌은 책임을 전제로 하고 책임의 정도에 따라 정해져야 하므로 양형에서 정해지는 형벌의 양은 행위자의 개별적인 책임과 균형을 이루는 범위 내에서 정해져야 한다는 원칙, 즉 형법상의 책임주의원치이 기본적인 진제가 뇌어야 한다.

현행 형법은 양형의 합리화를 위한 양형의 조건을 규정하고 있는데, 즉 범인의 연령, 성행, 지능과 환경 및 피해자에 대한 관계와 범행의 동기, 수단과 결과 그리고 범행 후의 정황이 그것이다(형법 제51조).

그러나 양형과정상 법관들의 개인차로 인한 양형의 불평등을 가져와 궁극적으로 부적합한 양형은 재범의 원인이 되는 등 형벌의 목적에 반하는 결과를 가져올 수 있다는 문제점이 꾸준히 제기되어 왔다.

이러한 문제점을 개선할 수 있는 양형의 합리화방안에는, 첫째, 법관의 주관적 요인에

---

64) 박상기·손동권·이순래, 전게서, pp.296-298 참조.

65) 배종대, 전게서, pp.302-303 참조.

의한 양형의 불균형을 줄임과 동시에 양형에서 법관이 겪는 어려움을 완화시키기 위한 것으로 어떤 범죄가 어떤 형벌과 어느 정도의 형량을 선고받을지에 대해 예측 가능하도록 한 일종의 업무지침인 양형기준표와 양형조건과 형량 간의 수량적 상관을 설명하는 양형예측표의 활용, 둘째, 양형의 불균형 문제를 해결하기 위해 조직된 위원회가 법관 양형을 어느 정도 통제할 수 있는 양형지침서의 개발을 주된 임무로 삼는 형사사법제도인 양형위원회의 설치 · 운영, 셋째, 소송절차가 이분화된 미국에서 많이 채택되는 제도로서 유무죄인부절차에서 유죄가 인정된 자에 대하여 그 인격과 환경에 관한 상황을 조사하고 이를 양형의 기초자료로 이용하게 하는 것으로서 판결 전 조사제도의 활용, 넷째, 양형문제가 유무죄 판단문제와 섞이는 것을 방지하기 때문에 양형의 합리화에 기여할 수 있는 소송절차이분론, 그리고, 판결서에 양형이유의 명시 등이 있다.

2) 판결 전 조사제도

(1) 의의

판결 전 조사제도는 형의 종류나 양 및 보안처분의 적용에 있어서 다른 방법으로 조사할 수 없는 피고인의 인격 및 환경에 관한 자료를 수집하여 교정처우과정에서 활용함으로써 범죄자의 교정과 갱생의 촉진에 크게 기여하는 제도이다.

(2) 절차

유죄인부절차에서 유죄가 인정된 자를 대상으로 형량결정을 위하여 판결 전에 보호관찰회부 여부, 재범의 위험성 여부, 갱생에 도움이 될 만한 사회적 · 개인적 지원, 범죄자의 개별특성, 생활환경 등을 면밀히 조사하는 행위를 말한다.

(3) 연혁

영미법계의 나라에서 보호관찰제도와 밀접한 관련을 가지고 발전한 제도로 1911년 미국의 일리노이주 시카고시에서 처음 실시되었고 1940년 표준보호관찰법에서 공식화되었다.

(4) 유용성

판결 전 조사제도는 판사가 가장 유효적절한 판결, 즉 양형의 합리화에 도움을 주고, 변호인의 변호활동을 보완하는 기능을 하며 피고인의 인권보장에 기여하며, 교정시설에서 수용자에 대한 개별처우의 자료로 활용된다. 또한 보호관찰 시 조사보고서는 지역사회에서의 범죄인처우지침으로 활용된다는 장점이 있다.

(5) 비판

조사 결과에 대한 피고인 측의 반대신문권의 확보문제, 조사 결과의 피고인에 대한 공개 여부, 직권주의의 부활, 소송의 신속한 진행을 저해하는 등 소송경제에 반한다는 비판이 있다.

(6) 우리나라의 판결 전 조사제도

우리나라의 판결 전 조사제도는 「보호관찰 등에 관한 법률」과 「아동 · 청소년의 성보호에 관한 법률」, 「치료감호 등에 관한 법률」, 「성폭력 범죄의 처벌 등에 관한 특례법」에서 명시하고 있다. 관련 내용은 다음의 관련 법령 자료와 같다.

〈참고자료〉 양형이론

범위이론	책임과 일치하는 정확한 형벌을 결정할 수는 없으며, 형벌은 그 하한과 상한에 있어서 책임에 적합한 범위가 있으므로, 이 범위에서 특별예방과 일반예방을 고려하여 형을 양정해야 한다는 이론이다.
유일점 형벌이론	책임은 언제나 고정된 일정한 크기를 가진 것이므로 정당한 형벌은 하나일 수밖에 없다고 하면서, 책임과 일치하는 형벌은 다른 형벌의 목적으로 인하여 수정될 수 있으나 책임을 초과할 수 없다는 것이다.
단계이론	위가(位價)이론이라고도 하며, 양형의 단계에 따라 개별적인 형벌목적의 의의와 가치를 결정해야 한다는 견해로 양형은 불법과 책임에 의하여 결정하고 형벌의 종류와 집행 여부는 예방을 고려하여 결정해야 한다는 것이다.

현행법령상 판결 전 조사제도

1. 보호관찰 등에 관한 법률 제19조 · 판결 전 조사

① 법원은 피고인에 대하여 「형법」 제59조의2 및 제62조의2에 따른 보호관찰, 사회봉사 또는 수강을 명하기 위하여 필요하다고 인정하면 그 법원의 소재지 또는 피고인의 주거지를 관할하는 보호관찰소의 장에게 범행 동기, 직업, 생활환경, 교우관계, 가족상황, 피해회복 여부 등 피고인에 관한 사항의 조사를 요구할 수 있다.

② 제1항의 요구를 받은 보호관찰소의 장은 지체 없이 이를 조사하여 서면으로 해당 법원에 알려야 한다. 이 경우 필요하다고 인정하면 피고인이나 그 밖의 관계인을 소환하여 심문하거나 소속 보호관찰관에게 필요한 사항을 조사하게 할 수 있다.

③ 법원은 제1항의 요구를 받은 보호관찰소의 장에게 조사진행상황에 관한 보고를 요구할 수 있다.

2. 아동 · 청소년의 성보호에 관한 법률(제22조)

① 법원은 피고인에 대하여 보호관찰, 사회봉사, 이수명령 또는 수강명령을 부과하기 위하여 필요하다고 인정하면 그 법원의 소재지 또는 피고인의 주거지를 관할하는 보호관찰소의 장에게 피고인의 신체적 · 심리적 특성 및 상태, 정신성적 발달과정, 성장배경, 가정환경, 직업, 생활환경, 교우관계, 범행동기, 병력(病歷), 피해자와의 관계, 재범위험성 등 피고인에 관한 사항의 조사를 요구할 수 있다.

② 판결 전 조사 의뢰를 받은 보호관찰소의 장은 지체 없이 이를 조사하여 서면으로 해당 법원에 알려야 한다. 이 경우 필요하다고 인정하면 피고인이나 그 밖의 관계인을 소환하여 심문하거나 소속 보호관찰관에게 필요한 사항을 조사하게 할 수 있다.

③ 법원은 조사 의뢰를 받은 보호관찰소의 장에게 조사진행상황에 관한 보고를 요구할 수 있다.

제2절 형벌의 종류

1. 사형제도

1) 의의

사형은 수형자의 생명을 박탈하여 그를 사회로부터 영구히 제거시키는 형벌로서, 형법에 규정된 형벌 중 가장 중한 것으로 교도소(형무소) 내에서 교수(絞首)하여 집행하며(형법 제66조), 군형법은 총살형을 인정하고 있다(군형법 제3조).

2) 역사

형벌사는 사형의 역사라 할 만큼 가장 오랜 역사를 가지고 있다. 고대의 함무라비 형법전의 형법편에 탈리오법칙이 반영되어 위하관념이 강한 약 37개조의 사형규정을 담고 있다. 그리고 중세는 사형의 전성기라고 할 수 있는데, 정치적 · 종교적으로 남용되었다. 18세기 이후의 사형은 계몽사상가와 인도주의사상의 영향을 받아 사형의 적용범위를 제한하거나 폐지해야 한다는 논의가 활발히 이루어졌다. 결론적으로 사형은 위하주의 시대 이전에는 형벌 중 가장 높은 비율을 점하고 있었으나 18세기 계몽주의 시대를 거치면서 점차 폐지되거나 제한되는 인도주의를 지향하면서 점차 폐지되거나 제한되는 경향을 보이고 있다.

3) 사형 폐지론

사형폐지론의 주요 논거는 다음과 같다.

첫 번째, 사형은 야만적이고 잔혹하므로 인도주의적 견지에서 허용할 수 없다.

두 번째, 국가가 사람을 살해한 범인의 행위를 비난하면서 국가 자신이 이를 행하는 것은 응보 이외에는 아무것도 아니고 국가가 사람을 살해하는 관리(官吏)를 인정하는 결과가 된다.

세 번째, 오판에 의한 사형의 집행은 영구적으로 구제될 수 없는 결과를 가져온다.

네 번째, 사형은 일반사회인이 기대하는 것과 같은 위하적인 효과를 갖지 못한다. 특히 그 주된 대상인 연쇄살인범이나 정치적인 확신범에 대하여는 거의 무력하며, 사형을 폐지

한 나라에서 범죄가 증가하지 않는 실정도 이에 대한 증거가 될 수 있다.[66]

다섯 번째, 사형은 형벌의 개선적인 기능 및 교육적인 기능도 전혀 갖지 못한다.

여섯 번째, 사형은 피해자에 대한 손해배상 내지 구제의 견지에서도 전혀 도움이 되지 못한다.

이러한 사형제도의 폐지에 대한 주장은 다양한 분야의 학자들에 의해 주장되어 왔다. 사형제도의 폐지를 주장한 대표적인 학자인 베카리아(C. Beccaria)는 1764년 「범죄와 형벌」이란 저서에서 사형은 잔혹하면서도 위하의 효과를 거둘 수 없는 형벌이고 사회계약의 원 취지에 반하는 것이라고 비판하였다. 또한 사형이 형벌로서 가지는 실제 위하적 작용 측면에서도 장기간의 자유박탈이 사형보다 더 효과적이라고 주장하였다. 이 밖에 사형폐지를 주장한 학자는 교육학자로서 「입법과 교화」에서 사형의 대가가 적고, 그 형의 집행이 오히려 민심을 혼란시키는 점을 주장한 페스탈로치(Pestalozzi), 「감옥상태론」(*The State of Prison in England and Wales*, 1777)에서 당시의 비참한 감옥상태를 비판하고 사형폐지운동을 일으킨 존 하워드(J. Howard), 1927년 사형에 관한 세계 각국의 자료를 수집하여 「20세기에 있어서의 사형」을 출간하여 영국 의회로 하여금 5년간의 사형집행정지안을 인정하게 한 캘버트(E. Roy Calvert), 오판에 의해 사형에 처할 경우 회복할 수 없는 결점을 가진 이유로 사형의 폐지를 강조한 리프만(M. Liepmann), 「사형인 최후의 날」(1829)을 저술하여 사형은 죄인의 머리 하나만을 절단하는 것이 아니고 죄 없는 가족들의 머리까지 절단하는 효과를 초래한다는 이유로 사형을 배척한 위고(Victor Hugo) 등이 있다.

4) 사형존치론

사형존치론의 주요 논거는 다음과 같다.

첫 번째, 사람을 살해한 자가 그 생명을 박탈당해야 된다는 것은 아직까지 일반 국민이 가지고 있는 법적 확신이다.

두 번째, 사형의 사실적 근거는 국민 일반이 가지는 응보의 관념 또는 정의의 확신으로 해당국의 국민 대다수가 흉악범에 대한 사형의 형벌을 요청할 때 사형을 과하는 것은 형법상의 정의관에 합치한다고 볼 수 있다.

---

66) 통계학적 증거: 사형집행의 증감에 따른 살인범죄발생율의 변화, 그리고 사형폐지 혹 부활 전후의 살인범죄발생율의 차이에 대한 연구등에서 사형제도가 살인범죄를 억제한다는 보편적인 통계학적 결과는 존재하지 않는다.

세 번째, 법률질서의 유지상으로 보아 흉악범 등 중대범죄에 대하여는 사형으로써 이를 위하하지 아니하면 법익보호의 목적을 달성할 수 없으므로 사형은 일종의 필요악이다.

네 번째, 극악한 사람은 사회에 대하여 유해하므로 국가사회의 방위를 위해서는 이 사회로부터 완전히 말살하여야 한다.

다섯 번째, 오판의 위험을 전제로 하여 사형의 존폐를 주장하는 것은 잘못이다.

여섯 번째, 사형제도에 의하여 국가의 행형비용을 절감할 수 있기 때문에 사형을 존치해야 한다는 입장이다.

이러한 사형제도의 존치를 주장한 대표적인 학자는 칸트(I. Kant)로, 범죄는 자유의사를 가진 자의 도덕률에 반한 행위이기 때문에 이에 대한 형벌은 필연적인 응보로서 정의의 명령이라고 보았다. 지구의 종말이 도래하여 국가가 해체되는 경우에도 감옥에 남아 있는 사형수는 한 사람도 남김없이 집행되어야 정의가 실현될 수 있고 이 세상은 의미 있는 것이 된다고 하였으며, 인류보편적 정의는 범죄자에게 범행에 상응하는 형벌을 가함으로써 균형적 정의가 회복될 수 있다고 본 것이다. 이 밖에 사형에 대한 존치를 주장한 학자는 중세의 스콜라 철학자로 전체 육체의 치료를 위하여 부분 지체를 절단하는 것처럼 인간사회의 통합이라는 공동선을 해치는 흉악한 인간은 사회에서 제거되어야 한다고 주장한 토마스 아퀴나스(Thomas Aquinas), 사형은 더 큰 악을 제거하기 위한 작은 악으로서 사형을 집행하기 위하여 검을 사용하는 것은 신성한 것이라고 주장한 마르틴 루터(Martin Luther), 무제한적 사형 집행을 시인하지는 않았지만 사회적 원리를 침해하는 악인은 자신의 범죄로 인하여 조국에의 반역자가 되는 것이므로 추방에 의하여 격리되거나 공중의 적으로서 죽음에 의해 격리되어야 한다고 주장한 루소(J. Rousseau), 국가를 가장 보편적인 자유를 획득하는 윤리적 공동체로 보고 법은 正(theses), 범죄는 反(antitheses), 형벌은 合(syntheses)이라 하고 절대적 · 등가적 형벌이론을 주장하면서 사형을 긍정한 헤겔(G.W.F. Hegel), 19세기 말의 범죄인류학파로 생래적 범죄인은 개인적 소질에 의하여 지배되기 때문에 형벌에 의하여 개선 불가능하고 사형에 의하여 사회로부터 격리할 것을 주장한 롬브로소(C. Lombroso) 등이 있다.

5) 사형의 집행절차

사형 집행절차를 선고한 판결이 확정된 때에는 검사는 지체 없이 소송기록을 법무부장관에게 제출하여야 한다(형사소송법 제464조). 그리고 사형 집행의 명령은 판결이 확정된 날로부터 6월 이내에 하여야 하며 상소권회복의 청구, 재심의 청구 또는 비상상고의 신청이 있는 때에는 그 절차가 종료할 때까지의 기간은 그 기간에 산입하지 아니한다(동법 제465조). 법무부장관이 사형의 집행을 명한 때에는 5일 이내에 집행하여야 한다(동법 제466조). 사형은 법무부장관의 명령에 의하여(동법 제463조) 교정시설의 사형장에서 집행한다.

한편, 사형의 집행에는 검사와 검찰청서기관과 교도소장 또는 구치소장이나 그 대리자가 참여하여야 하고, 검사 또는 교도소장 또는 구치소장의 허가가 없으면 누구든지 형의 집행장소에 들어가지 못한다(동법 제466조). 그리고 사형의 집행에 참여한 검찰청서기관은 집행조서를 작성하고 검사와 교도소장 또는 구치소장이나 그 대리자와 함께 기명날인 또는 서명하여야 한다(동법 제468조).

참고로 사형의 선고를 받은 자가 심신의 장애로 의사능력이 없는 상태에 있거나 잉태중에 있는 여자인 때에는 법무부장관의 명령으로 집행을 정지하고, 이러한 사형의 집행을 정지한 경우에는 심신장애의 회복 또는 출산 후 법무부장관의 명령에 의하여 형을 집행한다(동법 제469조).

6) 사형제도의 합리적 운영방안

사형을 선고할 수 있는 범죄유형을 최대한 제한해야 하고, 사형을 법정형으로 정한 범죄에 대하여도 사형선고에 신중을 기해야 한다. 그리고 적법한 절차와 오판의 가능성을 최소화한다는 측면에서 판결 전 조사제도 등을 활용하여야 하며, 사형선고를 받은 자라 할지라도 형 집행에 있어서는 일정한 유예기간을 두어 개선 정도를 참작하여 생명을 존치할 수 있는 여지를 만들어야 한다. 또한 사형선고자에 대해 필요적 재심사유로 하거나 대법원 전원재판부의 찬성요건을 강화하여야 한다.

우리나라는 사형제도가 법적으로 존치되고 있지만 오랜 기간 동안 집행하지 않아 실질적 폐지국가로 분류되고 있으며, 종신무기형 및 사형 집행유예제도 등의 도입을 대체방안으로 논의하고 있다.

2. 자유형 제도

1) 의의

자유형이란 수형자의 신체적 자유를 박탈하는 것을 내용으로 하는 것으로, 현행 형법은 징역, 금고 및 구류의 세 가지 자유형을 인정하고 있다. 자유형의 주된 목적은 교화개선을 통한 수형자의 재사회화에 있다.

2) 목적

자유형제도는 범죄인을 사회생활로부터 격리시켜 '사회생활적 자유'를 박탈함으로써 법적 효과로서의 응징력을 충족하게 할 수 있기 때문에 응보형주의 및 일반예방주의에 부합된다.

또한 범죄에 대하여 원칙적으로 노동을 강제함으로써 근로정신을 함양함과 동시에 이들을 교화개선하여 질서 있는 국민생활에 적응하도록 인도할 수 있는 교육형주의에도, 또한 특별예방적 효과를 얻을 수 있고 범죄인의 자유를 구속함으로써 그 장래의 범죄적 위험행위로부터 사회를 방위하려는 점에서 목적형주의에도 부합되는 제도라고 할 수 있다.

3) 기능

자유형제도는 격리작용과 개선작용과 같은 기능이 있는데, 격리작용은 자유형의 성질을 이해하는 데 있어 소극적으로 이해하여, 범죄인의 구금확보만이 그 최대의 목적이라 주장하면 자유형의 기능은 범죄인을 사회로부터 일정 시설에 격리하는 작용 그 자체라고 말할 수 있다. 그리고 개선작용은 폭을 넓혀 자유형의 성질을 이해함에 있어 범죄인의 구금확보 그 자체는 하나의 수단에 불과하며, 범죄인을 교정하여 건전한 사회인으로 복귀시키는 것이 최대의 목적이라고 생각한다면 자유형의 기능은 범죄인에 대한 개선작용이라는 결론이 나오게 된다.

4) 자유형의 종류와 기간

구 분	내 용	기 간
징역	정역에 복무하게 한다.	1월 이상 30년 이하(가중 시 50년 이하), 무기의 경우 기간제한 없음.
금고	신청에 의해 작업부과 가능	〃
구류	주로 경범죄처벌법 등에 규정, 신청에 의해 작업부과 가능	1일 이상 30일 미만

5) 자유형에 대한 개선논의

자유형 제도의 개선에 대한 논의는 자유형 단일화, 단기자유형의 폐지, 부정기형의 확대 도입, 무기형 제도에 대한 필요적 가석방제도의 도입, 구류제도의 폐지 등이 있다.[67]

(1) 자유형의 단일화

① 의의

목적형 · 교육형주의의 입장에서 자유형의 내용에 따른 구별을 폐지하고 자유형을 자유박탈을 내용으로 하는 형벌로 단일화하여 행형의 통일을 기하고자 하는 노력이다. 광의로는 징역 · 금고 · 구류 3종의 단일화를 말하며, 협의로는 징역과 금고의 단일화를 말하는데, 일반적으로 단일화논의라 함은 징역형과 금고형을 징역형으로 단일화하자는 것이다.

② 역사적 배경

1872년 런던의 제1회 국제형무회의에서 자유형 단일화의 문제가 제기되었고, 1878년 스톡홀름의 제2회 국제형법 및 형무회의에서 자유형 단일화를 의결하였다.

③ 자유형 단일화의 주장 논거

자유형에 대한 단일화의 주장 논거는 다음과 같다.

첫째, 교정행정의 일관성을 유지할 수 있다.

둘째, 노동의 교정효과를 무시한 노동천시의 구시대적 발상(봉건주의사상의 잔재)을 타파해야 한다.

---

67) 박상기·손동권·이순래, 전게서, pp.310-316; 허주욱, 전게서, pp.64-68 참조.

셋째, 현대에 있어서 노동은 인간으로서 당연히 종사하여야 할 의무이며, 더욱이 교육형주의의 입장에서는 수형자에게 일정한 작업을 부과하는 것은 교육의 수단이며 단순히 고통을 주기 위한 강제적인 노동만은 아니라고 보아야 한다.

넷째, 징역수형자에 대한 부당한 낙인효과를 제거할 수 있다.

다섯째, 징역과 금고에 적용할 파렴치한 범죄의 구별이 곤란하고 입법적으로도 여의치 않다. 즉 자유형 구별의 기준이 되는 '파렴치'라는 개념은 상대적이고 시대에 따라 변천하는 것이다.

여섯째, 형 집행의 합목적성 관점에서 징역 · 금고의 사전구별은 부당하다. 즉 형의 집행에 있어서도 극히 소수의 금고수형자를 위하여 일정한 수용시설을 별도로 설비하는 것은 국가재정상 곤란하므로 실제에 있어서는 금고수형자도 징역수형자와 같은 교정시설에 수용하여 동일한 처우를 하지 않으면 아니 된다.

그 밖에 법에 윤리적 개념을 도입하는 것은 적당하지 않다는 점에서, 그리고 교정업무의 불편을 해소할 수 있다는 차원에서 단일화가 주장되고 있다.

④ 자유형 세분화의 입장

자유형 단일화의 반대 입장인 자유형 세분화의 주장 논거는 다음과 같다.

첫째, 정치범 등과 같은 비파렴치범에 대한 대우는 국민의 법적 확신이다.

둘째, 현재 교정행정에 있어서 분류처우가 낙후되어 있다.

셋째, 형의 종류에 있어서도 범죄에 대한 기본적 평가의 차이를 둘 필요가 있다.

넷째, 노동이 형벌과 함께 강제된다는 사실만으로도 이미 노동의 형벌성을 인정할 수 있다.

다섯째, 형의 종류가 다양할수록 책임에 따른 형벌의 개별화는 더욱더 실현될 수 있다.

여섯째, 과실범과 같은 수형자를 다른 고의범죄자와 같이 취급하는 것은 국민감정에 맞지 않는다.

⑤ 결론

현재 우리나라는 자유형 세분화의 입장을 유지하고 있다. 그러나 교정에 있어 목적형 · 교육형주의의 입장에서 자유형의 내용에 따른 구별을 폐지하고, 자유형을 자유박탈을 내용으로 하는 형벌로 단일화하여 행형의 통일을 기하고자 하는 노력이 논의되고 있다.

(2) 단기자유형의 문제

① 의의

단기자유형은 경한 죄질의 범죄자에게 가해지는 경우가 많고, 그 가족의 경제적 파탄과 함께 정신적 부담이 되며, 행형과정에서 직업훈련과 성격개선 등에서 사회복귀를 위한 개선교화의 효과를 거둘 시간적 여유가 없어 이른바 특별예방효과를 기대하기가 어렵다. 그리고 악풍감염에 따른 범죄유발이 가능성을 높이고, 전과자라는 낙인효과마저 낳아 사회복귀에 어려움이 있다. 따라서 재범의 위험성이 크며, 형기가 짧아 수형자가 받는 고통 또한 크지 않기 때문에 상대적으로 위하력 효과도 크지 않다고 하겠다. 또한 행형을 위한 교육훈련과 분류심사의 기간이 지나면 바로 석방해야 하므로 수형자 처우의 실태에 맞지 않다.

② 적용대상과 단기의 기준

단기자유형에 해당되는 자는 비교적 경한 범죄를 범한 자와 특히 초범자에게 적용된다. 이러한 단기자유형에서 단기의 기준은 1950년 '국제형법 및 형무회의'의 3월 이하설과 1960년 'UN 범죄방지 및 범죄자처우회의'의 6월 이하설이 있으나 통설은 6월 이하설이다.[68]

③ 단기자유형의 대체방안

단기자유형에 대한 대체방안은 일반적으로 범죄자를 구금하지 않는 제도로의 전환을 의미한다. 즉, 독자적인 보호관찰, 사회봉사명령 · 선행보증 · 가택구금 · 거주제한 등을 수반하는 보호관찰제도의 확대, 기소유예, 선고유예, 집행유예를 통한 범죄인의 조속한 재사회화, 벌금형의 활용, 주말구금과 단속구금(斷續拘禁)과 같은 휴일구금의 활동, 무구금강제노역, 중간처벌을 활용한 구금제도의 완화, 피해배상제의 활용, 벌금형으로 환형하되 납입불능자가 없도록 벌금액을 범죄인의 생계를 참작하여 정하고 납입 등의 편의를 주는 제도, 시민권의 박탈과 회복주의 사법 등이 일반적인 대안으로 제시되고 있다.

(3) 부정기형제도의 도입문제

① 의의

정기형은 재판에서 일정한 자유형의 기간을 확정하여 형을 선고하는 것을 의미하고, 부

68) 이재상, 「형법총론」, 박영사, 1990, p.567.

정기형은 자유형을 선고할 때 형기를 확정하지 않는 것으로서 형기는 형 집행 단계에서 결정된다. 절대적 부정기형과 상대적 부정기형이 있으나 절대적 부정기형은 전혀 형기를 정하지 않는 것으로 죄형법정주의의 명확성의 원칙에 반하기 때문에 각국에서 폐지하는 것이 일반적인 추세이고, 범죄자에 대한 책임형량의 결정은 상대적일 수밖에 없으므로 일정 범위 내에서 기간의 상한과 하한을 정하여 선고하는 상대적 부정기형이 일반적인 부정기형이라고 할 수 있다.

이러한 부정기형의 도입은 목적형주의 내지 교육형주의, 특별예방주의, 주관주의 및 사회적 책임주의의 입장에서는 반사회적 위험성에 상응하여 정하여야 한다는 사상에 입각한다면 형벌개별화의 당연한 결과이다. 일반적으로 상습범죄인, 소년범죄인, 누범범죄인 등에 대하여는 부정기형을 채용하는 것이 유리하다. 한편 현행 「형법」의 정기형제도하에 있어서도 형의 집행 중 가석방제도로써 실제적으로는 형기를 부정기화하고 있고 또한 무기징역도 가석방제도와 결합하여 실제적으로는 일종의 부정기형화하였다고 말할 수 있다.

② 역사적 배경

19세기 전반에 있어서 독일 · 프랑스 및 미국의 학자들에 의하여 부정기형의 필요성이 주장되었고, 드와이트(Theodore Dwight), 브록웨이(Zeburon Brockway), 와인스(Enoch Wines) 등의 주장으로 뉴욕의 엘미이라 교도소에서 최초로 상대적 부정기형을 실시하였다. 1925년 런던 국제감옥회의에서 "부정기형은 형벌개별화의 필연적 결과이며 범죄로부터의 사회방위에 있어 가장 유력한 방법 중의 하나이다"라는 점을 강조하여 그 도입을 결의하였다.

③ 부정기형 찬성 논거

부정기형제도에 대한 찬성 논거는 다음과 같다.

첫째, 부정기형은 교화개선목적에 가장 적합한 제도이자 위험한 범죄자나 상습적 누범자에 대하여 장기간 구금이 확보되기 때문에 사회방위의 효과도 거둘 수 있는 장점이 있다.

둘째, 형의 불균형을 시정할 수 있고 초범자나 범죄성이 계속되지 않는 자에게는 수형기간을 단축한다는 이점이 있다.

셋째, 자신의 석방기일을 스스로의 노력에 따라 당길 수 있으므로 개선의욕을 촉진시킨다.

넷째, 형기가 부정기라는 사실 그 자체가 범죄인에게 위하효과가 있고 교화 정도에 따라 석방하므로 사회와 수형자 모두에게 이익이 된다.

다섯째, 사회복귀가 기대될 수 없는 범죄자에 대해서는 교정시설에 계속 구금함으로써 처우의 효과를 기대할 수 있다.

④ 부정기형 반대 논거

부정기형제도에 대한 반대 논거는 다음과 같다.

첫째, 부정기형은 「형법」의 기본원리인 죄형법정주의의 원칙에 위반된다. 즉 재판관은 다만 유죄의 선고만을 하고 형벌집행관인 교정관리가 형기를 정한다는 것은 행정과 사법을 혼동하는 것으로 되어 삼권분립주의와 법치주의의 이론에 반하고 인권보장에 위험을 준다는 것이다.

둘째, 부정기형은 처벌에 관한 일체의 권리를 형벌집행관인 교정관계인에게 맡기게 되므로 교정관계인의 전횡을 야기하고 또한 수형자를 자포자기에 빠지게 할 염려가 있다.

셋째, 시설 내 교화활동의 효과가 의심스럽고 부당한 장기수용은 책임을 넘는 준엄한 형벌의 가능성이 있기 때문에 인권침해의 우려가 있다.

넷째, 교도관과 수형자 간의 인간관계 왜곡 가능성이 있고 개선의 판단기준이 모호하다.

⑤ 결론

수형자 형기의 영구한 미확정상태의 방치는 인권옹호상 허용될 수 없기 때문에 형기상한제가 필요하고, 범죄사실이 중대함에도 불구하고 교정의 필요성이 없다고 해서 조기석방함은 일반예방정책상 용납되지 않기 때문에 형기하한제가 필요하다. 즉 범죄자에 대한 책임형량의 결정은 상대적일 수밖에 없으므로 일정 범위 내에서 기간의 상한과 하한을 정하여 선고하는 상대적 부정기형의 확대도입이 논의되어야 할 것이다.

(4) 무기형 제도에 대한 필요적 가석방제도의 도입

무기형제도는 범죄인을 종신구금하므로 사회복귀와 개선의욕을 상실하게 하여 점진적으로 사람의 생명을 단절하는 형벌인바, 사형 이상으로 가혹하다. 또한 범죄인 각자의 수명에 따라 집행의 기간이 달라지므로 불공평하며, 형벌이 불가분적이어서 신축성이 없고 형벌의 균형이 상실된다. 그리고 범죄인을 종신구금하므로 범죄인을 자포자기하도록 하여 오히려 흉폭한 행동을 유발할 수 있다. 결론적으로 가석방제도를 적당히 운용함으로써 범죄인의 사회복귀를 도모할 수 있다.

(5) 구류제도의 폐지

형기를 제외하고는 신체의 자유를 제한한다는 점에서 하등의 차이가 없는 구류형을 굳이 독립된 형벌로 둘 필요가 없다. 또한 법관의 형량산정에 있어서 지나친 재량권의 남용을 방지하기 위해서 폐지가 필요하고, 단기자유형의 폐해는 구류에서도 없다고 말할 수 없으므로 폐지되어야 한다.

이러한 구류형은 자유형임에도 불구하고 현행법상 집행유예나 선고유예를 할 수 없고, 경미한 위법행위에 대해 자유형 부과는 지나친 형법의 개입이며, 피고인의 방어권이 제약받는 즉결심판절차에 의한 구류형은 법치국가적 요청에 반한 것이 될 뿐만 아니라 구류형의 집행장소가 대부분 경찰서 유치장이기 때문에 분류 미흡, 범죄학습 등의 문제가 있다.

결론적으로 경미한 위법행위에 대해 과태료를 부과하여 비범죄화하여야 하고, 벌금 또는 과료로 대체하는 방법을 고려하여야 하며, 즉결심판절차를 통해서는 구류를 선고할 수 없도록 하여야 한다.

3. 재산형제도

1) 의의

재산형이란 국가가 범죄인에 대하여 일정한 재산을 박탈하는 것을 내용으로 하는 형벌이다. 20세기를 전후하여 재산형은 단기자유형의 폐단을 줄이는 대체수단으로 주장되고 이용되었다. 형법은 재산형으로 벌금, 과료 및 몰수 세 가지를 규정하고 있다.

2) 벌금과 과료

벌금형은 5만 원 이상으로 한다. 다만, 감경하는 경우에는 5만 원 미만으로 할 수 있고(형법 제45조), 과료는 2천 원 이상 5만 원 미만으로 한다(형법 제47조). 벌금과 과료에 대한 구체적인 차이는 아래의 표와 같다.

〈표 3-2〉 벌금과 과료의 구분

구 분	금 액	노역장 유치기간	형의 시효기간	형의 실효기간	선고유예와 집행유예의 여부
벌 금	5만 원 이상 (감경 시 미만 가능)	1일 이상 3년 이하	5년	2년	가능
과 료	2천 원 이상 5만 원 미만	1일 이상 30일 미만	1년	완납과 동시	불가능

한편 벌금형 제도의 요건과 특징은 다음과 같다.

(1) 요건

벌금과 과료는 확정판결일로부터 30일 이내 납입하여야 하고, 벌금을 선고할 때에는 동시에 그 금액을 완납할 때까지 노역장에 유치할 것을 명할 수 있다(「형법」 제69조). 그리고 벌금과 과료를 선고할 때에는 노역장 유치기간을 정하여 동시에 선고하여야 하며(동법 제70조), 벌금 또는 과료의 선고를 받은 자가 그 일부를 납부한 때에는 벌금 또는 과료액과 유치기간의 일수에 비례하여 납입금액에 상당한 일수를 제한다(동법 제71조).

(2) 특징

벌금은 제3자에 의한 대납을 금지하고, 국가에 대한 채권과 상계할 수 없으며, 공동연대책임을 인정하지 않고 개별책임을 원칙으로 한다. 또한 벌금은 상속되지 않는 일신전속(一身專屬)적 성격을 가지고 있다. 즉, 벌금납부의무자가 사망하면 납부의무까지도 소멸하는 것이다.[71]

---

69) 형의 시효: 형의 선고를 받은 자가 재판이 확정된 후에 그 형의 집행을 받지 않고 일정한 기간이 경과한 때에는 집행이 면제되는 것을 말하는데, 공소시효는 검사가 형사사건을 일정 기간 기소하지 않고 방치한 경우 국가의 형사소추권이 소멸되는 것이라는 점에서 구별된다.

70) 벌금액에 따른 노역장 유치기간
1. 1억 원 이상 5억 원 미만: 300일 이상
2. 5억 원 이상 50억 원 미만: 500일 이상
3. 50억 원 이상: 1,000일 이상

71) 벌금상속의 예외
1. 몰수 또는 조세, 전매 기타 공과에 관한 법령에 의하여 재판한 벌금 또는 추징은 그 재판을 받은 자가 재판확정 후 사망한 경우에는 그 상속재산에 대하여 집행할 수 있다(「형사소송법」 제478조).
2. 법인에 대하여 벌금, 과료 등을 명한 경우에는 법인이 그 재판확정 후 합병에 의하여 소멸한 때에도 합병 후 존속하는 법인 또는 합병에 의하여 설립된 법인에 대하여 집행할 수 있다(「형사소송법」 제479조).

3) 장 · 단점

(1) 장점

벌금제도의 장점은 다음과 같다.

① 자유형보다는 형 집행비용이 적고 구금으로 인한 실업, 가정파탄, 범죄오염 등의 위험성을 제거할 수 있다.
② 주로 이욕적인 범죄자에게 효과적이며 국고의 수입을 늘릴 수 있다.
③ 벌금형을 탄력적으로 운영하면 빈부에 따른 정상참작이 가능하다.
④ 단체, 즉 법인에 대한 적절한 형벌수단이 된다.
⑤ 오판 시 회복이 가능하고 신속한 업무처리를 할 수 있다.
⑥ 피해자와 범죄인의 명예보호적 측면도 있다.
⑦ 형사정책상 비시설화의 도모로 인한 범죄자의 사회화에 기여한다.

(2) 단점

벌금제도의 단점은 다음과 같다.

① 공공의 안전을 해친다.
② 인플레이션하에서는 예방력이 약하다.
③ 현재 벌금미납자의 노역집행을 위한 별도의 시설이 없다.
④ 거액의 벌금미납자도 3년 이하의 노역으로 벌금을 대체하므로 형평성에 위배된다.
⑤ 교육 · 개선작용이 미흡하여 형벌의 개별화와 거리가 멀다.

4) 총액벌금제도와 일수벌금제도

벌금제도는 행위자의 책임에 따라 일괄적으로 벌금액이 산정되는 총액벌금제도와 행위자의 책임에 따라 일수가 선고되고, 지불능력 등을 고려하여 1일 벌금액이 산정되는 일수벌금제도로 구분된다.[72]

(1) 총액벌금제도

총액벌금제도는 범죄인의 빈부를 고려하지 않고 동일액의 벌금을 부과하는 벌금제도로

72) 배종대, 「형사정책」, 홍문사, 2000, pp.326-327; 박상기·손동권·이순래, 전게서, p.321 참조.

배분적 정의실현이 어렵다는 문제가 있다. 현재 과형인원의 80% 이상이 벌금형을 선고받고 있는데, 범죄인의 빈부의 차이에 따라 같은 액수라도 형벌이 가지는 효과는 다를 수밖에 없어 배분적 정의에 의한 벌금형의 형평성 문제를 야기할 수 있다.

결론적으로 일수벌금제도의 운영, 벌금형의 집행유예제도의 도입 등 벌금형의 탄력적 운영이 필요한 실정이다.

(2) 일수벌금제도

행위자의 경제상태 내지 지불능력을 고려하는 벌금형 선고방식의 하나로, 먼저 행위자의 불법과 책임에 따라 "○○일의 일수벌금에 처한다"라는 형식을 취하고, 그 다음 행위자의 수입, 자산, 부양의무, 기타 경제사정을 고려하여 1일의 벌금액을 산정한 다음 양자를 곱하여 벌금액을 정하는 방법이다(전체 일수×1일 벌금액수). 현재 포르투갈, 핀란드, 스웨덴, 덴마크, 독일, 오스트리아 등에서 시행 중인 제도이다.

이러한 일수벌금제도의 장점은 다음과 같다.

① 불법과 책임이 동일한 행위는 행위자의 경제적 능력에 관계없이 일수에 의해 동일하게 처벌받게 됨으로써 정의가 실현된다는 인상을 주게 된다.

② 일수정액의 산정은 경제적 능력을 기초로 결정되므로 빈부에 관계없이 형벌의 목적을 달성할 수 있게 하고 동시에 환형유치의 집행 가능성을 현저히 감소시켜 단기자유형의 폐해를 막을 수 있다.

③ 벌금형 미납 시의 환형유치에 대한 기준이 명료하게 해결될 수 있다. 즉, 대체자유형의 범위는 일수와 자유형이 1대 1의 비율에 의해 간단히 산출될 수 있다.

④ 피고인의 자력에 관계없이 동일한 형벌적응력을 갖게 하는 것으로 정의의 관념과 형벌개별화사상에 부합하는 제도이다.

⑤ 형벌의 책임주의에 의한 위하력과 배분적 정의의 실현이라는 두 가지 목적의 실현이 동시에 가능하다.

한편 일수벌금제도는 다음과 같은 문제점을 갖고 있다.

① 벌금총액의 증대에 따른 법관들의 기계적인 1일 벌금액 산정의 위험성이 있다.

② 벌금형의 산정에 경제적 능력을 고려하는 것은 행위자의 경제적 능력에 대하여 다른 양형사유보다 우월한 지위를 인정하는 것이 되고 이는 양형에 있어 경제적 능력에 의미를 지나치게 강조하는 것이다.

③ 피고인의 경제적 능력에 대한 정확한 조사 · 확정이 현실적으로 대단히 어렵다.

5) 벌금형 대체수단으로서의 사회봉사

(1) 목적

벌금미납자에 대한 노역장유치를 사회봉사로 대신하여 집행할 수 있는 특례와 절차를 규정함으로써 경제적인 이유로 벌금을 낼 수 없는 사람의 노역장유치로 인한 구금을 최소화하여 그 편익을 도모함을 목적으로 한다(「벌금 미납자의 사회봉사 집행에 관한 특례법」 제1조).

(2) 효과

벌금형 대체수단으로서의 사회봉사는 ① 노역장유치에 따른 범죄학습폐해 방지, ② 가족관계의 단절방지, ③ 구금시설 과밀화 등의 문제점을 해소, ④ 벌금미납자에 대한 편익도모와 같은 효과가 있다.

(3) 사회봉사명령제도의 신청 대상자

500만 원의 범위 내의 벌금형이 확정된 벌금 미납자는 검사의 납부명령일부터 30일 이내에 주거지를 관할하는 지방검찰청의 검사에게 사회봉사를 신청할 수 있다. 다만, 검사로부터 벌금의 일부납부 또는 납부연기를 허가받은 자는 그 허가기한 내에 사회봉사를 신청할 수 있는데, ① 징역 또는 금고와 동시에 벌금을 선고받은 사람, ② 법원으로부터 벌금 선고와 동시에 벌금을 완납할 때까지 노역장에 유치할 것을 명받은 사람, ③ 다른 사건으로 형 또는 구속영장이 집행되거나 노역장에 유치되어 구금 중인 사람, ④ 사회봉사를 신청하는 해당 벌금에 대하여 법원으로부터 사회봉사를 허가받지 못하거나 취소당한 사람은 사회봉사를 신청할 수 없다(동법 제4조).

(4) 사회봉사의 집행 및 집행기간

사회봉사는 보호관찰관이 집행한다. 다만, 보호관찰관은 그 집행의 전부 또는 일부를 국공립기관이나 그 밖의 단체 또는 시설의 협력을 받아 집행할 수 있고(동법 제9조), 보호관찰관은 사회봉사 대상자의 성격, 사회경력, 범죄의 원인 및 개인적 특성 등을 고려하여 사회봉사의 집행 분야를 정하여야 한다(동법 제10조).

사회봉사의 집행기간은 1일 9시간을 넘겨 집행할 수 없다. 다만, 사회봉사의 내용상 연속집행의 필요성이 있어 보호관찰관이 승낙하고 사회봉사 대상자가 분명히 동의한 경우에만 연장하여 집행할 수 있다(1일 총 13시간 초과할 수 없음). 사회봉사의 집행시간은 사회봉사기간 동안의 집행시간을 합산하여 시간 단위로 인정한다. 다만, 집행시간을 합산한 결과 1시간 미만이면 1시간으로 인정한다. 사회봉사의 집행은 사회봉사가 허가된 날부터 6개월 이내에 마쳐야 한다. 다만, 보호관찰관은 특별한 사정이 있으면 검사의 허가를 받아 6개월의 범위에서 한 번 그 기간을 연장하여 집행할 수 있다(동법 제10조, 제11조).

(5) 사회봉사의 종료

사회봉사는 다음의 어느 하나에 해당하는 경우에 종료한다(동법 제15조). 즉 ① 사회봉사의 집행을 마친 경우, ② 사회봉사 대상자가 벌금을 완납한 경우, ③ 사회봉사 허가가 취소된 경우, ④ 사회봉사 대상자가 사망한 경우에 종료한다.

〈참고자료〉 사회봉사 신청 및 허가절차 [71]

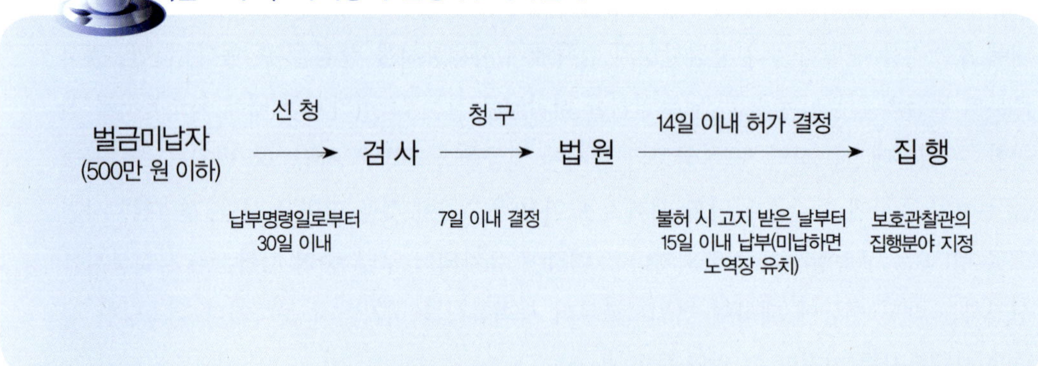

73) 검사의 7일 이내 결정과 법원의 14일 이내 허가결정에 있어서 출석 요구, 자료제출 요구에 걸리는 기간은 위 기간에 포함하지 아니한다.

6) 몰수

(1) 의의

범죄의 반복을 막거나 범죄로부터 이득을 얻지 못하게 할 목적으로 범행과 관련된 재산을 박탈하여 이를 국고에 귀속시키는 재산형이다. 법관의 자유재량에 속하는 임의적 몰수가 원칙이지만 수뢰죄의 경우에 '범인 또는 정을 아는 제3자가 받은 뇌물이나 뇌물에 제공할 금품'에 대해서는 필요적 몰수를 인정한다.

(2) 성격

몰수는 다른 형벌에 부가하여 과하는 것을 원칙으로 하지만, 예외적으로 행위자에게 유죄판결을 하지 않는 경우에도 몰수의 요건을 갖추고 있으면 몰수만을 선고할 수 있다. 몰수는 형식적으로는 형벌이나 실질적으로는 범죄반복의 위험성을 예방하고 범인이 범죄로부터 부당한 이득을 취하지 못하도록 하는 것을 목적으로 하는 대물적 보안처분의 성질을 가진다는 것이 다수설이다.

(3) 몰수의 대상이 되는 물건

범인 이외의 자의 소유에 속하지 아니하거나 범죄 후 범인 이외의 자가 정을 알면서 취득한 다음 기재의 물건은 전부 또는 일부를 몰수할 수 있다. 즉, ① 범죄행위에 제공하였거나 제공하려고 한 물건, ② 범죄행위로 인하여 발생하였거나 이로 인하여 취득한 물건, ③ 범죄 후 범인 이외의 자가 정을 알면서 취득한 물건, ④ 범죄행위에 관련된 대가로 취득한 물건, ⑤ 범인 이외의 자의 소유에 속하지 않는 물건이 이에 몰수의 대상에 해당된다.

만약 몰수할 대상물의 전부 또는 일부를 몰수하기 불가능한 때에 몰수에 갈음하여 그 가액의 납부를 명하는 사법처분의 일종으로서 추징제도가 운영되고 있다.

4. 명예형 제도

1) 의의

명예형은 범인의 자격을 박탈 또는 제한하는 형벌을 말한다. 구체적으로는 범죄인의 명예를 상실하게 하는 형벌이 아니라 일정한 권리나 법적 능력을 박탈 또는 제한하는 형벌이므로 자격형이라고 하는 것이 더 정확하다. 이러한 자격형 제도는 범인의 명예 또는 자격을 박탈하거나 제한하는 형벌로서 형법은 자격상실과 자격정지 두 가지를 인정하고 있다.

2) 자격상실

사형, 무기징역, 무기금고를 받은 경우 당연히 상실되는 자격으로 ① 공무원이 되는 자격, ② 공법상의 선거권과 피선거권, ③ 법률로 요건을 정한 공법상의 업무에 관한 자격, ④ 법인의 이사 · 감사 또는 지배인, 기타 법인의 업무에 관한 검사역이나 재산관리인이 되는 자격에 대한 상실을 의미한다.

3) 자격정지

일정 기간 동안 일정한 자격의 전부 또는 일부를 정지시키는 것을 말한다. 형법은 자격정지를 선택형 또는 병과형으로 규정하고 있으며, 당연정지와 선고정지가 있다. 당연정지는 유기징역 또는 유기금고의 판결을 받은 자가 그 형의 집행이 종료하거나 면제될 때까지 정지되는 자격으로 ① 공무원이 되는 자격, ② 공법상의 선거권과 피선거권, ③ 법률로 요건을 정한 공법상의 업무에 관한 자격에 대한 정지를 의미하고, 선고정지는 판결선고에 의하여 형법 제43조 제1항 제1호 내지 제4호[74]의 자격의 전부 또는 일부를 정지시키는 경우로 정지기간은 1년 이상 15년 이하이다. 한편 자격정지의 기산점은 유기징역 · 유기금고에 병과한 경우에는 징역 · 금고가 집행종료 또는 면제된 날, 자격정지가 선택형인 경우에는 판결이 확정된 날이다.

---

74) 형법 제43조(형의 선고와 자격상실, 자격정지)

① 사형, 무기징역 또는 무기금고의 판결을 받은 자는 다음에 기재한 자격을 상실한다.

1. 공무원이 되는 자격
2. 공법상의 선거권과 피선거권
3. 법률로 요건을 정한 공법상의 업무에 관한 자격
4. 법인의 이사, 감사 또는 지배인, 기타 법인의 업무에 관한 검사역이나 재산관리인이 되는 자격

② 유기징역 또는 유기금고의 판결을 받은 자는 그 형의 집행이 종료하거나 면제될 때까지 전항 제1호 내지 제3호에 기재된 자격이 정지된다.

제3절 형의 실효와 사면·감형제도

1. 형의 실효제도

1) 목적

전과기록 및 수사경력자료의 관리와 형의 실효에 관한 기준을 정함으로써 전과자의 정상적인 사회복귀를 보장함을 목적으로 한다.

〈참고자료〉 형벌제도 재정리

<table>
<tr><td rowspan="4">생명형</td><td colspan="2">사형</td><td>교수형에 처함(군은 총살형)</td></tr>
<tr><td rowspan="2">징역·금고</td><td>무기</td><td>종신(단, 20년이 경과한 후에는 가석방이 가능)</td></tr>
<tr><td>유기</td><td>1월 이상 30년 이하(단, 가중 시는 50년 이하)</td></tr>
<tr><td colspan="2">구류</td><td>1일 이상 30일 미만</td></tr>
<tr><td rowspan="3">명예형</td><td colspan="2">자격 상실</td><td>사형과 무기형을 받은 경우 당연 상실</td></tr>
<tr><td rowspan="2">자격 정지</td><td>당연 정지</td><td>형 집행의 종료 또는 면제 시까지
(법인과 관련된 자격은 제외)</td></tr>
<tr><td>선고에 의한 정지</td><td>1년 이상 15년 이하</td></tr>
<tr><td rowspan="3">재산형</td><td colspan="2">벌금</td><td>5만 원 이상(노역장 유치기간-1일 이상 3년 이하)</td></tr>
<tr><td colspan="2">과료</td><td>2천 원 이상 5만 원 미만
(노역장 유치기간-1일 이상 30일 미만)</td></tr>
<tr><td colspan="2">몰수</td><td>임의적 몰수원칙</td></tr>
</table>

2) 내용(「형의 실효 등에 관한 법률」 제7조)

형의 실효는 당연실효와 재판상 실효가 있는데, 당연실효는 자격정지 이상의 형을 받음이 없이 형의 집행을 종료하거나 그 집행이 면제된 날부터 (1) 3년을 초과하는 징역·금고는 10년, (2) 3년 이하의 징역·금고는 5년, (3) 벌금은 2년이 경과되면 형선고의 효력이 상실된다. 다만, 구류·과료는 형의 집행을 종료하거나 그 집행이 면제된 때에 그 형이 실

효된다.[75)]

재판상 실효는 징역 · 금고 종료 · 면제자로서 피해자에게 손해보상하고, 자격정지 이상의 형을 받음이 없이 7년을 경과한 때 본인 · 검사의 신청에 의하여 재판의 실효를 선고할 수 있다.

2. 사면과 감형 제도

1) 사면

사면(Pardon)이란 국가의 원수가 국가적 경축일 등에 범죄자에 대한 은전(恩典)의 한 방법으로 시행하는 것이다. 이는 과거 군주주의시대의 잔재(殘滓)로 인식되기 쉬우나, 오늘날에도 각국에서 거의 예외 없이 인정되고 있으며 우리나라에서도 대통령은 법률이 정하는 바에 의하여 사면을 명(命)할 수 있다(헌법 제79조 제1항). 그리고 사면에 관한 절차법으로는 「사면법」이 있다. 사면에는 일반사면과 특별사면이 있다.

(1) 일반사면

일반사면은 '대사(大赦)'라고도 하며, 이는 범죄를 범한 모든 범죄인에 대하여 일반적으로 형의 전부를 사면하는 것으로 국회의 동의를 필요로 하며, 죄의 종류를 정하여 대통령령으로 행한다. 이러한 일반사면은 수형자에게 특별한 규정이 있는 경우를 제외하고는 형의 선고의 효력이 상실되며, 형의 선고를 받지 않은 자에 대하여는 공소권이 상실되는 것으로 사면의 선고가 있을 때에는 교도소장은 지체 없이 석방의 절차를 취해야 한다.

(2) 특별사면

형의 선고를 받은 특정의 범죄인에 대하여 행하는 사면으로서 검찰총장은 직권 또는 형의 집행을 지휘한 검찰청 검찰관의 보고 또는 수형자가 재소하는 교도소장의 보고에 의하여 법무부장관에게 상신(上申)하고, 법무부장관은 특정한 자에 대한 감형 및 복권을 상신할 때에는 사면위원회의 심사를 거쳐 대통령에게 상신(上申)하여 대통령이 행한다. 이러

75) 하나의 판결로 수 개의 형이 선고된 경우 각 형의 집행을 종료하거나 그 집행이 면제된 날부터 가장 중한 형에 대한 당연실효의 요건에 해당하는 기간이 경과한 때에는 형의 선고는 효력을 잃는다. 다만, 징역과 금고는 동종의 형으로 보고 각 형기를 합산한다.

한 특별사면이 있을 때에는 형의 집행이 면제되며, 특별한 사정이 있을 때에는 이후 형의 선고의 효력을 상실하게 할 수 있고, 당해 교도소장은 지체 없이 석방하여야 한다(「사면법」 제5조 제2호).

2) 감형(減刑)

감형(Commutation)이라 함은, 형의 선고를 받은 자에 대하여 형의 분량을 감소시켜 주는 것으로 역시 국가원수인 대통령이 행한다. 이러한 감형은 일반감형과 특별감형이 있다.

(1) 일반감형

일반감형은 범죄 또는 형벌의 종류를 지정하여 이에 해당하는 모든 범죄인을 일률적으로 감형하는 것으로 일반감형은 특별한 규정이 없는 한 형을 변경하는 효력이 있다.

(2) 특별감형

특별감형은 특정한 범죄인에 대한 형을 감(減)하는 것으로 특별감형은 특별사면과 같은 절차로 대통령이 행하며, 감형장을 부여하여야 한다. 이러한 특별감형은 형의 집행을 경감하나 특별한 사정이 있는 때에는 형을 변경할 수 있다(「사면법」 제5조 제4호).

3. 형의 시효

1) 의의

형의 시효란 형의 선고를 받은 자가 재판이 확정된 후 그 형의 집행을 받지 않고 일정한 기간이 경과한 때에는 집행이 면제되는 것을 말한다.[76]

2) 시효기간

시효의 기간은 ① 사형은 30년, ② 무기의 징역 또는 금고는 20년, ③ 10년 이상의 징역

---

76) 공소시효와의 비교: 형의 시효는 기간의 경과로 인하여 확정된 형벌의 집행권이 소멸되는 제도인 데 반해, 공소시효는 검사가 형사사건을 일정 기간 기소하지 않고 방치한 경우 국가의 형사소추권이 소멸된다.

또는 금고는 15년, ④ 3년 이상의 징역이나 금고 또는 10년 이상의 자격정지는 10년, ⑤ 3년 미만의 징역이나 금고 또는 5년 이상의 자격정지는 7년, ⑥ 5년 미만의 자격정지, 벌금, 몰수 또는 추징은 5년, ⑦ 구류 또는 과료는 1년이다(「형법」 제78조).

3) 효과

형의 선고를 받은 자는 시효의 완성으로 인하여 집행이 면제되고, 형의 선고 자체는 유효하다.

제4절 보안처분론

1. 의의

보안처분이란 형벌로는 행위자의 사회복귀와 범죄로부터 사회방위가 불가능하거나 부적당한 경우에 범죄행위자 또는 장래 범죄의 위험성이 있는 자에 대하여 과해지는 형벌 이외의 범죄예방처분을 말한다. 이는 형벌의 책임주의에 따른 사회방위수단으로서의 한계를 보충하기 위한 수단이다.

형벌은 책임을 전제로 하고 책임주의의 범위 내에서 과하여지지만, 보안처분은 행위자의 사회적 위험성을 전제로 하여 특별예방의 관점에서 과하여진다. 또한 형벌은 과거 침해행위를 대상으로 하는 형사제재이지만, 보안처분은 장래에 대한 예방적 성격을 가진 형사제재이다.

범죄로부터 사회를 보전하는 방법으로서, 범죄에 대하여 형벌을 과하는 방법만으로는 도저히 그 목적을 달성할 수 없으므로 형벌 이외의 방법으로 그 목적을 추구해 보자는 데서 그 필요성을 찾아볼 수 있다.

2. 우리나라의 현행법상 보안처분

법 률	종 류	내 용
구 「사회보호법」	보호감호	• 동종 또는 유사한 수 개의 형을 받거나 수 개의 죄를 범하여 상습성이 있다고 인정되는 자에 대하여 적용한다(제5조). • 기간 : 7년을 초과할 수 없다(제7조 제3항).
	보호관찰	• 가출소한 피보호감호자를 감호시설 밖에서 지도 · 감독한다. • 기간 : 3년 이내로 한다.
「치료감호법」	치료감호	심신장애자와 정신성적 장애자는 15년, 약물중독자는 2년을 초과할 수 없다.
	보호관찰	가종료, 치료위탁 시 3년이다.
「보안관찰법」	보안관찰처분	• 보안관찰 해당 범죄 : 내란목적살인(미수)죄와 동 예비 · 음모 · 선동 · 선전죄, 외환죄, 여적죄, 간첩죄, 모병 · 시설제공 · 시설관리 · 물건제공 이적죄와 동 미수범 및 예비 · 음모 · 선동 · 선전죄 등 • 기간 : 2년으로 한다(보안관찰처분심의위원회의 의결로 갱신 가능).
「보호관찰 등에 관한 법률」	보호관찰처분	죄를 범한 자에 대해 선고유예나 집행유예 혹은 가석방이나 임시퇴원을 하는 경우에 적용한다.
「형법」	보호관찰	• 선고유예 시 법원의 재량으로 보호관찰을 명할 수 있다(제59조의2). • 집행유예 시 법원의 재량으로 보호관찰을 명할 수 있다(제62조의2). • 가석방된 자는 가석방기간 중 보호관찰을 받는다. 다만, 관청의 판단에 따라 보호관찰을 부과하지 않을 수 있다(제73조의2).
	사회봉사 명령 · 수강명령	집행유예 시 법원은 사회봉사 또는 수강을 명할 수 있다(제62조의2).
「소년법」 (제32조)	보호처분	• 제1호 : 보호자 등 감호위탁(6월+6월) • 제2호 : 수강명령(100시간, 12세 이상) • 제3호 : 사회봉사명령(200시간, 14세 이상) • 제4호 : 보호관찰관의 단기보호관찰(1년) • 제5호 : 보호관찰관의 장기보호관찰(2년+1년) • 제6호 : 아동복지시설이나 소년보호시설에 감호위탁(6월+6월) • 제7호 : 병원, 요양소 또는 소년의료보호시설에 위탁(6월+6월) • 제8호 : 1개월 이내의 소년원 송치 • 제9호 : 단기 소년원 송치(6월 이내) • 제10호 : 장기 소년원 송치(12세 이상, 2년 이내)

기타 법률상 보안처분

1. 「국가보안법상 공소보류자에 대한 감시·보도(제20조)
2. 「성매매알선 등 행위의 처벌에 관한 법률」 상 보호처분(제14조)
3. 「마약류관리에 관한 법률」 상 마약중독자의 강제수용과 치료
4. 「감염병의 예방 및 관리에 관한 법률」 상 일정한 감염병환자의 격리수용(제49조)

제4편
교정처우론

교정처우의 형태와 그 변화는 미국에서의 형벌이념과 수형자에 대한 처우의 변화양상을 살펴봄으로써 그 이해의 폭을 넓힐 수 있다.

현대적 의미의 교정시설이 정착되기 이전의 '식민지 시대'(1600~1790년대)에는 종교법의 영향하에 신의 뜻에 따라 인간의 운명이 이미 결정되어있다는 운명예정설[1]이 지배하고 있었으며, 영국의 법체계를 답습하였다. 주로 사형, 신체형, 벌금형이 주를 이루었다.

1790~1870년대는 '교도소건설시대'라고 할 수 있다. 독립선언과 국가건국의 시기를 맞이하여 계몽주의 이성관, 낙관주의적 세계관이 확산되었고 이는 범죄인 관리에도 영향을 끼쳐 격리, 노동, 종교, 회개를 통한 개인의 교화를 추구하였다. '범죄인'보다는 '범죄행위'를 중시하여 범죄의 엄중함에 따라 엄격하고 기계적인 규율을 적용하였다. 독거구금을 근간으로 하는 펜실베이니아제도와 오번제도 등이 탄생한 시기이다.

1870~1890년 사이에는 인도주의적 시각이 대두되면서 '교화의 시대'가 도래하였다. 범죄행위를 도덕적인 질병으로, 또한 범죄인을 사회적 병폐의 희생물로 인식하여 접근하려는 노력이 진행되었다. 개인의 범죄인을 특징과 개선에 따른 분류, 후속적인 조치로서 부정기형, 가석방, 소년범에 대한 개별처우, 교화프로그램 등이 등장하였다.

1890년대에서 1930년대까지는 '진보의 시대'로 분류된다. 과학적 실증주의가 확산되면서 '범죄행위'보다는 '범죄인' 중심의 범죄학이 대두되어 범죄자의 필요에 따라 형벌을 부과하고자 하였다. 빈곤, 이민, 도시화와 같은 환경적 요인이 중시되었다. 개별사례적 접

---

1) 인간은 신의 뜻에 따라 구원의 운명이 이미 결정되어 있다는 이론이다. 칼뱅주의의 예정설은 "신이 인간을 위해 있는 것이 아니라 인간이 신을 위해 있는 것"이라는 말로써 신과 인간의 관계를 규정하고 있다. 모든 것은 신의 영광을 위한 수단으로서만 의미를 찾을 수 있으며, 신으로부터 선택받은 자와 그렇지 못한 자는 이미 예정되어 있다고 본다. '신으로부터의 구원'이라는 전통적 문제에 대하여 신의 구원은 이미 예정된 것이기 때문에 인간의 힘으로는 어쩔 수 없다는 답변을 내리고 있는 셈이다. 「네이버 지식백과」

근, 행정적 재량권의 확대, 보호관찰과 가석방의 확산 및 소년법원의 탄생이 이어졌다.

1930년대에서 1960년대까지는 '의료모델'이 등장한 시기이다. 즉 구금의 목적을 사회복귀에 둠에 따라 심리검사, 분류, 다양한 처우 및 치료프로그램이 개발되었다. 범죄의 원인을 빈곤 및 실패 등의 개인적 요인으로 보고 생의학, 정신의학, 심리학, 사회사업 영역과의 접목이 활발하였다.

1960년에서 1970년대까지는 '지역사회 모델'의 필요성이 크게 대두된 시기이다. 반전운동과 인권에 대한 관심이 높아지면서 교도소환경의 개선과 수용자 인권의 향상이 이루어졌다. 구금이 제한되고 대체방안이 강구됨에 따라 지역사회와의 재통합이 중시되었다. 시설 내에서는 직업훈련과 교육프로그램이 확산되었다.

1970년 이후부터는 통제모델이 지배하고 있다. 범죄율의 급증, 형벌정책 및 여론의 보수화, 처벌의 강화로 이어지고 있으며 정기형화, 양형기준의 강화, 최소형량의무제, 위험성평가 및 관리 등이 특징이라 하겠다.

〈표 4-1〉 미국교정처우의 시대적 특징

시대 구분	특 징	배 경
식민지시대 1600~1790년대	영국의 법체계의 답습, 사형, 신체형, 벌금형	종교법, 운명예정설
교도소건설 시대 1790~1870년대	독거구금, 개인의 교화, 격리와 노동, 회개, 범죄의 엄중함에 따른 엄격하고 기계적인 규율	계몽주의, 독립선언, 이성 중심, 종교적 회개, 낙관적 교화관, 범죄행위 중심, 고통을 통한 치유
교화 시대 1870~1890년대	부정기형, 가석방, 개인의 개선에 따른 분류, 교화프로그램, 소년범에 대한 개별처우	범죄를 도덕적 질병으로 인식, 범죄인을 사회적 병폐의 희생물로 인식
진보의 시대 1890~1930년대	개인 사례적 접근, 행정적 재량권, 보호관찰과 가석방의 확대, 소년법원	개선의 시대, 실증주의, 범죄자의 필요에 따른 처벌, 범죄인 중심, 범죄의 원인으로 도시, 빈민, 이민 등 환경요인 중시
의료모델 1930~1960년대	구금의 목적은 사회복귀, 심리검사, 분류, 다양한 처우 및 치료 프로그램	생물의학, 정신의학, 심리학, 사회사업, 범죄의 원인으로 실패, 곤궁 등 개인적 요인 중시
지역사회모델 1960~1970년대	지역사회 재통합, 구금의 제한, 직업훈련 및 교육 중시	민권운동, 교도소에 대한 비판, 대체방안
통제모델 1970년대~현재	정기형, 최소형량, 양형기준, 위험성 관리	범죄통제, 범죄율 급증, 정치의 보수화, 처벌 강화

수용자에 대한 처우는 첫째, 폐쇄적 처우인 전통적인 시설 내 처우, 둘째, 개방처우인 사회적 처우, 그리고 셋째, 지역사회 교정인 사회 내 처우로 구분된다.

Chapter_ 1
시설 내 처우

제1절 의의

시설 내 처우는 범죄자의 처우가 폐쇄된 시설 내에서 이루어지고, 구금 및 질서유지를 위한 보안처우에 보다 중점을 두고 행해지는 것을 특징으로 한다. 시설 내에서 이루어지는 처우의 유형으로는 분류제도, 누진제도, 정신교육, 교도작업, 수형자토론회 등 다양한 형태가 있는데 본 장에서는 우리나라에서 보편적으로 실시되지 않고 있으나, 정책적 관점에서 고려의 가치가 있는 수형자 자치제도, 커티지제도, 선시제도에 대해서만 다루고, 나머지 시설 내 처우에 대해서는 제11편에서 다루도록 하겠다.

제2절 종류

1. 수형자 자치제도(Inmate Self-Government System)

1) 의의

수형자의 책임감과 자치심을 배양하여 교도소의 질서를 유지하고, 계호주의의 미비점을 보완하여 그들 스스로 사회에 복귀할 준비를 하도록 유도하는 교도 민주주의의 실험이라 할 수 있다. 내용적으로 보았을 때, 직업훈련을 위한 노동의 부과가 수형자의 사회적 훈련에 중점을 둔 것이라면, 자치생활은 자유에 상응한 책임을 부여하는 자율적 통제의 원리에 입각한 교육 · 훈련이라고 할 수 있다.

2) 연혁

수형자의 자치제도는 수형자를 사회와 격리시켜 자유를 속박하고 고통을 부과하는 전통적 의미의 구금형의 본질과는 구분되는 제도이다. 역사적으로 볼 때, 구금상태에서 수형자들의 집단적인 행동은 당국의 처벌과 통제의 대상이 되어왔다. 공식적인 자치형태로 발전되기 이전에는 수형자 중의 리더들의 리더십 혹은 수형자와 직원들 간의 비공식적 체계에 의해 일정한 자치행태가 이루어져 왔다.[2)]

수형자 자치제의 초기 형태는 다양한 시설에서 찾아볼 수 있다.[3)] 1793년 필라델피아의 월넛가 교도소에서 수형자들이 상호 호혜적 관계를 위해 자체규칙을 만들어 운영하였던 것으로 알려져 있다.[4)] 1824년에 세워진 비행청소년을 위한 '뉴욕 빈민수용소'(the New York House of Refuge)에서도 자치제의 형태가 발견되는데, 규칙위반자에 대해 수용된 소년 배심원단에 의해 판결되고 재판관은 소장이 맡는 형식을 취하고 있었다. 1826년에 비행청소년을 위해 세워진 '보스턴 감화원'(the Boston House of Reformation)에서는 보다 폭넓은 형태의 자치제도가 보다 장기간 지속되었다. 웰스(E.M.P. Wells) 목사가 원장을 맡으면서 학교행정에 투표로 참여할 권한이 수용자들에게 부여되었고, 교육프로그램이 강화되고 혹독한 징벌은 완전히 폐지되었다. 매달 초 반장이 지명되었고 직원이 부재 시에는 선임반장이 감화원을 관장하였다.

성인 수형자를 대상으로 한 최초의 공식적인 수형자 자치제도의 형태는 1887년 미시간 잭슨에 위치한 미시간주립교도소에서 시작된 '상호원조연맹'(the Mutual Aid League of the M.S.P.)으로 알려지고 있다. 감독자가 없이 진행된 수형자 위원회에서 규칙을 정하였는데 이는 자치제도의 이상향을 제시한 것이었다. 위원회는 계호가 없는 가운데 매달 소장의 사회로 진행되었다. 또 다른 초기 자치제의 형태로서 1896년 윌리엄 루벤 조지(William Reuben George, 1866~1936)에 의해 뉴욕주의 프리빌(Freeville)에 '조지소년공화국'(the George Junior Republic)이 설립되었는데, 여기에서는 불량소년들에게 행정, 입법, 사법 등으로 구분된 직책을 부여하여 자치적 관리기능을 수행토록 하였다. 이는 차후 데릭(Calvin Derick)과 오즈번(Thomas Mott Osborne)과 같은 동료들에 의해 계승 · 발전하였다.

---

2) Fox, James G., "Inmate Self-Governance", in Marilyn D. McShane and Frank P. Williams III(eds), *Encyclopedia of American Prison*, New York: Garland Publishing, Inc., 1996, p.259.

3) 이하 내용은 Baker, J. E., "Inmate Self-Government", *Journal of Criminal Law and Criminology*, Vol 55 Issue 1 March, Spring 1964, pp.40-41을 참조하였음.

4) 청소, 침 뱉기에 관한 규칙이 있었고, 위반 시에는 동료사회로부터 소외되었다. Baker, p.40.

데릭은 1912년 캘리포니아 아이온 소년원의 원장으로 부임하여 조지의 자치제도를 계승하여 수형자 자치제도를 최초로 주정부로부터 승인받았다. 이 제도는 소년들의 관심과 요구에 필요한 학위취득과 단계적 변화의 기회를 제공함으로써 교화의 수준을 높이는 역할을 수행하였다. 오즈번은 1913년 뉴욕주 오번 교도소에 '상호복지연맹'(the Mutual Welfare League)을 설립하였는데, 그는 '조지소년공화국'의 경험을 살려 구금에 대한 구태적 개념을 바꾸고자 하였고 이를 다른 모든 행형시설들에서도 실시하기를 기대하였다.[5] 여기에서 수형자들은 강제적이 아니라 스스로 자신의 계획을 세워 일을 수행하는 것을 기본 원칙으로 하였다.

3) 전제조건

수형자의 자치력 배양과 사회적 훈련을 통한 사회적응능력을 함양시키기 위한 목적을 달성하기 위해서는 다양한 전제조건이 필요하다. 우선 교도관과 수형자와의 관계가 재정립되어야 한다. 우선 민주적 조직운영을 통한 건전한 시민의식을 고양시키기 위해서는 교도관과 수형자 간의 인간적 신뢰관계의 형성이 필요하다. 이를 위해서는 교도관은 수형자를 신임하고 계호, 작업 등을 그들 스스로 할 수 있도록 제도적 장치를 마련해 주어야 한다. 또한 수형자 자치제가 효과를 거두기 위해서는 의학 · 정신의학 · 심리학 · 사회학 · 교육학 등에 의한 과학적 분류심사가 필요하다. 혼거로 인한 악풍감염의 방지나 질서유지를 위하여 예컨대, 정신이상자 등 자치 곤란자는 제외될 것이 요구된다. 그리고 정기형 제도하에서는 수형자가 자치적 역량이 미형성 되더라도 형기가 종료되면 반드시 사회 내로 복귀시켜야 되므로 이론적으로 볼 때에 부정기형 제도하에서 운영되는 것이 바람직하다. 자치제의 실시로 사회적응능력이 갖추어져 있는 자는 조속히 사회 내로 복귀시킬 수 있는 가석방제도하에 운영되어야 한다. 또한 무엇보다도 소규모시설의 확대와 전문 인력의 확보가 요구된다.

---

5) 오즈번은 오번 교도소에서 일주일간 지원수(志願囚) 생활을 하며 성인범을 대상으로 한 자치제도를 개발하였다. 그는 "이 제도야말로 진정한 민주주의의 산물이요, 진정한 미국정신으로 문제를 해결하는 양식"이라고 기록하고 있다.(Baker, p.41.) 이후 1914년 악명 높은 뉴욕주 싱싱 교도소의 소장으로 부임하여 상호복지연맹을 근간으로 한 수형자자치제도를 의욕적으로 실시하여, 초창기에는 교도작업의 효율성, 수익성, 질서유지 등에서 큰 성과를 거두었다. 그러나 차후 일부 관리상의 문제점이 노출되면서 선정적인 언론보도 등의 문제로 사임하면서 교도소 민주주의의 시도는 실패로 끝났다. 그러나 이런 과정을 통해 수형자 하위문화의 존재가 확인되었고 이를 긍정적인 힘으로 바꾸고자 했던 시도였다는 점에서 평가를 받고 있다. 장영민(역), 「미국형사사법사」, 한국형사정책연구원, 2007, pp.147~148.

4) 수형자 자치제의 장 · 단점

(1) 장점

자치정신을 배양하여 자율적이고 자발적인 교정질서를 확립할 수 있다. 또한 상부상조 정신과 단체 책임의식을 함양할 수 있고, 수형자의 명예심과 자존심을 자극하여 사회적응 능력을 유도할 수 있다. 경제적 측면에서는, 교정시설의 계호부담을 경감할 수 있다는 장점이 있다.

(2) 단점

자제심의 결여로 범죄에 이르게 된 수형자에게 자유를 허용하는 것은 위험 · 부당한 일이며 범죄는 사회적 무통제하에서 발생하므로 시설 내에서 자유의 허용 및 무통제는 오히려 수형자의 범죄상태를 연장하는 데 불과하다는 비판이 있다. 또한 형벌의 위하력과 존엄성을 훼손하는 결과를 초래하여 엄격한 형벌집행을 바라는 국민감정에도 위배되며, 수형자 중 힘 있는 소수가 권한을 행사하여 이에 따라 다수의 수형자가 고통을 받게 될 가능성이 있다.

(3) 소결

미국에서의 자치제도 운영에 대한 연구 결과에 의하면, 부적절한 수형자가 위원으로 선출될 경우 개인적 이득을 위해 권한을 남용할 수 있으며, 위원회의 목적이나 절차, 범위 등이 구성원들에게 용이하게 전달되지 않아 부정적인 결과를 초래한다고 보고되고 있다. 따라서 수형자들에게 기관운영에 조언할 기회를 허용해서는 안 된다든가, 어느 수형자가 다른 수형자보다 우월한 지위가 보장되어서는 안 된다든가, 혹은 수형자들에게 개인적 이득을 취할 수 있는 지위를 부여하면 안 된다는 등 부정적인 견해가 표출되기도 하였다. 따라서 자치제 구성원의 정체성, 즉 어떤 의도와 목적으로 참여하느냐가 중요한 요인이며, 자치위원회의 기능을 모든 구성원이 충분히 이해하도록 해야 한다. 규정이나 규칙이 그 기능을 수행하는 기준이 되므로 이에 대한 숙지가 필요한 것이다.[6] 그간의 장단점에 대한 논쟁을 검토해 볼 때, 자치제도에 대한 대안으로 실시되고 있는 수형자토론회의 운영이 고려될 수 있다. 이는 수형자에게는 건전한 사회교육의 장이 되고, 교도관들에게는 직원과 수형자 간의 상호교통의 장을 공식적으로 관리할 수 있음으로써 사기진작의 장치가 될

---

6) Baker, pp.45–46.

수 있다.[7] 자치제도 혹은 참여적 관리방식이 장기적인 성공을 거두기 위해서는 선출된 수형자 리더들의 정체성과 참여목적이 얼마나 선명하느냐와, 교도관들이 수형자들에게 얼마만큼의 권한을 부여할 의지가 있느냐의 문제가 중요한 요소라 하겠다.[8]

5) 우리나라의 수형자 자치제

(1) 대상

우리나라의 수형자 자치제는 개방처우급 · 완화경비처우급의 수형자에게 허용되는 자치생활과 외부통근자에게 허용되는 자치활동의 형태로 운영되고 있다. 즉 소장은 개방처우급 · 완화경비처우급의 수형자에게 자치생활을 허가할 수 있다(「형의 집행 및 수용자의 처우에 관한 법률 시행규칙」 제86조). 그리고 소장은 외부통근자의 사회적응능력을 기르고 원활한 사회복귀를 촉진하기 위하여 필요하다고 인정하는 경우에는 수형자자치에 의한 활동을 허가할 수 있다(동법 시행규칙 제123조). 이들에 대해 주로 무계호 상태에서 시설 외부의 가족과 전화 등을 자유롭게 사용할 수 있도록 하고 있고, 공동책임 조건하의 자치적 집단훈련을 실시하고 있다.

(2) 활동범위

수형자 자치생활의 범위는 인원점검, 취미활동, 일정한 구역 안에서의 생활 등으로 한다(동법시행규칙 제86조). 또한 자치생활 수형자에 대하여 월 2회 이내에서 경기 또는 오락회를 개최할 수 있도록 하고 있고(동법 시행규칙 제91조), 소장은 자치생활 수형자들이 교육실 · 강당 등 적당한 장소에서 월 1회 이상 토론회를 할 수 있도록 하여야 한다(동법 시행규칙 제86조).

(3) 자치생활의 취소

소장은 자치생활 수형자가 법무부장관 또는 소장이 정하는 자치생활 준수사항을 위반한 경우에는 자치생활허가를 취소할 수 있다(동법시행규칙 제86조).

---

7) Baker, p.47.

8) Fox, p.261.

(4) 현황

우리나라의 유일한 수형자 자치제 전담 교도소는 영월 교도소로서 2010년 11월에 개소하였다. 수용인원은 기결수와 미결수를 포함 500명이고 경비등급은 완화등급인 S2급으로 분류된다. 무엇보다 타 교도소와 구별되는 특징은 일과시간 후 교도관의 통제나 감시가 최소화된 상태에서 독서, 종교생활, 오락 등 자율적 생활이 보장된다는 것이며, 면회도 개방된 공간에서 실시되고 식사도 일반회사의 개방형 구내식당 형태의 공동식당에서 이루어진다. 또한 수형자 자치적으로 질서유지, 인원점검, 불침번 근무가 이루어지고 있다. 개소 이후 교정사고나 재범사건이 거의 발생하지 않은 것으로 나타나 그 효과가 기대되고 있다.

2. 코티지제(Cottage System)

1) 의의

코티지제란 기존의 대다수 처우제도가 대규모 시설에서의 획일적인 수용처우였다는 단점을 보완하기 위한 대안적 제도로서, 가족적인 분위기에서 소집단으로 처우하는 제도이다. 미국 대륙에서는 1800년대 초반까지도 소년범을 위한 독립된 시설이 존재하지 않았으며, 방임된 부랑소년들과 함께 성인범 시설에 수용되었다. 당시의 극도로 열악하고 비인권적인 환경을 개선하려는 개혁가들의 노력으로 1899년 독립적인 소년법원이 설립되었고, 뒤이어 소년 전용 수용시설이 설립되었다. 이때 수용시설은 성인범들로부터 악풍을 예방하기 위하여 설계되었지만, 성인시설과 같이 노동과 작업을 위주로 한 산업학교(industrial schools)의 성격을 갖고 있었다. 명칭상으로는 교화학교(reform schools) 혹은 훈련학교(training school) 등으로 불렸고 직업과 엄격한 규율을 통해 교화를 이루고자 했으나 대규모 시설로서 처벌적 성격을 벗어나지 못하였다. 그러나 1800년 중반에 이르러 대규모 산업학교 모델로부터 여러 채의 아담한 독채 시설이 모인 코티지 모델로 변화하는 양상을 보이기 시작하였다. 가족적인 분위기에서 소수를 수용하여 교정교화를 지향하는 소규모 시설로서 기존의 관료적인 성격의 대규모 수용시설과는 비교되는 것이었다.[9] 오늘날 미국에서 소년 수용시설로서 가장 널리 보급된 형태이다.

---

9) Siegel, Larry J. and Joseph J. Senna, *Juvenile Delinquency: Theory, Practice & Law*, West Publishing Company, 1991. p.563.

2) 연혁

최초의 코티지제는 1854년 매사추세츠주에서 설립되었고, 다음으로 1858년에는 오하이오주에 설립되었다.[10] 1904년에는 뉴욕의 청소년수용소(Juvenile Asylum)에서 채택하였다. 1913년경부터 캘빈 데릭(Calvin Derick)에 의해 코티지제는 수형자자치제와 결합한 형태로 운영되어 코티지의 가정적인 공동생활 측면과 자치제의 사회복귀적 측면의 효과를 기대할 수 있게 되었고 결국 누진적 처우와도 연결되는 형태로 발전하였다. 그리고 1922년 영국의 보스탈(Borstal) 감화원에서도 개인적 점수제를 지양하고 코티지 형태인 가족적인 단체제도를 실시하였다.[11]

3) 처우방법

수형자의 적성 등에 의한 과학적 분류에 따라 각각의 코티지에 분류수용하고, 그 코티지별로 자치활동으로 생활하며, 엄격한 행동제한 및 적정한 처우방법을 강구한다. 코티지 인원은 20~40명 정도로 독립된 가옥(家屋)에 분류수용하며, 각 가옥은 부모의 역할을 하는 직원이 담당하여 가족적인 생활을 하도록 한다.

4) 장 · 단점

(1) 장점

코티지제도는 점수제와 독거제 및 혼거제 등의 단점을 보완할 수 있으며, 수형자에게 상부상조정신 함양에 유리하며, 독립적인 자치심 배양 및 진정한 행형규율의 확립과 교화에 유익하다.

(2) 단점

코티지제를 실시하기 위해서는 첫째, 막대한 경비가 소요된다는 문제가 있고, 둘째, 범죄인에 대한 지나친 배려로 인하여 야기될 수 있는 피해자 측의 감정을 해소시켜야 하는 문제가 있으며, 셋째, 과학적인 분류에 따라 적성에 맞는 소집단으로 분류하고 이를 지도할 지도요원의 확보가 요구된다는 점 등이 문제시되고 있다.

---

10) Simonsen, Clifford E., *Juvenile Justice in America*, 3rd, Macmillan Publishing Co., 1991, p.315.

11) 이윤호, 「교정학」, 박영사, 2007, p.278.

3. 선시제도(Good Time System)

1) 의의

선시제도란 선행감형제, 선행보상제, 형기자기단축제라 지칭되는 것으로 수형자가 교도소에서 선행을 함으로써, 자기 스스로의 노력과 행장에 따라 일정한 법률적 기준하에 석방의 시기가 단축되는 제도로, 수형자의 선행에 따라 석방의 시기가 단축되는 형기자기단축제도이다.

2) 성격

은혜(은사)에 의한 감형과 달리 형기 그 자체가 감경되는 것(형식적 형기단축)이 아닌 점에서 감형과 구별된다. 형기의 실질적 단축인 석방이라는 점에서 형기 중 형의 집행방법을 사회 내 처우로 변경하는 가석방제도와도 구별된다. 선시제도는 형기 자체가 단축되는 것이 아니라 단지 선행을 통하여 석방시기를 앞당기는 것이다.[12] 수형자의 조기석방을 바라는 기대심리를 교도소 관리 및 소내 규율유지에 활용하여 수형자의 자력을 통해 교화개선을 촉진하고 형기를 단축하는 효과를 거둘 수 있다.

한편, 교육 · 개선행형에서 수형자를 열악한 시설 내 생활로부터 조기 출소시켜 재사회화를 촉진시킨다는 형사정책적 의미를 가진다는 점에서 가석방과 유사점이 있지만, 위원회의 심사를 받지 않고 본인의 노력에 의해서만 석방의 시기가 달라진다는 점에서 차이점이 있다.

3) 연혁

19세기 초 아직 가석방제도가 실시되기 이전에 고안된 것으로 은사를 남용하지 않으면서 정기형의 엄격성을 보완하려는 시도에서 다양한 형태로 출발하였다. 1817년 뉴욕주에서 선시법(선행보상법-Good Time Law)이 최초로 제정되어 행장의 양호(良好)에 의거 형기의 4분의 1을 단축하였다.

---

12) 가석방은 형기를 존속하고 시설 내 처우에서 사회 내 처우로 변경하는 것인 데 반하여, 선시제는 형기 자체를 실질적으로 단축시킨다. 또한 가석방은 시설 내 생활에서 최상위 수형자라도 장래 재범위험성이라는 추가적 기준이 적용되지만, 선시제는 재범위험성 유무와 관계없이 과거의 선행과 근면의 정도로 형기를 단축한다.(박상기, 손동권, 이순래, 「형사정책」, 형사정책연구원, 2001. p.406.)

1868년까지 미국의 24개 주가 선시법을 제정하기에 이르렀고 그 후 호주, 뉴질랜드, 캐나다 등 영미계의 교정법에서 널리 채용되어 일반화되었다. 한편 일본에서는 제2차 대전 시 조선(造船)작업에 출역하는 수형자를 대상으로 행장이 양호하고 근면한 자에게 근로 2일을 3일로 환산하는 방법으로 이를 적용하였다.[13)]

우리나라는 8 · 15 해방 이후 1948년 3월 우량수형자석방령으로 시행하다가 1953년 10월 3일 「형법」 제정 시 그 부칙에 의하여 폐지되었다.

4) 요건과 대상

(1) 요건

선시제도의 일반적인 요건은 수형생활의 태도가 양호해야 하고, 선행의 지속성 및 지시된 의무를 효과적으로 수행해야 하며, 근면 · 성실해야 하고, 타의 모범적 행위를 하여야 한다. 그리고 특수한 요건으로 생산성 향상을 위한 제안, 생산목표의 초과달성, 외박작업 또는 구외작업 등이 있다.

(2) 적용대상

무기수형자는 선시제의 운영상 부적합하며 유기수형자에게 적용된다. 대개 특정한 작업에 출역함을 전제로 하며 단기수형자는 제외된다.

5) 장 · 단점

(1) 장점

선시제도는 개선 · 갱생을 촉진시켜 시설 내의 행장이 우수한 수형자는 조기에 석방되므로 수형자의 선행을 장려할 수 있고, 수형자의 일반적 심리작용을 이용하여 교도소의 질서 유지, 작업능률의 향상으로 수익증대 효과를 거둘 수 있으며, 가석방과는 달리 본인의 노력만 있으면 다른 어떤 부가적인 요건이 없어도 스스로의 노력으로 석방일을 앞당길 수 있는 자기단축제도로 정기형의 엄격성을 완화할 수 있다.

---

13) 김용준, 「교정학개론」, 백산출판사, 2009, pp.86-87.

(2) 단점

선시제도는 형기 계산이 복잡하다는 문제점과 행정권에 의하여 형기를 변경시킴은 사법권의 침해라는 비판이 있다. 다음으로 교도소생활에 익숙한 교활한 수형자가 외면상 행장양호로 조기에 석방되어 누범자가 선시를 얻을 수 있다는 점에서 형사정책상 불합리하다는 문제점이 지적되고 있다. 또한 직업훈련이 덜 된 수형자라도 상우의 내용으로 선시제를 적용하게 되면 사회적응을 위한 준비가 되지 않은 채로 석방되어 수형자에 필요한 처우의 개별화가 어렵게 되어 오히려 사회적응에 곤란을 가져올 수 있다는 문제점이 있다. 그 밖에 교화개선의 효과보다는 수용자관리 위주로 운영될 수 있고, 궁극적 동기부여보다 형벌집행과정이 왜곡될 수 있다는 비판이 있다.

6) 제도의 도입논의

선행보상제도의 경우에도 교정시설의 형 집행자에게 석방결정에 대한 재량을 허용할 수밖에 없는데 그렇게 되면 가석방의 경우와 다른 점이 없다. 실질적인 재범위험성 평가단계가 없이 석방될 수 있기 때문에 사회방위의 관점에서 가석방보다 오히려 부정적인 측면이 있고, 교화개선을 수형자 자신에게 부담시키는 것으로 국가의 개선의무를 포기하는 것이라는 우려가 제기되기도 한다.

Chapter_ 2
개방처우

제1절 개관

1. 개방처우의 의의

개방처우의 기초는 수형자에 대한 신뢰와 수형자 각자의 자율에 두는 것으로, 폐쇄적 처우의 폐해를 최소화하여 그 생활조건을 일반 사회생활에 접근시킴으로써 수형자의 재사회화 내지 개선효과를 얻고자 하는 처우방법이다.

이러한 개방처우는 협의와 광의의 개방처우로 구분할 수 있다. 첫째, 협의의 개방처우는 형벌집행에 영향을 미치지 않는 범위 내에서 높은 외벽, 철격자, 자물쇠 등이 없는 시설에서 수형자가 의도하면 항상 도주가 가능하나 다만 수형자의 자율과 신뢰관계에 기초하여 처우하는 것을 말한다. 둘째, 광의의 개방처우는 개방시설에서의 처우뿐만 아니라 폐쇄시설에서 실시하고 있는 외부통근제, 부부접견제, 주말구금제 등과 같은 반자유처우 또는 출소준비를 위한 중간처우를 포함하는 처우를 말한다.

한편 수형자의 형사상의 범주나 형기의 장단과 관계없이 수형자가 개방시설에의 수용에 적합한 경우에는 가능한 한 의학적 · 심리학적 검사 및 사회적 조사를 근거로 하여 개방처우를 실시하여야 한다.

2. 연혁

19세기 아일랜드에서 실시된 중간교도소 등에서 기원을 찾고 있으며 제2차 세계대전 이후로 각국의 캠프농장이 국제적인 주목을 받게 되면서부터 본격 실시되었다. 그리고 1950년 네덜란드의 헤이그에서 개최된 제12회 '국제형법 및 형무회의'에서 개방시설의 이론과 실제에 관한 최초의 논의가 있었다. 한편 1955년 제네바의 제1회 'UN 범죄방지 및 범죄자처우회의'에서 개방시설처우의 채용 및 확충을 각국에 권고사항으로 결의하였고,

1957년 동경 제2회 'UN 아시아지역 범죄방지 및 범죄자처우회의'는 수형자 구외작업의 활성화를 위해 개방교도소제를 최대한 활용할 것을 권고하였다.

3. 형사정책적 의의

첫째, 구금완화를 통해 형벌의 인도주의화에 기여하고, 둘째, 구금기능을 최소화하고 교화개선기능을 극대화함으로써 자주성이 신장되어 사회복귀능력을 향상시킬 수 있다. 셋째, 도주방지를 위한 각종 보안설비를 설치할 필요가 없다는 점, 수형자의 감시를 위한 계호인력을 절감할 수 있다는 점, 그리고 산업형 혹은 농장형 개방시설인 경우에는 효율적인 작업으로 수익성을 확보할 수 있다는 점에서 경제적이다. 넷째, 개방처우제도의 확대는 수형자 상호 간의 교류를 활성화시키고 처우활동의 폭을 확장시켜 교정처우의 다양화에 기여한다.

4. 운영형태의 구분과 우리나라의 개방시설

1) 전통적 교정시설의 일부로 운영

시설의 일부만 개방시설로 활용함으로써, 처우의 지속성을 유지하면서 동시에 개방시설에서 사고나 위험한 상황이 발생 시 폐쇄시설로의 복귀에 용이하다는 장점이 있다.

2) 시설 전체를 개방시설로 운영

전 시설을 개방화함으로써, 일관된 처우 · 정책 · 자원 운용으로 철저한 개방처우가 가능하다는 장점이 있다.

3) 우리나라의 개방시설 운영 형태

천안 개방교도소는 수용인원 350명 규모로 1988년에 신설되었고, 과거 교통사범(과실범) 전담교도소로 운영되어 오다가 2009년부터 사회적응훈련원으로서 사회복귀능력 제고를 위한 출소 6개월 이내 수형자를 집금하여 처우하고 있다. 또한 군산 및 마산 교도소는 개방처우의 일환으로 가석방생활관 제도를 운영하고 있다. 결론적으로 우리나라는 시설 전체를 개방시설로 운영하는 시스템과 전통적 교정시설의 일부로 운영하는 시스템을 모두 운영하고 있다.

5. 개방처우의 장 · 단점

1) 장점

개방처우제도는 ① 형벌의 인도주의화와 사회화(사회적응력 향상)에 기여하고, ② 규율위반에 따른 처벌의 필요성이 감소하며, ③ 구금의 완화로 단기자유형의 폐해를 일부 해소시키는 중간처우로서의 기능을 담당할 수 있고, ④ 가족 · 친지 등과의 유대를 지속시킬 수 있으며, ⑤ 구금시설에 비해 비용이 절약되고, ⑥ 교정에 대한 신뢰감 제고로 갱생의욕을 자극하여 신체적 · 정신저 건강에 유리하다는 장점이 있다.

2) 단점

개방처우제도는 ① 일반국민의 법감정에 위배되어 형벌관념의 혼란이 초래될 가능성이 있고, ② 보다 자유로운 계호를 이용하여 외부인과 부정한 접촉을 할 우려가 있으며, ③ 끝으로 도주의 우려가 상존한다는 단점이 있다.

제2절 개방처우의 종류

1. 귀휴제도

1) 의의

귀휴제도(Furlough System)란 행형성적이 양호하고 도주의 위험성이 없는 수형자에게 일정한 조건하에 가사를 돌보게 하거나 사회복귀의 준비를 할 수 있도록 일정 기간을 정하여 귀가를 허가하는 제도로 형벌휴가제 또는 외박제라고도 한다. 형의 집행을 정지시키지 않는다는 점에서 형사사법상의 형집행정지제도와 구별된다.

2) 기능

첫째, 수형기간 중 가족 친지 등의 방문 등을 통한 주변과의 연계는 단절된 수형자의 사회적 유대를 유지하고 나아가 사회적응력을 배양할 수 있다. 둘째, 가정방문을 통해 억제된 성문제를 해소하고, 중요한 가사상의 문제에 대하여 가족과 협의가 가능해져 안정된 수용생활을 유도할 수 있다. 셋째, 입소 전의 직업이나 사업의 정상화에 도움이 되고 개전의 정을 촉진시킬 수 있다.

3) 귀휴의 형태

수형자의 개선을 촉진하고 사회복귀 준비를 위한 석방 전 중간처우로서의 귀휴, 부모의 사망 등 가족의 중요사에 허용하는 특별귀휴, 그리고 특정 교도작업 종사자나 모범 수형자에게 대한 일종의 상으로서 주어지는 일반귀휴 등이 있다.

4) 귀휴제도의 연혁

귀휴제도는 1913년 미국의 위스콘신주에서 통과된 후버법(Huber Law)에서 비롯되어 1918년 미국의 미시시피주에서 최초로 시행되었다.[14] 그리고 1929년 뉴욕주 교정법에서는 근친자가 위독하거나 장의(葬儀) 시에 외출 및 휴가를 부분적으로 허용하는 법을 제정하였다. 한편 벨기에에서는 소년 수형자에게 외부통근과 함께 일요일 귀휴를 허가하였다.

우리나라는 고려시대부터 죄수(罪囚)가 친상을 당했을 때 상을 치를 수 있도록 기간을 정하여 집에 다녀오게 하는 귀휴제도가 시행되었다. 조선의 모든 형사법전에는 휼수(恤囚)에 관한 규정을 두었는데, 그중 속대전형전, 대전회통형전 등의 휼수조(恤囚條) "사형의 죄수를 제외하고는 친상을 당한 경우"의 규정에 의해 시행되었다. 그리고 조선 후기 문호개방의 영향을 받아 동법제도가 개혁되면서 형법대전이 새로 제정되었을 때(광무 9년) 대전의 본문 중에 보방규칙(保放規則)(제185조~제189조)을 정하여 귀휴제도에 대한 더 상세한 규정을 두었다. 광복 이후 1961년까지 귀휴제도는 시행되지 않다가 1961년 12월 23일 「행형법」의 개정 시 제44조 귀휴제도를 신설함으로써 1962년부터 행장이 우수한 수형자에 대하여 귀휴를 실시하였다. 또한 「행형법」 제7차 개정이 있었던 1999년에는 특별귀휴제도를

14) 귀휴제도는 1922년 프로이센의 교도소 직무 및 집행 규칙에서 처음 채택된 이래 여러 가지 형태로 각국에서 실시되고 있다는 주장도 있다.

법률에 반영하여 오늘에 이르고 있다. 우리나라 귀휴인원 현황을 보면, 2010년 1,157명(총 수형자 30,607명의 3.8%), 2019년 1,193명(총 수형자 33,813명의 3.5%)으로 지난 10년간 큰 변화를 보이지 않고 있다.

5) 현행법령상 귀휴제도

(1) 일반귀휴

① 기본요건

일반귀휴의 기본요건은 6개월 이상 복역한 수형자로서 형기의 3분의 1이 경과되어야 하고, 21년 이상의 유기형 또는 무기형의 경우에는 7년이 경과되어야 하며, 교정성적이 우수한 자에 대해서 실시한다(동법 제77조 제1항).

② 구체적 요건

법률상의 구체적 요건은 가족 또는 배우자의 직계존속이 위독한 때, 질병이나 사고로 외부의료시설에의 입원이 필요한 때, 천재지변이나 그 밖의 재해로 가족, 배우자의 직계존속 또는 수형자 본인에게 회복할 수 없는 중대한 재산상의 손해가 발생하였거나 발생할 우려가 있는 때, 그 밖에 교화 또는 건전한 사회복귀를 위하여 법무부령으로 정하는 사유가 있는 때에 귀휴가 허가될 수 있다(동법 제77조 제1항).

③ 기간

일반귀휴의 기간은 1년 중 20일 이내의 기간 범위 내에서 허가할 수 있다.

(2) 특별귀휴(동법 제77조 제2항)

특별귀휴는 가족 또는 배우자의 직계존속이 사망한 때와 직계비속의 혼례가 있는 때에 한하여 허가될 수 있고, 기간은 5일 이내의 범위 내에서 허가할 수 있다.

이러한 귀휴를 허가함에 있어서 소장은 법무부령이 정하는 바에 따라 거소의 제한, 그 밖에 필요한 조건을 붙일 수 있다. 한편, 일반귀휴 또는 특별귀휴기간은 형 집행기간에 포함한다.

2. 외부통근제도

1) 의의

행형성적이 양호한 시설구금 중의 수형자를 석방 전에 시설 외에서 근무하게 하기 위해 일정 기간 시설 내에서 직접 계호 없이 사회의 직장에 통근하게 하는 제도이다. 출소 후에도 취업과 연계될 수 있어서 교도소에서 사회로의 전이와 복귀를 촉진시킬 뿐만 아니라 가족의 부양 및 생계지원이 용이하다. 또한 수형자의 가석방 준비 여부에 대한 판단기준이 될 수 있으며 지역사회에서 활동 중인 직업인들과의 접촉을 강화하고 반면 수형자와의 접촉을 축소시켜 긍정적인 태도변화를 꾀할 수 있다.

2) 연혁

외부통근제도의 기원은 1880년 미국 매사추세츠주의 플래밍햄 교정시설에서 여자수형자에 대하여 연말봉사의 형식으로 사회에 내보낸 것으로부터 기원을 찾을 수 있다. 오늘날의 외부통근제도는 1913년 미국의 위스콘신주에서 후버법(Huber Law) 제정으로 처음 채택되어 경범죄자 및 단기수용자에 대하여 법원이 판결로써 외부통근을 명할 수 있도록 한 '사법형 외부통근제'가 도입되어 1956년 이후에는 19개 주가 채택하는 등 미국에서는 24개 주가 외부통근을 실시하고 있다.

그리고 1929년 독일의 프로이센에서는 처음으로 누진제의 최상급자에 대한 석방 전 교육으로서 외부통근이 허용되었는데, 이것이 '행정형 외부통근제도'의 기원이 되고 있다.

한편 영국은 1954년경 외부통근 수형자를 수용하는 호스텔(Hostel)이라는 개방시설을 일반교도소의 개방구역이나 교도소 외의 시가지에 특별히 설치하여 호스텔제의 형태로 행정형 외부통근제를 실시하였다. 외부통근 대상자는 석방자가 아니고 시설수용 중인 수형자로서의 지위를 유지하는 형태를 취하였다. 대표적인 방법으로는 장기수형자를 구금하는 시설에 대상자선정위원회를 두고 4년 이상의 징역형을 받은 자 중에서 예정되는 석방일의 10개월 전에 선정심사를 완료하여 호스텔에 6개월 이상 9개월 이내로 체류시키면서 사회적응훈련을 하도록 하였다.

한편 1955년 제네바의 '범죄방지 및 범죄자처우회의'에서는 민간회사에도 외부통근제도와 직업보도를 권고할 정도로 국제적인 관심도 높았다.

3) 외부통근제도의 유형

(1) 사법형 외부통근제

사법형 외부통근제는 '통근형'이라고도 하며 법원이 유죄확정자에게 형벌의 일환으로 외부통근형을 선고하여 실시하는 것으로 미국에서 시행되는 대부분이 이 제도이다. 경범자 및 단기자유형자 중 직업을 가지고 있는 자로 본인의 희망에 의하여 법원이 적용결정을 위한 조사를 실시하는데, 보호관찰관이 직업종사 여부, 고용주의 협력의사, 통근 가능한 교통수단 등을 고려하여 적합하다고 판단될 때 판사가 '통근형'을 선고한다.[15)]

이러한 사법형 외부통근제도는 단기자유형으로 인한 직장의 상실 없이 직장을 지속적으로 유지하는 것이 가능하고, 가족의 생계를 담당할 수 있다. 무엇보다도 구금에 따르는 폐해를 방지할 수 있을 뿐만 아니라 주말구금과 야간구금 같은 반구금제도와 함께 활용이 가능하다는 장점이 있다. 그러나 행정형 외부통근제보다는 응보적인 국민감정에 위배될 가능성이 있다는 문제점이 있다.

(2) 행정형 외부통근제

행장이 양호한 시설수용 중인 수형자를 교도관의 감시 없이 주간에 시설 외에 있는 사회 내의 회사나 공장 · 상점 등에 일반 사회인과 똑같이 근무하게 하고 저녁에 일과가 끝나면 돌아오게 하는 제도이다. 이러한 행정형 외부통근제도는 행정기관인 교도소에 의하여 석방 전 교육이나 사회복귀의 준비로 실시되고 있으며 유럽 제국에서 채택하고 있는 형태로서 장기수용자에게도 적용된다. 그리고 제도의 취지상 사회와 장기간 격리된 자의 사회적응을 위한 반자유처우에 있으므로 일정 수용기간이 지난 교정성적 우수자에게 허가되는 것이 보통이다. 한편, 주간에는 외부에서 자유로이 취업, 야간이나 공휴일에는 시설 내에 수용되기 때문에 반구금제 혹은 반자유제라고도 한다.

처음에는 장기수형자에 대하여 석방 전의 처우방법으로 활용되었으나 점차 확대하여 단기수형자에게 수용 시부터 적용되기도 하며 대상자 선정위원회가 구성되어 선정한다. 시설은 외부통근자를 위한 독립된 시설이나 개방교도소 또는 일반교도소 내에 사회생활에 준하는 특별개방구역을 설치하여 운영하고 있다. 독립시설이 아닌 일반교도소에서 실시하는 경우는 타 수형자와 접촉을 피하도록 하고 있고, 예외적으로 개방시설에서는 외부

---

15) 자유노역제와의 구분: 자유노역제는 수형자가 자택에 기거하면서 시설 외의 직장에 당국의 감시 없이 취업하는 제도이다.

통근 대상자와 타 수형자를 동시에 수용하기도 한다. 외부통근자는 시설 내에서 사회생활에 근접한 자유가 주어지고, 제한된 시간에 귀소의무 등 규칙을 준수해야 하지만, 타 수형자보다는 대폭 완화된 처우가 실시된다. 시설 외에서는 교도관의 감시 없이 사회인과 준하는 조건으로 취업하여 사복을 착용하고 근무할 수 있다. 임금의 처리는 일정액을 공제(소득세 · 보험금 등)하고 시설관리자에게 제출하여야 하며, 잔금을 개인 명의로 예금하는 경우와 각 교도소에 따라서는 본인의 용돈 이외의 금액은 교정제도운영을 위한 복지기금으로 사용하는 경우도 있다.

이러한 행정형 외부통근제도는 장기수형자들이 사회와의 접촉을 통해 석방 후 사회 내 적응을 용이하게 하고 자율적인 출소 준비가 가능케 하며 출소 후 취업에 유리하다는 장점이 있다. 하지만 도주자가 발생할 우려와 시민의 법적 감정과의 대립, 취업 직장인과의 부조화가 문제되기도 하며, 경기변동에 따른 작업장소와 물량의 확보가 문제가 될 수도 있다. 또한 외부통근에 적합한 수용자의 선별과정 등의 문제점이 지적된다.

(3) 혼합형 외부통근제

혼합형은 사법적 외부통근제와 행정적 외부통근제를 병행한 제도인데, 법원은 형벌의 일종으로서 통근형을 선고하고 교도소가 가석방위원회 등의 허가를 얻어 외부통근을 실시하는 형태이다.

4) 우리나라의 외부통근제도

(1) 의의

사회복귀와 기술습득을 촉진하기 위하여 외부기업 등에 통근하는 제도를 말하므로 행정형 외부통근제를 채택하고 있으며, 종전에는 교도관의 계호하에 실시하였으나 점차 무계호하에서 외부통근자를 취업시키고자 추진하고 있다.

(2) 연혁

1984년경 수원 교도소에서 삼성전자 수원 공장에 직업훈련으로 12명이 외부통근을 실시한 것이 기원이었고, 1988년 말에는 인천 · 마산 교도소 등 6개 시설에서 100명이 실시하여 활성화단계에 이르렀으며, 1990년대에는 우리나라가 고도의 산업사회로 진입하면서 고용인력의 부족과 맞물려 전국 각 교도소에서 행정형 외부통근제도를 확대 실시하고 있다. 지난 10년간 외부통근 및 개방지역 작업 인원 현황을 보면, 총인원은 감소추세이고, 총 작업장려금은 증가추세를 보이고 있다. 2009년의 경우, 작업인원은 303,984명, 작업장려금은 약 36억 원이었고, 2019년의 경우에는 각각 256,348명과 약 46억 원으로 나타났다.[16)]

(3) 법적 근거

소장은 수형자의 건전한 사회복귀와 기술습득을 촉진하기 위하여 필요하면 외부기업체 등에 통근작업하게 하거나 교정시설의 안에 설치된 외부기업체의 작업장에서 작업하게 할 수 있고, 외부통근작업 대상자의 선정기준 등에 관하여 필요한 사항은 법무부령으로 정한다(동법 제68조).

3. 주말구금제도

1) 의의

주말구금제도란 형의 집행을 가정이나 직장생활을 하는 데 지장이 없는 토요일과 일요일인 주말에 실시하는 제도로 매 주말마다 형이 집행되는 형의 분할집행방법을 의미한다. 주말에 시설수용되는 형의 집행이란 점에서 시설수용이 없는 가택구금과 구별되고, 주말 외의 봄 · 여름휴가 등을 이용하여 형의 분할집행을 하는 단속구금(斷續拘禁)과 구별된다.

2) 연혁

주말구금제도는 1943년 독일의 소년재판소법에 의해 소년구금의 형태로서 최저 1회, 최고 4회 휴일구금, 단기구금 및 계속구금을 인정한 데서 시작되었다. 1956년 서독에서는 일반 성인에 대하여 주말구금과 휴일구금제도를 채택하여 주말 이외의 휴일에도 형을 집행할 수 있도록 하였다. 영국에서는 1948년 형사재판법으로 경범죄인에게 직장에 지장이 없는 휴일에 출두하여 형 집행을 받도록 하였고, 벨기에는 1963년 단기자유형의 대체형 집행수단으로 주말구금제를 반구금제와 함께 채용하였다.

---

16) 교정본부, 「교정통계연보」, 2020, p.142.

3) 방법

토요일과 일요일의 양일이 휴일인 자는 토요일 아침부터 수용하고, 토요일 오후와 일요일이 휴일인 자는 토요일 오후부터 교정시설에 수용하여 월요일 아침에 석방한다. 그리고 그 외의 휴일 및 연차휴가기간에는 집행하지 않는다.

원칙적으로 형의 집행을 받지 않은 자를 대상으로 독일에서는 휴일구금 및 1~4주 이하 주말구금을 실시하였다. 프랑스에서는 최고 10회의 주말구금을 실시하였으며, 벨기에에서는 원칙적으로 1개월 이하의 자유형 대상자에게 선고하였다.

일반적으로 구금의 장소는 원칙적으로 교도소가 이용되며, 소년은 독거실에 수용된다. 프랑스에서는 주말구금은 법무부장관이 인정한 교정시설 이외의 시설에서도 집행한다. 주말구금에 있어서는 주말마다 집행명령이 내려지는 것이 아니고 수형자가 자발적으로 구금소에 출두해야 한다. 만일 수형자가 이 의무를 위반하면 복역해야 할 나머지 형기에 대하여 즉시 완전한 집행을 실시한다. 한편, 불출두한 경우에는 수형자가 도주의 상태에 있는 것으로 간주하고 8일 이상 2개월 이하의 구금형에 처하도록 되어 있다.

4) 장 · 단점

주말구금제도는 경범죄자에 대한 명예감정을 자각시켜 자신의 범죄적 책임을 반성시킬 수 있고, 단기자유형의 악성감염 등 폐해를 제거할 수 있다. 직장과 가정생활을 원만하게 하고 피해자에 대한 손해배상에도 유리하다는 장점이 있다.

그러나 국민의 응보감정에 맞지 않는다는 것, 장기수형자에게 부적합하다는 것, 수용시설 등이 부족하여 구금장소가 원거리인 경우에는 주말구금대상자가 형 집행을 받기 위하여 원거리로의 왕래가 곤란하다는 것, 그리고 도주우려 등의 단점이 있다.

4. 가족 만남의 집(부부특별접견제도)

1) 의의

부부특별접견제도(Conjugal Visiting System)란 배우자가 있는 수형자에게 완전한 부부접견을 별도의 장소에서 일정 시간 동안 허용함으로써 원만한 가족관계를 유지토록 하고자 하는 제도이다.

2) 연혁

1959년 미국 미시시피주의 레드하우스(Red House)에서 부부접견을 허용한 데에서 공식화되었고, 수형자의 가족유대강화 내지는 교화개선보다는 흑인들의 노동력 향상을 위해 창안되었으며, 점차 백인 남자수형자에게도 확대 시행하게 되었다.

1999년 6월 29일 최초로 안양, 대구, 대전, 광주 교도소 등 4개 교정시설에 수형자 '부부 만남의 집'을 설치하고 장기수형자로 하여금 오랜 구금생활로 인해 단절되고 소원해진 가족관계를 회복하게 하며 신뢰감을 증대시켜 더욱 안정된 수용생활이 될 수 있도록 하기 위한 목적으로 시작되었다. 2003년 10월 6일 그 명칭을 '가족 만남의 집'으로 변경하여 확대 개편하고 시설을 확충하는 등 많은 발전을 거듭하고 있다.

참가수형자의 현황을 보면, 2009년 795명(총 수형자 30,749명의 2.5%)에서 2019년 1,908명(총 수형자 34,300명의 5.6%)으로 증가하였다.[17]

3) 장 · 단점

수형자의 성적 긴장감을 해소하고 부부관계의 유대감을 증대시켜 안정적인 수용생활을 유도할 수 있다는 장점이 있다. 대상자 선정에 있어서 공평성 문제가 제기될 수 있고, 시설

〈참고자료〉 가족만남의 날 행사

1. 의의

수용자의 사회적응능력을 배양하고, 가족과의 유대강화로 수용생활의 안정을 도모하는 한편 교정행정에 대한 신뢰를 제고하는 데 목적이 있는 것으로 교도소 내 특별구역에서 주로 모범수형자들과 그들의 가족들이 보안시설물 없이 직접 대면하여 일반접견보다는 더 자유롭고 더 오랜 시간 동안 접촉이 가능하게 하는 접견제도를 말한다.

2. 방법

연 4회 이상 실시되며 보통은 설날, 어버이날 및 중추절 등 적당한 때에 실시하고 있다. 자율적인 접견이 가능한 교정시설 내의 일정한 장소에서 가족과 함께 도시락 등 음식물을 먹으며 함께 교담하는 방법으로 운영되고 있다.

---

17) 교정본부, 「교정본부, 2020」, p.154.

의 부족과 시설비용의 증대라는 문제점과 국민의 응보감정에 부적합하다는 단점이 있다.

5. 보스탈제도(Borstal)

1) 의의

보스탈이란 보호 또는 피난시설이란 뜻을 갖고 있으며 영국 켄트지방의 Borstal이란 곳에서 시작되었고, 이후 일반화되어 오늘날의 소년원의 대명사로 사용되곤 한다. 주로 16세부터 21세까지의 범죄소년을 2년 이하의 부정 기간 수용하고 직업훈련 · 학과 교육 등을 실시하여 교정 · 교화하는 제도이다.

2) 연혁

1897년 브라이스(E.R. Brise)에 의해 창안되었는데, 초기에는 철저한 분류구금, 엄격한 규율과 중노동, 석방 후의 조직적 관찰과 체육과 직업의 초보적 교육이 이루어졌다. 1908년 보스탈제도가 법제화되면서 영국의 가장 효과적인 시설 내 처우로서 주목받게 되었는데, 16세 이상 21세 미만으로서 초범자에 한정되지 않고 징역형 선고 대신 1년 이상 3년 이하의 보스탈처우가 선고된 자를 수용하였다.

한편, 1920년 보스탈 감옥의 책임자인 피터슨(A. Peterson)은 종래의 군대식 규율에 의한 강압적 훈련과 기계적인 복종심을 비판하고 보스탈제도를 더욱 개선 발전시켰다. 즉 자제심을 기르기 위한 소년의 심리변화를 목적으로 하는 각종 처우방식을 적용하고 기숙사 · 사감제도의 충실화, 15명 정도의 소그룹으로 생활단위를 편성한 개별지도, 각 그룹의 연대감 중시로 책임의식을 체득시키는 데 주력하였다.[18]

6. 사회견학 및 봉사활동

1) 의의

사회견학이란 수형자로 하여금 경제, 사회, 문화적으로 급속히 변화하는 사회의 실상을

18) 이윤호, 전게서, pp.280-281.

교정시설 밖의 사회현장에서 직접 체험하게 하는 것을 말한다. 봉사활동이란 수형자로 하여금 자연재해 등으로 인한 피해현장의 복구, 사회의 소외된 계층에 대한 도우미의 형태로 시설 밖에서 활동하게 하는 것을 말한다. 교정실무상 사회견학과 봉사활동은 병행하여 실시하는 경우가 많다.

2) 장소

견학 및 봉사지는 주로 전통문화 및 애국지사 유적지, 사회복지시설, 종교시설, 기타 성공적인 사회교육 현장 등 건전한 국민정신을 함양하기 위한 교화적인 장소와 각종 산업시설을 택하여 기술향상에 기여할 수 있는 공장 등이 이용되고 있다.

Chapter_ 3
사회 내 처우(지역사회 교정)

제1절 개관

1. 의의

사회 내 처우라 함은 범죄자나 비행소년을 교도소나 소년원 등 수용시설 내에 수용하여 교정하는 대신 사회 내에서 보호관찰관 등의 지도와 원호를 통하여 교정하는 제도로서 지역사회교정(community-based corrections)을 의미한다. 즉, 범죄자를 지역사회 가운데 두면서 통상적인 사회활동을 할 수 있도록 하되, 일정한 감시와 통제 프로그램을 통해 범죄를 유발하지 않을 생활조건을 조성하고 지도하는 것을 말한다.

2. 출현배경

지역사회 교정의 출현배경은 무엇보다도 재범률의 증가와 신종범죄 및 범죄의 양적 급증에 따른 교정시설의 과밀수용 문제에서 기인한다. 이에 따라 형사사법기관의 업무량 증가와 비효율성의 증대 등의 현상이 초래되었으며, 이후에는 과잉수용의 해결책으로서 입소 및 출소 단계에서의 유입인구와 출소인구를 조절하는 과정에서 형벌부과가 구금형과 일반보호관찰로 양극화되어 형벌무용론과 같은 극단적인 주장이 대두되는 등 변화의 요구가 크게 대두되었다. 이와 같이 범죄환경의 변화에 따른 다양한 처벌의 필요성이 대두되면서 1967년 '법 집행과 사법행정에 관한 대통령위원회'(the President's Commission on Law Enforcement and Administration of Justice)에서 교정의 주요 업무로 규정한 것이 계기가 되었다.

지역사회교정의 출현에 영향을 준 요인은 지역사회와 교도소의 역할에 대한 인식의 변화 및 사회적 요구와 추세의 변화 등이었다.

첫째, 교도소는 과거 격리를 통한 교화, 즉 과거 범죄인을 격리 · 구금하여 회오 · 반성하게 하는 장소로 인식하였으나 악풍감염과 사회적 낙인을 불러 범죄를 악화하는 장소라는 인식이 대두되었다.

둘째, 오늘날 범죄의 유발 장소가 지역사회인 만큼 해결의 실마리도 지역사회에서 찾아야 한다는 인식의 변화가 있었다.

셋째, 낙인이론의 영향을 받아 범죄자에게의 낙인을 최소화하고 지역사회와 유대를 지속하도록 하는 다양한 프로그램을 제공하여 법을 준수하는 행동을 유지할 것으로 기대하였다.

넷째, 판결 전 구금은 대부분 빈곤층 피고인에게만 부과되고 이들은 또한 기소되어 구금형을 받을 가능성이 높다는 등 차별대우에 따른 형사사법제도에 대한 불신과 불만에서 비롯되었다. 즉, 인종, 신념, 성별, 계층에 관계없이 모든 사람들에게 경제적 및 사회적 기회를 제공하여 범죄자나 전과자들 역시 사회에의 참여가 허용되고 격려되는 '위대한 사회'(The Great Society)를 건설하자는 사상에 기초하였다.

3. 지역사회교정의 목표

첫째, 지역사회 교정은 무엇보다 범법자를 보다 인도주의적인 환경에서 처벌하고 처우해야 한다는 추세를 반영한다. 과잉수용에 따라 악화된 수용환경을 개선하고 동시에 범죄자를 보다 자유로운 환경에서 관리하고 처우하고자 한 것이다.

둘째, 보다 현실적인 관점은 수용자 인구의 증가에 따라 인적 자원 및 재정에 대한 부담이 확대됨에 따라 이를 해소하는 차원에서 비구금화의 대안으로 지역사회교정이 요구된 것이다.

셋째, 형벌의 기능적 측면에서의 주장으로, 시설 내 처벌과 사회 내 처우를 연속선상으로 연계함으로써 형벌이 프로그램화되고 범법자 관리의 완결성을 제고할 것을 기대할 수 있다는 것이다.

넷째, 사회재통합이라는 교정 이념적 측면에서 지역사회교정의 실현은 필수적이다. 범법자 관리에 있어서 최종적으로 이상적인 지향점은 수형자들이 출소 후 새로운 사회 환경에의 신속한 적응과 융화를 통해 지역사회 자원과 재통합을 이루어 준법적인 삶을 영위하는 데 있다. 이러한 여건은 불가피하게 지역사회 교정의 확산과 정착을 통해서만이 가능하다.

다섯째, 사회 내 재범가능자들을 감시하고 지도함으로써 지역사회의 안전과 보호에 기여한다. 사법 통제망(net-widening)이 확대되는 문제점이 발생하지만 범죄자 관리적 측면에서는 특별 예방적 효과를 기대할 수 있다.

여섯째, 사회 내 출소를 확산하기 위해서는 재범예측 기재의 개발과 과학화가 요구된다. 이를 통해 개별처우의 목표달성이 앞당겨지고 교정행정의 과학화에 기여할 수 있다.

4. 지역사회교정의 출현 형태

지역사회교정은 다양한 형태로 출현하여 시행되고 있다. 무엇보다 출소자들에 대한 원조(advocacy), 지역사회에의 융합을 위한 재통합(reintegration), 그리고 구금형으로 인한 사회적 낙인문제를 해소하고자 대두된 전환제도(diversion) 등을 들 수 있다.[19] 다음은 전환제도에 대한 이해를 돕기 위한 기술이다.

1) 전환제도

(1) 의의

낙인을 최소화하고 범죄자의 사회복귀를 용이하게 하기 위해서 범죄자를 공식적인 형사사법절차와 과정으로부터 비공식적인 절차와 과정으로 우회시키는 제도로서 대부분의 지역사회교정은 최소한 이러한 전환을 전제로 한다. 범죄자를 공식적 처리로부터 전환하여 형사사법절차의 개입을 최소화하려는 전환제도는 범죄자가 더 중대한 범죄유형에 빠져들기 전에 생활방식을 긍정적으로 변화시킬 수 있는 기회라고 할 수 있고, 지역사회에서 개별적 처우를 함으로써 범죄자의 문제를 해결하는 데 도움을 준다.

(2) 종류

전환은 경찰, 검찰, 법원, 보호 단계로 구분된다. 즉 경찰 단계에서의 전환은 훈방, 경고, 통고처분, 보호기관위탁 등의 비공식적 처리 등이 그 예이고 주로 비공식적 전환제도이다.

검찰 단계에서의 전환은 범죄자를 구금한 후에 검사가 기소유예처분을 할 수 있는데,

19) Smykla, John Ortiz, *Community-based Corrections*, New York: Macmillan Publishing Co., 1981, pp.14-17; 이윤호, p.298.

특히 피해자가 처벌보다는 손해배상을 요구할 때 형량을 감경하는 조건으로 범죄자가 피해자에게 보상하도록 조정하는 대안적 분쟁해결의 방식이 인정되고 있다.

그리고 법원 단계에서의 전환은 법관이 범죄자를 지역사회의 처우, 교육, 상담프로그램에 전환시키는 조건으로 약식명령, 선고유예결정, 집행유예를 선고하는 것 등이 있다. 보호 단계에서는 보호관찰, 사회봉사명령, 전자감시제도 등이 있다.

(3) 장 · 단점

전환제도는 ① 범죄적 낙인과 접촉으로 인한 부정적 위험을 피함으로써 2차적 일탈 방지, ② 구금의 비생산성에 대한 대안적 분쟁해결방식 제공, ③ 공식적 환경을 비공식적 환경으로 대체 가능, ④ 공식적인 형사절차가 교도소건축비, 시설유지비 등의 막대한 비용이 필요한 데 비해 비용 절감, ⑤ 법원의 업무경감으로 형사사법제도의 능률성 및 신축성 부여 등의 장점이 있다.

그러나 ① 형사사법대상자 확대 및 형벌 이외의 비공식적 사회통제망 확대, ② 범죄자에 대한 가벼운 처벌로 형벌제지효과 감소 및 재범 가능성 증가, ③ 형사사법기관의 전환 재량권 남용으로 인한 형사사법의 불평등유발의 가능성과 적법절차위배로 인한 대상자의 인권침해 우려, ④ 범죄자 원조나 사회보호라기보다는 사법비용절감을 위한 것이기 때문에 강제적 참여를 요구하게 되었고, 이는 결국 범죄원인 제거와는 무관하다는 등의 비판이 제기되고 있다.

5. 지역사회교정의 장 · 단점

1) 장점

지역사회교정은 ① 구금으로 인한 범죄배양효과 내지 낙인효과를 피할 수 있고, ② 사회와의 단절에 따른 많은 문제점을 해소할 수 있으며, ③ 교정시설운영에 따른 비용을 포함하여 형사사법기관의 부담 및 국가의 재정적 부담을 덜어 줄 수 있다. 또한 ④ 알코올중독자, 마약사용자, 경범죄인 등 통상의 형사재판절차에 처해질 범죄인들에 대한 전환방안으로 활용할 수 있다는 장점이 있다.

2) 단점

이러한 지역사회교정은 ① 사회 내 처우시설의 유치는 지역사회의 이기주의로 반대에 직면할 수 있고, ② 시설 내 처우에 넘겨지는 범죄인은 사회 내 처우에 처해지는 범죄자에 비해 더 큰 낙인을 찍는 결과가 되어 비인도적인 측면이 있으며, ③ 과잉구금의 문제를 회피하기 위하여 고안된 것이라는 지적과 함께, ④ 지역사회교정의 확대는 과거에는 범죄통제의 대상이 되지 않았던 대상자를 범죄의 통제대상이 되게 함으로써 형사사법망 확대(netwidening)를 초래한다는 비판을 받고 있다.

6. 지역사회교정의 과제와 전망

1) 개관

1990년대에 이르러 미국의 범죄통제방식은 집합적 무능력화를 통한 구금강화로 과잉구금이라는 엄청난 비용에 직면하게 되었다. 이로 인해 보다 저렴한 비용으로 동일한 효과를 달성할 수 있는 범죄통제수단 마련에 대한 요구가 강력히 대두되었다. 이러한 시도는 사법단계에서의 부정기형의 재도입과 구금에 대한 대안모색이라는 두 요소로 논의되었다.

2) 양형모델 재고－부정기형의 재도입과 양형의 재량권 확대

구금에 대한 대체방안의 필요성 증가와 함께 지역사회에 기초한 범죄통제전략의 필요성이 증대되었다. 그리고 지역사회보호라는 사회적 요구와 사법제도의 효율적인 운영을 위한 판결상의 재량권이 요구되었다. 범죄자의 다양한 조건과 상황이 고려된 벌금형, 사회봉사명령, 치료 · 거주명령, 전자감독, 집중감시 보호관찰 등이 고려되고 있다. 한편 구금과 중간처벌 또는 여러 가지 처벌의 일부를 혼합한 분할 혹은 혼합양형(split sentence)의 부과, 처벌에 따른 준수조항의 위반에 대비한 양형(집중감시 보호관찰의 준수조항을 위반 시 병영식 캠프로 전환 등)인 보완적인 양형(backup sentence)의 개발 등을 들 수 있다.

3) 선별적 무능화 이점의 활용－경제적으로 효과적인 대안 모색

1990년대의 집합적 무능화정책의 비용과 성과에 대한 비판적 차원에서 보다 과학적인 근거로 분류된 위험군만을 제한적으로 구금화하는 선별적 무능력화 정책이 대두되었다. 이에 대한 전략으로서 중간처벌의 개발과 확대사용이 주장되었고, 재범위험성이 높지 않은 범법자들에 대한 부정기형의 적용과 구금에 대한 대안모색의 필요성이 증대되었다. 지역사회 내 처벌 및 처우가 포함된 다양한 형벌유형의 개발은 개별적 처우의 목표를 보다 탄력적으로 가능하게 하고 있다. 따라서 보다 경제적이면서도 범죄의 특성에 부합되는 처벌과 처우의 목표를 기대하게 된 것이다. 또한 이러한 조치가 지역사회 내에서 이루어짐으로써 지역사회의 안전과 보호를 강화할 수 있다. 결론적으로 지역사회교정을 통해서 범죄자들에게 감독과 원호의 기능을 수행하면서 동시에 지역사회를 보호할 수 있으며, 구금에 대한 대체형벌을 적용함으로써 경제적이면서도 형벌의 연속성과 프로그램화를 달성할 수 있다.

제2절 중간처우와 중간처벌

중간처벌이나 중간처우와 같은 용어는 학계에서 흔히 사용되고 있으나 그때의 '중간'이라는 단어에 대한 개념이 명료하게 정착된 것은 아니다. 중간이라는 개념은 대체로 범죄자에 대한 처우행위가 정규교정시설과 지역사회의 사이에서 이루어진다는 장소적 의미로 사용되기도 하고, 한편으로는 정규시설의 엄격한 통제로부터 사회 내 자유 상태로 전이되는 과정에서 보다 완화된 통제를 실시한다는 점에서 통제의 강약적 관점에서 사용되기도 한다. 중간처벌(Intermediate sanctions)이나 중간처우소(halfway house)라는 말로 널리 알려져 있다. 아래에서는 중간처우와 중간처벌의 개념, 형태 및 형사정책적 의의에 대하여 기술한다.

1. 중간처우

1) 의의

중간처우는 교정시설 내의 범죄자를 지역사회에 연계시키기 위하여 재소자에 대한 통제를 완화함과 동시에 자율을 강조하는 개방처우를 포함하는 개념으로 볼 수 있다. 또한 동시에 처우의 장소가 정규교정시설로부터 지역사회로 장소적으로 전이된다는 의미를 갖는다. 즉 중간처우의 집, 석방 전 지도센터, 보호관찰 호스텔, 다목적센터 등이 그 예가 될 수 있다.

2) 연혁

1850년경 아일랜드의 월터 크로프턴(Walter Crofton)이 누진제를 실시하면서 가석방의 전 단계로 중간교도소를 설치한 것이 시초이었으나, 당시에는 관심을 끌지 못하다가 1950년대에 와서 미국에서 본격적으로 시행된 이후 현재에는 세계 각국에서 다양한 형태로 시행되고 있다.

3) 중간처우의 형태

(1) 시설 내 중간처우[20]

시설 내 중간처우에는 전술된 바와 같이 외부방문, 일시출소, 외부통근 작업 및 통학 등이 있다. 대부분의 재소자들에 있어서 외부세계와의 최초 혹은 직접적 접촉은 외부방문(supervised trips)에 의해 이루어지는 경우가 많다. 대체로 교정직원의 통솔하에 단체로 외부시설을 방문하거나 프로그램에 참여하게 되는데, 종교단체, 학교시설, 스포츠행사 및 공연장소 등이 포함된다.

일시출소는 24시간 이내로 한정하는 당일출소와 각 지역의 법이나 규칙에 따라 다소의 차이는 있으나 그 이상의 기간을 허용하는 귀휴(furlough)가 있다. 외부통근 작업이나 학습의 경우는 일시출소와는 달리 계속적으로 작업 혹은 학업 시간 동안 외부로의 출소가 허용되는 경우로서, 이 시간 동안에는 직접적인 감시는 존재하지 않는다. 그러나 이러한 제도는 주로 교정시설 인근지역이나 지역사회 내의 주거식 처우소에서 이루어지는 경우가 많다.

시설 내 중간처우제도의 장점으로는 가족이나 사회와의 관계구축, 범죄자의 태도개선, 판결의 대안, 일반 대중의 범죄자에 대한 인식전환, 시설 내 사회복귀 프로그램의 활성화, 그리고 경제적 수익의 창출 등의 수단으로서 유용성이 있다.

---

20) 흔히 사용되는 '사회적 처우'와 유사한 개념이다.

(2) 사회 내 중간처우

지역사회 내 주거식 교정센터는 법원의 사법적 결정에 의하여 구금되기 전 단계에 사회로 배출되는 'halfway–in' 범죄자와, 구금형을 받은 이후 행정적 결정에 의해 교도소에서 조기출소나 가석방 등으로 배출되는 'halfway–out' 범죄자를 대상으로 한다고 볼 수 있다.

① 구금 전 'halfway–in' 단계

구금 전 단계의 경우는, 이미 언급된 바와 같이, 단순한 보호관찰처분을 내리기에는 위험성이 있고 구금시설에 구금하는 것이 불필요한 범법자에게 보호관찰조건부로 중간처우시설에 단기간 동안 강제주거토록 하는 경우이다. 보석대상자나 피해자 없는 범죄자(victimless crime) 역시 구치소 대신에 수용될 수 있다. 또한 마약이나 알코올중독자와 같은 특별한 범죄자들도 수용된다. 이는 일종의 감시와 학습이 병행되는 장소로서, 수용기간 동안에 판결 전 조사나 심리 및 정신이상검사가 실시되는 경우도 있다.

② 구금 후 'halfway–out' 단계

구금 후 단계의 경우는 만기 혹은 가석방에 의해 출소되기 전까지 잔여형기 동안의 과도기적 장소로서 점진적인 사회재적응을 목표로 한다. 한편 가석방자들이 규칙위반이나 재적응상 문제를 야기한 경우에 처벌대안으로 사용되기도 한다. 형기 중에 있는 외부통근작업이나 통근학습프로그램 대상자들이 주로 수용된다. 이 기간은 보통 1~6개월 정도인데, 행정상 시설 간의 전출로 인식된다.

4) 중간처우 시설의 종류

지역사회 내의 처우시설은 약 200년에 걸친 역사가 있다고 보는데 시설의 수에 대한 정확한 통계는 발표되지 않고 있으나 미국에 수천 곳, 캐나다에 수백 곳 정도가 존재하리라 추측된다. 시설은 자유허용 혹은 규제의 정도에 따라 다양한 형태로 존재한다.

현재 가장 보편적인 지역사회교정 시설의 유형은 몇 가지로 구분해 볼 수 있는데, '중간처우소(halfway house)', '숙박위주교정시설(residential housing unit)', 그리고 '지역사회교정센터(community correctional center)'[21] 등이 있다. 이는 주로 시설의 규모 및 내부규칙의 차

---

21) 미국에서의 지역사회교정시설은 소속, 규모, 명칭, 성격, 업무내용 등이 매우 다양하여 이를 구분하는 것은 학술적으로는 물론 실무적으로도 의미가 없다. 다른 저서나 보고서 등에서 소개되는 사례들도 같은 맥락에서 이해하면 된다. 이 책에서 소개되는 몇 가지 유형은 필자가 직접 방문한 시설들을 중심으로 독자의 이해를 돕기 위해 기술한 것이다.

이, 그 밖에 프로그램 내용을 기초로 한 것인데, 실제적인 구분은 사실상 가능하지도 않고 큰 의미도 없다. 공통적인 것은 범죄자를 위한 일시적 주거시설이며, 지역사회 내에 위치하면서 각종 프로그램을 실시하여 사회 내 재결합을 돕는 기능을 하고 있다는 점이다.

(1) 중간 처우소(halfway house)

① 의의

교정시설 밖에 설치된 소규모 독립생활공간을 말하며 이곳에는 출소일이 가까운 수형자를 대상으로 구금생활과 사회생활의 중간에 해당하는 처우를 실시한다. 가족 혹은 종교인 등의 소수 민간관리자에 의해 운영되는 경우가 많고 재정적 이유 때문에 자원봉사자를 적극 활용한다. 감독체계는 동료 간 감시와 같은 비공식적인 수단에 의존하는 경향이 있고, 내부규칙 또한 간단하고 수용자 간의 호혜적인 상호관계유지에 중점을 두고 있다. 수용자와 수용자, 수용자와 관리자 간의 상호인간관계의 구축에 중심을 둔 비공식적 통제행태와 프로그램을 활용하고 있다.

이러한 중간 처우소는 점진적 사회복귀뿐만 아니라 수형자의 적성에 맞는 직업알선, 교육수준 및 사회적응능력을 향상시켜 줌으로써 자력갱생을 촉진하며, 재범률을 감소시키고 사회의 교정참여를 유도하는 기능을 갖는다.

② 연혁 및 유형

1817년 매사추세츠주에서 범죄인의 중간거주지에 관한 계획을 세웠다는 기록이 있기는 하나 실제로 1864년 보스턴에 설립된 여성출소자를 위한 감시보호수용소를 미국 최초의 중간처우의 집으로 보고 있다. 그리고 1920년대부터 미국의 중요한 교정제도로 정착되기 시작하여 1960년대 미국의 교정제도가 교도소 중심에서 지역사회 중심으로 전환하게 되는 원동력을 제공하였다.

③ 대상 및 운영

석방준비 단계의 수형자들을 수용하는 것으로 중간처우라 함은 '석방 전 중간 처우소'를 말한다. 대상은 대개 성인 수형자 중 조기 출소자나 가석방대상자 등 석방예정자들로서 석방 6개월 전에 수용되는 것이 보통이다. 그리고 범죄인이 교정시설에 입소하기 전에 일정 기간 중간시설에 수감된 후 교정시설에 수용하여 구금의 충격을 완화시켜 주는 제도로 '입소 전 중간 처우소'가 있다.

소규모로 운영되고 있으며 통상 50명 이하의 수형자를 수용한다. 대체로 교정시설 밖의 독립된 시설이지만 교정시설 내의 일정 구획을 사용하는 경우도 있다. 중간처우의 집은 그룹지도가 가능하다는 장점이 있으며 시설상 여건이 많은 제약이 따르는 시설 내 처우에 비해 비교적 자유로운 처우환경을 제공할 수 있다. 이러한 중간처우의 집은 대상자의 결점을 보완하는 등 개별적 처우를 시행하고 석방을 앞둔 수형자의 사회적응을 돕기 위한 훈련에 역점을 둔다. 한편 남자를 위한 것이 대부분이었으나 남녀공용인 시설도 있으며 보호소나 지역사회교정센터 등에서도 이와 같은 기능을 수행한다.

(2) 지역사회 교정센터(community correctional center)

지역사회 교정센터는 다목적빌딩의 형태를 띠는데, 구치소를 개조하여 사용하기도 한다. 이는 조기출소자뿐만 아니라 경범죄자, 미결수, 카운티구치소(county jails)에 감금될 재소자 등 다양한 성분의 범죄자를 수용한다. 그러므로 시설 내 처우와 사회 내 처우가 동시에 존재하며 경우에 따라서는 분류심사와 같은 업무도 실시된다(다목적 센터라고도 한다).

중간처우소와는 달리 그 규모가 크므로 일반적으로 보안이 고려된 건물구조를 갖고 있으며 다수 수용자를 통제하기 위해서 일반교정시설과 유사한 내부규율을 갖고 있다. 정부보조기관의 경우는 24시간 감독인원을 갖추고 있다. 프로그램 역시 다양하고 보다 정형화된 형태를 취하는데, 수용자의 행위결과에 따라 책임과 프로그램의 참여가 결정된다. 그리고 법원 등 관계기관의 판단을 돕기 위하여 다양한 전문가에 의해 대상자를 관찰, 진단, 처우하며 이들 기관과 상호 협조적 관계를 유지하며, 주로 도시 근교의 비행다발지역에 설치하고, 수용기간은 가능한 한 단기로 한다.

이 분야의 선도적 역할을 해 왔다고 볼 수 있는 캘리포니아주의 한 사례를 살펴보면, 사회 내 재통합을 위해 3단계전략을 사용하고 있다. 1단계에서는 약 1개월 동안 시설 내에 감금되어 상담, 학과교육 혹은 직업훈련 등 시설 내 프로그램에 참가하며, 2단계는 약 3개월로서 시설내 거주하면서 외부에서 취업, 학업, 기타 사회활동을 하게 하는 단계이다. 3단계는 약 20개월로 사회 내 거주를 허락하면서 주기적 보고나 특별프로그램참여를 요구하는 단계이다. 이 단계에서의 시설은 보호관찰대상자나 가석방자 관리본부 역할을 한다고 볼 수 있다.

(3) 숙박 위주 교정시설(residential housing unit)

숙박용 주거시설은 외부통근 작업자나 가석방자들에게 주거시설을 제공하는 시설로서 보통 100여 명을 수용하는데, 구호텔, 아파트, 교회 등을 이용한다. 연방정부가 보조하는 '조기출소 지도센터'(pre-release guidance center)나 '지역사회 처우센터'(community treatment center) 등이 이 유형에 속한다. 이 시설은 중간처우소의 비공식적 인간적 분위기 조성이나 지역사회 교정센터에서와 같은 다양한 처우프로그램은 존재하지 않고, 최소한의 서비스—주거, 취업알선, 상담 등—만을 제공한다. 감시체계도 최소한에 그친다.

5) 우리나라 중간처우의 집

(1) 시설 내 중간처우 - 안양 교도소 소망의 집

① 연혁

2009년 1월부터 안양 교도소(소망의 집)는 10명 내외의 수형자를 대상으로 외부통근작업과 개방처우를 내용으로 하는 중간처우의 집을 설치 · 운영하고 있고, 춘천 교도소, 청주 여자교도소, 창원 교도소, 순천 교도소 등 4개 지방교정청별로 1개씩 중간처우의 집을 확대실시하고 있다.

② 기본원칙

시설은 사회와의 접근성을 고려하여 교정시설 구외에 설치하고 개방환경의 조성을 위해 일반 주택형으로 설치하며 자율성 함양을 위해 최소한의 보안설비만을 갖춘다.

③ 선정요건

가) 개방처우급인 자

나) 중간처우 개시일부터 3개월 이상 6개월 이내에 가석방이 가능한 자

다) 60세 이하의 신체 건강한 자로 교육훈련을 감당할 수 있는 자

라) 모범수형자로 도주의 우려가 없는 자

마) 중간처우시설이 설치된 교정시설 인근지역에 생활근거를 둔 자

④ 단계별 처우

제1단계: 시설적응단계(2주 이내)

제2단계: 사회적응단계(2~4개월)

제3단계: 사회복귀단계(가석방 전 2개월 이내)

⑤ 자치활동

자치회를 조직하여 소장이 제시하는 사항, 자치활동에 관한 사항, 그 밖에 자치회 운영에 관한 사항을 토의한다. 그리고 취미활동, 구외 공장 출퇴근, 오락회 등 일상생활은 전체 또는 소그룹 단위로 자율적으로 시행하며 최소한의 계호로 자치활동을 보장한다.

(2) 사회 내 중간처우 – 밀양 희망센터

① 연혁

'수용시설–사회적응 훈련원–지역사회 내 생활'이라는 3단계 과정 중 '지역사회 내 생활' 단계를 구현하는 정책을 2013년 9월부터 설치 · 운영하고 있다.

② 선정요건

천안 개방교도소 내 사회적응훈련원 등에서 이미 한 차례 교육을 받은 출소 직전의 모범수(3~6개월 안에 가석방될 가능성이 있는 수형자) 중에서도 엄격한 심사를 통해 선발한다.

③ 처우

낮에는 제조업체에 출근해 일하면서 사회 적응 훈련을 하는데, 출퇴근은 교도관의 통제를 받지 않고 자유롭게 이뤄진다. 야간에는 기숙사 사감 성격의 교도관 2명이 생활관에 상주하면서 수용자들을 관리하고 취업 · 인성 교육 등 사회 복귀를 돕는 다양한 프로그램을 진행한다.

수용자들은 생활관에 설치된 컴퓨터로 인터넷 사용과 전자메일 교환 등을 하고 스마트폰도 사용한다. 한편, 주말이나 휴일에는 센터에서 가족을 만나거나 교도관이 허가를 받아 외출도 나갈 수 있다.

2. 중간처벌제도

1) 의의

중간처벌은 보호관찰의 무용론과 구금형의 폐해 등의 문제가 대두되면서 형성된 제도이다. 일반보호관찰처분이 아니면 구금형을 판결하는 양극적 결정을 탈피하여 양극을 연결하는 중간선 상에 새로운 처벌형태들이 개발된 것이다. 통상 하나의 처벌형태가 단독으로 사용되는 것보다는 몇 가지가 혼합되어 사용되는 것이 보통인데 전자감시는 가택구금과, 사회봉사명령은 보호관찰과 함께 부과되는 것 등이 그것이다.

즉 중간 처벌이란 구금형과 일반보호관찰 사이에 존재하는 대체처벌로서, 중간처우가 사회복귀에 중점을 두는 것이라면 중간처벌은 제재에 보다 중점을 둔 제도이다.[22]

2) 출현배경

1970년대 중반부터 이미 미국의 보호관찰제도는 위기에 처해 있으며, 공공에도 범죄자에게도 아무 이익이 되지 않는다는 보호관찰무용론이 자주 주장되었다. 1980년대 중반에 중범죄인(重犯罪人) 중 보호관찰처분을 받은 자들을 대상으로 실시된 랜드 연구(Rand Study)는, 재판부가 어떤 기준하에 구금형과 보호관찰처분을 결정하는가? 몇 % 정도의 보호관찰대상자가 다시 체포되어 유죄판결을 받거나, 구금형을 받는가? 그리고 사법부가 얼마만큼 정확하게 재범가능성을 예측할 수 있는가를 분석하였다. 그 결과는 보호관찰처분을 받은 지 40개월 내에 65%가 재체포되었고, 51%는 유죄판결을 받았으며, 51% 중 18%가 중범죄(重犯罪)나 폭력범죄였고, 34%는 재구금되었다는 것을 보여주었다. 조사대상자의 공식적 죄명의 75%는 절도, 강도, 그리고 폭력범죄와 같은 사회안전에 가장 위협이 되는 범죄들이었다. 보호관찰처분을 받았던 대상자들의 25%는 죄질이나 범죄기록에 있어서 구금형을 받은 자들과 차이가 거의 없음을 발견하였다.[23] 이는 재판부가 그들에게 주어진 자료로서는 보호관찰처분에 적합한 자를 구별할 수 있는 능력을 갖출 수 없다는 것을 보여주는 것이었다. 그러므로 중범죄자(重犯罪者)에 대한 보호관찰처분은 공공의 안전에 중대한 위협이 되므로, 구금형을 내리기에는 너무 과하고 현 보호관찰처분에는 부적합한 반사회적인 범죄자들에게 적합한 중간적 형태의 처벌이 필요하다는 의견이 제시된 것이다. 사회봉사명령과 배상명령 그리고 집중감시 등을 포함한 처벌을 부과함으로써 응당의 처벌을 원하는 공공의 요구도 만족시키고 범죄자들에게는 과도하게 응징하지는 않았음을 보여주며 잠재적인 재범을 예방할 수 있다고 주장하였다.

출현 배경은 다음 몇 가지로 요약할 수 있다.

---

22) Morris, N. and Torny, M., *Between Prison and Probation: Intermediate Punishments in a Rational Sentencing System*. New York: Oxford University Press, 1990.

23) Petersilia, J. and Turner, S., *Intensive Supervision for High-Risk Probationers: Findings from Three California Studies*. Santa Monica, CA: Rand Corporation, 1990.

첫째, 1980년대 이후 과밀수용의 문제와 보호관찰대상자들의 높은 재범률에 따라 구금형은 너무 엄격하고 일반보호관찰은 너무 관대한 범법자에 대한 새로운 대체처벌방안의 필요성이 대두되었다.

둘째, 범죄인이 준법적인 사회인으로 생활하기 위해서는 합법적 목표를 달성할 수 있는 기회와 기술이 필요한데 이러한 기술과 기회는 교정시설에 구금된 상태로는 달성할 수 없다는 주장이 제기되었다.

셋째, 범죄인의 구금은 수형자의 사회복귀에 성공적이지 못하였으며 구금에 의한 특별예방적 효과에 대해서도 회의적인 시각이 지배하였다. 도리어 범죄의 학습과 낙인이라는 부정적 결과만을 초래하여 사회경제적 비용만을 증가시킨다는 비판이 팽배하였다.

넷째, 보호관찰대상자의 급증현상은 대상자에 대한 처우의 부실로 연결되고 사법기관의 통제영역에서 경미한 범죄가 적절하게 다루어지지 못함으로써 경력범죄자를 양산하게 될 것이라는 우려가 제기되었다.

〈참고자료〉 현행법상 중간처우

소장은 가석방 또는 형기 종료를 앞둔 수형자 중에서 법무부령으로 정하는 일정한 요건을 갖춘 사람에 대해서는 가석방 또는 형기 종료 전 일정 기간 동안 지역사회 또는 교정시설에 설치된 개방시설에 수용하여 사회적응에 필요한 교육, 취업지원 등의 적정한 처우를 할 수 있다(동법 제57조 제3항).

3) 중간처벌제도의 유형

중간처벌은 그 유형 및 분류에 있어서 미국에서도 여러 학자마다 약간의 차이가 발견되지만, 대체로 벌금형, 판결 전 전환, 몰수형, 마약법원, 일일보고센터, 사회봉사·수강명령, 배상제도, 집중감시보호관찰, 가택구금, 전자감독, 충격구금, 그리고 병영식 캠프 등이 포함된다. 이를 각 관할 부문에 따라 사법부, 보호관찰기관, 교정기관이 담당하는 처벌 유형으로 구분하기도 하지만 각 국가 혹은 지역 간에 조직구조의 차이가 있어 일반화하기에는 어려움이 있다. 대체로 벌금형, 몰수형, 판결 전 전환 및 마약법원 등은 재판 단계 중간처벌, 일일보고센터, 집중감시보호관찰, 배상제도, 사회봉사 명령제도, 가택구금 및 전자감독 등은 보호관찰 관련 중간처벌, 충격구금과 병영식 캠프 등은 교정 관련 중간처벌로 구분하고 있다.

(1) 재판 단계 중간처벌

중간처벌의 탄생배경 중의 하나는 법원에서 판사가 판결을 결정하는 데 있어서 선택의 여지가 충분하지 않다는 점이었다. 따라서 그 대안으로는 대개의 경우에 보호관찰제도의 활용에 의지하는 경향을 보였는데, 판결 전 전환, 벌금형, 몰수형 및 마약법원 등은 법원 자체 내의 판결상 선택여지를 보다 폭넓게 확장한 것으로 볼 수 있다.

① 판결 전 전환(Pretrial Diversion)

이는 검찰에 의해 제시된 조건—상담이나 마약치료프로그램에 참가해야 하는 등—을 피의자가 동의함으로써, 법원에서의 판결을 유예하여 차후 기각하는 형식을 갖는다. 예를 들면, 미시간주의 웨인 카운티(Wayne County)의 경우 마약소지와 같은 경범을 범한 초범자의 경우는 체포된 이후 24시간 내에 마약치료프로그램에 이첩시켜 검찰과의 협조하에 사건을 기각시키고 있다.

판결 전 전환은 기본적으로 형사사법체계의 공식절차가 항상 긍정적인 결과를 낳는 것은 아니라는 사실에서 비롯된 프로그램이라고 볼 수 있다. 이와 관련하여 다음 3가지 주장이 자주 거론되고 있다.

첫째, 부랑, 알코올 및 정서장애 등에 의한 범죄는 공식사법기관에 의해 효과적으로 다루어질 수 없다.

둘째, 전과기록에 의한 낙인효과는 성공적인 사회복귀에 장애가 되며, 이후 경범죄 행위에도 중벌을 받게 하는 데 영향을 준다.

셋째, 전환프로그램이 공식적 절차보다 경제적이다.

즉, 정신장애 및 알코올 관련 범죄자들은 대개 사회적 지위가 낮고, 스스로가 극복하기 어려운 실업, 비숙련, 다종 마약중독 등의 여건에 놓여 있는 것이 일반적인 현상이라는 것이다. 그러므로 경제적인 측면은 물론, 구금형이 본래의 사회적 지위를 향상시킬 수 없고 더구나 전과의 낙인은 더욱 상황을 악화시키므로 재판 전 전환프로그램이 유용한 대체 처벌형태로 사용된다고 볼 수 있다.[24)]

---

24) Clear, T.R., George F. Cole., and Michael D. Reisig, *American Corrections*, 10th ed, Belmont, CA: Wadsworth, 2013, p.225.

② **벌금형**(Fines)

벌금형은 인류 역사상 가장 오래된 처벌형태의 하나이며 현재는 특히 서구 유럽 국가에서 폭넓게 사용되고 있다. 미국의 경우는 주로 교통사범 위주로 부과되고 있으며 강력범죄의 경우는 단독형벌로서는 오직 1%만이 부과되고 있다. 주로는 보호관찰이나 구금형과 함께 벌금형—보호관찰 2년에 500불 벌금—이 부과되는 형태를 보이고 있다. 미국의 사법기관이 매년 수거하는 벌금액은 약 10억 불이 넘는 것으로 나타났다.[25]

최근에는 보호관찰이나 구금형과 병행하여 부과하는 형식을 취하는 경우가 많은 것으로 나타나고 있다. 1989년에 발효된 미국의 '연방종합범죄통제법'(The Federal Comprehensive Crime Control Act)에 의하면 보호관찰처분을 받은 모든 피고인에게 벌금을 부과하거나, 보상을 하게 하거나, 사회봉사에 참여하도록 하고 있다. 그러나 일부 판사들은 벌금의 수거와 집행의 어려움 때문에 벌금형을 주저하는 경우가 있다. 또한, 대부분의 범법자는 가난하기 때문에 벌금을 내기 위해서는 또 다른 범죄를 저질러야 하며, 부유한 자들에 있어서는 구치소를 빠져나가는 길을 금전으로 산 것밖에 되지 않는다는 비판이 있다. 그러나 여러 문제에도 불구하고 교정시설의 과잉수용과 과다한 보호관찰건수 때문에 벌금형은 크게 주목을 받고 있다. 1988년 뉴욕법원은 서구유럽방식을 기초로 일일 수입 기준으로 일수빌금형(The Day Fines)을 채택하였는데 이는 범죄자의 경제적 여건, 즉 일일 수입에 따라 동일범죄에 대해 차별적으로 벌금을 부과하는 형을 말한다.

벌금형에 대하여 다양한 찬반토론이 존재하여 왔다.[26] 먼저 지지하는 측의 주장은 다음과 같다.

첫째, 범죄의 심각도에 따라 효과적인 처벌과 억제기능이 가능하며, 특히 불법적인 재물획득의 경우 이를 빈환시킬 수 있다.

둘째, 타 처벌수단과 연계하여 부가적 형식으로 사용할 수 있다.

셋째, 범죄자 개인의 여건에 맞게 처벌을 조절할 수 있다.

넷째, 기존의 조직과 절차를 이용할 수 있기 때문에 행정비용의 부담이 약화된다.

다섯째, 구금형이나 보호관찰과는 다르게 벌금의 수거를 통해 국가재원이 마련될 수 있다.

비판하는 측에서는 다음과 같이 주장한다.

---

25) Ibid.

26) Cromwell, P. and Killington, G.G., Community-based Corrections: Probation, Parole, and Intermediate Sanctions. New York: West Publishing Company, 1994. pp.283, 301: Morris and Torny, p.114.

첫째, 범죄자를 격리하려는 목적을 달성할 수 없을 뿐만 아니라 공공의 안전에 위협이 될 수 있다.

둘째, 격리목적을 제외한다 하더라도 벌금이 일반적으로 낮은 경향이 있으므로 중량이 있는 처벌을 내리는 데에는 한계가 있다.

셋째, 벌금을 충분히 높게 책정한다 하더라도 수거하는 데 어려움이 있고, 법원의 행정업무를 과중시킨다.

넷째, 경제적 능력에 따라 처벌대응에의 용이함이 결정되므로 부유한 자에게 유리하고 빈곤한 범법자는 벌금을 낼 수 없으므로 결국 구금형을 받게 되는 형평성 문제가 존재한다.

결국 보호관찰과 교도소 구금형 간에 합리적인 처벌형태의 개발이 불가결하다고 가정됨으로써 벌금형의 활성화는 하나의 대안으로서 많은 판사들에 의해 지지를 받고 있다. 이를 위해서는 범죄자에 대한 정확한 정보의 확보방안과 효율적인 벌금수거방안, 그리고 경제적 차이에서 오는 형평성 문제를 해소하기 위해서 세율책정방식에 따른 보다 과학적인 벌금정책체계를 개발해야 하는 과제가 남는다 하겠다.

③ 몰수형[27]

몰수는 범죄행위와 관련된 일정한 물품을 국가가 압수하여 국고에 귀속시키는 처분을 말하는데, 대개 범죄행위를 구성한 물건이나 범죄행위의 대가로 얻은 물건 등이 몰수대상이다. 몰수 여부는 법관의 재량에 따라 결정되며 형법상 몰수는 부가형으로 되어 있어 다른 형벌을 선고하는 경우에 한하여 부과할 수 있지만, 몰수만을 독립하여 과할 수도 있다. 이와 같이 몰수는 형식상 형벌의 일종이지만 이를 과하는 목적은 그 물건에서 발생하는 위험성을 방지하는 것 또는 범인에게 범죄에 의한 부당한 이익을 갖게 하지 않겠다는 것이다.

몰수의 규모는 확대되는 추세에 있는데, 미국의 경우, 1989년 2억 8,500백만 달러에서 2010년 18억 달러로 크게 증가하는 현상을 보였다.

비판적 측면에서, 재판을 거치지 않고 재산을 몰수하게 되는 경우 이는 헌법적 권리를 침해하는 것이라는 주장이 제기되었고, 몰수된 재산이 법집행기관의 예산으로 대거 투여됨에 따라 지나친 몰수형의 적용에 대해 비판적 시각 또한 존재하였다. 한편 몰수된 재산의 소유 문제 또한 쟁점이 되기도 하였다. 예컨대, 마약판매 장소로서 어느 여성의 집이 몰수되었는데, 그녀가 모르는 사이에 그녀의 손자가 마약판매의 장소로 사용한 경우이다.

27) Clear, Cole and Reisig, p.225.

④ 마약법원

특수법원으로서의 마약법원은 약물 중독자와 관련된 사건을 다룬다. 일반적으로 구금형보다는 약하고 일반보호관찰보다는 엄격한 처벌을 내리지만 일반법원보다는 힐링과 회복에 중심을 둔다. 따라서 사법적 감독하에 마약사범 처벌, 약물치료프로그램, 인센티브, 법정출석 등의 방식을 연계하여 판결하고 처우한다. 치료프로그램의 성공적인 완료와 함께 사건이 각하되거나 형량이나 벌금 등이 조정된다.

중간처벌로 분류될 수 있는가에 대해 부정적인 의견도 존재하지만, 구금의 대체방안으로서 엄격한 보호관찰과 약물남용 치료프로그램을 연계하여 적용한다는 점에서는 충분한 조건을 갖추고 있다 하겠다. 기존의 전통적 처우방식에 대한 불만과 엄격한 사법적 통제하에 진행되는 지역사회치료프로그램이 마약남용과 범법행위를 감소시킬 수 있다는 믿음이 지속적인 팽창으로 나타나고 있다. 1998년에 미국 275개 마약법원에서 90,000명의 마약사범을 다루었는데 2009년에는 마약법원이 2,500개로 급증하였다.[28] 그 실질적인 효과에 대해서는 지역 및 기관 간의 프로그램이 다양하고, 그리고 어떤 요인들이 성공에 기여했는가에 대한 정확한 규명의 어려움으로 다양한 주장들이 제기되고 있다. 그러나 그 효과를 향상시킬 수 있는 조건으로서, 위험요인과 필요요소를 측정할 수 있는 객관적이고 표준화된 도구를 개발하여 그에 따른 맞춤형 서비스를 제공하고, 인지행동요법을 사용하며, 체계적인 사후관리가 제시되고 있다.[29]

(2) 보호관찰 관련 중간처벌

① 집중감시보호관찰(Intensive Supervision Probation/ISP)

이는 구금과 보호관찰에 대한 대체방안으로서, 지역사회에서 집중적인 감시와 지도를 하는 강화된 보호관찰 프로그램이라고 할 수 있다. 이 제도는 1980년대 초부터 급속히 발전되어 왔다. 보호관찰관과 대상자 간의 접촉을 강화함으로써 사회복귀와 공공안전을 목표로 설계되었지만, 이후 국가 재정부담과 과잉수용을 감소시키는 목적이 포함되었다. 또한, 이는 구금형에 비해 범법자의 가족관계를 유지시켜주는 데 도움이 되고, 고용을 계속

---

28) Latessa, Edward J. and Paula Smith, *Corrections in the Community*, 5th ed, Burlington, MA: Anderson Publishing, 2011, pp.290–291.

29) Johson, S., Hubbard, D., and Latessa, E., "Drug Courts and Treatment: Lessons to Be Learned From the 'What Works' Literature". *Corrections Quarterly Management*, 4(4), 2000. pp.70–77.

적으로 유지시킬 수 있으며, 사회적으로 낙인효과를 약화시킬 수 있다고 주장되었다. 각 지역 간에 차이는 있으나 대체로 주중(週中)에 대상자 및 친지와의 잦은 접촉, 야간이나 주말 동안의 무작위방문, 약물복용에 대한 불시검사, 규칙의 엄격한 적용 등을 포함하며, 많은 경우에 사회봉사명령과 전자감시를 수반한다. 이 제도의 보호관찰관은 일반 보호관찰관에 비해 감시 대상자수가 적게 책정되는데, 후자는 지역이나 국가 간에 차이가 있으나 보통 100~200명인 데 비해 전자는 25명 정도로 제한되어 있다. 이 프로그램의 목적은 교도소의 과잉인구와 구금비용문제를 해결하고 지역사회 내에서의 범죄를 방지하며, 일반 보호관찰보다는 엄격하고 교도소에의 구금보다는 관대한 중간적 처벌을 내리기 위한 것이다.

비용절감과 과잉수용문제의 해결에 얼마만큼 기여할 수 있느냐는 논란의 여지가 많아 확실한 효과를 단언하기가 어려운 것으로 나타났다. 비용 면에서 볼 때, 이 프로그램은 일반보호관찰보다는 비용이 많이 들지만 구금형보다는 적게 들고, 대상자의 재범률을 저하시키는 데는 효과가 있는 것으로 나타났다. 그러나 한편으로 보다 많은 규칙위반현상이 나타났는데 이는 절대적인 위반건수라기보다는 보호관찰관과의 보다 잦은 접촉 때문에 기인한 것으로 주장되고 있다.[30] 재범률에 있어서도, 1990년에 행해진 랜드 연구보고서에 의하면, 판사들이 판결 시 중범죄인(重犯罪人)에게는 집중감시보호관찰을 내리지 않는 경향이 있으며, 오히려 일반보호관찰처분을 받았을 대상자들이 포함되는 현상이 있기 때문에 실질적 효과로 평가하기에는 어려움이 있는 것으로 나타났다. 즉, 이 프로그램의 효과를 재범률로만 판단한다면 중범죄인(重犯罪人)에게는 효과가 없다는 결론이 나온 것이다.[31]

집중감시보호관찰제도는 집중적인 감시와 지도, 이동과 행동에 대한 확실한 통제, 고용, 사회봉사명령, 교육, 상담, 요법프로그램, 그리고 규칙을 위반한 대상자를 즉각적으로 처벌할 수 있는 메커니즘 등에 대한 지속적인 개선이 요구되고 있다.

② 배상제도(restitution)와 사회봉사(community service order)

배상제도는 범죄자로 하여금 피해자에게 범죄로 인하여 끼친 경제적인 손실을 금전적으로 배상하게 하거나, 혹은 지역사회에 무임금으로 봉사하게 하는 상징적인 배상을 포함

---

30) Clear, T. R. and Cole, G. F., *American Corrections*, Belmont: Brooks/Cole Publishing Company, 1990, p.268.

31) Pretersilia and Turner, 1990.

하는 처벌제도이다. 대개는 보호관찰이나 가석방결정 시 부가적으로 명령되며 전환프로그램의 일환으로 자주 사용된다. 주로 경범죄자나 청소년범죄자를 대상으로 하는 인도주의적이고 관용적 성격을 띤 처벌이라 할 수 있다. 사건이 법원에 계류되어 있는 동안 금전적인 배상을 하거나, 사회봉사명령을 완수함으로써 사건이 취하되는 것이 일반적인 행태이다.

배상제도의 의의는 첫째, 범법자의 사회복귀를 도울 수 있다는 것, 둘째, 형벌의 처벌적 측면과 교화적 측면을 동시에 포함한다는 것, 셋째, 범죄에 대한 처벌을 피해를 입힌 정도와 연관시킬 수 있다는 것, 넷째, 사회에 범죄에 대한 속죄를 표시할 기회를 제공한다는 것, 다섯째, 사법업무의 과중을 경감시킬 수 있다는 것, 여섯째, 형법의 응징적 역할을 감소시킨다는 것, 일곱째, 범죄피해자에 대한 피해보상을 가능하게 한다는 것을 포함한다. 그러나 피해자에 대한 배상은 실질적 그리고 현실적으로 큰 의미를 갖지 못한다. 수많은 범죄가 미결로 끝나고 있으며 체포된 경우도 유죄판결로 가는 경우가 많지 않고, 유죄판결이 된 경우도 배상제도가 그 범죄에 적합한 처벌형태가 아닐 경우가 많기 때문이다. 이를 해결하기 위하여 공공(公共)의 주도하에 일정한 범죄에 대한 피해자를 배상하는 프로그램을 조성하는 것이 필요하다는 의견이 제기되고 있다.[32]

사회봉사명령(Community service order)[33]은 금전적인 배상과 성격이 다른 상징적인 보상제도의 형태이다. 범죄자로 하여금 범죄로 인하여 끼친 피해에 대하여 공공에 배상하는 무보수 봉사활동으로서, YMCA, Girl's Scout, 공공공원, 도서관, 그리고 빈민사업단체와 같은 비영리단체를 위해 일하는 것을 포함한다. 이는 주로 하급법원에서 내려지는 판결로서 교통사범이나 경범죄를 주 대상으로 하지민, 화이트칼라(white collar)범이나 범법한 법인이나 회사도 적용대상이 될 수 있다.

이는 물론 금전적 배상과 같이 처벌적 측면과 사회복귀적 측면을 가지고 있다. 부과된 작업을 완수하는 동안 범법자의 시간과 자유가 제한되는 점에서 차별적 의미를 가지며, 자아존중심을 배양하고, 사회로부터 소외감을 감소시키며, 자신의 노력으로 사회에 유익한 일을 하게 한다는 점에서 사회복귀적 측면을 갖는다 하겠다.

이 프로그램의 금전적 배상에 비해 유용한 점은 보다 폭넓게 사용될 수 있다는 것이다.

---

32) Galaway, B., "The Use of Restitution," *Crime and Delinquency*, 23(1), 1977.

33) 사회봉사명령에 대해서는 chapter_3 제4절을 참조할 것.

피해자가 이미 피해배상을 받은 이후에도 부과될 수 있고, 피해자가 인지되지 않았을 경우는 물론, 피해자가 협조를 하지 않았을 때도 처분이 가능한 것이다. 또한, 금전적으로 보상할 능력이 없는 경우나 충분한 경제적 여유로 인해 금전적 배상이 큰 의미를 갖지 못하는 경우에도 유용하다.[34] 보다 효과적인 처벌로 발전되기 위해서는 사법제도의 다양한 철학적 목적에 일치되는 세분화된 명령이 범죄자와 사회의 여건에 기초하여 개발되어야 한다.

③ 가택구금과 전자감독제도(Home Arrest and Electronic Monitoring)

가택구금은 보호관찰의 종류라기보다는 보호관찰을 위한 하나의 조건이며, 전자감독제도는 보호관찰제도의 조건을 충족시키기 위한 하나의 수단이라고 볼 수 있다. 이는 구금에서 비롯되는 사회적 · 경제적 비용을 절감하면서 동시에 구금의 목적을 달성하는 것을 목적으로 하고 있다.

가택구금은 범죄자를 교정시설 대신에 본인의 가택에 구금하게 하는 것으로, 구금시간의 운영은 하루 24시간 구금에서부터 야간에 일정한 통금시간만을 정하는 경우까지 매우 다양하며, 미국의 대부분의 주(州)에서 사용되고 있다. 가택구금대상자는 정해진 기간 동안 고용상태를 유지해야 하며, 그 밖에 고등학교 학위취득과정, 마약이나 알코올 치료 및 다양한 기술습득 프로그램 등에 참여해야 하는 등 다양한 요구가 주어진다. 또한 경우에 따라서는 사회봉사명령도 수행해야 한다. 가택구금 담당요원 1인당 감시대상자는 대체로 20명 이하로 제한되어 있고, 담당요원은 주말이나 휴일에도 감시업무를 수행해야 한다. 방문에는 정기적 방문은 물론 불시방문도 포함하며, 대상자가 주거규칙을 위반할 시는 법원에 보고하게 된다.[35]

이 제도에 대한 비판으로는 다음과 주장이 제기되고 있다.

첫째, 가택에 대한 강제적 방문은 개인의 사생활을 보장하는 헌법상 권리를 침해하는 것이라는 것이다. 그러나 이의 반박으로서 가택구금은 선택적으로 자의(自意)에 의해 결정된 것이며, 중범죄(重犯罪)로 유죄판결을 받은 이상 상당한 자유는 당연히 포기되어야 한다고 주장되고 있다.

둘째, 전자감독 장치에 의해 감시할 경우에는 대상자의 규칙위반이 아닌 기계적 조작실수나 외부여건의 이상(異常)에 의해 비합리적인 수색이나 체포를 유발할 수 있다는 것이다.

34) Cromwell and Killinger, pp.280-282.

35) Ibid, pp.274-275.

셋째, 전자감독제도의 대상자가 되기 위해서는 장치비용 등 일정한 비용을 납부할 경제적 능력이 요구되기 때문에 형평성 문제가 있다는 것이다.[36)]

넷째, 프로그램의 기본가정이나 목표가 비현실적이라는 지적이다. 즉, 가택구금제도의 엄격한 규칙을 준수하기 위해서는 상당한 자제능력이 요구되는데 실제의 많은 대상자들은 성격이 충동적인 경향이 있기 때문에 장기간 동안 자제력을 발휘하리라고 기대하기 어려우며, 실제로 대상자 본인이나 가족들이 가택구금을 중단하고 교도소구금을 요청하는 사례도 빈번하다는 것이다.[37)]

전자감독제도(Electronic monitoring)[38)]는 처벌프로그램의 종류라기보다는 대상자가 있는 장소를 확인해 주는 하나의 감시기술이라고 할 수 있다. 이는 재판 단계에서부터 가석방 단계에까지 폭넓게 사용할 수 있는 유용성을 가지고 있다. 미국의 경우, 초창기에는 음주운전과 같은 경미한 범죄자에게 적용되었으나 불구속 피고인, 보호관찰대상자, 가석방대상자, 소년범 등 대상이 확대되고 있다. 1983년에 플로리다주에서 최초로 실시된 이후, 1995년에는 50개 주 전역까지 확대되었다.[39)] 1994년 약 12,000명에서 2000년대 후반에는 약 130,000명으로 증가하여 지속적인 성장세를 보이고 있다. 1인당 1일 평균 구금비용을 \$36~123 사이로 볼 때, 전자감독은 \$3~11로 추정되고 있어 절대적인 수치 비교로만 판단한다면, 또한 수익자 자기 부담 원칙이 적용된다면, 확실히 경제적인 대안이라 할 수 있다.[40)]

이에 대한 비판으로 다음과 같은 주장이 제기되고 있다.

첫째, 대상자가 장치조작의 기술 및 운영방법을 숙지해야 하고, 전자장치가 잘 작동될 수 있는 지리적 · 물리적 여건 등을 고려해야 하는 어려움이 있다는 것이다.

둘째로는, 사생활 침해적 요소가 있다는 것이다.

---

36) Kalfayan, E., *Rand Checklist*. Santa Monica, CA: Rand Corporation, 1989, p.2. 우리나라의 경우는 가택구금제도가 아직 존재하지 않고, 전자감독의 경우에는 국가가 장치비용을 부담한다.

37) Petersilia, J., Turner, S., Kaha, J., and Peterson, J., *Granting Felons Probation: Public Risks and Alternatives*. Santa Monica, CA: Rand Corporation, 1985, p.14.

38) 전자감독제도에 대해서는 chapter_3 제4절을 참조할 것.

39) 한영수, 강호성, 이형섭, 「한국전자감독제도론」, 박영사, 2013, p.20.

40) Bayens, Gerald and John Ortiz Smykla, *Probation, Parole & Community-Based Corrections*, NY: McGraw-Hill, 2012. p.190.

셋째는, 위에 언급된 바와 같이 장치비용이 대상자부담일 경우 경제적 능력이 없는 사람에 대한 형평성 문제가 발생한다는 것인데, 이에 대해서는 국가가 장치비용을 제공하는 방안이 제기되고 있다.

넷째, 구금인구에 대하여 실질적인 절감효과를 거두지 못함에 따라 특별한 이점이 없이 비용만 증가시키고 있다는 것이다.[41]

다섯째, 구금에 대한 대체방안으로 개발되었으나 이 프로그램이 없었으면 일반보호관찰처분을 받았을 사람에게 자주 적용되는 불합리성을 보이고 있는데, 이는 결국 불필요하게 사회통제영역이 확대되는 결과밖에 안 된다는 것이다.

4) 교정 관련 중간처벌

① 충격구금(Shock Incarceration)

보호관찰의 집행에 앞서 교도소나 구치소에 일시적으로 구금함으로써 고통스런 구금의 경험이 미래 범죄행위에 대한 억지력을 발휘하리라고 가정하는 처벌형태이다. 이는 다양한 이름과 다양한 형태로 존재하는데, 충격보호관찰(shock probation), 충격가석방(shock parole), 분할구금(split sentence), 그리고 병영식 캠프(boot camp) 등이 있다. 공통점으로는, 단기간의 구금을 거쳐 사회 내 감독기간으로 연결되며, 성인교도소에 구금경력이 없는 젊은 층 범죄자를 대상으로 한다는 것이다.[42] 예컨대, 충격보호관찰은 주로 구금경력이 없는 청소년을 대상으로 하는데, 충격을 준다는 의미에서 보통 1~4개월 정도의 단기간 동안 교도소 내 구금한 후 보호관찰조건부로 석방한다. 1965년 오하이오에서 시작된 이 제도는 교도소 수용기간을 줄이고, 사회복귀를 도와주며, 가족관계를 유지시켜 주고, 교도소인구와 비용절감을 할 수 있는 것으로 주장되고 있다.[43] 각 프로그램들은 대개 다음과 같은 공통적 목적을 제시하고 있다.

첫째, 장기구금이 없이 범죄자들에게 행위의 심각성을 일깨워줄 수 있다.

둘째, 일반 사회 내 처벌프로그램들보다 더 준비된 상태로 석방시킬 수 있다.

셋째, 처벌과 관용 간의 합치점을 제공할 수 있다.

---

41) 전자감독이 부과되는 대상자의 수가 일정한 규모에 미치지 못하여 교정시설의 축소로 이어지지 않는다면 실질적인 비용절감효과가 없다고 주장되고 있다.

42) Cromwell and Killinger, pp.271-272.

43) Siegel, Larry, *Criminology*, 4th ed, St. Paul: West, 1992, p.561.

넷째, 국가형사정책이 요구하는 범죄억제를 위한 판결을 내리는 동시에 지역사회 중심의 교정처우를 동시에 실시할 수 있다.

다섯째, 교도소 내의 재소자 하위문화에 감염되는 것을 방지할 수 있다.[44] 즉, 교도소 구금기간을 줄일 수 있으며, 사회 내로의 신속한 복귀를 도와주며, 무엇보다 보호관찰의 규칙을 위반했을 경우 예상되는 상황을 경험함으로써 일반보호관찰에 비해 보다 성실히 처분을 받게 한다고 주장되었다.

그러나 주로는 비판적인 의견이 다수를 이루고 있다. 일단 구금의 악영향을 경험함으로써 보호관찰의 본래의 의미를 상실하며, 이것이 사회 내의 적응에 부정적 요인으로 작용하고, 구금에 따른 낙인효과를 남긴다는 것이다. 즉, 보호관찰과 구금형의 부정적인 측면이 모두 나타난다고 주장한다. 구금에 따라 직업도 잃고 박탈적 환경을 경험하며, 낙인효과를 남겨 결국 자아존중감을 떨어뜨린다고 주장한다. 또 다른 연구에서는, 분할판결을 받은 사람이 약 1/3이 이미 구금된 경력이 있는 사람이었으므로 이들에게는 구금이 충격으로서 큰 의미를 주지 못하였다는 것과, 구금충격을 받은 사람과 그렇지 않은 사람 간의 행위변화에 있어서 차이점을 발견하지 못했다고 주장하였다.[45]

② 병영식 캠프(Boot Camp)

병영식 캠프 프로그램은 충격구금의 한 형태로 분류되기도 하는데, 미국에서 1980년대 말부터 교도소에의 구금형과 일반보호관찰에 대한 대처방안으로 개발되어 일정 기간 급성장했던 중간처벌형태의 하나이다. 이들 프로그램들은 군대식 훈련을 중심으로 기율과 책임의식을 강조하며 주로 청소년을 대상으로 단기훈련기간을 갖는 것을 특징으로 한다. 보통 극히 제한된 자유만을 허용하는 3~4개월간의 훈련을 거친 이후 대개는 일반보호관찰처분을 받는다. 군대식 행진 및 집체훈련, 육체노동, 작업실시를 특징으로 하지만, 직업교육, 상담 등 다양한 교화적 측면도 강조된다.

역사적인 관점에서는 1888~1920년까지 지속된 뉴욕주 엘마이라 감화원(Elmira Reformatory)에서의 군대식 처우형태가 그 시원으로 알려져 있다. 그러나 실질적으로는 1983년 조지아주, 1984년 오클라호마주에 설치된 병영식 캠프가 그 모델의 효시라고 할 수 있

44) Allen, Harry, Chris Eskridge, Edward Latessa, and Gennaro Vito, *Probation and Parole in America*, New York: Free Press, 1985, p.88.

45) Parisi, N., "A Taste of the Bars", *Journal of Criminal Law and Criminology*, 1981, 72, pp.1109-1123.

다.[46] 1990년대부터 범죄인에 대한 엄격한 대처방식과 다양한 처우프로그램이 동시에 적용된다는 점에서 보수와 진보를 포괄하는 대중 및 정치권의 지지를 받아 전국적으로 본격적으로 확산되었다. 사법통계국 자료에 의하면, 2000년대에 이르러서는 주립캠프 87개소, 연방캠프 3개소, 사립캠프 5개소에서 매년 평균 약 27,000명의 범죄인이 약 3개월 정도의 프로그램을 이수하는 것으로 나타났다.[47] 그러나 2000년대 이후 그 효과에 대한 회의적 시각이 대두되고, 2006년 수용자의 사망사건을 계기로 점진적으로 감소되는 현상을 보이고 있다. 다양한 프로그램의 분석 결과, 비판적인 주장으로서 대체적으로 다음과 같은 문제점들이 지적되고 있다.[48]

첫째, 많은 병영식 캠프프로그램은 일관되지 않은 기준을 갖고 있고, 인위적으로 수용자의 스트레스를 조작하는 프로그램을 이용하고 있다는 것이 지적되고 있다.

둘째, 엄격한 군대식 훈련에 따라 자아존중심이 감소되고 폭력에 대한 잠재력을 증가시킬 수 있으며, 권력남용의 여지가 있는 지휘스타일 또한 문제가 될 수 있다고 주장되고 있다.[49]

셋째, 장기적인 측면에서 행동변화를 이끌기에는 수용기간이 너무 짧으며 사회적응을 준비할 과정으로도 절대적인 시간이 부족하다. 따라서 출소 후 사회 내 지도감독과 처우프로그램이 반드시 연계되어야 한다고 주장되고 있다.

넷째, 과잉수용의 해소책으로서의 효과와 관련해서도 역시 대상자 선정상의 문제점이 거론되고 있다. 이는 장기 구금형에 대한 대체형벌로서 주어지는 것이 아니라, 도리어 경미한 범죄로 일반보호관찰을 받을 대상자가 포함됨으로써 '사법망 확대현상'(net-widening)만 초래하고 교정비용만 증가시킨다는 주장과 연관이 있다.

다섯째, 교도소 인구의 절감효과를 실질적으로 얻기 위해서는 캠프의 수용규모 면에서도 일정수준 이상이 되어야 하는데, 대개는 제한된 숫자의 대상자만이 선정기준을 통과하고 동시에 재구금률마저 높다고 하면 실질적인 절감효과를 얻기 어렵다는 점이 지적되고 있다.

---

46) 이백철, 미국의 병영식 캠프의 현황과 미래, 「교정연구」, 제13호, 2001, p.269; Bayens, Gerald and John Ortiz Smykla, *Probation, Parole, & Community-Based Corrections*, New York: McGraw-Hill, p.254.

47) McShane, Marilyn D. and Franklin P. Williams, *Encyclopedia of Juvenile Justice*, Thousand Oaks, CA: Sage Publication, 2002.

48) 이백철, 2001, pp.282-284; Cromwell and Killinger, pp.273, 291.

49) Morash, Merry and Lila Rucker, "A Critical Look at the Idea of Boot Camp as a Correctional Reform," *Crime and Delinquency*, April 1990, pp.204-222.

그 밖에도, 중도탈락의 감소와 프로그램 완수율의 제고[50], 대상자 선정상 제한조건에 따른 기회의 형평성 문제[51], 엄격한 환경에 따른 법적 권한의 침해 문제[52], 업무과중과 스트레스로 인한 직원의 높은 이직률 문제 등이 주장되고 있다.[53]

그러나 적어도 병영식 훈련프로그램은 기율이 있는 생활습관을 습득하고, 마약 및 알코올 등과 차단되며, 건강을 회복시키고, 대상자들이 과거생활, 사고 및 행위에 대해 재평가할 수 있는 기회를 줄 수 있다는 점에서 일반인들에게 일정한 호응을 얻고 있다.

5) 형사정책적 의의

(1) 형사제재의 연속성에 기여

범죄인에 대하여 범행의 정도에 근거하여 일정 수준의 형사제재를 가하고, 개별적 특성에 따라 다양한 형벌을 동시에 부과할 수 있어 연속선상에서 형벌의 프로그램화를 가능하게 하고 관리감독의 완성도를 제고할 수 있다.

(2) 완충적 형벌 단계 제공

중간처벌은 구금형과 보호관찰 사이에 완충적 형벌 단계를 제공함으로써 형벌의 비례성 및 적정성을 기할 수 있다.

(3) 형벌프로그램의 효율적 정교화

중간처벌은 구금 아니면 사실상 자유를 허용하는 일반 보호관찰이라는 양극적 판결에 비해서 보다 정교하고 효율적인 교정프로그램으로 운영될 수 있다.

(4) 이분법적 처벌형태의 독단성 억제

중간처벌은 교정시설에의 구금 또는 일반보호관찰이라는 이분법적 처벌형태에서 존재할 수 있는 판결상 불공정성과 독단성을 억제할 수 있다.

---

50) 규칙위반, 신상문제, 건강상의 이유로 중도에 탈락하는 경우가 많고, 동시에 재구금되는 경우 형기가 도리어 길어지는 현상이 발생한다.

51) 대상자 선정에서 성별, 연령, 신체조건 등에 제한을 둠에 따른 기회의 형평성 문제를 말함.

52) 엄격한 환경하에서 훈련을 받기 때문에 면회, 전화 및 여가활동에서의 제한, 즉결처벌 등의 허용에 따른 법적 권한 침해 논란을 말함.

53) 이백철, 2001, p.284; Morash and Rucker, 1990.

6) 문제점

(1) 적용대상의 한계

중간처벌제도는 성질상 주로 경미한 범죄를 대상으로 하므로 강력범죄자에게는 적용하기 곤란하다는 점에서 모든 범죄자에게 활용할 수 없다는 한계가 있다.

(2) 유형의 선택 및 집행기관 선정의 곤란

중간처벌은 추구하는 목적이 유사함에도 처벌의 유형별로 독립된 기능을 가지고 있다. 따라서 어떤 유형의 중간처벌을 선택하느냐에 따라 대상자가 체감하는 제재의 정도가 달라질 수 있으므로 종류별 형평성이 문제될 수 있다. 또한 다양한 기능을 충실히 수행할 수 있는 신뢰되는 집행기관의 선정에 어려움이 있다.

(3) 형사사법망의 확대 및 강화

다양한 제재방식이 개발됨에 따라 예전엔 형벌이 부과되지 않았을 범죄에 대해서도 부과됨으로써 불필요하게 형사사법망이 확대되는 현상을 낳는다는 비판이 제기되고 있다. 한편 전자감독과 같은 중간처벌은 범죄인의 활동경로를 세세히 감시하게 되므로 이러한 경우 범죄인에 대한 통제력을 완화시키기보다는 오히려 강화시키는 결과가 된다는 지적이 있다.

제3절 보호관찰제도의 의의와 관련 형사사법제도

1. 보호관찰제도의 의의, 연혁 및 기능

1) 의의

(1) 보호관찰의 개념

범죄인을 교정시설에 수용하는 대신 일정 기간 동안 판결의 선고 또는 집행을 유예하고 일정한 조건을 붙인 후에 일상의 사회생활을 하면서 재범에 개입되지 않도록 보호관찰관의 지도 및 감독, 원호를 받게 하는 사회 내 처우 제도이다.[54] 그런데 '보호관찰'이라는 용어는 서로 이질적인 제도들을 동시에 표현하는 데 사용되고 있고, 나아가 사회 내 처우 제도 전반을 지칭하기도 하여 개념적 혼란이 있다. 따라서 이를 협의와 광의의 개념으로 나누어 살펴볼 필요가 있다.

우선 좁은 의미의 보호관찰은 범죄자나 비행청소년을 시설에 수용하지 않는 대신, 그들에게 일정한 준수사항을 부과하여 이를 지키도록 보호관찰관이 지도감독하는 사회 내 처우 제도의 하나이다. 이는 사회봉사명령이나 수강명령과 같은 다른 사회 내 처우 제도와 병렬적인 개념이다.

한편 넓은 의미의 보호관찰은 협의의 보호관찰, 사회봉사명령 및 수강명령 등 범죄인 및 비행청소년에 대한 유권적 사회 내 처우 전반을 의미한다. 여기에는 성폭력범죄자 등에게 전자발찌를 부착하는 전자감독제도, 검사의 선도조건부 기소유예제도, 성구매자에 대한 '존스쿨' 교육, 성충동 약물치료 등 다양한 사회 내 처우 제도가 포함된다. 주로 사회 내 처우 전담부서인 보호관찰소의 관장사무와 일치하는 개념이다. 일반적으로 '보호관찰제도'라 할 때에는 협의의 보호관찰과 사회봉사명령, 수강명령 등을 포함한 광의의 의미로 사용된다.

(2) 보호관찰의 법적 성격

보호관찰은 다양한 법적 관점에서 설명되고 있다.

첫째, 특별 예방적 관점에서 미래의 범죄를 예방하기 위한 목적으로 하는 보안처분설이다. 다만 보안처분이 시설 내 처우를 원칙으로 한 책임 무능력자에 대한 사회방위처분인데 반하여, 보호관찰제도는 사회 내 처우를 원칙으로 한 범죄인의 갱생보호를 목적으로 한다는 점에서 양자는 구별된다.

---

54) 보호관찰제도는 기본적으로 범죄 또는 범죄인에 대한 국가의 공식적 대응이란 측면에서 형사정책의 일종이며 범죄인처우제도의 하나라고 할 수 있다. 보호관찰제도는 이러한 범죄인 처우 중에서도 격리된 시설에 구금·수용하는 '시설 내 처우'에 대비되는 개념으로, 지역사회의 열린 공간에서 범죄인을 관리감독하는 '사회 내 처우'의 대표적인 제도이다. 한편, 사회 내 처우로서의 보호관찰은 다음과 같은 의의를 지니고 있다. 첫째, 보호관찰은 구금에 대한 대체처우로서 사소한 범죄로 유죄판결을 받은 사람들을 구금의 폐해로부터 보호한다. 둘째, 보호관찰은 죄를 범한 자들이 범죄자라는 낙인의 오명을 피할 수 있도록 도와준다. 셋째, 보호관찰은 대상자들이 사회구성원들과 보다 원활하게 통합되도록 돕는다. 넷째, 보호관찰은 교정시설의 과밀수용이라는 문제를 해결하는 실용적인 수단이다. 다섯째, 보호관찰은 범죄자들이 개별 또는 집단 상담 등과 같은 필수적 사회적·심리적 서비스에 보다 잘 접근할 수 있도록 해준다. Champion, D. J., *Corrections in the United States: A Contemporary Perspective*, (3rd ed.). Prentice Hall. 2002, p.117.

둘째, 변형된 자유형의 형태로 보는 입장이다. 이는 형의 집행을 유예하거나 중단하고 그에 대한 대체수단으로서 사회 내 처우를 실시함으로써 형의 집행과 동일한 효과를 거둘 수 있다는 관점을 주목한 것이다.

셋째, 순수한 보안처분도 아니고 변형된 자유형도 아닌 제3의 형법상 독립적인 제재방법이라고 보는 설이 있다. 단기자유형의 폐단을 예방하면서 범죄자의 장래 범행의 위험으로부터 사회를 보호하고 또한 범죄자의 재사회화를 돕는 데에 적합한 형법상 독립적인 제재방법이라는 것이다.

그 밖에도 사회사업적 기초 위에 행하는 일종의 치료처분으로서 사회사업적 처우설, 법률적 처분설, 은사설, 계약설 등이 있다.

2) 연혁

(1) 최초의 보호관찰

미국에서 오늘날 보호관찰제도의 공식적인 최초 사례는 1841년 매사추세츠주의 보스턴시에서 제화점을 경영하면서 금주협회 회원으로 활동하던 민간독지가인 존 오거스터스(John Augustus)가 알코올중독자인 범죄자의 재판에서 법관에게 청원하여 형의 선고유예를 받아내어 범죄자를 근면한 시민으로 갱생시키는 데 성공한 사례로 알려져 있다. 그는 프로베이션(probation)이라는 용어를 최초로 사용하였음은 물론 판결 전 조사제도, 감독조건, 케이스워크[55], 법원에 대한 보고체계, 그리고 준수사항위반 등에 대한 아이디어를 개발하여 보호관찰제도의 원형을 완성하는 데 기여하였다.[56]

그러나 보호관찰의 뿌리는 영국에서의 가혹한 형법을 완화하기 위한 시도에서 찾아볼 수 있다. 예컨대 1200년대부터 실시되어 1827년에 폐지된 제도로서, 범죄자가 재판관에게 성경의 시편 51장을 읽음으로써 관대한 처분을 청원하는 제도가 있었다. 또한 범죄자에게 관대한 처분을 내리기 위한 수단으로서, 19세기 영국의 관습법하에서 범죄자의 요청에 따

---

55) 케이스워크제도(case work system)와 집중접근제도(team approach system)
① 케이스워크제도는 보호관찰관 1인이 대상자를 1 대 1로 접촉하여 요구사항이나 문제점을 분석하여 그를 갱생시키기에 적합한 처우방법을 찾는 방식이다.
② 집중접근제도는 보호관찰관들을 각 분야의 전문가로 구성하여 이들이 자신의 특수한 전문지식이나 기술을 바탕으로 하여 각 사안에 대한 각자의 책임영역을 제한하는 처우방법을 말한다. 이 방법은 보호관찰관 1인이 대상자의 모든 사항을 체크해야 하는 케이스워크제도(case work system)의 문제점을 극복하기 위해 등장한 방법이다.

56) Clear, Cole and Reisig, 2013, p.189.

라 재판관이 그의 선행을 조건으로 형의 선고나 집행을 유예하는 제도('judicial reprieve')가 있었으며, 법원이 요구할 때마다 법정에 출두한다는 범죄자의 서약서('recognizance')를 조건으로 판결을 내리는 제도[57] 또한 존재하였다.[58] 이러한 제도는 형벌의 완화, 개별화 및 인도주의화를 지향하여 향후 보호관찰의 탄생에 기여한 것으로 볼 수 있다.

미국의 경우, 1878년 매사추세츠주에서 국가가 채용한 보호관찰관이 시행하는 공식적 보호관찰제도가 최초로 입법화되었는데, 이는 보호관찰제도의 권리장전으로 불리었다. 한편 영미법계에서는 유죄의 인정 후에 형을 유예하고 보호관찰에 부하는 제도로 보호관찰의 기원이 되었고, 대륙법계에서는 벨기에(1888)와 프랑스(1891)에서와 같이, 형의 선고유예나 집행유예 등과는 별도로 또는 이와 관련된 별개의 형태—즉 조건부판결 또는 조건부특사—로 이루어졌다.

(2) 우리나라의 보호관찰

우리나라에서 사회 내 처우가 도입된 것은 1963년의 개정 「소년법」에서 보호관찰을 규정하면서부터라는 주장도 존재하지만, 본격적으로 사회 내 처우 제도가 본격적으로 시행되기 시작한 것은 1988년의 「소년법」 개정과 「보호관찰법」의 제정에서부터라고 할 수 있다. 개정 「소년법」은 단기보호관찰과 장기보호관찰 및 사회봉사명령, 수강명령을 규정하였다. 「보호관찰법」은 보호관찰소, 보호관찰의 내용, 절차 등을 규정하였고, 이후 「갱생보호법」과 통합되어 「보호관찰 등에 관한 법률」로 바뀌었다. 즉 우리나라 보호관찰의 시작은 그 대상이 소년범과 「사회보호법」상 가출소 대상자에 대해 처음 실시되었고, 성인에 대한 최초의 실시는 1994년 「성폭력범죄의 처벌 및 피해자 보호 등에 관한 법률」의 제정 이후 성인 성폭력범죄자에 대한 것이었다. 이후 전체 성인범죄자에 대해서는 1995년 개정 「형법」에 의해서부터인데, 이 법은 성인에 대한 보호관찰, 사회봉사명령, 수강명령 등을 규정하였고, 이에 따라 1997년부터는 이 제도들이 본격적으로 시행되었다.

우리나라의 보호관찰제도는 짧은 역사에도 비약적인 발전을 계속해 왔다. 1989년 제도의 도입 당시 8천여 명이던 연간 관리 인원이 오늘날에는 20만 명을 넘어섰다. 성인범 확대와 전자발찌제도 등 새로운 제도 도입으로 외형적 발전이 있었고, 이에 병행하여 보호

57) 1830년 보스턴 법원의 재판관 피터 대처(Peter Thatcher)가 선구자의 역할을 하였다. 문제를 일으키지 않는다든가, 빚을 갚는다든가, 출석을 요구 시 법정에 출두한다는 것 등을 서면으로 서약을 함으로써 지역사회에서의 활동을 허가하는 제도이다.

58) Clear, Cole and Reisig, 2013, pp.188-189.

관찰의 내실화와 전문화 제고를 위한 노력의 경주로 가시적 성과들도 나타났다. 그러나 성폭력범죄 등 강력사범에 대한 대응 필요성에서 도입된 전자발찌제도, 신상정보공개제도 및 성충동 약물치료제도 그리고 형벌의 불평등 해소 차원에서 도입된 벌금대체 사회봉사제도 등 범국가적·국민적 요구가 반영된 새로운 제도들이 실시되면서 문제점 또한 도출되었다. 즉 기존의 고유한 업무인 보호관찰 대상자에 대한 지도·감독을 위한 역량이 새로운 업무로 분산됨으로써 업무과중과 역할갈등 등의 문제에 직면하였고, 이러한 문제점을 극복하고 보호관찰업무의 효율성과 효과성을 제고해야 할 과제를 안고 있다 하겠다.[59]

3) 보호관찰의 기능 및 장·단점

(1) 형사정책적 기능

보호관찰의 기능은 다양한 측면을 갖고 있다. 처벌기능, 재활기능, 범죄통제기능, 억제기능 및 지역사회통합기능을 포함한다 하겠다. 그러나 기능을 논할 때 자주 거론되는 문제점은 업무의 성격상 대상자를 지도하고 보호하고 원호하는 기능과 함께 사회를 보호하기 위해 감시하고 처벌하는 상반된 기능을 갖는다는 것이며, 이것이 보호관찰관의 임무수행에 역할갈등 등의 혼란을 초래한다는 점이다. 보호관찰은 지난 100여 년간 그 업무의 성격에 대한 논란이 끊이지 않고 있다. 법집행인가, 사회사업인가 혹은 양자 모두인가로 요약될 수 있다. 보호관찰의 모델로서 그간 주목받아온 유형은 의료모델(medical model)과 지역사회모델(community model)로 구분할 수 있다. 먼저 의료모델에서는 범죄행위를 치료되어야 할 질병으로 간주함으로써 보호관찰관은 보호관찰대상자인 내담자를 대상으로 상담하고 치료하는 케이스워커(case worker)로서 역할을 담당한다. 다음은 범죄행위에 대한 사회적 환경의 영향을 중요시함에 따라 범죄행위는 개인적 선택이라기보다는 외부적 요인에 의해 결정된다고 보는 입장에 있는 지역사회모델이다. 이 모델에서의 보호관찰관은 지역사회 내의 다양한 자원들과 연계하여 치료, 고용, 교육, 직업훈련 등의 영역에 개입하여 지원하는 중개자(broker)로서의 역할을 수행한다. 즉 보호관찰관은 대상자의 강점과 요구

---

59) 강호성, "재범방지를 위한 보호관찰 강화방안", 제6차 법무부 정책위원회 발표자료, 2012; 이형섭, 「보호관찰관의 역할정체성 형성과정에 관한 연구 –사회복지사 자격을 소지한 보호관찰관의 사례를 중심으로-」, 서울대학교 박사학위논문, 2012; 이형재, "한국 보호관찰제도의 발전과 향후과제", 「보호관찰」, 제12권 제2호, pp.107-217; 황진규, 「보호관찰 청소년의 재범 결정요인에 관한 연구」, 경기대학교 박사학위논문, 2011.

를 구체적으로 파악하여 처우계획을 세우고, 지역사회자원을 동원하여 지원과 서비스를 제공하며 그 과정과 결과를 진단하고 평가하여 후속 조치를 계획하는 임무를 갖는다고 하겠다.

그러나 현실적으로 어느 국가에서도 이러한 두 기능이 제대로 작동함으로써 범죄율이 감소하고 사회의 안전이 보장될 것이라는 낙관적인 기대가 큰 지지를 받지 못하고 있음은 물론 실증적인 증거 또한 제시되지 못하고 있다. 따라서 대부분의 국가에서는 범죄에 대한 사회적 제재가 너무 관대하다는 여론의 영향으로 엄중한 형벌을 근간으로 하는 공정모델(just deserts model)을 주된 정책으로 채택하는 현상이 나타나고 있다. 우리나라의 경우에도 과학적 수단을 이용하여 감독과 통제를 강화하는 경향이 급속히 전개되고 있는데, 전자발찌제도의 확대실시와 화학적 거세의 도입으로 그리고 피해자 보호 측면에서 범죄자의 신상공개제도가 적극적으로 실시되는 현상이 나타나고 있다. 이와 같이 공정모델이 주요 정책의 근간이 됨에 따라 보호관찰관의 역할은 보호와 원호의 제공자라기보다는 감독과 처벌을 강화하는 법집행관으로 근접해가고 있는데, 이는 대개의 보호관찰제도를 시행하는 선진국가의 공통적인 현상이다.

한편으로 공정모델이 주를 이루는 가운데에서도 실증적 증거를 근간으로 한 정책의 입안과 실시(evidence-based practice)를 해야 한다는 주장이 또한 강력하게 제기되고 있다. 이는 감독을 근간으로 한 전략만으로는 범죄행위를 억제할 수는 없으며 치료적 접근과 병행하였을 경우에 재범률이 8~22%까지 크게 감소하였다는 결과들에 의해 지지되고 있다.

실증적 근거를 기반으로 한 프로그램은 대개 몇 가지의 조건을 포함하는데 이를 충족시킬 경우에는 범죄행위를 50%까지 감소시킬 수 있다는 결과 또한 제시되고 있다. 그 조건에는 ① 위험요소와 요구되는 필요사항을 파악하고, ② 내재적 동기체계가 강화되도록 돕고, ③ 대상자유형에 따른 개입을 개별화하며, ④ 실제 프로그램과 일치되는 기술훈련을 제공하며, ⑤ 긍정적인 강화작용을 증진하고, ⑥ 지역사회에서 지속적인 지원을 제공하고, ⑦ 실행과정과 결과를 측정하며, ⑧ 이에 대한 피드백을 실시해야 한다는 항목이 포함되어있다.[60)]

보호관찰의 효과를 측정하는 지표로서, 「미국보호관찰 및 가석방협회」(The American Probation and Parole Association)는 재범률이나 체포율과 같은 특정한 요인이 그 평가의 유일한 기준이 되어서는 안 되며, 배상횟수, 취업건수, 벌금납부현황, 사회봉사시간, 치료프

60) Bayens, Gerald and John Ortiz Smykla, *Probation, Parole, & Community-Based Corrections: Supervision, Treatment, & Evidence-Based Practices*, McGraw Hill Company, 2012, p.197.

로그램참여율, 학교등록률, 고용일수, 교육성과 및 마약 미사용기간 등도 고려되어야 함을 제시하고 있다.[61]

이는 보호관찰관의 기능은 지역사회와의 중개자로서는 물론 치료자의 역할을 하되 그 프로그램들은 실증적 증거를 근간으로 입안되고 시행하는 역할을 해야 한다는 것을 시사하고 있다.

(2) 보호관찰의 장 · 단점

① 장점

보호관찰제도는 무엇보다도 시설 내 구금처분에 대한 유용한 대안으로 활용할 수 있고 과밀수용 해소에 기여함으로써 효율적인 시설 내 처우가 가능하며 구금비용 절감에 따른 재정부담을 절감할 수 있다.[62] 다음으로 사회와 단절 · 격리시키지 않고 정상적인 사회적 접촉과 유대를 지속시킴으로써 범죄자의 사회복귀를 용이하게 하고 시설 내 구금에 따른 부정적인 낙인을 피할 수 있다. 또한 법의 권위를 옹호하고 일반시민들을 또 다른 범죄로부터 보호함과 동시에 개개인의 자유를 극대화시키며, 재범률 감소와 보호감호와 치료감호의 대체수단으로도 이용되고 범죄인의 자기책임의식을 촉진 · 강화하여 자신의 능력의 적극화를 통한 변화를 추구한다. 이러한 보호관찰제도는 일반적으로 소년초범 및 부녀자에 대한 실효성 있는 처우수단으로 인식되고 있으며 사회복귀를 위한 시민들과의 직접적 협동이 가능하다.

② 단점

반면 보호관찰제도는 범죄의 심각성에 비하여 범죄자를 너무 관대히 다루고 범죄자를 사회에 방치함으로써 공공의 안전을 해칠 수가 있고, 대상자가 너무 많아 대상자에 대한 충분한 지도, 원호, 감시, 통제가 유명무실하게 되어 실효를 거두기 어렵고 실질적으로 사회복귀라는 목적보다는 처벌적으로 운영된다. 또한 보호관찰에 필요한 충분한 재원과 전문적인 인력을 확보하기 어렵고, 대상자 선별에 있어서 자의와 독선이 개입할 우려가 적지 않고, 보호관찰조건이 가혹하거나 엄격한 경우 또는 자의적이거나 애매한 경우가 적지

61) Ibid, p.198.

62) 미국의 경우, 1인 1일 산출비용은 구금 $79, 보호관찰 $3.42, 가석방 $7.47로 큰 차이를 보이고 있음. Allen, Harry E., Edward J. Latessa, & Bruce S. Ponder, *Corrections in America*, 13th ed, Pearson, 2013, p.98.

않다는 문제점이 있다. 그리고 보호관찰이 동시에 요구하는 자발성과 강제성 사이에는 모순이 존재하며, 오히려 대상자에게 심리적 억압감을 들게 할 우려가 있다.

한편, 미국의 경우에는 50% 이상의 보호관찰대상자가 준수사항위반이나 재범[63]을 저지른 것으로 밝혀져 이 제도가 재범방지에 효과적인가에 대한 의문이 제기되기도 하였으며, 형사사법망의 확대(Net-widening)라는 지적이 있다.

2. 형사사법제도와 보호관찰

1) 각종 유예제도와 보호관찰

(1) 기소유예제도

① 의의

공소를 제기하기에 충분한 범죄의 혐의가 있고 소송조건도 구비되었으나 범인의 연령 · 성행 · 지능과 환경, 범행의 동기 · 수단과 결과, 피해자에 대한 관계, 범행 후의 정황 등 양형조건(「형법」 제51조)[64]을 참작하여 검사의 재량에 의하여 공소를 제기하지 않는 처분이다.

② 유용성

기소유예제도는 피의자에게 전과의 낙인 없이 기소 전의 단계에서 사회복귀를 가능하게 하고, 단기자유형의 폐해를 방지할 수 있다. 또한 심리의 지연과 같이 적정을 기할 수 없는 폐해를 감소시키고, 법원 및 교정기관의 업무 부담을 경감시킨다.

③ 문제점

범죄인의 유무죄판단을 검찰의 행정적 처분에 맡기는 것에 대한 논란의 소지가 있고, 정

---

63) 미국에서의 보호관찰자 대상자의 성공률은 2006년 58%, 2009년 50%로 나타났다. Bayens, Gerald and John Ortiz Smykla, *Probation, Parole, & Community-Based Corrections*, McGraw Hill, 2012, p.205. 우리나라는 전체 재범률(2018년) 7.2%(소년 12.3%, 성인 5.1%)로 나타났다. 법무연수원, 「범죄백서」, 2019, p.522.

64) 양형조건(형법 제51조)
① 범죄인의 연령, 성행, 지능, 환경
② 범죄의 동기, 수단과 결과
③ 피해자와의 관계
④ 범죄 후의 정황

치적 개입이나 부당한 불기소처분의 가능성 등 검사의 지나친 자의적 재량의 여지가 있다.

④ 유형

첫째, 「보호관찰 등에 관한 법률」상 검사가 보호관찰관의 선도를 조건으로 공소제기를 유예하고 보호관찰소장에게 범죄인을 위탁한 경우에 보호관찰관이 그 선도를 담당하는 제도가 있다. 둘째, 「소년법」상 검사는 소년과 소년의 친권자 · 후견인 등 법정대리인의 동의를 받아, 피의자에 대하여 범죄예방자원봉사위원의 선도와 소년의 선도 · 교육과 관련된 단체 · 시설에서의 상담 · 교육 · 활동 등에 해당하는 선도 등을 받게 하고, 피의사건에 대한 공소를 제기하지 아니할 수 있는 소년만을 위한 기소유예 제도가 있다(「소년법」 제49조의3).

(2) 선고유예제도

① 의의

범정이 비교적 경미한 범죄인에 대해 일정 기간 형의 선고를 유예하고 그 유예기간을 실효됨이 없이 경과하면 면소된 것으로 간주하는 제도이다. 이는 처벌의 오점을 남기지 않음으로써 장차 피고인의 사회복귀를 용이하게 하는 특별 예방적 목적을 달성하기 위한 제도라는 점에서 특별예방을 위해 책임주의를 양보한 것이라 할 수 있다. 이러한 선고유예는 형의 선고 자체를 유예한다는 점에서 형을 선고하되 그 집행만을 유예하는 집행유예와는 다르며, 유죄판결이지만 형을 선고하지 않고 일정 기간 유예한다는 점에서 「형법」상의 제재 중 가장 가벼운 제재라고 할 수 있다.

② 요건

선고유예의 요건은 ① 1년 이하의 징역이나 금고, 자격정지 또는 벌금의 형을 선고할 경우일 것, ② 양형조건(「형법」 제51조)의 사항을 참작하여 개전의 정상이 현저할 것, ③ 자격정지 이상의 형을 받은 전과가 없을 것 등이다(「형법」 제59조).

한편 형을 병과할 경우에도 형의 전부 또는 일부에 대해 선고유예를 할 수 있으나, 구류나 과료의 형을 선고할 경우에는 선고를 유예하는 제도는 없다.

③ 선고유예자의 보호관찰

선고유예의 경우 재범방지를 위하여 지도 및 원호가 필요할 때 보호관찰을 명할 수 있다. 이때의 보호관찰의 기간은 1년으로 한다. 한편 선고유예에는 집행유예와 달리 사회봉사명령이나 수강명령제도가 없고 형의 병과 시 일부 선고유예를 할 수 있다.

④ 효력과 실효

선고유예를 받은 날로부터 2년을 경과한 때 실체적 소송조건을 결하기 때문에 공소가 부적당하다고 해서 소송을 종결시키는 면소가 된 것으로 간주된다는 효력이 있다(「형법」 제60조). 그러나 유예기간 중 자격정지 이상의 형에 대한 판결이 확정된 때와 자격정지 이상의 형에 대한 전과가 발견된 경우에는 유예한 형을 선고하여야 하며, 보호관찰기간 중에 준수사항을 위반하고 그 정도가 무거운 때에도 유예한 형을 선고할 수 있다.

⑤ 형사정책적 의의

선고유예제도는 범죄인이 당면하는 사회복귀상의 어려움을 해소할 수 있고, 교정시설의 수용밀도를 완화함으로써 수용환경의 개선 및 효율적인 교정활동을 전개할 여건을 조성하는 데 기여할 수 있으며, 형의 선고를 유예함으로써 범죄인이 보다 합법적인 여건에서 생활을 영위할 수 있는 기회를 제공할 수 있다. 또한 선고유예제도는 단기자유형 및 재산형의 집행이 범인의 성격 내지 생활에 부정적 영향을 미치는 폐해를 면할 수 있는 대안으로 활용할 수 있다. 동시에 이는 죄를 범한 사람에 대해 형을 선고하지 않는다는 점에서 응보나 일반예방목적을 포기하고 범죄인의 사회복귀라고 하는 특별예방목적을 강조한 제도라고 할 수 있다.

(3) 집행유예제도

① 의의

유죄의 판결을 한 후, 형의 선고에 있어서 정상에 의하여 일정한 기간 그 형의 집행을 유예하여 유예기간 중 특정한 사고 없이 그 기간을 경과한 때에는 형의 집행뿐만 아니라, 일단 선고한 유죄의 판결 그 자체의 효력도 상실하게 하여 형의 선고가 없었던 것과 동일한 효과를 발생하게 하는 제도이다.

② 종류

집행유예는 첫째, 유예기간 중 일정한 형벌 이상의 죄를 범하지 않으면 유죄판결의 효력까지를 상실시키는 것으로서 우리나라의 「형법」이 채택하고 있는 제도인 조건부 유죄판결주의가 있다. 둘째, 판결 자체에는 영향을 미치지 아니하고, 다만 그 형의 집행만을 면제하는 것으로서 독일 형법이 채택하고 있는 제도인 조건부 면제주의가 있다.

한편 형의 집행유예제도의 효과를 거두기 위해서 유예기간 중 특별한 보호 차원에서 보호관찰제도를 활용할 수 있다.

③ 요건

형의 선고유예에 있어서는 자격정지와 벌금의 경우도 포함되지만, 집행유예의 요건은 3년 이하의 징역이나 금고 또는 500만 원 이하의 벌금형을 선고할 경우여야 하며 정상에 참작할 만한 사유가 있어야 한다. 즉 이것은 물론 「형법」 제51조(양형조건)에 규정된 사항을 참작하여 법원이 인정하는 것이다. 그러므로 상습범 같은 것은 집행유예를 인정할 수 없을 것이다. 또한 금고 이상의 형을 선고한 판결이 확정된 때부터 그 집행을 종료하거나 면제된 후 3년까지의 기간에 범한 죄에 대하여 형을 선고하는 경우에는 집행유예를 선고할 수 없다. 집행유예의 기간은 1년 이상 5년 이하의 기간 내에서 법원이 정한다. 형을 병과할 경우에는 그 형의 일부에 대하여 그 집행을 유예할 수 있다(「형법」 제62조 제2항).

④ 절차

형의 집행유예는 법원에서 검사의 청구에 의하여 또는 직권으로 형의 선고와 동시에 판결로써 이것을 선고하여야 한다(「형사소송법」 제321조 제2항). 그리고 형의 집행유예의 선고의 취소는 법원에서 검사의 청구가 있는 때에 한하여 법원이 결정으로써 하여야 한다(「형사소송법」 제335조).

⑤ 보호관찰 및 사회봉사명령과 수강명령

형의 집행을 유예하는 경우에는 보호관찰을 받을 것을 명하거나 사회봉사 또는 수강을 명할 수 있다. 그리고 보호관찰의 기간은 집행을 유예한 기간으로 한다. 다만, 법원은 유예기간의 범위 내에서 보호관찰기간을 정할 수 있다. 또한 사회봉사명령 또는 수강명령은 집행유예기간 내에 이를 집행한다(「형법」 제62조의 2).[65]

⑥ 효과

형의 집행유예의 선고가 있을 때에는 재판확정일로부터 1년 이상 5년 이하의 범위 내에

65) 사회봉사명령과 수강명령은 선고유예나 가석방에는 할 수 없고 집행유예를 하는 경우에만 할 수 있다. 집행유예 시의 사회봉사명령은 500시간, 수강명령은 200시간의 범위 내에서 법원이 그 기간을 정해야 한다(「보호관찰 등에 관한 법률」 제59조).

서 법원이 결정한 기간 중 형의 집행이 유예된다. 형의 집행유예의 선고를 받은 후 그 선고가 실효(「형법」 제63조) 또는 취소(「형법」 제64조)됨이 없이 유예기간을 경과한 때에는 형의 선고는 그 효력을 잃는다. 그 선고가 효력을 잃는다 함은 최초로부터 형의 선고가 없었던 것과 동일한 상태로 복귀하는 것을 뜻한다.

⑦ 실효와 취소

가) 실효

형의 집행유예는 유예를 받은 자가 유예기간 중, 고의로 범한 죄로 금고 이상의 실형의 선고를 받아 그 판결이 확정될 때에는 유예선고의 효력이 상실된다(「형법」 제63조). 집행유예의 선고가 효력을 잃는다 함은 유예되지 않는 상태로 환원하여 유예된 형을 집행하게 되는 것을 의미한다.

나) 취소

집행유예의 선고를 받은 후에, 금고 이상의 형의 선고를 받아 집행을 종료한 후 또는 집행이 면제된 후로부터 3년이 경과하지 아니한 자(「형법」 제62조 제1항 단서)였다는 것이 발견된 때에는 집행유예의 선고는 취소된다(「형법」 제64조). 이 경우에 있어서의 발견의 시기는 유예기간 내에 한한다. 따라서 가령 유예기간 내에 취소원인이 발생되었을지라도 그것이 현실적으로 취소되지 아니한 이상, 유예기간의 경과로서 형의 선고는 그 효력을 잃게 된다. 또한 보호관찰 시 준수사항 위반 등이 있는 때에는 집행유예가 취소될 수 있다.

⑧ 형사정책적 의의

집행유예는 형의 집행으로 범인이 현실적으로 당면하는 사회복귀상의 어려움을 제거할 수 있고, 정해진 기간 내에 취소사유가 발생할 경우 형이 집행됨을 경고함으로써 심리적 구속을 가할 수 있으며, 유예기간의 경과 후에는 형의 집행이 면제될 뿐만 아니라 형의 선고 그 자체의 효력이 상실된다는 희망을 가지게 함으로써 개선의지를 촉진할 수 있다.

또한 일차적 경고수준에서 재발억제효과를 충분히 거둘 수 있는 개전의 정이 현저한 초범자에 대해서 유용한 대안으로 활용될 수 있고, 대상자에게 경제적 및 정서적으로 의존하고 있는 가족 및 친지들에게 미치는 부정적 영향을 해소할 수 있다. 마지막으로 사회에서 전과자로서 받을 수 있는 낙인효과를 해소함은 물론 수용되었을 때 받게 될 동료수형자 상호 간의 악풍감염을 막을 수 있어 단기자유형의 폐해에 대한 대용조치로서 큰 의의가 있다. 따라서 경미한 범죄나 초범자들의 경우, 가능한 한 사회 내 처우를 적용하고 시설 내 구금을 최소화하는 것이 현대 형사정책의 일반적인 추세이다.

2) 가석방 제도와 보호관찰

(1) 의의와 법적 성격

① 의의

가석방이라 함은 수형자의 사회복귀를 촉진하기 위하여 징역 또는 금고의 집행 중에 있는 자가 그 행장이 양호하여 개전의 정이 현저하며 법이 규정한 일정한 형기를 집행한 자에 대하여 그 형기 만료 전에 석방하는 행정처분이다(「형법」 제72조). 즉 가석방 후 행장에 따라 임시석방이 취소 또는 실효되지 않는 한 형의 집행이 종료한 것과 같은 효과가 있는 제도를 말한다.

② 법적 성격

가석방은 수형자의 선행에 대한 보상설 내지는 은사설, 통상의 행정행위의 하나로 보는 행정처분설, 행형제도의 한 가지에 불과하다는 행형제도설, 구체적 정의를 실현한다는 구체적 정의설, 그리고 수형자의 신청을 전제로 한 수형자의 권리설 등이 있다.

우리 「형법」 제72조에서는 가석방은 행정처분이라고 명문으로 규정하고 있고 헌법재판소 판례도 가석방은 행형기관의 교정정책 또는 형사정책적 판단에 따라 수형자에게 주는 은혜적 조치이고 수형자의 권리가 아니라는 견해를 밝히고 있어 현행법 체제하에서는 가석방의 법적 성격이 명확히 규정되었다고 할 수 있다.

(2) 연혁

① 외국

1800년대 영국과 호주 등지에서는 다양한 행형제도들이 등장하고 시도되었다. 일부는 세월이 지남에 따라 사멸되었지만, 일부는 혁신적인 제도로 오늘날까지도 평가되고 있는 제도 또한 존재한다. 조건부 사면, 도제계약제도, 식민지로의 유형, 그리고 가석방허가증(tickets-of-leave) 등이 포함되는데, 이러한 제도들이 초창기에는 정교한 형벌이론이나 특정한 형벌목적을 달성하기 위해 시행된 것은 아니었고 과잉수용, 노동수급 및 행형비용 등의 문제를 해결하는 대안으로 등장하였다. 사실상 영국에서는 미국 독립 이전까지는 미대륙으로, 그 이후부터 1800년대 중반까지도 호주와 같은 식민지로 범죄자를 추방하는 유형제도(transportation)가 형벌제도의 주를 이루었던 것이다.

사실상 가석방제도의 탄생에 중요한 역할을 한 인물은 호주 대륙 인근 남태평양에 위치한 노퍽섬 유형지(the Norfolk Island penal colony)의 총독이었던 마코노키(Alexander Machonochie)이다. 그는 정기형의 경직성을 비판하고, 수형자의 선행, 노동, 학습 등에 따라 처우와 형기가 조절되는 제도를 개발하였다. 단계에 따라 수형자의 책임과 자유가 달리 부여되는 분류제도(classification system)를 창안하여 실시한 것이다. 총 5단계로서 가) 엄격한 구금 단계, 나) 쇠고랑을 찬 집단노동 단계, 다) 시설 내 자유 허용 단계, 라) 조건부 가석방 단계, 그리고 마) 완전 자유 단계로 구분하였다. 초기에 일정한 벌점이 부여되고 성적에 따라 벌점이 삭감되는 제도로서 '점수제'(Mark System)에 의해 최종 조건부 가석방이 결정되었다.

마코노키의 제도는 이후 1854년 아이리시 교도소(the Irish Convict Prisons) 소장에 부임한 월터 크로프턴(Sir Walter Crofton)에 의해 계승 · 발전되었다. 그는 수형생활 동안의 성적과 가석방허가를 연계시키는 누진제도를 실시하였다. 엄격한 구금 단계를 지나면 '중간교도소'(intermediate prison) 단계로 편입되며, 여기에서 수형자들이 작업, 선행, 교육을 근기로 일정한 보상점수를 얻게 되면 조건부 가석방에 이르게 되는 제도였다. 중요한 점은 가석방된 이후에 대상자들은 매달 경찰에의 보고의무가 부여되었고, 민간인 출소자 지원단체의 감시 및 지원활동 또한 시행되었다는 것이다. 중간교도소와 출소 후 사후관리 및 지원제도는 오늘날 가석방제도의 정립에 크게 기여한 부분이라 하겠다.

가석방제도는 영국을 거쳐 미국에서는 1876년 뉴욕주의 엘마이라 교도소를 시작으로 1944년 미국 전역으로 보급되어 시행하게 되었고, 유럽의 경우는 19세기 중엽부터 각국에 도입되어 현재 대부분의 국가에서 시행하고 있다. 영국과 미국에서는 물론 독일 · 스위스 · 오스트리아 · 덴마크 · 이탈리아 형법 등에서는 가석방에 보호관찰을 결부시킴으로써 재범 방지를 위한 사회 내 지도 · 감독제도를 도입하고 있는 점이 특징이다.[66)]

② 우리나라

우리나라에서는 고대부터 대사(大赦) 또는 특사(特赦)라는 제도를 두어 왕이 등극하거나 왕세자가 태어나는 등 국가의 경사가 있고 한재(旱災), 질병 등 재해가 심할 때 기원의 뜻에서 왕명으로 특별히 일정한 기준을 정하여 죄를 사면하거나 죄수를 석방하였다. 조선시

66) 본서의 제2편 제1장에서 보다 구체적인 내용을 참고할 것; Clear, Cole and Reisig, 2013, pp.381−382.

대에는 휼형제도 중 보방제도를 실시하여 오늘날의 가석방과 유사한 제도를 운영하였다(사형수는 제외). 갑오개혁 이후엔 1908년 형법대전 중 '보방규칙(保放規則)'(제185~189조)에 형기 중 죄수를 석방하는 오늘날의 귀휴 및 가석방과 유사한 제도를 명문화하였고, 모든 수용자에 대해 조건 없는 가석방제도를 시행하였다(종신형도 가능).

1953년 「형법」 제정과 함께 가석방제도가 도입되어 본격적으로 실시되었고, 1997년 이후 「형법」 및 「보호관찰 등에 관한 법률」의 개정으로 소년 수형자뿐만 아니라 성인 수형자의 가석방 시에도 보호관찰조건을 부과하기에 이르렀다.

(3) 형사정책적 의의와 문제점

① 형사정책적 의의(목적)

가석방제도는 개선이 된 수형자에 대하여 무의미한 구금을 가급적 피한다는 소극적 의의뿐만이 아니라 윤리적 자기형성을 촉진하는 적극적인 의의도 동시에 가지고 있다. 이를 구체적으로 보면 다음과 같다.

가) 자기개선노력고취

가석방은 수형자 스스로 노력하여 자기의 형기를 단축시킨다는 동기부여를 통하여 수형자들의 윤리적 자기형성을 촉진함으로써 범죄성이 순화되어 조기에 건전한 사회복귀를 달성할 수 있는 제도이다.

나) 재범 방지와 사회방위

범죄성이 개선이 되지 않은 수형자를 사회에 복귀시키는 경우에는 다시 재범을 하는 악순환이 계속될 우려가 있다. 따라서 교도소 내에서 각종 교정처우를 실시함으로써 범죄성을 완전히 순화시킨 후 사회에 내보냄으로써 재범을 방지하고 이를 통해 범죄로부터 사회를 방위하는 효과를 기대할 수 있다.

다) 정기형제도의 수정 · 보완

현행 「형법」상 정기형은 일단 형이 확정이 되어 그 집행이 개시되면 수형생활성적의 양호 여부에 따라 그 형기를 단축할 수 있는 신축성이 없다. 따라서 수형생활성적이 양호한 자를 그 형기 만료 전에 조기에 사회에 복귀시킴으로써 실질적으로 정기형제도를 수정 · 보완하는 기능을 가석방제도가 수행하게 된다. 한편, 상대적 부정기형제도와 유사한 효과를 갖는다.

라) 수용질서 확립

가석방의 혜택을 받기 위해서는 우선적으로 개전의 정이 현저하고 수형생활성적이 우수하다는 것이 전제되어야 한다. 이를 위해서는 수형자들이 수용생활 중 지켜야 할 규율을 준수하는 모범적인 생활을 하여야 하기 때문에 수용질서가 확립되는 효과를 거둘 수 있다.

마) 행형경비절감과 과밀수용해소

개선이 된 자를 조기에 사회에 내보냄으로써 계속 구금에 소요되는 경비를 절감할 수 있고, 교정시설의 과밀수용을 해소하는 대책이 된다.

② 문제점

가석방제도는 첫째, 보호관찰부 가석방은 일종의 행정 처분적 성격을 갖는 것으로 운영상에 있어서 재량권남용의 우려가 있고, 둘째, 재범예측의 기술상 어려움으로 인하여 재범우려가 없는 대상자 선정이 어렵다는 문제점이 있으며, 셋째, 가석방자의 관리를 담당하는 보호관찰관의 기능적 갈등, 즉 보호와 감독의 갈등이 발생할 가능성이 있다.

그 밖에 우리나라의 특수한 실정에 따른 문제점으로 현저히 높은 형 집행률과 가석방심사기관의 이원화로 인한 비효율성이 지적되고 있다. 첫째, 형기의 3분의 1이 경과하면 가석방이 될 수 있다는 규정이 지켜지지 않고 대부분이 80% 이상을 복역하며, 무기수의 경우에는 20년 이상을 경과해야 한다는 문제점이 있다. 둘째, 가석방의 허가는 법무부 가석방심사위원회에서 하고, 보호관찰의 필요성 여부는 보호관찰심사위원회에서 심사 · 결정하며, 또한 성인 수형자는 가석방심사위원회에서, 소년 수형자는 보호관찰심사위원회에서 담당하는 이원화 체제로 운영되는 문제점을 안고 있어 제3의 기관의 설치를 포함하여 어떤 형식이든 일원화하는 방안이 요구되고 있다.[67)]

(4) 현행법상 가석방심사위원회, 심사의 요건 및 절차

① 가석방심사위원회

우리나라는 1996년 행형법 개정에 의해 각 교도소에 설치되었던 가석방심사위원회가 폐지되고, 법무부장관 소속하에 가석방심사위원회가 설치되었다(「형의 집행 및 수용자의 처

67) 정진연, '가석방제도와 관련된 제문제의 검토', 「교정연구」, 제20호, 2003, p.174; 한영수, '현행 가석방심사체계의 문제점', 「형사정책」, 제15권 제1호, 2003, p.173; 박영규, '현행 가석방제도의 개선방안', 「교정연구」, 제62호, 2014, p.20.

우에 관한 법률」 제119조). 위원회는 위원장을 포함한 5인 이상 9인 이하의 위원으로 구성한다. 위원장은 법무부차관이 되고, 위원은 판사, 검사, 변호사, 법무부 소속 공무원 및 교정에 관한 학식과 경험이 풍부한 사람 중에서 법무부장관이 임명 또는 위촉한다(동법 제120조). 임기는 2년이고 연임할 수 있다.(「형의 집행 및 수용자의 처우에 관한 법률 시행규칙」 제240조). 위원회 회의는 재적위원 과반수의 출석으로 개의하고 출석의원 과반수의 찬성으로 의결한다(동 규칙 제242조).

② 요건

성인의 경우 징역 또는 금고의 집행 중에 있는 자가 그 행장이 양호하여 개전의 정이 현저한 때에는 행정처분으로 가석방을 할 수 있는데, 무기에 있어서는 20년, 유기에 있어서는 형기의 3분의 1을 경과하여야 한다. 또한 가석방을 위해서는 벌금 또는 과료의 병과가 있는 때에는 그 금액을 완납하여야 하고 벌금 또는 과료에 관한 유치기간에 산입된 판결전의 구금일수는 그에 해당하는 금액이 납입된 것으로 간주한다(「형법」 제72조, 제73조).

한편, 소년 수형자는 무기형일 경우는 5년, 15년의 유기형일 경우는 3년, 부정기형일 경우는 단기의 3분의 1을 경과하여야 한다(「소년법」 제65조).

③ 절차

소장은 가석방 요건에 해당되는 기간을 경과한 수형자에 대하여는 가석방심사위원회에 가석방 적격심사를 신청하여야 하고, 가석방심사위원회는 수형자의 나이, 범죄동기, 죄명, 형기, 교정성적, 건강상태, 가석방 후의 생계능력, 생활환경, 재범의 위험성, 그 밖의 필요한 사정을 고려하여 가석방의 적격 여부를 결정한다(「형의 집행 및 수용자의 처우에 관한 법률」 제121조). 그리고 위원회는 가석방 적격결정을 하였으면 5일 이내에 법무부장관에게 가석방 허가를 신청하여야 하고, 이에 대해 법무부장관은 위원회의 가석방 허가신청이 적정하다고 인정하면 허가할 수 있다(동법 제122조).

(5) 가석방기간 및 보호관찰

성인에 있어 가석방 기간은 무기형에 있어서는 10년, 유기형에 있어서는 남은 형기로 하되 그 기간은 10년을 초과할 수 없고, 가석방된 자는 가석방기간 중에 보호관찰을 받는다. 다만, 가석방을 허가한 행정관청이 필요가 없다고 인정한 때에는 그러하지 아니하다(「형법」 제73조의2).

한편 징역 또는 금고를 선고받은 소년이 가석방된 후 그 처분이 취소되지 아니하고, 가석방 전에 집행을 받은 기간과 같은 기간이 지난 경우에는 형의 집행을 종료한 것으로 한다. 다만, 죄를 범할 당시 18세 미만인 소년에 대하여 사형 또는 무기형 대신 15년의 유기징역으로 한 경우에는 그 형기(15년), 또는 부정기형의 경우에는 장기의 기간이 먼저 경과한 때에는 그때에 형의 집행을 종료한 것으로 한다(「소년법」 제66조).

(6) 가석방의 취소와 실효

① 가석방의 실효

가석방 중 금고 이상의 형의 선고를 받아 그 판결이 확정되었을 때에는 가석방의 효력이 당연히 상실되는 것이 필요적인 것이나, 과실로 인한 죄로 형의 선고를 받았을 때에는 예외로 한다(「형법」 제74조).

② 가석방의 취소

가석방의 처분을 받은 자가 감시에 관한 규칙을 위배하거나, 보호관찰의 준수사항을 위반하고 그 정도가 무거운 때에 가석방을 취소할 수 있다(「형법」 제75조).

③ 실효 · 취소자의 형기

가석방이 실효되거나 취소되었을 경우 가석방 중의 일수는 형기에 산입되지 아니한다(「형법」 제76조). 가석방 취소자 및 가석방 실효자의 잔형기간은 가석방을 실시한 다음 날부터 원래 형기의 종료일까지로 하고, 잔형집행 기산일은 가석방의 취소 또는 실효로 인하여 교정시설에 수용된 날부터 한다(「형의 집행 및 수용자의 처우에 관한 법률 시행규칙」 제263조).

(7) 우리나라의 가석방 현황

2009~2018년까지의 가석방 심사 허가율은 최저 2015년 88.1%, 최고 2016년 95.3%로 95.3%로 나타났다. 기간별 평균 허가율을 비교해 보면, 92.3%(2009~2012년), 87.4%(2013~2015년), 93.7%(2016~2018년)으로 각각 나타나 최근 3년간 허가율이 높아진 것을 알 수 있다. 허가자의 형 집행률은 매우 높아 대체로 80% 이상으로 형기 3분의 1 이상의 규정은 사실상 지켜지지 않고 있음을 알 수 있다. 한 가지 주목해 보아야 할 추세는 2016년 이후 형 집행률 80% 미만이 점유하는 비율이 점차 증가하고 있는 것으로 나타났다는 점이다.[68]

---

68) 교정본부, 「교정통계연보」, 2020, p.168~169.

〈표 4-2〉 가석방심사현황(2009~2018년)

(단위: 명)

구분＼연도	2009	2010	2011	2012	2013	2014	2015	2016	2017	2018
신청	9,046 (100%)	8,626 (100%)	7,574 (100%)	6,996 (100%)	6,903 (100%)	6,298 (100%)	6,216 (100%)	7,474 (100%)	8,797 (100%)	9,384 (100%)
허가	8,252 (91.2%)	7,995 (92.7%)	7,065 (93.3%)	6,444 (92.1%)	6,148 (89.1%)	5,361 (85.1%)	5,480 (88.1%)	7,126 (95.3%)	8,247 (93.7%)	8,667 (92.3%)
불허	794 (8.8%)	631 (7.3%)	509 (6.7%)	552 (7.9%)	755 (10.9%)	937 (14.9%)	736 (11.9%)	348 (4.7%)	550 (6.3%)	717 (7.7%)

〈표 4-3〉 가석방 허가자 집행률별 현황(2010~2019년)

(단위: 명)

연도＼구분	합계	60% 미만	70% 미만	80% 미만	90% 미만	90% 이상
2010	7,995 (100%)	–	1 (0.0%)	908 (11.4%)	5,117 (64.0%)	1,969 (24.6%)
2011	7,065 (100%)	–	3 (0.1%)	759 (10.7%)	4,654 (65.9%)	1,649 (23.3%)
2012	6,444 (100%)	1 (0.0%)	–	548 (8.5%)	3,953 (61.4%)	1,942 (30.1%)
2013	6,148 (100%)	–	1 (0.0%)	469 (7.6%)	3,786 (61.6%)	1,892 (30.8%)
2014	5,361 (100%)	–	1 (0.0%)	432 (8.1%)	3,197 (59.6%)	1,731 (32.3%)
2015	5,480 (100%)	–	2 (0.0%)	291 (5.3%)	3,075 (56.1%	2,112 (38.6%)
2016	7,126 (100%)	–	5 (0.1%)	926 (13.0%)	3,849 (54.0%)	2,346 (32.9%)
2017	8,247 (100%)	–	18 (0.2%)	1,493 (18.1%)	4,795 (58.2%)	1,941 (23.5%)
2018	8,667 (100%)	50 (0.6%)	67 (0.8%)	1,496 (17.3%)	4,976 (57.3%)	2,078 (24.0%)
2019	8,139 (100%)	3 (0%)	74 (0.9%)	1,630 (20%)	4,380 (53.8%%)	2,052 (25.2%)

(8) 개선방안

첫째, 가석방 허가 여건으로서 형 집행률의 단축이 요구된다. 가석방의 요건은 형기의 1/3을 경과한 시점부터 적용되어야 하지만, 실제에 있어서는 형기가 거의 만료되는 시점에서 심사대상이 되는 것이 일반적이다. 예컨대 2019년도 가석방 허가자의 집행률을 살펴볼 때, 형기의 80%이상이 79%를 차지해 형기의 1/3이라는 가석방 요건은 사실상 지켜지지 않음을 알 수 있다. 따라서 실제 형기의 집행률을 완화하거나 또는 가석방이 불허된 수형자를 위한 구제수단을 인정하는 등의 개선이 검토되어야 한다.

둘째, 가석방심사기관의 일원화가 필요하다. 현행 제도는 가석방의 허가는 가석방심사위원회에서 하고, 보호관찰의 필요성 여부는 보호관찰심사위원회에서 심사 · 결정한다. 또한 성인 수형자는 가석방심사위원회에서, 소년 수형자는 보호관찰심사위원회에서 담당하는 이원화 체제로 운영되는 문제점을 안고 있다. 따라서 행정의 비효율성, 업무의 부담, 가석방대상자의 심적 부담 등을 고려하여 제3기관을 설립하든 혹은 어느 한쪽으로 일원화하는 방안을 강구해야 한다.

셋째, 재범예측을 위한 과학적 도구의 개발이 필요하다. 현행 형법은 가석방의 요건으로 "행상의 양호 및 개전의 정의 현저"가 요구되고 있다. '행상의 양호'는 수형자의 행형성적을 기준으로 하기 때문에 상급 성적자에게 유리한 기계적인 결정이 내려질 수 있고, '개전의 정'은 그 모호성 때문에 다분히 주관적인 판단과 재량이 개입될 소지가 있다. 따라서 시설 내 생활태도와 아울러 출소 후 재범가능성을 예측할 수 있는 척도를 개발 · 적용함으로써 보다 과학적 판단에 근접하도록 노력해야 한다.[69]

넷째, 보호관찰제도와의 보다 적극적인 연계가 요구된다. 현행 우리나라는 필요적 보호관찰을 도입하고 있다. 잔여형기와 행형성적 위주의 심사관행을 탈피하여 사회 내 재범방지와 사회복귀촉진을 담당하는 보호관찰과의 연계를 강화함으로써 가석방 허가를 위한 최저복역기간을 낮출 수 있고 그 실효성을 제고할 수 있다. 한편 보호관찰관의 업무에 속하는 사회봉사명령제도의 활용 또한 검토할 필요가 있다.[70]

---

69) 박영규, 전게논문, p.21; 정진연, 전게논문, p.24; 배종대, 정승환, 「행형학」, 홍문사, 2002, p.270.

70) 그 밖에도 우리의 형법은 유기형의 경우 잔여형기를 가석방기간으로 하고 있는데, 잔여형기가 단기간이라 할지라도 1~2년을 가석방 기간으로 하여 유권적 보호관찰을 받게 하자는 주장이 있다.(박영규, 전게논문, p.23) 또한 경미범죄를 저지른 단기수형자도 재사회화를 위해 가석방대상자에 포함시키자는 주장도 있다.(정진연, 전게논문, p.267)

3. 갱생보호제도와 보호관찰

1) 갱생보호제도의 의의와 필요성

출소자들은 구금으로 인한 사회와의 단절이나 경제적 빈곤 등으로 인해 재범을 저지르기 쉬우며, 사회의 냉대나 출소자들 자신 스스로가 사회의 낙오자로 평가하는 경향으로 인해 사회에 온전히 적응할 수 없는 경우가 많다. 따라서 보호할 필요성에 따라 대상자들의 사회재적응을 보다 용이하게 함으로써, 범죄의 위협으로부터 사회를 보호하고 재범을 방지하며 범죄자 개인의 복리 또한 증진시키기 위한 사회 내에서의 보호활동을 말한다.

이러한 갱생보호는 범죄자의 사회복귀를 목적으로 이를 원조하기 위해 행하는 각종 활동을 의미한다. 여기에 보호관찰, 가석방, 사면 등이 포함되므로 사회 내 처우와 같은 의미인 광의의 갱생보호와, 형사사법기관에 의해 유죄로 인정된 다음 일정한 절차를 거쳐 석방된 범죄자에 대해 국가나 지방공공단체 또는 일반시민단체가 범죄자의 사회복귀를 위해 필요하고도 적절한 보호를 행하는 활동만을 의미하는 것으로 석방자보호라고 하는 협의의 갱생보호제도가 있는데, 우리나라는 광의의 갱생보호를 운영하고 있다.

갱생보호의 필요성은 무엇보다도 출소자들이 사회에 진출하였을 때 당면하는 문제점들을 해결하는 데 있다. 여기에는 출소 후 부딪치는 현실사회와의 괴리, 사회적 낙인과 편견, 심리적 갈등, 생계유지의 어려움, 주변 환경의 유혹 등이 제시되고 있다.[71] 인간의 삶에서 불가결한 시간과 공간을 제한함을 형벌로 하는 구금형의 본질적인 성격으로 인하여 출소자들이 겪는 사회와의 괴리는 불가피하고, 변화가 가속화되는 현상을 보이고 있는 오늘날에는 더욱 적응하고 생존하는 데 어려움이 배가하고 있다. 날로 양극화현상이 심화되는 극심한 경쟁사회에서 사회적 낙인과 편견현상은 해소되기 어려울 것이며 이에 따른 출소자들이 갖게 될 낙오자나 소외자로서의 심리적 갈등은 당연한 결과이다. 이러한 상황은 유사한 처지에 놓인 교정시설의 동료들이나 잠재적 범죄 집단들과의 교류로 이어지게 되는 악순환 현상을 조성한다고 볼 수 있다.

갱생보호는 출소자들이 직면하게 될 이러한 문제점들을 해결하기 위해 건전한 사회인으로서 독립적인 생활능력과 준법시민으로서의 자질을 함양하는 데 그 필요성이 있다.

---

71) 허주욱, 「교정보호학」, 박영사, 2010, pp.909-910.

2) 갱생보호의 연혁

갱생보호제도는 18세기를 전후하여 교육형주의, 목적형주의 및 기독교 박애사상의 영향을 받아 발전하였다. 각국의 연혁은 다음과 같다.

(1) 각국의 갱생보호제도

미국의 갱생보호는 1776년 리처드 위스터(R. Wister)가 민간보호단체인 '불우재소자 지원협회'(The Society for Assisting Distressed Prisoners)를 조직하여 출소자보호활동을 전개함으로 시작되었다고 본다. 이후 영국군의 점령으로 활동이 중단되었다가, 1787년에 '필라델피아 교도소환경 개선협회'(The Philadelphia Society for Alleviating the Miseries of Public Prison)로 그 명칭이 바뀌면서 행형개량 운동이 지속되었으며, 1840년대부터 존 오거스터스(J. Augustus) 등의 활동에 힘입어 보호관찰과 가석방 등의 필요성이 대두되었고 이에 따라 갱생보호활동이 선개되었다. 그 후 갱생보호 등의 운동은 각 주에 보급되어 교도소협회가 창설되었고 정부기관의 재정지원하에 많은 민간단체들이 활발한 활동을 하게 되었다.[72)]

영국에서는 유권적 갱생보호형태로 보호관찰부 유예제도(probation)와 보호관찰부 가석방제도(parole)가 발전하였다. 1862년 갱생보호법이 제정되었고, 1907년 범죄자보호관찰법에 의해 유권적 갱생보호에 해당하는 보호관찰이 실시되었으며 1936년에는 '전국석방수형자협회'가 창설되었다.[73)]

독일의 갱생보호는 브란덴부르크에 국영방직공장을 설치하여 부랑자와 걸인 등과 함께 전과자를 수용하여 산업노동력으로 사용하는 등 국가를 중심으로 발달하였다. 1788년 프로이센에서는 출소자에 대해 출소 3개월 전에 귀주예정지로 보내 법원이나 행정관청의 감독하에 노동에 임하게 하였고, 1826년에는 '교도소협회'와 1827년 '수형자개선을 위한 협회'가 설립되어 갱생보호업무를 담당하기에 이르렀다.[74)]

갱생보호와 관련된 국제적인 공조활동으로는 1870년 미국 교도소협회(The National Prison Association)가 개최한 국제회의에서의 '신시내티 선언'(The Cincinnati Declaration)이 있다. 여기에서 범죄자에 대하여 국가의 책임으로 개선 이외에 취업기회의 제공, 사회적

---

72) 제2편, chapter_1, 제4절 "미국교정의 역사 – I"에서 자세히 기술됨.

73) 정영석, 신양균, p.589.

74) 허주욱, p.907.

지위의 회복 등을 해 주어야 한다는 지침을 만들었다.

1872년 국제형무회의에서는 갱생보호사업에 대한 국제적인 협력의 중대성에 합의하고 갱생보호를 위한 민간단체의 필요성을 강조하였다. 또한 제2차 세계대전 이후 UN 범죄방지 및 범죄자처우회의에서는 수형자의 가족 등에 대한 원조를 포함한 석방자 처우 및 사후 보호, 사회 내 처우를 위한 최저기준 등이 논의되었다.

(2) 우리나라의 갱생보호사업

우리나라 갱생보호활동은 1911년 당시 교도소 직원의 규약에 따라 민간독지가의 협력을 얻어 교도소장을 대표로 하여 회원들의 회비와 기부금 등으로 석방수형자 보호를 그 시작으로 하였다. 그리고 1942년 3월 23일 조선사법보호사업회와 사법보호위원회규칙 등을 공포 · 시행하여 17개의 사법보호위원회가 보호사업을 실시하였다.

그러다가 1961년 「갱생보호법」 제정에 따라 일제 강점기부터 존속해 오던 사법보호회가 해산되고 갱생보호회가 각 도청 단위로 설립되었고, 산하에 각 교도소 소재지마다 갱생보호소가 설립되었다.

1988년에는 「보호관찰법」을 제정하면서 부분적으로 유권적 갱생보호가 가능하게 되었다. 한편 1996년에는 「보호관찰 등에 관한 법률」이 제정되면서 기존의 「보호관찰법」과 「갱생보호법」을 통합하여 종전의 갱생보호회를 한국갱생보호공단으로 개칭하게 되었고, 2008년에는 한국법무보호복지공단으로 다시 개칭하여 오늘에 이르고 있다. 2019년 8월을 기준으로 할 때, 공단은 본부조직으로 1사무처, 1실, 4부의 기구를, 소속기관으로는 1교육원, 17지부(전국 광역시도 소재), 7지소를 두고 있으며, 공단에 근무하는 직원의 정원은 332명이다. 2019년 기준 공단의 전체 예산은 약 363억 원으로 이 중 약 76%가 국고보조금이고, 그 외는 자체수익금이다.

3) 현행법상 갱생보호

(1) 임의적 갱생보호의 원칙

갱생보호 대상자 및 관계 기관은 본인의 동의나 신청에 의해서 보호관찰소의 장, 갱생보호사업자, 한국법무보호복지공단에 갱생보호를 신청할 수 있다는 점에서 임의적 갱생보호의 성격을 지니고 있다(사회사업적 성격).[75]

---

75) 예외적·유권적(필요적) 갱생보호제도의 내용: 보호관찰 대상자인 소년에 대해 보호관찰소장이 본인의 신청이나 동의와 관계없이 신청 가능하다.

(2) 갱생보호 대상자

형사처분 또는 보호처분을 받은 사람으로서 자립갱생을 위한 숙식 제공, 주거 지원, 창업 지원, 직업훈련 및 취업 지원 등 보호의 필요성이 인정되는 사람으로서 갱생보호 대상자 또는 관계 기관은 보호관찰소의 장, 갱생보호사업의 허가를 받은 자 또는 한국법무보호복지공단에 갱생보호 신청을 할 수 있다(「보호관찰 등에 관한 법률」 제3조 제3항, 제66조 제1항).

(3) 갱생보호의 절차

우리나라의 갱생보호의 실시기관은 보호관찰소이고, 갱생보호 대상자와 관계 기관의 신청에 의해서만 개시되는 임의적 보호에 한한다. 이러한 신청이 있게 되면 보호관찰소의 장, 한국법무보호복지공단 또는 갱생보호사업의 허가를 받은 자는 지체 없이 보호가 필요한지 결정하고 보호하기로 한 경우 그 방법을 결정하여야 하고, 갱생보호의 목적을 달성하거나 갱생보호 대상자가 신청을 철회한 때에는 보호가 종료된다(동법 제66조).

(4) 보호방법(동법 제65조)

갱생보호의 방법에는 ① 숙식 제공, ② 주거 지원, ③ 창업 지원, ④ 직업훈련 및 취업 지원, ⑤ 출소예정자 사전상담, ⑥ 갱생보호 대상자의 가족에 대한 지원, ⑦ 심리상담 및 심리치료, ⑧ 사후관리, ⑨ 그 밖에 갱생보호 대상자에 대한 자립 지원 등이 있다(동법 제65조).[76]

4) 갱생보호 사업실적(2016~2018년)

최근 3년간 한국법무보호복지공단의 구체적인 사업실적은 다음과 같다. 먼저, 갱생보호대상자의 숙식 등 기본적 생활을 지원하는 생활 지원 사업 부분은 3년간 증가추세에 있다. 생활 지원 사업의 세부사업별 현황을 간단히 살펴보면, 기존 공단 지부의 핵심 업무인 숙식제공 업무는 미세하지만 감소추세가 있는 점은 특기할 만하다. 대상자의 취업역량 강화를 위한 취업 지원 사업 부분도 최근 3년간 증가추세에 있다. 취업 지원 사업은 대상자의 취업을 통한 자립기반 마련을 위해 각종 지원을 실시하는 것이다. 세부 사업 중 직업훈

76) 갱생보호사업을 하려는 사람은 법무부령으로 정하는 바에 따라 법무부장관의 허가를 받아야 하며, 허가받은 사항을 변경하려는 경우에도 또한 같다(동법 제67조).

련 및 취업 지원 프로그램의 증가가 주목할 만하다. 대상자의 가족지지체계 강화를 위한 가족 지원 사업(합동결혼식, 가족캠프 등) 및 대상자의 사회적응을 위한 상담 지원 사업(출소예정자 사전상담, 심리상담 등)도 증가추세에 있다.

〈표 4-4〉 갱생보호대상자 지원사업별 현황(2016~2018년)

구 분		2016	2017	2018
생활지원	소계	18,512	20,341	21,243
	숙식제공	2,273	2,167	1,846
	원호지원	5,136	5,659	6,139
	기타지원	11,103	12,515	13,258
취업지원	소계	12,608	13,043	13,018
	취업지원프로그램	4,997	5,655	5,726
	취업알선	4,715	4,382	3,687
	직업훈련	2,882	3,003	3,602
	창업지원	14	3	3
가족지원		1,511	1,752	1,967
상담지원		48,445	58,323	61,204
계		81,076	93,459	97,432

5) 갱생보호제도의 문제점과 개선안

(1) 문제점

현행 우리나라의 갱생보호제도의 문제점은 갱생보호에 대한 국가의 재정지원이 취약하고[77], 갱생보호를 위한 전문인력이 절대 부족하며, 갱생보호에 대한 사회일반인의 관심이 낮다는 것이다. 또한 사회 내 처우로서 갱생보호가 중간처우와 연결되지 못하고 있다.

(2) 개선방안

이러한 문제점에 대한 개선방안은 다음과 같다.

77) 예산 중 국고지원과 자체조달의 비율이 63:27(2013년)로서, 대만과 홍콩(90:10), 일본(70:30)에 비해 국고지원의 비율이 매우 낮다. 2013년 예산(일반회계)은 18,649백만 원(국가보조 11,858, 자체수입6,791)이었음.

첫째, 갱생보호를 중간처우와 결합하여 확대 · 실시해야 한다.

둘째, 전문직원의 양성으로 갱생보호활동을 전문화해야 한다.

셋째, 생업조성금이나 귀주지 마련을 위한 현실적 여비 지급을 위해 재정이 보다 확충되어야 한다.

넷째, 생활관을 늘리고 직업훈련과 취업을 연계시키면서 취업 알선 대상기업을 확대시켜 나가야 한다.

다섯째, 국가의 재정지원을 늘려 갱생보호활동을 질적 · 양적으로 확대해야 한다.

6) 갱생보호제도와 보호관찰

갱생보호제도와 보호관찰제도는 모두 지역사회를 중심으로 범죄자를 관리감독하고 지원하는 사회 내 처우 제도라는 점에서 공통점이 있다. 그러나 갱생보호제도는 범죄자의 자발적 의사에 의하여 필요한 서비스를 제공받는 임의적 사회 내 처우라는 점에서 법률의 규정과 법원 등의 판결(결정)에 의하여 강제적으로 부과되는 유권적 사회 내 처우인 보호관찰과는 차이가 있다.

그러나 '보호관찰'이라는 용어가 가장 넓은 의미로 사용될 때는 지역사회 내에서 이루어지는 범죄자 처우 전반을 지칭한다는 것은 앞에서 살펴본 바와 같다. 이 경우에는 자유형의 형기가 종료되어 교정시설에서 출소한 사람들에게, 그들의 신청에 의하여 경제적 · 정신적 지원을 하는 임의적 갱생보호제도를 포함한다고 볼 수 있다. 현행 「보호관찰 등에 관한 법률」의 규정체제와 편제는 이러한 취지를 반영하고 있다. 1995년 이전에는 보호관찰 대상자에 대한 형벌 또는 보안(보호)처분의 집행을 위한 공권적인 「보호관찰법」과 출소자에 대한 임의적 사회복귀서비스에 관한 「갱생보호법」이 분리되어 있었다. 1995년 1월 5일 법률 제4933호로 전부 개정된 「보호관찰 등에 관한 법률」은 이들 법률을 통합한 것이다.

당시의 이러한 개정배경은 보호관찰이 이러한 갱생보호사업을 포괄하는 '사회 내 처우'라는 입법자의 의도를 반영하고 있는 것으로 볼 수 있다. 한편 보호관찰소의 관장사무는 협의의 보호관찰, 사회봉사명령 및 수강명령 등 광의의 개념뿐 아니라 갱생보호제도를 포괄하고 있다(동법 제15조 참조).[78]

---

78) 1995년 「갱생보호법」이 「보호관찰 등에 관한 법률」로 통합되면서 법률체계상 갱생보호가 보호관찰의 하위개념으로 전락했고 그 결과로 갱생보호업무의 경시와 한국법무보호복지공단의 활동위축으로 이어졌다는 주장이 있다. 갱생보호의 위축은 복지원호 기능의 약화를 의미하므로 독자법률의 제정을 통해 예산, 직원, 국고지원비비율 등에 있어서의 개선이 필요하다는 주장이다. 또한 자원봉사조직으로서 법률통합으로 '범죄예방자원봉사위원'으로 일원화되면서 폐지되었던 구(舊) 위원제도를 부활시켜 '보호선도

제4절 현행 보호관찰제도의 운영현황

보호관찰제도(사회 내 처우)는 그 대상에 따라 소년과 성인에 대한 처분으로, 그 목적과 형사정책적 기능에 따라 보호적, 형사적(처벌적) 처분으로 구분되기도 한다. 전통적으로 보호관찰의 주요한 하위영역은(협의의) 보호관찰, 사회봉사명령, 수강명령 등이며 이에 더하여 판결 전 조사제도와 같은 조사업무와 보호관찰심사위원회 심사업무가 추가될 수 있다. 또한 과거의 전통적인 보호관찰 이외에도 집중보호관찰, 전자감독, 성충동약물치료, 신상정보 등록 및 공개제도 등 새로운 유형의 보호관찰제도가 속속 도입되고 있다.

이와 같은 다양한 제도들은 모두 법무부의 소속기관인 보호관찰소의 관장업무이다. 따라서 이들 제도는 보호관찰(광의)의 각 구성분야라고 할 수 있다. 이와 같은 이유에서 '보호관찰제도'는 사회 내 처우와 동의어로 사용되고 있다. 이에 따라 교정처우라는 큰 관점에서 보호관찰 또는 사회 내 처우를 다룰 경우에는 이러한 제도를 전체적으로 골고루 다루는 것이 필요하다.

1. 보호관찰제도의 기본현황

1) 보호관찰의 조직 및 인력현황

(1) 보호관찰의 조직

① 중앙조직

보호관찰의 중앙조직은 법무부의 범죄예방정책국이며 전신인 '보호국'은 1981년 1월 법무부 직제개정을 통해 신설되었다. 당시 보호국은 보호과, 조정과, 심사과 등 3개 과로 출범하였다. 2019년 12월 현재 범죄예방정책국은 범죄예방기획과, 치료처우과, 보호정책과, 보호관찰과, 소년보호과, 특정범죄자관리과 등 6개과로 구성되어 있다. 이 중에서 범죄예방기획과는 보호관찰에 관한 인사 · 예산업무를, 치료처우과는 치료감호심의원회, 치료감호 관련 업무를, 보호관찰과는 일선 보호관찰소의 보호관찰, 사회봉사명령, 수강명령 등

위원', '갱생보호위원', '청소년선도위원'으로의 개편을 제안하였다.(박병식, '한국갱생보호사업의 현안과 해결방안', 「교정담론」, 제5권 제1호, 2011. pp.195-216; 최응렬, '한국갱생보호사업의 적용현황 및 개선방안', 「교정연구」, 제61호, 2013, pp.7-35.) 더 나아가 가칭 '보호관찰 및 갱생보호에 관한 법률' 등이 제안되었다.(홍봉선, '출소자의 복지증진과 갱생보호사업의 활성화방안', 「교정연구」, 제14호, 2002.)

집행기획을, 특정범죄자관리과는 위치추적제도(전자감독) 관련 업무를 담당하고 있다. 보호관찰의 일선조직은 전국에 5개 보호관찰심사위원회, 57개 보호관찰소(본소 16개, 지소 41개), 2개 위치추적관제센터 등 총 63개 기관에 이르고 있다.

② 보호관찰심사위원회

보호관찰심사위원회는 보호관찰에 관한 사항을 심사 · 결정하기 위한 법무부장관 소속으로 고등검찰청 소재지 등 대통령령으로 정하는 지역에 설치한다(「보호관찰 등에 관한 법률」 제5조).

위원회의 관장사무는 ① 가석방과 그 취소에 관한 사항, ② 임시퇴원, 임시퇴원의 취소 및 보호소년의 퇴원에 관한 사항, ③ 보호관찰의 임시해제와 그 취소에 관한 사항, ④ 보호관찰의 정지와 그 취소에 관한 사항, ⑤ 가석방 중인 사람의 부정기형의 종료에 관한 사항, ⑥ 「보호관찰 등에 관한 법률」 또는 다른 법령에서 심사위원회의 관장사무로 규정된 사항 등이다(동법 제6조).

이러한 심사위원회는 위원장을 포함하여 5명 이상 9명 이하의 위원으로 구성하고, 심사위원회의 위원장은 고등검찰청 검사장 또는 고등검찰청 소속 검사 중에서 법무부장관이 임명한다. 심사위원회의 위원은 판사 · 검사 · 변호사 · 보호관찰소장 · 지방교정청장 · 교도소장 · 소년원장 및 보호관찰에 관한 지식과 경험이 풍부한 사람 중에서 법무부장관이 임명하거나 위촉하고, 심사위원회의 위원 중 3명 이내의 상임위원을 둔다(동법 제7조). 위원의 임기는 2년으로 하되 연임할 수 있다. 다만, 공무원인 비상임위원의 임기는 그 직위에 있는 동안으로 한다(동법 제8조).

③ 보호관찰소

보호관찰소는 법무부장관의 소속하에서 보호관찰 대상자의 원활한 사회복귀와 재범방지를 위해 보호관찰의 실시, 사회봉사 · 수강명령의 집행 등을 담당하는 기관이다. 보호관찰소는 보호관찰, 사회봉사, 수강 및 갱생보호에 관한 사무를 관장하기 위한 법무부장관 소속 기관으로 보호관찰소의 사무 일부를 처리하게 하기 위하여 그 관할 구역에 보호관찰 지소를 두고 있다. 법령에 규정된 관장사무는 ① 보호관찰, 사회봉사명령 및 수강명령의 집행, ② 갱생보호, ③ 검사가 보호관찰관이 선도(先導)함을 조건으로 공소제기를 유예하고 위탁한 선도업무, ④ 범죄예방자원봉사위원에 대한 교육훈련 및 업무지도, ⑤ 범죄예방활동, ⑥ 「보호관찰 등에 관한 법률」 또는 다른 법령에서 보호관찰소의 관장사무로 규정된 사항이다(동법 제15조). 이외에도 보호관찰소는 판결 전(결정 전, 청구 전) 조사의 업무를 담당하고 있다.

보호관찰소는 직제 제정 이후 끊임없이 증설을 거듭해 왔다. 1989년 5월 본소 12개소 · 지소 6개소에 직원 271명에 이르는 직제가 제정되었다. 이후 줄기차게 보호관찰 대상자가 증가하는 상황에서 수차례에 걸쳐 직제개정이 반복되었다. 이러한 가운데 보호관찰소는 전국 법원 · 검찰이 소재한 중 · 소도시에까지 신설되었다.[79)]

(2) 보호관찰의 인력

① 보호관찰관의 개념

법률상 보호관찰관은 보호관찰소에서 일하며, 형사정책학, 행형학, 범죄학, 사회사업학, 교육학, 심리학, 그 밖에 보호관찰에 필요한 전문적 지식을 갖춘 사람이어야 한다(보호관찰 등에 관한 법률 제16조). 한편, 법무부령인 「법무부 직제 시행규칙」 제24는 "보호관찰관은 보호관찰심사위원회 · 보호관찰소 · 보호관찰지소 및 위치추적관제센터에 소속되어 있는 고위공무원단에 속하는 일반직공무원 · 부이사관 · 서기관 · 보호사무관으로 한다."라고 규정하고 있다.[80)]

② 보호관찰의 인력상황

1989년 개청 당시 보호관찰소 정원은 기능직 41명을 포함하여 271명으로 출범하였다. 이후 지속적으로 인력이 증원되어, 2019년 12월 현재 보호관찰소 정원은 약 1,711명이

79) 보호관찰 관련 각종 특별법이 제정되고 대상자가 증가함에 따라 지소는 본소로 승격하거나 본소 관할 지소가 신설되는 가운데 개청 이후 10년이 지나도록 정원 500명을 넘지 못하던 중 2002년 5월 27일 안산·충주지소 등이 신설되어 총 35개 기관에 정원이 532명으로 증원되었다. 2005년 8월 12일에는 소년보호직렬 150명이 보호관찰직렬로 전직하여 정원이 700명을 상회하였다. 이는 외부인력 유입을 통한 인력충원의 지체 및 한계를 극복하려는 고육책으로 법무부 산하 소년보호기관으로부터 직원을 전격 유입시키고, 2007년 1월 1일 소년보호직렬과 보호관찰직렬이 전격 보호직렬로 통합되었다. 2007년 7월 23일 법무부 보호국은 4과 1팀 체제로 중앙조직을 개편하였다. 기존의 관찰과는 범죄예방정책과로 명칭이 변경되었고, 보호관찰 관련 법령, 정책 및 복무평가를 관장하게 되었다. 신설된 보호관찰과는 일선 산하기관의 보호관찰 집행업무를 전담하면서 최초로 보호관찰 일반직공무원을 법무부 중앙조직의 과장으로 임명하는 등 조직체계의 큰 변화가 있었다. 2008년 보호국이 범죄예방정책국으로 명칭이 변경되었다.

80) 그러나 실제 보호관찰소에 근무하는 5급 이상의 공무원은 대부분 보호관찰대상자를 직접 관리하고 지도감독하지 않는다. 현장에서는 9급부터 6급까지의 보호직 공무원이 보호관찰대상자를 직접 접촉하며 지도감독하고, 해당 대상자의 모든 상황관리의 1차적인 책임과 권한을 가진다. 따라서 우리나라에서는 보호관찰의 현장업무는 보호관찰소에서 근무하는 9급부터 5급에 이르는 보호직 공무원이 담당하고 있다.(이형섭, 2012, pp.26-27.)

다.[81] 보호관찰 업무영역과 보호관찰대상자의 폭발적인 양적 · 질적 확대와 함께 보호관찰 인력도 지속적으로 늘어나 개청 이후 30여 년 만에 정원이 약 6.3배 증가한 것이다.

한편, 보호관찰제도의 시작이 미국의 한 민간자원봉사자(John Augustus, 1785~1895)의 활동에서 비롯된 것에서 알 수 있듯이, 초기 우리나라 보호관찰조직에서는 '보호(선도)위원'이라는 민간자원봉사자들이 보호관찰 인력구성요소의 하나로 파악되었다.[82] 그러나 민간자원봉사자와 결연된 대상자가 소재 불명이 되거나 경과통보서가 제대로 접수되지 않는 사례들이 빈발하면서 일부 경제적 원호 등을 제외하고 보호관찰관이 전담하는 구조로 점차 바뀌게 되었다. 1996년까지 법무부의 범죄인 처우, 특히 사회 내 처우와 관련된 민간자원봉사단체는 크게 갱생보호위원, 소년선도위원, 보호선도위원으로 나뉘었다. 이들 단체는 1997년부터 범죄예방자원봉사위원(이하 범죄예방위원)으로 통합되었고 「보호관찰 등에 관한 법률」에 통합조직의 근거 규정이 마련되었다.[83] 그러나 통합된 범죄예방위원 조직의 관리는 각급 검찰청에서 맡게 되면서 보호관찰 분야에의 활동은 통합 이전보다 상대적으로 축소되었다. 이러한 상황을 배경으로 2019년부터 범죄예방자원봉사위원의 조직은 다시 보호관찰소를 중심으로 활동하는 보호관찰위원, 갱생보호 영역에서 활동하는 갱생보호위원, 검찰청의 청소년 선도를 중심으로 활동하는 보호선도 위원으로 분리되었다.

③ 보호관찰관과 역할유형

대상자를 변화시키는 데 있어 가장 효과적인 보호관찰관이 갖추어야 할 특징은 어떤 것일까? 이에 대해 젠드로와 앤드루(Gendreau and Andrews)는 다섯 가지 요인을 제시하였다. 첫째, 온화함, 진정성 및 탄력성을 갖추고 있으며, 대상자와 강한 협력관계를 구축하고 있다. 둘째, 엄격하면서도 공정하고, 유머를 갖추고 있고, 대상자가 변화할 수 있다는 상한 믿음을 가지고 있다. 셋째, 현실적이고 명확한 방식으로 대상자의 행동의 모델이 되고 있다. 넷째, 단순히 처벌의 권한을 갖고 있는 것이 아니라 긍정적인 행동을 이끌 수 있는 능력을 가지고 있다. 다섯째, 부정적인 태도나 행동에 대해서는 강하고 엄격한 반대의사를 표시하여 제지한다.[84]

---

81) 「법무부와 그 소속기관의 직제」 참조.

82) 이형섭, 2012, p.89.

83) 같은 법 제18조는 "범죄예방활동을 행하고, 보호관찰 활동과 갱생보호활동 사업을 지원하기 위하여 범죄예방 자원봉사위원을 둘 수 있다."라고 규정하고 있다. 또한 위촉과 해촉, 정원, 직무의 구체적 내용, 조직 비용의 지급 등 필요한 사항을 법무부령으로 정할 수 있도록 위임하고 있다.

84) Gendreau, P. and Andrews, D.A., *The Correctional Program Assessment Inventory -2000(CPAI 2000)*, Saint

그러나 현실적으로 대상자를 변화시키는 임무보다는 대상자를 관리하는 업무에 보다 치중하고 있는 오늘날 대개의 국가의 실정에서는 이러한 요인들이 갖춰지기는 어렵다. 그간의 연구결과에서는 대상자들의 변화를 유도하기 위한 장기적인 차원에서 필요한 조치들—친사회적인 모델링이나 효과적인 강화작용—이 보호관찰관들에 의해 적절히 시행되지 못하는 것으로 나타나고 있다. 다만 담당한 대상자들의 재범률을 비교해 보았을 때, 훈련을 충분히 받았느냐의 결과에 따라 차이가 나타나 보호관찰관에 대한 훈련과 교육이 업무의 효과성에 영향을 미치는 것으로 나타났다.[85)]

보호관찰이나 보호관찰관의 기능에 대해서는 다양한 연구 결과가 있다. 글래서(Glasser)는 올린 등(Ohlin, Piven and Pappenfort)이 개발한 보호관찰관의 3가지 유형—처벌적(punitive) 보호관찰관, 방어적(protective) 보호관찰관, 복지적(welfare) 보호관찰관—에 수동적(passive) 보호관찰관을 보완하여 4가지 유형을 제시하였다(〈표 4-5〉).[86)]

가) 처벌적 보호관찰관은 중산계층의 윤리관을 담보하여 위협과 처벌을 수단으로 사회에 동조하도록 통제를 강조하며 사회를 보호하기 위해 범죄자에 대한 체계적인 감시체계를 유지하고자 한다.

나) 방어적 보호관찰관은 범죄자보호와 지역사회보호 양자 사이에서 일관성이 없게 행동하는 유형이다. 따라서 범죄자와 사회에 대해서 정서적으로 양면성을 보인다.

다) 복지적 보호관찰관은 대상자의 능력과 한계를 파악하여 최종적으로 그들의 복지를 향상시키는 것을 목표로 한다. 대상자 개인의 변화와 사회적응능력의 배양만이 진정한 사회의 안전을 담보하는 길이라고 믿는다. 객관적이고 이론적인 근거에 의해 진단과 치료기술을 사용한다.

라) 수동적 보호관찰관은 본인의 직업을 큰 책임이나 활동이 요구되지 않는 한직으로 중요하지 않은 것으로 여기고 최소한의 노력만을 요구한다고 믿는다.[87)]

John: University of New Brunswick, 2001.

85) Bonta, J., Rugge, T., Bourgon, G., & Yessine, A.K., "Exploring the Black Box of Community Supervision", *Journal of Offender Rehabilitation*, 2008, 47, pp.248-270.

86) Glaser, D., *The Effectiveness of a Prison and Parole System*, Indianapolis, IN: Bobbs-Merrill. 1969; Ohlin, L., Piven, H., & Pappenfort, M., "Major Dilemas of the Social Worker in Probation and Parole", *National Probation and Parole Association Journal*, 1956, 2, pp.21-25; 이윤호, 「교정학」, 박영사, 2007, p.307.

87) 한편, 클락카스(Klockars)는 보호관찰관의 직업철학에 따라 글래서(Glasser)와 유사한 4가지 유형—법집행관(law enforcer), 시간낭비자(time server), 요법치료사(therapeutic agent), 종합적 접근자(synthetic officer)—을 제시하였다. Klackers, C., A Theory of Probation Supervision, *Journal of Criminal Law, Criminology and*

〈표 4-5〉 보호관찰관의 업무스타일 유형

		통제정도	
		상	하
지원 정도	상	방어적 보호관찰관	복지적 보호관찰관
	하	처벌적 보호관찰관	수동적 보호관찰관

토마이노(Tomaino) 역시 통제적 접근(control)과 사회복귀적 접근(rehabilitation)의 두 축을 근간으로 보호관찰의 기능을 유형화하였다.[88] 그는 보호관찰관의 기능을 사회의 안전과 범죄자의 사회복귀 간의 상존하는 갈등을 조화시키는 것으로 보았다. 따라서 대상자 개인적 문제나 성향에 집착하는 것보다는 전체적인 틀에서 목표를 중시하였다. 즉 보호관찰관은 대상자가 친사회적인 행동을 할 수 있도록 이끄는 협력적 관계를 조성함으로써 적법한 선택들이 이루어지도록 지향하는 것이라 하였다. 그는 보호관찰의 기능을 방임적 접근, 대상자 중심 접근, 규율 중심 접근, 공감유도 접근 및 합리적 관계 접근으로 구분하였다(〈표 4-6〉).

가) 방임적 접근에서의 보호관찰관 대상자는 그들이 무엇을 준수해야 하고 위반했을 경우 어떤 대가를 치른다는 것을 알아야만 한다. 따라서 모든 것은 그들 스스로가 하기에 달려있다.

나) 대상자 중심 접근에서는 대상자는 그 자신 스스로가 무언가 깨달았을 때 규율을 준수할 것이라는 것을 전제한다. 따라서 보호관찰관은 대상자에 대해서 성급한 판단을 자제하고 따뜻하게 지원하는 역할을 담당해야 한다.

다) 규율 중심 접근에서는 대상자는 보호관찰관이 엄격한 감독을 실시하고 확실히 객관적인 관계를 유지할 때만이 규율을 지킬 것이라는 것을 전제한다.

라) 공감유도 접근에서는 대상자가 보호관찰관을 좋아하거나 동일시하고, 그의 가치관에 공감할 때 규율을 지킨다는 것을 전제한다. 따라서 보호관찰관은 대상자들과의 관계에서 굳건한 화합을 이루도록 노력해야 한다.

Parole Science, 1972, 63, pp.550−557.

88) Tomaino, L., "The Five Faces of Probation", *Federal Probation*, 1975, 25(2), pp.23−29, 43; Latessa, Edward J. and Paula Smith, *Corrections in the Community*, 5th, Anderson Publishing, 2011, pp.203−204.

마) 합리적 관계 접근에서는 대상자들이 규율을 지키는 것은 그것이 자신들에게 도움이 된다고 믿기 때문이라는 합리적 관계를 전제로 한다. 따라서 보호관찰관은 개방적이며 동시에 굳건해야 하고 대상자와의 관계를 구성하는 실질적 내용에 충실해야 한다.

〈표 4-6〉 보호관찰 감독의 5가지 접근

9	대상자 중심 접근 (1/9)		합리적 관계 접근 (9/9)
5		공감 유도적 접근 (5/5)	
1	방임적 접근 (1/1)		규율 중심 접근 (9/1)
사회복귀 / 통제	1	5	9

2) 보호관찰의 부과절차와 전체 실시현황

(1) 보호관찰제도의 부과절차

보호관찰제도는 죄를 지은 사람으로서 재범방지를 위하여 보호관찰, 사회봉사 · 수강 및 갱생보호 등 체계적인 사회 내 처우가 필요하다고 인정되는 사람을 지도하고 보살피며 도움으로써 건전한 사회복귀를 촉진하고, 효율적인 범죄예방활동을 전개함으로써 개인 및 공공의 복지를 증진함과 아울러 사회를 보호함을 목적으로 한다(「보호관찰 등에 관한 법률」 제1조). 이러한 보호관찰의 부과절차는 아래의 〈그림 4-1〉과 같다.

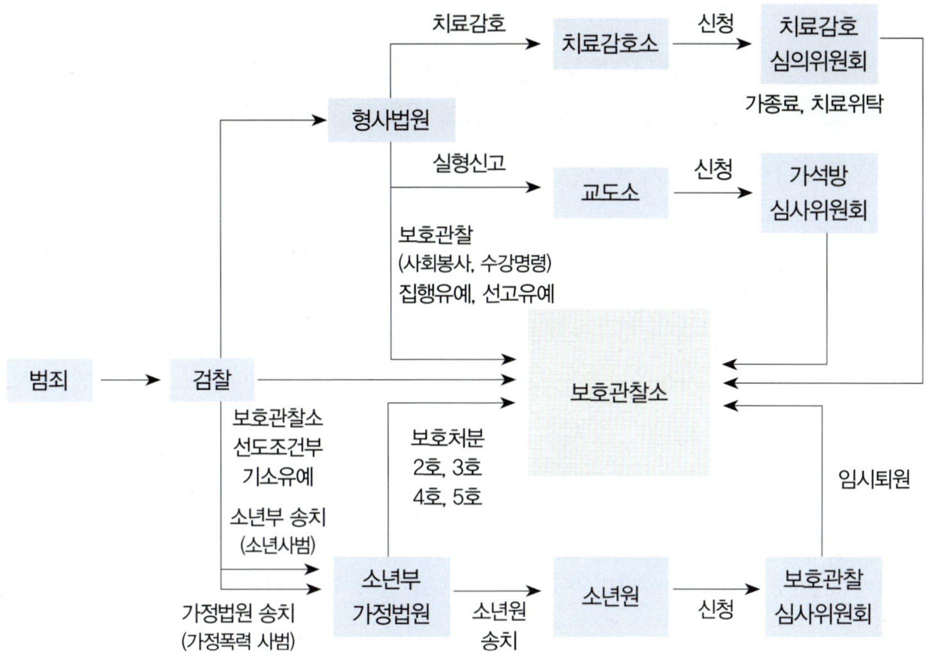

〈그림 4-1〉 보호관찰 부과절차

(2) 보호관찰제도의 전체 실시현황

보호관찰의 현황을 살펴보기 전에 '보호관찰'이라는 용어가 크게 두 가지로 사용되고 있음을 짚고 넘어갈 필요가 있다. 좁은 의미의 보호관찰은 「보호관찰 등에 관한 법률」 제32조에 규정된 준수사항을 이행하는 조건으로 일정 기간 동안 보호관찰관의 지도감독을 받는 것이다. 넓은 의미의 보호관찰은 여기에 더하여 보호관찰소의 핵심 업무인 사회봉사명령 및 수강명령을 포함한 개념이다. 이와 같이 우리나라 보호관찰제도의 핵심서비스는 보호관찰 · 사회봉사명령 및 수강명령이다(같은 법 제15조 참조).

1989년 우리나라에 도입된 보호관찰제도는 2013년까지의 실시사건 누계가 300만여 건에 이르는 등 괄목할 만한 성장을 이루었다. 보호관찰제도는 한동안 소년사범 중심으로 시행되다가 형법 개정에 따라 1997년부터 성인 형사범으로 제도가 확대되면서 도약하는 전기를 맞이하였다. 2000년대 들어서는 외출제한명령, 성 매수자에 대한 선도조건부 기소유예(존스쿨), 특정 범죄자에 대한 전자감독제도 등 새로운 제도가 잇달아 도입되었다. 2006년 이후에는 형의 집행유예를 선고할 때 보호관찰을 부과하는 경우가 그렇지 않은 경우를 앞지르게 되었을 정도로 보호관찰제도는 이제 우리나라 형사사법체계의 주요한 한 축으로 자리를 잡게 되었다.

〈표 4-7〉에서 보는 바와 같이, 1996년까지는 처분유형별 분포에서 소년보호처분의 비율이 압도적이었으나 1998년 72,348건을 정점으로 하락세를 보이고 있다. 반면 1997년부터 시작된 성인 집행유예사건의 대폭 증가와 소년사범 감소 경향 등에 따라 2000년 이후부터는 집행유예처분이 가장 높은 비율을 차지하게 되었으며 동 추세는 해마다 계속되어 2017년에는 집행유예가 54.2%, 소년보호처분이 25.0%를 보이고 있다. 임시퇴원은 소년보호처분보다 감소세가 더욱 심하여 2005년 이후에는 전체 사건 중 비율이 1%에도 미치지 못하고 있다. 가석방의 경우 1998년 이후 대체로 매년 5,000~7,000건대를 유지하고 있고, 가출소 · 가종료 처분은 1,500~2,000여 건 수준을 유지하다가 보호감호법 폐지 전후인 2004년과 2005년 3,000건을 상회하였다가 2017년에는 1,377건을 기록하였다.

성인 보호처분은 성매매처벌법과 가정폭력법 등의 제정 영향 등으로 2001년 이후 매년 4,000건 내외이고, 기소유예처분도 존스쿨 시행 등의 영향으로 2006년 이후 급증하여 2008년에는 26,816건까지 상향하였고 대략적으로 연간 약 2만 건 내외의 사건수를 기록하고 있다.

〈표 4-7〉 처분유형별 개시사건 현황

(단위: 건)

연도	총계	선고 유예	집행 유예	소년법상 보호처분	임시 퇴원	가석방	가출소 가종료	보호 처분	기소 유예
1996	67,947	55	1,764	55,775	5,898	751	1,837	–	1,867
1997	100,988	34	25,199	63,270	5,448	2,731	1,556	–	2,750
1998	135,216	23	48,442	72,348	4,588	5,440	1,654	144	2,577
1999	135,211	15	52,547	66,519	4,385	6,066	1,608	1,339	2,732
2000	146,856	10	63,626	62,168	4,588	7,641	1,692	2,807	4,324
2001	145,021	8	72,895	51,516	4,956	5,971	1,594	3,918	4,163
2002	146,090	5	81,668	45,328	4,235	5,788	1,535	4,056	3,475
2003	147,734	8	86,022	43,388	3,206	4,613	2,459	4,214	3,824
2004	148,818	12	92,029	39,468	1,813	4,427	3,610	4,319	3,140
2005	146,895	20	87,928	38,299	820	6,038	3,205	4,042	6,543
2006	150,371	29	81,483	36,015	444	8,193	2,435	4,568	17,204

연도	총계	선고유예	집행유예	소년법상 보호처분	임시퇴원	가석방	가출소 가종료	보호처분	기소유예
2007	165,818	33	90,470	38,515	571	7,115	1,645	4,612	22,857
2008	184,813	25	96,956	46,187	1,250	7,177	1,220	5,182	26,816
2009	218,049	21	95,616	56,700	1,640	7,951	1,136	5,038	45,279
2010	196,233	16	87,524	59,751	1,696	7,493	1,170	4,040	22,327
2011	179,767	22	82,296	60,116	1,650	7,044	1,179	3,420	16,874
2012	178,199	32	84,922	61,850	2,009	6,462	1,156	2,935	13,470
2013	175,318	32	86,989	55,724	2,091	6,040	1,145	4,311	12,231
2014	184,362	23	92,996	45,831	2,043	5,526	1,179	8,493	13,676
2015	199,713	36	102,555	42,318	1,732	5,356	1,147	10,193	18,241
2016	233,100	64	133,289	31,001	1,762	6,775	1,380	10,724	30,833
2017	240,073	65	130,321	38,675	1,807	8,385	1,377	14,162	26,263
2018	227,733	60	127,670	38,145	9,252	1,963	1,391	11,338	17,635

※ 성매매처벌법상 집행유예는 집행유예에, 같은 법률상 보호처분은 보호처분에 포함.

※ 자료출처: 법무부「보호관찰통계연보」, 법무부「보호관찰심사분석」, 범죄백서

① 보호관찰관 1인당 관리인원

2019년 기준, 우리나라의 보호관찰관 1인당 관리하는 보호관찰대상자의 평균수는 102명으로, 여전히 미국 · 영국 등 OECD 주요국 평균 27.3명의 3.7배가 넘는 수준이다. 2012년 3월 현재 법무부 자료를 보면, 외국의 보호관찰 인력 및 대상자 현황은 다음 〈표 4-8〉과 같다.

〈표 4-8〉 세계 각국의 보호관찰 인력 및 대상자 현황

국가명	보호관찰인력	보호관찰대상자	1인당 담당인력	비고
한국	288명	45,661명	158명	2008년 현재
	278명	49,602명	178명	2009년 현재
	333명	49,127명	148명	2010년 현재
	335명	49,401명	147명	2011년 현재
	540명	55,269명	102명	2019년 현재

국가명		보호관찰인력	보호관찰대상자	1인당 담당인력	비고
미국	플로리다 주	2,116명	150,320명	71명	2011.7. 현재
	애리조나 주 마리코파 카운티	1,020명	31,143명	31명	2010년 현재
일본		854명	59,732명	70명	2005년 현재
영국		7,232명	169,236명	23명	2004년 현재
호주		394명	20,809명	53명	2006년 현재
캐나다(브리티시 콜롬비아 주)		516명	15,789명	30명	2010.4. 현재

출처: 법무부 범죄예방정책국 2012년 조직진단자료. 범죄예방정책국 내부자료.

2. 보호관찰제도의 분야별 주요 내용 및 현황

1) 협의의 보호관찰

① 보호관찰대상자

협의의 보호관찰대상자에 관하여는「보호관찰 등에 관한 법률」(이하 '법'이라 한다) 제3조에 규정하고 있다. 법 제3조 제1항에 의하여 보호관찰을 받을 사람(이하 "보호관찰 대상자"라 한다)은 다음과 같다.

①「형법」 제59조의2에 따라 보호관찰을 조건으로 형의 선고유예를 받은 사람(제1호), ②「형법」 제62조의2에 따라 보호관찰을 조건으로 형의 집행유예를 선고받은 사람(제2호), ③「형법」 제73조의2 또는 이 법 제25조에 따라 보호관찰을 조건으로 가석방되거나 임시퇴원된 사람(제3호), ④「소년법」 제32조제1항제4호 및 제5호의 보호처분을 받은 사람(제4호), ⑤ 다른 법률에서 이 법에 따른 보호관찰을 받도록 규정된 사람(제5호) 등이다.

이때 법 제3조 제1항 제5호에서 말하는 '다른 법률'이라 함은「성폭력범죄의 처벌 및 피해자보호 등에 관한 법률」,「가정폭력범죄의 처벌 등에 관한 특례법」,「성매매알선 등 행위의 처벌에 관한 법률」 등이다.

다양한 보호관찰대상자의 유형과 그 보호관찰기간은 아래의 〈표 4-9〉와 같다.

〈표 4-9〉 현행법령상 보호관찰 대상자 및 기간

적용법규	대상(근거)	기간
「형법」	보호관찰을 조건으로 형의 선고유예를 받은 자(제59조의2)	1년
	보호관찰을 조건으로 형의 집행유예를 받은 자(제62조의2)	유예기간(기간을 따로 정한 경우는 그 기간)-1년 이상 5년 이하
	가석방된 자(제73조의2)	잔형기간(10년 초과할 수 없음)
「소년법」	단기보호관찰처분을 받은 자(제32조 제1항 제4호)	1년
	장기보호관찰처분을 받은 자(제32조 제1항 제5호)	2년(+1차 1년)
	임시퇴원된 지(「보호관찰 등에 관한 법률」 제30조)	6월~2년
「치료감호 등에 관한 법률」	가종료자와 치료위탁된 자, 종료자	3년
「가정폭력범죄의 처벌 등에 관한 특례법」	보호관찰처분을 받은 자(제40조)	6월 이내(보호관찰처분 변경 시 1년 가능)
「성매매알선 등 행위의 처벌에 대한 법률」	보호관찰처분을 받은 자(제14조)	6월 이내(보호관찰처분 변경 시 1년 가능)
「아동·청소년의 성보호에 관한 법률」	「소년법」상의 보호처분사건으로 처리(제27조, 「소년법」 제32조)	1년~2년
	재범위험성이 높은 아동·청소년 대상 성폭행범에 대한 형 집행 종료 이후 실시	2년 이상 5년 이하(검사의 청구, 법원의 판결)
「특정 범죄자에 대한 보호관찰 및 전자장치 부착 등에 관한 법률」	재범의 위험성이 높은 특정 범죄자에 대한 형 집행 종료 이후 실시	2년 이상 5년 이하(검사의 청구, 법원의 판결)

② 보호관찰의 개시 및 종료

보호관찰의 개시는 법원의 판결이나 결정이 확정된 때 또는 가석방·임시퇴원된 때부터 시작된다. 또한 보호관찰은 ① 보호관찰기간이 지난 때, ② 보호관찰을 조건으로 한 형의 선고유예가 실효되거나 보호관찰을 조건으로 한 집행유예가 실효되거나 취소된 때, ③ 가석방 또는 임시퇴원이 실효되거나 취소된 때, ④ 보호처분이 변경된 때, ⑤ 부정기형의 종료결정이 있는 때, ⑥ 보호관찰이 정지된 임시퇴원자가 「보호소년 등의 처우에 관한 법률」 제43조 제1항의 나이(22세)가 된 때에 종료가 된다. 참고로 ⑦ '보호관찰기간 중 금고 이상의 형의 집행을 받게 된 때'에는 법률 개정으로 "해당 형의 집행기간 동안 보호관찰 대상자에 대한 보호관찰 기간은 계속 진행되고, 해당 형의 집행이 종료·면제되거나 보호관찰 대상자가 가석방된 경우 보호관찰 기간이 남아있는 때에는 그 잔여기간 동안 보호관찰을 집행한다."

③ 보호관찰의 기본업무: 지도 · 감독/출석면담과 출장면담

가) 지도 · 감독의 의의

보호관찰 대상자의 재범방지를 위한 기본 업무는 보호관찰관의 지도 · 감독에 있다.[89] 지도 · 감독은 시작 단계에서 재범위험성에 따라 대상자를 '일반', '주요', '집중'으로 분류하고, 분류등급에 따라 그 지도 · 감독의 횟수와 강도를 달리하여 적용함으로써 이루어진다.[90] 지도 · 감독 방법에는 일반적으로 출장지도, 출석면담 및 통신지도가 주를 이루고 있지만, 동시에 특성에 맞는 특별프로그램들이 기획되어 다양한 처우가 실시되고 있다. 지도 · 감독은 주로 보호관찰대상자에게 필수적인 일반 준수사항과 2009년 법제화된 특별준수사항이 그 기준이 되고 있다. 이와 같은 보호관찰업무의 성격에서 알 수 있는 바와 같이 지도 · 감독의 성패는 결국 보호관찰관과 대상자가 어떤 접촉을 갖느냐에 상당 부분 의존할 수밖에 없다.

지도 · 감독의 본질은 대상자 개인의 행동을 변화시키는 것이며, 대상자의 변화는 보호관찰관과 대상자의 일대일의 관계를 통하여 이루어진다고 볼 수 있다. 또한 역사적으로도 지도 · 감독의 중심적인 사항은 보호관찰관이 대상자에게 조언하고, 지지하고, 친구가 되어주는 것이었다고 주장되고 있다.[91] 이러한 정의와 주장은 보호관찰관과 대상자 간의 공식적 혹은 비공식적 만남이 보호관찰의 성패를 좌우하는 중요한 요인이라는 것을 말하고 있다.

---

89) 지도·감독의 법률적 정의는 "보호관찰관은 보호관찰 대상자의 재범을 방지하고 건전한 사회 복귀를 촉진하기 위하여 필요한 지도·감독을 한다."이다. 지도 · 감독 방법으로는 대상자와 긴밀한 접촉을 갖고 그 행동 및 환경 등을 관찰하며, 주어진 준수사항을 관리하며, 건전한 사회 복귀를 위하여 필요한 조치를 하는 것으로 명시되어있다.(「보호관찰 등에 관한 법률」 제32조); 여기에서는 보호관찰의 수단으로서 '원호'기능은 지도·감독에 포괄하는 개념으로 이해한다.(이형섭, 2012, pp.21-23 참조)

90) 「보호관찰대상자 지도감독 지침」에 근거하여 재범위험성 수준에 따라 일반, 주요, 집중보호관찰대상자로 분류등급을 결정한 후, 분류등급별로 출장지도, 출석면담 등 지도감독의 횟수와 강도를 달리하는 등 차별화된 지도·감독을 실시하고 있음.

91) 이형섭, 2012, p.23에서 재인용.

우리나라에서의 지도 · 감독에 관한 법률적 정의를 보면, "보호관찰관이 보호관찰 대상자의 재범을 방지하고 건전한 사회 복귀를 촉진하기 위하여 필요한 지도 · 감독을 하는 것"으로 명시되어있다(「보호관찰 등에 관한 법률」 제33조). 이를 위한 구체적인 방법으로는 다음 3가지가 제시되어있다.

㉠ 보호관찰 대상자와 긴밀한 접촉을 가지고 항상 그 행동 및 환경 등을 관찰하는 것.

㉡ 보호관찰 대상자에게 제32조의 준수사항을 이행하기에 적절한 지시를 하는 것.

㉢ 보호관찰 대상자의 건전한 사회 복귀를 위하여 필요한 조치를 하는 것 등.

여기에서 제32조의 준수사항은 대상자들에게 부과되는 일반준수사항과 특별준수사항을 의미한다. 일반준수사항은 다음과 같이 명시되어있다.

㉠ 주거지에 상주(常住)하고 생업에 종사할 것

㉡ 범죄로 이어지기 쉬운 나쁜 습관을 버리고 선행(善行)을 하며 범죄를 저지를 염려가 있는 사람들과 교제하거나 어울리지 말 것

㉢ 보호관찰관의 지도 · 감독에 따르고 방문하면 응대할 것

㉣ 주거를 이전(移轉)하거나 1개월 이상 국내외 여행을 할 때에는 미리 보호관찰관에게 신고할 것 등

이러한 일반준수사항 이외에, 특별준수사항으로 범죄의 내용과 종류 및 본인의 특성 등을 고려하여 필요하면 보호관찰 기간의 범위에서 기간을 정하여 일정한 사항을 부과할 수 있게 되어있는데 그 내용은 다음과 같다.

㉠ 야간 등 재범의 기회나 충동을 줄 수 있는 특정 시간대의 외출 제한

㉡ 재범의 기회나 충동을 줄 수 있는 특정 지역 · 장소의 출입 금지

㉢ 피해자 등 재범의 대상이 될 우려가 있는 특정인에 대한 접근 금지

㉣ 범죄행위로 인한 손해를 회복하기 위하여 노력할 것

㉤ 일정한 주거가 없는 자에 대한 거주장소 제한

㉥ 사행행위에 빠지지 아니할 것

㉦ 일정량 이상의 음주를 하지 말 것

㉧ 마약 등 중독성 있는 물질을 사용하지 아니할 것

㉨ 「마약류관리에 관한 법률」상의 마약류 투약, 흡연, 섭취 여부에 관한 검사에 따를 것

㉫ 그 밖에 보호관찰 대상자의 재범 방지를 위하여 필요하다고 인정되어 대통령령으로 정하는 사항.

나) 출석면담과 출장면담

이러한 준수사항을 지도·감독하기 위해서는 다양한 방식의 접촉[92]과 면담이 이루어지고 있는데, 그 주요 방식에는 출석면담과 출장면담이 있다.[93]

㉠ 출석면담(지도)

출석지도는 보호관찰대상자에 대한 가장 기본적인 형태의 지도·감독의 수단으로 보호관찰대상자가 대부분 보호관찰소에 출석하여 보호관찰관과 면담하는 방식이다. 이 출석지도는 분류등급에 따라 횟수가 다르며, 출석지도 시에는 대상자의 인적사항, 생활 내용, 향후 계획 및 변동사항 등에 대한 사항을 '생활보고서'에 작성하게 하여 제출받고, 이를 근거로 면담을 진행하면서 준수사항 이행 및 재범 여부 확인 등 지도·감독을 실시하게 되며, 그 결과를 보호관찰정보시스템(K-PIS)에 입력하여 관리한다.

2010년 12월에는 관련지침을 개정하여 면담 사전예약제를 도입, 2011년 1월부터 전면 실시하고 있다. 면담 사전예약제는 영국, 호주 등 보호관찰 선진국에서 이미 실시되고 있으며, 면담기법의 전문화 및 내실화를 통한 지도·감독의 효과성 제고에 도움이 될 것으로 기대된다.

㉡ 현장출장면담(지도)

현지출장지도는 가정, 직장, 학교, 지역사회 등 대상자의 생활현장을 직접 방문하여 대상자가 처한 환경을 보호관찰관이 직접 확인하고 준수사항의 이행 여부를 실질적으로 점검하는 적극적인 지도·감독 형태이다. 개시신고 시 대상자가 직접 작성하는 신고서와 심층면담을 통해 보호관찰관이 확인한 다양한 대상자 관련 정보의 확인 및 재범위험성 판단

---

92) 접촉은 기본적으로 대면과 비대면으로 구분하고 있다. "대면 지도감독"이라 함은 대상자, 보호자, 가족 및 관계인을 직접 대면 접촉하여 지도감독하는 보호관찰 활동을 말하고, "비대면 지도감독"이라 함은 대상자 및 그 관계인을 직접 접촉하지 아니하고 전화, 우편, 전자우편(e-메일) 등의 방법으로 지도감독하는 일체의 보호관찰 활동을 말한다.(「보호관찰대상자 지도감독 지침」 제3조)

93) 전화·통신지도는 대상자 본인은 물론, 보호자 등 가족 구성원, 학교 담임교사 등 대상자 관계인을 대상으로 대상자의 생활 동태 수시 확인, 귀가 확인 등 준수사항 이행 여부 불시 점검, 준수사항의 고지 등 다양한 기능을 수행한다. 또한, 통상적인 유선지도 외에도 E-Mail지도와 보호관찰정보시스템(K-PIS) 내에서 대상자의 휴대폰으로 문자메시지를 전송하고 답신 받는 '음성생활보고'를 병행하는 등 다양한 형태로 전화·통신지도가 실시되고 있다. 전화·통신지도는 주·야간 구분 없이 활용도가 높고 접근성이 용이하여 출석지도와 현지출장지도 등 대면지도를 보완하는 데 효과적인 지도감독 방식이다.

에 따른 개시분류의 적정을 기하기 위해 보호관찰 개시로부터 1개월 이내에 현지출장을 필수 실시하도록 관련지침에 규정하고 있다.

현지출장은 개시분류를 위한 목적 외에도 분류등급별 최소 현지출장 기준 횟수를 규정함으로써 지도감독 과정에서 확인된 대상자의 재범위험성의 변화에 따라 분류등급의 재조정 등 분류처우의 객관성을 확보하기 위한 중요한 과정이다. 현지출장을 통해 확인된 객관적 대상자 정보를 바탕으로 직업훈련, 경제구호 등 원호지원의 필요성을 인식할 수 있으며, 준수사항 위반 정도가 중대하고 재범위험성이 높다고 판단되는 자에 대한 제재조치 근거를 확보하기도 하는 등 현지출장은 보호관찰관으로 하여금 개별 대상자에 대한 개입의 방향성을 제시하는 중요한 수단이 된다. 현지출장지도는 가정, 직장, 학교, 지역사회 등 대상자의 생활환경을 직접 방문하여 대상자가 처한 환경을 보호관찰관이 직접 확인하고 준수사항의 이행 여부를 실질적으로 점검하는 적극적인 지도·감독의 형태이다. 현지출장은 개시분류를 위한 목적 이외에도 분류등급별 최소 현지출장 기준횟수를 규정함으로써 지도·감독 과정에서 확인된 대상자의 재범위험성의 변화에 따라 분류등급의 재조정 등 분류처우의 객관성을 확보하기 위한 중요한 과정이다. 현지출장을 통해 확인된 객관적 대상자 정보를 바탕으로 직업훈련, 경제적 구호 등 원호지원의 필요성을 인식할 수 있으며, 준수사항 위반정도가 중대하고 재범위험성이 높다고 판단되는 자에 대한 제재조치 근거를 확보하기도 하는 등 현지출장은 보호관찰관으로 하여금 개별 대상자에 대한 개입의 방향성을 제시하는 중요한 수단이 된다.[94)]

이와 관련된 내용으로 「보호관찰 대상자 지도감독 지침」을 살펴보면 다음과 같이 기술되어있다. 동 지침 제12조에서 "보호관찰관은 재범위험성 평가 이전에 대상자의 주거지, 직장 등을 방문하여 대상자 및 관계인을 면담하고 대상자 관련 정보의 사실 관계를 확인하여 이를 최종 평가에 반영하여야 한다"라고 명시되어있고, 아래 항목을 참고하여 심층면담을 실시하도록 되어있다.

a) 범죄경력 및 수사자료 조회서
b) 판결 전 · 결정 전 · 청구 전 조사 대상자의 경우 판결 전 · 결정 전 · 청구 전 조사서
c) 이전 보호관찰 경력자의 경우 보호관찰 지도·감독 상황
d) 교도소, 소년원 등 수용생활 경력자의 경우 수형생활 중 동태 시찰상황, 분류, 징벌 사항, 생활기록 등

94) 황진규, p.31에서 인용.

위의 사항을 참고하여 대상자들은 4종류로 분류되며 이에 따라 등급별 처우가 이루어진다.

재범위험성에 따라 집중 · 주요 · 일반 보호관찰대상자로 분류하며, 추적조사 대상자, 수용자, 임시해제자, 군법피적용자 등은 분류등급제외자로 분류하고 있다. 개시분류는 보호관찰 개시일로부터 1개월 이내에 실시함을 원칙으로 하며, 범죄경력 및 당해 범죄의 내용, 보호자의 보호의지 및 보호능력, 직업, 심리 · 성격조사 결과 등을 종합적으로 고려하여 보호관찰관의 재범위험성 정도 판단에 따라 개시분류를 하고 있으며, 개시분류에 따른 지도·감독 과정에서 확인된 준수사항 이행정도, 재범위험성의 변화 등 대상자의 제반 사정 변경을 고려하여 수시로 재분류를 실시하고 있다.

4종류에는 ① 집중 보호관찰 대상자, ② 주요 보호관찰 대상자, ③ 일반 보호관찰 대상자, ④분류 등급 제외자가 포함되어있다.(동 지침 제15조) 대상자에 대한 지도·감독은 해당되는 각 분류등급에 따라 그 형태와 횟수를 달리하여 실시한다.(동 지침 제27조, 제28조)

2) 사회봉사명령 및 수강명령제도

(1) 의의 및 연혁

① 의의

가) 개념

사회봉사명령이란 유죄가 인정된 범죄인이나 비행소년을 교도소나 소년원에 구금하는 대신에 정상적인 사회생활을 영위하게 하면서 일정한 기간 내에 지정된 시간 동안 무보수로 근로에 종사하도록 명하는 것을 말한다.

수강명령이란 유죄가 인정된 범죄인이나 비행소년을 교화개선하기 위하여 일정한 강의나 교육을 받도록 명하는 것을 말한다.

나) 법적 성격

사회봉사명령의 성격은 사회봉사명령제도를 단순히 과잉구금에 대처하기 위한 구금회피의 수단으로 보는 견해인 사회봉사를 통하여 사회봉사명령 대상자에게 사회적 책임을 환기시키거나 사회에 대한 보상을 할 기회를 제공하는 것으로 보는 견해인 사회책임설, 사회봉사명령 대상자에게 자원봉사의 정신을 배우게 하고 봉사작업의 중요성을 일깨우는 데에 기여하는 제도라는 견해인 봉사정신자각설, 주로 단기나 중기의 구금형에 대한 대체수단으로 보는 견해인 구금형 대체수단설 등이 있다. 최근에는 사회봉사명령이 사회복귀를 위한 케이스워크(case work)를 주축으로 한 처우방법이라는 입장은 후퇴하고 단기나 중기의 구금형에 대한 대체수단으로 보는 견해가 유력해지고 있다.

② 연혁

사회봉사명령은 1960년 영국에서 과잉구금의 문제에 대한 해결방안으로서 당사자의 동의를 기초로 한 자유노동을 통해 자유형을 대체하려는 새로운 시도로 출발하였다. 우리나라의 경우에는 1989년 「소년법」 개정에 의해 최초로 시행되었으며 「소년법」(1989. 7. 1.), 「형법」(1995. 12. 29.), 「보호관찰 등에 관한 법률」(1996. 12. 12.), 「가정폭력범죄의 처벌」 등에 관한 특례법(1997. 12. 13.)에서 사회봉사명령 · 수강명령을 규정하여 오늘에 이르기까지 실시하고 있다. 한편 우리나라의 사회봉사명령에 있어서는 당사자의 동의를 전제로 하고 있지 않으며, 그 집행을 보호관찰관이 담당하기 때문에 지역사회에 기반을 둔 민간독지가에 의한 처우의 성격이 없다.

(2) 사회봉사 · 수강명령의 기능 및 상 · 난섬

① 형사정책적 기능

사회봉사명령은 처벌적 성격(Punishment), 배상의 성격(Reparation), 범죄자와 사회의 화해(Reconciliation)와 같은 기능이 있다. 즉 사회봉사명령제도는 육체적인 고된 작업과 훈련 그리고 가시적인 성과라는 요소를 가지면서 무보수의 의무적인 작업을 실시함으로써 중간처벌의 성격을 지니고 있다는 처벌적 성격(Punishment), 피해자나 지역사회에 대해 사회봉사작업을 함으로써 범죄인은 사회자원을 저해한 자라는 낙인에서 벗어나 사회일반의 복지에 유익한 기여자로서 사회에 대한 보상이 이루어진다는 배상의 성격(Reparation), 사회복귀적 성격으로 범죄자를 사회에 재통합 내지 재사회화하는 데 기여하여 범죄자와 사회와의 화해를 가능하게 하기 때문에 범죄자와 사회의 화해(Reconciliation)라는 기능이 있는 것이다.

② 사회봉사 · 수강명령의 장 · 단점

가) 장점

사회봉사명령은 기존 사회 내 처우의 기본형태인 전문가에 의한 처우형태를 넘어서 처우기반을 사회에서 구하고 자원봉사자들의 참여확대를 기하게 되었고, 범죄인에 대한 관리통제기능을 구금형에서 사회로 대체시키는 효과를 거둬 범죄인을 지도받는 수동적 객체에서 사회에 봉사하는 능동적인 주체로 전환시킬 수 있다. 그리고 범죄인의 행동을 사회에 대한 보상이란 관점에서 벗어나 지역사회에 대한 봉사활동으로 바꾸는 계기가 되었으며, 비구금 처우라 하더라도 봉사활동을 통하여 형벌의 엄격함을 유지하면서 비용절감과 낙인효과를 감소시킬 수 있다.

수강명령의 경우 범죄자들의 여가를 박탈함으로써 처벌의 효과가 있고 여가를 건설적으로 활용하고 가치 있는 활동에 참여하도록 조장하는 교육적 · 개선적 효과를 지니고 있다.

나) 단점

사회봉사명령의 법적 성격이 확정되어 있지 않기 때문에 전국적으로 통용되는 일관된 기준이 없다. 지역마다 각기 정책을 수립 · 집행함으로써 사회봉사명령이 통일성 없이 이루어지고 있고, 사회봉사명령 대상자의 선정에 대한 기준이 미흡하고 명령위반 행위에 대한 조치, 교통비의 지급, 노동시간에의 산입 등에 있어서 일관성이 없다. 또한 정상적 직업활동을 저해할 우려가 있고 또 다른 낙인으로 간주될 수 있다는 문제점이 있다.

(3) 사회봉사 · 수강명령의 현황 및 주요 내용

① 대상자와 시간

「보호관찰 등에 관한 법률」 제3조 제2항에서 규정한 사회봉사 · 수강을 하여야 할 사람(이하 "사회봉사명령대상자" 및 "수강명령대상자"라 한다)은 다음과 같다. ① 「형법」 제62조의2에 따라 사회봉사 · 수강을 조건으로 형의 집행유예를 선고받은 사람(제1호), ② 「소년법」 제32조에 따라 사회봉사명령을 받은 사람(제2호)과 수강명령을 받은 사람(제3호), 다른 법률에서 이 법에 따른 사회봉사 또는 수강을 받도록 규정된 사람(제3호) 등이다.

이때 법 제3조 제2항 제3호에서 말하는 '다른 법률'이라 함은 「성폭력범죄의 처벌 및 피해자보호 등에 관한 법률」, 「가정폭력범죄의 처벌 등에 관한 특례법」, 「성매매알선 등 행위의 처벌에 관한 법률」 등이다.

형법상 사회봉사명령을 조건으로 집행유예를 선고받은 사람에게는 500시간 이내의 사회봉사명령과 200시간 이내의 수강명령이 부과된다(보호관찰 등에 관한 법률 제59조 제1항). 소년법상 보호처분 중에서 사회봉사명령은 200시간, 수강명령은 100시간 이내에서 부과된다(소년법 제33조 제4항). 사회봉사와 수강명령의 대상자 및 기간은 〈표 4-10〉과 같다.

〈표 4-10〉 사회봉사 · 수강명령 시간

적용법규	대상(근거)	기간
「형법」	사회봉사 또는 수강을 조건으로 형의 집행유예를 받은 자(제62조의2)-14세 이상	• 사회봉사 : 500시간 범위 내 • 수강명령 : 200시간 범위 내
「소년법」	보호처분 중 사회봉사명령 또는 수강명령을 받은 소년(제32조 제3항 · 제4항))	• 2호 처분(수강명령) : 12세 이상 100시간 범위 내 • 3호 처분(사회봉사명령) : 14세 이상 200시간 범위 내
「가정폭력범죄의 처벌 등에 관한 특례법」	사회봉사명령 또는 수강명령을 받은 자(제40조)	• 각각 200시간 범위 내 원칙 • 변경 시 각각 400시간 범위 내
「성매매알선 등 행위의 처벌에 대한 법률」	사회봉사명령 또는 수강명령을 받은 자(제14조)	• 각각 100시간 범위 내 원칙 • 변경 시 각각 200시간 범위 내
「아동 · 청소년의 성보호에 관한 법률」	「소년법」상의 보호처분사건으로 처리(제21조, 「소년법」 제32조)	• 2호 처분(수강명령) : 12세 이상 100시간 범위 내 • 3호 처분(사회봉사명령) : 14세 이상 200시간 범위 내
	아동 · 청소년 대상 성범죄자로 집행유예를 받은 자	수강명령 : 500시간 범위 내
「벌금 미납자의 사회봉사집행에 관한 특례법」	벌금형(500만 원 한도)이 확정된 벌금 미납자	1일 9시간(최대 13시간을 초과할 수 없음), 6개월 범위 내(6개월 범위 내 한 번 연장 가능)

② 사회봉사 · 수강명령의 실시현황

우리나라에 보호관찰제도가 도입된 1989년에는 사회봉사명령 실시사건 수가 121건에 그쳤으나, 전국 12개 보호관찰 본소 및 6개 지소가 안정적으로 지역사회에 정착하면서 1990년에는 2,224건으로 대폭 증가하였다. 특히 1997년 개정 「형법」의 적용으로, 집행유예자에 대하여 사회봉사명령이 부과되면서 사회봉사명령 집행대상 실시사건 수가 급증하였다.

한편 수강명령의 경우에도 대상자의 증가 등 양적 성장은 물론 프로그램의 다양화 및 전문화, 내용적 측면의 질적 수준 제고 등에 있어서도 비약적인 발전을 거듭해왔다. 사회봉사명령과 마찬가지로 수강명령도, 1989년 297명이었던 대상자 수가 2008년에는 16,000

여 명을 넘어서는 등 양적으로 급격하게 확대되어 왔다. 특히 수강명령은 1998년 이후 2000년까지 3년간은 매년 큰 폭의 증가세를 보이며 양적인 측면에서 급속하게 성장하였다. 이는 전국 법원 소재지에 속속 보호관찰소가 개청하면서 수강명령 집행체계를 정비하였고 법원과의 협의회 개최 및 제도 홍보 등을 통하여 이 제도에 대한 법원의 이해도가 증진된 것이 영향을 미친 것으로 보인다. 다음 〈표 4-11〉은 최근 10년간 사회봉사와 수강명령 실시사건현황이다. 사회봉사명령은 47,654건에서 53,231건으로 약 11.7% 증가하였고, 수강명령은 22,083건에서 45,459건으로 약 106% 증가하였다.

〈표 4-11〉 최근 5년간 사회봉사 · 수강명령 실시사건

(단위: 건)

연도	사회봉사명령	수강명령 실시사건
2009	48,902	25,888
2010	42,469	24,275
2011	41,317	24,882
2012	41,560	28,144
2013	41,511	28,054
2014	43,293	30,281
2015	45,549	33,513
2016	48,395	38,857
2017	53,231	45,459
2018	51,224	41,884

출처 : 법무부 범죄예방정책국 사회봉사명령, 수강명령 통계자료.

③ 집행내용

사회봉사명령은 자연보호활동, 식물원 봉사활동, 도서관 봉사활동, 문화재 봉사활동, 장애자 및 노약자 시설에 대한 봉사활동 등이 주된 내용이고, 수강명령프로그램은 푸른교실, 희망교실, 청소년건강교실, 얄개교실, 토요교실 등이 있고 그 내용으로는 약물남용의 폐해에 대한 교육, 인간관계의 개선방법, 올바른 성관념을 위한 성교육, 심성개발훈련 등을 들 수 있다.

이러한 사회봉사명령 또는 수강명령은 보호관찰관이 집행한다. 다만, 보호관찰관은 국공립기관이나 그 밖의 단체에 그 집행의 전부 또는 일부를 위탁할 수 있다(「보호관찰 등에 관한 법률」 제61조).

(4) 사회봉사 · 수강명령의 종료

사회봉사명령과 수강명령은 ① 사회봉사명령 또는 수강명령의 집행을 완료한 때, ② 형의 집행유예기간이 지난 때, ③「형법」 제64조 제2항에 따라 집행유예의 선고가 취소된 때, ④「보호관찰 등에 관한 법률」 제49조(보호처분의 변경)에 따라 보호처분이 변경된 때에 종료된다(동법 제63조). 법률 개정에 따라 기존 사회봉사, 수강명령의 종료사유였던 ⑤ '사회봉사 · 수강명령 집행기간 중 금고 이상의 형의 집행을 받게 된 때'에는 "해당 형의 집행이 종료 · 면제되거나 사회봉사·수강명령 대상자가 가석방된 경우 잔여 사회봉사·수강명령을 집행한다."로 변경되었다.

3) 전자감독제도

(1) 의의

전자감독제도란 범죄자를 구금하지 않고 정상적으로 사회생활을 하게 하면서 지정된 시간에 지정된 장소에 있을 것을 조건으로 대상자의 신체에 전자감응장치를 부착시키고 이를 통해 준수사항을 이행하고 있는지를 원격감시하는 제도를 말한다. 일반적으로 다른 범죄에 비해 재범률이 높은 것으로 알려진 특정 범죄자들에 대해 출소 후에도 24시간 감시할 수 있도록 한 제도다.

(2) 연혁

2007년「특정 성폭력범죄자에 대한 위치추적 전자장치부착에 관한 법률」을 제정하여 2008년부터 시행되었다. 이때의 부착대상은 성폭력 범죄자로 검사의 부착명령 청구대상자와 성폭력 범죄자로 검사의 부착명령 청구가 없더라도 전자발찌가 인정되거나 전자발찌 부착명령 판결을 받지 않은 성폭력범죄자가 가석방이나 집행유예 판결을 받을 경우에도 보호관찰 명령과 함께 전자발찌 부착대상자가 될 수 있다. 전자감시제도를 통해 성폭력 범죄자는 스스로 24시간 감시받는다는 사실을 항상 의식하게 되어 재범 의지를 감소시키는 효과를 거둘 수 있을 것이라는 희망을 갖고 출발을 하게 되었다.

2009년에는 성폭력범죄와 미성년자 대상 유괴범죄 및 살인범죄 등은 그 결과가 중대하고 반복될 개연성이 높은 실정이어서 징역형을 선고받는 특정 범죄자 등이 특히 그 재범의 가능성이 높다고 객관적으로 인정되는 자에게 출소 후 위치를 확인할 수 있는 전자장치를 부가적으로 부착하게 하여 행적을 추적할 수 있도록 함으로써 같은 범죄가 다시 발생하는 것을 예방하려는 목적으로 「특정 범죄자에 대한 위치추적 전자장치부착에 관한 법률」로 법명을 변경하였으며, 2012년에는 특정 범죄자에 대한 보호관찰을 추가로 포함시키는 「특정 범죄자에 대한 보호관찰 및 전자장치 부착 등에 관한 법률」로 법명이 변경되었고, 특정 범죄자에 강도범죄자를 추가하여 오늘에 이르고 있다. 2020년 2월에는 위치추적 전자장치 부착의 대상이 종전의 특정 범죄에서 모든 범죄로 확대되고, 그 대상도 재판 중인 피고인이 보석의 조건으로 활용되도록 법률 개정이 있었다. 이에 법률 제명도 「범죄자에 대한 보호관찰 및 전자장치 부착 등에 관한 법률」로 변경되었다.[95]

(3) 운영방법

전자발찌는 발목에 차는 부착장치와 휴대용 위치추적장치, 재택감독장치 등 3개로 구성돼 있으며, 전자발찌 부착자는 외출 시 휴대용 추적장치를 함께 가지고 다녀야 한다. 전국의 성범죄자의 위치는 GPS 발신기를 통해 이들의 위치와 이동경로 등의 정보가 실시간으로 24시간 위치추적중앙관제센터에 전달 · 기록된다. 위치추적중앙관제센터는 보호관찰기간 중 일정 기간 동안 위치추적 전자감독장치 부착명령을 부과하여 특정 시간대 외출제한, 특정 장소 출입금지, 범죄피해자 등에 대한 접근금지, 치료프로그램 이수 등의 준수사항 이행을 통해 범죄피해자와 지역사회를 보호하고, 부착보호관찰대상자의 재범방지와 범죄성향 등의 교정으로 건전한 사회복귀를 촉진하기 위한 다양한 노력을 기울이고 있다.

(4) 전자장치 부착의 유형

① 형 집행 종료 후의 전자장치 부착

전자장치 부착의 대상은 성폭력 범죄자, 미성년자 대상 유괴범죄자, 살인범죄자, 강도범죄자가 있다.

---

95) 최근 5년간 전자감독대상자 현황을 보면, 2014년(2,129명), 2015년(2,313명), 2016년(2,696명), 2017년(2,981명), 2018년(3,126명)으로 나타나 매년 증가세를 보이고 있다. 법무연수언, 「범죄백서」, 2019, p.428.

형 집행 종료 후의 전자장치 부착을 위해 검사는 ① 성폭력범죄로 징역형의 실형을 선고받은 사람이 그 집행을 종료한 후 또는 집행이 면제된 후 10년 이내에 성폭력범죄를 저지른 때, ② 성폭력범죄로 동법에 따른 전자장치를 부착받은 전력이 있는 사람이 다시 성폭력범죄를 저지른 때, ③ 성폭력범죄를 2회 이상 범하여(유죄의 확정판결을 받은 경우를 포함) 그 습벽이 인정된 때, ④ 19세 미만의 자에 대하여 성폭력범죄를 저지른 때, ⑤ 신체적 또는 정신적 장애가 있는 사람에 대하여 성폭력범죄를 저지른 때에 해당되는 성폭력범죄자에 대해 법원에 청구할 수 있다.

그리고 미성년자 대상 유괴범죄를 저지른 사람으로서 미성년자 대상 유괴범죄를 다시 범할 위험성이 있다고 인정되는 사람에 대해서 청구할 법원에 청구할 수 있고, 유괴범죄로 징역형의 실형 이상의 형을 선고받아 그 집행이 종료 또는 면제된 후 다시 유괴범죄를 저지른 경우에는 반드시 법원에 청구하여야 한다.

또한 살인범죄를 저지른 사람으로서 살인범죄를 다시 범할 위험성이 있다고 인정되는 사람에 대해서도 청구할 수 있으며, 살인범죄로 징역형의 실형 이상의 형을 선고받아 그 집행이 종료 또는 면제된 후 다시 살인범죄를 저지른 경우에는 반드시 청구하여야 한다.

마지막으로 ① 강도범죄로 징역형의 실형을 선고받은 사람이 그 집행을 종료한 후 또는 집행이 면제된 후 10년 이내에 다시 강도범죄를 저지른 때, ② 강도범죄로 동법에 따른 전자장치를 부착했던 전력이 있는 사람이 다시 강도범죄를 저지른 때, ③ 강도범죄를 2회 이상 범하여(유죄의 확정판결을 받은 경우를 포함) 그 습벽이 인정된 때에 해당되는 자에 대해 부착명령을 청구할 수 있다. 이러한 부착명령의 청구는 공소가 제기된 특정범죄사건의 항소심 변론종결 시까지 하여야 한다. 한편, 법원은 공소가 제기된 특정범죄사건을 심리한 결과 부착명령을 선고할 필요가 있다고 인정하는 때에는 검사에게 부착명령의 청구를 요구할 수 있다(동법 제5조).[96]

② 형 집행 종료 후의 보호관찰

검사는 ① 성폭력범죄를 저지른 사람으로서 성폭력범죄를 다시 범할 위험성이 있다고 인정되는 사람, ② 미성년자 대상 유괴범죄를 저지른 사람으로서 미성년자 대상 유괴범죄를 다시 범할 위험성이 있다고 인정되는 사람, ③ 살인범죄를 저지른 사람으로서 살인범

96) 부착명령의 기간
① 법정형의 상한이 사형 또는 무기징역인 특정범죄: 10년 이상 30년 이하
② 법정형 중 징역형의 하한이 3년 이상의 유기징역인 특정범죄: 3년 이상 20년 이하
③ 법정형 중 징역형의 하한이 3년 미만의 유기징역인 특정범죄: 1년 이상 10년 이하

죄를 다시 범할 위험성이 있다고 인정되는 사람, ④ 강도죄를 저지른 사람으로서 강도범죄를 다시 범할 위험성이 있다고 인정되는 사람에 대하여 형의 집행이 종료한 때부터 「보호관찰 등에 관한 법률」에 따른 보호관찰명령을 법원에 청구할 수 있다. 한편 법원은 부착명령이 청구된 사건에 대하여 부착명령보다 보호관찰명령을 선고할 필요가 있다고 인정하는 때에는 검사에게 보호관찰명령의 청구를 요청할 수 있다(동법 제21조의2).

청구된 대상자에 대해 법원은 금고 이상의 선고형에 해당하고 보호관찰명령의 청구가 이유 있다고 인정하는 때에는 2년 이상 5년 이하의 범위 내에서 기간을 정하여 보호관찰명령을 선고하여야 한다(동법 제21조의3). 한편 법원은 보호관찰명령을 선고하는 경우 대상자 준수사항 중 하나 이상을 부과할 수 있다. 다만, 특정범죄 치료프로그램의 이수에 대한 준수사항은 300시간의 범위에서 그 기간을 정하여야 한다(동법 제21조의4).

이러한 보호관찰명령은 특정범죄사건에 대한 형의 집행이 종료되거나 면제 · 가석방되는 날 또는 치료감호 집행이 종료 · 가종료되는 날부터 집행한다. 다만, 보호관찰명령의 원인이 된 특정범죄사건이 아닌 다른 범죄사건으로 형이나 치료감호의 집행이 계속될 경우에는 보호관찰명령의 원인이 된 특정범죄사건이 아닌 다른 범죄사건에 대한 형의 집행이 종료되거나 면제 · 가석방되는 날 또는 치료감호의 집행이 종료 · 가종료되는 날부터 집행한다(동법 제21조의5).

③ 가석방 및 가종료 등의 조건으로서의 전자장치 부착

2020년 2월 개정된 법에 따라, 가석방 대상자 중 전자장치를 부착하는 대상자는 기존의 특정 범죄자 외 모든 대상자로 확대되었다. 기존의 특정범죄자가 가석방되어 보호관찰을 받게 되는 경우에는 원칙적으로 전자장치가 부착되며, 예외적으로 심사위원회가 전자장치 부착이 필요하지 않다고 결정한 경우에만 그렇지 아니한다(동법 제22조제1항).

반면, 특정범죄 이외의 범죄로 가석방 되어 보호관찰을 받는 사람은 심사위원회의 재량으로 전자장치 부착여부를 결정할 수 있도록 하고 있다(동법 제22조제2항).

그리고 「치료감호법」에 따른 치료감호심의위원회는 부착명령판결을 선고받지 아니한 특정 범죄자로서 치료감호의 집행 중 가종료 또는 치료위탁되는 피치료감호자나 보호감호의 집행 중 가출소되는 피보호감호자(이하 '가종료자 등'이라 함)에 대하여 관련 법률에 따른 준수사항 이행 여부 확인 등을 위하여 보호관찰기간의 범위에서 기간을 정하여 전자장치를 부착하게 할 수 있다(동법 제23조).

④ 형의 집행유예와 부착명령

법원은 특정범죄를 범한 자에 대하여 형의 집행을 유예하면서 보호관찰을 받을 것을 명할 때에는 보호관찰기간의 범위 내에서 기간을 정하여 준수사항의 이행 여부 확인 등을 위하여 전자장치를 부착할 것을 명할 수 있다(동법 제28조).

⑤ 보석의 조건으로서의 전자장치 부착

법원은 피고인에 대한 보석의 조건으로 전자장치 부착을 명할 수 있도록 전자감독법이 개정되어, 소위 전자보석 제도가 도입되었다. 전자감독 조건부 보석은 법원의 직권, 피고인 등의 청구에 따라 법원이 결정한다. 법원은 전자감독 조건부 보석 결정시 대상자의 도주 우려 차단 등을 위해 재택구금, 외출제한, 주거제한 등 추가 조건을 병과할 수 있다.(동법 제31조의2 내지 제31조의4).

(5) 전자감독의 효과성 평가

외국의 경우 주로 교도소 등 구금시설의 과잉수용과 이에 따른 교정비용의 감소를 목적으로 실시한 반면, 우리나라는 성폭력범죄 등 흉악범죄자로부터 사회를 보호하려는 목적으로 출발하였고 전자감독의 운영비용도 국가가 부담하기 때문에 그 효과성에 대한 평가 방식에는 차이가 있을 수 있다. 전자감독의 효과성은 일반적으로 두 가지 관점—비용절감과 재범률 감소—에서 논의가 되고 있다. 기존 평가연구의 방법론상 과학적 정밀성의 부족으로 그 효과에 대한 최종 평가는 아직 유보된 상황이다.[97]

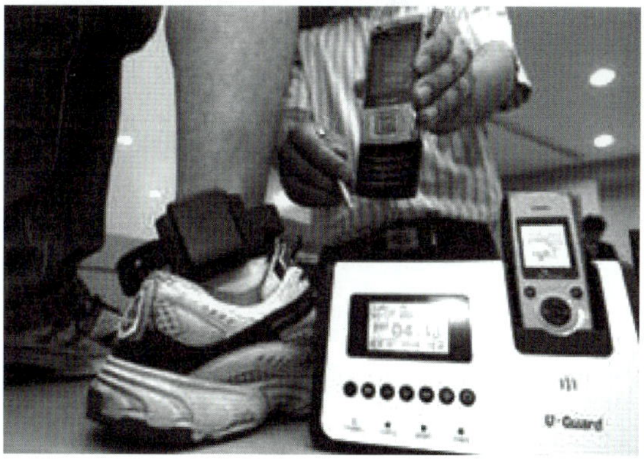

① 비용절감

비용절감과 관련 가장 초보적인 주장은 예컨대, 미국의 경우, 일일 평균 구금비용은 \$36~123이고, 전자감독 비용은 \$3~11이며, 동시에 대상자가 직업을 갖고 가족을 부양하며 세금을 낼 수 있다는 이

97) Bayens, Gerald, and John Ortiz Smykla, *Probation, Parole, & Community-Based Corrections; Supervision, Treatment, & Evidence-Based Practices*, New York: McGraw Hill, 2013, p.191. 대부분의 평가연구가 범죄행위의 감소나 변화에 초점이 맞추어져 있고, 범죄자의 사고, 추리, 정서, 문제해결에 대한 인지능력과의 관계에 대해서는 거의 연구된 바가 없다는 지적이 있다.

점이 제시되고 있다.[98] 이러한 입장에 대해서는 다양한 비판적 주장이 있다. 구금형을 대체하여 실시되는 가택구금 전자감독의 경우는 비용절감의 논리가 성립되지만 형 집행종료 후의 전자감독의 경우는 설명하기 어렵다는 것이다. 구금형의 대체형벌로서 전자감독의 부과를 받았더라도 그 인원이 적다면, 각 수용시설의 운영규모나 근무인원에는 변함이 없기 때문에 전체 수용비용에 대한 절감효과는 극히 미미하다는 주장 또한 존재한다.

그러나 일반적으로 가석방 및 가종료에 대한 조건으로서, 그리고 보호감호를 대체하는 전자감독은 구금에 대한 대체효과가 있으므로 비용절감을 기대할 수 있다고 본다. 또한 단순한 교정비용절감 차원이 아니라 재범률 감소와 범죄성의 장기적인 개선효과를 고려해 볼 때, 상습범죄나 흉악범죄로 인한 사회적 비용절감의 효과가 있다고 주장되고 있다.[99]

② 재범률 감소

대상자가 재사회화되는 과정에서 전자장치 부착이 부정적인 영향을 미친다는 주장이 다양하게 제기되고 있다. 통제적 성격에 따라 대상자가 수동적으로 처신하게 되며, 부착에서 오는 고통이 구금형에 못지않게 크다는 주장과 함께, 고용주나 직장 동료에게 노출될 경우의 부정적 측면 때문에 재사회화에 어려움을 준다는 주장 등이 포함된다. 한편 긍정적인 측면에서는 사회적 · 가족적 관계를 지속하게 하여 교화와 개선에 더 큰 효과를 미친다고 주장되기도 한다. 또 다른 측면으로서, 전자감독을 병행함에 따라 다른 개입프로그램에 대한 순응성이 강화된다는 결과도 제시되었다. 예컨대 소아성애자에 대한 치료프로그램의 수행과 효과를 강화하는 수단으로서 역할을 한다는 것이다.[100]

재범률에 관련된 연구 역시 연구방법론상 문제점들로 인해 평가 결과에 대한 논란이 있지만, 최근 긍정적인 평가연구 결과가 보고되고 있다. 미국에서 실시된 성폭력사범, 마약사범, 재산범, 폭력사범을 대상으로 한 연구에서 전자감독대상자가 일반보호관찰대상자보다 재범이나 준수사항위반으로 재구금되는 '사회 내 처우 실패율'이 31% 낮게 나타났다. 우리나라에서도 전자감독대상자가 일반보호관찰대상자에 비해 준수사항의 의도적 위반이 81.8% 낮은 것으로 나타났다. 스웨덴에서 수행된 연구에서도 2년 이상 복역한 출소자로서 전자감독명령이 종료된 이후 3년 내에 재범 혹은 기소된 사례를 비교한 결과, 가석방기

98) Bayens, Gerald, and John Ortiz Smykla, p.190.

99) 한영수·강호성·이형섭, 「한국 전자감독제도론」, 박영사, 2013. p.260.

100) 전게서, p.261.

간 동안 전자감독을 받은 출소자의 재범률이 일반 출소자들보다 12%(26%, 38%) 낮고, 중범죄로 인한 기소율 역시 12%(14%, 26%) 낮은 것으로 나타났다. 이는 전자감독기간이 사회재적응을 위한 완충지대 역할을 한 것으로 설명되고 있다.[101)]

(6) 전자감독제도의 장 · 단점

전자감독제도의 장점은 ① 교도소 과밀수용을 완화시키고 수용비용 절감, ② 형사시설에 수용하지 않고도 수용의 목적을 충족시킬 수 있음, ③ 대상자가 사회에서 정상적으로 생활하도록 함으로써 사회복귀를 원활하게 함, ④ 처우의 다양화를 기할 수 있음, ⑤ 범죄자에 대한 지속적 감시를 통해 사회안전을 확보할 수 있는 점에 있다.

그러나 단점으로는 ① 대상자의 위치는 확인할 수 있으나 구체적인 행동은 통제할 수 없기 때문에 사회방위와 재사회화에 일정한 한계가 있음, ② 프라이버시 등 인권침해 문제나 윤리적 문제를 야기할 수 있음, ③ 대상자에 대한 사회경제적 편견이 개입되어 낙인효과를 초래할 가능성, ④ 아직 기술적 완성도의 미흡으로 인한 실제 대상자의 감독상 한계점이 나타남, ⑤ 사회통제망이 지나치게 확대될 염려가 있음, ⑥ 전자감독 기기마련을 위한 일정 비용이 소요되는 점 등이 있다.

이외에 무엇보다 중요한 사항으로 24시간 모니터링 및 출동대기 등을 담당할 인력이 상시 요구되며, 전자장치의 기술력보다는 집행하는 보호관찰관의 능동적이고 적극적인 노력이 중요하다는 점이 있다.

4) 성충동약물치료제도

(1) 목적

사람에 대하여 성폭력범죄를 저지른 성도착증 환자(이상성욕, 변태성욕 등)로서 성폭력범죄를 다시 범할 위험성이 있다고 인정되는 사람에 대하여 성충동 약물치료를 실시하여 성폭력범죄의 재범을 방지하고 사회복귀를 촉진하는 것을 목적으로 한다(동법 제1조).

(2) 연혁

16세 미만의 아동 상대 성폭력범죄자 중 비정상적인 성적 충동이나 욕구로 자신의 행위를 스스로 통제할 수 없는 성도착증 환자에 대하여 도착적인 성기능을 일정 기간 약화 또

101) 전게서, p.262.

는 정상화하는 성충동 약물치료를 실시할 수 있도록 하는「성폭력범죄자의 성충동 약물치료에 관한 법률」을 2010년에 제정하여 2011년부터 시행하였고, 2013년에는 16세 미만의 아동 상대 성폭력범죄자에 한정되었던 대상자를 확대하여 사람을 성폭행한 모든 대상자로 확대하는 개정과 시행이 있었고, 오늘에 이르고 있다.[102)]

(3) 성충동 약물치료의 내용

① 대상

검사는 성폭력범죄를 저지른 성도착증 환자로서 성폭력범죄를 다시 범할 위험성이 있다고 인정되는 19세 이상의 사람에 대하여 약물치료명령(치료명령)을 법원에 청구할 수 있다. 검사는 치료명령 청구대상자(치료명령 피청구자)에 대하여 정신건강의학과 전문의의 진단이나 감정을 받은 후 치료명령을 청구하여야 한다(동법 제4조).

그리고 검사는 사람에 대하여 성폭력범죄를 저질러 징역형 이상의 형이 확정되었으나 치료명령이 선고되지 아니한 수형자 중 성도착증 환자로서 성폭력범죄를 다시 범할 위험성이 있다고 인정되고 약물치료를 받는 것을 동의하는 사람에 대하여 그의 주거지 또는 현재지를 관할하는 지방법원(지원 포함)에 치료명령을 청구할 수 있다(동법 제22조).

또한「치료감호법」에 따른 치료감호심의위원회는 성폭력범죄자 중 성도착증 환자로서 치료감호의 집행 중 가종료 또는 치료위탁되는 피치료감호자나 보호감호의 집행 중 가출소되는 피보호감호자(이하 '가종료자 등')에 대하여 보호관찰기간의 범위에서 치료명령을 부과할 수 있다(동법 제25조).[103)]

② 판결

법원은 치료명령 청구가 이유 있다고 인정하는 때에는 15년의 범위에서 치료기간을 정하여 판결로 치료명령을 선고하여야 한다. 그리고 치료명령을 선고받은 사람은 치료기간 동안「보호관찰 등에 관한 법률」에 따른 보호관찰을 받는다(동법 제8조).

---

102) 성충동약물치료 대상자는 2011~2018년 사이에 개신인원 30명, 종료인원 8명으로 나타나 2018년 현재 22명이다.
법무연수원,「범죄백서」, p.435.

103) 치료비용: 판결에 의한 치료명령은 국가가 그 비용을 부담하는 것을 원칙으로 하고 있고, 결정에 의한 치료명령은 대상자가 치료비를 부담하는 것을 원칙으로 하고 있다.

③ 집행

치료명령은 검사의 지휘를 받아 보호관찰관이 집행한다(동법 제13조). 이러한 치료명령은 「의료법」에 따른 의사의 진단과 처방에 의한 약물 투여, 「정신보건법」에 따른 정신보건 전문요원 등 전문가에 의한 인지행동 치료 등 심리치료 프로그램의 실시 등의 방법으로 집행한다(동법 제14조).

보호관찰관은 치료명령을 받은 사람에게 치료명령을 집행하기 전에 약물치료의 효과, 부작용 및 약물치료의 방법 · 주기 · 절차 등에 관하여 충분히 설명하여야 하고, 치료명령을 받은 사람이 형의 집행이 종료되거나 면제 · 가석방 또는 치료감호의 집행이 종료 · 가종료 또는 치료위탁으로 석방되는 경우 보호관찰관은 석방되기 전 2개월 이내에 치료명령을 받은 사람에게 치료명령을 집행하여야 한다(동법 제14조).

5) 신상정보 등록 및 공개 · 고지제도

(1) 의의

2011년부터 시행 중인 성인피해자 대상 성폭력범죄자의 신상정보 등록 및 공개 · 고지 제도는 특성 상력범죄사에 내한 사회 내의 강화된 관리감독 수단이리는 점에서 보호관찰 제도와 연관성이 있다. 특히 전자감독이나 보호관찰 중인 성폭력범죄자들의 상당수가 신상정보 등록 및 공개 · 고지의 대상이다.

(2) 연혁

신상정보의 등록 및 열람제도는 2006년부터 「아동 · 청소년의 성보호에 관한 법률」 제33조 제1항에 의하여 13세 미만 아동 · 청소년을 대상으로 한 성폭력범죄자에 국한하여 실시하였으며, 관리주체도 국가청소년위원회 · 보건복지부 · 여성가족부 등이었다. 이 제도는 2006년 6월 30일부터 시행되었으며, 원래 입법취지가 아동 · 청소년의 성보호를 강화하기 위한 것으로서, 당시 아동 · 청소년에 대한 복지 및 보호업무를 담당하는 국가청소년위원회의 소관업무이었다. 이후 2008년부터 2009년까지는 보건복지부의 소관업무가 되었으며, 이후 2010년부터는 정부조직의 개편에 따라 여성가족부에서 등록 · 공개 및 열람업무를 관장하였다.[104)]

---

104) 신상정보 등록 연도별 현황을 보면, 2011년(279명), 2012년(2,337명), 2013년(13,628명), 2014년(23,878명), 2015년(36,267명), 2016년(46,415명), 2017년(58,053명), 2018년(71,012명)으로 나타나 급속한 증가세

(3) 주요 내용

2010년에는 같은 법률에 의거한 신상등록 및 공개대상이 19세 미만 미성년자에 대한 성폭력범죄자로 확대되었으며, 2011년에는 「성폭력범죄의 처벌 등에 관한 특례법」에 의하여 성인을 대상으로 성폭력범죄를 저지른 사람에 대해서도 그 정보를 인터넷에 등록 · 공개하고 해당 성범죄자의 정보를 19세 미만의 자녀가 있는 인근 주민에게도 고지하도록 하였다(같은 법률 제32조 내지 제42조).

2012년 12월 18일에는 종전 신상정보 등록 및 공개 관련규정이 위와 같이 두 개의 법률에 각각 나누어져 있고 이를 담당하는 소관부처도 중복되었던 문제를 해결하기 위하여 「성폭력범죄의 처벌 등에 관한 특례법」이 개정되었다(2013년 6월 19일자 시행). 이에 따라 등록에 관한 사항은 법무부장관이 집행하도록 하고 신상정보의 공개와 고지는 여성가족부장관이 집행하도록 하여 통일적인 업무처리가 가능하도록 하였다.

(4) 관련 법률 조항

(가) 등록정보의 공개

법원은 다음의 어느 하나에 해당하는 자에 대하여 판결로 공개정보를 「성폭력범죄의 처벌 등에 관한 특례법」 제45조 제1항의 등록기간(법무부장관의 등록정보 20년간 보존 · 관리) 동안 정보통신망을 이용하여 공개하도록 하는 명령(공개명령)을 등록대상 사건의 판결과 동시에 선고하여야 한다. 다만, 피고인이 아동 · 청소년인 경우, 그 밖에 신상정보를 공개하여서는 아니 될 특별한 사정이 있다고 판단되는 경우에는 그러하지 아니하다(아동 · 청소년 성보호에 관한 법률 제49조 제1항).

① 아동 · 청소년 대상 성폭력범죄를 저지른 자

② 「성폭력범죄의 처벌 등에 관한 특례법」상 강간, 간음, 강도 강간, 장애인 대상 성범죄, 13세 미만인 자에 대한 성범죄, 업무상 위력 등에 의한 추행, 통신매체를 이용한 음란행위 등의 범죄를 저지른 자

③ 13세 미만의 아동 · 청소년을 대상으로 아동 · 청소년 대상 성범죄를 저지른 자로서 13세 미만의 아동 · 청소년을 대상으로 아동 · 청소년 대상 성범죄를 다시 범할 위험성이 있다고 인정되는 자

④ 성폭력범죄를 범하였으나 심신상실자와 같이 처벌할 수 없는 자로서 성폭력범죄를

를 보이고 있다. 범부연수원, 「범죄백서」, 2019, p.441.

다시 범할 위험성이 있다고 인정되는 자

등록정보의 공개기간(「형의 실효 등에 관한 법률」 제7조[105]에 따른 기간을 초과하지 못함)은 판결이 확정된 때부터 기산한다. 다만, 공개명령을 받은 자(공개대상자)가 실형 또는 치료감호를 선고받은 경우에는 그 형 또는 치료감호의 전부 또는 일부의 집행을 종료하거나 집행이 면제된 때부터 기산한다.

(나) 신상정보 등록의 내용(동법 제49조 제3항)

① 성명

② 나이

③ 주소 및 실제거주지

④ 신체정보(키와 몸무게)

⑤ 사신

⑥ 등록대상 성범죄 요지(판결일자, 죄명, 선고형량 포함)

⑦ 성폭력범죄 전과사실(죄명 및 횟수)

⑧ 전자장치 부착 여부

(다) 등록정보의 고지

법원은 공개대상자 중 다음의 어느 하나에 해당하는 자(고지대상자)에 대하여 판결로 공개명령 기간 동안 고지정보를 고지대상자가 거주하는 읍 · 면 · 동의 지역주민, 어린이집의 원장, 유치원의 장과 학교의 장에 대하여 고지하도록 하는 명령(고지명령)을 등록대상 성범죄 사건의 판결과 동시에 선고하여야 한다. 다만, 피고인이 아동 · 청소년인 경우, 그 밖에 신상정보를 고지하여서는 아니 될 특별한 사정이 있다고 판단하는 경우에는 그러하지 아니하다(동법 제50조 제1항).

---

105) 형의 실효 등에 관한 법률 제7조【형의 실효】

① 수형인이 자격정지 이상의 형을 받지 아니하고 형의 집행을 종료하거나 그 집행이 면제된 날부터 다음 각 호의 구분에 따른 기간이 경과한 때에 그 형은 실효된다. 다만, 구류와 과료는 형의 집행을 종료하거나 그 집행이 면제된 때에 그 형이 실효된다.

1. 3년을 초과하는 징역·금고: 10년
2. 3년 이하의 징역·금고: 5년
3. 벌금: 2년

② 하나의 판결로 수 개의 형이 선고된 경우에는 각 형의 집행을 종료하거나 그 집행이 면제된 날부터 가장 무거운 형에 대한 제1항의 기간이 경과한 때에는 형의 선고는 효력을 잃는다. 다만, 제1항 제1호 및 제2호를 적용할 때 징역과 금고는 같은 종류의 형으로 보고 각 형기를 합산한다.

① 아동 · 청소년 대상 성폭력범죄를 저지른 자

② 「성폭력범죄의 처벌 등에 관한 특례법」상 강간, 간음, 강도 강간, 장애인 대상 성범죄, 13세 미만인 자에 대한 성범죄, 업무상 위력 등에 의한 추행, 통신매체를 이용한 음란행위 등의 범죄를 저지른 자

③ ① 또는 ②의 죄를 범하였으나 「형법」 제10조 제1항에 따라 처벌할 수 없는 자(심신상실자)로서 ① 또는 ②의 죄를 다시 범할 위험성이 있다고 인정되는 자

④ 고지명령의 집행

고지명령의 집행은 여성가족부장관이 한다. 여성가족부장관은 고지정보를 관할구역에 거주하는 아동 · 청소년의 친권자 또는 법정대리인이 있는 가구, 어린이집의 원장 및 유치원의 장과 학교의 장, 읍 · 면사무소와 동 주민자치센터의 장, 학교교과교습학원의 장과 지역아동센터 및 청소년수련시설의 장에게 우편으로 송부하고, 읍 · 면 또는 동 주민자치센터 게시판에 30일간 게시하는 방법으로 고지명령을 집행한다. 한편, 여성가족부장관은 고지명령의 집행에 관한 업무 중 우편송부 및 게시판 게시업무를 고지대상자가 실제 거주하는 읍 · 면사무소의 장 또는 동 주민자치센터의 장에게 위임할 수 있다(동법 제51조).

⑤ 공개명령의 집행

공개명령은 여성가족부장관이 정보통신망을 이용하여 집행한다. 법원은 판결이 확정되면 판결문 등본을 판결이 확정된 날부터 14일 이내에 법무부장관에게 송달하여야 하며, 법무부장관은 공개기간 동안 공개명령이 집행될 수 있도록 최초등록 및 변경등록 시 공개대상자, 공개기간 및 공개정보를 지체 없이 여성가족부장관에게 송부하여야 한다(동법 제52조).

6) 정신장애 · 주취 · 약물범죄자 치료명령제도

(1) 의의

'치료명령제도'라 함은 정신장애 · 주취 · 약물범죄자에 대하여 집행유예 등의 단계에서 형사처벌 대신 치료를 받도록 함으로써, 대상자의 사회적 능력을 향상시키고 재범원인을 근본적으로 제거하려는 제도이다. 이는 흉악(강력)범죄로 이어질 가능성이 높은 주취 · 정신장애 범죄인에 대하여 형사처벌 외에 치료명령을 부과함으로써 재범을 방지하고자 하는 것이다. 2016년 2월부터 시행 중인 치료명령제도는 「치료감호 등에 관한 법률」에 근거

를 두고 있다.[106)]

(2) 외국의 입법례

① 주취 범죄인 치료명령 제도

영국의 경우, 법원에서 음주운전을 포함하여 알코올이 범죄의 원인이 되고, 치료가 가능하다고 판단되는 경우 대상자의 동의를 받아 부과하고 있다. 사회 내 처우 또는 집행유예의 조건으로 법원이 6개월에서 3년까지의 범위에서 결정하지만 대개는 6~9개월을 치료기간으로 정한다. 또한 위법의 심각성과 위험 정도에 따라 통원 및 입원치료의 방법으로 실시하고 있다.

독일과 프랑스에서는 법원이 집행유예 등의 조건으로 통원치료 또는 입원치료를 받게 하거나, 음주운전 관련 수강을 명할 수 있다. 통원치료와 입원치료 모두 피고인의 동의가 있어야 하지만 치료를 거부하는 경우 선고된 형을 복역해야 한다.

미국의 경우에는 주마다 다르나 대부분 알코올법원에서 음주운전자만을 대상으로 알코올 치료프로그램에 참여하도록 하고 있다. 프로그램기간은 평균 14~16주이며 음주운전을 제외한 알코올 관련 범죄에 대한 치료적 개입은 거의 없는 편이다.

② 정신장애 범죄인 치료명령 제도

영국에서는 법원에서 정신치료가 필요하다고 인정한 경우 대상자의 동의를 받아 부과하고 있다. 사회 내 처우 또는 집행유예의 조건으로 법원이 최장 3년까지 치료기간으로 정한다. 정신장애의 심각성과 위험 정도에 따라 입원치료 혹은 정신과 의사나 임상심리사에 의한 통원치료의 방법으로 실시하고 있다.

독일과 프랑스에서는 법원이 집행유예 등의 조건으로 통원치료 또는 입원치료를 받을 것을 명할 수 있다. 통원치료와 입원치료 모두 피고인의 동의가 있어야 하지만 치료를 거부하는 경우 선고된 형을 복역해야 한다.

한편 미국에서는 주마다 다르나 정신보건법원에서 성인이면서 경미한 범죄를 저지른 자를 대상으로 면담, 약물 등을 통한 치료프로그램을 진행하고 있다. 프로그램 참여는 대상자의 자발적인 신청을 요건으로 하고, 치료 등에 따르지 않는 경우 프로그램을 종료하고 일반법원으로 송치된다.

---

106) 2014. 9. 18. 이한성 의원(새누리당, 국회법사위) 등 10인이 「치료감호법」 일부개정법률안(의안번호11745호) 발의

(3) 주요 내용

① 판결

치료명령 적용대상은 주취 · 정신장애인, 마약 등 약물중독자로 금고 이상의 형에 해당하는 죄를 범하고, 통원치료를 받을 필요가 있으며, 재범의 위험성이 있는 사람으로 한정하고 있다.

법원의 선고유예 · 집행유예 시 치료명령의 경우에는 피고인의 동의 없이 부과하는 것으로서, 보호관찰을 병과하여 보호관찰관이 집행하는 것이다. 만약 치료명령대상자가 준수사항을 위반할 경우에는 선고유예 실효 및 집행유예 취소를 할 수 있다. 또한 법원은 필요시 보호관찰소의 장에게 판결 전 조사 요구할 수 있다.

② 집행

주거지 관할 보호관찰소의 장은 소속기관 보호관찰관 중에서 치료명령 집행전담 보호관찰관을 지정하고, 치료명령은 '의료법'에 따른 의사의 진단과 처방에 의한 약물투여, '정신보건복지법'에 따른 정신건강전문요원 등 전문가에 의한 인지행동 치료 등 심리치료 프로그램의 실시 등의 방법으로 집행한다. 한편 치료비용은 본인 부담이 원칙이나 차상위계층 등 경제적 무능력자는 예외적으로 국가가 부담한다(제44조의 9).

제5절 보호관찰제도의 기능강화를 위한 과제

아동 성폭력범, 연쇄살인범 등 흉악범죄자에 대해 강력한 형벌 등 특단의 대책을 요구하는 국민 여론이 높다. 2012년 12월 형사정책연구원 여론조사 결과, 국민의 약 90% 정도가 성범죄 등 흉악범죄자에 대하여 사회와의 격리를 찬성하고 있다.[107] 이에 따라 범죄인의 사회 내 처우를 담당하고 있는 기존의 보호관찰제도의 기능을 더욱 강화하는 한편, 시설 내 처우와의 연계를 강화하고, 보호수용제도나 치료보호제도와 같은 고위험 흉악범의 특성에 맞는 '맞춤형 특별대책'의 수립 등이 필요하다는 의견이 제기되고 있다.[108]

107) "성범죄 등 흉악범죄자에게 형벌 외의 제재 필요하다" 96.6%, "사회로부터 격리시켜야 한다." 89.1%

108) 흉악범죄에 대한 강력한 대처가 요구되는 시점에서, 보호관찰의 업무범위가 어떻게 설정되어야 하는가에 대한 논의가 있다. 흉악범에 대한 사회 내 관리 및 대처업무가 경찰의 고유한 업무영역으로 존재

특히, 기존의 시설 내 처우와 사회 내 처우가 흉악범죄자 관리감독에 있어서 상호연계가 거의 이루어지지 않아, 이들 범죄자에 대한 교정교화 및 관리감독의 공백이나 중복 등 비효율이 노출되고 있어 이를 보완하기 위한 체계적 연계체제의 구축이 필요하다. 또한, 현재 실시 중인 흉악범에 대한 전자감독이나 성충동 억제약물치료 등과 같은 기존의 조치만으로는 고위험 상습범죄나 연쇄살인범죄 등에 대한 대응에 한계가 노출되고 있다. 따라서 아동성폭력범, 성폭력 상습범 및 연쇄살인범 등에 대해서는 '보호수용제도'와 같은 격리형 보안처분을 도입하고, 알코올중독, 정신장애 등으로 범죄를 저지르는 자에 대해서는 '치료보호제도' 등의 적용을 검토할 필요가 있다.

1. 시설 내 처우와 사회 내 처우의 연계강화

1) 한국형 MAPPA제도의 시행

① 영국의 사례

영국에서는 등록된 성범죄자, 폭력행위자, 기타 고위험성 범죄자들로부터 공공의 안전을 보호하기 위하여 책임 있는 기관들이 업무를 조정하고 협력체계를 유지하기 위한 일종의 협의체로서 '다기관공공보호협의체'(MAPPA)[109]를 설치 · 운영하고 있다. 지역사회에서 범죄자에 대한 정보를 공유하고 위험성을 통합적으로 관리한다는 점에서 큰 의의를 갖는다. MAPPA는 형사사법 및 법원서비스법(the Criminal Justice and Courts Services Act 2000)과 형사사법법(the Criminal Justice Act 2003)에 의해 입법화되었다. 경찰, 보호관찰 및 교정기관을 책임기관으로 하고 사회복지 서비스기관, 여타 심리상담이나 정신보건과 관련된 각종 전문단체의 관계자들이 팀을 구성하여 집중적인 사례관리를 담당하는 시스템을 갖추고 있다.[110]

또한 영국에서는 시설 내 처우의 관장기관인 교정국과 사회 내 처우 관장기관인 보호관찰국의 업무를 통합 · 관장하기 위해 2004년 법무부 산하에 '범죄인관리청'(NOMS)을 설

하여 왔고, 보호관찰의 본연의 존립취지도 범죄인에 대한 지도·감독·원조에 있다는 점에서 관리와 처벌 중심의 경찰업무로 변질된다는 우려의 목소리도 존재한다. 그러나 사회 안전과 질서 확립이라는 명분과 시대적·사회적 요구를 수용한다는 점에서 일정한 업무영역의 재조정은 불가피하다고 보인다.

109) MAPPA(Multi-Agency Public Protection Arrangement). 노근성, '지역사회 범죄자관리를 위한 파트너십 구축방안 -영국의 MAPPA 사례검토를 통하여-', 「보호관찰」, 제13권 제2호, 2013, pp.7-52.

110) 근거법률: Criminal Justice Act 2000, Criminal Justice Act 2003 325(8)

립하였다. 교정과 보호업무를 단순히 수행하는 틀을 벗어나, 범죄인 개인에 중점을 두고 철저한 관리를 통해 재범률을 감소시켜야 한다는 취지로 추진되었다. 시설 내 처우와 사회 내 처우의 효과적인 연계를 통한 범죄자관리의 일원화라는 데 큰 의미를 부여할 수 있다.[111] 교정과 보호가 통합된 형태의 범죄자관리청(NOMS)의 설립에 따라 보호관찰 실무에 있어서 특정 대상자의 형 집행 업무가 시초부터 완료의 시점까지 일관된 집행계획에 따라 수행되는 터전이 마련된 것이다. 보호관찰의 실천과정에서 '위험성에 따른 자원의 배분'이라는 원칙이 적용된 범죄자관리가 이루어진다는 점에서 또한 의미 있는 변화라고 평가될 수 있다.

② 도입방안

지난 수년간 성범죄 재범률이 증가하고, 피해자가 갖는 고통에 대한 사회적 인식이 제고되고 있으며, 국민들이 느끼는 치안에 대한 불안감이 증대되는 추세가 지속되고 있다. 그 결과로 최근의 우리나라의 법제와 형사정책에서 사회보호와 국민안전의 확보가 핵심적 방향으로 등장함에 따라 '소수의 고위험성 흉악범죄자'에 대한 강력한 사회 내 관리감독체계의 강화가 중요한 정책적 과제로 부각되고 있다. 이를 수행하기 위해서는 책임 있는 국가기관과 유관 단체와의 긴밀한 협조체제의 구축은 필수적인 전제조건이라 하겠다.

특히 유관기관 간의 협조체제의 미비로 비판을 받고 있는 우리나라의 실정을 감안하면, 보호관찰, 교정, 경찰 등과 같은 유관기관 간의 원활한 업무협조를 목표로 하는 MAPPA의 도입은 성폭력범을 포함하는 고위험 특정 범죄자에 대한 대응을 위해서도 우리나라 교정보호행정에 주요한 시사점을 주고 있다.

2) 시설 내 처우와 사회 내 처우의 기타 연계강화방안

① 가택구금제도 – 위치추적제도의 보완

선진 각국에서는 범죄자에 대한 조건부 판결 등을 선고하거나 사회적 위험성이 있다고 판단되는 피의자 또는 피고인을 보석 석방하는 경우, 가택구금과 연계된 전자감독을 부가처분으로 적극 활용하고 있다. 우리의 경우도 흉악범죄 가석방자 등에 대해서도 가택구금형 전자감독을 적용할 필요가 있다고 본다. 특히, 범죄피해자 또는 사회안전에 위험을 야기할 가능성이 있는 피고인을 보석 석방하는 경우에는 가택구금형 전자감독을 조건으로

111) NOMS(National Offender Management Service). 유병철, '영국의 범죄인관리 행정조직', 「교정담론」, 제3권 제1호, 2009, p.215.

하는 방안을 전향적으로 검토할 필요가 있다.

② 가석방심사절차 일원화

현재 소년 수형자와 성인 수형자의 가석방 심사절차가 이원화되어 있다. 성인 수형자에 대한 가석방 허가여부심사는 법무부 가석방심사위원회가, 가석방에 따른 보호관찰의 필요여부심사와 가석방 취소는 보호관찰심사위원회가 결정하는 이원적 구조를 가지고 있는 것이다. 따라서 독립적인 제3의 기관으로 만들어 객관적인 위치에서 통일적 기준을 적용하여 심사하도록 제도를 일원화하는 방안을 검토할 필요가 있다.

2. 상습 흉악범에 대한 보호수용제도 도입[112)]

1) 의의

성폭력, 살인 등과 같은 강력범죄는 대형 재난사고와 더불어 국민의 안전을 위협하는 심각한 요인이며, 대다수의 국민이 이에 대한 강력한 재범방지 대책을 요구하고 있으나, 위치 추적 장치부착과 같은 사회 내 보안처분만으로는 재범방지에 한계가 노출되고 있다. 이에 따라 아동을 상대로 한 성폭력범죄, 상습적인 성폭력범죄 또는 살인범죄 등을 저지른 재범위험성이 높은 범죄자들에 대해 형기 종료 후 일정 기간 수용할 수 있도록 함으로써 선량한 국민의 안전을 도모하고자 하는 제도이다. 동시에 그 요건과 집행절차를 엄격히 하고 사회친화적인 처우를 실시함으로써 수용자들의 건전한 사회복귀를 촉진하고자 한다.

2) 외국의 입법례

독일 등 유럽 선진국에서는 아래의 〈표 4-12〉와 같이 보호수용과 유사한 제도를 이미 실시하고 있다. 또한 미국은 형기 합산주의, 삼진아웃제를 통해 형벌을 가중하는 방식으로 중범죄자를 장기간 격리하고 있다.

---

112) 보호수용제도는 보호관찰제도의 일종이라고 할 수는 없다. 그러나 도입초안에는 보호관찰 조건으로 보호수용을 유예하는 제도 등이 포함되는 등 이 업무를 법무부 범죄예방정책국에서 주관한다는 점에서 본 절에서 함께 다루도록 한다. 2014년 7월 보호수용제도공청회 개최, 2015년 4월 보호수용법안 국회 제출, 현 국회법사위 계류 중에 있다.

〈표 4-12〉 보호수용 유사제도 입법례

독일	생명, 신체 등에 대한 범죄를 대상으로 하고, 수용기간의 제한이 없음. (10년 집행 후 계속 여부 결정).
스위스	살인, 강간, 강도 등 흉악범죄를 대상으로 하고, 수용기간의 제한이 없음
오스트리아	생명, 신체 등에 대한 범죄를 대상으로 하고, 수용기간은 최대 10년

3) 도입타당성의 검토

보안처분제도는 헌법상 명문의 근거(헌법 제12조 제1항)가 있다. 보호수용은 '형벌'이 아니라 장래의 사회적 위험성을 방지하기 위한 '보안처분'으로서 헌법재판소 판례도 보호감호에 대하여 일관되게 합헌성을 인정하고 있다. 재범위험성 판단 없이 보호감호를 선고하도록 한 규정에 대한 위헌 결정(88헌가5)에 따라, 재범위험성을 요건으로 법률을 개정하였고, 이후 보호 감호는 '형벌'과 구분되는 '보안처분'이므로 이중처벌이 아니라는 이유로 일관되게 합헌성 인정하고 있는 것이다.[113)]

한편 보호감호제도는 대상자의 범위가 지나치게 넓고, 일반 수형자에 대한 처우와 유사하다는 점, 인권침해 등이 논란이 되어 2005년 폐지되었다. 그러나 보호수용제도는 〈표 4-13〉에서 볼 수 있는 바와 같이 보호감호제도와 비교할 때 자유박탈적 보안처분이라는 공통점 외에 대상과 절차, 집행에서 크게 차별화된 제도라고 할 수 있다.

〈표 4-13〉(구)보호감호와 보호수용의 차이점

	보호감호	보호수용
대상자	절도, 사기 등 단순 재산범 포함한 다수	아동 성폭력범, 상습 성폭력범, 연쇄 살인범 같은 소수의 흉악범죄자로 제한
법원 심사	1번 (보호감호 판결 단계)	2번 (보호수용 판결 및 형 집행 종료 단계)
수용자 처우	수형자와 유사	자율권을 최대한 보장하는 등 수형자보다 나은 처우

113) 95헌바20, 98헌바31, 32, 99헌바7, 2007헌바50

4) 도입방안

(1) 대상 범죄자

보호수용제도를 도입하더라도 그 부작용을 최소화하기 위하여 아동 성폭력범, 상습 성폭력범, 연쇄 살인범으로 한정할 필요가 있다. 폐지된 보호감호의 대상범죄자에서 절도범 등 재산범을 제외하고, 사회방위 필요성이 크고 재범 위험성이 매우 높은 흉악범죄자로 한정해야 하는 것이다.

(2) 보호수용 절차

2015년 5월 현재 법무부가 제안한 보호수용제도 초안에 따르면, 검사는 아동 성폭력범, 상습 성폭력범, 연쇄 살인범으로서 재범 위험성이 인정되는 사람에 대하여 보호수용을 청구할 수 있다. 한편 법원이 2번의 심시(보호수용 판결 단계, 형 집행 종료 단계)를 거쳐 집행 여부를 엄격히 판단하도록 하고 있다. 법원은 징역 3년 이상의 실형을 선고하면서 보호수용 필요성이 인정되면 최장 7년의 범위에서 보호수용 기간의 상한을 정하여 보호수용을 선고할 수 있다. 또한 법원은 징역형 집행 종료 6개월 전에 재범의 위험성 등 보호수용 집행의 필요성을 다시 심사하여 2년 이상 7년 이하의 기간 동안 그 집행을 유예할 수 있도록 하고 있다. 나아가 보호수용 집행 이후 6개월마다 치료감호심의위원회에서 가출소 심사를 실시하여 재범위험성이 없는 수용자는 즉시 사회로 복귀하도록 하고 있다.

(3) 수용자 처우

법무부 초안에 따르면, 보호수용제도에 있어서 자치생활, 최저임금 지급 등 수형자보다 나은 처우를 실시하도록 하고 있다. 수용자는 원칙적으로 1인 1실에서 생활하고, 접견 및 전화통화 횟수에 제한이 없으며, 시설 내에서 자율적인 생활을 할 수 있다. 외부통근 등을 통해 수용자의 사회화 능력을 키울 수 있도록 하고, 작업을 하는 수용자에게는 최저임금 이상의 월급을 지급한다.

특히 심리치료 및 사회적 처우 중심의 교화를 실시하는 것을 주요한 내용으로 하고 있다. 심리상담센터를 설치하여 전문가에 의한 심층상담과 심리치료 실시, 체험학습, 사회봉사, 주말(공휴일) 단기휴가 등으로 사회성 함양을 도모하는 것이다.

(4) 보호관찰

법무부 초안은 가출소되거나 집행유예로 석방된 경우 일정 기간 보호관찰을 받도록 하여 재범을 방지하고 건전한 사회복귀를 지원하도록 규정하고 있다. 보호수용의 집행 중에 있는 사람이 가출소하는 경우 3년 동안 보호관찰을 받도록 한다. 또한 보호수용의 집행유예를 받은 사람이 석방되는 경우 법원이 정한 유예기간 동안 보호관찰을 받도록 하고 있다.

제5편
교정행정론

Chapter_ 1
교정조직

제1절 교정조직의 특징

교도소의 조직적인 측면에서의 특성은 주로 다음 3가지가 거론되고 있다: 전체주의적 조직(total institution), 준군사적 조직(paramilitary organization), 관료주의(bureaucracy)적 조직.[1] 세 가지 특성이 개념상 중복되는 측면이 있지만, 교도소를 이해하는 데 중요한 의미를 갖는다.

1. 전체주의적 조직으로서 교도소

사회학 영역의 고전 중의 하나인 “보호시설: 정신병자와 수용자들의 사회적 상황에 관한 논문”에서 어빙 고프먼(Erving Goffman)은 전체주의적 조직의 구조와 관리에 대해 다음과 같이 기술하고 있다.[2] 전체주의적 시설은 “유사한 상황에 처한 사람들이 일정 기간 동

1) Welch, Michael, *Corrections: A Critical Approach*, New York: The McGraw-Hil Companies, Inc., 1996. p.131.

2) Goffman, Erving, *Asylums: Essays on the Social Situation of Mental Patients and other Inmates*, Garden City,

안 사회로부터 격리되어 폐쇄적이고 공식적인 관리의 틀 속에서 함께 생활하며 기거하고 작업하는 장소"라고 정의하였다. 이러한 조직은 엄격한 계급구조하에서 단일 권위에 의해 지배되며 상명하달형식의 경직된 명령체계를 특징으로 한다. 여기에는 정신병동의 환자, 훈련소의 신병, 수도원의 수도자, 교도소의 수용자 등이 포함된다.

그러나 오늘날의 교도소는 전체주의적 조직이라고 단정적으로 특징짓기에는 그 특징이 점차 약화되는 현상을 보이고 있다. 오늘날의 교도소는 과거보다 외부 세계와 훨씬 더 밀접하게 연계되어 있음은 물론 내부의 구성원들 간에도 다양한 입장이 표출되고 상충되는 양상을 보이고 있기 때문이다. 실제로 오늘날의 교도소는 상대적으로 전체주의적 성격이 약화되고 있으며, 인접한 지역사회는 물론 전체 사회와 다양한 네트워크를 맺고 있다고 할 수 있다.[3] 구금되고 격리됨에 따라 사회로부터 분리되는 본질적인 측면은 간과될 수 없는 사실이라 하더라도, 다른 국가기관, 시민단체, 언론, 변호사 및 법원 등과 같은 외부 기관들과의 거리가 좁혀지고 접촉이 용이해진 것은 사실이다. 오늘날의 교도소는 사회의 변방에 소외되어 존재한다기보다는 사회와의 연장선상에 존재해가는 과정에 있다고 볼 수 있다.

2. 준군사적 조직으로서 교도소

경찰과 같은 공안계열의 조직과 같이 교정영역 역시 군대조직모델에서 많은 영향을 받았다. 이러한 전통은 12세기 영국에서 찾아볼 수 있는데, 당시에 법집행관이었던 보안관(the sheriff)이 구치소를 관리하였다. 당시 군대모델은 직원을 조직하고 관리하는 수단으로 활용되었다. 이러한 모델이 수용자들의 교정과 규율의 수단으로 활용된 것은 1870년대 미국 뉴욕주의 엘마이라 감화원(Elmira reformatory)의 경우가 최초라고 알려져 있다. 오늘날에는 이러한 준군사적 모델이 수용자교정의 수단으로는 물론 교도관조직 및 관리에도 활용되고 있다. 지위의 명칭이나 계급구조는 물론 엄격한 수직적 지휘체계 등이 이를 말하고 있다. 교정조직에서 가장 일차적인 임무는 시설의 보안과 질서를 유지하는 것이며, 준군사적 모델은 이러한 임무의 수행을 가능하게 하는 틀이라고 볼 수 있다.

N.Y.: Anchor, 1961.

3) Farrington, Keith, "The Modern Prison as Total Institution? Public Perception Versus Objective Reality." *Crime and Delinquency*, 38(1). 1992, pp.6-26.

3. 관료주의체제로서 교도소

교정조직의 주요 임무가 시설의 보안과 질서를 유지하는 것이라면, 이런 맥락에서 관료주의의 역할은 무엇일까? 세무서나 소방서 조직에서 관료주의가 존재하듯이, 교정행정에서도 관료주의적 요소가 존재한다. 관료주의는 성문화된 규율에 의해 그 구조와 운영이 지배되는 조직이다. 계급구조에 의존하며 그 구조 속의 구성원들은 엄격하게 정의된 역할을 수행하며, 확정적이고, 공정하며, 객관적인 관리체계를 특징으로 한다.[4)]

오늘날 교도소는 거대하고 복잡한 조직이다. 교도소행정에 있어서 관료주의적 형태는 일상 업무의 효율적인 수행을 가능하게 함은 물론 직원의 업무와 수용자들의 행태 및 구성원 간의 관계에도 지대한 영향을 미친다. 국가기관으로서 관료조직인 교도소의 업무, 명령, 정책들의 대부분은 성문화된 문서나 보고서에 의해 이루어진다. 따라서 오늘날 교도소관리에 있어서 현저하게 나타나는 모습 중의 하나는 과도한 양의 서류작업이다.[5)] 특히 법원을 위시한 외부기관들의 교정에 대한 감시와 개입이 본격화됨에 따라 이러한 경향이 더욱 강화되었다. 이는 교정공무원들이 그들의 정책과 행위에 대해 책임을 져야 하는 풍토가 형성되었다는 것을 의미한다. 이러한 과정 속에서 수용자들이 그들의 불만을 법원이나 기타 절차를 통하여 법적 혹은 행정적으로 이의를 제기하는 풍토가 조성되었다고 볼 수 있다.

교정의 역사적인 변천과정에서 교도소의 전체주의적 성격이 약화되고 있다. 특히 사회적 및 법적 부문의 전반적인 발전은 교도소행정의 준군사적 및 관료주의적 성격과 형태의 정착 및 변화에 큰 영향을 미쳤다.

제2절 우리나라 성인 교정

1. 교정공무원의 구성

교정직공무원은 교정시설에 근무하는 공무원 중 교정직류 · 교회직류 · 분류직류로 구

4) Mann, Michael, *The International Encyclopedia of Sociology*. New York: Continuum. 1984. p.28.

5) Crouch, Ben, "Guard Work in Transition." in *Dilemmas of Corrections: Contemporary Readings*, 2nd ed, Prospect Heights, Ill: Waveland, 1991.

분되는 교정직렬에 해당하는 공무원으로서 일반직공무원 중 공안직군에 해당하는 공무원이며, 기타 교정시설에 근무하는 공무원 중 시설관리를 담당하는 기술직공무원, 직업훈련을 담당하는 별정직(직업훈련교사)공무원 및 기능직공무원 등을 총괄하여 교정공무원으로 부르고 있다. 다만, 2012년 국가공무원임용령 개정에 따라 기존 교정직류 · 교회직류 · 분류직류가 교정직류로 통합되어 운영되고 있다.

교정공무원 2019년 현재 총 현원은 16,101명이며, 행정직군으로 교정직이 15,000명(93.1%)으로 대부분을 차지하고, 나머지는 기술직군(의무, 간호, 시설, 식품위생, 의료기술, 공업, 운전 등), 별정직 및 기능직으로 분포되어 있다. 〈표 5-1〉은 2013년 교정공무원 직급별 인원을 나타낸 것이다. 직급별 정원을 살펴보면 고위공무원 19명, 3급 10명, 4급 159명, 5급 385명, 6급 1,532명, 7급 1,929명, 8급 5,615명 및 9급 6,299명이다. 현원을 기준으로 살펴보면 7급이 6,666명(41.2%)으로 가장 많고, 그 다음은 6급 3.377명(20.9%), 8급 3,302명(20.4%), 9급 2,148명(13.3%) 순으로 근속승진 등으로 정원과 현원의 차가 크다는 것을 알 수 있다.

〈표 5-1〉 교정공무원 직급별 인원(2019년)

(단위: 명)

직급 \ 기관	계	고위	3급	4급	5급	6급	7급	8급	9급	기타
정원	16,101	19	11	188	385	1,532	1,929	5,615	6,299	123
현원	16,176 (100%)	18 (0.1%)	10 (0.1%)	165 (1%)	374 (2.3%)	3,377 (20.9%)	6,666 (41.2%)	3,302 (20.4%)	2,148 (13.3%)	116 (0.7%)

법무부 교정본부, 「교정통계연보」, 2020, pp.15~17.

2. 성인교정조직(교정본부)

1) 협의체의 설치 및 운영(동법 제5조의3)

① 설치 및 운영 근거: 법무부장관은 형의 집행 및 수용자 처우에 관한 사항을 협의하기 위하여 법원, 검찰 및 경찰 등 관계 기관과 협의체를 설치하여 운영할 수 있다.

② 위임규정: 협의체의 설치 및 운영 등에 필요한 사항은 대통령령으로 정한다.

③ 협의체의 구성 및 운영 등(동법 시행령 제1조의2)

㉠ 구성: 위원장 포함한 12명의 위원으로 구성

㉡ 위원장: 법무부 차관

㉢ 위원

ⓐ 기획재정부, 교육부, 법무부, 국방부, 행정안전부, 보건복지부, 고용노동부, 경찰청 및 해양경찰청의 고위공무원단에 속하는 공무원(국방부의 경우에는 고위공무원단에 속하는 공무원 또는 이에 상당하는 장성급 장교를, 경찰청 및 해양경찰청의 경우에는 경무관 이상의 경찰공무원을 말함) 중에서 해당 소속 기관의 장이 지명하는 사람 각 1명

ⓑ 법원행정처 소속 판사 또는 3급 이상의 법원일반직공무원 중에서 법원행정처장이 지명하는 사람 1명

ⓒ 대검찰청 소속 검사 또는 고위공무원단에 속하는 공무원 중에서 검찰총장이 지명하는 사람 1명

㉣ 회의

ⓐ 협의체의 위원장은 협의체 회의를 소집하며, 회의 개최 7일 전까지 회의의 일시·장소 및 안건 등을 각 위원에게 알려야 한다.

ⓑ 협의체의 위원장은 협의체의 회의 결과를 위원이 소속된 기관의 장에게 통보해야 한다.

2) 중앙조직(교정본부)

교정업무는 1948년 법무부에 형정국의 설치 · 운영을 시작으로, 1962년 교정국으로 명칭을 변경한 후 2008년 교정본부로 확대, 개편하여 현재에 이르고 있다. 교정본부는 법무부장관 소속하에 고위공무원 가급인 교정본부장 아래 2단 7개과로 운영하고 있다. 주요 기능으로는 교정행정에 관한 종합계획의 수립 및 시행, 교도작업의 계획 · 관리 및 통제, 수형자의 교화 등 교정 주요 정책의 수립과 시행 기능을 수행하고 있다.

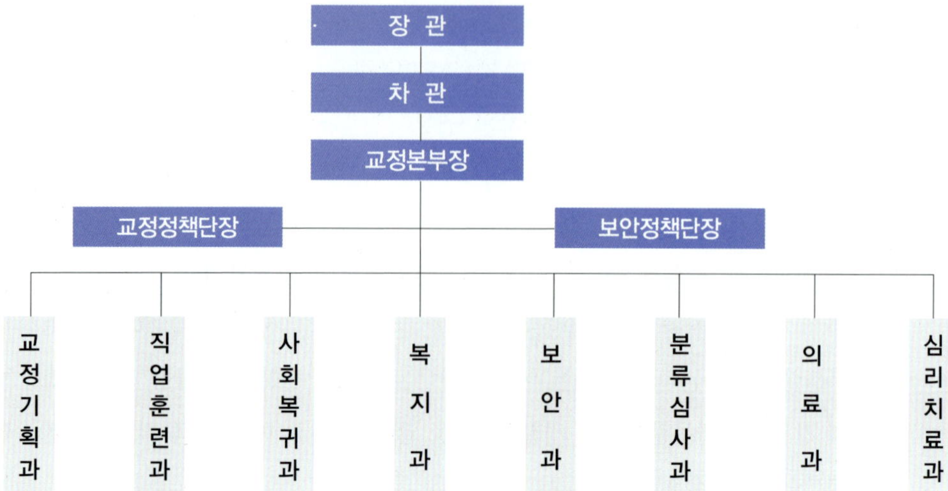

〈그림 5-1〉 교정본부 중앙조직

〈표 5-2〉 교정본부 분장사무

부서명		분장사무
교정본부		교정본부 업무 총괄 담당
교정 정책단	교정기획과	교정행정에 관한 종합계획의 수립 및 시행 교정행정공무원의 배치 · 교육훈련 및 복무감독 지방교정청 · 교도소 · 구치소의 조직 및 정원관리에 관한 자료 작성 지방교정청 · 교도소 · 구치소에 대한 지도 · 감독 교도소 · 구치소의 순회점검에 관한 사항 교정행정관계 각종 행사계획의 수립 및 시행 교정 관련 국제협력 및 교정공무원의 국외훈련 교정 관련 홍보 업무 그 밖의 본부 내 다른 과의 주관에 속하지 아니하는 사항
	직업훈련과	교도작업특별회계의 경리 · 용도 및 결산 교도작업의 계획 · 관리 및 통제 교도작업특별회계 소관의 물품 및 국유재산관리 직업훈련에 관한 계획 수립 및 제도개선 수형자 창업 및 취업지원 협의회의 운영 및 지도

<table>
<tr><th colspan="2">부서명</th><th>분장사무</th></tr>
<tr><th colspan="2">교정본부</th><th>교정본부 업무 총괄 담당</th></tr>
<tr><td rowspan="2">교정
정책단</td><td>사회복귀과</td><td>수용자 교육 · 교화 · 사회복귀 관련 법령연구 및 계획 수립
석방예정자 사회적응교육 및 지원
교정위원 및 교화행사 관련 사항
수용자 교화 · 문화프로그램 등 시행
교화 및 사회복귀지원에 대한 법인 관련 업무
수형자의 귀휴 등 사회적 처우 관련 업무
수용자 교화방송 관련 업무</td></tr>
<tr><td>복지과</td><td>교정예산의 편성 및 배정에 관한 사항
교정시설에 관한 사항
교정공무원의 피복 및 급양에 관한 사항
수용자의 보관금품관리제도에 관한 사항
수용자의 피복 및 급양에 관한 사항
수용자 및 원생급식관리위원회의 운영에 관한 사항</td></tr>
<tr><td rowspan="4">보안
정책단</td><td>보안과</td><td>수용자의 수용 · 구금 · 처우 및 석방에 관한 제도 및 기본 계획의 수립 · 시행
지방교정청 간의 수용자이송 조절
수용자 규율 · 계호 및 보안에 관한 제도 및 기본계획의 수립 · 시행
공안사범의 수용 · 구금 · 처우 · 이송 및 석방에 관한 사항
공안사범의 규율 · 계호 및 보안에 관한 사항</td></tr>
<tr><td>분류심사과</td><td>수형자의 분류처우에 관한 기본계획의 수립 · 시행
개별처우계획의 수립 및 처우프로그램의 개발
과학적 분류기법의 개발 · 운영에 관한 사항
분류처우회의 운영 및 관리에 관한 사항
가석방심사 업무에 관한 사항
가석방심사위원회의 운영 및 관리에 관한 사항</td></tr>
<tr><td>의료과</td><td>수용자의 보건위생관리 종합계획의 수립 · 시행
수용자의 의료 및 약제에 관한 사항
의료장비의 공급 및 관리계획의 수립 · 시행
수용자 건강검진에 관한 계획의 수립 · 시행
수용자 질병예방 관련 업무</td></tr>
<tr><td>심리치료과</td><td>수용자 정신건강 관리에 관한 기본계획의 수립 · 시행
교정공무원 정신건강에 관한 기본계획의 수립 · 시행</td></tr>
</table>

3) 지방교정청

교정본부와 일선교정기관의 중간에 위치하여 일선기관 업무집행의 지휘 · 감독을 관장하는 중간감독기관으로 1991년 11월부터 서울, 대구, 대전, 광주 등 4개 도시에 지방교정청을 설치 · 운영하고 있다.

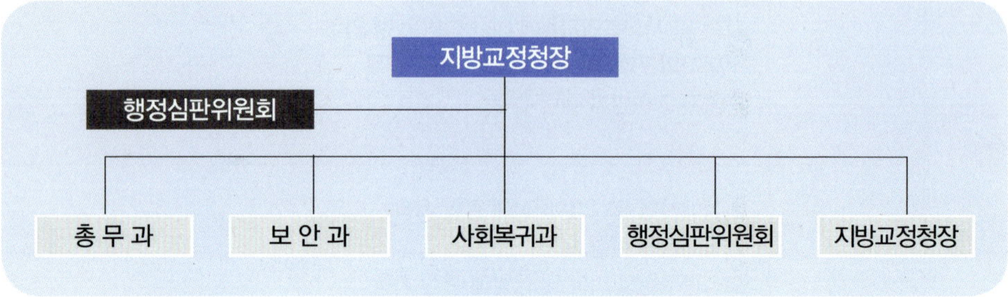

〈그림 5-2〉 지방교정청 조직

4) 일선조직(교도소, 구치소)

교정시설은 형확정자의 처우를 담당하고 있는 교도소와 미결수용을 담당하는 구치소로 대별할 수 있다. 교도소는 수형자에 대한 형의 집행 등 행형에 관한 사무를 주된 임무로 하고 있으나 교도소 내에 별도로 미결수용실을 설치하여 미결수용자에 관한 업무도 관장하고 있다. 구치소는 형사피의자 또는 형사피고인으로서 구속영장의 집행을 받은 자의 수용 등 미결수용업무를 관장하고 있다. 이 밖에도 소년교도소, 여자교도소, 직업훈련교도소, 외국인교도소 등 시설의 기능별 다양한 형태의 교정시설을 운영하고 있다.

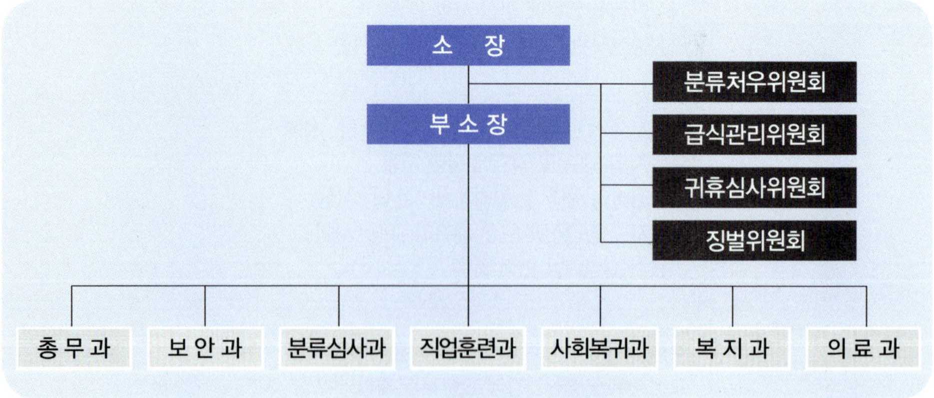

〈그림 5-3〉 교정시설 일선조직

5) 교정본부 산하 일선기관

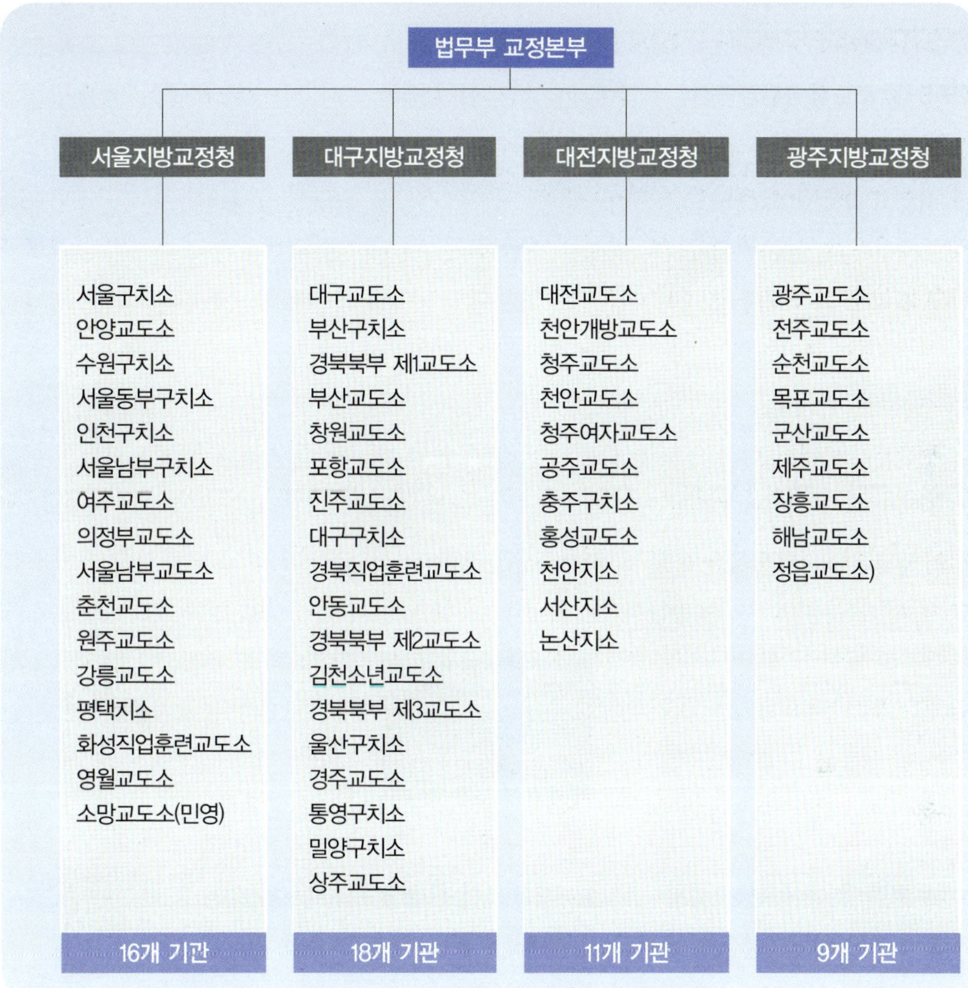

〈그림 5-4〉 교정본부 산하 일선기관 조직

제3절 우리나라 보호조직

1. 소년보호 및 보호관찰 공무원의 구성

2019년 12월 기준 우리나라 보호조직 공무원의 총 현원은 3,124명이며, 대부분이 보호관찰기관(1,711명)과 소년보호기관(920명)에 근무하고 나머지는 치료감호소, 약물센터, 법무부 본부 등에 분포되어있다.

〈표 5-3〉 보호직 공무원 구성

(단위: 명)

계	소년보호기관	보호관찰기관	치료감호소, 약물센터	법무부 본부
3,124	920	1,711	419	74

2. 보호조직

1) 중앙조직(범죄예방정책국)

범죄예방정책국의 본부조직 및 업무분장은 아래와 같다.

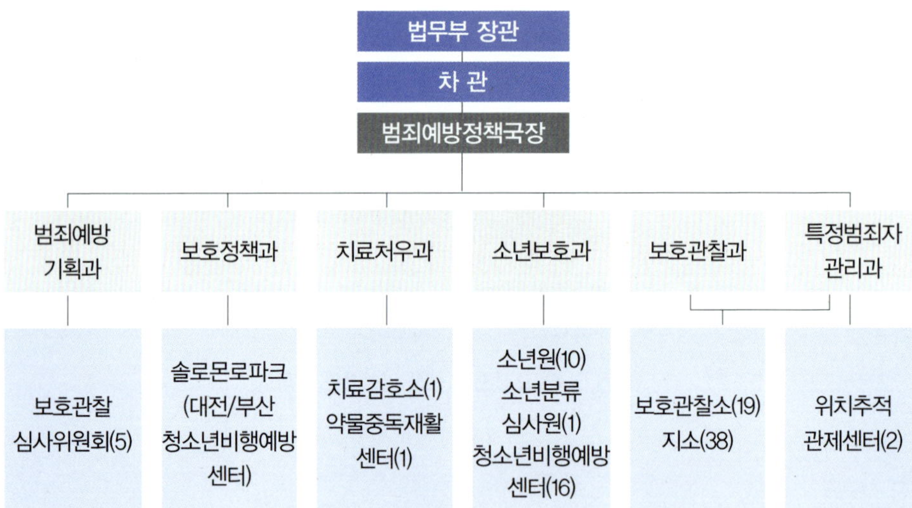

※ 특수법인: 한국법무보호복지공단(지부 17, 지소 7, 교육원 1)

〈그림 5-5〉 법무부 범죄예방정책국 본부조직

〈표 5-4〉 범죄예방정책국 본부 업무체계

범죄예방기획과	• 범죄예방정책국 총괄기획 • 보호기관 인사 · 교육훈련 • 보호기관 예산 · 시설 관리 • 보호관찰심사위원회 심사 · 결정 및 운영
보호정책과	• 법교육 정책개발 · 연구 • 법교육 전문인력 양성 및 연수지원 • 법질서 바로 세우기 운동 추진 • 갱생보호정책 수립, 갱생보호공단 지도감독
치료처우과	• 감호 관계법령 입안 및 제도연구 • 치료감호심의위원회 운영 및 결정 집행 • 치료감호소 관리감독 • 치료명령, 성충동약물치료 관련 정책의 수립
소년과	• 소년보호행정 기획, 법령 입안, 홍보 • 소년원 · 분류심사원 수용관리 • 소년원 초 · 중 · 고교 특성화교육과정 운영 • 소년원 · 분류심사원 기관평가 · 지도감독
보호관찰과	• 보호관찰 • 사회봉사명령 • 벌금대체 사회봉사 • 수강명령, 이수명령 • 보호자 교육 • 성구매자 재범방지 교육 • 결정 전 · 판결 전 조사, 환경 · 사안 조사
특정범죄자관리과	• 전자발찌제도 • 위치추적시스템의 개발 및 관리 • 성범죄자 신상공개

2) 일선 보호조직

위치추적관제센터는 재범위험성이 높은 성폭력 · 미성년자 유괴 · 살인 범죄자의 신체에 위치추적 전자장치를 부착하여 24시간 대상자의 위치와 이동경로, 상태를 파악하고 보호관찰관의 밀착지도 · 감독을 통해 재범을 효과적으로 방지하는 기능을 수행한다.

보호관찰심사위원회는 보호관찰에 관한 사항을 심사 · 결정하기 위하여 법무부장관 소속하에 설치 · 운영되며 준사법적 기능을 수행하는 합의제 행정기관이다. 서울 · 부산 · 대구 · 광주 · 대전 등 5개 고등검찰청 소재지에 설치운영 중이다.

보호관찰소는 보호관찰 실시, 사회봉사명령 집행, 수강명령 집행, 조사 실시, 전자감독, 성충동 약물치료 실시 등의 재범방지기능을 수행하는 기관이다.

소년원은 법원 소년부에서 보호처분을 받은 10세 이상 19세 미만의 소년을 수용, 규율 있는 생활 속에서 교과교육, 직업능력개발훈련, 의료, 재화교육, 인성교육 등을 통하여 전인적인 성장과 발달을 도모하고 안정적인 사회복귀를 목적으로 하는 기관으로 서울을 비롯한 10개 기관이 있다.

소년분류심사원은 법원 소년부로부터 위탁된 소년의 수용, 분류심사 및 주간출석 상담조사, 법원의 조사 및 심리자료를 제공하며, 소년원장 또는 보호관찰소장이 의뢰한 소년의 분류심사를 담당한다.

청소년 비행예방센터는 법원 · 검찰청 · 학교 등에서 의뢰한 위기청소년에 대한 대안교육 및 부모 등에 대한 보호자교육을 실시하며, 소년부판사가 의뢰한 비행청소년의 상담조사를 실시하면서 지역사회 청소년에 대한 각종 심리검사 및 상담을 실시한다.

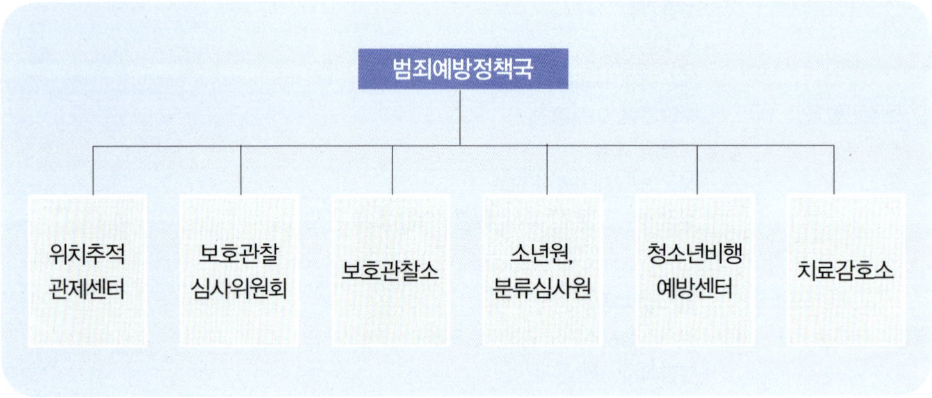

〈그림 5-6〉 범죄예방정책국 산하 조직

〈표 5-5〉 소년보호기관의 분포

구분	기관수	기관명
소년원	10	서울, 부산, 대구, 광주, 전주, 대덕, 청주, 안양, 춘천, 제주
소년분류심사원	1	서울소년분류심사원
청소년비행예방센터	16	서울남부, 서울북부, 인천, 대구, 부산, 광주, 청주, 창원, 안산, 대전 (솔로몬 로파크 운영)

〈표 5-6〉 보호관찰소 및 보호관찰심사위원회의 분포

구분(기관수)	기관명
보호관찰소(18) 지소(39)	〈본소〉 서울, 서울동부, 서울남부, 서울서부, 서울북부, 의정부, 인천, 수원, 춘천, 대전, 청주, 대구, 부산, 울산, 창원, 광주, 전주, 제주 〈지소〉 의정부고양, 인천서부, 인천부천, 수원성남, 수원여주, 수원안산, 수원평택, 수원안양, 춘천강릉, 춘천원주, 춘천속초, 춘천영월, 대전홍성, 대전공주, 대전논산, 대전서산, 대전천안, 청주충주, 청주제천, 청주영동, 대구서부, 대구안동, 대구경주, 대구포항, 대구김천, 대구상주, 대구영덕, 부산동부, 부산서부, 창원진주, 창원통영, 창원밀양, 창원거창, 광주목포, 광주순천, 광주해남, 전주군산, 전주정읍, 전주남원
위치추적관제센터(2)	위치추적중앙관제센터, 위치추적대전관제센터
보호관찰 심사위원회(5)	서울, 부산, 대구, 광주, 대전

Chapter_ 2

구금제도

제1절 구금제도의 발전

1. 펜실베이니아 제도(Pennsylvania System)

1) 의의

절대침묵과 정숙을 유지하며 주야구분 없이 엄정한 독거수용을 통해 회오반성을 목적으로 한 구금방식이다. 즉 모든 수용자가 노작을 포함한 모든 활동을 각자 자신의 거실에서 함으로써 수용자 상호 간에 철저한 격리를 요구하여 엄정독거제, 분방제 및 필라델피아제로 불리기도 한다.

2) 연혁

제2편 '형벌의 역사'에서 자세히 기술된 바와 같이, 이 제도는 18세기 펜실베이니아주의 퀘이커(Quaker)교도이자 감옥개량운동가인 윌리엄 펜(William Penn)의 참회사상과 존 하워드(John Howard)의 영향을 받아 감옥개량을 목적으로 벤저민 프랭클린(Benjamin Franklin) 등에 의해 창립된 '필라델피아 교도소환경 개선협회'의 주도하에 구체화되었다. 1790년에는 수형자의 엄정한 독거주의를 행형원칙으로 한 소규모 독거시설인 월넛가 교도소(Walnut Street Jail)의 설립을 시작으로 1826년 서부교도소(Western Penitentiary), 1829년 동부교도소(Eastern Penitentiary) 등 필라델피아의 동서에 2개의 대규모 독거교도소가 완성됨으로써 독거제의 효시로 불리는 펜실베이니아제가 완성되었다. 소규모 독거시설인 월넛가 교도소는 미국의 최초 교도소로 알려져 있다.

3) 장 · 단점

펜실베이니아제도는 동료수형자 간 악풍감염의 폐해를 방지할 수 있고, 수형자 스스로의 정신적 개선작용으로 회오 · 반성 및 속죄할 기회를 제공한다. 또한 고독의 공포가 취업자로 하여금 생산작업에 전념하게 할 수 있으며 개별처우에 편리하다는 장점이 있다.

그러나 공동생활이 불가능하기 때문에 공동교육이나 작업 등 사회적 훈련이 어렵고 구금성 정신질환 등 정신적 · 심리적 장애를 유발하여 사회복귀를 어렵게 할 수 있다. 또한 동료수형자 간의 감시가 어려워 자살이나 자해의 가능성이 높고, 행형경비가 많이 필요하다는 문제점이 있다.

2. 오번제도(Auburn System)

1) 의의

임징독거제의 결점을 보완하고 혼서세의 폐해인 수형사 상호 간의 악풍감염을 방지하기 위한 구금형태로 절충제, 침묵제, 완화독거제(반독거제), 교담금지제라고도 한다. 야간에는 독거구금하고 주간에는 침묵상태에서 동료 수형자들과 함께 작업을 실시하도록 하였다.

2) 연혁

1703년 로마 교황 클레멘스 11세가 산 미켈레 감화원에서 처음 실시한 것으로 알려진 '야간 독거, 주간 공동작업' 형태를 보였다. 1819년에 설립된 미국 뉴욕주의 오번교도소에서 1821년 소장 엘람 린즈(Elam Lynds)에 의해 소개되면서 널리 확산되었다. 당시 산업사회의 노동력 확보라는 시대적 요구에 부응하면서 수형자들에게 도덕적 개선보다는 근로정신을 함양함으로써 재범을 방지하는 데 더 목적을 둔 것으로 19세기 미국에서 지배적인 행형제도로 정착되었다.

3) 장 · 단점

오번제도는 엄정독거에 비하여 상대적으로 사회적 처우가 가능하고 보다 인도주의적이라 할 수 있으며, 작업 중 침묵강요를 통하여 악풍감염의 문제를 해소하고자 하였다. 또한 집단작업을 통하여 사회적 훈련이 가능해지며 정신건강이나 자살의 위험 등 주야엄정독거제의 폐해를 줄일 수 있다는 장점이 있다.

그러나 수형자 간 의사소통 금지로 인간관계의 형성이 어렵고 대화를 금지하는 것은 새로운 고통을 부과하는 결과를 낳았고 작업능률을 떨어뜨리는 현상을 보였다. 혼거로 인한 위생과 방역, 그리고 교도관의 계호감시와 기율유지에 어려움이 있고, 동료수형자 간 은밀한 부정행위나 교제로 인한 재범의 가능성 문제 등이 있으며 개별처우가 곤란하다는 문제점이 있다.

제2절 우리나라의 구금방식

우리나라의 수용자에 대한 수용은 독거를 원칙으로 하고 있다. 다만, 독거실 부족 등 시설여건이 충분하지 아니한 때, 수용자의 생명 또는 신체의 보호, 정서적 안정을 위하여 필요한 때, 수형자의 교화 또는 건전한 사회복귀를 위하여 필요한 때에 해당하는 사유가 있으면 혼거수용할 수 있다(「형의 집행 및 수용자의 처우에 관한 법률」 제14조). 즉 독거수용을 원칙으로 하고 있고, 예외적으로 혼거수용을 할 수 있다는 입장이 현행법의 입장이다. 그러나 실무적으로는 독거실의 부족 등의 이유로 혼거수용이 주를 이루고 있는 실정이다. 이러한 독거수용과 혼거수용의 장점과 단점은 다음과 같다.

1. 독거수용의 장 · 단점

1) 장점

독거수용은 수용자 스스로 반성 내지는 속죄할 수 있는 기회를 제공하고, 수용자 간의 악풍감염 예방 및 위생상 전염병 예방 등에 유리할 뿐만 아니라 수용자 개별처우에 용이하다. 그리고 수용자의 자존감의 보호와 미결수의 경우 증거인멸 및 공모 · 위증 방지에 유리하며, 감시감독 및 질서유지에 편리하다는 장점이 있다.

2) 단점

인간의 사회성을 무시한 것으로 행형 실무상 교육 · 교화 · 운동 · 작업 등 집단적 교육훈련과 수형자의 자치활동 등 사회적 훈련에 부적합하다. 또한 수용자 신체의 허약 · 정신장애의 우려가 있으며 수형자 상호 간의 감시가 없으므로 자살사고의 위험성을 방지하기 곤란할 뿐만 아니라 혼거제보다 많은 감독인원이 필요하고, 행형시설 건축에 있어서 비용이 많이 든다는 단점이 있다.

2. 혼거수용의 장 · 단점

1) 장점

혼거수용은 수용자의 심신단련을 도모할 수 있고 행형건축비와 인건비를 절감할 수 있으며 시설관리 면에서도 용이하다. 또한 형벌집행의 통일성을 유지할 수 있으며 작업훈련을 용이하게 운영할 수 있고, 공동작업을 통한 수형자의 재사회화와 사회적 훈련에 용이할 뿐 아니라 수용자 상호 간의 감시를 통한 자살 등의 교정사고 방지에도 기여할 수 있다.

2) 단점

수용자 상호 간 갈등증폭과 악풍감염의 우려가 있고 집단생활이므로 독거제보다 개별처우가 곤란하다. 출소 후 공범범죄의 가능성이 있고 교도관의 계호상 감시감독 및 기율유지와 위생 · 방역상 어려운 점이 있다.

Chapter_ 3

교정시설

제1절 개관

1. 의의

자유형을 집행하는 시설을 말한다. 자유형은 현대형벌의 중심을 이루고 있으며 자유형의 집행은 시설 내 처우의 핵심이 되고 있다. 현행 형법은 징역, 금고, 구류의 3종의 자유형을 인정하고 있다.

물적 시설을 구비함과 동시에 인적 구성요건을 갖추고 미결수용자(구속영장의 집행 중인 형사피고인 · 피의자) 및 수형자를 수용 · 처우하는 국가시설로서 국가 또는 공공단체 등의 행정주체에 의하여 공적 목적에 병용되는 인적 및 물적 설비의 총합체를 말한다.

2. 교정시설의 법적 성격

1) 행정관청으로서의 지위

교도소는 행형에 관한 일체의 사무 및 미결수용자의 수용에 관한 사무를 관장하는 국가시설로서, 일정한 범위 내에서 행정주체의 의사를 내부적으로 결정하고 외부에 대하여 국가를 대표할 수 있기 때문에 행정관청으로서의 지위를 가진다.

2) 공법상의 영조물 이용관계

교정시설과 수용자 간의 관계는 공법상의 영조물 이용관계로 당사자의 승낙이나 동의에 의해 성립되는 일반적인 형태의 공법상 영조물 이용관계가 아니라, 상대방의 동의 없이 직접 법률에 의하여 성립되는 특수한 형태의 공법상 영조물 이용관계라고 할 수 있다. 즉 국가는 수용자에 대하여 법률이 정한 범위 내에서 정당한 지시 및 명령강제권을 가지고 있다. 그리고 수용자는 국가에 대하여 그에 따른 복역의 의무를 가지는 특수한 생활관계에서 인정된 지위임을 주의하여야 한다.

3. 연혁

형벌관념이 복수적 응보사상이었던 시기의 범죄인은 복수의 대상에 불과했기 때문에 그들을 수용하는 감옥은 암흑세계의 경지를 벗어나지 못하여 대개 성벽의 폐허, 동굴, 사원의 폐옥 등이 이용되었다. 이는 다른 형벌집행을 위한 일시적 감금수단으로, 형벌의 한 종류로 인식되지는 않은 단계에서 단지 변형된 신체형이었다.

교정시설의 기원은 중세기 유럽 대륙에서 교회법상 시행된 수도원구금에서 그 역사적 유래를 찾을 수 있으나, 오늘날 대부분은 16세기 후반에 유럽 대륙에 설치된 일종의 노역장(workhouse)에서 그 기원을 찾고 있다.[6)]

그 최초의 사례로 볼 수 있는 것은 영국에서 형벌집행보다는 빈민들의 구제와 그들에 대한 노동의 부과를 주된 목적으로, 브라이드웰(Bridewell) 궁을 개조하여 설립한 교정원(House of Correction)이다. 이는 1556년에 설립된 것으로 빈민, 부랑자, 절도범 등을 수용하여 장기간 교정과 직업훈련을 실시했던 교정시설로서 차후 전국적으로 확산되었다. 이후 브라이드웰 교정원의 영향으로 네덜란드의 암스테르담에도 유사시설(workhouse, 1596)이 설립되었고 점차 전 유럽 대륙으로 전파되었다. 이러한 유사시설 중에서 가장 주목을 받는 곳은 로마의 성 미켈레 감화원(Hospice of San Michele, 1703)과 벨기에 겐트(Ghent)의 메이슨 교정원(Maison de Force, 1773)이다. 이 두 시설은 영국의 감옥개량운동가인 존 하워드가 유럽의 감옥시설들을 탐방한 이후 깊은 인상을 받은 시설로 소개함으로써 알려졌다.

성 미켈레 감화원은 이탈리아의 교황 클레멘스 11세(Clemens XI)가 로마에 건설한 것으로 성인과 소년을 최초로 구분한 분류시설의 기원으로 알려져 있다. 체계적인 연령별 분류의 시초가 된 최초 소년교정시설로서 비행소년과 학습 불량소년으로 분리하여 수용하였다. 최초의 독거식(분방식) 구조의 시설로서 최초 소년교도소로 평가를 받고 있다.

한편, 벨기에의 겐트(Ghent)에 설립된 메이슨 교정원(Maison de Force)으로 불리는 이 시설은 1773년 필리프 빌렝(Phillip Vilain)에 의하여 팔각형(방사익형) 구조의 교도소로 건축

6) 'Workhouse'는 구빈원, 노역장, 혹은 교정원 등으로 번역될 수 있다. 부랑자나 빈민, 혹은 경미범죄자들을 수용하여 노역을 담당하게 하는 일종의 사회정화시설로서 탄생하였고, 차후 세분화되어 교정시설로 정착한 것으로 이해할 수 있다.

되었다. 분류수용이 보다 과학적으로 시행되었고, 독거수용을 인정하였으며 생산적인 노동과 개선된 의료시설을 구비하는 등 가장 모범적인 '근대 교도소의 효시'로 평가받고 있다. 1775년에는 주간혼거와 야간독거를 실시했다는 측면에서 미국의 오번제도의 모델로 평가를 받기도 한다.

18세기 후반부터 19세기 초반 사이에는 유럽 등지에서 교도소 건축에 관한 관심이 지대하였다. 당시에는 모종의 방식에 의해 범죄인을 개선시킬 수 있다는 순수하고 낙관주의적인 분위기 속에서 당대 최고의 건축가들이 참여하였다. 그 이후 개혁가들의 관심이 약화되면서 기존의 모델들을 반복하거나 모방하는 시기를 거쳐, 오늘날에 이르러서는 혁신적이고 창의적인 모델의 개발이 끊임없이 진행되고 있다.

4. 교정시설의 디자인

구금시설의 형태나 디자인은 어느 시대이든 당시를 지배하던 형벌의 목적과 깊은 관계가 있다. 미국의 경우에도 교도소 디자인의 개념과 그 변화는 역사적 시점에 따라 그 건축물의 목적을 반영하였다. 1800년대 초반의 교도소 건축가들은 명상, 작업, 격리, 참회 등을 통해 수용자들을 도덕적으로 개선시키는 데 필요한 구조를 가진 교도소를 건축하고자 하였다. 이후 남북전쟁 이후에는 교도소산업이 중시되면서 작업장의 효율성을 제고할 수 있는 디자인을 설계하는 경향을 보였다. 또한 격리를 통한 형벌의 강화가 주요 목적인 시기가 도래했을 때에는 보안과 경비에 중점을 둔 요새 형태의 건축물이 주를 이루었다. 그리고 1950~1960년대 사회복귀의 시대에는 처우와 치료를 증진시키는 방향에서 설계가 이루어졌다.

오늘날 교도소의 디자인과 운영은 국가마다 다양한 형태를 보이고 있다. 대부분의 국가의 경우, 소규모 시설의 건축이 바람직한 형태임을 인지하고 있으나 여전히 낡고 오랜 대규모 시설이 주를 이루고 있는 것이 일반적이다. 교도소의 건축물은 장기간 존속되는 특징 때문에 어느 시기의 목적에 부합된 건축물이었다 할지라도 다음 시기에 출현한 새로운 목적이나 기능을 충족할 수 없는 현상을 보인다. 19세기에는 성곽 형태의 대규모 시설이 지배하였지만, 오늘날에는 병원, 학교 및 관공서 등과 외관상 구분이 잘 되지 않는 형태를 보이고 특히 건축에 소요되는 경비가 주요한 요인으로 고려되고 있다.

주요한 건축디자인으로 파놉티콘형, 방사익형, 전주형, 정원형, 캠퍼스형 등이 있다.

1) 방사익형(放射翼形)/독거식(분방식) 구조

방사익형 구조는 중앙을 중심으로 하여 수레바퀴 모양으로 사방팔방으로 건축물이 뻗어나가는 디자인 구조를 일컫는다.[7] 중앙의 통제센터에서 각 방향으로 감시가 가능하고, 한두 구역에서 사고가 발생할 경우 나머지 구역으로 영향을 미치지 못하도록 차단이 가능하다는 장점이 있다. 그러나 오늘날 새로운 교도소에서는 이러한 건축양식은 거의 찾아볼 수 없다. 독거식(분방식)은 한 개인에게 1개의 거실을 배정하는 형태를 말한다.

상기된 바와 같이, 1704년 로마 산 미켈레 감화원이 세계 최초의 분방식(독거식) 구조로 알려져 있고, 1869년 뉴욕 엘마이라 감화원이 이를 개선하였다. 대표적인 분방식 구조로 설계된 시설은 이외에도 1821년 펜실베이니아 동부 교도소(Eastern Penitentiary), 벨기에의 겐트 교도소가 있다. 이 중에 겐트 교도소는 전체적으로는 방사익형(放射翼型: Radial design) 형태이고 거실은 독거실 구조로 설계되었다. 수용자와 외부의 직접연결을 방지하고 동시에 도주의 방지를 도모하였다. 이러한 겐트 교도소의 방사익형 건축양식은 19세기의 펜실베이니아제에 승계되었고 널리 유럽 각국에 전파되었다.

2) 파놉티콘(Panopticon)식 구조

파놉티콘(Panopticon)이란 1787년 영국의 철학자 벤담(J. Bentham)이 고안한 것으로, 이 단어는 '모든 것을 본다(All-Seeing-Eye)'는 의미를 갖고 있다. 이는 원형독거방이라고도 불리며 한 사람의 감시자가 중앙의 감시대에서 전체 사방과 거실 내부를 볼 수 있는 일망(一望) 감시시설구조로서 감시의 효율성을 표방한다. 중앙의 감시탑을 중심으로 원형으로 거실이 둘러싸인 형태를 하고 있는 것인데, 당시에는 실제 건축물로 실현되지는 못하였으

---

7) 중앙통제지역으로부터 몇 방향으로 구역이 뻗어나가느냐에 따라 4각, 7각, 8각 등의 구조로 나타났다. Johnston, Norman, *Forms of Constraint: A History of Prison Architecture*, Urbana and Chicago: University of Illinois Press, 2000, pp.56-63.

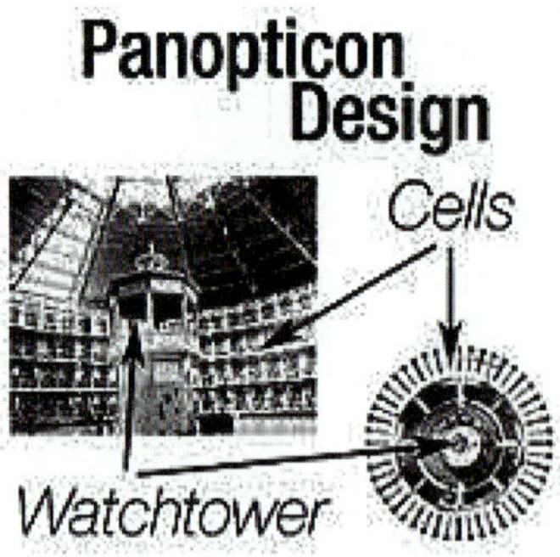

나 현대 교도소건축에 많은 영향을 미쳤다.

또한 야간에는 한 거실에 다수의 수용자를 수용하도록 하였는데, 이는 당시 독거제를 주장하던 개혁가들의 주장과 배치되는 것이었다. 수용자는 교도관이 보이지 않지만, 교도관은 거실 내부를 자세하게 들여다볼 수 있는 포괄적 감시체제가 수용자의 상호접촉과 범죄감염을 막을 수 있다고 주장하였다. 이러한 파놉티콘형은 감시비용이 절감되는 장점이 있다. 한편 미셸 푸코는 파놉티콘에 대해 지배층의 권력수단이 폭력에서 감시로 변모한 대표적인 보기라고 주장한다.

3) 전주형 구조

전주형 구조는 전봇대나 한자 양(羊)의 모양에서 보는 바와 같이, 횡으로 긴 중앙복도가 중심이 되고 좌우로도 복도가 나 있으면서 계속적으로 이어져나가는 형태를 취하고 있다. 중앙복도는 각 구역에 대한 감시와 통제의 기능을 하고 동시에 수용자들의 구역 간 이동의 장소로 활용된다. 각 구역 내에서 독립적으로 기거, 교육, 레크리에이션 등의 기능 수행이 가능하다. 경비기능을 강화한 대규모 구금시설에서 많이 이용되고 있으며, 분류심사의 기준에 따라 각 구역에 특수한 수용자를 배치할 수 있고 인센티브나 특권을 부여하는 구역으로 활용할 수도 있다. 우리나라의 교도소는 대부분 일자형 사동을 병렬로 하는 형태를 취하고 있다.

4) 캠퍼스형 구조

청소년이나 여성 수용자를 위한 교정시설로 오랫동안 이용된 시설구조로 최근 미국에서는 일부 남성교도소에서도 찾아볼 수 있다. 시골의 소규모 대학 캠퍼스를 연상하게 하는 형태로 기거, 교육, 식당, 운동 등의 기능을 하는 소규모 건물들이 흩어져 위치한다. 인도주의적 측면이 강조된 설계양식으로 각 개별 건물이 보다 융통성 있게 이용된다는 점 때문에 각광받고 있다. 현재 대부분의 캠퍼스형 시설은 경(輕)경비 또는 중(中)경비시설로서 활용되고 있다.

5) 정원형 구조

최근의 교도소 건축양식으로 긴 중앙복도를 통하여 수용자들이 이동하는 것이 아니라 앞뜰 또는 정원을 가로질러서 수용자들이 이동할 수 있도록 설계된 형태이다. 사동이나 기타 기능시설은 가운데에 위치한 정원을 중심으로 사각형 형태로 둘러싼 구조이다. 일부 건축물의 경우, 중앙의 정원에 식당이나 체육시설, 학교 등이 위치하기도 한다. 중(重)경비교도소의 경우에도 일부 이 디자인이 활용되고 있다.

6) 오번형 구조

주간에는 혼거작업하고 야간에는 독거수용하기에 적합한 건축구조로 외창이 없는 2열의 사방이 잔등을 맞댄 내방식 구조로서 통풍과 채광이 불량한 시설이다. 미국의 싱싱 교도소가 대표적이며, 미국의 교도소 건축양식의 기본구조가 되었다.

5. 현대적 교정시설

1) 전통적 교정시설에 대한 문제점과 개선안

(1) 문제점

전통적 교정시설은 대규모 범죄자를 한꺼번에 수용하는 대형시설로서 사회로부터 격리된 획일적 · 폐쇄적이며 비전문화된 특성을 보인다. 따라서 처우보다 보안이 중시될 수밖에 없고 획일적이고 비전문적인 처우를 벗어나기 어렵다. 또한 기능에 따른 구분이 되지 않아 수형자와 미결수용자가 함께 수용되는 등 교정행정업무의 다양성과 복잡성에 부응하지 못하고 있어 수형자 중심의 일관성 있는 처우를 유지하기가 어렵다는 문제점이 지적되고 있다. 건축구조적인 측면에서도 보안 중심의 시설 설계로 개별적 교정처우가 곤란한 시설구조를 가지고 있고, 일반사회와 지리적으로 멀리 위치한 시설이 많으며, 노후화된 시설이 많다.[8]

---

8) 2019년 기준으로 40년 이상이 13개소(25%), 30년 이상이 12개소(23.1%), 20년 이상이 9개소(17.3%), 10년 이상이 11개소(21.2%), 10년 미만이 7개소(13.5%)이다. 가장 오래된 시설은 1963년 준공되어 56년이 지난 안양교도소이다.(교정본부 「교정통계연보」, 2020.).

(2) 개선안

교도소는 집단생활을 특징으로 하기 때문에 이에 따른 현상과 문제점들을 실질적으로 반영해야 한다. 따라서 정책입안자, 교도관 및 수용자들의 의견을 취합하는 절차가 필요하다.

첫째, 교정시설은 소규모로 하되 가능한 한 많은 지역에 분산시켜야 하고, 보안수준·범죄자특성·처우형태·지역특성에 따라 다양화하여 각 시설의 특성에 맞게 전문적인 처우가 가능하게 해야 한다. 기존의 대규모인 시설은 소규모단위로 구역별로 구분하여 처우단계별 및 수형자 특성별 등 각 시설의 특성에 맞게 운영할 수 있을 것이다.[9] 시설은 수용자의 격리구금과 계호에 적합한 자연적 입지조건뿐만 아니라 수형자의 교화개선과 개별처우가 가능한 시설구조를 갖추어야 한다.

둘째, 내부시설로서 각종 위생시설, 난방시설, 작업시설뿐만 아니라, 오락시설, 교양시설 등을 포함한 문화시설 또한 적절히 배치되어야 한다. 수용자의 탈옥을 방지하는 범위 내에서, 다양한 색상, 외관 및 공간 활용 등을 통해 인도주의적이고 신선한 물리적 환경을 조성해야 한다.

이러한 필요에 따라 현재 우리나라에서도 수용자 특성에 맞는 시설을 건축해야 할 필요성에 따라 여성 교도소, 개방교도소, 직업훈련교도소, 수형자자치교도소 등을 설립하였고, 미결수용자의 소송편리와 가족접견 등 접근성을 고려하여 구치소를 도심에 증설하였으며, 보다 인도주의적 처우개선을 위해 노후화된 시설의 개축 및 신축이 점진적으로 진행되고 있다.

2) 교정시설의 적정규모

교정처우의 기본이념인 처우의 과학화·개별화·사회화를 도모하고 수형자의 재사회화를 효과적으로 수행하기 위해서 무엇보다 교정시설별로 적정한 수용인원을 유지하는 것이 필요하다. 1개 시설당 평균수용인원이 미국의 경우 약 500명, 호주는 약 170명, 영국은 약 358명, 그리고 일본은 약 230명 정도로 알려져 있다. 우리나라의 경우, 2018년 현재 2,000명 이상을 수용하는 기관은 서울구치소 등 3개 기관, 1,000명 이상을 수용하는 기관

9) 교도소는 규모 면에서 적정성을 유지해야 한다. 교도소업무의 성과 측면에서 큰 규모가 실패의 주원인은 아니며 또한 작은 규모가 성공의 주요인이 아니지만, 큰 규모로는 성공하기 어렵다는 것이 일반적인 인식이다.

은 안양교도소 등 20개 기관, 500명 이상을 수용하는 기관은 춘천교도소 등 14개 기관, 그리고 500명 미만을 수용하는 기관은 울산구치소 등 16개 기관이다.[10] 선진국의 경우 폐쇄시설의 수용인원은 개별처우에 지장을 초래하지 않을 정도인 500명(국제적 권장 기준)을 넘지 않는 것이 이상적이라 보고 있으며 개방시설도 100명 정도를 적정인원으로 보고 있다.

우리나라의 경우, 2019년 현재 적정 정원 47,990명에 54,624명을 수용하여 6,634명을 과잉수용하고 하고 있다. 산술적으로만, 산술적으로만 판단하면 500명 수용 규모의 시설 13개소 정도가 신설되면 과잉수용이 해소된다고 하겠다.

6. 교정시설의 분류

교정시설은 합리적인 수형자 처우를 위하여 과학적으로 분류되어야 한다. 우리나라는 수용자의 합리적 처우를 위하여 연령, 성별, 신분, 죄질 또는 계호의 정도, 형의 확정 유무 및 특수목적에 따라 여러 가지로 구분하고 있다.

1) 판결확정의 유무에 따른 분류(교도소와 구치소)

판결의 확정유무에 따라 교도소와 구치소로 구분되는데, 교도소는 형벌이 확정된 수형자를 구금하기 위한 장소이다. 그리고 남성과 여성은 분리하여 수용한다(「형의 집행 및 수용자의 처우에 관한 법률」 제13조). 또한 19세 이상의 수형자와 19세 미만의 수형자를 같은 교정시설에 수용하는 경우에는 서로 분리하여 수용한다(동법 제13조). 구치소는 체포된 자와 구속영장 집행을 받고 형이 확정되지 않은 형사피고인 및 형사피의자를 구금하는 장소로서 미결 수용실 또는 구치소라고 한다.[11]

2) 수형자의 연령에 따른 분류(일반교도소와 소년교도소)

수형자의 연령에 따라서는 일반교도소와 소년교도소로 구분되는데, 교도소에는 19세 이상의 수형자를 수용하고 소년교도소에는 19세 미만의 수형자를 수용한다. 그리고 수형

---

10) 법무부 교정본부, 「교정통계연보」 2019, p.56.

11) 경찰서 유치장: 구치소나 미결 수용실에 준하는 시설로는 각 경찰서의 유치장인 대용교도소가 있다. 이곳은 검찰에 송치된 이후의 피의자나 피고인을 수용하고 구류형을 받은 자의 형을 집행하기도 한다. 경찰관서에 설치된 유치장은 미결 수용실에 준하고 수형자를 30일 이상 수용할 수 없도록 규정하고 있다.

자가 소년교도소에 수용 중에 19세가 된 경우에도 교육 · 교화프로그램, 작업, 직업훈련 등을 실시하기 위하여 특히 필요하다고 인정되면 23세가 되기 전까지는 계속하여 수용할 수 있다(동법 제12조 제3항). 현재 소년 수형자는 김천 소년교도소에 수용관리하고 있다.

3) 수형자의 성별에 따른 분류(일반교도소와 여자교도소)

수형자의 성별에 따른 분류는 일반교도소와 여자교도소로 구분되는데, 여자의 신체적 특수성과 남녀혼거수용으로 인한 폐단을 방지하기 위하여 각국에서는 동일교도소 내에 남사와 여사로 구분수용하거나 여성만을 위한 교도소를 별도로 설치 · 운용하고 있다. 우리나라는 남자와 여자를 분리 수용한다(동법 제13조).[12)]

4) 계호의 정도에 따른 분류

우리나라는 수형자의 기본수용급 · 경비처우급 · 개별처우급 등 각 처우등급별로 중(重)경비시설 · 일반경비시설 · 완화경비시설 및 개방시설에 분류수용하고, 시설별로 단계적 처우를 실시하고 있다. 다만, 동일한 교정시설이라도 구획을 정하여 경비등급을 달리할 수 있다.

개방시설은 도주방지를 위한 통상적인 설비의 전부 또는 일부를 갖추지 아니하고 수형자의 자율적 활동이 가능하도록 통상적인 관리 · 감시의 전부 또는 일부를 하지 아니하는 교정시설이다.[13)] 완화경비시설은 도주방지를 위한 통상적인 설비 및 수형자에 대한 관리 · 감시를 일반경비시설보다 완화한 교정시설이다. 그리고 일반경비시설은 도주방지를 위한 통상적인 설비를 갖추고 수형자에 대하여 통상적인 관리 · 감시를 하는 교정시설이고, 중(重)경비시설은 도주방지 및 수형자 상호 간의 접촉을 차단하는 설비를 강화하고 수형자에 대한 관리 · 감시를 엄중히 하는 교정시설을 의미한다.

---

12) 분리주의: 여성만을 수용하는 교도소를 완전히 따로 독립하여 설치·운영하는 것으로 우리나라는 청주여자교도소가 분리주의 형태의 유일한 여자교도소이다.

13) 천안 개방교도소는 과거 과실범 전담수용소로 이용되었으나, 2009년부터 사회적응훈련생으로 선정된 자와 개방처우 대상 과실범을 수용하여 개방처우를 실시하고 있다. 주된 기능은 사회적응훈련생들(가석방예정자)에 대해 사회적응훈련을 실시하는 중간교도소로서의 기능이다. 수용규모는 약 300명이다.

7. 교정시설의 지향점

교도소 건축의 미래는 건물 사용의 영속적 특징과 수용자들의 특성을 고려할 때, 건물의 설계에 보다 신중한 접근이 필요하다. 보다 잘 설계된 교정 시설이 더 안전하고 인간적인 환경을 만든다. 따라서 교정 시설구조에 대한 관행적인 이해를 초월해야 하며 다면적 검토를 기반으로 한 과학적인 설계가 필요하다. 전통적 교정 시설의 건축 구조는 대개 직선적이며 간헐적인 감시 설계를 특징으로 하기 때문에 다양한 문제점들이 노출된다. 예를 들면, 이러한 형태의 설계에서는 감시체계의 불완전으로 인하여 폭력이나 교정사고가 발생할 여지가 상존한다. 환경의 구조적 미비점이 수용자로 하여금 은밀하게 그러한 행동을 할 수 있는 여지를 제공하는 것이다.

새로운 지향점은 개인들은 그들의 주된 욕구(안전, 존엄성, 사적 생활과 활동, 개인 공간, 가족과의 연계, 사회적 관세 등)가 충족되지 못할 때 폭력이나 비행에 개입한다는 전제하에 이러한 욕구를 충족시키는 데 요구되는 철학적 기반과 건축설계의 기준을 설정해야 한다. 또한 과학적 테크놀로지를 과감하게 도입하고 적용함으로써 효율적인 인적 자원의 운용을 도모해야 한다.

제2절 과밀수용의 문제

1. 과밀수용의 실태

우리나라의 1일 평균 수용인원은 1999년에 68,087명을 정점으로 하여 꾸준히 감소하는 추세를 보여 2019년에는 47,990명을 기록하였다. 그러나 20여년간(1993~2019년) 수형자의 인구는 32,054명에서 33,818명으로 거의 변동이 없는 반면, 미결 수용자는 26,693명에서 19,343명으로 약 27.5%가 감소하여 주로 미결수용자 인구 위주로 감소한 현상을 보이는 등 과밀수용의 문제는 여전히 남아 있는 상태이다. 2019년 현재 정원 47,990명(1인 2.58m² 기준)에 54,624명을 수용하여 113.8% 수용률을 보이고 있다.

특히 과밀수용의 문제는 교도소와 구치소, 그리고 지역 교정시설 간의 차이가 현저하게 나타나고 있는 실정이다. 과잉 및 과밀수용이 심각한 시설은 대구구치소, 광주교도소, 대전교도소, 의정부교도소 등으로 수용률 약 140%, 수용밀도 약 1.5로 나타나 조속한 개선 조치가 필요한 것으로 보인다. 적정 정원 이하로 수용하고 있는 시설은 20여개소, 적정 정원 이상으로 수용한 시설은 약 30개 시설이었으며, 이 중 120% 이상을 과잉수용한 시설은 10여개소로 나타났다.

과잉수용과 수용밀도는 대체로 비례하는 경향을 보이고 있는데, 수용밀도와 관련 법무부에서 정하고 있는 1인당 생활공간은 화장실과 수납공간을 포함 2.58m²인데, 독일의 경우는 2명이 7.89m²를 사용하는 것도 위법이라는 판례가 있다는 점을 고려해 볼 때, 그 기준의 적합성에 대해서는 논의의 여지가 있다 하겠다. 수용밀도의 경우는, 시설이 운영되는 문화와 밀도계산 방식 등의 차이로 수치 자체가 큰 의미를 갖지 못한다. 공동식당, 공동 레크레이션공간의 존재여부 및 활용정도, 그리고 기준에 화장실, 수납공간 등의 공유시설이 포함되는가 등을 고려해야 정확한 수용밀도를 측정하고 비교할 수 있다. 2019년 현재, 우리나라 교정시설의 총면적은 169,550 ㎡이다.

2. 과밀수용의 원인

과밀수용의 원인은 다양한 측면에서 설명되고 있다. 물론 각 국가마다 그리고 시점에 따라 차이가 있으나 일반적으로 인구통계학적 요인과 형사정책의 보수화를 이끈 다양한 사회정치적 요인 등으로 설명되고 있다. 아래에서는 주로 미국의 경우를 중심으로 기술되었으나, 우리나라의 경우에도 일정 부분 일치하는 바가 크다.

1) 인구학적 측면

1960년 전후에 태어난 베이비붐 세대가 1970년대 후반부터 범죄연령기에 도달하여 1980년대 초반 구금연령기로 진입하면서 수용인원 증가의 주요 요인이 되었다는 주장은 널리 받아들여지고 있다. 일본의 경우도 2011년 범죄건수가 전년보다 6.6% 감소하였는데 이는 9년 연속 감소세를 보인 것이며, 형사범도 전후 최악이었던 2002년에 비해 절반 정도 줄었다고 발표하였다. 이러한 현상은 저출산 · 고령화로 인한 젊은 층 인구가 크게 줄어든 것과 관련이 있다고 분석되고 있다.[14] 또한 논란의 여지는 있지만 인구학적 요인과

14) 일본의 20세 인구가 2012년 122만 명으로, 1970년 246만 명의 절반으로 급감하였다. 한편 범죄의 감소가 경찰은 집중적인 단속의 결과라고 주장하지만 검거율은 전년보다 하락하였고, 고령자가 많이 사는

범죄율과의 관계를 설명하는 사례로서, 1973년 미국에서 이루어진 낙태의 합법화가 90년대 범죄의 감소에 영향을 미쳤다는 주장이 있다. 10대 임신, 빈곤, 저학력, 음주나 약물남용 등과 같은 범죄유발요인을 안고 태어날 미래의 잠재적 범죄인 집단이 태어나지 않음으로써 범죄의 하락현상이 나타났다는 것이다.[15)]

2) 형사정책의 보수화

(1) 매스컴의 역할 증대

1970년대 이후 범죄율이 증가하고 범죄문제가 사회의 심각한 관심사로 대두되면서 일부 강력범죄에 대한 언론매체의 집중보도에서 범죄에 대한 진상이 과장되거나 왜곡되는 현상이 나타났다. 이러한 현상이 시민들의 범죄에 대한 공포를 증폭시키고 범죄문제에 대해 보다 강력한 대응을 요구하는 데 일조하였는데, 이러한 맥락이 형사정책의 부수화에 기여하였다.

(2) 비용증대와 재범률 증가

사회복귀가 교정철학의 주류를 이루었던 1960년대까지 교정서비스의 개선 및 확대로 교정비용은 급속히 증가한 반면, 범죄율과 재범률, 수용인원 등은 여전히 지속적으로 증가하는 현상을 보임에 따라 1970년대부터 처벌을 강화하는 방향으로 선회하였다. 1980년대에는 억제와 무력화에 입각한 모형이 교정철학의 주류로 다시 등장하여 법원의 양형이나 교정정책의 보수화에 큰 변화를 초래하였다.

(3) 국민들의 여론과 정치적 쟁점화

처우 중심의 교정정책 실패와 그로 인한 시민들의 불만, 범죄에 대한 공포의 증가, 언론의 비판적 보도 등이 팽배해짐에 따라 여론이 보수화되었고, 정치권과 정부가 여론과 유권자의 요구를 의식하여 '범죄와의 전쟁', 혹은 '마약과의 전쟁' 등을 선포하면서 범죄에 대한 강경대응정책은 더욱 가속화되는 현상을 보였다.

지방의 범죄건수는 급감하였지만, 젊은 층이 많이 사는 동경에서는 큰 변화를 보이지 않았다는 점에서 경찰 측의 주장이 반박되고 있다(조선일보, 2012년 11월 14일).

15) 스티븐 레빗, 스티븐 더브너 지음, 안진환 옮김, 「괴짜 경제학」(Freakonomics), 웅진 지식하우스, 2005, pp.155-191. 취약한 계층 출신의 10대 후반의 인구가 낙태로 인해 감소함으로써 범죄가 하락했다는 주장으로, 인구학적 요인이 치안정책, 징역형 증가, 마약시장의 변화, 총기규제, 경찰력 강화 등의 요인보다 더 큰 영향을 미쳤다고 기술하고 있다.

(4) 법원의 보수화

범죄에 대한 강경책을 요구하는 시민의 여론에 따라 양형제도의 일대 변혁이 일어났는데 '의무적 최소 양형법'(mandatory sentencing laws) 혹은 '삼진법'의 제정이 그것이다. 그 결과 1980년 이후 강력사범의 구금비율과 구금의 형량이 대폭 증가하였고, 의무적 구금형제도 및 부정기형의 폐지정책 등이 도입되기에 이르렀다.

(5) 교정정책의 강경화

교정정책의 강경화로 선시제의 조건과 가석방 자격조건이 강화됨에 따라 그 결과로 수용밀도가 증가되는 현상이 나타났다. 따라서 범죄에 대한 강경대응정책의 실시를 위해서는 교정시설의 확충이 요구됨에도 불구하고, 교도소 건축을 위한 예산안은 확보하지 못하는 모순된 현상이 지속되고 있어 과밀수용 문제는 난제로 상존하고 있다.

3. 과밀수용의 결과

1) 교도관의 사기저하와 수용환경의 악화

시설의 협소, 직원 부족 및 과다한 업무로 직원의 사기가 저하되고, 예산과 자원의 부족으로 인하여 재소자들을 위한 직업훈련과 교육의 기회, 여가, 의료 및 정신건강, 식사, 위생 등의 각종 서비스가 악화되었다. 따라서 교정교화 프로그램에 참여하는 수용자가 감소하게 되었으며, 수용자의 사회복귀라는 교정처우 이념은 실질적으로 포기되었다.

또한 교도소 내에 긴장과 갈등이 고조되어 시설 내 규율위반, 폭력, 수용자의 스트레스 증가, 발병, 심리적 불안정, 자살 등 각종 사고나 사건을 초래하였다. 이는 교정시설의 안전에도 큰 위협이 되어 결과적으로 교정교화 효과를 약화시켜 재범률의 증가로 이어지게 되었다.

2) 법원의 개입

열악한 구금조건에 대한 수용자들의 집단소송이 제기되면서 미국의 경우 1990년에 이르러서는 5개 주를 제외한 모든 주들이 '잔혹하고 비정상적인(cruel and unusual) 처우'를 금지하는 헌법조항을 위배하는 실정에 이르렀다. 재소자들에게 적용될 '총체적인 조건'(totality of conditions)[16]이 헌법에 위배된다는 판결에 따라 국가가 패소함으로써 연방법원의 시정명령을 받게 되었다. 전통적으로 교정에 대해 간섭하지 않던 사법부가 이에 개입하여 교정시설의 과밀수용을 해소하도록 명령까지 하기에 이른 것이다.

그 내용은 구금환경을 1년 이내에 개선할 것과 수용인원 상한선을 준수할 것, 그리고 이러한 조건을 법정기간 내 달성하지 못하는 주정부에는 벌금을 부과하고 수용인원이 상한선 이하로 떨어질 때까지 교정시설에의 신규입소를 금하는 등을 포함하는 엄격한 조치의 시정명령을 받기에 이르렀다.

3) 양형제도의 변화

강력사범이나 누범의 가능성이 높을 것으로 예측되는 범죄자를 선별적으로 구금하여 무력화(selective incapacitation)시키는 양형정책이 채택되었고, 대다수의 초범자나 재산범에 대해서는 보호관찰을 부과하는 등 지역사회 교정프로그램의 확대실시로 연결되는 계기가 되었다.

4. 과밀수용의 해소방안

과밀수용의 해소를 위한 정책은 다양한 각도에서 논의되어왔다. 아래에서는 전반적으로 종합된 내용을 담고 있는 알프레드 블럼스타인(Alfred Blumstein)의 주장을 제시한다.[17]

1) 소극적 전략(null strategy)

수용인구가 증가하더라도 교정시설에서는 그만큼의 인구를 수용할 수밖에 없다는 소극적 수용전략이다. 일단 단기적으로는 교정시설의 증설을 위한 추가비용부담도 없어서 정치적으로 가장 수용하기 쉬운 전략이다. 그러나 장기적으로는 과잉수용으로 인하여 직원들의 재소자에 대한 통제력이 약화되고 재소자의 교정사고의 증가와 더 나아가 폭력사태 및 폭동 등으로 이어질 수도 있다.

---

16) Schmalleger, Frank and John Oritiz Smykla, *Corrections in the 21st Century*, New York: Glencoe McGraw-Hill, p.291.

17) Alfred Blumstein, "Prisons: Population, Capacity, and Alternatives," James & Wilson(eds), *Crime and Public Policy*, SF: ICS Press, 1983; 이윤호, 전게서, pp.95-97 참조.

2) 선별적 무력화(selective incapacitation)

교정시설의 증설에 따른 고비용을 절약하고 재범의 위험성이 높은 수형자를 예측하여 제한된 공간에 선별적으로 구금함으로써 교정시설의 공간을 보다 효율적으로 운영하자는 것이다. 강력범죄의 대부분은 일부 상습적 누범자들에 의해서 반복적으로 행해지는 경향이 있기 때문에 이들을 선별하여 구금함으로써 전체 강력범죄 중 상당 부분을 예방할 수 있다는 전제이다. 그 결과로 전체적으로 범죄감소효과를 거둘 수 있어 과밀수용을 해소할 수 있다는 전략이다.

3) 구금인구감소 전략(population-reduction strategy)

구금인구감소 전략은 정문(front-door) 전략과 후문(back-door) 전략이 있다. 먼저 정문 전략은 구금 이전 단계에서 범죄자를 보호관찰, 가택구금, 벌금형, 배상처분, 사회봉사명령, 선도조건부 기소유예 등의 비구금적 제재로 전환시킴으로써 수용인구를 줄이자는 전략이다. 이에 대해서는 강력범죄자에게는 적용이 적절치 않을 뿐만 아니라, 오히려 형사사법망의 확대(net-widening)를 초래할 수 있다는 비판이 있다.

후문(back-door) 전략은 일단 수용된 범죄자를 보호관찰부 가석방, 선시제도 등을 이용하여 형기종료 이전에 미리 출소시킴으로써 새로운 입소자들을 위한 공간을 확보할 수 있다는 전략이다. 형벌의 제지효과는 형벌의 엄중성보다 확실성이나 신속성에 더 크게 좌우되기 때문에 지나친 장기구금은 사실상 의미가 없다는 논리에 근거한 것이다. 그러나 위와 같은 조기석방제도는 과밀수용에 대한 신속하고 용이한 임시방편적 대안으로 이용되었으나, '교도소 회전문 증후군'(revolving prison door syndrome)[18]이라는 비판이 있다.

4) 사법절차와 과정의 개선

형의 선고 시에는 수용능력의 고려, 과밀의 경우에는 석방허용정책의 다양화, 그리고 검찰의 기소나 법원의 양형결정 시에는 수용능력과 현황에 관련된 자료의 참고 등의 전략을 통해 과밀수용을 해소하고자 하는 것이다. 이를 위해서는 경찰, 검찰, 법원, 교정당국,

---

18) 형기 중 적절한 훈련이나 교화프로그램을 통해 개선되지 않은 상태에서 조기에 출소된다는 것은 재범 위험성을 알고 범죄에 취약했던 원래의 환경으로 다시 돌아간다는 것이며 더구나 전과자라는 불리한 신분까지 추가되기 때문에 다시 재범의 길을 걸어 교정시설로 돌아가게 된다는 의미임.

보호관찰 등으로 구성되는 형사사법협의체를 구성하여 형사사법체제 간의 협의와 협조체제가 잘 이루어지도록 할 필요가 있다.

5) 교정시설의 증설(capacity expansion)

가장 단순하면서도 편리한 과밀수용 해소전략이지만 재정부담의 문제가 크고, 설사 시설이 증설되더라도 사법부 및 교정당국의 보수적 및 관료주의적 성향으로 인하여 단기간에 수용과밀현상이 재연될 것이라는 비판이 있다.

그 밖에 실시되고 있는 주요한 전략이나 제도를 보다 구체적으로 기술한다면, 일반적으로 가장 용이하게 채택되고 있는 제도로서 가택구금이나 전자감독제도를 들 수 있다.

첫째, 과밀수용 해소정책으로 큰 비용이 소요되지 않으며 범죄위험의 증가 등 필요시에 구금형으로의 전환이 용이한 점, 둘째, 엄격한 감시와 행동규제로 범죄예방 및 지역사회 안전에 기여할 수 있다는 점, 셋째, 상습음주운전 및 구금형의 대상이 되는 재산범 등에 대한 양형대안으로서 효과적이라는 점 등 궁극적으로 응보 · 무력화 · 사회복귀 등 제반요소를 긍정적으로 충족할 수 있다는 점에서 전자감시와 가택구금제도가 단기적 대인으로 지지를 받고 있다.

다음으로 교정업무의 민영화를 들 수 있다. 국가가 교정업무의 일부를 계약에 의해 민간에 위임하고 대리수행하게 하는 제도로 민간의 전문적 지식 · 기술 · 자본의 활용으로 서비스 및 정책의 실효성을 증진시키고자 하는 정책을 말한다. 이는 정부조직의 관료화 · 비효율화 · 비전문화 · 경직화 · 서비스질의 저하를 해소하기 위한 방안모색이라 하겠다.

또한 회복적 사법의 적용이 최근에 대두되어 활발하게 논의되고 있다. 처벌 위주의 처우방식에서 범죄로 인해 손상된 각종 관계를 회복하는 데 역점을 둔 원상회복적 처우제도는 구금정책의 또 다른 대안이 될 수 있다.

이 밖에도 지역사회교정의 일환으로서 중간처우제도 및 특히 구금형과 보호관찰 사이의 다양한 형태의 처벌 및 처우 프로그램을 지칭하는 중간처벌제도의 활용이 있다. 여기에는 전환, 재판 전 석방, 벌금, 배상명령, 사회봉사명령, 보호관찰, 집중감시프로그램, 일일보고센터(Day Reporting Center), 가택구금과 전자감독제도, 병영식 캠프(Boot Camps), 석방 후 거주센터(Residential Centers), 일시석방(Temporary Release) 등이 포함된다. 이러한 유형들은 각각에 따른 비판적 측면이 제기되고는 있으나 범죄의 성격과 개인의 필요에 적합한 다양한 처우의 제공, 교정효과 증진 및 예산절약, 과밀수용 완화를 위한 구금의 대안으로 평가되고 있다.

제6편
교정사회문화론

Chapter_ 1
교도소조직과 문화체계

교정시설의 세계 혹은 그 사회를 이해하는 데 있어서는 조직적인 측면과 문화적인 측면에서의 요소를 고려하는 것이 일반적인 접근방식이다. 조직적인 측면은 공식적으로 이루어진 사회적 구성을 말하며, 예컨대 전형적인 관료주의적 그리고 준군대적 성격을 가진 교도관 조직에 대한 이해가 필요하다는 의미이다. 다음으로 문화적인 요소는 흔히 하위문화를 일컫는데 비공식적으로 이루어진 문화체계로서 공식적 조직의 수면 아래에서 존재하는 수용자 및 교도관의 하위문화의 이해를 통하여 시설 내에서 무엇이 진정으로 이루어지고 있는가를 이해하는 것이다.

본 장에서의 분석은 거시적 차원에서 경제, 정치, 종교 및 테크놀로지와의 관계를 다루고, 다음 단계로는 제도, 조직, 직업의 차원에서, 그리고 가장 미시적 차원으로 구금환경 속에 존재하는 개인과 집단 그리고 그 사이에서 형성되는 하위문화를 통해 교도관과 수용자 사회의 이해를 돕는다.

제1절 교도소의 관리 및 교도관사회

본 절에서는 수용자집단과 함께 교도소조직의 핵심을 구성하고 있는 통제 및 관리자 집단으로서 교도관의 세계를 다룬다. 이미 기술된 바와 같이, 외부사회와의 교류와 연계가 확산되고, 교도행정에 대한 법적 제약이 강화되고 있으며, 그리고 관료주의 체제의 영향 등으로 교정행정의 성격이 변화하고 있다. 이 결과로 수용자들의 일상생활의 질이 제고되고 인권이 급격히 향상되고 있는 것이 세계적으로 민주화된 사회의 일반적인 현상이다. 한편으로 교도관 측면에서는 반대급부로 수용자들에 대한 통제가 용이치 않고 많은 제약을 받게 되어 관리에 어려움이 증가하고 있음은 물론 상대적인 박탈감을 느끼는 현상이 나타나고 있다. 변화하는 환경 속에서 수용자와 교도소조직을 효율적으로 통제하고 관리해야 하는 것은 교도관들이 당면한 근본적인 과제이다. 여기에서는 오늘날 교도관들의 권한이 약화되는 현상을 보이는 가운데 교도관들은 어떤 권한을 기반으로 수용자들을 관리하는 것이 바람직한 것일까에 대해서 기술한다.

교도관이 어떻게 수용자들의 복종을 이끌어 내는가에 관련하여 몇 가지 요인들이 제시되고 있다. 비록 교정기관이 관료주의적 성격을 갖고 있지만, 업무의 속성상 강제력을 실행해야 하는 조직이며, 따라서 교도관은 일정한 권한을 기반으로 시설의 보안과 질서를 유지해야 한다. 여기에서의 '권한'은 갈등적 관계 속에서도 교도관이 수용자의 어떤 저항에도 불구하고 원하는 바를 실행할 수 있는 지위를 지키고 있는가의 여부로 정의될 수 있다. 그러한 권한 혹은 힘의 기반은 다양한 측면에서 설명될 수 있다.[1)]

1. 교도관의 권한

1) 합법적인 권한(Legitimate power)

합법적인 권한은 공식적인 명령체계에서 나오는 것으로, 교도관이 그들의 지위와 수용자의 지위 사이에 존재하는 구조적인 상하관계로써 수용자를 통제할 수 있는 권리를 말한다.

---

1) Weber, Max, *Economy and Society*, New York: Bedminister, 1968, p.53; Hepburn, "The Exercise of Power in Coercive Organizations: A Study of Prison Guards." *Criminology*, 23(1), 1985, pp.145-146. 이외에 프렌치(John E.P. French, Jr.)와 레이븐(Bertram H. Raven)과 같은 학자는 정당성·보상과 제재·전문지식·개인적 선호·강압적인 권력 등을 권력의 기초(power bases)로 제시하였다.

2) 강제적인 권한(Coercive power)

상부의 지시에 순종하지 않는 하부를 통제하고 벌을 줄 수 있는 권한이다. 교도소는 본질적으로 강제적인 힘을 발휘하는 조직적 특성을 갖고 있다. 강제적 권한은 교도관이 불복종에 대해 처벌할 능력과 의도를 가지고 있다는 것을 수용자에게 인식시킴으로써 그 힘을 발휘한다.

3) 보상적 권한(Reward power)

상대에게 보상을 줄 수 있는 능력을 보유하고 있기 때문에 행사할 수 있는 권한으로, 교도관은 수용자를 통제하기 위하여 보상이라는 수단을 활용한다. 실제로 교도관은 수용자의 기거, 작업, 귀휴, 가석방, 선시 등 다양한 방면에서 영향을 행사할 수 있다. 또한 이러한 공식적 보상방시 이외에 생활상 일정한 혜택을 부여하거나 사소한 위반행위를 묵과하는 등의 비공식적 보상수단을 활용할 수 있다.

4) 전문적 권한(Expert power)

다른 사람이 필요로 하는 특별한 능력이나 지식을 가질 때 생기는 영향력으로, 만약 교도관이 특별한 기술, 지식, 혹은 전문성을 보인다면, 수용자들에게 전문가로서의 면모를 인정받을 수 있다. 교도관은 예컨대, 치료 중심 시설에서 상담과 분쟁해결 능력을 발휘한다면, 전문적인 치료사로서 인식될 수 있을 것이다.

5) 선호성(選好性) 권한(Referent power)

권력 주체를 좋아해서 그에게 동화되고 그를 본받으려고 하는 데 기초를 둔 권한을 말한다. 즉, 상대에 대해 호감을 느끼거나 그 사람과 동일시하고자 할 때 생기는 권한으로, 교도관은 지도력과 설득력을 통해 수용자들의 존경과 선망을 얻음으로써 그들의 복종을 이끌어낼 수 있는 힘을 발휘할 수 있다. 예컨대 공명정대한 교도관은 수용자들의 진정한 존경을 받을 것이다.

헵번은 이러한 유형에 따라 교도관들을 대상으로 수용자를 복종하게 하는 가장 중요한 요인에 대해서 연구한 결과를 제시하였다. 가장 중요한 요인으로 합법적 권한과 전문적 권한, 다음으로 선호적 권한, 그 다음으로 강제적 권한과 보상적 권한인 것으로 나타났다. 그는 이러한 권한의 근원들이 교도소의 관료화와 어떤 관계가 있는가를 분석하였는데, 교도관들이 합법적 권한과 전문적 권한에 의존한다는 사실은 지위와 전문성을 강조하는 관료주의의 특성과 일치한다고 하였다. 더 나아가 이러한 권한의 사용을 통하여 교도관과 수용자 간의 조화롭고 인간적인 관계를 증진시킬 수 있다고 하였다.[2)]

2. 교도관과 수용자와의 관계

사이크스(Gresham Sykes)의 저서, 「수인들의 사회」(The Society of Captives)는 교도소에서의 권력과 힘의 관계에 관한 가장 대표적인 연구로 알려져 있다.[3)] 이 연구의 핵심은 교도관의 권위(authority)는 수용자와의 인간관계에서 비롯되는 부패에 매우 취약하다는 것이다. 부패에 관련된 핵심요인으로 친근 관계(friendship), 상호의존관계(reciprocity), 그리고 미필적 태만(default)을 제시하였다. 첫 번째는, 교도관은 업무성격상 불가피하게 수용자들과 잦은 접촉이 이루어지기 때문에 공식적인 관계 이외에 비공식적 인간관계를 맺게 될 가능성이 높아 자연스럽게 친근 관계가 조성될 수 있기 때문이라는 것이다. 두 번째는, 교도관과 수용자 간의 관계가 상호의존적 성격을 갖고 있기 때문이라는 것이다. 실제로 교도관은 그들이 통제하는 수용자들의 행위에 따라 평가를 받는 구조 속에서 업무를 수행한다. 즉, 수용자의 협조에 따라 업무가 원활히 진행되고 그 결과로 긍정적인 업무평가를 받을 수 있는 것이다. 끝으로, 미필적 태만은 불순한 의도가 없더라도 교도관의 업무에 수용자가 자연스럽게 개입하게 됨으로써 나타나는 결과를 의미한다. 예컨대, 수용자들이 교도소의 사소한 일상 업무에서 보조적 역할을 담당하게 됨으로써 의도된 것은 아니지만 업무 자체의 일부를 공유하게 되는 경우이다. 이러한 과정을 통해서 일방적이었던 힘의 질서가 상호 상쇄되는 상황으로 변화되는 것이다.

80년대에 이루어진 글래서와 프라이(Glasser and Fry)의 연구 결과는 사이크스의 연구 결과를 지지하고 있다. 이들은 교도관은 수용자의 협조를 얻는 데 채찍보다는 당근을 사용하는 경향이 있다고 하였다. 이러한 협력관계는 상호 간의 의존관계와 미필적 태만을 통해 얻어지는데, 이를 교도관들의 행위에 있어서 부정적인 측면으로 볼 것이 아니라, 일

2) Welch, Michael, *Corrections: A Critical Approach*, McGraw-Hill Companies, Inc., 1996, p.133.

3) Sykes, Gresham, *The Society of Captives*, Princeton, N.J.: Princeton University Press, 1958.

정한 구금환경에서 일상적으로 일어나는 현상의 한 측면으로 보아야 한다고 하였다. 준군사적 관료체제의 특징에서 보여주는 일방적인 힘의 관계와는 달리, 오늘날 교도소에서는 교도관의 일상 업무가 수용자의 협력에 크게 의존하는 것이 현실이다. 물론 수용자 역시 협력에 따른 보상을 받는데, 가장 일반적인 보상은 교도관이 수용자의 위반행위를 고의로 간과해주는 것을 포함한다. 글래서와 프라이는 부패과정에 대한 사이크스의 관점을 재확인하고, 구금시설을 이해하는 데 유용하다는 결론을 내렸다.[4)]

3. 진화하는 교도관 업무성격

사회여건의 변화에 따른 교도관의 업무성격의 변천은 미국의 경우에서 잘 살펴볼 수 있다.[5)] 이는 우리나라의 경우를 이해하는 데 있어서도 시사하는 바가 크다. 각 시대별 단계의 중요한 특징은 무엇보다도 1950년대 말 사회복귀의 대두, 1980년대 수용자인구의 급증 및 구성의 변화, 그리고 교정행정에 대한 법원의 개입[6)]이다.

1950년대 말, 사회복귀이념이 대두됨과 함께 교도관들은 수용자를 통제하는 업무와 교화시키는 업무 사이에서 역할갈등을 겪은 것으로 인식되었다. 그러나 역할갈등에 관한 연구 결과들에서는 서로 모순되는 역할에 따른 심각한 수준의 심리적 갈등과 같은 문제는 크지 않은 것으로 나타났다. 다음으로 급격한 수용인구의 급증현상은 세계적으로도 유래를 찾아보기 힘든 현상으로 오늘날까지도 궁극적인 해결책이 제시되지 않고 있다. 교도관의 업무 측면에서는 업무과다, 스트레스과중, 비전문영역의 담당, 수용자들의 불만해소 등이 당면한 과제로 나타났다. 마지막으로 수용자인권의 보호를 위한 법원의 개입은 교도소관리에 불가피한 변화를 가져왔다. 법원이 수용자청원에 대해 불개입원칙(hands-off policy)을 더 이상 고수하지 않게 됨에 따라 교도관과 수용자 간의 기존의 힘의 관계가 무

---

4) Glaser, Danniel and Lincoln L. Fry, "Corruption in Prison Staff in Inmate Discipline", *Journal of Offender Counseling, Services and Rehabilitation*, 1987, 12(1), pp.27-38.

5) Crouch, Ben, "Guard Work in Transition." in *The Dilemmas of Corrections: Contemporary Readings*, Prospect Heights, Ill: Waveland, 1991.

6) 60년대 이후 법원불개입주의(hands-off policy)로부터 수용자인권에 대한 적극적 개입으로 전환됨에 따라 수용자가 제기한 법적 소송이 60년대 100여 건에서 90년대 초에 30,000여 건으로 급증되는 현상을 보였다. 이백철, "미국교정에 있어서 수용자인권문제의 변화양상에 대한 고찰", 「교정연구」, 2010, pp.7-30 참조.

너지는 결과를 가져온 것이다.[7)]

이외에 교도관업무 수행에 영향을 미치는 문제로는 위험한 업무의 성격, 수용자에 대한 통제의 약화, 스트레스, 인종 및 성비(性比)의 변화, 비리 등이 포함되었다. 1960년대 이전까지는 수용자들의 교도관에 대한 공격은 드문 일이었으나, 이후 시설 내 역학관계의 변화에 따라 행정에 대해서는 법적 대응을, 교도관에 대해서는 물리적 대응을 시도하려는 경향이 나타났다. 권위적인 지배가 불가능해지면서, 교도관들은 시설 내의 역학관계와 관련하여 통제력의 상실감과 무력감을 갖게 되었다. 그 결과 교도관들은 흔히 다음과 같은 몇 가지 반응을 나타내는 것으로 보고되고 있다. 역으로 수용자들에 대한 규율적용을 강화하고 오용하거나, 주변 환경을 통제할 수 없다는 무력감이나 소외감을 느끼거나, 또는 업무에 대하여 냉소적이고 소극적인 자세를 취한다는 것이다.[8)]

스트레스는 교도관들의 문제만은 아니지만 교도관생활의 핵심적 특징으로 매우 다양한 원인들에서 찾아볼 수 있다. 역할모순과 모호, 소통의 결핍, 정책의 표준 혹은 기준의 미비, 의사결정과정에서의 소외, 훈련부족, 업무의 본질(위험이나 예측불허), 열악한 업무환경 및 낮은 임금 등이다. 그 밖에 교도관의 스트레스를 예측할 수 있는 변수로 중경비(重警備)시설에서의 근무, 여성으로서의 근무, 근무한 기간, 상사와 동료 및 가족으로부터의 지원의 부족 등이 나타났다. 또한 교도관들은 스트레스 관련 질병발생률과 이혼율이 높은 것으로 나타났다.[9)]

인구통계적 요인으로 백인 남성 위주로 구성되었던 교도관 구성 비율에서 여성과 소수인종의 비율이 높아짐에 따라 교도관의 결집력이 분화되는 현상을 나타냈다. 교도관이 저

---

7) 수용자인권의 향상과 함께 교도관의 권위와 사기가 상대적으로 저하됨에 따라 이를 회복하기 위한 노력이 진행되고 있다. 미국의 경우 대표적인 방향으로서 '관료주의화'와 역학관계를 재구성하고자 하는 시도로서 '전문화'와 '노조화'를 들 수 있다. '노조화'는 수용자에 우호적인 결정 및 판결들에 대한 방어의 필요성과 법원으로부터 소외당한 정서로부터 출발하였다.

8) Poole, Eric and Robert Regoli, "Alienation in Prison: An Examination of Work Relations Among Prison Guards," *Criminology*, 19(August), 1981, pp.251–270; Toch, Hans, and John Klofas, "Alienation and Desire for Job Enrichment Among Correction Officers." *Federal Probation*, 46(March), 1982, pp.35–44.

9) Guenther, Anthony, and Mary Guenther, "Screws and Thugs," *Society*, 12(July–August), 1974, pp.42–50; Stalgatis, Susan, Andrew Meyers, and Joseph Krisak, "A Social Learning Theory for Reduction of Correction Officer Stress." *Federal Probation*, 56, 3(September), 1982, pp.33–41; Cheek Frances E. and M.D. Miller, "The Experience of Stress for Correctional Stress." *Journal of Criminal Justice*, 11(2), 1983, pp.105–112; Cullen, Francis T., Bruce Link, Nancy Wolfe, and James Frank, "The Social Dimensions of Correctional Officer Stress," *Justice Quarterly*, 2(4), 1985, pp.505–533.

지르는 비위(非違)는 시설의 안전, 수용자관리, 재정손해에 영향을 미치는데, 불법물품의 진입, 절도, 창고사보타주, 동성연애, 수용자와의 거래, 권한의 오용, 수용자상해, 무기절도 등이 나타났다.[10)]

우리나라의 경우, 1990년대를 기점으로 시작되어 2000년대에 이르러서 본격적인 수용자에 대한 인권친화적 조치가 다양하게 이루어졌는데 이는 교도관의 업무성격에 크게 영향을 미쳤다. 수용자집필, 신문열람 및 TV시청의 허용, 개방교도소, 여성전용교도소 및 외국인전용교도소의 개소, 가족만남의 집, 화상접견제도, 원격진료제도의 실시, 1인당 수용면적의 확대, 정보공개 등의 조치가 이루어졌고, 국가인권위원회, 법무부 인권국, 교정시민 옴부즈맨제도, 교정행정자문위원회와 같은 인권감시기구가 설립되었다. 수용자가 처우에 불복이 있을 경우, 법무부장관이나 순화점검공무원에게 청원할 수 있고 소장에게 면담을 신청할 수 있으며 행정심판이나 국가인권위원회 진정을 할 수 있는 등 처우불복제도가 운용되고 있다. 2000년대 이후 수용자가 제기한 청원, 행정심판, 행정소송 및 고소 · 고발, 헌법소원, 국가인권위진정, 정보공개청구 등에 있어서 건수의 급격한 증가는 교도관 업무의 질적인 변화를 시사한다 하겠다.[11)]

한편 이러한 친수용자 인권적 측면의 급속한 환경적 변화와 함께, 교도관의 근무 환경 측면에서 획기적인 변화가 있었는데, 1989년부터 도입된 3부제의 실시와 이후 4부제로의 확대 추진을 들 수 있다. 교도관의 야간 근무 횟수가 획기적으로 감소하고 주말휴무가 가능해져 여가활동이 활성화되고 직업의식이 고양되는 등의 효과와 함께 효율적 업무수행에 크게 기여한 것으로 평가되고 있다.

10) Crouch, 1991.

11)

구분 / 공개 연도	청원	행정심판	행정소송	고소 · 고발	인권위 진정	헌법 소원	정보공개 청구
2010	1,573	245	75	801	4,954	145	15,732
2015	957	552	74	733	3,790	23	23,008
2019	558	509	91	916	4,211	29	37,260

(법무부 교정본부,『교정통계연보』, 2020).

제2절 교도관 사회와 하위문화

1. 교도관의 사회화와 적응유형

크라우치와 마르쿼트(Crouch and Marquart)는 교도관하위문화는 신입교도관이 직업적으로 사회화되어가는 과정의 핵심 부분이라고 하였다.[12] 신입교도관은 선배교도관을 관찰하고 모방함으로써 사회화과정을 거치게 된다. 예컨대, '수용자를 어떻게 인식할 것인가?', '문제의 발생을 어떻게 예측할 것인가?', '수용자를 어떻게 다룰 것인가?' 등의 문제를 익히게 된다.

대체로 신입교도관은 수용자들은 게으르고 일하기 싫어하는 부류라든가 혹은 그들은 출소하면 쉽게 재범의 길로 들어선다는 식의 인식을 익히게 된다. 더 나아가, 수용자는 동물적이고 뭔가 부족한 종자라는 인식으로까지 확산되기도 한다. 시설 내에서 구전으로 전해오는 일부 수용인의 잔학한 행위나 무용담과 같은 일화의 회자는 이러한 왜곡된 인식을 강화한다. 물론 이러한 이야기들의 정확성은 의문시되지만, 결과적으로 수용자는 잔혹하고 믿을 수 없는 부류라는 인식을 조성하기 때문에 하위문화의 한 부분으로 존재하게 된다. 인식을 구성하는 또 다른 면은 공식적인 분류심사와는 다른 차원의, 수용자들에 대한 비공식적 구분에서 온다. 예컨대, 신입교도관은 문제수와 모범수를 구별할 필요가 있음을 배우는데, 이러한 분류는 관찰된 사실이나 행위보다는 관례적인 선입관을 근거로 하는 경우가 많다. 이런 과정을 거치면서 신입교도관은 수용자를 비하하는 속어를 사용하는 것부터 익숙해진다.[13]

또한 크라우치와 마르쿼트는 탈주, 인질사태, 폭동, 집단항쟁, 밀주, 무기소지 등의 문제를 사전에 예측하는 방법 역시 교도관 간의 하위문화 전수과정에서 학습된다고 하였다. 수용자를 다루는 방식은 대체로 비공식적으로 전수되는데, 신입교도관은 먼저 수용자 다루는 방식에 있어서, 상호 간의 사회적 관계에 있어서 확실한 거리를 유지해야 하며, 말이

---

12) Crouch, Ben and James Marquart, "On Becoming a Prison a Prison Guard." in Stan Stojkovic, John Klofas, and David Kalinich(eds), *The Administration and Management of Criminal Justice Organizations*, Prospect Heightd, ILL: Waveland, 1990.

13) 미국 교정시설에서는 재소자를 비하하는 속어로 spicks, meskins, niggers, black freaks 등이 있다. Welch, p.139.

나 행동으로 제압해야 한다고 배운다. 이는 수용자와의 게임에서 선제공격으로서 수용자와의 균형을 깨뜨리는 작용을 한다. 예컨대, 수용자를 가르칠 때 모독적인 용어를 사용하거나 질문이나 문제제기에 대해 전혀 다른 방향으로 대응하는 것으로, 이러한 목적은 수용자를 다루는 데 유리한 입장을 지키자는 것이며, 상호작용을 조작하여 상대를 혼란스럽게 만드는 것이다. 이런 과정에서 수용자는 의욕이 꺾이고 자신에 대해 확신이 없어지게 되어 교도관의 의도에 복종하게 된다는 것이다.

2. 교도관 사회화의 결과

교도관의 하위문화 존재 여부와 내용에 대해서는 논의가 다양하지만, 적어도 직업적인 사회화의 특징은 존재한다. 모든 직업은 조직의 성격, 의식, 유일한 형태가 있고, 교도관 역시 그 예외가 아니다. 교도관이 되면 직업인으로서의 사회화의 길을 거치고 그 과정은 공식적인 절차뿐 아니라 비공식적인 절차도 포함한다. 공식적인 절차는 교도소의 관료주의적 및 공식적인 규칙과 정책을 말하고, 비공식적인 절차는 교도관이 수용자를 다루고 대처하는 비공식적 방식을 포함한다.

크라우치와 마르쿼트는 신입교도관이 신입절차를 거친 후에 교도관으로 적응하는 과정에서 나타나는 네 가지 유형을 제시하였다.[14)]

1) 적응실패자(The Abject and Limited Failures)

완전한 실패는 신입 초기에 퇴직하는 경우로서 적성, 두려움, 차별대우 등 다양한 이유가 있다. 제한된 실패는 근무는 지속하지만 적절한 교도관으로서의 이미지와 정체성을 갖지 못한 경우이다. 가끔 이 경우는 수용자들과 직접 접촉하기에는 부적합한 체격—예컨대, 왜소형 혹은 비만형—이나 심리적 결함에서 기인하기도 한다.

2) 의례주의자(The Ritualists)

교도관으로의 진지한 직업의식이 없고, 생계유지를 위해 일한다. 이들은 행동은 하지만 소극적이고 실질적인 책임은 피하고자 한다.

---

14) Crouch and Marquart, 1990.

3) 성공적인 직업인(The Successful Officers)

주위 동료나 수용자들로부터 인정을 받는다. 이는 다른 이들의 흠모를 받는 것을 의미하는 것은 아니고 모든 면에서 교도관의 역할을 충실히 한다는 의미이다. 즉, 교도관 직무를 수행하는 데 특별한 재능을 보이며, 공정하고 성숙된 태도를 유지한다.

4) 인맥파(The Insiders)

고속승진에 성공한 부류인데, 일반적으로 대부분의 교도관은 승진이 실력보다는 인맥이나 정치적인 요인과 관련이 있다고 믿는다.[15)]

3. 교도소관리환경의 역사적 변천

미국 교도소의 역사는 영국에서 수많은 범죄자들을 버지니아 식민지로 유형 보냈던 1600년대부터 시작되는데, 이 유형제도[16)]는 1700년대까지 지속되었다. 식민지시대의 형벌은 고대 유럽의 전통을 이어받았다. 일탈행위는 인간본성의 한 부분으로 인식되었고 이에 대응하는 형벌의 목적은 응보와 처벌이었다. 특히 영국국교(Anglican church)의 전통을 기반으로 한 종교적 교리에 따랐으며, 교수형, 추방, 채찍질, 공개적인 모욕 등이 행해졌다.

1800년대에 들어서면서 미국 사회가 거대하고 복잡한 다민족 사회로 진화됨에 따라 이웃이나 지역사회에서 다루어졌던 일과 책임이 주 단위 정부로 넘어갔다. 범법자업무 역시 그 일환으로 진행되었는데, 국가는 범죄에 대한 기본적 대응으로 교도소에 의존하기 시작했다. 초창기 교도소는 수용자들의 도덕성을 향상시키고 처벌하는 장소로 기능하였다. 그 가정(假定)은 범죄자가 나쁜 영향으로부터 격리되고 노동을 통한 근로정신을 함양하고, 참회의 정신을 가지면 범죄는 감소할 수 있다는 것이었다.

1800년대 초 동부지역 교도소는 격리를 근간으로 한 침묵과 명상을 통하여 참회에 이르는 퀘이커교도의 교리를 근간으로 운영되었다. 이는 펜실베이니아제도로 널리 알려졌는데, 이후 야간에는 독방에서 격리되고 주간에는 다른 수용자들과 함께 작업하는 오번(Auburn)제도가 탄생하였다. 이 제도 역시 엄격한 규율과 통제 속에서 쇠사슬에 묶인 채 침묵

---

15) 이를 pull, juice, connections 등으로 부른다.

16) 유형(流刑/Transportation)제도에 대해서는 제2편 chapter_1 제3절에 자세히 기술되어 있음.

이 강요되었다. 이 두 제도 간의 논쟁이 진행되었지만 경제적 비용 및 생산성 등에서 상대적 이점을 보인 오번제도가 주를 이루게 되었다.

미국 교도소는 격리, 중노동, 참회의 방식을 특징으로 한 개혁이 진행되었으나, 1900년대 초반부터 대규모 공장형 산업교도소가 대거 출현하였다. 격리함으로써 외부로부터 악풍을 차단하고 노동과 종교의 힘으로 교정교화를 이루고자 하였다. 1930년대에 이르러서는 빈민이나 정신질환자 등을 위한 수용시설의 탄생과 함께 범죄인을 수용하는 대규모 수용시설이 대거 건설되어 대규모 범죄인을 수용하였고 대규모 생산을 도모하여 수익성을 창출하고자 한 것이다. 1960년대에는 월남전, 여성해방, 인종분규 등 사회적 대변혁기를 맞이하여 교정시설에서도 수용환경과 재소자인권 등에 대한 문제들이 대거 야기되었다. 미국의 교도소 관리는 아티카(Attica) 교도소 폭동을 거치면서 70년 중반 이후부터는 격리, 중노동, 참회를 근간으로 한 기존 체계를 넘는 큰 변화의 과정을 겪었다. 이후 외부사회와 정치계의 관심이 증대되고, 교도소행정에 대한 법원의 감시와 개입이 강화되어 새로운 환경에의 대응전략이 요구되었다. 수용자 관리, 교화, 생산 중심의 관리를 넘어 새로운 이슈와 도전에 봉착하였다. 무엇보다 구금인구의 폭증, 범죄문제의 정치화, 약물사용의 증가와 범죄화, 민영교도소의 확산, 테크놀로지의 영향 등의 문제를 다루어야 했다. 보다 구체적인 교정시설 내 환경의 변화로는, 무엇보다 그 규모가 크게 확대되었고 흑인과 히스패닉과 같은 소수인종의 구성비율이 증가하였으며 교도소 내 갱들의 영향력이 증대하여 관리의 새로운 전략이 요구되었다.

4. 교도관의 하위문화

수용자에 관한 무수한 연구와 비교해 볼 때, 교도관에 관한 관심과 연구가 그 조직 내의 역할의 중요성에 비하여 상대적으로 부족한 것은 사실이다. 교도관의 하위문화에 대한 연구에 관심을 갖고 그 중요성을 인식한 것도 미국 범죄학계에서도 70년대 이후부터라고 할 수 있는데, 우리나라의 경우는 아직도 전문가들에 의한 체계적인 연구는 거의 이루어지지 않고 있다. 교도관의 하위문화가 존재하는가의 문제는 교도관들이 동료구성원과 다른 가치체계를 따를 경우, 조직이 일정한 목표하에 통일적이고 합의적으로 운영되어야 하는 조직의 특성상 장애요인이 될 수 있다는 점에서 그 중요성이 인식되고 있다.

교도관의 하위문화의 존재 여부와 관련, 거리의 불량배집단에게 그들의 하위문화가 있고 그들을 다루는 경찰관들에게도 경찰관 하위문화[17]가 있듯이, 교정시설 내의 하위문화도 수용자집단의 전유물만은 아니며, 이들을 통제하는 교도관 측에도 존재하리라는 견해가 설득력이 있다. 교도관들이 상부행정 관리층에 의해 고안되고 강요되는 조직의 목표나 가치관에 항상 일치되는 행위를 하지는 않을 것이며, 상부관리자들이나 수용자들과도 똑같은 사회환경이나 입장을 경험하는 것이 아니므로, 업무상의 스트레스 속에서 그들만의 유일한 가치체계를 형성하리라는 견해라고 할 수 있다. 실제로 미국 사회에서 교도관노조의 파업이나 집단행동에서 수용자집단이나 처우프로그램에 대하여 강한 불만이 표출되기도 하였다. 또한, 교도관들 스스로가 교정목표와 행정에 있어서의 근래의 변화—예를 들면, 처우가 강조되는 변화추세, 수용자권익향상, 교도관 특권의 약화 등—에 대하여 저항하는 데 결속된 통일집단이라는 주장이 제기되기도 하였다.[18]

한편으로 이와는 일치하지 않은 결과들도 제시되었다. 예컨대 더피(Duffee)의 연구에 의하면, 교도관들만의 유일한 하위문화가 존재한다는 증거를 발견하지 못하였고, 그들은 그들 자신이나 업무로부터의 소외감을 느끼고 무규범상태에 있는 것으로 나타났다.[19] 또 다른 유사한 연구 결과들도 교도관들이 그들 자신을 교정인이란 직업인으로 인식하지 않고 있으며, 집단으로서 일치된 규범을 가지고 있는 것이 아니라 소외된 일개인으로서 업무를 수행하고 있는 것으로 나타났다.[20] 이처럼 실증적인 연구로 그 존재 여부가 증명되지 않는데, 교도관들의 수용자와 처우프로그램에 대한 적대나 거부에 대해 교도관 사이에 집단적 일치가 있다고 주장되는 이유는 다수의 왜곡된 믿음에서 기인한다고 주장하였다. 즉 어느 집단 내의 타인들에 의해 주장되는 가치관이 본인의 가치관과는 매우 다르다고 믿는 왜곡된 믿음으로 설명되고 있다.[21] 또한 교도관 자신의 수용자에 대한 태도와 다른 교도

---

17) Skolnick, Jerome, *Justice Without Trial*. New York: Wiley, 1966, pp.42-70. 예컨대, "푸른 제복의 소수집단"(blue minority)이라는 상징적 표현이 있다.

18) Duffee, D.E., *Corrections: Practice and Policy*. New York: Random House. 1989.

19) Duffee, D.E., *The Correctional Officer Subculture and Organizational Change*. Washington, DC: National Technical Information Service, 1974.

20) Poole, Eric and Robert M. Regoli, "Alienation in Prison: an Examination of the Work Relations of Prison Guards," *Criminology*, 19(2) August, 1981, pp.251-270; Lombardo, Lucien X., *Guards Imprisoned: Correctional Officers at Work*. New York: Elsevier, 1981.

21) Katz, D. and Allport, F.H., *Student Attitudes: a Report of the Syracuse University Research Study*. Syracuse, NY: Craftsman Press, 1931. 이들에 의해 사용된 개념으로, "그룹 내의 한 개인이 본인의 가치관은 다른 사람들의 가치관과는 매우 다르다고 왜곡되게 믿는 것"을 뜻한다. 원어로는 pluralistic ignorance임.

관의 수용자에 대한 태도를 어떻게 인식하느냐의 관계를 연구한 결과를 보면, 교도관들은 수용자와 처우프로그램에 동정적인 다른 교도관들의 비율을 과소평가하는 경향이 있고, 이러한 왜곡된 믿음이 수용자와 처우프로그램에 대한 적대를 과장시켰다고 기술하고 있다. 클로파스와 토치(Klofas and Toch)의 연구 역시 교도관들은 존재하지도 않는 반(反)수용자 하위문화의 존재를 강하게 믿고 있다고 주장하였다.[22] 그의 연구에서 다음과 같은 결과가 제시되었다.

본인은 반수용자적인 견해를 갖고 있음 다른 교도관들은 반수용자적이라고 믿지 않음	0%
본인도 반수용자적인 견해를 갖고 있음 다른 교도관들도 반수용자적이라고 믿고 있음	17%
본인은 수용자들에 동정적인 견해를 갖고 있음 다른 교도관 중 소수만이 동정적이라고 믿고 있음	26.2%
본인은 수용자들에 동정적인 견해를 갖고 있음 다른 교도관들도 대부분이 동정적이라고 믿고 있음	34.7%

상기에서 보는 바와 같이, 본인은 수용자들에 대해 냉소적인 반수용자적 견해를 갖고 있지만, 다른 교도관들은 반수용자적이지 않을 것이라고 믿는 교도관은 존재하지 않았다. 본인도 반수용자적 견해를 갖고 있으며 다른 교도관들도 반수용자적이라고 믿는 하위문화의 존재를 뒷받침하는 교도관집단은 17%로 나타났고, 본인은 수용자들에 동정적인 견해를 갖고 있는데, 다른 교도관 중 소수만이 동정적이라고 믿고 있는 교도관은 26.2%였으며, 본인도 수용자들에 동정적인 견해를 갖고 있으며, 다른 교도관들도 대부분이 동정적이라고 믿는 교도관은 34.7%를 차지하였다. 이 결과로서 만약 교도관의 하위문화가 존재한다고 할 수 있다면, 교도관 수의 약 17% 정도 내에서만 존재한다고 할 수 있을 것이다. 반수용자적 하위문화를 조성하는 부류의 교도관들은 대부분이 야간교대작업을 하는 4년 미만의 근무경력 소유자로서 사실상 처우프로그램과 수용자와의 실질적 접촉이 가능한 주간근무의 경험이 없는 부류였다. 클로파스와 토치(Klofas and Toch)는 결론에서 교도관 하위문화는 존재하지 않으나, 현 교정행정의 실정에서는 수용자와 처우프로그램에 반하는 냉소적이고 소외감을 느끼는 소수 교도관집단의 왜곡된 믿음이 확산될 수 있다고 주장하였다.

---

22) Klofas, John and Hans Toch, "The Guard Subculture Myth," *Journal of Research in Crime and Delinquency*, 19(2) July, 1982, pp.238-254.

한편, 교도관의 하위문화 발생이나 존재의 문제는 교도관과 수용자와의 관계의 변천 속에서 다루어질 수 있다. 비인간적 처우가 당연시되었던 과거의 처벌하고 복종하는 관계 속에서는 교도관의 역할이 확실했다고 할 수 있으나, 교정철학의 변화와 수용자의 권익신장 및 교도관특권의 약화 등으로 그 역할이 모호해진 것은 사실이다. 미국의 많은 교도관들은 수용자들이 자신들보다 처우를 더 잘 받는 시기가 이미 도래했다고 믿고 있으며, 그들이 사실상 수용자들과 많은 점에서 비슷한 입장과 견해를 공유하고 있는 것으로 알려져 있다.

수용자들을 직접 다루어야 하는 교도관들은 상급관리자들과 수용자 사이에 위치한다. 이들 교도관들은 그들이 별로 선호하지 않는 수용자집단과 제한된 공간에서 함께 생활하며 그들을 통제하고 관리해야 한다. 현실적으로 교도관들은 수용자를 통제할 충분하고 적절한 수단을 갖고 있지 않으며, 그들에게 주어진 모든 수단을 사용했을 경우는 안정이나 질서보다는 오히려 불안정과 무질서를 야기할 위험을 갖고 있다. 교도소의 업무 성격이 교도관들과 수용자들이 친밀한 관계를 형성하도록 허용되어 있지는 않으나, 상급관리자들의 경직성이나 위선에 대해 불평하는 데 있어서는 수용자들과 서로 동조하는 입장을 취하기도 한다. 또한 정도의 차이는 있으나, 교정업무에 편견을 갖고 강압적이고 비인간적인 측면을 비난하는 일반사회에 대해 정서적으로 거리감을 느끼는 데 있어서도 수용자들과 일치하는 점이 있다. 그리고 상당수의 교도관들이 수용자들과 같이 그들의 대부분의 일생을 조직의 똑같은 직위에서 허송한다고 느끼며, 승진지체를 배경이나 연줄의 부족으로 설명한다는 점에서도 수용자들과 유사한 바가 있다. 업무상의 잘못에 대한 처벌은 확실하면서도, 보상체계는 불합리하게 운영되고 있다고 불평하는 데 있어서도 수용자들과 상통하는 바가 있다. 수용자들이 대체적으로 출소한 이후의 미래와 교도소 밖의 현실에 대해 구체적인 인식이 결여되어 있듯이, 교도관들 역시 시설 밖의 외부세계는 그들의 영향력으로부터 상당한 거리가 있다고 느끼고 있다. 물론 교도관들이 수용자들과 생활을 같이 하고 여러 면에서 교도소사회에 대해 접근된 입장을 함께하고 있다는 사실이 교도관 하위문화 발생의 충분조건은 아니다.

교도관의 하위문화는 업무의 속성상 존재할 여지는 충분하다고 본다. 어느 직업영역에서나 존재하는 부패, 편견, 연줄과 같은 요인들을 하위문화적 요소로 찾기보다는 폐쇄, 규율, 통제가 근간이 되는 전체주의적 조직 내에서 생존해야 하는 수용자와 이를 관리하는 교도관 간의 교류행위를 분석함으로써 각각의 속성과 행태를 찾아내고 이를 하위문화의 틀 속에서 볼 수 있을 것인가를 파악해야 한다고 본다.

Chapter_ 2
수용자의 사회화와 하위문화

제1절 교도소사회와 수용자 하위문화

"하위문화"는 대체로 수용자 하위문화를 일컬으며, 교정시설, 특히 교도소 내의 공식적인 조직과 규범체계로 이루어진 조직의 공식적인 문화에 대칭되는 개념으로, 수용자사회를 지배하는 일련의 비공식적 가치체계 및 행위체계를 포함한다.[23]

교도소문화에 관한 최초의 체계적인 분석은 클레머(Donald Clemmer)에 의해 이루어졌다. 그는 수용자가 교도소 내에서 사회화되어가는 과정을 '교도소화'(prisonization)라고 표현하고 "교도소 내의 습속, 관행, 관습, 문화를 습득하는 과정"으로 정의하였다.[24] 이후 교도소화는 "수용자의 규율이나 규범체계에 동화되고 적응되어가는 과정"으로 정의되기도 하였다.[25] 구체적으로 교정시설에서의 사회화는 수용자가 새로운 생활양식에 적응하는 과정으로서 이는 수용자가 새로운 의식주, 작업, 언어습관을 익히는 것, 종속적인 지위에 익숙해지는 것, 그리고 동료들과의 유대를 통하여 생존하는 법을 배우는 것 등을 포함한다.[26] 클레머는 수용자들 간의 사회적 관계를 중심으로 시설 내에서의 수용자들의 가치관

---

23) Clemmer, D., *The Prison Community*. New York: Holt, Rinehart and Winston, 1958,

24) Ibid, p.270.

25) Thomas, C.W., Petersen, D.M., and Cage, R.J., "A Comparative Organizational Analysis of Prisonization." *Criminal Justice Review*, Vol.6, No.1, 1981, p.38.

26) 다음에서는 우리나라 교정시설에서 수집된 150여 개의 은어 중 비교적 언어적으로 순화된 일부를 소개한다. 자생적인 은어도 있지만, 상당 부분은 사회 내 하위문화권에서 사용되는 속어가 유입된 것이었고, 의외로 일본어로 된 은어도 다수 발견되었다. 차후 수집된 은어의 체계적인 분석을 통한 교도소 사회연구가 기대된다.

"극빈자(개털), 부자(범털), 고아(법자/법무부자식), 마약범(뽕쟁이), 종교 신자(떡 신자), 기결수(스머프), 무기수(땡땡이), 미결수(병아리, 삐약이), 신입(신삥), 전과자(빵잽이), 사기범(접시), 소매치기(떼끼, 사원), 마약범(뽕쟁이), 밀고자(밀대, 야당), 봉사원(빵장), 사동 도우미(소지)/ 교도관(까마귀), 교도소(학교, 까막소, 하얀집), 기동대(저승사자), 의무관(돌파리)/호송차(닭장), 조사 거실(도살장), 징벌 거실(먹방, 독방), 징벌 사동(백담사)/ 라이터(탁), 물물교환(범치기), 식기(까바리), 배식구(식구통, 개구멍), 시계(짱), 술(쫄쫄이), 담배(구름과자, 강아지), 담배 한갑(책 한권), 젖은 담배(심청이), 노름(판대기), 화장실(빵끼통), 화투(동양화), 히로뽕

과 역할을 연구하였는데, 그 결론에서 수용자는 장기간 구금될수록 수용자들의 가치관이나 규범에 강하게 젖어들어 사회복귀에 더 어려움을 갖는다고 기술하였다. 이러한 과정은 수용자로 하여금 범죄행위나 지식을 습득시킬 뿐만 아니라, 사회복귀 프로그램의 실행을 어렵게 하고 출소 이후 사회적응능력도 저하시킨다고 많은 학자들에 의해 주장되어 왔다.

한편, 수용자의 사회화와 하위문화와 관련, 사회화과정 속에서 생성되는 수용자 하위문화는 시설 내에서의 조그만 이득이나 편의, 혹은 안락함을 조성하는 일련의 행위를 포함하는데, 예를 들면 기호품이나 마약류의 유통, 공동방어를 위한 동료집단의 형성, 그리고 성 관련 행위 등이다. 이러한 행위들과 함께 수반되는 폭력이나 세력관계 또한 수용자의 하위문화를 구성하는 중요한 요소라 할 수 있다. 이는 수용자들이 시설에 구금됨으로써 비롯되는 고통과 박탈감을 해소하는 수단이라고 볼 수 있으며, 또한 관리자 측면에서 볼 때에는 시설 내 질서를 유지하는 데 필요한 조직운영의 방편으로도 이해될 수 있다. 이러한 하위문화의 체계 속에서 수용자는, 교도관들과의 묵시적인 타협하에, 교도소 내의 공식적인 규칙이나 규범을 거부할 수 있는 기회를 갖게 되는 것이며, 이를 통하여 부분적이나마 수용자 개인의 존재와 자신의 역량을 확인하는 계기를 갖게 된다. 경우에 따라서는 하위문화에 젖어드는 정도는 구금에서 오는 고통과 반비례한다고 볼 수도 있다.

또한, 교도소의 정규조직 내의 명문화된 규칙 이외에 수용자들의 행동을 지배하는, 비공식적 조직 내 그들만의 가치관, 규범 및 규칙 등이 존재하는데, 여기에는 동료수용자를 밀고하지 말라든가, 사소한 분규를 공동으로 막는다든가, 서로 간에 속임수를 금지한다거나, 교도관이나 타 수용자들에게 두려움이나 존경을 표시하지 말라는 등을 포함한다.[27)]

한편 교도소 내의 사회화과정을 일반교육기관의 그것과 구분하여 설명하기도 하였다.[28)] 그는 교정시설 내의 활동이 수용자에게 어떤 영향을 미치는가는 그 활동의 목표가 '사회화'인지 혹은 '재사회화'인지에 따라 차이가 있다고 주장하였다. 사회화와 재사회화를 구분하는 데 있어서, 예컨대 육군사관학교의 사관생도들을 위한 교육과정과 체제는 그 목

(밀가루, 크리스탈), 전화(딸딸이, 까치), 소포(무역선), 편지(비둘기), 징역 1년(춘하추동)."

27) 사소한 다툼이나 속임수 등으로 문제가 발생하여 전체 교도소 분위기가 엄격한 통제체제로 바뀜으로서 불필요하게 통제당하는 것을 사전에 방지하고, 타 수용자들에게 두려움과 존경 등의 감정표시를 절제함으로써 강한 남성적 완력을 사용할 동기를 억제시키고자 하는 의도가 있다 하겠다. Sykes, G. and Sheldon Messinge, "The Inmate Social System," in Richard A. Cloward et al., *Theoretical Studies on Social Organization of the Prison*. New York: Social Science Research Council, 1960.

28) Wheeler, S., "The Structure of Formally Organized Socialization Setting" in O.G. Brim, Jr. and S. Wheeler(Eds), *Socialization After Childhood: Two Essays*, New York: John Wiley & Sons, 1966.

표가 사회화에 있고, 교도소의 경우는 그 활동의 목표가 수용자를 재사회화시키는 데 있다 하였다. 그는 사회화를 위한 체계에서는 일반적 교육이 그 주를 이루지만, 재사회화 체계는 대상자의 생활 혹은 교육과정에서의 과거의 결함을 발견하고 그가 범죄자이든 정신병자이든 일탈되었던 행위를 바로잡기 위하여 고안된 특수과정이라고 주장하였다. 이러한 체계 내에서의 훈련은 사회화와 관련 그 내용 면에서 두 가지로 분류될 수 있는데, 하나는 향후 사회에서의 역할(role)을 돕기 위한 사회화이고, 다른 하나는 신분(status)을 돕기 위한 사회화이다. 예를 들면, 대학과 같은 사회화체계에서는 화학공학이나 간호학과 같은 특수한 분야를 위한 훈련은 역할사회화와 관련이 있고, 교양과목을 통한 훈련은 신분사회화를 위한 것이라고 하였다. 교양과목은 특수한 직업전선에서의 역할을 위한 훈련이라기보다는, 전인교육(全人教育)을 통한 대학생이라는 일반신분에 적합한 인격형성을 위한 훈련이라고 하였다.

교도소와 같은 재사회화체계에서는, 직업훈련프로그램은 역할사회화의 범주에, 집단상담이나 요법치료는 일탈된 개인을 준법시민으로 개조하기 위한 시도로서 신분사회화의 범주에 포함된다고 할 수 있다. 두 형태의 사회화는 시행상 상호보완적이면서도 상호갈등적인 성격을 갖고 있다. 즉, 취업을 위한 적절한 기술을 갖추지 못할 때는 수용자는 재범의 길로 발전할 수도 있어 두 형태의 사회화를 위한 훈련은 서로 보완적이어야 하지만, 시설 내 교화프로그램과 직업훈련프로그램은 시설요원들 간에 수용자들의 활동시간 안배나 공간사용 등에 있어서 갈등을 야기할 여지를 갖고 있다.

학교와 같은 사회화체계와 교도소가 구분되는 또 다른 점은 훈련 결과 실패한 부류와 성공한 부류에 대한 처리에 있다. 학교의 경우는 실패한 학생을 퇴교시켜 다수의 성공적인 학생들의 육성에 중점을 두지만, 교도소는 반대로 성공적으로 교화되었다고 보이는 소수의 수용자는 가석방 등의 방식으로 조기에 출소시키고 성공적으로 교화되었다고 판단될 수 없는 대부분의 수용자들을 계속 구금시킨다. 따라서 교도소 내에는 교화된 사람의 수는 점점 감소하게 되고, 교화되지 않은 사람의 수는 점점 증가하게 되어, 장기간 복역하면 할수록 실패한 수용자들끼리 접촉할 기회가 많아져서, 결국 시설 내 문제가 더욱 축적되는 결과를 낳게 되는 것이다. 이러한 본질적인 문제로서 교도소 조직의 구조적 모순과 조직목표의 불확실성 등이 시설 내 사회화과정에서 하위문화의 발생에 불가피한 요인이라 하겠다.

제2절 수용자 하위문화의 발생원인

전체주의적 통제의 성격이 강한 정신병동, 수도원, 그리고 교도소와 같은 조직의 특징 중의 하나는, 그 조직들에 수용된 수용자들에게 각 조직의 엄격한 규율에 따라 통일된 행동이 강요된다는 점을 들 수 있다. 엄격한 규율의 준수가 요구됨은 수용자를 관리하고 통제하는 조직원들에게도 정도의 차이는 있으나 다를 바가 없다. 그러한 행동에 있어서의 통일과 제한의 정도는 그 조직의 성격과 그 조직이 실질적으로 어떤 목표를 가지고 운영되고 있느냐의 문제와 관계가 깊다. 수용자가 외부세계의 일반인들과 다른 점은 일반인들은 시간적 · 공간적으로 그들의 일상생활의 일부분만을 제한받는 반면, 수용자들은 그들의 대부분의 생활이 조직의 전체주의적 목표에 따라 제한을 받는 점이라 하겠다. 이러한 조직에 입소하는 사람은 원래 소속 사회로부터의 격리와 동시에 새로운 특수조직사회로의 적응을 상징하는 절차를 거치게 되며, 이는 일반적으로 자기상실과 굴욕적 경험을 수반한다. 환자복이나 수의(囚衣)를 착복시킨다거나, 모발을 통제한다든가, 또는 이름 대신 고유번호가 부여되는 등은 외부와의 격리와 자아상실을 상징하는 의식(儀式)의 예라 할 수 있다.

특히, 교도소의 수용자들의 경우에 있어서는, 좁은 공간에 본인의 의사와 관계없이 낯선 다수와 강제로 수용됨으로써 제한된 인간관계가 강요되며, 일반적으로 타인에게 혐오시되는 문신이나 흉터의 접촉과 노출도 피할 선택의 여지가 없는 것이다. 또한, 외부인과의 면회가 공개된 장소에서 입회하에 허용된다든지, 편지 내용이 사전에 검열되는 등 수용자의 사생활이 기본적으로 거의 보장되지 않는다. 수용자의 입장에서 볼 때, 그들은 자신의 사적 영역이 직접 침해당함으로써 굴욕을 느낄 뿐만 아니라, 타 수용자들의 굴욕적인 모습과 감춰져야 할 사생활까지 목격하게 강요됨으로써 또한 굴욕감을 갖게 된다 하겠다. 이와 같이 수용자의 사적 영역이 제한되고 노출되는 것은 전적으로 교도관들이 조직목표의 달성을 위하여 행한 의도된 행위라기보다는 다수의 행위를 통제해야 하는 대규모 조직이 갖는 불가피한 부산물이라고도 볼 수 있다.[29)]

이러한 박탈적 환경하에, 어떤 부류는 부분적으로는 교정시설에 적응하기를 거부하기도 하지만, 결국은 거대한 교정조직과 요원들의 힘에 의해 포기와 위축의 단계를 거쳐 적응하게 된다. 즉, 교도관들이 수용자들의 신분격하와 자유박탈을 위한 의식(儀式)을 진행

29) Galliher, John F., *Criminology: Human Rights, Criminal Laws, and Crime*, New Jersey: Prentice Hall. 1989.

하는 동안에, 수용자들은 이러한 교정시설 내에서 어떻게 생존할 것인가의 방법을 터득하게 된다. 보다 안전한 시설 내 생활을 위하여 동료집단을 형성한다거나, 혹은 조기 출소를 위하여 거짓으로 교화프로그램에 적극적으로 참여한다거나, 종교에 귀의하는 방법 등을 배우는 것이다. 이러한 특수한 사회화환경 속에서 생성되고 발전되는 수용자의 하위문화의 발생원인은 크게 두 갈래의 주장으로 나눌 수 있다. 즉 시설이 본래적으로 갖는 억압적이고 박탈적인 성격 때문에 하위문화가 자연적으로 발생한다는 '자생설'과 이미 사회 내에 존재한 하류문화가 구금과 함께 시설 내로 전파된다는 '유입설'이다.

사이크스(Sykes)는 수용자가 받는 구금의 고통은 자유, 물질, 서비스, 성관계, 자율권 및 안전감 등을 누릴 조건을 박탈당함으로써 비롯된다고 주장하고, 모든 수용자들이 똑같이 박탈당하기 때문에 고통을 최소화하기 위해 서로 간의 유대가 자연스럽게 강화된다고 보았다.[30] 사이크스와 메싱거(Sykes & Messinger)는 수용자와 교도관 사이에 보순되변서노 상호공존하는 관계를 분석하여 수용자의 가치관과 역할에 따라 여러 유형의 수용자 부류를 열거하였다.[31] 그 유형으로는 교도관들과의 타협을 거부하고 수용자규범을 정당화하려는 정의파나, 교도관들과의 교류를 통해 정보입수나 생필품 및 불법물품거래 등의 편의를 얻는 정치가나 상인 타입 등을 예로 들 수 있다. 수용자의 시설 내 사회화에서 비롯되는 구금의 역기능은 노령의 장기수에 의해서만 발생되는 것이 아니며, 초범자가 수용되는 교도소에서도 구금 자체에서 오는 고통 때문에 발생하기도 한다고 본다.

한편, 어윈과 크레시(Irwin & Cressey)는 시설 내의 수용자 사회체계와 수용자 문화 중심의 분석을 비판하고, 외부사회로부터 유입된 가치관이나 역할의 중요성을 강조하였다.[32] 그들은 대부분의 교도소 내 수용자규범이 외부사회 하류계층의 좀도둑 하위문화의 규범과 매우 흡사함을 지적하고, 어떤 종류의 가치관이나 역할은 현 시설환경에서 자생된 것이 아니라, 이미 여러 교정시설을 거쳐 장기 복역한 수용자들에 의해 적응된 것으로 외부로부터 유입된 것이라고 주장하였다. 즉 종래의 연구는 현재 구금상태에서 겪는 박탈감을 지나치게 강조한 나머지, 입소 전 사회경험의 영향은 지나치게 무시되었다고 비판한 것이

---

30) Sykes, G., *The Society of Captives: A Study of a Maximum-Security Prison*. Princeton, NJ: Princeton University Press, 1958.

31) Sykes, G. and Sheldon Messinger, "The Inmate Social System," in Richard A. Cloward, et al(eds), *Theoretical Studies on Social Organization of the Prison*. New York: Social Science Research Council, 1960.

32) Irwin, J. and Cressey. D., "Thieves, Convicts, and Inmate Culture." *Social Problems*, 10, 1962, pp.142–155.

다. 조직폭력단의 일제소탕작전의 결과로 조직폭력배가 대거 입소함에 따라 소 내 분위기가 변하는 상황 등은 유입설을 뒷받침하는 예가 될 수 있겠다.

전술된 교도소문화의 형성과 관련, 박탈설인가 유입설인가는 60년대 초부터 미국에서 줄곧 토론의 대상이 되어왔다. 보다 인간주의적 처우를 주장했던 자유주의자들은 전자를, 응징과 격리를 선호했던 보수주의자들은 후자를 지지하는 경향을 나타냈다. 그러나 이후에는 어느 설도 오늘날 교도소의 사회체계를 설명하기에는 너무 단순하였음이 지적되었다. 오늘날에는 수용자들 사이나 교도관들 사이에 존재하는 모순은 과거에 비하여 더욱 다양하고 확대되었으며, 교정행정의 철학이나 목표설정에도 공감대가 일치되어 있지 않는 등 과거와는 상황이 바뀌었다는 것이다. 비판론자들은 주로 과거 연구의 조사방법론상의 오류와 교도소에 연계된 환경의 변화를 지적하고 있다. 교도소 내 역학관계를 보더라도 과거에는 교도소의 모든 힘이 거의 교도소장에게 집중되어 있었으나, 오늘날에는 수용자들과 공유하게 되었고, 법원, 교도관노조 및 무수한 외부기관의 영향을 받고 있다는 것이다. 세력의 분산추세와 외부로부터의 압력증대로, 교도소의 하위문화는 유입되는 것이라든가 혹은 자생적이라기보다는 상호작용적이라고 주장되고 있다.[33)]

제3절 수용자 하위문화의 순기능과 역기능

교도소조직과 운영에 관련된 연구의 전통적인 접근방향은 대체적으로 교도관이 어떻게 수용자를 통제하느냐와 같은 관료제도 내의 힘의 통제와 연관을 가져왔다. 수용자의 통제는 기본적으로 시설 내의 규율을 기초로 한다. 불복종에 대해서는 강제적이고 위압적인 규칙이 적용되고, 복종적인 수용자에게는 교도관들의 자비로 규칙을 관대히 적용하는 편의가 제공되는 것이다. 그러나 대부분의 규모가 큰 관료조직에서 하부계층의 통제에서 허점이 노출되는 바와 같이, 교도소 역시 운영상 통제의 허점이 엄연히 존재하고, 시설 내 규율의 준수가 수용자는 물론 교도관들에 의해서도 회피되고 무시되고 있음을 보이고 있

33) Irwin, J., "The Changing Social Structure of The Men's Prison." in Greenberg, David F.(ed), *Corrections and Punishment*, Beverly Hills, CA: Sage. 1977; Stastny, C. and G. Tyrnauer, *Who Rules the Joint: the Changing Political Culture of Maximum-Security Prisons in America*. Lexington, Massachusetts: D.C. Health, 1982. 자생설이 박탈설로 번역되고 있으나 유입설에 대해 대칭된다는 점에서 자생설이 적절하다고 사료된다. 따라서 자생설, 유입설, 통합설로 구분하기도 한다.

다. 교도소 내에서 작게는 크고 작은 시설 내 규칙위반에서부터 크게는 폭동이나 살인사건과 같은 큰 사건이 발생한다. 이러한 사건이 발생했을 때마다, 왜 이러한 사건이 교도소 내에서 발생하는가를 묻고 그 원인을 조사하고 대책을 세워왔다. 그러나 다양한 범죄집단이 수용되어 있는 교도소가 비교적 사고가 없이 조용히 운영되고 있을 때, 왜 교도소가 안정을 유지하고 있는가를 묻는 경우는 거의 찾아볼 수 없다.[34] 상기 두 문제가 수용자 하위문화로서 설명될 수 있다면, 첫 번째 문제를 위해서는 하위문화의 역기능을, 두 번째 문제를 위해서는 그 순기능을 논해야 할 것이다.

먼저 역기능 측면을 살펴보면, 하위문화는 기본적으로 시설의 공식적 규범이나 문화에 역행하여 그 효력을 약화시킨다고 할 수 있다. 특히 교도소의 궁극적인 목표가 시설의 질서의 유지차원을 넘어 보다 이상적인 차원에서 수용자의 교화 및 사회복귀 등으로 설정될 때에는, 불법물품의 유통과 거래 및 비정상적 성행위 등이 허용될 수도 있는 수용자 하위문화의 인정은 교도소 조직의 목표를 부정하는 결과를 낳는다. 또한, 교도소의 범죄 학습장화와 교정 프로그램의 무용화를 촉진하게 하고, 출소 후 사회 재적응에 어려움을 더하게 하는 등 부정적인 결과를 낳는 것으로 알려져 있다.

다음으로, 수용자 하위문화의 순기능적 측면으로서 조직의 운영 측면에서 볼 때, 일정 수준의 하위문화의 허용은 시설 내 사고의 억제와 질서유지의 한 수단이 될 수 있다는 견해이다. 미국에서의 교도소 조직에 관한 연구에서, 수용자들 간의 비공식적 사회체계가 교도소 내의 안정유지에 어떤 영향을 미치는가는 중요한 문제로 다루어져 왔다. 수용자세계의 비공식적 사회체계의 생성에 관심이 있는 학자들은 교도소 조직의 통제시스템과 수용자들의 비공식적 세계와의 관계를 연구하였다. 이러한 추세에 따라, 수용자 사회 내의 하위문화의 요소는 무엇이며, 그러한 요소들이 교도소 조직운영에 어떤 영향을 미치는가에 관한 연구들이 활발히 진행되었다. 여기에는 교도소 내의 공식적인 규율을 초월하여 존재하는 수용자들 사이의 응집력에 대하여, 또한 이러한 조직의 응집력이 박탈적 환경에서 오는 고통을 어떻게 완화시켜주는가의 문제에 이르기까지 다양한 연구가 포함되었다.

이러한 주장의 근거는 수용자와 교도관 양측이 모두 확실한 안정과 안전을 필요로 한다는 사실에서 부분적으로 그 실마리를 찾을 수 있다. 대부분의 수용자들은 안전한 환경에서 사고 없이 복역하고 빠른 시일 내에 출소하기를 바라며, 교도관들 역시 규율을 적용하는 데 그들의 재량권을 잘 사용하여 수용자와의 상호협조관계 속에서 수용자들로부터 좋

34) Kalinich, D. and S. Stojkovic, “Contraband: The Basis for Legitimate Power in a Prison Social System.” *Criminal Justice and Behavior*, Vol.12, No.4, 1985.

은 명성을 얻고자 한다. 이와 같은 수용자와 교도관 사이의 상호의존적인 관계의 유지는 시설 내 긴장도를 완화시키고, 질서와 안정유지에 긍정적인 영향을 미칠 수 있다. 사이크스(Sykes)는 상술된 바와 같이, 체계적인 분석으로는 최초로 교도소의 공식적인 통제 메커니즘의 허점, 수용자들이 필요로 하는 것들이 충족되는 정도 및 구금생활로부터 받는 고통의 정도에 따라 생성되는 비공식적 사회체계에 관하여 연구하였다. 그는 본래적으로 구금이 갖는 박탈적 환경에서 오는 고통과 긴장을 해소하기 위하여 그들 나름대로의 비공식적 사회체계를 조성한다고 주장하였다.[35)]

수용자들이 비공식적 사회체계를 조성하는 과정은 그들의 하위문화를 촉진시킬 리더의 선정을 포함한다. 수용자의 리더들은 대체적으로 나이 들었으며 장기 복역수로서 수용자나 교도관 등 시설 내 구성원들과 호의적인 인간관계를 맺고 있다. 이들은 부분적으로 시설 내의 행정적인 업무나 결정에도 영향을 발휘한다. 비공식적 수용자사회체계로부터 특권을 누리는 리더들은 교도소의 현 상태를 고수하기 위하여 시설 내 질서를 유지하는 데 교도관에게 협조한다. 결국 수용자 리더들과 교도소 관리들은 시설의 질서유지라는 공통된 목표를 공유하게 되는 것이며, 이렇게 생성된 양측 간의 타협은 두 체계—시설 내의 공식적인 체계와 수용자들 간의 비공식적인 세력구조—의 조직목표를 일치하게 하는 것이다.

교도소 관리들이 질서유지를 위한 수용자 리더의 도움을 얻기 위해서는 리더들에게 일정한 권한을 주어야 한다. 수용자 리더의 다른 수용자들에 대한 영향력은 일반 수용자들이 구금생활로부터 받고 있는 고통을 얼마만큼 경감시켜줄 수 있는가의 능력에 달려 있기 때문에, 수용자들이 받는 억압을 경감하기 위하여 통제제도를 피하거나 우회할 수 있는 자율권을 수용자 리더들에게 주어야 하는 것이다. 비공식체계의 주요 역할은 구하기 힘든 물품이나 서비스를 유통하게 하여 수용자들의 물질적 욕구를 해소시키고, 수용자로 하여금 공식적인 체계가 깨어지는 것을 목격하게 함으로써, 적어도 그들의 생활을 부분이나마 스스로 통제할 수 있다는 심리적인 만족감을 갖게 하는 것이다. 이러한 수용자사회체계에서의 규칙과 규범은 주로 그들의 리더들에 의해 형성되며, 시설 내 사고억제와 안정유지의 역할을 하는 것이다. 이러한 통제체계의 발생은 교도소의 엄격한 통제전통과 전통적인 관료제도의 허점의 소산으로 볼 수 있다.

---

35) Sykes, 1958.

제4절 수형자 하위문화의 분류 및 수형자 역할유형

1. 수형자 하위문화의 분류

수형자의 하위문화는 수형자들이 추구하는 문화적 성향이나 지향성 또는 가치와 규범으로 나타나는데, 이는 다양한 관점에서 그 특징이 분류될 수 있다. 서덜랜드와 크레시(Sutherland & Cressey)는 수형자들이 지향하는 가치를 기준으로 수형 지향적 하위문화, 범죄 지향적 하위문화, 합법 지향적 하위문화로 구분하고 그 특징을 제시하였다.[36] 이는 하위문화에 동화되는 정도에 따른 분류로 이해될 수도 있다.[37]

1) 수형 지향적 하위문화(Convict-oriented subculture)

교도소사회에서의 다양한 생활방식을 수용하고 그것에 적응하려고 하며, 자신의 수용생활을 보다 쉽고 편하게 보내기 위해 교도소 내에서의 지위획득에 몰두하며 출소 후의 생활에 대해서는 크게 관심을 두지 않는 유형이다. 이들은 수인사회의 하위문화집단 중에서 교도소화에 가장 빨리 동화되는 편이며, 출소 후 재입소율이 가장 높은 유형이다.

2) 범죄 지향적 하위문화(Thief-oriented subculture)

이 경우에 속하는 수형자들은 외부에서 터득한 반사회적인 범죄자의 하위문화에 집착하고 형기만료 후 사회에 나가서도 계속 범죄생활을 유지할 것을 지향하며, 그들 나름대로 외부의 권력조직과 인간관계를 계속 유지한다. 교도소 내에서는 어떤 지위를 얻고자 노력하기보다는 반(反)교도소적이거나 조용한 수형생활을 보내고자 한다. 슈락(C. Schrag)이 분류한 수형자의 역할유형 중 '정의한'들이 속해 있는 하위문화와 가깝다.

---

36) Sutherland, Edwin and Donald Cressey, *Criminology*, 9th ed, Philadelphia: Lippincott, 1974, pp.539–543; 이윤호, 「교정학」, 박영사, 2007, pp.122–124.

37) 교도소화 및 하위문화에 동화된 정도는 수형생활 지향적 하위문화 〉 범죄생활 지향적 하위문화 〉 합법생활 지향적 하위문화 순으로 구분된다.

3) 합법 지향적 하위문화(Legitimacy-oriented subculture)

슈락(C. Shrag)이 분류한 수형자의 역할 중 '고지식한 자'에 가까운 경우로 이들은 교정시설에 입소할 때도 범죄 지향적 하위문화에 물들지 않고, 수용생활 동안에도 범죄문화나 수형생활문화를 받아들이지 않는 특징을 갖고 있다. 여기에 속한 수형자들은 가급적 교정시설의 규율을 따르려고 하며, 교정시설 당국이나 직원과도 긍정적인 관계를 유지하는 편이다. 수형자들 중에서 가장 많은 비율을 차지하고 있으며, 재범률 또한 가장 낮은 유형이다.

최근 2010년 국내에서 수행된 수형자 하위문화 관련 연구에서는 교도소생활에 대한 수형자의 적응유형에 따라 4가지 수형자 하위문화를 제시하고 있다.[38] 교도관에 대해 그리고 비공식적 규율에 대한 그 태도가 얼마만큼 긍정적인가의 정도에 따라 구분하였다: 고립적 하위문화, 긍정적 하위문화, 퇴행적 하위문화, 기회주의적 하위문화.

〈표 6-1〉 수형자 하위문화의 분류

		교도관에 대한 긍정적인 태도	
		낮음	높음
비공식적 규율에 대한 긍정적인 태도	낮음	고립적 하위문화(12.7%)	긍정적 하위문화(9.6%)
	높음	퇴행적 하위문화(41%)	기회주의적 하위문화(36.6%)

〈표 6-1〉에서 보는 바와 같이, '고립적 하위문화'는 교도관에 대한 긍정적인 태도도 낮고, 비공식적인 규율에 대한 긍정적인 태도도 낮은 경우이고, '긍정적 하위문화'는 교도관에 대한 긍정적인 태도는 높고, 비공식적인 규율에 대한 긍정적인 태도는 낮은 경우이다. '퇴행적 하위문화'는 교도관에 대한 긍정적인 태도는 낮고, 비공식적인 규율에 대한 긍정적인 태도는 높은 경우이며, 그리고 '기회주의적 하위문화'는 교도관에 대한 긍정적인 태도도 높고, 비공식적인 규율에 대한 긍정적인 태도 역시 높은 경우로 정의되었다. 그 분포를 볼 때, 고립적 하위문화(12.7%)와 긍정적 하위문화(9.6%)의 분포가 매우 낮고, 퇴행적 하위문화(41%)와 기회주의적 하위문화(36.6%)가 매우 높은 것으로 나타났다. 이는 우리나

38) 노용준, "수형자의 법의식과 하위문화에 관한 연구", 「교정담론」, 제4권 제2호, pp.149-179. 총 50개 교정시설 중 구치소와 초범자 수용교도소를 제외한 교도소 중 13개소를 선정, 최종 1,514부의 설문지를 분석하였다.

라 수형자들은 그들의 교도소생활에서 비공식적 체계에 대한 의존율이 높다는 것을 보여주는 것이다.

이것을 개선하는 방안으로 다음을 제시하고 있다. 첫째, 처우의 주체는 교도관이고 수형자는 객체라는 전통적 관계를 벗어나 처우를 받아야 할 권리의 주체로서 수형자 스스로 법을 준수하려는 의지를 확고히 하도록 해야 한다. 둘째, 수형자의 구금환경에의 건전한 적응을 위해 처우를 단계화하고 민주적 리더십과 의사소통을 활성화하여 권한배분이 적정화된 수평적 조직을 지향해야 한다. 셋째, 가능한 한 외부세계와 유사한 삶을 영위하도록 처우의 개방화를 추진하고 지역사회와의 연계를 강화해야 한다. 넷째, 자발적 참여와 합의를 통해 공동체를 유지하기 위해서는 법에 대한 긍정적인 태도와 가치를 내면화시켜야 하며 따라서 인성교육과 병행하는 법교육을 강화해야 한다.

2. 수형자의 역할유형

슈락(C. Schrag)은 교정시설의 수형자사회에는 일련의 특수한 행동규범과 그 규범의 위반에 의해 규정되는 다양한 유형의 사회적 역할이 존재한다고 보고 수형자의 역할유형을 나누고 있다.[39)]

1) 고지식한 자(square Johns)

친사회적(prosocial) 수형자로서 교정시설의 규율에 동조하고 법을 준수하는 생활을 긍정적으로 지향하며, 교도소문화에 거의 가담하지 않고 직원들과 가깝게 지내는 유형의 수형자이다. 중산층 출신의 화이트칼라범죄자나 격정범죄자가 많다.

2) 정의한(right guys)

반사회적(antisocial) 수형자로서 범죄자의 세계를 지향하며 부문화적 활동에 깊이 관여

39) Schrag, C., "A Preliminary Criminal Typology," *Pacific Sociological Review*, 1961, 4:11-16. p.135-142. 그 밖에도 Schmalleger는 the real man, the mean dude, the bully, the agitator, the hedonist, the opportunist, the retreatist, the radical, the legalist, the colonist, the realigious, the realist, the punk로 그 역할유형을 분류하였다. Schmalleger, Frank and John Ortiz Smykla, *Corrections in the 21st Century*, Glencoe McGraw-Hill, New York, 2000, p. 251~257. 이윤호, 전게서, pp.135-142 참조.

하고 사회를 부정적으로 보며 직원들과도 거의 관계를 갖지 않는다. 하류계층 출신자가 많고 범죄도 폭력성 강력범죄인 경우가 많다. 이들은 수형자들 세계에서 통용되는 계율을 엄격히 준수하며 동료수형자들의 이익을 깊이 생각하고 그 이익증진을 위해 앞장서서 싸우면서도 약한 수형자를 괴롭히는 일이 없기 때문에 동료수형자들로부터는 진정한 리더로 인정된다.

3) 정치인(politicians)

가사회적(pseudosocial) 수형자로서 교정시설 내의 각종 재화와 용역을 위한 투쟁에서 이점을 확보하기 위해 직원과 동료수형자를 모두 이용하는 자로 사기나 횡령 등 경제범죄로 수용된 경우가 많다. 수형자 하위문화나 교도관 중심의 합법적인 체계 어디에도 깊은 유대를 가지지 않는 교활한 자들이다.

4) 무법자(outlaws)

비사회적(asocial) 수형자로서 자신의 목적을 위하여 폭력을 이용하고 동료수형자와 직원 모두를 피해자화하므로 교도관이나 수형자 모두로부터 배척받는다. 따라서 이들은 일종의 조직 속의 패배자들이며 보통 폭력 또는 강력범죄자 중에서 비정상적 · 비공리적 범행을 한 자가 많다.

이 밖에도 많은 학자들이 다양한 유형을 제시하였으나 부분적으로 중복되고 대동소이한 경우가 많다. 사이크스와 메싱거(Sykes and Messinger)는 슈락의 the right와 유사한 real men, 직원에게 내부 정보를 전달하는 rat(snitch, squealer), 공격적이고 분쟁을 일으키는 the tough, the tough보다도 더 약탈적인 the gorilla, 물건을 유통하거나 조달하는 the merchant(peddler), 연약하고 구금생활을 못 이겨 하는 the weakling(weak sister), 동성애관계에 개입하는 the wolf(the fag, the punk), 무죄를 주장하고 억울함을 과장하는 the rapo(the innocent), 하위문화에 물들지 않고 규율을 준수하며 직원들과 좋은 관계를 유지하는 the square John을 제시하였다.[40)]

---

40) Sykes, Gresham and Sheldon Messinger, "The Inmate Social System," *Theoretical Studies in the Social Organization of the Prison*, New York: Social Science Research Council. 1960.

3. 수용기간 등에 따른 교도소화의 정도

1) 수용기간과 교도소화

교도소화의 과정은 클레머(D. Clemmer)에 의해 주장되었는데, 그는 교도소화는 점진적으로 이루어지며 수용기간이 장기화될수록 수형자의 교도소화 정도도 강화된다고 하였다. 이는 오랜 기간 동안의 관찰경험을 통해서 얻어진 것이었다. 그러나 이에 대한 후속적인 검증연구 결과에 의하면, 교도소화가 단순히 수형기간과 비례하는 것이 아니라 단계별, 수형자의 역할, 조직의 특성 등에 따라 달라진다는 사실이 밝혀지게 되었다.

2) 형기의 수용단계에 따른 교도소화 – 휠러(S. Wheeler)의 U자 곡선 이론 –

휠러(Wheeler)는 클레머의 이론에 대한 검증연구에서 수형자들이 직원들의 기대에 얼마만큼 부응하느냐의 정도를 측정함으로써 교도소화의 과정을 파악하고자 하였다. 예컨대, 동료수형자가 탈출을 시도하는 것을 알았을 때 교도관에게 알릴 것인가에 대한 반응을 측정하였다. 동료들과 두터운 관계를 유지할수록 교도관과의 관계에는 괴리가 있을 것이라고 가정하였다. 그는 연구 결과에서 입소 초기에는 상대적으로 교도관에 대해 높은 친화적인 성향을 보였으나, 형기의 중기에는 낮은 성향을, 말기에는 다시 높은 성향을 보여 교도소화의 정도가 교도소화의 U자 곡선이론 모양을 보인다고 주장하였다. 중기까지는 클레머의 이론처럼 점진적인 교도소화가 이루어지지만, 출소를 앞두고는 역전현상이 나타나는데, 이는 다가오는 미래상황에 유리한 태도나 가치관을 미리 받아들이려는 선행사회화(anticipatory socialization) 현상 때문이라고 했다.[41] 더 나아가 출소 후 미래에 대한 기대가 교도소화의 정도에 영향을 미친다는 것을 발견하였다. 즉 미래에 대해 비관적일수록 교도소화의 경향이 더 강해진다는 것이다.[42]

---

41) Wheeler, S., "Socialization in Correctional Communities," *American Sociological Review*, 26(Oct), 1962, pp.697–712; Galliher, John F., *Criminology: Human Rights, Criminal Law, and Crime*, Prentice–Hall, Inc., 1989, p.310.

42) Zingraff, M.T., "Prisonization as an Inhibitor of Effective Resocialization," *Criminology*, 13(Nov.), 1975, pp.366–388.

초 기	가장 높은 친교도관적 성향 견지
중 기	친교도관적 성향이 가장 낮아짐
말 기	친교도관적 성향이 다시 높아지고 수형자강령 거부
결 론	수용장기화에 따라 점진적으로 교도소화가 진행된다는 가정이 일부 부정됨

3) 교정시설의 조직과 특성에 따른 교도소화 경향

처우 중심의 교정시설에서는 수형자의 교도관들이나 공식규율에 대한 태도가 보안 위주의 교정시설에 비해 보다 긍정적인 것으로 알려지고 있다. 보안 위주의 교정시설은 중앙집권적이며 공식적인 권위를 강조하여 그에 따른 박탈의 정도가 심화되기 때문에 이와 적대적인 비공식적 조직의 발전에 많은 영향을 미친다는 것이다.

4) 수형자의 사회적 역할에 따른 교도소화

슈락(C. Schrag)의 수형자 분류에 따라 교도소화의 정도와 특징을 알아볼 수 있다. 가라베디안(P. Garabedian)에 의하면, 범죄 지향적 하위문화에 가까운 무법자는 클레머의 이론대로 장기화됨에 따라 교도소화가 강화되는 성향을 보이고, 합법 지향적 하위문화를 추구하는 고지식자나 범죄 지향적 하위문화에 가까운 정의한의 교도소화는 휠러(S. Wheeler)가 주장하는 U자형 형태를 보이며, 정치인은 형기 동안 직원의 규범에 동조하는 경향을 보인다고 주장하였다.[43)]

제5절 하위문화의 주요 연구대상(폭력, 물품암거래, 성관계, 힘의 관계)

본 절에서는 수용자 사회체계를 보다 구체적으로 이해하기 위하여, 미국 교도소의 하위문화 연구의 주요 대상들에 관하여 살펴본다. 주요 연구의 대상은 폭력, 물품 암거래, 성관계, 그리고 힘의 관계 등 네가지를 포함한다.

---

43) Garabedian, Peter, "Social Roles and Process of Socialization in the Prison Community," *Social Problems*, 1963, 11, pp.137-152; 이윤호, 전게서, pp.218-129.

1. 폭력

교도소 내의 폭력은 교도소사회 하위문화의 연구의 가장 기본적인 영역이라 할 수 있다. 교도소 내의 폭력과 그것이 교도소 사회에 미치는 영향에 관한 연구는 폭력사건의 발생빈도수보다는 잠재적인 폭력이 조성하는 분위기에 중점을 두는 경향이 있다. 록우드(Lockwood)는 수용자가 교도소사회에 적응해 가는 과정에서, 실제 폭력사건보다는 폭력에 대한 공포나 위협에 의해 더 심각하게 영향을 받는다고 주장하였다.[44] 즉 폭력에 대한 피해의식으로 인하여, 수용자들은 거실출입을 삼가게 되거나, 작업장이나 거실, 심지어는 교도소를 바꾸게 되기도 한다. 역으로, 자신을 방어하기 위해 스스로 폭력적이 되거나, 모종의 집단에 가입하게 되기도 한다. 대개의 경우는 수동적인 반응을 취하는데, 공포와 불안, 또는 분노 등 심리적인 위기에 휩싸이는 것이다.

바우커(Bowker, L.H.)는 폭력에 따른 희생의 유형을 분류함으로써 교도소 내의 폭력을 설명하였다.[45] 육체적, 심리적, 경제적, 그리고 사회적 등 4종류로 희생을 분류하고, 이러한 희생은 감독의 부적절, 건축구조상 결함, 위험무기를 손쉽게 구할 수 있는 것, 약한 희생자와 폭력사용 성향이 높은 수용자를 함께 구금하는 부적절한 분류, 그리고 폐쇄된 공간에서 오는 높은 긴장도 등 교도소 환경과 관련된 요인들에 의해 발생된다고 주장하였다. 질서의 유지나 폭력의 억제는 공식적 혹은 비공식적 메커니즘을 통하여 통제된다고 할 수 있다. 그는 폭력통제에 기여하는 요소로서, 공식적 통제에 필요한 반폭력적 규범을 열거하였다. 여기에는 물질적 이익의 동기를 부여하는 것, 가해행위 이후 반드시 응징을 받는다는 공포를 인식시키는 것, 법적 및 행정적으로 제재하는 것, 비폭력적 방식을 통해 사회적 인정을 받는 것이 유익하다는 것을 인식시키는 것, 그리고 일관된 일상성을 유지시키는 것 등을 제시하였다.[46]

한편, 칼리니치와 스토이코비치(Kalinich & Stojkovic)와 같은 학자는 "물품 암거래" 부분에서 설명되는 바와 같이, 폭력억제를 위해서는 공식적 통제만으로는 불충분하고, 수용자

---

44) Lockwood, Daniel, "The Contribution of Sexual Harrassment to Stress and Coping in Confinement," in Parisi, N., *Coping with Imprisonment*. Beverly Hills, Ca: Sage, 1982.

45) Bowker, L.H., "Victimization in Correctional Institutions: An Interdisciplinary Analysis." in J.A. Conley(Ed), *Theory and Research in Criminal Justice: Current Perspectives*. Cincinnati: Anderson, 1979; Bowker, L.H., An Essay on Prison Violence. *The Prison Journal*, Vol.63, NO.1, 1983.

46) Bowker, 1979.

리더들에게 암거래시장을 일정 부분 허용하여 리더들을 통제하고, 다양한 집단 간에 접촉을 창출하며, 더불어 수용자들의 물질적 필요욕구를 충족시킴으로써 시설 내 질서를 유지하는 비공식적 통제메커니즘의 기능을 제시하기도 하였다.[47)]

2. 물품 암거래

교도소 내의 불법 물품유통 및 암거래 시장은 미국의 수용자 사회체계를 이해하는 데 있어서는 가장 중요한 부분이다. 수용자의 암경제체계는 대다수의 수용자와 관련을 가지며, 수용자 사회 내 계층을 구분하는 역할도 한다. 수용자 리더들에 의한 물품이나 서비스의 제공은 수용자들이 겪는 구금의 고통과 휘발성 환경에서 오는 긴장과 스트레스를 감소시켜준다. 더구나, 교도소 암거래 체제는 적대적인 시설 내 집단 간에 상호접촉하고 거래할 기회를 제공하여, 적대적인 수용자집단 간에 이해와 안정을 줄 수 있는 비공식적인 차원의 규율을 형성하게 한다.[48)] 칼리니치와 스토이코비치(Kalinich & Stojkovic)에 의하면, 교도소 암경제체계를 통해 수용자사회에 비공식 규율이 생성되며, 더 중요하게는 수용자 리더들이 그 체계를 통해서 힘의 인정을 받게 되어, 물품이나 서비스의 공급자로서 수용자사회의 안정에 기여하게 된다는 것이다. 즉, 수용자경제는 물품거래의 차원을 넘어, 시설 내의 장기적인 안정유지를 위한 중요한 요소이다. 그러므로 교도소 관리들은 시설 내 암시장 구조의 변화를 감시하고 조정할 필요가 있다 하겠다. 결국, 교도소의 통제는 수용자 경제구조의 하위문화적 상황에 영향을 받는다는 것이다.[49)]

3. 성관계

공식적인 통계나 여러 연구조사 결과를 살펴보면, 교도소 내의 성 관련 사건의 발생률이 높게 나타나는 것은 아니다.[50)] 물론 성에 대한 사회적 인식문제와 조사방법론상의 문

47) Kalinich & Stojkovic, 1985.

48) Irwin, J., *Prisons in Turmoil*. Boston: Little, Brown. 1980.

49) Kalinich & Stojkovic, 1985.

50) Nacci, P.L. and T.R. Kane, *Sex and Sexual Aggression in Federal Prisons*. Washington D.C.: U.S. Department of Justice Federal Prison System. 1982.

제점 등이 존재하기 때문에 그 정확성에는 논의의 여지가 있다. 교도소 내 성 문제가 관심의 대상이 되는 것은 그 발생률이 높기 때문이라기보다는 수용자들이 느끼는 잠재적 성폭력피해에 대한 심리적인 불안과 동성 간의 강제적 성폭행사건이 발생했을 경우 피해자가 받는 인격적 상처의 심각성을 중히 여기기 때문이라 할 수 있다.[51] 관련 연구들에 의하면, 많은 수용자들이 성폭력 공격의 대상이 된 적이 있다거나, 성폭력성향이 있는 동료수용자들의 접근을 받은 적이 있다고 기술하였으나, 실지 공격을 받았거나 공격의 희생자가 된 경우는 극히 일부인 것으로 나타났다.[52] 또한, 토치(Toch)에 의하면, 실질적인 강간과 같은 폭력은 성 관련 기타 폭력에 비해 발생률이 매우 낮은데, 그 이유는 폭력사용의 목적이 성적 욕구의 해소라기보다는 희생자의 인격을 모독하고 육체적 · 정신적인 피해와 스트레스를 주기 위함이기 때문이라고 하였다.[53] 미국 교도소에서 백인수용자에 대한 흑인수용자의 잦은 성폭행은 이를 설명해주는 좋은 예라고 하겠다.

교도소 내의 성 관련 문제에 관한 연구는 성 문제의 성격과 성 관련 폭력과의 관계에 상당히 연관되어 있다. 주요 성 관련 연구의 주제는 교도소 내 성의 비밀, 성 관련 폭력의 성격과 형태, 그리고 수용자들의 성 문제 관련 역할에 의한 분류 등을 포함한다. 우든과 파커(Wooden & Parker)는 교도소 내의 성행위 역할에 따라 수용자들을 4가지 종류로 구분하였는데, 여기에는 성적으로 강제적으로 희생되는 부류인 kid나 punk, 동성연애자나 punk들과 성관계를 갖는 강한 남성 역할을 하는 jocker나 stud, 나약하고 수동적인 여성 역할을 하는 queen이나 sissy, 그리고 다양한 상대와 양성 역할을 하는 homosexual 혹은 gay 등을 포함한다.[54] 소유하고 소유당하는 측 사이뿐만 아니라 소유하려는 가해수용자들 간에도 동성연애자를 소유하기 위한 폭력사태가 발생하고 있어, 교도소관리들은 성행위 행태를 파악하여 폭력사용의 잠재성이 있는 수용자들을 분리 구금하기도 한다.[55]

남성을 위한 교정시설에서의 동성연애관계는 주로 힘의 관계로 이해되는 한편, 여성

---

51) Duffee, 1989.

52) Lockwood, 1982; Nacci and Kane, 1982.

53) Toch, 1977.

54) Wooden, W.S. and J. Parker, *Men Behind Bars: Sexual Exploitation in Prison*. New York: Plenum. 1982.

55) 일부 교도소관리자들은 시설 내 안정유지를 위해 다양한 상대와 성행위를 할 수 있는 잘 알려진 동성연애자를 공평하게 분리구금함이 폭력통제에 필요하다고 주장한다. 이에 따라 적어도 성행위에 관련된 폭력사태는 부분적으로 줄어들 수 있다는 것이다.(Stojkovic, S., "Social Bases of Power and Control Mechanisms Among Administrations in a Prison Organization." *Journal of Criminal Justice*, Vol.14, No.2. 1986.)

을 위한 시설의 경우는 보다 정서적이고 감정적인 결합으로서 격리와 구금에서 오는 고통을 완화하는 합리적인 관계로 이해되는 경향이 있다. 또한 동성연애관계 외에 여성 특유의 정서관계로 인하여 엄마, 아주머니, 조카 등과 같은 일종의 가족관계가 형성되며, 이러한 관계는 교도소사회의 안정에 기여한다고 주장되고 있다.[56] 한편 상기의 주장에 대한 비판으로서, 여성 수용자 간의 가족관계는 모든 교도소에 존재하는 것이 아니며, 모든 여성이 정서적으로 가족에 의존한다는 구태의연한 여성관은 재고되어야 한다는 주장 또한 존재한다.[57] 즉, 가족에의 의존은 사치밖에 되지 않는 거리의 매춘부나 마약중독자들이 여성 수용자의 대부분을 차지하는 상황에 비추어 이들에게 전통적인 여성관을 적용하는 것은 남녀차별주의자(sexist)의 편견에서 오는 것이라는 것이다.

4. 힘의 관계

교도소 조직에 관한 과거의 연구들은 교도소 사회와 통제를 수용자와 교도관 사이의 상호의존적 관계로 설명하는 것이 주를 이루었다. 고전적 조직이론에 의하면, 교도소의 질서는 강제적 성격을 가진 역학관계에 의해 결정되고, 그에 따라 행정관리, 교도관, 그리고 수용자 간에 역할이 구분되었다. 그러나 최근의 연구는 오늘날 교도소의 역학관계에 변화가 있음을 보여준다. 오늘날의 교도소는 시설 내의 수용자나 관리자층뿐만이 아니라, 법원, 입법부, 언론 및 지역사회 등 다양한 집단의 이익에 의해 영향을 받으며, 이러한 다양한 이익집단에 의해 수용자사회도 이미 다원화되어 성격이 다른 여러 집단으로 분리되고 있다고 주장되고 있다.[58] 특히 미국과 같은 국가에서는 인종별로 구성된 폭력집단이 존재함에 따라 안정적 조직 운영을 위해서는 교도소 내외의 다양한 이익집단 간의 균형유지가 필요한 것으로 알려져 있다.[59]

---

56) Giallobardo, R., *Society of Women: A Study of a Women's Prison*. New York: Wiley. 1966; Heffernan, E., *Making It in Prison: the Square, the Cool, and the Life*. New York: Wiley–Interscience. 1972.

57) Ward, D. and Kasserbaum, G., *Women's Prison*. Chicago: Aldine. 1965.

58) Fox, J., *Organizational and Racial Conflict in Maximum-Security Prisons*. Lexington, Massachusetts: D.C. Health. 1982; Stastny & Tyrnauer, 1982.

59) Berkman, R., *Opening the Gates: The Rise of the Prisoners Movement*. Lexington, Massachusetts: D.C. Heath. 1979; Caroll, L., "Race, Ethnicity, and the Social Order of the Prison." in R. Johnson and H. Toch(Eds), *The Pains of Imprisonment*. Beverly Hills: Sage, 1982.

스토이코비치(Stojkovic)는 시설 내 수용자, 교도관, 그리고 상부관리자들 사이에 존재하는 다양한 형태의 힘을 기술하고, 각 집단이 각각의 목적을 달성하기 위하여 다른 성격의 힘을 행사한다고 주장하였다.[60] 그는 교도소 사회에 존재하는 여러 형태의 힘—즉 강제적인, 물질적인, 전문적인, 정당한 등— 중에서 물질거래를 가능하게 하는 물질적인 힘의 형태가 가장 영향력이 있다 하고, 수용자 리더가 시설 내 결핍된 물품을 공급할 수 있기 때문에 영향력을 갖게 된다고 하였다. 즉 다양한 이익집단의 힘의 형태를 이해하고 교도소 사회 내에 어떻게 분산되어 있는가를 분석하는 것이 교도소 조직관리에 중요한 부분이라 하겠다. 그러므로 힘의 형태와 관계는 교도소 하위문화의 이해에 필수적이다.

상술된 내용은 수용자하위문화의 유형이 아니고 미국에서 하위문화에 관하여 가장 중요하게 다루어진 연구 분야이다. 또한 기술된 하위문화의 형태는 모든 교정시설에서 일률적으로 나타나는 현상은 아니며, 교정시설의 성격, 규모, 수용인의 구성, 지역사회와의 연계정도, 상위관리자의 철학 및 관리능력 등의 변수에 따라 다양하게 나타난다.

5. 결론

본 절에서는 교도소 내 수용자의 하위문화는 수용자가 새로운 교도소환경에 사회화되어가는 과정 속에서 경험하는 구금의 고통과 박탈감을 해소하려는 일련의 행위로 구성되며, 수용자가 입소하기 전에 사회에서 겪은 경험 또한 하위문화형성에 커다란 영향을 미친다고 보았다. 또한, 교도소 내 조직을 구성하는 집단의 다양화와 조직의 개방화 추세에 따른 주변 이익집단과의 필연적인 연계가 교도소사회의 성격과 문화형성을 보는 시각을 변화시켰음을 기술하였다. 그리하여 수용자 하위문화가 구금환경에서 비롯된다는 자생설과 외부로부터 전이된다는 유입설뿐만 아니라, 교도소 내외에 존재하는 다양한 이익집단간에 상호작용을 통하여 시설의 통제체계가 형성되며, 이것 역시 수용자의 하위문화에 영향을 끼친다는 견해가 언급되었다.

이러한 하위문화는 범죄학습의 주범으로서 제거되어야 할 역기능적 요소라고 보는 견해가 지배적이다. 그러나 조직 경영적 측면에서 질서유지를 통한 안정확보를 교도소의 조직목표로 볼 때, 일정 수준의 하위문화를 통해 안정을 유지할 수 있다는 순기능적 측면을 주장하는 견해도 타당성이 있다. 즉, 후자는 적정 수준의 하위문화를 허용함으로써, 개인

60) Stojkovic, 1986.

적 · 심리적 차원에서 구금과 박탈에서 오는 육체적 · 정신적인 고통을 감소시킬 수 있다는 측면과 조직관리적 차원에서 구성집단 간에 타협과 상호교류의 채널을 창출하고 힘의 효율적인 분배를 통하여 조직목표를 달성시킬 수 있다는 측면이 고려된 주장이라 하겠다. 수용자하위문화의 순기능이 인정되어야 하느냐의 문제는 교도소시설의 궁극적인 목표를 어디에 설정하느냐의 문제와 직결되며, 인정된다면 어느 수준까지 허용되어야 하느냐가 숙제로 남는다 하겠다.

한편, 교도관의 하위문화의 존재 여부는 조직의 합의적 · 통일적 운영에 영향을 주는 문제로서 중요성을 갖는바, 그 존재 여부에 관한 토론이 기술되었다. 교정철학 및 목표에 있어서의 변화에 따라 수용자의 권익향상과 교도관 특권의 상대적 약화현상 등의 여건과, 교도관들이 수용자들과 같은 환경 속에서 생활하고 작업하며 수용자들과 교도소사회에 대하여 비슷한 입장을 공유하고 있는 점 등, 특히 교도관들 스스로가 교도관사회는 수용자와 처우프로그램에 대한 적대적 혹은 반대적 입장이 지배적이라고 믿고 있음으로써, 교도관하위문화의 존재는 무리 없이 받아들여졌다. 그러나 실증적인 연구의 결과는 교도관들이 집단으로 통일되어 있다기보다는 자신과 업무로부터 소외감을 느끼며 무규범상태에 있는 것으로 나타났다. 그리고 대다수의 교도관은 수용자와 처우프로그램에 적대적이지 않으며, 도리어 동정적인 견해를 가지고 있는 것으로 나타나 반수용자적 교도관 하위문화는 존재하지 않는 것으로 나타났다. 그러나 교정시설의 여건은 냉소적이고 업무로부터 소외를 느끼는 소수집단의 부정적인 영향력과 왜곡된 믿음을 확산시킬 소지를 안고 있는 것으로 보았다.

미국 교도소에서의 인종 문제

오늘날 미국교도소사회의 환경을 연구하는 데 인종관계에 대한 이해가 필수적인 요소임은 반론의 여지가 없다. 이에 따라, 교도소통제와 인종문제와의 관계, 교도소 내에 인종별로 형성된 폭력집단의 생성과 그 생성이 교도소조직변화에 미치는 영향 및 흑인 수용자인구의 증가에 따른 교도소사회의 실질적 변화 등에 관한 많은 연구가 실시되었다. 먼저 미국사회 내의 흑백 인구비례에 비해 교도소 내 흑백 인구비례가 지나치게 높다는 사실에서 미국의 교정시설은 과거에 해방된 노예를 다시 통제하기 위해 운영되고 있다는 비판을 받고 있다. 교도소 내 흑인인구의 과도

한 분포는 흑인수용자들로 하여금 그들의 사회적 지위에 대해 새롭게 재인식하게 된 계기가 된 것이다. 이와 같은 맥락에서 점차적으로 교도소생활에서의 인권문제가 불붙기 시작하면서 결국은 인종 간의 증오와 폭력사태를 유발한 것으로 볼 수 있다. 한편 미국 교도소에서의 성폭력 사건 연구의 결과에서도 대부분의 공격자는 흑인수용자이고 희생자는 백인수용자인 것으로 나타났다. 이러한 경향에 따라 인종에 따른 분리구금이 부분적으로 시행되고 있으나, 이는 헌법정신에 위배된다는 반론과 인종 간의 분규를 지나치게 강조한 오류라는 지적도 또한 제기되고 있다. 즉 흑백 간의 분규에 과민한 나머지 흑인들 간의 분규 역시 존재한다는 사실이 경시되어 왔다는 것이다. 미국 교정계의 해결과제로서, 교도소 내의 인종관계에서 비롯되는 문제와 유색인종에 대한 형평의 원칙에 어긋나는 구금실태 등은 민감하고 지나칠 수 없는 문제로 남아있다. 이처럼 교도소 내의 인종문제는 교도소의 이미지와 수용자사회 성격결정에 중요한 요소이다. 그러나 수용자사회의 인종분규는 미국교정계의 숙제라기보다는 미국전반사회의 사회정의의 문제로 보아야 할 것이다.[61]

남 · 여 교정시설의 하위문화

교정시설 하위문화에 대한 대부분의 연구는 초창기부터 남성 수용시설을 대상으로 이루어져 왔다. 따라서 수용시설의 하위문화라 함은 남성수형자의 하위문화에 대한 이론과 개념을 근간으로 하였다. 그러나 남녀 수용자 간에는 그 특징에 있어 분명한 차이가 있으며 이는 각각의 하위문화의 형성에 영향을 끼친다 하겠다.

① 여성수형자에 비해 폭력 관련 범죄를 저지른 남성수형자의 비율이 훨씬 높다. ② 남성교정시설에 비해서 여성교정시설에서는 폭력이 거의 발생하지 않는다. ③ 여성수형자는 교도소 프로그램에 보다 적극적인 반응을 한다. ④ 남성교도소는 경비등급에 따라 구금되지만 대부분의 여성수형자는 혼합된 상태에서 복역한다. ⑤ 남성수형자에 비해서 여성수형자는 교도관들과 보다 치밀한 관계를 유지한다.

남녀수용시설 간의 가장 큰 차이점은 타인들과 맺는 인간관계의 성격에 있다. 남성수형자는 그들이 신체적 강인함을 나타내고 의식적으로도 동성애적 취향을 나타내는 어떤 태도도 피하고자 한다. 이러한 가치를 강하게 고수하는 것은 수형자사회에서 지위와 명성을 얻기 위해서도 중

61) Stojkovic, Stan. "Jail Versus Prisons: Comparison, Prisons, and Prescriptions on Inmate Subcultures," in David B. Kalinich, and John Klofas(eds), *Sneaking Inmates Down the Alley: Problems and Prospects in Jail Management*, Charles Thomas · Publisher, 1996, PP.28-29.

요하다. 남성수형자들도 가까운 동료집단이나 파벌을 만들지만 여성의 경우와 같이 가족관계와 같은 형태는 아니다. 이들은 자율성, 자아충족, 그리고 타인과의 경쟁력을 중시한다. 한편 여성들의 경우는 수형자사회 내의 지위나 인지도를 얻고자 하는 노력은 거의 찾아볼 수 없으며, 다른 수형자들의 성적 혹은 정서적 행위에도 거의 구속력을 행사하지 않는다.

초기 여성수형자에 대한 연구는 주로 그들 간의 사회적 관계에 초점이 맞추어져 있었다. 먼저, 가장 자주 거론되는 성적 관계에 관련해서는 성행위는 존재하지만 남성수형자들의 경우와는 다르게 자발적이고 합의적으로 이루어지는 것으로 나타났다. 다음으로 이미 기술한 바와 같이 여성수형자들은 가족 형태의 소그룹을 형성하여 상호 간 정서적인 지지와 필요한 자원들을 나누는 것으로 알려져 있다. 그들만의 가족체계를 구성하여 부, 모, 딸, 그리고 언니 등의 역할이 주어지는 것이다. 이에 대해서는 두 가지로 설명된다. 격리에 따라 깨어진 가족관계를 복원하고 대체하려는 시도로 설명하기도 하고, 실제의 삶에서 누리지 못하는 가족관계를 향유하려는 욕구로 설명되기도 한다. 이러한 현상은 격리로부터 오는 긴장을 해소하고, 신입 수용자의 사회화에 도움을 주며, 역할과 규율에 충실할 수 있도록 한다는 측면에서 긍정적인 측면으로 해석되고 있다. 그러나 최근의 연구결과에 의하면, 폭력이 상대적으로 적고, 갱의 활동이나 인종 간 갈등현상 등이 없다는 점은 과거와 일치하지만, 사회적 관계나 그들만의 가족체계의 안정성이 저하되고 있으며 불신풍조와 경제적 이해관계의 갈등현상이 고조되는 경향이 있다고 보고되고 있다.[62] 특히, 여성수용시설의 부족으로 인하여 다양한 범죄자들이 함께 혼합되어 수용됨에 따른 부작용이 마약, 싸움, 갈등 등을 야기하고 부정적 하위문화의 형성에 영향을 미친다는 주장이 제기되고 있다.[63] 그간의 연구결과들에 대한 비판적 주장 또한 존재한다. 남녀 수형자의 하위문화에 있어서 차이점은 여성의 양육본능과 모성애에서 찾는 경향이 있지만, 이는 전통적 여성상과 생물학적 속성에 근거한 구태적인 설명이라는 비판을 받고 있다. 여성교도소에서 폭력이 적게 발생하고 있는 사실 역시 교도소의 문화에 따라 그 결과가 달라질 수 있다는 주장도 또한 존재한다.[64]

---

62) Greer, Kimberly. "The Changing Nature of Interpersonal Relationships in a Women's Prison," *Prison Journal*, 80, 2000(Dec.), pp.442-468.

63) Owen, Barbara. *"In the Mix": Struggle and Survival in a Women's Prison*, Albany: State University of New York Press, 1998, p.198.

64) Clear, Todd R., George F. Cole., and Michael D. Reisig. *American Corrections*, 10th, Wadsworth, 2013, pp.303-305.

제6절 교정시설의 폭력

1. 교정시설의 폭력적 문화체계

일정한 사람들이 같은 환경에서 함께 기거하는 곳에서는 그곳이 어디이든지 나름대로의 규범과 생활양식이 생성되는 것이 일반적인 현상이다. 교도소 역시 그 예외가 아니며, 군대나 수도원 등의 조직과 같이 특정한 조직으로서의 독특한 문화체계를 이루고 있다. 특히 규율, 획일성, 통일성을 강조하는 전체주의적 성격이 강한 군대나 교도소와 같은 조직에서는 구성원들이 생존하고 적응해가는 과정에서 독특한 사회화과정을 거치며, 그 과정에서 생존과 적응양식으로서 일종의 비공식적인 문화체계인 소위 하위문화가 생성된다. 교도소의 하위문화는 주로 수용자의 하위문화를 일컫는데, 여기에는 폭력, 금지물품의 유통, 성폭력, 수용자 간 및 교도관들과의 역학관계에서 비롯되는 일련의 행위 등이 포함되고 있다. 이 중에서도 교정시설 내 폭력사건의 발생은 실무계에서 심각한 문제임은 물론 학문적으로 지대한 관심 대상이 되어왔다. 폭력이 대부분의 사회에서 정도의 차이는 있으나 퇴치되어야 할 사회문제로 존재한다는 것은 재론의 여지가 없다. 사회 내 폭력범죄의 심각성은 교정시설 내 수용인구의 구성분포를 하나의 척도로 예측해 볼 수 있다. 교도소사회는 폭력 범죄자들이 집중적으로 집합되어 있는 장소이며, 동시에 그 이유로 잠재적인 폭력의 위험에 가장 취약한 공간이라 할 수 있다. 실제로, 법무부 교정통계자료에 의하면, 2018년도의 성인 수형자 인구 중 약 38.5%, 소년 수형자 인구 중 34.3%가 폭력과 관련된 살인, 강도, 강간, 폭행상해 등 강력범죄자인 것으로 나타났다.

또한 입소 이후의 상황을 판단할 수 있는 자료로서, 자살, 도주, 병사, 폭행 등을 나타내는 시설 내의 교정사고의 경우에 있어서, 2019년 총 1,000건 중 폭행치사상 건수가 506건(50.6%), 직원폭행건수가 66건(6.6%)으로 전체의 57.2%로서 여타 자살, 병사, 도주 등에 비해 훨씬 높은 비율을 차지한 것으로 나타났다. 폭행치사상은 2009년 377건에서 2018년 550건, 2019년 506건으로 나타나 지속적인 증가추세를 보이고 있다.[65)]

징벌처분 대상행위 현황을 살펴볼 때에도, 2010년 14,682건에서 2019년 19,018건으로 약 30% 증가율을 보였는데, 여기에서도 주로 폭행과 관련된 행위들이 주를 이루고 있음을 알 수 있다. 규율위반으로 인건송치된 현황에서도, 2010년 693건에서 2019년 793건으로

65) 교정본부, 「교정통계연보」, 2020, pp.119,120.

증가하였는데, 그 구성이 폭행행위등 202건(25.5%), 상해 200건(25.2%), 폭행치사상 116건(14.6%), 공무방해 54건(6.8%) 등을 나타나 주로 폭행관련 해우이가 주를 이름을 알 수 있다.[66] 또한 이러한 폭력행위로 인해 이미 발생한 피해자집단[67]은 물론이지만, 출소 이후에 예견되는 잠재적 피해자집단을 고려한다면, 수용기간 동안의 폭력 문제에 대한 심층적 이해와 연구가 요구된다 하겠다.

이러한 교정시설 내의 수용자 폭력행위의 원인에 대해서는 입소 이전부터 지녔던 개인적 폭력성향이 발로되었거나 혹은 사회 내에서 물들었던 폭력배문화가 유입된 결과이기도 하지만, 구금시설 자체의 박탈적 환경요인들도 그 원인으로 작용하는 것으로 알려져 있다. 예를 들면, 흔히 억압적인 구금환경은 분노, 좌절, 그리고 두려움을 유발하는데, 이는 구금이라는 특수한 상황에서 기인하는 일반적인 현상이다. 우리나라 법무부의 공식적 통계는 폭력의 원인으로 스트레스로 인한 우발적 충동, 자기과시, 처우불만을 가장 중요한 요인으로 제시하고 있다.[68] 교정시설 내의 폭력은 교도소의 역사만큼이나 오래되었는데, 경우에 따라서는 폭력수준을 넘어 폭동으로 이어지기도 한다. 미국의 경우, 1900년부터 1985년 사이에, 교도소와 구치소에서 300건이 넘는 폭동이 일어났다. 물론 이러한 모든 폭동들이 심각한 결과를 낳은 것은 아니지만, 1971년 뉴욕주의 아티카(Attica) 교도소와 1980년 뉴멕시코 주립교도소에서의 폭동[69]은 재앙과도 같은 사건으로 기록되고 있다.

우리나라의 경우도 해방 이후 미군정기와 제1공화국 시기에는 좌우이념 간의 갈등이 고조되었던 시기로서 좌익재소자들이 집단적으로 참여한 폭동 및 탈주사건이 자주 발생하였고, 무장공비의 형무소 습격사건 등이 빈번하였다. 근래에 발생한 대표적인 대규모 집단행동으로는 2002년 4월~2006년 11월까지 청송보호감호소에서 10회에 걸쳐 발생한 집단불식(集團不食)사건을 들 수 있다. 가출소조건의 완화, 사회보호법의 폐지, 감호집행의 부당성과 처우의 부적정 등이 주장되었다.[70]

---

66) 주) 교정본부, 「교정통계연보」, 2020, pp.117~118.

67) 수용 중인 폭력범죄자로 인한 피해자의 수는 그 범죄자 수의 약 2배로 추정되고 있다. 예컨대, 1990년 미국 통계에 의하면, 복역 중인 245,500명의 폭력범죄자로 인한 피해자의 수는 409,000명으로 추정되었다. 대략 79,300명은 살해, 51,100명은 성폭행, 201,200명은 강도, 56,400명은 폭행, 그리고 20,400명은 기타 유형의 범죄로 피해를 입은 것으로 추정하였다.

68) 법무부 교정본부, 「교정통계연감」, 2009, p.220.

69) 제2편 chapter_1 제5절 미국 교정의 역사 Ⅱ 참조.

70) 법무부 교정본부, 「대한민국교정사」 I. pp.352-358. 「대한민국교정사」 III. pp.204-205.

과거 우리나라에서도 교정시설 내 하위문화 혹은 교정사고에 관한 논문이나 연구[71]가 간간히 발표되어왔으며, 최근에는 시설 내 폭행을 포함한 교정사고의 가해 측면뿐만 아니라 피해 측면 및 교정직원의 입장에서도 심도 있는 연구[72]가 보고되고 있다. 그러나 본질적으로 시설 내 폭력이나 성 문제가 포함된 하위문화의 실상에 대한 연구는 무엇보다 접근성에서 어려움이 상존하며, 동시에 연구의 기회가 있다 하더라도 적확한 정보와 자료를 얻는 데에는 방법론상의 문제 등이 존재하여 투자된 시간과 에너지에 비해 수확될 수 있는 지식에 한계가 있다는 것이 일반적인 인식이다.[73] 따라서 차선의 방도로서 이 방면의 연구가 비교적 풍부하게 진행된 국가의 자료들을 정리하고 분석하는 것 또한 의미가 있다고 사료된다. 본 장은 주로 미국에서 출간된 교정시설 내 폭력과 관련된 자료를 정리하고 우리나라의 연구 결과를 참고하여 분석함으로써, 개념적 및 이론적 차원에서 폭력에 대한 이해를 도모하고자 한다.

본 절은 먼저 교도소폭력의 동기체계와 그 근원에 대해서 기술한다.[74] 동기체계로서는 폭력이 보상을 얻기 위한 수단으로서 이루어진다는 설과 스트레스에서 기인한 분출의 결과라는 설이 소개된다. 교도소폭력의 근원은 수용자 본래의 폭력성, 수용환경 내의 문화적 풍토 그리고 과잉수용에 초섬을 맞춘다. 다음으로 폭력의 연장선상에서 교도소폭동의 개념적 모델로서 6가지 유형을 기술한다. 여기에는 환경모델, 우발적 자생모델, 갈등모델, 통제체계모델, 힘의 공백모델, 그리고 기대치상승모델이 포함된다. 폭력의 유형별 이해를 위해서 수용자 간의 폭력, 성폭행, 수용자의 직원에 대한 폭력, 직원의 수용자에 대한 폭력, 그리고 자해행위로 구분하여 기술한다. 마지막으로 폭력을 감소시키는 방안을 제시한다.

---

71) 이백철, "교정시설내의 사회화와 하위문화", 「교정연구」, 제2호, 1992, pp.73-98; 박형민 외, 교정사고 처리실태와 개선방안, 한국형사정책연구원, 2006; 윤옥경, "미국의 교정사고 현황과 대책", 「교정연구」, 제41호, 2008, pp.7-44; 노용준, 수용자의 법의식과 하위문화에 관한 연구, 경기대학교 일반대학원 박사학위논문, 2009를 참고.

72) 시설 내 폭행을 피해자적 관점에서 실시한 연구로서, 윤옥경, "교도소 수형자의 폭력피해경험과 피해두려움", 「교정연구」, 제45호, 2009, 223-252가 있다.

73) 피해교도관과의 심층적인 면담을 통해서 설문지 위주의 조사방법론의 문제점을 극복한 연구로서, 이언담, "도주사고를 경험한 교도관의 심리변화 및 적응에 관한 근거이론", 「교정담론」, 제2호, 2008, pp.97-150이 있다.

74) Welch, 324.

2. 교도소 폭력의 동기체계

다양한 형태의 교도소 폭력을 이해하기 위해서는 먼저, 교도소라는 곳에서 왜, 그리고 어떻게 폭력이 발생하는지를 파악해야 한다. 폭력이 다양한 형태로 존재하는 것처럼, 그 동기와 목표 역시 다양하다. 일반적으로 폭력은 공격성의 특정한 형태로 볼 수 있는데, 교도소 폭력의 동기는 수단의 형태와 분출의 형태, 두 가지로 구분할 수 있다. 수단으로서의 폭력은 보상을 얻기 위한 공격의 결과이며, 분출로서의 폭력은 스트레스가 동기가 된 폭력이다.

1) 수단으로서의 폭력 – 보상을 동기로 하는 공격

수단으로서의 폭력은 특정한 의도를 달성하기 위해 행해지기 때문에 이성적이고 계산적인 성격을 갖는다. 이 경우는 미리 계획되며 전형적으로 어떤 보상을 위해 유발된 공격이다. 예를 들면, 시설 내에서 힘이나 지위를 강화하기 위해, 혹은 특정한 자기 이미지를 부각시키기 위해서 다른 수용자들을 위협하거나 신체적, 혹은 성적으로 폭행을 가하는 것이다. 이런 폭력과정을 통해서 다른 동료 수용자들을 지배하게 되고 그들이 원하는 바를 얻고자 한다. 여기에는 생활상의 편의, 성적 접촉, 음식물, 소지금지 물품, 그리고 세탁, 청소, 법률문제에 관한 문서작업과 같은 다양한 작업 등이 포함된다. 수단으로서의 폭력은 개인적 차원의 폭력에만 국한된 것은 아니며, 또한 집단적인 행동으로도 나타나는데, 특히 목표가 분명하게 설정되고, 그들의 요구가 공식적으로 선언될 때 더욱 그러하다.

2) 분출로서의 폭력 – 스트레스에서 기인한 공격

이 유형의 폭력은 충동적인 감정의 표현이며, 축적된 긴장이 자제되지 않는 분출로 이해될 수 있다. 일종의 스트레스에서 유발된 공격으로서 즉각적 혹은 만성적인 스트레스나 불편함을 회피하거나 제거하기 위한 분출행위라 할 수 있다. 교도소 환경에는 근본적으로 다양한 스트레스를 유발하는 요소들이 존재한다. 예를 들면 과밀수용, 사생활의 결핍, 무료함, 소음 그리고 심지어는 사소한 짜증까지도 폭력을 유발할 수 있다. 분출로서의 폭력은, 개별적인 폭력과 집단적인 소요의 두 가지 경우 모두에 나타난다. 양쪽의 어느 경우에도, 폭력을 유발할 수 있는 심리적 긴장과 폭력적인 상황을 유발할 수 있는 사건이 동시에 결합되어야 발생한다.

수단으로서 폭력과 분출로서의 폭력은 상호배타적인 것이 아니다. 많은 폭력사건은 이 두 가지가 결합되어 발생한다. 예를 들면, 의도적인 폭행사건을 통해 다른 수용자들에게 자신들의 강한 이미지를 전달하고자 하며, 분출로서의 폭력에서 잔인성이 표출되는 것 역시 수단으로서의 기능을 한다. 이를 통해 다른 수용자들 사이에서 평판을 얻을 수 있으며 동시에 자신들의 힘과 지위를 강화시키는 것이다. 또한, 폭동과 집단소요 역시 분출적인 성격과 수단적인 성격 두 가지 모두를 내포하고 있다. 폭동은 목표를 얻기 위한 수단으로서 행해지지만, 동시에 열악한 환경이나 불공정한 교도소의 처사에 대해 억눌려 있던 수용자들의 분노를 배출시키는 기회를 주는 것이다.

수단으로서의 폭력과 분출로서의 폭력을 구분하는 것은 시설 내의 적절한 관리를 하는데 있어서 중요한 부분이다. 만약 관리자로서 발생한 폭력의 유형을 파악하지 못한 경우, 실제로 상황을 더 악화시킬 수 있다. 예를 들어, 스트레스로 유발된 충동적인 폭력에 대해 엄격한 처벌적인 대응은 효율적이지 못할 것이고, 실제로 상황을 더욱 악화시킬 수 있다. 이 경우에, 만약 교정직원들이 폭력의 증가를 수용자들 사이의 스트레스로 인한 현상으로 인지한다면, 스트레스의 원인—예컨대, 과밀수용이나 무료함 등—을 감소시키려는 행정조치나 프로그램을 개발하게 될 것이다.

3. 교도소 폭력의 근원

교도소 폭력의 동기에 대해 수단과 분출이라는 두 가지 개념으로 설명하였는데, 아래에서는 그러한 동기가 생성된 근원에 대해 기술한다.[75] 여기에는 수용자 개인이 입소 이전부터 지닌 본래의 폭력성, 교정시설에 배양되어 있는 문화적 풍토, 그리고 오늘날 대개의 교도소가 안고 있는 문제인 과잉수용이 포함된다.

1) 수용자의 폭력성

교도소는 대체로 폭력적인 범죄자가 수용되기 때문에 이로 인하여 폭력이 발생하고 폭력적인 환경이 조성될 여지가 상존한다. 가장 폭력적인 범죄자들이 수용되는 중경비교도소의 경우는 그러한 가능성이 더 높다 하겠다. 대개 교도소 폭력은 수용자 자신들의 스트레스를 해소하고, 당사자들 간의 갈등을 해결하기 위해, 혹은 재화나 서비스를 얻기 위해

---

75) Welch, pp.325-326.

유발되는 공격적인 행위로 나타난다. 물론 교도소 폭력은 중경비교도소에서 빈번하게 발생하긴 하지만, 여타의 시설에서도 발생한다. 따라서 이는 중경비시설이 폭력행위의 유일한 근원은 아니라는 의미이기 때문에, 수용자의 폭력성 이외의 다른 근원들도 함께 고려되어야 한다. 다른 근원들에는 폭력과 관련된 사회 · 문화적 풍토와 과밀수용이 포함된다.

2) 문화적 풍토

전술된 바와 같이, 일부 폭력 사건은 의도적인 동기로 행해지는 반면에, 일부 폭력 사건들은 충동적인 감정의 분출로서 이해될 수 있다. 한편으로, 수용자들은 그들이 처한 특정한 상황과 문화적 풍토에서 폭력에 개입한다는 주장 역시 존재한다. 교도소 내 폭력에 관련된 사회적 · 문화적 풍토에 관한 연구를 보면, 환경적 상황이 폭력유발의 유일한 원인은 아니지만, 유발가능성을 증가시키거나 감소시킬 수는 있다는 것을 보여주고 있다. 교도소 폭력을 유발하는 문화적 동기와 상황적 특징은 다음과 같이 제시될 수 있다.[76)]

첫째, 교도소 내의 폭력적 행동은 동료들로부터의 존중을 받거나 혹은 공포를 심어줄 수 있는 수단이 될 수 있다.

둘째, 교도소 내 폭력의 피해자들이 일반적으로 발설하거나 밀고하지 않는 침묵의 규율을 따르기 때문에 폭력문화가 지속될 수 있는 풍토가 존재한다.

셋째, 수용자의 일상생활과 시설의 내부구조에는 폭행을 발생시킬 수 있는 취약한 공간이 존재한다. 폭력은 직원에 의해 발각될 위험이 최소화될 때, 그리고 공격이 음폐될 수 있는 시공간에서 자주 발생한다.

넷째, 폭행피해에 취약한 수용자집단과 폭력 성향의 수용자집단이 존재하며, 이들 집단 간에 폭력의 발생이 유도될 수 있는 수감여건이 상존한다.

다섯째, 수용자들 스스로가 교도소를 폭력적인 장소로 인식하는 경향이 있으며, 그들의 비공식적인 규범이 이를 허용하기 때문에 폭력행위는 정당화된다.

3) 과밀수용

수용인구가 증가하면, 시설 내의 자원체계, 프로그램 그리고 서비스의 공급이 수요에

---

76) Toch, 1985.

부응하지 못하는 것은 일반적인 현상이다. 그러나 그 심각성의 정도에 따라 과밀수용은 수용자들을 포함한 수용시설 전체에 긴장을 유발시킨다. 이는 이미 존재하는 시설 내의 문제들을 악화시키고, 교도소 내의 삶의 질을 저하시키는 등 상호연계적인 변수로서 작용한다. 특히 과밀수용에 따라 고려해야 할 시설 내의 업무는, 시설 내 자원의 적절한 배치와 배방 문제이다. 과밀수용현상이 발생하면, 수용자들을 적합한 시설과 프로그램에 배치하지 못하는 경우가 나타난다. 예컨대, 새로운 수용자들의 대거유입에 따라 발생하는 수용자들의 시설 간의 빈번한 이동은 폭력 성향의 수용자들을 관리하는 데 어려움을 준다. 과밀수용이라는 그 자체 현상보다도, 오히려 수용자들 간의 비공식적인 연계망이 깨어지는 상황이 폭력을 증가시키는 중요한 요인이라 할 수 있다. 즉 수용자들 간의 유대와 인간관계가 안정적인 교도소환경의 유지에 기여하기 때문에, 빈번한 이동과 낯선 수용자들의 지속적인 유입은 수용자사회의 긴장감을 고조시키며, 이러한 수용자사회의 긴장감과 불안정한 상황이 공격성과 폭력을 야기한다는 것이다.[77]

그러나 과밀수용이 교도소 폭력에 미치는 영향에 관한 연구들이 반드시 일관된 결과를 보여주는 것은 아니므로 보다 정확하게 평가할 수 있는 부가적인 연구들이 요구되고 있다. 물론 과밀수용에 의해서 유발되는 직간접적인 요인들이 폭력적 행위에 영향을 미친다는 것이 일반적인 인식이다. 한편, 미국 사법통계국의 자료는, 교도소의 인구밀도와는 상관없이, 폭력은 중경비 시설에서 가장 빈번하게 발생한다는 사실을 보여주고 있다. 우리나라의 경우, 경비 등급별 또는 과밀수용에 따른 정확한 사고통계가 없는 실정이다.

4. 교도소폭력의 유형별 이해

1) 수용자 간의 폭력

폭동이 상대적으로 흔하지 않은 사건인 반면에, 수용자들 간의 신체적 폭행은 대부분의 교도소나 구치소에서는 하나의 일상적인 문제로 존재한다. 이는 무엇보다도 직원들의 적절한 감독의 결여에서 발생하는 경우가 많다. 예컨대, 과밀수용에 대처할 감시직원이 부족할 경우, 폭력발생의 가능성은 더욱 커질 수밖에 없다. 폭행은 특히 내부건축의 구조에 사각지대가 있는 경우에, 적절한 감독이 이루어지지 않는 시설에서 더욱 발생할 가능성이

77) Ellis, 1984.

높다. 또한, 시설 내의 금지무기류의 확산 역시 보안기능의 허점에서 오는 결과이다.

2) 교도소 내의 성폭행

교도소 내의 성폭력의 실상은 자주 왜곡되어 알려지는 경향이 있다. 물론 교정시설에서 성폭력사건이 발생하긴 하지만, 강간과 같은 범죄가 흔히 발생하는 것은 아니다. 실제로 수용시설 내에서 발생하는 성폭력의 빈도가 과장되었다는 것을 입증한 연구도 있다. 반면에, 보고된 추정치는 교도소 내의 강간사건들이 실제보다 적게 보고되었을 가능성도 있다. 이 경우는 교도소 직원들이 피해자문제를 심각하게 인식하지 않았거나, 혹은 성폭력 사건 자체를 무시하였을 가능성으로 추정할 수 있다.

교도소 내의 강간에 관한 한 고전적인 연구에서, 록우드(Lockwood, 1980, 1982, 1985)는 성폭력을 2가지 성격으로 구분하였다. 첫째는 성폭력은 피해자를 복종시켜 지배하기 위한 행위라는 것이다. 이는 성적인 접촉을 위해 폭력을 사용할 수 있다는 남성성을 나타내고자 하는 하위문화적 가치에서 기인한다. 둘째는 잠재적 피해자가 상대의 유혹이나 수작을 위협으로 느꼈을 때, 폭력적으로 대응하는 결과로서의 행위이다. 이는 자기방어의 형태로서 성폭력이 발생한 경우이다. 실제 경우에 있어서, 수용 시설에서는 동성 간의 강간보다 더 흔히 발생하는 것은 성추행이다. 언어적 모욕이나 공격적인 수작을 포함하는 성추행이 빈번하게 발생한다는 사실이 교도소에는 강간이 난무한다는 왜곡된 인식과 두려움을 조성하였다고 볼 수 있다.

이미 기술한 바와 같이, 비록 수용시설에서의 동성 간의 강간이 빈번하게 발생하는 것은 아니겠지만, 그것이 가지는 사회학적 의미에서 중요한 논의의 대상이 되고 있다. 자기방어를 위한 경우를 제외하고는, 대개 폭력의 형태는 상대에 대한 지배욕구의 표현이며, 힘과 지위를 획득하기 위한 행위라는 것이다. 성폭력은 주먹이나 무기를 사용하는 일반적인 신체적인 공격과는 구별되어야 한다. 교도소 내의 동성 간의 강간은, 성적 쾌락의 추구 이외에도, 남성성(masculinity)과 지위를 추구하는 지배욕구의 표현이다. 가해자는 피해자의 지위를 강등시키거나, 그들을 소녀 혹은 여성이라고 선언함으로써 자신의 남성성을 확립시키는 것이다. 시설 내의 성폭행 현상은 또한 '교도소 사회'의 고유한 문화적 특성에 의해 강화되는 경향이 있다. 예컨대, '진정한 남자는 강간을 당하지 않는다'는 일종의 하위문화의 믿음체계가 존재한다. 상술한 바와 같이, 교도소 내의 강간은 성적 행위라기보다는 폭력이며, 권력의 단면을 나타내는 일종의 정치적인 성격의 행위이다. 따라서 성적 피해자의 입장에서 구체적 내막과 실태의 파악이 필요하며, 더구나 에이즈의 출현과 연계해 볼 때 그 필요성이 더욱 요구된다 하겠다.

3) 수용자의 직원에 대한 폭력

교정시설 내의 근무는 기본적으로 위험성을 수반하기 때문에, 대부분의 직원들은 긴장된 분위기 속에서 일상 업무를 수행한다. 따라서 안전을 위해 대부분의 보안담당 직원들은 동료직원과 함께 근무하기를 선호한다. 그러나 과밀수용, 긴축재정, 구조조정 등의 결과로 직원의 배치가 항상 적정하게 이루어지는 것은 아니다. 당연히, 직원들이 담당하는 수용자의 비율이 증가하는 시설에서는 폭력발생의 가능성이 상존한다고 볼 수 있다.

우리나라의 경우, 2012년 통계자료에 의하면, 직원에 대한 폭력의 원인 중 가장 중요한 요인은 우발적 충동이 25건, 처우에 대한 불만이 16건, 자기과시가 1건 등으로 나타났다.[78] 한편, 언어적, 정서적, 신체적 폭력에 취약하게 노출된 교도관들이 사고피해에 대한 두려움과 수용자들이 행사하는 부적절한 행위에 대처할 마땅한 수단이 없다는 무력감을 심각하게 느끼고 있는 것으로 나타났다.[79]

수용자들이 직원들에게 가하는 폭력사건은, 사건의 규모가 크게 축소되어 보고되는 것으로 알려져 있다. 직원들이 폭행피해를 제대로 보고하지 못하는 이유는, 수용자들을 다루는 교도관으로서의 자존심과 마초(macho) 이미지를 유지하고자 하는 일종의 교도관 하위문화로서 설명될 수 있다.[80] 실제로, 이러한 하위문화가 보안담당 직원들 사이에 명백히 존재한다는 연구 결과가 보고되고 있다.

수용자들이 직원에게 가하는 폭력사건 중 암수사건을 파악하기 위한 연구에서도 실제로 발생한 직원에 대한 폭력사건들이 공식적인 수치보다 많다는 것을 보고하고 있다. 한편, 수용자들이 직원들에게 가하는 개인적인 폭행의 유형을 조사한 연구에서는 그 유형

78) 법무부 교정본부, 「교정통계연감」, 2012.

79) 윤옥경, 전게 논문, 2005.

80) Camp, G. M. and C. G. Camp, *The Corrections Yearbook: 1993*, New York: Criminal Justice Institute, 1993.

을 두 가지로 구분하였다.[81] 첫째는, 급박한 상황에서 우발적으로 발생한 경우이다. 예컨대, 수용자들 사이의 싸움을 중재하는 장소에서 격렬한 감정이 우발적으로 직원에게 표출된다는 것이다. 둘째는, 폭행이 미리 계획되어 있는 경우이다. 후자의 경우는 직원들이 그 피해를 사전에 예측하는 데 어려움이 있다. 보다 최근의 연구에서는, 두 가지 성격이 혼합된 당사자들 간의 상호작용에 의해 발생하는 폭력사건들의 사례 또한 제시되고 있다. 직원들이 완전히 폭력이 없는 교도소에서 근무하는 것을 기대할 수 없기 때문에, 수용자들을 다루는 훈련과 주의가 요구된다. 보다 중요한 점은, 폭력을 유발할 수 있는 시설 내 환경을 사전에 개선시켜야 한다는 점이다.

4) 직원의 수용자에 대한 폭력

수용자에게 가하는 직원의 폭력문제를 이해하기 위해서는, 무력의 공식적인 사용과 비공식적인 사용을 구별하는 것이 필요하다. 수용자들의 일부가 폭력적으로 변하는 것은 불가피한 현상이기 때문에, 폭력적인 수용자들을 제압하기 위해 공식적으로 무력을 사용하는 것은 필요한 것이다. 생명의 위협이나 재물의 파괴가 야기될 수 있는 상황에서는 무력의 사용이 공식적으로 허용되고 있다. 따라서 대부분의 교도소는 폭력적인 수용자나 집단적인 소요를 제압하기 위한 특별한 팀이 운영되고 있다. 이러한 무력의 사용은 공식적인 통제의 수단으로서 간주되지만, 현장을 녹화하고 기록으로 남김으로써 차후 과도한 힘의 사용에 대한 책임추궁에 대응할 수 있도록 준비하여야 한다. 공식적인 무력사용이 생명과 재물을 보호하는 데 필요한 반면에, 과도한 사용은 처벌과 보복으로 나타나는 양면성을 갖고 있다. 따라서 교도관들의 무력사용은 사건이 발생할 때마다 빈번하게 논쟁의 대상이 되고 있다. 일부 관리자들은, 무력사용은 시설 내의 통제를 유지하기 위한 필수적인 조건이라고 주장하는 반면에, 다른 관리자들은 최소한으로 제한된 힘의 통제로서 보다 효율적인 관리가 이루어진다고 주장한다.

한편, 교도관들에 의한 비공식적인 힘의 사용은 교도관의 하위문화 형태로 존재하는 것으로 알려져 있다. 비공식적 힘은 언어적인 폭력에서부터 무력의 사용까지를 포함하는데 교도소사회의 통제기제로서 일정한 기능을 가진다고 주장되고 있다. '권위에 도전하는 수용자들은 비공식적인 처벌을 받아야 한다', '강압적인 수단이 통제와 질서를 유지하는 데 필요하다', '비공식적인 힘을 통하여 직원들에 대한 두려움을 주입시킴으로써 지위와 복종

81) Bowker, Lee, *Prison Victimization*, New York: Elsevier, 1980.

을 유지할 수 있다'는 등의 비공식적 문화체계형태로 존재한다는 것이다.

그 밖에도, 비공식적 힘의 사용은 교도관 조직 내에서도 자신의 지위향상을 위한 수단으로 사용되며, 교도관 사이의 동료의식을 강화하는 기능을 하는 것으로 알려져 있다.[82]

5) 자해(自害)행위

수용자들이 스스로를 해치는 유형에는, 자살, 자해 및 자상(自傷) 등이 포함된다. 이는 수용생활이 수용자들에게 어느 정도까지 심각한 영향을 미칠 수 있는가의 문제를 나타내는 현상으로, 관리상 어려움이 많은 영역이다. 여기에서 자살과 자해는 성격을 달리한다. 자살은 의도적이든 우발적이든 깊은 감정적 좌절과 고통이 가장 분명하게 나타난 표현인 데 반하여, 자해는 교도소 직원들을 교묘하게 조종하려는 전략으로 볼 수 있다. 예컨대, 일부 수용자들은 의료사동으로 가기 위해 혹은 또 다른 어떤 목적을 위해 의도적으로 이물질을 삼키거나 면도날로 반복적으로 스스로의 신체를 훼손시키는 경우도 있다. 일반적으로 진료소에서 수용자들은 의료 직원들로부터 개별적인 관심을 받을 수 있으며, 상처를 치료받는 동안 무료한 교도소의 삶의 현실로부터 도피할 수 있는 기회를 얻을 수 있다. 우리나라의 경우, 자해 등 이물질 취식은 2006~2013년 사이에 최저 120건, 최고 147건이 발생하여 매년 약 130건 정도가 발생하고 있다.[83]

5. 교도소 폭동의 개념적 유형

교도소 폭동의 동기체계 역시 교도소 폭력행위와 같이, 무언가를 얻기 위한 수단인가 혹은 억압적 환경에 대한 분출인가로 구분되기도 하고, 한편 그 근저에 내포된 요인들로 수용자의 폭력성, 과밀수용 및 문화적 풍토 등이 제시되고 있다. 그 이외에도 다양한 이론들이 제시되고 있는데, 대체로 교도소 조직적 측면의 다양한 개념들과 관계가 깊다. 이와 관련하여, 마틴과 짐머맨(Martin and Zimmerman)은 교도소폭동의 개념적 모델로서 6가

82) 예컨대, 선배 교도관으로부터 비공식적 힘의 사용방식을 전달받는다든가 전해오는 폭력적 무용담을 공유하는 과정에서 동료의식이 강화되며, 신임교도관이 문제수를 제압함으로써 직원들 사이에서 일정한 지위를 확보하는 수단이 되기도 한다. Marquart, James W., "Prison Guards and the Use of Physical Coercion as a Mechanism of Prisoner Control." *Criminology*, 24, 1986, pp.347-366. 1980년대 초반 텍사스교정시설에서 참여관찰연구방식에 의해 19개월간 교도관으로 근무하며 연구를 수행하였다.

83) 교정본부, 「교정통계연보」, 2014, p.121.

지의 유형을 제시하였다: 환경적 조건, 자발성(spontaneity), 갈등, 집단적 행동/사회 통제, 힘의 공백(power vacuum), 기대의 상승(rising expectations). 이 장은 각각의 모델을 간략하게 요약한다.[84)]

1) 환경여건 모델(environmental conditions model)

이 모델은 전반적인 시설 내의 환경적 여건에 초점을 맞추고 있다. 전문성이 결여된 리더십, 부적절한 처우 프로그램이나 부재, 나태와 단조로운 생활패턴, 다루기 힘든 문제수용자 집단, 야만적 처우, 부적절하고 비위생적인 음식, 정치적인 개입 등이 포함된다. 미국교정협회(the American Correctional Association, 1981)는 다양한 요인들을 아래와 같이 4가지로 구분하였다: 시설 내의 환경, 수용자 집단의 성격, 행정적 조치 및 시설 외적인 원인.

앞서 언급한 필수 조건들은 대부분의 교도소에 존재하지만, 실제로 폭동이 야기되는 경우는 드물다. 따라서 이러한 시설 내의 문제들은 교도소 폭동에 대한 필수조건이지만, 충분조건은 아니다. 이러한 문제들이 산재(散在)한 교도소가 존재한다면, 실제로 폭동이 폭발할 가능성은 상존한다고 볼 수 있다.

2) 우발성 모델(spontaneity model)

이 모델의 지지자들은, 폭동이나 소동은 치밀하게 계획된 것이라기보다는 우발적으로 발생하는 사건이라고 주장한다. 집단적인 폭력적 소요가 야기될 수 있는 일련의 사건들이 발발할 때, 폭동이 일어난다고 보는 것이다. 즉, 전제된 필수 조건(이미 잉태된 시한폭탄과 같은 시설 내 축적된 불만 등)에 기폭제(우발적인 사건, 예를 들면 직원의 수용자 구타)가 결합될 때, 폭동이 발생한다는 것이다. 기폭제가 된 우발적인 사건을 유일한 폭동의 원인으로 해석할 수는 없지만, 적어도 그 불씨가 된 것으로는 해석할 수 있다.

3) 본질적 갈등 모델

본질적 갈등설에서는 교도소의 본질적 특징으로서 억압 혹은 박탈적 성격에 초점을 맞

---

84) Martin, Randy and Sherwood Zimmerman, "A Typology of the Causes of Prison Riots and Analytical Extention to the 1986 West Virginia Riot", *Justice Quarterly*, 7(4), 1990, pp.711 737; Welch, pp.329–332에서 인용. 아래에 기술될 각 유형 사이에는 중복되는 부분이 존재하여 대체적 기능보다는 상호보완적 기능을 갖는다.

춘다. 공식적인 억압행위에 대한 우선적인 결과는 하위 문화적 측면에서 또는 가치관 차원에서의 갈등의 발생이다. 그러나 공식적인 억압적 조치들은 이러한 갈등을 해결하기 위해 필요한 전략으로서도 한계를 가지고 있다. 따라서 수용자들과 타협이나 조정과 같은 방식으로 갈등을 해결하지 못하게 된다면, 그들은 대항하려 들 것이다. 이러한 갈등설의 입장에서는, 폭동은 의외의 결과가 아니라, 억압에 대해 예견될 수 있는 대응행위—필사적이고 파괴적이긴 하지만—로 이해될 수 있다.

4) 통제 불안정 모델

비록 교도소가 일반적으로 강제적인 시설이라고 알려져 있지만, 일상의 질서유지는 반드시 무력이나 공권력에 의해서만 이루어지는 것은 아니다. 오히려, 교도소는 공식적인 통제체계와 함께 일종의 협력, 참여 그리고 순응으로 이끄는 비공식적인 통제 체계에 의해 유지된다. 그러나 교도소의 안정은 원천적으로 긴장된 여건하에서 다양한 요인 간의 상호작용에 의해 조성되기 때문에, 공식적 혹은 비공식적 통제체계에서의 중대한 문제의 발생은 소요나 폭동으로 연계될 충분한 여지를 안고 있다. 따라서 수용자 간 혹은 교도관과 수용자 간에 존재하는 비공식적 통제체계의 원만한 유지가 시설의 안전과 안정에 매우 중요한 부분이라 볼 수 있다.

5) 힘의 공백 모델

수용자들은 행정적인 지휘계통이나 직원들의 변동에 대해 매우 민감하다. 왜냐하면 수용자들에게 있어서 그들이 일상을 영위하고 규칙에 적응하는 데 지휘부의 성격과 직원들의 관리형태가 크게 영향을 미치기 때문이다. 행정지휘계통이나 직원의 변동이 빈번하면, 다가올 새로운 상황과 예측되는 관리방식의 변화에 대한 우려로 수용자들은 긴장을 경험하게 된다. 게다가, 빈번한 변동 속의 행정체계에서는 수용자들의 합법적인 요구와 관심에도 제대로 부응하지 못하는 경우가 발생할 수 있다. 수용자들이 행정적 공백 혹은 힘의 공백을 인지할 때 폭동이나 소요가 발생할 가능성은 한층 더 높아진다.

6) 기대치 상승 모델(rising expectations model)

외부사회에서의 환경변화가 시설 내 기거하는 수용자들의 삶에 미치는 정도가 심화되는 추세에서 기인한다는 것이다. 외부사회의 변화에 따라 시설 내에서 일련의 개혁적 조치가 이루어지고 이로 인하여 많은 문제가 해결될 것이라는 기대치가 상승되지만, 결과적으로 실질적 조치가 그 기대치에 크게 도달하지 못할 경우에 폭력이나 소요가 발생한다는 설이다.

6. 교도소 폭력의 예방전략

교정시설에서 모든 폭력사건을 퇴치할 수는 없다. 그러나 정책을 담당하는 행정가들은 교정시설을 직원들이 근무하기에, 그리고 수용자들이 생활하기에 안전한 장소로 만드는 방안을 강구해야 한다. 무엇보다도 어떤 유형의 교정시설에서도 폭력사건은 시설 내의 환경과 관련이 있다는 점을 인식하는 것이 중요하다. 또한 과밀수용, 부적절한 음식과 의료처우, 교화프로그램의 부재 등에서 오는 스트레스나 좌절 역시 폭력을 야기하는 중요한 원인들로 알려져 있다. 보다 구체적으로 바우커(Bowker)는 폭력유발요인으로 부적절한 감시감독체제, 부적절한 건축설계, 불법무기류 반입, 폭력 성향의 부류와 폭력피해에 취약한 부류의 혼합배치와 같은 부적절한 배방, 폐쇄적이고 박탈적인 환경에서 기인한 긴장, 그리고 수용자와 직원 간의 관계 등을 제시하고 있다.[85)]

따라서 정책입안자들은, 개인적 및 집단적 유형의 폭력을 다루는 지식과 기술을 함양하는 교육프로그램을 개발해야 한다. 개인적 수준에서, 직원들은 좌절과 분노에 가득 찬 수용자들을 효과적으로 다루는 기술뿐만이 아니라, 대규모의 소요를 일으키는 집단적 성격의 폭력을 예방하고 통제하기 위한 준비가 되어 있어야 한다. 즉, 사전에 소요를 억제시키는 전략에서부터 사후에 무력을 적절하게 사용하는 방식에 이르기까지 확고한 정책과 절차가 갖추어져 있어야 한다는 것이다.

폭력억제를 위한 예방적 조치는 다양한 각도에서 제시되고 있다.

첫째, 미국교정국의 '무력사용에 관한 특별 위원회의 최종 보고서'(The Final Report of the Special Committee on the Use of Force)에서는 수용자와 직원의 폭력을 감소시키는 데 유의할 몇 가지 영역을 제안하고 있다. 여기에는 시설환경문제, 감시감독체제, 무력사용정책, 수사와 판결, 수용자프로그램, 수용자 행동규제, 그리고 교정 당국의 관리정보체계

85) Bowker, 1982, p.64.

가 포함되어있다.[86)]

둘째, 플레이셔(Fleisher)는 폭력의 성향이 있는 장기 수용자들을 다루는 성공적인 전략을 제안했다. 우선, 그들에 대한 감시를 강화할 수 있는 중경비시설에 배치하고, 시설 내의 규율을 잘 따르는 수용자들에게 상대적으로 높은 임금을 지급하는 교도작업프로그램을 제공하는 것이다. 본질적으로, 이러한 프로그램들은 친사회적 행동에 대한 보상을 통해 긍정적인 변화를 유도하는 것을 내용으로 한다.[87)]

셋째, 보다 구체적인 예방정책이나 조치가 다양하게 제시되고 있다. 폭력적인 수용자를 판별할 수 있는 기재를 개발하고 다루는 경험의 함양, 폭력피해에 취약한 수용자 보호, 보안직원의 인력보강과 다양화 및 훈련 강화, 옴부즈맨제도 및 고충처리제도의 도입 및 활성화, 구금고통을 해소하기 위한 보상제도 활용, 조직폭력배의 역할 및 영향력 약화, 감시사각지대가 없는 건축물 설계 등이 포함되고 있다.[88)]

넷째, 조직적 측면에서 소단위 관리제도의 효율성이 제기되고 있다. 이는 전 시설을 50~100명 단위의 소규모체제로 전환하여 각 단위별 자조적 기능을 강화하고, 가능한 출소 시까지 함께 기거하게 하는 프로그램이다. 교도관, 상담자, 치료전문가 등이 포함된 팀 운영체제로서, 구성원 간의 결집력이 강화되고 문제의 발견이 용이하며 공정성과 일관성이 유지된다고 주장되고 있다.[89)]

다섯째, 평소의 시설을 지배하는 일상적인 교정철학이 폭력의 예방에 중요한 요인임이 강조되고 있다. 콜빈(Colvin)은 사회복귀사상과 적절한 프로그램이 결합된 시설은 구금 위주 철학이 지배하는 시설보다 더 효과적으로 질서와 안전을 유지한다고 주장한다.[90)] 시설의 안정을 유지하기 위해서는 수용자들의 협조를 필요로 하기 때문에, 행정가들은 덜 폭력적인 환경을 조성하기 위해 수용자들의 참여를 고취해야 한다는 것이다. 구금 지향적인 엄격한 관리와 처벌적 처우는 장기적 관점에서 교도소의 안정을 약화시키며, 통제체계가

---

86) The Department of Correction, "*The Final Report of the Special Committee on the Use of Force*," 1988.

87) Fleisher, Mark, *Warehousing Violence*. Newbury Park, CA: Sage, 1989.

88) Clear et al., 2006, p.286.

89) Innes, Christopher A. and Vickie D. Verdeyen, "Conceptualizing the Management of Violent Inmate," *Corrections Management Quarterly*, vol.1, Fall, 1997, p.9; Farmers, L. Forbes, "A Case Study in Regaining Control of a Violent State Prison," *Federal Probation*, vol.55, 1988, pp.41-47.

90) Colvin, Mark, *The Penitentiary in Crisis: From Accommodation to Riot in New Mexico*. Albany: State University of New York Press, 1992.

약화되었을 때 폭력이 발생할 가능성이 높아진다고 본다.

여섯째, 공정하고 평등한 관리체계의 중요성을 강조하고 있다. 디울리오(DiIulio)는 과밀수용, 제한된 예산, 인종적 문제에도 불구하고, 분란은 일정한 조치에 의해 감소시킬 수 있다고 주장한다. 그는 수용자, 직원 그리고 행정가들이 모두 똑같은 법기준에 의해 공정하게 적용받는 관리체계를 제안한다. 헌법적인 기준의 적용과 유지를 통해서, 교도소가 평등과 정의가 실현되는 시설로 도약할 수 있다고 하였다.[91]

교도소는 질서가 유지되고 폭력으로부터 안전한 장소로 존재해야 한다. 따라서 모든 수용자들의 이동과 외부와의 접촉 그리고 동료들 간의 만남까지도 제약되고 감시를 받는다. 그러나 이러한 조치들이 마땅한 당위성을 가짐에도 불구하고, 수용자를 출소 후 사회의 책임 있는 구성원으로 변화시키는 데에는 역기능을 할 수 있다.

비록 모든 피해경험이 비폭력적인 사람을 무서운 약탈자로 변화시키진 않겠지만, 지속적인 폭력의 피해는 심각한 결과를 낳을 수 있다. 심지어, 교도소에서 폭행을 당한 경험이 없는 수용자들에게조차도, 폭력적 환경에서의 구금경험은 상당한 후유증을 남긴다. 더 나아가 피해를 당한 교정직원들에게 미치는 부정적인 영향 또한 심각한 것으로 나타나고 있다.[92]

이같이 피해수용자들의 경우, 판사에 의해 부과된 형벌을 넘어선 또 다른 차원의 고통을 받는 것이다. 교도소는 보다 문명화된 문화적인 시설로 끊임없이 변화되어야 한다. 교도소가 보다 문화적 시설로 변화되어야 한다는 사실은 대부분의 수용자들이 결국 사회로 복귀한다는 사실 때문에 더욱 관심을 가져야 한다. 수용자들이 구금 기간 동안에 더욱 포악해졌다면 그들이 출소했을 때, 시민들의 안전이 보장될 수 없을 것이다.[93]

제7절 우리나라 교정사고의 현황 및 대책

본 절에서는 폭력, 자살, 도주 등을 포함하는 교정사고가 개인적 성향은 물론 조직문화

91) DiIulio, John J., *Governing Prisons*. New York: Free Press, 1987.

92) 이언담의 박사논문을 참고할 것. 사고를 경험한 교도관들의 상황과 이를 극복해가는 과정이 체계적으로 분석되어있음.

93) Reiman, Jeffrey, *The Rich Get Richer and the Poor Get Prison*, 4th ed. Boston: Allyn and Bacon, 1995.

와도 깊은 연관이 있다고 보고 전반적인 교정사고의 현황과 방지 대책을 기술한다. 특히 도주와 자살 사건은 그 발생빈도는 매우 낮지만, 그 결과가 미치는 사회적 파장이 지대하고 관련인들의 신상에도 심대한 영향을 미친다는 점에서 그 원인과 대책에 대해 구체적으로 기술한다.

1. 교정사고 현황

교정사고는 교정의 기본적인 조직목표에 반하는 결과를 낳고 또한 사회적 파장이 크다는 점에서 중요한 관심사 중의 하나이다. 특히 교정현장에서 자해와 자살사고는 개인에게는 물론 직원 및 사회적으로 심각한 결과와 파장을 초래하기 때문에 매우 높은 관심사가 되어 왔다.

〈표 6-2〉는 2010년부터 2019년까지 교정사고 발생 현황을 나타낸 것이고, 〈그림 6-1〉은 2019년 교정사고별 발생 구성비를 그래프로 나타낸 것이다.

2010년 739건이던 교정사고는 2019년에는 1,000건에 이르러 지속적인 증가세를 보이고 있다. 유형별로는 지난 10년간 폭행치사상이 가장 높은 비율(최저 41.3%, 최고 58.6%)을 보이고 있다. 2019년의 경우, 폭행치사상이 506건으로 50.6%였고, 다음으로는 직원폭행이 66건으로 6.6%를 차지했다. 다음으로는 병사, 자살, 도주 순이었고 작업 중 사상이나 소란난동이 포함된 기타가 389건으로 38.9%를 차지했다.

2010년부터 2019년까지 3대 교정사고 발생 현황을 살펴보면, 도주는 2010년 2건, 2012년, 2016년, 2018년에 각각 1건씩 하였다. 도주미수는 2010년~2019년 사이에 13건이 발생한 것으로 나타났다. 자살은 2006년 17건, 2007년 16건, 2008년 16건, 2010년 9건, 2011년 11건이 발생하였는데, 이후 점차 감소하여 2012년부터는 대폭 감소추세에 있으며 2~8건 사이에서 등락을 반복하고 있다. 화재는 2006년에서 2009년까지 총 8건이 발생하였으나, 2010년 이후로는 2019년에 1건만이 발생하였다.

〈표 6-2〉 교정사고 발생 현황(2010~2019년)

(단위: 건)

구분 / 연도	계	도주	자살	병사	화재	폭행치사상	직원폭행	기타
2010	739 (100%)	2 (0.3%)	9 (1.2%)	11 (1.5%)	–	433 (58.6%)	75 (10.1%)	209 (28.3%)
2011	911 (100%)	–	11 (1.2%)	16 (1.8%)	–	432 (47.4%)	53 (5.8%)	399 (43.8%)
2012	853 (100%)	1 (0.1%)	4 (0.5%)	26 (3.0%)	–	373 (43.8%)	43 (5.0%)	406 (47.6%)
2013	909 (100%)	1 (0.1%)	7 (0.8%)	19 (2.1%)	–	375 (41.3%)	77 (8.5%)	430 (47.3%)
2014	837 (100%)	–	4 (0.5%)	24 (2.9%)	–	385 (46.0%)	49 (5.8%)	375 (44.8%)
2015	940 (100%)	1 (0.1%)	4 (0.4%)	24 (2.6%)	–	491 (52.3%)	43 (4.5%)	377 (40.1%)
2016	894 (100%)	1 (0.1%)	7 (0.8%)	22 (2.5%)	–	480 (53.7%)	44 (4.9%)	340 (38.0%)
2017	908 (100%)	–	2 (0.2%)	20 (2.2%)	–	455 (50.1%)	73 (8.0%)	358 (39.4%)
2018	1,012 (100%)	1 (0.1%)	7 (0.7%)	33 (3.3%)	–	550 (54.3%)	89 (8.8%)	332 (32.8%)
2019	1,000 (100%)	2 (0.2%)	8 (0.8%)	28 (2.8%)	1 (0.1%)	506 (50.6%)	66 (6.6%)	386 (38.9%)

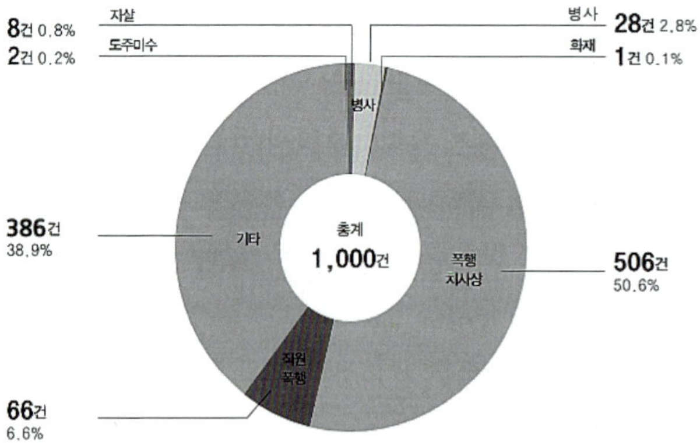

〈그림 6-1〉 교정사고별 발생 구성비(2019년)

법무부 교정본부, 「교정통계연보」, 2020, p. 120.

〈표 6-3〉은 2010년부터 2019년까지 수용 인원 대비 교정사고 비율을 나타낸 것이다.

수용 인원 대비 교정사고 비율은 2011년부터 2013년까지 3년간 각각 2%, 1.9%, 1.9%의 높은 비율을 보였다. 이후 감소하여 1.6~1.8%대로 낮아졌다. 이는 교정사고 인원이 수용자 1,000명당 20명에서 16~18명대로 줄었다는 것을 의미한다.

〈표 6-3〉 수용 인원 대비 교정사고 비율(2010~2019년)

(단위: 명, 건)

구분 \ 연도	2010	2011	2012	2013	2014	2015	2016	2017	2018	2019
1일 평균 수용 인원	47,471	45,845	45,488	47,924	50,128	53,892	56,495	57,298	57,744	54,618
교정사고 건수	739	911	853	909	832	940	894	908	1,012	1,000
수용자 인원 대비 교정사고 비율	1.6%	2.0%	1.9%	1.9%	1.7%	1.7%	1.6%	1.6%	1.8%	1.8%

법무부 교정본부, 「교정통계연보」, 2020.

2. 교정사고의 원인과 대책 – 자살사고와 도주사고

교정시설에서의 폭력, 부정물품 반입, 성폭력 등은 하위문화 차원에서 충분히 다루었기 때문에 여기에서는 3대 교정사고—자살, 도주, 방화— 중, 방화를 제외한 자살사고와 도주사고에 대한 원인과 대책에 대해 기술할 것이다.

1) 자살사고[94]

우리나라 교정 시설에서의 자살사고는 최근 감소추세에 있고, 그 건수 또한 결코 많은 것은 아니다. 그러나 각 사고에 대한 사회적 파장이 지대하고 그로 인한 해당 시설이나 담

94) 자살 관련 부분은 대체로 Rowan, Joseph R., "Suicide", in Marilyn D. McShane and Frank P. Williams III(eds), *Encyclopedia of American Prisons*, New York: Garland Publishing, Inc., 1996, pp.453-455에서 인용 및 요약되었음.

당 직원들에게 부정적인 영향이 심대하다는 점에서 자살방지업무는 매우 중요하게 다루어지고 있다.[95)]

미국의 경우를 살펴보면, 교정시설에서의 자살사고는 교도소보다는 구치소에서 더 많이 발생한 것으로 나타났다. 2002년 전국 평균 구치소 자살률은 10만 명당 47명으로 주립교도소보다 3배 정도 많았다. 매년 구치소에서 약 400~600명이 자살하며, 약 90%는 목을 매는 방식을 취한다. 일반 사회에서의 자살률보다 약 4배가 많은 수치이다. 교도소는 상대적으로 훨씬 낮아 매년 약 200명으로 일반사회와 비슷한 수치를 보이고 있다. 범죄유형별로 보면, 폭력범죄자의 비율이 높아 비폭력범죄자보다 자살률이 2배 정도 높은 것으로 나타났다.

자살률이 높은 것은 수용된 정신질환자의 수와 관련이 있는 것으로 본다. 일반 사회에서의 정신질환 치료서비스체계의 약화가 교정시설의 부담으로 연결된 것이라고 주장되고 있다. 실제 지난 5년간 교정시설의 정신질환 진료건수가 2배로 증가했다.

(1) 자살과 연관되는 요인들

각 개인마다 차이가 있겠지만, 일반적으로 가장 자주 거론되는 요인들에는 시설의 권위주의적이고 엄격한 통제 분위기, 첫 입소에 따른 트라우마, 가족과 친구들과의 갑작스런 이별, 강한 동료재소자에게서 받은 학대, 영상물로부터의 공포, 여러 시설을 전전하며 배인 지나친 나태, 비인간적인 시설과 환경(공동 위생시설, 화장실 등) 등이 있다.

보다 구체적으로는 수용자들의 개인별 심리상태를 파악하는 것이 중요하다. 예컨대, 교도관은 강간당하거나 추행당한 재소자의 심리적 고통을 파악하고 관심을 가져야 한다. 대개의 피해자는 여성스런 허약체질의 재소자가 그 대상이 되는데 먼저 약한 자에게 호의를 베풀고 그 대가로서 성적 관계를 지속적으로 요구하는 과정에서 자살이 시도되는 사례가 종종 발생하고 있다. 자살의 시도는 대개 절망감에서 비롯되는데 교정시설은 본질적으로 안정된 지원서비스가 결여된 장소이기 때문에 관심을 갖고 돌봐줄 사람이 없다는 상황은 바로 자살을 시도할 적절한 기회를 제공하는 것이다. 따라서 주변의 담당 직원들과 동료재소자들의 관심과 지원에 의해 자살을 예방할 수 있는 여건이 충분히 조성될 수 있다.

한편, 자살의 전조가 되는 요인들은 아래와 같이 정리될 수 있다.

---

95) 자살 건수는 2010~2019년 사이에 총 63건이 발생했고, 최저 2017년 2건, 최고 2011년 11건, 2019년에 8건이 발생하여 10건 이내에서 불규칙한 추세를 보였다. 자살 시도가 미수로 그치는 경우는 통상 10배 정도로 추산되고 있다.

① 기분이나 행동에서 뚜렷한 변화를 보일 때
② 이혼이나 죽음, 이별과 같은 나쁜 소식을 들었을 때
③ 정신질환이나 약물의존의 문제를 갖고 있는 경우
④ 에이즈와 같은 질병을 앓고 있는 경우
⑤ 강간이나 성적인 학대피해를 당한 경우
⑥ 첫 입소 트라우마를 겪거나 장기형을 언도받은 경우
⑦ 가족 중에 자살 경력이 있는 경우
⑧ 과도하게 수면을 취하거나 불면에 시달리는 경우
⑨ 식욕감퇴나 체중감소 현상을 보이는 경우
⑩ 죽음에 대한 잦은 언급이나 죽음이나 자살을 암시하는 경우

(2) 자살방지책

무엇보다도 먼저, 처음 입소 시부터 모든 수용자에 대한 건강검진, 적성검사 등은 물론 과학적인 예측척도를 통해 성향을 전면적으로 파악해야 한다. 둘째, 시설의 건축구조 및 여건상 사각지대가 없는가를 확인하여 냉섬을 보완해야 한다. 셋째, 재소자의 정신질환을 조기에 발견하여 치료적 개입을 시도해야 한다. 넷째, 감시와 처우의 기능을 동시에 해야 하는 직원들에게는 자살방지교육을 반드시 실시해야 한다.

보다 구체적으로 논의하면, 전문가들은 대부분의 자살은 훈련된 직원들에 의해 예방될 수 있다고 본다. 검진, 척도, 관찰 등에 의해 고위험 수용자들을 분별해내면 특별관심대상자로 지정하고 스트레스가 높지 않은 숙식 및 작업환경에서 적절한 처우프로그램을 제공해야 한다.

자살시도자의 90%는 목을 매는 방식을 취하므로 창문이나 통풍구 등에는 가림막을 설치하고 침대를 사용하는 경우에는 콘크리트나 철제로 만든 침상을 제공해야 한다. 항시 특별 감시가 가능한 보호실에 수용해서 모니터링을 해야 하며 적어도 매 15분마다 확인해야 한다. 훈련된 직원들의 감시가 불가할 때에는 선별된 동료재소자를 지킴이로 활용하는 방식도 널리 알려져 있으며 효과가 있다는 평가를 받고 있다. 가장 일반적인 수단은 CCTV에 의한 감시이지만 기구가 일시적으로 고장 날 수 있고, 사각지대가 있을 수 있으며, 조명이 어두울 경우에는 확인이 곤란하고, 장시간 모니터링할 경우 시각적 장애를 발생시킬 수 있다는 문제점들을 고려해야 한다. 따라서 거실과 통제실 간에 양방향 교류가

가능한 오디오장치를 설치하여 보완하는 것이 일반적이다.

철저한 관리로 자살의 90% 이상까지도 예방될 수 있다는 것이 일반적인 인식이다. 그러나 관리가 효율적으로 이루어지기 위해서는 담당직원, 수용자들 간의 긍정적인 직무 및 인간관계가 전제되어야 한다. 보안, 사회복귀, 의료, 분류 담당 직원들 간의 협조관계는 물론 수용자들과의 관계 역시 매우 중요하다. 적어도 자살의 4분의 1은 동료재소자가 미리 예측할 수 있다는 조사도 있다. 그러나 남의 일에 개입하지 말라든가 직원들에게 밀고하지 말라는 것과 같은 비공식 규율이 자리 잡고 있다면 긍정적인 결과를 얻기 어려울 것이다.

또한 고위험 재소자는 결코 홀로 지내지 않도록 해야 하며, 항시 다수와 함께 지내도록 해야 한다. 로프를 만들 수 있는 양말, 옷감, 고무장갑과 같은 재료를 차단시키고 코와 입을 천이나 화장지로 틀어막아 질식사를 시도할 가능성도 대비해야 한다. 그럼에도 불구하고 자살을 예방한다는 명분으로 옷을 벗긴 채 생활하도록 하지 말도록 권장되고 있다. 수용자에게 절망감과 수치심을 더욱 안길 수 있기 때문이다.

그 밖에, 규칙의 탄력적인 적용의 필요성이 제기되고 있다. 직원이 동료직원의 지원이 없이 거실에 진입하지 못하게 하는 규칙 때문에 초기에 응급처치 시기를 놓칠 수 있기 때문에 이에 대한 대비도 필요하다. 경우에 따라서는 실제 상황인지, 혹 거짓 자살시도로 직원을 거실로 끌어들일 의도인지를 판단할 수 있어야 한다.

끝으로 직원의 자질 또한 중요한 요인이다.[96] 부적절한 처신과 대응으로 자살과 관련 소송을 당할 가능성이 있다. 자살방지에 실패하여 소송과정에서 어려움을 겪는 직원들은 일정한 사례들에서 동료와의 팀워크보다는 자기중심적 근무태도를 가지고 있으며, 자아존중감이 결핍되어 있고, 냉소적이고 편견에 사로잡혀 있으며, 불필요하게 무력을 사용하는 경향이 있는 것으로 나타났다. 근무자의 긍정적인 자질과 자세가 자살예방에 가장 중요한 항목이라 하겠다.

---

96) 대개의 재소자들은 경험적으로 근무 중 자살사고가 직원들에게 치명적이라는 사실을 잘 알고 있다. 따라서 특히 젊은 재소자들의 경우, 직원에 대한 적대감정이 있는 경우에는 보복적 차원에서 자살이나 자해를 시도하기도 한다.

2) 도주사건[97]

대개는 탈옥이라고 불리는 도주사고는 관련 부서, 직원 및 지역사회는 물론 일반 사회에 대한 파장이 지대함에도 교정학 연구자들에게는 크게 주목을 받지 못한 영역이다. 우리나라의 도주사건은 엄청난 사회적 파장을 일으킨 지강헌(1988년)과 신창원(1997년) 탈주사건 등으로 잘 알려져 있다. 2009년 이래 10년간 실제 발생 건수는 〈표 6-2〉에서 보는 바와 같이 9건이다.

대규모 교정시설은 대개 흉악범들의 수용장소를 연상시키고 실제로 외관상 높은 담장과 감시탑이 설치되어 있으며, 경우에 따라서는 무장요원이 감시업무를 하기도 하는데 이는 탈옥을 방지하고 대비하기 위함이다. 실제 탈옥과 폭동은 교정행정가들에게 가장 큰 관심의 대상이다. 미국의 경우 2009년 1,592건의 도주사건이 발생했다. 그러나 대부분은 바로 체포되었고 담장을 넘는 일부 탈옥을 제외하고는 귀휴,[98] 외부통근작업 및 지역사회 연계프로그램에서 미복귀한 형태의 도주사건으로 나타났다. 수용자들을 고위험 흉악범으로 간주하는 일반적인 인식, 대규모 과잉수용 문제를 안고 있는 행정여건, 그리고 탈옥사건이 고위 간부들에게 치명적인 영향을 준다는 점들 때문에 도주에 대한 과민한 대처로 이어지는 경향이 있다.[99]

이미 기술한 바와 같이, 탈옥사건은 발생건수가 적고 대부분이 단기간에 체포되며, 일반적인 생각과는 달리 중(重)경비시설이 아닌 경(輕)경비나 중(中)경비 시설에서 발생한다.[100]

도주위험은 미리 예측될 수는 있으나 효과적인 방지책에 대해서는 잘 알려지지 않았다.

---

97) 도주 관련 부분은 대체로 Rush, Jeffery P., "Escape", in Marilyn D. McShane and Frank P. Williams III(eds), *Encyclopedia of American Prisons*, New York: Garland Publishing, Inc., 1996, pp.197-198에서 인용 및 요약되었음.

98) 우리나라에서도 최근 2016년 9월 연쇄살인범으로 대전교도소에서 복역하던 사형수 정두영이 담장을 넘어 탈옥을 시도하다 실패한 사건이 있었다. 작업장에서 플라스틱 작업대 파이프와 연결고리, 그리고 자동차업체 납품용 전선을 몰래 빼내 약 4m 길이의 사다리를 만든 뒤 작업장에 숨겼다가 교도관의 감시가 소홀한 틈을 타 탈옥을 감행해 삼중 담장 중 두 개를 넘었으나 마지막 담장을 넘다가 발각돼 체포된 사건이다. 그리고 귀휴와 관련된 최근의 사건으로는, 2015년 4월 강도살인죄로 전주교도소에서 복역중이던 무기수 홍승만이 모범수로서 19년 동안 수감생활을 한 이후에 4박 5일의 귀휴 허가를 받아 출소했다가 미복귀하고 잠적 6일 만에 자살한 사건이 있었다.

99) Allen, Harry E., Edward J. Latessa, and Bruce S. Ponder, *Corrections in America: An Introduction*, 13th, New York: Pearson, 2013, pp.148-149.

100) 1991년 캘리포니아주 72건의 도주사건 중 45건이 완화경비시설에서 발생했다.

미국의 경우, 가장 공통적인 요인들은 인종, 과거 도주경력, 범죄유형, 취업경력, 청소년기 전과경력 등으로 나타났다. 재산범죄자가 폭력범죄자보다 도주 경향이 높은 것으로 나타나 범죄유형과 시설 자체의 성격이나 문제점 중 어느 것이 더 중요한 변수인지는 차후 연구의 과제이다. 한편 경비가 완화된 시설에 수용된 재산범죄자의 도주의 가능성이 높으며 시설 내에서 공사가 진행되는 등 경비상의 맹점이 드러나는 상황 또한 도주의 기회를 제공한다고 주장되고 있다.[101] 물론 이러한 결과들이 우리나라의 경우와는 반드시 일치하지 않을 수 있어 향후 검토의 대상이라 하겠다.

지역사회와의 관계와 관련, 교정시설의 이전이나 신축을 반대하는 이유 중의 하나로 탈옥사건이 발생할 경우 이것이 지역사회에 끼치는 위협이 자주 언급된다. 그러나 연구 결과는 탈옥이 발생할 가능성 자체가 반대하는 주요한 이유는 아니며[102] 실제로 대개의 탈옥수는 가능한 한 먼 지역으로 이동하고자 하는 것으로 나타났다.

탈옥사건이 발생한 후 취하는 일반적인 조치는 CCTV, 센서장치, 전기외벽[103] 등을 설치하거나, 귀휴나 외부통근 작업 등의 조치를 제한하고, 직원들에 대한 교육을 강화하는 등의 대책이 마련되고 실시되는 것이다.

---

101) 1997년 신창원 도주사건은 부산 교도소 교회당 신축공사가 진행 당시 화장실 환풍구 창살을 뚫고 외벽 공사장 출입문을 이용해 탈주한 것이었다. 2012년 발생한 일본 히로시마 교도소 중국인 탈주사건도 당시 공사 중 설치된 임시외벽의 맹점, CCTV사각지대, 감시센서의 미작동 등이 원인이 되었다. 탈옥수는 이미 2005년 호소차량을 탈취하여 도주한 전과가 있어 도주위험대상이었다. 1988년 지강헌 일당의 집단도주사건도 영등포 교도소에서 공주 교도소로 이감되는 도중, 호송버스에서 감시 소홀을 틈타 실행되었다.

102) 아직 교정시설에 대한 부정적 이미지가 남아있고, 부동산 가치의 하락을 염려하는 지역 주민들 간에 갈등적 요인이 존재한다. 그러나 최근 신축되는 교도소들이 친환경적·친지역사회적 건축양식을 취하고 있고, 일부 지역에서는 지역경제 활성화를 위해 교도소 유치를 환영하는 등의 현상이 있어, 지속적이고 긍정적인 홍보를 통해 갈등적 요소가 점차 해소될 것으로 기대되고 있다.

103) 전기외벽의 설치는 인력대체효과와 경비절감 차원으로 시도되었으며, 그 결과로 감시탑의 필요성이 사라지고 무장직원의 용도가 감소하였다.

제7편

수용자의 법적 지위와 인권

Chapter_ 1

수용자 인권의 발달

제1절 법적 지위와 기초이론

1. 법적 지위의 의의

수용자의 법적 지위 보장은 자유형을 집행받고 있는 수형자와 국가와의 권리-의무관계 및 수형자의 권리가 침해를 받았을 때 그 권리보장과 처우방법 등을 규정하여 최소한의 인간다운 생활을 영위하도록 하는 데 의의가 있다.

2. 수형자 권리이론의 기초

1) 응보주의 이념

초창기의 이념으로 수형자를 복수와 응보의 대상으로 법의 보호 밖에 있는 자로 간주하고 권리의 주체성을 인정하지 않았다. 미국의 버지니아 주법원이 수형자는 '주(국가)의 노예'라고 판시한 것이 대표적인 사례이다.(Ruffin vs. Commonwealth, 1871)

2) 특별권력관계 이론

수형자는 행형시설이라는 국가영조물을 이용하는 자로서, 형벌집행의 목적범위 내에서 교정당국이 제정하는 규율을 근간으로 국가에 대해 포괄적인 지배 · 복종관계에 있다고 보는 논리이다. 또한 이는 수형자는 헌법상의 기본권, 법률에 의한 행정 및 사법심사의 대상에서 제외되고, 수형자의 처우는 교정당국의 전적인 재량으로 이루어질 수 있다는 논거에 기초한 이론으로 수형자의 인권보장을 약화시키는 논리이다.

3) 특별권력관계 수정론

법치주의에 의거하여 특별권력관계를 수정 · 재구성하려는 입장으로, 기본적 인권의 제한은 구금의 본질과 목적에 비추어 합리적이고 필요하다고 인정되는 범위에서 허용되고 중요한 기본권의 제한은 원칙적으로 법률에 의하여 행하지 않으면 아니 된다고 함으로써 특별권력관계에 있어서의 법치행정의 도입을 의미한다.

4) 특별권력관계 부정설(수용자의 법률주의적 지위보장)

독일의 프로이덴탈(Freudenthal)은 1911년 '법률과 판결은 행형에 있어서도 마그나카르타'라고 주장하였으나 곧바로 수형자 권리보장에 기여하는 계기가 되지는 못하였다. 그 후 1972년 서독의 연방헌법재판소는 일반권력관계로서의 수용자 권리를 보장하였고, 1976년 통일행형법에서 수형자의 법적 지위를 보장하고 국가와 수형자의 관계를 단순한 공권력 발동관계로 보아 '특수한 신분관계'로 명칭을 변경하여 사용하는 추세이다.

미국에서는 1871년의 '수형자는 주(국가)의 노예'라는 법원의 불간섭주의에서 벗어나, 1964년 '수형자가 연방시민법에 의한 보호를 받을 권리'를 인정(hands−on doctrine)하는 판결을 통해 수형자의 권리를 인정하는 계기를 만들었다.

5) 실질적 법치주의 원리와 사회국가원리의 적용

행형법정주의에서는 단지 행형에 관한 사항을 법률로 정하는 데 그치지 않고 행형절차에서의 적정성도 포함하는 실질적 법치주의 원리가 적용된다. 또한 사회국가원리의 적용이라 함은 국가는 행형을 통해 수용자의 생활조건을 사회복귀와 재범방지의 대책에 합당하도록 하는 조치를 보장해야 하고, 이를 위해 필요한 인적 · 물적 설비를 갖추도록 노력하여야 할 의무를 부담한다는 의미이다.

3. 수형자 권리의 발전

1) UN의 수용자 지위보장을 위한 노력

1948년 제2차 세계대전 이후 수용자 권리구제를 위한 권리신장운동의 발전에 따라 UN은 세계인권선언을 채택하고 인간의 권리에 대한 기본원칙을 천명하였다. 1955년 제1회 UN 범죄방지 및 범죄인처우회의에서 '피구금자처우최저기준규칙'이 채택되어 행형에 있어서 국제적 기준이 마련되었다. 기타 UN이 정한 국제기준으로는 고문금지선언(1975), 법집행공무원행동강령(1979), 의학윤리원칙(1982), 모든 형태의 억류 · 구금하에 있는 사람들을 보호하기 위한 원칙(1988), 수용자처우에 관한 기본원칙(1990) 등이 있다.

2) 형집행법의 인권보장

우리나라 형집행법의 변화는 수용자 인권보장을 보다 충실히 하기 위한 변천사라고 해도 과언이 아니다. 형집행법은 수용자의 기본적 인권에 대한 최대한의 존중 및 차별금지의 원칙을 천명하고 수용자에 대한 절차적 · 실질적 권리 보장 등 행형법률주의의 실현을 위한 노력의 결과라 하겠다.

우리나라 국제인권협약 가입현황

1. 경제적, 사회적 및 문화적 권리에 관한 국제규약(International Covenant on Economic, Social and Cultural Rights)
2. 시민적 및 정치적 권리에 관한 국제규약(International Covenant on Civil and Political Rights)
3. 시민적 및 정치적 권리에 관한 국제규약 선택의정서(Optional Protocol to the International Covenant on Civil and Political Rights)
4. 인신매매금지 및 타인의 매춘행위에 의한 착취금지에 관한 협약(Convention for the Suppression of the Traffic in Persons and of the Exploitation of the Prostitution of Others)
5. 고문 및 그 밖의 잔혹한, 비인도적인 또는 굴욕적인 대우나 처벌의 방지에 관한 협약(Convention against Torture and Other Cruel, Inhuman or Degrading Treatment or Punishment)
6. 모든 형태의 인종차별 철폐에 관한 국제협약(International Convention on the Elimination of All Forms of Racial Discrimination)
7. 고용과 직업상의 차별에 관한 협약(Convention Concerning Discrimination in Respect to Employment and Occupation)
8. 동일가치노동에 대한 남녀근로자의 동일보수에 관한 협약(Convention Concerning Equal Remuneration for Men and Women Workers for Work of Equal Value)
9. 여성에 대한 모든 형태의 차별철폐에 관한 협약(Convention on the Elimination of All Forms of Discrimination against Women)
10. 부녀자의 정치적 권리에 관한 협약(Convention on the Political Rights of Women)
11. 아동의 권리에 관한 협약(Convention on the Rights of the Child)
12. 아동의 무력분쟁 관여에 관한 선택의정서(Optional Protocol to the Convention on the Rights of the Child on the Involvement of Children in Armed Conflict)
13. 아동매매, 아동매춘 및 아동 포르노그래피에 관한 선택의정서(Optional Protocol to the Convention on the Rights of the Child on the Sale of Children, Child Prostitution and Child Pornography)

제2절 수용자 권리의 논점과 내용

1. 수용자 권리의 논점

1) 구금의 합법성에 대한 논의

수용자들의 구금과 관련, 가장 근본적인 문제는 과연 형벌로서 범죄자를 구금한다는 것이 충분한 이유가 있는 것인가에 대한 의문이다. 구금의 합헌성 논란은 구금 사실 그 자체는 물론이고, 권리박탈의 내용까지도 그 논란의 대상이 되고 있다.

2) 처우의 당위성과 구금환경의 낙후

구금은 형벌로서 간주되어 수용자들의 특정 권리를 박탈하는 것이 바로 그 형벌의 중요한 요소라고 인식되었기 때문에 수용자들에 대한 처우는 오랜 기간 논쟁의 대상이 되어왔다. 교정시설에 대한 국가재정의 분배에 있어서도 그 우선순위가 낮은 경향이 있기 때문에 수용자를 위한 충분한 예산의 확보에도 어려움이 있다. 그 결과 교정시설은 후진 국가는 물론 선진 국가들에서도 대개 시설 자체가 부족하거나, 기존의 시설마저도 흔히 낙후되는 양상을 보이고 있다.

2. 기본권 제한의 구체적 내용

1) 절대적 기본권

이는 어떠한 경우에도 또 어떠한 이유로도 제한되거나 침해될 수 없는 기본권으로 내심의 작용으로서의 신앙의 자유, 양심형성과 침묵의 자유 및 연구와 창작의 자유가 있다.

2) 상대적 기본권

이는 국가 차원의 질서나 그 목적을 위해 제한이 가능한 기본권이다. 제한이 가능한 기본권으로 사생활의 자유와 통신의 자유를 들 수 있고, 수용자이기 때문에 제한이 불가피한 기본권으로는 신체의 자유, 집회 · 결사의 자유, 거주이전의 자유 및 직업선택의 자유를 들 수 있다.

3. 수용자 권리의 내용

1) 절차적 권리

수용자 처우에 있어 적법절차가 준수되어야 함을 의미한다. 이를 통해 교도관의 모든 재량권이 통제되지는 않지만 자의적 결정을 최소화하고 그 결정에 대한 검증의 기회를 제공할 수 있다. 이러한 적법절차에 대한 관심으로 인하여 교정시설에서의 일관성이 있는 법치를 실현할 수 있는 기초가 마련되었다. 따라서 교정시설의 징벌이나 엄중한 훈육 등에 대해서 적법절차가 요구된다. 이러한 적법절차의 요구는 교정시설에 대한 법원의 가장 중대한 개입으로 받아들여지고 있다. 물론 이러한 절차적 권리가 필연적으로 수용자에 대한 최고의 보호라고 할 수는 없지만 적어도 교정에 있어서 오랫동안 불가침의 성역으로 여겨졌던 직원의 재량권에 직접적인 도전으로 간주되고 있다. 예컨대, 보호관찰에 있어서도 보호관찰의 취소와 재수감은 조건부 자유의 큰 상실이므로 대상자가 적법절차의 보호를 받을 권리는 중요한 의미를 갖는다.

2) 실질적 권리

실질적 권리는 헌법이 보장하는 인간의 기본적 권리와 관계된 것으로 말을 하거나 집회를 하는 등 무엇인가를 할 수 있는 자유 또는 잔혹하거나 비정상적인 처벌을 받지 않을 자유 등 특정한 조건으로부터의 자유와 관련된 권리이다.

(1) 외부와의 교통(편지검열)

일종의 언론과 표현의 자유이다. 그러나 외부와의 교통은 교정시설의 보안상 문제를 야기할 수 있기 때문에 보안이라는 교정시설의 이해와 언론 및 표현의 자유라는 수용자의 이해 간의 균형을 맞추려는 노력이 요구된다. 검열의 기준은 목표를 달성하기 위한 최소한의 제한적 수단에 그쳐야 하지만, 어느 정도의 제한이 합당한 것인가에 대해서는 일치된 의견이 없다. 다만 국가의 이익을 정당화의 기준으로 삼는 경우, 명백하고 현존하는 위험성을 기준으로 하는 경우, 그리고 합당한 목적의 달성에 합리적이고 필연적인 관계를 기준으로 하는 경우 등이 있다.

1871) 사건이라 할 수 있는데, 법원이 유죄판결을 받은 범죄인은 형기 동안 그들의 자유를 박탈당한 것이며 신분적으로 국가의 노예라고 결정한 내용이었다. 즉, 당사자인 러핀(Ruffin)은 민사적으로 사망자이며, 부동산이 있다면 그것 역시 사망자의 소유물과 동일하게 행정적으로 처리된다고 결정된 것이다. 또한 권리장전(the Bill of Rights)은 오직 자유인들에게 적용되며, 헌법적 보호를 박탈당한 유죄판결을 받은 범죄인과 민사적으로 사망한 자에게는 적용되지 않는다고 하였다.

이 결정은 1960년대 이전까지 영향을 미쳐서, 당시의 법원은 구금환경, 헌법적 권리의 박탈, 기관의 권한남용을 포함하는 수용자들이 제기한 문제들에 대해 공식적으로 개입하지 않았다. 이 사건이 법원이 교정행정에 대한 불간섭주의를 유지하는 법적 근거가 되었다. 그 결과, 교도관들이 질서유지를 위해 신체적 학대를 가하거나 열악한 구금환경을 방치하는 등 외부적 제약이 없는 가운데 시설운영이 가능하였다.[3]

그러나 60년대 이후 민권운동이 전개되는 등 사회적 변혁과 함께 법원의 교정 불간섭주의적 입장에서 변화가 보이기 시작하였다. Ex parte Hull(1941)은 연방대법원이 수용자도 법원에 소송할 권리가 있다는 것을 명시한 첫 번째 결정이다. 이 결정은 정부나 공무원들은 수용자가 그들의 인신보호[4]를 위해 연방법원에 제소하는 것을 방해할 수 없다는 것을 강조하고 있다. 쿠퍼 사건(Cooper v. Pate, 1964)은 개인의 권리가 유린된 경우에 변호사가 주(州) 단위에서의 일차적 사법적 단계가 없이도 연방법원에 제소할 수 있도록 허용한 결정[5]이 수용자들에게도 적용됨을 명시하였다. 이는 러핀(Ruffin) 사건의 판결을 번복한 것으로, 수용자의 헌법적 권리를 공식적으로 인정한 것이며, 특히 주 및 지방 단위에서 수용자가 민권법(the Civil Rights Act, 1871)의 보호를 받게 된 것이다.

그러나 수용자들이 연방법원으로 직접 제소할 수 있는 길이 열리긴 하였으나 소송이 용이하게 제기될 수 있는 상황은 아니었다. 많은 교정기관은 제소하기 전에 모든 법 관련 서류를 사전에 제출하도록 요구하는 규칙을 시행하였다. 이는 사전 검열을 통해 소송을 제한하려는 의도가 있었다. 실제로 많은 교도소에서 소송을 제기하는 수용자들에게 징계조

---

3) Welch, Michael, *Corrections: A Critical Approach*, The McGraw-Hill Companies, Inc., 1996, p.356.

4) 미국의 교정시설에 구금되어 있는 모든 사람들에게 적용되는 가장 기본적인 법적 구제제도는 인신보호영장제도(the Writ of Habeas Corpus)이다. 미국 헌법 제1조 9항(Article 1, Section 9)에 의거하여, 인신보호영장은 개인이 구금의 적법성에 이의를 제기하여 구제를 받을 수 있는 제도를 의미한다. 원래의 취지는 개인에게 그들의 구금에 대한 사법적 적법성을 구하는 권리를 부여하는 데 있었으나, 향후 구금환경과 수용자의 신체적 학대까지로 적용이 확대되었다.(Coffin v. Reichard, 1944)(Welch, pp.356-357).

5) Monroe v. Pape 364 U.S. 167(1961)

치를 한다든가 법적 서류를 완성하는 데 필요한 기본적 자료를 거부하는 등 직간접적인 영향력을 행사하였다. 특히 인신보호연장이나 권리구제를 위한 서류를 준비하는 데 도움이 되는 수용자변호인[6]의 조력을 금지하기도 하였다.

이와 관련된 판결로서, 법원은 수용자변호인의 의뢰금지를 상습적으로 위반하여 1년간 독방에 감금된 존슨(Johnson)이란 수용자에 의해 제기된 Johnson v. Avery(1969)에 대해, 대법원은 많은 수용자가 문맹이거나 혹은 헌법적 권리에 대해 무지한 경우가 많기 때문에, 국가기관이 보다 나은 법적 지원을 제공하지 않는 여건하에서는 타인의 조력을 받을 수 있다는 결정을 내렸다. 더 나아가 Bounds v. Smith(1977)의 판결은 법원에 제소할 수 있는 권리뿐만 아니라, 제소하는 데 필요한 보다 실질적인 조치를 제공받을 권리가 부여되어야 한다고 명시하였다. 이에 따라 국가는 제소에 필요한 수단을 제공해야 할 의무를 갖게 되어 법률지원서비스가 제공되었음은 물론 Younger v. Gilmore(1971)에서는 법률도서관의 설치가 의무화되었다. 여기에는 부수적으로 집필도구, 공증서비스, 우표 등의 제공도 포함되었다.[7]

이와 같은 수용자권리신장은 민권운동과 병행되는 추세를 보였는데, 60~70년대 흑인과 히스패닉 인구의 증가와 함께 수용자의 권리신장운동은 교도소 내의 민권운동으로 간주되었다. 이러한 추세는 대부분의 수용자권리 사건들이 적법절차, 잔혹하고 비정상적인(cruel and unusual) 처벌, 검열, 의사전달, 법원소송의 용이성, 인종 및 종교차별 등과 관련된 헌법적 핵심내용을 근간으로 하였다는 사실에서 정당화되었다.[8]

---

6) 수용자변호인(Jailhouse lawyers)은 정식으로 법 교육을 받은 경험도 법조계의 전문인으로 일한 경력도 없으나 다른 수용자들의 재판이나 그들이 처한 시설 내 생활여건 등과 관련된 문제를 법적으로 지원해주는 수용자를 일컫는 구어체 용어이다. 자신의 재판과 관련된 법적 문제를 대변하는 경우에도 이 용어가 사용된다. 많은 주에서는 수용자변호인에 관한 법이 존재한다. 어떤 주의 경우에는 빈곤한 수용자의 법적 문제를 돕는 경우 일반 변호인들에게 요구되는 자격증의무를 면제해주고 있다. 2003년에는 수용자변호인에 관한 기초적인 정보가 담긴 공식적인 책자("The Jailhouse Lawyers Handbook")가 발간되기에 이르렀다.

7) Bounds v. Smith(1977)의 결정은 특히 보수적 성향의 인사들로부터 비난을 받았지만, 여전히 수용자들의 제소권리와 관련하여 중요한 결정으로 효력을 발휘하고 있다.

8) Seiter, p.445; McShane and Williams III, p.282; Welch, pp.355-358.

제2절 수용자 소송의 제한

일반 시민들이 자신들의 문제를 해결하기 위해 법적 소송을 제기하는 바와 같이 수용자들도 똑같은 행위를 하게 되었지만, 수용자들이 법적 소송을 제기하게 된 것은 이미 기술된 바와 같이 최근의 현상이다. 1960년대에 100여 건에 머물렀으나, 1993년 한 해 33,000건으로 급증하였는데 이는 연방법원에 제소된 전체 민사소송의 15%에 해당된 것이었다. 그러나 그중에서 기각률이 97%에 이르렀고, 재판이 진행된 3%의 사건 중에서 오직 13%만이 승소하였다.[9]

따라서 수용자들의 법적 권리에 대해 부정적인 견해를 갖고 있는 시민들은 수용자의 소송에 대해서 매우 비판적인 입장을 취하였다. 수용자들의 소송은 헌법적 권리를 남용한 것이며, 법적인 공해(公害)를 야기하는 행태라고 비난하였다.[10] 그러나 1960년 이전에는 수용자소송 자체가 존재하지 않았고, 법원의 불간섭주의가 존재하였기 때문에 실제적 상황보다는 과장된 측면이 있었다. 대부분의 소송은 열악한 구금환경, 신체적 학대 및 폭력과 관련된 소송으로서 헌법적 권리를 심각하게 훼손한 경우가 주를 이루고 있었다. 물론 실제로 성전환수술, 향수 구매, 화장실 변기 온도, TV 안테나 구매 등을 요구하는 부적절하거나 사소한 문제들에 대한 소송이 존재하였고, 심지어는 얼음과자의 냉동을 거부한 교도관에 대해 100만 불 손해배상소송을 제기한다든가,[11] 교도관들이 수용자의 생각을 헤아리는 것을 금지해야 한다는 소송을 제기하기도 하였다.[12]

사실상, 실제적 상황이 크게 왜곡된 상황에서 일부 사실이 언론에 보도되면 극적으로 희화되는 경향을 보여 수용자소송의 부정적 이미지가 더욱 부각되는 계기가 되었다. 이러

---

9) Welch, p.357; 우리나라의 경우, 2003~2019년까지 직원에 대한 고소 · 고발 사건통계를 보면, 2003년 310건이었으나 이후 5년 사이에 1,000건을 넘어 약 3~4배로 급증하였으나, 차츰 감소하여 2013년 647건, 2019년 916건으로 나타났다. 결과는 주로 각하, 무혐의, 공소권 없음, 죄 안 됨, 기소유예 등으로 나타나, 사실상 고소 · 고발이 남용되고 있는 것으로 볼 수 있다. 행정력 낭비와 직원들의 사기 저하의 원인으로 작용하고 있다.(법무부 교정본부,『교정통계연보』, 2014, 2020). Chapter_3 우리나라 수용자 권리구제 제도를 참조할 것.

10) Manning, Bayless, "Hyperlexis: Our National Disease." *Northwestern University Law Review*, 71, 1977.

11) Dunn, Sahley, "Flood of Prisoner Rights Suits Brings Effort to Limit Filings," *The New York Times*, March 21, A-1, B-4, 1994.

12) Thomas, Jim, Devin Keeler, and Kathy Harris, "Issues and Misconceptions in Prisoner Litigation: A Critical Review." *Criminology*, 24(4), 1986, pp.775-798.

한 과정에서 이미 기술된 바와 같이 수용자변호인(jailhouse lawyers)의 역할이 크게 주목을 받았는데, 이들은 그들 자신의 문제를 법적으로 해결하였을 뿐만 아니라 다른 수용자들의 민원사항이나 시설 내 생활상의 문제를 법적인 문제와 합의로 이끄는 역할을 하였다.[13] 이런 과정을 통해서 법적으로 승산이 없는 사건은 미리 걸러지기도 하고, 전체 교도소정책에 영향을 미치는 사건으로 만들어지기도 하였다. 법적 지원체계가 부족한 시설에서는 수용자변호인의 역할이 확산되는 현상을 보였다.[14]

수용자의 인권상황은 법원의 불간섭주의가 포기된 이후 약 15년간(1965~1980) 크게 향상되었다. 이 과정에서 법원의 조치에 앞서 교정당국이 인권이나 환경개선에 전향적인 태도를 보이는 분위기가 조성되기도 하였다. 그러나 1990년대 초반에 이르러서는 역으로 과도한 수용자소송제기양상에 따라 일반여론이 악화되어 이를 제한하려는 의회의 활동이 시작되었다.[15] 실제로, 수용자들의 과도한 법적 소송을 억제하고자 하는 일련의 조치들이 취해짐에 따라 수용자들의 소송이 감소하는 추세가 나타났다. 대법원의 결정들에서 수용자의 권익향상 중심에서 교도관이나 교정행정관리들의 입장을 지지하고자 하는 경향이 나타나기 시작한 것이다.[16]

첫째, Wilson v. Seiter(1991)는 교정관리들을 지지하는 핵심적 결정으로, 교도소환경이 불편하다 하더라도 행정관리들이 수용자들의 기본적 필요조건들에 대해 "고의적으로 무관심"(deliberate indifference)하지 않았다면 헌법에 위배되지 않는다는 것을 내용으로 하고 있다. Sandin v. Conner(1995)에서는 수용자들에게 반드시 제공되어야 하는 적법절차의 조건을 완화하는 결정을 내렸다. 이는 복역할 형기가 추가되거나 혹은 판결의 내용이 변경될 정도의 무거운 징계조치가 가능할 경우에만 적법절차가 요구된다는 것을 내용으로 하고 있다.

둘째, 법원은 교정시설의 문제를 가능한 한 교정당국이 스스로 해결하도록 하는 정책(the hands-off doctrine)으로 선회하는 경향을 보였다. 이는 수용자들의 과도한 소송에 따른 교정당국과 납세자의 부담을 고려해야 한다는 분위기가 반영된 것이었다. 1980년 국회는 수용자 민권법(the Civil Rights of Institutionalized Persons Act)을 수정하여, 연방법원

13) Milovanovic, Dragon, and Jim Thomas, "Overcoming the Absurd: Prisoner Litigation as Primitive Rebellion." *Social Problem*, 36(10), 1989, p.50.

14) Welch, p.359.

15) Seiter, p.456.

16) Ibid, pp.456-457.

에 소를 제기하기 전에 행정적 조치를 충분히 취할 것을 요구하였다. 즉, 만약 교정당국이 행정적 처리절차를 취하고, 수용자들에게 교정공무원들과 협의하여 비사법적으로 처리할 기회를 제공한다면, 법원은 수용자의 소송을 접수하기 전에 이러한 행정절차를 밟을 것을 요구한다는 내용이다. 일반적으로 연방법원은 행정적 절차를 충분히 밟았다는 증거와 그 결과로 해당기관으로부터 받은 회신서류를 첨부할 것을 요구하고 있다.

셋째, 국회는 교정당국에 대한 수용자들의 소송을 제한하고자 하는 의도의 법안을 입법화하였다. 1994년 '폭력범죄통제법'(the Violent Crime Control Act of 1994)에서 다음과 같은 내용을 명시하고 있다. 법안은 첫째, 연방법원은 수용자가 과잉수용으로 인하여 개인적으로 고통을 받았다는 것을 증명해야만 '잔혹하고 비정상적인' 형벌을 금지하는 수정헌법 제8조를 위반한 것으로 인정해야 한다고 구체화하였다. 둘째, 만약 '잔혹하고 비정상적인' 형벌이 특정한 개인에게 확실한 피해를 주지 않았다면, 교정시설에 과밀수용에 대한 제재를 내리는 것을 금지하였다. 셋째, 수정헌법 제8조의 위반을 근거로 내려진 법원명령 등에 대해 검토를 허용하였다. 또한 1996년 국회에서 '교도소소송개혁법'(the Prison Litigation Reform Act)이 통과되었는데, 이 법안에서 수용자는 극빈자의 경우를 제외하고는 교정당국에 대한 소송비용을 수용자가 부담하도록 하며, 변호사비용의 제공을 제한하고, 부적절한 소송에 대해서는 선시점수[17]를 삭감하며, 육체적 피해를 당한 경우를 제외하고는 정신적 혹은 정서적 문제로 소송하는 것을 금지하였다.

실제로 교정당국에 대한 수용자들의 소송 건수는 1995년을 전후하여 매년 감소추세에 있다. 연방 및 주립교도소의 수용자들이 제기한 소송건수의 변화를 보면, 1977년 19,537건에서 1996년 68,235건으로 20년 동안 약 3.5배 증가하였으나, 이후 지속적인 감소추세를 보여 2007년에는 53,945건으로 약 10년 동안 20% 정도가 감소하는 현상을 보였다. 특히 수용인구의 대부분을 차지하는 주립교도소의 민권 관련 소송건수를 보면, 1977년에 7,752건이고, 1995년에 40,569건으로 약 5.2배가 증가하였으나, 이후 급격한 감소추세를 보여 2007년에는 15,715건으로 약 75%가 감소한 것으로 나타났다.[18] 1996년 이후, 연방

---

17) 선시(Good time)제도는 시설 내 양호한 행동으로 형기를 감축시킬 수 있는 제도를 말하며, 우리나라에서는 현재 실시하지 않고 있다. [김화수 등(2007), p.136; 허주욱(1997), p.628 참조.]

18) 주립교도소의 인신보호(Habeas corpus) 관련 소송의 경우, 1977년 6,866건에서 2000년 21,349건으로 3배로 크게 증가하였으나, 2007년에는 19,139건으로 감소하였다. 시설환경 관련 소송건수는 1998년 12,364건에서 2007년 7,064건으로 약 43%가 감소하였다. 그러나 대법원이 하급법원이나 행정기관에 명령하는 직무집행 관련 소송 등(Mandamus)은 상대적으로 소수이지만 1977년 228건에서 2007년 731건으로 지속적인 증가추세를 보이고 있다.

지방법원의 소송 통계에서도 같은 현상을 보였다. 1970년 2,244건에서 10년 후에는 6배(1980년 13,079건) 가까이 증가했고, 1995년에는 다시 3배 증가하여 최정점(39,053건)에 도달했다. 그러나 교도소개혁소송법(PLRA)이 제정된 이후(1995년), 계속 감소추세를 보여 10년 후인 2015년에는 60% 감소한 23,433건을 기록하였다.[19)]

이는 오늘날 교정당국이 수용자들의 주장의 적법성을 분별해낼 수 있는 기회를 갖게 되어 사소한 소송들로 인한 자원의 낭비현상을 감소시키고 있음을 말한다.

제3절 수용자의 헌법적 권리

수용자의 권리가 신장되는 과정에서 법원은 수용자의 권리와 교정시설의 안전과 질서를 유지해야 하는 필요 사이의 균형을 맞추고자 하였다. 수용자의 권리에 영향을 미친 획기적인 결정은 주로 수정헌법 제1, 4, 8 및 14조를 근거로 하고 있다.[20)]

1. 수정헌법 제1조(종교, 언론 및 출판의 자유와 집회 및 청원의 권리)

연방 의회는 국교를 정하거나 또는 자유로운 신앙 행위를 금지하는 법률을 제정할 수 없다. 또한 언론, 출판의 자유나 국민이 평화로이 집회할 수 있는 권리 및 불만 사항의 구제를 위하여 정부에게 청원할 수 있는 권리를 제한하는 법률을 제정할 수 없다.

① 종교의 자유

종교가 교정의 탄생에 지대한 영향을 미친 역사적 사실을 고려해 볼 때, 특히 기독교의 활동이 교정시설에서 장려되었다는 것은 당연한 일이었다. 교정시설에서 종교의 활동이 장려되는 것은 개인을 변화시키고 갱생시키고자 하는 종교적 교리와 시설존립의 목적이 일치하는 바가 있었기 때문이었다. 그러나 1960~70년대 구금인구 중 이슬람교를 믿는 흑

---

19) *Correctional Law Reporter*, Civic Research Institute, VOLUME XXVIII No 5, February/March 2017, p.71.

20) Seiter, pp.447-455; McShane and Williams III, pp.289-297; Welch, pp.362-368.

인 인구 층이 증가하면서 전통적으로 기독교적 믿음을 갖고 있던 백인 교도관들과 갈등이 발생하였다. 대법원은 Fullwood v. Clemmer(1962)에서 이슬람교를 인정하고 교인들의 헌법적 권리를 인정하는 결정을 내렸다. 그럼에도 불구하고 교도관들이 흑인 이슬람교인들을 혁명적 성향을 지닌, 보안에 위험한 집단으로 간주함에 따라 합법적인 행형상 위험이 있을 때에는 종교의식을 제한하는 것을 허용하였다.[21] 그러나 차후 연방법원은 헌법적 권리는 비서구적 종교—이슬람교, 불교, 유대교 등—를 믿는 수용자 신자들에게도 적용되어야 한다는 결정(Cruz v. Beto, 1972)을 내림과 함께, 종교적 의식과 믿음에 필요한 것들—코란, 음식, 상징—이 합리적 수준에서 허용되고 제공되어야 함을 명시하였다.[22]

② 언론의 자유

교정시설의 안전과 보안에 위협이 되는 경우에는 수용자의 표현의 자유에 대한 제한은 법원에 의해 허용되었다. 예컨대, 당국이나 교도관에 대해 대항이나 파열을 야기하는 표현의 자유는 제한이 가능하다.

③ 개인편지의 검열

수용자의 편지검열과 관련 캘리포니아주에서 두 가지의 의미 있는 결정이 내려졌다. Procunier v. Martinez(1974)는 수용자의 권리가 아닌, 수용자와 교신하는 일반시민의 권리에 대한 결정이라는 점에서 의미 있는 결정이었다. 즉, 수용자의 편지를 검열하는 것은 교신하는 일반시민의 권리를 제한한다는 것이다. 이는 수용자의 권리와 시설 측의 검열의 필요성—안전, 질서, 사회복귀 등의 목적을 위한— 간의 관계에 있어서, 검열의 절대적인 필요성이 수용자의 권리를 크게 넘어설 수 없다는 대법원의 결정이었다. 더 나아가 불순하거나 부정확한 내용을 포함하여 편지의 노골적인 표현 때문에 편지를 검열할 수는 없다고 명시하였다.

외부 언론과의 접촉과 관련, Pell v. Procunier(1974)에서는 외부 언론과의 인터뷰에 대한 제도적인 제한에 대해 전향적인 결정을 내렸다. 대법원은 언론과의 교신을 허용하였지만, 그러나 보안, 질서, 사회복귀를 위해하지 않는 경우만으로 한정하였다. 한편, 보다 최

---

21) O'Lone v. Estate of Shabazz, 1987; Jones v. Willingham, 1965; Cooke v. Tramburg, 1964.

22) 한편으로, 새로운 종교의 등장 등으로 논란이 발생하자 대법원은 일정한 종교에 대해 제한을 가하는 결정을 내렸다. 대법원은 사탄의식을 금지하는 결정(Childs v. Duckworth, 1983)을 내렸고, Thiriault v. Silber(1978)에서는 the Church of the New Song이라는 새로운 종교를 수정헌법 제1조의 보호를 받을 종교로 인정하지 않는 결정을 내림에 따라 소고기스테이크, 백포도주와 같은 지나친 요구로 간주되는 음식물의 제공이 거부되었다.

근에는 Thornburgh v. Abbott(1989)에서 대법원은 시설의 이해(利害)와 합리적으로 연관되는 경우에는 수신되는 출판물의 검열을 허용한다는 연방교정국의 정책을 받아들이는 결정을 내렸다. 합리적이라는 기준이 모호하기 때문에 법원은 교정행정가들에게 재량권을 부여한 것으로 볼 수 있다.

④ 집회의 자유

Goodwin v. Oswald(1972)에서 대법원은 수용자는 조합을 조직할 권리가 있으며, 연방법이나 주법으로 이러한 행위를 금지할 수 없다고 명시하였다. 작업에 관련해서는 노동조합과 유사하여, 작업안전 및 조건의 개선, 경영참여의 확대, 보상의 확대 등이 포함되었다. 그러나 이후 1977년에는 교도관이 수용자들이 다른 수용자에게 조합가입을 권유하는 것을 금지하는 것을 허용하고, 조합집회를 금지하는 것은 수정헌법 제1조에 위배되는 것이 아니라는 결정을 내렸다.[23] 따라서 교도관은 보안, 안전, 사회복귀 등의 이유로 수용자의 조합화를 금지할 수 있는 재량권을 가지게 되었다.

2. 수정헌법 제4조(수색 및 체포 영장)

부당한 체포, 수색, 압수로부터 신체, 가택, 서류 및 통신의 안전을 보장받는 인민의 권리는 침해할 수 없다. 체포, 수색, 압수의 영장은 상당한 이유에 의하고, 선서 또는 확약에 의하여 뒷받침되고, 특히 수색될 장소, 체포될 사람 또는 압수될 물품을 기재하지 아니하고는 이를 발급할 수 없다.

교정시설은 안전과 보안을 최우선으로 하는 조직이라는 점에서, 법원은 수용인이 일반시민들과 동일하게 불합리한 수색으로부터 보호될 수 없다는 것을 명시하여 왔다. 사실상, 수색은 무기나 밀반입품을 몰수하기 위하여 반드시 필요한 절차이다. Moore v. People(1970)에서 대법원은 수용자들에게 고통이나 모욕을 주지 않는 범위 내에서 불시의 수색이나 압류가 허용될 수 있다는 결정을 내렸다. 더 나아가 Bell v. Wolfish(1979)와 Hudson v. Palmer(1984)는 수정헌법 제4조의 권한이 교도소 감방에까지 적용되는 것은 아니라

23) Jones v. North Carolina Prison Union, 1977.

하고 수색을 지지하는 내용을 결정하였다.

그러나 수색과 압류의 대상이 방문객과 교도관이 될 경우에는 또 다른 논란이 발생할 수 있다. 방문자에 대해서는 합리적인 의심(reasonable suspicion)에 의해서 몸수색이 허용되고 있지만 합리적이라는 기준이 모호하여 교도관들에게 재량권을 부여한 것으로 볼 수 있다. 방문자에 대한 판결로서 Smothers v. Gibson(1985)에서는 마약소지로 의심되는 수용자 어머니인 68세의 방문자를 옷을 벗긴 후 몸수색을 한다는 것은 부당하다는 결정을 내렸다. 그 이유로는 방문 후 1시간 후에 수색이 이루어졌고 주1회 간격으로 8년 동안 방문하는 동안 7번 수색을 당했으나 문제가 없었다는 것이었다. 밀반입이 의심되는 교도관에 대한 판결로서, Security and Law Enforcement Employees District Council #82 v. Carey(1984)는 캐리(Carey)에 대한 몸 내부까지의 수색(body-cavity), 체강수색은 위헌이며, 교도관에 대한 수색은 상당한 이유(probable cause)에 근거한 수색영장에 의해서만 이루어질 수 있다는 결정을 내렸다.

3. 수정헌법 제8조(보석금, 벌금 및 형벌)

과다한 보석금을 요구하거나, 과다한 벌금을 과하거나, 잔혹하고 비정상적인 형벌을 과하지 못한다.

Ruiz v. Estelle(1980)과 Holt v. Saver(1970)는 텍사스주와 알칸사스주 교도소제도는 구금환경이 극히 열악하여 잔혹하고 비정상적인 처벌을 금지하는 수정헌법 제8조에 위배된다고 판시하였다. 이에는 신체적 학대, 독거구금, 의료서비스, 살상무기사용, 치료거부권 등이 관련된다.

① 신체적 학대

수용자는 국가의 피보호인이므로, 교도관은 교도관 혹은 동료 수용자들에 의한 신체적 혹은 성적 학대로부터 수용자를 보호할 의무가 있다. 대법원은 1968년 수용자에 대한 매질(strap, whipping)은 위헌임을 판시하였고, Jackson v. Bishop(1968)에서 불복종, 무기소지, 폭동, 작업거부, 동성애 등에 대한 징벌수단으로 사용했던 매질의 사용을 금지하는 결정을 내렸다.

② 살상무기 사용

수용자가 다른 수용자나 교도관에게 심각한 위해를 가할 때에는 살상무기의 사용이 허용되고 있다.[24] 동시에 살상무기를 사용하기 전에 모든 합리적인 조치를 취할 것을 명시하고 있다.

③ 금치

미국에서의 금치[25] 역시 별도로 지정된 감방에 갇혀 음식, 활동 등 일정한 제약을 받는 징벌의 일종이다. 미국의 경우, 많은 시설에서 23시간 금치하고 다른 수용자들과 접촉을 차단하기 위해 새벽 3시경에 1시간 운동이 허락된다. 주로 신체적 · 성적 폭력, 탈옥시도, 과도한 분란 야기 등에 대한 징벌로서 탈옥방지와 일반 수용자 및 교도관의 보호를 위해 대법원판결로서 허용되고 있다.[26] 동시에 금치기간이 과도해서는 안 되며, 적절한 위생적 환경을 유지해야 하고, 금치사유를 명문화해야 하는 등의 제한을 명시하고 있다. 그러나 실제상황에서는 제한조항이 모호하여 교도관이 충분한 재량권을 활용할 수 있으나, 수용자들이 소송을 제기할 경우 사법적 절차로 이어지는 경향이 높다 하겠다.

④ 의료서비스

국가가 수용자에게 적절한 의료서비스를 제공해야 할 의무는 각 주법은 물론 1964년도 민권법(the Civil Rights Act of 1964), 수정헌법 제5조 및 제14조와 관련되며, 적절한 의료서비스를 거부하는 것은 잔혹하고 비정상적인 처벌에 해당한다는 점에서 수정헌법 제8조의 보호를 받는다. Estelle v. Gamble(1976)에서 대법원은 의사가 수용자의 필요에 적절히 대응하지 않거나 교도관이 의료서비스 제공을 지연하거나 방해하는 것은 불필요하게 고통을 부과한 것이라고 결정하였다. 이후, 1992년 뉴욕주에서는 추위 속에서 담요를 제공하지 않았으며 한쪽 귀가 멀도록 의료적 조치를 취하지 않은 데 대해서 $304,000의 배상 판결을 내렸다. 그러나 법원이 적절한 의료서비스가 무엇인가에 대한 구체적인 내용은 일반적으로 명시하지 않고 있다. 물론 비록 의료서비스를 받았다 하더라도 그것이 완벽한 서

---

24) Beard v. Stephens, 1967.

25) 금치(solitary confinement)의 완곡한 표현으로 administrative detention, segregation, isolation이 있고, 은어적 표현으로 the hole, the bing, the strip cell 등이 사용되고 있다. 우리나라에서는 통상적으로 '징벌거실'이라 지칭되는 별도로 지정된 거실에 수용하는 징벌의 유형을 말한다.

26) Sostre v. McGinnis, 1971.

비스로 인정받는 것은 아니다.[27)]

다음으로 사생활보호와 격리의 문제로, 예컨대 에이즈환자의 예를 들 수 있다. Dunn v. White(1989), Roe v. Fauver(1988), Muhammed v. Carlson(1988) 등에서 개인의 프라이버시나 개인적 고통에 대한 고려보다는 타 수용자들의 안전과 공공보건을 위한 정책이나 절차를 지지하는 판결을 내리고 있다.

또 다른 이슈로는 의료서비스를 제공하는 데 있어서 당사자의 '동의' 문제이다. 과거에는 의료서비스나 교정프로그램에 대해 수용자가 거부할 권리를 인정하여 왔다. 즉, 교도관이나 의료담당자는 당사자의 동의가 없이는 의료행위나 교정활동을 시행할 수 없었던 것이다. 더구나 동의한 이후라도 차후 취소할 수 있도록 허용하였다.[28)] Riggins v. Nevada(1992)에서 대법원은 국가는 재판 동안에 확실하게 정당한 사유가 없이는 정신질환이 있는 수용자에 대해서 의료행위를 강요할 수 없다고 결정하였다.

다음은 간접흡연을 허용한 국가를 상대로 한 소송으로, 수용자가 비자발적으로 간접흡연하게 된 것은 수정헌법 제8조 잔혹하고 비정상적인 처벌에 해당된다고 판결하였다.[29)] 지방법원에서는 간접흡연의 효과는 아직 논쟁 중이므로 위헌이라고 할 수 없다는 판결을 내렸으나, 고등법원에서는 소송인의 주장을 지지하는 판결을 내렸다. 최종적으로 연방대법원은 수용자에게 7:2로 간접흡연을 포함하여 미래의 건강을 해칠 수 있는 불합리한 위험요소로부터 자유로울 권리가 있다는 판결을 내렸다.[30)]

---

27) Priest v. Cupp, 1976.

28) Knecht v. Gillman, 1973.

29) Helling v. McKinney, 1992.

30) Vaughn, Michael S. and Ronald V. Del Carmen, "Legal and Policy Issues from the Supreme Court's Decision on smoking in Prison." *Federal Probation*, September, 57(3), 1993, pp.34-39; Vaughn, Michael S. and Ronald V. Del Carmen, "Smoking-Free Prisons: Policy Dilemmas and Constitutional Issues." *Journal of Criminal Justice*, 21, 1993, pp.151-171.

4. 수정헌법 제14조(공민권)

제1절. 미국에서 출생하고 또는 귀화하고, 미국의 관할권에 속하는 모든 사람은 미국 및 그 거주하는 주의 시민이다. 어떠한 주도 미국 시민의 특권과 면책권을 박탈하는 법률을 제정하거나 시행할 수 없다. 어떠한 주도 정당한 법의 절차에 의하지 아니하고는 어떠한 사람으로부터도 생명, 자유, 또는 재산을 박탈할 수 없으며, 그 관할권 내에 있는 어떠한 사람에 대하여도 법률에 의한 동등한 보호를 거부하지 못한다.

수용자인권과 관련하여, 수정헌법 14조는 수용자에게도 권리장전과 적법절차가 적용되어야 함에 기여하였다는 데 큰 의미를 갖는다. 즉, 수용자가 법적 서비스를 받을 수 있을 뿐만이 아니라 징계위원회가 적법절차에 따라 진행되어야 한다는 것이다.

수용자의 적법절차에 관련하여, 권리가 보장되어야 함을 보여주는 대표적인 경우로서, Wolff v. McDonnell(1974)에서, 대법원은 징계위원회에서 적법절차를 위반하고 선시점수를 감점한 것은 문제가 있다는 수용자의 주장을 지지하는 판결을 내렸다. 대법원은 징계위원회에서 정식재판의 피고인과 동일한 적법절차를 적용받을 순 없다 하더라도 최소한의 요건을 제시하였다. 즉, 수용자는 위반사항에 대해서 사전에 문건으로 받아야 하며 대응할 충분한 시간을 가져야 한다는 등의 내용을 포함하였다. 그 이전에 Landman v. Peyton(1966)에서 수용자들은 '의심스럽고 독단적으로'(capricious and arbitrary) 행해지는 징계위원회의 조치로부터 보호받아야 한다는 것을 명시한 바가 있었지만, 월프(Wolff) 사건의 결정은 보다 구체적인 내용을 명시함으로써 적법절차권리보호에 큰 기여를 하였다고 하겠다.

한편, 보다 최근에는 수용자의 권한을 제한하는 판결이 내려졌는데, 교도관이 수용자를 징계하는 데 있어서 징계위원회의 결정을 뒷받침할 수 있는 오직 '어떤 증거'(some evidence)만을 제시할 수 있도록 하여 상당히 유리한 여건을 갖게 되었다. 물론 여기에는 '어떤 증거'라는 것이 '합리적인 의문점'(reasonable doubt)을 넘어서 증명할 필요가 없다는 점, 그 증거가 명백하고 신뢰되며 실체적일 필요가 없다는 점, 그리고 증거우위(preponderance of evidence)의 원칙이 요구되지 않는다는 점 등에서 논란의 여지가 있다.[31]

31) Superintendent, Massachusettes Correctional Institution at Walpole v. Hill, 1985.

제4절 결론

수용자의 권리주장이나 그들의 법정소송 등이 거론되면 왜 범죄자들에게까지 법적 권리를 부여해야 하는가라는 물음이 어느 사회에서나 여전히 존재하고 있다. 그러나 법적 권리는 모든 시민들에게 주어지는 것이며, 흉악범죄를 저지른 수용자라 할지라도 그 예외일 수는 없다는 것이 법치주의 국가의 근간이다. 법은 인간의 가장 기초적인 일상적인 합리적 수준에서 사회적 안정을 유지하고 분규를 해결하기 위해 만들어진 공식적인 틀이며, 이상적으로는 이를 통해 평등과 정의가 실현되는 것을 목적으로 하고 있다. 이러한 관점에서 수용자의 법적 소송이 의미하는 바는 교도관 역시 법 위에 존재할 수 없으며 수용자와 똑같이 법과 규칙을 준수해야 한다는 것이고 교도관이 위법행위를 하면 수용자가 법적 조치를 취할 권리가 있다는 것이다.

그럼에도 불구하고, 질서유지를 통한 안전한 시설수용의 확보와 인권신장을 통한 이상적인 교정환경을 조성하고자 하는 모순되는 목표를 동시에 실현해야 한다는 당위성이 존재하기 때문에 필연적으로 인권문제가 대두될 수밖에 없다. 보다 구체적으로 수용자의 법적 소송이 지속되는 이유, 즉 교정시설에서의 인권침해 문제가 상존하는 근본적인 원인은 여러 가지 각도에서 설명될 수 있다. 무엇보다도 교정시설이 갖고 있는 박탈적이고 폐쇄적인 본래적인 특성이 비인간적이라는 점을 들 수 있고, 같은 선상에서 정도의 차이는 존재하지만 완벽한 수용환경조성은 불가능하다는 점, 그리고 상응하는 법규 및 규정 내용의 불완전성 등이 거론되고 있다. 특히, 최근에는 일반인들의 상향된 인권의식을 포함한 사회 전반의 급속한 변화에 따라 상승된 기대치와의 부조화현상이 중요 원인으로 크게 부각되고 있다. 이러한 과정에서 우리나라에서도 인권신장에 따른 부작용으로서 허위진정, 과다한 정보공개청구, 과도한 의료처우요구, 폭력행위 및 소요야기 등의 현상이 나타나 행정력의 낭비 및 근무자의 사기저하요인으로 작용하는 등 문제점이 노출되고 있는 실정에 있다. 그러나 이미 기술한 바와 같이, 현실적으로 인권의 확보도 중요하지만 질서의 확립과 동시에 교정교화의 목적을 실현해야 하는 명제 또한 교정의 존립이유인 것이다.[32)]

전술된 바와 같이 미국에서의 수용자인권은 1960~70년대 발생한 인종분규, 여성해방운동, 워터게이트사건, 반전운동, 교도소폭동 등을 포함한 급격한 사회변동에 따른 부수적 영향으로 1980년까지 크게 향상되었으며, 그 결과로 수용자들의 소송행위는 90년대 중

32) 법무부, 「교정과 인권」, 2009, pp.13-14.

반까지 최고점에 이르렀으나, 오늘날에는 그 반대급부 현상으로 보수화된 판결 결과들에 따라 하강추세에 있다. 우리나라 역시 특히 90년대 후반 이후 10년 동안 '민영교도소 등의 설치운영에 관한 법'의 제정(1999), 국가인권위원회(2001) 및 법무부 인권국(2006)의 신설 등이 상징하는 바와 같이, 급변한 진보 성향의 사회정치적 분위기의 영향으로 급속한 수용자인권신장현상이 나타났으며 그 결과로 일정 기간 동안 수용자들의 고소고발 사건은 지속적인 증가세를 보였다. 그러나 급격한 인권신장에 따른 부작용에 대한 반작용으로서, 또한 법과 질서의 확립을 통한 국가기강의 재정립을 주장하는 보수성향의 정당의 집권 등에 따른 정치사회적 분위기의 영향으로 수용자인권신장은 일정한 시점에서 균형점을 잡을 것으로 예상된다.

그러나 사회정치적 분위기의 변화에 따라 피동적으로 순종하는 정책수립 패러다임이 최선의 지향은 아니다. 폐쇄성을 근원적 특성으로 안고 있는 교도소사회는 진정한 의미에서의 외부와의 소통이 필요하며, '수용자인권보호'와 '시설 내 질서확립'이라는 양립된 목표 사이를 좌우왕래하는 도식적 행태를 탈피하여 보다 근본적인 접근양식을 찾아야 한다. 무엇보다도, 인권의 문제를 야기하는 근원적 여건을 개선한다는 입장에서, 수용환경을 수용자들이 살아왔고 살아갈 지역사회와 최대한으로 유사하게 조성해야 한다는 추상적이지만 원론적인 이념—the parallel universe[33)]—이 지속적으로 정책수립과정에서 작용해야 한다. 여기에는 과밀수용의 해소나 의료서비스의 질적 향상과 같은 물리적인 여건의 개선이 포함되지만, 더욱 의미 있는 영역은 각 구성 주체 혹은 객체 간의 관계, 즉 상호관계에 대한 인식체계를 재정립하는 것이다.

먼저, 교정직원의 수용자에 대한 인식의 전환이 우선되어야 하는데, 수용자인권을 질서유지와 대립되는 개념으로 파악하는 사고체계를 극복하고, 수용자를 관리의 대상으로서가 아닌 변화할 수 있는 주체로서 사회복귀의지를 내면화할 수 있는 존재로 인식하는 의식전환이 전제되어야 한다.[34)] 또한 수용자가 인권적 측면에서 일방적으로 보호받아야 할 대상이라는 왜곡된 인식 역시 불식되어야 한다. 피해자를 무력화시키고 고통을 받는 존재로 전락시킨 가해자가 국가의 사법적 개입으로 형을 받음과 동시에 인권을 보호받아야 할 대상으로 전환되며, 피해자와의 관계가 전혀 정리되지 않은 상태에서 다시 잠재적 인

33) 미국 미주리주 교정국이 표방한 정책으로, 수용자처우에 있어서 사회 내 실제의 생활양식 및 여건과 최대한 유사하게 조성함을 핵심으로 하고 있다.(Seiter, p.523)

34) 법무부, 「교정과 인권」, 2009, pp.14-15.

권유린자로 출소하게 되는 일련의 상황을 고려해야 한다.[35] 범죄로 인해 피해를 입은 피해자 및 사회와의 관계가 전혀 정리되지 않은 상황에서의 수용자인권의 신장은 '부분적인 정의'(partial justice)만을 추구한 결과로서, 관련 구성 주체와 객체 간에 온전한 호혜관계를 정립하여야 한다는 관점에서 문제가 있다. 예컨대, 보다 온전한 형태의 정의체계에서는 수용자들이 교도소규율에 순종해야 하는 이유는 안전유지나 위반에 따른 징계와 불이익 때문이기에 앞서, 과거 피해자의 인권을 침해한 당사자로서 참회의 표시로 규율에 순종해야 하는 것이다.[36] 그러나 또 한편으로 지금의 가해자 또한 성장과정에서 가혹한 학대의 피해자였을 가능성 또한 배제할 수 없기 때문에 시간의 연속선상에서 각 사안의 전후를 바라볼 수 있는 시각이 요구된다. 따라서 오늘날 통용되는 일정한 시점과 공간에서 성립되는 제한적이고 편의적인 정의체계는 본질적으로 한계를 가질 수밖에 없으며 또 다른 형벌체계를 향한 과도기적 과정으로 넘겨져 있다 하겠다.

---

35) 우리나라 출소자의 재복역률(출소 후 3년 이내 재입소)은 2009년 22.4%에서 2018년 25.7%, 2019년 26.6%로 증가 추세에 있다.(법무부 교정본부,『교정통계연보』, 2020).

36) 이백철, "교정시설에서의 인권교육의 방향정립을 위한 거시적 모색," 「한국보호관찰학회지」, 제6호, pp.106, 128.

Chapter_ 3

우리나라 수용자 권리구제 제도

제1절 의의

교정시설에 수용된 수용자가 교도소 등으로부터 받은 부당한 처분 또는 권리침해에 대하여 그 취소 또는 시정을 통하여 수용자의 권리보장과 행형의 적정화 조치를 구하는 불복신청제도를 말한다.

제2절 권리구제 수단

수형자 권리구제의 수단은 사법적 구제와 비사법적 구제로 나눌 수 있다. 구체적으로 사법적 구제수단은 행정소송, 민·형사소송, 헌법소원 등을 들 수 있다. 이와 같은 사법적 수단은 권리구제 수단으로 가장 확실하게 인식되지만, 많은 시간과 경비가 필요하다는 점, 교정당국은 지도력 상실의 상처를 입게 된다는 점, 수용자 자신을 대변할 능력·여건이 부족하다는 현실적 한계, 소송에 이긴 경우에도 해결에는 상당한 시간이 필요하다는 등의 문제가 있다.

비사법적 구제수단으로는 청원, 소장면담, 행정심판, 국가인권위원회 진정, 민원조사관제, 중재 등이 있고, 행정의 문제는 사법적 처리보다는 행정적 처리가 요구된다는 논리에 기반을 두어 발전하였다. 장점으로는 시간과 자원 절감, 불평과 불만에 대해 보다 효과적으로 대처하며, 문제가 심화되기 전에 신속한 처리가 가능하고, 강제적 해결보다 수용자에게 보다 더 큰 의미를 줄 수 있다는 점 등이 있다.

1. 사법적 권리구제

1) 행정소송

수용자가 교정당국에 의하여 위법하게 권리를 침해당한 경우 행정소송법에 의거하여 법원에 처분의 취소, 부작위위법확인 등 항고소송을 제기할 수 있는 사법적 구제수단을 말한다. 수용자는 행정심판을 거치지 아니하고도 직접 행정소송을 제기할 수 있다.

〈표 7-1〉은 2010년부터 2019년까지 수용자 행정소송 청구 현황을 나타낸 것이다.

수용자 행정소송 제기는 2010년 75건에서 2014년 61건으로 감소한 후, 점차 증가하여 2019년에는 91건으로 나타났다.

수용자의 행정소송 결과를 보면, 기각, 각하, 취하 등 청구인의 주장이 인정되지 않는 경우가 매년 90%를 상회하고 있으며, 일부라도 인용되어 청구인의 주장의 타당성이 인정되는 경우는 2012년 13건(19.1%)을 제외하고는 1%~4%대에 머물고 있다.

〈표 7-1〉 수용자 행정소송 청구 현황(2010~2019년)

(단위: 건)

구분 연도	청구건수	진행중	결과				
			계	인용	기각	각하	취하
2010	75	-	75 (100%)	1 (1.3%)	18 (24.0%)	23 (30.6%)	33 (44.0%)
2011	75	-	75 (100%)	4 (5.3%)	12 (16.0%)	29 (38.7%)	30 (40.0%)
2012	68	-	68 (100%)	13 (19.1%)	20 (29.4%)	5 (7.4%)	30 (44.1%)
2013	74	-	74 (100%)	2 (2.7%)	13 (17.6%)	34 (45.9%)	25 (33.8%)
2014	61	-	61 (100%)	3 (4.9%)	21 (34.4%)	13 (21.4%)	24 (39.3%)
2015	74	-	74 (100%)	2 (2.7%)	16 (21.6%)	22 (29.7%)	34 (46.0%)
2016	56	1	55 (100%)	3 (5.5%)	18 (32.7%)	22 (40.0%)	12 (21.8%)

연도 \ 구분	청구건수	진행중	결과				
			계	인용	기각	각하	취하
2017	70	2	68 (100%)	2 (2.9%)	23 (33.9%)	27 (39.7%)	16 (23.5%)
2018	86	22	64 (100%)	4 (8.0%)	17 (26.6%)	16 (25.0%)	16 (25.0%)
2019	91	48	43 (100%)	4 (6.3%)	–	21 (48.8%)	12 (27.9%)

주) 주요 청구 내역: 정보비공개처분취소, 징벌처분무효확인, 부작위위법확인 등
법무부교정본부, 「교정통계연보」, 2020.

2) 민사 · 형사소송의 제기

교도관의 계호작용, 즉 강제력의 행사, 보호장비 · 무기의 사용 등에 있어 사용요건이나 절차상의 하자가 있을 때 불법한 처우를 이유로 수용자는 당해 공무원이나 국가를 상대로 국가배상법에 의한 민사소송 또는 당사자에 대한 형사처분을 구하는 소를 제기할 수 있다.

먼저 민사소송의 경우 수용자가 자신이 입은 손해에 대해 손해배상책임을 추궁하는 경우 민법 제750조, 제751조 적용이 원칙이나, 국가가 피고가 되는 경우 국가배상법이 특칙으로 우선 적용된다.[37]

〈표 7-2〉는 2010년부터 2019년까지 수용자가 제기한 민사상 손해배상 청구 결과 현황을 나타낸 것이다.

수용자 손해배상 청구는 2010년 135건에서 2014년 92건으로 감소한 후, 다시 점차 증가 추세를 보여 2019년에는 152건으로 나타났다. 수용자 손해배상 청구의 결과는 원고 패소(85.9~100%)가 대부분을 차지하고, 원고 일부승소는 2~13%에 머물고, 원고승소는 3건 정도로 나타났다. 수용자 민사소송 사건의 내용에는 치료소홀, 직무유기, 부상, 가혹 행위 등이 포함되었다.

37) 수용자가 피고로 국가를 지목하는 경우에는 국가소송으로 부르고, 직원 개인을 지목하는 경우에는 직원 상대 민사소송으로 분류하기도 한다. 그러나 직원 개인이 피고가 되는 경우라도 개인적인 이해관계에 의한 예외적인 경우가 아니라면 직무집행상 발생한 행위에 대한 책임을 묻는 것으로 국가배상법이 적용된다.

〈표 7-2〉 수용자 민사상 손해배상 청구 결과(2010~2019년)

(단위: 건)

구분 연도	건수	진행중	결과			
			계	원고 승소	원고 일부승소	원고 패소
2010	135	–	135 (100%)	–	12 (8.9%)	123 (91.1%)
2011	124	–	124 (100%)	1 (0.8%)	10 (8.1%)	113 (91.1%)
2012	114	–	114 (100%)	1 (0.9%)	12 (10.5%)	101 (88.6%)
2013	93	1	92 (100%)	1 (1.1%)	12 (13.0%)	79 (85.9%)
2014	92	1	91 (100%)	–	3 (3.3%)	88 (96.7%)
2015	111	1	110 (100%)	1 (0.9%)	12 (10.9%)	97 (88.2%)
2016	88	4	84 (100%)	–	8 (9.6%)	76 (90.4%)
2017	92	21	71 (100%)	–	4 (5.6%)	67 (94.4%)
2018	126	76	50 (100%)	–	1 (2.0%)	49 (98.0%)
2019	152	118	34 (100%)	–	–	34 (100%)

법무부교정본부, 「교정통계연보」, 2020.

두 번째, 교정시설의 수용자가 범죄로 인하여 피해를 입었거나 범죄가 있다고 사료하는 때에는 교정공무원을 대상으로 한 고소 · 고발을 할 수 있다.

〈표 7-3〉은 2010년부터 2019년까지 교정공무원 피고소 · 고발 현황을 나타낸 것이다.

교정시설 내에서 일어나고 있는 고소 · 고발은 수용자가 교정공무원을 대상으로 한 것과 다른 수용자를 대상으로 한 것으로 구분할 수 있다. 수용자가 다른 수용자를 상대로 고소 · 고발을 하는 경우에는 소속기관에 보고가 되더라도 통계로 관리하고 있지 않으므로 수용자의 고소 · 고발 현황은 결국 교정공무원의 피고소 · 고발 현황과 같다고 할 수 있다.

고소 · 고발은 2010년 801건에서 2014년 614건으로 대폭 감소한 후, 다시 증가 추세를 보여 2019년에는 916건으로 나타났다. 교정공무원의 피고소 · 고발 결과는 각하(53.9~76%)와 무혐의(16.7~27.6%) 등이 다수를 차지하고 있고, 기소유예 역시 10년간 9건에 불과하였다.

〈표 7-3〉 교정공무원 피고소 · 고발 현황(2010~2019년)

(단위: 건, 명)

구분 연도	건수	피소 인원	진행 중	결과(피소 인원 기준)						
				계	무혐의	죄 안됨	기소 유예	공소권 없음	각하	기타
2010	801	2,350	–	2,350 (100%)	441 (18.8%)	39 (1.6%)	1 (0.1%)	2 (0.1%)	1,585 (67.4%)	282 (12.0%)
2011	646	1,669	–	1,669 (100%)	461 (27.6%)	1 (0.1%)	–	23 (1.4%)	900 (53.9%)	284 (17.0%)
2012	679	1,812	–	1,812 (100%)	408 (22.5%)	3 (0.2%)	2 (0.1%)	11 (0.6%)	1,188 (65.6%)	200 (11.0%)
2013	647	1,732	–	1,732 (100%)	463 (26.7%)	1 (0.1%)	1 (0.1%)	5 (0.3%)	938 (54.1%)	324 (18.7%)
2014	614	1,432	–	1,432 (100%)	297 (20.7%)	1 (0.1%)	1 (0.1%)	9 (0.6%)	918 (64.1%)	206 (14.4%)
2015	733	1,551	–	1,551 (100%)	275 (17.7%)	3 (0.3%)	4 (0.3%)	12 (0.9%)	1,179 (76.0%)	75 (4.8%)
2016	698	1,551	–	1,551 (100%)	413 (26.6%)	6 (0.4%)	–	27 (1.7%)	803 (51.8%)	302 (19.5%)
2017	783	1,586	161	1,425 (100%)	367 (25.8%)	1 (0.1%)	–	13 (0.9%)	914 (64.1%)	130 (9.1%)
2018	855	1,873	73	1,800 (100%)	411 (22.9%)	1 (0.1%)	–	33 (1.8%)	1,192 (66.2%)	163 (9.0%)
2019	916	1,886	267	1,619 (100%)	271 (16.7%)	4 (0.2%)	1 (0.1%	16 (1%)	1,220 (75.4%)	107 (6.6%)

법무부교정본부, 「교정통계연보」, 2020.

3) 헌법소원의 제기

공권력의 행사 또는 불행사로 인하여 헌법상 보장된 기본권을 침해받은 자는 법원의 재판을 제외하고는 헌법재판소에 헌법소원심판을 청구할 수 있다. 다만, 다른 법률에 구제절차가 있는 경우에 그 절차를 모두 거친 후가 아니면 청구할 수 없다(보충성의 원칙)고 규정하여 수용자의 헌법소원제기를 보장하고 있다.

〈표 7-4〉는 2010년부터 2019년까지 수용자 헌법소원 청구 현황을 나타낸 것이다.

수용자의 헌법소원 청구는 교정행정과 관련하여 수용자가 헌법소원을 다투는 경우에만 통계수치로 관리하고 있다(개인사건 제외).

수용자의 헌법소원 청구는 2009년 62건에서 2010년 145건으로 대폭 증가한 후, 다시 급격히 감소추세를 보여 2015년 23건으로 줄었다가 2017년에는 70건으로 증가하였고 2019년에는 다시 29건으로 감소하여 불규칙한 증감 현상이 반복되는 현상을 보이고 있다.

헌법소원 청구 결과는 각하가 대부분(69.2~90.5%)을 차지하고 있으며, 수용자의 헌법소원 청구가 받아들여진 경우는 지난 10년간 총 507건 중 8건(1.5%)에 불과한 것으로 나타나고 있다.

〈표 7-4〉 수용자 헌법소원 청구 현황(2010~2019년)

(단위: 건)

구분 연도	청구 건수	진행중	결과				
			계	인용	기각	각하	취하
2010	145	–	145 (100%)	1 (0.7%)	6 (4.1%)	128 (88.3%)	10 (6.9%)
2011	39	–	39 (100%)	2 (5.1%)	6 (15.4%)	27 (69.2%)	4 (10.3%)
2012	60	–	60 (100%)	2 (3.3%)	2 (3.3%)	42 (70.0%)	14 (23.4%)
2013	44	–	44 (100%)	2 (4.6%)	6 (13.6%)	32 (72.7%)	4 (9.1%)
2014	27	–	27 (100%)	1 (3.7%)	2 (7.4%)	20 (74.1%)	4 (14.8%)

연도 \ 구분	청구 건수	진행중	결과				
			계	인용	기각	각하	취하
2015	23	–	23 (100%)	–	3 (13.0%)	18 (78.3%)	2 (8.7%)
2016	38	–	38 (100%)	–	1 (2.6%)	30 (79.0%)	7 (18.4%)
2017	70	6	64 (100%)	–	8 (12.5%)	46 (71.9%)	10 (15.6%)
2018	32	5	27 (100%)	–	2 (7.4%)	20 (74.1%)	5 (18.5%)
2019	29	8	21 (100%)	–	2 (9.5%)	19 (90.5%)	–

주) 주요 청구 내역: 징벌처분, 직원고소사건 처리 결과(검사의 불기소처분 등)에 대한 불복, 보호장비 사용 등
법무부교정본부, 「교정통계연보」, 2020.

2. 비사법적 권리구제

1) 청원

수용자가 교도소 등의 처우에 불복이 있을 때 이를 해결하기 위하여 법무부장관이나 순회점검공무원에게 호소하여 적절한 구제를 요구하는 것이다. 수용자의 청원권 보장을 위해 청원법과는 별도로 형집행법에 절차 등에 관한 규정을 두고 있다.

청원권자는 수형자, 미결수용자, 내 · 외국인을 불문하고 형집행법상 수용자이면 누구나 청원을 할 수 있다. 석방된 자는 형집행법의 적용 대상이 아니므로 청원할 수 없다. 다만, 수용 중 관계법규에 의해 일시적으로 석방된 구속집행정지자, 형집행정지자, 보석출소자 등은 청원이 가능하다고 보는 견해가 있다. 청원사항으로는 청원자 본인에 대한 교도소장의 위법 · 부당한 처우, 교도소장 등의(부)작위로 인해 권리가 침해된 경우, 권리침해의 우려가 있는 경우 등이 해당한다. 반면에 본인의 이익과 관계없는 다른 수용자에 대한 사항, 행형제도 전반에 관한 개선의견, 감정적 의견, 막연한 희망의 표시, 단체공동청원 등은 청원 제한사항이다. 청원의 제기만으로 당해 처분의 정지와 같은 효과는 발생하지 않으며(집행부정지원칙), 법무부장관의 지휘감독권 발동을 기대하는 데 불과하다. 따라

서 청원이 채택되더라도 즉시 당해 처분이 무효 또는 취소되는 효과는 없으며 당해 소장 또는 상급감독청의 취소명령이 있음으로써 그 효력이 발생하고 이때 소장의 취소명령은 반드시 문서로 할 필요는 없다. 청원이 부적합하거나 중대한 요건을 구비하지 못한 경우, 즉 법령의 규정을 위반하여 제출한 청원, 자기 자신의 처분이 아닌 것을 내용으로 하는 청원, 타인을 모해할 목적의 허위사실을 적시한 청원, 다른 법률에 의해 쟁송 중에 있는 사항을 대상으로 한 청원에 해당된다고 인정하는 때에는 이를 각하한다. 반면에 청원이 이유 없다고 인정되는 때에는 이를 기각한다.

〈표 7-5〉는 2010년부터 2019년까지 수용자 청원 사유별 현황을 나타낸 것이고, 〈그림 7-1〉은 2019년도 수용자 청원 사유별 현황 구성비를 그래프로 나타낸 것이다.

수용자의 청원은 2010년 1,573건에서 이후 10년간 지속적인 감소추세를 보여 2018년에는 1/3 수준인 558건으로 줄었다.

수용자 청원 사유의 내용으로는 직원 관련 불만, 부당처우, 의료처우, 이송, 조사 · 징벌 등이 주를 이루고, 독거 거실, 가석방 분류, 작업, 보관금품, 부식 구매가 포함되었다(기타 제외).

2019년 수용자의 청원 사유를 살펴보면, 직원 관련 불만이 125건(22.4%)으로 가장 많고, 그 다음은 의료처우 101건(18.1%), 조사 · 징벌 99건(17.7%), 이송 45건(8.1%) 등의 순이다.

〈표 7-5〉 수용자 청원 사유별 현황(2010~2019년)

(단위: 건)

구분 / 연도	계	가석방 분류	독거 거실	이송	의료 처우	직원 관련	부당 처우	조사 징벌	부식 구매	작업	보관 물품	기타
2010	1,573 (100%)	54 (3.4%)	84 (5.3%)	223 (14.2%)	181 (11.5%)	300 (19.1%)	275 (17.5%)	100 (6.4%)	16 (1.0%)	30 (1.9%)	70 (4.5%)	240 (15.3%)
2011	1,313 (100%)	38 (2.9%)	120 (9.1%)	167 (12.7%)	141 (10.7%)	212 (16.1%)	158 (12.0%)	96 (7.3%)	44 (3.4%)	26 (2.0%)	40 (3.0%)	271 (20.6%)
2012	1,094 (100%)	34 (3.1%)	75 (6.9%)	137 (12.5%)	127 (11.6%)	187 (17.1%)	150 (13.7%)	74 (6.8%)	15 (1.4%)	22 (2.0%)	35 (3.2%)	238 (21.8%)
2013	1,071 (100%)	25 (2.3%)	72 (6.7%)	136 (12.7%)	138 (12.9%)	180 (16.8%)	162 (15.1%)	63 (5.9%)	9 (0.8%)	35 (3.3%)	33 (3.1%)	218 (20.4%)

구분 연도	계	가석방 분류	독거 거실	이송	의료 처우	직원 관련	부당 처우	조사 징벌	부식 구매	작업	보관 물품	기타
2014	903 (100%)	29 (3.2%)	61 (6.8%)	98 (10.9%)	140 (15.5%)	118 (13.1%)	155 (17.2%)	79 (8.7%)	17 (1.9%)	33 (3.6%)	44 (4.9%)	129 (14.3%)
2015	957 (100%)	35 (3.7%)	70 (7.3%)	107 (11.2%)	115 (12.0%)	133 (13.9%)	114 (11.9%)	92 (9.6%)	28 (2.9%)	46 (4.8%)	17 (1.8%)	200 (20.9%)
2016	797 (100%)	39 (4.9%)	52 (6.5%)	98 (12.3%)	101 (12.7%)	129 (16.2%)	42 (5.2%)	81 (10.2%)	11 (1.4%)	24 (3.0%)	17 (2.1%)	203 (25.5%)
2017	744 (100%)	26 (3.5%)	39 (5.2%)	80 (10.8%)	84 (11.3%)	181 (24.3%)	21 (2.8%)	67 (9.0%)	10 (1.3%)	22 (3.0%)	28 (3.8%)	186 (25.0%)
2018	772 (100%)	20 (2.6%)	45 (5.8%)	60 (7.8%)	88 (11.4%)	177 (22.9%)	13 (1.7%)	109 (14.1%)	15 (1.9%)	13 (1.7%)	27 (3.5%)	205 (26.6%)
2019	558 100%	40 (7.2%)	40 (7.2%)	45 (8.1%)	101 (18.1%)	125 (22.4%)	28 (5.0%)	99 (17.7%)	10 (1.8%)	15 (2.7%)	5 (0.9%)	80 (14.3%)

주) 기타: 시설 개선, 형기 계산, 정보공개청구, 타 기관이첩 청원 등
법무부교정본부, 「교정통계연보」, 2020.

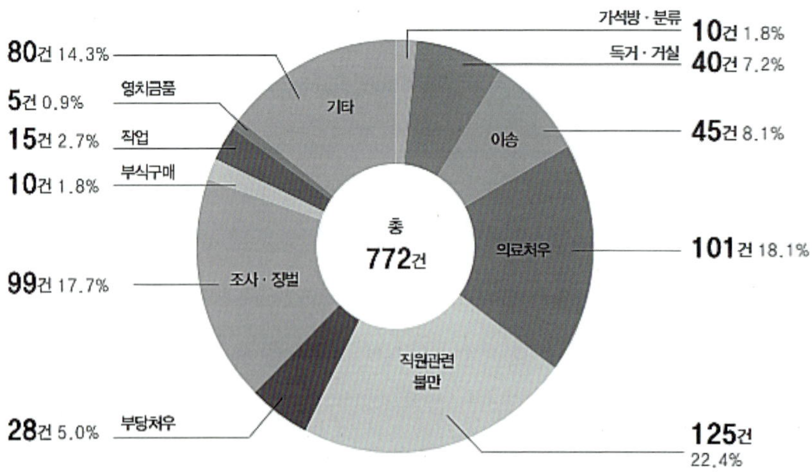

〈그림 7-1〉 수용자 청원 사유별 현황 구성비(2019년)

법무부교정본부, 「교정통계연보」, 2020.

〈표 7-6〉은 2010년부터 2019년까지 수용자 청원 처리 결과를 나타낸 것이고, 〈그림 7-1〉과 같은 기간 수용자 청원 처리 결과 구성비를 그래프로 나타낸 것이다.

수용자의 청원 인용률은 지난 10년간 매년 0.0~0.2%대로 낮게 나타났고, 취하율도 52.5~72.7%로 매우 높게 나타났다. 취하율이 높은 이유는 청원조사 과정에서 상담 등을 통해 불만 및 고충 사항이 상당 부분 해소되는 경우가 많기 때문인 것으로 보인다.

〈표 7-6〉 수용자 청원 처리 결과(2010~2019년)

(단위: 건)

구분 연도	청원 건수	결과				
		인용	기각	각하	취하	기타
2010	1,573 (100%)	1 (0.1%)	300 (19.1%)	318 (20.2%)	949 (60.3%)	5 (0.3%)
2011	1,313 (100%)	1 (0.1%)	204 (15.5%)	201 (15.3%)	902 (68.7%)	5 (0.4%)
2012	1,094 (100%)	2 (0.2%)	148 (13.4%)	144 (13.2%)	795 (69.0%)	5 (0.5%)
2013	1,071 (100%)	0 (0.0%)	172 (16.1%)	159 (14.8%)	739 (69.0%)	1 (0.1%)
2014	903 (100%)	1 (0.1%)	215 (23.8%)	115 (12.7%)	546 (60.5%)	26 (2.9%)
2015	957 (100%)	1 (0.1%)	235 (24.6%)	144 (15.0%)	559 (58.4%)	18 (1.9%)
2016	797 (100%)	0 (0.0%)	134 (16.8%)	124 (15.6%)	520 (65.2%)	19 (2.4%)
2017	744 (100%)	0 (0.0%)	166 (22.3%)	129 (17.3%)	422 (56.7%)	27 (3.7%)
2018	772 (100%)	0 (0.0%)	217 (28.1%)	147 (19.0%)	405 (52.5%)	3 (0.4%)
2019	558 (100%)	22 (3.9%)	144 (25.8%)	81 (14.5%)	308 (55.2%)	3 (0.5%

법무부교정본부, 「교정통계연보」, 2020.

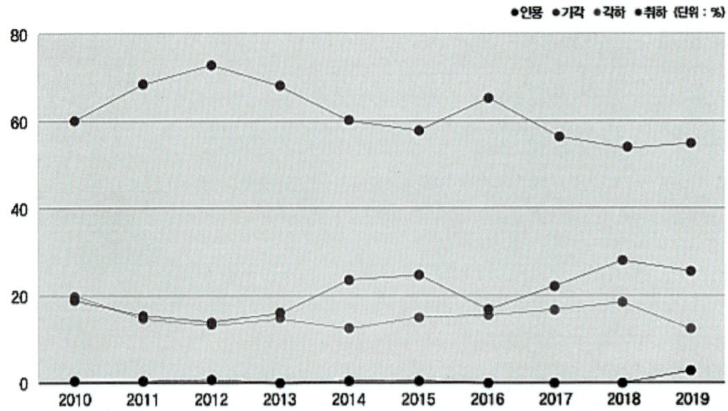

〈그림 7-2〉 수용자 청원 처리 결과 변화 추이(2010~2019년)

법무부교정본부, 「교정통계연보」, 2020.

2) 소장면담

수용자가 그 처우에 관하여 소장에게 면담을 신청할 수 있는 제도를 말한다. 주로 교도관의 위법 · 부당한 행위를 시정하는 데 있어 청원이나 소송을 제기하기 전 조속한 시정을 호소하는 제도로 활용되고 있다. 소장면담은 청원과는 달리 처우에 대한 불복에 한하지 않고 일신상의 사정에 대하여 널리 고충을 호소할 수 있는 점이 다르다.

3) 행정심판의 청구

행정청의 처분 또는 부작위에 대하여 다른 법률에 특별한 규정이 있는 경우를 제외하고는 행정심판법에 의하여 그 심판을 청구할 수 있다. 수용자는 일선 교정시설의 직근상급 행정기관인 지방교정청장에게 행정심판을 청구할 수 있다.

행정청의 위법 · 부당한 처분, 그 밖에 공권력의 행사 · 불행사 등으로 자신의 권리 또는 이익을 침해받은 자는 행정기관에 행정심판을 청구할 수 있다.

〈표 7-7〉은 2010년부터 2019년까지 수용자 행정심판 청구 현황을 나타낸 것이다.

수용자 행정심판 청구는 2010~2013년 기간동안 235~253건 사이였으나 이후에는 급속한 증가추세를 불규칙하게 보이면서 2019년에는 509건에 이르렀다. 예컨데, 2015년에는 552건, 2018년에는 310건을 기록한 것이다. 이러한 불규칙한 증감 현상은 특정 수용자에 의한 행정심판 과다청구 사례가 빈번하여 발생한 것으로 추정된다.

〈표 7-7〉 수용자 행정심판 청구 현황(2010~2019년)

(단위: 건)

구분 연도	청구 건수	진행중	결과					
			계	전부 인용	일부 인용	기각	각하	취하
2010	245	–	245 (100%)	–	5 (2.0%)	101 (41.2%)	70 (28.6%)	69 (28.2%)
2011	235	–	235 (100%)	–	1 (0.4%)	78 (33.2%)	56 (23.8%)	100 (42.6%)
2012	253	–	253 (100%)	–	1 (0.4%)	85 (33.2%)	53 (20.9%)	114 (45.5%)
2013	458	–	458 (100%)	1 (0.2%)	2 (0.4%)	85 (18.6%)	59 (12.9%)	311 (67.9%)
2014	369	–	369 (100%)	1 (0.3%)	2 (0.6%)	106 (28.7%)	90 (24.4%)	170 (46.0%)
2015	552	–	552 (100%)	–	–	94 (17.0%)	145 (26.3%)	313 (56.7%)
2016	347	–	347 (100%)	–	–	74 (21.3%)	160 (46.1%)	113 (32.6%)
2017	437	–	437 (100%)		3 (0.7%)	199 (45.5%)	103 (23.6%)	132 (30.2%)
2018	310	6	304 (100%)	1 (0.3%)	1 (0.3%)	158 (52.0%)	56 (18.4%)	88 (29.0%)
2019	509	63	446 (100%)	–	1 (0.2%)	132 (29.6%)	146 (32.7%)	167 (37.4%)

법무부교정본부, 「교정통계연보」, 2020.

수용자의 행정심판 청구는 기각, 각하, 취하 등 청구인의 주장이 인정되지 않는 경우가 대부분이고, 2010년부터 2019년까지 수용자의 행정심판 청구가 전부인용되는 경우는 3건에 그치고 있음을 알 수 있다.

4) 국가인권위원회법에 의한 구제

수용자는 2001년부터 국가인권위원회법에 의해 국가인권위원회에 서면이나 구두로 진정을 제기할 수 있고, 교정기관은 교정시설에 수용자가 입소할 경우 국가인권위원회에 진정하는 방법 등에 관한 사항의 고지가 의무로 되어 있다.

〈표 7-8〉은 2010년부터 2019년까지 수용자 국가인권위원회 진정 현황을 나타낸 것이고, 〈표 7-9〉는 국가인권위원회 권고내용별 현황을 나타낸 것이다.

국가인권위원회 진정 건수는 2010년 4,954건에서 지속적인 감소추세를 보여 2016년 3,716건까지 줄었으나, 2019년에는 4,211건으로 증가하여 다시 증가세를 보이고 있다.

국가인권위원회의 권고내용을 살펴보면, 총 245건으로 제도개선 등 정책 권고 109건(41.4%)으로 가장 많고, 처우 관련 권고 70건(26.6%), 주의 경고 22건(8.4%), 소관교육 수강 권고 24건(9.1%), 인권교육 18건(6.8%) 등의 순이다.

〈표 7-8〉 수용자 국가인권위원회 진정 현황(2010~2019년)

(단위: 건)

구분 연도	진정 건수	권고		수용여부			
		건수	비율	수용	일부수용	불수용	검토 중
2010	4,954	11	0.2%	5 (45.5%)	3 (27.3%)	3 (27.3%)	-
2011	3,925	11	0.3%	4 (36.4%)	2 (18.2%)	5 (45.5%)	-
2012	3,973	7	0.2%	4 (57.1%)	1 (14.3%)	2 (28.6%)	-
2013	3,879	5	0.1%	1 (20.0%)	1 (20.0%)	3 (60.0%)	-
2014	3,745	3	0.1%	0 (0.0%)	2 (66.7%)	1 (33.3%)	-
2015	3,790	5	0.1%	3 (60.0%)	2 (40.0%)	0 (0.0%)	-
2016	3,716	7	0.2%	6 (85.7%)	1 (14.3%)	0 (0.0%)	-
2017	4,528	10	0.2%	10 (100.0%)	0 (0.0%)	0 (0.0%)	-
2018	4,322	19	0.4%	18 (94.7%)	1 (5.3%)	0 (0.0%)	-
2019	4,211	18	0.4%	14 (77.8%)	4 (22.2%)	0 (0%)	-

법무부교정본부, 「교정통계연보」, 2020.

〈표 7-9〉 국가인권위원회 권고내용별 현황(2001~2019년 누계)

(단위: 건)

구분 / 건수	계	제도개선 등 정책권고	처우관련 권고	주의 경고	인권교육 수강권고	소관업무 교육	시설관련 권고	징계 경고
건수	263 (100%)	109 (41.4%)	70 (26.6%)	22 (8.4%)	18 (6.8%)	24 (9.1%)	13 (4.9%)	7 (2.7%)

5) 기타 구제제도

옴부즈맨제도는 원래 정부 관리에 대한 시민의 불평을 조사할 수 있는 권한을 가진 스웨덴의 공무원제도에서 유래되었는데, 현재 미국의 경우 교정 분야의 분쟁해결제도 중 가장 많이 활용되는 것 중 하나가 되었다. 일반적으로 옴부즈맨은 불평을 수리 · 수사하여 보고서를 작성하고, 적절한 대안을 제시하며 그 결과를 공개하는 권한을 가진다. 대체로 법원소송과 내부분쟁해결의 중간쯤에 위치한 것으로 간주되고 있으며, 독립성, 비당파성, 그리고 전문성이 바로 성공적인 옴부즈맨의 요건으로 지적되어 왔다.

중재(mediation)는 중립적인 제3자인 중재자가 양 당사자의 차이점을 해소하도록 도와주는 합의적 · 자립적인 과정으로, 법률자문을 구하기 힘든 대부분의 수용자에게 유리한 점이 많은 제도이다. 공식송사를 피하여 분쟁을 비공식적으로 해결하기 위한 지역사회분쟁조정센터와 같은 제도가 대표적인 예라고 할 수 있다. 이는 분쟁의 내용이 행정적인 해결을 요하는 경우에도 효과적이며, 문제의 실상을 파악할 수 있고 양자가 합의할 수 있는 의미 있는 해결책을 찾는 데 도움을 줄 수 있으며 비용이 적게 든다는 것도 매력적이다.

수용자 불평처리위원회는 노사관계에 있어서 일종의 고충 또는 불평처리위원회(inmate grievance committee)와 유사한 것으로 수용자들의 불평을 처리하는 절차이다. 보통 기관 내의 지정된 직원에게 불편이 접수되었으나 이를 제기한 수용자가 당국의 반응에 만족하지 못하면 상위기관에 다시 청원할 수 있는데, 이 경우는 수용자와 담당직원 그리고 외부인을 포함하여 위원회를 구성하고 여기서 결정하고 검토하는 것이다. 이러한 수용자 불평처리절차는 수용자와 직원 모두를 위해서 이용되고 있는, 분쟁해결을 위한 공식적 행정절차이다.

제8편
교정교육과 교정상담

Chapter_ 1
교정교육

교정교육은 어느 국가의 경우를 막론하고 완성 단계라기보다는 실험과 탐험이 지속되고 있는 형성 단계에 있는 영역이다. 즉, 좁고 특수한 영역으로서 학문적으로나 실무적으로 적극적인 연구 및 실천이 상대적으로 미진한 분야라고 할 수 있다. 이를 역으로 생각하면, 발전 잠재력이 무한하고 적극적인 개척이 요구되는 영역이라 하겠다. 개인적 차원에서도 교정교육 담당자인 각 개인이 성취할 수 있는 영역이 존재하고 동시에 이 분야의 발전에 큰 영향력을 발휘할 수 있다는 의미가 된다. 그러므로 오늘날의 교정교육자는 그들이 어떤 사고를 가지고 어떤 실천을 하느냐에 따라 교정정책의 미래와 설계에 의미가 있는 영향을 미칠 수도 있을 것이다. 당연한 귀결로서, 교정교육자가 급변하는 사회 환경을 인식하고 진취적으로 대처하기 위해서는 오늘날 교정의 제반여건과 변화가능성에 대해 충분한 이해와 검토가 요구된다. 현재의 여건을 정확하게 직시하고 미래를 창의적으로 예측하는 노력 가운데에서 교정의 새로운 장이 싹틀 것이다.

제1절 사회복귀(교정교화)의 정의

많은 경우에 있어서, 사회복귀(rehabilitation)는 교정교화, 갱생, 개입(intervention) 혹은 치료(treatment)와 동일한 용어로 사용되고 있다. 이러한 접근은 범죄행위는 개인이 준법시민으로 살아가는 데 필요한 기술 혹은 개인적 심성을 갖추지 못하여 발생한 결과라는 것을 전제로 한다. 사회복귀, 갱생, 치료, 개입 프로그램 등 어떠한 용어를 사용하든 다음과 같은 공통된 목적을 갖는다. 범죄자를 변화시키기 위하여 혹은 그들 스스로가 변화할 수 있도록 지원하며 주변의 삶의 환경을 개선하고 사회적 기회를 증진시킨다는 것이다. 이는 그들이 성장하고 경쟁할 수 있는 능력을 향상시키기 위해 심신의 역량을 강화하며 사회요인과의 관계를 재조정해줘야 한다는 것이다. 물론 신체절단이나 전기 충격과 같은 수단에 의해 심신을 위축시키거나 신체적으로 외상을 입히는 어떠한 교정행위는 배제되고 있다. 개인의 적응능력, 흥미, 기술, 취약점 및 주변 환경과 같은 요인이나 조건들을 고려하여 그들의 미래행위, 자신에 대한 태도, 타인과의 교류 등에 영향을 미칠 수 있는 긍정적인 방법과 기술을 강구하는 것이다. 이러한 프로그램들은 종종 임상적인 개입으로 인식되지만, 교육 및 직업훈련 등 모두를 포함한다.[1)]

한편 교정교화 혹은 사회복귀로 정의되는 다양한 영역에 대해서 그것들을 표방하는 형식적인 제도와 실제로 실행되는 프로그램의 내용을 변별하는 것이 중요하다. 대개의 교정교화 프로그램들은 미래의 범죄행위를 억제하기 위한 조치의 일환으로 진행되지만, 실제에 있어서는 변화를 적극적으로 계획하는 실체가 결핍되어 있거나, 각 개인의 범죄를 유발하는 요인을 제거할 구체적인 프로그램이 없는 경우가 많다. 예를 들어 가장 다양한 프로그램이 존재하는 미국의 경우에도, 모든 중간 처우소(halfway house)에서 필수적으로 치료프로그램을 제공하는 것은 아니며, 병영식 캠프(boot camp) 역시 초범인 소년범들, 특히 약물사범들을 위한 단기 치료프로그램이라고 인식되고 있지만, 실제에 있어서는 치료시설로서 기반을 갖추지 못하고 있거나 구체적인 개입프로그램이 존재하지 않는 경우도 많다. 같은 맥락에서, 집중감시 보호관찰(intensive surveillance probation), 가택 구금(house arrests), 그리고 전자 감시(electronic monitoring)를 포함하는 중간 처벌(intermediate sanctions) 역시 치료보다는 주로 구금이나 통제의 기능을 담당하고 있다.

1) Palmer, T., *The Re-Emergence of Correctional Intervention*. Newbury Park, CA: Sage, 1992.

제2절 사회복귀(교정교화)의 역사[2)]

미국의 현대 교정사에서, 교정교화(사회복귀)는 교정 정책과 행정에 있어서 가장 중요한 목표의 하나로 존재하여 왔다. 따라서 역사적으로 다양한 접근양식이 출현하였지만, 오늘날까지도 온전한 형태로 정착된 것은 아니다. 초창기의 시설 내 처우모델은 격리와 침묵 속의 정신적인 명상을 통한 개인의 변화를 추구하였다. 당시 초기 교도소(penitentiaries)는 퀘이커(Quaker)교도들의 영향하에 설립이 되었는데, 이들은 독거구금이든 혼거구금이든 수용자들에게 완전한 침묵을 요구하였다. 격리를 통해 수용자들을 악풍감염으로부터 차단하고, 엄격한 규율과 완전한 침묵을 강요하였다. 그러나 그 결과는 도리어 수용자들의 정신질환만을 야기하였고, 교화되기보다는 도리어 그들의 정신만이 파괴되는 현상을 낳았다. 이 시기는 규율의 시대라고 일컬어지고 있다.

남북전쟁 직후에 보다 발전적인 접근이 출현하였는데, 이는 1876년에 설립된 뉴욕주의 소년범들을 위한 엘마이라 감화원(Elmira Reformatory)에서 찾아볼 수 있다. 당시의 개혁주의자들은 마코노키(Alexander Machonochie)의 점수제와 크로프턴(Walter Crofton)의 누진처우제도를 적용하여 수형자들의 선행, 작업성과 및 학업성취도에 따라 단계별 경비수준을 정하고 궁극적으로는 석방될 수 있는 모델을 고안하여 실시하였다. 이 제도는 부정기형, 조기출소 및 가석방 등과 같은 새로운 방식을 도입한 것으로 획기적인 개혁으로 볼 수 있다. 교정담당자들이 수용자의 교화 정도를 근거로 석방의 결정을 내리는 권한을 갖게 된 것이었다. 결과적으로, 한 개인의 형기는 최대 형량 내에서, 교화가 되는 데 소요되는 시간에 따라 각각이 개별화되는 결과를 기대할 수 있게 된 것이다. 엘마이라 감화원 및 당시에 설립된 시설들은 또한 개인의 변화를 촉진시키기 위한 다양한 교육프로그램을 시행했다. 이러한 프로그램들의 시행은 교정정책이 수용자의 변화를 추구하는 적극적인 개입으로 전환되었음을 보여주는 것이었다. 이는 교정당국이 수동적인 입장에서 수용자들 스스로가 명상이나 회개를 통하여 변화할 것을 기대했던 이전의 패러다임과는 차이를 보였다는 점에서 의미를 부여할 수 있다.

1900~1920년 사이에는 사회과학으로서 사회학과 심리학의 등장으로 진보적인 개혁가들에 의해 새롭고 계획된 치료적 접근이 집중적으로 시도되었다. 이 기간은 공교육이 널

---

2) 제2편 chapter_1 제3절, 제4절 및 Rothman, David, *Conscience and Convenience: The Asylum and Its Alternatives in Progressive America*. Boston: Little, Brown, 1980을 참조.

리 장려되고 낙관적인 사회관이 지배했던 시기로서, 범죄행위가 일종의 사회적인 질병으로 인식되어 이성적이고 과학적인 접근을 통해 예방될 수 있다고 믿었다. 사회현상의 인과관계는 소위 의학, 사회학 및 심리학 등을 포함하는 학문을 통하여 파악할 수 있으며, 궁극적으로는 사회를 진단하고 치료할 수 있다고 인식하였다. 당시의 범죄학계는 범죄의 근원이 범죄인 개인의 의사에 의해 결정된 합리적 선택이라는 주장보다는, 격세유전과 같은 생물학적 특성이나 심리학적 질병에서 유래된다는 실증주의자들의 연구가 지배적이었다. 즉 범죄인은 환자라는 가정에서 출발하였다. 이러한 진보주의적 추세는, 범죄의 원인을 진단하고 치료하는 개별적이고 치료적 처우를 강조한 것으로, 이러한 사상과 접근을 근간으로 한 의료모델(medical model)이 지역사회 교정, 소년법원 그리고 교정시설에 적용되기 시작하였다. 의료모델을 통해 진단센터와 정신과치료를 갖춘 교도소병원이 제시되었으며, 의료 및 치료직원들이 보안담당직원들을 대체하는 현상이 나타났다.

이후 사회복지사, 교육자, 그리고 심리 및 정신치료 담당직원 등을 포함하는 치료담당직원이 증가하였으나, 교도소나 청소년 교정시설이 완전히 병원기능을 담당한 것은 아니었다. 치료영역에의 공적 투자는 늘 충분치 못했고, 치료프로그램의 치료적 효과 역시 논란의 대상이 되었다. 당시의 정신과적 접근은 실질적으로는 개인을 변화시키는 교정프로그램보다는 진단과 분류와 관련된 프로그램들에 더 많은 투자가 이루어졌다고 주장되고 있다. 그럼에도 불구하고, 20세기 첫 반세기 동안에는 개별적 치료, 분류 및 지역사회 교정, 그리고 처벌보다는 교정이 중심이 된 보다 인도주의적인 프로그램으로의 전환이 교정의 목적으로 확산되는 시기로 평가받고 있다.[3)]

사회복귀의 시기가 끝날 무렵, 대통령산하에 범죄위원회가 설치되고 이에 따른 입법화가 추진되어 범죄예방 및 치료적 개입을 위한 예산이 확보되기도 하였지만, 그 효과는 단기로 끝났다. 치료 모델과 부정기형은 사람을 의도적으로 변화시킨다는 측면에서 윤리적으로 불공정하고 비인도적이라는 논란이 제기되었고, 특히 치료를 원하지 않는 대상자들에게 실시될 경우에는 더욱 큰 이슈로 대두되었다. 보수주의자들은 높은 범죄율에 자극을 받아 범죄행위에 대한 강경책으로, 억제(deterrence)와 무력화(incapacitation)가 더 효과적이라는 주장을 전개하였다. 특히 1970년대 중반에, 로버트 마틴슨(Robert Martinson)이 기존 치료프로그램들에 대한 평가연구에서, 'nothing works'로 상징되는 '어떤 사회복귀프로그램도 재범률 감소에 의미가 있는 효과를 미치지 못했다'는 주장이 폭발적인 영향력을 발휘

---

3) Cullen, F.T. and K.E. Gilbert, *Reaffirming Rehabilitation*, Cincinnati, OH: Anderson, 1982.

하여 행형의 보수화에 결정적인 기여를 하였다.

이후 부정기형은 정기형 혹은 양형기준의 강화의 방향으로 전환되었으며, 새로운 혁신프로그램은 물론 기존의 치료프로그램의 예산이 삭감되는 결과를 낳았다. 교도소 과밀현상은 더욱 악화되어 1980년의 319,598명에서 1990년 743,382명, 2003년 1,387,269명, 2009년 2,292,113명으로 지속적으로 증가하였다.[4] 이러한 급등현상은 객관적 근거를 고려하지 않은 채, 주로 여론과 정치적 결정으로 시행된 강경한 형벌정책에서 그 원인을 찾아볼 수 있다.

이러한 변화에도 불구하고, 교정 관련 기관에서의 사회복귀프로그램이 완전히 포기된 것은 아니었다. 소년범 시설에서의 치료영역은 끊임없이 우선순위에 있었으며, 증가하는 마약과 알코올 중독을 다루기 위한 새로운 전략들이 제안되었다. 치료프로그램에 대한 연구와 평가작업이 지속되었고, 일정한 결실을 맺기 시작하였으며, 또한 효과적인 프로그램 모델이 제시되기도 하였다. 오늘날의 치료와 사회복귀 프로그램들이 실무적으로 적합한 것은 아니라고 할지라도, 많은 전문가들은 지난 수십 년간의 경험에서 의미가 있는 지식과 전략이 축적되었다는 데 동의하고 있다.

제3절 우리나라의 교정교육

수형자 교육은 계획된 학습경험과 학습환경을 통해서 수형자를 개선시키고자 하는 교정프로그램의 일부이다. 수형자 교육은 형집행법 제63조에 따라 의무교육을 받지 못한 수형자에 대한 학과교육과 성공적인 사회복귀에 필요한 지식과 소양을 습득하는 교육으로 나눌 수 있다. 전자는 검정고시반, 방송통신교육, 독학사 등 정규학과 및 학위취득과정이 있고, 후자는 집중인성교육, 석방 전 교육 등 인성 및 사회복귀에 관한 교육 등이 있다. 교정시설은 교육을 효과적으로 시행하기 위하여 교육실을 설치하는 등 교육에 적합한 환경을 조성하여야 하며, 교육 대상자, 시설 여건 등을 고려하여 교육계획을 수립히여 시행히도록 하고 있다.

---

4) *Sourcebook of Criminal Justice Statistics Oneline*.(www.albany.edu/sourcebook/pdf/t5652007.pdf)

1. 수형자 교육

교정시설에서는 기초학력이 부족한 수형자가 원활한 사회복귀를 준비할 수 있도록 검정고시반 등의 학과교육을 실시하고 있으며 나아가 독학이나 위탁교육 등을 통해 고등학교 졸업 이상의 학력이나 학위를 취득하기 위한 교육 역시 다양하게 운영하고 있다.

- 의무교육: 교육기본법은 수형자 중 6년의 초등교육과 3년의 중등교육을 받지 못한 수형자에 대하여는 본인의 의사 · 나이 · 지식정도, 그 밖의 사정을 고려하여 그에 알맞게 교육하도록 하고 있다. 이를 근거로 교정시설에서는 수형자를 중간처우를 위한 전담교정시설에 수용하여 외부 교육기관으로 통학하게 하거나 외부 교육기관에서의 위탁교육을 실시할 수 있도록 하고 있다.
- 검정고시반: 수형자의 교육기회를 확대하고 일반 사회의 정규교육과 연계하기 위하여 초 · 중 · 고 졸업학력 검정고시시험을 준비하는 수형자를 대상으로 검정고시반을 운영하고 있다.
- 방송통신교육: 수형자에게 고등학교 또는 대학과정의 교육과정을 제공하고 있다. 방송통신고등학교의 경우 입학금, 수업료, 교과용 도서구입비 등 필요한 비용을 예산의 범위 내에서 지원할 수 있도록 하고, 방송통신대학의 경우 자비부담을 원칙으로 여주교도소 등 4개 기관에서 운영하고 있다.
- 독학에 의한 학위취득과정: 독학에 의한 학사학위 취득을 희망하는 수용자가 있는 경우 기관 여건을 고려하여 지역의 평생교육진흥원과 협의하여 학사고시반을 운영하고 있다.

2. 인성교육과 석방 전 교육

- 집중인성교육: 수형자의 범죄원인 중 규범의식의 결여나 생활태도의 부적절성에서 원인을 찾는 경우가 많다. 수형자의 재범방지를 위한 교육은 대부분 인성교육을 의미한다. 우리나라는 1970년대 정서교육으로 시작하여 1980년대 새마을 정신교육, 순화교육, 2002년 정신교육, 2006년 인성교육으로 발전해 왔다. 2013년 교정교화 종합대책의 일환으로 재정비된 집중인성교육 프로그램은 모든 수형자를 대상으로 내면의 변화를 도모하기 위한 심층적 · 복합적 프로그램을 구성 운영하고 있다.

- 석방 전 교육: 석방 전 교육은 형기종료, 가석방 등 출소일이 임박한 수형자에 대하여 사회복귀에 필요한 교육을 실시하여 출소 후 건전한 사회구성원의 역할을 수행할 수 있도록 실질적인 도움을 주기 위한 교육이다.

3. 기타 교육

- 특별 보호교육: 소장은 소년수용자에 대하여 나이 · 적성 등을 고려하여 적정한 처우를 하도록 하고, 그에 알맞은 교육 · 교화프로그램을 개발하여 시행하도록 하고 있다. 노인의 경우 전담교정시설을 두고, 노인 문제에 관한 지식과 경험이 풍부한 외부전문가를 초빙하여 교육하게 하는 등 노인수형자의 교육받을 기회를 확대하고 노인전문오락, 그 밖에 노인의 특성에 알맞은 교화프로그램을 개발 · 시행하고 있다. 장애인의 경우 인간으로서 존엄과 가치를 존중받고 그에 합당한 대우를 받도록 하며 장애유형에 따라 차별화된 맞춤형 교육프로그램을 적용하여 안정된 수용생활을 도모하고 출소 후 재범방지에 기여하도록 하고 있다.
- 특별활동반 교육: 수용자의 적성에 맞는 예능 및 체능의 소질을 발굴 · 개발하기 위하여 운영하는 교육으로 수형자의 정서함양 등에 필요한 특별활동반을 문예창작 및 예능반(독서, 서예, 서양화, 연극, 악대 등) 및 체육반(배구, 농구, 족구 등)으로 운영하고 있다.

Chapter_ 2

교정상담[5)]

제1절 교정상담의 정의와 목적

1. 교정상담의 정의

교정상담(correctional counseling)이란 용어는 오늘날에도 사회 각 부문에 보편적으로 알려진 용어는 아니며, 제2차 세계대전 이후부터 널리 사용되기 시작한 것으로 알려져 있다. 1800년대에는 상담을 성직자들이 담당했고, 그 다음에는 보호관찰관이, 그리고는 가석방 담당자가 담당하였다. 20세기에 이르러서야 정신과의사, 심리학자, 사회학자 및 사회사업가 등이 이 분야에 참여하여 치료서비스를 제공하기 시작하였다. 2차 대전 이후 교정 분야에 상담의 필요성이 크게 대두되면서, 교정상담이라는 용어가 일반화되었다. 그러나 미국에서 교정상담 분야가 크게 발전한 시기는 범죄자의 사회복귀가 강조되던 1960~70년대부터라고 할 수 있다.

교정상담이라는 용어는 주로 소년원이나 성인 교도소에서 가장 보편적으로 사용되고 있다. 물론 우리나라에는 교정상담사라는 직책이나 용어가 실제 업무 속에 정착되어 있지 않다. 대개의 교정시설에서는 교정상담자와 보안담당자의 기능이 혼합되어 있기 때문에 교정상담자란 용어의 의미가 퇴색되어 가고 있다. 한편으로 관련 직종에 종사하고 학문적 및 경험적 자격을 갖춘 봉사자들도 존재하지만 주로 종교계 종사자들이 많고 공식적인 역할이 주어지지 않음으로써 적극적인 활동이나 효과를 기대하기는 어려운 실정이다.

이미 기술된 바와 같이, 교정상담에 대한 확고한 정의는 아직 정립되지 않았다. 그 이유 중의 하나는 교정상담이 교정시설에서 이루어지고 범죄자를 대상으로 한다는 것을 제외하면 다른 유형의 상담과 다르지 않다는 데 있다. 따라서 일반상담에서 적용되는 정의는 교정상담에서도 적용될 수 있다. 따라서 교정상담의 정의를 다음과 같이 규정할 수 있다.

---

5) chapter_2 교정상담 부분은 이백철, 「교정교육학」, 시사법률, 1998. pp.145~177에서 주로 요약·인용하였음.

'교정환경에서 비롯되는 각종 문제들을 전문적으로 다룰 수 있는 지식과 기술을 가진 상담자와 범죄나 비행행위에 관련되어 유죄로 판명되어 정규 혹은 비정규 교정시설에 있는 내담자 사이에 이루어지는 의도적이고 목적적이며 상호작용적인 과정이다.'

상담자들이 직면한 문제는 내담자가 처한 어려운 상황을 잘 대처할 수 있도록 도와 궁극적으로는 대처기술을 향상시키고 지역사회자원을 적절히 활용하여 법을 준수하는 시민이 되도록 돕는 것이다. 교정상담은 광의적 의미의 교정교육에 포함된다. 협의적 의미로 교정상담은 교정현장에서 상담전문가[6]가 수용자의 다양한 심리적 및 행동적 문제 상황과 위기를 성장과 발전의 기회로 바꿀 수 있도록 이끌어 주고 도와주는 과정이라고 정의되기도 한다.

교정상담은 수용자의 생활적응을 돕기 위한 생활지도와 불안정한 정서적 · 심리적 문제의 해결을 위한 심리상담, 그리고 심리 치료적 영역을 모두 포함한다. 그동안 우리나라의 교정시설에서의 상담은 생활지도영역에 머물러왔다고 할 수 있고, 심리 정서적 문제해결을 위한 상담은 자살 우려자 등 일부 수용자에 대해 외부전문자원에 의해 시행되고 있다. 물론 정신분열증 등 심리치료 또는 정신치료영역은 법무부 국립정신병원 또는 진주 교도소 등의 치료시설을 이용하고 있으나, 그 혜택을 보는 수용자는 매우 미미한 실정이다.

2. 교정상담의 목적에 대한 논의

교정상담이라는 용어는 교정교육의 개념을 정의하는 경우에서와 같이, 학문적인 관점에서나 혹은 실무 분야에 있어서도 그 쓰임의 용도가 일정하지 않다. 이는 무엇보다도 교정상담이 교정교육의 경우와 같이 사용하는 목적과 방법에 따라 폭넓게 쓰이고 있기 때문이다. 교정교육이 그간 교정 시설 내에서 주로 이루어져온 까닭으로 교도소 교육과 동일시되어온 경향이 있으나, 교육의 대상으로서 범죄를 범한 범죄자에 초점을 맞춘다면 장소적 개념을 넘어서 그 의미의 폭은 매우 넓어진다. 교정상담의 경우에도, 관점에 따라서는 교정상담보다는 범죄자상담이라는 용어가 보다 구체적인 대상을 제시해 준다는 의미에서 보다 적절하다고 볼 수 있다. 교정상담은 일차적으로 범죄자의 교화에 그 목적을 두고 있지만 실제 현실에서는 그 일차적 목적과 달리하여 존재하는 경우가 있는 것이다. 즉, 상담

6) 교정직원, 교정위원, 외부상담사 등

의 목적이 대상자의 진정한 교화에 있는가 아니면 기존 조직의 유지 혹은 효율성 제고에 있는가의 문제를 생각해 볼 수 있다.

예를 들면, 상담하는 교도관의 기본 임무가 범죄자가 외부 세계에 잘 적응할 수 있도록 돕는 것인가, 아니면 교도소환경에의 적응을 원만하게 할 수 있도록 돕는 것인가? 혹은 보호관찰관의 일차적 역할이 범죄자를 치료적으로 교화하는 것인가, 아니면 배당받은 보호대상자들을 관리하고 보호관찰과 가석방의 조건을 강화시키는 것에 있는 것인가? 등과 같은 문제들을 열거해 볼 수 있다. 이러한 문제들은 과거부터 오랜 기간 동안 제기되어 왔으며, 그 밑바탕에는 기존의 여건하에서는 범죄자를 교정하는 목표를 실현시킬 수 없다는 상담자의 회의적인 시각이 존재한다고 볼 수 있다. 실제로, 교도소의 교도관이나 상담자들은 재소자들의 출소 후 사회적응을 돕는 장기적 교화활동보다는 오히려 재소자들의 시설 내 적응에 보다 많은 시간을 할애하고 있다. 보호관찰관의 경우에도, 보호관찰 대상자와 관련된 행정적 관리나 규칙집행 등만으로도 이미 과다업무에 시달리고 있어 대상자의 사회복귀와 적응을 돕는 활동은 크게 위축되어 있는 것이 일반적인 실정이다. 이러한 실정은 소년범의 경우보다는 특히 성인 범죄자의 경우에 더욱 심각하여 성인범에 대한 상담 및 치료의 성과와 미래에 대하여 부정적인 시각이 지배하고 있다. 이와 같은 상황은 다음 3가지 추세와 관련이 있다. 이는 미국의 상황을 기술하는 것이지만 우리의 경우에도 상당 부분에서 일치하는 바가 있다.

첫째, 범죄자의 상담 및 치료가 과연 효과가 있는가?
둘째, 치료시설들이 신뢰성과 책임성을 갖추었는가?
셋째, 인적 및 물적 자원이 충분한가?

교정상담자의 임무를 보다 폭넓은 시각에서 보면, 단순한 범죄자들과의 접촉을 통한 상담뿐만 아니라 다양한 전문가들이 교정시설이나 환경에서 그들의 기술과 전문지식을 활용할 수 있도록 도와주는 업무를 포함한다고 볼 수 있다. 좁은 의미에서의 기본임무는 범죄자를 주 대상으로 한 치료활동이라 할 수 있으며, 그 활동에는 교도소 적응, 조기출소나 출소 후의 직업, 가족, 사회적응 문제 및 소년범 문제 등에 대해 치료적으로 접근하는 것이 포함된다.

교정상담은 앞서 교정교육의 발달사에서 살펴보았듯이 1790년대 미국의 펜실베이니아주의 퀘이커(Quaker) 교도들에 의해 기획된 엄정독거하에 회오반성의 기회제공을 목표로 하는 펜실베이니아제도에서 기원을 찾고 있다. 이 프로그램은 인간의 사회성 말살이라는 비인도적인 측면에 대한 비판이 컸지만 당시로서는 교정의 획기적인 전환점이 되었다. 1870년에서 1920년에 이르는 50년간 미국에서는 교정시설에서의 갱생프로그램이 많이 개발되고 활용되었는데 이들 프로그램의 대부분은 수용자들에 대한 교육, 종교적 교훈, 중노동 등으로 구성되었다. 이후 30년간, 즉 1920년에서부터 1950년에 이르는 기간 동안 재소자 갱생을 위한 직업적 의학적 모형이 대두되었다. 이 시기에 개별상담과 집단상담이 보편화되면서 갱생프로그램의 필수적인 부분이 되었다. 이후 다양한 상담기법의 개발과 상담의 대중화 및 보편화의 영향으로 교정시설에서도 더 광범위하게 여러 형태의 상담이 활용되게 되었다. 오늘날 교정상담은 교정에 있어서 가장 중심적인 교정프로그램으로 자리 잡고 있다.

제2절 교정상담의 특성

1. 교정상담과 일반상담의 차이

교정상담은 상담이론과 과정에 있어 일반상담과 같다고 할 수 있으나 교정환경의 특성상 다음과 같은 면에서 일반상담과 차이가 있다. 첫째, 일반상담은 내담자의 문제가 발생했을 때, 내담자의 복지를 최우선적으로 고려하는 데 반해, 교정상담은 수형자의 문제행동이 발생했을 때, 수용질서를 최우선으로 한다. 둘째, 일반상담이 내담자가 상담자에게 자발적으로 신청하거나 지속적으로 방문하려는 의지를 가지고 지속되는 반면에, 교정상담은 수형자의 의지와는 관계없이 수시로 관리자로서 교도관의 호출에 의해 이루어질 수 있다. 셋째, 일반상담은 내담자에 대한 사전정보를 갖지 못하고 상담이 시작되고, 일정한 상담횟수와 시간이 정해져서 체계적으로 이루어지는 반면에, 교정상담은 내담자에 대한 편견이나 선입견 등이 상담의 진행을 방해할 수 있고, 근무 중에도 관리자의 권한에 의해 불규칙적인 혹은 단기간의 상담이 이루어질 수 있다.

2. 내담자로서 수형자의 특성

1) 인지적 특성

수형자는 사고체계에서 부적응적인 신념을 가지고 있는 경우가 많다. 수형자가 가지고 있는 인지적 특성을 살펴보면 다음과 같다.

첫째, 삶이 제한된 공간으로 한정되는 데에서 오는 사고의 폭의 축소가 자발적 문제해결능력을 저하시키고 타인에 대한 의존성을 증가시킴에 따라 수동적·비주체적 사고의 특성을 가지고 있다.

둘째, 자신과 세계를 흑백논리로 지각하고 이해하는 이분법적 사고가 많고, 하나의 부정적인 사건이 발생하면 그 사건 하나에 국한하지 않고 다른 사람이나 다른 상황에서도 계속 반복되는 것으로 지각하는 과잉일반화의 특성을 보이기도 한다.

셋째, 상황의 부정적 측면에만 몰두하는 경향이 있고, 반대로 긍정적 경험 자체를 부정하며 긍정적인 결과에 대해서는 우연으로 치부하는 등 긍정적 사실에 대해 평가를 절하하는 특성을 보인다.

넷째, 타인의 성공은 확대하여 평가하는 경향이 있고, 자신의 성공은 축소하고 절하하는 등 자기부정의 특성을 가지고 있다.

2) 성격적 특성

수형자는 성격적으로 내향성보다 더 반사회적 행동을 일삼고, 수용시설 내에서 관규위반이나 소 내 규칙을 거부하거나 무시하는 경향을 보인다. 또한 억압된 분노나 공격성의 과도한 표현으로 신경증적 특성을 보이고, 예측 불가능한 행동, 자기중심적인 자애적 성격이 지나치게 강하여 대인관계가 원만치 못하며 욕망을 성취하지 못할 때 난폭해지는 경향을 보이는 정신병적 특성을 보이기도 한다.

3) 감정적 특성

수형자의 감정적 특성은 크게 공격성과 우울증으로 구분할 수 있다. 자기 처지에 대한 불만족이나 처우상 불만 등이 원인이 되어 폭력이나 자살시도 등으로 나타날 수 있다. 여기에서 좌절의 결과가 내면화되면 자살의 형태로, 외면화되면 폭행이나 살인의 형태로 나타난다. 우울성은 자살과 밀접한 관련성을 보이는데, 지나친 우울성은 내적 공격성으로 나타나 곧 자해나 자살의 형태로 나타나는 것이다.

3. 교정상담자의 일반적 특성

실제 교정현장에서는 상담자의 대부분이 심리학이나 상담에 관한 지식이 없는 비전문인이고, 상담의 동기 및 목적이 분명하지 않은 상태에서 개인적 취향에 따라 불규칙하게 진행되거나 위기적 상황에 대비한 관리 차원에서 생활지도와 같은 단기상담이 대부분을 차지하고 있다. 이런 과정에서 질서유지와 처우라는 이중역할을 동시에 수행해야 하는 역할갈등에 노출되는 현상을 보인다.

제3절 교정상담자의 특수문제와 도전

교정상담자도 다른 분야의 상담자와 마찬가지로 그들이 직면하는 문제, 딜레마, 도전 등으로 갈등을 겪는다. 교정 분야에서는 다른 분야와는 차이가 있는 독특한 문제와 도전이 있다. 다음은 그중 중요한 내용의 몇 가지를 기술한 것이다.[7)]

1. 상담에 대한 지원과 이해 부족

대개의 일반 상담은 보조자의 지원을 받으나 교정상담자에 대한 지원 여건은 시설에 따라 차이가 있으며 매우 미미한 경우가 대부분이다. 상담자 역할에 대한 시각의 차이에 따라 세 가지 유형의 행정조직으로 구분할 수 있다. 여기에는 강제적 행정(coactive administration), 분산적 행정(diffuse administration), 차별적 행정(discriminative administration)이 포함된다.

---

7) 이백철, 「교정교육학」, 시사법률, 1998, pp.168-175; Van Voorhis, Patricia, Michael Braswell, and David Lester, *Correctional Counselling & Rehabilitation*, chapter_2, 2nd & 5th ed, Mathew Bender & Company, Inc., 1997 & 2004.

① '강제적 행정'은 시설이 사고가 없이 조용하고 안전하게 운영되는 것을 목표로 한다. 상담자는 재소자의 좌절감을 감소시키려는 노력을 하는 것처럼 보이지만, 실제로는 개별적 치료에는 많은 지원을 하지 않는다. 이 경우 가장 중요한 것은 바로 보안 문제이다.

② '분산적 행정'은 치료지향적인 시설로 보이기 위하여 치료프로그램을 일시적 혹은 약식으로 마련하지만 실제로 치료는 환상에 불과하다. 프로그램은 재소자의 실제적 욕구에 기초한 것이 아니며 치료에 대한 개입도 없다.

③ '차별적 행정'에서는 진정한 치료지향적인 프로그램을 제공한다. 이 경우에는 재소자의 실제적인 필요에 입각한 치료프로그램이 되도록 하는 노력이 존재한다. 이러한 행정체계에서 상담자는 가장 생산적인 활동을 하게 된다.

대부분의 시설은 강제적 및 분산적 행정조직에 속하며, 이상적인 형태로서 차별적 행정조직을 지향하고 있다 하겠다. 그럼에도 불구하고 시설의 경비등급과 범죄유형이 고려된 보다 실효성이 있는 분류심사체계를 갖춤으로써 효과적인 차별적 행정이 가능할 수 있을 것이다.

2. 비밀 유지

지역사회 프로그램에서는 비밀보장이 교도소보다 잘 유지될 수 있다. 그 이유는 우선 지역사회 프로그램에서는 내담자들이 서로에 대해 자세히 모르고, 대개 상담실은 사생활을 보호하도록 설계됐으며, 사무실 직원도 내담자의 정보를 보호하기 때문이다. 그러나 교도소의 상황은 아주 다르다. 제한된 공간에서 진행되기 때문에 상담 사실이나 그 내용들이 노출되기 쉽고, 또한, 집단 상담에 함께 참여함으로써 재소자들은 서로 간에 많은 정보를 얻게 된다. 예컨대, 동성애 감정과 같은 특정 주제를 다루는 경우, 관련 정보가 누설되어 성적 대상자를 찾고 있던 타 재소자에 의해 희생을 당하기도 한다. 교도소처럼 폐쇄된 공간에서 이러한 정보에 관한 소문은 아주 빠른 시간에 다른 재소자들에게 퍼지게 된다.

교정상담자는 비밀보장에 대해 자신의 입장을 분명히 할 필요가 있다. 그리고 비밀보장에 관한 자신의 입장을 내담자에게 가능한 한 분명하게 전달해야 한다. 그러나 문제는 개인이 어떤 식으로 비밀보장을 해야 하는지 확실한 틀이 없다는 것이다. 처음으로 교정상담을 시작하는 상담자는 법률이나 규정에 명시된 내용, 시설의 정책, 전문가의 윤리강령 등을 검토하지만 결국에는 자신이 편안한 입장을 택하게 된다.

재소자들은 상담자가 정보를 상부에 누설하는지 혹은 비밀을 지키는지를 알아보기 위해 상담자에게 일부러 중요한 정보를 알려주면서 테스트를 하고는 상담자가 어떤 사람인가에 대해 평가를 하기도 한다. 만일 상담자가 이러한 테스트를 통과하지 못한다면 그 소문은 재소자 사이에 순식간에 퍼지게 되어 이후 상담은 심각한 제한을 받게 된다.

3. 과중한 업무부담

대개 어느 국가이든 대규모 성인 교도소의 상담자들은 과다한 대상자를 맡고 있다. 담당하는 재소자에게 사고나 변화가 발생하거나, 대상자들이 단기간에 바뀌는 경우에는 상담자의 업무부담은 더욱 가중된다. 업무는 과중할 뿐만 아니라 다양하다. 시설의 상담자가 강도, 절도, 강간, 어린이 유괴, 음주 운전 등의 범죄를 저지른 각종 범죄자들과 상담을 하는 것은 이상한 일이 아니다. 대개 재소자들 사이에는 범죄로 인해 유죄판결을 받고 특정 교정시설이나 프로그램에 입소되었다는 사실 외에는 거의 공통점이 없다. 이렇게 다양한 범죄자집단을 위해 각각의 효과적인 치료계획을 세운다는 것은 쉬운 일이 아니다.

이처럼 압박감을 느끼는 분위기에서 상담자가 그의 도움을 가장 필요로 하는 재소자보다 그가 상대하기 편한 재소자와 많은 시간을 보내고 싶은 유혹을 느끼는 것은 당연하다. 상담자가 젊고, 매력적이고, 지적이고, 표현력이 풍부하며, 성취적인 내담자와 일하기를 좋아하는 것을 YAVIS 증후군이라고 명명하는데,[8] 교정상담자의 책임과 일치하는 행동은 아니다.

4. 과도한 탁상업무

형사사법체계에서 가장 주요한 업무 중의 하나는 기록을 문서화하는 것이다. 사건의 중요성과는 상관없이 범죄사실과 범죄자에 대하여 일정한 유형의 보고와 기록을 작성하고 보관하는 것이다. 기록이나 보고의 성격과 기능은 개입 단계에 따라 다르며, 교정 차원에

---

8) Young, Attractive, Verbal, Intelligent, and Successful을 의미함. Schofield, William, *Psychotherapy: The Purchase of Friendship*. Englewood Cliffs, N.J.: Prentice-Hall, 1964.

서는 개인의 정보를 수집하고 보고서를 작성하는 책임은 교정상담자에게 있다. 범죄유형과 각 사안에 따라 기록과 보고서의 형식도 다양화되어야 한다. 상담자는 많은 사례를 기록 · 관리해야 하므로 그 업무량은 과다할 수밖에 없다. 이러한 업무를 비효율적으로 처리한다면 담당재소자와 상담을 할 기회가 줄어들게 된다. 교정상담자의 탁상업무를 효율적으로 관리하도록 도울 수 있는 방법으로는 개인용 컴퓨터의 활용과 소프트웨어의 지속적인 개발이 필요하다.

5. 내담자의 비자발성

모든 교정상담은 상담을 실시하는 시설의 성격과는 관계없이 어느 정도 강제적인 성격을 갖고 있다. 재소자들은 교정시설을 선택할 자유가 없으며, 상담 프로그램에 참여하는 것도 진정으로 원해서 참여하는 경우는 거의 드물다. 사실 재소자들은 자신들이 잘못되었다는 것을 거의 알지 못하고 변화하려는 욕구도 거의 갖고 있지 않기 때문에, 상담자들이 진심으로 그들을 돕기를 원하는가에 대하여 의문의 시각을 갖고 있다.

교정치료의 효과에 대해서는 찬반의 논쟁이 존재한다. 비판하는 사람은 재소자들이 치료를 강요당하기 때문에 변화에 대한 동기를 갖지 못하며, 이러한 상담은 실패하기 쉽다고 주장한다. 동시에 지역사회 프로그램에 참여하는 내담자들은 그들이 자유의지로 도움을 청하기 때문에 시설의 재소자보다 더 나은 내담자라고 가정한다. 그러나 대상자의 참여 동기와 관련, 시설의 재소자와 지역사회 프로그램의 내담자 간에 차이는 크지 않다는 주장도 있다. 소위 자발적인 내담자일지라도 이들은 친구, 가족, 그리고 고용주에 의해 상담을 강요받은 사람들이라는 것이었다. 이러한 내담자들은 이혼을 당하지 않기 위해서 혹은 직업을 잃지 않기 위해서 참여할 뿐이지 실제적으로 스스로를 변화시키려는 것은 아니라고 본다. 반면에 많은 재소자들은 다른 재소자들 사이에서 체면을 잃을까 두려워 상담에 자발적으로 참여하지 않는 경우도 있다. 그럼에도 불구하고 그들은 현재의 상황이 너무 불안하고 절망적이기 때문에, 일단 상담을 받으면 변화에 대한 높은 동기가 생성되기도 한다. 실제로 상담을 강제적으로 실시할 필요가 있다는 주장 또한 오랜 경험을 가진 교정상담자들에 의해 제기되고 있다.[9)]

---

9) Mangrum, C., "The Function of Coercive Casework In Corrections," *Federal Probation*, 1971, 35(1), pp.26–29.

6. 역할갈등

초보 교정상담자는 그가 통제 및 치료에 모두 책임이 있다는 것을 알고 크게 부담을 느낀다. 상담자가 어떻게 한 재소자에 대해 이 두 가지의 갈등적 입장을 조화롭게 수행하는가는 쉽지 않은 작업이다. 해처(Hatcher)는 이러한 역할갈등이, 교정상담자가 상담은 '좋은 것'이라고 여기고, 통제는 '나쁜 것'이라고 간주하기 때문에 나타나는 것이라고 하였다.[10] 그러나 이상적으로 볼 때 보안담당자는 치료 영역에, 치료담당자는 보안 영역에 상호 부분적 책임이 있다는 점을 받아들여야 한다.

7. 현실검증 기회의 결핍

재소자들이 안고 있는 문제들의 대부분은 그들의 친구, 가족 및 그와 관련된 중요한 사람들과 충분히 상호교류를 할 수 없다는 사실과 연관이 깊다. 예를 들어, 한 재소자가 여자와 관련된 문제를 갖고 있을 경우, 상담자는 재소자의 문제해결 과정을 평가하고자 하더라도 재소자를 실제 상황에 데려다 놓을 수가 없는 것이다. 이는 고용주와의 관계에서나, 대부분의 사람이 맺는 어떠한 인간관계에서도 마찬가지이다. 교정상담자는 교정환경을 벗어난 외부 세계에서 재소자를 평가해 볼 수 있는 기회조차 갖지 못하고서 가석방의 성공전망을 예측해야만 한다.

8. 재소자의 가식

재소자들은 교정상담자가 그들의 일상적인 생활에 많은 영향력을 미친다는 것을 잘 알고 있다. 따라서 그들이 상담자가 원하리라고 생각되는 것을 말하고 행동한다는 것은 당연한 일이고, 일종의 기본적인 생존 반응으로 볼 수 있다. 그들은 자신의 진실된 감정과 의도를 숨기고 태도와 행동의 변화를 가장하고, 치료에 의한 변화가 온 깃처럼 보이게 하는 것이다.

효과적인 상담을 하기 위해서 상담자는 초기 단계에 내담자의 위장된 태도를 정확하게 파악하고 직접적으로 이 부분을 다루어야 한다. 상담자는 내담자의 위장된 태도를 확인하

---

10) Hatcher, H., *Correctional Casework and Counseling*, Englewood Cliffs: Prentice-Hall, 1978.

기 위하여 상담실에서뿐만 아니라 전체 교도소 사회 속에서 그의 생활을 점검해 보거나, 면담시간을 이용하여 내담자의 언행의 불일치를 주의 깊게 살펴본다. 이는 상담자가 정기적으로 안전한 사무실을 벗어나 시설을 둘러보아야 한다는 점을 시사해준다. 내담자의 위장을 확인하지 않고 문제를 회피하여 사무실 밖으로 나가지 않는다면 진정으로 도움을 원하는 재소자들로부터 소외될 수도 있다. 또한 다른 직원들 역시 사무실만 지키는 상담자를 순진하고 재소자에게 나약한 사람으로 간주하여 그들로부터 소외시킬 수도 있다.

동시에 상담자는 몇 번 속임수를 당했다고 해서 모든 재소자에게 경직되고 의심하는 태도로 대하는 것을 경계해야 한다. 진정한 의미의 변화가 이루어지려면 상담자와 내담자 모두 일종의 모험의 과정을 거쳐야 한다. 노련한 상담자도 때때로 속임수에 넘어가는 경우가 있다. 어떤 재소자는 진정으로 도움을 원하고 필요로 한다. 냉담한 재소자라도 상담자가 그를 진심으로 도우려 한다면 얼마든지 방어의 벽을 허물 수 있는 것이다.

9. 실패 위주의 평가

형사사법체계는 실패에 대한 강박관념이 지배하고 있다. 교정 분야만큼 실패가 강조되는 부문도 없을 것이다. 평가의 기준도 성공률보다는 실패율—즉, 재범률—이며, 여론 매체가 보도하는 내용도 대체로 교정 분야의 실패에 관한 것이다. 교정의 실패는 전과자, 누범자, 혹은 과잉수용이라는 결과로 지속적으로 돌아와 노출되지만, 역으로 성공적으로 사회복귀된 전과자는 외부세계에 그 모습을 결코 드러내지 않는다. 이와 같이 어떤 의미에서는 불합리한 평가를 받는다고 할 수 있는데, 상담자는 그의 개인적인 능력과 그가 재소자에게 제공하는 특별한 서비스에 대하여 자긍심을 지녀야 한다.

제4절 교정교화(상담) 프로그램의 유형

교정교화는 주로 정신건강, 약물남용치료, 학과교육 및 직업훈련 프로그램을 포함한다. 종교 프로그램의 경우도 비록 교화의 수단으로서 그 효과에 관한 연구는 거의 존재하지 않지만, 실제현장에서는 역사적으로는 물론 오늘날에도 여전히 매우 중요한 역할을 담당하고 있다. 한편 성인시설과 소년시설에서 제공되는 교화프로그램에는 상당한 차이가 있다. 일반적으로 소년범시설에서 더 많은 정신건강, 심리요법 및 교육프로그램이 시행되며, 대체로 성인이 되기까지 의무교육이 제공되고 있다. 따라서 일반적으로 성인범 시설의 경우, 치료나 교육보다는 구금과 보안의 기능을 담당하는 직원의 비율이 소년범 시설보다 훨씬 높다.

1. 정신건강 및 상담 프로그램

정신건강 프로그램은 다양한 범위의 전략들로 구성되어 있다. 드문 경우이지만, 심각한 문제가 있는 수형자들에 대해서는 심도 있는 정신분석치료(psychotherapy)를 실시해야 하는 경우도 있다. 이러한 접근은 아마도 어린 시절의 피학대 경험, 외상, 방임 혹은 역기능 가정으로부터 기인되는 내재된 갈등, 불안, 공포, 우울, 분노, 신경증 등 심각한 정신건강 문제를 다룬다.

보다 흔한 접근법으로는 "여기 그리고 지금"(here and now) 치료 모델로 교도소 수형자들을 치료하거나 상담하는 데 유용하다. "여기" 및 "지금"이라는 단어가 시사하는 바와 같이, 지금의 불량한 태도가 작업효과에 어떠한 영향을 미치는가와 같은, 그들의 생활 속에서 만나는 현실적인 문제들을 잘 대처하도록 돕는다. 이 모델은 행동치료(behavioral treatment), 사회학습(social learning) 및 인지치료(cognitive programs) 등을 포함한다.[11] 이 접근방식은 다양한 이유에서 선호된다. 이는 고비용과 고도의 숙련을 요하는 심리치료방식과는 접근방식이 다르다. 고도의 지식이 요하는 정신분석접근에서 다루는 잠재의식과 같은 추상적인 영역을 추구하는 것이 아니라, 지금 여기에서 현실적으로 관찰이 가능한 행위를 다룬다. 또한, 이 프로그램은 집단으로 실시할 때 더욱 효과가 있는데, 대부분의 교정상담은 집단으로 이루어진다는 점에서 유용하다고 하겠다. 따라서 일정한 학위를 가진 교정직원들은 현실치료(reality therapy) 혹은 행동치료요법을 실시하기 위해 충분히 훈련될 수 있다.

11) Lester, D. and M. Braswell, and P. Van Voorhis, *Correctional Counselling*, 2nd ed. Cincinnati, OH: Anderson, 1992.

1) 심층적 심리치료(정신분석)

이는 프로이트의 정신분석학에서 출발한 것으로 그의 제자들에 의해 수정 · 발전되었다. 정신분석학(psycho analysis)은 현재의 갈등과 문제의 근원을 찾아 해결하는 치료법이다. 근원이 되는 과거의 문제들을 찾아 재연하고, 정리하여, 대처할 수 있도록 돕는다.[12] 과거의 외상이나 문제의 근원이 해결되지 않으면, 방어기제와 같은 비합리적인 방식으로 현재의 행위에 부정적인 영향을 지속적으로 미치고, 그 결과의 일부가 범죄 혹은 비행으로 나타난다고 본다.

물론 모든 범죄자가 이러한 치료법에 적합한 것은 아니다. 고비용과 비효율성이라는 측면은 차치하더라도, 모든 수형자들이 이러한 심리치료를 통해 치료될 수 있는 문제점을 드러내는 것은 아니다. 그러나 동시에 잠재된 과거의 사실을 추적하여 내면에 감추어진 무력함, 부적절함, 지루함, 좌절, 자기 증오, 그리고 고독함과 같은 감정적인 반응을 설명해야 할 경우가 있다. 실제로 심층 심리 치료에 적합한 대상자들은 극도로 심각한 증상들을 보이는 것이 사실이다. 비록 고비용이 요구되는 형태의 심리 치료가 현실적이지는 못하지만 수형자들의 일부는 내적인 과정을 다루는 치료법을 통해서만 효과가 기대되는 정신적인 문제들을 안고 있다. 그러나 어느 교정시설이든 고비용과 긴축 예산이라는 현실적 여건은 존재하므로 적절한 치료요법이라 할지라도 실제로 적용하는 데에서는 제외되는 경우가 많다.

2) 행동 치료 프로그램

행동 치료요법은 소년교정시설에서 다양한 형태로 보편적인 프로그램으로 적용되고 있다. 스키너(B.F. Skinner)의 조작적 조건부여 이론—사람은 보상을 받는 행동은 반복하고, 처벌을 가져오는 행동은 피한다.—을 근간으로 하는 토큰 경제 프로그램(token economy)을 예로 들 수 있다.[13] 이러한 프로그램들은 친사회적 행동, 규율 혹은 행동에 대하여 보상함으로써 최종적으로는 그러한 행동 자체가 형성되기를 기대한다. 토큰 경제에서의 보상 체계는 체계성을 갖고 있다. 예컨대, 만약 사춘기 자녀가 매일 저녁에 1시간 동안 숙제하기를 원한다면, 부모는 반드시 그 행동에 부합하게 보상을 해야 한다는 것이며, 그 보상

---

12) Radl, F. and H. Toch, "The Psychoanalytic Perspective," in Toch, H.(ed), *Psychology of Crime and Criminal Justice*, New York: Holt, Rinehart, and Winston, 1979.

13) Skinner, B. F., *Science and Human Behavior*, New York: Macmillan, 1953.

은 그 행동을 보여준 직후에 바로 주어져야 한다는 것을 요구한다. 토큰 경제 프로그램에서, 소년범들은 시설에 수용되어 있는 동안에 직원들이 기대하는 일련의 행동을 고지받게 된다, 즉, 사회성(다른 동료들과 협조적이며 싸우지 않는 것), 정리정돈(아침 7시에 침구를 정리하는 것), 공부하는 습관, 할당된 임무의 수행, 그리고 일상의 시간표를 따르는 것 등이 있다. 반복적인 설명과 학습과정을 통해 대상자들은 자신의 행동에 따라 점수를 획득하게 되고 그 점수를 누적시킬 수 있으며 그 점수를 일차적인 보상과 교환할 수 있다는 것을 배우게 된다. 예를 들면, 감독하에 시설 밖의 활동을 허가받는 것, 더 오래 TV를 볼 수 있는 것, 혹은 레크리에이션 시간과 같은 보상을 받게 되고, 동일한 원칙으로, 규칙을 지키지 않는 것에 대해서는 점수가 차감되거나 처벌을 받게 된다.

이 프로그램의 중요한 기능은 보상 체계를 단계적으로 제거하는 것이다. 일련의 과정을 통해 최종적으로 대상자들은 보상체계에 의존하지 않게 되는 것이다. 단계적 제거 과정에서 자유가 더 허용되는 개방 단계로의 이동이 이루어지며, 동시에 보상의 빈도수 또한 줄어든다. 일정한 시점에서 보상의 전부가 제거되면 기대되었던 친사회적 행동, 좋은 학습 습관 그리고 선행이라는 행동이 그들 자신을 위한 진정한 본질적인 보상으로 정착되는 것이다.

토큰 경제는 또한 시설의 관리적 측면에서 직원들을 돕는다는 사실로도 잘 알려져 있다. 수형자들에게 주어지는 조건들에는 시설 주변을 청소하는 것, 시간표를 준수하는 것을 포함하는 데, 이는 수형자뿐만 아니라 교정 시설의 관리에도 도움이 된다. 사실, 이러한 프로그램이 수형자들에게 의미 있는 것인지 혹은 그 시설의 관리상의 필요로 이루어지고 있는지는 논의의 대상이 되고 있다.

행동주의자들은 사람들이 반드시 보상과 처벌을 통해서 배우는 것은 아니라고 주장한다, 왜냐하면 인간은 타인의 경험을 관찰하는 것에 의해서도 배우기 때문이다. 사회 학습 이론은 역할 모델이라는 개념을 도입했는데, 만약 상대가 매력적이고 그에게서 동질감을 느끼면 그 관찰자의 행동에 영향을 미친다는 것이다. 이 이론을 따르는 프로그램들은 적절한 행위를 모델로 삼는 과정과 그것들을 연습하는 기회를 제공한다. 예컨대, 골드스타인(Arnold Goldstein) 등은 과거에 기술 발전 모델(skills development model)을 개발하였다.[14] 그들은 비행소년 시절에 길러진 50가지 정도의 기술 목록을 만들었다. 예를 들면, '분노 조절'은 먼저 소년범들이 어떤 경우에 화가 났는가를 인식하도록 가르친다. 이어서 직원들

14) Goldstein, A., B. Glick, M. Irwin, C. Pask-McCarty, and I. Rubama, *Reducing Delinquency: Intervention in the Community*, Elmsford, N.Y.: Pergamon, 1989.

은 청소년들에게 일련의 대처 방법을 가르치며, 화를 대신할 수 있는 대안을 가르친다. 때때로 사회 학습 프로그램은 기대되는 행위를 습득하였을 때 보상을 하기도 한다. 사회 학습 치료 모델은 사회성을 가르치는 것, 모범적인 청소년으로부터 배우는 것, 그리고 범죄성향의 태도체계에 대응하는 방법 등 다양한 내용을 포함하고 있다.

사회 학습 이론에 근간을 둔 프로그램들은 교정 분야에서 널리 적용되고 있다. 시설은 물론 지역사회 교정시설에서도, 성인과 청소년 및 가족 구성원들 모두에게 적용될 수 있다. 사회생활을 영위하는 데 요구되는 '기술'(skills)을 근간으로 하는 프로그램들은 '훈련'(habilitation)을 중시한다. 대개의 대상자들은 과거에 제대로 배워본 적이 없는 기술들을 접하고 학습하게 된다. 이러한 기술들은 오늘날과 같이 복잡한 사회에서 생존하고 적응하기 위해서는 절대적으로 필요한 것이다. 물론 이러한 기술을 습득하지 못하는 개인들은 실제로 실패의 길을 걷게 될 것이다.

사회 학습 프로그램(인지 행동 모델)은 또한 비행또래집단의 악풍을 예방할 수 있는 접근 중의 하나로 알려져 있다. 범죄행위는 주변의 다른 동료 범죄자들로부터 학습된다는 인식하에 일부 프로그램에서는 긍정적인 동료 집단과 연계시키는 시도를 하기도 했다. 대상자들은 긍정적인 동료의 문화를 접하고, 새로운 그룹 환경 속에서 상호작용을 경험함으로써 사회 친화적이고 공정하게 규칙이 적용되는 삶의 양식을 학습하게 된다. 이러한 프로그램들은 집단토론의 기회를 통해 참가자들이 각자 다른 사람들의 범죄 친화적 태도나 세상을 바라보는 시각을 파악할 수 있는 기회를 갖는다.

3) 인지 프로그램

인지 프로그램은 한 사람의 태도, 세상을 보는 시각, 신념 그리고 가치관을 포함하는 일종의 사고 전략이 문제 행동을 발생시킬 수 있다는 개념을 근간으로 한다. 사실, 특정한 범죄 지향적 사고 유형(thinking pattern)은 수용될 수 없는 행동을 합리화한다. 그렇게 함으로써 그들은 다른 사람들에게 고통을 준 범죄행위로부터 자유로워질 수 있다.

예를 들면, 많은 범죄자들은 책임을 회피하거나 혹은 다른 사람에게 상처를 주는 사실을 부인하고자 하는 '잘못된 생각'을 갖고 있다. 따라서 직원들은 수용자들이 이러한 잘못된 생각을 깨닫도록 해야 하고, 그런 행태를 보이는 수용자들에게는 주의를 기울이도록 교육을 받게 된다. 이러한 진단과정에서부터 학습과 모델링이 반복됨으로써 수용자들은 분노에 대한 적절한 대응 방법과 상대와 타협하는 기술을 배울 수 있고, 또한 감정의 이입과 함께 건설적인 상호 관계가 형성된다. 수용자들은 모든 사람이 그들의 견해를 공유할 수 없다는 것을 배우며, 보다 사회 친화적이고 책임감이 있는 견해를 직접 배울 수 있다.

현실 치료는(reality therapy) 범죄자를 다루는 접근으로서 널리 알려진 또 다른 인지 행동 접근법이다. 글래서(William Glasser)의 업적에 의해 발전된 치료유형으로, 현실 치료는 한 사람의 행동에 책임감을 심어주는 개념에서 시작한다.[15] 이 접근법은 현재 상황에 끼친 과거의 영향을 무시하고, 당사자의 현재의 상황, 즉 '여기 그리고 지금'에서의 삶을 변화시키는 책임감에 초점을 맞춘다. 현실 치료에서 중요한 구성 요소로서 범죄자가 깨달아야 할 두 가지 핵심욕구가 있다. 첫째는 자신이 그들 자신과 타인에게 소중한 존재라고 느끼는 욕구이고, 둘째는 타인을 사랑하고 타인으로부터 사랑을 받고자 하는 욕구이다. 이러한 욕구를 충족시키지 못하는 것은 주로 무책임한 삶의 태도에서 오기 때문에 책임감을 배양함으로써 이러한 욕구를 깨닫을 수 있도록 도와야 한다.

인지적 및 인지 행동 치료 모델은 행동 프로그램들과 같은 이유로 인해 널리 적용되는 치료 전략이다. 이 프로그램들은 효율적 관리가 가능하며, 집단치료 방식으로 유용하다. 이 접근방식의 치료는 관찰이 가능한 그리고 이미 정해진 생각, 태도 그리고 가치의 변화를 목표로 하기 때문에 교정직원들이 치료요원으로 충분히 훈련을 받아 치료업무를 수행할 수 있다.

4) 집단 상담과 치료 접근법

집단 상담과 치료 접근법은 집단은 물론 개인에게도 적용될 수 있다. 사실, 교정시설에서의 치료 접근법은 교도소의 수용인구의 과다, 제한된 치료 직원 및 자원에 의해 집단 상담 및 치료프로그램이 주를 이루고 있다. 이 사실이 반드시 단점으로 작용하는 것은 아니며, 단순한 비용 절감 이상의 긍정적인 측면도 있다. 실제로 집단 내의 결속감과 동료의 영향은 그들 자신의 변화에 큰 원동력이 될 수 있다. 더 나아가 집단 접근법은 개인 상담에서는 발생할 수 없는 사회적 상호 작용의 기회를 제공한다. 모델링, 중요한 이슈에 대한 인식 및 다양한 치료 프로그램에 대한 경험기회 등은 개인상담보다도 유용한 장점으로 제시되고 있다.

15) Glasser, W., *Reality Therapy*, New York: Harper and Row, 1965.

5) 자조 집단(Self-help group)

자조 집단은 교도소에서 흔히 볼 수 있는 프로그램이며 금주모임, 약물치료모임 및 12단계 수형자 자조모임 등 다양한 형태를 띠고 있다. 이러한 집단이 치료 집단은 아니지만, 그들의 활동은 종종 치료적이며, 또한 집단 혹은 개인 상담에 일정한 기여를 하고 있다. 이 프로그램의 성공적 요소는 상호 간의 지지를 통하여 사회적 낙인에 공동으로 대처한다는 고유한 특성에 있다. 이러한 환경 속에서 참여자들은 함께 회복하고 성장하고 갱생하는 방식을 배운다. 그러나 자조집단프로그램은 보조적 성격이 분명한데도 종종 치료요법과 동일시되어 시행되고 있는 현상을 보이는데 이는 재정적 부담이 거의 없다는 이점에서 기인한다.

2. 프로그램의 효과성 문제

최근의 교정의 역사는 치료적인 노력이 그 효율성에 대한 회의적인 시각 때문에 발전이 지속되지 못하는 과정을 보여주고 있다. 게다가, 흉악범죄의 발생이나 여론의 영향을 받은 보수적인 정치 상황이 나타날 때, 그 결과는 더욱 악화되는 경향을 보였다. 그러나 한편으로 1970년 중반 미국에서 촉발된 교정교화에 대한 회의론에 대항하여 기존의 부정적인 연구 결과들에 대한 재평가작업이 진행되었는데, 치료효과에 대해 보다 긍정적인 결과들이 보고되었다. 이 연구영역에서 가장 크게 기여한 것은 새롭게 도입된 연구방법론으로서 메타 분석(meta analysis)의 출현이었다. 이는 수십 혹은 수백 개의 기존의 연구 결과들을 통계적으로 집합하여 하나의 결과를 도출해내는 기법이다.[16] 이 접근이 크게 기여한 점은 교정치료의 무용론에 대한 메타분석의 결과로서 기존 연구 결과에 대하여 반론을 제기할 기반을 제공한 것이었다. 재범률에 대한 메타분석을 통하여 다음 두 가지의 결과가 나타났다. 첫째, 재범률의 감소효과가 기존 프로그램들에 있어서도 약 10% 정도였던 것으로 나타났다. 둘째, 치료의 다양한 유형이나 모델들 사이에 효과의 크기에서 차이가 나타났다. 마틴슨(R. Martinson)의 주장처럼 모든 프로그램에서 효과가 일정하게 미미한 것이 아니라 프로그램에 따라 20~30%에서부터 몇 %의 역(-)효과까지 다양하게 나타난 것이다.

16) 메타분석의 단위는 각 평가연구로서, 수십 혹은 수백 개의 평가연구의 결과를 합성하는 방식을 취한다. 예컨대 연구 결과로 나타난 효과(재범률의 증가 혹은 감소)의 크기들을 통계적 의미의 유무와 상관없이 합산하여 효과의 평균 크기를 숫자로 산출한다.

이러한 상반된 결과들은 재범률 감소에 효과적인 요인과 비효과적인 요인을 분별해 내어 효과적인 프로그램의 기준을 제시하는 데 기여하였다.

구체적인 결과로서, 무엇보다 청소년 대상 프로그램이 전반적으로 성인 대상 프로그램보다 효과가 높은 것으로 나타났다. 또한 행동요법, 인지 행동요법, 기술 중심(skill-oriented) 및 다면적 모드의 접근법이 처벌, 억제, 개인 상담이나 집단 상담, 보호 관찰이나 가석방의 강화, 지역사회 집중감시, 충격요법 및 구체성이나 체계성이 결여된 비행 예방프로그램이나 전환제도 등보다 효과가 큰 것으로 나타났다.

메타 분석은 전술한 바와 같이 성공적인 개입과 그렇지 못한 개입을 구분할 수 있는 요인들을 제시하였는데, 성공적인 프로그램이 갖추어야 할 특징은 다음과 같다.[17)]

① 프로그램이 대상자들에게 부합이 잘 되는가의 여부
② 개입의 정도
③ 치료요법의 통합성(therapeutic integrity)
④ 관리 방식의 적절성
⑤ 재범요인에 대한 대책
⑥ 프로그램이 이론적인 모델에 따라 설계되었는가의 여부

상위의 모든 요인들과 연계되는 문제로서 각 프로그램들이 당면한 현실 중의 하나는 프로그램이 그들의 본래의 계획대로 완료되지 못한다는 점이다. 이는 다양한 방식으로 발생한다. 예를 들면, 한정된 예산으로 시행된 프로그램은 아마도 치료 모델을 운용할 능력이 있는 수준 높은 직원들을 고용하지 못할 것이다. 또한 치료프로그램이 합당하게 관리되지 못하면 기대하는 효과는 나타나지 않을 것이며 이는 곧 실패를 의미한다.

부정적인 평가 연구들이 여전히 다수 존재함에도 불구하고, 재평가한 연구의 결과들로부터 조심스럽게 낙관적 견해들이 피력되고 있다. 여기에서 제시되는 성공은 절대적이 아닌 상대적인 성공을 의미한다. 약 20%의 성공 비율은 현재까지 발견된 최상의 프로그램이 달성할 수 있는 수치로 보인다. 물론 아직까지 모든 유형의 범죄자에게 효과가 있는 프로그램은 어디에서도 기대할 수 없다. 그러나 이를 또 다른 상황에 대입해 본다면, 비록 성공률이 그리 높지 않은 교화 프로그램이라 할지라도 무력화 혹은 억제와 같은 다른 교정

17) Palmer, 1992.

전략보다는 더 성공적이라는 주장이 지속적으로 제기되고 있다.[18)]

교정정책과 그 실제에 있어서, 수용자들의 사회복귀(교정교화)는 1700년대 후반 이래로 교정 전문가, 정치인, 종교 지도자, 학자 그리고 수용자 집단 모두에게 오랜 역사적인 숙제로 존재하였다. 역사적으로 교정실무에서의 사회복귀정책은 지나친 이상주의와 왜곡된 이념들의 충돌로 혼선의 길을 걸어왔으며, 경우에 따라서는 최선의 혁신적인 프로그램조차도 정치적인 이유와 미흡한 행정적 대처로 위협을 받는 경향을 보이기도 하였다.[19)]

처벌 중심의 정치 풍토에서, 교정교화의 상대적 성공은 사회적으로 큰 의미를 주지 못한다. 정치인들은 보다 엄격한 구금 정책, 더 많은 경찰력의 강화정책으로써 범죄에 대한 대중의 공포를 진정시킨다. 적절한 예로서 병영식 캠프(boot camp)는 재범률 감소라는 실증적인 결과를 보여주지 못함에도 불구하고 그 캠프가 표방하는 엄격성 때문에 대중들에게 받아들여지고 있다. 범죄 문제에 대한 검증되지 않은 해결책도 여론과 사회 분위기에 따라 법안으로 상정되고 있는 것이 오늘날의 실정이다.

물론 처벌만이 국민감정 모두를 반영하는 것은 아니다. 일반 대중이 범죄에 대한 강경책을 선호하는 것은 사실이지만, 동시에 교정에 대한 지지도 또한 상당하다. 과거의 수십 년 동안에 행해진 일련의 연구들은 실제로 대중은 처벌을 선호한다는 것을 보여주었다. 그러나 동시에 국민들은 구금과 함께 교정치료프로그램의 시행 또한 기대한다는 것도 보여주었다. 즉, 범죄에 대한 강경책이 무조건적인 구금정책을 의미하거나, 동시에 치료나 교육을 무시하는 것을 의미하는 것은 아니다.

제5절 치료 계획의 원칙

치료 계획은 수형자들을 지역사회로의 성공적인 복귀로 인도하는 청사진이 된다. 적절치 못한 프로그램은 대상자들에게 득이 아니라 도리어 해가 될 수 있다. 적절한 치료 계획은 행형학 이론, 교정 치료의 효과와 관련 입증된 자료, 그리고 범죄자 분류 체계에 근거

18) Ibid.

19) Rothman, David, *Conscience and Convenience: The Asylum and Its Alternatives in Progressive America*. Boston: Little, Brown, 1980.

한 필수 8가지 원칙에 바탕을 두어야 한다.[20]

원칙 1: 치료 계획에 대해서는 반드시 그 근간이 되는 이론적인 전제가 있어야 한다. 효과적인 계획은 범죄자의 교화 이론을 근간으로 세워져야 하며, 처벌이나 억제의 이론에 근거해서는 안 된다.

원칙 2: 모든 수용자들이 치료 계획을 필요로 하는 것은 아니다. 특정한 치료 프로그램은 일부 수형자들의 재범률을 감소시키는 데 효과가 있는 반면에, 모든 수형자들에게 같은 효과가 있는 것은 아니다. 목표는 어떤 치료 프로그램이 어느 수용자에게 가장 효율적인지를 파악하는 것이다. 그러므로 모든 치료 계획은 개별화의 과정을 거쳐야 한다.

원칙 3: 무엇보다도 각 개인의 범죄유발요인을 규명하는 것이 중요하며, 이의 제거가 치료의 일차적인 목표가 되어야 한다. 예컨대 일부 대상자는 여성이나 직업에 대한 기존의 태도에서 문제가 발견될 수 있고, 또 다른 대상자는 마약, 알코올, 동료 범죄인, 또는 저명인사들에 대한 기존의 태도에서 문제가 발견될 수 있다. 이러한 문제들의 해결을 위한 목표들이 충족될 때, 형기만료 후 수형자들의 성공적인 사회복귀가 이루어질 수 있다.

원칙 4: 범죄유발 요인은 반드시 체계적인 위험성 평가에 근거해야 한다. 이러한 평가는 수형자의 범죄 경력뿐만이 아니라 현재의 행동과 태도와도 관련이 있어야 한다. 이러한 관점은 범죄유발요인과 재범 위험성이 동적(dynamic)이라는 점에서 매우 중요하다.

원칙 5: 치료 목표는 반드시 수형자가 이해할 수 있는 언어로 쓰여 있어야 한다. 치료계획은 범죄자들이 그들의 삶을 회복시키는 것을 돕는 데 그 목적이 있기 때문이다. 따라서 수형자들의 일반적인 교육수준이 고려되어야 한다.

원칙 6: 치료 목표는 측정 가능해야 한다. 즉, 각 치료 계획은 범죄유발요인의 감소와 수형자의 향상 정도가 지표가 될 수 있도록 설계되어야 한다. 상담 프로그램에 참여한 시간, 취득한 교육 정도 혹은 자격증 및 치료 직원에 의해 작성된 평가자료 등이 해당된다.

원칙 7: 치료 계획은 수형자들이 그들의 치료 목표를 달성하는 데 도움이 될 인센티브 전

20) Hamm, Mark S., "Treatment Plan", in Marilyn D. McShane and Frank P. William III,(eds). *Encyclopedia of American Prisons*, New York: Garland Publishing, Inc., 1996.

략을 활용해야 한다. 이러한 인센티브의 내용은 반드시 수형자의 의견을 반영하여 고안되어야 한다. 수형자들은 그들의 목표에 다가가는 각 단계별로 점진적으로 보상을 받는다. 예를 들면, 도서관 이용, 레크리에이션, 그리고 종교 활동; 라디오, 책 잡지와 같은 개인 물품 그리고 기타, 하모니카와 같은 악기; 그리고 가장 중요한 것으로, 더 좋은 수용 거실로의 이동 등이다.

원칙 8: 치료 계획은 반드시 기록되고, 복사되어 수형자와 치료 팀의 구성원 모두에게 배부되어야 한다. 치료 팀의 구성원은 사동 담당자, 케이스워커, 상담자, 교사, 작업 감독자 및 목회자 등이 포함될 수 있다. 팀의 구성원들은 반드시 각 수용자의 치료 계획의 파일을 만들어야 하며, 엄격하고 공정하게 보상해야 한다. 수형자들은 반드시 그들의 거실 벽에 치료 계획을 걸어 놓아야 하며, 이를 교도소 밖으로 나가는 잠재적인 티켓으로 여겨야 한다.

제6절 교정상담의 효과성

교정상담의 효과성의 여부는 '효과'의 의미를 어떻게 해석하느냐에 달려있다. 혹자는 교정상담과 치료의 효과를 재소자의 사회복귀과정을 돕는 것과는 상관없이 교도소의 안전한 운영유지와 직업훈련학교의 원활한 운영에 두고 있다. 다른 사람은 교정상담의 효과를 최소의 비용으로 프로그램을 유지하는 것에 두기도 한다. 또 다른 사람은 교도소의 원활한 운영과 프로그램의 경제성 모두에 관심을 두면서도, 순수하게 범죄자상담과 치료효과를 평가하기 위한 적절한 도구를 개발하는 것에 관심을 두기도 한다. 이처럼 다양한 관점과 상관없이, 교정상담과 치료프로그램의 효과를 평가하는 대상이 되는 역할, 기능, 성공률은 여러 측면에서 논란의 대상이 되고 있다.

교정치료의 효과는 다양한 방법으로 측정되고 있다. 이 가운데 재범의 전후를 비교하는 평가방법이 널리 사용되고 있다. 가장 일반적인 관심은 과연 어떤 범죄자가 다시 범죄행위를 저지를 것인가에 대한 것이다. 치료를 받은 범죄자가 법률을 준수한다면 일반적으로 치료가 효과적이라고 평가되며, 범죄를 다시 저지르면 효과가 없는 것으로 평가된다. 이러한 평가방법에 대해 비판적 견해가 제시될 수 있다. 예컨대, 정신질환자에 대한 치료에 있어서 환자의 재입원을 정신과 의사의 치료실패로 간주하지는 않는다는 점이다. 재범이나 재발의 관점에서 볼 때, 우리는 범죄자 치료에 대해 너무 엄격하게 평가하는 것이 아닌지, 정신건강이나 다른 신체건강 프로그램에서도 이처럼 엄격하게 재발을 평가하는지 고려해 봐야 한다.

다른 평가방법으로는 장기 추적조사, 사례연구, 심리검사에 의한 인성변화 측정 등이 있다. 그러나 현재까지 완벽한 평가방법이 개발되지는 않았다. 실험에 의한 평가는 다분히 인위적이며, 면접은 통제가 결여되어 있다. 또한 관찰에 의한 평가방법은 다른 관찰자들이 검증하기 어려운 개인적 변수가 많아 객관성이 결여되기 쉽다.

릴리키스트[21]는 교정상담과 치료가 기본적으로 효과적이라는 견해를 갖고 있었다. 그러나 그는 범죄자 치료에 수많은 시간과 비용을 투자하면서도 그 효과에 대해 회의를 갖게 되는 이유를 설명하였다.

① 한번 범죄를 저지른 사람은 영원한 범죄자일 것이라고 믿는다.
② 범죄의 원인을 환경적 요인보다는 개인적 차원으로 이해한다. 즉, 사회가 범죄자 치료에 최선을 다했지만 실패했다고 믿는다. 왜냐하면 이것은 개인의 범죄성과 연관되므로 이후의 어떤 사회적인 개선노력도 소용없다는 것이다.
③ 형사사법전문가(교정상담자도 포함)는 효과적인 치료전략을 개발하기보다 기존 사회체계의 안정적 유지에 관심이 더 많다. 예컨대, 교정치료가 효과적이어서 재범자가 없게 되면 아마 다수의 교정전문가는 직장을 잃게 될 것이라고 주장한다.
④ 사회는 어차피 증오심을 배출하는 집단(낮은 빈곤층 및 소외집단)이 존재한다고 믿는다.
⑤ 범죄자는 자존심 상실과 체면 유지라는 이유로 치료를 받아들이지 않는 경향이 있다.

사람들이 교정상담과 치료가 효과적이라고 느끼는가에 상관없이 교정치료에 관한 방법론의 개선, 경제성 및 효율성의 제고, 그리고 지속적인 평가 등이 이루어짐으로써, 교정치료 프로그램은 점진적으로 신뢰성이 제고되고 있고 경제적인 프로그램의 방향으로 나아가는 추세에 있다.

21) Lillyquist, M., *Understanding and Changing Criminal Behavior*. Englewood Cliffs: Prentice-Hall, 1980.

제7절 최근 교정에 있어서 심리치료의 동향

1. 심리치료센터 운영

재범 고위험군에 대한 전문적이고 체계적인 심리치료를 위해 2011년 서울남부 교도소 내에 심리치료센터를 시작으로 기존의 정신보건센터의 기능을 통폐합하여 전국 교정기관 총 12개의 심리치료센터를 운영하고 있다. 재범위험성 및 범죄유형에 따라 치료 대상을 1개 집단에 10명 내외 인원으로 구성하여 3~6개월간 집단상담 형태로 심리치료프로그램이 진행된다.

2. 법무부 심리치료과 신설

교정심리치료센터의 성과를 바탕으로 2016년 법무부에 심리치료업무를 보다 체계적으로 관리하기 위해 심리치료과를 신설하였다. 설치배경은 첫째, 성폭력 · 아동학대 · 알코올 등 중독사범 치료의 전문성 강화, 둘째, 동기 없는 범죄의 원인을 분석하고 체계적인 관리의 필요, 셋째, 심리치료 결과에 대한 효과성 평가 및 치료실적의 정량화를 통한 검증과 피드백을 위한 별도의 전문부서 필요, 넷째, 수용자 문제행동 교정을 위한 심리치료적 전문상담의 필요, 다섯째, 교정공무원의 직무스트레스를 치유하고 관리할 전담부서의 필요에 따른 것이다.

심리치료과의 업무는 크게 수용자를 위한 전문상담과 심리치료 프로그램, 심리치료 전문인력 양성, 직원정신건강의 네 가지 정책수립을 목적으로 신설되었다. 전문상담 분야는 초기상담, 심층상담, 위기상담, 고충상담, 추수상담 및 외부전문가 상담으로 구분되며 세분화된 수용자 맞춤형 상담을 실시한다. 심리치료 프로그램은 성폭력 · 아동학대 · 마약 등 범죄를 저지른 수용자의 문제행동 개선을 위하여 그 특성에 적합한 심리치료 프로그램을 시행한다. 심리치료 전문인력 양성에는 심리치료 및 상담과 관련된 자격증 취득, 사례분석, 회의 · 학술대회 참석, 외부기관 위탁교육, 연구 및 프로그램 개발, 전문기관과의 협약이 있고, 직원정신건강을 위한 정신건강 자가진단, 전문심리상담, 긴급심리상담, 힐링 프로그램 등이 있다.

3. 교정기관의 심리치료팀

일선 교정기관에는 수형자의 교정교화를 위하여 상담 · 심리치료, 그 밖의 교화프로그램을 원활하게 시행하기 위하여 보안과 내에 심리치료팀을 두도록 하였다. 심리치료팀은 심리치료 관련 전문학사 이상의 학위를 취득하였거나 임상심리사, 상담심리사, 정신건강 임상심리사 등 상담관련 자격을 갖춘 직원을 중심으로 수용기관별 정원에 따라 규모를 달리하여 운영하고 있다. 수용자 심리치료 전문상담은 심리치료팀의 상담전담 직원이 실시하는 내부상담과 외부전문가가 실시하는 외부전문가 상담으로 구분되며, 내부상담은 초기상담, 심층상담, 위기상담, 고충상담, 추수상담으로 구분한다.

제8절 교정상담의 활성화 방안 및 결론

1. 교정공무원 자기개발 지원과 관리자 인식전환

교정본부는 2011년 「교정공무원 자기개발 설계도」를 구축하고, 2012년 「법무부소속 공무원 평가 등에 관한 지침」을 개정하여 교정공무원의 직무 관련 자격증 및 자기개발 우수 공무원에게 근무평정 가점을 부여하는 근거규정을 마련하였다.[22] 이는 취약한 교정상담 인프라를 확충하기 위한 노력이지만, 교정의 전문성 강화를 실현하기 위해서는 무엇보다 교정상담에 대한 관리자의 인식전환이 절실한 실정이다. 질서의 유지에는 통제와 억압의 수단보다는 교도관의 전문적 개입이 더 큰 영향을 미친다고 주장되고 있다.[23] 교도소에서의 상호관계는 직접적으로는 교도관과 수용자 간의 긴장상태, 종국적으로는 교도소의 보안이나 안전에 영향을 주게 된다. 교도소 안전의 확보는 일방적인 통제관리가 아닌 교도관과 수용자의 관계성에 있음을 인식하고, 조직구성원의 직무역량 강화를 위한 관리자의

22) 교정공무원 직무 관련 가점대상 자격증

5급	6급 · 7급	8급 · 9급
변호사, 법무사	청소년상담사 1급, 직업상담사 1급, 임상심리사 1급, 사회복지사 1급, 정신보건임상심리사 1급	청소년상담사 2급, 직업상담사 2급, 임상심리사 2급, 사회복지사 2급, 경비지도사, 응급구조사 1급, 정신보건임상심리사 2급, 간호사

23) Hepburn, 1985. p.145.

적극적인 지지와 지원이 필요하다.

2. 관–학 협력체계 구축 및 학습동아리 활성화

교정전문성 향상을 위해 관련 학교, 학회 등과의 관–학 간 연계를 강화하고, 직장 내 직무 관련 연구모임의 활성화를 위한 협력체계의 구축이 필요하다. 현재 교정학의 교육과 교정전문인력의 양성을 목표로 설립된 학과는 경기대학교 교정보호학과가 유일한 실정으로 교정공무원의 전문성 함양을 위해서는 보다 많은 대학에서 교정학에 대한 필요성을 인식하고 필요한 강좌를 개설할 수 있도록 우호적인 환경을 조성해야 한다. 교정업무의 가치와 품격을 고양하고 전문 인력의 배양을 위해 법무부 차원에서 대학에 대한 적극적인 지원책을 마련해야 한다.

3. 법무연수원 교육과정의 내실화와 국가자격증 제도 도입

법무연수원 교정연수부의 독자적인 교육역량으로는 상담전문가를 양성하는 데 어려움이 있다. 따라서 외부 학계나 전문기관과 협조하에 범죄심리 및 상담자격증 교육프로그램을 제도화하는 것이 바람직하다. 상담심리 전문직원의 자체양성 및 신규채용을 병행하여 수요를 체계적으로 충족시킬 수 있는 계획을 세워 일관적으로 추진해나가야 한다.

교정공무원 및 교정자원봉사자의 역량기반을 확대하기 위해서는 대부분의 정부부처에서 부처 특성에 맞는 국가 자격증을 개발하여 직 · 간접적인 인력개발에 힘쓰고 있는 점과 영국을 비롯한 외국의 경우 교도관이 취득할 수 있는 다양한 자격증 제도로 교정서비스의 질을 향상시키고 있는 점을 참고할 필요가 있다.[24)]

교정상담은 결코 쉬운 업무가 아니며 모든 상담자의 적성에 맞는 것이 아니다. 오랜 실

---

24) 영국의 국가직업자격 인증제도를 살펴보면, 1단계부터 6단계로 구성되어 있으며, 1단계부터 3단계는 신규직원을 대상으로 하고, 4단계는 현장교육을 담당하는 간부급 교육과정이고, 5단계 이상은 관리자 과정에 해당된다. 주요 처우프로그램으로는 공격 성향 억제 프로그램 직원양성 과정, 직업훈련교관과정, 체육활동, 무기수형자 가석방 운영과정, 처우프로그램 모니터링 과정, 청소년 수용자 특성화과정, 취업전담과정, 마약전담과정, 분노관리전담과정, 수용관리능력향상 과정, 수용자 안전관리과정, 교정처우 관련 국가직업자격과정 등을 운영하고 있다.

패와 좌절의 경험을 갖고 있는 재소자와의 상담은 고된 육체적 그리고 심리적 에너지가 요구된다. 교정상담자의 역할에 만족하고 성공하기 위해서는 상담에 관한 지식과, 그 지식을 행동으로 옮길 수 있는 기술이 필요하다. 학위과정에서 교정학, 범죄학, 형사사법학, 상담심리학 및 행동과학에 관련된 공부를 하였다면 도움이 될 것이다. 여기에 다른 상담 분야의 요원들이 일반적으로 갖추어야 하는 능력 역시 겸비해야 한다. 이러한 능력은 사람을 좋아하고 돕는 것을 즐기는 품성, 유머감각, 정직, 성숙도, 지적 능력, 객관성, 균형된 인간성 등을 의미한다. 즉, 교정상담자는 범죄자와 함께 미래의 계획을 설계하면서 맡은 소임에 대한 의지를 지닌 사람이어야 하며, 쉽게 사기를 당하지 않을 만큼 지혜를 갖추어야 하고, 의심이 많은 범죄자로부터 신뢰를 얻을 수 있어야 하며, 실망 속에서도 사람을 쉽게 포기하지 않는 인내를 발휘할 수 있어야 하고, 과도한 요구에도 갈등을 일으키지 말아야 하며, 자신과 내담자 사이에 필연적으로 발생하는 실패에도 잘 대응할 수 있는 사람이어야 한다고 하겠다.[25)]

요약하면, 성공적인 교정상담자는 이상적인 치료환경보다는 열악한 환경에서 일할 의지를 지니고, 교정상담과정에서 발생하는 특별한 문제들을 난관이라기보다는 도전으로 받아들이며, 심각한 문제를 가진 내담자를 다루는 기술과 재능을 갖춘 사람이어야 한다.

---

25) Hatcher, 1978, p.91.

제9편
특수 수형자와 교정

Chapter_ 1
약물남용 범죄와 교정

약물 문제는 특히 80년대 말 이후부터는 우리나라에서도 커다란 사회문제로 크게 주목을 받고 있다. 일부 계층에 의한 약물남용 수준을 넘어 남용인구의 폭이 급속히 확대되는 현상이 나타나고 있다. 개인적 차원의 마약사용 문제에서 마약거래와 연관된 국제적 조직범죄로까지 확대되고 있어 임상적 차원은 물론 보다 거시적인 정책적 대책이 시급하게 요청되고 있다. 마약 문제는 대부분의 서구 선진 국가들이 심각한 사회문제로서 안고 있고 이에 대한 해결의 실마리를 풀지 못하고 있는 실정을 감안해 볼 때, 우리 사회에서도 다각적인 각도에서 보다 구체적인 대책을 강구해야 할 것으로 보인다.

특히 서구 사회의 경우 전체 범죄자 중에 약물[1]이나 알코올 중독자들이 차지하는 비율이 매우 높다. 비록 모든 경우에서는 아니라 할지라도, 약물사용과 알코올섭취가 범죄행위와 일정한 상관관계가 있다는 것이 일반적인 견해이다. 최근 미국을 비롯한 서구 국가들에서의 약물 문제가 약화되는 경향을 보이고는 있으나, 아직까지 심각한 사회문제로 남아있다. 코카인의 위험, 10대의 약물남용, 약물사용과 거래 중의 총기사건, 마약중독 신생아, 주사기를 통한 AIDS의 감염공포 등은 여전히 대중매체에서 자주 다뤄지고 있는 실정에 있다. 오늘날 약물 문제가 많은 국가에서 중대한 사회적 이슈로 존재하고 있는 것은 분

1) 본 장에서 사용하는 '약물'은 대개의 경우 마약(drug)과 대체될 수 있으나, 마약 이외의 기타 중독성 약물들도 포괄하며, 필요시 구체적인 약물이름으로 표시되었다.

명한 사실이다. 미국과 같은 국가에서는 약물과 관련된 살인자에게 사형을, 아동에게 약물을 판매한 사람에게는 종신형을 언도하는 등 전례가 없이 강력한 '마약과의 전쟁'을 시작한 지 이미 오래다. 그 결과 미국의 형사사법제도는 약물남용 범죄자들을 효과적으로 처벌하고 동시에 처우할 수 있어야 한다는 막대한 책임감에 시달리고 있다. 따라서 약물문제를 효과적으로 대처할 수 있는 방안과 실시가 불가피한 실정에 있다.

본 장에서는 먼저 미국에서의 약물남용통제에 대한 기존의 접근방식과 정책을 일반적인 관점에서 기술한다. 다음으로 약물 관련 범죄의 분류와 그에 대한 태도의 변화 및 치료경향 등을 살펴보고자 한다.

제1절 마약통제정책에 대한 일반적인 이해

마약에 대한 통제전략은 일반적으로 4가지 영역—공급의 차단, 치료, 예방과 교육, 비범죄화—으로 구분된다. 각 영역에 대해서 이념을 달리하는 진영 간에 서로 다른 관점을 보이고 있다. 어느 진영은 일정한 약물이나 마약에 대해 엄격한 처벌 혹은 치료적 접근을 주장하는 반면, 다른 진영에서는 마약의 합법화와 비범죄화를 지지하고 있다. 어떤 전략들을 채택하는가는 지향하는 관점에 따라 차이를 보이고 있다. 이러한 관점은 법률주의적 관점, 공공보건적 관점 및 손익계산적 관점으로 구분되는데, 각 관점의 핵심은 아래와 같다.[2)]

첫째, 법률주의적 관점은 마약이 사회에 끼친 사회적 해악에 초점을 둔다. 비합법적 금지약물의 소비는 위법적 행위이고 규범에 벗어나므로 형사적 제재를 받아야 한다는 입장이다.

둘째, 공공 보건적 관점에서는 마약남용행위를 알코올 중독 문제에서처럼 치료비용의 유발, 노동시간의 감소, 가족갈등 문제의 발생 및 수명기간의 단축 등을 야기하는 문제로 본다. 이 관점의 핵심은 마약남용을 법적 문제가 아닌 일종의 해악을 일으키는 질병으로 간주한다는 데 있다.

셋째, 손익 분석적 관점은 마약정책은 가치중립적 차원에서 '마약남용에 따라 발생한

---

2) Zimring, Franklin E. and Gordon Hawkins, "What Kind of Drug War?" *Social Justice*, 18(4), 1991, pp.104–121; Welch, Michael, *Corrections: A Critical Approach*, New York: The McGraw–Hill Companies, Inc., 1996, pp.421–425.

비용'과 '금지법을 시행한 결과로 예상되는 남용의 실질적 감소치' 간의 차이를 비교분석하여 결정되어야 한다는 입장이다. 금지법을 시행하는 데 소요되는 비용과 이 비용의 대가로 얻어지는 약물남용의 감소치를 계산하고, 금지법이 시행되지 않는 상황하에서 약물남용의 결과로 발생하는 개인적 · 사회적 비용과 비교분석해야 한다는 계량적 입장이다.

이러한 3가지 관점이 4가지 통제전략에 대해 어떤 입장을 취하고 있는가를 살펴본다.[3)]

1. 공급의 차단

공급의 차단은 법률주의적 입장이다. 강력한 법집행과 비합법적 약물공급의 차단을 통해 결과적으로 소비의 감소를 기대한다. 공공보건적 관점에서는 비합법적 약물공급의 금지를 반대한다. 그 이유로는 예컨대 알코올이나 니코틴과 같은 해로운 물질도 법적으로 허용되고 있다는 점에서 마약류 모두를 금지하는 것은 비합리적이라는 것이다. 동시에 알코올이나 니코틴의 해악성을 부각시키는 계기로 삼는 경향이 있다. 한편, 손익 분석적 관점에서는 모든 비합법적 약물들이 똑같이 해롭다는 전제에는 동의하지 않는다. 예를 들면, 코카인이 알코올보다 더 해롭다는 점을 지적하고, 더 해롭다고 판단되는 코카인과 같은 약물의 차단에 더 많은 노력을 기울여야 한다고 주장한다. 물론 이에 대한 비판으로 알코올 남용이 코카인 남용보다 더 보편적이므로 전체적인 해악의 크기는 알코올의 남용 문제가 더 큰 사회적 문제라는 주장도 있다.

2. 치료적 접근

공공보건 전문가들은 치료프로그램의 확산과 활성화를 지지한다. 그러나 교정시설의 현장에서는 처벌정책이 사회복귀정책보다는 항상 우선시되기 때문에 치료적 접근의 실질적인 시행에는 어려움이 있다는 점을 지적한다. 법률주의자들은 본래의 목표와는 상충되지만 치료프로그램의 실시 자체는 지지한다. 다만 치료과정에서 복종을 강제하거나 위협이 가해질 가능성을 경계하고, 치료과정에서 강제적 집행방식은 사회복귀의 본래 취지를 손상한다고 주장한다. 한편 손익분석가들은 치료정책을 제한적으로 지지하는데, 주삿바늘을 공유하거나 중독성이 강한 고위험 남용자들에 한해서 선별적으로 지지한다.

---

3) Ibid.

3. 예방과 교육

세 가지 관점 모두 마약남용예방을 위한 캠페인을 지지하지만 강조하는 메시지에는 차이가 있다. 법률주의자들은 마약퇴치운동을 지지하지만, 마약에 관한 세세한 지식이나 정보를 제공하는 데에는 반대한다. '마약은 나쁜 것이고, 남용자도 나쁜 사람이다'라는 식의 명료한 메시지를 선호한다. 공공보건 전문가는 마약에 관한 구체적이고 정확한 정보와 지식—해악의 정도, 바람직한 측면과 부정적인 측면 등—을 제공함으로써 합리적인 선택을 유도하여 마약의 남용을 막을 수 있다고 믿는다. 손익분석가들은 교육을 통해 해악의 정도에 따라 마리화나 흡입과 같은 가벼운 행위와 주삿바늘 공유와 같은 위험한 행위를 구분할 수 있는 정보를 제공하는 것이 필요하다고 믿는다. 법률주의자들은 그러한 정보의 제공이 마약남용에 대한 죄의식과 완전 퇴치를 주장하는 근거를 약화시킨다고 인식한다. 더 나아가 마리화나와 같은 물질의 허용은 비흡연자들의 도덕적 우월성을 훼손하고 금지약물의 절대적 차단을 방해한다고 주장한다.

4. 비범죄화[4)]

공공보건 전문가들은 사법적 이슈를 공공보건적 문제로 전환시킨다는 점에서 비범죄화 정책을 지지한다. 예컨대, 알코올이나 처방된 약물과 같은 합법적 약물의 해로움을 공론화할 수 있다는 점에서 지지한다. 손익분석가들은 비범죄화 정책을 통해 고위험성 약물과 경미한 약물이 구분될 수 있다는 점에서 이를 지지하고, 경미한 약물에 대해서는 비범죄화를 통한 허용을 주장한다. 법률주의자들은 비합법적 약물은 계속 금지되어야 한다고 주장하고, 마약 문제의 재개념화 자체를 반대한다. 비범죄화의 제안은 비합리적인 것이며 낭만적인 접근방식이라고 비난하고, 엄격한 처벌을 하지 않으면 온 나라가 마약천국으로

---

4) 합법화나 비범죄화를 지지하는 측은 아래의 세 가지 가정을 전제한다. 첫째, 약물들이 합법적으로 허용된다고 해서 약물을 사용하지 않았던 정상인이 사용을 시작하지는 않는다. 대부분의 사람들은 알코올, 담배, 암페타민 등의 해악을 잘 알고 있기 때문에 이것들의 소비를 선택하지 않는다. 둘째, 일부 마약은 알려진 것만큼 해악성이 없고 중독성 또한 없으며, 알코올이나 담배보다 해악성이 낮다. 셋째, 합법화와 비범죄화 정책을 시행하게 되면, 마약거래로 인한 이득을 감소시켜 마약딜러들 간에 발생할 수 있는 범죄를 감소시킨다고 본다. 더 나아가 마약사범을 처리하는 데 발생하는 사법비용—법집행, 법원, 교정에 투입되는 세금 등—을 교육, 주거, 보건 등 보다 건설적이고 생산적인 영역에 사용할 수 있다고 주장한다. Nadelmann, Ethan, "The Case for Legalization," In James A. Inciardi(ed.), *The Drug Legalization Debate*, Newbury Park, CA: Sage, 1991; Welch, p.425.

변함은 물론 국가적 재앙이 초래될 것이라는 입장을 취하기도 한다.

제2절 약물 관련 범죄의 분류

약물과 관련된 범죄는 크게 약물을 불법적으로 사용하는 행위와 약물의 불법적인 제조, 재배, 그리고 판매행위 등을 포함하는 약물을 공급하는 행위로 나눌 수 있다. 이 두 행위는 공공의 건강이라는 사회적 법익을 침해하는 범죄이지만, 수요자와 공급자가 서로가 공생관계에 있는 합의적 범죄(consensual crime)라고 할 수 있다. 또한 약물을 불법적으로 사용한 사람들이 약물의 희생자로 취급되기도 하지만, 약물사용자나 약물공급자 모두가 약물의 불법사용이라는 범죄 사실을 경찰에 신고하지 않는다는 점에서 피해자 없는 범죄(victimless crime)라고도 할 수 있다.

약물의 불법적 사용행위는 약물사용, 약물오용, 약물남용, 약물중독, 그리고 약물의존 등의 용어들로 혼용되고 있다. '약물사용'은 병이나 상처 등의 치료나 예방에 쓰이는 물질을 먹거나 바르거나 주사하는 행위를 뜻하고, 약물사용 중에 사용자의 부주의나 약물을 조제하거나 투약하는 의료인의 부주의에 의한 약물사용 행위를 '약물오용'이라고 한다. '약물의존'은 생체와 약물의 상호작용으로 인해 생기는 정신적 때로는 신체적 상태로서, 약물섭취를 중단하려고 해도 끊을 수 없는 상태를 말한다. 내성은 나타나는 경우도 있고, 그렇지 않은 경우도 있다.[5] 약물의존은 그 사용자에게 나타나는 정신적인 의존성뿐만 아니라 육체적 의존성 모두를 포괄하는 개념이다. 정신적인 의존은 어떤 약물의 특정 약리효과를 체험하고 그 후 계속하여 그 약물을 섭취하고자 하는 강한 욕구를 가진 상태를 말한다. 육체적 의존은 생체와 약물의 상호작용 결과, 생체가 특정 약물의 약리효과가 존재하는 상태에 적응하여 약물의 효과가 있을 때에는 정상에 가까운 기능을 영위하지만, 그 효과가 소실되면 신체기능의 균형이 무너지게 되므로 적응실조상태가 되어 병적 증후를 나타내는 신체적 이상상태를 말한다.

약물남용이나 약물중독은 어느 정도 가치평가적인 개념으로, 일반적으로 사용이 법적

---

5) Bakalar, J.B. & Lester, G., *Drug Control in a Free Society*, New York: Cambridge University Press, 1992, p.38.

으로 규제되어 있는 약물이나 불법약물의 불법적인 사용을 지칭하는 말로 사용된다.

'약물남용'은(1) 비의료적인 목적으로 약물을 불법적으로 사용하는 것을 뜻하거나,(2) 그 약물이 불법적이든 합법적이든지 간에 그 약물을 사용자의 육체적 혹은 정신적 안녕에 위협이 되는 수준까지 사용하는 것, 혹은 교육, 직업, 그리고 결혼과 같은 삶의 중요한 목표 혹은 임무에 해를 끼치는 수준까지 사용하는 것을 뜻한다.[6)]

'약물중독'이라는 개념은 세계보건기구(WHO)에서 공식적으로 사용한 개념으로서 자연약물 혹은 합성약물의 반복적인 사용으로 인하여 발생하는 만성적 혹은 주기적인 도취상태로 다음과 같은 특징을 가진다.

(1) 약물을 계속 사용하거나 어떤 수단을 통해서 그 약물을 획득하고자 하는 억누를 수 없는 욕망 혹은 강박감이 나타난다.
(2) 복용량을 증가시키는 경향이 있으며, 육체적 내성을 보인다.
(3) 약물의 효과에 대해 일반적으로 정신적 및 육체적인 의존을 보인다.
(4) 개인적 및 사회적인 문제를 일으킨다.

일반적으로 약물중독이라는 개념은 과학적으로 모호한 개념이기 때문에 현재는 약물남용이라는 개념을 더 선호하고 있다.[7)]

약물공급범죄에는 크게 두 가지가 있는데, 하나는 범죄조직으로서 약물거래조직에 초점을 맞추는 것이고, 다른 하나는 실제로 약물을 거래하는 약물판매자에 초점을 맞추는 것이다. 그러나 약물판매자의 경우 약물거래조직에 속한 조직원이거나 조직원이 아니더라도 약물거래조직과 직간접으로 연관을 맺고 있기 때문에 이 두 가지를 분리해서 보기는 어렵다.[8)]

---

6) Kupper, A. & Kupper, J., *The Social Science Encyclopedia*, London, Boston, & Henley: Roughledge & Kegan Paul, 1985.

7) 이정수, 「메스암페타민사범의 실태와 대책」, 한국형사정책연구원, 1989.

8) 김익기, 「약물남용범죄와 약물공급범죄에 관한 연구」, 한국형사정책연구원, 1992.

제3절 약물중독에 대한 인식의 변화

약물중독에 대한 인식 및 태도는 역사적 흐름에 따라 변화되어 왔다. 19세기에는 약물의존에 대한 정확한 인식이 없었고 여러 용어들이 혼용되었다. 약물의존에 대해서는 대개 질병이나 신경증 및 중독 같은 용어들이 사용되었다. 의존은 주로 신체적인 문제로 여겨졌으며 심리적 요인들은 무시되어 왔다. 이 시기에는 중독에 두 가지 유형이 있다고 보았는데, 하나는 다른 신체적 질병을 치료하기 위해 의사가 처방하거나 자신이 선택하여 복용하게 된 약물에 대한 것으로 이는 합법적인 것이었다. 두 번째는 아편과 같은 약물을 계속 흡연해야 하는 유형이다. 19세기 말엽부터는 개업의사들이 이에 대한 치료를 시도하였으나, 당시만 해도 상습적 약물남용에 대해서는 별로 밝혀진 바가 없었다.

1900년에서 1950년대 중반 사이에 많은 미국인들이 약물을 심하게 사용하면서 약물의존자들이 늘어났다. 특허의약품과 아편, 코카인의 유통을 금하는 연방정부의 입법이 통과되면서, 마약사용자를 범죄시하는 경향이 나타나게 되었다. 임상계에서는 마약남용의 증가를 막으려는 시도가 있었지만 성공적이지 못했다. 이때의 임상경험을 토대로 미국의학협회(AMA)에서는 약물치료의 철학을 구조화하려는 입장의 논문이 발표되었다. AMA의 입장은 약물을 쓰지 않는 환경에서 입원환자를 해독하고 신체적 건강을 돌보며, 심리적 욕구와 직업적 필요에 대해 상담을 하고 퇴원 후에 사회서비스를 지원하는 것이었다. 이것이 차후 제도적으로 약물치료모델의 선구자가 되었고, 이때의 주된 치료목표는 약물을 끊는 것이었다.

1930년대에는 약물중독 치료를 위해 렉싱턴(Lexington)과 포트워스(Fortworth)에 연방병원이 개원되었고, 1950년대와 1960년대에 마약사용자가 크게 증가하면서 뉴욕, 캘리포니아 등에서 주(州)단위 프로그램이 시작되었다. 이런 프로그램들은 대개 AMA모델을 따랐다. 1930년대 이후부터 중독을 대개 법적 문제로 보게 되었고, 원인이나 치료에 대해 검증하는 연구는 별로 없었다. 2차 대전으로 인해 그동안 진행되던 연구마저 중단되었고 중독인구도 감소하는 추세를 보였다. 이 시기에는 중독자들 입장에서는 도움을 청할 곳이 거의 존재하지 않았다.

전후(戰後)에 헤로인 사용자가 급증했는데, 당시에는 마약 중독자에게만 관심을 가지고 있었다. 그러나 마약이라는 용어에는 법률상 세 가지 약물이 포함되어 있었다. 아편과 코카인, 그리고 마리화나였다. 이와 같은 약물사범의 증가추세와 함께 법 개정이 촉진되었는데, 체포나 기소, 구금이 억제력을 발휘하기 때문에 마약사용을 충분히 차단시킬 수 있다는 잘못된 인식으로 형벌은 더욱 강화되는 추세를 보였다.

1950년대 후반부터는 새로운 관점이 대두되기 시작했다. 1950년대와 1960년대 사이에는 마약법 위반으로 형벌을 받게 되는 사람들이 급증하였다. 이 시기에 중요한 돌파구가 될 만한 두 가지 프로그램이 제시되었는데 약물유지접근법과 약물사용이 없는 방안으로서의 치료공동체 모델이었다. 먼저 1960년대 초반 돌과 니스원더(Dole & Nyswander)가 헤로인 중독자를 위한 기존의 치료방법의 대안으로 메사돈 유지접근법을 제시했다. 유지접근법은 대체약물을 선정하여 최소한의 약물량을 유지시켜주면서 더 악화되는 것을 억제하고 문제야기를 방지시키는 전략인데 차후 구체적으로 설명될 것이다. 다음으로 시나논(Synanon)과 데이탑 마을(Daytop Village)과 같은 치료공동체의 운영을 토대로 하여, 약물사용이 없이 치료하는 대안이 제시되었다.

1970년대에는 치료공동체와 화학적 치료방식 모두에 대한 연방정부의 재정적 원조가 증가하게 되었는데 이는 이전과는 큰 대조가 되는 일이었다. 한편으로 한 사람이 여러 약물을 남용하거나 의존하는 소위 복합약물사용이라는 새로운 문제가 인식되기 시작하였다. 이후 점진적으로 약물사용과 치료에 대해 보다 합리적인 인식을 하게 되었고 약물중독에 대한 과거의 고정관념에서 벗어나, 약물 문제의 다양한 원인들에 대한 관심이 증폭되었다. 따라서 주된 초점도 '약물통제'에서 약물사용자에 대한 이해로 변화하였으며, 치료에 대한 단일적 접근은 그것이 아무리 성공적이라 하더라도 모든 약물의존자들에게 효과적일 수는 없다는 것을 인식하게 되었다. 최근에는 지역사회 중심의 복합 프로그램에 대하여 연방정부의 재정 및 각종 지원이 강화되는 경향을 보이고 있다.

제4절 약물남용자의 치료와 재활

약물남용자의 치료와 재활에 대한 현재의 접근법은 여러 요인들의 영향을 받은 결과이다.

첫 번째는 위에서 언급한 돌(Dole)과 니스원더(Nyswander)의 메사돈 유지프로그램 실험이 제한적인 관점에서일지라도 성공적이었다는 것이다. 이는 경우에 따라서는 중독자이면서도 사회에 기여할 수 있다는 점을 인정하는 것이다. 즉, 습관을 통제하고 약물사용을 잘 감독하면 반드시 끊지 않더라도 성공할 수 있다는 주장으로, 약물중단이 성공의 전제 조건은 아니라는 의미이다.

두 번째는 금주동맹과 같은 자조회의 잇따른 성공이었다. 이는 시나논(Synanon)과 데이탑 마을(Daytop Village)이 설립된 이후, 이와 같은 약물남용자들을 위한 자조회 지부들이 결성되었는데 1960년대와 1970년대의 치료 대안으로 치료공동체를 활성화시키는 데 기여하였다. 치료공동체는 대상자들에게 집단동료의 지지를 제공함으로써 개인의 성장을 촉구할 수 있는 환경을 조성하는 것을 핵심으로 하였는데, 이러한 모델에 대한 개념은 이후 많은 프로그램에 적용되었다.

세 번째로, 연구자들은 계속 치료를 받아야 할 사람은 아니지만 약물사용으로 인해 자신이나 타인에게 해(예를 들면, 자살, 반사회적 행위, 정신분열적 증세 등)를 입히는 사람들에 대해 관심을 갖게 되었다. 때문에 이들은 지속적이기보다는 위기상황에서 즉각적인 도움을 필요로 한다는 것을 인식하기 시작했고, 이들의 필요에 대응할 수 있는 위기개입 프로그램이 만들어졌다.

네 번째로, 약물과 약물 자체의 영향에 대한 관심보다는 그 이외의 요인들의 중요성이 대두되었다. 약물의존으로 치료받는 사람은 금단과정에서 오는 신체적 고통을 피하고자 하는 욕구 이외에도 더 많은 필요와 욕구가 있다는 것이 인식된 것이다. 이에 따라 심리적, 정서적, 의료적 대인관계, 직업적 욕구를 충족시키는 데 필요한 프로그램들이 포함된 부가적인 치료가 병행되었다.

다섯째로, 약물남용자 집단은 이질적 집단이므로 일률적이고 단일한 접근은 적합하지 않다는 시각이었다. 그러므로 지역사회 중심의 복합적 접근으로 약물남용자를 다루려는 경향이 대두된 것이다. 센터 내부 혹은 센터 간에 프로그램의 조정은 보다 복잡해졌지만, 지역사회와 중독자의 필요를 충족시키는 점에서는 크게 향상되었다.

그러나 아직까지도 약물 문제는 법적 문제이므로 사법제도 내에서 처우되어야 한다는 시각이 여전히 남아있다. 물론 사법제도 내에서도 다양한 전환치료 프로그램이 적용될 수 있다. 〈표 9-1〉은 약물의존 치료에 대한 다양한 접근법과 예를 요약한 것이다.

〈표 9-1〉 약물치료양식

감독억제 접근	의학적 접근	비약물 접근	위기개입 접근
구금	유지프로그램	치료공동체	비상전화 연락망
형사적 혹은 민사적 개입	해독프로그램	자조회	대화의 광장
	길항프로그램		무료치료소

1. 감독억제 모델(Supervisory-Deterrent Model)

감독억제 모델은 법집행과 관련된다. 이는 일단 생리적으로 정상으로 복귀되면, 다음 둘 중에 하나를 선택해야 한다는 전제를 기초로 한다. 즉, 약물을 사용하지 않고 교도소 밖에서 살든지, 아니면 다시 약물을 사용하여 교도소에 재구금되어 인생을 마치는 것이다. 감독억제 모델은 마약을 사용하고 법을 위반하면 체포되고 구금된다는 것이 확실할 때는 매우 효과적일 수 있다. 그러나 특히 미국의 상황은 그렇지 못하며, 사실 마약을 사용하는 대부분의 사람들이 구금되지 않고 있다. 그러나 치료대안이 없는 상황에서 약물사범에 대해 형을 가중시키는 것은 가혹한 것이며, 위헌의 소지가 될 수도 있다. 또한 치료를 받아야 할 확실한 이유가 없을 경우에도 치료를 받아야 한다는 것 역시 비합리적으로 보일 수 있다. 실제로 1973년에는 마리화나로 고발된 체포자 420,000명 가운데 390,000명은 단순히 마리화나를 소지한 것으로 나타났다. 이러한 경우를 합당한 체포로 볼 수 있는지, 더 나아가 어떤 치료나 처우가 있을 수 있는지 등 문제의 소지가 충분히 있다. 분명한 것은 이 억제책만으로는 약물남용을 제거할 수 없다는 점이다.

2. 의학 모델(Medical-Distributive Model)

의학 모델은 약물남용이 일종의 질병과 같아서 간단히 치료될 수 없다고 보는 관점에서 나왔다. 약물남용이나 의존을 완전히 치료할 수 없으므로, 대신에 그들의 인생을 보다 편안하게 영위할 수 있도록 가능한 방도를 취해야 한다는 것이다. 즉, 모델의 목적이 남용자의 처우나 회복에 있는 것이 아니다. 그 사람의 삶의 질을 향상시키며 동시에 사회적 및 신체적 파상효과를 최소화하는 데 있다. 이러한 철학은 미국 사회에 일반적으로 받아들여진 것은 아니나, 적용되고 있는 프로그램이 아직 존재하고 있다. 여기에는 3가지 프로그램이 있다.

1) 유지프로그램(Maintenance Programs)

이 프로그램에서는 사회적으로 보다 수용 가능하고 덜 위험한 대체약물을 선택하여 사용한다. 이 대체약물은 무료로 또는 저렴한 가격에 공급되는데, 이에 따라 중독자는 정상적인 생활에 보다 많은 관심을 갖게 될 것으로 가정한다. 이 모델의 대표적인 프로그램은 헤로인의 대체약물로서 메타돈(methadone)을 사용하는 경우이다. 메타돈은 헤로인보다 효과가 오래 지속되므로 자주 사용하지 않아도 되고 헤로인에 대한 요구를 격감시킨다. 그러나 메타돈이 무질서하게 공급되는 것을 막기 위해서 엄격한 지침이 필요하다. 이는 궁극적인 치료라기보다는 약물을 대체함으로써 더 이상 불법적인 약물을 구하려고 애쓰지 않고, 대신 사회적으로 보다 생산적인 일을 할 수 있게 한다는 의미를 가진다. 이 모델에 있어 몇 가지 문제점이 지적될 수 있다.

첫째, 부적절한 판단으로 충분히 중독되지 않은 자를 메타돈 중독자로 만들 우려가 있다.
둘째, 확실한 감독과 법적 통제가 미비하면 메타돈이 불법거래에 이용될 수 있다.
셋째, 헤로인 중독의 치료가 가능한 것으로 오인되어, 헤로인 사용이 증가할 수 있다.
넷째, 여전히 약물중독에서 해방되는 것은 아니다.

이 모델의 특징을 요약하면 다음과 같다.
첫째, 프로그램에 지속적인 참여가 필수적이다.
둘째, 중독성 약물이 유지되지만 약물남용이 아닌 합법적 사용이다.
셋째, 취업, 학업, 가족관계, 기타 활동에 긍정적인 효과를 기대한다.
넷째, 마약에 관련된 불필요한 행위나 행동(예: 범죄, 발작 등)이 감소된다.

2) 해독 프로그램

이는 급작스런 금단증상에서 오는 영향을 최소화하기 위하여 점진적으로 약물 사용의 양을 조절해 나가는 프로그램이다. 이 과정은 헤로인 중독자의 경우 약 10일 정도가 소요된다. 대체로 해독 프로그램은 아편중독자에게 사용하는 경향이 있다. 약물적 투입이 없이 아편의 양만을 일정 기간 동안 감소시키는 것이므로 생명에 지장되는 바는 없다. 그러나 불행히도 해독 프로그램에 들어간 헤로인 중독자의 경우는 대다수가 처음 며칠 만에 중도 탈락되는 경향이 있다. 그 주된 이유는 금단증상은 최소화되지만, 여전히 헤로인을 갈구하는 욕망은 없어지지 않기 때문이다.

3) 길항제 프로그램(Narcotic Antagonist Programs)

길항제(Antagonist)는 헤로인과 같은 남용약물보다 수용부위에 더 큰 친화력을 가지는 약물이다. 그러므로 이를 투여하면 남용약물의 작용이 억제된다. 마약 길항제는 과다복용 증세에 대한 치료에 유용하다고 입증된 바 있지만, 과거에는 마약중독을 식별하는 데 사용하기도 했다. 중독자에게 길항제를 투여하면 수분 내에 금단증상의 효과를 나타낸다. 이는 계속적으로 마약의존에 대해 가능한 치료 방법으로 연구되어왔다. 대개는 먼저 메타돈과 같은 약물로 해독을 한 후, 점차 길항제의 양을 늘려 중독자가 마약으로 인한 효과를 차단할 수 있도록 한다.

길항제 프로그램이 효과적이려면 길항제는 다음과 같은 조건에 충족되어야 한다.

첫째, 길항제에 독성효과가 없어야 한다.

둘째, 상대적으로 오랜 기간 지속되어야 한다.(예: 헤로인 2~6시간, 메타돈 약 36시간, 길항제 72시간 이상).

셋째, 구강복용이 가능하거나 의학적으로 안전할 경우 보다 효과적이다.

넷째, 반사회적 행동을 유발하지 말아야 한다.

다섯째, 마약중독 증상은 차단하고, 자체의 도취효과나 중독효과가 없어야 한다.

여섯째, 가격이 저렴해야 한다.

문제점으로는 확실히 입증된 길항제가 존재하지 않으며, 길항제가 중독자의 증상은 차단해 주지만 신체적 고통을 완화해주는 치료적 기능을 할 수 없다는 것이다.

3. 비약물 모델(Drug-Free Model)

이 모델에 따른 접근법은 다양하지만, 그 가운데에는 몇 가지 공통적인 요인들이 있다. 우선 약물을 중단하는 것이 가장 큰 목표라는 것이고, 다음으로 그 목표는 동료집단 상황에서 가장 효과적으로 이루어진다는 것이다. 이 중 잘 알려진 것이 시나논(Synanon), 데이탑 마을(Daytop Village), 피닉스 하우스(Phenix House)와 같은 치료공동체이다.

1) 치료공동체(Therapeutic Communities)

이 공동체는 중독자 인성의 변화를 시도하며, 약물의존의 심리적 원인을 다루는 프로그램으로서, 주로 거주프로그램(residential program)이다. 치료공동체에는 전문적 체계를 갖춘 것은 아니지만 뚜렷한 규율과 제재가 있다. 공동체에서 생존하기 위해서는 그 규율을 준수해야 하고 약물을 사용하지 않아야 한다. 규율 위반 시에는 엄한 처벌을 받아야 한다. 집단 직면기법(group confrontation)과 환경치료(milieu therapy)가 치료 공동체에서 사용되는 두 가지 주요 기법이다. 공동체는 집단 내 상하계층 구조가 존재하며 그 지위는 구성원의 행동에 따라 결정된다.

프로그램의 성공은 실질적으로 입증된 바가 없지만, 초기에 탈락하는 비율이 높으며 일단 공동체에 남게 되면 비교적 높은 성공률을 보이는 것으로 알려져 있다. 치료공동체의 문제점으로는 다음과 같은 점이 지적되고 있다.

첫째, 동료의 지지를 필수로 하는 거주프로그램이므로 오직 소수의 중독자만이 치료될 수 있다.

둘째, 약물의 종류에 관계없이 상대적으로 비용이 높다.

셋째, 약물의존 대신에 소속 공동체에 의존하는 성향이 발전될 수 있다.

2) 자조회

의약품을 사용하지 않는 비입원 프로그램 가운데 가장 효과를 거두고 있는 것은 금주동맹모델을 모방한 자조프로그램들인데, 이러한 유형의 프로그램에서는 약물중독 자체를 만성적인 고질병으로 간주하여 중독자와 그 가족들에게 집중적 지원을 실시한다. 또 그러한 모임들은 대개 과거에 약물을 남용하였던 경험이 있는 자원자들에 의해서 무료로 운영되며, 모임에 참여하는 사람들은 거의가 다른 유형의 입원 프로그램이나 그 밖의 퇴원치료절차를 거친 사람들이다. 현재 활동이 활발한 비입원 약물치료 프로그램으로는 코카인 중지동맹, 마약 중지동맹 등이 있다.

4. 위기 개입(Crisis Intervention)

전술한 접근법들과는 달리, 위기 개입은 약물 남용자에게 닥친 갑작스런 위기상황에 의학적 또는 비의학적인 방법으로 대처하는 것을 의미한다. 모든 위기상황이 약물과 관련되는 것은 아니지만, 대개 과용, 부작용, 비정상적 정신상태의 경우가 많다. 위기 개입의 기법은 긴급한 생명위협 상황을 극복하기 위한 응급처치가 주류를 이룬다. 안심시키고, 위기상황을 접수하고, 교육하고, 위기를 재정의하며, 응급처치하는 것 등이 모두 위기 개입의 기법이 된다.

5. 복합적 접근(Multimodality Approaches)

1966년 일리노이 마약자문위원회(Illinois Narcotics Advisory Council / INAC)는 약물 문제를 다루기 위한 주(州) 차원의 계획을 계발하였다. 그 계획은 다음과 같은 원칙에 기초하고 있다.

1) 단기 속성 프로그램은 반드시 피해야 한다.
2) 중독자는 매우 이질적인 집단이다. 그들은 여러 종류의 약물에 중독되어 있으며 그들이 약물을 접하게 된 경위, 그들의 욕구 및 동기도 모두 다양하다.
3) 기존의 치료방법 가운데 어느 것이 더 효과적인지에 대한 실증적 증거가 부족하다.
4) 중독은 개인, 환경, 치료 프로그램 사이의 복합적인 상호작용의 결과이다. 시간이 지남에 따라 그 관계는 변할 수도 있다.

이러한 원칙을 토대로 복합적 접근법이 채택되었다. 이 프로그램은 치료의 목표로 약물 중단 이외에 치료 전 병동(pretreatment unit) 및 중간 처우소(halfway house) 등에서 다양한 접근이 포괄된 프로그램을 실시하였다. 복합적 프로그램은 단일 양식의 프로그램보다 점차 더 많이 채택되었고 1970년대 이후부터는 연방재정의 원조도 크게 늘어났다.

제5절 우리나라 마약류 범죄 현황[9)]

우리나라에서 일반적으로 마약류 범죄는 마약, 대마 및 향정신성의약품과 관련된 법규를 위반한 범죄를 말한다. 2009~2018년 사이의 우리나라 마약류 사범의 발생 및 검거현황을 살펴보면, 총 검거 인원이 지난 10년간 소폭의 등락은 있었으나, 2009년 111,875명에서 2018년 12,613명으로 소폭 증가하였다.

2018년의 경우, 전체 마약류 사범 12,613명 중 향정사범이 9,613명으로 76.2%, 대마사범은 1,533명으로 12.1%, 그리고 마약사범은 1,467명으로 11.6%를 차지하였다.

마약사범은 2009년 2,198명에서 2012년 582명으로 대폭 감소하였으나 2015년부터 다시 증가세를 보여 2018년에는 1,467명에 이르렀다. 향정사범은 2009년 7,965명에서 전반적으로 증가추세를 보여 2018년에는 9,613명으로 높은 증가율을 보였다. 대마사범은 심한 등락추세를 보였는 데, 2009년 1,712명에서 2012년 1,042명으로 감소했다가 다시 증가하여 2017년, 2018년에는 각각 1,727명, 1,533명으로 증가한 현상을 보였다.

2018년 통계를 살펴볼 때, 지역별로는 인천·경기(28.%), 서울(21.2%), 부산(8.9%), 울산 · 경남(7.9%), 대구 · 경북(7.7%), 대전 · 충남(6%) 순으로 나타났다. 연령별로는 40~49세(26.2%), 30~39세(23.8%), 50~59세(18.6%), 20~29세(16.8%), 60세 이상(11.6%) 순으로 나타났으나, 구체적으로 보면 각 연령대에 따라 선호하는 마약류에서 차이를 보였다. 마약사범의 경우는 60세이상(65.5%)이, 향정사범은 40~49세(31%)와 30~39세(26.2%)가, 대마사범은 20~29세(34.6%) 구간이 높은 비율을 보였다. 마약류 수형자의 재복역률은 40~50%가량이 재입소하는 것으로 나타나 절도(2010년 40.4%, 2018년 50.1%)와 함께 가장 높은 재복역률을 보이는 범죄유형이라 할 수 있다.

---

9) 법무연수원, 「범죄백서」, 2019; 교정본부, 「교정통계연보」, 2020.

〈표 9-2〉 마약류사범 죄명별 검거 현황(2008~2017년)

단위: 명(%)

죄명＼연도	2009	2010	2011	2012	2013	2014	2015	2016	2017	2018
계	11,875 (120.0)	9,732 (98.3)	9,174 (92.7)	9,255 (93.5)	9,764 (98.6)	9,984 (100.9)	11,916 (120.4)	14,214 (143.6)	14,123 (142.7)	12,613 (106.2)
마약	2,198 (167.4)	1,124 (80.5)	759 (64.3)	582 (41.7)	685 (49.1)	676 (48.4)	1,153 (82.6)	1,383 (99.1)	1,475 (105.7)	1,467 (66.7)
향정	7,965 (106.8)	6,771 (90.8)	7,226 (96.9)	7,631 (102.3)	7,902 (106.0)	8,121 (108.9)	9,624 (129.1)	11,396 (152.8)	10,921 (146.5)	9,613 (120.7)
대마	1,712 (163.8)	1,837 (175.8)	1,189 (113.8)	1,042 (99.7)	1,177 (112.6)	1,187 (113.6)	1,139 (109.0)	1,435 (137.3)	1,727 (165.3)	1,533 (89.5)

주: 1. 대검찰청, 「마약류범죄백서」, 각년도.
2.() 안은 2009년을 기준으로 한 지수.

Chapter_ 2
성범죄와 교정프로그램

제1절 성범죄의 개념 및 분류

"성범죄"란 용어에 대해서는 다양한 정의가 있을 뿐 아니라 그 원인에 대해서도 수많은 이론들이 있다. 미국의 경우에도 주(州)마다 각각의 입법에 따라 용어를 각기 다르게 정의하고 있다. 성범죄에 관한 심리학적 및 인구통계학적 특성들에 관한 기존의 연구들을 통해 분명한 사실은 성범죄자들이 매우 이질적인 집단이고 매우 다양한 특성을 가지고 있다는 것이다. 흔히 알려진 상식과는 다르게 성범죄 가해자는 피해자에게 낯선 사람뿐만이 아니라 가까운 친척, 가족, 친구, 또는 안면이 있는 사람들인 경우가 많고, 아동 및 초등학생 연령에서부터 노인에 이르기까지 연령층이 다양하며, 경제적 수준에 따른 분포도 매우 넓게 포진되어 있다. 그 밖에도 종교, 학력, 직업, 인종, 전과 여부에 상관없이 그 배경이 다양하게 분포되어 있다.

이러한 인구통계학적 요인들뿐 아니라, 다음과 같은 요인들 역시 성범죄자를 정의하는 데 어려움을 주고 있다.[10)]

첫째, 특정 성적 행동을 범죄행위로 볼 것인가에 대한 사회구성원들의 허용 정도, 즉 그 시점에서의 사회적 · 문화적 태도.

둘째, 어떤 행위자가 성범죄자인가? 즉 성범죄자 상(像)에 대한 기준과 그 적용에 있어서의 타당성.

셋째, 성범죄자를 분별하여 체포, 판결 및 처벌 등의 절차를 수행하는 데 있어서 형사사법체계의 행위의 다양성 혹은 일관성의 결여.

용어에 대한 다양한 정의 가운데 가장 유용한 것 중의 하나가 게브라드 등(Gebrard,

---

10) Knopp, F.H., *Retraining Adult Sex Offenders: Methods & Models*, Orwell, VT: Safer Society Press, 1984.

Gagnon, Pomeroy, & Christenson)의 정의이다.[11] 그들은 "성범죄자란 순간의 성적 만족을 위해 그 사회에서 수용되는 성적 관습에 명백히 위배되는 행동을 한 사람들"이라고 정의했다. 따라서 이들은 법적으로 처벌의 대상이 될 수 있다고 하였다. 이 정의만 보더라도 그 당시의 성습속이 용어의 정의에 큰 영향을 미친다는 것을 알 수 있으며, 그로 인해 성범죄자 집단에 대한 개념이 계속적으로 변할 수밖에 없다는 것을 알 수 있다.

성범죄자의 특성에 관한 연구가 진행됨에 따라, 하나의 정의를 내리기보다는 각기 다른 특성들을 가진 몇 가지의 유형들로 구분하는 것이 유용하다는 견해가 나타나기 시작했다. 많은 연구자들이 자신의 사적 경험이나 통계분석을 토대로 하여 분류법을 발전시켰으나 각각의 분류에는 장단점이 있다. 다음은 개인의 차이를 수용할 수 있는 역동적인 분류이론을 제시한 슈바르츠(Schwartz, 1988), 코르네스(Cornes, 1983) 및 핀켈호르(Finkelhor, 1984) 등이 발전시켜온 역동적인 분류모델을 바탕으로 성범죄자의 유형에 대해 기술한다.[12]

1. 소아 대상 성도착(The Pedophile)

소아 대상 성도착증은 사춘기 이전의 아동들을 대상으로 성적 만족을 구하는 사람들이다. 여기에는 다양한 원인이 있으며, 그로스는 그 유형을 다음과 같이 분류하였다.[13] 그에 따르면 두 가지의 분류법이 있는데, 하나는 그 행동이 범죄자 개인이 '얼마나 고착되어 있는가'라는 고착 정도에 근거한 것이고, 다른 하나는 '심리적 욕구'를 토대로 하는 것이다. 전자의 고착된 성도착은 전 일생을 통해 소아에게만 성애를 느끼며, 이 영역에서는 심리적인 성숙이 이루어지지 않는다. 고착된 성도착은 퇴행성 성도착과는 차이가 있다. 퇴행성 성도착자는 연령적으로 어느 시점에 이르면 동년배와 적절한 성적 관계를 할 수 있는 경우이다. 이러한 퇴행성 성도착자의 경우는 상황적 스트레스 요인에 크게 영향을 받는데

11) Gebrard, P., Gagnon, J., Pomeroy, W., and Christenson, C., *Sex Offenders: An Analysis of Types*, New York: Harper & Row, 1964.

12) Schwartz, B., "Characteristics and Typologies of Sex Offenders," in B.K. Schwartz(ed), *A Practitioner's Guide to Treating the Incarcerated Male Sex Offenders: Breaking the Cycle of Sexual Abuse*, Washington, D.C.: U.S. Department of Jusitce, 1988, pp.5-28; Cornes, P., *Out of the Shadows*, Minneapolis, MN: CompCare, 1983; Finklehor, D., *Child Sexual Abuse: New Theory and Research*, New York: The Free Press, 1984.

13) Groth, A.N., *Men Who Rape: The Psychology of the Offender*, New York: Plenum Press, 1979.

그 요인은 매우 다양하며, 그로 인해 남자로서의 자신감을 잃게 되는 경우가 많다. 대개 갑작스런 실직이나 실업상태의 지속 그리고 신체적 질병 등이 주요한 요인이 되는데, 그 결과 자신감에 상처를 받기도 하고 경제적인 문제까지 안게 되면 그 심각성이 더욱 심화된다. 여기에서 더 나아가게 되면 자신이 과연 성인 여성을 성적으로 만족시킬 수 있는가에 대해 회의를 느끼게 된다. 그러므로 이런 유형의 사람은 상대적으로 연약하고 덜 위협적인 소아와 성적 유희를 하게 되지만, 그런 행위는 장기적으로 고착되지는 않는다.

다음으로 심리적 욕구는 상대방에게 얼마만큼 강요하느냐의 정도에 초점을 둔다. 여기에도 두 가지 유형이 있다. 먼저 성압력 범죄(the sex-pressure offense)에서는 상대를 유혹하는 수준에 머문다. 가해자는 피해자가 협조하는 것을 기대하기 때문에 상대 아동이 저항하면 대개는 단념한다. 이런 유형은 신체적 접촉을 원할 뿐 아니라 애정을 추구하며, 피해자를 사랑하고 있다고 말하는 것을 자주 볼 수 있다. 둘째로, 성강요 범죄자(the sex-force offense)는 위협을 가하거나 신체적 공격을 시도한다. 여기에서도 위협이나 강요를 가하는 데 있어서 착취성 공격과 가학성 공격으로 구분될 수 있다. 전자는 아동이 성인보다 덜 저항하고 힘이 없기 때문에 아동에게 끌리고 이들을 성적 배출구로만 이용한다. 가학성 범죄자는 성적 만족을 얻기 위해 아동에게 상처를 입히고 고통을 주며 심지어는 살인까지도 한다. 그의 강박적인 행동은 복잡하고 세심하게 계획되어 있으며 구조화된 것이다.

2. 강간(The Rapist)

강간의 동기에 대해서도 다양한 견해가 있다. 그러나 대개의 연구자들은 강간자를 3가지의 동기체계로 구분하는 데 큰 이견을 보이지 않고 있다. 여기에는 상황적, 정서적 그리고 범죄적인 동기가 포함된다.

첫째, 상황적 강간자는 기본적으로 정상적인 사람으로 볼 수 있으며, 환경적 상황이나 스트레스에 의해 강간을 하게 된 사람을 말한다.

둘째, 정서적 장애가 있는 강간자로서 이들은 자신 스스로를 부적한 사람이라고 느끼고, 상대에게 억압된 적대감을 표출하며, 성장과정에서 겪은 외상의 경험을 보상받는 행위로서 강간한다고 볼 수 있다.

셋째, 거리범죄형 강간자는 돈이나 자동차, TV를 절도하듯이 범죄행위의 하나로서 강간을 하는 범죄자 유형이다.

3. 중독모델(The Addictions Model)

최근에는 가족체계문제가 중시되는 추세와 함께 중독에 따른 장애문제에 대한 관심이 증대되면서 성중독 모델이 나오게 되었다.[14] 이는 성범죄의 정도에 따라 성중독을 3단계로 구분하였다.

1단계는 수음, 이성 간의 성관계, 동성애, 포르노, 매춘 등이 포함된다. 이 범주는 다양한 문화적 행위에 대한 반응과도 연계되는 광범위한 행동들이 포함된다. 이런 행동들은 정도에 따라 문제시되지 않을 수도 있지만 강박적인 특질을 가지고 있다.

2단계는 음란전화뿐 아니라 성기노출이나 관음과 같은 경범죄 등이 포함된다. 이들의 행동은 특히 선호하는 어떤 대상이 있을 경우 더욱 가속화되는 경향이 있는데, 이런 행동들은 보다 심각한 범죄의 전조가 될 수도 있다.

3단계는 강간, 소아 성학대 및 근친상간과 같은 중한 성범죄가 특징이다. 반드시 단계적으로 발전하는 것은 아니지만, 1단계에서 2단계를 거쳐 3단계로 발전하는 경우도 있다.

그는 성중독을 “일정한 사건이나 과정에 대해 건전한 관계 대신 비정상적인 관계로 대치하는 것”이라고 정의하면서, 성중독은 현실을 왜곡하는 일련의 신념이라 하였다. 예를 들어, 이들은 자신이 한 인간으로서 타인의 애정을 받을 만큼의 가치가 없는 존재라고 믿고, 특히 성(性)만이 그들 인생에서 고통을 치료해주고 기쁨의 근원이 되며 존재의 이유가 되는 가장 중요한 욕구라고 믿는다고 하였다.

제2절 우리나라의 성범죄 현황분석

우리나라의 성폭력범죄는 〈표 9-3〉에서 나타난 바와 같이 2018년 32,104건으로 2009년 17,377건에서 10년 사이에 2배 가까이 증가하였다. 같은 기간에 강도 건수가 6,381건

---

14) Cornes, 1983.

에서 841건으로 대폭 감소하였고, 살인과 방화 역시 크게 감소 추세에서 성폭력 범죄가 2배 가까이 크게 상승했다는 점에서 향후의 변화추세를 주목해야 할 것으로 보인다.

〈표 9-3〉 강력범죄(흉악) 죄명별 발생 현황(2009~2018년)

[단위: 건(%)]

죄명 / 연도	합계	살인	강도	방화	성폭력
2009	27,014(100)	1,390(5.1)	6,381(23.6)	1,866(6.9)	17,377(64.3)
2010	28,134(100)	1,262(4.5)	4,402(15.6)	1,886(6.7)	20,584(73.2)
2011	29,382(100)	1,221(4.2)	4,021(13.7)	1,972(6.7)	22,168(75.4)
2012	28,895(100)	1,022(3.5)	2,626(9.1)	1,882(6.5)	23,365(80.9)
2013	33,780(100)	959(2.8)	2,001(5.9)	1,730(5.1)	29,090(86.1)
2014	34,126(100)	938(2.7)	1,618(4.7)	1,707(5.0)	29,863(87.5)
2015	35,139(100)	958(2.7)	1,472(4.2)	1,646(4.7)	31,063(88.4)
2016	32,963(100)	948(2.9)	1,181(3.6)	1,477(4.5)	29,357(89.1)
2017	36,030(100)	858(2.4)	990(2.7)	1,358(3.8)	32,824(91.1)
2018	35,272(100)	849(2.4)	841(2.4)	1,478(4.2)	32,104(91.0)

법무연수원, 「범죄백서」, 2019.

이와 같은 성범죄의 증가는 우리나라만의 현상은 아니고 대개의 국가에서 일반적으로 나타나는 현상이라 할 수 있다. 통계가 부정확하고 공개되지 않는 후진 국가들의 경우는 확인할 길이 없지만, 대부분의 선진 국가들에서는 일반적으로 대개의 범죄가 급격한 감소현상을 보이고 있다. 다만, 여전히 증가하고 있는 범죄유형의 한 가지로 성범죄가 보고되고 있다.[15)]

15) 살인, 강도, 자동차 절도, 아내 폭행, 마약사용 등 주요 범죄들이 미국, 영국을 위시한 EU 국가에서 지난 10년간 급격한 하강추세를 보이고 있다. 그 와중에 증가하는 범죄유형으로는 성범죄, 은행사기, 현금전화송금, 개인정보거래 및 유출 및 일부 관광지에서의 소매치기 등의 범죄가 증가하는 것으로 보고되고 있다.(The Economist, July 20th-26th 2013.)

가해자의 연령별 구성비를 살펴보면, 30대(19%), 40대(17.6%), 19~25세(17.3%)의 순으로 비율이 가장 높고, 다음으로 50대(14.9%), 26~30세(12%), 18세 이하(9.7%), 60세 이상(8.9%)의 비율을 보였다. 교육 정도에서의 특이점은 대학생 이상의 비율이 상대적으로 높다는 점이다. 성폭력과 함께 강력(흉악)범죄로 분류되는 살인, 강도 및 방화의 경우와 비교해 볼때, 대학생이상의 비율이 살인, 강도, 방화가 각각 14.6%, 14%, 16.6%인 데 반하여 성폭력은 33%를 차지하고 있다. 이는 성폭력의 경우는 학력에 크게 관계없이 범행이 이루어진다는 것을 보여주는 것이다.

피해자와의 관계(2012년 통계)는 타인에 의한 강간이 49.3%이고, 직장동료, 친구, 친족 등 주변인에 의한 강간이 15.3%, 그리고 미상이 25.5%로 나타나 면식범에 의한 범죄도 상당 부분 차지하고 있으며,[16] 미해결된 범죄건수 또한 여타 강력범죄(살인 14%, 강도 13%, 방화 10.2%)보다 높다는 것을 알 수 있다. 피해자의 성별분포를 보면, 피해자가 여성뿐만이 아니라 남성도 상당 부분 차지함을 알 수 있다. 남성피해자는 831명으로 여성피해자 19,998명의 약 4%에 해당한다. 여성피해자의 연령분포는 15세 이하 8.8%, 16~20세 이하 22.9%, 20대 40.6%, 30대 12.4%, 40대 9%, 그리고 50대 이상 6.3%의 비율을 보이고 있다. 이는 주로는 10대 후반과 20대 여성들이 피해자가 되지만 15세 이하의 어린이나 60대 이상의 노인층도 그 대상이 되고 있음을 알 수 있다. 전과횟수 구성비를 보면, 전과가 없는 초범이 29.8%로 가장 높고 그 다음으로는 4범 이상의 비율이 21.9%로 나타나 상습범에 대한 관리와 전문적 개입의 필요성이 요구된다 하겠다.[17]

교정시설 내 성폭력사범 수용현황을 보면, 2009~2011년 사이에는 4,000명대, 2012~2013년 사이에는 5,000명대, 2014~2015년 사이에는 6,000명대로 증가추세를 보이다가 2016년 부터는 다시 5,000명대로 소폭 감소하는 추세를 보이고 있고, 2019년에는 5,717명으로 전체 수형자의 16.5%를 차지하였다. 성폭력범죄 수형자의 3년 내 재복역률은 2010~2019년 사이에 17.5~20.4% 사이에서 소폭 등락현상을 반복하고 있다.[18]

---

16) 성폭력범죄 아동(13세 미만) 피해자와 범죄자와의 관계에 관한 2018년 통계를 보면, 총 950명 중에서 타인이 522명으로 54.9%이고, 지인(친구)이 119명(12.5%), 동거친족이 111명(11.7%), 기타친족이 52명(5.5%), 이웃이 60명(6.3%)로 나타나 비슷한 양상을 보이고 있다. 법무연수원, 「범죄백서」, 2019. P.192.

17) 법무연수원, 「범죄백서」, 2013.

18) 교정본부, 「교정통계연보」, 2019, pp.63~64, 176.

제3절 성범죄자에 대한 처우

사회적 성관습을 위반하는 성범죄자에 대해서는 사회적 통제라는 원칙이 엄격히 적용되어왔으며, 기존의 방식은 최종적으로는 대개 구금형을 통해서 이루어졌다. 구금은 범죄자를 처벌할 뿐 아니라 지역사회의 안전을 지켜주는 수단으로 인식되었다. 따라서 성범죄자에 대한 처리는 처벌지향의 입법을 걸쳐 구금이 주된 처벌양식이 되어왔다. 그러나 한편으로 치료영역의 성범죄자 전문가들은 범죄자를 수년간 대책 없이 구금하는 것보다는 그들의 내부에서 무엇이 일어나고 있는지 파악함으로써, 보다 안전한 통제방법이 나올 수 있다고 주장했다.[19] 이들은 구금은 비생산적일 뿐 아니라 성범죄자의 병리를 더욱 악화시켜서 그들이 사회에 나올 때에는 구금 전보다 더 악화된 현상을 초래한다고 하였다. 즉, 더 폭력적이고 더 분노에 찬 사람으로 변하여 경우에 따라서는 피해자에게 더 큰 피해를 입힐 수도 있다는 것이다. 또한 구금형은 성범죄 문제의 해결책이 될 수 없지만, 다른 방법을 구하지 않는다면 법을 개정하여 평생을 구금시킬 수밖에 없다고 했다. 왜냐하면 전문적 치료프로그램의 실시 외에 재범을 방지할 수 있는 길은 종신형밖에 없기 때문이라는 것이다. 이러한 치료 옹호론은 치료전문가뿐만 아니라 실제로 처벌적인 처우를 담당해왔던 교도관을 포함한 형사사법계의 종사자들에 의해서도 주장되었다.

성범죄 치료전문가들은 우선 성범죄자를 정확하게 평가하고 적절한 장소에서 그들의 욕구를 충족시킬 수 있는 치료법을 동원한다면, 그리고 범죄자 자신이 변화를 원할 경우는 성공적으로 치료될 수 있다고 주장한다. 그러나 전통적으로 성범죄자에 대한 처우는 치료적 접근보다는 그 초점을 통제에 두는 경향이 있다. 물론 성범죄자를 일정한 시점에서 치료했다는 것으로 곧 그 문제가 완료된 것은 아니다. 성범죄자들에게는 지속적으로 적절한 기술과 도구를 활용하여 그들의 행동을 통제해야 한다. 즉, 치료의 효과란 성행동을 지속적으로 통제하고 그것을 최소한의 수준으로 줄이는 것이다. 이러한 어려움에 대한 반사작용으로 오늘날 위치추적장치제도나 화학적 거세와 같은 강제적 성격의 비치료적 방식이 세계적으로 확산되고 있는 것이다.

---

19) West, D. J., Roy, C., and Nichols, F.L., *Understanding Sexual Attacks*. London: Heinemman Educational Books, 1987.

제4절 성범죄자 치료프로그램의 발전

성범죄치료는 미국에서 1948년 최초의 프로그램이 만들어진 이래로 많은 변화를 겪어왔다. 이러한 변화에 영향을 미쳤던 요인들로는 무엇보다도 첫째, 의학이나 정신의학적 모델로부터 점차적으로 벗어나려는 경향과 둘째, 피해자적 입장이 고려되지 않은 채 가해자의 치료에 토대를 두었던 이론들에 반대를 제기했던 여성운동의 영향을 들 수 있다.

초기의 성범죄자 치료 프로그램은 전통적으로 의학이나 정신의학적 모델을 토대로 하였다. 당시에는 개별적 정신치료 프로그램과 한 사람의 치료자(대개 남자였음)를 중심으로 다수의 대상자를 대상으로 한 집단적 정신치료가 주를 이루었다. 그러나 이러한 전통적인 접근법은 비효과적인 것으로 비판을 받아왔다. 이에 따라 오늘날의 성범죄자 사정과 치료 프로그램에서는 성범죄자들을 전통적인 정신의학적 용어로 진단하거나 전통적인 치료양식으로 접근하는 경우는 거의 찾아볼 수 없다. 그 대신 각 개인의 범죄특성과 다양한 욕구 등에 따라서 고도의 절충적이고 다면적인 접근이 요구된다는 인식이 자리 잡게 되었다.

여성운동이 폭넓게 전개되기 이전에 만들어진 초기의 치료프로그램들은 강간자들은 성적으로 욕구불만인 남성들이 우발적이고 통제할 수 없는 성적 욕구로 인해 강간을 행하는 사람들이라는 통념을 기초로 하고 있었다. 이런 욕구들은 관능적인 대상들로 인해 마침내 분출하게 되는 것이며, 강간자들은 심리적으로 병든 사람이거나 범죄집단의 일부라고 믿었던 것이다. 아직도 그런 통념들이 만연하고 있지만, 여성운동가들의 영향으로 인해 성범죄자, 특히 강간자에 대한 접근법에 현저한 변화가 일어났다.

오늘날의 대다수의 프로그램들은 다음과 같은 인식을 기초로 하고 있다.

첫째, 강간은 기본적으로 성적으로 행동화된 공격적이고 폭력적인 범죄이다.

둘째, 강간은 일반적으로 문화적으로나 경험적으로 학습된 것이다.

셋째, 강간의 피해자들은 관능적이지 않은 젊은 여성들도 대상이 되며, 남성들뿐만 아니라 소아, 노파, 심지어는 병약자들도 대상자에 포함된다.

이러한 인식의 변화에 따라 오늘날 성범죄자 치료프로그램들은 다양한 영역의 이론과 관점들을 통합하는 새로운 성범죄자 사정 및 치료 분야가 개발되었다. 이 새로운 분야에는 다양한 정신역동, 행동, 인지 및 생리 · 의학적 요인들을 포괄하는 광범위한 교육과 훈련요소들이 포함되었다. 이러한 치료개념의 특징은 통합적이라는 데 있다. 즉, 성범죄자 사정(査定)이라 함은 치료의 초기 단계에서뿐만 아니라 단계별로 지속적인 사정절차가 존재하는 것을 의미한다. 같은 맥락에서, 프로그램 대상자는 퇴소 후에도 일정한 치료가 지속되며 이 단계도 전체 치료계획의 연장으로 보는 것이다. 전문가들은 광범위한 행동, 정신역동 및 생리의학적 요소들로부터 필요한 요소를 선별하고 조합하여 고유한 프로그램을 수립한다. 대다수의 프로그램에는 대개 여성과 남성 치료자가 공동으로 이끄는 집단치료가 많고, 여기에 개별치료 혹은 가족치료를 보충하는 형식을 취하고 있다. 미국 각 주(州)에서 실시되고 있는 성범죄자 치료프로그램들은 치료목표에서 공통적인 면들을 보이고 있는데, 이는 크게 6가지로 요약될 수 있다.[20]

① 각각의 성범죄자에게는 개별화된 사정(査定)과 치료계획이 필요하며, 성공적인 치료를 위해서는 효과적인 초기사정과 지속적인 사정이 필수적이다.

② 성범죄자는 일단 자신의 범죄에 대한 책임감을 수용해야 하고, 그런 행동에 선행되는 생각이나 감정, 사건, 상황, 자극요인들의 순서를 이해해야 한다.

③ 성범죄자가 자신의 행동을 억제하고 통제하기 위해서는 먼저, 첫 욕구의 신호가 있을 때 자신의 범죄양식을 차단하고, 다음으로 그가 배운 적절한 방법, 도구, 절차들을 활용하는 방법을 학습하는 것이 필요하다.

④ 성범죄자는, 첫째로 반사회적 사고나 행동을 친사회적인 것으로 대체하기 위해, 둘째로 긍정적인 자아상과 자기에 대한 새로운 태도와 기대를 갖기 위해, 셋째로, 타인과 만족스럽고 비위협적인 관계형성에 필요한 새로운 교제 및 성적 기술을 학습하기 위해, 재교육과 재사회화 과정이 필요하다.

⑤ 주거프로그램에 참여한 성범죄자의 경우는 치료 중에 그가 지역사회에서 사람들에게 해를 입히지 않고 새로 습득한 통찰력과 통제기제를 안전하게 활용할 수 있을 때까지 참여기간을 탄력적으로 운영할 필요가 있다.

⑥ 성범죄자는 그가 지속적으로 안전한 생활양식을 유지할 수 있도록 치료 후에도 지지집단이 필요하며 지속적인 치료계획이 요구된다.

---

20) Knopp, 1984.

제5절 성범죄 교정프로그램의 실례: PHASE(The Program for Healthy Adolescent Sexual Expression)

PHASE 모델은 가족 중심 외래치료모델(Family-Based Outpatient Treatment Model)로서 주로 청소년 성범죄자의 사정(assessment)과 치료를 위해 미국의 미니애폴리스(Minneapolis)에서 1981년부터 실시되어온 프로그램이다. 이는 심리검사와 성교육, 개인, 집단 및 가족치료를 포함하는 종합적인 임상 서비스 프로그램이다. 특히, 가족관계를 중요시하여 프로그램 내의 가족참여가 중요한 부문을 차지한다.

다음에서는 이 프로그램의 주요 특성과 분류, 그리고 치료에 대해 살펴보고, 이 프로그램의 중심을 이루는 가족체계적 접근(Family Systems Approach)의 내용에 대해 상술하고자 한다.

1. 프로그램의 참여 대상

① 12~17세의 청소년으로 성적 가해자

② 상습적 신체적 폭력범이 아닌 자

③ 약물 중독자가 아닌 자

④ 소년법원, 보호관찰관, 사회사업가 혹은 부모에 의해 의뢰된 자

⑤ 가족, 양부모(養父母), 사회사업가 혹은 보호관찰관과 같은 연고자가 지속적으로 프로그램에 협조할 수 있는 자

2. 직원

PHASE의 직원은 감독자와 임상전문가들을 지도 · 감독하는 프로그램 조정자, 그리고 대상자를 의뢰받고 사정 및 교육 프로그램을 실시하며 테스트를 하는 인테이크 워커(intake worker)로 구성되어 있다. 치료를 담당하는 직원은 대개 심리학, 사회사업, 또는 가족치료의 배경을 가진 자들로 구성된다. 지도 · 감독은 아동 및 청소년 분야의 전문가인 박사 수준의 임상 심리학자와 정신의학 자격증이 있는 정신의사가 맡는다.

3. PHASE 모델에 따른 성범죄자 유형

PHASE 모델은 성범죄자를 7가지로 분류하고, 성범죄자 유형과 역동에 따라 각기 다른 치료적 관점과 방법을 적용해야 한다고 제안하고 있다.[21] 성범죄자의 7가지 유형들과 그에 대한 프로그램들은 다음과 같다.

1) 호기심형 성비행자(The Naive Experimenter / Abuser)

이는 순진하고 우발적이며 호기심에서 비롯되는 성적 비행을 1회 내지 수회 범한 자로서, 강요하거나 위협할 의지는 없었던 사람들로 일반적으로 11~14세의 연령층이 많다. 이들은 비교적 건전한 가정 출신이고 정상적인 사회관계를 유지하고 있다. 대개 2~6세의 아동들을 상대로 성적 호기심을 충족시키기 위한 비계획적이고 우발적인 성적 비행이 주를 이룬다.

이런 유형에게는 성충동과 성학대에 관한 구체적인 교육이 해당 청소년은 물론 그 부모 모두에게 반드시 필요하다. 문제가 되는 성적 비행의 재발을 최소화하기 위하여 성에 관해서 보다 개방적인 가족 간의 대화를 발전시켜야 한다. 치료는 대개 2개월 이하의 단기간이며, 집중적인 사정과 교육프로그램을 완료함으로써 끝나게 된다.

2) 비사회화된 소아 성학대자(The Undersocialized Child Molester)

이 유형은 대개 수개월 동안에 1인 이상의 남자 혹은 여자 아동들에게 지속적으로 피해를 가하는 자들로 10대 초반에 많다. 이들은 대개 불안정한 가족관계를 갖고 있고, 사회관계에서 소외되어 있어 사회성이 결여되어 있으며, 신체적 혹은 성적으로 학대받은 경험이 있는 경우가 많다.

전형적인 치료는 아동들과의 접촉을 차단시키고 성충동 억제능력과 또래 상대와의 건전한 성관계를 개발하는 능력을 배양시키는 것이다. 또한, 피해자와의 관계를 해결시키고 사회적응기술과 자아존중심을 개발하는 것이 필요하다. 가족의 통제가 가능한 경우는 장기간의 외래치료로 가능하지만, 그렇지 않을 경우는 주거식 치료시설에 의뢰한다. 대개

---

21) 성범죄자 7가지 유형이 각각 명확히 구분되는 것은 아니며, 일정 부분 그 특징이 중첩될 수 있다. 중요한 것은 일괄적인 방식의 적용이 아니라 각 대상자의 특성에 맞는 개별적 치료방식이 적용되어야 한다는 점이다.

개별프로그램, 동료집단프로그램 및 가족치료로 구성되어 있는 외래치료 프로그램으로 의뢰된다.

3) 가식적 사회화된 소아 성학대자(The Pseudosocialized Child Molester)

이들은 대체로 지적 수준이 평균 이상이고 정상적인 사회관계를 유지하며 사교적이지만, 가식적이고 약물사용자인 경우가 많다. 아동들을 상대로 힘이나 속임수를 사용하여 성적 오르가즘을 추구하고, 1년 이상의 만성적인 가학 전력을 가지고 있으며 주로 10대 후반에 많다. 죄책감이 결핍되어 있고 본인의 비행을 합리화할 수 있는 능력을 가지고 있다.

치료목표는 이들의 화려한 사교기술에 의한 자기방어와 자기합리화를 차단하고 이들의 감정 속으로 깊숙이 개입하는 것이다. 이들은 대개 치료자나 구성원들의 호감을 얻으려는 시도를 하며, 부모들도 이들을 보호하고 방어하는 것이 일반적인 현상이다. 평상적 생활에서와는 전혀 다르게 행동할 수 있기 때문에 이러한 이중성이 곧 효과적인 방어수단이 되기도 한다. 이런 유형의 범죄자는 성격 장애자나 소아 성학대자로 발전할 위험성을 가지고 있다. 이들은 예상 밖으로 수년간의 아동학대 경험에도 불구하고, 성장 후에 지역사회에서 성공적인 목자나 교사 또는 청소년 지도자가 될 수도 있다.

이들은 대개 개별프로그램, 동료집단프로그램 및 가족치료를 포함하는 외래치료 프로그램에 의뢰된다. 초기의 사정 및 교육프로그램에서 순종을 하지 않거나 강한 거부를 나타낼 경우는 거주프로그램에서의 치료가 필요하다.

4) 공격성 성범죄자(The Sexual Aggressive)

대개의 강간자들과 폭력적인 소아 성학대자들은 이 유형에 속한다. 대상은 또래, 성인, 혹은 아동 등으로 폭이 넓다. 범죄자는 반사회적 성격장애가 있으며, 역기능적이고 학대적인 가족체계를 가지고 있다. 학교 성적이 불량하고 중도에 학업을 중단한 자들이 많으며, 신체적 혹은 성적 학대피해의 경험이 있다. 또한 본인이나 가족들 중에 약물중독의 경험이 있는 경우가 일반적이다. 성격이 사교적이고 매력적인 경향이 있으나 정서가 결핍되어 있고 피해자의 고통을 이해하려 하지 않는다. 성적 행위를 분노와 힘의 분출로 사용하고, 성적 학대와 폭력적 행위를 통한 성적 만족을 얻는 경향이 있다.

치료하는 데 있어서는 가족체계가 혼란되어 있어, 가족구성원들이 범죄자의 건전한 치료목표를 방해할 가능성이 있으므로 이를 방지할 수 있는 방안이 필요하다. 범죄자의 분노를 비폭력적 방향으로 적절하게 표현하게 하고 상호 호혜적 관계 속에서 욕구를 충족시킬 수 있는 방법을 개발시켜야 한다. 대개는 주거치료 프로그램에 의뢰하지만 시험적으로 높은 수준의 지도 · 감독이 가능한 외래치료 프로그램에 의뢰하기도 한다. 집중적인 개인 프로그램과 동료집단 치료가 필수적이며 가능하면 가족치료도 함께 해야 한다.

5) 강박적 성범죄자(The Sexual Compulsive)

이 유형에는 반복적으로 창문 엿보기나 음란전화, 성기노출, 여성속옷 훔치기, 밀집된 장소에서의 성기마찰 등과 같은 행위를 통하여 성적 감정을 불러일으키거나 자위행위를 하는 자들이 속한다. 고조된 분위기에서 자신을 통제하지 못하고 충동적 행위를 통하여 긴장감과 불안감을 완화하며 동시에 쾌락을 얻는다. 개별적이고 계획적이며 은밀하게 행동하며, 친밀성이 결핍된 엄격한 가정의 출신이 많다. 정서장애, 불안감, 완벽주의적 경향이 있고, 거부감정을 적절한 방법을 통해 표현하는 능력이 결핍되어 있으며, 도박, 마약, 음란물 등에도 큰 흥미를 갖는다. 결과적으로 이들은 상습범이 될 위험이 높다고 볼 수 있다.

치료는 사건을 이끈 행농의 연속적 과정을 분석하고 그 과정 속에서 인식과 정서상태를 이해하고 그 연속선상의 각 단계에 대해서 개인, 집단, 가족 치료 등의 다양한 개입을 개발하는 데 초점을 둔다. 이런 치료는 다른 PHASE유형들에서도 실시되지만, 이 경우는 "재발예방" 치료에 집중할 필요가 있다. 만약 행동이 너무 충동적일 경우는 주거식 치료프로그램에 의뢰해야 한다.

6) 장애성 충동적 성범죄자(The Disturbed Impulsive)

이는 학대행동에 있어서 PHASE유형 가운데 가장 이질적인 집단이다. 장애성 충동적 성범죄자는 사고 장애, 기질적 뇌증후군, 지성 또는 행동발달상의 장애, 약물남용 등과 같은 장애적 요인들로 인해 정상적인 억제작용이 기능하지 않는 경향이 있다. 사회적 및 가정적 소외, 학교 성적 불량, 신체적 학대피해경험, 가족구성원에 의한 신체적 및 성적 피학대 그리고 약물남용 경험 등이 통상적 현상이다.

치료는 동기가 복합적이고 개별적이어서 효과적인 사정을 위해서는 많은 시간이 필요하다. 체계적인 치료계획을 세우기 위해 심층적인 심리검사가 필요하고, 가족 및 개인의 성장배경을 분석해야 한다. 이 유형은 그 복잡성과 충동적인 속성으로 인해 재발할 가능성이 높다. 입원정신병동이나 청소년 주거 성범죄 치료병동에서의 정신치료 혹은 약물치료가 필요하며, 경우에 따라서 외래 프로그램에 시험적으로 의뢰될 수도 있다.

7) 집단형 성범죄자(The Group Influenced)

이 유형은 또래 친구집단과 함께 성학대를 하는 경우로 10대 초반에 많다. 피해자는 범죄자들에게 잘 알려진 대상인 경우가 많고, 범죄자들은 피해자에 대한 죄책감을 느끼지 않으며 흔히 책임을 피해자 또는 공범자들에게 전가하는 경향이 있다. 범죄행위는 또래집단의 압력에 의해서 혹은 그들의 관심을 얻기 위하여 행하여지는 경우도 있다.

치료는 보통 단기외래치료 프로그램에서 이루어진다. 동료집단의 영향과 자기 합리화를 차단시키고 피해자에 대한 책임감을 일깨워야 한다. 이들이 동시에 의뢰된 경우에는 각자 다른 치료집단으로 배정하고, 실제로 어떤 일이 있었는지 정확하게 알기 위해서 피해자의 증언과 비교해 보아야 한다. 범죄자들은 일관성이 없고 자기합리화를 하며 타인을 비난한다는 점을 염두에 두어야 한다. 이런 경우는 범죄집단의 우두머리가 심각한 범죄자 유형이 아니라면 대개 외래 청소년 성범죄 프로그램에 의뢰된다.

PHASE의 분류법은 성범죄 청소년을 다루어야 하는 치료담당자, 경찰관, 소년보호관찰관 및 사회사업가와 같은 직업인들의 이해를 증진시키고 훈련하는 데 광범위하게 활용된다. 유형을 구분하는 것은 개인의 특성에 맞는 특수한 치료 장소와 치료모델을 가려내는 데 유용하다. 그리고 유형의 분류와 함께 치료 장소, 치료기간, 그리고 치료전략 등 3가지 요인이 고려되어야 한다.

① 장소(Setting): 청소년 자신이나 지역사회에 대한 위험도를 고려해 볼 때, 외래보다는 입원 및 거주치료가 필요한가? 그의 피해자들이나 잠재적 피해자들이 가정 안이나 주위에 있음으로써 장소적 격리가 필요한가?

② 기간(Duration): 치료기간은 얼마 동안이 적절한가? 예를 들어, 호기심형 성비행자와 집단형 성범죄자의 치료기간은 대체로 짧은 경향이 있고, 소아 성학대자나 충동적 성범죄자, 공격적인 성범죄자와 같이 보다 심한 범죄유형자의 경우는 장기간의 치료기간이 필요하다.

③ 치료전략(Therapeutic Strategies): 어떤 치료가 적합할 것인가? 또는 몇 가지 치료방법을 혼합하여 사용하는 것이 보다 적합할 것인가? 일정한 대상자에게 어떤 치료자가

어느 치료 장소에서 어떤 치료방법을 제공하는 것이 가장 적합할 것인가? 등이 이에 속한다.

4. Intake 및 사정프로그램의 개요

먼저, 청소년 범죄자와 그 부모 또는 연고자와 담당직원 간에 약 2시간가량의 Intake 면접을 실시한다. 이때 프로그램의 성격과 내용을 논의하고, 소년 범죄자와 그 가족에 관한 배경 및 정보를 수집한다. 증상과 성격을 사정하기 위해서 MMPI, 문장완성 검사, 성태도 검사 등을 포함한 심리검사를 실시한다. 이러한 검사와 in-take는 사정과정을 촉진하고, 가족이나 연고자가 수개월간의 과정에 적합한가를 판단하기 위한 것이다.

다음으로, 상기 과정을 통해 적절하다고 판정이 되면, 그 청소년과 가족은 1개월 과정의 사정과 교육 프로그램에 참석하게 된다. 이 프로그램은 대개 유사한 성적 문제를 가지고 있는 6~8가구의 가족들로 구성된다. 이때 각 청소년에게는 이 프로그램 전 과정 동안 본인과 가족을 담당할 개별 치료자가 정해진다. 이 기간 동안에는 주당 2시간씩의 청소년 집단 상담, 2~3회의 개별 상담, 그리고 2회의 가족상담시간이 있다.

집단상담에서는 성 관련 법규, 성역할과 성표현에 대한 태도, 그리고 합의하의 성접촉과 강제적인 성접촉 간의 차이 등에 대해 토론한다. 또한 접촉은 하지 않더라도 공격적인 성행동이 될 수 있는 상황을 인식시키고, 안전하면서도 책임감 있는 다양한 성표현법을 토의한다.

부모나 연고자들은 청소년들이 집단에 참가하는 동안, 지지집단 모임에 4회 정도 참여한다. 이 모임에서, 부모들과 연고자들은 청소년과 같은 내용에 대해 교육받을 뿐 아니라, 서로 간에 관심사와 진행 정도에 대한 의견을 교환한다.

끝으로, 상기 과정이 끝나면 치료팀에서 각 청소년에 대한 사례발표를 진행하며 진단을 위한 회의를 개최하고 향후 다음 단계의 치료가 필요한지 또는 타 기관에 재의뢰해야 할 것인지를 결정한다. PHASE 모델에서는 본격 치료프로그램으로서 "가족체계 중심적 접근"을 사용하고 있다.

5. 치료 프로그램: 가족체계 중심적 접근(Family System Approach)

보다 본격적인 치료는 치료프로그램 단계에서 이루어진다. 대상자에 따라서는 Intake 및 사정 프로그램 과정으로 완료되는 경우도 있고 계속적으로 치료프로그램으로 연결될 수도 있다. 치료프로그램에 들어온 소년범들은 그들의 개별 치료자나 담당자의 지도하에 개인, 집단 및 가족치료를 받게 된다. 프로그램은 대개 7~8개월이 걸리며 1년까지 갈 수도 있다. 각 대상자는 그의 담당치료자와 함께 개별적인 치료계획을 세운다. 가족치료에서 가족의 참여는 치료프로그램에서 중요한 부분이다. 청소년과 그들의 부모, 형제, 관련 가족 구성원들 간의 상호영향은 지대하므로, 가족치료의 초점은 가족의 강점을 극대화시키기 위해 가족관계를 개선시키고, 치료기간 동안에 지지집단으로서 역할을 하게 하며, 프로그램 종료 후에도 지속적으로 건전한 행동을 유지하게 하는 데 있다.

집단상담은 대상자들이 타인의 가치관과 신념을 이해하도록 도와주며, 자신감이나 사교기술, 자기인식을 향상시키는 데 목적이 있다. 개별적인 상담에서는 개인의 문제를 노출할 수 있도록 심리적으로 안정된 환경을 마련해 준다. 전반적인 치료목표는 자신의 가학적인 행동에 대한 책임감을 인식하게 하고 수용하게 하는 것을 포함하며, 그러한 행동이 그들 자신과 타인에게 미치는 영향을 이해시키고, 성, 정서, 대인관계상의 욕구를 보다 건전하게 충족시키는 방법을 개발하는 것이다.

1) 중요성 및 초기 계획

치료에 참여하는 소년범들은 거의 부모 중 한 사람이나 부모 역할을 하는 사람과 intake 단계에 동행하게 된다. 대개의 경우, 소년범들은 결손가정 출신의 비율이 높아 친부모가 아닌 보호자가 참석하는 경우가 많다. 치료 초기에 가족이 참여하게 되면 그 과정에 대한 가족의 책임감을 강화할 수 있고 이에 따라 치료 중이나 완료 후에 보다 효과적인 사정과 치료효과를 낼 수가 있다. 가족 구성원들은 보다 폭넓고 정확한 사정에 필요한 중요한 정보를 제공한다. 또한 사정 단계에서 가족들이 청소년의 자기보고서나 경찰, 피해자, 그리고 보호관찰관의 보고서를 확인하는 절차는 매우 중요하다.

초기 단계에서 가족이 치료프로그램에 개입하게 되면 두 가지의 이점이 있다. 첫째, 청소년이 자신의 성범죄를 부정하는 것을 가족 구성원이 식별할 수 있어, 청소년이 자신의 행위를 부정하는 것을 억제할 수 있다. 둘째, 가족이 치료전략을 지지하게 되고, 예방에 대한 책임감을 가질 수 있게 해준다. 치료자는 보호자들에게 일정 기간 동안 자문가로서의 역할을 해주어 향후 그들이 장기적으로 책임을 감수할 수 있도록 해준다. 초기에 이러한 계획이 마련되면 사정과 치료 과정의 초기 단계부터 보호자가 치료팀의 중요한 일원으로 인식되는 것이다.

가족 중심의 intake, 사정과 치료는 가족이나 친척, 지역사회에 인식되지 않았던 피해자와 가해자를 알아낼 수 있게 하기도 하고, 이로 인해 피해자들이 도움을 받을 수도 있다. 가족의 참여가 매우 유용한 측면도 있지만, 가족을 치료에 참여시키는 데는 많은 장애가 있다. 특히 가족이 저항을 할 경우에는 가족을 참여시키기가 어렵다. 다음에서는 그러한 장애들을 극복하기 위해 어떤 전략을 활용할 것인지를 살펴본다.

치료자는 intake 시작 전이나 도중에 가족참여를 증대시키는 전략을 충분히 수립해야 한다. Intake 및 사정은 성범죄가 전체 가족에 미치는 영향을 자연스럽게 강조할 수 있는 좋은 기회가 된다. 소년범의 행위가 가족에게 미친 영향을 알리고 상호 간의 이해의 필요성을 느끼게 해야 한다. 이 단계에서는 가족이 성범죄와 연관되어있음을 느끼게 하면서도 죄책감을 갖지 않게 하는 것이 중요하다. 이러한 과정을 통해서 가족들이 치료 과정에 참여할 수 있는 기틀이 마련되는 것이다. 다음은 시간계획, 가족구성원 참여 문제 그리고 접수 단계에서의 치료자와 가족 간의 관계에 대해 기술한다.

(1) 시간 계획(Scheduling)

가족들의 프로그램 참여를 위하여 약속시간을 정할 때 가족의 저항이 나타날 수가 있다. 그러므로 시간은 가족의 참여를 극대화시키기 위해 융통성 있게 조절되어야 한다. 가족이 시간을 정하는 데 있어서 갈등이 있을 때에는 대안이 될 수 있는 시간과 날짜를 제시해 주는 것이 좋다.

(2) 불참하는 가족 구성원들

초기에 전 가족이 프로그램에 참여하는 것이 중요하다. 치료자는 소극적이고 비협조적인 가족구성원들을 설득하고 참여하도록 유도하여 프로그램의 첫 단계를 성공적으로 구성하도록 해야 한다. 특히 심리치료에 대해 별로 관심이 없거나 억지로 치료에 참여하게 된 비협조적인 부모들에게 중요하다. 따라서 그들에게 정확한 정보를 주고 긍정적인 태도로 안심하고 참여할 수 있도록 해야 한다. 어떤 부모들은 형제, 특히 나이 어린 형제들이 듣지 않아야 할 것을 듣게 될까 봐 염려하기도 한다. 이 경우는 다른 형제들을 다른 장소에 있게 할 수도 있다. 참여하기를 강하게 저항하는 부모들은 의뢰기관이나 법원의 도움으로 참석을 강요하는 방법도 고려해야 한다. 그럼으로써 치료자가 악역을 피할 수 있고, 결국 intake를 전 가족의 관심사로 만들어 향후 치료과정에서 지지를 받을 수 있을 것이다.

(3) Intake 단계: 치료자 / 가족 관계 형성

Intake 단계에서는 치료자가 가족의 자문가나 충고자의 역할을 하고, intake 동안, 치료 도중, 그리고 프로그램 종료 후에도 가족에게 도움이 되는 정보를 제공해야 한다. 치료자는 전반적인 개요를 설명하면서 자신의 시간, 지식 및 문제해결능력의 한계에 대해 언급할 수도 있다. 치료자 본인보다는 가족들이 아이들에 대해 더 정확하게 알 것이라는 의견을 겸손하게 표시함으로써 가족들에게 자신감을 느끼게 해주고 권위와 안정감을 줄 수 있다. 이런 계기를 통해서 가족은 치료팀의 중요한 일원이 되는 것이다. 치료과정은 성범죄가 어떻게 시작되었고 그것을 어떻게 예방할 수 있는지를 배워서 다시는 이런 범죄가 재발되지 않도록 하는 기회임을 설명해야 한다.

2) 청소년 성범죄에 대한 체계적 접근

프로그램의 목표는 문제의 행동을 치료하는 것이다. 그러나 이런 문제를 야기한 요인들과 유지시키는 여건을 완전히 변화시킨다는 것은 어려운 일이다. 미래의 성범죄 위험을 감소시키기 위해서는 그 청소년의 성범죄와 이와 관련된 전반적인 체계를 분석해야 한다.

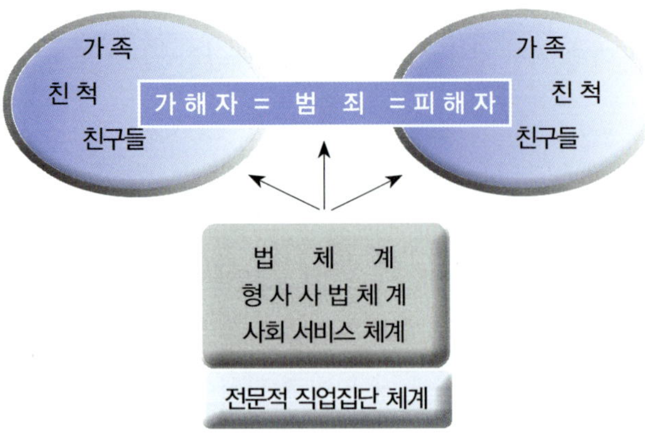

〈그림 9-1〉 성범죄 사례에 관련된 체계도

출처: Gonsiorek, J.C., Bera, W.H., & LeTourenau, D., *Male Sexual Abuse*. Thousand Oaks, CA: Sage Publications, 1994, p.167.

대개 성범죄 행동의 이면에는 역기능적인 사회 혹은 인간관계가 선행되며 이러한 관계는 성범죄 행동에 의해서 더욱 악화되는 경향이 있다. 사회 및 인간관계상의 문제는 가족치료 절차와 정서가 효과적으로 다루어질 수 있다. 앞에서는 가족을 치료에 참여시키기 위한 방법을 기술했다면, 본 절에서는 가족이 참여할 경우 무엇을 해야 하는지 그리고 일관성 있는 체계적 접근은 어떻게 해야 하는지에 대해 기술하고자 한다.

성범죄와 관련하여 가족체계도 중요하지만 그 외에 범죄가 발생한 사회적, 인종적, 계층적, 지역사회적 맥락에서 볼 때, 가해자와 피해자를 둘러싼 생태적 문제들을 중시해야 한다(〈그림 9-1〉 참조). 이러한 외적 문제들 역시 성범죄가 어떻게 정의되고 어떻게 반응되는가에 큰 영향을 미친다. 〈그림 9-1〉에서 볼 수 있는 바와 같이 가해자 체계와 피해자 체계가 동시에 다루어짐으로써 치료프로그램이 보다 완성된 형태를 갖추고 있음을 알 수 있다. 피해자 체계의 문제를 다루고 조정하는 것은 치료계획의 중요한 부분으로서, 형사사법체계나 사회서비스 및 치료 부문의 전문가들은 물론 가족, 지역사회, 학교, 교회 등과 같은 부문의 개입이 필요하다.

3) 청소년 성범죄의 가족치료 단계

청소년 성범죄 가족치료 프로그램은 몇 가지 단계로 구분해 볼 수 있다. 각 단계마다 각각의 절차와 기법들을 활용하며 각각의 목적을 가지고 있다. 전 단계에서 목적을 달성했느냐는 다음 과정의 진행에 중요한 기초가 된다. 이러한 단계적 접근은 치료대상자에게 치료의 진척상황을 명확히 해 줄 수 있으며 해결해야 할 수많은 문제들을 순서대로 체계적으로 다룰 수 있게 해준다.

(1) 치료 단계의 구성

치료의 각 단계에서 이루어지는 치료의 맥락은 개인, 집단 및 가족치료의 단계적 연결로 이해할 수 있다. 제2단계에 해당되는 성비행에 대한 자아진술서 작성을 예로 들어보면, 먼저 각자는 자신의 성적, 신체적, 정서적 성학대 피해경험을 상세히 기술하게 되어 있다. 다음에는 그의 개별 치료자와 그 전기를 함께 읽고 검토하여 치료자와 의견을 교환하여 완성한다.

다음은 집단치료 단계로서 대상자는 집단 내에서 본인의 자아진술서를 읽고 동료들의 의견이나 지지를 주고받는다. 유사한 문제를 가진 동료들 간에 사적인 경험을 공유하고 나누면서 집단 내의 응집성을 발전시키고 수치심을 극복하며, 성범죄와 관련된 비밀을 털어놓게 된다.

마지막 단계로서, 각자의 자아진술서를 가족치료에서도 다루게 된다. 가족 구성원들은 그 진술서를 바탕으로 여러 가지 질문을 할 수 있다. 치료자는 가족이 이전에는 질문하기 두려워했던 질문을 할 수 있도록 돕는다. 이러한 절차는 가족의 응집성을 증대시키고, 그들 간에 존재했던 비밀, 거부감 및 왜곡된 인식 등의 문제를 해결하는 데 도움을 준다.

이 모델에서는 먼저 개인치료 단계에서 치료목표를 소개하고, 이어서 집단 및 가족치료에서 차례로 그 목표와 관련된 것을 다루게 된다. 그러므로 개인치료는 다음 단계의 기초가 됨과 동시에 집단과 가족이 치료의 과제에 대해 연계적으로 반응해 갈 수 있도록 돕는 기능을 한다.

PHASE와 같은 구조화된 가족 중심 외래치료 프로그램은 개인, 집단, 가족치료 양식을 적절하게 조정하여 심각한 유형의 범죄도 안전하게 치료하게 해준다.

(2) 치료자 역할

청소년 성범죄자와 그들의 가족이 문제를 극복해 나가도록 돕기 위해서는 치료자가 치료의 전 단계를 통해 대상자, 가족 그리고 관련 전문가들과의 관계에서 어떤 역할을 할 것인가는 매우 중요한 문제이다. 치료자의 역할은 "개인 치료자", "가족 치료자", "집단 치료자", 혹은 "조직 자문가"로서 등 경우에 따라 매우 다양하다. 치료자는 각각의 맥락에서 자신의 역할을 분명히 해야 한다. 치료자는 기본적으로 문제의 소재를 파악하고 지도력을 발휘하여 정보와 지지를 제공해야 하며, 문제를 안고 있는 가족들을 도와 적절한 지침을 마련할 수 있도록 도와주어야 한다.

성범죄행동에 내포된 문제를 정확히 파악하고 치료방향을 정립하는 데 있어서 성범죄자를 둘러싼 각 부문 간의 상호작용을 이해하는 것은 매우 중요하다. 상호작용은 개인의 내적, 정신적 요인 간의 상호작용 및 가족체계와 가족구성원, 범죄자체계와 피해자체계, 치료집단 내의 동료들, 그리고 학교나 지역사회에서의 또래들 사이에서 등 다양한 영역에 존재한다. 보다 전문적인 수준으로서는 사회사업가, 치료자, 변호사 및 보호관찰관들 간에도 상호작용이 존재한다. 이와 같이 전 체계상의 부문 간 상호작용관계를 고려하지 않으면 효과적인 치료 결과는 기대할 수 없는 것이다.

치료자는 대상자와 가족들 간의 역기능적인 의사소통과 상호작용을 억제하고 가족구조가 변할 수 있도록 해야 한다. 각 단계에서 치료자는 대상자와 가족이 어떻게 반응하는가를 관찰하기 때문에, 치료자의 개입은 진단적이라고 볼 수 있다. 각각의 반응은 다음 단계에서 그들이 다루게 될 문제들과 연계된다. 예컨대, 부모들이 10대 아들의 성범죄 자아진술서를 읽고는 자신의 성학대 경험을 회상해 낼 수도 있다. 이러한 노출로 인하여, 가족관계는 보다 바람직한 방향으로 변화할 수 있게 되는 것이다.

청소년 성범죄자와 그 가족의 치료에서, 효과적인 치료자는 다양한 역할을 수행할 수 있고 치료를 완료해 줄 수 있는 사람이어야 한다. 그러므로 치료자는 분명한 역할과 정확한 의사결정을 해야 하며, 이를 위해서 전문적인 치료팀으로부터의 지도와 지지가 필요하다.

(3) 치료 단계

치료의 단계는 다음과 같이 구분될 수 있다.

① 사정, 교육,(범죄사실에 대한) 인정
② 성범죄 자아진술서 작성: 사실과 행동에 대하여
③ 성범죄 자아진술서 작성: 사고와 감정에 대하여
④ 성범죄 원인 간의 순환관계 규명
⑤ 재범 예방훈련
⑥ 사죄편지 작성 및 보상
⑦ 졸업 및 사후 관리

① 1단계: 사정, 교육, 인정

1단계에서는 치료계획을 수립한다. 이때 중요한 3가지 목표는 사정과 교육 그리고 입원 허가 결정이다.

사정은 범죄자, 가족, 유관 전문가, 피해자 및 그 가족들과 면접을 하고 그들로부터 자료를 수집하는 것이다. 이 단계에서 개인과 가족의 성범죄에 관련된 과거 사실을 파악한다. 이를 통하여 개인과 구성원과의 관계의 역동이 명확해진다. 또한, 신체적 및 정신적 건강을 진단하고 심리검사를 실시하여 그 결과를 분석한다.

집단모임에서는 건전한 성행동과 성범죄 간의 차이나 관련 용어, 개념 등에 대하여 지속적인 교육을 하게 된다. 이러한 교육을 통하여 용어나 개념을 알지 못함으로써 표현할 수 없었던 경험이나 사건들을 충분히 표현할 수 있게 된다.

치료는 주로 언어적 활동이기 때문에, 구체적인 성지식과 용어를 알려주는 것은 필수적이다. 이는 범죄자와 동료집단으로 구성된 네 차례의 사정 및 교육상담시간에서 이루어진다. 한편, 부모들에게도 부모교육 및 지지모임 등을 통해서 성문제에 대한 지식을 제공한다. 사정을 행하는 과정에서 개인과 집단, 가족에 대한 교육을 적절하게 병행함으로써 보다 효과적인 치료의 결과를 얻을 수 있다.

초기 단계를 거치면서 대상자와 그 가족은 성범죄에 대해 보다 편안하게 대화할 수 있게 된다. 동시에, 치료자는 다른 전문가와 피해자 그리고 피해자의 부모들과 접촉한다. 관련된 여러 당사자들로부터 정보를 수집하게 되면, 성범죄자들이나 가족들이 흔히 방어적으로 나타내는 사실에 대한 부정, 범죄행위의 최소화, 진술의 불일치 등의 문제를 억제할 수 있게 된다. 성범죄 사실에 대한 확실한 인정이 없다면 어떤 치료프로그램도 무의미할 수밖에 없다.

사정, 교육, 인정 단계에서는 보다 완성된 치료계획을 위해 수집된 자료를 타 전문가들과 나누는 것도 중요하다. 일정한 위원회를 조직하는 것도 방안이 될 수 있다. 이는 향후 외래 치료기간 중에 재범을 막는 연결망이 되기도 한다.

② 2단계: 성범죄 자아진술서 – 사실과 행동에 대하여

1단계에서 범죄자의 접수가 결정되면, 본격적인 성범죄 치료프로그램에 진입하게 된다. 이 단계에서는 청소년이 피해를 당하거나 피해를 가했던 신체적 및 성적 학대 사건들을 순서대로 스스로 상세히 진술해나가는 일종의 "성범죄 전기(傳記)"를 작성하는 것에 초점을 둔다. 이러한 전기를 쓸 때, 범죄자는 그 과제를 여러 부분으로 나누어서 처음에는 5세까지의 경험을, 그 다음에는 유치원 때, 초등학교 1학년 때, 2학년 때 등으로 기술하게 되어있다. 동시에, 가족들로 하여금 청소년의 성범죄력과 비교할 수 있도록 가족력을 작성하게 하는 것도 유용하다. 이 단계에서 치료자는 일반적으로 대상자와 그 가족들이 그들의 가족력의 노출에 대하여 감정적으로 민감해지지 않도록 유의해야 한다. 그럼으로써 대상자와 그 가족이 감정적으로 비협조적으로 되거나 회상과정이 지연되는 것을 방지할 수 있다.

이 단계에서, 치료자는 대결적이 아닌 지지적인 입장에서 진행해야 한다. 개인, 집단 및 가족모임에서 치료자는 적극적으로 경청하고 긍정적인 방향으로 진술을 재구성하는 기술을 발휘해야 한다.

③ 3단계: 성범죄 자아진술서 - 사고와 감정에 대하여

사실과 기억한 내용을 명확히 함과 아울러, 개인, 집단 및 가족 모임에서 전기(傳記)를 쓰고 읽게 하는 효과는 매우 강력하다. 여기에서 치료자는 범죄자가 경험했던 감정과 심층적인 이유들을 도출해 낼 수 있다. 또한, 범죄행위가 정서상에 미친 영향 및 관계된 사람들에게 미친 영향들, 그리고 개인과 가족들이 자기방어를 위해 사용했던 사실회피나 책임전가 등의 문제가 명확히 규명된다. 이와 같이 범죄 사실에 대한 전기의 작성은 향후 범죄자가 행한 성범죄 행위가 발전되어온 과정을 규명하는 데 큰 도움이 된다.

④ 4단계: 성범죄 원인 간의 순환관계 규명

개인, 집단, 가족치료에서 사건 이전, 사건 도중, 사건 이후에 인지적, 정서적, 상황적으로 무슨 일이 일어났는지 명확해짐으로써 성범죄의 원인들 간의 순환관계가 규명된다. 성범죄 전기가 정확하게 작성되면, 그 순환과정도 쉽게 밝혀진다. 〈그림 9-2〉가 보여주는 바와 같이, 진술내용에서 도출한 각 요인들 간의 연관관계를 밝혀냄으로써 치료계획과 진행을 보다 효과적으로 달성할 수 있게 된다.

순환과정이 명화해짐으로써, 대상자들의 그간의 거짓, 부정, 비난, 그리고 부정확한 사고들을 효과적으로 억제할 수 있다. 이 단계까지는, 치료자는 범죄자의 과거 경험과 사고, 감정들을 끌어내기 위해 대체적으로 중립적이고 판단유보적인 자세를 유지해야 한다. 이 단계 이후부터는 개인, 집단, 가족모임에서 대상자들이 그간에 보여 온 방어적 진술은 거의 나타나지 않게 된다.

경우에 따라서는, 치료자가 범죄자로 하여금 피해자에게 사죄의 편지를 쓰게 하여 본인과 피해자와의 관계를 연결시키는 시도를 할 수 있다. 한편 치료자가 피해자, 피해자의 가족, 피해자의 치료자 등과 접촉하게 되므로 범죄자가 진술한 내용의 진위 여부를 쉽게 밝혀내기 때문에 범죄자는 범죄의 결과를 최소화하거나 상대를 비난하는 것이 어렵다는 것을 알게 된다. 이러한 편지 작성은 범죄자로 하여금 성범죄 행동에 대한 책임을 수용하고, 자신과 자신의 가족, 피해자에게 미친 결과를 인정하지 않을 수 없게 한다. 또한, 사죄편지를 피해자의 부모와 자신의 부모에게 쓰게 하는 것도 도움이 될 수 있다.

과거 신체적, 성적 학대를 당했던 범죄자의 경우에는 이전의 그들의 가해자에게 편지를 쓰게 하는 것도 유익하다. 그 밖에 또 다른 상황으로서 범죄자가 피해자라면 어떻게 성범죄를 볼 것인가를 써보게 함으로써 피해자 측 입장을 공감할 수 있게 할 수 있다.

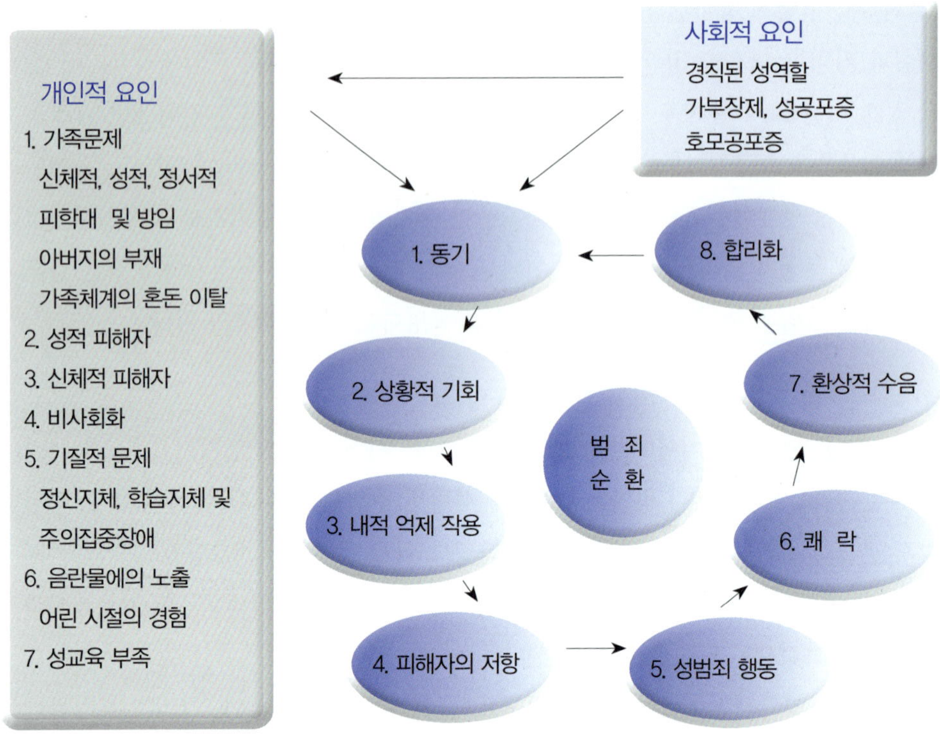

〈그림 9-2〉 청소년 성범죄의 원인 및 순환과정

출처: Gonsiorek, J.C., Bera, W.H., & Letourenau, D., *Male Sexual Abuse*, Thousand Oaks, CA: Sage Publications, 1994, p.125.

⑤ 5단계: 재범예방훈련

5단계에서는 〈그림 9-2〉에서처럼 범죄동인 간의 순환관계가 규명됨에 따라 효과적인 개입방법을 개발할 수 있다. 여기까지의 과정을 통해 범죄의 맥락과 전력이 분명해지고 통찰력이 생성된다. 범죄자와 그 가족은 범죄를 초래하게 된 정서적, 심리적, 상황적 과정들을 훨씬 더 잘 이해하게 되고, 가족구성원들은 새로운 역할과 관계를 발전시키게 되어 적절한 대안과 개입을 발전시킬 수가 있다.

범죄에 관련된 스트레스의 근원과 환상, 욕구, 강화 요인들이 밝혀짐으로써, 범죄자와 그 가족은 위험수위의 상황과 이에 수반되는 결과를 인식할 수 있다. 범죄자의 성적 욕구가 행동화되기 위해서 거쳐야 했던 단계별 요인들에 대해 이해하게 된다. 성범죄와 직·간접적으로 연관되었던 가족, 사회, 동료체계의 역할도 명료해진다. 따라서 이러한 욕구들을 건전하고 비학대적인 방법으로 충족시킬 수 있도록 개인, 집단, 가족치료를 실시한다. 법원의 지원과 감독을 받기 위해 재범예방계획에 대하여 보호관찰관에게 이 계획을 알린다.

⑥ 6단계: 사죄의 편지 쓰기 및 보상

이 단계에서는 사죄 편지 쓰기가 유일하게 활용될 수 있다. 치료자는 피해자와 피해자 가족, 범죄자와 그 가족 간에 종료모임을 계획한다. 만일 피해자와 그 가족이 직접 대면을 원하지 않는 경우에는 대면하는 모임 대신에 사죄의 편지를 우편으로 보낼 수도 있다. 이어서 범죄자는 그의 가족들에게도 향후 행동에 대한 결심을 선언하며, 이 종료 의식을 위해 범죄자에게 편지 작성을 요구할 수도 있다.

⑦ 7단계: 종결 / 사후관리

마지막 단계에서는 개인과 가족이 치료에서 배운 것을 재검토할 수 있다. 이런 과정을 통해서 미래의 위험상황에 대한 개입전략을 잘 세울 수가 있다. 개인, 집단, 가족치료는 그간의 성범죄 프로그램에서 토의되지 않았던 문제들이 인식되고 이와 함께 사회관리 치료가 이어지면서 종료된다.

마지막 모임에서는 성행동과 성범죄 문제들이 미래의 다른 시점에서 재현될 수 있는 가능성을 상정해 본다. 이 시점이란 범죄자가 치료를 받았던 과거의 성행동이나 성범죄들을 상기시키는 상황이 도래하는 시기를 의미한다. 예를 들어, 범죄자가 연애를 시작한다거나, 결혼을 한다거나, 아이를 갖는다거나, 또는 그 자녀가 자신과 같은 연령에 이르렀을 때, 과거의 성적 욕구와 성범죄 경험을 어떻게 처리해야 하는가 등의 문제이다. 치료자는 범죄자와 그 부모들에게 그와 같은 현상은 정상적임을 설명하고 그 시점의 상황을 과거와는 구분하여 긍정적으로 보아야한다는 것을 강조한다. 이때 유능한 치료자를 찾아 상담하는 것이 유익하다는 사실을 범죄자와 그의 가족에게 권면할 수 있다.

Chapter_ 3

여성 범죄와 교정프로그램

주지하는 바와 같이 범죄의 원인에 대한 연구는 주로 남성 가해자를 중심으로 이루어져 왔다. 이는 여성이 남성보다 범죄를 적게 저지른다는 객관적인 사실로 설명될 수 있고, 한편으로 실제 범죄학자들 역시 대부분 남성들이 주를 이루어 왔다는 점 또한 연관이 있을 것이다. 여성들이 중범죄를 저지르지 않는 데 대한 가장 일반적인 설명으로는 여성들이 역사적으로 가사와 양육을 주로 전담하여 왔고 그들의 의존적인 삶의 속성 때문이라고 할 수 있다. 여성 범죄와 관련 그간의 중요한 이슈는 두 가지로 구분되고 있다. 첫째, 왜 여성이 남성보다 범죄를 적게 저지르는가? 2010년 미국의 통계에 의하면 피체포자의 25%가 여성이고 75%가 남성이었다. 같은 해, 우리나라의 여성 범죄가 전체 범죄에서 차지하는 비율은 16.1%였다. 둘째, 왜 여성과 남성이 저지르는 범죄의 유형이 다른가? 더 많은 남성이 대개 폭력 범죄로 체포되는 반면, 여성은 사기나 매춘으로 더 많이 체포되는 특징을 보이고 있다. 2010년 미국의 범죄유형별 남녀 피체포자 비율을 보면, 살인범죄는 89%, 강도는 87%가 남성이고, 여성들은 절도에서 44%로 가장 높았다.[22] 이러한 현상은 대개의 국가에서 다소의 차이는 있으나 거의 공통적으로 나타나는 추세이다.

이러한 현상과 관련, 여성 범죄를 연구한 학자들은 몇 가지 예측을 하고 있다. 무엇보다도 여성해방운동이 여성 범죄의 동향에 영향을 주었으며, 어떤 유형의 범죄에 영향을 줄 것인가에는 이견이 있었지만 향후 남녀 간의 차이는 점진적으로 감소할 것이라는 것이다. 오늘날 어느 국가에서나 남녀 간의 범죄패턴에서 큰 차이를 보이고 있으나, 끊임없는 사회적 변동은 여성의 사회적 지위, 기회 및 자아이미지 등에 영향을 미쳐 이러한 요인이 여성 범죄 및 그들에 대한 대응에 또한 영향을 미치고 있다는 것이다.

1990년대 이후 여성 범죄에 대한 사회구조적 접근이 확산되었다. 사회적 기회의 불평등, 힘의 불균형 및 고착된 성역할이 여성 범죄에 미치는 영향에 관심을 갖게 된 것이다.[23] 최근에는 개인이 겪는 인생의 역정과 전환점이 되는 사건이나 시점을 중시하는 생애

---

22) Cole, George F., Christopher E. Smith., and Christian DeJong, *Criminal Justice in America*, Belmont, CA: Wadsworth, Cengage Learning, 2014, pp.66–67.

23) Messerschumidt, J.W., *Masculinities and Crime: Critique and Reconceptualization*, Lanham, MD: Rowman & Littlefield, 1993.

과정이론(life course theories)이 대두되었다.[24] 성장기 어느 시점에서 성학대 피해의 경험이 향후 범죄행위나 성매매여성으로의 전락과 연계된다는 점을 주목한다. 또한 피해자적 입장에서 여성 범죄를 바라보는 페미니스트 시각도 크게 대두되고 있다.

범죄자들에게서 각 유형에 따라 일정한 공통적 요소가 발견되는 바와 같이, 여성 범죄자의 경우도 그들 특유의 요소와 문제들을 가지고 있다. 그중 가장 자주 이슈로 거론되는 것은 가족관계로서 특히 많은 여성 범죄자들이 자녀를 양육하고 있다는 점일 것이다. 남녀평등의 입장에서 볼 때, 여성이 남성보다 자녀양육에 더 많은 책임을 지고 있다는 점이 불공평한 사실이지만, 현실적으로 여성 범죄자에게 있어서 이러한 현상은 뚜렷하다. 더구나 이런 여성들 중 대다수는 자녀양육의 책임을 혼자 져야 하는 이혼모이거나 남편이 없는 사람들이다. 이러한 상황을 너욱 심각하게 만드는 것은 이러한 여성들의 대부분이 부모 역할에 필요한 교육과 감독을 충분히 받지 못한 사람들이라는 데 있다.

이러한 상황들은 하나의 예에 불과하며, 여성들은 다양한 요인들에 의해 불리한 여건에 놓여있다. 범죄에 개입된 대부분의 여성 범죄자들은 그들에 대해 고착된 사회적 역할로 인하여 그들에 대한 처우에 있어서도 특별한 문제들이 제기된다. 유용한 기술이나 지식을 갖추지 못한 여성 범죄자들이 부양할 가족들의 욕구를 충족시킬 수 있는 고급 직장을 구하기는 거의 불가능하다. 또한 이들의 대부분은 주변으로부터 물심양면의 지원을 받지 못하는 경우가 많다. 따라서 대개의 여성 범죄자들은 경제적 기회도 심리적 지원도 거의 없는 환경 속에서 기본적인 욕구에서부터 또 다른 차원의 정서적 욕구를 충족시켜야만 하는 과제를 안고 있는 것이다.

범죄자가 교도소에 감금되면 그로 인해 가족과의 연대가 훼손되는 것은 불가피한 일이다. 이런 점에서 여성 범죄자는 남성 범죄자들보다 더 큰 상실감을 경험한다고 할 수 있다. 물론 대개의 국가에서는 여성 범죄자들이 재판과정에서 전환(diversion) 처분을 받거나 보호관찰 처분을 받는 등 남성 범죄자들에 비해서 관대한 처우를 받는 경향이 있다. 그러나 이에 대해서도 여성 범죄자들에 대한 관대한 법원판결의 결과라기보다는 일반적으로 여성들의 범죄가 남성들의 범죄보다 덜 심각하기 때문이라는 주장 또한 제기되고 있다.[25]

---

24) Sampson, R.J., and J.H. Laub, "Crime and Deviance Over Life Course: The Selience Of Adult Social Bonds", *American Sociological Review*, 55, 1990, pp.609-627; Sampson, R.J. and J.H. Laub, *Crime in the Making: Pathways and Turning Points Through Life*. Cambridge, MA: Harvard University Press, 1993.

25) McCarthy & McCarthy, 1991.

제1절 여성 범죄의 현황과 특성

일반적으로 여성이 남성에 비해 범죄에 덜 연루된다는 사실은 역사적으로도 세계적으로 공통된 현상이다. 우리나라의 경우도 그 예외는 아니다. 2008년과 2017년 우리나라 여성 범죄자 인구와 여성 비율을 보면, 2009년에는 385,477명, 16.8%였으나, 2018년에는 344,739명, 19.7%로 나타났다. 우리나라 전체 범죄 인원이 220만 명대에서 180만 명대로 감소한 가운데 여성 범죄인원은 소폭 감소하였지만, 여성비는 오히려 16.8%에서 19.7%로 증가한 것은 여성 범죄가 남성 범죄와 비교해서 상대적으로 증가세를 유지하고 있다 하겠다. 인구 10만 명당 범죄율은 금융위기에 해당하는 2009년에 최고점에 도달했고, 이후부터는 소폭 등락이 반복되고 있음을 알 수 있다. 2018년 통계 기준 죄명은 사기(16%)가 가장 많고, 다음은 교통사고(13%), 폭행(11.3%), 절도(7.0%), 음주운전(4.6%) 순으로 나타났다. 연령대는 40대(27.5%), 50대(25.8%), 30대(19.6%) 순으로 높았고, 교육 정도의 분포는 고등학교(27.5%), 대학교(16.4%) 순이었다. 생활환경은 하류층이 35.7%, 중류층이 23.4%의 분포를 보였고, 결혼 관계는 기혼자(82.7%)가 미혼자(17.3%)보다 훨씬 높은 비율을 보였다. 여성 소년범의 경우는 2009년 21,078명(17.1%), 2014년 11,480명(14.8%), 2018년 10,879명(17.5%)으로 나타나 수적으로 전반적인 감소추세를 보이고 있다. 같은 기간 전체 소년범 인원 역시 123,104명에서 62,120명으로 대폭 감소한 현상을 볼 때, 소년범죄는 수적인 측면에서는 적어도 감소추세가 뚜렷하다고 하겠다.[26)]

〈표 9-4〉 여성 범죄자 현황(2009~2018년)

[단위: 명(%)]

구분 / 연도	전체	여성		
		인원	여성비	범죄율
2009	2,288,423	385,477	16.8	1,551.6
2010	1,780,917	299,206	16.8	1,187.1
2011	1,727,176	298,679	17.3	1,179.3
2012	1,896,191	336,604	17.8	1,322.9
2013	1,907,721	331,721	17.4	1,298.2

26) 법무연수원, 「범죄백서」, 2019, PP. 134~138, 561.

구분 연도	전체	여성		
		인원	여성비	범죄율
2014	1,879,548	336,748	17.9	1,312.4
2015	1,948,966	353,977	18.2	1,373.5
2016	2,020,196	368,645	18.2	1,425.1
2017	1,861,796	350,251	18.8	1,351.1
2018	1,749,459	344,739	19.7	1,328.0

주: 1. 대검찰청, 「범죄분석」, 각년도.
2. 범죄율은 여성인구 10만 명당 범죄자수.
법무연수원, 「범죄백서」, 2018, p.145.

미국의 경우, 전체 범죄자 중 여성이 차지하는 비율은 우리나라보다 약간 높은 약 18% 정도였으며, 현재에도 큰 변화가 없다. 그러나 특정 범죄에서는 여성의 비율이 매우 높은 경우도 있다. 매춘 관련 범죄는 전체의 3/4을 차지하고, 청소년 가출은 절반 이상이 여성이 차지하고 있다. 반면 여성들이 강간이나 강도, 자동차를 이용한 절도와 같은 범죄에 가담하는 경우는 극히 드물다. 일반적으로 심각한 폭력범죄의 경우 10%, 심각한 재산범죄의 경우 약 20%를 여성 범죄가 차지한다.

최근, 여성 범죄의 추세에 변화가 있다는 관점에서 새로운 여성 범죄에 대한 관심이 증대되었다. 오늘날의 여성 범죄는 과거보다 독립적이고 공격적이며, 공금횡령과 같은 범죄에 연루되는 경우가 많다. 이러한 변화는 대개 여성 해방운동과 연계하여 설명되는 경우가 많다. 즉, 평등한 권리를 위한 투쟁으로 여성에 대한 새로운 사회적 역할이 향상되었기 때문이라는 것이다. 당시 미국의 경우 1979년과 1988년 사이 남성 범죄가 19% 증가를 보인 반면, 여성 범죄는 37% 증가를 보였다. 증가된 여성 범죄의 대부분은 공금횡령과 약물남용 위반과 관련해서 발생한 것이었다. 그 밖에 음주운전, 매춘, 가족과 자녀에 대한 범죄, 강간 등에서 상당한 증가추세를 나타내고 있다. 그러나 이와 같은 증가를 해석하는 데 있어서는 신중해야 한다. 음주운전으로 체포된 사람 중 여성은 12%뿐이고, 방화범 중에는 13% 정도로 여전히 그 비율은 낮다. 매춘과 사기, 각종 위조의 경우에서만 전체 범죄자 중 여성이 차지하는 비율이 높다.

여성 범죄가 증가하고 그 범죄양상이 변했다고 해도, 새로운 범죄유형이 나타났다고 하기에는 여전히 미흡하다. 따라서 여성 범죄가 증가하고는 있지만 여전히 전통적인 경향을 보인다고 할 수 있다. 높은 비율을 보이는 사기사건 중 대다수가 복지수혜에 관련된 범죄(welfare crimes)이다. 이는 경제적 상황의 변화와 10대 임신의 증가, 그리고 아버지가 자녀를 유기하는 경향 등이 이런 범죄의 증가를 부분적으로 설명해 줄 수 있다. 새로운 여성 범죄자는 과거의 여성 범죄자와 크게 다를 바가 없으나, 실생활에서 그들은 과거보다 더 무거운 책임을 지고 있는 것이다.

제2절 여성 범죄자와 사회적 역할

여성 범죄자의 문제를 살펴보면, 범죄의 유형에 상관없이 공통적인 특징이 있음을 알 수 있다. 이들에게는 교육, 직업 훈련, 취업알선, 개인상담 등이 필요하고, 동시에 다양한 개인적 문제를 해결하는 데 지원이 필요하다. 이미 기술된 바와 같이, 여성 범죄자는 사회에서 기대되는 역할이 남자들과 다르다는 이유 때문에 특별한 책임이 요구된다. 여성은 자녀를 양육해야 하기 때문에 그에 따른 부담과 책임을 가지며, 자녀양육에 필요한 관리 능력, 재정적 요구 및 정서적 문제 등 모두를 충족시켜야 한다.

특히 사회에서 소외된 계층의 여성은 교육의 기회가 이미 박탈된 경우가 많으며, 그로 인해 기본교육마저 이수하지 못한 경우마저 흔히 발견된다. 또한 이러한 여성들은 삶 속에서 의존적인 행동양식을 학습하는 경향이 있다. 이러한 독립적이지 못한 생활양식 때문에 경제적 및 사회적 지위를 바꿀 수 있는 능력 또한 결핍되어 독자적인 변화의 길을 개척하기가 어렵다. 이런 계층의 여성들은 남성에 의존하고 추종하는 역할을 함으로써 남성의 권위를 더욱 조장하게 되는 결과를 낳는다. 실제로 남성의 지배와 여성의 순종은 흔히 상호작용에서 일어난다. 이러한 여성은 본인의 의존적 행동유형을 포기할 능력도 없고, 포기를 원하지도 않는 경향이 있기 때문에, 많은 여성들은 자신의 인생을 자기가 책임질 수 없게 된다. 이러한 여건에 놓인 빈곤층의 여성들은 자립할 수 있는 직업을 갖기 위한 노력도 부족하고, 한 가정의 살림을 꾸려가기 위한 준비 역시 미흡한 것이 일반적인 현실이다.

따라서 여성 범죄자들에게는 자신은 물론 자녀들을 돌보기 위한 소정의 교육과 직업기술이 필요하다. 기술의 습득과 취업, 자녀의 교육, 그리고 자신의 삶을 관리하여야 하는 여성들에게는 강인한 자신감과 독립심이 요구되는 것이다. 교정시설에서의 여성 범죄자의 처우방식에 이러한 내용이 반영되어야 한다는 것은 주지의 사실이다.

제3절 여성 범죄자와 형사사법제도

여성이 형사사법제도에서 받는 처우의 특성과 효과에 대해서는 많은 논쟁이 있다. 논쟁 중의 하나는 여성 범죄자들이 특별대우를 받고 있는데 이는 바람직하지 않다고 보는 견해이다. 이들은 여성을 보호하려는 가부장적 노력이 오히려 여성 범죄를 더욱 가중시킬 뿐이라고 주장한다. 물론 과거에 여성들을 더 관대하게 처우한 것은 사실이지만, 형사사법계의 그러한 처우는 성별적 요인보다는 여성 범죄의 유형이 남성 범죄의 것만큼 심각하지 않았기 때문이라고 보는 견해 또한 충분한 설득력을 갖고 있다.

형사사법제도는 전통적으로 여성들은 남성보다 쉽게 교화되며, 처우가 크게 필요하지 않은, 위험하지 않은 대상자로 보았다. 이러한 경향이 여성 범죄자에 대한 관대한 처우가 나오게 된 배경이라고 할 수도 있나. 그러나 정작 이러한 추세에 따라 혜택을 입은 범죄자는 대다수를 차지하는 하류계층 여성 범죄자들보다는 중상류계층의 여성 범죄자들이었다. 또한 도리어 많은 여성 범죄자들이 여성은 처우나 치료가 필요 없다는 견해로 인해 희생당했다는 주장이 더욱 설득력이 있다. 이러한 부정확한 지식의 확산, 여성 범죄자가 수(數)적으로 적다는 점, 그리고 교도소 내에서 쉽게 통세할 수 있디는 점 때문에 교도관들은 여성 범죄자의 특수 문제와 요구를 경시해 왔다고 볼 수 있다. 오늘날에는 여성이기 때문에 관대한 처우를 받느냐의 문제는 사회의 주목을 받는 이슈는 이미 아닌 것으로 보인다. 남성 범죄자에 대해서도 각 유형과 특성에 맞는 처우프로그램의 개발이 필요하듯이, 여성 범죄자들에게도 그들의 특성과 여건에 맞는 프로그램이 개발되어야 한다는 인식이 객관적인 지지를 받고 있다.

제4절 여성 범죄자와 교정 시설

역사적으로 여성들이 구금형에 처해지는 경우는 매우 드물었다. 1850년 미국의 경우, 오직 3.6%만이 여성 수용자였고, 1700년대까지도 남녀가 구분됨이 없이 수용되고 있었다. 수용된 기간 동안 경제적 능력이 없는 여성 수용자들은 성적 학대의 대상이었고 심지어는 매춘으로 연명해야 했다. 차후 남성과 분리된 거실이나 구역에 수용되었으나 남성 간수에 의해 관리되었다. 물론 초기의 교정제도에서는 많은 구치시설이 간수와 그 가족에 의해 관리되었고 수용자들은 음식과 필수품을 자비로 부담해야 하는 등 체계가 전혀 갖추어지지 않은 열악한 환경에 처해 있었다. 따라서 당시 여성 수형자에 대한 연구는 거의 존재하지 않음은 당연한 결과이고 사실 그 인원도 적었으며 사회적으로도 동정의 대상이 되지 못하였다.

위에 기술된 바와 같이, 전통적으로 여자교도소는 일반인의 관심의 대상이 되지 못했다. 그 이유는 역시 여성 재소자의 수가 남성에 비해 현저하게 적고, 여성 범죄자의 범죄가 상대적으로 경미하며, 교도소에서의 폭동이나 인질 및 파괴소동의 전례가 거의 없기 때문에 여성 범죄를 남성 범죄처럼 심각하게 고려하지 않은 것이다. 그 결과 교정 영역에서 여성에 대한 관심과 처우가 상대적으로 경시되어 온 것이 사실이다. 그러나 전반적으로 향상된 여성 인권과 여성운동 등의 영향으로 인해 여성 범죄자에 대한 관심이 증대되고 있음은 물론 형사사법제도와 교정시설에서 여성 재소자의 처우가 중요한 영역으로 자리를 잡고 있다.

우리나라 여성 수용인원은 2019년 현재 3,852명으로 전체 수용자의 7.1%를 차지하고 있다. 같은 해, 기결수의 경우는 6.6%(2,313명), 미결수의 경우는 8.2%(1,539명)를 보였다. 2009년 이후 10년간 기결수는 4%대에서 6%대로, 미결수는 6%대에서 8%대로 늘어나 증가추세를 보이고 있다.[27] 남성 수용자의 비율이 기결수가 95.2%에서 93.4%로, 미결수가 93.2%에서 92.1%로 감소한 수치와 비교하면, 상대적으로 여성 수용자의 증가세가 확실해 보인다. 물론 전체 여성 수용자 인원 역시 2009년 2,375명에서 2019년 3,852명으로 늘어나 약 1.6배의 증가율을 보였다.

한편, 여성교정공무원의 충원현황은 지속적인 증가추세를 보이고 있다. 여성교정공무원 비율은 2003년 6.8%(844명), 2013년 7.8%(1,201명), 2019년 8,5%(1,381명)로 나타나고 있다. 이러한 점진적 증가추세는 여성 권익의 향상과 수용자들의 처우에 대한 관심이 증대되고 있다는 것을 나타낸다 하겠다.[28]

27) 지난 10년간 2010년 47,471명(기결수 30,607명, 미결수 14,819명)에서 2019년 54,624명(기결수 33,813명, 미결수 19,343명)으로 증가하였다.

28) 교정본부, 「교정통계연보」, 2020. p.18.

〈표 9-5〉 수용자 성별 인원 현황(2010~2019년)

[단위: 명(%)]

구분 / 연도	계	수형자			미결수용자		
		소계	남성	여성	소계	남성	여성
2010	45,681	31,981 (100%)	30,533 (95.5%)	1,447 (4.5%)	13,700 (100%)	12,772 (93.2%)	928 (6.8%)
2019	54,099	34,697 (100%)	32,384 (93.3%)	2,313 (6.7%)	19,402 (100%)	17,863 (92.1%)	1,539 (7.9%)

주: 피보호감호자 및 노역장 유치자 포함

미국의 경우, 여성 수용자가 차지하는 비율은 2010년경 전체의 약 7.3%(105,000명)로 나타났다. 1981년 이래 그 비율은 매년 증가하는 추세를 보이고 있는데, 2000~2010년 기간 동안에도 25%의 증가율을 나타냈다(남성의 경우는 16% 증가). 이러한 변화는 교정시설 내의 프로그램, 기거환경, 의료, 직원 및 경비 등에서의 처우에 영향을 미치고 있다. 여성 수용자는 98개의 여성구금시설에, 그리고 93개의 일반구금시설에 남녀가 분리되어 수용되어있다. 여성 수용시설은 대개 소규모이고 경비수준이 낮으며 비교적 느슨한 구조로 운영되고 있다. 물품암거래와 같은 하위문화가 널리 정착되어 있지 않고 상대적으로 형량이 짧기 때문에 잦은 입소와 출소로 인해 인구이동이 빈번한 경향이 있다.[29]

최초의 여성 교도관은 1822년 메릴랜드주에서 채용되었고, 여성 전용 교도소는 그 후 50여 년이 지난 1873년 인디애나주에서 최초로 설립되기 시작하여 1936년에 이르러서는 22개 주에 24개소가 설립되었다.[30] 1881년에는 뉴욕주에 사소한 범죄를 저지른 여성을 위한 갱생시설이 설립되었는데, 이러한 시설들은 주로 코티지(cottage) 형식으로 건축되었으며 여기서는 가사에 관련된 기술을 가르쳤다. 이는 열악한 환경 속의 빈곤층 여성 범죄자들을 건전한 여성으로 양성시키고자 하는 시도라고 할 수 있었다. 멸시와 편견의 대상이었던 여성 범죄자들이 연민과 동정의 대상으로 변화한 것이다. 흥미로운 사실은 여성 범죄자를 위해 실시된 다양한 개혁적 조치가 훗날 남성 범죄자를 위한 혁신적 조치로 작용

29) Cole, George F., Christopher E. Smith, & Christian DeJong, *Criminal Justice in America*, Belmont, CA: Wadsworth, Cengage Learning, 2014. pp.362-363.

30) 1800년대 말 인디애나, 매사추세츠, 뉴욕에, 1900년대에는 뉴저지, 메인, 오하이오 등, 1920대에는 아칸소, 캘리포니아, 미네소타 등, 1930년대는 코네티컷, 일리노이, 버지니아 등에 설립되었다. 주로 북동부에 위치한 것이 특징이다.

했다는 것이다.[31] 교양강좌, 도서관, 예술 및 음악, 외부통근작업, 지역사회방문 등의 프로그램이 여성 수형자는 덜 위험하고 수동적이라는 믿음에서 실시되었는데, 이러한 프로그램들이 차후 남성 수형자들에게 본격적으로 적용된 것이다.[32]

1. 여성 재소자 프로그램

여성 재소자 처우 프로그램의 문제점은 수없이 지적되고 있지만, 특히 직업훈련 프로그램에 있어서의 문제점은 상징적으로 시사하는 바가 크다. 여성 재소자들에게 직업훈련 프로그램이 부족하였던 현상은 전통적인 남녀 간의 성역할 차이와 관련이 깊다. 남성은 사회에 진출하여 돈을 벌어야 하고, 여성은 가사와 가족을 돌보아야 했던 구태적 역할이 그것이다. 과거에는 여성 재소자에 대한 처우의 목적이 가정에서의 적응능력에 초점을 두고 그들을 건실한 아내, 어머니 그리고 주부로 만드는 데 있었다. 실제로 그 목적마저 달성되었다는 증거도 없지만, 그 목적 자체가 시대의 흐름에 부응하지 못하였다고 볼 수 있다. 많은 연구들은 여성 재소자를 위한 가장 절실한 처우프로그램이 무엇인가에 대해, 여성 재소자들이 경제적으로 독립하도록 지원하고 전통적인 성역할에 근거하지 않는 보다 실용적인 프로그램을 제공하는 것이 필요하다는 것을 제시하고 있다. 즉, 이들을 위한 프로그램을 개발하는 데 있어서 자기만족을 찾을 수 있으며 동시에 경제적으로 독립할 수 있도록 돕는 점에 기초한 기획이 중요하다는 것이다. 따라서 교정시설 내에서의 프로그램은 근본적으로 그 한계가 있기 때문에, 탈시설화를 근간으로 한 처우 프로그램들이 개발되어야 한다는 주장이 설득력이 있다 하겠다. 지역사회와 연계된 직업훈련프로그램에 개입시키고 이 과정에서 자기만족과 성취감을 느낄 수 있도록 해야 한다. 여기에는 취업에 필요한 의사소통 기술과 자기주장 훈련 및 자신감 개발 등 대인관계의 개발을 위한 기술프로그램 등이 또한 포함될 수 있을 것이다.

---

31) 엘마이라 교도소의 초대 소장인 브록웨이(Zebulon Brockway) 역시 초기 여성 수형자를 관리하였는데, 여성들을 대상으로 단계적 출소프로그램을 발전시킨 것으로 알려져 있다.

32) Pollock, Joycelyn M., "Women Inmates", in Marilyn D. McShane and Frank P. Williams III(eds), *Encyclopedia of American Prisons*, Garland Publishing, Inc., New York, 1996. pp.501–503.

2. 여성 수용시설

우리나라의 경우, 1989년에 설립된 청주 여자교도소가 유일한 성인 여성 교정시설이다. 여성 소년범을 위한 시설로는 일제 강점기 1946년에 설립된 안양 소년원이 유일한 시설이다.[33] 미국의 경우도 여성만을 위한 독립적 여성 교도소는 1873년 인디애나주에서 최초로 설립되었다. 1900대부터 여성 교도소의 신축이 확산되었지만, 전국적으로 모든 주에 여성 교도소가 설립된 시기는 약 100년이 지난 1970년대 이후의 일이다.[34]

여성 수용시설의 특징은 지역적으로 접근이 어렵다는 점과 수용자 구성이 다양하다는 점을 들 수 있다. 여성 범죄자의 수(數)가 적기 때문에 오늘날 미국에서도 주(州)마다 한 개소의 여성시설을 갖고 있다. 이런 체계가 경제적으로는 유익한 측면이 있지만, 교정행정상 몇 가지 관리 문제를 초래한다. 이는 일반교도소제도의 구조와 그 제도 내에서의 복합적 기능을 살펴보면 쉽게 문제점을 찾아볼 수 있다. 예컨대, 경비등급이나 범죄자의 특수성에 따라 시설을 구분하고 있으며 수형자의 과학적 분류에 따른 소규모 시설에서의 누진적 처우가 바람직한 형태라는 것이 지배적인 견해이다. 그러나 여성 범죄자들의 경우는 하나의 시설에서 복합적 기능을 수행해야 하기 때문에 원천적으로 관리상의 어려움이 존재한다는 것은 당연한 일이다. 또한 다양한 지역의 출신인 여성 범죄자들을 하나의 시설에 수용함에 따라 가족이나 친지들과의 접촉에 어려움이 생긴다. 남성 수용시설이 전국적으로 폭넓게 분포되어 있는 데 반해, 여성은 한 곳에 수용되어 있으므로 지리적 여건이 사회관계의 유지와 주변인들과의 관계형성에 장애요인으로 작용하는 것이다. 지리적 여건은 재소자뿐만이 아니라 함께 근무하는 교도관 및 행정직원에게도 중요하며 이것이 재소자관리 및 처우에도 영향을 미칠 수 있다는 점에서 더욱 그러하다. 가족, 친지 및 연인들과의 적절한 면회기회가 제공됨으로써 재소자들이 그들의 외부세계와 지속적으로 연계를 맺을 수 있으며 소외감도 감소시킬 수 있다. 이는 곧 수용생활에서의 긴장완화와 시설 내 질서 유지에도 큰 영향을 미칠 수 있다. 이 점에서는 지역이 광대한 미국의 경우에 우리나라보다 훨씬 더 절실한 문제로 인식되고 있다고 판단된다.

한편 수용환경 측면을 보면, 미국이나 호주 등 선진국가의 경우, 여성을 위한 교정시설은 물리적 환경 면에서 남성 시설보다 훨씬 더 우위에 있다. 실제로 초원 위의 아름다운

---

33) 서울 소년원은 고봉중·고등학교, 안양 소년원은 정심여자정보산업학교, 춘천 소년원은 신촌정보통신학교 등의 명칭을 사용하고 있다. 이와 같은 복수명칭은 2000년 8월 이후부터 시행되었다.

34) Pollock, p.503.

캠퍼스와 같은 교도소도 흔히 찾아볼 수 있다. 물론 이러한 시설은 사소한 절도나 매춘사범 등 경범죄에 해당하는 여성들을 위해 설계된 곳이 많고, 중죄를 저지른 여성 범죄자들의 경우는 열악한 상황의 교도소에 수용되는 것 또한 현실이다.

우리나라의 유일한 여성 교도소인 청주 여자교도소는 1989년 개청하여 2003년 11월 지하 1층, 지상 5층 규모로 신축 이전하였으며, 2019년 기준 약 750명 정도를 수용하고 있다.

3. 남녀공용 교정시설(The Co-Correctional Institution)

공용(共用) 교정시설이란 여성과 남성 범죄자가 한 시설에 수용되어 서로 상호작용을 할 수 있도록 허가된 성인시설을 말한다. 물론 구금을 목적으로 하며 단일한 행정조직하에 있다. 이와 같이 시설을 운영하는 이유로는 다음과 같이 제시되고 있다.

첫째, 한 시설에 양성(兩性)을 혼합 수용함으로써 경제적 투자비용을 절약하고 자원을 효율적으로 이용하는 의미가 있다. 둘째, 재소자들이 최종적으로 복귀할 사회가 양성으로 구성된 사회이므로, 교도소 내에서 공동생활을 하게 함으로써 사회재적응에 도움을 줄 수 있다. 일반적으로 공용교도소는 직원 분포에 있어서도 양성으로 구성되어 있다. 셋째, 일반 교도소에 널리 퍼져 있는 폭행사고나 동성애 등의 문제 야기를 억제하는 등 시설 내 질서유지 차원에서 도움을 줄 수 있다.[35)]

한편, 남녀공용 교정시설에 대해서도 문제점이 제기되고 있다. 교도관들에게 가장 큰 문제는 남성과 여성 간의 이성 관계 문제이다. 혹 발생할 수 있는 교도소 내의 임신이 가장 큰 문제가 될 수 있으며, 이성 간의 친숙관계에서 야기되는 삼각관계나 질투와 같은 민감한 문제로 인하여 스트레스가 감소되기보다는 오히려 증가될 수도 있다는 것이다. 그러나 이와 같이 예상되는 견해들을 심각한 문제로 보고한 연구 결과는 아직까지 거의 없으며 오히려 공용시설이 바람직하다는 연구 결과들이 주를 이루고 있다.

---

35) Smykla, J.O., *Co-ed Prison*, New York: Human Sciences Press, 1980.

제5절 여성 범죄자와 지역사회 교정프로그램

여성 범죄자를 위한 프로그램은 여성의 특수한 문제를 고려할 때 기존의 프로그램들을 지역사회 교정프로그램으로 대체해야 한다는 주장은 끊임없이 제시되어왔다.[36] 여성 범죄자를 위한 성공적인 지역사회 교정프로그램은 대체로 경제적 독립, 효과적인 부모 역할, 독립적인 삶을 이루기 위한 관리 및 생존기술의 개발에 초점을 두고 있다. 즉, 지역사회 프로그램은 가족 구성원들 간에, 특히 자식과의 원만한 관계를 유지하도록 지원하며, 취업능력을 향상시켜 독립적 삶을 준비하여 자기 스스로를 책임질 수 있는 사회 구성원으로 변화시키고자 한다.

1. 경제적 원조

성공적인 여성 범죄자를 위한 프로그램들의 공통적인 목적은 여성 범죄자들의 특징이기도 한 의존, 희생, 그리고 범죄의 악순환으로부터 탈피하도록 지원하는 것이었다. 경제적 원조 영역에서는 4가지 형태의 원조가 필요하다고 제시되고 있는데, 취업준비훈련, 직업훈련, 직업소개 및 사후서비스가 포함되었다.

1) 취업준비훈련

이 훈련은 특히 소외된 계층의 여성에게 중요하다. 그들은 직업에 대해 매우 제한된 고정관념을 가지고 있고, 직업을 가지려면 어떤 훈련을 받아야 하는지, 어떻게 직장을 구해야 하는지 등에 대해 거의 아는 바가 없다. 취업준비훈련에는 직업 적성검사를 실시하고, 여성이 직장에 들어가서 직면하게 될 문제들을 예측할 수 있게 해주며, 취업에 필요한 각종 기본교육과 취업정보를 제공하는 내용들이 포함되어 있다.

2) 직업훈련

물론 남성 교도소의 경우에도 해당이 되는 내용이지만, 미국에서도 여성 교정시설에서

36) National Advisory Commission on Criminal Justice Standards and Goals(NAC), *Corrections*, Washington, D.C.: U.S. Government Printing Office, 1973.

실시되고 있는 직업훈련프로그램이 비효과적이고 실효성이 부족하다는 의견이 지배적이다. 오늘날에는 그간 여성들이 참여하지 않았던 비전통적인 직업군을 개척함으로써 성공적인 사례를 낳는다는 주장이 설득력을 얻고 있다. 이런 변화는 과거 여성들이 주로 종사하던 일보다는 남성들이 독점해왔던 육체적 노동직이 더 많은 수입을 올릴 수 있다는 다분히 경제적인 이유에서 기인하는 바가 크다. 이는 경제적 독립을 위한 매우 현실적인 문제로서 자동차 수리, 전기공 및 트럭 운전과 같은 직업군이 여기에 속한다. 실제로 성공적인 프로그램은 평균 임금보다 높으면서 여성 근로자도 필요로 하는 직업군을 개발하고 훈련시켜서 알선한 결과로 탄생하였다고 보고되고 있다. 우리나라의 경우도, 여성의 사회진출 영역이 점차 확대되어가는 추세가 이어질 것으로 예상해 볼 때, 미국의 사례를 적극 검토할 필요가 있다.

3) 직업알선

직업알선에서는 여성들의 특성을 고려하여 분류하여 소정의 직업세계를 안내하고, 희망자들의 요구를 현 실정에 맞게 검토하여 목표를 정한 후, 취업상담을 준비하고 직장을 찾아서 소개하는 과정을 거치게 된다. 특히 비전통적인 일에 여성 범죄자를 소개하기 위해서는 고용주들의 이해와 협조를 구하는 과정에 적극 개입함이 매우 중요하다. 즉, 고용주에게 응시자에 대한 정확한 정보를 전달하고 출소자 관리에 요구되는 경험적 지식을 지속적으로 함께 나누는 과정이 필요하다. 한편 필요에 따라서는 여성 출소자이기 때문에 야기될 수 있는 성희롱 문제에 대한 안내서를 제공할 필요성도 있다.

4) 사후서비스(follow-up services)

사후서비스는 여성 근로자들에게 특히 중요하다. 왜냐하면 그들이 직장 내외에서 겪는 인간관계 및 민감한 정서적 문제 등이 매우 다양하기 때문이다. 일정한 간격으로 프로그램 본부로 나와 취업과 관련된 문제들에 대해 상담받을 수 있는 기회를 제공해야 한다. 고용주와 여성 근로자 간에 갈등이 생기면, 프로그램의 직원이 중재자 역할을 하는 사후서비스가 효과를 발휘할 수 있다.

2. 부모를 위한 프로그램

자녀양육은 일종의 전일근무 직업이다. 아무리 배우자나 친정 부모 등이 그 일을 대신 해준다 해도 그 책임은 매우 부담스러운 것이다. 어머니가 수용되어 있는 경우, 문제는 심각하다. 자신이 직접 자녀를 돌보지 못함은 물론 대개는 자녀를 대신 돌보는 보호자와도 지속적으로 충분하게 접촉하기는 어려운 일이다. 따라서 자녀의 성장이나 변화과정에 대해서 충분히 알지 못하게 된다. 면회가 허락된다 해도 면회를 통해서 부모와 자녀 간의 관계가 원만하게 유지된다는 것은 기대하기 어렵다. 부모와 자녀가 서로 격리됨으로써 서로 간에 정서적 장애가 발생할 수 있으며, 어린 자녀의 경우는 일시적인 보호자와 친모(親母) 사이에서 정체감이 혼돈되기도 한다. 일정한 시간이 지난 후, 어머니가 석방이 된다 해도 구금 전과 생활여건이 크게 개선되는 경우가 드물기 때문에 보호자로부터 부양책임을 양도받는 데에도 어려움에 봉착한다.

재소자를 일시적으로 석방해주는 프로그램은 부모 역할과 자녀와의 연대감을 증대시키는 데 좋은 기회가 된다. 일시적인 석방 동안에 참가하게 되는 지역사회 중심 프로그램은 포괄적인 자녀양육 교육과 상담지도를 포함한다. 예컨대, 부모 역할을 배우기 위한 혹은 자녀를 학대한 어머니들을 위한 거주프로그램이 제공되기도 하는데 여기에서는 자녀가 아동전문가가 개입된 놀이방에서 지내는 동안 어머니는 상담을 받게 되며, 상담자의 감독하에 자녀를 적절하게 돌보는 방법을 배우게 된다.

3. 생존 훈련

여성 범죄자들이 자립적인 생활에 필요한 기술과 태도를 갖추는 것은 매우 중요한 부분이다. 금전관리, 아파트 임대, 지역사회자원의 이용, 자녀와 자신의 건강관리, 일상적으로 부딪치는 법률지식 및 계약상의 요구사항 등의 문제를 잘 처리하고 관리할 능력을 배워야 한다. 생존기술습득 프로그램은 오늘날 많은 여성교정시설과 지역사회 연계프로그램에서 제공되고 있다. 가장 많이 제공되는 교육과정은 주거 문제, 은행거래, 금전 관리, 신용카드 사용 및 지역사회 자원 이용 등이다. 특히 지역사회 프로그램에서는 많은 외부강사들을 초청할 수 있는 장점이 있다.

제10편
교정의 주요 쟁점과 미래

Chapter_ 1
교정의 주요 쟁점

본서의 전반부 역사적 고찰에서 기술된 바와 같이, 오늘날 형벌제도를 대표하는 교정제도의 역사는 어느 시점에서나 수많은 과제들을 안고 있었으나 이를 극복하면서 발전해왔다. 오늘날의 상황이 과거와 차이점이 있다면, 그것은 교정환경을 구성하는 내재적 및 외생변수가 훨씬 복잡하고 다양성을 지니고 있다는 점일 것이다. 인구의 증가, 세계화의 보편화, 과학기술의 혁신, 변화의 가속화, 신종범죄의 출현 및 인권의 향상 등 다양한 요인들이 교정 부문을 포함한 사회 전반의 변화, 현안 및 쟁점에 지대한 영향을 미치고 있다. 실제로, 오늘날 당면하고 있는 문제들을 극복하고 미래의 잠재적 해결책을 구하는 데 있어서 다양한 영역에서 부각되고 있는 쟁점들을 어떻게 인식하고 극복할 것인가는 매우 중요한 과제이다. 다음의 쟁점과 그에 관한 기술은 객관적인 사실이나 실증적인 연구 결과를 토대로 작성되었다기보다는, 오늘날까지 다양하게 축적된 정보, 지식, 연구 결과 및 실무적 관찰 등에 대하여 대다수의 전문가들이 공유하고 있는 부분들의 집약이라 할 수 있다. 핵심 사항에는 도덕과 윤리, 임무와 철학, 구조적 문제, 전문화, 근거 중심 정책입안과 실행, 그리고 테크노 교정의 확산이 포함된다.

제1절 도덕과 윤리

위법한 행위에 대한 처벌은 정당성을 갖는다. 그러나 과도한 형벌이나 반인격적인 형벌에 대해서는 윤리적인 문제가 제기될 수 있다. 살인범에게보다 성폭력범에게 높은 형량이 부과된다든가, 가석방이 없는 무기징역과 같은 중(重)한 형벌이 남발되는 것은 결코 최선의 상황은 아니다. 여론에 휩쓸린 과도한 법의 집행은 필연적으로 과밀수용을 초래하고 모든 성범죄자들을 괴물로 몰아가는 사회적 분위기는 교정의 이념과 민주적 가치에 역행하는 공포의 유발과 응보적 대응을 확산시키는 현상을 낳기도 한다. 특히 미국의 경우 타 선진민주국가들과 비교해 볼 때, 과도한 처벌유형들이 부과된다는 비판에 직면해있는데,[1] 우리나라의 경우도 흉악범죄의 빈번한 발생에 따른 여론의 보수화의 영향으로 형벌과 통제가 급속히 강화되는 경향을 보이고 있다.

특히 과밀수용 수준과 수용 중인 정신질환자에 대한 처우 부문에서는 많은 수용시설이 안고 있는 공통된 문제라 하겠다. 미국의 경우에서는 과밀수용에 대해 위험적 요인이 있다는 판결에 따라 수용인원을 감소시키라는 연방법원의 명령을 받는 경우를 흔히 찾아볼 수 있다. 정신질환자에 대한 처우 역시 범죄유발 요인을 치료해야 한다는 측면과 구금환경의 부적응에서 오는 정신질환성 문제를 대처해야 한다는 측면에서 중요한 의미를 갖고 있으나, 관련 프로그램과 대처에 필요한 의료 인력이 크게 부족한 현상을 보이고 있다. 미국의 경우 적어도 수용자의 20%가 정신분열증, 조울증, 우울증과 같은 정신질환을 앓고 있으며, 그중 10~15%가 자살로 사망하는 것으로 나타났다.[2] 우리나라의 경우도 교정시설 내 정신질환자수가 2010년 1,544명(13.1%)에서 2019년 4,748명(19.1%)으로 3배이상 급증하였는데, 이는 전체 환자 중 고혈압, 당뇨에 이어 세 번째로 높은 비중을 차지하는 질환이다.[3] 아이러니하게도 교정시설은 엄격한 처우와 엄중한 감독을 강조하면서 동시에 수

1) 예컨대, 미국의 경우, 흑백 줄무늬 옷을 입히고 사슬로 엮어 거리의 청소를 시키는 행태, 남자 수용자에게 핑크색 속옷을 입히는 것, 집 마당이나 차에 전과자라는 표시를 붙이는 것, 성인 수용시설에 소년범을 수용하는 것, 그리고 마약 전과자에게 대학 학자금 융자를 제한하는 것 등이 있다.

2) Allen, Harry E., Edward J. Latessa, & Bruce S. Ponder, *Corrections in America: An Introduction*, 13th ed, New York: Pearson, 2013, p.391.

3) 의정부 교도소, 서울남부 교도소 등 10개 교정기관에 심리치료센터가 운영되고 있다. 2013~2019년 사이에 1,705명이 정신질환 수용자 과정을 이수하였다.(법무부 교정본부, 「교정통계연보」, 2020, pp. 95, 163.

용자에 대한 원조와 교화 임무를 요구받는 모순된 임무를 부여받고 있다.

행형시설의 팽창은 특히 이미 빈곤과 불리한 여건에 놓인 소수 인종이나 하위 계층사회에 부정적 영향을 미친다. 이러한 팽창에 따른 구금인구의 증가현상은 결손가정, 열악한 보건위생, 10대 출산, 취약한 노동시장, 소년비행, 고범죄율과 같은 부정적인 요소들의 결과변수이자 동시에 원인변수로 작용하며 사회적 비용을 발생시킨다. 이는 사회의 안전을 행형시설의 기능에 과도하게 의존하는 형벌정책에서 비롯되는 것이며, 그 실체적 효과가 증명되지 않았을 뿐만이 아니라 국가의 품위와 윤리적 가치체계를 훼손시킨다는 주장이 제기되고 있다.[4)]

이와 관련 또 하나의 이슈는 공정성이다. 이는 양형의 일관성과 처우의 공정성과 관련이 있다. 최근 미국에서는 공정성이라 함은 일정한 범죄행위에 대해서 그 엄중함에 비례해서 형벌을 부과해야 한다는 개념이 지배적이며, 이를 달성하기 위한 많은 시도가 진행되고 있다. 이른바 형사 사법의 공정모델(justice model)은 요약하면 "범죄자들은 자신의 범죄의 경중에 부합하여 공평하게 처벌을 받아야 한다"라는 내용으로 귀결된다. 이는 매우 간단한 과제인 것처럼 보인다. 그러나 공정모델이 표방하는 수사(修辭)적 원칙의 이면을 살펴보아야 한다. 문제는 형벌의 대상과 그 엄격한 집행이 주로 빈곤층과 소수집단에게만 집중적으로 적용된다는 사실이다. 이러한 상황하에서의 평등과 공정은 진정한 평등과 공정으로 이해될 수 없다. 여기에 진정한 공정성은 교정 영역에서 관리되는 수용자들의 삶의 질과 그 기회를 강화시키는 것까지를 포함해야 한다는 것은 자명한 사실이다.

우리에게는 교정의 새로운 지평을 열어 국가적 품위를 올곧게 세워야 할 마땅한 사명이 있다. 다음 세대의 교정의 리더들은 고품격의 대망을 쟁취하기 위한 숭고한 열정으로 교정을 재건축해야 한다. 이를 위해서는 제도와 정책의 효율화에 박차를 가하고 학술적 성과를 진지하게 반영하는 태도를 지녀야 한다. 그리고 교정이 존립해야 하는 미래적 가치관을 정립하고 교정을 형성하는 언어와 이미지를 명확히 하여 그야말로 자유와 정의를 이끄는 표상이 되어야 한다.

---

4) 구금형의 확대가 범죄율 감소와 같은 실체적 결과를 증명하지 못할 뿐만이 아니라, 구금형이 최후의 수단이 아닌 최우선적 수단으로 사용된다면, 이는 범죄원인에 대한 처방보다는 사회적 문제의 결과로서 발생한 범죄행위를 개인에 대한 응징으로만 해결하는 편의(便宜)주의적 방식이라는 비판적 시각이 존재한다.

제2절 교정의 임무와 철학

교정의 임무가 무엇이어야 하는가에 대해서는 명확한 입장이 결정된 것은 아니다. 그 이유 중의 하나는 이해가 상충되는 관련 부문들 간에 기대하는 바가 일치하지 않기 때문이다. 예컨대, 범죄자는 공정한 집행과 관대한 처우 그리고 충분한 원호를 바랄 것이고, 교정공무원은 자신들의 권익확보와 업무환경의 개선을 바랄 것이다. 또한 일반인은 범죄자에 대한 단호한 응징과 동시에 그들로부터 생명과 재산을 지키기를 원하고, 관련 정부기관들은 상호 간의 공조와 기득권 유지를 원한다. 명백히 이러한 기대들 사이에는 갈등이 발생할 수밖에 없으며, 따라서 기대를 충족하고 갈등을 해결하기 위해서는 시점과 상황에 따라 그 업무의 우선순위를 설정해야 한다. 교화서비스와 보안확보, 수용자의 인권과 교도관의 권익, 출소자의 재범과 일반인 및 언론의 반응, 업무분장에 따른 타 정부기관과의 연계 문제, 교정시설의 신축 및 이전에 따른 지역사회와의 갈등적 관계 등 실체적 혹은 상징적으로 나타내는 바와 같이 다양한 쟁점들이 존재한다.

물론 이렇게 얽힌 기대의 어느 것도 일방적으로 무시될 수 있는 성질의 것이 아니다. 교정시설에서 범죄자에 대한 인권 문제가 발생하면 법원이나 인권단체는 어떤 반응을 보이겠는가? 전과자에 의한 잔혹한 범죄가 발생하면, 대중들과 언론은 또한 어떻게 반응하겠는가? 그리고 새로운 체제로의 개혁과 부처이기주의 사이에서 변화에 익숙하지 않은 직원들은 어떤 선택을 하겠는가? 모순되고 갈등적인 상황은 언제든지 직면할 수 있는데, 상당부분은 주어진 임무나 그것의 근간이 되는 철학이 모호하기 때문에 기인한다. 어떤 상황에서도 선택은 불가피한 것이다.

미국의 경우, 1960년대 초기에 대부분의 사람들은 교정의 일차적인 임무는 범죄인의 교화라는 데 동의했지만, 1970년대 이후 처우프로그램의 효율성에 대한 회의(懷疑)와 저평가 현상이 나타났다. 이후 1980년대부터 본격적인 보수적인 형벌정책으로 전환됨에 따라 부정기형의 폐지 및 의무적인 양형 등을 포함하는 강경한 형벌정책이 실시되었다. 일부 사람들은 교정의 기본임무는 형벌의 집행이며 따라서 범죄자를 관리하는 기능이 우선되어야 한다고 주장하고, 다른 이들은 교정의 역할은 무엇보다 위기관리능력에 있다고 주장한다. 한편으로 '지역사회 사법'(community justice)이라고 일컬어지는 지역사회 중심의 비공식적 문제해결방식에 대한 관심이 증가하는 현상 또한 나타나 교정업무의 다양화와 정교화가 이루어지고 있다.

어떤 선택을 취하든 간에, 교정을 이끄는 간부들은 반드시 교정의 철학을 명확히 해야 하며, 이를 실천하기 위한 분명한 정책을 수립해야 한다. 교정 관계자들은 물론 교정체계 밖에 있는 사람들까지, 모두가 교정이 어떤 역할을 하며, 그 노력으로부터 그들이 기대할 수 있는 것이 무엇인가를 인지할 수 있도록 힘을 기울여야 한다.

제3절 구조적 문제

교정이 직면하는 어려운 문제들은 그 내적 및 외적 구조와도 관련이 있다. 내적 구조를 보면, 구치소, 교도소, 소년원, 보호관찰, 가석방 및 갱생보호 등으로 구분되며 상호 연장선상에서 얽혀있다. 외부와의 연계적 측면에서 볼 때에는 교정은 경찰, 검찰 및 법원으로 연결되는 형사 사법 절차의 마지막 단계에 위치해 있다. 따라서 주어진 업무와 서비스를 자체적으로 조절하고 통제할 공식적인 권한은 매우 제한적이며, 구조적인 요인에 따른 다양한 형태의 딜레마에 직면한다. 무엇보다도 교정제도는 자체적으로 통제할 수 없는 외부 요인에 크게 의존해야 하는 구조적 한계를 안고 있다 하겠다.

예를 들면, 과밀수용이나 시설의 노후 등의 이유로 시설을 신축하거나 개축하는 데 막대한 예산이 투입된다. 그러나 새로운 시설 역시도 머지않아 과밀수용이 되거나 기준에 뒤떨어지는 시설로 뒤바뀌는 것이 일반적인 현상이다. 이러한 결과는 입소와 출소에 직접적인 영향을 미치는 법원이나 보호관찰과 같은 관련 기관과의 협조하에 건축계획이나 설계가 이루어지지 않는 데에 기인하는 바가 크다. 필요한 구금공간의 크기는 교정행정가의 판단보다는 주로 외부적 요인—범죄율 상승, 형벌정책의 강화, 정치적 결정 등—에 의해 영향을 받는다. 구체적으로는 경찰의 체포, 검찰의 기소, 법원의 판결, 보호관찰의 처분취소 및 사면 등이 결정적인 영향을 미친다.

공식적으로, 교정 구조의 해결점은 상호호혜와 균형에 있다. 그러나 이러한 절차를 균형 있게 할 수 있는 방법을 쉽게 찾을 수 없다는 것이 문제이다. 권력의 분립은 우리 정부의 헌법적이며 전통적인 보호막이다. 각각의 기관은 고유의 권한을 가지며 균형을 유지하고자 한다. 따라서 새로운 교정시설이 설계될 때, 도시 계획 당국의 동의가 잠재적 자원이라기보다는 장애적 절차로 기능하기도 한다. 여기에 지역사회와의 충돌이 야기되는 경우[5]—특히 시설의 신축과 이전에 따른 사회적 갈등과 업무지체—는 우리 사회에 팽배한 집단이기주의와 공동체 의식의 약화현상과 맞물려 심각한 문제로 등장하고 있다.

많은 교정 행정가들은 다른 기관들이나 지역사회를 포함하는 이해집단과의 관계설정에 어려움을 느낀다. 최근의 동향은 협력을 증진시키는 것을 의미하는 "파트너십"의 중요성이 크게 대두되고 있다. 이것은 교정, 정부의 행정조직, 사법체계 및 지역사회 이해집단 등 간의 상호 호혜적인 조화를 이루는 통로로서 큰 의미를 갖는다.

우리나라의 경우, 법무부 내부 조직상의 문제로서 교정보호업무가 기형적으로 이분화되어 있어 효율성이 크게 저해되는 현상을 보이고 있다. 교도소, 구치소 및 소년교도소는 교정본부에, 보호관찰, 소년보호, 갱생보호는 범죄예방정책국에 소속되어 있어 업무의 연속성이나 상호 협조관계가 사실상 이루어지지 않고 있고, 업무상 상호불가분의 관계에 있음에도 불구하고 독립적인 부서로 운영되고 있다.[6]

제4절 업무의 전문화

교정 부문이 직원이나 예산의 크기에 비해 정부 조직 내부에서는 물론 사회적 차원의 위상이 낮게 인식되고 있다는 주장이 상존해 왔다. 그 이유 중의 하나는 업무의 전문성이 제고되지 않고 있다는 데에서 찾아볼 수 있다. 즉 주어진 주 업무가 법원에서 정해진 형을 집행하는 것이며, 그 업무의 중점이 사실상 시설 내 질서유지와 보안확보에 있다는 인식에서 기인한다 하겠다.[7] 이는 교정영역의 교육이나 연구를 위한 전문기관의 설립이 사실

---

5) 교도소나 구치소의 신축이나 이전에 따른 지역사회와의 갈등은 과거에도 존재하였지만, 최근에는 보호관찰소의 이전 문제 역시 갈등으로 나타나고 있다. 여기에는 보호관찰소가 도심지역에 위치하고 있다는 점, 성폭력범 및 강력범에 대한 전자감독제도의 시행에 따른 지역주민의 불안감, 사회 내 집단이기주의의 팽배 등의 이유가 있다.

6) 시설 내 처우와 사회 내 처우가 사실상 독립적인 업무로 운영되고 있다.

7) 우리나라의 교정은 2019년 현재, 해방 이후 시설은 16개 기관에서 56개 기관으로 3배 이상, 교정공무원은 3,938명에서 16,101명으로 4배 증가했다. 예산 역시 약 1조 7천억 원으로 법무부 예산 약 3조 8천억 원의 약 44%를 차지하는 등 외형적인 측면에서 크게 확대되었다. 그러나 여전히 규모면에서 현저히 왜소한 타 영역이 외청 단위로 독립되어 있는 반면, 교정본부는 법무부 내의 일개 부서로 존재하고 있고, 예산 역시 인건비가 대부분을 차지하고 실질적인 주요 사업비는 극히 일부분에 그치고 있다. 특히 교정교화 프로그램 예산(직업훈련, 사회복귀, 심리치료)은 70억 원대에 머무르고 있다. 이는 양적 변화로부터 질

상 거의 답보상태에 있다는 사실에서도 찾아볼 수 있다.[8)]

전문화의 등장은 적어도 2가지 측면에서 긍정적인 결과를 낳는다. 그 영역의 지위가 향상된다는 것이고, 업무시행에 있어 보다 높은 기준을 기대할 수 있게 된다는 것이다. 상대적으로 높은 학력과 자격증—예컨대, 약물남용이나 정신질환을 위한 치료사 등—을 소유한 직업인들이 이 분야에 종사하게 되면 그 업무의 질이 향상된다는 것은 자명한 일이다. 동시에 조직 내에 전문인 집단이 형성됨으로써 새로운 동력을 낳게 된다. 전문화된 교정직원은 행정조직에 대한 절대적 순종에 만족하지 않고, 전문화된 기술과 지식으로 무장된 이들은 정책입안자들이 정한 교정정책이나 프로그램들의 우선순위에 대해 의견을 제시할 것이다. 교정행정에 대해 사적인 소견이 아닌 전문적인 이익을 반영하는 차원에서 자신들의 주장을 제기한다. 이러한 현상은 장기적으로 교정 발전의 동력으로 작용할 것이며, 따라서 전문화는 미래의 교정발전에 핵심적인 요인이 될 것이다.

전문화는 단순히 자격증 소지자의 양산만을 의미하는 것은 아니고 다변하는 교정환경에서 변화의 장애요인을 극복하고 교정의 비전과 미래를 이끌 리더로서 역량을 갖추는 것을 포함한다. 즉 거대한 외부 체계와의 관계를 재설정하는 것이며, 정치, 경제 및 사회를 포괄하는 외부 압력으로부터 균형 감각을 가지고 새로운 교정 어젠다를 창출하는 것이다. 풍부한 교육과 전문적인 경험은 효율적인 리더의 중요한 덕목이며, 역사적으로 훌륭한 리더는 다양한 영역에서 다양한 백그라운드를 가진 인재들 가운데에서 배출되었다.

제5절 근거 위주 정책입안과 실행

오늘날 선진 국가들에 있어서, 교정학계의 최대의 화두는 실증적인 근거를 기반으로 한 정책입안과 실행이라 할 수 있다. 이와 관련 교정 영역에서 가장 일반적인 쟁점은 '어떤 요인이 어떤 효과를 발휘하느냐?'이다. 가장 핵심적인 이슈는 어떤 프로그램이 재범률 감소에 가장 큰 영향을 미치는가를 찾아내고, 이를 현장에 널리 보급할 수 있는 방안을 파악

적인 변화로 전환될 시점에 와있다는 것을 의미한다.

8) 1988년 경기대학교에 교정학과가 창설된 이래로, 30여 년이 지난 이 시점에서도 4년제 대학과정과 석박사 대학원 과정을 유지하는 유일한 학과로 남아있고 국가적인 지원은 전혀 이루어지지 않고 있으며, 법무부 예산이 투입된 교정 관련 대규모 연구용역은 사실상 거의 이루어지지 않고 있다.

하는 것이다. 효과를 발휘하는 요인을 찾는 과학적인 방법은 정확한 평가에 있고 가장 적절한 평가방법은 처우나 치료를 실시한 실험집단과 그렇지 않은 일반집단 간의 효과를 비교하는 것이다. 따라서 높은 수준의 다양한 연구 결과를 바탕으로 효과적인 혹은 비효과적인 프로그램을 구분하는 작업이 진지하게 진행되고 있다. 새로운 연구들은 교정프로그램에 대한 연구뿐만이 아니라 기존 프로그램을 재평가하는 작업까지를 실행함으로써 배출된 연구 결과들로부터 일관되고 공통적인 패턴을 찾고자 한다. 체계적인 재검토를 통해 바람직한 프로그램과 효과가 없는 프로그램을 제시하는 것이다.[9)]

그러나 어떤 요인들이 긍정적인 영향을 미치는지 파악되었다 하더라도 그것을 현장에서 어떻게 시행할 것인가는 또 다른 문제이다. 효과가 없는 것으로 판명된 프로그램들이 장기간 지속되는 경우도 있고, 실증적 자료가 뒷받침되는 프로그램들이 시행되지 못하는 경우도 발생한다. 효과가 증명된 프로그램이라도 전과자지원과 같은 일반 대중이 혐오하는 항목이 포함되어 있다거나, 사실상 비효과적이라고 판명된 프로그램일지라도 대중들이 선호하는 목표가 가미된 경우에서 그러한 현상이 충분히 나타날 수 있다.[10)]

프로그램의 성공과 실패로부터 긍정적 요인과 부정적 요인을 구분해내고 이를 적용한 새로운 프로그램을 창출하는 작업이 진행되고 있다. 전문가들은 교정의 효과를 분석하는 평가연구 분야의 중요성이 인식되면서 재범률을 감소시키는 입증된 프로그램을 제시하게 될 것이다. 이러한 접근은 보수와 진보, 구세대와 신세대, 이론가와 실무진 모두로부터 동의를 얻고 있으며, 곧 교정의 발전으로 이해되고 있다.

비판적인 주장 또한 존재한다. 대부분의 정책 입안자들은 의사결정이 과학적 근거보다는 외부여건이나 정치적인 요인에 더 큰 영향을 받는다고 주장한다. 또한 집단 간의 비교연구는 재정적 부담이 클 뿐만이 아니라, 그 결과 또한 항상 일치하는 것은 아니기 때문에 결정적인 근거로 적용되는 데 문제가 있다고 주장한다. 따라서 새로운 아이디어나 제안이 실증적으로 그 효과가 증명되어 확산될 가능성이 많지 않기 때문에 도리어 보수적으로 기존의 입장을 유지하는 것이 일반적인 현상이라고 주장되고 있다.

---

9) 예컨대, 병영식 캠프(boot camps)는 효과가 없고 치료공동체(therapeutic communities)는 대체적으로 효과를 발휘한다는 형식의 결과를 제시한다.

10) 청소년층 범죄자들을 군대식으로 엄격하게 다루는 병영식 캠프(boot camp) 프로그램은 그 효과성이 없다는 연구 결과에도 불구하고 이것이 지속적으로 확산되고 유지되는 이유는 다루기 힘든 소년범들을 엄격하게 훈육해야 한다는 기성층의 보수적 시각이 반영된 것이라고 본다.

제6절 테크노 교정의 확산

어느 사회 부문에서와 같이 교정 분야에서도 과학기술의 중요성은 크게 확산되고 있다. 가장 대표적인 예는 전자감독제도이다. 초기 도입 단계에서 대상자의 위치만을 확인할 수 있을 뿐 실제의 행동을 알 수 없다는 점에서 비판적인 시각이 존재하였고, 보호관찰관이 24시간 위치를 확인해야 하고 즉시 사후조치를 취해야 하는 관리상의 문제, 그리고 재정의 부담이나 재범률의 감소에 도움이 되지 않다는 등의 회의적인 시각들이 제기되기도 했다.

그러나 점진적으로 지역사회를 담당하는 보호관찰관이 대상자가 일정한 시점에 어디에 위치해 있는가를 확인할 수 있다는 사실만으로도 실무에서 매우 유용한 기능으로 이해되었고 재범위험성이 높은 범법자의 관리에 대한 적질한 실험적 수단으로 채택되었다. 또한 젊은 세대의 담당자들의 기술친화적인 성향이 편의한 대체적 수단으로 정착하는 데 일조하였다. 이후 각종 연구는 전자감독의 효과에 대한 긍정적인 결과를 내놓으면서 판결에 있어 보편적인 처분의 유형으로 정착된 것이다.

과학기술이 교정에 적용된 사례는 다양하다. 대부분은 교정제도 내에서 감시감독의 능력을 강화하는 영역에서 그 역할이 확산되고 있다. 근무자나 재소자들의 지문 및 홍채인식시스템, 구획별 감시 시스템, 개방처우나 계호에 있어서 전자감독시스템의 활용, 컴퓨터를 활용한 의사결정 시스템 등이 있다. 가장 보편적인 사례는 시설의 중요지점에 CCTV를 설치함으로써 사고를 감지하고 예방하는 것이다. 또한 수용자들을 법정이나 외부병원 등으로 이송할 경우 요구되는 인적 계호를 전자감독장치로 대신함으로써 인적 자원의 효율적 관리를 기할 수 있고, 그 밖에 귀휴나 외부통근 작업 등과 같은 사회적 처우를 보다 적극적으로 확산시키는 데 전자감독제도가 유용하게 활용될 수 있다. 이러한 감시와 통제 기능은 과학기술의 발전과 함께 계속 확산될 것이다. 또한 가상현실(Virtual Reality/VR)기법을 적용한 음주운전, 분노치료 등의 영역을 포함한 다양한 범죄예방 및 치료 프로그램이 개발되고 있으며, 최근 '디지탈 감옥'이라는 용어의 출현이 시사하는 바와 같이 첨단과학기술과 교정의 접합은 급속히 진행될 것으로 예측된다.

비기계적인 영역에서 과학기술이 교정에 적용된 사례 또한 널리 확산되고 있다. 대표적인 사례로서 위험성평가제도(risk assessment systems)가 있다. 물론 정확도가 개선되고는 있으나 높은 신뢰성을 얻고 있는 단계는 아니다. 재범가능성이 없다고 평가된 대상자에 의해 참담한 피해자가 나타나는가 하면, 잘못된 예측으로 개선된 수형자가 과도한 기간 동안 구금되는 사례 또한 존재한다. 그럼에도 불구하고 평가의 오류를 감소시키는 작업은 어려운 일이지만, 새로운 평가도구가 지속적으로 개발되고 있어 그 전망이 크게 기대되고 있다.[11)]

같은 맥락에서 치료체계 역시 과학적인 수단이 개발되고 표준화되고 있다. 면담의 새로운 기법으로서 동기유발 면담(motivational interviewing)과 같은 테크닉으로 보호관찰관 업무의 효과를 증진시킬 수 있다고 본다. 이는 대상자의 동기를 유발하고 소통하는 실증된 방식으로 가석방이나 보호관찰대상자들에게 널리 사용되고 있다. 주로 중독 분야에서 개발되고 적용되었으나 비자발적인 성폭력범이나 보호관찰대상자와 같은 집단에도 적용되고 있다. 보호관찰관으로 하여금 변화과정에 있는 대상자의 입장을 강화하는 방향에서 그들에게 스스로 개입하도록 함으로써 처우의 효과를 증가시키는 대인관계 기술의 일종이다.

한편으로 지도제작기술(Mapping technologies) 또한 또 하나의 사례로서, 서비스가 필요한 위치를 파악하여 지도로 제작함으로써 널리 퍼져 거주하고 있는 지역사회의 대상자들에게 보다 용이하게 접근하고 그들 또한 보다 쉽게 서비스를 받을 수 있도록 하는 데 목적이 있다.

업무의 효율성, 인력의 대체효과, 재정부담의 감소 등의 목적을 위한 과학기술의 적용은 감시기능의 강화를 위한 기계적인 영역에서의 과학화에 집중되어 있었으나, 최근에는 대상자의 행동을 예측하는 도구 및 재범률 감소를 위한 교화 프로그램의 개발과 같은 휴먼 테크놀로지 역시 지속적인 관심의 대상으로 정착하고 있다.

---

11) Berk, Richard A., Brian Kriegler, and Jong-Ho Baek, "Forecasting Dangerous Inmate Misconduct: An Application of Ensemble Statistical Procedures," *Journal of Quantitative Criminology*, 22, no.2, 2006, pp.131-145.

Chapter_2
교정학의 새로운 지향점

제1절 회복적 사법과 교정

1. 회복적 사법의 의의와 미래

1) 개념과 의의

회복적 사법은 가해자, 피해자, 관련 가족들, 지역사회 관련자, 사법기관 관계자들이 모여 가해자와 피해자와의 화해와 조정을 통해—처벌적 방식이 아닌, 범죄로 야기된 문제를 해결하기 위한 평화적 타협적 방식에 의해— 피해의 원상복귀를 이루는 것을 주요 내용으로 한다. 국가와 가해자 간에 이루어지고 있는 기존의 범죄해결 방식을 피해자, 가해자, 지역사회 간의 관계로 전환하여 소외되었던 피해자의 지위를 회복하고, 실질적으로 보상받을 공식적 여지를 조성하며, 가해자의 사회 내 재결합을 촉진시킨다는 데 큰 의미를 갖는다고 볼 수 있다.

2) 유래(由來) 및 확산배경

회복적 사법은 인류 역사상 가장 오랜 역사를 가진 형사사법의 형태라고 할 수 있다. 회복적 사법의 전통은 아랍, 그리스, 로마 문화권은 물론 유교, 불교, 도교 등의 문화권에서도 찾아볼 수 있어 인류 역사상 보편적인 문화형태로 전래되었다고 볼 수 있다.[12] 인류의 조상들은 주변의 문제들을 비폭력적인 방법으로 관련 당사자들의 필요를 충족시켜주는 절차를 통해서 사람들 간의 관계를 유지시켜 평화를 복원하고자 하였던 것이다. 유럽에서 이러한 전통이 결정적으로 약화되기 시작한 것은 중세 말기 유럽의 노르만 정복 시기라고 본다. 이 시기부터는 범죄행위가 상대방에 대한 잘못된 행위가 아니라 봉건영주에

---

12) 전게서 Hadley, Michael L., *The Spiritual Roots of Restorative Justice*의 각 chapter에서 불교, 기독교, 힌두교, 이슬람교, 유대교 등에 내포되어 있는 회복적 사법에 대한 관점을 논하고 있다.

대한 불충이고 군주에 대한 반역으로 간주되었는데, 이는 당시 독재군주들의 통치방식이었다.[13] 이러한 계통의 형벌관계에서는 고전적 신학에서 죄의 희생자가 신이었던 것처럼, 왕, 국가, 국민과 같은 추상적인 대상이 범죄의 피해자이었으므로 그에 대한 대가 또한 혹독하게 가해졌다. 동시에 국가가 공권력과 폭력을 독점하였으므로 범죄에 대한 대가는 공권력과 폭력의 행사였다고 설명될 수 있다.

서구에서의 발전과정을 살펴볼 때, 캐나다, 미국, 뉴질랜드, 호주 등의 원시부족사회에서도 분쟁을 평화적으로 해결하는 전통적 방식들이 존재하였는데, 오늘날 공식적인 프로그램으로 등장한 첫 번째 선례는 1976년 캐나다 온타리오 키치너(Kitchener)에서 설립된 피해자–가해자 화해프로그램(victim–offender mediation)으로 알려지고 있다. 1990년대 중반까지 미국과 캐나다에 약 300여 개의 프로그램, 유럽에 약 500여 개 프로그램이 존재하였고 전체적으로 약1,000여 개의 프로그램이 운영되고 있다. 1980년대에는 기업범죄에 대해서도 이러한 방식을 적용하려는 노력이 진행되었다. 1990년대에는 뉴질랜드 마오리(maori)족에서 유래된 피해자와 가해자 가족이 참여하는 가족집단회의체(family group conference)[14] 및 지역사회의 구성원이 참여하는 지역사회집단회의체(community and group conference) 등이 형성되었는데, 이는 호주, 영국, 싱가포르, 아일랜드, 남아프리카 공화국, 캐나다, 팔레스타인, 미국 등에 널리 전파되었다. 또한 캐나다의 원주민들과 미국의 나바호족(Navajo)으로부터 유래된 치료 서클(healing circles)과 판결 서클(sentencing circles) 등도 이에 속한다.[15] 이외에도 피해자–가해자 패널(panels), 피해자 지원프로그램 등이 있

13) Van Ness, Daniel, *Crime and Its Victims: What We Do*. Downers Grove, Ill: Intervarsity Press, 1986.

14) 뉴질랜드의 경우는 1989년부터 소년범들에 대해 'family group conference' 체제가 적용되었다. 이는 소년범에 대한 처벌체계가 '시설(施設) 중심의 복지적 형태의 모델'로부터 '가해자에게 피해에 대한 책임을 부여하고 가족단위 중심으로 문제를 해결하는 형태'로 전환되는 것을 의미하였다. 'Family group conference'라는 일종의 회의체를 설립하여 가해자, 피해자, 지역사회, 관련 사법담당자(경찰관, 보호관찰관, 변화사, 조정자 등) 등을 가해자에 의해 야기된 피해를 치료하는 과정에 모두 참여시켜 정의(正義)를 복원하는 것을 주요 목적으로 하였다. 10년 후에는 성인범에 대해서도 이 모델이 적용되기 시작하였으며 이에는 대인상해, 사망을 야기한 난폭운전, 사기 등 다양한 범죄유형이 포함되어있다. Bowen, Helen and Jim Consedine, *Restorative Justice: Contemporary Themes and Practice*, Otautahi/Christchurch, NZ: Ploughshares Publications, 1999, pp.18–19.

15) Braithwaite, John, "Corporate Crime and Republican Criminological Praxis." in F. Pearce and L. Snider(eds). *Corporate Crime: Ethics, Law and State*, Toronto: University of Toronto Press, 1995; Nicholl, Caroline G., *Community Policing, Community Justice, and Restorative Justice*, U.S. Department of Justice, 1999, pp.95–96; Peachery, D.E., "The Kitchener Experiment." in M. Wright and B. Galaway(eds), *Mediation and Criminal Justice: Victims, Offenders and Community*, London: Sage, 1989.

으며, 지역사회도 역시 범죄의 피해 대상이며 동시에 범죄의 피해를 복구할 책임이 있다는 사실에 입각한 다양한 프로그램이 형성되었다. 예컨대, 지역사회보상위원회, 지역사회처벌 등과 같이 범죄자가 피해를 어떻게 보상하느냐를 결정하는 데 지역사회가 참여된 혁신적인 프로그램이 만들어졌다. 이러한 프로그램들은 구성원들이 범죄 문제를 계기로 지역사회 문제를 함께 해결해 나가는 능력을 배양하는 계기로 활용되었다.[16)]

이렇게 지역사회가 참여된 회복적 사법이 확산되는 데에는 사회적 여건과 분위기의 변화와 연관이 있다고 본다. 첫째, 사회 전반에 걸쳐 지역사회 내 공동체적 가치관의 중요성이 재인식되기 시작하였고, 주민들의 지역사회재건에 대한 관심이 증가하였다는 점, 둘째, 조직운영방식에 있어서도 일반인의 참여를 중시하는 경영방식이 장려되었고 이러한 과정에서 비공식적 의사결정절차가 성장하였다는 점, 그리고 셋째, 범죄와의 전쟁, 과도한 범죄화, 과잉구금 등의 문제로 인해 범죄 문제의 해결방식에 대한 주민들의 관심이 증대하였고 동시에 범죄피해자들의 소외와 좌절에 대한 인식이 제고되었다는 점 등이 영향을 미친 것이라고 주장되고 있다.[17)]

3) 회복적 사법의 미래

회복적 사법은 여러 국가에서 대중적 여론의 지지와 함께 확산되는 과정에 있는 것으로 보인다. 각 국가들의 역사와 문화와 종교에서 그 유래를 찾을 수 있을 뿐만이 아니라, 새로운 활로를 모색해야 하는 기존의 사법체계에 새롭고 유용한 아이디어를 제공하고 있기 때문이다. 실제로 회복적 사법은 범죄 산업만을 육성시킨다고 비난을 받고 있는 구금 위주의 형벌정책에 대하여 대안적 형벌 패러다임으로 제시되고 있다.

그러나 현시점에서 회복적 사법은 성장할 수 있는 가능성을 갖고 있는 반면, 동시에 성장에 부정적으로 작용할 요인들 또한 안고 있다. 회복적 사법은 국가의 사법기능이 민간영역으로 이양되는 과정에서 나타나는 현상의 일환으로 볼 수 있다. 실제로 지역사회의 구성원들이 회복적 사법의 집행을 원활히 하고 국가가 그 결과에 대한 책임을 진다면 바람직한 민영화의 사례가 될 수 있을 것이다. 회복적 사법을 옹호하는 사람들도 폭력적이고 죄질이 나쁜 범죄자를 처벌하기 위해 구금하는 것을 결코 반대하지 않고 있다. 기존의 형벌과 형사사법체계는 공공의 안전을 위해서는 물론 회복적 사법의 존립과 발전을 위해

16) Nicholl, p.96.

17) Ibid., pp.96-97.

서도 필요하며, 두 체계는 추구하는 가치관이나 목적 등에서 차이가 있지만 함께 공존해야 하는 관계라고 인정하고 있다.

이러한 관점에서 보면, 범죄에 대한 대처에 있어서 국가의 공식체계와 사회 부문들 간의 적절한 영역의 설정이 필요하다고 볼 수 있다.[18] 국가사법제도의 영역은 당연히 확고해야 하지만 오늘날 공식적인 사법기관이 지나친 책임을 지고 있다는 점에서 논의가 요구되고 있는 것이다. 예컨대, 국가 사법기관과 '지역사회와 가족단위' 사이에 각각 수행되어야 할 영역에 대해서 균형 잡힌 조율이 필요하다고 할 수 있다. 일반인들의 참여와 비공식적 사회통제를 활용하여 공공의 안전을 도모하는 것이 바람직한 방향이라면, 공식적 제도의 영역이 점진적으로 축소되는 것은 자연스러운 현상이며 가족이나 지역사회구성원의 참여를 틀로 하는 회복적 사법과 같은 부문의 영역이 확산되어야 할 것이다.

그러므로 회복적 사법이 적용되는 범죄유형 역시 다양한 폭을 갖는 것이 바람직하다.[19] 오직 경미한 범죄나 초범의 경우로만 한정해야 한다는 주장은 일반인들의 참여를 통한 지역사회 주도의 사회통제 영역의 증진을 저해할 뿐만 아니라, 공동의 노력과 각 부문 간의 조율을 통해 범죄문제를 해결하려는 기회를 제약하는 것이다. 그러나 한편으로 회복적 사법이 중(重)범죄자들에게 적용될 경우는 국가 형사사법기관의 개입이 불가피하기 때문에 집행과정이 전문화되면서 국가 중심으로 다시 변질될 우려가 있다. 동시에 이러한 과정에서 경범죄자들에게도 조건부 판결과 같은 보다 형식화된 형벌들이 자주 적용된다면 사법망 확대현상(net-widening)이라는 부정적 결과를 낳을 수 있다.[20]

한편, 이론적 폭에 있어서도 회복적 사법은 포괄적이며 종합적인 성격을 띠고 있다. 따라서 기존 형벌이론과 사법제도의 문제점을 보완할 수 있는 강점을 갖추고 있다. 각 형벌이론은 입장과 주장의 정당성으로서 응징, 억제, 보상 등 각각의 특성만을 포함하고 있지만 회복적 사법은 이러한 특성 모두를 충족할 수 있는 이론적 논리를 갖추고 있다. 캐나다 대법원이 공식적으로 그 유용성을 인정하였고, 뉴질랜드에서는 소년범에 대해 공식적

18) Ibid., pp.102–105.

19) 적용되는 범죄유형은 프로그램에 따라 다양하지만, 살인이나 강간 등을 제외한 절도, 폭행, 과실치사, 강도 등과 같은 일반범죄에서부터 기업범죄, 정치범죄까지 다양하다. 미국의 실례는 Nicholl의 전게서, 뉴질랜드의 사례는 Bowen and Consedine의 전게서에 기술되어 있음.

20) 조건부로 형벌이 부과될 경우, 예컨대 범죄자는 금주(禁酒)하며 집중치료프로그램에 참여할 것을 요구받을 수 있다. 이 과정에서 실제 범법행위가 발생했을 경우는 물론이고 요구조건에 대한 위반행위도 구금형으로 이어질 수 있다. 이는 사회복귀적 의도에서 시도되었다 하더라도 결과는 부정적인 net widening만을 야기하는 것이다.

인 회복적 사법체제를 이미 출범시켰음은 물론, 여러 학자들에 의해 회복적 사법이 범죄억제, 범죄감소, 사회복귀, 무력화, 형벌부과의 공평성 등의 형벌의 전통적인 목적을 모두 만족시킨다고 주장되고 있다.[21] 적어도 이론적으로 볼 때, 회복적 사법의 이러한 복합적 성격과 다양한 기능은 서로 모순되는 목표들이 동시에 조화될 수 있는 가능성을 보인다고 하겠다.

또한 회복적 사법은 그 특징으로 판결대안에 대한 재량이 공식적으로 부여된 유일한 체제라는 점이 있다.[22] 그러나 회복적 사법을 지지하는 층에서도 그 유일한 강점을 충분히 인식하지 못하고 있는 측면이 있다. 이는 고통부과와 자유박탈을 틀로 하는 판결체제에서 각 범죄에 부과될 각각의 형벌이 이미 관례적인 등식으로 설정되어 있기 때문이다. 실제로 고통부과가 형벌의 불가피한 요소라고 한다면, 법관의 선택의 여지는 극히 제한될 수밖에 없다. 반면에 회복적 사법은 고통부과 패러다임을 벗어나 보다 넓은 틀에서 판결대안을 찾고자 한다. 다양한 개인적 요인과 복잡한 사회관계가 고려되어 각 당사자의 상황에 적절한 형벌형태를 창출하고자 하는 것이다. 따라서 가해자, 피해자, 지역사회의 관계를 회복시키는 데 가장 적합한 판결이 산출될 수 있다 하겠다.

재판과정에서의 문제로, 법원은 재판과정에서 법의 위반에 관련된 상황에만 초점을 둔 나머지 범죄행위가 일어나게 된 주변의 전체적 상황을 소홀하게 다루는 경향이 있다. 따라서 판결 단계에서 범죄 주변의 상황이 보다 폭넓게 수렴되지 않음에 따른 불공정한 부분이 해소되어야 한다는 주장이 존재하여 왔다. 회복적 사법에서는 범죄사실의 확인 차원을 넘어 당사자들 간의 화해과정을 통해서 범죄가 야기된 문제 상황을 보다 구체적으로 파악하게 됨은 물론, 모든 참여자들이 문제가 해결되어 가는 전체 상황을 이해할 수 있는 체제가 마련될 수 있다.

한편 사회여론과 범죄정책 간의 밀접한 상호연관관계를 고려해 볼 때, 회복적 사법의 미래 역시 외부요인의 변화로부터 큰 영향을 받을 것이다. 회복적 사법이 대중적 지지를 받고 확산되고 있는 것은 이 이론이 모순되는 두 가지 측면을 충족하는 양면성을 갖추고 있기 때문이라고 할 수 있다. 즉, 보수주의자들이 선호하는 가해자 개인의 책임을 강조하

---

21) Braithwaite, John, "Restorative Justice: Assessing Optimistic and Pessimistic Accounts". in *Crime and Justice: A Review of Research*,(ed.) Michael Tonry, Chicago: University of Chicago Press, 1999.

22) Brunk, Conrad G., "Restorative Justice and Philosophical Theories of Criminal Punishment" in *The Spiritual Roots of Restorative Justice*,(ed) Michael L. Hadley, New York: State University of New York Press, 2001. pp.53-54.

는 처벌적 특성을 갖고 있을 뿐 아니라, 진보주의자들이 선호하는 가해자, 피해자 및 지역사회에 대한 치료를 강조하는 프로그램의 실시 또한 지향하고 있는 것이다. 따라서 회복적 사법의 미래는 여론의 향배에 크게 의존할 것으로 보인다. 특히 회복적 사법에 대해 부정적 시각을 보일 수 있는 범죄피해자의 입장과 여권주의자들의 활동방향이 중요한 요인으로 작용할 것이라고 주장되고 있다.

먼저, 범죄피해자의 측면에서 볼 때, 가해자들의 대부분이 배상능력이 결여되어 있다는 점, 물질적 배상능력에 따라 가진 층과 못 가진 층 간에 불평등이 야기된다는 점, 또한 특히 중범죄의 경우에 조정과정에서 피해자들이 개입하는 데 큰 부담을 갖는다는 점 등이 부정적 요인으로 작용할 것이다.

한편, 비폭력적인 방법이 강구되고 직 · 간접적으로 인간의 고통을 감소시킨다는 측면에서는 여권주의자들의 지지를 받을 수 있다. 그러나 실질적인 측면에서 여권주의자들은 회복적 사법에 대해 우려의 시각을 갖고 있다. 성폭력, 부부폭력, 가정폭력 등이 실제 범죄로 인식된 것은 여권주의자들이 30여 년간 노력한 결과로 얻어진 것인데, 이를 다시 비사법(非司法)적 방식—화해나 조정과 같은—으로 전환한다면, 그간의 성과가 무위로 될 가능성이 있다는 것이다.

요약하면, 회복적 사법의 미래는 정치적 분위기와 여론의 흐름—특히 미국의 경우, 법과 질서(law and order)적 분위기의 확산 여부와 피해자 및 여성운동—, 그리고 회복적 사법체계와 국가사법기관과의 조화로운 관계 등의 추이에 따라 확산 여부가 결정될 것이다. 우선적으로 국가로부터 안정된 재정적 지원을 획득해야 할 것이며, 특히 국가형사사법기관 종사자들의 사고, 정서, 관심이 긍정적인 방향으로 작용해야 할 것이다. 결국 회복적 사법은 민간구성원과 국가사법기관과의 조화로운 연계를 통해 형벌집행의 정당성을 확보한 관민(官民)혼합적 사법체제로 정립되어야 한다.

끝으로 회복적 사법은 아직 체계적으로 정의된 이론을 바탕으로 실행되는 체제가 아니다. 이상적이고 도덕적인 정의를 추구하는 실험 단계이고 창의를 요하는 연구 분야이기도 하다. 동시에 형벌 패러다임이고 프로그램이며 일종의 사회운동이라고 할 수 있다. 이러한 회복적 사법이 사법 영역의 한 부분이나 일종의 테크닉으로 전락하지 않고, 형벌체제에 대한 체계적 대안으로 발전하기 위해서는 그 철학과 이론에 대한 계속적인 탐구가 필요하며, 실행되는 프로그램들의 과정과 결과에 대한 평가가 이루어져 자료가 축적되어야 한다. 이러한 과정을 통해서 화해조정과정에서 요구되는 방법론을 발전시킬 수 있고, 회복적 사법의 가능성과 한계에 대한 과학적인 이해가 증진될 수 있을 것이다. 동시에 회복적 접근에 대한 사법종사자들의 신뢰를 축적하고, 정치계 및 일반사회 부문의 관심을 구축하며, 국가의 법체계, 사법제도 및 사회 내 조직에 회복적 사법의 지위를 정립하는 과정이 점진적이고 끊임없이 진행되어야 할 것이다.

2. 교정 단계에서의 회복적 사법

1) 범죄피해자에 대한 교정의 대응

형사정책에 있어서 피해자의 중요성이 대두되기 전까지는, 교정기관의 기능은 오지 범죄인들을 처벌하거나 교화하는 것으로 간주되어왔다. 그러나 오늘날 타 사법기관에서 피해자의 지위와 역할이 중시됨에 따라 교정 부문에서도 다양한 조치들이 취해지고 있다. 피해자들이 가해자들로부터 협박이나 위협을 당하는 것을 예방하기 위해, 가해자의 상황이나 지위를 사전에 고지해주고, 가해자출소와 관련 피해자의 의견이 참조되는 절차를 제공하며, 피해배상을 돕는 등 피해자와 관련되는 업무도 그 영역으로 포함하는 추세에 있다.

미국의 경우, 전국적으로 범죄피해자들이 각종 자문위원회에서의 활동을 요청받거나, 가석방심사위원으로 또한 가해자의 자성을 일깨우기 위한 혁신적 프로그램의 교사로 활동하기도 한다. 한편, 가해자와의 대면을 원하지 않는 경우에는 문서로 의견을 제출하거나 대리인을 대신 출석시킬 수도 있으며 영상으로 청문회에 참석이 가능한 경우도 있다.[23] 많은 주의 교정기관에서는 그들의 임무규정에 피해자의 역할을 기술하는 경향을 보이고 있다. 예컨대, 미국의 오리건(Oregon)주 가석방심사위원회는 그 임무규정에 법, 피해자의 이해, 공공의 안전, 범죄인행동변화를 근거로 구금 혹은 지역사회감독결정을 내림으로써 재범의 위험을 감소시키고자 한다고 명시함으로써, '피해자의 이해'를 그 주요 항목으로 제시하고 있다. 더 나아가 많은 교정기관에 피해자자문위원회 등이 설치되어 피해자의 안전 문제가 중시되고 교정업무에 범죄피해자의 역할이 주어지고 있다.[24]

---

23) Allen, Harry E., Edward J. Latessa, and Bruce S. Ponder, *Corrections in America: An Introduction*, 13th ed, Upper Saddle River, NJ: Pearson, 2013. p.257.

24) Schmalleger, Frank and John Ortiz Smykla, *Corrections in the 21th Century*, New York: Glencoe McGraw-Hill, 2000, pp.432-451.

2) 피해자를 위한 교정당국의 조치

(1) 사전 피해자고지제도(Victim notification)

이는 수형자의 출소와 관련하여 피해자에게 그 사실을 통보해주는 제도이다. 이러한 고지가 없다면 피해자가 자신의 안전을 지키기 위한 사전 예방기회가 주어지지 않는 것이다. 사전 고지제도는 1982년 「미국의 범죄피해자에 대한 대통령특별위원회의 최종보고서」(the Final Report, the President's Task Force on Victims of Crime)의 주요 권고사항이었다. 보고서에서 가석방심사위원회는 피해자 측에서 이름과 주소를 밝히면, 가석방심사회의의 일정에 대해서 피해자, 피해자가족, 그리고 그 대리인에게 사전에 고지하고, 더 나아가 가석방심사회의에의 참가를 허용하여 범죄가 어떤 피해를 주는가에 대해 의견을 제공할 수 있도록 하였다. 그러나 그 내용이 매우 다양하여 표준화된 사전고지제도는 존재하지 않는다. 수형자의 분류 및 처우 단계의 변화를 알리는 경우도 있고, 성범죄자의 출소의 경우에만 피해자에게 고지하는 경우도 있으며, 수형자의 도주나 사망 시에만 알리는 경우도 있다. 연방교정국(Federal Bureau of Prisons)에서는 표준화된 사전고지제도를 정립하여, 수형자의 신분상 주요 변화를 피해자에게 고지하도록 하고 있다.[25)]

최근에는 전화, 인터넷 및 콜센터 등을 통한 범죄인정보를 제공하는 제도가 확산되고 있다. 피해자의 요청에 의거하여 전화를 통하여 자동음성메시지로 범죄자의 출소 관련 정보를 제공하거나 인터넷을 통하여 피해자나 일반 대중에게도 범죄인의 상태나 거주지 및 가석방심사정보를 제공하고 있다. 대부분의 경우, 피해자의 요청에 따라 서비스를 제공하기 때문에 피해자들에게 이러한 제도에 대한 홍보 또한 중요한 요인이라 하겠다.

우리나라의 경우는, 「범죄피해자 보호법」에서 수사담당자와 상담하거나 재판절차에 참여하여 진술하는 등 형사절차상의 권리를 행사할 수 있도록 보장하고 있으며, 범죄피해자가 요청하면, 가해자에 대한 수사 결과, 공판기일, 재판 결과, 형 집행 및 보호관찰 집행 상황 등 형사절차 관련 정보를 대통령령으로 정하는 바에 따라 제공할 수 있도록 하고 있다.[26)]

(2) 피해자와 증인보호

구금 중인 수용자나 보호관찰 대상자가 피해자들에게 가할 수 있는 피해를 예방하는 업

---

25) Ibid. p.435.

26) 범죄피해자 보호법, 제8조.(시행 2010. 8. 15.)

무 또한 교정의 업무로 인식됨에 따라 다양한 조치들이 취해지고 있다. 피해자와 증인들이 수용자들에 의해 전화, 편지 혹은 방문 등의 방식으로 협박당하거나 보복당하는 경우가 자주 발생하고 있어 이를 차단하기 위한 대응책이 적용되고 있는 것이다. 교정당국에서는 전화제한이나 편지검열을 실시하고, 보호관찰 영역에서는 성폭력이나 가정폭력사건과 같은 경우에 당사자들에 대한 집중보호관찰, 가택구금, 거주 지역제한, 접근금지명령, 강제배상 등의 조치를 취하고 있다.

(3) 지역사회 사전고지제도

미국의 대부분의 주에서는 성범죄자의 출소상황을 지역사회에 고지하거나 성범죄자의 자료에 접근할 수 있는 통로를 마련할 수 있는 법을 시행하고 있다. 이는 흔히 '미건법'(Meagan's law)이라고 일컬어지는데, 뉴저지(New Jersey)주에서 미건 캔카(Meagan Kanka)라는 7세의 소녀가 성범죄전과 2범으로 가석방된 출소자에게 살해된 사건에서 비롯되었다. 국가적 차원에서는 '연방 미건법'으로 1996년에 제정되었는데, 각 주는 일반인의 보호가 필요한 경우 주 당국이 범죄자에 관련된 정보를 제공해야 한다는 것을 명시하고 있다.[27)]

지역사회 사전고지제도는 경찰, 법원, 교정, 피해자지원단체, 언론기관 등 간의 협조체제가 중요하다. 교정기관은 성범죄자가 가석방되는 시기와 거주 지역을 결정하고 지역사회봉사단체와 공공교육프로그램 등을 통하여 이 업무를 수행하는 데 중요한 역할을 한다. 모범이 되는 지역사회 사전고지제도는 1990년 워싱턴주에서 실시되었는데, 피해자, 지역사회, 그리고 가해자 간의 이해와 권리를 고려하였다. 이 전략은 다음 사항들을 고려하였다: 의무적 등록, 가해자에 대한 정보등록, 미등록 시 조치사항, 가해자위험평가시행, 사법기관에 특별자료집 배부, 고지정책의 개발, 성범죄자 정보접근조건에 관한 지침, 피해자의 권리와 필요를 충족시키기 위한 지역사회 봉사단체의 활성화 등.

우리나라의 경우는, 아동 · 청소년 대상 성범죄자에 대해서는 그 신상정보를 실제 거주지 지역주민(만 19세 미만의 자녀가 있는 세대주)에게 우편으로 알려주는 아동·청소년 대상 성범죄자 우편고지제도를 시행하고 있다.[28)]

---

27) Schmalleger and Smykla, 2000, p.437.

28) 「아동청소년 성보호에 관한 법률」 제38조의2(등록정보의 고지)(시행 2011. 1. 1.). 제4편 Chapter 3. pp.325-328 참조.

(4) 범죄피해의 영향에 대한 범법자교육(Crime impact classes)

이는 교정기관 내에서 가해자와 피해자가 참여하는 교육프로그램을 말하는데, 이러한 프로그램의 목표는 가해자의 범죄행위가 피해자와 그 가족, 이웃은 물론 가해자 자신과 그 가족들에게 끼친 심각한 결과에 대해 이해하도록 돕기 위한 것이다. 피해자 측에게는 그들이 당한 피해가 복구되는 것은 아니지만 또 다른 피해자의 발생을 막을 수 있다는 점에서 의미를 부여할 수 있고, 피해자의 상처가 치유되는 데 도움이 되는 것으로 알려져 있다.[29)]

(5) 피해자-가해자 대화

피해자-가해자 대화 프로그램은 소년 및 성인시설, 특히 소년보호관찰기관에서 시행되었다. 이러한 프로그램에서는 주로 재산범죄를 대상으로 하여, 가해자가 범죄를 인정하고 형이 확정된 경우에 가해자와의 대화기회를 부여한다. 양측의 자발적인 동의에 의해 참여함으로써 피해자가 고통과 손실을 극복하는 데 효과적이며, 피해자에게 사법제도에 대한 신뢰감을 제공하고 배상받을 가능성을 높이며, 미래의 피해에 대한 두려움을 감소시키는 것으로 알려져 있다.[30)]

(6) 교도관의 피해

교정시설의 근무자들은 다양한 언어적 및 신체적 폭력으로 인한 피해는 물론 인질의 대상이 되는 등 위험에 노출되어 있다. 이러한 피해위험에 대처하기 위하여 사전예방과 사후처리를 위한 정책 및 절차가 존재한다. 미국의 경우, 범죄피해국(The Office for Victims of Crime)의 주도하에 피해자권리법을 근간으로 한 피해교정종사자들을 위한 체계적인 훈련모델을 제시하고 있다.[31)]

---

29) 가장 잘 알려진 프로그램은 1986년 캘리포니아 청소년국(the California Youth Authority)에서 시행된 범죄피해자에 대한 영향(The Impact of Crime on Victims) 프로그램이며, 20여 개의 소년 및 성인시설과 수많은 전환프로그램에서 실시되었다. 40시간으로 구성된 교과과정으로 다양한 범죄가 어떻게 피해자와 지역사회에 영향을 미치는가를 알리는 것을 내용으로 하고 있다. 미국의 해군교정시설에서도 1996년에 범죄피해 교육과정(impact-of-crime classes)을 출소 전에 이수하게 하는 지침을 마련하였다.

30) 1995년 텍사스 법무부에서는 심각한 폭력범죄의 피해자와 가해 수형자 간의 화해프로그램을 시행하였다.

31) Seymour, A., *Promising Practices and Strategies for Victim Services in Corrections*, D.C: Office for Victims and Crime, 1999.

(7) 피해배상

피해자는 일반적으로 재정적 손해에 대해 3가지 형태의 배상받을 가능성을 갖고 있다. 첫째, 국가지원에 의한 배상, 둘째, 법원명령에 의한 배상, 셋째, 민간지원에 의한 배상. 배상의 범위에는 국가나 지역 간의 차이가 있으나 대개 손해비용, 의료비용, 정신치료비용, 임금손실, 서비스비용,[32] 장례비용, 범죄현장처리비용 등이 포함된다. 최초의 피해자 배상프로그램은 1964년에 영국과 뉴질랜드에서 시행되었고, 미국의 경우는 1965년 캘리포니아주를 시초로 오늘날에는 모든 주에서 시행하고 있다. 피해자 보호 및 배상에 대한 사회적 관심의 증대로 인하여 피해자의 권한과 서비스 및 정보를 받을 권리에 대한 입법이 확산되고 있다. 이러한 관심과 추세에도 불구하고 배상제도는 그 시행이 잘되지 않는 영역으로 알려져 있다. 미국에서 실시된 32개 카운티의 보호관찰 대상사에 대한 조사에서 오직 과반수만이 배상명령을 받았고, 형기를 완료한 중범죄 보호관찰 대상자들의 경우는 오직 54%만이 배상명령을 충실히 수행한 것으로 나타났다. 한편으로 이와 관련 전국 단위의 조사연구에서 배상프로그램이 형사사법절차에서 피해자의 만족도에 가장 긍정적인 영향을 미치는 요인 중의 하나라는 것이 도출되었는데, 이는 배상프로그램의 중요성을 시사하는 의미 있는 결과라 하겠다.[33]

전술된 바와 같이, 국가는 법원을 통해 가해자에 대해 범죄피해에 대한 책임으로 재정적 명령을 내릴 수 있으며,[34] 교정기관은 피해자가 국가 및 기타 민사사법체계로부터 배상 및 지원을 받을 수 있도록 정보 및 행정적 지원을 제공해야 한다.[35] 또한 교정기관은 수형자들로 하여금 배상의무를 수행할 수 있도록 지원해야 한다. 면회, 훈련프로그램, 시설 내 특권 등을 인센티브로 배상의무를 촉진시킬 수 있을 것이다.[36]

---

32) 범죄피해로 인해 행할 수 없는 자녀 돌보기나 집안 살림 등을 포함한 서비스를 말함.

33) Langan, P.A. and M.A. Cunniff, *Recidivism of Felons on Probation*, 1986-89, Washington, D.C.: Cohen, R.L., *Probation and Parole Violators in State Prison*, 1991, Washington, D.C.: Bureau of Justice Statistics, 1992, 1995.

34) 우리나라의 「보호관찰 등에 관한 법률」에서도 특별준수사항으로 제32조 세3항 제4호에 '범죄행위로 인한 손해를 회복하기 위하여 노력할 것'으로 규정하고 있고, 「형법」 제59조 제1항은 "형의 집행을 유예하는 경우에는 보호관찰, 사회봉사, 수강, 치료 또는 피해회복을 명할 수 있다"고 규정하고 있어 형의 집행유예의 조건으로 기존의 보호관찰명령뿐만 아니라 피해회복에 관한 명령을 부과할 수 있다.

35) Schmalleger and Smykla, 2000, p.440.

36) Ibid., p.444. 캘리포니아주 교정국은 '수형자배상 및 벌금 징수제도'(Inmate Restitution Fine Collection System)를 시행하여 수형자 임금의 50%까지를 배상금으로 납부할 수 있도록 하였는데, 1992~1998년 사이에 $900불이 납부되는 성과를 거두기도 하였다.

제2절 교정의 민영화

1. 민영화의 역사적 고찰과 현황

교정의 민영화는 기존 형벌체계에 대한 대안으로서 그리고 교정의 미래를 논하는 데 있어서 중요한 쟁점으로 오랜 기간 동안 논의의 대상으로 존재하고 있다. 형벌의 집행과 범죄인의 관리가 민간 부문에서 이루어진 것은 역사적으로 볼 때 새로운 현상은 아니다. 이미 전술된 바와 같이, 17~18세기 영국에서 범죄인들을 행형노예의 형식으로 미국과 호주 대륙으로 유형을 보낸 것은 당시 영국 정부와 민간 기업가들 간의 위임계약에 의한 것으로 전형적인 교정의 민영화에 해당된다.

미국의 경우에 있어서 식민지 시대나 1830년대 잭슨 대통령 시대(the Jacksonian era)에 걸쳐서 건설된 대개의 교도소들—예컨대, 월넛가 교도소, 오번 교도소, 싱싱 교도소 등—역시 민간 기업과 정부 간의 용역임대계약에 의해 운영되었으며 생산품은 외부 시장에 판매되고 수익금의 일부는 교도소의 유지 및 관리에 사용되는 형태를 띠었다. 대규모 농장 교도소였던 남부 지역의 교도소들 역시 대개 민간 부문과의 유사한 계약에 의해 경제적 자립경영을 기반으로 운영되었으며, 이를 통해 과도한 국가의 세금부담을 피하고자 하였다. 1800년대 초반에 이르러서는 새로운 상황이 펼쳐지는데, 교정시설 내 생산과 판매 활동을 반대하는 운동이 전개되었다. 이는 교정시설 내에서 생산되는 물품과 경쟁이 되는 일반기업과 노동계의 이해가 상호 일치된 결과였다. 노동계는 값싼 재소자 노동력을 이용한 생산은 불공정하며 그 결과로 준법시민의 일자리가 축소된다는 논리를 펴고, 기업가들은 불공정한 입찰과정을 비난하였다. 1840년대에는 교도소 내의 생산 활동과 판매를 제한하는 법안이 뉴욕주에서 통과됨을 시작으로 교도소 작업은 국가에서 관리하고 그 판매는 관용목적으로 한정하는 등 관용제도로 정착되었다.[37)]

미국의 민영교정시설이 본격적으로 확산된 시기는 1980년대 초 레이건 대통령 시대부터라고 볼 수 있다. 1984년까지 전국의 80% 이상의 주정부가 민간 부문과 서비스에 대한 계약을 체결하였고, 성인시설의 경우는 9,000개 이상의 침상을 민간 부문에서 관리하였고 소년범이나 중간처우소의 경우는 더 큰 비율을 차지하였다. 이후 중(重)경비시설, 중(中)경비시설, 경(輕)경비시설, 구치소, 여성 교도소, 외국인 출입국관리시설 등까지 확산되면서

---

37) Durham, Alexis M., *Crisis and Reform: Current Issues in American Punishment*. Boston: Little, Brown, 1994.

급속히 증가하였다.[38)]

민영교도소의 성인 수용능력만 살펴볼 때에도 1992년 약 15,300명에서 2010년 약 185,000명으로 약 12배 증가하였다. 2010년 말 실제 수용인원은 연방교도소 약 34,000명, 주립교도소 약 100,000명으로 집계되고 이는 각각 총 수용자의 13%와 7%에 해당되는 수치이다.[39)] 그러나 경기불황 등의 이유로 주 정부들이 구금인구를 줄여나가는 추세[40)]에 따라 민영교도소의 수용인구에도 영향을 미쳐 일부는 수용인구가 감소하거나 일부 민영시설은 폐쇄되는 사례도 나타나고 있다. 이후 계속 감소 현상을 보여 2017년 말 현재 수용인원은 121,420명(연방교도소 27,569명, 주립교도소 93,851명)으로 총 수용인원의 약 8.2%로 축소되었다. 2017년 현재 연방 및 27개 주에서만 민영교도소에 수용인원을 보유하고 있는데, 수용인원의 규모는 텍사스주, 플로리다주, 애리조나주, 조지아주, 테네시주, 오클라호마주, 오하이오주 순[41)]이다. 수용인원의 20% 이상을 민영교도소에 수용하고 있는 주는 몬태나주(38%), 하와이주(28%), 테네시주(26%), 오클라호마주(26%), 애리조나주(20%) 순으로 나타났다. 최근 민영교도소의 축소 경향은 주로 전국 교도소 수용인원의 감소추세에 영향을 받은 점이 큰 것으로 보인다. 그러나 미국에서의 민영교도소제도는 여전히 교정의 현재와 미래에 지속적인 영향을 미칠 영역으로 자리 잡고 있다고 볼 수 있다.

타 국가의 사례를 살펴보면, 잉글랜드 · 웨일스 18.4%, 스코틀랜드 15.3%, 호주 18.4%, 뉴질랜드 10% 등 국가에서 수용인구의 10% 이상을 차지하고 있고, 브라질, 칠레, 멕시코, 자메이카, 페루, 그리스, 일본, 태국, 남아프리카 공화국 등의 국가에서 시도 중이거나 논의가 진행 중인 것으로 알려져 있다.[42)]

---

38) Welch, p.443.

39) Allen, Harry E., Edward J. Latessa, and Bruce S. Ponder, *Corrections in America: An Introduction*, 13th, New York: Pearson, 2013, p.246.

40) 미국 전체 수형자 인원(1년 이상의 형을 받은 자)의 통계를 보면, 2010년 1,613,803명에서 2017년 1,489,363명으로 감소하여 거의 8% 감소하였다. 2007~2017년 10만 명당 1년 이상의 형을 받은 수형자 인원도 2007년~2017년 기간에 13% 감소하였다.

41) "Prisoners in 2017", *Bulletin*, Bureau of Justice Statistics, US Department of Justice. pp.16, 27.

42) https://en.wikipedia.org/wiki/private_prison

2. 교정 민영화의 배경과 개관

미국에서의 교정의 민영화를 이끈 사회적 배경으로는 전반적인 범죄 발생량의 증가, 마약과의 전쟁, 범죄에 대한 강경한 보수적 여론, 형사사법기관의 대안 없는 강경대응으로 수용인원의 증대와 과밀수용현상이 나타났고, 과밀수용은 범죄자에 대한 교화개선을 어렵게 하여 직업적인 범죄자를 양산하게 됨에 따라 수용의 장기화가 초래되는 등 사법체계의 악순환이 전개되었다. 이로 인해 수용자 관리와 교정시설의 신축 등에 따른 교정비용이 증대하게 되었고, 각종 신종범죄의 등장과 교화개선의 실패로 인해 공공교정에 대한 효율성에 의문이 제기되기 시작하였다. 이에 따라 국가형벌집행의 문제를 해결할 수 있는 대안들이 논의되었는데, 대표적인 예가 민영교도소의 도입 · 운영이라 하겠다.[43]

우리나라에서의 교정의 민영화가 일반인들에게 널리 알려진 것은 2010년 개소한 소망교도소를 통해서이다. 1990년대부터 그 필요성과 설립 가능성에 대해서는 학계 및 종교계에서 간간히 연구되고 시안이 제시되기도 하였지만 1999년 말 「민영 교도소설치 및 운영에 관한 법률」(이후 민영교도소법)이 통과되면서부터 본격적인 출발이 시작되었고 그 성과에 대한 논의가 진행 중이지만 대체로 특히 교정 교화적 측면에서 다양한 교화프로그램의 실시 및 상대적으로 낮은 재복역률 등에서 긍정적인 평가가 내려지고 있다.[44] 민영교도소법의 제정과 관련 공식적인 이유를 살펴보면, 수용인원의 팽창에서 늘어나는 국가의 재정지출을 줄이고 공공기관에서 독점해 온 교정사업에 대한 불만의 해소, 아울러 교정시설을 확충하고 민간의 다양한 교정처우기법을 도입하여 수용자에 대한 교정교화의 효과를 증대시키고자 하는 것으로 제시되고 있다.

우리나라 민영교도소의 성격과 그 탄생 배경은 미국의 민영교도소와는 큰 차이를 보이고 있다. 무엇보다 종교단체의 주도하에 추진되었고 흔히 거론되는 과잉수용의 해소, 경

---

43) Shichor, David & Michael J. Gilbert, *Privatization in Criminal Justice*, Anderson Publishing Co., 2001, pp.123–124.

44) 2016년 기준 재복역률(출소후 3년내 재복역 비율)은 12.6%로 국가교도소의 1/2 수준으로 보이고 있다.(문화일보, 2020.8.8) 그러나 그 이전 4%대를 유지하던 재복역률이 급격히 상승하였다는 점과 입소조건의 제한 등을 고려할 때 보다 장기적인 차원의 평가가 필요하다는 주장도 존재한다. 한편, 수용자들의 식사가, 일반 교도소와는 달리, 배식구로 전달되어 거실에서 실시되는 대신, 식당에서 공동으로 실시되고 있고, 수감번호대신 이름으로 호명하는 등의 혁신적인 조치는 긍정적인 평가를 받고 있다.

입소조건: ① 형기 7년 이하, 잔여형기 1년 이상, ② 2범 이하, ③ 20세 이상, 60세미만, ④ 공안 · 마약 · 조직폭력 사범제외.

비의 절감 및 수익창출과 같은 관리적 목표라기보다는 종교적 접근을 통한 수용자의 교정교화라는 보다 이상적 목표하에 설립된 것이다. 따라서 미국 등지의 민영교도소와는 비교의 대상으로 적절하지 않지만 공권력의 민간화라는 측면에서, 그것이 기존 국가 교도소에 미치는 영향이 지대할 수도 있다는 측면에서, 그리고 교정의 미래의 모습으로 제시되고 있다는 측면에서 미국을 중심으로 서구 국가들에서 진행되는 논의를 살펴보는 것은 중요한 의미를 갖는다. 교정의 민영화는 민영화된 1개 교도소 운영의 성과에 대한 평가로서 판단될 수 있는 영역은 아니며, 특히 형벌집행권의 민간 부문으로의 이양이라는 점에서 그 정당성, 그리고 운영과정에서 발생하는 성과, 효율성, 법적 책임 문제, 비용 문제 등 다양한 영역의 문제들이 논의의 대상이 되고 있다.

교정의 민영화에 대한 논의는 보수진영과 자유진영 간의 정치적 이념의 차이에서 비롯되고 있다. 시장경제의 원칙을 선호하는 보수진영과 교정 부문에서의 수익창출을 반대하는 자유진영 간의 논쟁이 그 중심에 있다. 민영화를 지지하는 측에서는 국가는 교도소 운영에 실패했으며, 민간 부문이 비용절감, 효율성 증대, 프로그램과 서비스의 질의 향상에 더 큰 성과를 낼 수 있다고 주장한다. 반대하는 측에서는 비용이 실질적으로 절감되었다는 증거가 제시되지 않았으며 본질적인 측면에서 사법행정에 있어서 국가의 도덕적 · 윤리적 의무를 강조한다. 민간 기업은 수익창출이 본질적인 목표이기 때문에 프로그램이나 서비스를 축소함으로써 비용을 절감하고자 하며, 수익은 규모가 커감으로써 확대된다는 경제의 기본원리 때문에 민영화의 확산은 곧 구금인구의 확대로 이어진다고 주장한다. 그 밖에도 재소자에 대한 학대 가능성과 이에 따른 법적 책임 문제, 민간 부문에의 지나친 의존 가능성 등이 거론되고 있다.

3. 민영교도소의 개념

교정의 민영화는 그 내용에 있어 몇 가지로 구분될 수 있다. 즉, 부분적인 서비스 제공 및 시설의 관리, 교도작업 운영, 시설건축을 위한 민간자본 활용 및 총체적 수준에서의 민영화 등이 있다. 이러한 교정의 민영화 중 민영교도소제도라 함은 교정시설로서 총체적 수준의 민영화를 의미한다. 즉, 교정시설의 건축 및 관리 등의 업무를 민간업체에 위탁하여 운영하게 하고, 정부가 일정한 대가를 지급하는 것이라고 할 수 있다. 민영교도소제도는 운영형태와 관계없이 형벌의 부과는 국가의 책임으로 남아있고 형벌집행에 관한 일상

행정 문제 중 위탁된 부분만이 민영교도소 운영주체에 귀속된다고 할 수 있다.

여기서 논의되는 민영교도소의 개념은 크게 세 가지로 나누어 설명할 수 있는데, 그 내용은 다음과 같다.[45)]

첫째, 교정시설을 민간 기업이나 단체가 직접 소유하여 운영하며, 그에 소요되는 자본도 민간자본으로 투자된 형태의 교도소

둘째, 교정시설은 기존의 교정당국에 의해 운영되지만 재정적인 영역, 즉 투자와 소유권은 민간에 귀속되어 있는 형태의 교도소

셋째, 정부가 소유하고 있는 시설을 민간이 참여하여 교정서비스를 제공하는 업무를 전담하는 경우의 교도소

위 세 가지는 두 가지 유형으로 정리될 수 있다. 하나는 고유한 의미의 교정업무 전체를 정부와 민간으로 분리하지 않고, 민간이 교정업무 전부를 운영하는 형태를 말한다. 이는 다시 영리를 추구하는 민영교도소와 비영리 형태의 비영리교도소로 나눌 수 있다. 다른 하나는 교정당국이 민간기업과 분야별 임대계약을 체결하고 민간기업은 계약에 따라 수용자의 수용관리 · 분류처우 · 교정교화 · 직업교육 · 교도작업 등 기타 관련법이 정하는 업무를 담당하는 형태이다. 이는 교정업무를 위탁받은 자가 국가로부터 합의된 비용을 지급받아 위임된 교정업무를 실시하여 회사의 경비를 충당하고 가능한 이익을 남기는 형태라고 할 수 있다.

우리나라의 민영교도소법의 제2조에서는 민영교도소에 대해서 법무부장관으로부터 교정업무를 포괄적으로 위탁받아 교도소 · 소년교도소 · 구치소 및 그 지소를 설치 · 운영하는 교정법인에 의해 운영되는 교도소 등으로 정의하고 있다.

4. 민영교도소제도 도입운영의 필요성

우리나라에서의 민영교도소제도 도입의 필요성은 일반적으로 세 가지로 나누어 설명할 수 있다. 첫째, 교화업무의 내실화를 통한 양질의 서비스 제공, 둘째, 국가예산 절감 및 사회경제적 효과 증대, 셋째, 수용환경의 개선과 교정의 개혁 등이다.

---

45) Mcdonald, D., *Private Prisons and Public Interest*, New Brunswick, NJ: Rutgers University Press, 1990, pp.1-18; 김용진, "사설교도소의 도입 및 운영에 관한 연구", 한국형사정책연구원, 1996, p.13 재인용.

1) 교정업무의 내실화

교정행정에 깊은 관심과 전문성을 갖춘 인사들에 의해 차원 높은 교화사업의 전개가 가능하며, 일반교도소의 관료주의적 형식주의를 극복하고, 탄력적이고 다양한 교정프로그램을 운영하여 수용자 교화효과를 배가할 수 있다. 특히 수용자들이 변화될 수 있도록 일관되고 체계적인 프로그램과 시설을 갖추고, 재활기술 습득과 취업알선을 통하여 수용자의 효과적인 사회복귀를 가능케 할 수 있다.

2) 국가예산 절감 및 경제적 효과증대

민영교도소의 설치 및 운영비용의 일부를 운영주체 및 참가자로 하여금 부담하게 함으로써 국가재정지출을 감축할 수 있고, 민간 경영기법의 도입으로 종래 관료적이고 비효율적인 교도행정을 개선함으로써 경제적인 경영관리를 도모할 수 있다.

3) 수용환경의 개선과 교정의 개혁

정부가 운영하는 낡은 오랜 교정시설의 열악한 구금환경을 개선하기 위해서도 민영교도소의 도입이 요구된다. 민간부문의 참여로 인해 수용공간의 확보 · 조절이 가능해짐으로써 과밀수용 문제해소에 기여하고 수용자 인권신장에 이바지하며 국가의 형 집행 능력을 제고할 수 있다.

민영교도소가 개발한 경영관리 및 교화프로그램을 기존의 일반교도소에 전파하여 교도행정의 긍정적인 변화를 기대할 수 있으며, 조직과 운영에서 효율성 제고에 기여할 수 있다.

5. 민영교도소제도의 장 · 단점

1) 장점

① 민영교도소는 정부가 부담해야 할 교도소 신축 및 운영에 따른 경비를 감축할 수 있으며, 효율적인 경영체제로 저비용으로 교정서비스를 제공할 수 있다.

② 시장원리에 따라 민간 기업 간의 서비스 경쟁[46]으로 다양한 교정처우기법이 신속하

46) 미국의 경우, CCA와 GE Group 등 소수의 민영기업들이 지배하고 있어 상호경쟁의 실질적인 효과에 대해 비판적 시각이 존재한다.

게 개발 · 시행될 수 있고 프로그램의 탄력적 운영이 가능하다.

③ 새로운 구상과 자원의 투입이 용이하여 혁신적이고 긍정적인 변화를 기대할 수 있으며, 비용절감의 필요성과 업체 간의 경쟁적 체계에 따라 과학적 시설과 장비의 설치 및 활용이 제고될 수 있다.

2) 단점

① 민간기업체가 국가의 고유영역인 형벌집행의 기능을 대행하는 것에 대한 정당성 문제가 제기되고, 법집행의 공정성과 보편성이 위협받을 우려가 있다.

② 민영교도소 운영업자가 기업의 본질상 수요의 확보와 수익을 창출하기 위해서는 수용규모를 최대화하고 장기구금을 지향함에 따라 구금의 확대와 고비용의 가능성이 존재한다.

③ 비용절감을 위해 시간제 근무 직원을 많이 고용하게 되고, 비용이 많이 드는 수형자를 위한 교정처우 프로그램을 축소하는 등 교정 서비스의 질적 저하를 가져올 우려가 있다.

④ 교정조직의 일체성과 교정업무의 일관성을 해치고 교정업무의 이원화로 인한 교정직 공무원의 사기를 저하시킬 수 있으며, 민영교도소가 양질의 수형자만을 수용함으로써 국영교정이 상대적으로 침체될 우려가 있다.

제3절 교정학의 새로운 패러다임: 평화교정학

1. 형벌체계의 새로운 시각

범죄행위는 개인, 이웃, 사회 환경, 국가정책, 언론보도 등 사회 제반 요인들과 상호 연계되어 발생하고 존재한다. 그러나 그간 학계에서는 물론 실무 분야에서도 연구방법론 용어로 표현하자면, 범죄는 주로 종속변수(결과변수)로 다루어져온 경향이 있다. 즉, 마약, 빈곤, 유해환경, 유전인자 등과 같은 독립변수(원인변수)들로 인하여 발생하는 결과물로서 범죄가 설명된 것이다. 그러나 오늘날에는 역방향으로 범죄행위가 발생함에 따라 개인의

삶이나 이웃의 환경, 더 나아가 국가의 정책에서 변화가 발생할 수 있다는 점을 주시하고 있다. 실제로 독립변수(원인변수)로서 범죄행위가 일상의 삶, 대화, 오락, 문화, 정치 등에 미치는 영향은 재론의 여지가 없다. 범죄는 문화현상의 결과이고, 동시에 문화를 조성하는 요인인 것이다.

교정의 활동 역시 일방적인 외부의 사법적 결정이나 환경변화의 결과변수로 존재하여 왔기 때문에 사실상 피동적인 객체로서만 다루어져 왔다. 그러나 교정이 다양한 외부환경과의 연계 속에서 인류사회의 불가결한 사회영역으로 이미 정착된 오늘날에는 그 정체성과 그 위상에 대한 논의가 있어야 한다. 즉, 독립변수(원인변수)의 위치에서 보다 주도적이고 적극적인 차원의 역할을 강구해야 할 당위성이 있다고 보는 것이다. 그렇다면, 교정은 시설 내에서 전통적으로 이루어지는 보안 관리나 직업훈련 그리고 종교의식허가 수준의 교정행정과는 차원을 달리한 보다 이상적인 역할을 창출해야 한다. 동시에 교정학의 학문체계 역시 시설 내에서 벌어지는 교정행위들에 고착된 패러다임을 탈피하여 적극적인 의미에서 전반적인 사회의 인간발전모델을 창출하는 패러다임까지로 확대되어야 한다. 실질적으로 어느 사회에서든 교정되어야 할 대상은 교정시설 내에만 존재하는 것이 아니며, 사회 내에도 어느 계층을 막론하고 존재하며 이들을 대상으로 한 교정프로그램 역시 다양한 형태로 존재하고 있다. 즉 가정교육, 종교교육, 학교교육, 사회교육 등이 이러한 기능을 담당하지만, 이들이 제대로 작동하지 못한 결과로 발생한 일부 사회구성원을 대상으로 한 처벌과 치료가 교정의 기능으로 정착된 것으로 볼 수 있다.

여기에서 '교정학의 새로운 패러다임'이 의미하는 바는 '교도소관리학'이나 '행형법주해서' 수준으로 협소화된 기존의 학문범주를 초월해야 한다는 것이다. 또한 기존의 행형질서—즉, '국가'가 중심이 되어 사회에 해를 끼친 가해자에 대한 응보기능이나 교정교화기능을 효율적으로 수행하고자 하는 패러다임—를 초월하고, 범죄행위와 관련된 모든 사회구성원들이 관여된 교정행위를 연구하는 학문으로 정의되어야 한다는 것이다.

이러한 관점에서 보면, 교정학은 범죄에 관련된 가해자, 피해자, 사법계 종사자, 언론, 시민단체, 정부 및 사회구성원들 간에 이루어지는 다면적 교류에 의해 형성된 교정행위를 대상으로 한다고 볼 수 있다. 이와 같이 보다 폭넓은 시각이 정착됨으로써, 교정학은 피구금자만을 대상으로 한 기존의 협소한 범주를 탈피하게 되고, 외부요인들에 의해 결정된 결과물을 탐구하는 피동적인 학문의 틀을 탈피하게 되어, 결과적으로 외부세계의 변화를 능동적으로 창출하는 학문의 틀로 정착될 수 있을 것이다.

작은 연극무대에서의 희로애락의 행위가 관객을 정화시키고 그 기운이 사회의 표상이 되듯이, 교도소라는 무대의 교정행위 역시 고유한 역할을 실현하는 보편적인 사회의 일부분으로 재정립되어야 한다. 특수한 조직으로서 군대나 수도원의 조직문화와 특성이, 그 특수성에도 불구하고 사회 전반에 하나의 모델로 존재하듯이, 교정의 문화 역시 적극적인 의미에서 사회에 긍정적인 영향—예컨대, 응징과 사회보호 차원을 넘어 회개와 용서를 통해 사회를 정화하고, 지체된 자에게 제2의 기회를 창출하며, 사회의 도덕성을 재무장시키는 역할—을 미치는 생산적인 모델로 그 틀을 재창출해야 한다. 사법적 결정과 외부세계의 질서를 일방적으로 따르는 피동적 패러다임의 수준—범죄자를 격리시켜 형기를 집행하는 장소로서의 임무—을 초월하여, 범죄행위를 구성하는 관련 모든 당사자들—가해자, 피해자, 가족, 이웃, 사법계 종사자 등—이 나누고 교감하여 해결하는 영역으로서 교정의 틀이 정착되어야 한다. 이는 교정의 대상을 가해자로 사전에 한정해 놓고, 그들을 어떻게 처벌할 것이냐 혹은 어떻게 치료할 것이냐를 논하는 차원을 초월하여, 범죄를 사회구성원 모두의 문제로 인식하는 사회적 분위기가 전제됨으로써 이루어질 수 있다. 물론 이를 이루기 위해서는 기존의 형벌 및 행형체계의 패러다임과 그 전제에 대한 비판적 고찰과 함께 일반인들의 인식의 전환을 위한 노력이 지속적으로 전개되어야 한다.[47]

2. 평화교정학의 의의와 지향점[48]

1) 의의

형벌정책의 내용은 형벌제도의 가정(假定)과 근간, 그리고 다양한 사회구성원들에 대한 정의, 관계 및 그 성격의 테두리를 벗어날 수 없다. 법률적 판단과 실증적 통계수치를 근간으로 한 기존의 패러다임에서는 법적으로 처벌된 이들은 모두 '나쁜 사람들'이고, 처벌되지 않은 사람들은 모두 '좋은 사람들'이므로 좋은 사람들이 나쁜 사람들을 일방적으로 처벌하거나 교육할 수 있다는 가정을 근간으로 한다. 그러나 사회구성원 모두가 체감하고 있는 사회적 실상을 정직하게 직시한다면, 이러한 구태적 패러다임이 공정하고 정의로운 국가적 행위의 근간으로서 모든 구성원들의 온전한 신뢰를 받는 데에는 문제가 있음을 알

47) 이백철, "교정학 담론의 인문학적 모색: 평화주의 범죄학과 회복적 사법", 「교정담론」, 창간호, 2007.

48) 이백철, "200년 구금형제도의 재조명과 인본주의 형벌체계의 탐구: 평화교정학", 「교정담론」, 제7권 2호, 2013, pp.1-32.

수 있다. 즉 법적 처벌을 받은 사람들은 모두 나쁜 사람들이고, 법적 처벌을 받지 않은 사람들은 모두 좋은 사람들이라는 가정에 대해서 회의적인 시각이 다수 존재하고 있다는 것이다.

급속한 성장과 변화를 특징으로 하는 오늘날, 공정한 사회의 건설은 구성원의 구분에 의한 효율성 창조보다는 모두가 함께하는 공감의 공간이 필요하다. 이러한 점에서는 형벌정책영역도 그 예외일 수 없다. 형벌정책은 좋은 사법기관과 나쁜 범죄인들 간의 전문영역으로만 존재할 것이 아니라, 사법적 행위에서 완전히 소외되었던 피해자의 치유와 회복까지에 그 당위성을 부여해야 하며, 사회 내 모든 구성원들이 자기성찰과정을 거쳐 모두가 주체와 객체가 되는 보편적 영역으로 자리매김되어야 한다. 그리하여 일방적 성격의 법치, 질서, 처벌, 교화와 같은 사법적 언어와 성찰, 회개, 용서, 치유, 회복과 같은 인문학적인 언어가 융화되어 최종적으로는 쌍방적, 더 나아가 다자간의 인간관계 속에 평화가 구축되는 패러다임을 제도화하여야 할 것이다. 형벌정책은 일반 국민들에게 여전히 낯선 법률전문가들만의 장이 아닌 종교인, 철학도, 문학도, 예술인들이 함께 책임과 의무를 공유하는 학문, 그리고 실천의 장으로 거듭나야 한다고 본다.

따라서 엄중한 처벌을 통해 '법과 질서'(Law and Order)를 확립해야 한다는 기존의 가치를 폭넓게 재해석할 필요가 있다. 즉 '좋은 사람 vs. 나쁜 사람'이라는 경직된 이분법적 구분의 모순을 극복하여 우리 모두는 공범적 관계이므로, 일방적인 처벌이나 일방적인 교육에 앞서, 함께 회개하고 치유하며 회복시키는 과정 속에서 '우리' 간에 평화를 구축해 나가야 한다. 이러한 변화과정을 통해서, 형벌정책이 사회적 문제를 사후에 피동적으로 처방하는 역할에서, 사회적 수요를 능동적으로 창출하고 인류사회의 발전모델을 주도하는 보편적 영역으로 재탄생될 수 있을 것이다.

'평화교정학'은 위에서 제시된 새로운 접근철학을 제도적으로 구현하고자 하는 회복적 사법의 틀을 교정영역에 적용하고 이를 보다 거시적이고 능동적으로 발전시키기 위해서 아래에서 제시하는 4가지 개념을 근간으로 한 학문영역이라고 할 수 있다.

2) 평화교정학의 핵심개념

(1) '좋은 사람 vs. 나쁜 사람'

교도소 안의 사람은 '나쁜 사람', 교도소 밖의 사람은 '좋은 사람'이라는 도식적이고 이분법적인 관점에서 탈피하기 위해서는 교도소 안의 공간과 교도소 밖의 공간에서의 사람들을 상호주체적으로 두고 그들 사이에서 발생할 수 있는 인간관계의 역할과 특성을 재고할 필요가 있다. 교도소 안의 수형자들을 일방적으로 나쁜 사람으로 규정하고, 그에 따라 처벌할 것인가 혹은 치료할 것인가를 논하는 패러다임이 아닌, 우리 모두가 가해자이고 피해자일 수 있다는 공감하에서 일종의 '공범'이라는 의식을 기반으로 한 사회 구성원 간의 관계를 재정립하는 논의가 필요하다. 이는 궁극적으로 '관계의 평화'를 가져오는 것이며, 범죄를 사법 절차의 한 과정으로 좁히는 것이 아닌, 범죄에 대한 사회적인 의식을 변화시키고 확대시키는 것을 의미한다. 이는 앞서 언급했던 바처럼 범죄행위를 결과변수로부터 원인변수로 인식을 전환함으로써, 범죄행위에 대한 제반 대처방식들이 부정적이고 피동적인 결과로서의 객체로 남지 않고, 역으로 긍정적이고 능동적인 주체로 자리매김할 수 있는 계기를 마련할 수 있다고 본다.

(2) '안과 밖'

교정시설의 가장 이상적인 방향은 시설의 안을 밖과 가장 근접하게 만드는 것이라고 한다. 이는 'parallel universe'라고 일컬어지는데, 물리적 환경에서부터 구성부문 간의 관계에 이르기까지 모든 영역을 포괄하는 개념이라 하겠다.[49] 이는 지역사회교정의 철학적 기초이며 안과 밖의 상호작용을 통한 수용자의 성공적인 재사회화를 지향함을 함의하고 있다.

교도소는 오랜 역사 동안 존재하여 왔지만, 일반인들에게는 여전히 낯설고 비밀스런 곳으로서 늘 먼 곳에서 피동적인 객체로 존재하고 있다. 그러나 세상에 알려지지 않는 곳에서는 획기적인 변화도 진정한 발전도 있을 수 없다. 따라서 '안과 밖'으로 경직되게 구분되어 있는 교정의 틀을 허물 필요가 있다. 즉, 교도소의 안과 밖이 같아질 수 있는 이상적 조건을 실현하기 위해 노력해야 하고, 나아가 안을 밖으로 드러낼 수 있어야 한다. 이를 위해서는 생명, 자유, 사랑과 같은 인류의 보편적인 희망이 교정에서 살아 숨 쉬게 해야 하고, 이러한 희망을 실현시킬 수단을 끊임없이 창출해야 한다. 증오, 분노, 갈등이 작용하는 무대의 드라마가 객석에서 감동, 회한, 정화로 작용하는 이유는 무대와 객석이 교류하고 공유하며 함께하기 때문일 것이다. 교도소만큼 인생의 질곡과 적나라함을 보여주는 삶의 무대는 찾아보기 어렵다. 안과 밖을 격리하는 담벼락이 무너진다면 드라마 속의 살인자와 변절자가 내 자신이고 우리의 이웃이 되고 안과 밖이 모두가 공유하는 영역으로 전

49) Parallel universe라 일컬어지는데, 수용자들이 지역사회의 실제생활과 유사한 상황에서 생활하도록 접근하는 방식을 의미한다. 지역사회 reentry program의 근간을 이루는 철학이라 할 수 있다.(Seiter, Richard R., *Corrections: An Introduction*, New Jersey: Pearson Prentice Hall, 2005, p.23)

환될 것이고, 이는 처벌과 치료의 대상에서 회개와 정화를 생산하는 능동적 동력으로 인식되는 결과를 낳을 수 있을 것이다.

(3) '회복적 사법 – 한계와 극복'[50)]

교도소의 안과 밖의 상호주체적 역할 논의는 기존의 회복사법의 담론 구조와 유사한 특징을 갖고 있다. 일반적으로 회복적 사법에서는 범죄행위를 관련 요소들 간의 관계가 손상되는 현상으로 본다. 그리고 범죄로 인한 훼손된 관계를 회복시킴으로써 온전한 정의가 실현되는 것으로 본다. 회복적 사법의 특징은 범죄행위에 개입된 구성부문 간의 인간관계를 중립적으로 바라본다는 시각에 있으며, 이는 범죄문제를 해결하는 권한을 국가기관에 대행시키는 간접적 방식에서 벗어나 가해자와 피해자 양쪽의 직접성을 강화하는 데 있다. 회복사법의 이러한 가해자와 피해사의 '직접적 관계성'(an immediate relation)은 범죄행위에 따르는 기존의 형식적 사법절차를 단순화시키고 명료하게 처리하는 이점이 있다.

이러한 과정에서 발생하는 가해자와 피해자, 그리고 관련 공동체 간의 작용행위는 각 구성부문들에 있어서 일련의 '정의의 경험'(the experience of justice)으로 나타난다. 즉 가해자 입장에서는 자신이 저지른 범죄가 얼마나 잘못된 것인가를 경험할 수 있고, 피해자의 입장에서는 가해자의 반성을 통해 용서를 경험하며, 관련 공동체는 범죄에 대한 새로운 인식패러다임을 경험함으로써 범죄행위의 원인인 다양한 갈등적 요소에 대한 관심을 새롭게 한다.

회복적 사법이 피해자 중심의 가치관으로 인식되어 왔지만 가해자의 적극적 역할 역시 강조하고 있다. 가해자 측에게 가장 강조되어야 할 덕목이 '실질적 책임'(accountability)이 되어야 하는 이유도 가해자가 주체적 입장에 서 있지 않으면 회복적 사법이 완전하게 작동할 수 없기 때문이다. 손상된 관계에 대해 가해자의 책임과 피해자의 용서라는 대척점은 현실적으로 좁혀지기가 쉽지는 않지만, 이 둘의 상호주체적 관계를 전제로 해야만 회복사법 본래의 역할을 할 수 있다.

회복적 사법이 가지고 있는 이러한 가해자와 피해자의 직접적 관계성, 정의의 경험, 그리고 책임과 용서의 상호성은 분명 기존의 관리 중심의 교정행위의 패러다임을 넘어선다. 그러나 회복사법은 비록 그것이 갖는 장점에도 불구하고 범죄원인의 갈등 현상을 사회 전체적인 사회적 틀에서 바라보아야 한다는 시각에서 보면 한계가 있다. 즉 당사자들 간의

---

50) 이 부분은 하워드 제어 저,·손진 역, 『회복적 정의란 무엇인가?』, KAP, 2002.에서 주요 핵심개념들을 참조하여 작성되었음.

관계회복에만 초점이 맞추어져 있기 때문에 사회 전반과의 거시적 관계가 결핍되어 미시적 접근이라는 한계성을 보인다.[51] 또한 가해자와 피해자의 화해를 전제로 하고 있지만 교도소 안의 사람들과 교도소 밖의 사람들을 여전히 이분법적으로 규정한 틀을 벗어날 수가 없다. 마지막으로 회복적 사법이 강조하는 피해자에 대한 가해자의 손해배상이 여전히 응보적 특성을 갖고 있다는 데 있다. 즉 회복사법이 가지는 도덕적 덕목에도 불구하고 안과 밖, 좋은 사람과 나쁜 사람, 그리고 사회문화적 및 정치경제적 갈등의 문제를 해결하고자 하는 거시적 윤리의식이 결여되어 있다.

(4) '책임으로서 타자윤리'

지금까지 우리는 재소자를 '죄를 지은 나쁜 사람으로서 일정 기간 처벌을 받아야 할 자'라는 도식으로 접근해왔으며, 이러한 도식 자체가 역사적으로 사회적 공감과 설득력을 얻어왔다 하겠다. 이는 기존의 정의관이 개인의 인격과 재산에 대한 권리, 그리고 권리에 따르는 개인적 소유의식을 강조했기 때문이다. 자유주의적 자본주의 시대에서는 권리와 소유가 일정 역할을 하면서 개인의 피해보상과 위험방지의 장치를 마련해 왔는데, 현대 사법제도의 역할은 여기에서 크게 벗어나지 않는다고 할 수 있다. 그러나 이러한 사회정의의 조건의 밑바탕에는 타자에 대한 경계의식 내지는 적대감이 깔려 있다. 이런 조건에서는 악이나 범죄에 대한 정책이 구성원을 분리하는 쪽으로 진행될 수밖에 없으며 소통과 화해를 가져올 여지도 줄어들 수밖에 없을 것이다. 그리고 사회악을 처리하고 관리하는 방식에서도 분리와 격리의 방식을 선호하게 되며, 이는 오늘날 교도소 정책에도 영향을 미친 것으로 볼 수 있다.

그러나 이렇게 타자와의 분리현상이 심화되면 교정 전반에서도 재소자에 대한 인간적 처우나 가해자와 피해자의 화해 등과 관련된 논의가 점점 약화될 수밖에 없다. 가장 치명적인 문제점은 사회정의 전반에 걸쳐 권리 부분만 기형적으로 발달되어 소외되고 힘없는 이웃에 대한 동정이나 사랑 등 공동체적 의식의 결여가 확산된다는 것이다. 이러한 의식을 운용할 수 있는 윤리적 덕목인 사회적 책임에 대한 의식의 결핍이 심화되는 것이라고 할 수 있다.

따라서 우리는 타인의 고통과 구체적인 삶에 무던한 관심을 가지고 지체된 자들에 대한 무한한 책임을 느끼고 연대를 강화해야 한다는 요구를 받고 있다 하겠다. 오늘날 적어도

51) 회복적 사법의 미시적 접근의 한계를 넘어 사회 전반의 거시적 요소를 포괄하는 패러다임으로서 전환적 사법(reformative justice)이 등장하였다.

철학계에서는 기술공학 시대에 대두되는 주체의 해제, 탈중심화, 자아 중심적 사고의 반성과 같은 담론과 함께 타자 중심의 윤리학의 창달이 이어지고 있다. 레비나스(E. Levinas)와 같은 철학자는 타인에 대한 배려는 타자의 고통에 대한 나의 박애정신의 발로가 아니라, 타자의 얼굴에 나타난 고통과 슬픔이 우리에게 배려를 명령하는 것이고, 이 명령에 순응함으로써 자아 중심의 윤리관이 타자 중심 윤리관으로 대체될 수 있다고 주장한다.[52)]

우리 시대의 윤리적 화두인 배려는 강한 책임의식에서 만들어진다. 죄에 대한 단죄를 주장하기 이전에 죄지은 이웃을 두고 있다는 사실에 대한 책임의식이 중요하다. 우리 사회가 범죄에 대해 어떻게 적절한 처벌을 가할 것인가에 몰두하기 이전에, 왜 이러한 범죄를 양산하고 있는가에 대한 책임의식을 갖는 것이 필요하며, 이러한 의식이야말로 범죄를 다면적이고 입체적으로 접근하는 계기가 될 수 있다.

3) 지향점

평화교정학의 이념적 지향점은 아래와 같이 정리될 수 있다.

첫째, 평화교정학은 범죄자에 대하여 일방적으로 처벌하거나 일방적으로 교육하는 패러다임을 초월하여 사회 구성부문들 간의 공동체적 인식을 근간으로 한다. 즉 사회구성원을 '좋은 사람'과 '나쁜 사람'으로 구분한 부당한 이분법적 정의를 탈피하여, 우리 모두가 가해자일 수 있다는 '공범'의식과 우리 모두가 피해자일 수 있다는 '나눔'의식을 전제로 한다. 또한 범죄행위에 대한 사법적 절차를 넘어선 자기성찰을 통해 이루어지는 공동체적 책임의식과 타자의 불운한 입장에 함께 서는 타자 중심의 자아정체성의 확립을 요구한다.

둘째, 평화교정학은 회복적 사법에서 제시하는 다자간 인간관계의 다이내믹을 추구한다. 아울러 국가가 취하는 가해자에 대한 일방적 처벌이나 한 방향 교육 패러다임을 초월한다. 즉, 가해자, 피해자, 사법기관, 사회구성원 등 모두가 포함된 다자간의 관계에서 이루어지는 작용으로서 회개, 용서, 화해와 같은 인문학적 행위를 통해 '모두의 평화'를 이루고자 한다.

셋째, 평화교정학은 교정행위가 사법적 결정에 따라 위임된 형 집행 업무를 수행하는 피동적 차원을 탈피하고, 위임된 문제집단과 사회와의 관계를 적극적으로 재구성함으로써, 역으로 외부 사회의 변화를 추구하는 능동적 교정행위로의 전환을 추구한다. 즉 국가

52) Levinas, Emmanuel, *Le Temps Et L'autre*, Editions Fata Morgana, 1979.(강영안 역, 「시간과 타자」, 문예출판사, 2009. pp.11, 137; 윤대선, 「레비나스의 타자철학 – 소통과 초월의 윤리를 찾아서」, 문예출판사, 2013.)

가 가해자에 대한 응징이나 복수를 통해 정의를 실현하는 차원을 초월하여, 가해자가 회개하고 피해자가 용서하는 교정행위로 승화됨으로써, 공동체적인 삶의 양식이 결핍된 오늘날 우리 사회의 정화에 기여할 수 있다고 본다.

넷째, 평화교정학은 미시적 차원에서 개인 간의 관계회복에 중심의 축을 두고 있는 회복적 사법의 한계를 초월하여 보다 근원적인 범죄원인으로서 사회적, 경제적, 정치적 요인을 규명하고 해결책을 찾는 거시적 접근을 지향한다.

요약하면, 평화교정학이 지향하는 바는 시공간의 제약을 근간으로 하는 '관리' 위주 패러다임에서 '관계'의 재구성 패러다임으로의 변화이고, 관계의 구성 역시 국가와 가해자만이 존재하는 편협한 양자관계에서 가해자, 피해자, 사법기관 및 사회를 포괄하는 다자간 관계로의 변화이다. 또한, 가해자에 대한 처벌이나 치료를 통한 응징 혹은 개선 패러다임으로부터 당사자들 간의 회개, 용서, 화해를 통한 평화관계창출 패러다임으로의 변화이다. 동시에 이는 자아 중심의 윤리관에서 타인의 고통을 도움의 명령으로 인식하는 타자중심 윤리관으로의 전환을 요구한다. 아울러 사법적 결정에 따라 위임된 형의 집행업무를 수행하는 피동적 입장으로부터 문제집단과 사회와의 관계를 상호 호혜적으로 재구성하여 외부 사회의 변화에 기여하는 능동적 입장으로의 전환이다. 더 나아가 개인적 관계개선 차원을 넘어 보다 거시적 차원에서 사회구조적 요인의 규명과 개선을 포함하는 영역으로의 정착이다.

제2부 교정실무론

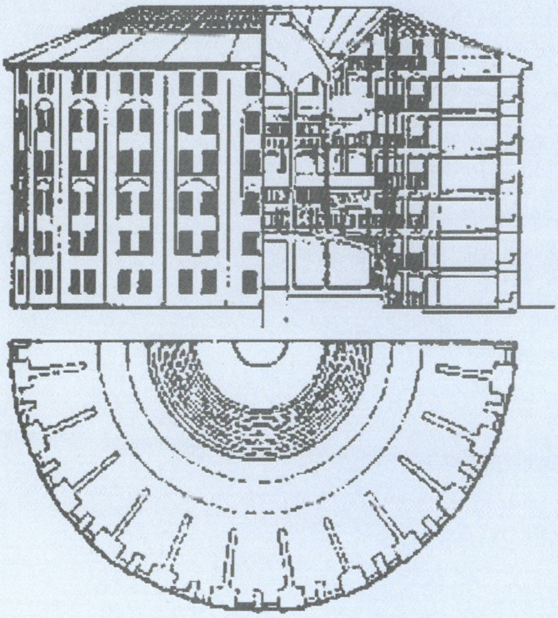

제11편
형사 교정시설의 처우

Chapter_1
수용처우 일반

제1절 수용과 이송 및 체포

1. 수용

1) 의의

수용이란 국가의 강제력에 의하여 미결수용자, 사형확정자 및 수형자 등의 자유권을 박탈하여 교도소 등의 교정시설에 구금하여 수용자로서의 신분을 설정하는 처분을 말한다. 수용은 법률에 정해진 절차에 의하여 집행되어야 하며 수용시설의 적정, 수용 후의 합리적인 처우의 보장 등 인권보장의 내실을 기할 수 있도록 하여야 한다.

2) 수용요건

(1) 형식적 요건

교정시설에 수용자를 수용하기 위해서는 먼저 수용에 근거가 되는 적법문서를 구비할 것을 요한다. 적법문서란 구금을 증명할 만한 문서이며 이를 조사 · 확인한 후에 비로소

수용하게 되는 것이다.

(2) 실질적 요건

적법문서라도 그 문서에 표시된 내용, 즉 수용자와 수용장소 등이 실질적으로 일치하여야 할 것을 요한다.

3) 수용절차

(1) 신입자의 수용과 신체검사

소장은 법원 · 검찰청 · 경찰관서 등으로부터 처음으로 교정시설에 수용되는 사람에 대하여는 집행지휘서, 재판서, 그 밖에 수용에 필요한 서류를 조사한 후 수용한다(동법 제16조 제1항).[1] 그리고 구금에 따른 충격 완화와 시설 내 적응을 위해 소장은 신입자가 환자이거나 부득이한 사정이 있는 경우가 아니면 수용된 날부터 3일 동안 신입자거실에 수용하여야 한다(동법 시행령 제18조).[2]

그리고 소장은 신입자를 인수한 경우에는 교도관에게 신입자의 신체 · 의류 및 휴대품을 지체 없이 검사하게 하여야 하며(동법 시행령 제14조), 소장은 신입자에 대하여는 지체 없이 건강진단을 하여야 한다(동법 제16조 제2항).

(2) 수형자로서의 처우 개시와 거실 지정

소장은 미결수용자로서 자유형이 확정된 사람에 대하여는 검사의 집행지휘서가 도달된 때부터 수형자로 처우할 수 있다. 검사는 집행지휘를 한 날부터 10일 이내에 재판서나 그 밖에 적법한 서류를 소장에게 보내야 한다(동법 시행령 제82조). 그리고 소장은 수용자의 거실을 지정하는 경우에는 죄명, 형기, 죄질, 성격, 범죄전력, 나이, 경력 및 수용생활 태도, 그 밖에 수용자의 개인적 특성을 고려하여야 한다(동법 제15조).

---

1) 신입자에 대한 고지(동법 제17조)
① 형기의 기산일 및 종료일
② 접견 및 편지, 그 밖의 수용자의 권리에 관한 사항
③ 청원, 「국가인권위원회법」에 따른 진정, 그 밖의 권리구제에 관한 사항
④징벌 · 규율, 그 밖의 수용자의 의무에 관한 사항
⑤ 일과(日課), 그 밖의 수용생활에 필요한 기본적인 사항

2) 소장은 19세 미만의 신입자, 그 밖에 특히 필요하다고 인정하는 수용자에 대하여는 신입자거실 수용기간을 30일까지 연장할 수 있다.

(3) 사진촬영 등 다른 사람과 식별을 위한 조치

소장은 신입자 및 다른 교정시설로부터 이송되어 온 사람에 대하여 다른 사람과의 식별을 위하여 필요한 한도에서 사진촬영, 지문채취, 수용자 번호지정, 그 밖에 대통령령으로 정하는 조치를 하여야 한다. 그리고 수용목적상 필요하면 수용 중인 사람에 대하여도 위의 조치를 할 수 있다(동법 제19조).

(4) 수용사실의 가족 통지와 형 · 구속의 집행정지사유의 통보

소장은 신입자 또는 다른 교정시설로부터 이송되어 온 사람이 있으면 그 사실을 수용자의 가족에게 지체 없이 통지하여야 한다. 다만, 수용자가 통지를 원하지 아니하면 그러하지 아니하다(동법 제21조). 그리고 수용자에 대하여 건강상의 사유로 형의 집행정지 또는 구속의 집행정지를 할 필요가 있다고 인정하는 경우에는 소장이 의무관의 진단서와 인수인에 대한 확인서류를 첨부하여 그 사실을 검사에게, 기소된 상태인 경우에는 법원에도 지체 없이 통보하여야 한다(동법 시행령 제21조).

4) 출산유아양육신청(대동유아)의 허가

출산유아양육신청(대동유아)은 법적 모가 아니더라도 생모이면 입소 시 양육을 허가할 수 있고, 수형 중 출산한 유아라도 양육(대동)을 신청할 수 있다. 신청자는 신입부녀와 재소부녀를 불문하며 그것은 상당한 이유가 있어야 한다. 남편이나 가족 또는 양부모는 신청권지가 아니다.

현행법상 여성 수용자는 자신이 출산한 유아를 교정시설에서 양육할 것을 신청할 수 있는데, 소장은 불허사유가 없으면, 생후 18개월에 이르기까지 허가하여야 한다. 그러나 유아가 질병 · 부상, 그 밖의 사유로 교정시설에서 생활하는 것이 특히 부적당하다고 인정되는 때, 수용자가 질병 · 부상, 그 밖의 사유로 유아를 양육할 능력이 없다고 인정되는 때와 교정시설에 감염병이 유행하거나 그 밖의 사정으로 유아양육이 특히 부적당한 때에는 허가를 하지 않을 수 있다(동법 제53조).

소장은 유아의 양육을 허가한 경우에는 필요한 설비와 물품의 제공, 그 밖에 양육을 위하여 필요한 조치를 하여야 하고(동법 제53조 제2항), 교정시설에 육아거실을 지정 · 운영하여야 한다(동법 시행령 제79조). 한편 소장은 유아의 양육을 허가하지 아니하는 경우에는 수용자의 의사를 고려하여 유아보호에 적당하다고 인정하는 법인 또는 개인에게 그 유아를 보낼 수 있고, 적당한 법인 또는 개인이 없는 경우에는 그 유아를 해당 교정시설의 소재지를 관할하는 시장 · 군수 또는 구청장에게 보내서 보호하게 하여야 한다(동법 시행령 제80조).

5) 수용의 거절

소장은 다른 사람의 건강에 위해를 끼칠 우려가 있는 감염병에 걸린 사람의 수용을 거절할 수 있고, 수용을 거절하였으면 그 사유를 지체 없이 수용지휘기관과 관할 보건소장에게 통보하고 법무부장관에게 보고하여야 한다(동법 제18조).

6) 수용원칙

(1) 독거수용의 원칙

수용자는 독거수용한다. 다만, 독거실 부족 등 시설여건이 충분하지 아니한 때, 수용자의 생명 또는 신체의 보호, 정서적 안정을 위하여 필요한 때, 수형자의 교화 또는 건전한 사회복귀를 위하여 필요한 때에는 혼거수용할 수 있다(동법 제14조). 한편 독거수용은 처우상 독거수용과 계호상 독거수용으로 구분되는데, 처우상 독거수용은 주간에는 작업 · 교육 등의 처우를 위하여 일과(日課)에 따른 공동생활을 하게 하고 휴업일과 야간에만 독거수용하는 것을 말하고, 계호상 독거수용은 사람의 생명 · 신체의 보호 또는 교정시설의 안전과 질서유지를 위하여 항상 독거수용하고 다른 수용자와의 접촉을 금지하는 것을 의미하며, 수사 · 재판 · 실외운동 · 목욕 · 접견 · 진료 등을 위하여 필요한 경우에는 예외를 인정하고 있다(동법 시행령 제5조).

교도관은 계호상 독거수용된 사람을 수시로 시찰하여 건강상 또는 교화상 이상이 없는지 살펴야 한다. 그리고 시찰 결과, 계호상 독거수용자가 건강상 이상이 있는 것으로 보이는 경우에는 교정시설에 근무하는 의사인 의무관에게 즉시 알려야 하고, 교화상 문제가 있다고 인정하는 경우에는 소장에게 지체 없이 보고하여야 한다. 의무관은 교도관의 통보를 받은 즉시 해당 수용자를 상담 · 진찰하는 등 적절한 의료조치를 하여야 하며, 계호상 독거수용자를 계속하여 독거수용하는 것이 건강상 해롭다고 인정하는 경우에는 그 의견을 소장에게 즉시 보고하여야 하고, 소장은 계호상 독거수용자를 계속하여 독거수용하는 것이 건강상 또는 교화상 해롭다고 인정하는 경우에는 이를 즉시 중단하여야 한다(동법 시행령 제6조).

(2) 혼거수용의 기준과 제한

혼거수용인원은 3명 이상으로 한다. 다만, 요양이나 그 밖의 부득이한 사정이 있는 경우에는 예외로 한다(동법 시행령 제8조). 소장은 노역장 유치명령을 받은 수형자와 징역형 · 금고형 또는 구류형을 선고받아 형이 확정된 수형자를 혼거수용해서는 아니 된다. 그렇지만 징역형 · 금고형 또는 구류형의 집행을 마친 다음에 계속해서 노역장 유치명령을 집행하거나 그 밖에 부득이한 사정이 있는 경우에는 그러하지 아니하다(동법 시행령 제9조).

7) 구분수용원칙과 예외

19세 이상인 수형자는 교도소에 구금되고, 19세 미만인 수형자는 소년교도소에 구금되며, 미결수용자는 원칙적으로 구치소에 구금된다. 그리고 사형확정자는 상황에 따라 교도소 또는 구치소에 구금되는 것을 원칙으로 하고 있다(동법 제11조).

그러나 관할 법원 및 검찰청 소재지에 구치소가 없는 때와 구치소의 수용인원이 정원을 훨씬 초과하여 정상적인 운영이 곤란한 때, 그리고 범죄의 증거인멸을 방지하기 위하여 필요하거나 그 밖에 특별한 사정이 있는 때에는 예외적으로 교도소에 미결수용자를 수용할 수 있다. 그리고 취사 등의 작업을 위하여 필요하거나 그 밖에 특별한 사정이 있으면 구치소에 수형자를 수용할 수 있고, 수형자가 소년교도소 수용 중에 19세가 된 경우에도 교육 · 교회프로그램, 작업, 직업훈련 등을 실시하기 위하여 특히 필요하다고 인정되면 23세가 되기 전까지는 계속하여 수용할 수 있다. 한편, 소장은 특별한 사정이 있으면 구분수용기준에 따라 다른 교정시설로 이송하여야 할 수형자를 6개월을 초과하지 아니하는 기간 동안 계속하여 수용할 수 있다(동법 제12조).

2. 이송

소장은 수용자의 수용 · 작업 · 교화 · 의료, 그 밖의 처우를 위하여 필요하거나 시설의 안전과 질서유지를 위하여 필요하다고 인정하면 법무부장관의 승인을 받아 수용자를 다른 교정시설로 이송할 수 있다. 그리고 법무부장관은 수용시설의 공사 등으로 수용거실이 일시적으로 부족한 때와 교정시설 간 수용인원의 뚜렷한 불균형을 조정하기 위하여 특히 필요하다고 인정되는 때, 교정시설의 안전과 질서유지를 위하여 긴급하게 이송할 필요가 있다고 인정되는 때에 관할 내 이송에 한하여 이송승인에 관한 권한을 지방교정청장에게 위임할 수 있도록 하고 있어(동법 제20조), 법무부장관의 고유권한으로 되어 있는 수용자 이송승인권의 일부를 지방교정청장에게 위임할 수 있도록 하여 이송시행에 신속을 기함으로써 수용자의 불안감을 최소화하고 있다.

3. 수용을 위한 체포

교도관은 수용자가 도주 또는 출석의무 위반을 한 경우에는 도주 후 또는 출석기한이 지난 후 72시간 이내에만 그를 체포할 수 있다(동법 제103조).

그리고 교도관은 도주자 등의 체포를 위하여 긴급히 필요하면 도주 등을 하였다고 의심할 만한 상당한 이유가 있는 사람 또는 도주 등을 한 사람의 이동경로나 소재를 안다고 인정되는 사람을 정지시켜 신분을 표시하는 증표를 제시하고 질문의 목적과 이유를 설명하고 질문할 수 있으며, 교도관은 체포를 위하여 영업시간 내에 흥행장 · 여관 · 음식점 · 역, 그 밖에 다수인이 출입하는 장소의 사항에 관하여 협조를 요구할 수 있다. 교도관은 영업장소에 출입하는 경우에는 그 신분을 표시하는 증표를 제시하여야 하며, 그 장소의 관리자 또는 관계인의 정당한 업무를 방해하여서는 아니 된다.

소장은 수용자가 도주하거나 출석의무를 위반하는 경우에 해당하는 행위를 한 경우에는 교정시설의 소재지 및 인접지역 또는 도주 등을 한 사람(이하 '도주자'라 함)이 숨을 만한 지역의 경찰관서에 도주자의 사진이나 인상착의를 기록한 서면을 첨부하여 그 사실을 지체 없이 통보하여야 하고, 수용자가 도주 등을 하거나 도주자를 체포한 경우에는 법무부장관에게 지체 없이 보고하여야 한다(동법 시행령 제128조).

제2절 기초생활

1. 수용자의 금품관리

1) 의의

금품관리(보관)는 교정기관이 수용자의 사유재산권을 보호하기 위하여 수용자 소유의 금전과 물품을 일정 기간 점유를 박탈해 보호하는 처분으로 「민법」상의 계약관계로서 성립하는 것이 아니라 행정상의 강제보관으로서 수용자의 재산권에 대한 지배권의 일시정지 또는 제한이다. 이러한 보관은 소유권을 박탈하는 것이 아니라 점유권만을 박탈하므로 소유권의 행사가 제한을 받는 것은 아니다.[3)]

2) 보관금품

휴대금품이란 신입자가 교정시설에 수용될 때에 지니고 있는 현금(자기앞수표 포함)과 휴대품을 말하는 것으로 보관하는 것이 부적당한 사유에 해당되지 아니하면 신입자의 휴대품은 보관한 후 사용하게 할 수 있다(동법 시행령 제34조).

보관금은 「민법」상의 소비대차와 같은 성질을 가진다. 보관금을 보관하는 것은 금권을 보관하는 것이 아니고 금액으로 표시되는 가치를 보관하는 것으로서 수용자는 국가 · 교정당국에 대하여 보관금액과 동액의 지급을 구하는 권리를 가진다. 그리고 보관품은 금전과는 달리 무이자소비대차와 유사한 성질을 가지고, 보관품을 보관함에 있어서 선량한 관리자의 주의의무를 다하여 보관하여야 한다.

보관의 대상은 수용자의 휴대금품, 수용 중 일정한 절차를 밟아 송부된 금품 및 구입한 금품, 관계기관으로부터 환부된 금품 등이다. 이러한 보관은 보통보관와 특별보관의 두 가지 유형이 있는데, 피수용자가 입소 시 휴대한 휴대물과 수용 중 외부로부터 송부된 물품 중 일빈물품에 대한 보관을 의미하는 보통보관와 피수용자가 입소 시 휴대물과 수용 중 외부로부터 송부된 물품 중 금 · 은 · 보석 · 유가증권 · 인장, 그 밖에 특별히 보관할 필요가 있는 귀중품 보관을 의미하는 특별보관이 그것이다. 이러한 보관물의 담당교도관이 관리 · 보관 등 공무집행에 있어, 고의 또는 과실로 손해를 가하였을 때에는 손해를 배상하여야 한다.

한편, 부패하거나 없어질 우려가 있는 것, 물품의 종류 · 크기 등을 고려할 때 보관하기에 적당하지 아니한 것, 사람의 생명 또는 신체에 위험을 초래할 우려가 있는 것, 시설의 안전 또는 질서를 해칠 우려가 있는 것, 그 밖에 보관할 가치가 없는 것은 보관이 불허된다.

3) '영치'는 '보관'으로 용어가 변경되었다.(법률 제16925호 2020.2.4. 일부개정, 시행 2020.8.5.)

3) 수용자에 대한 금품교부

수용자 외의 사람이 수용자에게 금품을 교부하려고 신청하면 소장은 수형자의 교화 또는 건전한 사회복귀를 해칠 우려가 있는 때와 시설의 안전 또는 질서를 해칠 우려가 있는 때를 제외하고는 허가하여야 한다. 만약 수용자에게 보내온 금품으로서 본인이 수령을 거부하거나 금품교부 불허사유가 있으면 보낸 사람에게 되돌려 보내야 하고, 금품을 보낸 사람을 알 수 없거나 보낸 사람의 주소가 불분명한 경우에는 그 뜻을 공고하여야 하며, 공고한 후 6개월이 지나도 교부를 청구하는 사람이 없으면 그 금품은 국고에 귀속된다(동법 제27조).

그리고 소장은 수용자가 아닌 사람이 수용자에게 금품을 교부하려고 신청하는 경우에는 그의 성명 · 주소 및 수용자와의 관계를 확인하여야 한다(동법 시행령 제41조). 수용자 외의 사람이 수용자에게 금원(金員)을 교부하려고 신청하는 경우에는 현금 · 수표 및 우편환의 범위에서 허가한다. 다만, 수용자 외의 사람이 온라인으로 수용자의 예금계좌에 입금한 경우에는 금원의 교부를 허가한 것으로 본다. 그리고 수용자 외의 사람이 수용자에게 음식물을 교부하려고 신청하는 경우에는 법무부장관이 정하는 바에 따라 교정시설 안에서 판매되는 음식물 중에서 허가한다. 다만, 종교행사 및 교화프로그램의 시행을 위하여 특히 필요하다고 인정하는 경우에는 교정시설 안에서 판매되는 음식물이 아니더라도 교부를 허가할 수 있다. 이러한 금품의 교부를 허가한 경우에는 그 금품을 보관한 후 사용하게 할 수 있다(동법 시행령 제42조).

4) 유류금품의 교부

소장은 사망자가 남겨두고 간 금품이 있으면 상속인에게 그 내용 및 청구절차 등을 알려 주어야 하고, 도주자가 남겨두고 간 금품이 있으면 가족에게 그 내용 및 청구절차 등을 알려 주어야 한다. 소장은 상속인 또는 가족이 금품을 청구하면 지체 없이 교부하여야 한다. 만약 고지를 받은 날(알려 줄 수가 없는 경우에는 청구사유가 발생한 날)부터 1년이 지나도 청구가 없으면 그 금품은 국고에 귀속된다(동법 제28조). 한편 수용자의 보관금품은 석방할 때에 본인에게 되돌려 주어야 한다.

2. 수용자 물품지급

1) 의의

물품지급이란 수용자가 교정시설 내에서 의식주의 일상생활을 영위하는 데 있어 필요한 생활필수품을 지급 또는 대여하는 것을 말한다. 교정행정의 목적인 수용자의 구금 및 교정교화라는 측면에서 합리적이고 원활한 급여는 교정목적을 달성하는 데 필수적이다.

헌법은 모든 국민은 인간으로서의 존엄과 가치를 가진다(제10조)고 선언하고 있으며, 모든 국민은 인간다운 생활을 할 권리를 가진다(제34조 제1항)는 것은 인간의 존엄과 가치가 존중되는 수준의 급여가 적용되어야 함을 의미한다.

2) 관급원칙

(1) 의류 및 침구 등의 지급

소장은 수용자에게 건강유지에 적합한 의류 · 침구, 그 밖의 생활용품을 지급한다. 그리고 의류 · 침구, 그 밖의 생활용품의 지급기준 등에 관하여 필요한 사항은 법무부령으로 정한다(동법 제22조). 의류 · 침구, 그 밖의 생활용품을 지급하는 경우에는 수용자의 건강, 계절 등을 고려하여야 하고, 수용자에게 특히 청결하게 관리할 수 있는 재질의 식기를 지급하여야 하며, 다른 사람이 사용한 의류 등을 지급하는 경우에는 세탁하거나 소독하여 지급하여야 한다(동법 시행령 제25조). 한편, 신입수용자에게는 수용되는 날에 칫솔 · 치약 및 수건 등 수용생활에 필요한 최소한의 생활용품을 지급하여야 한다.

물품의 지급에 있어서 소장은 수형자의 경비처우급에 따라 주 · 부식, 음료, 그 밖의 건강유지에 필요한 물품을 제외하고 일반적인 물품에 차이를 두어 지급할 수 있다. 예를 들면 의류를 지급하는 경우 수형자가 개방처우급인 경우에는 색상 · 디자인 등을 다르게 할 수 있다.

(2) 음식물의 지급

소장은 수용자에게 건강상태, 나이, 부과된 작업의 종류, 그 밖의 개인적 특성을 고려하여 건강 및 체력을 유지하는 데에 필요한 음식물을 지급한다. 음식물의 지급기준 등에 관하여 필요한 사항은 법무부령으로 정한다(동법 제23조). 그리고 수용자에게 지급하는 음식물은 주식 · 부식 · 음료, 그 밖의 영양물로 한다. 즉, 수용자에게 지급하는 주식은 쌀로 하고, 양곡 수급이 곤란하거나 그 밖에 필요하다고 인정하면 쌀과 보리의 혼합곡으로 하거나 대용식을 지급할 수 있다. 한편 소장은 국경일, 그 밖에 이에 준하는 날에는 특별한 음식물을 지급할 수 있다.[4)]

3) 물품의 자비 구매

수용자는 소장의 허가를 받아 자신의 비용으로 음식물 · 의류 · 침구, 그 밖에 수용생활에 필요한 물품을 구매할 수 있고, 물품의 자비구매 허가범위 등에 관하여 필요한 사항은 법무부령으로 정한다(동법 제24조). 수용자가 자비로 구매하는 물품은 교화 또는 건전한 사회복귀에 적합하고 교정시설의 안전과 질서를 해칠 우려가 없는 것이어야 하고, 수용자가 자비로 구매한 의류 등을 보관한 후 그 수용자가 사용하게 할 수 있다(동법 시행령 제31조, 제32조).

3. 위생과 의료[5)]

1) 의의

수용자 중에는 범죄생활로 인하여 이미 건강을 해치거나 질병에 걸려 있는 자가 많고 수용 중 집단생활로 인한 위생관념의 해이 및 자유박탈 때문에 정신적 · 신체적으로 질병에 걸릴 가능성이 높으므로 이들의 건강을 유지하기 위하여 일정한 위생과 의료시책이 필요하다. 따라서 「형의 집행 및 수용자의 처우에 관한 법률」은 질병이 발병하기 이전에 질병을 예방하기 위한 일반위생방법으로 청결유지, 두발 · 수염의 단정, 목욕, 운동, 건강검진 등을 규정하고 있다.

---

4) 특별급식(쌀밥 또는 떡국 등)은 연간 9회이며, 3 · 1절, 제헌절, 광복절, 개천절, 1월 1일, 설날, 석가탄신일, 추석, 성탄절 등에 급여한다. 1인당 급식비용은 2004년 2,540원에서 2010년 3,430원, 2019년 4,616원으로 증가하였다.

5) 교정시설 의료비 총 예산은 2004년 약 55억에서 2010년 125억원, 2019년 250억원으로 증가하였고, 수용자 1인당 의료비는 2004년 89,000원에서 2010년 255,014원, 2019년 454,160원으로 증가하였다.(법무부 교정본부, 「교정통계연보」, 2020, p.103.)

2) 연혁

제1회 UN 범죄예방 및 범죄인처우에 관한 회의에서 피구금자 처우 최저기준 규칙을 채택하고 피구금자 제반 처우준칙을 규정함과 아울러 위생 및 의료대책에 대하여 상세한 기준을 제시하였다.

3) 위생 · 의료 조치의무

소장은 수용자가 건강한 생활을 하는 데에 필요한 위생 및 의료상의 적절한 조치를 하여야 한다(동법 제30조). 즉, 소장은 수용자의 건강, 계절 및 시설여건 등을 고려하여 보건 · 위생관리계획을 정기적으로 수립하여 시행하여야 한다(동법 시행령 제46조). 또한 소장은 수용자가 사용하는 모든 설비와 기구가 항상 청결하게 유지되도록 하여야 하고(동법 제31조), 소장은 거실 · 작업장 · 목욕탕, 그 밖에 수용자가 공동으로 사용하는 시설과 취사장, 주 · 부식 저장고, 그 밖에 음식물 공급과 관련된 시설을 수시로 청소 · 소독하여야 한다.

한편 수용자는 자신의 신체 및 의류를 청결히 하여야 하며, 자신이 사용하는 거실 · 작업장, 그 밖의 수용시설의 청결유지에 협력하여야 하고, 위생을 위하여 두발 또는 수염을 단정하게 유지하여야 한다(동법 제32조). 그리고 수용자는 교도관이 청결유지에 대한 협력 규정에 따라 자신이 사용하는 거실 · 작업장, 그 밖의 수용시설의 청결을 유지하기 위하여 필요한 지시를 한 경우에는 이에 따라야 한다(동법 시행령 제48조).

4) 운동과 목욕

(1) 운동

소장은 수용자가 건강유지에 필요한 운동 및 목욕을 정기적으로 할 수 있도록 하여야 하고, 이러한 운동시간 · 목욕횟수 등에 관하여 필요한 사항은 대통령령으로 정하고 있다(동법 제33조). 즉 수용자가 매일(공휴일 및 법무부장관이 정하는 날 제외) 「국가공무원 복무규정」에 따른 근무시간 내에서 1시간 이내의 실외운동을 할 수 있도록 하여야 한다. 다만 작업의 특성상 실외운동이 필요 없다고 인정되는 때와 질병 등으로 실외운동이 수용자의 건강에 해롭다고 인정되는 때 그리고 우천, 수사, 재판, 그 밖에 부득이한 사정으로 실외운동을 하기 어려운 때에는 운동을 실시하지 않을 수 있다(동법 시행령 제49조).

(2) **목욕**

소장은 작업의 특성, 계절, 그 밖의 사정을 고려하여 수용자의 목욕횟수를 정하되 부득이한 사정이 없으면 매주 1회 이상이 되도록 한다(동법 시행령 제50조). 여성 수용자의 목욕횟수를 정하는 경우에는 그 신체적 특성을 특히 고려하여야 하고, 여성 수용자가 목욕을 하는 경우에 계호가 필요하다고 인정하면 여성 교도관이 하도록 하여야 한다(동법 시행령 제77조).

5) 건강검진

소장은 수용자에 대하여 건강검진을 정기적으로 하여야 하고, 건강검진의 횟수 등에 관하여 필요한 사항은 대통령령으로 정하고 있다(동법 제34조). 즉, 소장은 수용자에 대하여 1년에 1회 이상 건강검진을 하여야 한다. 다만, 19세 미만의 수용자와 계호상 독거수용자에 대하여는 6개월에 1회 이상(노인수용자 포함) 건강검진을 하여야 한다(동법 시행령 제51조). 이러한 건강검진은 「건강검진기본법」에 따라 지정된 검진기관에 의뢰하여 할 수 있다.

6) 감염성 질병에 관한 조치

소장은 감염의 우려가 있는 질병의 발생과 확산을 방지하기 위하여 필요하다고 인정하면 수용자에 대하여 예방접종 · 격리수용 · 이송, 그 밖에 필요한 조치를 하여야 한다(동법 제35조). 즉 수용자가 감염병에 걸렸다고 의심되는 경우에는 1주 이상 격리수용하고 그 수용자의 휴대품을 소독하여야 하고, 감염병이 유행하는 경우에는 수용자가 자비로 구매하는 음식물의 공급을 중지할 수 있으며, 수용자가 감염병에 걸린 경우에는 즉시 격리수용하고 그 수용자가 사용한 물품과 설비를 철저히 소독하여야 한다. 또한 감염병에 걸린 경우 선조치한 후 그 사실을 지체 없이 법무부장관에게 보고하고 관할 보건기관의 장에게 알려야 한다(동법 시행령 제53조).

7) 부상자 등 치료

소장은 수용자가 부상을 당하거나 질병에 걸리면 적절한 치료를 받도록 하여야 하고, 치료를 위하여 교정시설에 근무하는 간호사는 야간 또는 공휴일 등에 「의료법」 제27조(무면허 의료행위 등 금지)에도 불구하고 대통령령으로 정하는 경미한 의료행위를 할 수 있다

(동법 제36조). 즉, 외상 등 흔히 볼 수 있는 상처의 치료, 응급을 요하는 수용자에 대한 응급처치, 부상과 질병의 악화방지를 위한 처치, 환자의 요양지도 및 관리, 의료행위에 따르는 의약품의 투여 등을 할 수 있다(동법 시행령 제54조의2). 한편, 소장은 수용자가 부상을 당하거나 질병에 걸린 경우에는 그 수용자를 의료거실에 수용하거나, 다른 수용자에게 그 수용자를 간병하게 할 수 있다(동법 시행령 제54조).

8) 외부의료시설 진료와 외부의사의 치료

(1) 외부의료시설 진료

소장은 수용자에 대한 적절한 치료를 위하여 필요하다고 인정하면 교정시설 밖에 있는 의료시설, 즉 외부의료시설에서 진료를 받게 할 수 있다(동법 제37조). 그리고 수용자를 외부의료시설에 입원시키거나 입원 중인 수용자를 교정시설로 데려온 경우에는 그 사실을 법무부장관에게 지체 없이 보고하여야 한다(동법 시행령 제57조). 한편, 수용자가 자신의 고의 또는 중대한 과실로 부상 등이 발생하여 외부의료시설에서 진료를 받은 경우에는 그 진료비의 전부 또는 일부를 그 수용자에게 부담하게 할 수 있다(동법 제37조 제5항).[6]

소장은 수용자의 정신질환 치료를 위하여 필요하다고 인정하면 법무부장관의 승인을 받아 치료감호시설로 이송할 수 있고, 치료감호소에 이송된 사람은 수용자에 준하여 처우하며, 수용자가 외부의료시설에서 진료받거나 치료감호시설로 이송되면 그 사실을 그 가족(가족이 없는 경우에는 수용자가 지정하는 사람)에게 지체 없이 통지하여야 한다. 다만, 수용자가 통지를 원하지 아니하면 그러하지 아니하다(동법 제37조).

(2) 외부의사의 치료

소장은 특히 필요하다고 인정하는 경우에는 외부의료시설에서 근무하는 의사, 즉 외부의사에게 수용자를 치료하게 할 수 있다(동법 시행령 제55조). 그리고 소장은 수용자가 자신의 비용으로 외부의사에게 치료받기를 원하면 교정시설에 근무하는 의사, 즉 의무관의 의견을 고려하여 이를 허가할 수 있다(동법 제38조).

---

6) 운동 중 부상당한 경우와 같이 수용자의 중대한 과실을 입증하여야 할 필요가 있을 때는 조사를 위한 수용 등의 조치가 필요하다. 또한 운동근무자로서도 안전교육, 장애물 제거 등 필요한 조치를 하고 기록으로 남겨야 한다.

9) 진료환경

교정시설에는 수용자의 진료를 위하여 필요한 의료 인력과 설비를 갖추어야 하고, 정신질환이 있다고 의심되는 수용자가 있으면 정신건강의학과 의사의 진료를 받을 수 있도록 하여야 한다. 교정시설에 갖추어야 할 의료설비의 기준에 관하여 필요한 사항은 법무부령으로 정한다(동법 제39조).

10) 수용자의 의사에 반하는 의료조치

소장은 수용자가 진료 또는 음식물의 섭취를 거부하면 의무관으로 하여금 관찰 · 조언 또는 설득을 하도록 하여야 한다. 그럼에도 불구하고 수용자가 진료 또는 음식물의 섭취를 계속 거부하여 그 생명에 위험을 가져올 급박한 우려가 있으면 의무관으로 하여금 적당한 진료 또는 영양보급 등의 조치를 하게 할 수 있다(동법 제40조).

제3절 외부교통

1. 의의

교정의 목적이 수형자의 교화개선을 통한 사회복귀에 있으며 이를 위해 사회적 존재로서의 인간의 본성에 의한 외부와의 교통이 필요하고 수형자가 구금 이전에 접촉하던 사람들과의 계속적인 관계를 유지하여 출소 후의 원활한 사회생활을 할 수 있도록 하는 데 필요한 제도이다.

이러한 외부교통은 광의로는 신문 · 잡지 등의 구독이나 TV · 라디오의 시청 등 외부의 정보를 입수할 수 있는 모든 방법과 귀휴제, 외부통근제, 교화위원과의 상담 등 외부와의 접촉을 하는 모든 방법을 의미한다. UN 피구금자처우최저기준규칙 제39조에서도 피구금자에게 외부의 정보를 입수할 수 있는 각종 방법을 허용하면서 이를 외부와의 교통에 포함시키고 있고, 협의로는 「형의 집행 및 수용자의 처우에 관한 법률」에 규정되어 있는 접견과 편지수수 그리고 전화통화만을 의미한다.

2. 제한원리

외부와의 교통은 국민의 기본권보장의 측면에서는 접견과 편지수수는 수용자의 권리로 인정하고 있으나, 시설 내 구금의 질서유지의 측면에서는 일정한 범위 내에서 제한하지 않을 수 없다. 즉 시설의 유지 · 관리에 명백하고 현존하는 위험을 생기게 하는 경우에는 외부와의 교통을 제한할 수 있고, 법령에 근거하여 교도소장이 전문적이고 기술적인 판단에 따라 제한할 수 있는 것이다.

그러나 교도소장의 판단에 의하여 좌우된다면 단순한 시설의 유지 · 관리 등의 필요에 따라 수형자의 외부교통권이 현저하게 제한될 우려가 있으므로, 헌법상의 제한원리 중 시설의 유지 · 관리에 명백하고 현존하는 위험을 생기게 하는 경우로 한정하고, 부분적으로 경우에 따라서는 법령에 근거하여 전문 · 기술적인 부분에서 교도소장의 판단이 필요할 것이다.

3. 현행법상 외부교통

1) 접견

(1) 접견의 제한과 청취 · 기록 · 녹음 · 녹화 사유

수용자는 교정시설의 외부에 있는 사람과 접견할 수 있다. 다만, ① 형사법령에 저촉되는 행위를 할 우려가 있는 때, ② 「형사소송법」이나 그 밖의 법률에 따른 접견금지의 결정이 있는 때, ③ 수형자의 교화 또는 건전한 사회복귀를 해칠 우려가 있는 때, ④ 시설의 안전 또는 질서를 해칠 우려가 있는 때에는 접견을 제한할 수 있다.[7]

한편, 수용자가 ① 범죄의 증거를 인멸할 우려가 있는 때, ② 형사법령에 저촉되는 행위를 할 우려가 있는 때, ③ 수형자의 교화 또는 건전한 사회복귀를 위하여 필요한 때, ④ 시설의 안전과 질서유지를 위하여 필요한 때에는 접견내용을 청취하거나 기록 및 녹음 또는 녹화를 할 수 있다. 이렇게 녹음 · 녹화하는 경우에는 사전에 수용자 및 그 상대방에게 그 사실을 알려 주어야 한다(동법 제41조).

---

7) 2007년 법 개정을 통해 접견의 소장 허가제를 폐지하여 수용자의 외부인접견권이 기본적 권리임을 천명하고, 접견을 제한할 수 있는 경우를 구체적으로 명확하게 규정하여 그 권리가 침해되는 일이 없도록 하고 있다.

(2) 접견 횟수 · 시간 · 장소 · 방법

수용자의 접견은 매일(공휴일 및 법무부장관이 정한 날을 제외) 「국가공무원 복무규정」 제9조(1일 근무시간 9시부터 18시까지)에 따른 근무시간 내에서 한다. 그리고 변호인과 접견하는 미결수용자를 제외한 수용자의 접견시간은 회당 30분 이내로 한다(동법 시행령 제58조). 하지만 이러한 원칙에도 불구하고 소장은 수형자의 교화 또는 건전한 사회복귀를 위하여 특히 필요하다고 인정하면 접견시간대 외에도 접견을 하게 할 수 있고 접견시간을 연장할 수 있다(동법 시행령 제59조).

수형자의 접견횟수는 매월 4회로 하고, 미결수용자의 접견횟수는 매일 1회로 하되, 변호인과의 접견은 그 횟수에 포함시키지 않으며, 사형확정자의 접견횟수는 매월 4회로 한다. 그러나 소장은 수용자가 ① 19세 미만인 때, ② 교정성적이 우수한 때, ③ 교화 또는 건전한 사회복귀를 위하여 특히 필요하다고 인정되는 때에는 접견횟수를 늘릴 수 있다(동법 시행령 제59조).[8)]

(3) 접견의 중지사유

교도관은 접견 중인 수용자 또는 그 상대방이 ① 범죄의 증거를 인멸하거나 인멸하려고 하는 때, ② 금지물품을 주고받거나 주고받으려고 하는 때, ③ 형사법령에 저촉되는 행위를 하거나 하려고 하는 때, ④ 수용자의 처우 또는 교정시설의 운영에 관하여 거짓 사실을 유포하는 때, ⑤ 수형자의 교화 또는 건전한 사회복귀를 해칠 우려가 있는 행위를 하거나 하려고 하는 때, ⑥ 시설의 안전 또는 질서를 해하는 행위를 하거나 하려고 하는 때에는 접견을 중지할 수 있다(동법 제42조).

(4) 접견의 장소

수용자의 접견은 접촉차단시설이 설치된 장소가 원칙이지만 예외적으로 다음의 경우 접촉차단시설이 설치되지 아니한 장소에서 접견한다(동법 제41조, 동법 시행령 제59조, 동법 시행령 제59조의2, 동법 시행규칙 제88조).

① 미결수용자(형사사건으로 수사 또는 재판을 받고 있는 수형자와 사형확정자를 포함한다)

---

8) 경비처우급별 접견횟수(동법 시행규칙 제87조)
  (1) 중경비처우급: 월 4회
  (2) 일반경비처우급: 월 5회
  (3) 완화경비처우급: 월 6회(4) 개방처우급: 일 1회

가 변호인과 접견하는 경우(필요적 규정)

② 수용자가 소송사건의 대리인인 변호사와 접견하는 경우로서 교정시설의 안전 또는 질서를 해칠 우려가 없는 경우(필요적 규정)

③ 상소권회복 또는 재심 청구사건의 대리인이 되려는 변호사와 접견하는 경우에는 교정시설의 안전 또는 질서를 해칠 우려가 없는 경우(필요적 규정)

④ 수용자가 미성년자인 자녀와 접견하는 경우(임의적 규정)

⑤ 수형자가 교정성적이 우수한 때 또는 교화 또는 건전한 사회복귀를 위하여 특히 필요하다고 인정되는 때에 해당하는 경우(임의적 규정)

⑥ 미결수용자의 처우를 위하여 소장이 특별히 필요하다고 인정하는 경우(임의적 규정)

⑦ 사형확정자의 교화나 심리적 안정을 위하여 소장이 특별히 필요하다고 인정하는 경우(임의적 규정)

⑧ 개방처우급에 해당하는 경우(임의적 규정)

(5) 변호사와의 접견

① 접견시간 회당 30분 이내의 규정에도 불구하고 수용자가 다음의 어느 하나에 해당하는 변호사와 접견하는 시간은 으로 한다.

㉠ 소송사건의 대리인인 변호사

㉡ 「형사소송법」에 따른 상소권회복 또는 재심 청구사건의 대리인이 되려는 변호사

② 수용자가 변호사와 접견하는 횟수는 다음 각 호의 구분에 따르되, 수형자의 접견횟수, 미결수용자의 접견횟수 및 사

㉠ 소송사건의 대리인인 변호사: 월 4회

㉡ 「형사소송법」에 따른 상소권회복 또는 재심 청구사건의 대리인이 되려는 변호사: 사건당 2회

③ 소장은 근무시간 내 접견과 접견시간 60분 및 접견

④ 소장은 접견 수요 또는 접견실 사정 등을 고려하여 원활한 접견 사무 진행에 현저한 장애가 발생한다고 판단하면 접견 시간 및 횟수를 줄일 수 있다. 이 경우 줄어든 시간과 횟수는 다음 접견 시에 추가하도록 노력하여야 한다.

2) 편지수수

(1) 편지수수의 제한사유와 횟수

수용자는 다른 사람과 편지를 주고받을 수 있다.[9] ①「형사소송법」그 밖의 법률에 따른 편지의 수수금지 및 압수의 결정이 있는 때, ② 수형자의 교화 또는 건전한 사회복귀를 해칠 우려가 있는 때, ③ 시설의 안전 또는 질서를 해칠 우려가 있는 때에는 제한할 수 있다. 그리고 같은 교정시설의 수용자 간에 편지를 주고받으려면 소장의 허가를 받아야 한다(동법 제43조). 그리고 수용자가 보내거나 받는 편지는 법령에 어긋나지 아니하면 횟수를 제한하지 아니한다.

(2) 편지의 제출

수용자는 편지를 보내려는 경우 해당 편지을 봉함하여 교정시설에 제출한다. 다만, 소장은 ① 마약류사범 · 조직폭력사범 등 법무부령으로 정하는 수용자가 변호인 외의 자에게 편지을 보내려는 경우, ② 수용자가 같은 교정시설에 수용 중인 다른 수용자에게 편지를 보내려는 경우, ③ 규율위반으로 조사 중이거나 징벌집행 중인 수용자가 다른 수용자에게 편지을 보내려는 경우에는 금지물품의 확인을 위하여 필요한 경우에는 편지를 봉함하지 않은 상태로 제출하게 할 수 있다(동법 제43조). 한편, 소장은 수용자에게 온 편지에 금지물품이 들어 있는지를 개봉하여 확인할 수 있다.

(3) 편지의 검열사유

수용자가 주고받는 편지의 내용은 검열받지 아니한다. 다만 ① 편지의 상대방이 누구인지 확인할 수 없는 때, ②「형사소송법」그 밖의 법률에 따른 편지검열의 결정이 있는 때, ③ 수형자의 교화 또는 건전한 사회복귀를 해칠 우려가 있는 때, ④ 시설의 안전 또는 질서를 해칠 우려가 있는 때, ⑤ 형사법령에 저촉되는 내용이 기재되어 있다고 의심할 만한 상당한 이유가 있는 때, ⑥ 대통령령으로 정하는 수용자 간의 편지인 때에는 검열한다(동법 제43조).

한편 소장은 ① 마약류사범 · 조직폭력사범, 관심대상수용자인 때, ② 편지를 주고받으려는 수용자와 같은 교정시설에 수용 중인 때, ③ 규율위반으로 조사 중이거나 징벌집행 중인 때, ④ 범죄의 증거를 인멸할 우려가 있는 수용자가 다른 수용자와 편지를 주고받는

9) '서신'이 '편지'로 용어가 변경되었다.(법률 제16925호 2020.2.4. 일부개정, 시행 2020. 8.5.)

때에는 그 내용을 검열할 수 있다(동법 시행령 제66조). 그리고 수용자 간에 오가는 편지에 대한 검열은 편지를 보내는 교정시설에서 한다. 다만, 특히 필요하다고 인정되는 경우에는 편지를 받는 교정시설에서도 할 수 있다.

(4) 발신 · 수신 금지사유

소장은 금지물품 확인 또는 검열사유에 따라 확인 또는 검열한 결과 수용자의 편지에 법령으로 금지된 물품이 들어 있거나 편지의 내용이 다음의 어느 하나에 해당하면 발신 또는 수신을 금지할 수 있다(동법 제43조).

① 암호 · 기호 등 이해할 수 없는 특수문자로 작성되어 있는 때

② 범죄의 증거를 인멸할 우려가 있는 때

③ 형사법령에 저촉되는 내용이 기재되어 있는 때

④ 수용자의 처우 또는 교정시설의 운영에 관하여 명백한 거짓 사실을 포함하고 있는 때

⑤ 사생활의 비밀 또는 자유를 침해할 우려가 있는 때

⑥ 수형자의 교화 또는 건전한 사회복귀를 해칠 우려가 있는 때

⑦ 시설의 안전 또는 질서를 해칠 우려가 있는 때

소장이 편지를 발송하거나 교부하는 경우에는 신속히 하여야 하고, 편지수수 금지사유 또는 발신 · 수신 금지사유에 따라 발신 또는 수신이 금지된 편지는 수용자에게 그 사유를 알린 후 교정시설에 보관한다. 다만, 수용자가 동의하면 폐기할 수 있도록 하고 있는데, 이는 수 · 발신이 금지된 편지를 국가가 임의로 폐기하는 것은 개인의 재산권을 침해할 소지가 있으므로 보관을 원칙으로 하되 수용자가 동의한 경우에만 폐기할 수 있게 하고 있다.

3) 전화통화

(1) 전화통화의 허가와 제한

수용자는 발신전화에 한하여 소장의 허가를 받아 교정시설의 외부에 있는 사람과 전화통화를 할 수 있다(동법 제44조). 그러나 ① 범죄의 증거를 인멸할 우려가 있을 때, ② 형사법령에 저촉되는 행위를 할 우려가 있을 때, ③ 「형사소송법」에 따라 접견 · 편지수수금지 결정을 하였을 때, ④ 교정시설의 안전 또는 질서를 해칠 우려가 있을 때, ⑤ 수형자의 교화 또는 건전한 사회복귀를 해칠 우려가 있을 때에는 전화통화를 허가하지 않을 수 있다.

그리고 소장은 허가를 하기 전에 전화번호와 수신자를 확인하여야 하는데, 이 경우 수

신자에게 전화통화 불허사유가 있으면 허가를 아니할 수 있다. 한편 허가를 함에 있어서 통화내용의 청취 또는 녹음을 조건으로 붙일 수 있다.

(2) 전화통화의 시간과 횟수

전화통화의 통화시간은 특별한 사정이 없으면 3분 이내로 한다. 그리고 수용자의 전화통화는 매일(공휴일 및 법무부장관이 정한 날 제외) 「국가공무원 복무규정」 제9조에 따른 근무시간 내에서 실시한다. 소장은 평일에 전화를 이용하기 곤란한 특별한 사유가 있는 수용자에 대하여는 전화이용시간을 따로 정할 수 있다. 수형자의 경비처우급별 전화통화의 허용횟수는 개방처우급이 월 5회 이내이고, 완화경비처우급이 월 3회 이내이다. 소장은 처우상 특히 필요한 경우에는 개방처우급과 완화경비처우급 수형자의 전화통화 허용횟수를 늘릴 수 있다. 한편, 소장은 사형확정자의 심리적 안정과 원만한 수용생활을 위하여 필요하다고 인정하는 경우에는 월 3회 이내의 범위에서 전화통화를 허가할 수 있다.

수용자의 전화통화 요금은 수용자의 부담으로 해야 하지만, 교정성적이 양호한 수형자 또는 보관금이 없는 수용자에 대하여는 예산의 범위에서 요금을 부담할 수 있다.

제4절 종교와 문화생활

1. 종교활동

수용자는 교정시설의 안에서 실시하는 종교의식 또는 행사에 참석할 수 있으며, 개별적인 종교상담을 받을 수 있다. 그리고 수용자는 자신의 신앙생활에 필요한 서적이나 물품을 소지할 수 있다. 하지만 소장은 수형자의 교화 또는 건전한 사회복귀를 위하여 필요한 때와 시설의 안전과 질서유지를 위하여 필요한 때에는 종교의식 또는 행사 참여 및 개별적인 종교상담과 신앙생활에 필요한 서적이나 물품의 소지를 제한할 수 있다(동법 제45조).[10)]

10) 수형자 종교별 분포는 2019년 현재, 총 44,758명 중 기독교 17,255명(38.6%), 불교 10,362명(23.2%), 천주교 6,706명(15%) 순이며, 교정위원은 총인원 1,864명 중 기독교 874명(46.9%), 불교 614명(32.9%), 천주교 341명(18.3%) 순으로 나타났다. 교정본부, 「교정통계연보」, 2020, pp. 112, 183.

2. 문화생활

1) 도서비치 및 이용

소장은 수용자의 지식함양 및 교양습득에 필요한 도서를 비치하고 수용자가 이용할 수 있도록 하여야 하고(동법 제46조), 수용자가 쉽게 이용할 수 있도록 비치도서의 목록을 정기적으로 공개하여야 한다(동법 시행령 제72조).

2) 신문 등의 구독

수용자는 자신의 비용으로 신문 · 잡지 또는 도서의 구독을 신청할 수 있는데, 소장은 구독을 신청한 신문 등이 「출판문화산업 진흥법」에 따른 유해간행물인 경우를 제외하고는 구독을 허가하도록 하고 있다(동법 제47조). 알 권리 및 정보액세스권은 기본권적 성격을 지니고 있어 이를 제한하지 않는 것이 바람직하나 불가피하게 제한하는 경우에는 반드시 법률에 의하여야 하고 그 요건도 엄격하게 규정해야 하므로 「출판문화산업 진흥법」에 해당하는 유해간행물인 경우에 한하여 구독을 불허하도록 한정하고 있다.

수용자가 구독을 신청할 수 있는 신문 · 잡지 또는 도서는 교정시설의 보관범위 및 수용자의 소지범위를 벗어나지 아니하는 범위에서 신문은 월 3종 이내로, 도서(잡지를 포함)는 월 10권 이내로 한다. 다만, 수용자의 지식함양 및 교양습득에 특히 필요하다고 인정하는 경우에는 신문 등의 신청 수량을 늘릴 수 있다.

3) 라디오 청취와 텔레비전 시청

수용자는 정서안정 및 교양습득을 위하여 라디오 청취와 텔레비전 시청을 할 수 있다. 다만, 수형자의 교화 또는 건전한 사회복귀를 해칠 우려가 있는 때와 시설의 안전과 질서유지를 위하여 필요한 때에는 수용자에 대하여 라디오 및 텔레비전 방송을 일시 중단할 수 있고, 개별수용자에 대해서는 청취 또는 시청을 금지할 수 있다(동법 제48조).

한편, 수용자를 대상으로 하는 방송은 무상으로 한다. 그리고 법무부장관은 방송의 전문성을 강화하기 위하여 외부전문가의 협력을 구할 수 있고, 모든 교정시설의 수용자를 대상으로 하는 통합방송을 실시할 수 있고, 소장은 방송에 대한 의견수렴을 위하여 설문조사 등의 방법으로 수용자의 반응도 및 만족도를 측정할 수 있다.

또한 방송편성시간은 소장이 수용자의 건강과 일과시간 등을 고려하여 1일 6시간 이내에서 정한다. 다만, 토요일 · 공휴일, 작업 · 교육실태 및 수용자의 특성을 고려하여 방송편성시간을 조정할 수 있다. 그리고 수용자는 소장이 지정한 장소에서 지정된 채널을 통하여 텔레비전을 시청하거나 라디오를 청취하여야 한다. 다만, 자치생활 수형자는 법무부장관이 정하는 방법에 따라 텔레비전을 시청할 수 있다.

4) 집필

수용자는 문서 또는 도화를 작성하거나 문예 · 학술, 그 밖의 사항에 관하여 집필할 수 있다. 다만, 소장이 시설의 안전 또는 질서를 해칠 명백한 위험이 있다고 인정하는 경우는 예외로 한다(동법 제49조 제1항).

집필용구의 구입비용은 수용자가 부담하는 것을 원칙으로 하고 있고, 예외적으로 수용자가 그 비용을 부담할 수 없는 경우에는 필요한 집필용구를 지급할 수 있다. 그리고 수용자는 휴업일 및 휴게시간 내에 시간의 제한 없이 집필할 수 있고, 거실 · 작업장, 그 밖에 지정된 장소에서 집필할 수 있다(동법 시행령 제75조).

또한 소장은 수용자가 본인이 작성 또는 집필한 문서나 도화를 외부에 보내거나 내가려고 할 때에는 그 내용을 확인하여 발신 또는 수신 금지사유의 어느 하나에 해당하지 아니하면 허가하여야 한다.

제5절 특별한 보호

1. 여성 수용자[11]의 처우

1) 처우의 주요 내용

소장은 여성 수용자에 대하여 여성의 신체적 · 심리적 특성을 고려하여 처우하여야 하

11) 총 수용인원 중 여성 인구가 차지하는 비율(2010년 5.1%, 2019년 7.1%)은 지속적 상승추세이다. 죄명별 분포를 보면(2019년), 사기횡령(51.1%), 살인(10.7%), 절도(6.1%), 폭력 · 상해(5.4%), 마약류(5.8%) 순이었다. 교정본부, 「교정통계연보」, 2020, pp. 61, 75.

고, 여성 수용자에 대하여 건강검진을 실시하는 경우에는 나이 · 건강 등을 고려하여 부인과질환에 관한 검사를 포함시켜야 한다. 그리고 생리 중인 여성 수용자에 대하여는 위생에 필요한 물품을 지급하여야 한다(동법 제50조). 최근 여성 수용자의 처우개선을 위해 부인과질환에 관한 검사와 위생에 필요한 물품지급에 대하여 임의적 규정에서 필요적 규정으로 변경하였다.

2) 처우 시의 유의사항

소장은 여성 수용자에 대하여 상담 · 교육 · 작업 등을 실시하는 때에는 여성 교도관이 담당하도록 하여야 하지만, 여성 교도관이 부족하거나 그 밖의 부득이한 사정이 있으면 그러하지 아니하다. 만약 남성 교도관이 1명의 여성 수용자에 대하여 실내에서 상담 등을 하려면 투명한 창문이 설치된 장소에서 다른 여성을 입회시킨 후 실시하도록 하여(동법 제51조) 만약에 생길 수 있는 불미스러운 일을 사전에 차단하도록 하고 있다.

한편, 소장은 여성 수용자의 목욕횟수를 정하는 경우에는 그 신체적 특성을 특히 고려하여야 하고, 여성 수용자가 목욕을 하는 경우에 계호가 필요하다고 인정하면 반드시 여성 교도관이 하도록 한다(동법 시행령 제77조).

3) 임산부인 수용자의 처우

소장은 수용자가 임신 중이거나 출산(유산 포함)한 경우에는 모성보호 및 건강유지를 위하여 정기적인 검진 등 적절한 조치를 하여야 하고, 수용자가 출산하려고 하는 경우에는 외부의료시설에서 진료를 받게 하는 등 적절한 조치를 하도록 하여 임산부에 대한 기본적인 원칙을 규정하고 있다(동법 제52조).

임산부인 수용자 및 유아의 양육을 허가받은 수용자에 대하여 필요하다고 인정하는 경우에는 교정시설에 근무하는 의사의 의견을 들어 필요한 양의 쌀밥, 죽 등의 주식과 별도로 마련된 부식을 지급할 수 있으며, 양육유아에 대하여는 분유 등의 대체식품을 지급할 수 있다.

4) 유아의 양육

여성수용자는 자신이 출산한 유아를 교정시설에서 양육할 것을 신청할 수 있다. 이 경우 소장은 ① 유아가 질병 · 부상, 그 밖의 사유로 교정시설에서 생활하는 것이 특히 부적당하다고 인정되는 때, ② 수용자가 질병 · 부상, 그 밖의 사유로 유아를 양육할 능력이 없다고 인정되는 때, ③ 교정시설에 감염병이 유행하거나 그 밖의 사정으로 유아양육이 특히 부적당한 때에 해당하는 사유가 없으면, 생후 18개월에 이르기까지 허가하여야 한다.[12)]

2. 노인 수용자[13)]의 처우

노인 수용자란 65세 이상인 수용자를 말하며, 소장은 노인 수용자에 대하여 나이 · 건강상태 등을 고려하여 그 처우에 있어 적정한 배려를 하여야 한다. 노인 수형자 전담교정시설이 아닌 교정시설에서는 노인 수용자를 수용하기 위하여 별도의 거실을 지정하여 운용할 수 있고, 노인 수용자의 거실은 시설부족 또는 그 밖의 부득이한 사정이 없으면 건물의 1층에 설치하고, 특히 겨울철 난방을 위하여 필요한 시설을 갖추어야 한다.

그리고 소장은 노인 수용자의 나이 · 건강상태 등을 고려하여 필요하다고 인정하면 운동시간을 연장하거나 목욕횟수를 늘릴 수 있고, 노인 수용자에 대하여 6개월에 1회 이상 건강검진을 하여야 한다.

또한 노인 수형자 전담교정시설의 장은 노인 문제에 관한 지식과 경험이 풍부한 외부전문가를 초빙하여 교육하게 하는 등으로 노인 수형자의 교육받을 기회를 확대하고, 노인전문오락, 그 밖에 노인의 특성에 알맞은 교화프로그램을 개발 · 시행하여야 하며, 노인 수용자가 작업을 원하는 경우에는 나이, 건강상태 등을 고려하여 해당 수용자가 감당할 수 있는 정도의 작업을 부과하도록 하고 있는데, 이 경우 의무관의 의견을 들어야 한다.

---

12) 동법 시행령 제78조와 동법 제52조 제1항에서 “출산(유산을 포함한다)한 경우”란 출산(유산한 경우를 포함한다) 후 60일이 지나지 아니한 경우를 말한다. 임산부, 양육 유아 현황을 보면, 2010년 16명에서 2017년 30명, 2018년 29명으로 증가했다가 2019년 19명으로 감소하였다. 2019년 현재, 임산부는 18명, 양육 유아는 11명이다.

13) 우리나라의 수형자 중 60세 이상의 인구는 2010년 1,641명(5.1%)에서 2019년 4,802명(13.8%)으로 늘어나 지난 10년간 약 3배 정도의 증가율을 보였다. 연령별 인구비율은 최근 6년간(2014~2019년) 40대와 50대가 가장 높았고, 다음으로 30대, 20대, 60대, 20세 미만 순으로 높게 나타났다. 교정본부, 「교정통계연보」, 2020, p.62.

3. 장애인 수용자의 처우[14)]

시각 · 청각 · 언어 · 지체(肢體) 등의 장애로 통상적인 수용생활이 특히 곤란하다고 인정되는 수용자를 말하는데, 소장은 장애인 수용자에 대하여 장애의 정도를 고려하여 그 처우에 있어 적정한 배려를 하여야 한다. 장애인 수형자 전담교정시설이 아닌 교정시설에서는 장애인 수용자를 수용하기 위하여 별도의 거실을 지정하여 운용할 수 있고, 장애인 수용자의 거실은 시설부족 또는 그 밖의 부득이한 사정이 없으면 건물의 1층에 설치하고, 특히 장애인이 이용할 수 있는 변기 등의 시설을 갖추도록 하여야 한다.

그리고 장애인 수형자 전담교정시설의 장은 장애인의 재활에 필요한 전문적인 지식을 가진 의료진과 장비를 갖추도록 노력하여야 하고, 장애인 수형자 전담교정시설의 장은 장애인 수형자에 대한 직업훈련이 석방 후의 취업과 연계될 수 있도록 그 프로그램의 편성 및 운영에 특히 유의하여야 한다.

4. 외국인 수용자[15)]의 처우

소장은 외국인 수용자에 대하여 언어 · 생활문화 등을 고려하여 적정한 처우를 하여야 한다. 즉 외국인 수용자를 수용하는 소장은 외국어에 능통한 소속 교도관을 전담요원으로 지정하여 일상적인 개별면담, 고충해소, 통역 · 번역 및 외교공관 또는 영사관 등 관계 기관과의 연락 등의 업무를 수행하도록 하고 있는데 이러한 전담요원은 외국인 미결수용자에게 소송 진행에 필요한 법률지식을 제공하는 등의 조력을 하여야 한다.

그리고 소장은 외국인 수용자의 수용거실을 지정하는 경우에는 종교 또는 생활관습이 다르거나 민족감정 등으로 인하여 분쟁의 소지가 있는 외국인 수용자는 거실을 분리하여 수용하도록 하여 교정사고를 사전에 예방하고자 하는 노력을 기울이고 있다.

---

14) 충주 · 통영구치소(지체장애인), 여주 · 청주교도소(시각장애인), 여주교도소(언어 · 청각장애인) 등 안양, 여주, 포항, 청주, 광주, 순천, 군산교도소를 포함하여 9개소에 수용되어있다.

15) 우리나라 외국인 수용자는 2004년 621명, 2009년 1,611명, 2014년 1,271명, 2019년 2,315명으로 급속히 증가하고 있다. 2019년 현재, 중국인 1,156(49.9%), 태국인 190명(8.2%), 대만인 121명(5.2%), 베트남인 80명(3.5%), 우즈베키스탄인 60명(2.6%), 미국인 57명(2.5%) 등의 순이었다. 죄명은 사기횡령 363명(25.6%), 살인 226명(16%), 마약류 222명(15.7%), 강간 105명(7.4%), 절도 136명(9.6%), 강도 74명(5.2%), 폭력 · 상해 57명(4%) 등의 순으로 나타났다. 외국인 수용시설은 대전 교도소, 천안 교도소, 청주 여자교도소가 있다. 교정본부, 「교정통계연보」, 2020, pp. 81~82.

한편, 외국인 수용자에 대하여는 그 생활양식을 고려하여 필요한 수용설비를 제공하도록 노력하고 있고, 외국인 수용자에게 지급하는 음식물의 총 열량은 소속 국가의 음식문화, 체격 등을 고려하여 조정할 수 있으며, 외국인 수용자에 대하여는 쌀, 빵 또는 그 밖의 식품을 주식으로 지급하되, 소속 국가의 음식문화를 최대한 고려하도록 하고 있다.

제6절 안전과 질서

1. 수용자 계호의 개관

1) 계호의 의의

(1) 경계와 보호

계호란 교정시설의 안전 및 구금질서유지를 목적으로 하는 일체의 강제력으로 수용자에 대한 격리작용과 개선작용을 위한 경계와 보호작용을 말한다. 이러한 계호는 교도소 등의 규율유지를 위한 실력강제라고 하는 설이 있고 경계와 보호활동이라는 설이 있다.

(2) 복지작용

교정이념의 발달에 기초하여 종래에는 구금의 확보와 교도소의 규율유지라는 소극적인 경계기능, 즉 교정의 권력작용을 계호라고 보았지만, 오늘날에는 실질적인 목적이 수용자의 교화개선에 계호의 목적이 있다는 측면에서 적극적인 보호기능, 보육 내지 복지증진작용을 계호라고 보게 되었다.

2) 계호의 필요성

계호는 위험성을 제거하고 안전을 도모하기 위한 수용자의 격리 · 구금확보와 신병확보를 위해 필요하고, 수용자의 도주 · 자살 · 자해 · 폭행 등 교정사고 예방 및 외침에 대비한 자체방호를 위해서도 필요하다.

3) 계호의 목적

(1) 구금확보

구금확보의 원칙은 수용자를 시설 내에 두고 감시하는 것으로 수용자가 일정한 장소를 이탈하거나 장애물로 인하여 시야를 가리는 등 시선을 벗어나서는 아니 된다. 그리고 수용자가 지정된 장소를 떠날 때에는 원칙적으로 권한 있는 자의 명령에 의하여야 한다.

(2) 규율유지

수용자는 거실 · 작업장 · 교회당 등에서 자리를 지정하여 앉게 하고 상호 대화를 금지시켜 질서를 유지하여야 하고, 상담 · 치료 · 교회 등의 목적으로 지정장소를 이탈한 경우에는 질서를 유지하고 다른 작업장의 수용자와의 접촉이나 금지된 물품의 교환 여부를 철저히 단속하여야 한다.

4) 계호권 행사의 정당성

보호장비의 사용과 강제력의 행사 그리고 전자장비, 무기를 통한 수용자에 대한 계호권 행사는 수용자에 대한 인권침해 우려가 크므로 적법절차에 따라 필요성과 균형성의 범위 내에서 이루어져야 그 정당성이 인정된다.

즉 강제력 행사의 수단이 행정청이 의도하는 목적을 달성하는 데 적합하고, 수단이 예측가능성이 있어야 한다는 적합성의 원칙과 최소침해의 원칙으로 행정의 목적 실현을 위하여 필요한도 이상으로 행하여서는 안 되고, 목적 실현을 위하여 여러 가지 대체수단이 있는 경우 관계자에게 가장 적은 부담을 주는 수단을 선택해야 한다는 필요성의 원칙, 법익교량의 원칙으로 조치를 취하면서 발생하는 불이익이 조치의 결과로 얻는 이익보다 큰 경우에는 조치를 취해서는 안 된다는 상당성의 원칙이 적용되어야 계호권 행사의 정당성이 인정된다.

5) 계호권 행사의 효과

계호권의 행사는 적법으로 추정되어 계호권자는 정당한 공무집행으로서 법률상 보호를 받으며 상대방을 구속하고, 적법한 계호권의 행사 결과는 위법성이 조각된다. 또한 계호권의 행사를 폭행 · 협박으로 거부할 경우에는 공무집행방해죄 등이 성립되고, 계호권의 행사가 고의 또는 중대한 과실로 위법 · 부당할 경우 징계처분의 사유가 될 수 있고, 「형법」에 저촉되는 경우 형사처분의 대상이 되기도 하며, 불법계호권 행사로 인해 피해를 입은 자는 국가를 상대로 손해배상의 책임을 물을 수 있다.

6) 계호권의 범위

(1) 제3자에 대한 계호권

계호권은 수용자와 계호자 사이에 발생하는 것이 원칙이지만, 특별한 경우에는 수용자 외의 자에게도 성립할 수 있다. 즉 ① 수용자를 도주하게 하려고 하는 때, ② 교도관 등 또는 수용자에게 위해를 끼치거나 끼치려고 하는 때, ③ 위력으로 교도관 등의 정당한 직무집행을 방해하는 때, ④ 교정시설의 설비 · 기구 등을 손괴하거나 하려고 하는 때, ⑤ 교정시설에 침입하거나 하려고 하는 때, ⑥ 교정시설의 안(교도관이 교정시설의 밖에서 수용자를 계호하고 있는 경우 그 장소를 포함)에서 교도관 등의 퇴거요구를 받고도 이에 응하지 아니하는 때 등의 사유가 있으면 수용자 외의 사람에 대하여도 강제력 행사의 일환으로 보안장비를 사용할 수 있다(동법 제100조). 그리고 ① 계호권은 수용자와 계호자 사이에 발생하는 것이 원칙이나 교도관은 교정시설 안(교도관이 교정시설의 밖에서 수용자를 계호하고 있는 경우 그 장소를 포함)에서 자기 또는 타인의 생명 · 신체를 보호하기 위해 필요한 때, ② 수용자의 탈취를 저지하기 위해 필요한 때, ③ 건물 또는 그 밖의 시설과 무기에 대한 위험을 방지하기 위하여 급박하다고 인정되는 상당한 이유가 있으면 수용자 외의 사람에 대하여도 무기를 사용할 수 있도록 하고 있다(동법 제101조). 다만, 보호장비에 대해서는 외부인에 대한 사용규정을 두고 있지 않고 있다.

(2) 타 교도소 소속의 수용자에 대한 계호권

타 교도소의 비상사태로 인하여 응원을 구할 때 예외적으로 당해 교도소장의 지휘 · 감독하에 당해 수용자에 대한 계호권의 행사를 인정하고 있다. 즉, 현실적으로 타 교정시설에 대한 교차거실검사 등이 타 교도소에 대한 계호작용의 하나이다.

7) 계호행위의 내용

(1) 시찰

수용자에게 객관적으로 나타나는 동정을 파악하는 계호행위로 그들의 심리적 변화 정도를 살피고, 수용자의 기대가능성에 따른 불만, 처우상의 문제점 등을 조사함으로써 수용자의 처우개선과 교정시설 운영에 조력하는 기능을 말한다.

(2) 명령

수용자에게 일정한 작위나 부작위를 강제적으로 요구하는 것으로 통상 구두, 서면, 게시, 신호 등의 방법에 의한다. 이와 같은 명령이 실현되지 않았을 때에는 강제력 사용의 근거가 된다. 그리고 명령 시 주의할 사항으로 공무상 자기의 직무권한 내에서 합법적으로 실현가능성 있는 타당한 명령을 해야 한다. 즉 수용자의 교정교화 면에 관심을 두고 가급적이면 지배적 색채를 배제한 안내와 지도적 자세로 명령함으로써 상대방이 순종하도록 유도해야 한다.

(3) 강제

법규 또는 교도관의 정당한 명령에 수용자가 상당한 이유 없이 그 의무를 불이행할 경우 그 이행이 있는 것과 동일한 상태를 실현시키기 위한 계호작용이다.

(4) 검사

교정사고를 미연에 방지하기 위하여 인적 또는 물적으로 나타난 보안의 위해상태를 사전에 조사하는 것으로 신체 · 의류 · 휴대품, 거실 · 작업장 등 광범위하게 실시된다.

즉 교도관은 시설의 안전과 질서유지를 위하여 필요하면 수용자의 신체 · 의류 · 휴대품 · 거실 및 작업장 등을 검사할 수 있다. 그리고 수용자의 신체를 검사하는 경우에는 불필요한 고통이나 수치심을 느끼지 아니하도록 유의하여야 하며, 특히 신체를 면밀하게 검사할 필요가 있으면 다른 수용자가 볼 수 없는 차단된 장소에서 하여야 한다.

한편, 여성의 신체 · 의류 및 휴대품에 대한 검사는 반드시 여성 교도관이 하여야 한다. 그리고 교도관이 시설의 안전과 질서유지를 위하여 필요하면 교정시설을 출입하는 수용자 외의 사람에 대하여 의류와 휴대품을 검사할 수 있는데, 이 경우 출입자가 금지물품을 소지하고 있으면 교정시설에 맡기도록 하여야 하며, 이에 응하지 아니하면 출입을 금지할 수 있다.

만약 신체검사 등을 한 결과 금지물품이 발견되면 형사법령이 정하는 절차에 따라 처리할 물품을 제외하고는 수용자에게 알린 후 폐기한다. 다만, 폐기하는 것이 부적당한 물품은 교정시설에 보관하거나 수용자로 하여금 자신이 지정하는 사람에게 보내게 할 수 있다(동법 제93조).[16)]

(5) 정돈

교정시설 내의 각종 시설과 물품에 대한 이상 유무는 교정사고의 요인과 직결될 수 있다. 이를 조속히 확인하기 위하여 시설과 물품의 정리 · 정돈이 요구되는데, 이러한 정돈은 계호행위의 기능 외에 수용자의 무질서한 습벽을 교정하는 데 유용하다.

(6) 배제

위험의 개연성이 있는 경우 사전에 예방조치로서 행하는 계호행위로 인위적 · 자연적 원인으로 말미암아 계호상의 장애를 초래하거나 위험이 발생할 가능성이 있는 경우 이를 사전에 제거함으로써 교정시설의 안전을 유지하는 계호행위를 말한다.

(7) 구제

위험성이 발생하였을 때 사후적 조치로서 행하는 계호행위로 자신의 위험을 무릅쓰고 어려운 환경에 빠진 수용자를 구해 줄 것이 요구된다.

8) 계호의 탄력적 적용

계호를 강화해야 하는 경우는 교정사고 우려자 또는 특별계호가 필요한 자가 있는 경우(예: 엄중관리대상자), 조출 시 또는 폭우 및 짙은 안개 등으로 교도관의 시야에 지장을 주는 경우 및 수용자가 호송, 출정, 외부작업 등의 사유로 구금시설을 벗어남으로써 물적 계호시설이 약화될 경우이다.

반대로 계호를 가급적 완화해야 하는 대상은 경비처우급상의 상위등급자, 수형자자치제의 대상자, 개방처우의 대상자 등이다. 한편 석방된 자 또는 가석방 중인 자는 계호의 대상이 아니다.

---

16) 금지물품(동법 제92조)

1. 마약 · 총기 · 도검 · 폭발물 · 흉기 · 독극물, 그 밖에 범죄의 도구로 이용될 우려가 있는 물품
2. 주류 · 담배 · 화기 · 현금 · 수표, 그 밖에 시설의 안전 또는 질서를 해칠 우려가 있는 물품
3. 음란물, 사행행위에 사용되는 물품, 그 밖에 수형자의 교화 또는 건전한 사회복귀를 해칠 우려가 있는 물품

9) 엄중관리대상자

교정시설의 안전과 질서유지를 위하여 다른 수용자와의 접촉을 차단하거나 계호를 엄중히 하여야 하는 수용자인 마약류사범 · 조직폭력사범 · 관심대상수용자에 대하여는 시설의 안전과 질서유지를 위하여 필요한 범위에서 다른 수용자와의 접촉을 차단하거나 계호를 엄중히 하는 등 다른 수용자와 달리 관리할 수 있는데, 이 경우에도 기본적인 처우를 제한하여서는 아니 된다(동법 제104조).

이러한 엄중관리대상자 중 지속적인 상담이 필요하다고 인정되는 사람에 대하여는 상담책임자를 지정하고, 상담책임자는 해당 엄중관리대상자에 대하여 수시로 개별상담을 함으로써 신속한 고충처리와 원만한 수용생활 지도를 위하여 노력하여야 한다.

조직폭력대상자는 소장이 수용자가 일정한 지정기준에 해당하는 수용자에 대하여는 조직폭력 수용자로 지정하고, 조직폭력 수용자로 지정된 자가 공소장 변경 또는 재판 확정에 따라 지정사유가 해소되었다고 인정하는 경우에는 교도관회의의 심의 또는 분류처우위원회의 의결을 거쳐 지정을 해제한다.

그리고 마약류 수용자는 소장이 지정기준에 해당하는 수용자에 대하여는 마약류 수용자로 지정하여야 하고, 마약류 수용자로 지정된 사람에 대하여는 석방할 때까지 지정을 해제할 수 없지만, 예외적으로 마약류에 관한 형사 법률 외의 법률이 같이 적용된 마약류 수용자로서 지정 후 5년이 지난 마약류 수용자에 대하여는 수용생활태도, 교정성적 등을 고려하여 분류처우위원회의 의결 또는 교도관회의 심의를 거쳐 지정을 해제할 수 있다.

관심대상수용자는 다른 수용자에게 상습적으로 폭력을 행사하는 수용자, 교도관을 폭행하거나 협박하여 징벌을 받은 전력이 있는 사람으로서 같은 종류의 징벌대상행위를 할 우려가 큰 수용자, 수용생활의 편의 등 자신의 요구를 관철할 목적으로 자해를 하거나 각종 이물질을 삼키는 수용자, 상습적으로 교정시설의 설비 · 기구 등을 파손하거나 소란행위를 하여 공무집행을 방해하는 수용자 등으로 소장은 지정기준에 해당하는 수용자에 대하여는 분류처우위원회의 의결을 거쳐 관심대상수용자로 지정한다. 다만, 미결수용자나 분류처우위원회의 의결 대상자가 아닌 자를 관심대상수용자로 지정할 필요가 있다고 인정되는 수용자에 대하여는 교도관회의의 심의를 거쳐 관심대상수용자로 지정할 수 있다. 그리고 관심대상수용자의 수용생활태도 등이 양호하여 지정사유가 해소되었다고 인정하는 경우에는 지정절차와 동일하게 그 지정을 해제하도록 하고 있다.

10) 계호의 종류

일반적으로 계호는 대상에 따라, 수단에 따라, 사태의 긴박성에 따라, 이동에 따라 구분된다.

(1) 계호대상에 따른 구분

계호대상에 따라 대인계호와 대물계호로 구분된다. 즉 대인계호는 신체검사 · 보호장비와 보안장비 및 무기사용 · 송치 등과 같이 수용자 및 제3자의 신체의 자유를 구속하는 것과 같은 계호를 의미하고, 대물계호는 금품교부허가 물품의 검사, 휴대품검사, 거실 및 작업장 검사 등과 같은 수용자 및 제3자에 속한 것에 대한 계호를 의미한다.

(2) 계호수단에 따른 구분

계호수단에 따라 인적 계호와 물적 계호로 구분되고, 다시 인적 계호는 거실 · 작업장 · 목욕 · 운동 시에 수용자를 계호하기 위하여 교도관이 계호근무를 하는 직접계호와 출입구의 경계, 취약요소의 입초, 순찰경비근무 등에 해당하는 간접계호가 있다. 물적 계호는 교도소 등의 건조물이나 보호장비, 보안장비, 무기 등에 의한 계호를 말한다.

(3) 사태의 긴박성에 따른 분류

사태의 긴박성에 따른 분류는 통상계호, 비상계호 및 특별계호로 구분된다. 통상계호는 신체검사, 의류검사, 휴대품검사, 거실과 작업장 검사 등 법익의 침해가 크지 않은 경우에 행하는 것이고, 비상계호는 천재지변과 화재, 수해 및 폭동과 도주, 그 밖의 비상사태에 처하여 인적 · 물적 계호의 기능을 동원하여 사태를 수습 · 진압하는 계호를 말한다. 그리고 특별계호는 특수수용자에 대한 계호행위로 사형확정자, 도주 또는 자살우려자, 상습규율위반자, 정신질환자, 조직폭력 수용자, 마약류 수용자, 기타 관심대상수용자 등에 대한 계호를 의미한다.

(4) 이동에 따른 호송계호

이동에 따른 호송계호에는 수용자를 발송관서나 수송관서에 인계할 때까지의 계호행위인 일반호송계호, 즉 이송계호와 소송 진행을 위한 검사 및 법원의 소환에 응하는 계호를 의미하는 출정계호로 구분된다.

2. 교정장비

교정장비의 종류에는 전자장비, 보호장비, 보안장비, 무기 등이 있다.

1) 전자장비를 이용한 계호

(1) 의의

CCTV가 설치된 거실 등 전자장비를 이용한 계호에 대한 근거규정을 신설함으로써 수용자의 인권과 관련한 분쟁의 소지를 해소할 수 있게 되었다. 교도관은 자살 · 자해 · 도주 · 폭행 · 손괴, 그 밖에 수용자의 생명 · 신체를 해하거나 시설의 안전 또는 질서를 해하는 행위(이하 '자살 등'이라 함)를 방지하기 위하여 필요한 범위에서 전자장비를 이용하여 수용자 또는 시설을 계호할 수 있다. 다만, 전자영상장비로 거실에 있는 수용자를 계호하는 것은 자살 등의 우려가 큰 때에만 할 수 있다. 그리고 거실에 있는 수용자를 전자영상장비로 계호하는 경우에는 계호직원 · 계호시간 및 계호대상 등을 기록하여야 하며, 이 경우 수용자가 여성이면 여성 교도관이 계호하여야 한다(동법 제94조). 이러한 계호를 하는 경우에는 피계호자의 인권이 침해되지 아니하도록 유의하여야 한다.

(2) 전자장비의 종류

전자장비에는 영상정보처리기기, 전자감지기, 전자경보기, 물품검색기, 증거수집장비 등이 있다.

영상정보처리기기는 교정시설의 주벽(周壁) · 감시대 · 울타리 · 운동장 · 거실 · 작업장 · 접견실 · 전화실 · 조사실 · 진료실 · 복도 · 중문 등의 장소에 설치하고,[17] 전자감지기는 교정시설의 주벽 · 울타리, 그 밖에 수용자의 도주 및 외부로부터의 침입을 방지하기 위하여 필요한 장소에 설치하며, 전자경보기는 교도관은 외부의료시설 입원, 이송 · 출정, 그 밖의 사유로 교정시설 밖에서 수용자를 계호하는 경우 보호장비나 수용자의 팔목 등에 전자경보기를 부착하여 사용할 수 있다(동법 시행규칙 제165조). 그리고 물품검색기 중 고정식 물품검색기는 정문, 수용동 입구, 작업장 입구, 그 밖에 수용자 또는 교정시설을 출입하는 수용자 외의 사람의 신체 · 의류 · 휴대품의 검사가 필요한 장소에 설치한다(동법

---

17) 헌법재판소 전원재판부는 2008년 5월 29일(목) 교도소 내 수용되어 있는 거실에 CCTV를 설치한 행위에 대하여 재판관 4:5의 의견으로 합헌결정을 하였다(헌재결 2008. 5. 29., 2005헌마137 · 247 · 376, 2007헌마187 · 1274 병합).

시행규칙 제166조). 일반적으로 교도관이 수용자의 신체 · 의류 · 휴대품을 검사하는 경우에는 특별한 사정이 없으면 고정식 물품검색기를 통과하게 한 후 휴대식 금속탐지기 또는 손으로 이를 확인한다. 그리고 증거수집장비는 디지털카메라, 녹음기, 비디오카메라, 음주측정기 등을 의미하는데, 교도관은 수용자가 사후에 증명이 필요하다고 인정되는 행위를 하거나 사후 증명이 필요한 상태에 있는 경우 수용자에 대하여 이러한 증거수집장비를 사용할 수 있다.

2) 보호실과 진정실 수용

(1) 보호실 수용

소장은 수용자가 자살 또는 자해의 우려가 있는 때와 신체적 · 정신적 질병으로 인하여 특별한 보호가 필요한 때에는 의무관의 의견을 고려하여 보호실(자살 및 자해 방지 등의 설비를 갖춘 거실을 말함)에 수용할 수 있다. 이러한 수용자의 보호실 수용기간은 15일 이내로 하고, 특히 계속하여 수용할 필요가 있으면 의무관의 의견을 고려하여 연장할 수 있는데, 기간연장은 7일 이내로 하되, 계속하여 3개월을 초과할 수 없다.

그리고 소장은 수용자를 보호실에 수용하거나 수용기간을 연장하는 경우에는 그 사유를 본인에게 알려 주어야 하고, 의무관은 보호실 수용자의 건강상태를 수시로 확인하여야 한다(동법 제95조).

(2) 진정실 수용

소장은 수용자가 교정시설의 설비 또는 기구 등을 손괴하거나 손괴하려고 하는 때와 교도관 및 경비교도의 제지에도 불구하고 소란행위를 계속하여 다른 수용자의 평온한 수용생활을 방해하는 경우에 강제력을 행사하거나 보호장비를 사용하여도 그 목적을 달성할 수 없는 경우에만 진정실(일반 수용거실로부터 격리되어 있고 방음설비 등을 갖춘 거실을 말함)에 수용할 수 있다. 이러한 수용자의 진정실 수용기간은 24시간 이내로 하고, 특히 계속하여 수용할 필요가 있으면 의무관의 의견을 고려하여 연장할 수 있는데, 기간연장은 12시간 이내로 하되, 계속하여 3일을 초과할 수 없다.

그리고 소장은 수용자를 진정실에 수용하거나 수용기간을 연장하는 경우에는 그 사유를 본인에게 알려 주어야 하고, 의무관은 진정실 수용자의 건강상태를 수시로 확인하여야 한다(동법 제96조).

3) 보호장비

(1) 의의

보호장비는 특정인의 신체 일부에 사용하여 그 사람의 자유로운 행동을 어느 정도 제한하기 위하여 사용되는 도구이다. 이러한 보호장비의 사용은 교정시설의 질서유지를 확보하기 위한 계호작용뿐만 아니라 수용자의 인권보호의 측면에서 보호장비의 종류, 사용요건, 사용방법, 사용절차 등에 대하여 법으로 정하고 있다.

(2) 보호장비의 사용

교도관은 수용자가 다음의 어느 하나에 해당하면 보호장비를 사용할 수 있다(동법 제97조).

① 이송 · 출정, 그 밖에 교정시설 밖의 장소로 수용자를 호송하는 때
② 도주 · 자살 · 자해 또는 다른 사람에 대한 위해의 우려가 큰 때
③ 위력으로 교도관 등의 정당한 직무집행을 방해하는 때
④ 교정시설의 설비 · 기구 등을 손괴하거나 그 밖에 시설의 안전 또는 질서를 해칠 우려가 큰 때

그리고 보호장비를 사용하는 경우에는 수용자의 나이, 건강상태 및 수용생활 태도 등을 고려하여야 하고, 교도관이 교정시설 안에서 수용자에 대하여 보호장비를 사용한 경우 의무관은 그 수용자의 건강상태를 수시로 확인하여야 한다. 한편, 교도관은 소장의 명령 없이 수용자에게 보호장비를 사용하여서는 아니 되지만, 소장의 명령을 받을 시간적 여유가 없는 경우에는 사용 후 소장에게 즉시 보고하여야 한다(동법 시행령 제120조). 또한 의무관은 수용자에게 보호장비를 계속 사용하는 것이 건강상 부적당하다고 인정하는 경우에는 소장에게 즉시 보고하여야 한다. 이 경우 소장은 특별한 사유가 없으면 보호장비 사용을 즉시 중지하여야 한다(동법 시행령 제121조).

보호장비를 사용하는 경우에는 수용자에게 그 사유를 알려주어야 하고, 보호장비를 착용 중인 수용자는 특별한 사정이 없으면 계호상 독거수용하도록 하고 있다(동법 시행령 제122조 및 제123조).

(3) 보호장비의 종류

2007년 12월 인권단체 및 UN의 권고를 수용하여 현행 보호장비 중 사슬을 폐지하고,

신체의 압박을 최소화하면서 소기의 목적을 거둘 수 있는 보호복, 보호침대 등 현대적 보호장비를 도입하였다. 보호장비는 필요한 최소한의 범위 안에서 사용하도록 하고, 그 사유가 소멸한 경우에는 지체 없이 그 사용을 중단하도록 함으로써 보호장비가 남용되지 않도록 개정하였다. 현행법령상의 보호장비의 종류는 다음과 같다(동법 제98조).

① 수갑(한손수갑, 양손수갑, 일회용 수갑)

② 머리보호장비

③ 발목보호장비(한발목 보호장비, 양발목 보호장비)

④ 보호대(금속보호대, 벨트보호대)

⑤ 보호의자

⑥ 보호침대

⑦ 보호복

⑧ 포승

(4) 보호장비의 사용요건

일반적으로 가장 많이 사용되는 보호장비는 수갑과 포승으로 다음과 같은 사유가 있는 경우에 사용한다.

① 이송 · 출정, 그 밖에 교정시설 밖의 장소로 수용자를 호송하는 때

② 도주 · 자살 · 자해 또는 다른 사람에 대한 위해의 우려가 큰 때

③ 위력으로 교도관 등의 정당한 직무집행을 방해하는 때

④ 교정시설의 설비 · 기구 등을 손괴하거나 그 밖에 시설의 안전 또는 질서를 해칠 우려가 큰 때

그리고 머리보호장비는 머리 부분을 자해할 우려가 큰 때에 사용하고, 발목보호장비, 보호대, 보호의자는 다음과 같은 사유가 있는 경우에 사용한다.

① 도주 · 자살 · 자해 또는 다른 사람에 대한 위해의 우려가 큰 때

② 위력으로 교도관 등의 정당한 직무집행을 방해하는 때

③ 교정시설의 설비 · 기구 등을 손괴하거나 그 밖에 시설의 안전 또는 질서를 해칠 우려가 큰 때

또한 보호침대와 보호복은 자살 · 자해의 우려가 큰 때에 사용된다(동법 98조).

(5) 보호장비 사용의 한계

교도관은 필요한 최소한의 범위에서 보호장비를 사용하여야 하며, 그 사유가 소멸하면 사용을 지체 없이 중단하여야 하고, 이러한 보호장비는 징벌의 수단으로 사용되어서는 아니 된다(동법 제99조).[18] 그리고 규격에 맞지 아니한 보호장비를 수용자에게 사용하여서는 아니 되고, 규칙에서 정하지 아니한 방법으로 보호장비를 사용하게 하여서는 아니 되며, 보호장비는 최소한의 필요범위 내에서 사용해야 하고 교도관의 주관적인 감정에 따른 보호장비 사용은 인정되지 않는다.

4) 강제력의 행사

(1) 보안상비의 사용요건

교도관 등은 수용자에 대하여 다음과 같은 사유가 있는 경우에 보안장비를 사용할 수 있다(동법 제100조 제1항).

① 도주하거나 하려고 하는 때

② 자살하려고 하는 때

③ 자해하거나 자해하려고 하는 때

④ 다른 사람에게 위해를 끼치거나 끼치려고 하는 때

⑤ 위력으로 교도관 등의 정당한 직무집행을 방해하는 때

⑥ 교정시설의 설비 · 기구 등을 손괴하거나 손괴하려고 하는 때

⑦ 그 밖에 시설의 안전 또는 질서를 크게 해치는 행위를 하거나 하려고 하는 때

그리고 교도관 등은 수용자 이외의 자에 대해서도 다음과 같은 사유가 있는 경우에 보안장비를 사용할 수 있다(동법 제100조 제2항).

① 수용자를 도주하게 하려고 하는 때

② 교도관 등 또는 수용자에게 위해를 끼치거나 끼치려고 하는 때

③ 위력으로 교도관 등의 정당한 직무집행을 방해하는 때

④ 교정시설의 설비 · 기구 등을 손괴하거나 하려고 하는 때

⑤ 교정시설에 침입하거나 하려고 하는 때

⑥ 교정시설의 안(교도관이 교정시설의 밖에서 수용자를 계호하고 있는 경우 그 장소를 포

---

18) 수갑, 연쇄, 각종 가(枷) 및 구속복 등과 같은 보호장비는 징벌의 수단으로서 결코 사용되어서는 아니 된다(UN 피구금자 처우 최저기준 규칙 제33조).

함)에서 교도관 등의 퇴거요구를 받고도 이에 응하지 아니하는 때

(2) 보안장비의 종류

보안장비는 교도봉 · 가스분사기 · 가스총 · 최루탄 등 사람의 생명과 신체의 보호, 도주의 방지 및 시설의 안전과 질서유지를 위하여 교도관 등이 사용하는 장비와 기구를 말한다(동법 제100조 제4항).

(3) 보안장비의 사용절차 및 제한

강제력을 행사하려면 사전에 상대방에게 이를 경고하여야 하고, 다만, 상황이 급박하여 경고할 시간적인 여유가 없는 때에는 그러하지 아니하다. 이러한 강제력의 행사는 필요한 최소한도에 그쳐야 하고, 보안장비의 종류, 종류별 사용요건 및 사용절차 등에 관하여 필요한 사항은 법무부령으로 정하고 있다(동법 제100조 제5항~제7항). 그리고 교도관 등은 소장의 명령 없이 강제력을 행사해서는 아니 되지만, 그 명령을 받을 시간적 여유가 없는 경우에는 강제력을 행사한 후 소장에게 즉시 보고하여야 한다(동법 시행령 제125조).

5) 무기의 사용

(1) 사용요건

교도관 등은 수용자에 대하여 다음과 같은 사유가 발생했을 경우 무기를 사용할 수 있다(동법 제101조 제1항).

① 수용자가 다른 사람에게 중대한 위해를 끼치거나 끼치려고 하여 그 사태가 위급한 때
② 수용자가 폭행 또는 협박에 사용할 위험물을 소지하여 교도관 등이 버릴 것을 명령하였음에도 이에 따르지 아니하는 때
③ 수용자가 폭동을 일으키거나 일으키려고 하여 신속하게 제지하지 아니하면 그 확산을 방지하기 어렵다고 인정되는 때
④ 도주하는 수용자에게 교도관 등이 정지할 것을 명령하였음에도 계속하여 도주하는 때
⑤ 수용자가 교도관 등의 무기를 탈취하거나 탈취하려고 하는 때
⑥ 그 밖에 사람의 생명 · 신체 및 설비에 대한 중대하고도 뚜렷한 위험을 방지하기 위하여 무기의 사용을 피할 수 없는 때

그리고 교도관 등은 교정시설의 안과 교도관이 교정시설의 밖에서 수용자를 계호하고

있는 경우 그 장소를 포함한 곳에서 자기 또는 타인의 생명 · 신체를 보호하기 위한 경우, 수용자의 탈취를 저지하기 위한 경우, 건물 또는 그 밖의 시설과 무기에 대한 위험을 방지하기 위하여 급박하다고 인정되는 상당한 이유가 있는 경우에는 수용자 이외의 자에 대해서도 무기를 사용할 수 있다(동법 제101조 제2항).

(2) 무기사용 절차 및 제한

교도관 등은 소장 또는 그 직무를 대행하는 사람의 명령을 받아 무기를 사용해야 하는데, 다만 그 명령을 받을 시간적 여유가 없으면 그러하지 아니하다(동법 제101조 제3항). 그리고 무기를 사용하려면 공포탄을 발사하거나 그 밖에 적당한 방법으로 사전에 상대방에 대하여 이를 경고하여야 하고(동법 제101조 제4항), 무기의 사용은 필요한 최소한도에 그쳐야 하며, 최후의 수단이어야 한다(동법 제101조 제5항)는 보충성의 원칙이 지켜져야 한다.

한편, 사용할 수 있는 무기의 종류, 무기의 종류별 사용요건 및 사용절차 등에 관하여 필요한 사항은 법무부령으로 정한다(동법 제101조 제6항). 또한 교도관은 무기를 사용한 경우에는 소장에게 즉시 보고하고, 보고를 받은 소장은 그 사실을 법무부장관에게 즉시 보고하여야 한다(동법 시행령 제126조).

그리고 소장은 소속 교도관에 대하여 연 1회 이상 총기의 조작 · 정비 · 사용에 관한 교육을 실시하고 있는데, 무기를 사용하는 경찰공무원에 비해 크게 부족한 교육 횟수가 아닐 수 없다.

제7절 상벌과 벌칙제도

1. 상우제도

1) 의의

상우제도는 수형자 자신의 발전적 변화와 교정행정의 목적에 기여한 바가 있다고 판단되는 행위를 하여 다른 수형자에게 모범이 될 때 그 수형자에게 행형상의 이익이 되는 처분을 보장해 주는 제도이다. 수용자 공로에 대한 정당한 평가를 통하여 수용자의 긍정적인 자아관념 형성을 꾀하고 자력개선의지를 촉진하여 건전한 사회복귀에 기여할 수 있도록 수용자 포상제도의 법률적 근거를 마련하고 있다.

2) 현행법상 상우제도

소장은 수용자가 다음의 어느 하나에 해당하면 소장표창, 가족만남의 집 이용대상자 선정 또는 가족만남의 날 대상자 선정에 해당되는 포상을 할 수 있다(동법 제106조).

① 사람의 생명을 구조한 때

② 도주를 방지한 때

③ 천재지변이나 그 밖의 재해발생 시 응급용무 종사에 따른 공로가 있는 때

④ 시설의 안전과 질서유지에 뚜렷한 공이 인정되는 때

⑤ 수용생활에 모범을 보인 때

⑥ 건설적이고 창의적인 제안을 하는 등 특히 포상할 필요가 있다고 인정되는 때

2. 징벌제도

1) 의의

징벌제도는 행형목적의 실현을 위하여 규정된 교정시설의 규칙을 위반하거나 위반할 우려가 있는 수용자에 대하여 행형상의 불이익처분을 과하는 것으로 규율위반행위에 비례하여 최소한의 징벌을 부과해야 하고 징벌의 내용을 사전에 수용자에게 명확하게 고지하여

징벌의 남용을 방지하며, 수용자의 인권에 부당한 침해가 없도록 배려하여야 한다. 또한 징벌제도는 다른 수단으로 수용자의 교정이 곤란할 때 최후수단으로 운영되어야 한다.

2) 징벌제도 운영상의 원칙

징벌제도를 운영함에 있어 징벌의 요건 · 절차 · 내용 등을 법률이나 권한 있는 행정기관의 규칙으로 정확히 명시하여야 한다는 명확성의 원칙, 구금의 목적과 질서유지를 위해 필요한 최소한에 그쳐야 한다는 필요최소한의 원칙, 정서적 긴장감의 해소에 의한 규율위반의 미연방지에 중점을 두어 질서유지를 위해 달리 다른 방법이 없는 경우에 과해져야 한다는 보충성의 원칙, 징벌이 과해지는 경우에 있더라도 위반원인과 위반내용에 대한 정확한 분석을 통해 처벌내용의 적정을 기하도록 해야 한다는 비례성의 원칙에 입각해야 한다.

3) 현행법령상 징벌제도

(1) 수용자의 규율 등에 대한 의무

수용자는 교정시설의 안전과 질서유지를 위하여 법무부장관이 정하는 규율을 준수하여야 하고, 소장이 정하는 일과시간표를 준수하여야 하며, 교도관의 직무상 지시에 복종하여야 한다(동법 제105조).

(2) 징벌의 부과사유

소장은 수용자가 다음의 어느 하나에 해당하는 행위를 하면 징벌위원회의 의결에 따라 징벌을 부과할 수 있다(동법 제107조).

① 「형법」, 「폭력행위 등 처벌에 관한 법률」, 그 밖의 형사법률에 저촉되는 행위

② 수용생활의 편의 등 자신의 요구를 관철할 목적으로 자해하는 행위[19]

③ 정당한 사유 없이 작업 · 교육 등을 거부하거나 태만히 하는 행위

④ 금지물품을 반입 · 제작 · 소지 · 사용 · 수수 · 교환 또는 은닉하는 행위

⑤ 다른 사람을 처벌받게 하거나 교도관의 직무집행을 방해할 목적으로 거짓 사실을 신고하는 행위

⑥ 그 밖에 시설의 안전과 질서유지를 위하여 법무부령으로 정하는 규율을 위반하는 행위

---

19) 정신질환 등 불가항력에 의하여 자해하는 경우까지 징벌을 부과함은 불합리하므로 징벌사유로서의 자해행위의 요건을 보다 엄격히 규정하고 있다.

(3) 징벌대상자의 조사

소장은 징벌사유에 해당하는 행위를 하였다고 의심할 만한 상당한 이유가 있는 수용자가 증거를 인멸할 우려가 있거나 다른 사람에게 위해를 끼칠 우려가 있거나 다른 수용자의 위해로부터 보호할 필요가 있는 때에는 조사기간 중 분리하여 수용할 수 있다(동법 제110조 제1항). 조사대상자가 분리수용의 사유에 해당하면 소장은 징벌대상자에 대해 접견 · 편지수수 · 전화통화 · 실외운동 · 작업 · 교육훈련 · 공동행사 참가 등 다른 사람과의 접촉이 가능한 처우의 전부 또는 일부를 제한할 수 있다(동법 제110조 제2항).

한편, 수용자의 징벌대상행위에 대한 조사기간(조사를 시작한 날부터 징벌위원회의 의결이 있는 날까지를 말함)은 10일 이내로 하고, 다만, 특히 필요하다고 인정하는 경우에는 1회에 한하여 7일을 초과하지 아니하는 범위에서 그 기간을 연장할 수 있다(동법 시행규칙 제220조). 조사기간 중 조사 결과에 따라 ① 징벌위원회로의 회부, ② 징벌대상자에 대한 무혐의 통고, ③ 징벌대상자에 대한 훈계, ④ 징벌위원회 회부 보류, ⑤ 조사종결 중 어느 하나에 해당하는 조치를 할 수 있다.

(4) 징벌위원회의 의결

징벌위원회는 징벌대상자의 징벌을 결정하기 위한 위원회로 위원장을 포함한 5명 이상 7명 이하의 위원으로 구성되고, 위원장은 소장의 바로 다음 순위자가 되며, 위원은 소장이 소속 기관의 과장(지소의 경우에는 7급 이상의 교도관) 및 교정에 관한 학식과 경험이 풍부한 외부인사 중에서 임명 또는 위촉한다. 한편 외부위원은 3명 이상인데, 소장이 위촉하도록 하고 있다.

징벌위원회의 위원장은 소장의 징벌요구에 따라 위원회를 소집하고 개회하며, 징벌은 그 의결로써 정한다(동법 제111조). 그리고 위원회가 징벌을 의결하는 경우에는 징벌대상자가 징벌위원회에 출석하여 충분한 진술을 할 수 있도록 하고, 서면 또는 말로써 자기에게 이익이 되는 사실을 진술하거나 증거를 제출할 수 있도록 하여 수용자의 방어권이 최대한 보장되도록 하고 있다.

의결절차를 거쳐 징벌위원회가 징벌을 의결한 경우에는 이를 소장에게 즉시 통고하여야 하고, 소장은 지체 없이 집행하도록 하고 있다.

한편, 징벌위원회의 의결에 대해 제척과 기피제도를 두고 있는데, 위원이 징벌대상자의 친족이거나 그 밖에 공정한 심의 · 의결을 기대할 수 없는 특별한 사유가 있는 경우에는 위원회에 참석할 수 없다. 또한 징벌위원회의 위원이 해당 징벌대상행위의 조사를 담당한 경우에는 해당 위원회에 참석할 수 없다(동법 시행령 제131조). 그리고 징벌대상자는 위원에 대하여 기피신청을 할 수 있는데, 이 경우 위원회의 의결로 기피 여부를 결정하여야 한다(동법 제111조).

(5) 징벌의 종류

현행 법률상 징벌의 종류는 다음과 같다(동법 제108조).

① 경고
② 50시간 이내의 근로봉사
③ 3개월 이내의 작업장려금 삭감
④ 30일 이내의 공동행사 참가 정지
⑤ 30일 이내의 신문 열람 제한
⑥ 30일 이내의 텔레비전 시청 제한
⑦ 30일 이내의 자비 구매 물품(의사가 치료를 위하여 처방한 의약품 제외) 사용 제한
⑧ 30일 이내의 작업 정지
⑨ 30일 이내의 전화통화 제한
⑩ 30일 이내의 집필 제한
⑪ 30일 이내의 편지수수 제한
⑫ 30일 이내의 접견 제한
⑬ 30일 이내의 실외운동 정지
⑭ 30일 이내의 금치

(6) 징벌의 부과

징벌의 실효성과 위하력 확보 차원에서 징벌의 종류 중 위의 ④의 30일 이내의 공동행사 참가 정지부터 위의 ⑬인 30일 이내의 실외운동 정지까지의 처분은 함께 부과할 수 있다. 그리고 수용자가 2 이상의 징벌사유가 경합하는 때, 징벌이 집행 중에 있는 자가 다시 징벌사유에 해당하는 행위를 한 때, 징벌의 집행이 끝나거나 면제된 후 6개월 내에 다시 징벌사유에 해당하는 행위를 한 때에는 징벌의 종류 중 위 ④의 50시간 이내의 근로봉사부터 위의 ⑭에 해당되는 30일 이내의 금치까지에서 정한 징벌의 장기의 2분의 1까지 가

중할 수 있다(동법 제109조).

한편, 징벌은 동일한 행위에 관하여 거듭하여 부과할 수 없다는 일사부재리의 원칙이 지켜져야 하며, 행위의 동기 및 경중, 행위 후의 정황, 그 밖의 사정을 고려하여 수용목적을 달성하는 데에 필요한 최소한도에 그쳐야 한다. 그리고 징벌사유가 발생한 날부터 2년이 지나면 이를 이유로 징벌을 부과하지 못한다.

(7) 징벌의 집행

소장은 징벌의결통고를 받은 경우에는 징벌을 지체 없이 집행하여야 한다(동법 시행령 제133조). 그리고 징벌집행을 위하여 필요하다고 인정하면 수용자를 분리하여 수용할 수 있다.

징벌의 종류 중 가장 무거운 30일 이내의 금치의 처분을 받은 사람에게는 그 기간 중 같은 조 30일 이내의 공동행사 참가 정지부터 30일 이내의 실외운동 정지까지의 처우제한이 함께 부과된다. 다만, 소장은 수용자의 권리구제, 수형자의 교화 또는 건전한 사회복귀를 위하여 특히 필요하다고 인정하면 집필 · 편지수수 · 접견 또는 실외운동을 허가할 수 있다(동법 제112조). 만약 수용자가 징벌처분을 받아 접견, 편지수수 및 전화통화가 제한된 경우에는 수용자가 통지를 원하지 않은 경우를 제외하고 소장은 그의 가족에게 그 사실을 알려야 한다(동법 시행령 제133조).

(8) 징벌집행의 정지 · 면제 · 감경 · 계속

소장은 질병이나 그 밖의 사유로 징벌집행이 곤란하면 그 사유가 해소될 때까지 그 집행을 일시 정지할 수 있고, 징벌집행 중인 사람이 뉘우치는 빛이 뚜렷한 경우에는 그 징벌을 감경하거나 남은 기간의 징벌집행을 면제할 수 있다(동법 제113조). 만약 소장이 징벌집행을 일시 정지한 경우 그 정지사유가 해소되었을 때에는 지체 없이 징벌집행을 재개하여야 한다. 이 경우 집행을 정지한 다음 날부터 집행을 재개한 전날까지의 일수는 징벌기간으로 계산하지 아니한다(동법 시행령 제135조).

한편, 소장은 징벌집행을 받고 있거나 집행을 앞둔 수용자가 같은 행위로 형사법률에 따른 처벌이 확정되어 징벌을 집행할 필요가 없다고 인정하면 징벌집행을 감경하거나 면제할 수 있다.

그리고 징벌의 종류 중 30일 이내의 공동행사 참가 정지부터 30일 이내의 금치까지의 징벌집행 중인 수용자가 다른 교정시설로 이송되거나 법원 또는 검찰청 등에 출석하는 경우에는 징벌집행이 계속되는 것으로 본다(동법 시행령 제134조).

(9) 징벌집행의 유예

징벌위원회는 징벌을 의결하는 때에 행위의 동기 및 정황, 교정성적, 뉘우치는 정도 등 그 사정을 고려할 만한 사유가 있는 수용자에 대하여 2개월 이상 6개월 이하의 기간 내에서 징벌의 집행을 유예할 것을 의결할 수 있다. 만약 징벌집행의 유예기간 중에 있는 수용자가 다시 징벌대상행위를 하여 징벌이 결정되면 그 유예한 징벌을 집행하고, 수용자가 징벌집행을 유예 받은 후 징벌을 받음이 없이 유예기간이 지나면 그 징벌의 집행은 종료된 것으로 본다(동법 제114조). 즉 징벌집행유예기간 중 규율위반행위를 하였더라도 징벌결정이 있기 전에 징벌집행유예기간이 경과한 경우에는 징벌집행유예의 효과가 발생하도록 하고 있다.

(10) 징벌의 실효

소장은 징벌의 집행이 종료되거나 집행이 면제된 수용자가 교정성적이 양호하고 법무부령으로 정하는 기간 동안 징벌을 받지 아니하면 법무부장관의 승인을 받아 징벌을 실효시킬 수 있다. 그리고 수용자가 교정사고 방지에 뚜렷한 공로가 있다고 인정되면 분류처우위원회의 의결을 거친 후 법무부장관의 승인을 받아 징벌을 실효시킬 수 있다(동법 제115조).

4) 현행 징벌제도의 문제점과 개선안

(1) 문제점

현행 징벌제도는 아직도 징벌요구 및 집행에 있어서 소장의 권한이 강화되어 있고, 수용자가 지켜야 할 준수사항이 매우 광범위하며, 항고 또는 재심을 청구할 수 있는 기회와 변호인 등에 의한 변론기회 등의 절차적 권리의 보장과 구제수단이 미흡하다.

(2) 개선안

현행 징벌제도의 문제점을 개선하기 위해서는 ① 교육적인 이론을 가미한 징벌교육프로그램 모형을 개발, ② 징벌혐의자에 대한 절차적 권리보장을 위해 징벌조사 중인 수용자의 변호인을 통한 변론권 인정과 징벌위원회의 결정에 대한 재심청구권 보장, ③ 경미한 징벌사안에 대하여는 단위사동별로 구성된 징벌위원회에서 결정, ④ 징벌선고를 일정 기간 유예하는 제도의 도입, ⑤ 상습규율위반자에 대해서는 보다 엄격한 수용질서 확립방안의 하나로 형기가중제도의 채택 등의 도입이 필요하다.

3. 벌칙규정

「형의 집행 및 수용자의 처우에 관한 법률」에서는 두 가지의 벌칙규정을 마련하고 있다. 즉 주류 · 담배 · 현금 · 수표를 교정시설에 반입하거나 소지 · 사용 · 수수 · 교환 또는 은닉하는 행위 또는 수용자에게 전달할 목적으로 주류 · 담배 · 현금 · 수표를 허가 없이 교정시설에 반입하거나 수용자와 수수 또는 교환하는 행위를 한 사람은 6개월 이하의 징역 또는 200만 원 이하의 벌금에 처한다(동법 제132조).

그리고 정당한 사유 없이 일시석방 후 24시간 이내에 교정시설 또는 경찰관서에 출석하지 아니하는 행위 또는 귀휴 · 외부통근, 그 밖의 사유로 소장의 허가를 받아 교도관의 계호 없이 교정시설 밖으로 나간 후에 정당한 사유 없이 기한 내에 돌아오지 아니하는 행위를 한 수용자는 1년 이하의 징역에 처한다(동법 제133조).[20]

---

20) 동법 제92조(금지물품) 수용자는 다음 각 호의 물품을 소지하여서는 아니 된다.

1. 마약·총기·도검·폭발물·흉기·독극물, 그 밖에 범죄의 도구로 이용될 우려가 있는 물품
2. 주류·담배·화기·현금·수표, 그 밖에 시설의 안전 또는 질서를 해칠 우려가 있는 물품
3. 음란물, 사행행위에 사용되는 물품, 그 밖에 수형자의 교화 또는 건전한 사회복귀를 해칠 우려가 있는 물품

Chapter_2
수형자의 처우

제1절 처우원칙

수형자는 분류심사의 결과에 따라 그에 적합한 교정시설에 수용되며, 개별처우계획에 따라 그 특성에 알맞은 처우를 받는다(동법 제57조).

1. 교정시설의 구분(단계적 처우시설)

교정시설은 도주방지 등을 위한 수용설비 및 계호의 정도에 따라 다음과 같이 구분한다. 다만, 동일한 교정시설이라도 구획을 정하여 경비등급을 달리할 수 있다(동법 제57조 제2항).

개방시설은 도주방지를 위한 통상적인 설비의 전부 또는 일부를 갖추지 아니하고 수형자의 자율적 활동이 가능하도록 통상적인 관리 · 감시의 전부 또는 일부를 하지 아니하는 교정시설을 의미하고, 완화경비시설은 도주방지를 위한 통상적인 설비 및 수형자에 대한 관리 · 감시를 일반경비시설보다 완화한 교정시설이며, 일반경비시설은 도주방지를 위한 통상적인 설비를 갖추고 수형자에 대하여 통상적인 관리 · 감시를 하는 교정시설, 중(重)경비시설은 도주방지 및 수형자 상호 간의 접촉을 차단하는 설비를 강화하고 수형자에 대한 관리 · 감시를 엄중히 하는 교정시설을 의미한다.

2. 처우의 구분

수형자에 대한 처우는 교화 또는 건전한 사회복귀를 위하여 교정성적에 따라 상향 조정될 수 있으며, 특히 그 성적이 우수한 수형자는 개방시설에 수용되어 사회생활에 필요한 적정한 처우를 받을 수 있다(동법 제57조 제3항). 즉, 사회적 처우에 대해 수형자는 교화 또는 건전한 사회복귀를 위하여 교정시설 밖의 적당한 장소에서 봉사활동 · 견학, 그 밖에 사회적응에 필요한 처우를 받을 수 있다는 것을 명시하고 있고, 전담교정시설에 의한 처우와 관련하여 학과교육생 · 직업훈련생 · 외국인 · 여성 · 장애인 · 노인 · 환자 · 소년(19세 미만인 자) · 중간처우의 대상자, 그 밖에 별도의 처우가 필요한 수형자는 법무부장관이 특히 그 처우를 전담하도록 정하는 시설에 수용되며, 그 특성에 알맞은 처우를 받는다고 규정하고 있다(동법 제57조 제5항). 만약, 전담교정시설의 부족이나 그 밖의 부득이한 사정이 있는 경우에는 예외로 할 수 있다.

3. 처우등급 부여

처우등급은 수형자의 처우 및 관리와 관련하여 수형자를 수용할 시설, 수형자에 대한 계호의 정도, 처우의 수준 및 처우의 내용을 구별하는 기준(동법 시행령 제84조)으로 소장은 수형자의 처우수준을 개별처우계획의 시행에 적합하게 정하거나 조정하기 위하여 교정성적에 따라 이러한 처우등급을 부여할 수 있다. 처우등급은 기본수용급, 경비처우급, 개별처우급으로 구분된다.

1) 기본수용급

기본수용급은 성별 · 국적 · 나이 · 형기 등에 따라 수용할 시설 및 구획 등을 구별하는 기준으로 구체적인 유형은 다음과 같다(동법 시행규칙 제73조).

① 여성 수형자
② 외국인 수형자
③ 금고형 수형자
④ 19세 미만의 소년 수형자
⑤ 23세 미만의 청년 수형자
⑥ 65세 이상의 노인 수형자
⑦ 형기가 10년 이상인 장기 수형자
⑧ 정신질환 또는 장애가 있는 수형자
⑨ 신체질환 또는 장애가 있는 수형자

2) 경비처우급

경비처우급은 도주 등의 위험성에 따라 수용시설과 계호의 정도를 구별하고, 범죄성향의 진전과 개선정도, 교정성적에 따라 처우수준을 구별하는 기준으로 구체적인 유형은 다음과 같다(동법 시행규칙 제74조).

① 개방처우급은 개방시설에 수용되어 가장 높은 수준의 처우가 필요한 수형자이다.

② 완화경비처우급은 완화경비시설에 수용되어 통상적인 수준보다 높은 수준의 처우가 필요한 수형자이다.

③ 일반경비처우급은 일반경비시설에 수용되어 통상적인 수준의 처우가 필요한 수형자이다.

④ 중(重)경비처우급은 중(重)경비시설에 수용되어 기본적인 처우가 필요한 수형자이다.

3) 개별처우급

개별처우급은 수형자의 개별적인 특성에 따라 중점처우의 내용을 구별하는 기준으로 구체적인 유형은 다음과 같다(동법 시행규칙 제76조).

① 직업훈련 ② 학과교육
③ 생활지도 ④ 작업지도
⑤ 운영지원작업 ⑥ 의료처우
⑦ 자치처우 ⑧ 개방처우
⑨ 집중처우

제2절 수형자 분류

1. 의의와 연혁

분류의 개념에 대해서는 전통적인 분류제도와 현대적인 분류제도 사이에 본질적인 차이가 있다.[21] 이 견해의 차이를 분명하게 부각시켰던 것은 1950년 네덜란드의 헤이그에서

21) 김용준, 전게서, pp.376-380 참조.

개최된 제12회 '국제형법 및 형무회의'에서의 논의이다. 즉 1950년 제12회 국제형법 및 형무회의는 '개별화'를 승인하고 특수한 수형자의 의료와 수형자의 분류 및 수형제도의 차별화 등 교정시설에 있어서 수형자의 분류 시 기본적인 원칙들을 마련하였다. 그리고 1955년 UN 범죄방지회의의 피구금자처우최저기준규칙에서 분류의 기본원칙, 즉 남자 · 여자, 미결 · 기결, 민사 · 형사, 성년 · 소년 수형자 분리수용을 규정하였다.

1) 전통적 의미의 분류

근대적 자유형의 탄생과 함께 출발한 것으로 교도소 질서유지 · 관리와 악풍감염방지라는 소극적 목적으로 수형자를 특성에 따라 유형별(동질적인 그룹)로 구분하여 수용하고 시설 내에서도 몇 개의 집단으로 세분화하여 처우하는 것을 말한다. 대표적 시설인 네덜란드 암스테르담 노역장은 노동을 통한 개선을 목표로 하는 최초의 자유형 시설로, 1597년에는 여자조사장을 분리 · 설립하여 성별 분류의 기원이 되었고 뒤이어 1603년 불량청소년 숙식소를 마련하여 연령별 분류의 기원으로 평가되기도 한다.

이러한 분류는 일반적으로 일반 수형자 중에서 여자가 먼저 분리되어 성별 분류가 이루어졌고 이어서 연령에 따라 소년이 분류되었고 일반 수형자도 범죄성의 정도, 연령에 따라 분리할 필요성을 느꼈지만, 그것은 과학주의에 의한 것이 아니라 개선주의(악풍감염예방)에 바탕을 둔 것이었다.

2) 현대적 의미의 분류

실질적인 개별처우를 위한 분류로 개별처우를 통한 사회복귀처우책을 수립하고 피수용자의 관리 및 재사회화를 목적으로 피수용자를 일정한 기준에 따라 과학적으로 구분하고, 각 집단에 적합한 처우계획을 수립하여 이를 기초로 처우와 지도를 행하는 일련의 절차를 말한다. 이는 19세기 이후 현대 과학의 발달에 따른 수형자 처우의 과학화 경향에서 비롯되었다. 전통적 분류인 수용분류는 수형자의 외부적 특징(예: 성별, 연령, 죄질, 범수 등)을 기초로 한 분류로서 수형자의 보호나 교정관리의 목적에 중점을 둔 것이며, 현재로서는 처우분류를 위한 전제로서 의미를 가진다고 할 수 있다. 대표적 시설로 교정인류학 연구소에서 인격조사가 시도되었던 벨기에의 포레스트(Forest, 1907) 감옥, 미국 뉴저지주 트렌톤(Trenton, 1918) 교도소의 분류클리닉, 싱싱(Sing Sing) 교도소의 클리어링 하우스(Clearing house), 뉴저지주의 분류센터(1936) 등이 있다.

3) 우리나라

분류원칙은 「형의 집행 및 수용자의 처우에 관한 법률」에, 분류의 구체적 내용은 「형의 집행 및 수용자의 처우에 관한 법률 시행규칙」에 규정하고 있다. 최초의 분류전담시설로 1984년 안양 교도소를 시작으로 현재 서울 구치소 등 18개 교정시설에 분류심사과를 두고 분류심사과가 없는 시설은 보안과의 분류심사실에서 수형자분류업무를 관장하고 있다. 또한 과학적 분류심사와 체계적인 개별처우를 실시할 수 있는 실질적 여건을 마련하기 위한 분류전담시설 지정 · 운영의 법률적 근거를 두고 있는데, 법무부장관은 수형자를 과학적으로 분류하기 위하여 분류심사를 전담하는 교정시설을 지정 · 운영할 수 있고(동법 제61조), 분류심사를 전담하는 교정시설을 지정 · 운영하는 경우에 지방교정청별로 1개소 이상이 되도록 하여야 한다(동법 시행령 제86조).

2. 종적 분류와 횡적 분류

1) 수형자누진처우(종적 분류)

급별(수직적) 분류라고도 하는데, 전적으로 수형자 행장의 양부, 작업성적 및 행형성적 등을 표준으로 구별하여 수용하거나 처우하는 것으로 단계적으로 강제의 정도를 완화시켜 가는 누진적 처우중심제도이며 이는 1920~1930년대 교육행형의 교정처우방법으로 선호되었다. 이는 일률적인 처우로 개별처우의 곤란을 노출하고 교활한 수형자를 우대하는 결과를 초래하였으며, 선량한 수형자를 양성하는 데는 성공하였으나 선량한 시민을 만드는 데에는 한계가 있다는 비판이 있다.

2) 수형자분류제도(횡적 분류)

유별(수평적) 분류라고도 하는데, 수형자의 개성, 죄질 · 성격 등 범죄적 성향에 관하여 과학적으로 조사하고 이를 근거로 분류를 행하여 각각 그에 상응한 개별처우를 시행하는 제도로 제2차 세계대전 이후 개별처우를 위한 분류제도가 교정의 핵심적 가치로 등장하였다.

최근의 추세는 누진제도에서 분류제도로 이행되고 있는데, 이는 집단별 처우의 폐단을 극복하고 개선 · 교화를 위해 소시설주의를 취할 것을 전제로 일률적 · 기계적 누진제도를 폐지하고 그 대신 과학적 분류수용에 근거한 개별적 처우에 중점을 두어야 한다는 입장이다. 수용인원 500명 수준의 소시설주의를 주장하며 미국과 스웨덴을 중심으로 발전하였고, 개정된 우리나라의 법률과 시행령 및 시행규칙도 이에 가깝다고 할 수 있다. 한편 중 · 대형 시설주의의 현실적 타협안으로 프랑스, 일본 등은 수형자를 과학적으로 분류수용 후 다시 시설 내에서 질서유지 등을 위해 누진제를 실시하자는 입장으로 군별처우와 개별처우의 목적을 병행 및 절충하여 효과를 증대시켜야 한다는 견해를 취하고 있다.

3. 현행법령상 분류심사제도

1) 목적

소장은 수형자에 대한 개별처우계획을 합리적으로 수립하고 조정하기 위하여 수형자의 인성, 행동특성 및 자질 등을 과학적으로 조사 · 측정 · 평가(분류심사)하여야 한다(동법 제59조). 이러한 수형자의 분류심사는 형이 확정된 경우에 개별처우계획을 수립하기 위하여 하는 심사와 일정한 형기가 지나거나 상벌 또는 그 밖의 사유가 발생한 경우에 개별처우계획을 조정하기 위하여 하는 심사로 구분한다(동법 제59조 제2항). 이러한 분류심사의 결과에 따라 그에 적합한 교정시설에 수용되며, 개별처우계획에 따라 그 특성에 알맞은 처우를 받는다.

2) 종류

분류심사의 종류에는 형이 확정된 경우에 개별처우계획을 수립하기 위하여 하는 심사인 신입심사와 일정한 형기가 지나 개별처우계획을 조정하기 위하여 하는 심사인 정기재심사, 상벌 또는 그 밖의 사유가 발생한 경우에 개별처우계획을 조정하기 위하여 하는 심사인 부정기재심사가 있다(동법 제59조).

(1) 신입심사

개별처우계획을 수립하기 위한 분류심사인 신입심사는 매월 초일부터 말일까지 형집행지휘서가 접수된 수형자를 대상으로 하며, 다음 달까지 완료하여야 하고, 특별한 사유가 있는 경우에는 그 기간을 연장할 수 있다.

(2) 정기재심사

정기재심사는 형집행지휘서가 접수된 날부터 6개월이 지난 수형자에 대해 실시할 수 있는데, 다음의 어느 하나에 해당하는 경우에 실시한다.

① 형기의 3분의 1에 도달한 때

② 형기의 2분의 1에 도달한 때

③ 형기의 3분의 2에 도달한 때

④ 형기의 6분의 5에 도달한 때

한편, 부정기형의 재심사 시기는 단기형을 기준으로 하고, 무기형과 20년을 초과하는 징역형 · 금고형의 재심사 시기를 산정하는 경우에는 그 형기를 20년으로 본다. 또한 2개 이상의 징역형 또는 금고형을 집행하는 수형자의 재심사 시기를 산정하는 경우에는 그 형기를 합산한다. 다만, 합산한 형기가 20년을 초과하는 경우에는 그 형기를 20년으로 본다.

(3) 부정기재심사사유

부정기재심사는 다음의 어느 하나에 해당하는 경우에 실시한다.

① 분류심사에 오류가 있음이 발견된 때

② 수형자가 교정사고[22]의 예방에 뚜렷한 공로가 있는 때

③ 수형자를 징벌하기로 의결한 때

④ 수형자가 집행유예의 실효 또는 추가사건[23]으로 금고 이상의 형이 확정된 때

⑤ 수형자가 「숙련기술장려법」 제20조 제2항에 따른 전국 기능경기대회 입상, 기사 이상의 자격취득, 학사 이상의 학위를 취득한 때

⑥ 그 밖에 수형자의 수용 또는 처우의 조정이 필요한 때

이러한 재심사를 할 때에는 그 사유가 발생한 달의 다음 달까지 완료하여야 한다.

3) 관계 기관 등에 대한 사실조회

수용자의 합리적 처우를 위해서는 개인정보 파악이 필수적으로 요구되므로 현행법은 개인정보조사권을 신설하고, 그 실효성을 담보하기 위하여 관계기관 등에 회신의무를 부

---

22) 교정시설에서 발생하는 화재, 수용자의 자살·도주·폭행·소란, 그 밖에 사람의 생명·신체를 해하거나 교정시설의 안전과 질서를 위태롭게 하는 사고를 말한다.

23) 현재 수용의 근거가 된 사건 외의 형사사건을 말한다.

여하고 있다(동법 제60조). 즉, 소장은 분류심사와 그 밖에 수용목적의 달성을 위하여 필요하면 수용자의 가족 등을 면담하거나 법원 · 경찰관서, 그 밖의 관계 기관 또는 단체에 대하여 필요한 사실을 조회할 수 있고, 조회를 요청받은 관계기관 등의 장은 특별한 사정이 없으면 지체 없이 그에 관하여 회신하여야 한다.

4) 분류심사 제외대상과 유예자

(1) 제외대상

현행법령상 분류심사에서 제외되는 대상은 다음과 같다(동법 시행규칙 제62조 제1항).

① 징역형 · 금고형이 확정된 사람으로서 집행할 형기가 형집행지휘서 접수일부터 3개월 미만인 사람

② 구류형이 확정된 사람

③ 노역장 유치명령을 받은 사람

(2) 유예자

현행법령상 분류심사를 유예하는 대상은 다음과 같다(동법 시행규칙 제62조 제2항).

① 질병 등으로 분류심사가 곤란한 때

② 규율위반 등으로 조사 중이거나 징벌 집행 중인 때

③ 그 밖의 사유로 분류심사가 특히 곤란하다고 인정하는 때

5) 분류심사사항

분류심사의 구체적인 내용은 다음과 같다(동법 시행규칙 제63조).

① 처우등급에 관한 사항

② 작업, 직업훈련, 교육 및 교화프로그램 등의 처우방침에 관한 사항

③ 보안상의 위험도 측정 및 거실지정 등에 관한 사항

④ 보건 및 위생관리에 관한 사항

⑤ 이송에 관한 사항

⑥ 가석방 및 귀휴심사에 관한 사항

⑦ 석방 후의 생활계획에 관한 사항

⑧ 그 밖에 수형자의 처우 및 관리에 관한 사항

6) 이송 · 재수용 수형자 및 국제 수형자와 군 수형자의 개별처우계획

소장은 해당 교정시설의 특성 등을 고려하여 필요한 경우에는 다른 교정시설로부터 이송되어 온 수형자의 개별처우계획을 변경할 수 있고, 형 집행 정지 중에 있는 사람이 기간만료 또는 그 밖의 정지사유 소멸로 재수용된 경우에는 석방 당시와 동일한 처우등급을 부여할 수 있다. 그리고 가석방의 취소로 재수용되어 잔형이 집행되는 경우에는 석방 당시보다 한 단계 낮은 처우등급을 부여하는 것을 원칙으로 하고 있고, 형 집행 정지 중이거나 가석방기간 중에 있는 사람이 형사사건으로 재수용되어 형이 확정된 경우에는 개별처우계획을 새로 수립하여야 한다(동법 시행규칙 제60조).

한편, 「국제수형자이송법」에 따라 외국으로부터 이송되어 온 수형자에 대하여는 개별처우계획을 새로 수립하여 시행하고, 군사법원에서 징역형 또는 금고형이 확정되거나 그 형의 집행 중에 있는 사람이 이송되어 온 경우에는 개별처우계획을 새로 수립하여 시행한다(동법 시행규칙 제61조). 이 경우 해당 국가의 교정기관 또는 군 교도소로부터 접수된 그 수형자의 수형생활 또는 처우 등에 관한 내용을 고려할 수 있다.

7) 분류조사

소장은 분류심사를 위하여 외부전문가로부터 필요한 의견을 듣거나 외부전문가에게 조사를 의뢰할 수 있다(동법 제59조 제4항). 즉 수용기록 확인 및 수형자와의 상담, 수형자의 가족 등과의 면담, 검찰청 · 경찰서, 그 밖의 관계 기관에 대한 사실조회, 외부전문가에 대한 의견조회 등을 통해 분류조사를 실시한다.

8) 분류검사

(1) 의의

소장은 분류심사를 위하여 수형자를 대상으로 상담 등을 통한 신상에 관한 개별사안의 조사, 심리 · 지능 · 적성 검사, 그 밖에 필요한 검사를 할 수 있다(동법 제59조 제3항).

(2) 검사대상

인성검사는 신입심사 대상자 및 그 밖에 처우상 필요한 수형자에게 실시한다. 다만, 수형자가 분류심사가 유예되거나, 인성검사가 곤란하거나 불필요하다고 인정되는 사유가 있는 때에는 인성검사를 아니할 수 있다. 그리고 이해력의 현저한 부족 등으로 인하여 인성검사를 실시하지 아니한 경우에는 상담 내용과 관련 서류를 토대로 인성을 판정하여 경비처우급 분류지표를 결정할 수 있다(동법 시행규칙 제71조). 또한 지능 및 적성 검사는 인성검사 제외대상의 어느 하나에 해당하지 아니하는 신입심사 대상자로서 집행할 형기가 형집행지휘서 접수일부터 1년 이상이고 나이가 35세 이하인 경우에 실시하는데, 직업훈련 또는 그 밖의 처우를 위하여 특히 필요한 경우에는 예외로 할 수 있다.

9) 소득점수

(1) 소득점수의 산정

수형자의 소득점수는 수형생활 태도와 작업 또는 교육 성적을 의미하는데, 수형생활 태도는 5점 이내로 산정되고, 작업 또는 교육 성적은 5점 이내로 산정된다(동법 시행규칙 제77조).

(2) 소득점수 평가 기간 및 방법

소장은 분류심사에서 제외되거나 유예되는 사람은 제외하고 소득점수를 매월 평가하여야 한다. 이 경우 대상기간은 매월 초일부터 말일까지로 한다. 수형생활 태도는 품행(1점) · 책임감(2점) 및 협동심(2점)의 정도에 따라 매우 양호(수, 5점), 양호(우, 4점), 보통(미, 3점), 개선 요망(양, 2점), 불량(가, 1점)으로 구분하여 채점한다. 그리고 작업 또는 교육 성적은 부과된 작업 · 교육 및 직업훈련 등의 실적 정도(2점)와 근면성(3점) 등에 따라 매우 우수(수, 5점), 우수(우, 4점), 보통(미, 3점), 노력 요망(양, 2점), 불량(가, 1점)으로 구분하여 채점한다. 한편, 수형자의 작업 또는 교육 성적을 평가하는 경우에는 작업 숙련도, 기술력, 작업기간, 교육태도, 시험성적 등을 고려할 수 있다(동법 시행규칙 제78조).

보안 · 작업 담당교도관 및 관구[24]의 책임교도관은 서로 협의하여 소득점수 평가 및 통지서에 해당 수형자에 대한 매월 초일부터 말일까지의 소득점수를 채점한다.

(3) 소득점수 평가기준

수형생활 태도 점수와 작업 또는 교육성적 점수는 소득점수 평가 기간 및 방법에 따라

---

24) 교정시설의 효율적인 운영과 수용자의 적정한 관리 및 처우를 위하여 수용동별 또는 작업장별로 나누어진 교정시설 안의 일정한 구역을 말한다.

채점하되 수는 소속 작업장 또는 교육장 전체 인원의 10%를 초과할 수 없고, 우는 30%를 초과할 수 없다. 다만, 작업장 또는 교육장 전체 인원이 4명 이하인 경우에는 수 · 우를 각각 1명으로 채점할 수 있다. 그리고 소장이 작업장 중 작업의 특성이나 난이도 등을 고려하여 필수작업장으로 지정하는 경우 소득점수의 수는 5% 이내, 우는 10% 이내의 범위에서 각각 확대할 수 있다(동법 시행규칙 제79조). 한편, 소장은 수형자가 부상이나 질병 그 밖에 부득이한 사유로 작업 또는 교육을 받지 못한 경우에는 3점 이내의 범위에서 작업 또는 교육성적을 부여할 수 있다.

(4) 소득점수 평정

소장은 정기재심사 및 부정기재심사에 따라 재심사를 하는 경우에는 그때마다 소득점수 평가 기간 및 방법에 따라 평가한 수형자의 소득점수를 평정하여 경비처우급을 조정할 것인지를 고려하여야 한다. 다만, 부정기재심사의 소득점수 평정 대상기간은 사유가 발생한 달까지로 한다(동법 시행규칙 제80조). 이러한 소득점수를 평정하는 경우에는 평정 대상기간 동안 매월 평가된 소득점수를 합산하여 평정 대상기간의 개월 수로 나누어 얻은 점수로 한다.

10) 처우등급의 조정

경비처우급에 대한 상향 조정은 8점 이상이 원칙이고, 5/6 재심사의 경우 7점 이상이어야 하며, 하향 조정은 5점 이하가 되어야 한다(동법 시행규칙 제81조). 그러나 수용 및 처우를 위하여 특히 필요한 경우 법무부장관이 달리 정할 수 있다.

재심사에 따라 경비처우급을 조정할 필요가 있는 경우에는 한 단계의 범위에서 조정한다. 다만, 수용 및 처우를 위하여 특히 필요한 경우에는 두 단계의 범위에서 조정할 수 있다(동법 시행규칙 제68조).

한편 조정된 처우등급에 따른 처우는 그 조정이 확정된 다음 날부터 한다. 이 경우 조정된 처우등급은 그 달 초일부터 적용된 것으로 한다(동법 시행규칙 제82조). 소장은 수형자의 경비처우급을 조정한 경우에는 지체 없이 해당 수형자에게 그 사항을 알려야 한다.

또한 소장은 수형자를 기본수용급별 · 경비처우급별로 구분하여 수용하여야 한다. 다만, 처우상 특히 필요하거나 시설의 여건상 부득이한 경우에는 기본수용급 · 경비처우급이 다른 수형자를 함께 수용하여 처우할 수 있다(동법 시행규칙 제83조). 그리고 수형자를 수용하는 경우에 개별처우의 효과를 증진하기 위하여 경비처우급 · 개별처우급이 같은 수형자 집단으로 수용하여 처우할 수 있다.

제3절 교화프로그램

1. 의의

수형자의 정신적 결함을 교정하고 선도하기 위하여 종교적 · 도덕적 방법 등으로 정신감화를 유도하여, 수형자의 도덕성을 회복하고 사회성을 배양하여 건전한 인격형성에 이바지하며 심성을 순화하고 범죄성을 제거하는 데 목적을 둔 활동을 말한다.

2. 종류

소장은 수형자의 교정교화를 위하여 상담 · 심리치료, 그 밖의 교화프로그램을 실시하여야 한다. 이러한 교화프로그램을 운영하는 경우 약물중독 · 정신질환 · 신체장애 · 건강 · 성별 · 나이 등 수형자의 개별 특성을 고려하여야 하며, 프로그램의 성격 및 시설의 규모와 인원을 고려하여 이송 등의 적절한 조치를 할 수 있다.

우리나라에서 주로 운영되는 교화프로그램은 작업면제자에 대한 교화, 문화프로그램, 문제행동예방프로그램, 가족관계회복프로그램, 교화상담 등이 있다.

1) 작업면제자의 교화

소장은 수형자의 가족 또는 배우자의 직계존속이 사망하면 2일간, 부모 또는 배우자의 기일을 맞이하면 1일간 정신적 안정을 위해 해당 수형자의 작업을 면제한다. 다만, 수형자가 작업을 계속하기를 원하는 경우는 예외로 한다(동법 제72조).

2) 정서교육

소장은 수형자의 정서 함양을 위하여 필요하다고 인정하면 연극 · 영화관람, 체육행사, 그 밖의 문화예술활동을 하게 할 수 있다(동법 시행령 제88조).

3) 가족관계회복프로그램

수형자와 그 가족의 관계를 유지 · 회복하기 위하여 수형자의 가족이 참여하는 각종 프로그램을 운영할 수 있는데, 대상 수형자는 교도관회의의 심의를 거쳐 선발하고, 교정시설 안에서 실시하며, 참여인원은 5명 이내의 가족으로 한다. 다만, 특히 필요하다고 인정하는 경우에는 참여인원을 늘릴 수 있다.

4) 교화상담

수형자의 건전한 가치관 형성, 정서안정, 고충 해소 등을 위하여 실시되는 상담을 의미한다.

5) 문화프로그램

수형자의 인성 함양, 자아존중감 회복 등을 위하여 음악 · 미술 · 독서 등 문화예술과 관련한 다양한 프로그램을 의미한다.

6) 문제행동예방프로그램

수형자의 죄명 · 죄질 등을 구분하여 그에 따른 심리측정 · 평가 · 진단 · 치료 등의 프로그램을 의미한다.

제4절 작업과 직업훈련

1. 교도작업의 개관

1) 의의

교도작업이란 교도소 등 교정시설에서 수형자에 대하여 교정작용의 일환으로 부과하는 노역으로 「형법」에 의한 징역형 수형자의 정역의무를 지칭한다.

2) 목적

(1) 윤리적 목적

노동혐오감과 무위도식하는 수형자의 나쁜 습성을 교정하고 기술습득을 통하여 석방 후 생계유지에 도움을 줄 수 있으며, 수형생활의 고독감과 번민을 제거하여 정신적 · 육체적 건강을 증진시킬 수 있다.

(2) 경제적 목적

작업수입으로 교정시설경비의 일부를 충당할 수 있고, 교도작업으로 연마된 기능자가 사회복귀함으로써 산업사회에 공헌하며 나아가 작업수익금은 「교도작업의 운영 및 특별회계에 관한 법률」상의 수입금으로 편입되어 국고수입을 늘릴 수 있다. 한편, 교도작업이 너무 수익성에 치중하면 민간기업 압박의 문제를 야기할 수 있으므로 이를 해결하기 위해 관용(官用)주의가 원칙적으로 운영되고 있다.

(3) 행정적 목적

교도소 내의 질서유지에 도움을 주며 교정사고예방에도 유용하다. 이는 교도소 내의 질서를 위한 소극적 목적에 해당된다.

(4) 사회교육적 목적

수용자의 근로정신 함양과 생활지도, 직업지도 등에 유용하여 사회정착에 기여하는 목적을 갖고 있다.

(5) 행형적 효과

일반적으로 교도작업은 근로정신을 함양하여 사회복귀를 돕는 특별예방적 효과가 있지만, 한편으로 잠재적 범죄인에 대한 위하로 일반예방 목적에 기여하는 측면도 있다.

(6) 정치적 효과

사회의 불취업자 해소에 따른 실업률의 감소와 범죄예방정책 수립에 기여하는 효과가 있다.

3) 교도작업의 성격과 과제

교도작업은 전문적이고 생산적이이야 하고, 석방 후의 전업적인 작업이어야 하며, 수형자의 정신적 · 육체적 장애를 초래해서는 아니 된다.

향후 교도작업은 안정적인 작업운영이 되도록 적정한 작업량의 확보가 요구되고, 시설 및 운영의 낙후성을 해결하고 기술전문요원 등을 확보해야 하며, 지나치게 이윤을 추구하는 부분을 지양하고 수형자의 교화개선에 목적을 두어야 한다. 또한 사기업에 비해 기술수준이 낙후되어 있는 부분을 개선해야 하고, 수용자의 적성을 무시하는 경향이 있는데, 작업부과 시 수용자의 적성을 최대한 고려하여야 한다. 그리고 작업 위주 교정운영은 개별처우를 곤란하게 하기 때문에, 개별처우가 전제된 작업이 운영되어야 하고, 가급적이면 수용자의 근로의욕 고취를 위한 작업임금제의 도입이 있어야 할 것이다.

2. 교도작업의 역사

교도작업은 1597년 암스테르담 여자 징치장에서 강제노동이 교육수단으로 활용되었으나 대체로 17세기 이전에는 착취 및 응보사상에 기초한 고통부과수단으로 이용되었다. 그러나 이후1777년 존 하워드는 「영국과 웨일스의 감옥상태론」에서 "사람들을 근면하게 하라. 그렇지 않으면 정직한 사람을 만들 수 없다"고 주장하여 교도작업의 중요성을 강조하였고, 「UN피구금자처우최저기준규칙」은 "고통을 주는 성질의 교도작업은 금지한다"고 규정함으로써 교육형주의에 입각한 작업성격을 명백히 하고 있다.

우리나라는 조선시대의 대명률(大明律)에 도역(徒役)이 있어 1~3년의 형기로 소금을 굽거나 못을 만드는 작업에 복역하도록 하였고, 1895년에는 징역처단례(懲役處斷例)를 제정하여 도형을 폐지하고, 역형(징역형)을 일반범에 부과하게 되었으며, 1898년에는 감옥규칙과 감옥세칙을 제정하여 작업의 부과방법 · 급여공전 및 면역일에 대한 규정 등을 두었으나, 실제 정역으로 작업을 과한 사실은 없으며 수용자가 자비로 짚을 구입하여 감방 내에서 짚신을 만들어 순검(巡檢) 등에 의뢰하거나 계호하에 시장에 매각한 사례가 있었다.

그리고 1905년에는 형법대전의 제정에 의하여 역형과 금옥형으로 구분하여 금옥형은 정역을 과하지 않고 역형에 대해서만 복역시킬 것을 규정하고 감옥의 잡무에 사역하는 것을 작업으로 하였으나 이때에는 공장과 같은 취업상 필요한 설비가 없었다. 한편, 1908년에는 감옥관제의 실시와 함께 근대적인 교정시설이 설치됨에 따라 종로감옥에서 민간인의 고공(짚으로 만드는 수공)을 도급작업으로 최초로 실시하여 1909년부터 전국적으로 수형자에게 작업을 부과하기에 이르렀다. 해방 이후 1962년 「교도작업관용법」이 제정 · 공포되어 운영되어 오다가, 2008년 「교도작업관용법」과 「교도작업특별회계법」을 통합한 「교도작업의 운영 및 특별회계에 관한 법률」이 제정 · 공포되어 오늘에 이르고 있다.

3. 교도작업의 종류

교도작업은 수형자의 법적 성질과 작업의 목적 및 경영방식에 따라 분류된다.[25)]

1) 수형자의 법적 성질에 따른 분류

수형자의 법적 성질에 따라 교도작업은 징역수형자에게 과하는 작업으로 형벌로 과해진 정역을 의미하는 일반작업과, 금고수형자 · 구류수형자 · 미결수용자 · 사형확정자 중에서 작업에 취업할 의사가 있는 수용자가 교도소장에게 신청하는 것으로 신청에 의한 작업(청원작업)이 있는데, 교도소장은 특별한 사정이 없는 한 교화목적과 심신의 건강을 위하여 허가할 수 있다.

2) 작업의 목적에 따른 분류

작업의 목적에 따라 행형에 따른 경제적 비용을 마련하고 수형자에게 작업을 보도하려는 목적에 따라 시장성이 있는 상품을 만들거나 서비스에 종사하도록 하는 작업인 생산작

---

25) 허주욱, 전게서, pp.492-497 참조.

업과 피수용자의 수용 및 시설의 유지 · 관리 등 교도소 자체의 기능유지를 위해 행해지는 내부작업으로 세입증대와는 무관하고 세출예산의 절감에 기여하는 효과가 있는 운영지원작업, 수형자의 사회복귀와 기능인력의 양성을 목적으로 하는 작업인 직업훈련으로 분류된다.

3) 경영방식에 따른 분류

(1) 직영(관사)작업

교도소가 직접 경영하는 작업방법으로 교도소의 감독하에 국가예산으로 일체의 시설 · 기계 · 기구 · 재료 · 노무 및 경비 등을 부담하여 물건 및 자재를 생산 · 판매하는 방식으로 교도작업관용주의에 가장 적합한 제도이다. 우리나라는 직영작업을 원칙으로 하고 있다. 이러한 직영작업의 장 · 단점은 다음과 같다.

① 장점

가) 교도작업관용주의에 가장 적합하다.
나) 작업에 대한 통제가 용이하다.
다) 사인의 관여를 금지할 수 있다.
라) 수형자의 적성에 맞는 작업을 부과할 수 있다.
마) 국고수입을 증대시키면서 자급자족할 수 있다.
바) 자유로이 작업종목을 선택하여 직업훈련이 용이하다.
사) 엄격한 규율을 유지하며 작업이 가능하다.
아) 자급자족을 할 경우 경기변동에 영향을 많이 받지 않는다.

② 단점

가) 기계 · 기구의 설비자금, 재료구입자금 등 많은 예산이 소요되며 사무가 번잡하다.
나) 관계법규의 제약으로 적절한 시기에 기계 · 기구 · 원자재 구입이 곤란하다.
다) 시장개척 및 경쟁의 곤란으로 제품판매가 용이치 않은 점 때문에 손실우려가 있다.
라) 자유 시장에 대량출하를 할 경우 민간기업체를 압박할 수 있다.

(2) 위탁(단가)작업

외부 민간기업체 또는 개인위탁자로부터 작업에 사용할 주요 재료, 즉 시설 · 기계 ·

기구 및 재료의 전부 또는 일부를 제공받아 교도소는 취업자로 하여금 물건 및 자재를 가공 · 생산하거나 수선하여 위탁자에게 교부하고, 수리비 · 단가 등 그 대가를 받는 작업으로 주로 조화조립, 전자부품조립, 장신구 · 목공예의 가공조립, 봉제 등 단순반복작업이 주를 이룬다. 이러한 위탁작업의 장 · 단점은 다음과 같다.

① 장점

가) 기계 · 기구의 설비자금, 원자재의 구입자금이 필요 없어 사무가 단순하다.

나) 직영작업과 노무작업에 비하여 상대적으로 사기업의 압박이 덜하다.

다) 적은 비용으로 행할 수 있다.

라) 경제사정의 변화에 따른 직접적인 영향을 받지 않아 위험이 적다.

마) 판매와 관계없이 납품만 하면 되기 때문에 제품처리에 문제가 없다.

바) 다수의 인원을 취업시킬 수 있어 불취업자를 해소할 수 있고 행형의 통일성을 유지할 수 있다.

② 단점

가) 교도소와 특정 업체의 연계로 인한 부당경쟁의 사례가 생기기 쉽다.

나) 업종이 다양하지 못하여 직업훈련에 부적합하다.

다) 위탁자의 경영사정에 따라 일시적 작업이 보통으로 교도작업의 목적과 부합하지 않을 수 있다.

라) 위탁업자의 잦은 공장출입으로 보안상의 문제점이 있다.

(3) 노무(수부 · 임대)작업

교도소와 사인과의 계약에 의하여 교도소는 사인에게 노무만을 제공하고, 그 대가로 사인으로부터 임금을 지급받는 작업방식을 말한다. 과거 우리나라에서는 수형자들이 단기간 동안 정지작업, 모내기, 추수 등에 취업한 사례가 있으나 현재는 활발하지 못하다. 그리고 교도소는 노무만을 제공하고 계약자는 원료구입, 기계 · 기구의 설비 등 일체를 부담하면서 수형자에 대하여 완전한 통제력을 행사할 수 있기 때문에 사인의 관여가 가장 많다. 이러한 노무작업의 장 · 단점은 다음과 같다.

① 장점

가) 설비투자 등에 따른 부담이 없어 자본이 없어도 경제적인 효과가 크다.

나) 경기변동에 큰 영향을 받지 않는다.

다) 취업비가 필요 없고 자본이 없이도 가능하다.

라) 단순노무만 제공하기 때문에 제품처리의 문제가 없다.

② 단점

가) 사인관여 등으로 인한 외부와의 부정가능성이 있다.

나) 단순노동으로 직업훈련에 가장 적당치 못하다.

다) 행형상 통일성을 유지하기 곤란하여 수형자의 교화목적이 외면될 우려가 있다.

라) 외부인의 수용자에 대한 통제력 행사가 가장 크다.

(4) 도급작업

교도소와 사인 간의 계약에 의하여 어느 공사를 완성할 것을 약정하고 교도소가 전담하여 관리 · 감독하는 방식으로 공사의 결과에 따라 약정금액을 지급받는 작업이다. 이러한 도급작업의 장 · 단점은 다음과 같다.

① 장점

가) 작업의 대형성으로 인해 높은 수익을 가능하게 한다.

나) 대량작업을 전제로 하므로 수형자의 대규모 취업을 가능하게 하여 불취업자 해소에 유리하다.

② 단점

가) 전문지식과 경험부족으로 큰 손실을 입을 수 있다.

나) 구외작업으로 인한 계호부담이 크고 민간기업 압박의 우려가 크다.

다) 작업수준에 맞는 기술자의 확보가 곤란하다.

4. 교도작업 관용주의

1) 의의

교도작업으로 인하여 민간업체에 피해가 가지 않도록 하기 위하여 교도작업에 의하여 생산되는 물건 및 자재를 국가 또는 지방공공단체의 기관이나 국영기업체 등에 우선적으로 공급사용하도록 하는 제도로 교도작업능률의 향상, 교도작업 전체의 원활한 경영 도모, 자급자족주의, 즉 교도소 내에서 생산된 작업제품을 소 내에서 이용하고 소비함으로써 교정경제적 이득과 교도작업의 활성화를 기할 수 있다. 이러한 관용주의는 「교도작업관용법」을 1962년에 제정하여 운영하여 왔고, 최근에는 교도작업의 관리 및 교도작업특별회계의 설치 · 운용에 관한 사항을 규정함으로써 효율적이고 합리적인 교도작업의 운영을 도모함을 목적으로 「교도작업의 운영 및 특별회계에 관한 법률」을 제정하여 관용주의와 민간판매제도를 동시에 운영하고 있다.

2) 관용주의의 장 · 단점

(1) 장점

① 경기변동에 관계없이 장기계획하에 작업을 계속할 수 있어 작업경영이 안정적이다.
② 교도소제품을 국가기관이 소비하므로 민간기업 압박의 문제를 제거할 수 있다.
③ 생산품을 원가 공급하므로 교정비용이 절약되고 수주활동이 불필요하다.
④ 자체설비 및 계획생산 등 자급경영의 합리화가 용이하다.

(2) 단점

① 제품제작에 정성이 부족하여 제품의 질이 일반사회제품에 비하여 떨어질 우려가 있다.
② 제품의 공급이 적기에 공급되지 않을 가능성이 있다.
③ 권고와 주의 등에 신중성이 결여되기 쉽다.
④ 작업경영에 열의가 없고 타성에 젖을 우려가 있다.

5. 작업장려금제와 임금제

1) 작업장려금제

(1) 의의

수형자의 근로의욕 고취와 작업능률의 향상 그리고 출소 후의 생활자금을 조성해 주기 위해 작업의 종류 · 성적과 그 행장을 참작하여 국가가 수형자의 작업장려를 위하여 정책적으로 급부하는 공법적 성질을 가지며 청구권이 인정되지 않는 은혜적 급부로서의 성격을 가진다. 소장은 수형자의 근로의욕을 고취하고 건전한 사회복귀를 지원하기 위하여 법무부장관이 정하는 바에 따라 작업의 종류, 작업성적, 교정성적, 그 밖의 사정을 고려하여 수형자에게 작업장려금을 지급할 수 있다(동법 제73조).[26]

(2) 작업장려금의 종류

작업장려금에는 작업의 종류와 성적에 관한 등급을 참작하여 모든 취업수용자에게 지급하는 장려금인 일반작업장려금과 교도작업 등을 성실히 수행하고 기능이 우수한 자 또는 장기간 작업을 수행한 수용자의 사회복귀를 촉진하기 위하여 지급하는 작업장려금인 특별작업장려금이 있다.

(3) 작업장려금의 관리와 지급

작업장려금의 지급대상은 직업훈련생, 청원작업자를 포함한 모든 작업수용자가 대상이 되고, 매월 계산고로 관리되고 있고, 본인이 금융기관에 예탁하기를 희망하는 자에 대하여 작업장려금 예금관리대장에 등재하고 예탁 관리할 수 있다. 예탁의 경우 작업장려금의 계산액, 형기 등을 고려하여 예금보호, 금리 등이 유리한 것으로 정하여야 한다. 그리고 수용자가 교정시설에서 석방될 때 작업장려금 계산액은 현금으로 본인에게 지급하며 금융기관에 예탁한 경우에는 예금통장으로 지급한다.

이러한 작업장려금은 석방할 때 본인에게 지급한다. 다만, 본인의 가족생활 부조, 교화 또는 건전한 사회복귀를 위하여 특히 필요하면 석방 전이라도 그 전부 또는 일부를 지급할 수 있다(동법 제73조).

2) 작업임금제

(1) 의의

수형자가 작업에 취업하여 노무를 제공한 대가로 국가가 임금을 지급하는 제도이다. 이는 교육형주의와 인권존중사상에 기초하여 작업임금에 대한 노동의 대가, 즉 취업자가 노무를 제공한 반대급부로 보수를 지급받는 것이므로 수형자는 보수를 권리로서 국가에 청구할 수 있는 제도로 우리나라에서는 형사정책적 논의대상으로 삼고 있다.

---

26) 작업수입은 국고수입으로 한다(동법 제73조 제1항).

(2) 연혁

16세기 중엽 영국의 노역장(work house)에서 처음 채용되었고 18세기 중엽에는 영국과 프랑스의 교도소에 도입되었으며, 18세기 말에는 미국 대부분의 주에서 인정하기에 이르렀다.[27] 그리고 독일의 월버그(Wahlberg)가 1884년 임금제를 실시하였고, 「UN 피구금자 처우 최저기준 규칙」 제76조에 "수형자의 작업에 있어서는 적절한 보수제도가 있어야 한다"라고 규정하여 임금제를 권장하고 있다.

(3) 작업임금제의 찬 · 반론

① 찬성론

가) 개선수단으로서 제공한 노무에 보수를 지급함은 개선의 희망을 증대시킬 수 있다.

나) 노동에 대한 흥미와 의욕을 고취하며 즐거움을 줄 수 있다.

다) 가족의 생활비 등 가계에 기여하며 피해자에게는 손해배상의 기회를 제공할 수 있다.

라) 수용생활 중 자기용도에 사용하거나 저축하게 하여 경제적 생활에 익숙하게 할 수 있다.

② 반대론

가) 형 집행상 노동은 국가와의 계약관계가 아니므로 대가지불의 의무가 없고 국가에 손해를 끼친 자에게 임금을 지불함은 오히려 이율배반이다.

나) 노임을 받음으로써 심리적으로도 의뢰심이 생길 수 있다.

다) 사회의 실업자와의 균형상에도 불합리하므로 임금제는 부당하다.

6. 구외작업

1) 의의

작업장소에 따른 구별로 교정시설의 외부에서 실시된다는 점에서 구내작업과 대립되며, 외역 또는 감외작업이라고도 한다. 주로 교정시설에서 숙박하며 이루어지는 외부통근작업이 대표적이다. 이러한 구외작업의 취업대상자는 초범자 등 도주의 우려가 없는 자를

---

27) 허주욱, 전게서, p.546.

개방시설에 수용하여 구외작업에 취업하게 하는 것이 통상적인 방법이다.

2) 연혁

18~19세기 중엽에 수형자를 반자유구금형태로 구외작업을 실시한 영국이 호주의 식민지개발에 많은 유형자를 공공작업에 취업시킨 데에서 유래되었다. 1854년 아일랜드의 크로프턴이 가석방 전에 실시한 중간교도소제 등의 구외작업은 당시 시설 내 과밀수용을 완화하고 사회적으로도 부족한 노동력을 보충하려는 목적에서 이루어졌다.[28)]

3) 구외작업의 장 · 단점

(1) 장점

① 수형자의 사회적응훈련으로 유용하고 입소 전의 직업이 구외작업과 연계되면 기능향상 및 석방 후 취업이 보장될 수 있다.

② 단기수형자에게 용이하고 장기수형자에 대한 적절한 활용은 장기간 수형생활에서 오는 정신적 · 신체적 장애를 제거할 수 있다.

③ 수형자와 교도관의 인간적 신뢰관계로 그들의 반사회성 교정에 기여하며 특히 장기수형자의 사회성 훈련에 도움이 된다.

④ 최근 교정의 개방화 추세에 비추어 중간처우방법으로 활용될 수 있고 교정경비 면에서 다른 작업보다 경제적이다.

(2) 단점

① 도주 등 교정사고의 우려가 있어 계호인력의 낭비를 초래하며 다수인의 혼거수용으로 인하여 악풍감염의 가능성이 있다.

② 부진한 구외작업은 오히려 취업자에 대한 직업보도 면에서 실효성에 의문이 있고 취업자와 계호자 사이에 사사로운 정이나 관계에 이끌릴 경우 교화개선의 실효를 거두기 어렵다.

③ 민간인의 접촉 등은 오히려 수형자 인격에 손상감을 가져올 가능성이 있다.

---

28) 김용준, 전게서, p.507.

4) 현행법상 구외작업

소장은 수형자의 건전한 사회복귀와 기술습득을 촉진하기 위하여 필요하면 외부기업체 등에 통근작업하게 하거나 교정시설의 안에 설치된 외부기업체의 작업장에서 작업하게 할 수 있다(동법 제68조). 그리고 외부통근자의 사회적응능력을 기르고 원활한 사회복귀를 촉진하기 위하여 필요하다고 인정하는 경우에는 수형자 자치에 의한 활동을 허가할 수 있다.

7. 현행법상 교도작업

1) 작업의 부과

수형자에게 부과하는 작업은 건전한 사회복귀를 위하여 기술을 습득하고 근로의욕을 고취하는 데에 적합한 것이어야 하고, 수형자는 자신에게 부과된 작업과 그 밖의 노역을 수행하여야 할 의무가 있다(동법 제66조).

그리고 수형자에게 작업을 부과하려면 나이 · 형기 · 건강상태 · 기술 · 성격 · 취미 · 경력 · 장래생계, 그 밖의 수형자의 사정을 고려하여야 한다(동법 제65조). 또한 소장은 법무부장관의 승인을 받아 수형자에게 부과하는 작업의 종류를 정한다. 한편, 19세 미만의 수형자에게 작업을 부과하는 경우에는 정신적 · 신체적 성숙 정도, 교육적 효과 등을 고려하여야 한다(동법 시행령 제90조).

이러한 작업을 부과하는 경우에 소장은 수형자에게 작업의 종류 및 작업과정을 정하여 고지하여야 하는데, 작업과정은 작업성적, 작업시간, 작업의 난이도 및 숙련도를 고려하여 정한다(동법 시행령 제91조). 만약 작업과정을 정하기 어려운 경우에는 작업시간을 작업과정으로 본다. 그리고 소장은 교도관에게 매일 수형자의 작업실적을 확인하게 하여야 한다(동법 시행령 제92조).

2) 신청에 따른 작업

소장은 금고형 또는 구류형의 집행 중에 있는 사람에 대하여는 신청에 따라 작업을 부과할 수 있다(동법 제67조).[29] 만약, 신청에 의한 작업이 부과된 수형자가 작업의 취소를

---

29) 신청에 의한 작업의 대상은 금고수형자, 미결수용자, 사형확정자, 구류수형자이다.

요청하는 경우에는 해당 수형자의 의사(意思) · 건강 및 교도관의 의견 등을 고려하여 작업을 취소할 수 있다(동법 시행령 제93조).

3) 집중근로

'집중적인 근로가 필요한 작업'이란 수형자의 신청에 따라 1일 작업시간 중 접견 · 전화통화 · 교육 및 공동행사 참가 등을 하지 아니하고 휴게시간을 제외한 작업시간 내내 하는 작업을 말한다(동법 시행령 제95조). 소장은 수형자의 신청에 따라 외부통근작업, 직업능력개발훈련, 그 밖에 집중적인 근로가 필요한 작업을 부과하는 경우에는 접견 · 전화통화 · 교육 · 공동행사참가 등의 처우를 제한할 수 있다(동법 제70조). 다만, 접견 또는 전화통화를 제한한 때에는 휴일이나 그 밖에 해당 수용자의 작업이 없는 날에 접견 또는 전화통화를 할 수 있게 하여야 한다. 그리고 소장은 작업을 부과하거나 훈련을 받게 하기 전에 수형자에게 제한되는 처우의 내용을 충분히 설명하여야 한다.

4) 개인작업

소장은 수형자가 개방처우급 또는 완화경비처우급으로서 작업기술이 탁월하고 작업성적이 우수한 경우에는 수형자 자신을 위한 개인작업을 하게 할 수 있다. 이 경우 개인작업시간은 교도작업에 지장을 주지 아니하는 범위에서 1일 2시간 이내로 한다. 그리고 소장은 개인작업을 하는 수형자에게 개인작업용구를 사용하게 할 수 있는데, 이 경우 작업용구는 특정한 용기에 보관하도록 하여야 한다. 한편, 개인작업에 필요한 작업재료 등의 구입비용은 수형자가 부담하는 것을 원칙으로 하지만, 처우상 필요한 경우에는 예산의 범위에서 그 비용을 지원할 수 있다(동법 시행규칙 제95조).

5) 휴일의 작업과 교육 · 작업 등의 지도보조

공휴일 · 토요일과 그 밖의 휴일[30]에는 원칙적으로 작업을 부과하지 아니한다. 다만, 취사 · 청소 · 간호, 그 밖에 특히 필요한 작업은 예외로 한다(동법 제71조). 그리고 소장은 수형자가 개방처우급 또는 완화경비처우급으로서 교육 · 작업 등의 성적이 우수하고 관련 기술이 있는 경우에는 교도관의 작업지도를 보조하게 할 수 있다(동법 시행규칙 제94조).

---

30) '그 밖의 휴일'이란 12월 31일, 「각종 기념일 등에 관한 규정」에 따른 교정의 날 및 소장이 특히 지정하는 날을 말한다(동법 시행령 제96조).

Chapter_ 3

미결수용자 등의 처우

제1절 미결수용자 처우

1. 의의

형사피의자 · 피고인으로 체포되거나 구속영장의 집행을 받은 자를 구금하여 수사하고, 재판에서의 심리 및 형벌의 집행을 확보하기 위한 수단으로, 궁극적으로는 형사소송의 원활한 수행을 위한 수용자에 대한 처우이다. 이는 국가의 형사사법권을 원활히 수행하기 위한 부득이하고 예외적인 사법적 색채가 강한 행정작용이다.

2. 미결수용자의 지위

형이 확정되기 전까지는 원칙적으로 무죄추정(헌법 제27조 제4항, 「형사소송법」 제275조의2)을 받는 자이므로 미결수용자 수용목적 외에는 국민의 일원이므로 일반사회인과 크게 다를 것 없는 헌법상의 기본적 인권이 보장된다.

그러나 수용의 본질에 의한 제한, 공법상 영조물이용관계에서 비롯된 제한, 증거인멸의 방지를 위한 제한, 예산상의 제약에 의한 제한 등을 받게 된다.[31)]

1) 수용의 본질에 의한 제한

거주 · 이전의 자유, 직업선택의 자유, 교육을 받을 권리, 집회결사의 자유, 통신 · 표현의 자유, 근로의 권리(근로 3권 등), 학문의 자유 등은 수용의 성질상 인정되지 않는다.

---

31) 김화수 외, 전게서, pp.547-578.

2) 공법상 영조물 이용관계에서 비롯된 제한

수용질서의 유지상 사법적 색채가 강한 미결수용의 특징으로서 작위 또는 부작위 명령에 따라야 하고, 화재 · 도주 · 폭동이나 난동 · 자살 등을 방지하기 위한 각종 규율에 순응하여야 한다. 하지만 미결수용자의 권리제한은 반드시 헌법이나 법률에 근거가 있어야 가능하다.

3) 증거인멸의 방지를 위한 제한

접견 시 외국어 사용을 금지하며 접견 시 직원이 참여할 수 있고, 사건에 상호 관련이 있는 자는 분리수용하고 접촉을 금지하고 있으며, 특별한 경우에는 미결수용자가 주고받는 편지을 검열할 수 있다. 또한 미결수용자가 도주 또는 증거인멸의 염려가 있을 때 법원은 직권 또는 검사의 청구에 의하여 결정으로 그의 접견을 금하거나 접수할 서류 기타 물건의 검열, 접수의 금지 또는 압수를 행할 수 있다.

4) 예산상의 제약에 의한 제한

열악한 예산으로 인해 윤택한 사회생활에 비해 많은 제약을 받게 된다. 그러나 예산이 허용되는 범위 내에서 최대한의 배려를 해야 할 것이다.

3. 미결수용자의 인권보장을 위한 국제적 기준

1966년 UN에서 제정한 「시민적 · 정치적 권리에 관한 규제규약」, 1955년 제1회 UN 범죄방지 및 범죄자 처우 회의에서 결의된 「UN피구금자 처우 최저기준규칙」, 1988년 UN총회에서 채택된 「모든 형태의 억류 · 구금하에 있는 사람들을 보호하기 위한 원칙」 등 수용자에 대한 인권선언이나 국제적인 조약들이 체결되었다.

이러한 조약과 인권선언상에서 언급된 미결수용자에 대한 인권보장의 내용은 다음과 같다.[32]

① 미결수용자에게는 고문이나 기타 가혹행위가 가해져서는 안 된다.

② 유죄판결을 받지 아니한 미결수용자는 무죄로 추정되기 때문에 모든 처우가 이를 전

---

32) 김화수 외, 전게서, pp.546-547.

제로 행해져야 한다.

③ 변호인과의 접견 · 교통이 충분히 보장되어 변호인의 조력을 받을 권리가 보장되어야 한다.

④ 미결수용자와 형을 집행받은 수형자는 분리수용이 되어야 한다.

⑤ 미결수용자는 개별 침실에서 취침할 수 있어야 한다.

⑥ 자비부담 음식물을 취식하고 그의 사복 착용도 허용되어야 한다.

⑦ 적정한 진료와 외부와의 교통권이 인정되어야 한다.

4. 현행법령상 미결수용자 처우

1) 미결수용자 처우의 원칙

미결수용자는 무죄의 추정을 받으며 그에 합당한 처우를 받는다(동법 제79조).

2) 미결수용시설의 설비 및 계호의 정도

미결수용자를 수용하는 시설의 설비 및 계호의 정도는 일반경비시설에 준한다(동법 시행령 제98조).

3) 법률구조 지원

소장은 미결수용자가 빈곤하거나 무지하여 수사 및 재판 과정에서 권리를 충분히 행사하지 못한다고 인정하는 경우에는 법률구조에 필요한 지원을 할 수 있다(동법 시행령 제99조).

4) 참관금지

미결수용자가 수용된 거실은 참관할 수 없다(동법 제80조).[33)]

5) 분리수용

소장은 미결수용자로서 사건에 서로 관련이 있는 사람은 분리수용하고 서로 간의 접촉

---

33) 사형확정자가 수용된 거실도 참관할 수 없다.

을 금지하여야 하고(동법 제81조), 이송이나 출정, 그 밖의 사유로 미결수용자를 교정시설 밖으로 호송하는 경우에는 해당 사건에 관련된 사람과 호송 차량의 좌석을 분리하는 등의 방법으로 서로 접촉하지 못하게 하여야 한다(동법 시행령 제100조).

6) 사복착용

미결수용자는 수사 · 재판 · 국정감사 또는 법률로 정하는 조사에 참석할 때에는 사복을 착용할 수 있다. 그러나 소장은 도주우려가 크거나 특히 부적당한 사유가 있다고 인정하면 교정시설에서 지급하는 의류를 입게 할 수 있다(동법 제82조).

7) 이발

미결수용자의 두발 또는 수염은 특히 필요한 경우가 아니면 본인의 의사에 반하여 짧게 깎지 못한다(동법 제83조).

8) 변호인과의 접견 및 편지수수와 조사 등에서의 특칙

수용자의 접견내용 청취 · 기록 · 녹음 또는 녹화규정에도 불구하고 미결수용자와 변호인(변호인이 되려고 하는 사람을 포함)과의 접견에는 교도관이 참여하지 못하며 그 내용을 청취 또는 녹취하지 못한다. 다만, 보이는 거리에서 미결수용자를 관찰할 수 있다(동법 제84조). 그리고 미결수용자와 변호인 간의 접견은 시간과 횟수를 제한하지 아니하며, 미결수용자와 변호인 간의 편지은 교정시설에서 상대방이 변호인임을 확인할 수 없는 경우를 제외하고는 검열할 수 없다.

또한 소장은 미결수용자가 징벌 대상자로서 조사받고 있거나 징벌집행 중인 경우에도 소송서류의 작성, 변호인과의 접견 · 편지수수, 그 밖의 수사 및 재판과정에서의 권리행사를 보장하여야 한다(동법 제85조). 이러한 규정은 형사사건으로 수사 또는 재판을 받고 있는 수형자와 사형확정자에 대하여는 변호인과의 접견 및 편지수수, 조사 등에서의 특칙을 준용한다(동법 제88조).

9) 접견횟수와 접견의 예외

미결수용자의 접견횟수는 매일 1회로 하되, 변호인과의 접견은 그 횟수에 포함시키지 않는다(동법 시행령 제101조). 그러나 소장은 미결수용자의 처우를 위하여 특히 필요하다고 인정하면 접견 시간대 외에도 접견하게 할 수 있고, 변호인이 아닌 사람과 접견하는 경우에도 접견시간을 연장하거나 접견횟수를 늘릴 수 있다(동법 시행령 제102조).

10) 작업과 교화

소장은 미결수용자에 대하여는 신청에 따라 교육 또는 교화프로그램을 실시하거나 작업을 부과할 수 있다. 미결수용자에게 교육 또는 교화프로그램을 실시하거나 작업을 부과하는 경우에는 교육 · 교화프로그램, 작업의 부과 및 집중근로에 따른 처우, 휴일의 작업, 작업의 면제, 작업수입, 위로금 · 조위금, 다른 보상 · 배상과의 관계, 위로금 · 조위금을 지급받을 권리의 보호규정을 준용한다(동법 제86조).

한편 미결수용자에 대한 교육 · 교화프로그램 또는 작업은 교정시설 밖에서 행하여지는 것을 포함하지 아니한다(동법 시행령 제103조).

11) 경찰서 유치장

경찰관서에 설치된 유치장은 교정시설의 미결수용실로 보아 「형의 집행 및 수용자의 처우에 관한 법률」을 준용한다(동법 제87조). 경찰관서에 설치된 유치장에는 수형자를 30일 이상 수용할 수 없다(동법 시행령 제107조).

12) 도주 등 통보

소장은 미결수용자가 도주하거나 도주한 미결수용자를 체포한 경우에는 그 사실을 검사에게 통보하고, 기소된 상태인 경우에는 법원에도 지체 없이 통보하여야 한다(동법 시행령 제104조).

13) 사망 등 통보

소장은 미결수용자가 위독하거나 사망한 경우에는 그 사실을 검사에게 통보하고, 기소된 상태인 경우에는 법원에도 지체 없이 통보하여야 한다(동법 시행령 제105조).

14) 기타 법률에 의한 미결수용자 처우

미결구금일수는 그 전부를 유기징역, 유기금고, 벌금이나 과료에 관한 유치 또는 구류의 기간에 산입한다(「형법」 제57조). 구금일수의 1일은 각 형의 1일로 계산한다. 다만, 미결구금일수보다 많은 일수를 산입함은 위법이다. 그리고 무기형에 대해서는 미결구금일수를 산입하지 않는다.

5. 현행 미결수용의 문제점과 개선방안

1) 문제점

현행 미결수용제도의 문제점은 크게 구금장소의 부족과 미결수용자만을 위한 법규의 미비를 들 수 있다. 따라서 수용자의 신분이나 처우의 목적 및 내용에 있어서 서로 상이한 관계에 있는 미결수용자의 별도 처우를 위하여 장소적으로 분리 · 독립된 미결수용시설, 즉 구치소의 증설 등을 통하여 그 목적에 적합하게 운영됨이 바람직하다. 또한「형의 집행 및 수용자의 처우에 관한 법률」은 일반적으로 수형자의 처우에 관하여 규정함을 목적으로 하는 것인바, 미결수용자의 구금목적에 부합하는 구체적인 내용들을 상세히 수록할 수 없다. 따라서 미결수용의 목적에 부합하는 독립된 미결수용법을 제정할 필요가 있다.

2) 개선방안

현행 미결수용제도를 개선하기 위해서는 법원심리의 신속화, 무죄석방자에 대한 손실보상 등과 관련된 보상제도의 현실화, 불구속수사를 원칙으로 한 구속수사의 지양, 피구금자의 가족보호, 석방제도의 적극 활용, 구치소의 증설과 같은 미결구금시설의 개선, 실질적인 접견 · 교통권의 보장, 독립된 미결수용법 제정 등이 논의되고 있다.

제2절 사형확정자 처우

1. 개관

현행법상 사형의 집행절차는 아래의 그림과 같다.

현행법상 사형집행절차

즉 대법원에서 사형이 확정되면, 법무부장관은 6개월 이내에 집행명령을 하여야 하고, 구금시설의 장은 법무부장관의 집행명령을 받은 날로부터 5일 이내에 집행하여야 한다. 집행방법은 일반인의 경우 교수형으로 하고, 군인의 경우에는 총살형을 기본으로 하고 있다.

2. 현행법령상 사형확정자의 처우

1) 사형확정자의 수용

사형확정자는 독거수용한다. 다만, 자살방지, 교육 · 교화프로그램, 작업, 그 밖의 적절한 처우를 위하여 필요한 경우에는 법무부령으로 정하는 바에 따라 혼거수용할 수 있다(동법 제89조).[34)]

2) 수용시설의 설비 및 계호의 정도

사형확정자를 수용하는 시설의 설비 및 계호의 정도는 일반경비시설 또는 중경비시설에 준한다(동법 시행령 제108조).

---

34) 혼거수용의 대상과 사유
  1. 수형자: 사형확정자의 교육·교화프로그램, 작업 등의 적절한 처우를 위하여 필요한 경우
  2. 미결수용자: 사형확정자의 자살·도주 등의 사고를 방지하기 위하여 필요한 경우

3) 참관금지

사형확정자가 수용된 거실은 참관할 수 없다.

4) 사형확정자의 번호표 및 거실표의 색상

사형확정자의 번호표 및 거실표의 색상은 붉은색으로 한다(동법 시행규칙 제150조).

5) 사형확정자의 교육 · 교화프로그램 · 작업

소장은 사형확정자의 심리적 안정 및 원만한 수용생활을 위하여 교육 또는 교화프로그램을 실시하거나 신청에 따라 작업을 부과할 수 있다(동법 제90조). 그리고 소장은 사형확정자의 심리적 안정 및 원만한 수용생활을 위하여 소속 교도관으로 하여금 지속적인 상담을 하게 하여야 한다(동법 시행규칙 제152조). 또한 소장은 사형확정자가 작업을 신청하면 교도관회의의 심의를 거쳐 교정시설 안에서 실시하는 작업을 부과할 수 있다. 이 경우 부과하는 작업은 심리적 안정과 원만한 수용생활을 도모하는 데 적합한 것이어야 한다. 이렇게 작업이 부과된 사형확정자에 대하여 교도관회의의 심의를 거쳐 번호표 및 거실표의 색상을 붉은색으로 해야 한다는 규정을 적용하지 아니할 수 있다. 이러한 신청에 의한 작업은 사형확정자가 작업의 취소를 요청하면 사형확정자의 의사(意思) · 건강, 담당교도관의 의견 등을 고려하여 작업을 취소할 수 있다.

한편, 소장은 사형확정자에 대하여 심리상담, 종교상담, 심리치료 등의 교화프로그램을 실시하는 경우에는 전문가에 의하여 집중적이고 지속적으로 이루어질 수 있도록 계획을 수립 · 시행하여야 한다(동법 시행규칙 제154조). 그리고 사형확정자에 대한 교육 · 교화프로그램, 작업 등의 처우를 위하여 법무부장관이 정하는 전담교정시설에 수용할 수 있으며(동법 시행규칙 제155조), 사형확정자의 교육 · 교화프로그램, 작업 등을 위하여 필요하거나 교정시설의 안전과 질서유지를 위하여 특히 필요하다고 인정하는 경우에는 법무부장관의 승인을 받아 사형확정자를 다른 교정시설로 이송할 수 있다.

6) 사형의 집행

사형은 교정시설의 사형장에서 집행하는데, 공휴일과 토요일에는 사형을 집행하지 아니한다(동법 제91조). 그리고 소장은 사형을 집행하였을 경우에는 시신을 검시(檢屍)한 후

5분이 지나지 아니하면 교수형에 사용한 줄을 풀지 못한다(동법 시행령 제111조).

7) 사형확정자의 외부교통

사형확정자의 접견횟수는 매월 4회로 한다(동법 시행령 제109조). 다만, 사형확정자의 교화나 심리적 안정을 도모하기 위하여 특히 필요하다고 인정하면 접견 시간대 외에도 접견을 하게 할 수 있고 접견시간을 연장하거나 접견횟수를 늘릴 수 있으며, 접촉차단시설이 없는 장소에서 접견하게 할 수 있다(동법 시행령 제110조).

그리고 사형확정자의 심리적 안정과 원만한 수용생활을 위하여 필요하다고 인정하는 경우에는 월 3회 이내의 범위에서 전화통화를 허가할 수 있다(동법 시행규칙 제156조).

3. 현행 사형제도의 문제점과 개선방안

우리나라의 경우 건국 이후 사형집행 인원은 1,476명이고, 1997년 12월 23명에 대한 사형집행이 가장 최근의 사형집행 현황이다. 현행법은 사형제도를 명시하고 있지만, 20년 가까이 사형을 집행하지 않고 있어 실질적인 사형폐지국가로 분류되고 있다.[35)]

사형을 집행하지 않음으로 인한 운영경비의 증가, 일반국민들의 법적 확신에 대한 회의, 시설 내에서의 각종 교정사고 등 다양한 문제점들이 제기되고 있다. 한편으로 사형을 대신할 수 있는 종신형 제도의 도입이나 징역수형자와 같이 강제노역의 의무를 부여하는 방안, 중국에서 시행하고 있는 사형집행유예제도의 도입 등이 논의의 대상이 되고 있다.[36)]

---

35) 현재 수용 중인 사형이 미집행된 최고수(사형수)는 2019년 현재 60명이며, 1997년 12월 23명 사형집행 후 현재 까지 집행이 없어 실질적 사형폐지국이라 할 수 있다. 전국 5개 시설에 분산 수용되어 있다.

36) 우리나라에서 제15대 국회(1966~2000년) 이래 사형제도 폐지를 위한 법안 등이 지속적으로 발의되어 왔고, 종교 및 인권단체를 중심으로 꾸준하게 사형폐지운동이 전개되고 있으나, 전반적인 국민여론은 사형존치를 지지하고 있다. 2015년 7월 한국갤럽조사의 결과는 존치 63%, 폐지 27%로 나타났고, 2019년(네이버 뉴스 6월 17일)에는 사형집행찬성 51.7%, 사형제도 유지하면서 미집행 37.9%, 사형제도 폐지 7.8%로 나타나 여전히 사형제도 존치의 비율이 높은 것을 알 수 있다. 사형제도에 대한 구체적 논의는 제3편 Chapter2 제2절을 참조할 것.

Chapter_ 4

수용의 종료

1. 의의

수형자 및 미결수용자, 「소년법」에 의한 시설수용보호처분자(소년분류심사원 및 소년원), 구 「사회보호법」에 의한 피보호감호자, 「치료감호법」에 의한 피치료감호자 등이 당해 시설에서의 처우를 모두 마치고 구금 또는 보호처분이 해제되어 시설로부터 사회로 합법적으로 복귀하거나 시설처우 중 사망 또는 사형이 집행되는 것을 말한다.

2. 사회복귀 전 준비제도

1) 사회복귀지도의 필요성

수용기간 중 시행된 교정 내지 치료작용이 소기의 결실을 거둘 수 있도록 하고 교정의 궁극적인 목표인 건전한 사회복귀가 이루어지도록 처우종료 단계에서 피처우자를 지도 · 보호하는 대책이 필요하다.

2) 시설 내에서의 사회복귀지도

소장은 형기종료로 석방될 수형자에 대하여는 석방 10일 전까지 석방 후의 보호에 관한 사항을 조사하여야 한다(동법 시행령 제142조). 그리고 수형자의 건전한 사회복귀를 위하여 필요하다고 인정하면 석방 전 3일 이내의 범위에서 석방예정자를 별도의 거실에 수용하여 장래에 관한 상담과 지도를 할 수 있다(동법 시행령 제141조). 한편, 소장은 피석방자가 질병이나 그 밖에 피할 수 없는 사정으로 귀가하기 곤란한 경우에 본인의 신청이 있으면 일시적으로 교정시설에 수용할 수 있다(동법 제125조).

그리고 피석방자에게 귀가에 필요한 여비 또는 의류가 없으면 법무부장관이 정하는 범위에서 이를 지급하거나 빌려 줄 수 있고(동법 제126조), 피석방자에게 귀가 여비 또는 의류를 빌려준 경우에는 특별한 사유가 없으면 이를 회수한다(동법 시행령 제145조). 또한 소장은 석방될 수형자의 보호 및 재범 방지 등을 위하여 필요하다고 인정하면 그의 성격 ·

교정성적 또는 보호에 관한 의견을 그의 거주지를 관할하는 경찰관서 또는 그를 인수하여 보호할 법인 또는 개인에게 통보할 수 있는데(동법 시행령 제143조), 법인 또는 개인에게 통보하는 경우에는 해당 수형자의 동의를 받아야 한다.

마지막으로 석방예정자의 보호조치에 대한 것으로 소장은 수형자를 석방하는 경우 특히 필요하다고 인정하면 한국법무보호복지공단에 그에 대한 보호를 요청할 수 있다(동법 시행령 제144조).

3. 석방사유

1) 수형자의 석방사유

수용자의 석방은 사면, 형기종료 또는 권한이 있는 자의 명령에 따라 소장이 한다(동법 제123조).

2) 미결수용자의 석방사유

미결수용자는 무죄, 면소, 형의 면제, 형의 선고유예, 형의 집행유예, 공소기각 또는 벌금이나 과료를 과하는 판결이 선고된 때에는 구속영장은 효력을 잃기 때문에 석방된다(「형사소송법」 제331조). 이외에도 구속의 취소, 불기소, 보석, 구속의 집행정지 등으로 석방될 수 있다.

4. 석방시기

사면, 가석방, 형의 집행면제, 감형에 따른 석방은 그 서류 도달 후 12시간 이내에 행하여야 한다. 다만, 그 서류에서 석방일시를 지정하고 있으면 그 일시에 행한다.

그리고 형기종료에 따른 석방은 형기종료일에 행하여야 하고, 권한이 있는 자의 명령에 따른 석방은 서류 도달 후 5시간 이내에 행하여야 한다(동법 제124조).

제12편
보호시설의 수용처우

Chapter_ 1
소년범죄자의 수용처우

제1절 청소년 범죄의 정의

청소년 비행은 간단히 정의될 수 있는 용어가 아니다. 역사적으로 청소년의 비행에 대한 정의는 청소년을 어떻게 보느냐 하는 시각과 밀접한 관계가 있었다. 청소년에 대한 인식이 변함에 따라 청소년의 비행에 대한 시각도 달라졌던 것이다. 청소년을 단순히 성인의 축소판으로 볼 때에는 성인에게 적용했던 법령을 그대로 청소년에게 적용하는 경향이 있었다. 그러나 산업혁명 이후 각 부문 간의 사회적 관계와 그 역할에 변화가 발생함으로써 청소년을 성인과 차별하여 보는 시각이 점차 대두되었고, 그들의 비행도 사회질서를 위협할 수 있는 심각한 문제로 인식하게 되었다. 이에 따라 청소년 비행에 대한 새로운 대처방안의 필요성이 대두되었던 것이다.

교도소 역사에서 이미 기술한 바와 같이, 17세기와 18세기의 법령에서는 비행을 죄로 보는 경향이 있었으며 법을 위반하는 것은 선천적인 결함 때문이라고 보기도 했다. 18세기부터 20세기 사이에는 이러한 시각이 바뀌어 청소년 비행은 빈곤, 인구과밀, 이민 및 부모 역할의 결핍 등과 같은 도시 및 사회문제의 산물로 여겨졌다. 주된 청소년 범죄로는 절도가 많았으나 폭력적인 범죄도 증가하는 추세를 보였다. 따라서 청소년 비행이라 하면 주로 절도나 매춘, 또는 성인 범죄조직에 고용된 소년이나 도시 빈민, 고아, 기아 등으로 간주되었다. 19세기 후반에 이르러서는 이러한 비행 청소년들이 교도소에 구금되는 현상이 나타났다.

19세기에 많은 사회개량가들은 이전에는 무시되거나 비공식적으로 다루어졌던 비행에 대해 광범위한 재정의를 시도하였다. 이들은 청소년 범죄를 범죄가 아닌 '비행'이라고 보았으며 방임된 아동이나 부양이 필요한 아동들은 특별한 처우를 받아야 한다고 주장하였다. 따라서 미국의 경우, 1899년에 최초의 소년법원이 일리노이주(Illinois)에 세워졌고, 당시 제정된 법에서도 비행, 부양, 방임이라는 용어들이 사용되었다. 그 이후 주(州)마다 소년법원의 설립이 확산되었으나, 20세기의 초기 60년 동안에도 소년법원은 부양, 방임, 그리고 비행 청소년을 명확하게 구분하지 않았다.

1930년과 1960년대 사이에 청소년 비행을 정의하는 데 있어서 상당한 변화가 있었다. 특히 1960년대에는 청소년 비행의 심각성과 사법적 대처에 대한 관심이 크게 고조되면서 그 대처 방향에 있어 큰 전환기를 맞이하였다. 1945년과 1962년 사이에 '베이비 붐' 세대가 청소년이 되면서 60년대 초반에 비행이 경이로울 정도로 급증했다. 과거 전통적인 비행유형인 경미한 재산절도나 우범 혹은 신분범죄[1](status offenses)뿐 아니라 살인, 강간 및 강도와 같은 강력범으로 청소년들이 체포되는 경우가 날로 증가하였다. 따라서 일부 주(州)에서는 지역사회에 심각한 위협이 된다고 여겨지는 청소년을 성인범으로 취급하는 등 법적 대응이 강화되기도 하였다. 1976년에는 소년사법과 비행예방시행령에서 소년법을 위반한 행위를 비행으로 정의하였다. 이에 따라 우범과 같은 행위는 구금 대상이 되지 않았으며, 기존의 소년교도소에 구금되었던 우범소년들은 모두 방면되었다.

이와 같이 청소년 비행을 정의하는 데는 많은 요인들이 작용한다. 미국의 경우, 각 주(州)마다 각기 다른 소년법에 따라 비행을 정의하고 있다. 그러나 이러한 법전 역시 때로는 모호하고 실제로 법을 적용하는 데 있어서 많은 논쟁의 여지를 남기고 있다. 또한 청소년 비행의 개념은 당시의 사회적 현실이 반영되는 경향이 있다. 특히, 오늘날같이 대중매체의 영향이 큰 시대에는 대중매체에서 특정 행동을 비행으로 간주하면 그것이 곧 현실이 되는 경우도 발생하고 있다.

1) 성인이면 처벌을 받지 않아도 되지만 청소년이기 때문에 비행이 되는 행위로서, 무단결석, 가출, 음주, 흡연 그리고 성적 문란행위 등이 포함된다.

제2절 청소년 교정사업

청소년 교정사업 모델에는 여러 가지 모델들이 있다.[2] 이러한 모델들은 이론적으로 청소년 시설들의 중심과제를 규정하고 조직하는 방법을 제시해 준다. 그러나 실제로, 하나의 모델만을 적용시키는 시설은 거의 없다. 각 시설의 프로그램들은 전체가 일시적으로 이루어졌다기보다는 점진적으로 발전되어 왔다. 다양한 시설의 프로그램과 모델들이 상호 영향하에 각 조직의 목적과 방법에 반영되었다 하겠다.

1. 규율 모델(The Discipline-Oriented Model)

규율 모델은 시설의 규율과 규제에 순응하는 것을 강조하는 모델이다. 범죄자들에게 한정되는 프로그램들은 주로 농장과 시설의 관리작업과 기초적인 학과 프로그램으로 구성되어 있다. 직원의 가장 큰 관심은 탈옥이나 무질서, 규율위반, 불복종을 막음으로써 시설의 통합을 유지하는 것이다. 질서는 수용자들의 단체훈련과 처벌 및 보상제도를 통해 유지되는데, 특히 처벌제도가 엄격하다.

이 모델은 19세기 초기의 시설에서 주로 사용된 것이지만, 현재도 많은 규율학교에서 활용하고 있고 그 흔적이 남아있다.

2. 공립학교 모델(The Public School Model)

이 모델의 초점은 대상자들이 사회의 정규적인 교육을 받도록 돕는 데 있다. 공립학교의 교과과정, 철학, 교육법 등 많은 부분이 시설의 교육과정에 반영되며, 직원들은 교육의 목적과 교육이념을 숙지하고 있다. 경우에 따라서는 대학대표팀과 같은 체육실기에 강조를 두기도 한다.

이 모델을 적용하는 시설들 가운데는 정규 교육프로그램과 함께 캠프생활, 가족 등 외부세계와의 접촉, 시설 내 작업할당과 같은 다른 프로그램을 동시에 운영하는 경우가 많

---

2) Regoli, R.M. & Hewill, J.D., *Delinquency in Society: A Child-centered Approach*, New York: McGraw-Hill, Inc., 1991.

다. 교사들은 학교를 운영하고, 아동보호직원은 캠프생활에 참여하며, 개별지도 사회사업가는 지역사회활동에 초점을 두고, 관리직원은 청소년들이 의무작업을 할당받았을 때 그들을 관리해야 한다. 전체적으로 보았을 때 청소년 개개인은 잘 조정되어 있지 않고 상충적이기도 한 프로그램을 받게 된다는 단점이 있다.

3. 개인치료 모델(The Individual Treatment Model)

개인치료 모델의 목적은 성격을 변화시키거나 '개인적 성장'을 촉구하는 것이다. 이때 방법은 정신과 의사, 임상 심리학자, 정신의료 사회사업가, 임상 훈련을 받은 목회자 등과 같이 고도로 훈련받은 전문치료자와 치료대상자로서의 범죄자 간의 관계로 이루어진다. 치료자는 청소년을 자주 방문하고 조사하는 면담을 통하여 청소년이 자신과 타인에 대해 객관적이 될 수 있도록 원조한다. 이러한 과정은 자연성장과 자기일생을 효과적으로 계획하고 개조하는 데 있어서 중요한 것으로 간주된다.

이 모델의 옹호자들은 이 모델이 다양한 형태로 탄력적인 운영이 가능함을 주장한다. 즉, 개인치료를 집단치료로 대체할 수 있으며, 개인이나 집단 상담가를 캠프사무원과 교사와 같은 다양한 직원들로 대체할 수 있고, 매일의 결과에 대해 다른 요원과 자문을 하는 형식 등으로 이 모델의 영역을 확대할 수 있다.

개인치료 모델은 비임상 요원들과의 사이에서 갈등을 일으키기도 한다. 교사나 캠프직원 및 관리직원은 임상전문가의 방법과 목적 등을 이해하지 못하는 경우도 발생하기 때문에 그들이 하는 일에 대해 강한 불만을 나타낼 수도 있다.

4. 소캠프 모델(The "Homespun" Model)

이 유형의 이상형은 개인적인 관심과 인내, 강인함을 가지고 청소년들에 대한 사명감을 가진 성숙한 직업인들로 직원이 구성된 소캠프라 하겠다. 교사 자격증은 부차적인 것이지만, 여러 활동 부문에서 청소년을 감독해야 하므로 특수한 작업기술을 가지고 있거나 아니면 일반적으로 다양한 재능을 가진 직원이 바람직하다.

이 모델의 기본 전제는, 비행 청소년들은 적어도 정상적인 준법세계의 성인들과는 삶의 방식에서 거리감이 있다는 것이다. 여기에는 가정 내에 의지할 만한 부모가 없고, 이를 대체할 수 있는 주위여건이 갖추어져 있지 않다는 데 가장 큰 이유가 있다. 그러므로 청소년이 캠프의 상담자를 신뢰하고 존경할 수 있게 된다면, 법을 준수하는 성인으로 발전할 수 있는 여건이 조성된다고 볼 수 있다. 이러한 목표는 건전한 농촌이나 산간지역 혹은 이와 유사한 환경에서 협동과 놀이를 통해 대화와 이해의 장애를 극복하는 과정으로 성취될 수 있다고 가정한다.

이 접근의 문제점이라면 해당 비행청소년들의 생활하던 본래 사회환경에 대해서 충분한 고려를 하지 않는다는 점이다. 수개월간 격리된 숲속 캠프에서 청소년들을 재교육한다는 것은 긍정적인 측면이 있지만, 그 효과는 그들이 가정환경으로 복귀하면 곧 사라지는 경향이 있고, 캠프직원들 역시 거리의 청소년들에게는 익숙지 않은 경우가 많다는 것이다.

5. 치료공동체 모델(The Therapeutic Community Model)

치료공동체 모델은 직원과 청소년들 간에 솔직하고 충분한 대화에 중점을 두고, 시설에서 의사의 결정과정은 객관적인 방식으로 접근을 한다. 직원과 청소년들은 서로를 고정되고 경직된 역할을 수행하는 대상으로 보기보다는 상호 인간적인 관계에서 지각하고 행동한다. 개방적이고 협조적인 분위기에서는 청소년들도 자기 통제력과 판단능력을 얻게 되고 건전한 방법으로 처신할 수 있게 될 것이라는 가정을 전제로 한다. 또한 시민으로서 보다 완전하게 참여할 수 있는 능력도 키울 수 있다는 것이다.

치료공동체 모델은 강세석인 시설운영에 대해서 보다 자율적인 접근방식을 취한다. 그것은 시설 내의 다양한 집단 간에 사회적인 거리를 줄여주고 협동적인 분위기를 조성해준다. 이는 대규모의 시설과 소규모의 시설에 모두에 거의 똑같이 적용 가능하다는 장점도 있다. 그러나 개인의 재활에 대한 타당성은 실증적으로 입증된 바는 없다.

6. 지역사회중심 모델(The Community-Oriented Model)

지역사회중심 모델의 학설은, 개인은 사회적 환경의 산물이라는 점을 전제로 한다. 훈련학교에 위탁된 많은 소년 · 소녀들은 방면 후에 다시 비행을 저지른다는 점에서, 이 모델은 청소년을 그들의 지역사회로부터 격리시켜 억압된 환경에서 처우하는 것은 바람직하지 않다고 본다. 청소년을 사회복귀시킨다는 것은 자신뿐만 아니라 지역사회의 상황,

즉 가족이나 친구 집단, 이웃, 학교, 직장, 경찰, 교회 등의 기관 및 집단 차원에서 변화가 있어야 한다는 것을 의미한다. 비행 소년들을 구금할 때는 그 비행을 일으킨 요인들을 제거하거나 경감시키도록 지역사회에 대해서도 지속적인 작업을 병행해가야 한다.

이상과 같이 분류되는 모델과 각 시설들을 치료지향과 구금지향으로 구분할 수 있다. 이상의 6가지 모델이 내세운 목표와 방향을 정리해보면 다음 〈표 12-1〉과 같다.

〈표 12-1〉 6가지 모델의 목표와 방향

모델	목표	방향
훈련	시설의 규율에 순종	구금
공립학교	공식적 교육과 기술향상	혼합
개인치료	재활, 성격변화, 자아성장	치료
소캠프	자기개념과 동료관계 개발	혼합
치료공동체	동료집단 내에서의 자기통제 능력 개발	치료
지역사회 중심	청소년의 적응과 지역사회의 변화와 치료	치료

제3절 소년범죄의 원인과 특징

1. 소년범죄의 원인

소년범죄의 원인 역시 성인 범죄의 원인론에서 기술하였던 바와 같이 다양한 요인들이 작용하기 때문에 간결하게 설명될 수 없다. 다양한 학자들에 의해 미시적 혹은 거시적 접근을 통해서, 보다 일반적으로는 생물학적, 심리학적 및 사회 · 환경적 요인 등으로 설명되고 있다. 소년범죄나 비행을 설명할 때 흔히 거론되는 매우 일반론적인 원인관이 있다. 이는 실제로 사회구조의 양극화, 급격한 도시화, 가치관의 변화와 다양화, 공동체적 사회의 붕괴, 향락적 문화의 팽배, 교육적 환경의 지체 등 다양한 각도에서 설명되고 있으며 어느 요인이든 각각의 타당성을 부정하기 어렵다. 이는 그만큼 원인이 다양하며 복합적 요인에 의해 발생한다는 것을 말한다. 따라서 그 대책 역시 성급하면 빙산의 일각만을 다루는 오류를 범하기 쉬우며 보다 종합적이고 다면적인 접근이 요구된다. 다음은 가장 대표적으로 연구되어온 가정, 학교 및 친구와 비행과의 관계에 대한 약술이다.[3)]

1) 비행과 가정

가정은 소년에게 있어서 가장 중요한 사회화 기관의 하나이다. 또한 아동과 청소년의 성장에 중요한 역할을 담당하기 적절한 가정환경이 제공되지 않으면 비행이나 범죄와 같은 부정적인 결과가 나타난다. 청소년 비행의 원인에 관한 연구에서 가정과의 관계에 관한 연구가 가장 오랜 역사를 가지고 있고 또한 그 대표적인 요인으로 알려져 있다.

가정이 청소년 비행에 미치는 영향에 관한 그간의 경험적 연구를 살펴보면, 그 방향이 가정의 구조적 측면과 기능적 측면으로 구분된다. 구조적 측면에서는 가정의 사회적 · 경제적 지위, 가족의 결손상태, 가족의 규모, 자녀의 출생순위 등과 비행의 관계를 규명하였고, 기능적 측면에서는 가정의 분위기, 부모와 자녀의 관계, 양육유형, 훈육방식, 부모의 감독, 부모의 일탈성향과의 관계를 주로 다루었다. 그 밖에 가출과 비행과의 관계 또한 연구의 중요 영역이라 할 수 있다.

2) 비행과 학교

아동의 사회화에서 가정의 중요성은 재론의 여지가 없지만, 현대 산업사회의 발전과정에서 교육적 매개체로서 가정의 독자적 기능이 상당 부분 상실됨에 따라 학교, 친구 및 매스컴 등이 그 대체적 역할을 하고 있다고 본다. 특히 학교교육은 직업선택, 사회경제적 지위를 결정하는 주요한 요소이며, 이들이 가치관의 형성과 규범을 내면화하는 주요한 기관이고, 직접적인 사회환경의 현장이다.

그간의 학교와 비행 간의 연구는 두 가지 입장이 존재한다. 공통원인모델과 매개변인모델이다. 공통원인모델은 학교요인과 관계없이 이전에 존재한 가정이나 다른 구조적 요인에 의해 이미 비행성 성향이 있는 청소년이 입학 후 혹은 졸업 후 비행을 저지른다는 것이다.[4)] 매개변인모델은 개인별로 존재하는 범죄성향이 학교경험을 거침으로써 증가되고 악

---

3) 아래에 기술된 가정, 학교 및 친구와 비행과의 관계는 김준호 외, 「청소년비행론」, 청목출판사, 2007. pp.145-233을 참조함.

4) Gottfredson, M.R. & T. Hirschi, *A General Theory of Crime*, CA: Stanford University Press, 1990이 대표적이다.

화된다는 것이다. 즉 학교요인이 개인적 특성과 비행의 중간에서 매개변인의 역할을 한다고 보는 것이다. 그간의 경험적 연구는 공부 관련 요인과 학교 관련 요인으로 구분될 수 있다.

첫째, 공부 관련 요인으로는 학습능력, 학업성적, 공부하는 시간, 그리고 교육에 있어서 아노미와 비행과의 관계에 관한 연구이다. 둘째, 학교 관련 요인으로는 교사 및 학교에 대한 애착, 학교에서의 소외, 그리고 학교중퇴와 비행 간의 연구들이 포함된다.

3) 비행과 친구

아동이 성장함에 따라 부모 중심의 가정으로부터 탈피하여 독립적인 활동을 추구하기 때문에 청소년에게 있어서 또래집단 혹은 친구는 가정이나 학교 이상으로 중요한 영향을 미친다는 것은 주지의 사실이다. 친구관계는 성장과정에서 부모들이 지켜봐야 할 중요한 측면이며, 친구의 영향력은 장기적인 행동발전과정에서 부모의 양육보다 더욱 중요하게 작용한다고 주장되기도 한다.

청소년 비행의 원인으로 친구 역할의 중요성은 재론의 여지가 없다. 많은 청소년 비행이 친구들과 함께 저질러지고, 비행 청소년들이 그렇지 않은 청소년에 비해 비행에 대해 보다 호의적인 감정을 갖고 있으며, 그들의 친구들 역시 대부분 비행경험을 갖고 있는 것에 대해 많은 학자들이 동의하고 있다. 여기에서 친구는 비행 관련 규범과 가치관을 공유하고, 비행기술을 전수하며, 이에 대한 사회적 타당성과 정서적 지지를 제공하는 사람을 의미한다.

청소년 비행을 설명하는 데 있어서 몇 가지의 중요한 논쟁이 있다. 비행친구선행론, 비행선행론, 그리고 통합론이다. 이는 비행친구와 접촉함으로써 비행행위가 시작된 것인지, 아니면 비행행위를 한 청소년들이 비행 소년들을 더 적극적으로 사귀게 된 것인지, 그리고 비행친구와의 접촉과 비행이 상호영향적인가를 규명하는 연구이다. 그 밖에 중요한 연구주제로서 비행개시시기와 비행지속기간의 관계, 비행심각도에 따른 구분, 흔히 갱으로 알려진 청소년 비행집단의 속성 및 유형에 관한 것 등이 있다.

2. 소년범죄의 특징

1) 일반적인 특징

소년은 범죄동기가 자기중심적이고 행동이 충동적이어서 범죄수단이 비계획적이고, 범행은 일반적으로 재산범, 특히 절도범이 많으며, 단독범보다는 공범의 형태로 집단적 범죄에 주로 가담한다. 그리고 소년범죄는 대개 가출, 음주, 흡연, 무단결석, 거짓말, 커닝, 도박, 음란물 관람 등 청소년이라는 신분 때문에 위법행위로 간주되는 소위 신분범죄(지위비행)로 나타나는 특징이 있다. 제2차 세계대전 이후 1970년대까지 청소년 범죄의 격증은 세계적 현상으로 받아들여졌으며 오늘날에도 그 심각성은 지속되고 있다. 오늘날 청소년 범죄는 알코올 · 마약 및 기타 약물과 연관된 비행이 증가하고 있고, 상해 · 폭행 등은 물론 건물 및 기물의 손괴, 성적 윤리 및 가치관의 변화로 인한 성범죄가 꾸준히 증가하고 있다. 그리고 불량집단에 의한 범죄와 10대 초반의 비행증가로 인한 저연령화 현상이 나타나고 있으며, 재물취득이 목적이 아닌 자극과 쾌락을 얻기 위한 자동차나 오토바이 절도가 증가하고 있고, 특별한 이유나 동기가 없는 범죄 또한 증가하고 있다. 전반적으로 소년범죄는 계획적이거나 지능적이지 못하고 충동적 · 기회적 성격을 갖는 경우가 많다.

다음은 소년범죄의 특징으로서 성인범과 달리 취급되어야 하는 이유에 대한 기술이다.[5)]

첫째, 일반적으로 전문가들이나 학자들은 소년범들은 성인범들에 비해서 치료프로그램의 효과에 더 민감하게 반응한다고 주장한다. 또한 또래집단의 영향을 쉽게 받기도 하지만 동시에 범죄행위에 깊게 매몰되지도 않는다고 한다. 이는 아직 성장 단계에 있어 행동습관이 형성되지 않았기 때문에 쉽게 변할 수도 있다는 것이다. 그러나 나이는 재범을 예측하는 중요한 요인이라는 점에서 보면 이는 칼날의 양면으로 묘사될 수 있다. 예컨대, 나이가 젊을수록 더 많은 사람이 다시 체포되는 것으로 나타나고 있기 때문이다. 따라서 비록 소년범들이 변화될 가능성이 높다 하더라도 많은 소년범들이 말썽에서 벗어나기 또한 어렵다는 것 또한 사실이라 하겠다.

둘째, 소년범들에 있어서 가정의 역할은 매우 중요한 요인이다. 아직 어린 나이로 인하

5) Clear, Todd R., George F. Cole, and Michael D. Reisig, *American Corrections*, 10th, Wadsworth Cengage Learning, 2013, pp.439-440.

여 부모, 형제, 가까운 친척과 같은 직계가족과 밀접한 관계를 맺고 있다. 소년들의 비행의 대부분은 부모가 제대로 지도감독을 하지 못한 결과이지만, 대부분의 국가에서 법적으로 청소년은 국가의 피보호자이다. 따라서 법원은(대개는 보호관찰관의 활동을 통해서) 소년범에 대해 보호할 책임이 있기 때문에, 법원이 보호자로서 지도감독을 담당해야 한다고 본다.

셋째, 특별한 경우를 제외하고는 소년범은 대개 집단적으로 죄를 범한다. 청소년들은 함께 사회화되며 그들의 행동은 새로운 시도와 도전으로 행동의 경계선을 넘나든다. 물론 이들이 반드시 폭력집단을 형성하여 범죄를 저지르는 것은 아니지만, 대개는 또래집단과 어울리며 진행되는 것으로 알려지고 있다. 특히 사춘기 이전이나 10대의 경우는 또래집단의 영향이 지대하여 집단비행으로 이끄는 주변적 여건의 영향을 피하기가 어렵다.

2) 우리나라 소년범죄의 특징

전체 범죄인 중 소년범의 점유비율은 1990년 8.0%(105,567명)에서 지속적인 감소추세를 보이면서 2004년 3.2%(72,770명)까지 떨어졌다. 그러나 2008년에 5.5%(134,992명)로 일시적인 급등현상을 보였고, 이후 다시 하락하다가 2012년에는 5.1%(107,490명)로 증가하였다. 최근 2008~2012년 사이의 기간 동안에 전체 범죄인 중 소년범이 차지하는 비율은 약 4~5% 전후를 차지하고, 형법범의 경우는 약 6~8% 전후를, 특별법범의 경우는 약 2% 전후를 차지하고 있다. 2013년 이후에는 다시 소년범 점유율이 낮아져 최근에는 3% 후반대로 조정되었다.[6)]

〈표 12-2〉 전체 소년범 인원 및 전체 범죄인원 중 점유비율(2003~2018년)

연도 구분	전체 소년범	전년 대비 증감률(%)	전체 범죄인원 중 점유비율(%)	소년형법범	소년특별법범
2003	96,085	−16.8	4.2	67,135	28,950
2004	72,770	−24.3	3.2	51,298	21,472
2005	67,478	−7.3	3.4	50,652	16,826
2006	69,211	2.6	3.7	50,846	18,365
2007	88,104	27.3	4.5	60,426	27,678

6) 법무연수원, 「범죄백서」, 2013, 2019.

연도 / 구분	전체 소년범	전년 대비 증감률(%)	전체 범죄인원 중 점유비율(%)	소년형법범	소년특별법범
2008	134,992	53.2	5.5	79,766	55,226
2009	113,022	−16.3	4.5	81,378	31,644
2010	89,776	−20.6	4.6	70,045	19,731
2011	83,068	−7.5	4.4	66,240	16,828
2012	107,490	29.4	5.1	87,779	19,711
2013	88,762	−17.4	4.5	73,075	15,687
2014	77,954	−12.1	4.0	63,145	14,449
2015	71,035	−6.9	3.6	56,952	14,073
2016	76,000	6.9	3.8	61,162	14,838
2017	72,759	−4.2	3.9	58,255	14,504
2018	66,142	−9.1	3.9	54,205	11,937

주: 1. 대검찰청 범죄분석
2. 폭력행위등처벌에관한법률위반은 형법범에 포함

예컨대, 소년범죄가 지속적인 감소추세를 이어오다가 2007년(+27.3%)과 2008년(+53.2%)에는 크게 증가하였고,[7] 뒤이어 2009년(−16.3%)과 2010년(−20.6%)에는 크게 감소하였으며, 2012년(+29.4%)에 다시 크게 증가하는 현상을 보이고 있다. 형법범과 특별법으로 구분하여 비교해보았을 경우에도, 형법범의 경우는 1990년 35,099명을 기점으로 보았을 때 2012년 87,779명으로 2.5배가 증가하였으나,[8] 특별법범의 경우는 1990년 70,468명에서 2012년 19,711명으로 약 72%가 감소한 현상을 보였다.[9] 재산범의 경우, 2003년

7) 전체범죄발생건수도 2008~2009년 기간 동안에 200만 건을 상회하여 210만여 건에 이르렀다. 이 시기는 미국발 금융위기로 인한 경기침체의 시기로 1인당 국민소득(GNI)이 2만 달러 이하로 2년 연속 최저치를 기록하였고, 소득불평등 측정지표인 지니계수(각각 .314)가 가장 높은 시기였다. 특히 특별경제범죄(저작권위반, 신용업무와 경매 관련 범죄, 대부업법위반, 부정수표단속법위반, 여신전문금융업법위반, 조세법 등)가 2007년 63,984건에서 2008년 134,415건, 2009년 133,843건으로 약 2배가량 급증하였다. 치안정책연구소, 「치안정책 2014」, pp.79−82.

8) 강력범(살인, 강도, 강간/성폭력, 방화)의 경우, 2007년 19,28명에서 2008년 3,016명(+56%)으로 크게 증가하였다. 특히 강간/성폭력, 강도 및 방화가 2008년을 기점으로 전반적으로 크게 증가추세를 보이고 있다.

9) 2012년도 소년특별법범의 주요 죄명은 도로교통법위반(40%), 교통사고처리특례법위반(20%), 아동청소년의성보호에관한법률위반(6.7%) 및 정보통신망이용촉진등에관한법률위반(5%) 순이었다. 법무연수원, 「범죄백서」, 2013. p.116.

32,009명에서 2012년 47,605명으로 약 1.5배 증가하였는데, 절도(1.6배), 횡령(2.4배) 및 장물(5.1배) 등에서 큰 증가 폭을 보였다.

그러나 특별히 2008년과 2009년에는 전체 범죄는 물론 소년범죄 역시 급등현상을 보였는데, 이는 미국발 금융위기의 영향으로 추정할 수 있다. 전체 소년범 인원을 보면, 2007년 88,104명에서 2008년 134,992명으로 53.2%가 증가하였다. 그중 같은 기간에 소년 형법범은 60,426명에서 79,766명(31%)으로, 소년 특별법범은 27,678명에서 55,226명(약 100%)으로 증가하는 현상을 보였다. 이후부터는 전반적으로 대폭 하향추세를 보였고, 2018년에도 전년 대비 9.1% 하락하여, 총 66,142명, 소년형법범 58,255명, 소년특별법범 14,504명으로 나타났다.[10)]

교정보호 관련 소년범의 인구변화추이(2003~2019년)를 살펴보면 다음과 같다. 먼저 교정시설(소년교도소)의 소년 수형자의 경우, 1,476명에서 116명으로 급격히 감소하였다. 2019년 116명의 죄명은 강간 등 26명(22.4%), 강도 등 14명(12.1%), 폭력 상해 11명(9.5%), 절도 10명(8.6%) 등의 분포를 보였다. 보호소년의 수용인원(소년원)은 1993년 3,005명에서 2018년 1,079명으로 급감하였다. 연간 신수용인원을 살펴보면, 1997년 4,185명으로 정점에 이르렀다가 2006년 1,468명으로 급감하였으나, 2009년(2,775명)부터 증가하는 현상을 보이고 있고, 2018년에는 2,199명으로 소폭 하락하였다.

〈표 12-3〉 소년 수형자 죄명별 인원(2003~2018년)

죄명 \ 연도	2003	2004	2005	2006	2007	2008	2009	2010	2011	2013	2015	2017	2018
계	1476 (100)	1071 (100)	427 (100)	356 (100)	657 (100)	156 (100)	169 (100)	146 (100)	114 (100)	152 (100)	130 (100)	130 (100)	105 (100)
절도	269 (18.2)	174 (27.1)	115 (26.9)	109 (30.6)	156 (23.7)	73 (46.8)	62 (36.7)	45 (30.8)	26 (22.8)	43 (28.3)	26 (20.0)	27 (20.8)	17 (16.2)
사기·횡령	51 (3.5)	7 (1.1)	6 (1.4)	3 (0.8)	15 (2.3)	1 (0.6)	3 (1.8)	3 (2.1)	–	1 (0.7)	10 (7.7)	9 (6.9)	12 (11.4)

10) 특히 소년 특별법범이 2배가량 급등하였는데 이는 저작권법위반 건수의 급격한 증가와 연관이 있다. 2007년 2,338명(8.4%)에서 2008년 20,272명(36.7%)으로 약 8.6배 증가한 것이다. 법무연수원, 「범죄백서」, 2008, 2009. 청소년들의 컴퓨터 및 스마트 기기의 사용이 확대됨에 따라 저작권을 침해할 환경에 노출되었고, 이에 대해 일부 저작권대행사(법무법인)가 무분별한 고소(당시, 5년 이하의 징역 또는 5천만 원 이하의 벌금)를 집중적으로 진행한 결과이다. 청소년 전과자의 양산을 방지하기 위해 "청소년 저작권침해 고소 사건 각하 제도"가 실시되기도 하였다.

연도 죄명	2003	2004	2005	2006	2007	2008	2009	2010	2011	2013	2015	2017	2018
폭력·상해	167 (11.3)	64 (10.0)	31 (7.3)	22 (6.2)	10 (1.5)	9 (5.8)	3 (1.8)	1 (0.7)	5 (4.4)	17 (11.2)	10 (7.7)	5 (3.8)	3 (2.9)
강간 등	221 (15.0)	115 (17.9	92 (21.5)	70 (19.7)	116 (17.7)	24 (15.4)	44 (26.0)	32 (21.9)	33 (28.9)	46 (30.2)	27 (20.8)	44 (33.8)	24 (22.8)
강도 등	439 (29.7)	184 (28.7)	111 (26.0)	83 (23.3)	192 (29.2)	24 (15.4)	32 (18.8)	33 (22.6)	18 (15.8)	16 (10.5)	14 (10.8)	11 (8.5)	5 (4.8)
살인	165 (11.2)	50 (7.8)	41 (9.6)	34 (9.6)	88 (13.4)	9 (5.8)	6 (3.6)	11 (7.5)	10 (8.8)	7 (4.6)	5 (3.8)	5 (3.8)	4 (3.8)
과실범	41 (2.8)	15 (2.3)	7 (1.6)	8 (2.2)	15 (2.3)	5 (3.2)	2 (1.2)	3 (2.1)	1 (0.9)	–	2 (1.5)		1 (1.0)
기타	123 (8.3)	32 (5.0)	24 (5.6)	27 (7.6)	65 (9.9)	11 (7.0)	17 (10.1)	18 (12.3)	21 (18.4)	22 (14.5)	36 (27.7)	29 (22.4)	39 (37.1)

주: 1. 2004년까지 천안 및 김천 소년교도소 통계, 2005~2006년은 천안 소년교도소, 2007년 이후는 소년 수형자가 수용된 전체 교정기관 통계
2. 폭력은 폭행과 폭력행위등처벌에관한법률위반을 포함
3. ( ) 안은 분포백분율

〈표 12-4〉 보호소년의 연간 신수용인원 및 1일 평균 수용인원(1993~2018년)

연도 구분	신수용인원			1일 평균 수용인원
	계	남자	여자	
1993	2,652(100)	2,553(100)	99(100)	3,008(100)
1994	3,192(120)	3,061(120)	131(132)	2,149(71)
1995	2,718(102)	2,552(100)	166(168)	2,304(77)
1996	3,660(138)	3,382(132)	278(281)	3,462(115)
1997	4,185(158)	3,889(152)	296(299)	2,782(92)
1998	3,520(133)	3,317(130)	203(205)	2,684(89)
1999	3,108(117)	2,904(130)	204(206)	2,427(81)
2000	2,931(111)	2,750(114)	181(183)	2,197(73)
2001	2,738(103)	2,565(100)	173(175)	2,713(90)
2002	2,415(91)	2,215(87)	200(202)	2,045(68)
2003	2,101(79)	1,928(76)	173(175)	1,758(58)

구분 \ 연도	신수용인원			1일 평균 수용인원
	계	남자	여자	
2004	1,804(68)	1,661(65)	143(144)	1,563(52)
2005	1,543(58)	1,395(55)	148(149)	1,464(49)
2006	1,468(55)	1,284(50)	184(186)	1,118(37)
2007	1,511(57)	1,293(51)	218(220)	1,503(50)
2008	1,732(65)	1,415(55)	317(320)	1,161(39)
2009	2,775(105)	2,337(92)	439(442)	1,191(40)
2010	2,822(106	2,404(94)	418(422)	1,162(39)
2011	2,960(112)	2,534(99)	426(430)	1,264(42)
2013	3,037(114)	2,666(104)	371(374)	1,380(45)
2015	2,288(86)	1,939(75)	349(352)	1,112(36)
2017	2,450(92)	2,116(82)	334(337)	1,168(38)
2018	2,199(100)	1,846(83.9)	353(16.1)	1,079(34)

주: 1. 법무부 범죄예방정책국 통계
2.( ) 안은 1993년도 기준지수임

소년 보호관찰 대상자 현황을 보면, 2008년 24,650명에서 2012년 31,387명으로 약 27% 증가하였다. 2014년부터 소년사건은 지속 감소하여 21,676건으로 감소하였다. 2017년의 경우, 죄명분포는 폭력(25.3%), 절도(24.9%), 교통(11%), 성폭력(5.0%) 순으로 나타났다.[11)]

〈표 12-5〉 소년 보호관찰 죄명별 현황(2008~2018년)

(단위: 명)

연도 \ 죄명	총계	폭력	교통	절도	사기 횡령	강력	마약	풍속	성폭력	경제	기타
2008	24,650 (100)	7,664 (31.1)	3,660 (14.8)	8,435 (34.2)	574 (2.3)	985 (4.0)	145 (0.6)	359 (1.5)	1,060 (4.3)	64 (0.3)	1,704 (6.9)
2010	32,295 (100)	8,545 (26.5)	3,634 (11.3)	12,200 (37.8)	1,190 (3.7)	998 (3.1)	293 (0.9)	334 (1.0)	1,355 (4.2)	66 (0.2)	3,680 (11.4)

11) 법무연수원, 「범죄백서」, 2013, 2019.

죄명 / 연도	총계	폭력	교통	절도	시기 횡령	강력	마약	풍속	성폭력	경제	기타
2012	31,387 (100)	10,915 (34.8)	2,847 (9.1)	9,723 (31.0)	1,182 (3.8)	644 (2.0)	409 (1.3)	186 (0.6)	1,577 (5.0)	71 (0.2)	3,833 (12.2)
2014	25,162 (100)	5,790 (23.0)	2,357 (9.4)	8,340 (33.1)	1,566 (6.2)	390 (1.5)	149 (0.6)	202 (0.8)	1,589 (6.3)	109 (0.4)	4,670 (18.6)
2016	22,039 (100)	4,773 (21.7)	2,245 (10.2)	6,155 (27.9)	1,524 (6.9)	267 (1.2)	80 (0.4)	305 (1.4)	1,623 (7.4)	149 (0.7)	4,918 (22.3)
2017	21,676 (100)	5,481 (25.3)	2,473 (11.4)	5,396 (24.9)	1,465 (6.8)	227 (1.0)	103 (0.5)	290 (1.3)	1,550 (7.1)	79 (0.4)	4,612 (21.3)
2018	20,319 (100)	5,560 (27.4)	2,193 (10.8)	4,511 (22.2)	1,444 (7.1)	179 (0.9)	78 (0.3)	264 (1.3)	1,592 (7.8)	97 (0.5)	4,401 (21.7)

주: 1. 법무부 범죄예방정책국 통계
2. 계는 당해 연도에 접수한 인원 중심의 개념
3.() 안은 분포백분율

제4절 소년범죄의 대책

1. 소년사법의 발전

영미법계 국가는 형평법(equity)[12]과 국친이론[13]에 바탕을 두고 발전하였다. 국친이론에 입각하여 국가나 법원은 소년을 부모 된 입장에서 보호와 후견의 대상으로 보았으며, 나아가 비행소년뿐만 아니라 그들의 부모도 포함하여 처우하는 이론으로 발달하였다.

대륙법계 국가는 교육형주의라는 형사정책적 사상에 입각하여 소년의 개선 · 교화에 중

12) 형평법(equity)은 영미법의 한 부분으로 보통법(common law)과 함께 중요한 관습법체계를 이루고 있는 것으로 자신의 권익이 침해당하였으나 보통법체계에서 구제받을 길이 없을 경우 원고는 형평법 법원(Court of Chancery)에 재판을 신청하게 된다.

13) 국친이론: 국가가 자녀에 대한 양육보호를 보호자에게 위임하였으나 부모가 그 역할을 제대로 수행하지 못하거나 할 수 없다면 국가가 보호자를 대신하여 궁극적인 보호자로서 아동을 양육하고 보호해야 한다는 것이 국친사상(Parens patriae)이다.

점을 두고 소년심판의 사법적 기능을 중시하고 소년사법 대상을 점차 넓히면서 복지이념과 후견사상을 도입하였다. 이는 보호관점을 강조한 것으로 일반예방이나 사회방위 및 처우개념을 강조한 것은 아니다.

1870년 매사추세츠주에서 최초로 소년범과 성인범을 분리하여 재판을 하기 시작하였고, 1899년 일리노이주는 세계 최초의 소년재판소법을 제정하고 시카고 소년법원을 개설하였다. 그리고 덴마크는 1905년 세계 최초로 소년법을 제정하기에 이르렀으며,[14] 우리나라는 1958년 인도주의, 복리주의, 형사정책적 관점에 입각한 「소년법」이 제정되어 오늘에 이르고 있다.

2. 소년법제의 새로운 경향

소년범죄인에 대한 처우 관념은 특별예방사상의 대두, 사회 내 처우 중시, 형벌의 개별화 · 과학화 · 사회화 강조 등의 추세로 변화하고 있다. 또한 형법의 탈도덕화 경향과 낙인이론의 영향을 받아 비행소년을 형사절차에 개입시키지 않으려는 정책으로 비범죄화(decriminalization)의 추진과 전환제도(diversion)의 활용이 확산되는 현상을 보이고 있다. 한편으로는 보호사건에 대한 적법절차를 보장해야 한다는 차원에서 소년법제의 복지적 · 후견적 기능을 재검토하고 사법적 기능과의 조화를 모색하고 있는데, 「소년법」 제10조의 진술거부권은 이러한 취지의 반영이다.

그 밖에 18~20세는 소년이 아닌 성인으로 보고 이들의 범죄를 일반형사사건으로 강력히 대응하자는 경향이 나타나고 있다. 이는 1970년대에 미국에서 그간의 사회복귀모델의 효과에 대한 회의가 확산되면서 범죄통제모델이 등장한 것이다. 소년은 단순한 보호의 대상이 아니라 책임과 권리의 주체로서 자기의 범죄에 대하여 책임을 져야 한다는 주장이다.

결론적으로 중한 범죄자에게는 구금형 등을 포함하는 형사처벌을 하고, 경한 범죄자에게는 전환(diversion)이나 보호처분 등을 실시하여 처벌의 적정성을 확보하기 위한 노력을 하는 등 이원화 현상이 뚜렷해지고 있다.

---

14) 박상기 · 손동권 · 이순래, 전게서, p.500.

제5절 현행법령상 소년범죄에 대한 대책

1. 개관

「소년법」은 보호사건에 대한 일반법적인 성격을 띠고, 형사사건의 특칙은 형사법에 대한 특별법적 성격을 지닌다. 그리고 소년보호의 대상을 10세 이상 19세 미만의 우범소년, 촉법소년, 범죄소년으로 한다.

범죄소년은 죄를 범한 14세 이상 19세 미만의 소년을 의미한다. 촉법소년은 형벌 법령에 저촉되는 행위를 한 10세 이상 14세 미만인 소년을 의미한다. 그리고 우범소년은 집단적으로 몰려다니며 주위 사람들에게 불안감을 조성하는 성벽(性癖)이 있고, 정당한 이유 없이 가출하거나 술을 마시고 소란을 피우거나 유해환경에 접하는 성벽이 있어 그의 성격이나 환경에 비추어 앞으로 형벌 법령에 저촉되는 행위를 할 우려가 있는 10세 이상인 소년을 말한다. 범죄소년은 형사처분이 원칙이고 예외적으로 보호처분의 대상이 될 수 있으며, 우범소년과 촉법소년은 형사처분이 아닌 보호처분의 대상이다.

2. 비행소년의 사법처리절차

다음의 절차도를 보면 범죄 · 촉법 · 우범소년을 발견한 보호자 또는 학교 · 사회복리시설 · 보호관찰소(보호관찰지소를 포함)의 장은 이를 관할 소년부에 통고할 수 있도록 하여 국가기소독점주의에 대한 예외를 두고 있다. 한편 촉범소년과 우범소년에 해당하는 소년이 있을 때에는 경찰서장은 직접 관할 소년부에 송치(送致)하여야 한다(소년법 제4조).

보호사건을 송치받은 소년부는 보호의 적정을 기하기 위하여 필요하다고 인정하면 결정(決定)으로써 사건을 다른 관할 소년부에 이송할 수 있고, 소년부는 사건이 그 관할에 속하지 아니한다고 인정하면 결정으로써 그 사건을 관할 소년부에 이송하여야 한다(동법 제6조).

소년부는 조사 또는 심리한 결과 금고 이상의 형에 해당하는 범죄 사실이 발견된 경우 그 동기와 죄질이 형사처분을 할 필요가 있다고 인정하면 결정으로써 사건을 관할 지방법원에 대응한 검찰청 검사에게 송치하여야 한다. 그리고 소년부는 조사 또는 심리한 결과 사건의 본인이 19세 이상인 것으로 밝혀진 경우에는 결정으로써 사건을 관할 지방법원에 대응하는 검찰청 검사에게 송치하여야 한다(동법 제7조). 다만, 법원에서 송치되어온 소년에 대해서는 법원에 이송하여야 한다.

한편, 검사는 소년에 대한 피의사건을 수사한 결과 보호처분에 해당하는 사유가 있다고 인정한 경우에는 사건을 관할 소년부에 송치하여야 한다. 이에 대해 소년부는 송치된 사건을 조사 또는 심리한 결과 그 동기와 죄질이 금고 이상의 형사처분을 할 필요가 있다고 인정할 때에는 결정으로써 해당 검찰청 검사에게 송치할 수 있다. 검사는 이렇게 송치한 사건은 다시 소년부에 송치할 수 없다(동법 제49조).

그리고 법원은 소년에 대한 피고사건을 심리한 결과 보호처분에 해당할 사유가 있다고 인정하면 결정으로써 사건을 관할 소년부에 송치하여야 하고(동법 제50조), 소년부는 법원에서 송치받은 사건을 조사 또는 심리한 결과 사건의 본인이 19세 이상인 것으로 밝혀지면 결정으로써 송치한 법원에 사건을 다시 이송하여야 한다(동법 제51조).

이렇게 신변처리가 끝나고 나면 형사법원에서는 소년에 대한 형사특칙을 적용하여 재판을 진행하고, 소년부에서는 보호처분에 대한 심리와 처분을 결정하게 되는 것이다.

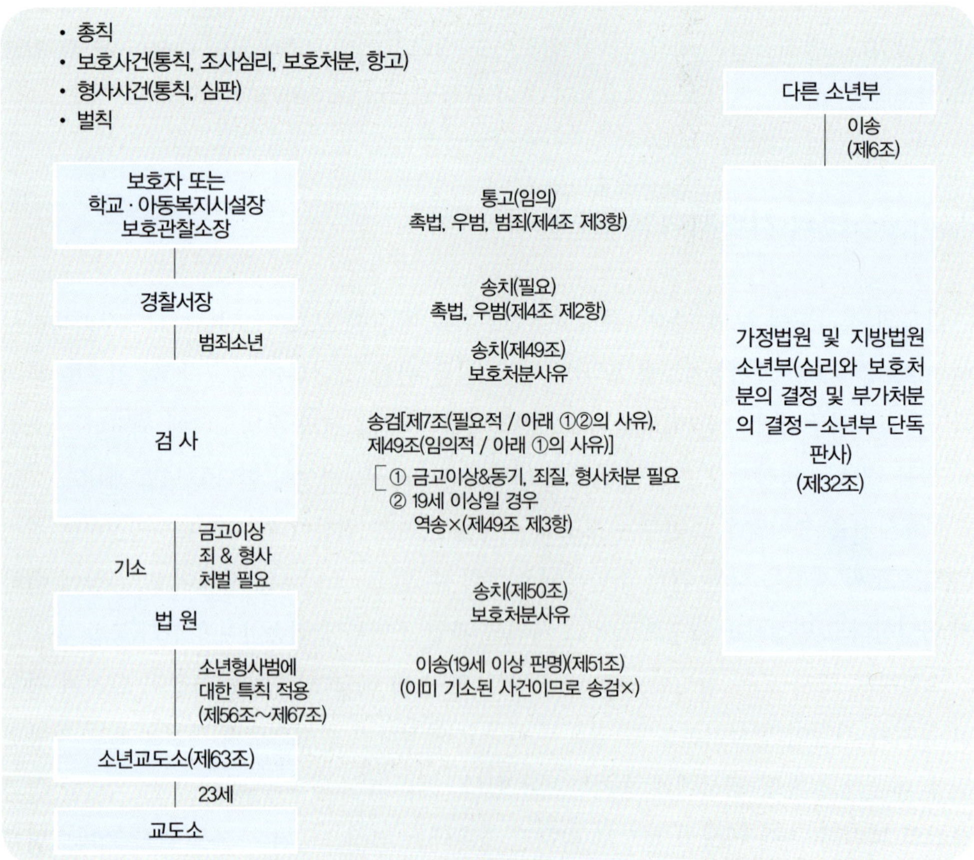

〈그림 12－1〉 소년사건처리절차도

3. 소년심판의 관계기관 및 관계인

소년보호절차는 소년법을 중심으로 여러 기관이 참여하여 비행소년의 건전한 육성이라는 목표를 달성하려는 것이다.

소년보호절차에 관계하는 기관들을 단계적으로 구분하여 본다면 최종적으로 소년에 대한 심리를 담당하는 판사가 있지만, 우선 비행소년을 발견하여 소년부로 보내는 기관으로는 경찰서장, 검사, 형사법원과 보호자 또는 학교 · 사회복리시설 · 보호관찰소의 장이 있다. 다음으로 보호사건의 조사, 심리 단계에 참여하는 기관으로는 소년분류심사원, 법원소년조사관, 보호관찰소, 심리상담전문가가 있고, 이외에도 소년감호에 관한 임시조치에 의하여 소년을 위탁받은 보호자, 학교장, 병원 등이 있다. 끝으로 소년을 보호하는 단계에 참여하는 기관으로는 소년원과 각종 소년보호단체, 사찰, 교회, 병원, 요양소, 보호자, 그 밖의 적당한 자 등이 있다. 각종 사회복지시설, 소년원, 소년분류심사원과 청소년비행예방센터에 대해서는 우리나라의 소년보호제도에서 자세히 다루도록 한다.

1) 경찰서장

촉법 또는 우범에 해당하는 소년이 있을 때에는 경찰서장은 직접 관할 소년부에 사건을 송치하여야 한다(소년법 4조 2항). 경찰서장이 비행소년에 대한 경찰 직무를 효과적으로 수행할 수 있도록 하기 위하여 소년업무 처리규칙이 마련되어 있다.

2) 검사

검사는 소년에 대한 피의사건을 수사한 결과 보호처분에 해당하는 사유가 있다고 인정한 때에는 사건을 관할 소년부에 송치하여야 한다(소년법 49조 1항). 사건을 소년부에 송치하면 공소권이 소멸되고 사건이 역송치(소년법 49조 2항)되지 않는 한 더 이상 검사가 관여할 수 없게 된다.

3) 법원

법원은 소년에 대한 피고사건을 심리한 결과 보호처분에 해당할 사유가 있다고 인정한 때에는 결정으로 사건을 관할 소년부에 송치하여야 한다(소년법 50조). 여기서 법원이란 소송법상 의미의 법원을 말하는 것이고, 법률심이 아닌 사실심, 즉 1심과 2심만을 의미한다.

4) 보호자

보호자란 소년에 대하여 법률상 감호교육을 할 의무가 있는 자와 소년을 현재 감호하는 자를 말하는데(소년법 2조 후단), 전자를 '법률상 보호자', 후자를 '사실상 보호자'라고 한다.

소년법상 보호자는 우선 소년보호사건의 조사 · 심리절차에서 대상 소년의 권리 · 이익을 옹호하고 그를 대변하는 지위를 가진다. 보호자는 심리기일에 출석할 수 있고(소년법 23조 2항), 소년부 판사에게 심리기일의 변경을 청구할 수 있으며(소년법 22조), 의견 진술권(소년법 25조), 보조인 선임권 및 취임권(소년법 17조), 국선보조인 선정 신청권(소년법 17조의2 2항), 항고권 및 재항고권(소년법 43조 1항, 47조 1항), 각종 통지를 받을 권리(소년법 8조) 등을 가진다.

보호자는 소년에 대한 국가적 보호활동에서 협력자로서의 지위를 가지고 있다. 보호자는 보호 대상 소년을 관할 소년부에 통고할 수 있고(소년법 4조 3항), 조사 · 심리 중에는 대상 소년을 임시조치에 따라 위탁받을 수 있으며(소년법 18조 1항 1호), 보호처분의 실시 단계에서도 소년을 위탁받아 보호할 수 있다(소년법 32조 1항 1호). 부양의무가 있는 보호자는 소년이 소년법 18조 1항 1호 · 2호의 조치에 관한 결정이나 32조 1항 1호 · 6호 · 7호(보호소년 등의 처우에 관한 법률에 따른 소년의료보호시설 위탁처분은 제외)의 처분을 받은 경우 위탁받은 자에게 그 감호에 관한 비용의 전부 또는 일부를 지급할 의무가 있다(소년법 41조). 또한 보호자는 조사방법의 객체로서의 지위도 가지기 때문에 조사의 대상이 되고(소년법 11조 1항), 소환 · 동행 등 강제절차에 응할 의무를 진다. 그 밖에도 보호자는 법원의 명령에 의하여 소년원 · 소년분류심사원 또는 보호관찰소 등에서 실시하는 소년의 보호를 위한 특별교육을 받을 수 있다(소년법 32조의2 3항).

법률상 보호자는 소년에 대하여 '법률상 감호교육을 할 의무가 있는 자'로서 친권자(민법 913조), 미성년후견인(민법 945조), 이혼한 부부 중 자의 양육자(민법 837조, 843조), 후견인의 직무를 행하는 보호시설의 장(보호시설에 있는 미성년자의 후견 직무에 관한 법률 2조, 3조) 등이 있다. 법률상 보호자는 소년을 현실적으로 보호 · 감호를 하고 있을 필요는 없다.

사실상 보호자는 소년을 '실제로 감호하는 자'로서 사실상 소년을 현실적으로 감호 · 보호하고 있는 자이다. 반드시 소년과 동거하고 있을 필요는 없지만, 소년의 생활 전반에 걸쳐서 어느 정도 전인적 감독 · 감호를 하고 있는 자라야 한다. 예를 들어 사실상의 보호자는 소년에게 숙식을 제공하는 고용주, 기숙사의 책임자, 친권자의 위탁, 그 밖의 사정으로 친권자에 대신하여 소년을 보호 · 감독하는 친족, 계부모 등이 여기에 해당한다. 한편 통근하는 소년의 고용주나 학교의 교사 등은 일반적으로는 사실상의 보호자에 해당하지 않는다. 또한 사회통념상 시인할 수 있는 보호감독의 실질을 가진 자일 것이 필요하므로, 폭력단의 두목, 위법한 영업의 고용주, 유괴나 폭력행위 등 범죄행위의 결과 소년을 지배하고 있는 자 등은 아무리 소년에의 영향력이 크다고 하더라도 보호자에는 해당하지 않는다.

5) 보조인

소년보호절차는 소년이 건전하게 성장하도록 돕는 것을 목적으로 하고(소년법 1조) 있지만 보호관찰의 부과 소년원 송치(소년법 32조 1항 4호, 5호, 8호, 9호, 10호) 등에서 보는 바와 같이 소년의 자유를 제약하는 경우가 발생한다. 또한 적정한 처우결정이 곤란한 경우도 있으며, 비행사실이 다투어지는 경우 또는 보호환경의 조정을 필요로 하는 경우 등 소년의 정당한 이익을 옹호할 필요성이 높은 사건도 있다. 그리하여 소년의 정당한 이익을 옹호하고, 적정한 심리 및 처우결정을 위하여 보조인 제도가 있다.

보조인은 소년의 정당한 이익을 옹호하고, 적정한 심리 · 처우결정을 위하여 활동하는 자로서 자격에는 제한이 없으나, 보호자나 변호사 이외의 자는 소년부 판사의 허가를 얻어야 보조인으로 선임될 수 있다(소년법 17조 1항, 2항). 일반적으로 보호자를 제외한 보조인이 그 직책을 제대로 수행하기 위해서는 소년보호제도에 관한 지식뿐만 아니라 소년의 보호 · 교육에 관한 전문적 지식도 아울러 가질 것이 요구된다 할 것이다.

선임권자는 소년과 보호자이고, 소년부 판사는 직권으로 국선보조인을 선임할 수 있다(소년법 17조 1항). 소년부 판사는 소년보호사건을 접수한 때에 소년 및 보호자에게 위와 같은 사항을 서면으로 고지하여야 한다(소년심판규칙 9조 2호). 보호소년이 재학 중인 학생인 경우에는 그 학교의 교사를 보조인으로 선임할 수 있고, 때에 따라서는 주거지 인근의 청소년전문상담기관의 상담전문가 등을 보조인으로 선임할 수도 있다.

선임의 시기는 사건이 소년부에 접수된 후에는 언제든지 가능하다.

선임의 방법은 사건이 계속되어 있는 소년부(경우에 따라 항고법원이나 재항고법원)에 소년과 보조인과의 관계(예컨대, 부모, 형제, 고용인, 담임교사 등)를 기재하고, 선임자와 보조인이 연명날인한 서면(보조인 선임신고서)을 제출하여야 한다(소년법 17조 3항). 소년과 보조인과의 관계에 관한 기재는 소년부 판사가 선임 허가의 자료로 하기 위한 것이기 때문에 변호사의 경우는 필요 없고(같은 항 후문), 이에 관한 소명자료를 함께 제출하면 된다.

보조인의 선임에는 소년부 판사의 허가가 필요하다(같은 조 1항). 보조인에게는 뒤에서 보는 바와 같이 여러 가지 권한이 인정되므로 법원이 그 적격성을 심사할 필요가 있기 때문이다. 보호자나 변호사를 보조인으로 선임하는 경우에는 소년부 판사의 허가를 받을 필요가 없다(같은 조 2항). 소년부 판사는 보조인 선임을 허가함에 있어서 보조인의 인물, 소년과의 관계, 사건의 내용 등과의 관계를 신중하게 고려하여야 하지만, 특히 부적당하다고 인정되지 않는다면 원칙적으로 허가하는 것이 타당할 것이다.

소년부 판사는 보조인이 심리절차를 고의로 지연시키는 등 심리진행을 방해하거나 소년의 이익에 반하는 행위를 할 우려가 있다고 판단하는 경우에는 언제든지 그 허가를 취소할 수 있다(소년법 17조 4항). 보조인 선임을 불허하는 재판 또는 허가를 취소하는 재판에 대하여는 불복할 수 없다.

보조인의 권한으로는 심리기일 출석권(소년법 21조 2항, 23조 2항), 심리기일 변경청구권(소년법 22조), 의견 진술권(소년법 25조 1항), 기록 및 증거물의 열람 및 등사권(소년법 30조의2), 항고 및 재항고권(소년법 43조 1항, 47조 1항) 등을 가진다. 보조인이 열람할 수 있는 기록에는 사건기록뿐만 아니라 소년조사기록도 포함된다. 그 밖에 형사소송법 중 변호인의 권리의무에 관한 규정은 소년보호사건의 성질에 위반되지 아니하는 한 보조인에게도 준용되므로(소년법 17조 6항), 보조인은 증인신문, 감정, 검증 등에 있어서 변호인에 상당하는 권리를 가지며, 소년에 대한 접견 · 교통 · 수진(형소 34조) 등에 대한 권리도 인정된다.

6) 국선보조인

법원에 의하여 선정된 보조인을 국선보조인이라고 한다. 소년분류심사원에 위탁되었거나 신체적 · 정신적 장애가 의심되는 소년 등에 대하여 국가가 보조인을 선정함으로써 소년의 변호권을 실질적으로 보장하기 위한 것이다.

형사소송절차에서 체포 · 구속된 소년 피의자에 대한 체포와 구속적부심사 시 및 공소가 제기된 소년 피고인에게 변호인이 선임되지 않았거나 변호인이 출석하지 아니한 때에는 반드시 법원이 직권으로 변호인을 선정하도록 하고 있는 것(형소 33조 1항 2호, 214조의2 10항, 282조, 283조)과 같은 맥락이다.

국선보조인은 ① 변호사, 공익법무관에 관한 법률에 의한 공익법무관(법무부와 그 소속기관 및 각급 검찰청에서 근무하는 공익법무관 제외) 또는 법원의 관할구역 안에서 수습 중인 사법연수생, ② 정신과의사 · 심리학자 · 사회사업가 · 교육자 등 법원이 적정하다고 인정하는 사람 중에서 선정한다(소년심판규칙 19조의2 1항).

법원은 소년분류심사원에 위탁되어 있는 소년에게 보조인이 없을 때에는 필수적으로 변호사 등 적정한 자를 국선보조인으로 선정하여야 한다(소년법 17조의2 1항). 형사소송절차에서 피고인이 미성년자인 때에는 불구속 상태인 경우에도 반드시 직권으로 국선변호인을 선정하도록 하고 있는 것과 차이가 있다. 소년이 소년분류심사원에 위탁되지 아니하였을 때에도, ① 소년에게 신체적 · 정신적 장애가 의심되는 경우, ② 빈곤이나 그 밖의 사유로 보조인을 선임할 수 없는 경우, ③ 그 밖에 소년부 판사가 보조인이 필요하다고 인정하는 경우에는 직권에 의하거나 소년 또는 보호자의 신청에 따라 보조인을 선정할 수 있다(같은 조 2항).

소년분류심사원에 위탁이 아니라 보호처분의 변경을 위하여 유치된 경우에 국선보조인을 선정할 것인지가 문제 될 수 있다. 법원은 실무상 이 경우에도 국선보조인을 선정하고 있다.

7) 소년원 등 소년보호기관

소년심판에 관여하는 기관으로 법원 소년부로부터 위탁된 소년을 수용하여 그 자질을 분류심사하는 소년분류심사원, 판사의 처분에 따라 소년을 치료하거나 보호 양육하는 치료기관, 아동 복지시설, 그리고 수용하여 교정교육을 실시하는 소년원 등에 대해서는 우리나라 소년보호교육기관에서 자세히 살펴본다.

4. 보호처분

1) 의의

보호처분은 반사회적 행위를 하거나 위험성이 있는 소년에 대한 교육적 · 복지적 성격의 처분으로서 사법적 판단에 따른 징벌적 · 강제적 성격을 갖는 비자발적인 조치이다. 이러한 보호처분은 교육적 · 복지적 측면과 사법적 측면이 있다. 보호처분은 소년부 판사가 심리한 결과 보호처분의 필요가 있다고 인정하면 결정으로 행하는 것이므로 반드시 심리를 거쳐야 한다.

2) 종류

2007. 12. 21. 법률 제8722호로 소년법이 개정되었다. 개정소년법은 변화된 시대환경에 맞추기 위해 보호처분의 종류를 다양화하고, 보호처분의 기간도 조정하였다. 종전 부가처분에 불과하던 사회봉사명령과 수강명령을 독립된 보호처분으로 하여 활용을 확대하고, 1개월 이내 소년원 송치 처분을 신설하였으며, 인성 교육 위주의 대안교육, 청소년단체 상담 · 교육, 외출제한명령, 보호자교육명령 제도 등을 도입하고, 사회봉사명령 · 수강명령시간 및 단기보호관찰기간을 각각 연장하였다. 구체적인 내용은 다음 표와 같다. 보호처분의 종류는 크게 주 처분과 부가처분으로 나눌 수 있다. 주 처분으로는 먼저 ① 보호자 또는 보호자를 대신하여 소년을 보호할 수 있는 자에게 감호를 위탁하는 것(1호 처분), ② 수강명령(2호 처분), ③ 사회봉사 명령(3호 처분), ④ 보호관찰관의 단기보호관찰을 받게 하는 것(4호 처분), ⑤ 보호관찰관의 장기보호관찰을 받게 하는 것(5호 처분), ⑥ 아동복지법상의 아동복지시설이나 그 밖의 소년보호시설에 감호를 위탁하는 것(6호 처분), ⑦ 병원, 요양소 또는 보호소년 등의 처우에 관한 법률에 따른 소년의료보호시설에 위탁하는 것(7호 처분), ⑧ 1개월 이내로 소년원에 송치하는 것(8호 처분), ⑨ 단기로 소년원에 송치하는 것(9호 처분), ⑩ 장기로 소년원에 송치하는 것(10호 처분)으로 한정하였다(소년법 32조 1항). 위 3호 처분은 14세 이상의 소년에게만 할 수 있고(같은 조 3항), 2호 및 10호 처분은 12세 이상의 소년에게만 할 수 있다(같은 조 4항).

보호처분의 기간은 다음과 같다.

1호 · 6호 · 7호 처분의 위탁기간은 6개월로 하되, 소년부 판사는 결정으로 6개월의 범위에서 한 번에 한하여 그 기간을 연장할 수 있고, 필요한 경우에는 언제든지 결정으로 그 위탁을 종료시킬 수 있다(소년법 33조 1항).

4호 처분의 단기 보호관찰기간은 1년이고(같은 조 2항), 5호 처분의 장기 보호관찰기간은 2년이다(같은 조 3항 본문). 다만, 5호 처분의 경우에 소년부 판사는 보호관찰관의 신청에 따라 결정으로 1년의 범위에서 한 번에 한하여 그 기간을 연장할 수 있다(같은 항 단서).

2호 처분의 수강명령은 100시간을, 3호 처분의 사회봉사명령은 200시간을 초과할 수 없으며, 보호관찰관이 그 명령을 집행할 때에는 사건 본인의 정상적인 생활을 방해하지 아니하도록 하여야 한다(같은 조 4항).

9호 처분으로 단기로 소년원에 송치된 소년의 보호기간은 6월을 초과하지 못하고(같은 조 5항), 10호 처분으로 장기로 소년원에 송치된 소년의 보호기간은 2년을 초과하지 못한다(같은 조 6항). 그 밖에도 보호소년 등의 처우에 관한 법률에 따르면 소년원장은 보호소년이 22세가 되면 퇴원시켜야 하고, 소년법 32조 1항 8호 또는 33조 5항 · 6항에 따라 수용상한기간에 도달한 보호소년은 즉시 퇴원시켜야 하며, 교정성적이 양호하며 교정의 목적을 이루었다고 인정되는 보호소년에 대해서는 보호관찰 등에 관한 법률에 따른 보호관찰 심사위원회에 퇴원을 신청하도록 되어 있다(보호소년처우 43조 1항, 2항, 3항).

6호부터 10호까지의 어느 하나에 해당하는 처분을 받은 소년이 시설위탁이나 수용 이후 그 시설을 이탈하였을 때에는 위 처분기간은 진행이 정지되고, 재위탁 또는 재수용된 때로부터 다시 진행한다(소년법 33조 7항).

또 1호, 2호, 3호, 4호 처분 상호 간에는 그 전부 또는 일부를 병합할 수 있고, 1호, 2호, 3호, 5호 처분 상호 간에도 그 전부 또는 일부를 병합하여 할 수 있으며(소년법 32조 2항 1호, 2호), 4호 처분과 6호 처분, 5호 처분과 6호 처분, 5호 처분과 8호 처분 역시 병합할 수 있다(같은 항 3호, 4호, 5호). 그 밖에 위 4호 또는 5호 처분을 하는 경우 부가하여 대안교육, 상담 · 교육명령을 부과할 수 있고, 외출제한명령을 보호관찰 대상자의 준수사항으로 부과할 수 있으며, 그 처분에 보호자특별교육명령을 부과할 수 있다(소년법 32조의2). 위 내용은 아래 표와 같다. 또한 위 보호처분에 부수되는 처분으로 몰수처분(소년법 34조)이 있다.

이외에 아동 · 청소년의 성보호에 관한 법률이 정한 특별한 보호처분으로서 선도보호가 있는데(아청 40조 1항 2호, 44조 2항 2호), 이는 청소년 보호법 35조의 청소년 보호 · 재활센터에 선도보호를 위탁하는 보호처분이다.

현행법상 보호처분의 종류는 아래의 〈표 12-6〉과 같다(동법 제32조).

〈표 12-6〉 보호처분의 종류

<table>
<tr><th>처분의 종류</th><th colspan="2">보호처분의 기간</th></tr>
<tr><td>보호자 등 감호위탁(제1호)</td><td colspan="2">6개월(1차 6개월 이내 연장 가능)</td></tr>
<tr><td>수강명령(제2호)</td><td colspan="2">12세 이상의 소년에 대하여 100시간을 초과하지 않는 범위 내에서 집행 가능</td></tr>
<tr><td>사회봉사명령(제3호)</td><td colspan="2">14세 이상의 소년에 대하여 200시간을 초과하지 않는 범위 내에서 집행 가능</td></tr>
<tr><td>단기보호관찰(제4호)</td><td>1년(연장 불가능)</td><td rowspan="2">부가처분
– 3개월 이내의 대안교육 및 상담 · 교육
– 1년 이내의 특정시간대 외출제한
– 보호자 특별교육</td></tr>
<tr><td>장기보호관찰(제5호)</td><td>2년(1년의 범위에서 1회 연장 가능)</td></tr>
</table>

처분의 종류	보호처분의 기간
소년보호시설 등 감호위탁(제6호)	6개월(1차 6개월 이내 연장 가능)
병원, 요양소 등 위탁(제7호)	6개월(1차 6개월 이내 연장 가능)
1개월 이내의 소년원 송치(제8호)	보호관찰관의 장기보호관찰(제5호)과 병합 가능
단기소년원 송치(제9호)	6개월 초과 금지
장기소년원 송치(제10호)	2년 초과 금지(12세 이상)

▣ 본처분(개정소년법 제32조 제1항)

종류	내용	기간	적용연령	비고
1호	보호자 또는 보호자를 대신하여 소년을 보호할 수 있는 자에게 감호 위탁 ※ 약칭 '보호자 등 위탁'	6월+6월	10세 이상	
2호	수강명령	100시간 이내	12세 이상	부가처분 → 본처분
3호	사회봉사명령	200시간 이내	14세 이상	부가처분 → 본처분
4호	보호관찰관의 단기 보호관찰	1년	10세 이상	
5호	보호관찰관의 장기 보호관찰	2년(+1년)	10세 이상	
6호	아동복지법상의 아동복지시설 기타 소년보호시설에 감호 위탁 ※ 약칭 '복지시설 등 위탁'	6월(+6월)	10세 이상	
7호	병원, 요양소 또는 소년원법상의 소년의료보호시설 위탁 ※ 약칭 '병원 등 위탁'	6월+6월	10세 이상	의료소년원 추가
8호	1월 이내 소년원 송치	1월 이내	10세 이상	신설
9호	단기 소년원 송치	6월 이내	10세 이상	
10호	장기 소년원 송치	2년 이내	12세 이상	

▣ 부가처분 등(개정소년법 제32조의 2)

종류	내용	기간	비고
대안교육 또는 상담 · 교육 명령	소년보호기관의 대안교육 또는 관련 단체 등에서 상담 · 교육 ※ 본처분 : 4호, 5호	3월 이내	※ 약칭 '대안 교육명령'
외출제한 명령	야간 등 특정시간대를 정하여 외출제한 ※ 본처분 : 4호, 5호	1년 이내	
보호자 특별교육 명령	소년보호기관 및 보호관찰소 등에서 자녀지도에 필요한 특별교육	미정	※ 약칭 '보호자 교육명령'

▣ 보호처분의 병합

처분	1호	2호	3호	4호	5호	6호	7호	8호	9호	10호	외출제한	대안교육 (상담교육)	보호자 특별교육
1호		●	●	●	●								○
2호	●		●	●	●								○
3호	●	●		●	●								○
4호	●	●	●			●					○	○	○
5호	●	●	●			●		●			○	○	○
6호				●	●								○
7호													○
8호					●								○
9호													○
10호													○

※ ●(병합처분), ○(부가처분 등)
※ 4 · 5호 동시 부과 안 됨, 4 · 6호, 5 · 8호 병과 시 2호 또는 3호 병합 안 됨.

3) 보호처분의 취소

보호처분이 계속 중일 때에 사건 본인이 처분 당시 19세 이상인 것으로 밝혀진 경우에는 소년부 판사는 결정으로써 그 보호처분을 취소하고 대응검찰청 및 법원에 이송하여야 한다. 그리고 범죄소년 · 촉법소년에 대한 보호처분이 계속 중일 때에 사건 본인이 행위 당시 10세 미만으로 밝혀진 경우에는 소년부 판사는 결정으로써 그 보호처분을 취소하여야 하며, 우범소년에 대한 보호처분이 계속 중일 때에 사건 본인이 처분 당시 10세 미만으로 밝혀진 경우에는 소년부 판사는 결정으로써 그 보호처분을 취소하여야 한다(동법 제38조). 한편, 보호처분이 계속 중일 때에 사건 본인에 대하여 유죄판결이 확정된 경우에 보호처분을 한 소년부 판사는 그 처분을 존속할 필요가 없다고 인정하면 결정으로써 보호처분을 취소할 수 있다(동법 제39조). 만약 보호처분이 계속 중일 때에 징역, 금고 또는 구류를 선고받은 소년에 대하여는 먼저 그 형을 집행한다.

마지막으로 보호처분이 계속 중일 때에 사건 본인에 대하여 새로운 보호처분이 있었을 때에는 그 처분을 한 소년부 판사는 이전의 보호처분을 한 소년부에 조회하여 어느 하나의 보호처분을 취소하여야 한다(동법 제40조).

4) 항고와 재항고

(1) 항고사유와 제기기간

보호처분의 결정 및 부가처분 등의 결정 또는 보호처분 · 부가처분 변경결정이 다음의 어느 하나에 해당하면 사건 본인 · 보호자 · 보조인 또는 그 법정대리인은 관할 가정법원 또는 지방법원 본원 합의부에 항고할 수 있다(동법 제43조).

① 해당 결정에 영향을 미칠 법령 위반
② 해당 결정에 영향을 미칠 중대한 사실 오인이 있는 경우
③ 처분이 현저히 부당한 경우

항고를 제기할 수 있는 기간은 7일로 하고 있고, 항고를 할 때에는 항고장을 원심 소년부에 제출하여야 하며, 항고장을 받은 소년부는 3일 이내에 의견서를 첨부하여 항고법원에 송부하여야 한다(동법 제44조).

(2) 항고의 재판

항고법원은 항고절차가 법률에 위반되거나 항고가 이유 없다고 인정한 경우에는 결정으로써 항고를 기각하여야 한다. 그리고 항고법원은 항고가 이유가 있다고 인정한 경우에는 원결정을 취소하고 사건을 원소년부에 환송하거나 다른 소년부에 이송하여야 한다. 다만, 환송 또는 이송할 여유가 없이 급하거나 그 밖에 필요하다고 인정한 경우에는 원결정

을 파기하고 불처분 또는 보호처분의 결정을 할 수 있다(동법 제45조).

항고는 보호처분결정의 집행을 정지시키는 효력이 없다(동법 제46조).

(3) 재항고

항고를 기각하는 결정에 대하여는 그 결정이 법령에 위반되는 경우에만 대법원에 재항고를 할 수 있는데, 재항고의 제기기간은 7일로 한다(동법 제47조).

5. 소년형사사건의 특칙

1) 조사 · 심리상의 배려

법원은 소년에 대한 형사사건에 관하여 그 필요사항의 조사를 조사관에게 위촉할 수 있다. 그리고 소년에 대한 형사사건의 심리는 다른 피의사건과 관련된 경우에 그 절차를 분리하여야 한다.

소년에 대한 형사사건의 심리는 친절하고 온화하게 하여야 하며 소년의 심신상태, 성행, 경력, 가정상황, 기타 환경에 대하여 정확한 사실을 규명하는 데 특별히 유의해야 한다.

한편, 소년에 대해서는 소송법상의 특칙으로 소년에 대한 구속영장은 부득이한 경우가 아닌 한 발부하지 못하고, 모든 소년형사사건은 필요적 변호사건으로 하고 있다.

2) 사형과 무기형의 완화

죄를 범할 당시에 18세 미만인 소년에 대하여 사형 또는 무기형으로 처할 경우에는 15년의 유기징역으로 한다(동법 제59조). 범죄행위 당시의 나이가 기준이기 때문에 과형 시에 성인이 되더라도 이 규정은 적용이 된다. 특정강력범죄를 범한 때에는 소년법 제59조에도 불구하고 20년의 유기징역으로 한다(「특정강력범죄의 처벌에 관한 특례법」 제4조 제1항).

3) 상대적 부정기형의 인정

소년이 법정형으로 장기 2년 이상의 유기형에 해당하는 죄를 범한 경우에는 그 형의 범위에서 장기와 단기를 정하여 선고한다. 다만, 장기는 10년, 단기는 5년을 초과하지 못한다(동법 제60조). 만약 특정강력범죄를 범한 때에는 장기는 15년, 단기는 7년을 초과하지 못한다(동법 제4조 제2항).

형을 선고함에 있어 소년의 특성에 비추어 상당하다고 인정되는 때에는 그 형을 감경할 수 있다. 한편, 형의 선고유예나 집행유예를 선고할 때에는 부정기형을 선고하지 못한다. 그리고 소년에 대한 부정기형을 집행하는 기관의 장은 형의 단기가 지난 소년범의 행형성적이 양호하고 교정의 목적을 달성하였다고 인정되는 경우에는 관할 검찰청 검사의 지휘에 따라 그 형의 집행을 종료시킬 수 있다(동법 제60조).

4) 환형처분의 금지

18세 미만의 소년에게는 「형법」 제70조에 따른 유치선고를 하지 못한다. 소년사건에 대한 임시조치로서 소년분류심사원에 위탁된 경우에 그 기간도 판결선고 전의 구금일수로 간주된다. 그리고 판결선고 전에 구속되었거나 소년분류심사원에 위탁되었던 경우에는 그 구속 또는 위탁의 기간에 해당하는 기간은 노역장에 유치된 것으로 보아 판결선고 전 구금일수에 산입한다.

5) 집행 시 분리주의

징역 또는 금고의 선고를 받은 소년에 대하여는 특히 설치된 교도소 또는 일반교도소에 특히 분리된 장소에서 그 형을 집행한다. 우리나라의 소년교도소는 김천 소년교도소가 있으며, 여자 소년은 별도의 시설이 없이 일반교도소 내에서 성인 및 남자 수형자와 분리하여 수용하고 있다. 한편, 「소년법」상 소년이 형의 집행 중에 23세가 되면 일반교도소에서 나머지 형을 집행할 수 있다(동법 제63조).

6) 가석방조건의 완화

(1) 가석방의 조건인 기간의 경과에 관한 「형법」 제72조의 원칙에 대한 특칙

성인범의 경우 무기형은 20년, 유기형은 형기의 3분의 1의 경과를 요하지만, 소년은 무기형의 경우에는 5년, 15년의 유기형의 경우에는 3년, 부정기형의 경우에는 단기의 3분의 1이 경과하면 가석방의 형식적 요건이 된다.

그리고 가석방기간의 종료에 관한 특칙이 있는데, 징역 또는 금고의 선고를 받은 소년이 가석방된 후 그 처분이 취소되지 아니하고 가석방 전에 집행을 받은 기간과 같은 기간이 지난 경우에는 형의 집행을 종료한 것으로 한다.

(2) 소년 수형자의 가석방 심사 및 허가

소년 수형자를 수용하고 있는 교도소, 구치소 및 소년교도소의 장은 징역 또는 금고의 형을 선고받은 소년이 「소년법」 제65조의 기간(무기형은 5년, 15년의 유기형은 3년, 부정기형은 단기의 3분의 1)을 경과할 때에는 보호관찰심사위원회에 그 사실을 통보하고 또한 교도소·구치소·소년교도소 및 소년원의 장은 법무부령으로 정하는 바에 따라 가석방의 심사를 신청할 수 있다(「보호관찰 등에 관한 법률」 제22조 제1항).

보호관찰심사위원회는 수용시설의 장의 신청 또는 직권으로 수형소년의 인격, 교정성적, 직업, 생활태도, 가족관계 및 재범위험성 등을 고려하여 가석방의 적부를 심사하여 가석방의 허가신청을 법무부장관에게 하여야 하고, 법무부장관은 보호관찰심사위원회의 결정이 정당하다고 인정하면 이를 허가할 수 있다(「보호관찰 등에 관한 법률」 제25조).

7) 자격에 관한 법령의 적용

소년이었을 때 범한 죄에 의하여 형을 선고받은 자가 그 집행을 종료하거나 면제받은 경우, 자격에 관한 법령을 적용할 때에는 장래에 향하여 형의 선고를 받지 아니한 것으로 본다(동법 제67조).

Chapter_ 2
우리나라의 소년보호제도

제1절 시설의 개요

1. 소년분류심사원

1) 관장 및 조직

소년분류심사원은 소년법 18조 1항 3호에 따라 소년부로부터 위탁된 소년(위탁소년) 등을 수용하여 그 자질을 분류심사하기 위하여 설치된 기관으로 법무부장관이 관장한다(보호소년 등의 처우에 관한 법 2조 2항, 3조 1항). 소년분류심사원의 명칭, 위치, 직제, 그 밖에 필요한 사항은 대통령령으로 정하게 되어 있는데(위 법 3조 2항), 이에 관한 대통령령인 '법무부와 그 소속기관 직제'에 의하면 소년분류심사원에는 원장 1인을 두되, 서울소년분류심사원장은 고위공무원단에 속하는 일반직공무원으로 보하고, 그 밖의 원장은 4급으로 보하며, 원장은 법무부장관의 명을 받아 소관사무를 통할하고, 소속공무원을 지휘 · 감독하도록 되어 있다.

2) 명칭 · 지위

서울소년분류심사원이 1977. 4. 30. 설립된 이래 대구(1978. 11. 15.), 대전(1982. 10. 21.), 부산(1984. 2. 29.), 광주(1991. 8. 1.)에 분류심사원이 각 설립되었다. 그러나 2004년경부터 시작된 기관통폐합으로 2012. 10. 현재 소년분류심사원은 서울 1개 지역에서만 운영되고 있고, 부산, 대구, 광주, 전주, 대전, 춘천, 제주는 소년원에서 그 기능을 대행하고 있다.

현재 소년분류심사 업무를 하고 있는 기관의 명칭 및 위치는 다음과 같다(법무부와 그 소속기관 직제 36조 별표 2 참조).

명칭	위치	비고
서울소년분류심사원	안양시 동안구 경수대로	소년분류심사원 미설립 지역은 해당지역 소재 소년원에서 업무대행
부산소년원	부산광역시 금정구 오륜대로	
대구소년원	대구광역시 북구 칠곡중앙대로	
광주소년원	광주광역시 광산구 임곡로	
전주소년원	전주시 덕진구 과학로	
대전소년원	대전광역시 동구 산내로	
춘천소년원	춘천시 동내면 장안길	
제주소년원	제주시 애월읍 장소로	

3) 임무

소년분류심사원은 ① 소년법 18조 1항 2호에 따라 법원 소년부로부터 위탁된 소년(위탁소년)의 수용과 분류심사, ② 보호관찰 등에 관한 법률 42조 1항에 따라 유치된 소년(유치소년)의 수용과 분류심사, ③ 소년법 12조에 따른 전문가 진단의 일환으로 법원 소년부가 상담조사를 의뢰한 소년의 상담과 조사, ④ 소년법 49조의2에 따라 소년 피의사건에 대하여 검사가 조사를 의뢰한 소년의 품행 및 환경 등의 조사, ⑤ 그 밖에 소년원장이나 보호관찰소장이 의뢰한 소년의 분류심사 등의 임무를 수행한다(보호소년처우 2조 2항).

4) 수용 · 보호

위탁소년을 소년분류심사원에 수용할 때에는 법원 소년부의 결정서에 의하여야 한다(보호소년처우 7조 1항).

소년분류심사원장은 새로 수용된 위탁소년에 대하여 지체 없이 건강진단과 위생에 필요한 조치를 취하여야 하고(같은 조 2항), 새로 수용된 위탁소년의 보호자 또는 위탁소년이 지정하는 자(이하 '보호자 등'이라 한다)에게 지체 없이 수용사실을 통지하여야 한다(같은 조 3항). 남자와 여자는 분리 수용하고, 16세 미만인 자와 16세 이상의 자도 분리 수용하여야 한다(위 법 8조 1항 1호, 3호).

소년분류심사원장은 위탁소년을 계속 수용하기에 부적절한 사유가 있을 때에는 위탁결정을 한 법원 소년부에 위탁변경에 관한 의견을 제시할 수 있다(보호소년처우 9조 1항).

소년분류심사원장은 위탁소년으로부터 처우나 일신상의 사정에 관한 의견을 듣기 위하여 수시로 위탁소년과 면접을 하여야 하고(위 법 10조), 위탁소년이 그 처우에 대하여 불복이 있을 때에는 법무부장관에게 문서로 청원할 수 있다(위 법 11조). 소년분류심사원장은 위탁소년이나 상담조사 대상 소년의 처우와 교정성적 관리를 적절하게 하기 위하여 개인별로 소년관리기록부를 갖추고 출원 시까지의 모든 상황을 정해진 양식에 따라 계속 기록 · 유지하여야 하고, 위탁소년이나 상담조사 대상 소년이 소년원 송치 처분을 받게 된 때에는 지체 없이 그 소년의 소년관리기록부 원본을 해당 소년원에 송부하여야 한다(보호소년처우령 58조 1항, 2항).

소년분류심사원장은 위탁소년이 이탈, 난동, 폭행, 자해, 그 밖의 사고를 일으킬 우려가 있을 때에는 이를 방지하는 데 필요한 조치를 취하여야 하고, 위탁소년이 소년분류심사원을 이탈한 때에는 그 소속공무원이 재수용할 수 있다(위 법 14조 1항, 2항). 소년분류심사원은 강제력을 사용하여 소년을 수용하므로, 수용된 소년의 생명, 신체의 안전을 확보하기 위하여 국가 및 당해 소년분류심사원의 직원은 만전을 기하여야 한다. 소년분류심사원에서의 처우는 소년을 명랑하고 조용한 환경에 두어 심신이 안정된 가운데 자질의 분류와 심판을 받을 수 있게 하여야 하고, 소년분류심사원의 생활관에 근무하는 직원은 소년들 사이에 있어서 행하여질 수 있는 이른바 사형(私刑)에 관하여 이를 방지하도록 특히 주의를 게을리해서는 안 된다. 따라서 소년분류심사원의 직원은 폭력성이 현저한 위탁생에 대하여 특별한 조치를 취하여 사고의 발생을 미리 방지할 책무가 있다(대법원 1986. 9. 9. 선고 85다카2658 판결).

5) 분류심사의 원칙 · 방법과 종류

① 분류심사의 원칙

소년에 대한 분류심사는 위탁소년의 신체, 성격, 소질, 환경, 학력 및 경력 등에 대한 조사를 통하여 비행 또는 범죄의 원인을 규명하여 위탁소년의 처우에 관하여 최선의 지침을 제시함을 목적으로 하고(보호소년처우법 24조 1항), 분류심사를 할 때에는 심리학 · 교육학 · 사회학 · 사회복지학 · 범죄학 · 의학 등의 전문적인 지식과 기술에 근거하여 위탁소년의 신체적 · 심리적 · 환경적 측면을 조사 · 판정하여야 한다(같은 조 2항). 구체적으로는 소년에 대한 각종 기록 및 상담 결과, 관계인과의 면접, 그 밖의 객관적인 자료를 토대로 하여, ① 신상 관계: 소년의 인적사항, 학력, 지니고 있는 문제, 비행의 개요, 비행 이력, 보호자 및 가족상황, 그 밖에 참고인 등에 대한 자료, ② 신체적 측면: 소년의 건강상태, 신체특징, 결함 여부 및 병력 등의 진단, ③ 심리적 측면: 소년의 지능을 중심으로 한 능력, 성격의 특징, 신경증 · 정신병 등 정신기능의 장애 여부, 적응 및 욕구, 자기개선 의지 등의 측정, ④ 환경적 측면: 출생 이후 현재까지 소년의 가정 · 학교 · 사회생활 등의 조사, ⑤ 행동특징: 수용생활 및 검사 · 면접할 때 등 소년이 처한 환경 조건에 따라 반응하는 특이사항 및 경향의 관찰, ⑥ 그 밖의 참고사항을 조사하여야 한다(보호소년처우령 51조 1항, 2항).

② 분류심사의 방법

현재 소년분류심사원에서 실시하고 있는 분류심사의 방법은 다음과 같다.

가) 진찰법 및 신체검사: 진찰법은 소년의 신체에 질병 등 이상 유무 및 정도를 해당 전문의가 진단하는 것이고, 신체검사법은 신체 각 기관의 이상 및 우열을 과학적 기구로 측정하는 방법이다.

나) 면접조사: 소년을 비롯하여 보호자와 그 밖의 참고인 등을 대상으로 담당 분류심사관이 직접 대면하거나 전화를 통하여 필요한 사항을 질문하고 응답하는 방법이다.

다) 심리검사: 지능, 적성, 성격특성의 유무 및 정도를 알기 위하여 여러 장면에서 일정한 작업을 행하게 함으로써 그에 대한 규준(norm)과 비교하여 이를 측정하는 방법으로, 표준화된 심리검사나 투사적 검사 등 여러 가지 심리 검사를 활용한다.

라) 정신의학적 진단: 소년의 정신적 측면에서의 질환 유무와 그 정도를 정신과 의사가 측정, 진단하는 방법이다.

마) 행동관찰: 수용생활 및 검사 · 면담 시 등 소년이 처해진 환경의 조건에 따라 반응하는 특이사항 및 경향을 관찰하는 방법으로 분류심사 대상자를 이해하는 비언어적 방법이다.

바) 자기기록: 일기, 지나온 나의 생활, 회상록 등 소년이 직접 기술하는 방법으로 자기가 살아온 생활사를 자서전식으로 기술하는 방법과 주어진 과제에 대하여 자신의 생각을 자유롭게 기술하는 자유기술식의 방법이 있다.

사) 자료조회: 주민등록정보, 가족관계기록부, 학교생활기록부, 수사경력 및 범죄경력조회[또는 범죄전력(소년보호사건)조회] 등과 같이 행정기관, 학교, 병원, 그 밖의 단체에 대하여 분류심사에 필요한 자료조회를 통해 소년의 환경 · 심리상태, 성장과정 등을 조사하는 것이다.

아) 현지조사: 분류심사 대상자의 생애, 성장환경을 현장에 나가서 관찰하기 위하여 분류심사관 등이 직접 현지를 방문 · 조사하는 방법이다.

③ 분류심사의 종류

분류심사에는 일반분류심사와 특수분류심사가 있다. 현재 소년분류심사원에서는 전체 소년을 대상으로 하여 면접조사와 신체의학적 진찰, 집단검사, 자기기록 검토, 자료조회, 행동관찰 등을 통하여 일반분류심사를 하고, 일반분류심사 결과 문제 되는 비행원인이 중대하고 복잡한 소년에 대하여는 개별검사와 정신의학적 진단, 현지조사 등을 추가하여 특수분류심사를 시행하고 있다(보호소년처우규칙 48조 2항).

6) 분류심사결과의 통지

소년분류심사원장은 위탁소년의 분류심사결과와 의견을 법원 소년부에 통지하여야 하고(보호소년처우법 27조 1항), 위탁소년이 보호처분의 결정을 받은 때에는 당해 위탁소년의 분류심사결과와 의견을 지체 없이 그 처분을 집행하는 소년원 또는 보호관찰소에서 정보시스템으로 열람할 수 있도록 통지하여야 한다(같은 조 2항).

소년부 판사가 보호처분결정을 함에 있어 분류심사관의 처분의견에 구애받는 것은 아니지만 소년분류심사원에서는 1월 내외의 기간 동안 소년을 계속적으로 관찰하고 여러 가지 전문직 지식과 기술에 근거한 조사 및 판정을 거쳐 처분의견을 내리므로 그러한 과정과 의견을 기재한 분류심사결과통지서는 소년사건의 심리와 처분에 있어서 매우 중요한 자료가 된다.

7) 퇴원

위탁소년 또는 유치소년의 소년분류심사원 퇴원은 법원 소년부의 결정서에 의하여야 한다(보호소년처우법 43조 4항).

2. 각종 사회복지시설

소년법 4조 3항에 의하여 사회복리시설의 장은 범죄소년, 촉법소년 또는 우범소년을 발견한 때에는 관할 소년부에 통고할 수 있다. 사회복지시설이란 사회복지사업을 할 목적으로 설치된 시설을 말하는데(사회복지사업법 2조 4호), 이에 해당하는 것으로는 아동복지법에 의한 보건소(아동복지법 36조), 아동양육시설, 아동일시보호시설, 아동보호치료시설, 공동생활가정, 자립지원시설, 아동상담소 등과 같은 아동복지시설(아동복지법 52조), 성매매

방지 및 피해자 보호 등에 관한 법률에 의한 청소년지원시설(성매매방지 및 피해자보호 등에 관한 법률 5조 1항 2호) 등이 있다.

보호처분 중 6호 처분은 '아동복지법상의 아동복지시설, 그 밖의 소년보호시설에 감호를 위탁하는 것'인바, 아동복지법 52조 1항은 아동복지시설의 종류를 열거 및 정의하면서 그 3호 가목에서 아동보호치료시설을 '불량행위를 하거나 불량행위를 할 우려가 있는 아동으로서 보호자가 없거나 친권자나 후견인이 입소를 신청한 아동 또는 가정법원, 지방법원소년부지원에서 보호위탁된 19세 미만인 사람을 입소시켜 치료와 선도를 통하여 건전한 사회인으로 육성하는 것을 목적으로 하는 시설'이라고 규정하고 있다. 6호 처분 수탁기관의 일종인 '아동복지법상의 아동복지시설'은 바로 아동복지법 52조 1항 3호 가목의 아동보호치료시설을 말한다.

6호 처분에 따라 소년을 위탁받아 감호하는 '아동복지법에 따른 아동복지시설이나 그 밖의 소년보호시설'을 통상 '6호 처분 수탁기관(이하 6호 '기관'이라 한다)'이라고 부르는데, 법원장은 소년에 대한 환경의 조정과 성행의 교정에 적당한 곳을 미리 그 시설의 운영자와 협의하여 수탁기관으로 지정하여야 하고(소년심판규칙 34조 1항, 5항), 언제든지 법원 소속 공무원으로 하여금 지정된 수탁기관이 소년의 보호에 충분한 시설을 가지고 있는가의 여부와 그 운영 실태를 조사 · 보고하도록 하여, 이에 부적당하다고 인정되는 경우에는 그 지정을 취소할 수 있다(같은 조 6항). 현재 대표적인 6호 기관은 다음과 같다.

보호기관	전화번호	주소	수용 인원	비고
보호치료시설 효양원	(042) 271-7053	대전광역시 동구 산내로 1305번길 48(낭월동)	150 (남자)	천주교
나사로 청소년의 집	(031) 867-6464	경기도 양주시 남면 휴암로 365-80	40 (여자)	기독교
살레시오 청소년센터	(02) 832-5026	서울특별시 영등포구 디지털로 424(대림동)	80 (남자)	천주교
로뎀 청소년학교	(043) 651-7732	제천시 송학면 오미로13길 37	30 (남자)	기독교
마자렐로센터	(02) 832-5796	서울특별시 영등포구 신길로 93(신길동)	50 (여자)	천주교

보호기관	전화번호	주소	수용 인원	비고
서정길대주교 재단 수지의 집	(053) 741-3122	대구광역시 수성구 상록로16길 23(범어동)	20 (여자)	천주교
가톨릭 푸름터	(053) 764-8537	대구광역시 수성구 들안로32길 96-11(황금동)	25 (여자)	천주교
웨슬리마을 신나는 디딤터	(051) 253-0270	부산광역시 서구 구덕로 185번길 47(아미동2가)	30 (여자)	기독교
로뎀의 집	(055) 292-4747	경상남도 창원시 마산회원구 회원서1길 73(석전동)	20 (여자)	천주교
희망샘학교	(063) 562-2811	전라북도 고창군 무장면 학천로 267-16	70 (남,여)	

3. 병원 또는 요양시설

소년을 병원, 요양소 또는 보호소년 등의 처우에 관한 법률에 따른 소년의료보호시설에 위탁하는 처분으로서 정신질환이 있거나 약물남용과 같이 의학적인 치료와 요양이 필요한 경우에 행하여지는 처분이다. 비행의 내용보다는 보호자의 보호력과 소년의 정신건강 상태에 따라 7호 처분을 선택한다. 7호 처분은 소년의 치료와 요양을 목적으로 한다는 점에서 소년보호재판의 보호주의적, 복지주의적 성격을 가장 직접적으로 표현하고 있는 처분이다.

7호 처분을 하기 전에는 소년에 대한 세심하고 철저한 심리검사를 하여야 하는데, 제출된 진단서나 감정서만으로 충분하지 않은 경우에는 분류심사원에 임시위탁을 하거나 임시조치를 활용하여 병원에 위탁한 후, 7호 처분의 필요성이 인정되면 이를 적극적으로 선택할 필요가 있다.

현재 7호 처분이 가능한 수탁기관은 다음과 같다.

법원	보호기관	전화번호	주 소
서울	건국대학교병원	(02)2030-5400 (01)2030-7121~5	서울특별시 광진구 능동로 120-1(화양동)
	경기도의료원 의정부병원	(031)828-5162	경기도 의정부시 흥선로 142(의정부동)
	국립서울병원	(02)2204-0122	서울특별시 광진구 능동로 398(중곡동)
	동산의원	(02)744-4567	서울특별시 종로구 율곡로 219-1(이화동)
	대전소년원 부속의원	(042)272-4645	대전광역시 동구 산내로 139841(대성동)
	백상창 신경정신과의원	(02)2696-1583 (02)2605-4778	서울특별시 강서구 화곡로 364(화곡동)
	청소년복지재단 마리스타의 집	(043)853-5313	충청북도 충주시 산척면 지속골길 71
춘천	대전소년원 부속의원	(042)272-4645	대전광역시 동구 산내로 1398-41(대성동
대전	국립공주병원	(041)850-5700	충청남도 공주시 고분티로 623-21(오곡동)
	대전소년원 부속의원	(042)272-4645	대전광역시 동구 산내로 1398-41(대성동)
청주	대전소년원 부속의원	(042)272-4645	대전광역시 동구 산내로 1398-41(대성동)
대구	대동병원	(053)663-1000	대구광역시 동구 하랑로 169(효목동)
	대전소년원 부속의원	(042)272-4645	대전광역시 동구 산내로 1398-41(대성동)
부산	대전소년원 부속의원	(042)272-4645	대전광역시 동구 산내로 1398-41(대성동)
광주	국립나주병원	(061)330-41147	전라남도 나주시 산포면 세남로 1328-31
	광주 양지병원	(062)570-9000	광주광역시 북구 우치로 422번길 32(삼각동)
	대전소년원 부속의원	(042)272-4645	대전광역시 동구 산내로 1398-41(대성동)

서울가정법원의 경우 7호 처분을 위탁받는 기관으로 대전소년원 부속의원, 의정부에

있는 지방공사 경기도의료원 의정부병원, 서울 광진구에 있는 국립서울병원과 건국대학교병원이 있다. 7호 처분을 한 경우에는 소년을 위탁받는 기관까지 법원직원이 호송하여야 하고(대전소년원 부속의원에서 위탁처분은 제외), 사전에 위탁받는 기관에게 수용할 능력이 있는지도 확인하여야 한다. 또한 병원 등 위탁처분을 하는 경우에는 상당한 비용 지출이 수반되므로 보호자가 감호에 관한 비용을 부담할 경제적 능력이 있는지를 확인하여야 한다.

본드 등 약물에 의존하는 경향이 큰 소년과 정신분열증, 반사회적 인격장애 등 정신적으로 문제가 있는 소년들에 대하여는 형사처분보다 병원에서의 치료가 용이한 7호 처분이 적당한 경우가 많다. 소년부 판사는 보호소년의 문제점을 면밀히 파악하여 소년들에 대하여는 7호 처분을 적절히 활용할 필요가 있다.

4. 소년원

1) 관장 · 조직 및 분류

소년원은 소년법 32조 1항 7호부터 10호까지의 규정에 따라 법원 소년부로부터 위탁되거나 송치된 소년(보호소년)을 수용하여 교정교육을 행하기 위하여 설치된 기관으로 법무부장관이 관장한다(보호소년처우법 2조 1항, 3조 1항). 소년원은 그 기능에 따라 ① 초 · 중등교육 소년원(초 · 중등교육법에 따른 초 · 중등교육이 필요한 소년을 수용 · 교육하는 소년원), ② 직업능력개발훈련 소년원(근로자직업능력 개발법에 따른 직업능력개발훈련이 필요한 소년을 수용 · 교육하는 소년원), ③ 의료 · 재활교육 소년원(약물 오 · 남용, 정신 · 지적발달 장애, 신체질환 등으로 집중치료나 특수교육이 필요한 소년을 수용 · 교육하는 소년원), ④ 인성교육 소년원(정서 순화, 품행 교정 등 인성교육이 집중적으로 필요한 소년을 수용 · 교육하는 소년원)으로 분류하여 운영되고 있다(위 법 4조, 보호소년처우령 2조).

소년원에는 원장 1인을 두되, 서울소년원장은 고위공무원단에 속하는 일반직공무원으로 보하고, 그 밖의 원장은 4급으로 보하며, 원장은 법무부장관의 명을 받아 소관사무를 통할하고, 소속공무원을 지휘 · 감독하도록 되어 있다(법무부와 그 소속기관 직제 37조 1항 내지 3항). 보호소년 처우의 적정을 기하기 위하여 소년원장의 자문기관으로서 소년원마다 처우심사위원회를 두도록 되어 있는데, 그 구성 및 운영에 필요한 사항은 법무부령으로 정하도록 하고 있다(보호소년처우령 3조).

소년원은 사법적 기능보다는 교육적 · 복지적 기능을 중시하여, 비행에 대한 책임을 추궁하는 것이 아니라 국가가 소년들의 보호자가 되어 인성교육 등 생활지도와 특성화교육, 초 · 중등교육 및 직업능력개발훈련, 의료처우 등을 실시함으로써 이들의 왜곡된 성격과 행동을 교정하고 건전한 청소년으로서 인격을 연마하게 한다는 점에서 형사처분을 집행하는 소년교도소와는 그 성격을 달리하고 있다.

〈표 12-7〉 소년원과 교도소의 차이

구분	소년원	소년교도소
적용법률	• 소년법 • 보호소년 등의 처우에 관한 법률	• 형법, 형사소송법 • 형의 집행 및 수용자의 처우에 관한 법률
처분청	• 가정법원 또는 지방법원 소년부	• 형사법원
처분종류	• 보호처분(1~10호 처분)	• 생명형(사형), 자유형(징역 · 금고 · 구류), 재산형(벌금 · 과료 · 몰수), 명예형(자격상실 · 자격정지)
시설	• 10개 소년원 (2개 여자소년원)	• 1개 소년교도소(김천) (여자소년은 청주여자교도소에 수용)
수용대상	• 범죄소년, 촉법소년, 우범소년	• 범죄소년
수용기간	• 2년을 초과하지 못함	• 선고에 의한 자유형 집행기간
사회복귀	• 퇴원: 교정목적을 달하였다고 인정할 때 • 임시퇴원: 교정성적이 양호하고 보호관찰의 필요성이 있다고 인정될 때	• 석방: 형기 종료 시 • 가석방: 행상(行狀)이 양호하여 개전의 정이 현저한 때
신분제한	• 장래 신상에 어떠한 영향도 미치지 않음(소년법 32조 6항)	• 법에서 정한 복권 기한이 지나야 허용 – 범죄수사, 누범 여부, 자격제한 등을 위해 형이 확정되면 수형인명부 기재 · 관리(전과기록)

2) 명칭 · 위치

소년원의 명칭, 위치, 직제, 그 밖에 필요한 사항은 대통령령으로 정하게 되어 있고(보호소년처우법 3조 2항), 이에 따른 대통령령인 '법무부와 그 소속기관 직제' 및 법무부훈령인 '보호소년 처우지침'에 의하면 현재 전국에 10개의 소년원이 설치되어 있다.

3) 수용 · 보호

(1) 보호소년의 수용

보호소년을 소년원에 수용할 때에는 법원 소년부의 결정서에 의하여야 한다. 소년원장은 보호소년을 새로 수용할 때에는 소년부의 결정서 또는 인수서를 교부하여야 하는데, 인수서에는 새로 수용될 보호소년의 성명 · 주민등록번호 · 비행명 · 인수연월일시를 기재하고 인수한 직원이 서명날인하여야 한다(보호소년처우법 7조 1항, 보호소년처우령 6조 1항, 보호소년처우규 9조 1항).

소년원장은 새로 수용된 보호소년에 대하여 지체 없이 건강진단과 위생에 필요한 조치를 하여야 하고, 보호소년의 보호자 등에게 지체 없이 수용경위, 처우의 개요, 면회 · 통신방법, 그 밖에 필요한 사실을 알려야 한다(보호소년처우 7조 2항, 3항, 보호소년처우령 8조).

소년원장은 보호소년 중 남자와 여자를 분리 수용하고, 16세 미만인 자와 16세 이상인 자를 분리 수용하되, 16세 미만인 자 중 촉법소년은 분리 수용할 수 있다(보호소년처우법 8조 1항, 2항). 소년법 32조 1항 7호의 처분을 받은 보호소년은 소년의료보호시설에 해당하는 소년원에 수용하여야 한다(같은 조 3항).

(2) 보호소년의 보호

① 분류처우

소년원장은 보호소년의 특성을 고려하여 그에 적합한 처우를 하여야 한다(보호소년처우법 8조의2). 처우란 소년원 내에서 일어나는 일체의 교정교육, 생활지도 등을 통칭하는 개념이고, 분류처우란 실무상 보호처분이 확정된 소년에 대하여 처우과정과 교육받을 소년원을 지정하는 등 개별적으로 처우하는 작용을 의미한다. 분류처우에는 같은 시설 내에서 생활실을 분류하는 것과 교육과정을 분류하는 것으로 나눌 수 있다.

소년원장은 분류처우를 할 때에는 분류심사결과와 법원 소년부로부터 송부된 자료를 고려하여야 한다(보호소년처우령 9조 2항). 소년원장은 비행, 공범관계, 처우과정 등을 고려하여, 신입자 교육을 받고 있는 보호소년, 전염병에 감염된 보호소년, 공범 등 특별관리가 필요하다고 인정되는 보호소년에 대하여는 생활실을 구분할 수 있다(보호소년처우령 9조 1항, 보호소년처우규칙 11조).

② 개별처우계획의 수립

소년원장은 분류처우를 마친 보호소년에 대하여 수용일로부터 10일 이내에 처우심사위원회의 심사를 거쳐 개별처우계획을 수립하여야 한다(보호소년처우령 10조 1항, 보호소년처우규 12조). 소년원장은 9호 또는 10호 처분자에 대한 개별처우계획 수립 시 보호소년의 연령 · 학력 및 퇴원 후 사회복귀 목표를 우선적으로 고려하여야 한다(보호소년 처우지침 6조). 개별처우계획에는 초 · 중등교육, 직업능력개발훈련, 의료 · 재활교육, 인성교육 등 개별 교육 · 처우의 방향이 제시되어야 하고, 이 경우 보호소년과 보호자 등의 의견을 고려하여야 한다(보호소년처우령 10조 2항), 개별처우계획은 교정교육에 지장이 없는 범위에서 그 내용을 본인 및 보호자 등에게 알려 보호소년이 스스로 교육에 참여하고, 자기개선을 위하여 노력하도록 하여야 한다(같은 조 3항). 소년원장은 보호소년의 개별처우계획을 변경할 필요가 있는 경우에는 지체 없이 처우심사위원회의 심사를 거쳐 수정하여야 한다(보호소년처우령 11조).

③ 면접, 이송 및 재수용

소년원장은 보호소년으로부터 처우 또는 일신상의 사정에 관한 의견을 듣기 위하여 수시로 보호소년과 면접을 하여야 하고(보호소년처우법 10조), 보호소년이 그 처우에 대하여 불복이 있을 때에는 법무부장관에게 문서로 청원할 수 있다(위 법 11조).

소년원장은 분류수용, 교정교육상의 필요, 그 밖의 이유로 보호소년을 다른 소년원에 이송하는 것이 적당하다고 인정하면 법무부장관의 허가를 받아 이송할 수 있다(위 법 12조 1항). 다만, 소년법 32조 1항 7호의 처분을 받은 보호소년은 소년의료보호시설에 해당하지 아니하는 소년원으로 이송할 수 없다(같은 조 2항).

소년원장은 보호소년이 이탈, 난동, 폭행, 자해, 그 밖의 사고를 일으킬 우려가 있을 때에는 이를 방지하는 데 필요한 조치를 취하여야 하고, 보호소년이 소년원을 이탈한 때에는 그 소속공무원이 재수용할 수 있다(위 법 14조 1항, 2항).

④ 처분변경의 신청 등

소년원장은 보호소년이 소년부의 결정 당시 10세 미만(소년법 32조 1항 10호 처분의 경우에는 12세 미만을 말한다)이거나 19세 이상임이 판명되었을 때에는 지체 없이 그 결정을 한 소년부에 그 사실을 통지하여야 한다(보호소년처우령 12조 1항). 소년원장은 보호소년이 ① 중환자로 판명되어 수용하기 위험하거나 장기간 치료가 필요하여 교정교육의 실효를 거두기가 어렵다고 판단되는 경우, ② 심신의 장애가 현저하거나 임신 또는 출산(유산 · 사산한 경우를 포함), 그 밖의 사유로 특별한 보호조치가 필요한 경우, ③ 이탈, 난동 또는 폭력행위 등 시설의 안전과 수용질서를 현저히 문란하게 하는 경우에는 소년부에 보호처분의 변경을 신청하거나 위탁변경에 관한 의견을 제시할 수 있다(같은 조 2항). 다만, 실무상으로는 ①, ②항의 사유가 있는 경우에는 특별 임시퇴원 사유에도 해당(보호소년처우규칙 77조 1호, 2호 참조)하므로 특별 임시퇴원 절차로 진행하는 것이 일반적이다.

4) 교정교육

소년원의 교정교육은 규율 있는 생활 속에서 초 · 중등교육, 직업능력개발훈련, 인성교육, 심신의 보호 · 지도 등을 통하여 보호소년이 전인적인 성장 · 발달을 이루고 사회생활에 원만하게 적응할 수 있도록 하여야 한다(보호소년처우법 28조).

교정교육은 보호소년이 입원한 때부터 퇴원할 때까지의 전 과정을 신입자교육, 기본교육, 사회복귀교육의 3단계로 구분하여 순차적으로 실시하여야 하고, 신입자교육 및 사회복귀교육의 기간은 각각 10일 이내로 한다(보호소년처우령 56조 1항, 2항, 보호소년처우규 53조 2항, 55조 3항). 신입자교육은 신입보호소년에 대한 분류조사와 병행하여 생활규범지도, 기초교육, 적응훈련, 그 밖에 필요한 지도를 함으로써 신입보호소년이 소년원에 신속한 적응과 심신의 안정을 도모하기 위하여 실시하는 교육이다(보호소년처우규칙 53조 1항). 기본교육은 신입자교육을 마친 보호소년에 대하여 인문 · 실업 · 특성화 · 인성교육 또는 직업능력개발훈련, 특별활동, 생활지도, 그 밖에 필요한 지도를 병행하여 실시하는 교육이다(위 규칙 54조). 사회복귀교육은 보호소년이 기본교육과정을 마치고 퇴원 또는 임시퇴원의 요건을 갖춘 때에 사회적응에 필요한 진로상담, 장래의 생활설계에 대한 지도, 퇴원 또는 임시퇴원 후의 준수사항에 대한 교육, 그 밖에 사회복귀에 필요한 교육을 하는 것이다(위 규칙 55조 1항).

소년원장은 보호소년의 연령, 학력, 적성, 진로, 교정의 난이도 등을 고려하여 처우과정을 정하고 교정목표를 조기에 달성할 수 있도록 교육계획을 수립 · 시행하여야 하고, 수립된 교육계획에 따른 교육과정을 운영하고 법무부장관이 정하는 바에 따라 그 결과를 평가하여 출원(出院), 포상 등 보호소년의 처우에 반영할 수 있다(보호소년처우법 41조). 소년원장은 보호소년의 자율성을 높이고 각자가 당면한 문제를 스스로 해결하여 사회생활에 적응할 수 있는 능력을 기르도록 생활지도를 하여야 하고, 보호소년의 취미와 특기를 신장하고 집단생활의 경험을 통하여 민주적이고 협동적인 생활태도를 기르도록 특별활동지도를 하여야 한다(위 법 39조, 40조).

소년원장은 보호소년의 처우와 교정성적관리를 적절하게 하기 위하여 개인별로 소년관리기록부를 갖추고 출원 시까지의 모든 상황을 정해진 양식에 따라 계속 기록 · 유지하여야 한다(보호소년처우령 58조 1항).

5) 출원(出院)

(1) 출원 사유

소년원장은 보호소년이 22세가 되면 퇴원시켜야 하고(보호소년처우법 43조 1항), 소년법 33조 5항, 또는 같은 조 6항에 따라 수용상하기간(단기소년원 송치는 6개월, 장기소년원 송치는 2년)에 도달한 보호소년은 즉시 퇴원시켜야 하며(같은 조 2항), 교정성적이 양호하며 교정의 목적을 이루었다고 인정되는 보호소년에 대하여는 보호관찰 등에 관한 법률에 따른 보호관찰 심사위원회에 퇴원을 신청하여야 한다(같은 조 3항).

소년원장은 교정성적이 양호한 자 중 보호관찰의 필요성이 있다고 인정되는 보호소년에 대하여는 보호관찰 등에 관한 법률 22조 1항에 따라 보호관찰 심사위원회에 임시퇴원을 신청하여야 한다(위 법 44조).

(2) 절차 및 사후지도

소년원장은 보호소년의 퇴원 또는 임시퇴원이 허가되면 지체 없이 보호자 등에게 보호소년의 인도에 관하여 알리고, 당해 보호소년을 보호자 등에게 직접 인도하여야 한다. 다만, 보호소년의 보호자 등이 없거나 허가일로부터 10일 이내에 보호자 등이 인수하지 아니할 때에는 사회복지단체, 독지가, 그 밖의 적당한 자에게 인도할 수 있다(보호소년처우법 45조).

소년원장은 퇴원하는 보호소년이 원하는 경우, 본인 · 보호자 또는 법정대리인의 신청에 따라 보호소년의 성공적인 사회정착을 지원하기 위하여 취업알선 등 필요한 사후지도를 할 수 있다(위 법 45조의2 1항). 사후지도의 기간은 6개월 이내로 하되, 6개월 이내의 범죄에서 한 번에 한하여 그 기간을 연장할 수 있으며, 연장절차는 사후지도 신청절차와 같다(같은 조 2항). 소년원장은 소년보호협회 및 소년보호위원에게 사후지도에 관한 협조를 요청할 수 있다(같은 조 3항). 소년보호협회는 보호소년 등을 선도하기 위하여 법무부장관

감독 아래 소년 선도에 관하여 학식과 경험이 풍부한 인사로 구성되는데 소년보호협회의 설치, 조직, 그 밖의 운영에 필요한 사항은 대통령령으로 정하고 있다(위 법 51조 1항, 2항). 소년보호위원은 명예직으로 법무부장관으로부터 위촉받아 보호소년 등의 교육 및 사후지도를 지원하고 있는데, 소년보호위원의 위촉 · 해촉 및 자치조직 등에 관하여 필요한 사항은 법무부령으로 정하고 있다(위 법 51조의2 1항, 2항, 4항).

(3) 재수용

소년원장은 보호관찰 등에 관한 법률 48조에 따라 임시퇴원이 취소된 자에 대하여는 지체 없이 재수용을 하여야 한다(보호소년처우법 48조 1항). 재수용된 자의 수용기간은 수용상한기간 중 남은 기간으로 하고, 새로 수용된 보호소년에 준하여 처우한다(같은 조 2항, 3항).

5. 청소년비행예방센터

1) 관장 및 조직

청소년비행예방센터는 부적응 학생 등 위기 청소년과 기소유예자 등 비행초기단계의 청소년을 대상으로 대안교육 등을 실시함으로써 범죄를 예방하기 위하여 설치된 기관으로 법무부장관이 관장한다. 청소년비행예방센터의 명치, 위치, 직제, 그 밖의 필요한 사항은 법무부와 그 소속기관 직제 시행규칙 21조의2에 규정되어 있다.

청소년비행예방센터장은 서기관 또는 보호사무관으로 보한다(법무부와 그 소속기관 직제 시행규칙 21조의2 1항). 대전청소년비행예방센터에는 교육지원과 및 교육운영과를, 안산청소년비행예방센터에는 교육지원과, 교육운영과 및 연구개발과를 두고 있다(같은 조 2항).

2) 명칭 · 관할지역

내방 학생과 보호자에게 비행이라는 용어로 인한 거부감을 줄이기 위해서 청소년비행예방센터의 대외적인 명칭은 청소년비행예방센터와 청소년꿈키움센터(대전청소년비행예방센터는 '솔로몬 로파크')를 같이 사용하고 있다. 현재 설치된 청소년비행예방센터의 명칭 및 관할지역은 다음과 같다(법무부와 그 소속기관 직제 시행규칙 21조의2 7항 별표 2의 3 참조).

〈표 12-8〉 청소년비행예방센터 기관명칭 및 관할지역

기관 명칭(대외명칭)	직제상 소속	관할지역	설치일
부산청소년비행예방센터 (부산청소년꿈키움센터)	부산소년원	부산, 울산	'07.7.
창원청소년비행예방센터 (창원청소년꿈키움센터)	부산소년원	경남	
광주청소년비행예방센터 (광주청소년꿈키움센터)	광주소년원	광주, 전남	
대전청소년비행예방센터 (솔로몬로파크)	대전소년원	전국	
청주청소년비행예방센터 (청주청소년꿈키움센터)	청주소년원	충북	
안산청소년비행예방센터 (안산청소년꿈키움센터)	서울소년 분류심사원	경기 전역	
서울남부청소년비행예방센터 (서울남부청소년꿈키움센터)	서울소년 분류심사원	서울 남부, 동부, 서부	'12.6.
서울북부청소년비행예방센터 (서울북부청소년꿈키움센터)	서울소년 분류심사원	서울 북부, 의정부, 고양	
인천청소년비행예방센터 (인천청소년꿈키움센터)	서울소년 분류심사원	인천, 부천, 김포, 강화	
대구청소년비행예방센터 (대구청소년꿈키움센터)	대구소년원	대구, 경북	
진주청소년비행예방센터 (전주청소년꿈키움센터)	진주소년원	전북	'13.11.
순천청소년비행예방센터 (순천청소년꿈키움센터)	광주소년원	전남 동부	
춘천청소년비행예방센터 (춘천청소년꿈키움센터)	춘천소년원	강원	
부산동부청소년비행예방센터 (부산동부청소년꿈키움센터)	부산소년원	부산 동부	'14.11.
울산청소년비행예방센터 (울산청소년꿈키움센터)	부산소년원	울산, 양산, 울주	
수원청소년비행예방센터 (수원청소년꿈키움센터)	서울소년 분류심사원	수원, 오산, 성남, 이천, 평택 등	

3) 업무

청소년비행예방센터에서는 ① 소년법 32조의2 1항에 따라 법원 소년부 판사로부터 교육명령을 받은 소년, ② 소년법 49조의3 2호에 따라 검사가 기소유예의 조건으로 교육을 의뢰한 소년, ③ 초 · 중등교육법 18조에 따른 징계대상인 학생으로서 각급학교의 장이 의뢰한 소년, ④ 학교폭력예방 및 대책에 관한 법률 17조에 따른 가해학생을 대상으로 비행예방 및 재범방지 또는 사회적응을 위한 체험과 인성 위주의 교육과정을 운영한다(보호소년처우법 42조의2 1항).

그 밖에도, 청소년비행예방센터에서는 ① 법원이 의뢰한 상담조사, ② 소년법에 따른 보호처분을 받은 자의 보호자와 학교폭력예방 및 대책에 관한 법률 17조에 따른 가해학생의 보호자에 대한 교육, ③ 학교폭력예방 및 대책에 관한 법률 15조 3항에 따른 학교폭력예방교육, ④ 청소년에 대한 법 교육, ⑤ 청소년 비행 관련 자원봉사자에 대한 전문교육 등을 하고 있다.

특히 안산청소년비행예방센터에서는 소년보호행정 정책추진을 위한 조사 · 연구기능이 취약하다는 지적에 따라 청소년의 비행예방 및 비행청소년의 건전한 육성을 위한 정책 및 프로그램의 연구 · 개발 등 업무를 하고 있다(법무부와 그 소속기관 직제 시행규칙 21조의2 참조).

대안교육과정은 ① 자기반성을 통한 자기관리 능력 증진 및 올바른 가치관 정립, ② 준법의식 고취 및 청소년 비행 문제인식, ③ 당면문제에 대한 현실적 대응능력 함양, ④ 약물 오 · 남용 및 학교폭력 예방, ⑤ 봉사활동 등 체험교육, ⑥ 감수성 훈련 · 인간관계 훈련 등 심성훈련, ⑦ 그 밖에 미래에 대한 계획수립과 같은 내용을 포함하고 있다(보호소년처우규칙 73조 1항, 2항).

대안교육 대상 소년이 정해진 교육과정을 이수하였을 때에는 그 기간을 재적학교의 출석일수로 인정한다(보호소년처우령 85조 1항). 대안교육 대상 소년이나 그 보호자가 원하는 경우에는 대안교육 이수사실을 소년의 재적학교의 장에게 통지할 수 있다(같은 조 2항).

제2절 현행 소년보호기관의 수용현황분석 및 개선방안

1. 수용현황분석

보호소년의 1일 평균 수용인원은 1996년 3,462명을 정점으로 지속적 감소추세를 보이다가 2002년까지 2,000명대를 유지하였고, 2018년 기준, 1,079명으로 대폭 감소하였다. 보호소년 신수용 인원도 1997년 4,185명으로 정점에 이르렀다가 2006년 1,468명으로 급감하였으나, 2009년(2,775명)부터 증가하여 2012년(3,429명)에 정점을 찍고 다시 감소세를 보여 2018년에는 2,199명으로 나타났다.[15)]

아래는 2012~2016년 사이 5년간 소년원생 관련 재입원율의 변화추세이다.

〈표 12-9〉에서 보는 바와 같이, 5년간 평균 소년원 재입원율은 19.9%이고, 소폭 증가하는 추세를 보이고 있다. 이는 일본 16.7%(2001~2003년 평균)보다는 높고 미국 텍사스주 40%(2003~2005년 평균)보다는 낮은 수치이다.

〈표 12-9〉 우리나라 소년원 3년 재입원율 추세(2012~2016년)

구분 \ 연도	2012	2013	2014	2015	2016
소년원 재입원율	19.5	18.6	18.4	21.2	21.6

우리나라 소년원 재입원율은 성인 교정시설 출소자의 3년 이내 재복역률 26.6%(2015년 출소자의 3년이내 재복역률)보다 소폭 낮은 비율을 보이고 있다. 2014년 기준 소년원 출원생 재입원률 상세 현황 다음과 같다. 먼저, 보호처분별 출원 후 3년 이내 재입원 현황을 살펴보면, 7호처분자의 재입원률이 29%, 8호처분자의 재입원률이 23.9%로 9호처분자의 재입원률 17%, 10호 처분자의 재입원률 10%에 비해 상대적으로 높았다. 이는 7호 처분자를 위한 정신질환 소년원생 처우 및 사후지도 개선이 시급함을 말해주고 있다.[16)] 비행유형별 재입원률 현황을 살펴보면, 재산범 21.7%, 보호관찰법위반사범 20.4%, 강력사범 17.1%

15) 법무연수원, 「범죄백서」, 2019, p.606.

16) 연령: 13세 이하(41.9%) 〉 14~15세(32.4%) 〉 16~17세(16.5%) 〉 18~19세(5%). 학력: 중등(23.1%) 〉 초등(20.8%) 〉 고등(17.4%) 〉 대학(11.5%).

순으로 높았다.

보호관찰법 위반사범의 높은 재입원률은 사범별 재입원 특성의 두드러진 특성 중의 하나로 나타났다.

교육과정 및 이수 경험별 재입원율에 있어서는, 직업훈련과정 이수자가 낮고, 인성교육을 많이 받을수록, 자격증을 많이 취득할수록, 진로교육 활동이 많을수록 재입원율이 낮은 것으로 나타났다. 이는 내실 있는 직업훈련의 확대운영, 인성교육 이수의 의무화 및 다양한 자격증 취득과정 신설 등이 요구됨을 시사한다.

2. 개선방안

1) 교육 및 처우의 전문화

(1) 교육과정의 적절화

재범방지를 위한 실효성 있는 교육과정으로 편성 운영이 필요하다. 재입원율에 있어서 직업훈련 및 인성교육 교육과정을 이수한 원생들의 재입원이 특성화교과와 인문교과 과정 이수 원생보다 더 낮은 것으로 나타나 직업훈련과 인성교육프로그램의 확대가 요구된다.

(2) 보호관찰 및 교정과의 연계강화

재입원자의 대부분이 보호관찰 준수사항 위반자이고, 8호 처분자의 대부분이 병합처분(5 · 8호)을 받은 자이다.[17] 따라서 소년원과 보호관찰과의 협조체제를 강화해야 한다. 선도조건부 또는 교육조건부 기소유예대상자에 대한 대안교육과 보호관찰 선도를 동시에 부여하여 초기 비행자에 대한 효율적 대처가 필요하다. 임시퇴원 출원자의 경우, 소년원 담임교사와 보호관찰관의 협조하에 정보를 공유하고 대상자별 사회복귀계획을 공동으로 수립함이 필요하다. 또한 소년범의 성인범화를 방지하기 위해 중구금교도소 체험프로그램 등과 같은 교정과의 연계프로그램을 실시하여 자각적으로 범죄를 중단할 의지를 제고함이 요구된다.

(3) 의료재활과정 처우의 전문화

7호 처분자의 증가추세를 고려한 전문인력 확보, 치료시설 및 환경의 개선이 요구된

17) 2018년도, 8호 단독처분은 9명, 5 · 8호 병합처분은 1,194명이었음.

다.[18] 또한 정신발달장애, 중독 신체질환자를 위한 사후 진료상담치료제도의 실시를 통해 안정된 사회정착을 지원해야 한다.

2) 인성교육 및 직업교육의 확대

(1) 소년범죄의 특성을 반영한 인성교육의 확대

첫째, 강도 절도범죄의 전문화 및 증가추세를 반영한 재범방지 프로그램의 개발이 필요하다. 둘째, 성범죄 소년범의 증가에 따라 성교육의무화, 전문치료 프로그램 확대운영, 전담직원 지정 및 양성이 요구된다. 셋째, 기회주의 범죄 및 집단화 경향을 반영한 분노조절 프로그램 및 인지행동 프로그램 확대운영이 필요하다.

(2) 융합행정 및 현장과의 연계를 통한 취업지원 역량확대

첫째, 유관 부처가 참여하는 융합행정을 통한 인적 · 물적 인프라를 적극 활용해야 한다.[19] 둘째, 다양한 직업교육 프로그램 운영, 취업정보의 공유, 직업체험 프로그램을 확대한다.[20] 셋째, 기업현장 및 대학 등과 연계하여 실용적 기술을 연마할 기회를 제공한다.

3) 민관 연계확대를 통한 사회복귀 · 자립지원 강화

(1) 소년보호위원, 범죄예방위원 등과의 멘토링 활성화

멘토링을 통해서 정서적 유대감 향상, 출원 후 사후지도 및 취업 · 창업 지원 등의 효과를 얻을 수 있다.

(2) 성공사례 발굴을 통한 성공정체감 형성

성공 출원생 발굴 및 인적 자원 풀의 확보를 통한 성공 롤모델 제시 및 긍정적 역할모델 학습기회를 제공한다.

---

18) 7호 처분은 2014년 183명에서 2018년 230명으로 증가했음.

19) 법무부, 행정안전부, 고용노동부, 중소기업청, 농촌진흥청 등과 업무협약이 체결되었음.(2010. 10. 27.) 예컨대, 사회적 기업 인증요건과 소년원 출원생 고용과의 연계(사회적 기업육성법 시행령 제2조).

20) 각 부처에서 실시되고 있는 취업성공패키지 프로그램 및 잡스쿨(Job school) 운영 확대, 산학연계 맞춤형 인력양성사업, 실무형 인력양성교육 등이 연계되었음.

(3) 불우 · 빈곤 소년원생에 대한 사회적 부조 및 자립지원 효율화

다양한 형태의 민간자원의 확보를 통해 장학사업 활성화, 생활안정자금확보, 자립지원 및 취업알선을 도모한다.

4) 자율과 책임이 조화되는 소년원 학교 운영

(1) 모범학생과 문제학생에 대한 개별적 단계적 처우 실시

모범학생에 대한 교정성적가점, 개방처우 확대 및 출원시기 조정을 실시하고, 문제학생들에 대해 단계적 처우[21)]를 실시한다.

(2) 자율성과 민주시민의식의 고취를 위한 '학생자치법정' 운영의 활성화

5) 소년분류심사원의 신뢰와 전문성 제고

(1) 대안 교육 및 조사업무의 전문화를 위한 소년분류심사원의 증설 및 소규모화

기존 1개 분류심사원 운영에 따른 행정의 비효율성 해소, 개별적 처우 및 분류심사업무의 전문성 제고를 위한 소규모의 다시설화가 필요하다.[22)]

(2) 위탁소년 재범방지를 위한 인성교육 체계화 및 전문화

위탁소년의 정서적 안정을 통한 시설적응, 비행예방 및 재범 방지를 위한 체계적이고 전문적인 인성교육 콘텐츠 개발 및 운영이 요구된다.

6) 위기 청소년 전문교육기관으로서 청소년비행예방센터 기능의 강화

(1) 대안교육의 활성화와 전문화

교육을 전국화하여 지역적 편중현상을 해소하고, 이를 담당할 직원역량의 전문화가 필요하다.

---

21) 학생자치법정회부 → 집중처우과정 이수 → 처분변경 및 검찰송치

22) 출장상담소 설치, 조사관 인증제, 소년조사의 전문화 등을 포함한다.

(2) 관련 대학 및 유관학회와의 교류확대

교정보호, 소년사법, 범죄심리, 상담심리 등과 유관한 거점기관을 선정하여 전문인력의 활용을 확보한다.

(3) 민관협력 체제의 강화를 통한 비행예방 역량 구축

소년원 출원자, 보호관찰대상자, 잠재적 위기청소년, 저연령층 학생 등을 대상으로 한 사전 비행예방 차원의 검찰, 법원, 보호관찰소, 학교 등과의 연계망 구축이 필요하다.

Chapter_ 3

치료감호자의 처우

1. 의의

「치료감호법」은 심신장애상태, 마약류 · 알코올이나 그 밖의 약물중독상태, 정신성적(精神性的) 장애상태 등에서 범죄행위를 한 자로서 재범의 위험성이 있고 특수한 교육 · 개선 및 치료가 필요하다고 인정되는 자에 대하여 적절한 보호와 치료를 함으로써 재범을 방지하고 사회복귀를 촉진하는 것을 목적으로 한다.

2. 치료감호대상자

다음의 경우에 해당하는 자로 치료감호시설에서 치료가 필요하고 재범의 위험성이 있는 자이다.[23)]

① 심신장애자로 「형법」 제10조 제1항(의사무능력자)의 규정에 의하여 벌할 수 없거나 동조 제2항(심신미약자)의 규정에 의하여 형이 감경되는 자가 금고 이상의 형에 해당하는 죄를 범한 때

② 마약 · 향정신성의약품 · 대마, 그 밖에 남용되거나 해독작용을 일으킬 우려가 있는 물질이나 알코올을 식음 · 섭취 · 흡입 · 흡연 또는 주입받는 습벽이 있거나 그에 중독된 자가 금고 이상의 형에 해당하는 죄를 범한 때

③ 소아성기호증, 성적 가학증 등 성적 성벽이 있는 정신성적 장애자로서 금고 이상의 형에 해당하는 성폭력범죄를 지은 자[24)]

---

23) 2018년 현재, 치료 감호자는 326명(가종료 246명, 가종료 취소 80명)임. 법무연수원, 「범죄백서」, 2019, p. 461.

24) '소아성기호증'은 중증정신질환으로 성범죄로 자신의 힘의 우월감을 확인하며, 성적 만족을 추구하는 환자로 아동에 대한 성적 취향을 제외하고는 일반인과 크게 다르지 않다. '성적 가학증'은 성적 흥분을 위해 타인에게 심신의 괴로움을 주는 것으로 강간, 난폭한 살인, 성적 살인 등이 이에 해당하고, 성적 피학증은 파트너에게 괴로움을 당함으로써 성적 만족을 느끼는 유형이다.

3. 치료감호의 청구

검사는 치료감호 대상자가 치료감호를 받을 필요가 있는 경우 관할 법원(지방법원 합의부)에 치료감호를 청구할 수 있다. 치료감호 대상자에 대한 치료감호를 청구할 때에는 정신건강의학과 등의 전문의의 진단이나 감정을 참고하여야 한다. 그리고 정신성적 장애자에 대하여는 정신건강의학과 등의 전문의의 진단이나 감정을 받은 후 치료감호를 청구하여야 한다. 검사는 공소제기한 사건의 항소심 변론종결 시까지 치료감호를 청구할 수 있다(동법 제4조).

한편, 법원은 공소제기된 사건의 심리 결과 치료감호를 할 필요가 있다고 인정할 때에는 검사에게 치료감호 청구를 요구할 수 있다. 즉 검사가 청구하지 않은 치료감호에 대해서 법원은 치료감호를 선고할 수 없다.

일반적으로 치료감호의 청구는 공소제기와 동시에 이루어지지만, 예외적으로 공소를 제기하지 아니하고 치료감호만 독립청구할 수 있다. 즉, 피의자가 「형법」 제10조 제1항(심신상실자)에 해당하여 벌할 수 없는 경우와 고소 · 고발이 있어야 논할 수 있는 죄에서 그 고소 · 고발이 없거나 취소된 경우 또는 피해자의 명시적인 의사에 반하여 논할 수 없는 죄에서 피해자가 처벌을 원하지 아니한다는 의사표시를 하거나 처벌을 원한다는 의사표시를 철회한 경우, 피의자에 대하여 「형사소송법」 제247조(기소유예)에 따라 공소를 제기하지 아니하는 결정을 한 경우가 이에 해당된다(동법 제7조).

4. 치료감호의 집행

피치료감호자에 대하여는 치료감호시설에 수용하여 치료를 위한 조치를 하는데, 치료감호의 집행은 검사가 지휘한다. 치료감호시설에의 수용기간은 심신장애자와 정신성적 장애자인 경우 15년을 초과할 수 없고, 약물중독자의 경우에는 2년을 초과할 수 없다. 그리고 살인범죄를 저질러 치료감호를 선고받은 피치료감호자가 살인범죄를 다시 범할 위험성이 있고 계속 치료가 필요하다고 인정되는 경우에는 법원은 치료감호시설의 장의 신청에 따른 검사의 청구로 3회까지 매회 2년의 범위에서 치료감호의 기간을 연장하는 결정을 할 수 있다(동법 제16조).

치료감호와 형이 병과된 경우에는 치료감호를 먼저 집행한다. 이 경우 치료감호의 집행기간은 형 집행기간에 포함한다(동법 제18조). 그리고 근로에 종사하는 피치료감호자에게는 근로의욕을 북돋우고 석방 후 사회정착에 도움이 될 수 있도록 법무부장관이 정하는 바에 따라 근로보상금을 지급하여야 한다(동법 제29조).

5. 치료감호시설 간 이송

치료감호심의위원회는 피치료감호자에 대하여 치료감호 집행을 시작한 후 6개월마다 치료감호소에서 지정법무병원(국가가 설립 · 운영하는 국립정신의료기관 중 법무부장관이 지정하는 기관)으로 이송할 것인지를 심사 · 결정한다. 그리고 지정법무병원으로 이송된 피치료감호자가 수용질서를 해치거나 증상이 악화되는 등의 사유로 지정법무병원에서 계속 치료하기 곤란할 경우 치료감호심의위원회는 지정법무병원의 피치료감호자를 치료감호소로 재이송하는 결정을 할 수 있다(동법 제21조의2).

6. 가종료 등의 심사 · 결정

치료감호심의위원회는 피치료감호자에 대하여 그 집행개시 후 매 6개월마다 치료감호의 종료 또는 가종료 여부를 심사 · 결정하고, 가종료 또는 치료위탁된 피치료감호자에 대하여는 가종료 또는 치료위탁 후 매 6개월마다 종료 여부를 심사 · 결정한다(동법 제22조).

그리고 치료감호심의위원회는 치료감호만을 선고받은 피치료감호자에 대한 집행이 시작된 후 1년이 지났을 때와 치료감호와 형이 병과되어 형기에 상당하는 치료감호를 집행받은 자에게는 상당한 기간을 정하여 그의 법정대리인, 배우자, 직계친족, 형제자매에게 치료감호시설 외에서의 치료를 위탁할 수 있다(동법 제23조).

7. 보호관찰의 사유와 기간

치료감호가 가종료된 때, 치료감호시설 외에서의 치료를 위하여 법정대리인 등에게 위탁된 때에 개시된다. 보호관찰의 기간은 3년으로 한다. 이러한 보호관찰은 보호관찰기간이 만료된 때, 보호관찰기간 만료 전이라도 치료감호심의위원회의 치료감호의 종료결정이 있는 때, 보호관찰기간 만료 전이라도 피보호관찰자가 다시 치료감호의 집행을 받게 되어 재수용되거나 새로운 범죄로 금고 이상의 형의 집행을 받게 된 때에 종료가 된다(동법 제32조).

8. 치료감호의 종료

보호관찰기간이 만료된 때에는 피보호관찰자에 대하여 치료감호가 종료된다. 그리고 치료감호심의위원회는 피보호관찰자의 관찰성적 및 치료경과가 양호하면 보호관찰기간이 끝나기 전에 보호관찰의 종료를 결정할 수 있다(동법 제35조).

참고문헌

[한국문헌]

강준호(역), 제레미 벤담 저, 「도덕과 입법의 원칙에 대한 서론」, 아카넷, 2013.

강호성 외, "보호관찰 단계에서의 회복적 사법적용 방안에 관한 연구", 「교정담론」, 제5권 제1호, 2011.

공정식 외, 「현대교정학」, 한국학술정보, 2010.

김무엘, "우리나라 민영교도소의 프로그램과 향후 운영방향", 「교정담론」, 창간호, 2007.

김병배, "소년보호관찰 분야에서의 증거기반 채택현황과 과제", 보호관찰, 17권 1호, 2017.

김병배, "보호관찰 청소년에 대한 집중보호관찰의 효과성 평가", 형사정책연구, 30권 3호, 2019.

김병배 외, "지역사회 맥락과 재범연구: 현황과 향후 발전방향", 「교정담론」, 제13권, 제2호, 2020.

김상균, 신석환, 「교정학개론」, 청목출판사, 2009.

김안식, "수형자의 교정교화와 종교의 역할", 「교정담론」, 제4권 제1호, 2010.

김영식, "교정단계 회복적 사법 적용 사례에 관한 연구", 「교정담론」, 제7권 제1호, 2013.

김영식(역), 「교도소에서의 회복적 사법」, 대장간, 2020.

김용준, 「교정학개론」, 백산출판사, 2009.

김용준, 「형사정책학」, 백산출판사, 2011.

김은영 외, "남성수용자의 교정직원에 대한 태도 및 소용생활 적응에 관한 경험적 연구", 「교정담론」, 제11권 2호, 2017.

김응분, "근거이론을 적용한 여성수용자 개방처우 운영에 관한 연구: 외부통근제도를 중심으로", 「교정담론」, 제9권 제3호. 2015.

김일수, 「전환기의 형사정책: 패러독스의 미학」, 세창출판사, 2012.

김지훈 편저, 「정도 교정학」, 박문각, 2020.

김지훈 편저, 「교정관계법령」, 박문각, 2020.

김화수 외, 「한국교정학」, 한국교정학회, 2007.

남상철, 「교정학개론」, 법문사, 2005.

남선모, "가석방심사에 있어 재량권과 평가기준에 대한 고찰", 「교정연구」, 제67호, 2015.

노용준, "수형자의 법의식과 하위문화에 관한 연구", 「교정담론」, 제4권 제2호, 2010.

민수홍 외(역), 「범죄학이론」, 나남출판, 2005.

박광민, "벌금대체 사회봉사명령제도의 실효성 확보방안", 「성균관법학」, 제24권 제3호, 2012.

박미랑, "가석방 심사에 있어 재량권과 평가기준에 대한 고찰", 「교정연구」, 제67호, 2015.

박병식, 「범죄피해자의 인권」, 동국대출판부, 2002.

박상기, 송동권, 이순래, 「형사정책」, 한국형사정책연구원, 2015.
박상열, “비행소년의 개념변화와 그 특징”, 「소년보호연구」 제14호, 2010.
박성수, “가택구금제도의 다양한 활용방안”, 「보호관찰」, 제14권 제1호, 2014.
박선영, “소년사범을 위한 소규모 그룹홈의 활성화 방안”, 「교정담론」, 제8권 제1호, 2014.
박선영, “교정의 측면에서 본 과계회복: 회복적 정의”, 「교정담론」, 제11권 2호, 2017.
박연규, “교정에서의 윤리원칙과 윤리적 의사결정 모형”, 「교정담론」, 제8권 제2호, 2014.
박연규, 「교정윤리」, 시간여행, 2017.
박영규, 「한국교정의 새로운 패러다임」, 한국생산성본부, 2011.
박정선 외, 「범죄학 연구방법론」, 박학사, 2009.
법무부, 「교정과 인권」, 2009.
법무부 교정본부, 「교정통계연보」, 2020.
법무부 교정본부, 「대한민국 교정사」(I, II, III), 2010.
법무부 범죄예방정책국, 「성범죄백서」, 2020.
법무연수원, 「범죄백서」, 2013, 2019.
배임호 외, 「교정복지론」, 양서원, 2007.
배종대, 「형사정책」, 홍문사, 2014.
손외철, “재범율 감소를 위한 영국의 범죄자 처우정책과 그 시사점”, 「한국범죄심리학회보」, 2006.
신연희, “수용자 가족관련 프로그램의 운영실태와 개선방안”, 「교정담론」, 제5권 제2호, 2011.
신연희, “가정문화의 양성평등과 가정폭력과의 관계에 관한 경험적 연구”, 「교정담론」, 제12권 1호, 2018.
신용해, “교정에 있어 회복적 사법의 적용실태와 발전방향”, 「법학논집」, 이화여자대학교, 제14권 제2호, 2009.
양문승, “소년범의 범죄지속에 대한 이론적 분석”, 「경찰학논총」, 제7권 제1호, 2012.
오경식, “보호관찰에서의 회복적 사법의 실현방안”, 「교정연구」, 제67호, 2015.
오생근(역), 「감시와 처벌: 감옥의 역사」, 나남출판, 2019.
오영근, 「형법총론」, 박영사, 2014.
원혜욱, “전자장치 부착명령제도의 적용범위에 대한 고찰”, 「보호관찰」, 제12권 제2호, 2012.
연성진, “출소자 사회복귀를 위한 지역사회회복 모델- 사회적 기업을 중심으로”, 「교정담론」, 제7권 제1호, 2013.
유병철, 「재범방지를 위한 범죄자 처우의 과학화에 관한 연구(I)」, 한국형사정책연구원, 2010.
유병철, “사형수 현상과 사형수 신드롬: 외국 사례를 통해 본 형사사법적 의의”, 「교정담론」, 제8권 1호, 2014.
윤대선, 「레비나스의 타자철학」, 문예출판사, 2013.
윤옥경 외(역), 「여성범죄론」, 박학사, 2009.
윤옥경, “교도소 수형자의 폭력피해 경험과 피해두려움”, 「교정연구」, 제45호, 2009.

윤옥경, "사회복지 지출과 범죄의 관계에 관한 탐색적 연구", 「교정담론」, 제12권 1호, 2018.
윤웅장, "성폭력범에 대한 성충동 약물치료제도의 효율적 운영방안검토", 「범죄예방정책연구」, 2010.
윤종우, "사회보호법의 허와 실: 보호감호자를 중심으로", 「교정담론」, 제3권 제2호, 2009.
윤정숙, "교정시설내 성범죄자 치료프로그램 평가연구: 치료내 변화를 중심으로", 「교정담론」, 제13권 1호, 2019.
이경재, 「형법의 일반이론」, 진원사, 2013.
이명숙, 「청소년문제와 보호」, 교육과학사, 2013.
이명숙외, 「교정의 심리학」, 솔과학, 2017.
이무웅, 「사법복지론」, 청문사, 2013.
이백철 외, 「미국의 형사사법제도」, 경기대 연구교류처, 1998.
이백철(역), 엘리엇 커리 저, 「미국의 범죄와 형벌」, 학지사, 2004.
이백철, 「교정교육학」, 시사법률, 1998.
이백철 외(역), 「범죄중독자 치유를 위한 상담」, 교육과학사, 2017.
이백철, 「중간처우제도에 관한 연구」, 한국형사정책연구원, 2005.
이백철 외, 「범죄예방정책론」, 박영사, 2019.
이백철, "교도소 민영화의 이론과 실제", 「교정교화」, 제4호, 1992.
이백철, "교정학담론의 인문학적 모색: 평화주의 범죄학과 회복적 사법", 「교정담론」, 창간호, 2007.
이백철, "미국의 병영식 캠프의 현황과 미래", 「교정연구」, 제13호, 2001.
이백철, "200년 구금형제도의 재조명과 인본주의 형벌체계의 탐구: 평화교정학", 「교정담론」, 제7권, 제2호. 2013.
이수정, 「최신 범죄심리학」, 학지사, 2018.
이언담, "도주사고를 경험한 교도관의 심리변화 및 적응에 관한 근거연구", 「교정담론」, 제2권 제1호, 2008.
이언담 외(역), 「교정상담과 사회복귀」, 학지사, 2020
이영희, "개별처우 효과성 향상을 위한 분류심사 활용방안", 「교정담론」, 제4권 제1호, 2010.
이웅혁, "모럴패닉모델을 통한 성폭력범죄의 대책에 대한 연구", 「한국경찰학회보」, 제15권 제4호, 2013.
이윤호, 「교정학」, 박영사, 2007.
이윤호, 「범죄학」, 박영사, 2007.
이정찬, 「교정복지학」, 베다니출판사, 2000.
이정찬, 「사진으로 본 세계교정사」, 한국교정선교회, 2004.
이정찬, 「사진으로 본 한국교정교화사」, 한국교정선교회, 2003.
이정찬, 「한국교정교화사」, 베다니출판사, 2001.
이정찬, 「현대행형학」, 법조문화사, 1977.
이창한, "미국의 출소자 사회복귀 연계제도의 성과와 과제", 「교정담론」, 제3권 제2호, 2009.

이창훈, "범죄학과 인간본성론 I: 다면적 인간본성의 재발견", 「교정담론」, 제3권 제2호, 2009.
이형섭, 「보호관찰관의 역할정체성 형성과정에 관한 연구– 사회복지사 자격을 소지한 보호관찰관의 사례를 중심으로–」, 서울대학교 박사학위논문, 2012.
이형재, "한국보호관찰제도의 발전과 향후과제", 「보호관찰」, 제12권 제2호, 2012.
이호중, "회복적 사법의 이념과 실무", 「법학논집」, 이화여자대학교, 제14권 제2호, 2009.
임준태, "외국인 범죄 대책에 대한 기초연구", 「한국공안행정학회보」, 제19권 제2호, 2010.
장규원, "교정시설의 민영화에 따른 법이론적 논쟁", 「교정연구」, 제10호, 2000.
장영민(역) 사무엘 워커 저, 「미국형사사법사」, 한국형사정책 연구원, 2007.
전석환, "교정학의 인문학적 접근을 위한 시론", 「교정담론」, 창간호, 2007.
정우식, 「교정복지학의 이해」, 홍익재, 2001.
정진수, 「교정학」, 진원사, 2014.
정진연, 「형법총론」, 숭실대학출판부, 2012.
조균석 외(역), 「회복적 정의 실현을 위한 사법의 이념과 실천」, KAP, 2015.
조극훈, "인문교정의 학적 체계 정립 연구", 「교정담론」, 제8권 제2호, 2014.
조극훈, "헤겔철학에서 상호인정 담론과 회복적 정의", 「교정담론」, 제13권 3호, 2019.
조만형, 「교정학」, 동방문화사, 2013.
조윤오 외, 「재범방지를 위한 범죄자처우의 과학화에 관한 연구 2」, 한국형사정책연구원, 2011.
조준현, 「범죄학」, 법원사, 2009.
조흥식, 이형섭, 「교정복지론」, 학지사, 2015.
천정환, 이동임, 「교정학개론」, 진영사, 2014.
최옥채, 「교정복지론」, 아시아미디어리서치, 1998.
최영신, "북한이탈주민과 일반국민의 범죄 및 범죄피해 경험비교", 「교정담론」, 제13권 제2호, 2019.
최응렬, "한국갱생보호사업의 적용현안과 개선방안", 「교정연구」, 제61호, 2013.
치안정책연구소, 「치안정책」, 2014.
하기수, "출소자 재복역율 결과분석을 통한 교정교육의 효과연구", 「교정담론」, 제3권 제2호, 2009.
한상암 외, 「재범방지를 위한 교정보호의 선진화방안연구 I」, 한국형사정책연구원, 2012.
한영선(역), 「 피해자 가해자 대화모임」, KAP, 2015.
한영선(역), 「어느날 당신이 눈을 뜬 곳이 교도소라면」, 푸른나무, 2011.
한영선 외, 「소년법 강의」, 솔과학, 2020.
한영수, 강호성, 이형섭, 「한국전자감독제도론」, 박영사, 2013.
한인섭(역), 「체사레 벡카리아의 범죄와 형벌」, 박영사, 2011.
허경미, 「피해자학」, 박영사, 2011.
허주욱, 「교정보호학」, 박영사, 2010.
황진규, 「보호관찰 청소년의 재범 결정요인에 관한 연구」, 경기대학교 박사학위논문, 2011.
홍병룡(역), 찰스 콜슨 저, 「사람과 공동체를 회복시키는 정의」, IVP, 2002.

[외국문헌]

A

ACA, *The American Prison: From the Beginning ... A Pictorial History*. Laurel, Md.: American Correctional Association. 1993.

Adamson, Christopher, "Toward a Marxian Theory of Penology: Captive Criminal Populations as Economic Threats and Resources." *Social Problems*, 31(4), 1984, pp. 435-458.

Akers, Ronald, *Drug, Alcohol and Society: Social Structure, Process and Policy*. Belmont, CA: Wadsworth, 1992.

Akers, Ronald L., "Rational Choice, Deterrence, and Social Learning Theory in Criminology: The Path Not Taken." *Journal of Criminal law, Criminology*, 81(Fall), 1990, pp. 653-676.

Allen, Harry E., Edward J. Latessa., and Bruce S. Ponder, *Corrections in America: An Introduction*, 13th ed, Upper Saddle River, NJ: Pearson, 2013.

Allen, Harry, Chris Eskridge, Edward Latessa, and Gennaro Vito, *Probation and Parole in America, New York*: Free press, 1985.

B

Bakalar, J. B. & Lester, G. *Drug Control in A Free Society*, New York: Cambridge University Press, 1992.

Baker, J. E. "Inmate Self-Government", *Journal of Criminal Law and Criminology*, Vol 55 Issue 1 March, Spring 1964, pp.40-41.

Barak, Gregg. "Punishment and Corrections." *Crime and Social Justice*, 18, 1982, pp.108-117.

Barnett, Randy E. "Restitution: A New Paradigm of Criminal Justice," *Ethics*, 87, 1977. pp.279-301.

Barnes, Harry. and Negley Teeters, *New Horizons in Pennsylvania*, Montclair, N.J.: Patterson Smith, 1946.

Bayens, Gerald, and John Ortiz Smykla. *Probation, Parole, & Community-Based Corrections; Supervision, Treatment, & Evidence-Based Practices*, New York: McGraw Hill, 2013.

Beaumont, Gustave Auguste de & Alexis de Tocqueville, *On the Penitentiary System in the United States and Its Application in France*, Carbondale, IL: Southern Illinois University Press, 1964.

Berk, Richard A., Brian Kriegler, and Jong-Ho Baek, "Forecasting Dangerous Inmate Misconduct: An Application of Ensemble Statistical Procedures," *Journal of Quantitative Criminology 22*, no.2, 2006, pp.131-45.

Berkman, R. *Opening the Gates: The Rise of the Prisoners Movement*. Lexington, Massachusetts: D.C. Heath. 1979.

Bernard, Thomas. "The Distinction Between Conflict and Radical Criminology." *Journal of Criminal Law and Criminology*, 72(1), 1981, pp.362–379.

Blumstein, Alfred "Prisons: Population, Capacity, and Alternatives," in James Q. Wilson(eds), *Crime and Public Policy*, SF: ICS Press, 1983.

Bohm, Robert M. "Radical Criminology: An Explication." *Criminology*. 19(4), 1982, pp.565–589.

Bonta, J., Rugge, T., Bourgon, G., & Yessine, A. K. "Exploring the Black Box of Community Supervision", *Journal of Offender Rehabilitation*, 47, 2008, pp.248–270.

Bowen, Helen and Jim Consedine, *Restorative Justice: Contemporary Themes and Practice*, Otautahi/Christchurch, NZ: Ploughshares Publications, 1999.

Bowker, L.H. "Victimization in Correctional Institutions: An Interdisciplinary Analysis." in J.A. Conley(Ed) *Theory and Research in Criminal Justice: Current Perspectives*. Cincinnati: Anderson, 1979.

Bowker, Lee. *Prison Victimization*, New York: Elsevier, 1980.

Braithwaite, John. "Corporate Crime and Republican Criminological Praxis." in F. Pearce and L. Snider(eds), *Corporate Crime: Ethics, Law and State*, Toronto: University of Toronto Press, 1995.

Braithwaite, John. "Restorative Justice: Assessing Optimistic and Pessimistic Accounts". in Michael Tonry(ed.) *Crime and Justice: A Review of Research*, Chicago: University of Chicago Press, 1999.

Brockway, Zebulon, "The Ideal For A True Prison System For A State", *Journal of Correctional Education*, Vol 46, Issue 2, June 1995, pp.68–74.

Brooks, A. *Law, Psychiatry, and the Mental System*, Boston, MS: Little Brown Co., Inc, 1974.

Brunk, Conrad G. "Restorative Justice and Philosophical Theories of Criminal Punish–ment" in Michael L. Hadley(ed) *The Spiritual Roots of Restorative Justice*, New York: State University of New York Press, 2001. pp.53–4.

Burgess, Robert and Ronald L. Akers. "A Differential Association– Reinforcement Theory of Criminal Behavior." *Social Problems* 14, 1966, pp.128–147.

C

Camp G. M., and C. G. Camp, *The Corrections Yearbook: 1993*. New York: Criminal Justice Institute, 1993.

Caroll, L. "Race, Ethnicity, and the Social Order of the Prison." in R. Johnson and H. Toch(Eds) *The Pains of Imprisonment*. Beverly Hills: Sage, 1982.

Chambliss, William, J., and Robert Seidman, *Law, Order, and Power*. Reading, Mass.: Addison–Wesley. 1982.

Champion, Dean. *Corrections in the United States: A Contemporary Perspective*. 3rd ed. Upper Saddle River, NJ: Prentice–Hall, 2001.

Cheek Frances E., and M. D. Miller, " The Experience of Stress for Correctional Stress." *Journal of*

Criminal Justice, 11(2), 1983, pp.105-112.

Chriscos, Theodore G., and Willam D. Bales, "Unemployment and Punishment: An Empirical Assessment" *Criminology*, 29(4), 1991, pp. 701-724.

Clear, Todd R., George F. Cole & Michael Reisig, *American Corrections*, 10th ed, Belmont, CA: Wadsworth, 2013.

Clemmer, D. *The Prison Community*. New York: Holt, Rinehart and Winston, 1958.

Cloward, A. et al., *Theoretical Studies on Social Organization of the Prison*. New York: Social Science Research Council, 1960.

Cohen, Albert K., *Delinquent Boys: The Culture of the Gang*. New York: Free Press, 1955.

Cohen, R. L., *Probation and Parole Violators in State Prison*, 1991, Washington, D.C.: Bureau of Justice Statistics, 1995.

Cohen, Stanley. *Folk Devils and Moral Panics The Creation of Mods and Rockers*. Oxford: Blackwells, 1972.

Cole, George F., Christopher E. Smith., and Christian DeJong, *Criminal Justice in America*, Belmont, CA: Wadsworth, Cengage Learning, 2014.

Cortes, J., and Gatti, F., *Delinquency and Crime*, New York: Seminar, 1972.

Cromwell, P., and Killington. G. G., *Community-based Corrections: Probation, Parole, and Intermediate Sanctions*. New York: West Publishing Company, 1994.

Crouch, Ben, "Guard Work in Transition." in *The Dilemmas of Corrections: Contemporary Readings*, Prospect Heights, Ill: Waveland, 1991.

Crouch, Ben, and James Marquart, "On Becoming a Prison a Prison Guard." in Stan Stojkovic, John Klofas, and David Kalinich(eds), *The Administration and Management of Criminal Justice Organizations*, Prospect Heightd, ILL: Waveland, 1990.

Crouch, Ben, "Guard Work in Transition." in Hass, Kenneth C., and Geoffrey P. Alpert(eds), *Dilemmas of Corrections: Contemporary Readings*, 2nd ed, Prospect Heights, Ill: Waveland, 1991.

Cullen, Francis T., and John P. Wright, "Two Future for American Corrections," in Maguire, Brendan and Polly F. Radosh(eds), *The Past, Present, and future of American Criminal Justice*, New York: General Hall, Inc, 1996. pp.198-219.

Cullen, Francis T., Bruce Link, Nancy Wolfe, and James Frank, "The Social Dimensions of Correctional Officer Stress," *Justice Quarterly*, 2(4), 1985, pp.505-533.

Cullen, Francis T., and John F. Wozniak. "The Fighting the Appeal of Repression." *Crime and Social Justice*, 18, 1982, pp.23-33.

Cullen, Francis T., John B. Cullen and John F. Wozniak, "Is Rehabilitation Dead? The Myth of Punitive Public." *Journal Of Criminal Justice*, 16, 1988, pp.303-317.

Currie, Elliott, *Crime and Punishment in America*, New York: Henry Holt and Company, 1998.

Currie, Elliott. *Confronting Crime.:An American Change*, New York: Pantheon, 1985.

Currie, Elliott. *Reckoning: Drug, the Cities, and the American Future*. New York: Hill and Wang, 1993.

D

Dobash, R. P., "Labour and Discipline in Scottish and English Prisons: Moral Correction, Punishment and Useful Toil." *Sociology*, 17(1), 1983, pp.1–25.

Duffee, D. E., *The Correctional Officer Subculture and Organizational Change*. Washington, DC: National Technical Information Service, 1974.

Duffee, D. E., *Corrctions: Practice and Policy*. New York: Random House. 1989.

Dugdale, Richard, *The Jukes:A Study in Crime, Pauperism, and Heredity*, 1877.

Dunn, Sahley, "Flood of Prisoner Rights Suits Brings Effort to Limit Filings," *The New York Times*, March 21, A–1, B–4, 1994.

Durham, Alexis M., *Crisis and Reform: Current Issues in American Punishment*. Boston: Little, Brown, 1994.

Durkheim, Emile, Suicide. New York: Free Press, 1897(1951).

Durkheim, Emile, *The Division of Labor in Society*, New York: Free Press, 1893(1984).

Durkheim, Emile. *The Rules of Sociological Methods*, Translated by S.A. Soloway and J. H. Mueller. Glence, ILL: Free Press, 1958.

E

Edwards, Paul(ed), *The Encyclopedia of Philosophy*, New York: The Macmillan Company & The Free Press, vol 3, 1967.

Eisenberg, L., Lackman, R., Molling, P., Lockner, A., Mirelle, J. and Conners, C. "Psychopharmacological Experiment in a Training School for Delinquent Boys," *American Journal of Orthopsychiatry*, 33, 1963, pp.431–447.

Ellis, Lee, "Monoamine Oxidase and Criminality: Identifying an Apparent Biological Marker for Antisocial Behavior." *Journal of Research in Crime and Delinquency*, 28, 1991, pp.227–251.

Erickson, Torsten, *The Reformers: An Historical Survey of Pioneer Experiments in the Treatment of Criminals*, New York: Elsevier, 1976.

Ervin, F., "The Biology of Individual Violence," in D. Mulvihill, M. Tumin, and Curtis,(eds) *Crimes of Violence*, Vol 13, Washington DC: US Government Printion Office, 1969, pp.1017–1037.

Eysenck, H. *The Biological Basis of Personality*, Springfield, IL: Thomas, 1967.

F

Farmers, L. Forbes, "A Case Study in Regaining Control of a Violent State Prison," *Federal Probation*, vol.55, 1988, pp.41–47.

Farrington, David P., and Patrick A. Langan, "Changes in Crime and Punishment in England and America in the 1980s." *Justice Quarterly*, 9(March), 1992, pp.5–46.

Farrington, Keith. "The Modern Prison as Total Institution? Public Perception Versus Objective Reality." *Crime and Delinquency*, 38(1). 1992, pp.6–26.

Finklehor, D. *Child Sexual Abuse: New Theory and Research*, New York: The Free Press, 1984.

Fogel, David. *We Are the Living Proof: The Justice Model for Corrections*, 2nd ed, Cincinnati: Anderson, 1979.

Foucault, Michel, *Discipline & Punishment: The Birth of the Prison, translted by Alan Sheridan, Vintage Books*, New York, 1979

Fox, J. *Organizational and Racial Conflict in Maximum-Security Prisons*. Lexington, Massachusetts: D.C. Health. 1982.

Fox, James G. "Inmate Self–Governance", in Marilyn D. McShane and Frank P. Williams III(eds), *Encyclopedia of American Prison*, New York: Garland Publishing, Inc, 1996.

G

Galaway, B., "The Use of Restitution," *Crime and Delinquency*, 23(1), 1977.

Galliher, John F. *Criminology: Human Rights, Criminal Laws, and Crime*, New Jersey: Prentice Hall. 1989.

Garland, David, *Punishment and Modern Society: A Study in Social Theory*. Chicago: University of Chicago Press, 1990.

Gehring, Thom, "The Correctional Education Professional Identity Issue." *The Journal of Correctional Education*, 32(3), September, 1981.

Gehring, Thom, "Zeburon Brockway of Elmira: 19 Century CE Hero." *The Journal of Correctional Education*. 33(1) March, 1982.

Geis, G., and Meier, R. F. "Abolition of the Insanity Plea in Idaho," *Annuals of American Academy of Political and Social Science*, 1985, 477, pp.72–83.

Gendreau, P., and Andrews, D. A, *The Correctional Program Assessment Inventory -2000(CPAI 2000)*, Saint John: University of New Brunswick, 2001.

Giallobardo, R. *Society of Women: A Study of a Women's Prison*. New York: Wiley. 1966.

Gibbs, J. P. *Crime, Punishment and Deterrence*. New York: Elsevier, 1975.

Glaser, D. *The Effectiveness of a Prison and Parole System*, Indianapolis, IN: Bobbs–Merrill. 1969.

Glaser, Danniel and Lincoln L. Fry, "Corruption in Prison Staff in Inmate Discipline", *Journal of Offender Counseling, Services and Rehabilitation*, 1987, 12(1), pp. 27–38.

Glueck, Sheldon and Elinor Glueck, *Unraveling Juvenile Delinquency*, New York:

Glueck, Sheldon, "Theory and Fact in Criminology; A Criticism of Differential Association." *British*

Journal of Delinquency 7, 1956, pp. 92–109.

Goffman, Erving. *Asylums: Essays on the Social Situation of Mental Patients and other Inmates*, Garden City, N.Y.: Anchor, 1961.

Goldstein, A., B. Glick., and M, Irwin, C. Pask–McCarty, and I. Rubama. *Reducing Delinquency: Intervention in the Community*, Elmsford, N.Y.: Pergamon, 1989.

Gottfredson, M. R., & and T. Hirschi, *A General Theory of Crime*, CA: Stanford University Press, 1990.

Greenberg, David F., *Corrections and Punishment*. Beverly Hills, CA: Sage.1977.

Greenberg, David F., *Crime and Capitalism*. Polo alto, CA: Mayfield, 1981; Reiman, 1995.

Greenwood, Peter W. *Selective Incapacitation*. Santa Monica, CA: Rand, 1982.

Gross, Bertram. "Some Anticrime Proposals for Progressives." *Crime and Social Justice*, 17, 1982, pp. 17–24.

Groth, A. N. *Men Who Rape: The Psychology of the Offender*, New York: Plenum Press, 1979.

Guenther, Anthony, and Mary Guenther, "Screws and Thugs," *Society*, 12(July–August), 1974, pp.42–50.

Gusfield, Joseph. *Symbolic Crusade*. Urbana: University of Illinois Press, 1963.

H

Hagg, Ernest Van den, "Could Successful Rehabilitation Reduce the Crime Rate?" *The Journal of Criminal Law and Criminology*, 73(3), 1982.

Hamm, Mark S., "Treatment Plan", in Marilyn D. McShane and Frank P. William III(eds), *Encyclopedia of American Prisons*, New York: Garland Publishing, Inc, 1996.

Hatcher, H. *Correctional Casework and Counseling*, Englewood Cliffs: Prentice –Hall, 1978.

Heffernan, E. *Making It in Prison: the Square, the Cool, and the Life*. New York: Wiley–Interscience. 1972.

Heller, M.S., Taylor, W., Ehrlich, S., and Lester, D. "Competent and Incompetent Defendents Referred to a Court Psychiatric Clinic," *Journal of Forensic Sciences*, 28, 1983, pp.415–422.

Henry, A., and Short, J. *Suicide and Homicide*, Glenco, IL: Free Press, 1954.

Hepburn, John. "The Exercise of Power in Coercive Organizations: A Study of Prison Guards." *Criminology*, 23(1), 1985, pp.145–146.

Herrnstein, Richard J. and Charles Murray. *The Bell Curve: Intelligence and Class Structure in American Life*. New York: Free Press, 1994.

Hindelang, Michael J., "Causes of Delinquency: A Partial Replication and Extension." *Social Problems* 20, 1973, pp.471–487.

Hirschi, Travis, *Causes of Delinquency*. Berkeley: University of California, 1969.

Hook, E. "Behavioral Implications of the Human XXY Genotype" *Science*, 1973, pp.139–150.

Hughes, Robert. *The Fatal Shore: The Epic of Australia's Founding*. New York: Vintage Books, 1986.

I

Innes, Christopher A. and Vickie D. Verdeyen, "Conceptualizing the Management of Violent Inmate," *Corrections Management Quarterly* vol.1, Fall, 1997.

Irwin, J., and Cressey. D., "Thieves, Convicts, and Inmate Culture." *Social Problems*, 10, 1962, pp.142–155.

Irwin, J., "The Changing Social Structure of The Men's Prison." in Greenberg, David F.(ed), *Correction and Punishment*. Beverly Hills. CA: Sage, 1977.

J

Janus, Michael, "Selective Incapacitation: Have We tried It? Does it Work?" *Journal of Criminal Justice*, 13, 1985. pp.117–129.

Johnston, Norman, *Forms of Constraint: A History of Prison Architecture*, Urbana and and Chiocago: University of Illinois Press, 2000.

Johnston, Robert. *The Human Cage: A Brief History of Prison Architecture*. New York: Walker. 1973.

Johson, S., Hubbard, D., and Latessa, E. "Drug Courts and Treatment: Lessons to Be Learned From the 'What Works' Literature". *Corrections Quarterly Management*, 4(4), 2000. pp.70–77.

K

Kalfayan, E. *Rand Checklist*. Santa Monica, CA: Rand Corporation, 1989.

Kalinich, D. and S. Stojkovic. "Contraband: The Basis for Legitimate Power in a Prison Social System." *Criminal Justice and Behavior*, Vol.12, No.4, 1985.

Katz, D. and Allport, F. H., *Student Attitudes: a Report of the Syracuse University Research Study*. Syracuse, NY: Craftsman Press, 1931.

Katz, Jack. *Seductions of Crime: Moral and Sensual Attractions in Doing Evil*. New York: Basic Books. 1988.

Klackers, C., "A Theory of Probation Supervision", *Journal of Criminal Law, Criminology and Parole Science*, 63, 1972, pp. 550–557.

Klofas, John and Hans Toch.(1982). "The Guard Subculture Myth," *Journal of Research in Crime and Delinquency*, 19(2) July, 1982, pp. 238–254.

Knopp, F. H. *Retraining Adult Sex Offenders: Methods & Models*, Orwell, VT: Safer Society Press, 1984.

Kobrin, S. "The Chicago Area Project", *Annuals of the American Academy of Political and Social Science*, 322, 1959, pp. 19–29.

Kupper, A. & Kupper, J. *The Social Science Encyclopedia*, London, Boston, & Henley: Roughledge & Kegan Paul, 1985.

L

Langan, P. A., and M. A. Cunniff, *Recidivism of Felons on Probation*, 1986–89, Washington, D.C.: Bureau of Justice Statistics, Feb. 1992.

Lanier, Mark M., and Stuart Henry, *Essential Criminology*, Boulder, CO: Westview Press, 1998.

Latessa, Edward J. and Paula Smith. *Corrections in the Community*, 5th ed, Burlington, MA: Anderson Publishing, 2011.

Lemert, E, *Social Pathology*, New York: McGraw–Hill, 1951.

Lemert, E, *Human Deviance, Social Problems, and Social Control*, Englewood Cliffs, NJ: Pretice–Hall, 1967.

Lesieur, Henry., and Michael Welch, "Vice Crimes: Individual Choice and Social Controls." In J. Sheley(ed) *Criminology: A Contemporary Handbook* 2nd ed. Belmont. CA: Wadsworth, 1995.

Lester, D., and M. Braswell, and P. Van Voorhis, *Correctional Counselling*, 2nd ed. Cincinnati, OH: Anderson, 1992.

Lillyquist, M. *Understanding and Changing Criminal Behavior*, Englewood Cliffs, NJ: Pretice–Hall, 1980.

Lipsey, Mark W., "What Do We Learn from 400 Research Studies on the Effectiveness of Treatment with Juvenile Delinquents?" in J. Mcguire(ed)., *What Works: Reducing Reoffending*, New York: Wiley, 1995.

Lipton, Douglas, Robert Martinson, and Judith Wilks, *The Effectiveness of Correctional Treatment: A Survey of Evaluation Studies*, New York: Praeger, 1998.

Lockwood, Daniel. "The Contribution of Sexual Harrassment to Stress and Coping in Confinement," in Parisi, N.(ed), *Coping with Imprisonment*. Beverly Hills, Ca: Sage, 1982.

Lombardo, Lucien X. *Guard Imprisoned: Correctional Officers at Work*. New York: Elsevier, 1981.

Lynch, Michael J., and W. Byron Groves. *A Primer in Radical Criminology*, 2nd, New York: Harrow and Heston, 1989.

M

Maguire, Brendan. "The Applied Dimension of Radical Criminology: A Survey of Prominent Radical Criminologists." *Sociological Spectrum*, 8, 1988, pp.133–151.

Mangrum, C. "The Function of Coercive Casework in Corrections," *Federal Probation*, 35(1), 1971, pp.26–29.

Mann, Michael. *The International Encyclopedia of Sociology*. New York: Continuum. 1984.

Manning, Bayless, "Hyperlexis: Our National Disease." *Northwestern University Law Review*, 71, 1977.

Mark S. Gold, Arnold M. Washton, and Charles A. Dackis. "Cocaine Abuse: Neurochemistry, Phenomenology, and Treatment." In N. J. Kozel and E. H. Adams. Rockville(eds), *Cocaine Use in*

America: Epidemiology and Clinical Perspectives, MD: National Institute of Drug Abuse, 1985.

Mark, V., and Ervin, F., *Violence and the Brain*, New York, Harper and Row, 1970.

Marquart, James W. "Prison Guards and the Use of Physical Coercion as a Mechanism of Prisoner Control." *Criminology*, 24, 1986, pp.347–366.

Martinson, Robert. "New Findings, New Views: A Note of Caution Regarding Sentencing Reform." *Hofstra Law Reviews* 7(2), 1979. pp.244–266.

Martinson, Robert. "What Works? Questions and Answers about Prison reform." *Public Interest*, Spring, 1974. pp.22–54.

Marvin E. Wolfgang and Franco Ferracuti, *The Subculture of Violence*. London: Tavistock, 1967.

Matthews, Roger and Peter Francis. "Toward 2000: An Introduction." in Roger Matthews and Peter Francis(eds), *Prisons 2000: An International Perspective on the Current State and Future of Imprisonment*, New York: St. Martin's Press, Inc, 1996. p.1.

Mcdonald, D. *Private Prisons and Public Interest*. New Brunswick, NJ: Rutgers University Press, 1990.

McKelvey, Blake, *American Prisons: A History of Good Intentions*, Montclaire, New Jersey: Patterson Smith, 1977.

McShane, Marilyn D., and Franklin P. Williams, *Encyclopedia of Juvenile Justice*, Thousand Oaks, CA: Sage Publication, 2002.

Merton, Robert., K. *Social Theory and Social Structure*. New York: Free Press, 1957.

Messerschumidt, J.W. *Masculinities and Crime: Critique and Reconceptualization*, Lanham, MD: Rowman & Littlefield, 1993.

Michalowski, Raymond J. *Order, law, and Crime: An Introduction to Criminology*. New York: Random House, 1985.

Miller, Martin B. "At Hard Labor: Rediscovering the 19th Century Prison." in Tony Platt and Paul Takagi(eds), *Punishment and Penal Discipline*. Berkeley, CA : Crime and Social Justice Associates, 1980.

Milovanovic, Dragon., and Jim Thomas, "Overcoming the Absurd: Prisoner Litigation as Primitive Rebellion." *Social Problem*, 36(10), 1989, p.50.

Moran, R. "The Modern Foundation of Insanity Defense," *Annuals of American Academy of Political and Social Science*, 477, 1985, pp.31–42.

Morash, Merry., and Lila Rucker, " A Critical Look at the Idea of Boot Camp as a Correctional Reform," *Crime and Delinquency*, April 1990, pp.204–222.

Morris, Norval., and Marc Miller, :On 'Dangerousness in Judical Process." In Michael Tonry and Norval Morris(eds). *Crime and Justice: An Annual Review of Research*, Vol. 6. Chicago: University of Chicago Press. 1985.

Morris, N., and Torny, M. *Between Prison and Probation: Intermediate Punishments in a Rational Sentencing System*. New York :Oxford University Press, 1990.

Morse, S.J. "Retaining a Modified Insanity Defense," *Annuals of American Academy of Political and Social Science*, 477, 1985, pp.137–147.

Murrell, M., and Lester, D. *Introduction to Juvenile Delinquency*, New York: Macmillan, 1981.

N

Nadelmann, Ethan, "The Case for Legalization," In James A. Inciardi(ed.), *The Drug Legalization Debate*, Newbury Park, CA: Sage, 1991.

National Advisory Commission on Criminal Justice Standards and Goals(NAC), *Corrections*, Washington, D.C. : U.S. Government Printing Office, 1973.

Newman, Graeme, *The Punishment Response*, Philadelphia: Lippincott, 1978.

Nicholl, Caroline G. *Community Policing, Community Justice, and Restorative Justice*, U.S. Department of Justice, 1999.

O

Ohlin, L., Piven, H., & Pappenfort, M. "Major Dilemas of the Social Worker in Probation and Parole", *National Probation and Parole Association Journal*, 2, 1956, pp.21–25.

P

Palmer, T. *The Re-Emergence of Correctional Intervention*. Newbury Park, CA: Sage, 1992.

Palmer, Ted. "Martinson Revisited." *Journal of Research in Crime and Delinquency*, 12, 1975, pp,133–152.

Parisi, N. "A Taste of the Bars", *Journal of Criminal Law and Criminology*, 72, 1981, pp. 1109–1123.

Peachery, D. E. "The Kitchener Experiment." in *Mediation and Criminal Justice: Victims, Offenders and Community*,(eds) M. Wright and B. Galaway. London: Sage, 1989.

Petersilia, J., and Turner, S., Kaha, J., and Peterson, J., *Granting Felons Probation: Public Risks and Alternatives*. Santa Monica, CA: Rand Corporation, 1985.

Petersilia, J.,Turner, S., *Intensive Supervision for High-Risk Probationers: Findings from Three California Studies*. Santa Monica, CA: Rand Corporation, 1990.

Platt, Tony. "Criminology in the 1980s: Progressive Alternatives to 'Law and Order.'" *Crime and Social Justice*, 1985, pp.191–199.

Pollock, Joycelyn M. "The Philosophy of Punishment," in Joycelyn M. Pollock, *Prisons: Today and Tomorrow*.(ed) Maryland: Aspen Publishers, Inc. 1997. pp.2–25.

Pollock, Joycelyn M., "Women Inmates", in Marilyn D. McShane and Frank P. Williams III(eds), *Encyclopedia of American Prisons*, Garland Publishing, Inc, New York, 1996. pp.501–503.

Poole, Eric d and Pobert M. Regoli, "Alienation in Prison: an Examination of the Work Relations of Prison Guards," *Criminology*, 19(2) August, 1981, pp.251−270.

Q

Quinney, Richard, *Class, State, and Crime*. New York: Longmaan, 1980.

R

Radl, F., and H. Toch, "The Psychoanalytic Perspective," in H. Toch(ed), *Psychology of Crime and Criminal Justice*, New York: Holt, Rinehart, and Winston, 1979.

Radosh, Polly F. "Contemporary Corrections in the United States", in Brendan Maguire and Polly F. Radosh(eds), *The Past, Present, and Future of American Criminal Justice,* New York: General Hall, Inc, 1996, pp.173−197.

Reiman, Jeffrey H., *The Rich Get Richer and The Poor Get Prison: Ideology, Class, and Criminal Justice*, 4th ed, Boston: Allyn and Bacon, 1995.

Report on the Prison and Reformatories of the United States and Canada, 1867.

Roach, Kent. "Changing Punishment At The Turn Of The Century: Restorative Justice On The Rise," *Canadian Journal Of Criminology*, July, 2000. p.265.

Rothman, David J. *The Discovery of the Asylum: Social Order and Disorder in the New Republic*. Boston: Little Brown, 1971.

Rothman, David. *Conscience and Convenience: The Asylum and Its Alternatives in Progressive America*. Boston: Little, Brown, 1980.

Rusche, Georg, and Otto Kirchheimer, *Punishment and Social Structure*, New York: Russel and Russel, 1968.

S

Sampson, A. *Acts of Abuse; Sex Offenders and The Criminal Justice System*, London: Routledge, 1994.

Sampson, R. J., and J. H. Laub. "Crime and Deviance Over Life Course: The Selience Of Adult Social Bonds", *American Sociological Review* 55, 1990, pp. 609−627.

Sampson, R. J., and J. H. Laub. *Crimein the Making: Pathways and Turning Points Through Life*. Cambridge, MA: Harvard University Press, 1993.

Schmalleger, Frank and John Oritiz Smykla, *Corrections in the 21st Century*, New York: Glencoe McGraw−Hill, 2000.

Schrag, C., "A Preliminary Criminal Typology," *Pacific Sociological Review*, 4:11−16, 1961, p.135−142.

Schur, E. *Labeling Deviant Behavior*, New York: Harper and Row, 1971.

Schur, E. *Radical Nonintervention*, Englewood Cliffs, NJ: Prentice−Hall, 1973.

Schwartz, B. "Characteristics and Typologies of Sex Offenders," in B.K. Schwartz(ed), *A Practitioner's Guide to Treating the Incarcerated Male Sex Offenders: Breaking the Cycle of Sexual Abuse*. Washington, D.C.

Seiter, Richard P, *Corrections: An Introduction*, Pearson Prentice Hall, 2005.

Sellin, Thorsten. *Slavery and the Penal System*. New York: Elsevier, 1976.

Seymour. A. *Promising Practices and Strategies for Victim Services in Corrections*, D.C: Office for Victims and Crime, 1999.

Shaw, Clifford R. and Mckay, Henry D., *Juvenile Delinquency and Urban Areas: A Study of Rates of Delinquency in Relation to Different Characteristics of Local Communities in American Cities*. Chicago: University of Chicago Press, 1942.

Sheldon, W. *The Variety of Temperament*, New York: Harper, 1942.

Shichor, David & Gilbert, Michael J., *Privatization in Criminal Justice*, Anderson Publishing Co, 2001.

Shields, J. "Personality Differences and Neurotic Traits in Normal Twin School Children," *Eugenic Review*, 45, 1954. pp.213-246.

Siegel, Larry J. and Joseph J. Senna, *Juvenile Delinquency: Theory, Practice & Law*, West Publishing Company, 1991.

Siegel, Larry L. *Criminology*, New York: West Publishing Co, 1993.

Silverman, Ira J. *Corrections: A Comprehensive View*, Wadsworth/Thomson Learning, 2001.

Simonsen, Clifford E. *Juvenile Justice in America*, 3rd, Macmillan Publishing Co, 1991.

Skinner, B. F., *Science and Human Behavior*, New York: Macmillan, 1953.

Skolnick, Jerome, *Justice Without Trial*. New York: Wiley, 1966.

Smykla., *Probation, Parole, & Community-Based Corrections*, New York: McGraw-Hill.

Sosowsky, L. "Crime and Violence Among Mental Patients Reconsidered in View of the New Legal Relationship Between the State and Mentally Ill," *American Journal of Psychiatry*, 135, 1978, pp.33-42.

Spencer, Herbert, *The Study of Sociology*. Ann Arbor : University of Michigan Press. 1961.

Stalgatis, Susan, Andrew Meyers and Joseph Krisak, "A Social Learning Theory for Reduction of Correction Officer Stress." *Federal Probation*, 56, 3(September), 1982, pp. 33-41.

Stastny, Charles, *Who Rules the Joint?: The Changing Political Culture of Maximum-Security Prison in America*, Lexington, Messachusetts: D. C. Health, 1982.

Steadman, H. J. "Empirical Research on the Insanity Defence," *Annuals of American Academy of Political and Social Science*, 1985, 4, pp.58-71.

Steffensmeier, Darrell, and Miles D. Harer, "Did Crime Rises or Fall During the Reagan Presidency? The Effects of an 'Aging' U.S. Population on the Nation's Crime Rate." *Journal of Research in*

Crime and Delinquency, 28(August), 1991, pp.330–359.

Sutherland, Edwin H., and Cressey, Donald R., *Criminology*. 9th ed. Philadelphia: Lippincott, 1974.

Sutherland, Edwin H., Donald R. Cressey, and David F. Luckenbill, *Principles of Criminology*, 11th ed, Dix Hills, N.Y.: General Hall, 1992.

Sykes, Dugdale, Gresham M. and Frances T. Cullen, *Criminology*, 2nd, Harcourt Brace Jovanovich College Publishers, 1992.

Sykes, G. and Sheldon Messinger, "The Inmate Social System," in Richard A. Cloward, et al.(ed), *Theoretical Studies on Social Organization of the Prison*. New York: Social Science Research Council, 1960.

Sykes, G. *The Society of Captives: A Study of a Maximum-Security Prison*. Princeton, NJ: Princeton University Press, 1958.

Szasz, T. *Ideology and Insanity*, Garden City, N.Y.: Doubleday, 1969.

T

The Department of Correction, *The Final Report of the Special Committee on the Use of Force*, 1988.

Thomas, C. W., Petersen, D.M., and Cage, R.J., "A Comparative Organizational Analysis of Prisonization." *Criminal Justice Review*, Vol.6, No.1, 1981, p.38.

Toch, Hans, and John Klofas, Alienation and Desire for Job Enrichment Among Correction Officers." *Federal Probation*, 46(March), 1982, pp.35–44.

Tomaino, L. "The Five Faces of Probation", *Federal Probation*, 25(2), 1975, pp.23–29, 43.

V

Van Ness, Daniel. *Crime and Its Victims: What We Do*. Downers Grove, Ill: Intervarsity Press, 1986.

Vaughn, Michael S., and Ronald V. Del Carmen, "Legal and Policy Issues from the Supreme Court's Decision on Smoking in Prison." *Federal Probation*, September, 57(3), 1993, pp.34–39.

Visher, Christy A. "Career Offenders and Selective Incapacitation." In J. Sheley(ed) *Criminology: A Contemporary Handbook,* 2nd ed. Belmont. CA: Wadsworth, 1995.

Vold, George B., and Thomas J. Bernard, *Theoretical Criminology* 3rd ed, New York: Oxford University Press, 1986.

W

Walker, Samuel, *Sense and Nonsense About Crime and Drugs: A Policy Guide*, 3rd ed. Belmont, CA: Wadsworth, 1994.

Ward, D. and Kasserbaum, G. *Women's Prison*. Chicago: Aldine. 1965.

Warren, Marguerite Q. "Classification of Offenders As An Aid to Efficient and Effective Treatment,"

Journal of Criminal Law, Criminology and Police Science, 62(2), 1971, pp.249–253.

Weber, Max, *Economy and Society*, New York: Bedminister, 1968, p.53.

Weitekamp, E. *Restitution: A New paradigm of Criminal Justice or a New Way to Widen the System of Social Control?* Ph.D. diss., University of Pennsylvania, 1989.

Welch, Michael, *Corrections: A Critical Approach*, McGraw–Hill Companies, Inc, 1996.

Werner, David R. *Correctional Education: Theory and Practice*, Danville, ILL: Interstate Publishers, 1990.

West, D. J., Roy, C., and Nichols, F.L., *Understanding Sexual Attacks*. London: Heinemman Educational Books, 1987.

Wheeler, S. "The Structure of Formally Organized Socialization Setting" In O.G. Brim,Jr and S. Wheeler(eds), *Socialization After Childhood: Two Essays*, New York: John Wiley & Sons., 1966.

Williams, D. "Neural Factors Related Habitual Aggression", *Brain*, 93, 1969, pp.503–520.

Wilson, James. *Thinking About Crime*. New York: Basic Books. 1975.

Witkin, et al., "Criminality in XYY and XXY Men", *Science*, 1976, pp.547–555.

Wood A. W., & Waite, J. B. *Crime and its Treatment : Social and Legal Aspects of Criminology*, New York: American Book Company. 1941.

Wooden, W.S. and J. Parker. *Men Behind Bars: Sexual Exploitation in Prison*. New York: Plenum. 1982.

Y

Yablonsky, Lewis, and Martin R. Haskell, *Juvenile Delinquency*. 4th ed. New York: Harper & Row, 1988.

Z

Zimring, Franklin E., and Gordon Hawkins, "What Kind of Drug War?" *Social Justice*, 18(4), 1991, pp. 104–121.

Zitrin, A., Hardesty, A., Burdock, E. and Drossman, A. "Crime and Violence Among Mental Patients," *American Journal of Psychiatry*, 133, 1976, pp.142–149.

찾아보기

ㅇ

ㅌ

ㅍ

ㅎ

영문

A

B

C

D

E

F

H

I

J

M

N

P

R

S

T

U

X

Y

| 이력 |

이 백 철

고려대학교 중문학과 졸업
臺灣國立政治大學校 동아연구소(대학원) 법학석사
미국 미시간주립대학교(Michigan St. Univ.) 형사사법학(Criminal Justice) 석 · 박사
中國北京大學校 법학과 방문연구원
미국 조지타운대학교(Georgetown Univ.) 동양학연구소 방문교수
미국 콜로라도대학교(Univ. of Colorado) 사회학과 방문교수
현재, 경기대학교 사회과학대학 교정보호학과 정교수

경기대학교 대외협력처장 역임
경기대학교 교무처장 역임
(사)한국보호관찰학회 회장 역임
법무부 교정행정자문위원회 위원장 역임
법무부 자체평가위원 역임
법무부 국제수형자이송심사위원 역임
법무부 법무연수원 비상근 연구위원 역임
경찰청 치안연구소 지도연구위원 역임
국무총리실 청소년보호위원회(구) 자문연구위원 역임
경기지방경찰청 국가대테러전문위원 역임
국가고시, 일반공무원 채용/승진시험 출제 및 선정위원 역임

현 (사)아시아교정포럼 이사장
현 법무부 교정심리치료 중앙자문위원장
현 서울지방교정청 행정심판위원
현 서울구치소 교정위원
현 서울소년원 소년보호위원
현 수원보호관찰소 특별범죄예방위원
현 법무부 (사)천주교사회교정사목위원회 감사
현 법무부 (사)뷰티풀 라이프 이사
현 Asian Journal of Domestic Violence and Sexual Offense 편집자문위원
현 Journal of Communication & Development Studies 편집자문위원

[저서 및 역서]
矯正教育學
미국의 刑事司法制度
중간처우제도에 관한 연구
범죄예방정책학(공저)
범죄중독자 치유를 위한 상담(공역)
미국의 범죄와 형벌(역)
절망 속의 기도(역)
자신을 찾아가는 사람들(역)

[개정판]

교 정 학

2015년 9월 10일 1판 1쇄 발행
2016년 3월 5일 1판 2쇄 발행
2020년 9월 20일 개정판 1쇄 인쇄
2020년 9월 25일 개정판 1쇄 발행

저 자 : 이 백 철
발행인 : 한 정 주
발행처 : 교육과학사

경기도 파주시 광인사길 71
전화 : (031) 955-6956~8 팩스 : (031) 955-6037
Home-page : www.kyoyookbook.co.kr / E-mail : kyoyook@chol.com
등록 : 1970년 5월 18일 제2-73호

값 32,000원

ISBN 978-89-254-1537-6